V&R

Studien zur Geschichte der Max-Planck-Gesellschaft

Herausgegeben von
Jürgen Kocka, Carsten Reinhardt, Jürgen Renn und Florian Schmaltz

Wissenschaftliche Redaktion: Birgit Kolboske

Band 4

Carola Sachse

Wissenschaft und Diplomatie

Die Max-Planck-Gesellschaft im Feld der internationalen Politik (1945–2000)

Vandenhoeck & Ruprecht

Dieses Buch wurde durch das Forschungsprogramm »Geschichte der Max-Planck-Gesellschaft« (GMPG) gefördert.

Bibliografische Information der Deutschen Bibliothek:
Die Deutsche Nationalbibliothek verzeichnet diese Publikation in der Deutschen Nationalbibliografie; detaillierte bibliografische Daten sind im Internet über https://dnb.de abrufbar.

Umschlagabbildung: MPG-Präsident Reimar Lüst begleitet Bundeskanzler Helmut Schmidt beim Staatsbesuch in Washington 1976; von rechts nach links: Schmidt, Kurt Sontheimer, Lüst, Hanns Martin Schleyer. © Archiv der Max-Planck-Gesellschaft (AMPG), Berlin.

Lektorat: Gisela Hack-Molitor, Marbach am Neckar
Satz: textformart, Göttingen
Umschlaggestaltung: SchwabScantechnik, Göttingen
Druck und Bindung: CPI Books, Ulm
Printed in the EU

Vandenhoeck & Ruprecht Verlage | www.vandenhoeck-ruprecht-verlage.com

ISSN: 2752-2490 (print)
ISSN: 2752-2504 (digital)
ISBN: 978-3-525-30206-4 (print)
ISBN: 978-3-666-99369-5 (digital)

Inhalt

Vorwort

Als ich 2018 mit meinen Archivrecherchen über die Aktivitäten der Max-Planck-Gesellschaft im Feld der internationalen Politik startete, war der Zeitpunkt, an dem meine Untersuchung einsetzen sollte, mit dem Übergang von der Kriegs- in die Nachkriegszeit 1945 klar definiert. Das Ende aber verlagerte sich im Zuge der Diskussionen mit Kolleginnen und Kollegen immer weiter nach hinten. Es sollte nicht, wie es die übliche zeithistorische Periodisierung nahegelegt hätte, die Wende von 1989/90 mit der Auflösung der bipolaren Weltordnung des Kalten Krieges sein. Die neuen Entwicklungen waren zumindest insoweit zu skizzieren, dass sich erkennen ließ, wohin die Reise ging: mitten hinein in die sich zunehmend beschleunigende Globalisierung wissenschaftlicher Kooperation seit der Millenniumswende.

Erste Zweifel an der Unaufhaltsamkeit dieser Entwicklung meldeten sich mit den Reisebeschränkungen und Lieferengpässen in den ersten beiden Coronajahren. Doch ließen sie sich wegstecken, schließlich kamen die Lockdowns dem Schreibprozess im Homeoffice zugute. Zudem unterstrich diese Krise ja gerade die grundsätzliche Notwendigkeit internationaler wissenschaftlicher Zusammenarbeit in der Bekämpfung dieser und zukünftiger Pandemien. Dass diese Kooperation im Kampf gegen das neue Coronavirus keineswegs reibungslos funktionierte, ließ es nur umso dringlicher erscheinen, der Wissenschaftsdiplomatie neue Wege zu bahnen. Davon war programmatisch schon seit der ersten Dekade des 21. Jahrhunderts in zahlreichen politischen und wissenschaftlichen Foren die Rede gewesen, und tatsächlich dominierte dieses Thema noch im Spätsommer 2022 die zehnte internationale Konferenz der European Society for the History of Science in Brüssel.

Indessen sah ich mich seit Ende Februar 2022, in der letzten Phase der Buchproduktion, in die missliche Rolle einer dilettierenden Kriegsberichterstatterin versetzt und den aufbrechenden Frontlinien – zwar nicht der ukrainischen Kampfzonen, wohl aber zwischen den westlichen und russischen Wissenschaftsorganisationen – hinterherhecheln. Immer wieder stellte sich die Frage, was der vor mir aufsteigende Rauch bedeutet: neue Wissenschaftskriege, das geopolitische Ende oder nur eine atavistische Unterbrechung einer ansonsten unaufhaltsamen Globalisierung? Und was heißt das für das so hoffnungsfrohe Konzept einer Wissenschaftsdiplomatie, das eben noch versprach, den Planeten im Anthropozän zu retten?

Prognosen, noch dazu optimistische, lassen sich aus dieser Studie nicht extrapolieren. Ebenso wenig lässt sich hier und heute die Frage beantworten, wie sich die Max-Planck-Gesellschaft zukünftig im Feld der internationalen Politik positionieren wird. Ihr spätes und überaus vorsichtig formuliertes Bekenntnis zur Wissenschaftsdiplomatie der Bundesrepublik wird derzeit massiv unterminiert, und zwar von Russland als einer Nation, mit deren Wissenschaftlern und Wissenschaftlerinnen die MPG selbst in den frostigsten Phasen des Kalten Krieges enge Kooperationsbeziehungen unterhielt, die erst jetzt unterbrochen wurden. Auch die in fast fünfzig Jahren sorgfältig aufgebauten Beziehungen der MPG zu chinesischen Forschungseinrichtungen, Kollegen und Kolleginnen stehen angesichts der innen- und außenpolitischen Entwicklungen in der von XI Jinping geführten Volksrepublik derzeit auf dem Prüfstand.

So wie diese beiden wichtigen Säulen der internationalen Zusammenarbeit der MPG gerade ins Wanken geraten, ist auch meine Studie in ihrer Abschlussphase von der jüngsten »Zeitenwende« eingeholt worden. Vielleicht kann sie immerhin das Bewusstsein dafür sensibilisieren, was derzeit auf dem Spiel steht: die globale wissenschaftliche Zusammenarbeit, ohne die die planetaren Krisen der Gegenwart nicht zu bewältigen, geschweige denn zu lösen sein werden. Eine solche Zusammenarbeit aber ist ohne ein kluges Ausbalancieren von Wissenschaft und internationaler Politik auch auf Seiten der wissenschaftlichen Akteure nicht mehr zu haben. Der Primat der Politik gegenüber Wirtschaft und Wissenschaft, der in den drei Jahrzehnten nach dem Ende des Kalten Krieges in den Hintergrund geraten war, macht sich ebenso hässlich wie unabweislich wieder geltend.

Die vorliegende Studie entstand im Kontext des Forschungsprogramms zur »Geschichte der Max-Planck-Gesellschaft (1945–2005)« (GMPG) am Berliner Max-Planck-Institut für Wissenschaftsgeschichte (MPIWG). Ohne die breitgefächerte multidisziplinäre Expertise der mehr als vierzig daran beteiligten Kolleginnen und Kollegen, die intensiven Diskussionen im mal größeren, mal kleineren Kreis, sei es zu der einen oder anderen programmübergreifenden Fragestellung, sei es zu eigenen Textentwürfen, wäre diese Studie so nicht möglich gewesen. Für die regelmäßige Lektüre und Kommentierung erster Kapitelversionen danke ich den Mitgliedern des Kollegiums Jürgen Kocka, Carsten Reinhardt und Jürgen Renn. Jaromír Balcar, Florian Schmaltz, Alexander von Schwerin, Alison Kraft, Britta Behm, Birgit Kolboske, Mitchell Ash, Juliane Scholz und Peter Schöttler waren darüber hinaus immer wieder bereit, grundsätzliche Fragen – etwa der Art: »Wie tickt die MPG?« – ebenso wie knifflige Details beim Kaffee oder zwischen Tür und Angel zu erörtern und, als das nicht mehr möglich war, auch länger zu telefonieren. Juan-Andres Leon und Luisa Bonolis halfen mir, internationale astrophysikalische und radioastronomische Forschungsprogramme, Instrumente und Infrastrukturen wenigstens so weit zu verstehen, dass ich die damit verbundenen außen-, europa- und blockpolitischen Interessen, Konflikte und Aushandlungsprozesse entschlüsseln konnte. Entsprechende notwendige Aufklärung und Quellenhinweise ließen mir auf das Großzügigste auch Hanna Worliczek für die Molekular- und Zellbiologie, Gregor Lax für die Erdsystemwissenschaften, Sascha Topp für die Neurowissenschaften und Thomas Steinhauser für die Materialwissenschaften zukommen. Hinsichtlich der Position der MPG im bundesdeutschen Wissenschaftssystem klärend waren die Diskussionen mit den kooperierenden Kolleginnen und Kollegen von der an der

Ludwig-Maximilians-Universität in München stationierten DFG-Forschungsgruppe »Kooperation und Konkurrenz in den Wissenschaften«, und hier besonders mit Vanessa Osganian, Annemone Christians und Helmut Trischler.

Insbesondere dankbar bin ich den Kollegen und der Kollegin jenseits des GMPG-Programms, auf deren je regionale Expertise ich mich in den Fallstudien über die wissenschaftlichen Beziehungen der MPG nach Südosteuropa und Italien, Spanien und in die Sowjetunion stützen konnte: Susanne Heim sowie Wolfgang Schieder, Albert Presas i Puig und Fabian Lüscher unterzogen die entsprechenden Kapitel einer kritischen Lektüre.

Bei der Erarbeitung der Fallstudie über das in vielerlei Hinsicht außergewöhnliche Chinaprogramm der MPG war ich immer wieder auf Auskünfte, Lesehilfen und Hintergrundinformationen von Chinakundigen wie Matthias Schemmel, Anna Lisa Ahlers, Stephanie Christmann-Budian und Michael Schimmelpfennig angewiesen. Nicht zuletzt aber unterstützten mich hier die für die Zusammenarbeit mit China zuständigen ehemaligen und derzeitigen Referentinnen in der Generalverwaltung der MPG: Barbara Spielmann, Angelika Lange-Gao, Sabine Panglung und nicht zuletzt der langjährige ehemalige Leiter des Auslandsreferats Dietmar Nickel beantworteten meine vielen Fragen kundig und geduldig, auch wenn sie – wenig überraschend im Aufeinandertreffen von Zeitzeugenschaft und Aktenstudium – meiner historischen Interpretation nicht immer folgen mochten. Aber auch bei anderen Fragen konnten mir ehemalige und derzeitige Abteilungs- und Referatsleitende der Generalverwaltung wie Beatrice Fromm, Berthold Neizert und Felix Kahle mit ihren Erfahrungen und zahlreichen Hinweisen weiterhelfen. Vor allem Gottfried Plehn von der Abteilung Kommunikation verdanke ich manches schwer auffindbare analoge und digitale Dokument.

Im Wesentlichen stützt sich diese Studie auf einschlägige Akten im Archiv der Max-Planck-Gesellschaft (AMPG), die zu einem beträchtlichen Teil während der Laufzeit des GMPG-Programms digitalisiert wurden. Urs Schöpflin, der Leiter dieses eindrucksvollen Unternehmens, sowie Felix Falko Schäfer, Kristina Langrock, Aron Marquardt und ihre zahlreichen IT-Kolleg/innen lotsten mich in den vergangenen fünf Jahren durch viele Untiefen dieser digitalen Datenströme, wofür ich ihnen sehr dankbar bin. Wenn ich mich dennoch, wann immer möglich, auf den festen Grund des benachbarten MPG-Archivs rettete, dann nicht zuletzt deshalb, weil mir dort Florian Spillert nicht nur mit digitalem Rat, sondern auch mit analoger Tat zur Seite sprang. Sachkundig, findig und unverdrossen gruppierte er bestens sortierte papierne Aktenstapel um mich herum, war immer wieder für einen Plausch über darin versteckte Eigentümlichkeiten zu haben und half mir so, die bei stundenlanger Aktenlektüre unvermeidliche Müdigkeit und gelegentliche Langeweile zu vertreiben. Keine Langeweile bereitete die Suche nach geeignetem Bildmaterial, bei der mich Susanne Uebele durch die umfänglichen Fotobestände des MPG-Archivs führte. Die Suche nach der Gegenüberlieferung zu den MPG-Akten in den ministerialen Beständen des Bundesarchivs in Koblenz erleichterte mir vor allem Michael Weins. Im Politischen Archiv des

Auswärtigen Amtes wäre ich ohne die zielgenaue Beratung durch Johannes von Boeselager gar nicht erst fündig geworden.

Wie bei den meisten meiner Forschungen in den vergangenen beiden Jahrzehnten profitierte ich auch diesmal von den hervorragenden Arbeitsbedingungen im Max-Plank-Institut für Wissenschaftsgeschichte und vom professionellen Service seiner Mitarbeiterinnen und Mitarbeiter in der besten aller Bibliotheken in Berlin und anderswo. Bei der Fertigstellung des Manuskripts nahm mir das von Birgit Kolboske koordinierte studentische Team, das sich mit den Feinheiten des Stylesheets weitaus besser zurechtfand als ich, viele der zeit- und nervenkonsumierenden Arbeitsschritte und Kontrollgänge hin zur Abgabereife ab. Vor allem aber stand mir in dieser Phase Gisela Hack-Molitor als Lektorin zur Seite. Ihre Strukturvorschläge halfen, die unvermeidlichen Redundanzen auf ein Minimum zu reduzieren, noch bevor sie den präfinalen Text mit wohlwollender Einfühlung in meine stilistischen Vorlieben edierte. Dabei bewahrte sie Ruhe bei den diversen Korrekturdurchgängen, Ordnung in den entsprechend zahlreichen Dateiversionen und die Zuversicht, dass alles ein gutes Ende finden würde.

Der wochenendlichen Landkommune, die dieses Projekt über die Jahre freundlich interessiert begleitete, habe ich zuletzt keine Chance mehr gelassen, mich vom Schreibtisch in die Weiten der uckermärkischen Landschaft zu locken – das wird sich jetzt wieder ändern.

Editorische Notiz

Aufmerksame Leserinnen und Leser werden bemerken, dass im Schriftbild dieser Studie keine geschlechterhomogenisierenden Zeichen wie Sternchen oder Doppelpunkte verwendet werden, mit denen heutzutage gerne sprachliche Geschlechtersensibilität annonciert wird. Das hat geschlechterhistorische Gründe: Die Geschichte der MPG war bis in die 1990er Jahre hinein eine Geschichte von Männern. Jedenfalls blieben die Männer in den höheren Rängen von Wissenschaft und Administration, in denen Außenwissenschaftspolitik und Wissenschaftsaußenpolitik verhandelt wurden, meist unter sich. Deshalb darf die Leserschaft getrost davon ausgehen, dass, wann immer im Folgenden das Maskulinum verwendet wird, es kein generisches ist, sondern von MPG-Angehörigen die Rede ist, für die ihre männliche Identität zumindest in den hier thematisierten Handlungskontexten außer Frage stand. Wann immer eine der von 1948 bis 1998 insgesamt 13 Frauen in der Gruppe der insgesamt 691 Wissenschaftlichen Mitglieder in den hier interessierenden Kontexten in Erscheinung trat, wird darauf explizit hingewiesen; diese winzige Gruppe von Frauen ist damit in dieser Studie deutlich stärker repräsentiert als in der historisch-sozialen Realität der MPG.[1] Im internationalen Vergleich war das groteske Ausmaß an Geschlechterdisparität indessen ein Alleinstellungsmerkmal der MPG, was manchen auslandsreisenden MPG-Wissenschaftler weit weniger irritierte als etwa unerwartete Begegnungen mit chinesischen oder sowjetischen Laborleiterinnen. Wann immer die Geschlechterverteilung weniger eindeutig war als in den wissenschaftlichen Führungskreisen der MPG, also etwa in ausländischen Wissenschaftsinstitutionen, in Bundesministerien, politischen Parteien, sozialen Bewegungen oder in den unteren Rängen des administrativen und wissenschaftlichen Personals der MPG, wird dies sprachlich zum Ausdruck gebracht. Und zwar heißt es beispielsweise »Wissenschaftlerinnen und Wissenschaftler«, wenn mir bekannt ist, dass es in der so bezeichneten Gruppe tatsächlich Männer und Frauen gab; wenn mir dies nicht bekannt, aber doch historisch möglich ist, werden Bezeichnungen wie »Forschende« oder »Mitarbeiter/innen« verwandt. Sollten Leserinnen und Leser bemerken, dass ich bei aller semiotischen Sorgfalt dennoch eine Frau oder auch eine Gruppe von Frauen übersehen habe, bitte ich um Hinweise, um auch sie bei nächster Gelegenheit historisch sichtbar machen zu können.

Die Schreibung von chinesischen Namen und Ortsangaben folgt im vorliegenden Band der Hanju Pinyin. In Text, Zitaten und Fußnoten sind die chinesischen Nachnamen, um Verwechslungen zu vermeiden, in Großbuchstaben

1 Kolboske, Hierarchies. Lotta Support, Little Science?, 2021, 111.

gesetzt. Für die Transliteration danke ich Angelika Lange-Gao. Russische Namen sind in der Regel nach der Duden-Transkription wiedergegeben; in Zitaten, Fußnoten und im Literaturverzeichnis folgen sie der Transkription in den jeweiligen Quellen oder Publikationen. Im Register ist dies durch Querverweise nachvollziehbar (zum Beispiel: Sagdeev – Sagdejew; Velikhow – Welichow). Für die Transliteration danke ich Iris Bäcker.

1. Einleitung

Neuerdings gelobt die Max-Planck-Gesellschaft (MPG) auf ihrer Website, »als Deutschlands erfolgreichste Forschungsorganisation selbstverständlich zur Wissenschaftsdiplomatie (›Science Diplomacy‹) der Bundesrepublik beizutragen«.[1] Mit diesem in historischer Perspektive keineswegs selbstverständlichen Bekenntnis reagiert die MPG eher spät, wenn nicht zu spät, auf eine inzwischen etwa zwanzigjährige internationale Entwicklung, die von Aktiven aus Politik und Wissenschaft vorangetrieben wird, darunter auch des Auswärtigen Amtes (AA) und des Bundesministeriums für Bildung und Forschung (BMBF).[2] Sie wollen staatliche Außenpolitik, internationale Politik und grenzüberschreitende wissenschaftliche Kooperation in ein neues, produktives Verhältnis zueinander setzen. Das Versprechen dieser programmatisch reformulierten *Science Diplomacy* lautet: Mit einer dem globalen Zeitalter gemäßen Internationalisierungsstrategie für die Wissenschaften und neuartigen Verknüpfungen in die internationale Politik hinein könne man in Neuland vorstoßen und den seit dem Ende des Kalten Krieges immer stärker in den Vordergrund drängenden globalen Problemen – Klimawandel, Umweltzerstörung, Ressourcenknappheit, Migrationen, Infektionskrankheiten, Proliferation von Massenvernichtungswaffen – effektiver begegnen.[3]

1 Die Max-Planck-Gesellschaft. Zuhause in Deutschland – präsent in der Welt. https://www.mpg.de/15297895/max-planck-weltweit, zuletzt aufgerufen am 22.2.2022; Einschub in Klammern im Original.

2 Etwa seit der Millenniumswende arbeitete man im Auswärtigen Amt, zunächst unter Führung von Joschka Fischer (Grüne), dann von Frank-Walter Steinmeier (SPD) an einer neuen Konzeption der auswärtigen Kulturpolitik, vgl. Schütte, *Wettlauf ums Wissen*, 2008. In den USA wurde 2000 die Position eines *Science and Technology Adviser to the Secretary of State* eingerichtet, die zur Zeit von der Chemieingenieurin Allison Schwier wahrgenommen wird. Hier stieg der Begriff »science diplomacy« im Anschluss an den 2003 begonnenen Irak-Krieg zum diskursiven Objekt einer strategischen Initiative auf, mit der das State Department dem Ansehensverlust der US-amerikanischen Außenpolitik vor allem in der muslimischen Welt entgegenwirken wollte; vgl. dazu den Forschungsbericht von Rungius, Flink und Degelsegger-Márquez, *State-of-the-Art Report*, 2018, 13–15. 2009 veranstaltete die britische *Royal Society* ein Meeting, bei dem Delegierte aus zwanzig Ländern und fünf Kontinenten »new frontiers in science diplomacy« diskutierten; die 2010 publizierten, knapp gefassten Proceedings fungieren seither als Vademecum jener multinationalen Community aus Wissenschaft und Politik, die sich die Etablierung von Wissenschaftsdiplomatie als Praxis- ebenso wie als Forschungsfeld auf die Fahnen geschrieben hat, vgl. The Royal Society, *New Frontiers in Science Diplomacy*, 2010.

3 Vgl. dazu Turchetti, *UK government's environmentalism*, 2018; Turchetti, *Greening the Alliance*, 2019.

Wissenschaftsdiplomatie – ein Dispositiv in der Krise

Inzwischen hat sich rund um diese Initiativen, die zunächst vor allem in den Vereinigten Staaten, Großbritannien und einigen weiteren europäischen Ländern aktiv und transnational vernetzt waren, ein multidisziplinäres Forschungsnetzwerk herausgebildet, das unter anderem auch von der Europäischen Union (EU) gefördert wird.[4] Und auch internationale wissenschaftliche Fachgesellschaften beobachten Wissenschaftsdiplomatie aufmerksam nicht nur als neues Forschungsobjekt, sondern auch als potentielles professionelles Praxisfeld.[5] Es ist nicht einfach, dieses heterogene Ensemble aus wissenschafts- und außenpolitischen Praktiken in Ministerien, Botschaften, Fachgesellschaften und NGOs, aus politologischer Analyse, historischer Forschung und philosophischen Herleitungen zu verstehen. Allesamt oszillieren sie um das Konzept der Wissenschaftsdiplomatie, vernetzen sich diskursiv miteinander und bestärken sich in ihren Interaktionen wechselseitig. Ihre zukunftsfrohe Botschaft, den Weg zur Lösung der großen globalen Krisen weisen zu können, verkünden sie auf eleganten Websites, in ministerialen Hochglanzbroschüren, in wissenschaftlichen Journalen und in den Feuilletons der Qualitätsmedien. Um dieses Ensemble in seinem gesellschaftlichen Wirken zu erfassen, bietet sich ein Begriff an, der heute nicht mehr so modisch ist wie noch vor einigen Jahren und in den Selbstbeschreibungen dieses Netzwerkes, soweit ich sie überblicke, auch nicht vorkommt, der aber kaum besser passen könnte: Wissenschaftsdiplomatie lässt sich als ein klassisches Dispositiv im Sinne Michel Foucaults begreifen, in dem sich Diskurse, Institutionen, Maßnahmen, moralische Wertungen und wissenschaftliche Aussagen miteinander verknüpfen und in dieser Formation strategisch auf akute Notstände zu antworten versuchen.[6]

Allerdings ist dieses gerade erst etablierte Dispositiv mit dem russischen Überfall auf die Ukraine am 24. Februar 2022 in eine Krise geraten. Sie mani-

4 Vgl. dazu etwa die Website der 2021 gestarteten EU Science Diplomacy Alliance, https://www.science-diplomacy.eu/about/eu-science-diplomacy-alliance/, zuletzt aufgerufen am 22.2.2022.

5 So hat die Division of History of Science and Technology (DHST) innerhalb der International Union of History and Philosophy of Science and Technology (IUHPST) 2017 eine Historical Commission on Science, Technology and Diplomacy eingerichtet: Commission on Science, Technology and Diplomacy, STAND, https://sciencediplomacyhistory.org/. Schon 2008 eröffnete die *American Association for the Advancement of Science* (AAAS) ihr *Center for Science Diplomacy*, das seit 2012 die Zeitschrift *Science & Diplomacy* herausgibt. Vgl. Krige, Diplomacy, 2014; Turchetti und Lalli, *Envisioning*, 2020.

6 Foucault, *Dispositive der Macht*, 1978, 119–121. Wie schwer sich die beteiligten Akteure damit tun, ihr eigenes – in diesem Fall politikwissenschaftliches – Handeln selbstreflexiv in diesem Dispositiv zu verorten, zeigt der bereits zitierte Forschungsbericht (Rungius, Flink und Degelsegger-Márquez, *State-of-the-Art Report*, 2018) sowie ein nachfolgender Artikel von Rungius und Flink, Romancing Science for Global Solutions, 2020, die sich beide mit den Unschärfen des Begriffs und des damit bezeichneten Feldes auseinandersetzen.

festiert sich in einer Serie von Solidaritätsadressen großer deutscher und anderer westlicher Wissenschaftsorganisationen, darunter auch der MPG, an die ukrainischen Wissenschaftlerinnen und Wissenschaftler. Gleichzeitig wurde mancherorts und vor allem von deutscher Seite die wissenschaftliche Zusammenarbeit mit russischen Institutionen auf unbestimmte Zeit unterbrochen, womit die Chancen, dass die neue Wissenschaftsdiplomatie ihre globalen Versprechen je wird einlösen können, weiter sinken.[7] Der Ausgang dieser Krise ist derzeit so ungewiss wie der des Krieges und dessen langfristige geopolitische Konsequenzen. Jedenfalls hält Georg Schütte als einer der prominentesten deutschen Protagonisten der eben noch jungen und schon überalterten Wissenschaftsdiplomatie die Rückkehr der Systemkonkurrenz samt der Gefahr einer erneuten geostrategischen Überformung internationaler wissenschaftlicher Kooperation bereits jetzt für »absehbar«:

Und dann heißt es: Ade liebgewonnene »Wissenschaftsdiplomatie« – und willkommen »Außenwissenschafts-Realpolitik«.[8]

7 Stratmann, Stellungnahme des Präsidenten, 28.2.2022, https://www.mpg.de/ukraine/stellungnahme-martin-stratmann; Allianz der Wissenschaftsorganisationen, Solidarität mit Partnern, 25.2.2022, https://www.wissenschaftsrat.de/SharedDocs/Pressemitteilungen/DE/PM_2022/PM_Allianz_Ukraine.html; dfg, DFG zieht Konsequenzen, 2.3.2022, https://www.dfg.de/service/presse/pressemitteilungen/2022/pressemitteilung_nr_01/index.html. Die Erklärungen der Wissenschaftsakademien der G7-Staaten und der US-amerikanischen National Academies vermeiden hingegen einen Boykottaufruf gegenüber russischen Wissenschaftsinstitutionen: National Academies, We Stand With Our Colleagues, 3.3.2022, https://www.nationalacademies.org/news/2022/03/we-stand-with-our-colleagues-in-ukraine-say-u-s-national-academies-presidents; *Joint Statement by the National Academies of the G7 States on Russia's Attack on Ukraine*. The Royal Society of Canada, Académie des sciences France, German National Academy of Sciences Leopoldina, Italian Accademia Nazionale dei Lincei, Science Council of Japan, The Royal Scociety United Kingdom, National Academy of Sciences United States of America 2.3.2022. https://royalsociety.org/-/media/news/2022/S7-Statement-on-Ukraine.pdf. UK Research and Innovation (UKRI) schlug mit seiner Stellungnahme vom 27.3.2022 einen Mittelweg ein und überprüfte zunächst sämtliche mit russischen Institutionen verbundenen Förderungen, UKRI's Response, 27.3.2022, https://www.ukri.org/news/ukris-response-to-the-russian-governments-invasion-of-ukraine/; alle Links zuletzt aufgerufen am 23.5.2022. Vgl. dazu auch das Interview mit Jürgen Renn: Friederike Walch-Nasseri, Jürgen Renn: »An Putins langem Tisch sitzt kein Wissenschaftler, der widerspricht«. *Die Zeit* (6.4.2022). https://www.zeit.de/wissen/geschichte/2022-04/juergen-renn-russland-wissenschaft-wladimir-putin, zuletzt aufgerufen am 22.4.2022, sowie die Kommentare auf die Frage »Sind die Wissenschaftssanktionen gegen Russland richtig?« von Anna-Lena Scholz: »Ja! Wissenschaft ist eine geopolitische Macht – und muss auch so handeln« und Stefan Schmitt: »Nein! Wer Wissenschaftler jetzt abstraft, gefährdet unser aller Zukunft«, in: Schmitt und Scholz, Wissenschaftssanktionen, *Die Zeit*, 8.4.2022.

8 Schütte, Eiszeit, *FAZ.NET*, 31.3.2022. Schütte war von 2004 bis 2009 Generalsekretär der Alexander von Humboldt-Stiftung (AvH), danach Staatssekretär im Bundesministerium für Bildung und Forschung (BMBF) und ist seit 2020 Generalsekretär der VolkswagenStiftung.

Historikerinnen und Historiker verfügen bekanntlich nur über geringe prognostische Expertise, und insofern taugt auch diese Studie nicht, um daraus die Zukunftschancen dieses krisengebeutelten Dispositivs zu extrapolieren. Sie tritt vielmehr einen Schritt dahinter zurück und befragt das historische Material danach, wie sich Wissenschaft und Diplomatie in den Jahrzehnten nach dem Zweiten Weltkrieg überhaupt ins Verhältnis zueinander setzten, wann sie an einem Strang zogen und warum sie des Öfteren miteinander in Konflikt gerieten.

Wissenschaft und Diplomatie

Im Titel dieser Studie wird das Kompositum »Wissenschaftsdiplomatie« daher durch ein »Und« in seine beiden Wortbestandteile zerlegt – und zwar keineswegs als Zugeständnis an die Krise dieses noch bis zum Kriegsbeginn im Februar 2022 populären Konzepts, sondern als Kennzeichnung des hier gewählten wissenschaftspolitikhistorischen Ansatzes. Denn im Folgenden geht es nicht um die historische Unterfütterung eines seiner zukunftsoptimistischen Gewissheiten beraubten aktuellen Diskurses. Vielmehr soll ein bislang weniger beachteter Aspekt des im Übrigen schon lange und intensiv bearbeiteten Verhältnisses von Wissenschaft und Politik beleuchtet werden: das Verhältnis von internationalen wissenschaftlichen Beziehungen und Außenpolitik im nationalen, bilateralen und internationalen Rahmen. Dieses Verhältnis hat eine lange Geschichte, die mindestens bis zur Entstehung von Nationalstaaten zurückreicht, wenn man nicht noch ältere Bündnisse zwischen Wissenschaft und politischer Herrschaft miteinbeziehen will, die der Absicherung und Erweiterung des eigenen Territoriums, der Errichtung von Imperien oder auch der friedlicheren Beziehungspflege mit benachbarten Herrschaftsterritorien dienten.[9]

Erst in den letzten Jahren haben sich verstärkt transnational kooperierende Historikerinnen und Historiker unter anderem am Max-Planck-Institut (MPI) für Wissenschaftsgeschichte mit wissenschaftshistorisch interessanten Aspekten von internationaler Politik und Außenpolitik in verschiedenen Weltregionen befasst. Gemeinsam haben sie darauf aufmerksam gemacht, dass gerade das 20. Jahrhundert der Extreme (Eric Hobsbawm) und insbesondere der Kalte Krieg viele Anlässe für strategische Verknüpfungen von Wissenschaft und Außenpolitik boten, die freilich häufiger nationalstaatlichen und bündnispolitischen Interessen dienten als einem global verstandenen Wohl der Menschheit.[10]

9 Insbesondere wäre hier an die Geschichte der wissenschaftlichen Expeditionen zu denken, die aufs Engste mit der europäischen Kolonialpolitik verknüpft war: Thomas, *Expedition into Empire*, 2015; Hasinoff und Bell, *Anthropology of Expeditions*, 2015; MacLeod, Discovery, 2009. Zur Rolle von Wissenschaften bei Nationalstaatsbildungen vgl. Jessen und Vogel, *Wissenschaft und Nation*, 2002.

10 So in der bereits zitierten Commission on Science, Technology and Diplomacy, STAND, https://sciencediplomacyhistory.org/. Zu den Arbeiten am MPI für Wissenschaftsge-

Solche Bündnisse hatten im Verlauf der letzten hundert Jahre allein in Deutschland viele Bezeichnungen: auswärtige Kulturpolitik, Weltinnenpolitik, Wissenschaftlich-Technische Zusammenarbeit (WTZ), Europäisierung und Internationalisierung der Wissenschaften, Außenwissenschaftspolitik und zuletzt eben Wissenschaftsdiplomatie. Alle diese Namen waren Programm, und Namenswechsel signalisierten jeweils Neukonzeptionierungen im Verhältnis von Außenpolitik und Wissenschaft. Diese Studie nimmt ihren Ausgangspunkt vom Territorium der Bundesrepublik Deutschland, wie es in der Folge des Zweiten Weltkriegs von den Alliierten politisch festgelegt wurde, und untersucht die von dort ausgehenden außen(wissenschafts)politischen Beziehungen. Dabei fokussiert sie sich auf die MPG als eine für die Ausgestaltung des Verhältnisses von Wissenschaft und Diplomatie in der Bundesrepublik ebenso relevante wie eigentümliche nationale Forschungsorganisation.

Die Max-Planck-Gesellschaft – ein zurückhaltender Akteur der internationalen Politik

Die Frage ist nicht, ob die MPG über all die Jahre tatsächlich Deutschlands erfolgreichste Forschungsorganisation war, wie es das eingangs zitierte Statement nahelegt. Entscheidend ist, dass sie von politischen Instanzen und Wissenschaftsinstitutionen im Ausland häufig als solche gesehen und kontaktiert wurde, nicht selten zum Missfallen anderer bundesdeutscher Forschungseinrichtungen und gelegentlich auch der Bundesregierung. Ihre Eigentümlichkeit bestand darin, dass sie – trotz ihrer immer umfänglicheren internationalen Wissenschaftskooperationen – selten proaktiv in einem wie auch immer gearteten wissenschaftsdiplomatischen Sinne hervortrat. Offensichtlich mochte sie sich über lange Zeiten nicht als Akteurin einer internationalen Wissenschaftsdiplomatie oder der bundesdeutschen Außenpolitik verstehen.[11]

Warum das so ist, machen die Gespräche nachvollziehbar, die ich im Frühjahr 2018 mit langjährig aktiven und ehemaligen Mitarbeiterinnen und Leitern des für internationale Beziehungen zuständigen Referats in der Münchener

schichte vgl. etwa: Kraft, Nehring und Sachse, The Pugwash Conferences and the Global Cold War, 2018; Kraft und Sachse, *Science, (Anti-)Communism and Diplomacy*, 2020; Turchetti und Lalli, Envisioning, 2020; Lalli, Crafting Europe, 2021; Rispoli und Olšáková, Science and Diplomacy, 2020. Kraft, From Dissent, 2022. Zum internationalen wissenschafts- und diplomatiehistorischen Forschungsstand vgl. Adamson und Lalli, Global Perspectives, 2021; Rentetzi und Ito, The Co-Production, 2021; Kraft, Nehring und Sachse, The Pugwash Conferences and the Global Cold War, 2018.

11 Zum Beispiel achtete sie trotz vielfacher Einladungen an ihre prominentesten Mitglieder stets auf Distanz zu den *Pugwash Conferences on Science and World Affairs* (PCSWA, Pugwash), vgl. Sachse, The Max Planck Society and Pugwash during the Cold War, 2018.

Generalverwaltung der MPG führte.[12] Alle – und zwar unabhängig davon, ob sie dieses Referat in den frühen 1970er Jahren überhaupt aufgebaut hatten, dort erst in den 1980er oder 1990er Jahren eingetreten waren oder bis heute in diesem Bereich leitend tätig sind – hoben dabei übereinstimmend ein ganz anderes Leitmotiv für ihren Aufgabenbereich hervor. Nachdrücklich und unabhängig voneinander verwiesen sie darauf, dass die internationalen Beziehungen der MPG, jeder wissenschaftliche Austausch und jegliche Forschungskooperation von den Instituten ausgingen, damals wie heute. Ihr Referat habe die von den MPI artikulierten Wünsche und Initiativen lediglich aufgegriffen und versucht, bei der Umsetzung zu helfen. Das Auslandsreferat habe sich jederzeit – ganz im Stil der postmodernen Dienstleistungsgesellschaft – als Serviceeinrichtung für die Institute verstanden. Keinesfalls habe sich die MPG in der Gestaltung ihrer internationalen Beziehungen von externen politischen Akteuren, etwa der Bundesregierung, vereinnahmen oder instrumentalisieren lassen. Es sei grundsätzlich nur um die Etablierung wissenschaftsintrinsisch sinnvoller Kooperationen gegangen, ungeachtet der politischen Verhältnisse in den jeweiligen Zielländern oder der entsprechenden bilateralen Beziehungen der Bundesrepublik. Bei der Realisierung der Kooperationswünsche der Institute habe das Referat allerdings sein spezifisches Knowhow und vor allem seine vielfältigen Kontakte zu anderen bundesdeutschen, ausländischen, supra- und internationalen wissenschaftlichen Organisationen im In- und Ausland genutzt, ebenso wie zu seinen Ansprechpersonen in der Bundespolitik und den deutschen Botschaften vor Ort. Wenn man zuletzt doch den Begriff *Science Diplomacy* »adaptiert« habe, dann deshalb, weil man sich der 2009 gestarteten »Initiative Außenwissenschaftspolitik« der Bundesregierung nicht gänzlich habe versagen wollen. Man versuche vielmehr, so der aktuell zuständige Abteilungsleiter Berthold Neizert, die eigene Internationalisierungsstrategie »in gewisser Weise auch politisch ›einzubetten‹« und zumindest Teile dieser Strategie »in den Kontext der Außenwissenschaftspolitik« zu rücken – »freilich ohne diese Politik aktiv mitzugestalten bzw. zu formulieren«.[13]

12 Mündliche Mitteilung von Angelika Lange-Gao an CS am 7.4.2018; Interview Neizert (Sachse) 10.5.2018; Interview Nickel (Sachse) 12.4.2018; Mündliche Mitteilung von Barbara Spielmann an CS am 12.4.2018. Zuschnitt und Bezeichnung des Referats variierten gelegentlich, im Folgenden wird es mit der Kurzform Auslandsreferat bezeichnet.

13 Zitate: Schriftliche Mitteilung von Berthold Neizert an CS am 9.3.2022. Wann genau das Wort »Wissenschaftsdiplomatie« auf der MPG-Website erschien, konnte ich anhand der mir zugänglichen analogen und digitalen Publikationen nicht rekonstruieren. Ein früheres Mission Statement zur internationalen Zusammenarbeit an dieser Stelle von 2014 mit dem Titel »Die Max-Planck-Gesellschaft. Zuhause in Deutschland – präsent in der Welt« erwähnt weder Wissenschaftsdiplomatie bzw. *Science Diplomacy* noch Außenwissenschaftspolitik oder sonst eine Wortkombination mit »Politik« oder »politisch«: https://web.archive.org/web/20150317103932/http://www.mpg.de/7897212/Zu_Hause_in_Deutschland_de.pdf, zuletzt aufgerufen am 13.8.2022. Ich danke Gottfried Plehn für dieses schwer auffindliche digitale Dokument. Erst der am 15.11.2019 veröffentlichte

Internationale wissenschaftliche Beziehungen und nationale Außenwissenschaftspolitik gehen offensichtlich nicht – wie es die Rede von der Wissenschaftsdiplomatie suggeriert – wie von selbst harmonisch ineinander auf. Zumindest auf Seiten der MPG lässt sich, seit sie in den späten 1940er Jahren aus der Kaiser-Wilhelm-Gesellschaft (KWG) hervorging, bis zum heutigen Tag ein aufmerksames *Boundary Working* beobachten, auf dass sich wissenschaftliche Forschung und Außenpolitik möglichst nicht zu nahe kommen. Wie die MPG im Verlauf dieser Jahrzehnte Nähe und Distanz austarierte, wie sie sich in verschiedenen außenpolitischen Kontexten positionierte und in welche Konflikte sie mit anderen Akteuren der bundesdeutschen Außenpolitik, der internationalen Politik und der europäischen Außenpolitik geriet, wird in dieser Studie untersucht.

Außenwissenschaftspolitik und Wissenschaftsaußenpolitik

Um diese Konflikte und die ihnen zugrundeliegenden unterschiedlichen Interessenlagen begrifflich präziser zu kennzeichnen, benutze ich statt des vieldeutigen Wortes Wissenschaftsdiplomatie zwei etwas sperrigere Begriffe: Außenwissenschaftspolitik und Wissenschaftsaußenpolitik. Beide wurden sie schon 2006 vorgeschlagen von Georg Schütte, dem damaligen Präsidenten der Alexander von Humboldt-Stiftung (AvH), die sich selbst mit ihrer weltweiten Förderung wissenschaftlicher »Leistungseliten« gleich welcher Nation und Disziplin »an der Schnittstelle von Außen- und Wissenschaftspolitik« positioniert.[14] Seither werden diese Begriffe, der erste häufiger als der zweite, zumeist synonym und oft in einem Atemzug mit Wissenschaftsdiplomatie verwendet. Im Rahmen dieser Studie sollen die beiden Begriffe jedoch die jeweils vorrangig verfolgten Interessen bei der Förderung internationaler wissenschaftlicher Beziehungen kenntlich und unterscheidbar machen. Wissenschaftsaußenpolitik steht im Folgenden für jenes in der Generalverwaltung der MPG kultivierte Verständnis einer Politik internationaler Beziehungen, die primär den wissenschaftsintrinsischen Interessen der Max-Planck-Institute und ihrer Forscher/innen dient. Außenwissenschaftspolitik kennzeichnet hingegen die Perspektive der Bundesregierung, der Regierungen in den Partnerländern und die der supranationalen Organisationen, die mit der Förderung bilateraler oder internationaler wissenschaftlicher Kooperationen anders geartete außen-, europa- oder globalpolitische Ziele ver-

Bericht der Bundesregierung zur internationalen Kooperation in Bildung, Wissenschaft und Forschung 2017 bis 2018 (Bundesregierung, *Bericht der Bundesregierung*, 15.11.2019) erwähnt in seiner knappen Darstellung der MPG-Internationalisierungsstrategie als einen von vier Bereichen auch die »Außenwissenschaftspolitik im Sinne vorausschauender Science Diplomacy als Mehrwert für den Forschungsstandort Deutschland«.

14 Zitate: Schütte, *Wettlauf ums Wissen*, 2008, Vorwort, 9 und Strategie der Alexander von Humboldt Stiftung, https://www.humboldt-foundation.de/entdecken/ueber-die-humboldt-stiftung/strategie-der-alexander-von-humboldt-stiftung, zuletzt aufgerufen am 17.3.2022. Zur Geschichte der AvH vgl. Jansen, *Exzellenz weltweit*, 2004.

folgen.[15] Mit diesen beiden Begriffen sollen also die Pole jenes Spannungsfeldes von Wissenschaft und Außenpolitik bezeichnet werden, in dem sich die MPG mit der Ausgestaltung ihrer Kooperationsbeziehungen bewegen musste.

Universalität und Internationalität der Wissenschaften

Bevor wir uns der wechselhaften Geschichte dieses im Fall der MPG mehr von bemühter Distanz geprägten Verhältnisses von Wissenschaft und Außenpolitik zuwenden, soll der Untersuchungsbereich dieser Studie begrifflich eingekreist werden. Von den damit verbundenen Schwierigkeiten zeugt bereits ein erster Versuch des MPG-Präsidenten Hans Zacher, dessen Amtszeit von 1990 bis 1996 nicht nur von der deutschen Wiedervereinigung, sondern auch von den sich beschleunigenden Prozessen der Europäisierung geprägt war. Sein Bemühen, die »Internationalität« der MPG »in harten Fakten darzustellen«, stieß, wie er es selbst formulierte, 1995 noch »ins Leere«. Er kapitulierte in seinen Strukturierungs- und Differenzierungsbemühungen vor der »Masse der internationalen Kooperationen«, deren Auswahl, Ausgestaltung und Handhabung der selbstverständlich zu respektierenden »Autonomie der Institute« oblag.[16] Die Wirklichkeit der internationalen wissenschaftlichen Beziehungen in den Instituten sei »zu vielfältig, weithin zu alltäglich und insgesamt gestaltarm«.[17] Es war nicht nur der bedauerliche Mangel an statistischen Informationen, den er beklagte. Er vermisste auch die Kategorien, mit denen sich die »beiden Selbstverständlichkeiten der Nationalität und Internationalität der Forschung« in ihrem Verhältnis zueinander strukturieren ließen. Wenn es aber um die »Forschung als soziales Geschehen« und die »Rationalität« der internationalen »Dimension forschender Existenz« ging, so tat sich, wie er schrieb, erst recht ein »schwarzes Loch« auf.[18] Dennoch entschloss sich Präsident Zacher, seinen Kollegen und wenigen Kolleginnen im Wissenschaftlichen Rat der MPG, also der Vollversammlung ihrer wissenschaftlichen Mitglieder, einige »Fragmente« seiner Überlegungen vorzutragen, um endlich »das Gespräch über eine optimale Internationalität der Forschung und der Max-Planck-Gesellschaft in Gang« zu bringen.[19]

Sein Vortrag war irreführenderweise unter dem Titel »Die Max-Planck-Gesellschaft in der Spannung zwischen Nationalität und Universalität« angekündigt worden. Doch in seinen Ausführungen ging es Zacher keineswegs um »Universalität« von Wissenschaft.[20] Das spätestens seit der europäischen Aufklä-

15 Zur synonymen Verwendungsweise siehe Schütte, *Wettlauf ums Wissen*, 2008, Vorwort, 9; Borgwardt, Wissenschaftsaußenpolitik, 2009.

16 Protokoll der Sitzung des Wissenschaftlichen Rates vom 8.2.1995, AMPG, II. Abt., Rep. 62, Nr. 1983, Zitate: fol. 29, 35, 35 verso.

17 Ebd., fol. 29.

18 Ebd., fol. 26 verso.

19 Ebd., fol. 36 verso.

20 Ebd., fol. 24.

rung verpflichtende Gebot moderner Wissenschaft, ihre Wissenschaftlichkeit an der universalen Anerkennung ihrer Erkenntnisse zu erweisen, setzte er als selbstverständlich voraus. Damit verbundene erkenntnistheoretische Fragen – etwa nach der intersubjektiven Nachvollziehbarkeit von Erkenntnisprozessen oder der translokalen Überprüfbarkeit der instrumentellen und experimentellen Settings, in denen das Wissenschaftlichkeit beanspruchende Wissen gewonnen wurde – waren hier kein Thema.[21] Nicht die längst selbstverständliche epistemische Identität von moderner Wissenschaftlichkeit und universaler Geltung von Wissen trieb ihn um, sondern die Internationalität der Produktion von wissenschaftlichem Wissen. Dass diese mitnichten selbstverständlich ist, hat Dmitri Rogosin, der Leiter der russischen Weltraumorganisation Roskosmos, mit seiner provokanten Warnung vor einem Absturz der Internationalen Raumstation (ISS) über Europa oder den USA infolge der westlichen Wirtschaftssanktionen gegen den russischen Aggressor gerade erst demonstriert.[22]

Seit dem 19. Jahrhundert wurde die Produktion wissenschaftlichen Wissens zunehmend und auch in Deutschland seit der Reichsgründung verstärkt nationalstaatlich organisiert und finanziert. Parallel dazu fanden gleichwohl Internationalisierungsprozesse unterschiedlichster Art statt, die sich nach dem Zweiten Weltkrieg und mehr noch seit dem Ende des Kalten Krieges beschleunigten und die national verfassten Wissenschaftssysteme herausforderten. Internationalität eröffnete nicht mehr nur neue Erkenntnishorizonte und materielle Spielräume, sie war, so Zacher, vor allem »institutionell geworden und normativ«.[23] Sie bestimmte jetzt zunehmend mit, was zuvor das Monopol des Nationalstaats gewesen war, nämlich die gesetzlichen, institutionellen, finanziellen und infrastrukturellen Bedingungen, Möglichkeiten und Grenzen wissenschaftlicher Forschung. Daher sei es wichtig, dieses höchst ambivalente Phänomen im Hinblick auf die Position der MPG in der sich neu formierenden internationalen Wissenschaftslandschaft kritisch zu beobachten.

Die Internationalität der Forschung stellte Zacher vor dem Erfahrungshintergrund seiner Präsidentschaft direkt der nationalen Verfasstheit der Wissenschaftssysteme gegenüber. Unter den Sammelbegriff »Internationalität« subsumierte er alle wissenschaftlichen Kooperationen, Austausche und Forschungseinrichtungen, alle wissenschaftspolitischen Beziehungen, Absprachen, Institutionen, Verfahren und Regelungen, die den nationalstaatlichen Rahmen überschritten.[24] Dies mochte ein eher vom internationalen Recht inspiriertes

21 Vgl. Riedel, Universalität, 1979; Stichweh, Genese, 2003; Stichweh, Universalität wissenschaftlichen Wissens, 2005.

22 Vgl. dazu *Der Spiegel*, 12.3.2022, https://www.spiegel.de/wissenschaft/weltall/iss-russische-raumfahrtbehoerde-roskosmos-warnt-vor-absturz-als-folge-von-sanktionen-a-638ecf4c-eed3-49cb-a615-9a9b8dc94e83, zuletzt aufgerufen am 20.3.2022.

23 Protokoll der Sitzung des Wissenschaftlichen Rates vom 8.2.1995, AMPG, II. Abt., Rep. 62, Nr. 1983, fol. 25.

24 Ebd., fol. 24–36 verso.

Begriffsverständnis sein, wie es für einen Juristen nahelag. Es hatte jedenfalls wenig mit einer emphatisch aufgeladenen Vorstellung von Internationalität als Ausweis einer anzustrebenden Weltoffenheit zu tun. Internationalität bezeichnete bei Zacher vielmehr einen sich beschleunigt ausdehnenden und zugleich verdichtenden institutionellen und normativen Problemkomplex, den es zum Besten der Forschung und der MPG zu bearbeiten galt. Als ein solcher von den Quellen vorgegebener kompakter Begriff wird Internationalität im Folgenden eher zitierend als kategorisierend gebraucht.

Chancen und Risiken der Internationalisierung von Wissenschaft

Zacher war sich vor allem der kritischen Nebenwirkungen der zunehmenden Internationalisierung wissenschaftlicher Forschung bewusst. Das war nicht nur die Vervielfältigung der Regulierungsinstanzen. Was ihn ebenfalls beunruhigte, war die »*Indienstnahme* der Forschung« und der Kooperation der Forschenden für »auch oder vorwiegend politische Zwecke, die neben der Forschung liegen« und von eben jenen nationalen, inter- und supranationalen Instanzen vorgegeben wurden, die die internationale wissenschaftliche Zusammenarbeit zu fördern anboten.[25] Es waren alle jene Zwecke, die nach der eben skizzierten Begriffsverwendung der Außenwissenschaftspolitik zuzuordnen waren. Ein solcher Zweck konnte aus westlich-demokratischer Perspektive der Wunsch sein, mit der Idee der Forschungsfreiheit zugleich die eigenen Freiheitsvorstellungen in nicht-westliche Partnerländer zu transferieren; es konnten entwicklungs- und außenwirtschaftspolitische Ziele sein; vielleicht sollten bilaterale diplomatische Beziehungen überhaupt erst vorbereitet werden. Die Europäische Union als zunehmend mächtiger und finanzstarker Player in der supranationalen Wissenschaftsförderung rückte neben wirtschaftspolitischen vor allem integrations- und kohäsionspolitische Ziele in den Vordergrund. Hinzuzufügen wäre ein funktionaler Aspekt, der Mitte der 1990er Jahre, als Zacher mit der Internationalität der Forschung rang, nur mehr musealen Wert zu haben schien, der seine Aktualität aber gerade wieder beweist: Auch mit der Unterbindung bi- und multilateraler wissenschaftlicher Zusammenarbeit oder dem Ausschluss bestimmter Länder aus internationalen Kooperationen kann Außenpolitik betrieben werden.[26]

Es waren nationale Grenzen und blockpolitische Bündnissysteme, die den wissenschaftlichen Universalismus, den Wissenschaftler und Wissenschaftlerinnen in aller Welt und so auch in der MPG längst internalisiert hatten, an die geopolitische Realität des Kalten Krieges zurückbanden. Andererseits verknüpften wichtige, nach dem Zweiten Weltkrieg neu entstandene internationale Organisationen die erhoffte Sicherung des Weltfriedens mit dem uni-

25 Ebd., fol. 27; Hervorhebung im Original.
26 Vgl. dazu die in FN 7 zitierten Stellungnahmen zum Angriff auf die Ukraine.

versalen Geltungsanspruch der modernen Wissenschaften. So gründeten die Vereinten Nationen (UNO) noch 1945 die *United Nations Educational, Scientific and Cultural Organization* (UNESCO) als ihre zweite Sonderorganisation nach der *Food and Agricultural Organization* (FAO). Die Organisation für europäische wirtschaftliche Zusammenarbeit (Organisation for European Economic Co-operation, OEEC) setzte in der Verfolgung ihrer Ziele ebenfalls auf die Wissenschaft und benannte sich 1961 um in Organisation für wirtschaftliche Zusammenarbeit und Entwicklung (Organisation for Economic Cooperation and Development, OECD). Diese beiden und weitere internationale Organisationen hofften mit Blick auf die bundesdeutsche Mitgliedschaft nicht zuletzt auf das Engagement der MPG als der prominentesten Wissenschaftseinrichtung der Bundesrepublik.

Schwieriger als mit solchen internationalen Organisationen, in denen sich gleichberechtigte nationale Vertretungen miteinander austauschen und sich auf ein gemeinsames Vorgehen in ihrer jeweiligen Agenda verständigen oder auch nicht, konnte es mit supranationalen Organisationen werden. Denn diese zeichnen sich dadurch aus, dass die Mitgliedsstaaten gewisse Hoheitsrechte, die etwa die Wissenschaftsförderung betreffen, an die übergeordnete Institution abtreten, die dann als Normierungs- und Regulierungsinstanz neben und über die Nationalstaaten tritt. Das klassische Beispiel dafür ist die Europäische Gemeinschaft (EG) bzw. seit 1992 die Europäische Union (EU), die seit den frühen 1970er Jahren ihre Zuständigkeit für Wissenschaftsförderung in mehreren Etappen erweiterte – sehr zur Besorgnis von Zacher und mancher seiner Vorgänger und Nachfolger im Präsidentenamt der MPG.

Was für die MPG auf dem Spiele steht: Institutionelle Autonomie, staatliche Grundfinanzierung und Harnack-Prinzip

Denn die Präsidenten und mit ihnen die Führungsebene in der Generalverwaltung bangten um den im internationalen Vergleich einzigartigen Status der MPG im bundesdeutschen Wissenschaftssystem, wie er sich in der unmittelbaren Nachkriegszeit herausgebildet hatte. Die westlichen Besatzungsmächte nämlich hatten in Reaktion auf die enge Verflechtung der KWG mit dem militärisch-industriellen Komplex des NS-Regimes darauf bestanden, dass die MPG ihrer – in Auseinandersetzung mit den britischen und amerikanischen Militärbehörden entwickelten – Selbstdarstellung zumindest zukünftig gerecht würde, nämlich einzig eine Institution der Grundlagenforschung zu sein. Damit passte sich die MPG der in den ersten Nachkriegsjahrzehnten dominanten, von John Krige zurecht als hegemonial gekennzeichneten US-amerikanischen forschungspolitischen Strategie für Europa an, die auf das wissenschaftliche Potential in den westeuropäischen Ländern keinesfalls verzichten wollte. Es sollte aber in solche Bereiche gelenkt werden, die weder die eigene militärische und technologische Führungsrolle gegenüber den westlichen Verbündeten gefährdeten noch der östlichen Gegenmacht gleich hinter dem Eisernen Vorhang mitten in Europa allzu viel, womöglich gar militärischen Nutzen brächten, sollten sie je in deren Hände fallen.[27]

Mit den Forschungsverboten, die die Siegermächte über ihre deutschen Besatzungszonen verhängt hatten, forcierten sie zudem epistemische Neuorientierungen in der MPG. Eine Folge war, dass sich zum Beispiel führende Kernforscher von der Kernenergieforschung ab- und kosmologischen Fragestellungen zuwandten. Die agrarwissenschaftlichen Forschungen mit ihren expliziten Anwendungsbezügen wurden hingegen noch bis in die frühen 1970er Jahre fortgeführt; und in den MPI, die in der Material-, Oberflächen-, Eisen- und Kohleforschung aktiv waren, behielt man Nutzungspotentiale damals wie heute fest im Blick.[28] Am Ende ging die MPG gleichwohl aus der Neuformierung des westdeutschen Wissenschaftssystems als diejenige Organisation hervor, die in erster Instanz für die außeruniversitäre Grundlagenforschung in der Bundesrepublik zuständig war. Als solche galt sie als der militärischen Forschung unverdächtig und blieb der akademischen Lehre enthoben.[29] Und dank ihrer überwiegend staatlichen Grundfinanzierung war und ist sie auch von anders gearteter interessengebundener Auftrags- und Projektforschung weitgehend unabhängig.[30]

Die im internationalen Vergleich außergewöhnliche und bis heute erfolgreich verteidigte Autonomie der MPG ist nicht nur finanzieller Natur. Auch in ihrer Personalauswahl, von der Sekretärin und technischen Hilfskraft über die wissenschaftlichen und administrativen Mitarbeiter/innen bis hin zu MPI-Direktor/innen und last, but not least in der Wahl ihrer Präsidenten war und ist sie – von allgemeinen arbeitsrechtlichen Vorschriften abgesehen – unabhängig von staatlicher Mitsprache oder gar Letztentscheidung, anders als noch bis heute die staatlich finanzierten deutschen Hochschulen.[31] Dies trifft insbesondere für ihr vornehmstes Geschäft zu, die Berufung neuer wissenschaftlicher Mitglieder (WM). Hier galt das nach dem Gründungspräsidenten der KWG bezeichnete Harnack-Prinzip nach dem Zweiten Weltkrieg zwar nicht mehr in seiner Rein-

27 Zur amerikanischen Forschungspolitik in Europa vgl. Krige, *American Hegemony*, 2006. Zur Selbstpositionierung der KWG/MPG als Institution der Grundlagenforschung in den ersten Nachkriegsjahren vgl. Sachse, Research, 2009.

28 Vgl. dazu die Studien von Bonolis und Leon, *Astrophysics*, 2023; Schwerin, Landwirtschaftswissenschaften, 2023 und Steinhauser, Tradition und Wandel, 2023. Zum Verständnis von Grundlagenforschung in den frühen Jahren der MPG vgl. Sachse, Grundlagenforschung, 2014.

29 Zum *Dual-Use*-Potential mancher Forschungen in MPI vgl. Schmaltz, Militärische Forschung, 2023.

30 Trischler, Ort der Max-Planck-Gesellschaft, 2023. Zur anteiligen Finanzierung der MPG durch den Bund und die Länder sowie zu den Vor- und Nachteilen dieser spezifischen Finanzkonstruktion im Verlauf der bundesdeutschen Geschichte vgl. jetzt die Studien von Balcar, *Instrumentenbau – Patentvermarktung – Ausgründungen*, 2018; Balcar, *Ursprünge der MPG*, 2019; Balcar, *Wandel*, 2020.

31 Zu den Konflikten, die im Zuge der fortschreitenden Verrechtlichung von Arbeitsverhältnissen in der Bundesrepublik auch in der MPG ausgetragen wurden, vgl. Scholz, *Partizipation*, 2019; Kolboske, *Chancengleichheit*, 2018.

form, wonach man jeweils ein Institut um einen exzellenten Forscher bauen und ihm dann in jeder Hinsicht freie Hand lassen wollte.[32] Aber Nachklänge sind immer noch vernehmbar. Noch immer werden WM auf Lebenszeit berufen. Allerdings werden sie seit den 1960er Jahren zumeist nur mehr mit der Leitung einer Abteilung betraut und firmieren als Direktoren *an* einem MPI. Die Leitung der zunehmend größeren MPI üben sie seit den 1970er Jahren immer häufiger kollegial mit den anderen Abteilungsleitern – nur selten auch mit einer Abteilungsleiterin – aus. Aber innerhalb ihrer Abteilung sind sie frei in ihren Forschungsentscheidungen und haben im Rahmen ihrer ausverhandelten Stellen- und Finanzpläne nach wie vor die personal- und finanzpolitische Entscheidungshoheit.[33] Gerade diese aus dem Harnack-Prinzip überkommene Einheit von wissenschaftlicher und administrativer Leitung wird heute nicht mehr von allen WM als Zuwachs von Handlungsspielraum und Verantwortung geschätzt. Insbesondere dann nicht, wenn sie, was seit den 1990er Jahren immer häufiger der Fall ist, aus anderen nationalen Wissenschaftssystemen, in denen ihnen die administrative Leitungsfunktion erspart blieb, zur MPG wechseln; vielleicht sehen manche von ihnen auch deshalb die Berufung an ein MPI heute öfter als eine ihr Renommee steigernde Etappe, aber nicht mehr als den ultimativen Höhepunkt ihrer Karriere an.[34]

Der Identitätskern der MPG: Grundlagenforschung

Der Bezug auf Grundlagenforschung diente, nachdem er noch während der Besatzungszeit den Übergang von der KWG in die MPG ermöglicht hatte, fortan einem doppelten Zweck. Nach innen taugte er als Selektionskriterium für die Schließung älterer und die Gründung neuer Max-Planck-Institute bzw. Abteilungen. Dabei war tatsächlich nicht die Nähe oder Ferne zur industriellen Nutzung oder klinischen Anwendung eines Forschungsgebiets ausschlaggebend. Die entscheidenden Fragen waren vielmehr, ob das betreffende Gebiet nicht bereits anderenorts, etwa an den Universitäten, hinreichend bearbeitet wurde; wie es mit der vorhandenen institutionellen und epistemischen Infrastruktur thematisch benachbarter MPI korrespondieren würde; ob eine exzellente Forscherpersönlichkeit gewonnen werden könnte; und ob in dieser Kombination herausragende Erkenntnisgewinne möglichst am *Cutting Edge* der internationalen Forschung zu erwarten wären. Konnten diese Fragen zufriedenstellend beantwortet werden, war der Nachweis der Grundlagenforschung ohne weitere

32 Der protestantische Theologe und Kirchenhistoriker Adolf von Harnack amtierte von 1911 bis 1930 als KWG-Präsident. Zum Harnack-Prinzip vgl. Laitko, Harnack-Prinzip, 2014.

33 Ausführlich zur Entwicklung der Governance-Strukturen in der MPG: Balcar, *Wandel*, 2020, 171–243.

34 Entsprechende Beobachtungen im Kolleg/innenkreis artikulierten einige WM am Rande von Fachbeiratssitzungen des GMPG-Projektes.

epistemische Spitzfindigkeiten erbracht und das infrage stehende Forschungsgebiet konnte in der MPG verbleiben bzw. neu aufgenommen werden.[35]

Nach außen diente die Berufung auf Grundlagenforschung als Chiffre für die herausgehobene Position der MPG in dem sich rekonstruierenden und ausdifferenzierenden bundesdeutschen Forschungssystem. Damit grenzte sie sich insbesondere von der 1948 gegründeten Fraunhofer-Gesellschaft für angewandte Forschung (FhG) ab, aber auch von den industriell geförderten oder betriebenen Forschungseinrichtungen, von Bundesforschungsanstalten und anderen Behörden, die den jeweiligen Fachministerien in Bund und Ländern nachgeordnet und mit ressortspezifischen Forschungen betraut waren, sowie von unabhängigen Instituten, die sich vor allem um Aufträge im Rahmen der von den Bundesministerien finanzierten und ausgeschriebenen Ressortforschung bemühten.[36]

Wenn in dieser Studie das für jegliche historische Untersuchung der MPG unvermeidliche Wort Grundlagenforschung verwendet wird, dann in diesem doppelten Sinn einer ordnungspolitischen Chiffre für die Positionierung der MPG und der unter ihrem Dach betriebenen Forschungen nach außen und innen. Es wird damit weder eine Aussage über die epistemische Sinnhaftigkeit der Unterscheidung von Grundlagenforschung und angewandter Forschung im Allgemeinen getroffen noch eine Qualifizierung des gerade in Rede stehenden Forschungsgebiets im Besonderen vorgenommen. Nicht nur ist die Abgrenzung von *Basic Science* und *Applied Science* historisch beweglich, auch die politische und gesellschaftliche Wertschätzung von beiden in ihrem Verhältnis zueinander ist variabel.[37] Grundlagenforschung blieb ein *Moving Target* im Kraftfeld von Wissenschaft, Wirtschaft, Politik und Gesellschaft, das die MPG immer wieder nötigte, ihre Position darin zu korrigieren. Gerade in den wissenschaftlichen Beziehungen zu den Ostblockländern waren das international höchst eigentümliche bundesdeutsche Verständnis von Grundlagenforschung und ihre gesonderte Institutionalisierung in Gestalt der MPG immer wieder herausgefordert und Teil der wissenschaftsaußenpolitischen Aushandlungsprozesse mit ausländischen Partnerinstitutionen.

Die MPG im Wissenschaftssystem der Bundesrepublik und in seiner Repräsentanz im Ausland

Innerhalb des akademischen Wissenschaftssystems der Bundesrepublik teilt sich die MPG die Zuständigkeit für Grundlagenforschung mit der Deutschen Forschungsgemeinschaft (DFG). Letztere betreibt jedoch nicht selbst Forschung und unterhält auch keine eigenen Forschungsinstitute, sondern vergibt Förder-

35 Vgl. hierzu vor allem die im Rahmen des GMPG-Programms entstandenen »Cluster-Studien«: Bonolis und Leon, *Astrophysics*, 2023; Lax, *Wissenschaft*, 2020 und Lax, Erdsystemwissenschaften, 2023.

36 Vgl. Trischler und Bruch, *Forschung für den Markt*, 1999.

37 Vgl. dazu Kaldewey und Schauz, *Basic and Applied Research*, 2018.

gelder vor allem an universitär eingebundene Antragsteller/innen, aber durchaus auch an solche aus Max-Planck-Instituten und anderen außeruniversitären Forschungseinrichtungen, sofern die jeweiligen Projekte hinreichend als Grundlagenforschung im je aktuellen Verständnis ausgewiesen werden können. Dabei ist die DFG trotz vollständiger staatlicher Finanzierung in der Ausgestaltung der Antrags- und Vergabeverfahren, der Berufung von Auswahl- und Gutachtergremien, ihren Förderentscheidungen und auch in ihrer Personalpolitik einschließlich der Berufung ihrer Präsidenten ähnlich autonom wie die MPG.[38] Im nationalen Kontext kamen sich DFG und MPG deshalb und dank ihrer ganz anders gearteten Geschäftsbereiche selten ins Gehege. Zudem waren sie auf der Führungsebene personell durch wechselseitige Mitgliedschaft von Repräsentanten im Präsidium und Senat der jeweils anderen Organisation eng miteinander verbunden, und auf der Referentenebene stimmte man sich auf dem kurzen Dienstweg ab. Einig waren sie sich insbesondere in der Verteidigung ihrer weitgehenden institutionellen Autonomie gegenüber dem zuständigen Bundesministerium sowie in ihrem andauernden Einsatz für einen höheren Anteil der Grundlagenforschung an den gesamten Aufwendungen für Wissenschaft und Forschung in der Bunderepublik, für entsprechende Haushaltszuwächse und gegen jedwede Kürzungen.

In der Verfolgung dieser Interessen erhielten sie weitere Rückendeckung in der Allianz der Wissenschaftsorganisationen, die von ihren hochrangigen Mitgliedern und in der Presse gelegentlich (selbst)ironisch als »heilig« apostrophiert wurde. Es war anfangs ein informeller Kreis, in dem sich die Präsidenten der DFG, MPG und der Westdeutschen Rektorenkonferenz (WRK) nach Bedarf darüber abstimmten, wie sie sich in wissenschaftspolitischen Fragen gegenüber der Bundesregierung positionieren wollten. Diese nämlich verstärkte – nicht zuletzt in Reaktion auf den »Sputnikschock«, den der Start des sowjetischen Weltraumsatelliten 1957, des ersten überhaupt, im Westen ausgelöst hatte – ihr Engagement in der Wissenschafts- und Forschungspolitik und setzte weiter zurückreichende Pläne nun zügig um. Dazu gehörte 1958 auch die Einrichtung des Wissenschaftsrats; er sollte fortan die Bundesregierung, aber auch die Länder, deren Kulturhoheit sich insbesondere auch auf das Hochschulwesen erstreckte, in wissenschaftspolitischen Fragen und insbesondere bei der Aufteilung der zur Verfügung stehenden Budgets für Wissenschaft und Forschung beraten. Zusammen mit den beiden anderen Heiligen der Allianz nahm die MPG die Aufgabe wahr, 16 der insgesamt 39 Mitglieder dieses Gremiums vorzuschlagen; die übrigen wurden von der Bundesregierung und den Länderregierungen teils

38 Zur Geschichte der DFG vgl. die Reihen »Beiträge« bzw. »Studien zur Geschichte der Deutschen Forschungsgemeinschaft«, insbesondere die Bände von Orth, *Autonomie und Planung*, 2011; Wagner, *Notgemeinschaften*, 2021, hier 333–353 und 447–451, wo die außerordentliche Autonomie in diesem Fall der DFG gegenüber dem staatlichen Geldgeber im Vergleich mit dem US-amerikanischen Funktionsäquivalent, der National Science Foundation (NSF), deutlich wird.

berufen, teils entsandt. Der damalige MPG-Präsident Otto Hahn und auch sein Nachfolger Adolf Butenandt sahen indessen keine Notwendigkeit, selbst dem Wissenschaftsrat beizutreten.[39] Sie verzichteten aber keineswegs darauf, im informellen Kreis der Allianz, in den alsbald der Vorsitzende des Wissenschaftsrats und ab den 1970er Jahren dann auch die führenden Repräsentant/innen weiterer Wissenschaftsorganisationen aufgenommen wurden, auf die Wissenschaftspolitik der Bundesregierung Einfluss zu nehmen.[40] Tatsächlich hörten die Chefs und in späteren Jahren auch Chefinnen des 1962 aus dem Bundesministerium für Atomkernenergie hervorgegangenen Bundesministeriums für wissenschaftliche Forschung (BMwF) und seiner Nachfolgeministerien nicht nur auf ihren offiziellen Wissenschaftsrat, sondern suchten immer wieder das informelle Gespräch mit den in heiliger Allianz verbundenen Präsidenten der Wissenschaftsorganisationen in den »Kaminrunden« im »Präsidentenkreis«.[41] Dort verständigte man sich nicht zuletzt auch über die bundesdeutsche Haltung gegenüber der europäischen Forschungspolitik und das Procedere bei der Integration der neuen Bundesländer in das westdeutsche Wissenschaftssystem.

Es ist ein komplexes, für Außenstehende schwer durchschaubares Gefüge von institutioneller Vielfalt, Autonomie und Vernetzung, Formalität und organisierter Informalität, Bundes- und Länderkompetenz, welches das bundesdeutsche Wissenschaftssystem ausmacht. Ihm fehlte bis 2008 vor allem eines: eine nationale Akademie der Wissenschaften, an die sich ausländische Wissenschaftsorganisationen hätten wenden können und die sie an geeignete Kooperationspartner hätte weiterleiten können. Die aus deutscher Kleinstaatlichkeit seit dem 17. Jahrhundert hervorgegangenen regionalen Akademien der Wissenschaft, in der Regel Gelehrtengesellschaften ohne eigene Forschungsinstitute, spielten zwar mit im Konzert internationaler Zusammenschlüsse wie dem *International Council*

39 Zur Geschichte des Wissenschaftsrats vgl. Bartz, *Wissenschaftsrat*, 2007, hier besonders 36 und 42. Vgl. auch Balcar, *Wandel*, 2020, 102–105; Orth, *Autonomie und Planung*, 2011, 101–106.

40 Heute gehören der Allianz an: DFG, MPG, Hochschulrektorenkonferenz (HRK), Wissenschaftsrat, AvH, FhG, DAAD, Helmholtz-Gesellschaft (zuvor: Arbeitsgemeinschaft der Großforschungseinrichtungen, AGF), Leibniz-Gemeinschaft und Leopoldina (Deutsche Forschungsgemeinschaft, Allianz, https://www.dfg.de/dfg_profil/allianz/index.html, zuletzt aufgerufen am 17.1.2022).

41 Die Geschichte der Allianz der Wissenschaftsorganisationen wird derzeit in einem Teilprojekt der DFG-Forschungsgruppe »Kooperation und Konkurrenz in den Wissenschaften« von Helmut Trischler und Vanessa Osganian aufgearbeitet; als erste Publikationen liegen vor: Osganian, Competitive Cooperation, 2022; Osganian und Trischler, *MPG als wissenschaftspolitische Akteurin*, 2022. Die Ressortzuschnitte und Bezeichnungen der für Forschung zuständigen Bundesministerien wurden mehrfach geändert: 1955–1957 BM für Atomfragen; 1957–1962 BM für Atom(kern)energie und Wasserwirtschaft; 1962–1969 BM für wissenschaftliche Forschung (BMwF); 1969–1972 BM für Bildung und Wissenschaft (BMBW); 1972–1994 BM für Forschung und Technologie (BMFT); 1994–1998 BM für Bildung, Wissenschaft, Forschung und Technologie (BMBF); ab 1998 BM für Bildung und Forschung (BMBF).

of Scientific Unions (ICSU). Aber im bundesdeutschen Wissenschaftssystem und erst recht in der Außenwissenschaftspolitik der Bundesregierung besetzten sie nur eine untergeordnete Rolle.[42] Und wie die 2008 zur Nationalen Akademie der Wissenschaften erhobene altehrwürdige Leopoldina, die beide deutschen Diktaturen im 20. Jahrhundert in Halle überdauerte, die ihr zugedachte international repräsentative Funktion auch im Verhältnis zu den anderen deutschen Wissenschaftsorganisationen ausfüllen wird, muss sich noch zeigen.[43]

Bis zum Ende des Kalten Krieges und noch darüber hinaus jedenfalls nahm die DFG die offizielle Repräsentation der bundesdeutschen Wissenschaft im Ausland wahr. Sie war es, die für den Bereich der Grundlagenforschung – sowohl der universitären wie der außeruniversitären – Kooperations- und Austauschverträge mit nationalen Wissenschaftsorganisationen im Ausland schließen und diese für die bundesdeutsche Seite dann auch finanziell mit entsprechenden Förderungen untersetzen sollte. Das Problem nur war, dass ausländische Forschungseinrichtungen sich oft lieber direkt an die MPG als jene weltweit bekannte bundesdeutsche Forschungsorganisation wandten, in deren Instituten die für sie interessanten Forschungen durchgeführt wurden. Insbesondere die – im Unterschied zu den westdeutschen Gelehrtengesellschaften – so genannten Arbeitsakademien, wie sie nach sowjetischem Vorbild in den Ostblockstaaten etabliert worden waren und in denen sich die national je führenden Forschungsinstitute versammelten, aber auch Forschungsorganisationen aus anderen Ländern mit einem zentralistischer organisierten Wissenschaftssystem erblickten in der MPG ihr passgenaues Pendant. Dass dort die womöglich weltanschauliche Dissonanzen bergenden Geistes- und Sozialwissenschaften nur im geringen Ausmaß gegenüber den bei weitem dominierenden Naturwissenschaften vertreten waren, wurde von den östlichen Wissenschaftsakademien als weiterer Vorteil gewertet, vor allem gegenüber der DFG, die diese Disziplinen ebenso wie die Naturwissenschaften förderte und sie dementsprechend in den Austausch mit den Ostblockländern einbeziehen wollte. Der MPG, die dank ihrer weitgehenden Grundfinanzierung auch in ihren Auslandsbeziehungen nicht auf DFG-Förderungen angewiesen war und gerade auch hier ihre Autonomie schätzte, kam dies in mancherlei, aber nicht jeder Hinsicht entgegen. Aus dieser uneindeutigen Kompetenzabgrenzung zwischen DFG und MPG in der Repräsentanz gegenüber dem Ausland, die immer wieder pragmatisch ausverhandelt werden musste, konnten sowohl für die beteiligten Organisationen als auch

42 Feichtinger und Uhl, *Akademien der Wissenschaften in Zentraleuropa*, 2018; Gerstengarbe, Thiel und Bruch, *Leopoldina*, 2016; Kocka, *Berliner Akademien der Wissenschaften*, 2002.

43 idw-Informationsdienst Wissenschaft, Nachrichten, Termine, Experten, https://idw-online.de/de/news269794, zuletzt aufgerufen am 21.3.2021. Eine eindrucksvolle Liste der gegenwärtigen internationalen Kooperationen und Vernetzungen findet sich auf der Website der Leopoldina, Internationale Beziehungen, https://www.leopoldina.org/internationales/, zuletzt aufgerufen am 21.3.2022. Zur Geschichte der Leopoldina: Gerstengarbe, Thiel und Bruch, *Leopoldina*, 2016.

für die Außenwissenschaftspolitik der Bundesregierung Handlungsspielräume erwachsen. Es konnten daraus aber ebenso Konflikte resultieren, wenn die wissenschaftsaußenpolitischen Interessen der MPG nicht mit den jeweiligen außenwissenschaftspolitischen Prioritäten der Bundesregierung in Einklang gebracht werden konnten. Auch diese beiden Aspekte gilt es in der weiteren Untersuchung zu gewichten.

Soweit sich die wissenschaftsaußenpolitischen Aktivitäten der MPG auf die Hemisphäre des politischen Westens erstreckten, wie etwa bei der Standortsuche für Observatorien in Südeuropa, Afrika oder Südamerika und deren späteren bi- oder multilateralen Betrieb, waren solche Interessenkollisionen eher selten. Außenpolitisch unproblematisch waren in der Regel überhaupt Kooperationen mit westeuropäischen und nordamerikanischen Partnerinstitutionen.[44] Anders sah es bei blockübergreifenden Kooperationen mit östlichen Wissenschaftlern und Wissenschaftlerinnen sowie bei den gemeinsam mit ihren Institutionen betriebenen großen Forschungsinfrastrukturen aus, wie sie vor allem in der astronomischen Forschung, der Weltraum-, Kern- oder Fusionsforschung nicht nur wegen der enormen Kosten sinnvoll, sondern auch forschungsstrategisch zwingend sein konnten. Hier hing es von der jeweiligen geopolitischen Großwetterlage, der außenwissenschaftspolitischen Positionierung der Bundesregierung darin und dem Manövriergeschick der MPG und ihrer Partnerinstitutionen ab, ob solche Kooperationen gefördert, geduldet, behindert oder untersagt wurden und wie sich der Status der MPG im Verhältnis zu den außenwissenschaftspolitischen Akteuren im In- und Ausland darstellte.

Die MPG als institutioneller Akteur

Schauen wir, nachdem wir die MPG in ihrem außenwissenschaftspolitischen Umfeld in der Bundesrepublik verortet haben, auf ihre internen Strukturen. Sie waren darauf angelegt, ihren Instituten getreu dem – in diversen Satzungsreformen nach 1945 modifizierten – Harnack-Prinzip größtmögliche Autonomie zu garantieren, auch bei der Gestaltung ihrer bi- und multilateralen wissenschaftlichen Beziehungen zu Kolleg/innen und Forschungseinrichtungen im Ausland.[45] Das begann damit, dass die MPG trotz ihrer weit überwiegenden staatlichen Finanzierung weder als eine Anstalt öffentlichen Rechts noch als nachgeordnete Behörde eines Ministeriums organisiert ist, sondern als ein eingetragener Verein unabhängig von staatlichen Weisungen agieren kann – wie zuvor schon

44 Vgl. dazu Henning, Auslandsbeziehungen, 1999, 109, der darauf hinweist, dass die Zusammenarbeit mit den USA bzw. der National Science Foundation (NSF) die längste Zeit »reibungslos« verlief. Ebenso verhielt es sich mit der britischen Royal Society, wie Kraft (Selbstverständnis, 2023) zeigt.

45 Zu den Satzungsreformen von 1948, 1950, 1964 und 1972 vgl. Schön, *Grundlagenwissenschaft*, 2015; Balcar, *Ursprünge der MPG*, 2019, 110–116, 143; Balcar, *Wandel*, 2020, 179–243.

die KWG, die sich allerdings aus einem ausgewogeneren Mix öffentlicher und privater Zuwendungen finanziert hatte. Wie es das Vereinsrecht vorschreibt, war die jährliche Hauptversammlung aller wissenschaftlichen, fördernden und Ehrenmitglieder das zentrale, aber nicht unbedingt das wichtigste Organ. Sie wählte bzw. akklamierte die ihr vorgeschlagenen Mitglieder des Senats, der letzten Entscheidungsinstanz der MPG, teils aus ihrer Mitte, teils aber auch Persönlichkeiten des öffentlichen Lebens, darunter immer auch Vertreter großer Unternehmen und Banken. Zwei Vertreter/innen des Bundes und drei der Länder im Minister- oder Staatssekretärsrang vornehmlich aus den für Finanzen und Forschung zuständigen Ressorts nahmen als Senatoren »von Amts wegen« an den dreimal jährlichen Senatssitzungen teil. Der Senat wiederum wählte die vorgeschriebenen Vereinsorgane: den Präsidenten, dem die Satzungsreform von 1964 eine weitgehende Richtlinienkompetenz zubilligte, die Vizepräsidenten (erst im 21. Jahrhundert auch Vizepräsidentinnen), Schriftführer und Schatzmeister sowie deren Stellvertretungen.[46]

Die Zahl der unmittelbar nach dem Zweiten Weltkrieg noch rund zwanzig und um 1960 etwa vierzig MPI stieg vor allem in den 1960er, aber auch noch in den 1970er und frühen 1980er Jahren auf knapp sechzig an und schnellte nach der Wiedervereinigung auf die bis heute mehr oder minder stabile Zahl von rund achtzig MPI hoch.[47] Sie gruppieren sich seit jeher in drei disziplinär sortierte Blöcke: Den mit Abstand kleinsten Block bildet die Geisteswissenschaftliche Sektion, auch nach ihrem Ausbau in den 1990er Jahren; sie firmiert seit 2004 als Geistes-, Sozial- und Humanwissenschaftliche Sektion (GWS, GSHS). Die beiden anderen Sektionen sind die Chemisch-Physikalisch-Technische (CPT) und die Biologisch-Medizinische Sektion (BMS), die nach Anzahl der Institute, der Wissenschaftlichen Mitglieder und Mitarbeiter/innen mit gelegentlichen Schwankungen ähnlich groß sind. Die wichtigste Aufgabe der Sektionen ist die interne Meinungsbildung und Abstimmung über die Schließung, Zusammenlegung, Aufteilung und Neugründung von Instituten sowie die Auswahl neuer Mitglieder; hier geht es somit um die inhaltliche Fortentwicklung der MPG. Die Beschlussvorlagen der Sektionen werden im Wissenschaftlichen Rat (WR), in dem alle wissenschaftlichen Mitglieder zusammenkommen, beraten und im Zustimmungsfall an den Senat als letzte Entscheidungsinstanz weitergereicht.

In seiner Amtsführung wird der Präsident unterstützt vom Verwaltungsrat, der deutlich häufiger tagt als der Senat; ihm gehören die Vizepräsident/innen, die Sektionsvorsitzenden und einige weitere Senatsmitglieder an, darunter immer auch Vertreter großer Unternehmen. Vor allem aber steht dem Präsidenten die Generalverwaltung der MPG unter der Leitung des Generalsekretärs bzw.

46 Diese kondensierte Darstellung stützt sich im Wesentlichen auf Balcar, *Ursprünge der MPG*, 2019; Balcar, *Wandel*, 2020 und Balcar, Die formative Phase, 2023.

47 Der Zuwachs an MPI von 1948 bis 1960 bestand zu großen Teilen aus der Wiedereingliederung der KWI in der französischen Besatzungszone 1949 sowie der in West-Berlin verbliebenen KWI in den 1950er Jahren, weniger aus Neugründungen.

seit 1996 der Generalsekretärin zur Seite – ein Apparat, der von einer Handvoll Personen in den ersten Nachkriegsjahren auf heute einige hundert Angestellte angewachsen ist. Sie gruppierten sich zunächst in Referaten, deren Zahl ebenfalls anstieg, woraufhin sie in den 1960er Jahren in zunächst vier Abteilungen zusammengefasst wurden; allein auf dieser übergeordneten Verwaltungsebene verzeichnet das aktuelle Organigramm heute gut ein Dutzend Abteilungen.[48]

Im Untersuchungszeitraum wurden wissenschaftsaußenpolitische und außenwissenschaftspolitische Fragen – soweit sie die MPG als Ganzes betrafen und nicht auf der Ebene der Institute bzw. der Wissenschaftlichen Mitglieder blieben – in diesen Gremien diskutiert, am ehesten im Senat sowie im Vorfeld seiner Sitzungen im Verwaltungsrat. Denn hier trafen Repräsentant/innen von Bund und Ländern und aus dem öffentlichen Leben mit der Leitungsebene der MPG und Vertretern des Wissenschaftlichen Rats zusammen. Hier wurden sie regelmäßig vom Präsidenten auch über aktuelle Entwicklungen in den internationalen wissenschaftlichen Beziehungen informiert und gaben ihrerseits Empfehlungen ab.

Das Auslandsreferat der MPG

Das tägliche Geschäft der Administration der internationalen Beziehungen spielte sich im direkten Kontakt der Institute bzw. einzelner Wissenschaftler/innen mit dem Auslandsreferat ab, das in der für Forschungspolitik zuständigen Abteilung I der Generalverwaltung angesiedelt war. Hier sammelten sich die Erfahrungen, hier wurden die schwierigeren Konflikte moderiert, Problemlösungen entwickelt, Verträge entworfen und notwendige Abstimmungen zwischen den anderen außenwissenschaftspolitischen Akteuren im In- und Ausland herbeigeführt. Hier wurden die Leitlinien der eigenen Wissenschaftsaußenpolitik konzipiert und fortgeschrieben, Grundsatzreden wie Zachers Überlegungen zur Optimierung der Internationalität der MPG vorbereitet, die entsprechenden Passagen für die jährlichen Festansprachen der Präsidenten bei den Hauptversammlungen und die Jahresberichte der MPG vorformuliert. Der Referatsleiter und seine Referentinnen und Referenten führten aber auch – ganz im Sinne ihres wissenschaftsaußenpolitischen Selbstverständnisses – Explorationsreisen in Länder wie China, Brasilien oder Namibia durch, zu denen noch wenig Kontakte bestanden. Damit wollten sie sich einen Eindruck von den jeweiligen Forschungskapazitäten verschaffen, mögliche Partnerinstitute identifizieren, erste Kontakte zu den entsprechenden Administrationen im Ausland herstellen und eventuell nachfolgende Präsidentenbesuche oder Delegationsaustausche vorbereiten. In den 1990er Jahren führten solche Reisen vor allem in die osteuropäischen Länder, um sich vor Ort einen Eindruck von der wissenschafts-

48 Das Organigramm kann auf dieser Website aufgerufen werden: Max-Planck-Gesellschaft, Generalverwaltung, https://www.mpg.de/karriere/gv, zuletzt aufgerufen am 13.8.2022. Ich danke Jaromír Balcar für weitergehende Hinweise.

infrastrukturellen Situation nach den politischen Umbrüchen in diesen Ländern zu verschaffen, bestehende Kontakte zu reaktivieren und neue zu knüpfen.

Nicht zuletzt wachte das Auslandsreferat über die neuralgische Schnittstelle der eigenen Wissenschaftsaußenpolitik mit der Außenwissenschaftspolitik der Bundesregierung. Deren Empfindlichkeiten durften tunlichst nicht brüskiert werden, wenn man den wichtigsten Finanzier nicht verärgern und die eigenen – nicht nur wissenschaftsaußenpolitischen – Interessen auch langfristig erfolgreich ins Ziel bringen wollte. Hier agierte die MPG in Gestalt des Präsidenten, des Generalsekretärs und des Auslandsreferats gewissermaßen als ideeller Gesamtakteur, um die Einhaltung der jeweils geltenden außenwissenschaftspolitischen Spielregeln anzumahnen. So kam es vor, dass man einzelne Institute oder individuelle Wissenschaftler/innen bei ihren Kooperationswünschen gelegentlich auf die realpolitischen Grenzen von Universalität und Autonomie in internationalen wissenschaftlichen Kooperationen hinwies, nicht ohne zugleich nach Wegen zu suchen, wie man sie im Einzelfall untertunneln könnte. Die Handlungsspielräume des Auslandsreferats, aber auch der MPG als institutioneller Akteur variierten also. Durch welche außen- oder geopolitischen Konstellationen sie jeweils erweitert oder begrenzt wurden, wird konkret zu zeigen sein.

Wissenschaft und Verantwortung

Inwieweit die MPG als Gesamtakteur auf einem anderen Feld, der Vermeidung des Atomkriegs, tätig wurde, ist eine schwierigere Frage, die in verschiedenen Kontexten in dieser Studie immer wieder in den Blick rückt. Es war zugleich die vornehmste Aufgabe der Wissenschaftsdiplomatie – oder wie sie damals in Abgrenzung zur offiziellen staatlichen Diplomatie präziser bezeichnet wurde: der *Track-II-Diplomacy* von Wissenschaftler/innen und anderen transnational vernetzten Professionsgruppen – im Kalten Krieg.[49] Die Frage, inwieweit sich die MPG auf diesem informellen diplomatischen Feld überhaupt und gegebenenfalls in welcher Weise engagieren sollte, barg erhebliches Konfliktpotential nicht nur im Verhältnis zur Bundesregierung und anderen außen(wissenschafts)-politischen Akteuren, sondern auch innerhalb der MPG. Da ging es um so strittige Fragen wie nach der politischen und gesellschaftlichen Verantwortung von Wissenschaftlern, nach dem Verhältnis von wissenschaftlicher und politischer Rationalität, nach der Durchlässigkeit bzw. der Abgrenzung der gesellschaftlichen Teilsysteme Politik und Wissenschaft, nach der Rolle von Wissenschaftler/innen in Expertenräten oder Politikberatung sowie nach dem Verhältnis von staatsbürgerlichem Individuum und wissenschaftlicher Institution.

Will man diese Konfliktpotentiale entsprechend der Terminologie der neuen *Science Diplomacy* in die dort unterschiedenen drei Dimensionen einsortieren, so betreffen sie überwiegend den Einsatz von *Science for Diplomacy*, also der

49 Vgl. dazu Montville, Track Two Diplomacy, Bd. 2, 1991; Diamond und McDonald, *Multi-Track Diplomacy*, 1996.

Indienstnahme von Forschung, wie MPG-Präsident Zacher es genannt hatte, für außenpolitische, diplomatische oder auch weltbürgerliche Zwecke.[50] Tatsächlich spielten sich hier die meisten Konflikte ab, in die die Wissenschaftsaußenpolitik der MPG gegenüber der Außenpolitik der Bundesregierung und gelegentlich auch der Partnerländer geriet. Das konnte etwa im Falle der Kooperation mit sowjetischen Forschungseinrichtungen so weit gehen, dass die MPG *Science against Diplomacy* betrieb – eine Dimension, die in dem bis dato kaum hinterfragten harmonisch-zukunftsorientierten Selbstverständnis der neuen Wissenschaftsdiplomatie gar nicht vorgesehen war. Mit der Dimension der *Diplomacy for Science* hatte die MPG weniger Schwierigkeiten und nutzte gern diplomatische Hilfestellungen des Auswärtigen Amtes oder der bundesdeutschen Botschaften, wo immer sie der Realisierung der angestrebten Kooperationen dienlich waren. Auch mit Blick auf die dritte Dimension von *Science in Diplomacy*, also der Bereitstellung bzw. Inanspruchnahme von fachwissenschaftlicher Expertise im Vorfeld oder Verlauf diplomatischer Verhandlungen in den verschiedensten Feldern der internationalen Politik, waren Probleme zumindest so lange zu vermeiden, wie es die zu Rate gezogenen Fachleute aus der MPG bei der Bereitstellung ihres Expertenwissens beließen und politische Entscheidungsprozesse nicht öffentlich kommentierten. Hier waren vor allem die in verschiedenen Sparten des internationalen Rechts ausgewiesenen Experten und Expertinnen an den rechtswissenschaftlichen Max-Planck-Instituten gefragt, aber selbstverständlich auch solche aus den naturwissenschaftlichen Instituten.[51] Eine systematische Aufarbeitung dieser Tätigkeit von MPG-Angehörigen in den seit den 1960er Jahren immer zahlreicher werdenden Expertenräten und Beratergremien von staatlichen Behörden, Bundes- und Länderministerien und damit ihrer Beiträge zu der in den letzten beiden Dekaden verstärkt auch historisch reflektierten Verwissenschaftlichung von Politik wäre lohnend, kann aber in dieser Studie nicht geleistet werden.[52]

Freilich waren die Grenzverläufe zwischen der Bereitstellung von wissenschaftlichem Wissen für die Außenpolitik und der weitergehenden Beratung sowie der direkten wissenschaftlich legitimierten Einflussnahme auf die Politik weder eindeutig markiert, noch blieben sie historisch konstant. Einige daraus resultierende Grenzstreitigkeiten im Feld der internationalen Politik und

50 Zur Definition dieser Dimensionen vgl. The Royal Society, *New Frontiers in Science Diplomacy*, 2010.

51 Zu den rechtswissenschaftlichen MPI, die in dieser Studie nur gelegentlich Erwähnung finden, vgl. Duve, Kunstreich und Vogenauer, *Rechtswissenschaft*, 2022.

52 Als Kommentar aus zeitgenössischer Perspektive: Habermas, Verwissenschaftlichte Politik, 1968. Zur historischen Entwicklung von wissenschaftlicher Politikberatung in der Bundesrepublik vgl. insbes. die Arbeiten von Rudloff, Politikberatung, 2004; Rudloff, *Does Science Matter?*, 2005; Rudloff, Expertenkommissionen, 2010 sowie weitere Beiträge in diesem Band. Eine längere historische Perspektive verfolgen die Sammelbände Collin und Horstmann, *Wissen des Staates*, 2004; Hüntelmann und Schneider, *Jenseits von Humboldt*, 2010.

nicht zuletzt die Frage, inwieweit sich die MPG überhaupt als außen(wissenschafts)politischer *Think-Tank* der Bundesregierung verstehen wollte, forderten das Selbstverständnis der MPG heraus und werden uns im Folgenden sehr wohl beschäftigen.[53] Die Antwort darauf fällt jeweils unterschiedlich aus, abhängig von den verschiedenen Phasen und außenwissenschaftspolitischen Problemkonstellationen innerhalb des fast fünfzigjährigen Kalten Krieges und der soeben beendeten postsowjetischen Friedensperiode in Europa.

Untersuchungszeitraum

Einen solch langen Zeitraum kann diese Studie freilich weder vollständig zeitlich noch flächendeckend thematisch abdecken und auch nicht mit gleichbleibender analytischer Tiefenschärfe bearbeiten. Am dichtesten wird die Epoche des Kalten Krieges untersucht, beginnend mit der Transformation der KWG in die MPG in den letzten Monaten des Zweiten Weltkriegs bis hinein in die ersten Jahre der deutschen Wiedervereinigung und des Wissenschaftsaufbaus Ost. »Kalter Krieg« meint hier jene 1990/91 endende, zeithistorische Epoche der Systemkonkurrenz zwischen dem kapitalistischen, überwiegend demokratisch verfassten Westen unter Führung der USA und den sozialistischen, von Staatsparteien regierten Ländern des Ostens unter Führung der Sowjetunion – einschließlich aller Entspannungs- und Konfrontationsphasen zwischen diesen beiden Blöcken sowie der heißen geostrategischen Stellvertreterkriege in verschiedenen Weltregionen.[54]

Einige thematische Stränge werden jedoch bis in die ersten beiden Jahrzehnte des 21. Jahrhunderts weiterverfolgt. Dazu gehört etwa das Gebaren der MPG im Zuge der von der EG/EU forcierten Europäisierung von Wissenschaft und Forschung. Dazu gehören auch ihre wissenschaftsaußenpolitischen Anstrengungen, mit denen sie sich im internationalen »Kampf um die besten Köpfe« behaupten

53 Die Rolle von Think Tanks oder Denkfabriken in der Beratung von Regierungen wurde bislang überwiegend aus politikwissenschaftlicher Perspektive, vornehmlich für die USA und gelegentlich explizit für Außenpolitik und Diplomatie untersucht: Kubilay, *Rolle der Think Tanks*, 2013; Stone, Private Authority, 2004; Brandstetter, Pias und Vehlken, Think-Tank-Denken, 2010; Braml, *Think Tanks*, 2004; Gellner, *Ideenagenturen*, 1995. Eine große Anzahl von historischen Einzelstudien zu Think Tanks in den USA und der Sowjetunion sowie zu deren Aktivitäten auf anderen Kontinenten versammeln Greiner, Müller und Weber, *Macht und Geist*, 2011.

54 Vgl. Stöver, *Kalte Krieg*, 2007; Greiner, Müller und Walter, *Heiße Kriege*, 2006. Die gelegentliche Rede vom »Zweiten Kalten Krieg«, dessen Beginn etwa Mitte der 1970er Jahre datiert wird, bis zum Zusammenbruch der Sowjetunion orientiert sich m. E. zu sehr an der bundesdeutschen Perspektive und übersieht das nie eingestellte Wettrüsten bzw. die Gleichzeitigkeit von Ab-, Auf- und Umrüstung ebenso wie das häufige Nebeneinander von Entspannung und Konfrontation, sei es in verschiedenen Weltregionen, sei es in verschiedenen Politikbereichen, vgl. dazu Gassert, Geiger und Wentker, *Zweiter Kalter Krieg*, 2011. Zu divergierenden Verständnisweisen, Begriffsverwendungen und Periodisierungen des Kalten Krieges vgl. Nehring, Review Article, 2012.

und zur Förderung des »Wissenschaftsstandorts Deutschland« in einem sich globalisierenden Wettbewerbsraum beitragen wollte. Ebenfalls bis in die Jetztzeit führt der schmale, hürdenreiche Weg bis zur Aufnahme ökologischer bzw. erdsystemischer Forschung in das Portfolio der MPG – ein Weg, der sich erst dank der zahlreichen, vereinigungspolitisch getriebenen Institutsgründungen in den neuen Bundesländern in ein neues multidisziplinäres Forschungscluster verzweigen sollte. Und diese Erdsystemforschung schließlich beförderte die Sorge um den Fortbestand des menschlichen Lebens auf diesem Planeten wieder weiter nach vorne auf der Agenda der MPG.[55]

Zum Aufbau der Studie

Diese Studie nimmt die hier skizzierten Problemfelder in drei Kapiteln aus einer jeweils anderen Perspektive und Schwerpunktsetzung in den Blick:

Es beginnt mit einer historischen Rekonstruktion des windungsreichen Prozesses, in dem die MPG ihr spezifisches Verständnis von Wissenschaftsaußenpolitik ausprägte – von ihren Anfängen unter alliierter Besatzung bis hinein in den beschleunigten Ausbau des europäischen Wissenschaftsraums nach Ende des Kalten Kriegs. Wesentlich waren hier einerseits die Auseinandersetzung mit alliierten Vorbehalten aufgrund der Teilhabe ihrer Vorgängerin, der KWG, am NS-Regime, andererseits die Beschäftigung mit US-amerikanischen Konzepten einer wissenschaftlichen (Außen-)Politikberatung im demokratischen Kontext. Großen Einfluss nahmen auch die außenwissenschaftspolitischen Erwartungen der jeweiligen Bundesregierungen an die MPG als die international prominenteste bundesdeutsche Forschungsorganisation. Der in den 1970er Jahren beginnende und parallel dazu verlaufende Prozess einer zunehmenden Europäisierung der Wissenschaftsförderung forderte die MPG indessen vor allem in ihrem Selbstverständnis als autonome, gleichwohl staatlich grundfinanzierte Institution der Grundlagenforschung heraus.

Das anschließende Kapitel versammelt vier Fallstudien zu je besonderen bilateralen Wissenschaftsbeziehungen der MPG. Hier zeigt sich das Verhältnis von Wissenschaftsaußen- und Außenwissenschaftspolitik in sehr unterschiedlichen realhistorischen Ausprägungen. Zugleich kann daran die historisch-analytische Tauglichkeit der drei bzw. vier beschriebenen Dimensionen von Wissenschaftsdiplomatie – *Science for/against Diplomacy, Diplomacy for Science, Science in Diplomacy* – getestet werden. Gemeinsam ist diesen Fallstudien, dass sie sich gerade nicht harmonisch in das Leitbild der Generalverwaltung der MPG und ihres Auslandsreferats einfügen, das wissenschaftsintrinsisch motivierte Kooperationsbeziehungen priorisiert, unabhängig von den jeweiligen zwischenstaat-

55 Zu dem im Rahmen des GMPG-Projekts entwickelten Cluster-Konzept vgl. Reinhardt, Strukturen der Forschung, 2023. Zum aufhaltsamen Aufstieg des Clusters der Erdsystemforschung in der MPG vgl. Lax, *Von der Atmosphärenchemie zur Erforschung des Erdsystems*, 2018; Lax, *Wissenschaft*, 2020.

lichen Beziehungen. Zuerst werden jene Auslandsinstitute in den Blick genommen, die entweder schon in der Gründungszeit der KWG oder erst im Kontext der nationalsozialistischen Expansionspolitik nach Südosteuropa entstanden; von ihnen ist nach dem Krieg allein die kunsthistorische Bibliotheca Hertziana in Rom nach langjährigen Verhandlungen an die MPG als Nachfolgerin der KWG zurückgegeben worden. In den anschließenden Länderstudien zu Spanien, der Sowjetunion und China werden solche bilateralen wissenschaftlichen Beziehungen der MPG untersucht, die sämtlich über lange Strecken in je spezifischer Weise außenpolitisch überformt waren, bevor es der MPG gelang, sie im Sinne der von ihr präferierten Wissenschaftsaußenpolitik zu »normalisieren«.

Im nachfolgenden Kapitel geht es um das Verhältnis von staatsbürgerlicher Person und wissenschaftlicher Institution und seinen Wandlungen im Verlauf der Geschichte der MPG bis hinein ins 21. Jahrhundert. Es waren immer wieder Balanceakte zwischen zwei inkompatiblen politischen Positionen nötig, die im historischen Verlauf je später, umso weniger gelangen: Einerseits sollte die Selbstrepräsentation der MPG als einer politisch desinteressierten Institution der »reinen« Grundlagenforschung – in Abgrenzung von der Vorgängerorganisation KWG – nicht befleckt werden. Andererseits durfte man die seit den Atombombenabwürfen auf Hiroshima und Nagasaki international nicht mehr verstummende Forderung nach der gesellschaftlichen und politischen Verantwortung der Wissenschaft für die möglichen Folgen ihrer Forschungsergebnisse nicht ignorieren. Diese Balanceakte begannen mit Memoranden gegen den Atomkrieg und für die Anerkennung der geopolitischen Realitäten nach dem Ende des Zweiten Weltkriegs, setzten sich fort in Debatten über die (Nicht-)Beteiligung an zivilgesellschaftlichen und transnationalen Abrüstungsinitiativen und mündeten schließlich in langjährige Kontroversen über das (Nicht-)Engagement der MPG in einer planetar konzipierten ökologischen Forschung.

Die Darstellung dieser konfliktorischen Entwicklungen folgt in allen drei Kapiteln der Dramaturgie einer mehr oder minder chronologischen Erzählung. Deren Phasierung orientiert sich jedoch an den jeweils dominanten gesellschaftlichen und politischen Kontexten. Das heißt, sie folgt einerseits den wechselnden außenpolitischen Paradigmen der aufeinanderfolgenden Bundesregierungen, andererseits den historisch-politischen Entwicklungen in den Partnerländern und schließlich den Dynamiken von sozialen Bewegungen und international vernetzten friedens-, abrüstungs- und umweltpolitischen Aktivitäten von Wissenschaftlern und Wissenschaftlerinnen. Der politische Kalender des Kalten Krieges und seiner Nachwirkungen gibt gleichwohl in allen diesen Entwicklungen den Takt an.

Forschungshintergrund

Mit ihrem wissenschafts*politik*historischen Zugriff an der Schnittstelle von Forschung und Diplomatie, Wissenschaftsinnen- und Außenwissenschaftspolitik betritt diese Studie in mancherlei Hinsicht Neuland. Dies gilt zuerst für die Geschichte der MPG, deren erste sechs Jahrzehnte derzeit Gegenstand des Forschungsprogramms »Geschichte der Max-Planck-Gesellschaft (1948–2002)« (GMPG) am MPI für Wissenschaftsgeschichte sind. Innerhalb des GMPG-Programms ist diese Studie im kontinuierlichen Austausch mit den Autorinnen und Autoren der anderen, parallel erscheinenden Teilstudien entstanden, insbesondere im Hinblick auf die Strukturentwicklung der MPG sowie auf einige dort ausführlicher behandelte bi- oder multilaterale Forschungskooperationen.[56] Mit Blick auf die internationalen Beziehungen der MPG liegen einige ältere Beiträge vor, doch sie beschränken sich überwiegend auf die ersten beiden Jahrzehnte nach dem Ende des Zweiten Weltkriegs oder auf einzelne Länder und berücksichtigen nur gelegentlich den Kontext der bundesdeutschen Außenpolitik und der internationalen Politik.[57] Näher an die Gegenwart heranreichende Hinweise auf ihre internationalen Beziehungen, aber auch zu ihrem (außen)politischen Engagement in der Bundesrepublik finden sich in den eher biographisch angelegten Studien zu einzelnen prominenten MPG-Wissenschaftlern; sie konzentrieren sich nicht zufällig auf Kernforscher wie insbesondere Werner Heisenberg, Otto Hahn, Wolfgang Gentner und Carl-Friedrich von Weizsäcker.[58]

56 Zur Anlage des GMPG-Programms, seinen Mitarbeiter/innen und seinen Teilstudien sowie zur Publikationsstrategie siehe die Website: GMPG, Forschungsprogramm, https://gmpg.mpiwg-berlin.mpg.de/de/, zuletzt aufgerufen am 30.3.2020. Einige direkt benachbarte Themen, die innerhalb des GMPG-Programms bearbeitet wurden und im Rahmen dieser Studie nur paraphrasierend aufgegriffen werden, sind: Steinhauser, Gutfreund und Renn, *Turning Points in the History of German-Israeli Scientific Cooperation*, 2017; Ash, *Kontext der Deutschen Vereinigung*, 2020; Schöttler, CNRS, 2023. Kraft, Selbstverständnis, 2023 untersucht die internationale Sicht auf die MPG anhand der weltweit führenden naturwissenschaftlichen Fachzeitschriften *Nature* und *Science*.

57 Von den im dritten Teil des Bandes Vierhaus und vom Brocke 1990 unter der Überschrift »Internationale Wissenschaftsbeziehungen« versammelten acht Beiträgen berücksichtigen überhaupt nur zwei die Geschichte nach 1945: Stamm-Kuhlmann, Deutsche Forschung, 1990; Nötzold, Wissenschaftsbeziehungen, 1990. Einen ersten Überblick bietet Henning, Auslandsbeziehungen, 1999. Die Beziehungen der MPG zu einzelnen Ländern behandeln u. a.: Presas i Puig, Science on the Periphery, 2005; Presas i Puig, Deutsche Wissenschaftler, 2006; Presas i Puig, *Scientific and Technological Relations*, 2007; Presas i Puig, Human Capital, 2017; Nickel, *Rehovot*, 1989; Nickel, Wolfgang Gentner und die Begründung, 2006; Hoffmann, 50 Jahre, 2015; Deichmann, Collaborations, 2015; Steinhauser, Gutfreund und Renn, *Turning Points*, 2017; Heinemann, La France, 2012; Defrance, France-Allemagne, 2019.

58 Besonders hervorzuheben aus der umfangreichen internationalen Heisenberg-Literatur, die sich vor allem mit seiner Rolle im Uran-Verein und der Atomforschung im »Dritten Reich« befasst, ist im Hinblick auf seine Bedeutung in der Geschichte der Bundesrepublik die umfangreiche Studie zu Heisenberg als öffentliche *Persona* des Atomzeitalters von Carson, *Heisenberg in the Atomic Age*, 2010. Vgl. zu Hahn u. a.: Oexle, *Hahn, Heisenberg und die anderen*, 2003; Sime, *Otto Hahn und die Max-Planck-Gesellschaft*, 2004; Walker, Otto Hahn, 2006; zu Gentner: Hoffmann und Schmidt-Rohr, Wolfgang Gentner, 2006; zu Weizsäcker zuletzt: Hentschel und Hoffmann, *Carl Friedrich von Weizsäcker*, 2014; sowie die biographisch-vergleichende Studie von Kraus, *Von der Uranspaltung zur Göttinger*

Eine systematische Rekonstruktion der Wissenschaftsaußenpolitik der MPG in Auseinandersetzung mit der Außen(wissenschafts)politik der Bundesrepublik sowie den Europäisierungs- und Globalisierungsprozessen in der zweiten Hälfte des 20. und dem beginnenden 21. Jahrhundert steht indessen aus.[59]

Ähnlich sieht es für die bundesdeutsche Wissenschaftsgeschichte insgesamt aus. Die in den letzten Dekaden zahlreich entstandenen Studien zur Aufarbeitung der NS-Vergangenheit von deutschen Wissenschaftsinstitutionen, darunter die aus den großen Forschungsprogrammen zur Geschichte der KWG und der DFG hervorgegangenen Buchreihen sowie Einzelpublikationen zur Geschichte von deutschen Universitäten, disziplinären Fachgesellschaften und Wissenschaftsakademien gehen zwar des Öfteren über die Epochengrenze von 1945 hinaus.[60] Sie berücksichtigen indessen deren internationale Beziehungen in den Nachkriegsjahren vorrangig unter dem Aspekt von Emigration und Remigration NS-verfolgter Wissenschaftler/innen sowie der weiteren Karriereverläufe der in NS-Deutschland verbliebenen Wissenschaftler/innen und ihrer zögerlichen Reintegration in die internationalen Scientific Communities, weniger jedoch unter dem Aspekt ihrer Einbindung in die bundesdeutsche Außenpolitik bzw. in die internationale Politik.[61] Anders sieht es bei solchen Wissenschafts(förder)-einrichtungen aus, die wie die AvH oder der Deutsche Akademische Austausch-

Erklärung, 2001. Biographische Studien zu MPG-Biowissenschaftlern sind rar und gelten v.a. dem MPG-Präsidenten Adolf Butenandt: Karlson, *Biochemiker, Hormonforscher, Wissenschaftspolitiker*, 1990; Ebbinghaus und Roth, Adolf Butenandt als Biochemiker, 2002; Schieder und Trunk, *Adolf Butenandt und die KWG*, 2004.

59 Auf einen Überblick über die verstreute, teils (auto)biographische Literatur, Jubiläumsschriften einzelner MPI, historische Rückblicke in den Publikationsorganen der MPG (*MPG-Spiegel*; Berichte und Mitteilungen; MPG-Forschung) und ähnlicher Literatur, der eher Quellencharakter zukommt, wird hier verzichtet, vgl. dazu die Einleitung zu Kocka et al., *Die Max-Planck-Gesellschaft*, 2023. Wichtige »hauseigene« Nachschlagewerke sind indessen Henning und Kazemi, *Chronik der KWG/MPG*, 2011, darin insbesondere die Einleitung, 1–34; Henning und Kazemi, *Handbuch, Bd. 1 und 2*, 2016. In vielen Einzelfragen hilfreich sind auch die beiden Jubiläumsschriften zum 75. bzw. 100. Jubiläum der KWG/MPG: Vierhaus und Brocke, *Forschung im Spannungsfeld von Politik und Gesellschaft*, 1990; Gruss und Rürup, *Denkorte*, 2010.

60 Zur KWG: Schieder und Rürup, *Geschichte der KWG*, 2000–2007. Zur DFG: Bruch und Herbert, *Beiträge. Geschichte der DFG*, 2006–2018; Bruch, Herbert und Wagner, *Studien. Geschichte zur DFG*, 2007–2021. Als ausgewählte Beispiele zur Zeitgeschichte von deutschen Universitäten, Fachgesellschaften und Akademien über das Jahr 1945 hinaus vgl. Grüttner et al., *Wissenschaftskulturen*, 2010; Hammerstein, *Johann-Wolfgang-Goethe-Universität, Bd. 1* (1989), *Bd. 2* (2012), *Bd. 3* (2014); Dörre, *NS-»Euthanasie«*, 2021; Kocka, *Berliner Akademien der Wissenschaften*, 2002; Gerstengarbe, Thiel und Bruch, *Leopoldina*, 2016; Feichtinger und Uhl, *Akademien der Wissenschaften in Zentraleuropa*, 2018. Die jetzt erschienene Geschichte der Österreichischen Akademie der Wissenschaften unternimmt eine Gesamtdarstellung bis in die Gegenwart: Feichtinger und Mazohl, *Die Österreichische Akademie*, Bd. 1–3, 2022.

61 Für die KWG/MPG siehe insbes. Schüring, *Vergangenheitspolitik*, 2006; Rürup, *Schicksale*, 2008; für die DFG: Orth, *Vertreibung*, 2018.

dienst (DAAD) den internationalen Austausch zum eigentlichen Zweck haben, oder bei solchen, die überhaupt erst nach 1945 gegründet wurden.[62] So widmen etwa Helmut Trischler und Rüdiger vom Bruch in ihrer Geschichte der Fraunhofer-Gesellschaft (FhG) deren Internationalisierung ein eigenes Kapitel, das mit dem zeitlichen Verlauf und der regionalen Orientierung in der internationalen Zusammenarbeit deutliche Parallelen zur MPG aufzeigt.[63] Ebenso deutlich sind aber auch die Unterschiede zwischen diesen beiden Organisationen, wenn es um ihre Bedeutung für die Außen(wissenschafts)politik der Bundesrepublik und die damit verbundenen Abstimmungen bzw. Konflikte geht. Das ist wenig erstaunlich angesichts der komplementär aufgeteilten und strikt getrennt institutionalisierten Zuständigkeit der FhG für angewandte Forschung vorrangig in Form von drittmittelfinanzierter Auftragsforschung einerseits und der weitgehend staatlich grundfinanzierten Grundlagenforschung unter dem Dach der MPG andererseits.

Weniger überschaubar als die vorliegenden Studien zur Wissenschaftsgeschichte der Bundesrepublik ist die sozialhistorische Literatur, die sich zeitlich parallel zum Ablauf der archivalischen Schutzfristen voranschreitend mit den sozialen Bewegungen der 1960er, 1970er und 1980er Jahre befasst hat.[64] Sie ist im Rahmen dieser Studie insofern interessant, als sie gelegentlich auch auf die Beteiligung von Wissenschaftler/innen vor allem in den Anti-Atomkriegs-, Abrüstungs- und Friedensaktivitäten eingeht, und vor allem dann, wenn sie die internationale Vernetzung dieser Bewegungen in den Blick nimmt.[65] Oft

62 Für die AvH liegt eine Jubiläumsschrift vor: Jansen, *Exzellenz weltweit*, 2004. Hier (178–185) werden die Beziehungen zum Auswärtigen Amt (AA) als harmonische Symbiose geschildert und diverse Dienstleistungen für das AA u. a. bei der Ausbildung des Nachwuchses für den diplomatischen Dienst hervorgehoben; aus Sicht des AA sei die AvH »eines der erfolgreichsten Instrumente auswärtiger Kulturpolitik« (185). Für den DAAD liegt ebenfalls eine von ihm selbst verantwortete dreibändige Jubiläumsschrift vor: Deutscher Akademischer Austauschdienst, *Spuren*, Bd. 1–3, 2000. In der Studie zum Wissenschaftsrat (Bartz, *Wissenschaftsrat*, 2007) spielen internationale Aspekte kaum eine Rolle. Für die Thyssen-Stiftung: Hockerts, *Ein Erbe für die Wissenschaft*, 2018.

63 Trischler und Bruch, *Forschung für den Markt*, 1999, 271–290; interessant ist dort auch der Vergleich von Organisation und Stellenwert von Vertragsforschung in den vier Ländern Deutschland, Frankreich, Niederlande und USA, vgl. ebd., 256–270.

64 Inzwischen kann jedoch ein Handbuch zu Rate gezogen werden: Roth und Rucht, *Die sozialen Bewegungen*, 2008. Als bislang umfänglichste Studie siehe Reichardt, *Authentizität*, 2014. Als einen historiographischen Überblick über soziale Bewegungen in globaler Perspektive vgl. Berger und Nehring, *History of Social Movements*, 2017, darin insbesondere die Einleitung der Herausgeber: 1–35; sowie den Beitrag von Nehring, Peace Movements, 2017.

65 Für meine Studie haben sich insbesondere die Bände Gassert, Geiger und Wentker, *Zweiter Kalter Krieg*, 2011; Becker-Schaum et al., *Nuklearkrise*, 2012; sowie hinsichtlich der internationalen Vernetzung von Abrüstungsinitiativen von Wissenschaftler/innen der dreibändige Klassiker von Wittner, *Struggle Against the Bomb, Bd. 1* (1993), *Bd. 2* (1997), *Bd. 3* (2003) als nützlich erwiesen. Als Einführung in das Schnittfeld von Wissenschaft, Technologie und sozialen Bewegungen siehe: Hess et al., Science, Technology and Social Movement, 2007.

wird dabei Bezug genommen auf die Göttinger Erklärung gegen die Atombewaffnung der Bundeswehr von 1957, die unter Federführung prominenter MPG-Kernforscher verfasst wurde und mittlerweile zum Gründungsmythos der bundesdeutschen Friedensbewegungen geronnen ist.[66] Dies gilt zuallererst für die 1959 im Anschluss an diese Erklärung und wiederum mit prominenter, aber nur kurzfristig auch engagierter Beteiligung von MPG-Wissenschaftlern gegründete Vereinigung Deutscher Wissenschaftler (VDW). Analog zu ihren Vorbildern – der *Federation of American Scientists* (FAS) und der britischen *Atomic Scientists Association* (ASA) – sollte sie Forum und Sprachrohr jener bundesdeutschen Wissenschaftler werden, die ihre Verantwortung für die gesellschaftlichen Folgen ihrer Forschungen annehmen und ihr jenseits der mit politischen Stellungnahmen meist zurückhaltenden Fachverbände öffentlich Ausdruck verleihen wollten.[67] Die VDW – und nicht, wie es sich die britischen Initiatoren gewünscht hätten, die MPG – fungierte zugleich als organisatorische Anbindung der westdeutschen Pugwash-Gruppe, die sich 1959 dem Aufruf des *Russell-Einstein-Manifesto* von 1955 und der drei Jahre später anschließenden *Vienna Declaration* folgend bildete.[68] Diese Gruppe bereitete fortan die westdeutsche Beteiligung an den *Pugwash Conferences on Science and World Affairs* (PCSWA, Pugwash) vor, die schon bald zu den wichtigsten blockübergreifenden informellen Foren der *Track II Diplomacy* im Kalten Krieg zählen sollten, von denen sich die MPG, wie zu zeigen sein wird, jedoch möglichst fernhielt.[69]

66 Gerade deshalb sehen sich immer wieder Autoren und Autorinnen zur Dekonstruktion dieses Mythos herausgefordert, vgl. dazu zuletzt Lorenz, *Protest der Physiker*, 2011. Darauf sowie auf die ältere umfängliche Literatur wird in den Kapiteln 3.2 und 4.1 eingegangen.

67 Die VDW-Geschichte ist bislang nur in einem von ihren Mitgliedern verantworteten materialreichen und deshalb für diese Studie unentbehrlichen Jubiläumsband aufgearbeitet worden: Albrecht et al., *50 Jahre VDW*, 2009. Eine unabhängige historische Untersuchung, wie sie Kemper für die westdeutsche Gruppe der *International Physicians for the Prevention of Nuclear War* (IPPNW) vorgelegt hat, fehlt noch (Kemper, *Medizin gegen den Kalten Krieg*, 2016).

68 Das Manifest findet sich u. a. auf der Website der PCSWA: Pugwash Conferences on Science and World Affairs, Manifesto, https://pugwash.org/1955/07/09/statement-manifesto/, zuletzt aufgerufen am 13.8.2022. Die Wiener Erklärung von 1958 ist u. a. abgedruckt im Bulletin of Atomic Scientists (BAS): Vienna Declaration, 1958.

69 Zur Geschichte der PCSWA bis in die 1960er Jahre hinein vgl. Evangelista, *Unarmed Forces*, 1999; Kraft, Nehring und Sachse, The Pugwash Conferences and the Global Cold War, 2018; Kraft und Sachse, *Science, (Anti-)Communism and Diplomacy*, 2020; Kraft, From Dissent, 2022; zur Gründung der westdeutschen Pugwash-Gruppe und ihren Aktivitäten ebenfalls bis in die 1960er Jahre hinein vgl. Neuneck und Schaaf, *Geschichte der Pugwash-Bewegung*, 2007; Sachse, The Max Planck Society and Pugwash during the Cold War, 2018; Kraft, Confronting, 2020. Zur Track II Diplomacy vgl. Montville, Track Two Diplomacy, Bd. 2, 1991; Diamond und McDonald, *Multi-Track Diplomacy*, 1996. Track II Diplomacy, die auf den informellen transnationalen Austausch von auf Augenhöhe und ohne offiziellen nationalen Verhandlungsauftrag sich begegnenden kulturellen Eliten, z. B. Atomwissenschaftler/innen, abhebt, ist nicht gleichzusetzen mit der von Joseph

Damit stoßen wir in den weiten wissenschaftshistorischen Resonanzraum dieser Studie vor, den die seit etwa Mitte der 1990er Jahre stetig wachsende internationale und insbesondere die anglosächsische Literatur zur Wissenschaft im Kalten Krieg oder *Cold War Science* bildet.[70] Ausgehend von den Atombombenprojekten im und nach dem Zweiten Weltkrieg stehen hier weiterhin die für die militärische Forschung relevanten Disziplinen – deren Spektrum freilich über die Atom(waffen)-, Radar- und Raumfahrtforschung hinausreichte – sowie regional die USA und die Sowjetunion im Zentrum des Interesses.[71] Seit der Zäsur von 1990/91 weitete sich das historiographische Blickfeld jedoch über den militärisch-industriell-wissenschaftlichen Komplex und die für ihn charakteristischen Big-Science-Strukturen hinaus allmählich auf die weltgeschichtliche Epoche des Kalten Krieges als Ganzes und dessen politische und kulturelle Einprägungen in verschiedenen Gesellschaften aus.[72] In der »Allgemeingeschichte« – so in Abgrenzung von der Wissenschaftsgeschichte gern genannt – erlebten global- und europageschichtliche Ansätze einen neuen Boom und Immanuel Wallersteins »Weltsystem« immer neue Auflagen; dagegen kamen in der wissenschaftshistorischen Forschung verstärkt grenzüberschreitende Wissenschaftsbeziehungen und andere Länder in den Blick.[73] Sie lagen zwar nicht an der Peripherie im Sinne Wallersteins, bildeten aber auch nicht die Zentren der *Cold War Science*. Dazu gehörten die beiden Teile Deutschlands, deren Wissenschaftsgeschichte jenseits der erwähnten Institutionenstudien allerdings noch immer wenig er-

Nye ebenfalls in den 1990er Jahren ins Spiel gebrachten *Soft Power* politischer Werte, kultureller, wissenschaftlicher und technischer Leistungen, die von einzelnen Staaten – untersucht wurden hier bevorzugt die USA – eingesetzt wird, um ihren geopolitischen Einfluss in bestimmten Ländern, Regionen oder global zu stärken: Nye, Soft Power, 1990; Nye, *Soft Power*, 2004.

70 Als Überblick: Agar, *Science*, 2012. Vgl. auch die Literaturberichte von Unger, Cold War Science, 2006; Nehring, Review Article, 2012; Kraft, Nehring und Sachse, The Pugwash Conferences and the Global Cold War, 2018; den Handbuchartikel von Forstner, Kalter Krieg, 2017. Als Ideengeschichte des Kalten Krieges siehe Erickson et al., *Reason*, 2013.

71 Vgl. z. B. den Band Oreskes und Krige, *Science and Technology*, 2014. Hier berücksichtigen immerhin je zwei von dreizehn Beiträgen die Sowjetunion und China, einer geht auf die amerikanisch-französischen Beziehungen ein; die übrigen Beiträge befassen sich mit der US-amerikanischen Forschung. Als Beispiel für das breite disziplinäre Spektrum der Cold War Science siehe Creager, *Life Atomic*, 2013.

72 Der Band von Doel und Söderqvist, *Historiography of Contemporary Science*, 2006 versammelt ein ganzes Bündel der sich diversifizierenden Themenstellungen. Ein international breiteres Spektrum berücksichtigt der Band Krige und Barth, *Global Power Knowledge*, 2006.

73 Wallerstein, *Modern World-System, Bd. 1* (1974), *Bd. 2* (1980), *Bd. 3* (1988), *Bd. 4* (2011); Hobsbawm, *Age of Extremes*, 1994; Ferguson, *Krieg der Welt*, 2014; Mazower, *Der dunkle Kontinent*, 2000; Judt, *Geschichte Europas*, 2006. Als Einführung in die Globalgeschichte: Eckert und Conrad, Globalgeschichte, 2007. Als wissenschaftshistorische Beispiele siehe: Turchetti, Herran und Boudia, Beyond Borders, 2012; Creager, *Life Atomic*, 2013.

forscht ist.[74] Zum anderen weitete sich das Interesse über die unmittelbar militärtechnologisch relevanten Forschungsfelder aus und erfasste nach den Biowissenschaften auch die Sozialwissenschaften und deren direkte Bedeutung für die geostrategischen Planungen der Supermächte bzw. deren indirekte konzeptuelle Wechselwirkungen mit den dominanten Denkfiguren des Kalten Krieges.[75]

Für diese jüngere Phase in der Historiographie der *Cold War Science* haben Hunter Heyck und David Kaiser schon vor einigen Jahren drei Forschungstrends identifiziert:[76] 1. Die Frage nach der Transnationalisierung von Wissenschaftsstilen, 2. die Frage nach der Regionalisierung und Individualisierung der Beziehungen von Wissenschaft bzw. Wissenschaftler/innen und Staat und 3. das Interesse an Verwissenschaftlichungsprozessen in Kombination mit der Instrumentalisierung wissenschaftlicher Theorien zur Bearbeitung gesellschaftlicher Probleme. An zwei dieser Trends kann diese Studie mit einigen ihrer Befunde anschließen: Und zwar erstens an die transnationale Perspektive, die bi- und multilaterale Transfers von Wissenschaftsstilen in andere Länder und zugleich die Internationalisierung der wissenschaftlichen *Man Power* in den beteiligten Ländern in den Blick nimmt. Solange in solchen Studien, wie in den von Heyck und Kaiser herangezogenen, grundsätzlich die USA als der eine Pol des Transfers gesetzt sind und ein beliebiges anderes Land als Gegenpol gewählt wird, kann das Ergebnis nicht wirklich überraschen: Transnationalisierung kommt im Doppelpack als Amerikanisierung der Weltwissenschaft und Internationalisierung des amerikanischen Forschungspersonals daher. Dieser Befund lässt sich empirisch anreichern und differenzieren, indem wir uns etwa die engen wissenschaftlichen Beziehungen der MPG und der chinesischen Akademie der Wissenschaften (*Chinese Academy of Sciences*, CAS) genauer anschauen. Zweitens wählt diese Studie mit der international renommierten bundesdeutschen Forschungsorganisation einen regionalen Fokus, der in der wissenschaftshistorischen Forschung zur zweiten Hälfte des 20. Jahrhunderts bisher nicht eben häufig gewählt wurde, und verfolgt von da aus bilaterale Wissenschaftsbeziehungen in verschiedene geographische und politische Himmelsrichtungen. Darüber hinaus rücken mit den hier verfolgten wissenschafts*politik*historischen Fragestellungen unweigerlich institutionelle und individuelle wissenschaftspolitische Akteure und ihre Handlungsspielräume im nationalen, europäischen, blockpolitischen und internationalen Kontext ins Zentrum. Auf die von Heyck und Kaiser als dritten Forschungstrend identifizierten Verwissenschaftlichungsprozesse kann indessen nur am Rande und insoweit eingegangen werden, wie sie sich in den in der Geschichte der MPG und ihrer internationalen Beziehungen

74 Mit Blick auf die Epoche des Kalten Kriegs beschäftigt sie sich noch immer vorzugsweise mit den rüstungsnahen physikalischen Teildisziplinen bzw. mit dem friedenspolitischen Engagement von Physiker/innen, vgl. hierzu die Bände von Forstner und Hoffmann, *Physik im Kalten Krieg*, 2013; Forstner und Neuneck, *Physik, Militär und Frieden*, 2018.

75 Vgl. dazu Heyck und Kaiser, Focus: New Perspectives, 2010; Erickson et al., *Reason*, 2013; Bernhard und Nehring, *Den Kalten Krieg denken*, 2014.

76 Heyck und Kaiser, Focus: New Perspectives, 2010.

unvermeidlichen Grenzstreitigkeiten zwischen angewandter und Grundlagenforschung spiegeln.[77]

Einen wichtigen interpretativen Bezugspunkt für diese Studie, wie im Übrigen für die Historiographie zur *Cold War Science* überhaupt, bieten vor allem die Arbeiten von John Krige. Das beginnt mit seiner inzwischen zum Paradigma aufgestiegenen These von der amerikanischen Hegemonie, die in den ersten Nachkriegsjahrzehnten als Leitmotiv der Außenwissenschaftspolitik der USA zugrunde lag – nicht nur, aber auch gegenüber ihren westlichen Partnern.[78] Diese 2006 zunächst anhand der amerikanisch-französischen Wissenschaftsbeziehungen nach dem Zweiten Weltkrieg entfaltete These hat Krige inzwischen mit Fallbeispielen aus den bilateralen Wissenschaftsbeziehungen der USA zur EG insgesamt und zu einzelnen westeuropäischen Ländern untersetzt. Eines davon ist der Versuch des US-Präsidenten Lyndon B. Johnson und seiner Administration, die von Ludwig Erhard geführte Bundesregierung von ihren atomaren Aufrüstungsphantasien mit dem Versprechen abzubringen, die westdeutsche Wissenschaft ersatzweise in die avancierte Raumforschung der NASA einzubinden. Kostenfrei war dieses Angebot freilich nicht: Die Bundesrepublik sollte sich verstärkt an den Kosten sowohl der amerikanischen Truppenstationierung auf westdeutschem Territorium als auch der Raumforschung beteiligen.[79] An Kriges These wird im Folgenden verschiedentlich angeknüpft, auch wenn die umfänglichen und die meiste Zeit ohne größere außenwissenschaftspolitische Komplikationen verlaufenden Kooperationsbeziehungen der MPG zu amerikanischen Partnerinstituten, Kollegen und Kolleginnen trotz ihrer unbestritten herausragenden wissenschaftsintrinsischen Bedeutung nicht im Zentrum dieser Studie stehen.[80]

Es war eine überlegte Entscheidung, einerseits die Selbstpositionierung der MPG im Verhältnis zur bundesdeutschen Außenwissenschaftspolitik in den Mittelpunkt zu rücken und andererseits ihre wissenschaftlichen Beziehungen zu einigen anderen Ländern zu untersuchen, darunter sowohl eher peripheren Staaten als auch zentralen und aufsteigenden Playern in der internationalen

77 Hierzu sei auf die im Rahmen des GMPG-Programms entstandenen Cluster-Studien hingewiesen von Topp, Verhaltens-, neuro- und kognitionswissenschaftliche Forschung, 2023 sowie Kraft und Schwerin, Die (bio-)molekularen (Lebens-)Wissenschaften, 2023. Darüber hinaus sind in Deutschland Verwissenschaftlichungsprozesse zu einem prominenten Thema in den Sozialwissenschaften und der Sozialgeschichte geworden; vgl. z. B. Schanetzky, Aporien der Verwissenschaftlichung, 2010; Raphael, Verwissenschaftlichung des Sozialen, 2014; Seefried, Gestaltbarkeit, 2015; Zillien, *Alltag*, 2020. Vgl. auch den Literaturbericht von Link, Sozialwissenschaften im Kalten Krieg, 15.5.2018, http://www.hsozkult.de/literaturereview/id/forschungsberichte-3095, zuletzt aufgerufen am 13.8.2022.

78 Krige, *American Hegemony*, 2006.

79 Krige, *Sharing Knowledge*, 2016, 79–96. Vgl. dazu auch Doel und Harper, Prometheus Unleashed, 2006.

80 Vgl. dazu insbesondere die Studie Bonolis und Leon, *Astrophysics*, 2023, sowie die Beiträge von Kraft, Selbstverständnis, 2023, Kraft und Sachse, MPG als Forschungsorganisation, 2023.

Wissenschaftslandschaft wie der Sowjetunion und China. Mit dieser Schwerpunktsetzung verbindet sich die Hoffnung, die noch immer dominierende wissenschaftshistorische Zentralperspektive auf die USA um wenige Grade zu dezentrieren und die als solche hier keineswegs in Frage zu stellende amerikanische Hegemonie im internationalen wissenschaftlichen Geschehen nicht fortdauernd historiographisch zu reifizieren.[81] Stattdessen fügt diese Studie dem gegenwärtig dominierenden Bild von den internationalen wissenschaftlichen Beziehungen im Kalten Krieg und danach einige Facetten hinzu und trägt so dazu bei, es der komplexen multinationalen Wirklichkeit außenwissenschaftspolitischer und wissenschaftsaußenpolitischer Verwicklungen weiter anzunähern.

Quellenauswahl

Für diese Studie stand die überbordende Fülle an Quellen des Archivs der Max-Planck-Gesellschaft (AMPG) zur Verfügung, und zwar für den gesamten Untersuchungszeitraum des GMPG-Programms bis zum Jahr 2002. Diesem in Aktenkilometern zu vermessenden Bestand war trotz der im Forschungszeitraum rasch fortschreitenden Digitalisierung und entsprechender Suchfunktionen nur mit einer eher klassischen Top-down-Suchstrategie beizukommen.[82] Ausgehend von den Jahresberichten der MPG-Präsidenten und den dort jeweils hervorgehobenen Entwicklungen in den internationalen Beziehungen sowie den in den Sitzungsprotokollen des MPG-Senats dokumentierten Diskussionen, bin ich den darin angesprochenen außenwissenschaftspolitischen Problemkomplexen über die verschiedenen Ebenen der institutionellen Willensbildung und der Administration bis hinunter auf die Ebene des Auslandsreferats nachgegangen. Zuweilen wurden die Nach- bzw. Vorlässe der beteiligten Protagonisten, insbesondere der Präsidenten und der jeweiligen wissenschaftlichen Mitglieder, hinzugezogen. Nur sporadisch und ergänzend wurden auch Akten der jeweils beteiligten Max-Planck-Institute eingesehen. Sie wären für eine Rekonstruktion bi- oder multilateraler wissenschaftlicher Kooperationen auf der Arbeitsebene in den Laboren, den Großforschungseinrichtungen und im Feld unverzichtbar. Doch für die hier im Vordergrund stehenden Analysen der damit verbundenen wissenschaftsaußenpolitischen und außenwissenschaftspolitischen Probleme und Konflikte, mit denen die Generalverwaltung und ihr Auslandsreferat befasst waren, wurden sie nicht zwingend benötigt. Mit Sicherheit schlummert hier noch viel Material für zukünftige Untersuchungen transnationaler wissenschaftlicher Kommunikationsprozesse: zu den bi- und multinationalen Transfers

81 Eben dies unterläuft Krige m. E. in seinem ansonsten höchst eindrucksvollen Enzyklopädieeintrag: Krige, Diplomacy, 2014. Hier beschreibt er auf knappem Raum ebenso materialreich wie thesenstark den Einsatz amerikanischer Forschungskapazität als *Soft Power* der US-Außenpolitik von den Atombombenabwürfen am Ende des Zweiten Weltkriegs bis in die zunehmend wissenschaftskritischen 1970er Jahre hinein, verzichtet aber auf die Bi- und Multiperspektivität internationaler Wissenschaftsdiplomatie.

82 Vgl. dazu die Einleitung zu Kocka et al., *Die Max-Planck-Gesellschaft*, 2023.

wissenschaftlichen Wissens, den Chancen und Risiken transnationaler Kooperation und nicht zuletzt den Strategien der Max-Planck-Institute und ihrer Wissenschaftler/innen bei der Suche und der Auswahl von internationalen Kooperationspartnern.

Mit ihren Fragestellungen und der entsprechend strukturierten Quellenauswahl nehmen die Suchscheinwerfer dieser Studie vor allem die MPG und ihre Generalverwaltung als institutionellen Akteur ins Visier. Dieser Hauptdarsteller interagiert selbstverständlich mit den Wissenschaftler/innen und insbesondere mit den Max-Planck-Direktoren und Abteilungsleitern, die die Forschungsstrategien in den Instituten einschließlich der internationalen Kooperationen verantworten. Sie treten im Rahmen dieser Studie immer dann aus dem Bühnenschatten in das hier ausgeleuchtete Aktionsfeld, wenn sie die administrative oder außenwissenschaftspolitische Unterstützung der Generalverwaltung oder ihres Präsidenten suchten bzw. wenn sie sich aktiv in die Diskussion wissenschaftsaußenpolitischer Strategien der MPG als Ganzer einbrachten.

Nach außen interagiert unser institutioneller Hauptdarsteller in außenwissenschaftspolitischen Fragen zum einen mit dem für Forschung zuständigen Bundesministerium, dem Auswärtigen Amt und gelegentlich den bundesdeutschen Botschaften vor Ort, zum anderen mit den kooperierenden Wissenschaftsinstitutionen und -administrationen im Ausland. Die entsprechenden ministerialen Bestände im Bundesarchiv Koblenz (BArch) bzw. im Politischen Archiv des Auswärtigen Amtes (PAAA) wurden systematisch herangezogen und ermöglichten es, die außenpolitischen Prioritäten und diplomatischen Strategien der staatlichen Akteure, die mit den wissenschaftsaußenpolitischen Prioritäten der MPG nicht immer in Deckung zu bringen waren, genauer zu konturieren. Leider war dies für die kooperierenden Institutionen im Ausland – mit Ausnahme der im Cambridge Archive Center (CAC) lagernden Bestände der PCSWA – aus zeitlichen und sprachlichen Gründen im Rahmen dieser Studie nicht in gleicher Weise zu leisten. Deren Interessen, Positionen und Strategien konnten nur insoweit rekonstruiert werden, wie sie sich in den Beständen der MPG und der Bundesministerien dokumentierten und spiegelten. Die daraus resultierenden Forschungsdesiderata sind offensichtlich und es bleibt zu hoffen, dass sie zu weiteren Forschungen anregen.

2. Die Auslandsbeziehungen der MPG im Kalten Krieg: Problemkonstellationen im historischen Wandel

Es ist ein komplexes Unterfangen, die MPG als institutionellen Akteur im Feld der internationalen Politik über einen Zeitraum von rund fünf Jahrzehnten zu verfolgen. So erweist sich dieser Akteur über die Jahre gelegentlich als ein *Moving Target*: Einerseits entwickelten die aufeinanderfolgenden Präsidenten und die Beraterkreise, die sie sich suchten, durchaus unterschiedliche Führungsstile und Vorstellungen, wie die MPG außenwissenschaftspolitisch zu positionieren sei. Andererseits konnten sich solche Idiosynkrasien umso weniger ausprägen, je mehr sich administrative Routinen etablierten, mit denen eine funktional und personell wachsende Generalverwaltung die exponentiell steigenden, von nationalen und zunehmend von supra- und internationalen Instanzen an sie herangetragenen Regelungsbedarfe zu bewältigen suchte. Die zentrale Verwaltung der internationalen wissenschaftlichen Beziehungen wurde seit Anfang der 1970er Jahre stufenweise bis hin zu einer eigenen Abteilung innerhalb der Generalverwaltung ausgebaut und ging einher mit der Ausformulierung einer administrativen Leitlinie, die angesichts der durchaus bewegten politischen Zeitumstände erstaunlich konstant blieb. Demnach ging es prioritär darum, den Max-Planck-Instituten maximale Autonomie und Flexibilität in der Gestaltung ihrer internationalen Forschungskooperationen zu verschaffen, jenseits etwaiger außenpolitischer Restriktionen. Diese Leitlinie wäre also nach der einleitend dargelegten Nomenklatur als wissenschaftsaußenpolitisch zu qualifizieren, wenn sie nicht immer wieder und besonders in den Beziehungen zu osteuropäischen Wissenschaftlerinnen und Wissenschaftlern von außenpolitisch motivierten Interventionen der Bundesregierung und der Regierungen der Partnerländer durchkreuzt worden wäre. Die MPG – ihre Repräsentanten, die Generalverwaltung und alle die MPI-Direktoren, die wissenschaftliche Kontakte im Ausland pflegten – waren also genötigt, sich mit den außenwissenschaftspolitischen Vorgaben von Regierungen und anderen Akteuren der internationalen Außenwissenschaftspolitik auseinanderzusetzen, sich mit ihnen zu arrangieren oder zu versuchen, sie entsprechend ihrer eigenen Priorität abzuändern.

Die administrative Leitlinie konnte aber auch innerhalb des eigenen Hauses konterkariert werden, nämlich immer dann, wenn einzelne oder Gruppen von MPG-Wissenschaftler/innen versuchten, »die Wissenschaft« für Ziele in Anschlag zu bringen, die über die unmittelbar projektbezogene Zusammenarbeit mit ausländischen Kollegen und Kolleginnen hinausgingen. Gerade hier lässt sich ein seit Mitte der 1970er Jahre führungspolitisch forcierter Wandel feststellen: Anfangs stand eine unmittelbar auf den Zweiten Weltkrieg und die Atombombenabwürfe von Hiroshima und Nagasaki reagierende Weltfriedenspolitik im Fokus, deren wissenschaftliche Begründung von einigen prominenten Repräsentanten ebenso als eine Aufgabe der MPG beansprucht wurde wie eine entsprechende Regierungsberatung auf höchster Ebene. Sie wandelte sich in ein abrüstungs-, friedens-, umwelt- und klimapolitisches Engagement von nur mehr einzelnen, meist weniger bekannten MPG-Wissenschaftler/innen, deren politische Aktivitäten aus Sicht der MPG-Leitungsgremien nicht mehr mit ihrem institutionellen Arbeitgeber identifiziert werden durften. Immerhin bewegte sich das *Moving Target* einer Wissenschaftsaußenpolitik der MPG relativ richtungskonstant auf das Ziel einer Zurückdrängung des Politischen in der Wissenschaft, jedenfalls der in der MPG betriebenen, hin.

Noch herausfordernder für deren historische Rekonstruktion sind die außenwissenschaftspolitisch relevanten nationalen, trans-, supra- und internationalen Kontexte, die sich ineinanderschoben und damit unser Zielobjekt in verschiedenen Koordinatensystemen zugleich positionierten. Zudem gehorchten diese Kontexte keineswegs demselben Zeitregime, was es der Historikerin erschwert, diesen langen Zeitraum möglichst selbsterklärend zu periodisieren. Zu berücksichtigen sind vor allem die Zyklen von Konfrontation und Entspannung im Ost-West-Konflikt, die bundesdeutschen Regierungswechsel und die politisch-kulturellen Wandlungen, die sich darin spiegelten. Dabei waren die Paradigmenwechsel der bundesdeutschen Außenpolitik weder mit den bundes- noch den blockpolitischen Zäsuren vollends synchronisiert. Hinzu kommen primär wirtschaftskonjunkturell getriebene strukturelle Entwicklungen im nationalen und internationalen Maßstab sowie politische, kulturelle und nicht zuletzt wissenschaftspolitische und -organisatorische Prozesse von Europäisierung und Globalisierung, die ebenfalls ihren eigenen Rhythmen folgten und mal mehr, mal weniger harmonisch zusammenklangen. Als ein in den ersten drei Jahrzehnten nach dem Zweiten Weltkrieg durchaus engagierter, danach eher unwilliger, aber immer noch eigensinniger außenwissenschaftspolitischer Akteur setzte sich die MPG mit allen diesen internationalen und globalen Entwicklungen auseinander. Gleichwohl blieb sie eine weitestgehend von bundesdeutschen Steuergeldern finanzierte Institution des nationalen Wissenschaftssystems. Ihr wissenschaftsaußenpolitischer Handlungsspielraum wurde vor allem dann von der Bonner Außenpolitik, ab Mitte der 1970er Jahre zunehmend auch von der Brüsseler Europapolitik begrenzt, wenn er sich auf außen- oder europapolitisch sensible Felder erstreckte. Insofern erscheint es plausibel, das folgende Kapitel, das einen Überblick über die MPG als institutionellen Akteur im Feld der internationalen Politik bieten soll, entlang der größeren Zäsuren der bundesdeutschen Außenpolitik im Kalten Krieg zu organisieren.

2.1 Selbstbehauptung im Nachkriegsdeutschland und Etablierung im Blocksystem

In der Außenwissenschaftspolitik der Kaiser-Wilhelm-Gesellschaft (KWG) bzw. ab 1948 der Max-Planck-Gesellschaft (MPG) gab es am Ende des Zweiten Weltkriegs, wie in vielen anderen Bereichen der westdeutschen Zeitgeschichte, keine Stunde Null. Die Auslandsbeziehungen der KWG waren weder mit dem Beginn der nationalsozialistischen Herrschaft noch während der Kriegsjahre völlig abgebrochen. Allerdings hatten sich die geographischen Schwerpunkte von den alliierten Kriegsgegnern hin zu den verbündeten, neutralen und besetzten Ländern verlagert. Zugleich veränderte sich der Charakter der Zusammenarbeit; an die Stelle politisch egalitärer und allenfalls durch die Prinzipien wissenschaftlicher Seniorität hierarchisierter Kooperationsbeziehungen traten je nach der Art der zwischenstaatlichen Beziehung mehr oder minder herrschaftlich überformte Kooperationsweisen bis hin zu »Ausbeutungsverhältnissen«.[1] Die expansionistisch, rassistisch und antisemitisch definierte Machtförmigkeit dieser Beziehungen konnte durch das individuelle Verhalten von KWG-Wissenschaftlern gegenüber ausländischen Kollegen und Kolleginnen nicht aufgehoben, wohl

Abb. 1: Wolfgang Gentner (vorne l.), Frédéric Joliot-Curie (vorne m.) und Walther Bothe (vorne r.) 1941 in Paris.

1 Hachtmann, *Wissenschaftsmanagement*, 2007, 793–807, Zitat 805.

aber gemildert werden, wofür als ein rares Beispiel Wolfgang Gentners um Kollegialität bemühter Umgang mit Frédéric und Irène Joliot-Curie und ihren Mitarbeiter/innen am *Institut du Radium* im besetzten Paris steht.[2]

Das asymmetrische Machtverhältnis konnte aber auch rücksichtslos ausgenutzt werden. In dieser Hinsicht taten sich unter anderen der Pflanzenzüchter Wilhelm Rudorf und seine Mitarbeiter am KWI für Züchtungsforschung hervor, die sich nicht nur die wertvollen Samenbanken ukrainischer Forschungsstationen aneigneten, sobald sie ihrer habhaft werden konnten, sondern auch in Auschwitz inhaftierte französische Biologinnen in der Kok-Saghys-Versuchsstation im Nebenlager Rajsko für sich arbeiten ließen.[3]

Bis heute nachhaltig geprägt wurde die Sicht ausländischer Wissenschaftler und Wissenschaftlerinnen sowie internationaler Medien wie *Science* oder *Nature* auf die KWG/MPG durch die frühen Berichte des ungarischen Pathologen Miklós Nyiszli und weiterer überlebender Häftlingsärzte und -ärztinnen: Sie mussten Josef Mengele im Krankenbau von Auschwitz assistieren und erinnerten sich genau, wie sie Humanpräparate ermordeter Häftlinge hergestellt, verpackt und nach Berlin-Dahlem geschickt hatten, wo sie von seinem Doktorvater und Direktor des Kaiser-Wilhelm-Instituts (KWI) für Anthropologie, menschliche Erblehre und Eugenik Othmar von Verschuer, Karin Magnussen und anderen Mitarbeitern dringend erwartet wurden.[4]

Verhandeln mit den Besatzungsmächten

Mit Kriegsende verlagerten sich die geographischen Schwerpunkte der Auslandsbeziehungen von KWG-Wissenschaftlern und -Wissenschaftlerinnen wieder zurück auf die schon vor dem Krieg wichtigsten Partnerländer, die ihnen nun als Besatzungsmächte gegenübertraten. In keiner der vier Besatzungszonen konnten sich die dort ansässigen oder in den letzten Monaten des Krieges dahin verlagerten KWI über mangelnde Aufmerksamkeit ausländischer Kollegen beklagen, die sie in Gestalt oder Begleitung von Kulturoffizieren der jeweiligen Militärregierung aufsuchten. Allerdings machten sie in den vier Zonen unterschiedliche Erfahrungen, auch wenn die Besucher anfangs durchweg von Vorstellungen wissenschaftlicher Wiedergutmachung geleitet waren.[5]

2 Hoffmann und Schmidt-Rohr, Wolfgang Gentner, 2006, 19–20.

3 Heim, *Kalorien*, 2003, 36–49, 172–193. Zur Zwangsarbeit von ausländischen Wissenschaftler/innen in und für KWIs insgesamt während des Zweiten Weltkriegs vgl. Strebel und Wagner, *Zwangsarbeit*, 2003, bes. 48–65.

4 Nyiszli, *Im Jenseits der Menschlichkeit*, 1992; Massin, Mengele, 2003, 236–241. Sachse, Mengele, 2020. Zum KWI für Anthropologie, menschliche Erblehre und Eugenik insgesamt vgl. Schmuhl, *Grenzüberschreitungen*, 2005.

5 Zum Übergang von der KWG in die MPG vgl. die zusammenfassende Darstellung von Balcar, *Ursprünge der MPG*, 2019.

In der sowjetischen Besatzungszone und vor allem in Berlin waren Beschlagnahmungen, wenn nicht Zerstörung von Einrichtungen, Instrumenten, Bibliotheken und Akten die Regel; und auch wenn etwa der Physikochemiker Peter Adolf Thießen freiwillig der Einladung in die Sowjetunion folgte, fürchteten andere, zwangsweise deportiert zu werden.[6] Zudem gab die Ende Februar 1945 gerade noch rechtzeitig nach Göttingen in die zukünftige britische Besatzungszone evakuierte Generalverwaltung die wenigen in der sowjetischen Zone und dem sowjetischen Teil der Viersektorenstadt Berlins verbliebenen Einrichtungen lieber verloren, als dass sie die über kurz oder lang zum Scheitern verurteilten Versuche des Physikochemikers Robert Havemann, in Berlin eine veränderte KWG unter sowjetischer Aufsicht wiederaufzubauen, unterstützt hätte.[7]

Von dem amerikanischen Plan einer Deutschen Forschungshochschule, die ein Gegenmodell zu dem von den Sowjets in ihrem Sektor forcierten Umbau der Preußischen in eine Deutsche Akademie für Wissenschaft nach sowjetischem Vorbild darstellen sollte, war die Generalverwaltung ebenso wenig erbaut. In dieser Hochschule sollten die in Berlin-Dahlem verbliebenen KWI versammelt und in eine integrierte Lehr- und Forschungsinstitution zur Weiterbildung graduierter und promovierter Nachwuchswissenschaftler/innen transformiert werden.[8] Das freilich widersprach völlig dem tradierten Identitätskern, nämlich dem nach ihrem Gründungspräsidenten benannten »Harnack-Prinzip«, wonach

6 Walker, *Die Uranmaschine*, 1990, 222–225. Die besondere Berliner Situation lässt sich anhand der Geschichte des KWI für physikalische Chemie und Elektrochemie, des heutigen Fritz-Haber-Instituts der MPG, gut nachverfolgen: James et al., *Hundert Jahre*, 2011, 136–158. Zu Thiessen vgl. Schmaltz, Peter Adolf Thiessen und Richard Kuhn, 2007.

7 Ausführlich zu den Versuchen, eine in Berlin ansässige KWG zu reetablieren: Hachtmann, *Wissenschaftsmanagement*, 2007, 1052–1077. Havemann hatte 1932/33 am KWI für physikalische Chemie und Elektrochemie seine Dissertation vorangetrieben, sich dort mit einer Denunziation jüdischer Kollegen hervorgetan, sich später der Widerstandsgruppe »Europäische Union« angeschlossen und war 1943 zum Tode verurteilt wurden; die Vollstreckung des Urteils wurde mehrfach wegen »kriegswichtiger Forschungen« Havemanns verschoben, so dass er das Kriegsende im Zuchthaus Brandenburg-Görden erlebte. Anfang Juli 1945 wurde er vom kommunistisch dominierten Berliner Magistrat in Abstimmung mit der sowjetischen Besatzungsbehörde zum vorläufigen Leiter der KWG bestellt. Die Person Havemanns wird in der Literatur kontrovers dargestellt. Die maßgeblichen Quellen wurden ausgewertet von Szöllösi-Janze, *Haber*, 1998, 669–673; darauf stützt sich auch Rürup, *Schicksale*, 2008, 97–98. Anders dagegen Hachtmann, *Wissenschaftsmanagement*, 2007, 1055–1057; James et al., *Hundert Jahre*, 2011, 139–142, 148–151; Balcar, *Ursprünge der MPG*, 2019, 27–36.

8 Sachse, Research, 2009, 122–123; Hachtmann, *Wissenschaftsmanagement*, 2007, 1068–1077. Die Geschichte der Preußischen, dann Deutschen Akademie der Wissenschaften, später Akademie der Wissenschaften der DDR ist inzwischen detailliert aufgearbeitet, vgl. zuletzt Laitko, Etablierung der Deutschen Akademie der Wissenschaften, 2018; Nötzoldt, Deutsche Akademie der Wissenschaften zu Berlin, 2018; Meiser, *Deutsche Forschungshochschule*, 2013.

die KWG/MPG ausschließlich »reine«, um eine herausragende Wissenschaftlerpersönlichkeit herumgebaute Forschungsinstitute beherbergen sollte.[9]

Mit Vertretern der britischen Besatzungsmacht kam es dagegen schon einige Tage vor der bedingungslosen Kapitulation der deutschen Wehrmacht zu ersten Gesprächen – und zwar im Hauptquartier der alliierten Streitkräfte in Reims. Dort machte die Vorhut der Gruppe deutscher Kernforscher, die in den letzten Apriltagen von der amerikanischen Alsos-Mission festgesetzt worden waren, einen mehrtägigen Zwischenstopp. Bevor sie zu ihrem endgültigen Internierungsort, dem britischen Farm Hall, weitertransportiert wurde, sollte die Gruppe auf insgesamt zehn Personen anwachsen, darunter acht KWG-Wissenschaftler und bis auf Max von Laue allesamt zuvor leitende Mitarbeiter des deutschen Uranprojekts. Am Nachmittag des 4. Mai 1945 unterhielt sich Otto Hahn, der neben Werner Heisenberg und von Laue prominenteste Internierte, mit seinem britischen Aufseher und notierte später in seinem Tagebuch:

> Am Nachmittag habe ich ein langes Gespräch mit unserm Major: Themata: Suggestion der Massen (Goebbels); V_1 + V_2; unsere Stellung zur gegenwärtigen Situation; Konzentrationslager: Deutsche müssen Film sehen, was unter dem Regime in Deutschland geschehen konnte; Lampenschirm, medizin [sic!] Versuchskaninchen; unsere Hoffnung: Wissenschaft retten, soweit möglich; Verbombung von Frankfurt.[10]

Seit Mitte August 1945 wurde das britisch-deutsche Gespräch zur Rettung der deutschen Wissenschaft und vor allem der KWG – trotz ihrer Verbindungen mit dem verbrecherischen NS-Regime – tatsächlich fortgesetzt. Inzwischen war den Deutschen in Farm Hall abgelauscht worden, was sie über den Atombombenbau alles nicht gewusst hatten; die Amerikaner hatten ihre nuklearen Bomben über Hiroshima und Nagasaki gezündet, Japan zur Kapitulation gezwungen und den Sowjets ihre militärische Übermacht demonstriert.[11] In den Farm-Hall-Protokollen, die bislang fast nur hinsichtlich der Forschungsziele, Ergebnisse und politischen Haltungen der im »Uranverein« zusammengeschlossenen deutschen Atomforscher ausgewertet wurden, sind diese Gespräche detailliert dokumentiert.[12] Zunächst schauten der Direktor des Nationalen Laboratoriums für Physik in London, Charles Darwin, und der Kernphysiker Patrick Blackett, ein »alter Freund« Heisenbergs aus Friedenszeiten und eine Schlüsselfigur der britischen Rüstungsforschung in Kriegszeiten, zu »rein privaten Besuchen« in Farm Hall

9 Laitko, Harnack-Prinzip, 2015.

10 Hahn Tagebücher, Tagebuch I, 4.5.1945, III. Abt., Rep. 14, Nr. 6819, hier zitiert nach Sime, *Otto Hahn und die Max-Planck-Gesellschaft*, 2004, 31.

11 Zur Entscheidung der US-amerikanischen Regierung für die Atombombenabwürfe 1945 vgl. aus einer umfangreichen Forschungsliteratur Alperovitz, *Hiroshima*, 1995; Gordin und Ikenberry, *Age of Hiroshima*, 2020.

12 Hoffmann, *Operation Epsilon*, 1993. Auf die Bedeutung dieser frühen Gespräche für die Weiterführung der KWG hat hingegen Otto G. Oexle bereits 1995 und 2003 hingewiesen: Oexle, *Hahn, Heisenberg und die anderen*, 2003; Oexle, *British Roots*, 1995. Hohn und Schimank, *Konflikte*, 1990, 90–98.

vorbei. Ihr Eindruck von der Kooperationswilligkeit und -fähigkeit der deutschen Kollegen, auf die man beim anstehenden Wiederaufbau kaum verzichten zu können glaubte, war offenbar hinreichend positiv.[13] Jedenfalls wurden Hahn, Heisenberg und von Laue Anfang Oktober nach London gebracht. Bei diesem offizielleren Gespräch in der Royal Institution mit dem Präsidenten der Royal Academy, Henry Dale, der dem Wissenschaftlichen Beirat des britischen Kriegskabinetts vorgestanden hatte, den Physikern Blackett, George P. Thomson und William Lawrence Bragg sowie dem Mediziner Archibald V. Hill ging es nicht nur um die Modalitäten ihrer Rückkehr nach Deutschland, sondern auch um mögliche britische Unterstützung für die deutsche Nachkriegswissenschaft.[14] Deren Ressourcen sollten ebenso wenig wie die Industrie in der britischen Zone demontiert, sondern wiederaufgebaut und vor Ort für die Besatzungspolitik, langfristig aber für das »revival of Europe« genutzt werden.[15]

Die Weiterführung der KWG war ein Baustein in dieser besatzungs- und europapolitischen Strategie, die von der britischen Regierung im zweiten Halbjahr 1945 entwickelt worden war – gegen die Empfehlungen ihrer eigenen Militärs, die ähnlich wie ihre amerikanischen Verbündeten anfangs sehr wohl auch Demontagen veranlasst, für weitgehende Forschungsverbote und strengste Forschungskontrollen plädiert hatten. Die »United States of Europe«, die Winston Churchill ein Jahr später in seiner visionär gebliebenen Züricher Rede projizierte, würden ein »spiritually great Germany« ebenso dringend benötigen wie ein »spiritually great France«.[16]

Die französischen Verbündeten mussten zwar nicht von der Sinnhaftigkeit der Forschung in ihrer Besatzungszone überzeugt werden, wohl aber von ihrer Weiterführung unter dem Dach einer trizonalen KWG. In der französischen Zone unterband der Radiumforscher Frédéric Joliot-Curie, sobald er als ziviler Vertreter der französischen Regierung vor Ort eingetroffen war, die von Militäroffizieren angeordneten Beschlagnahmungen in den nach Tübingen, Hechingen und Tailfingen verlagerten KWI.[17] Ein zukünftiger »französisch-deutscher Kulturraum« sollte Südwestdeutschland stärker an Frankreich binden und einer erneuten nationalen Zentralisierung der deutschen Spitzenforschung, wie sie die KWG dargestellt hatte, entgegenwirken.[18] In den folgenden drei Jahren

13 Zitate nach Oexle, *Hahn, Heisenberg und die anderen*, 2003, 31.

14 Verlauf und Inhalt aller Gespräche sowie der Nachbesprechungen im Kreis der Internierten sind nachzulesen in: Hoffmann, *Operation Epsilon*, 1993, 200–207, 215–257, 269–278. Vgl. Oexle, *Hahn, Heisenberg und die anderen*, 2003, 30–35, der sich außerdem auf das noch immer nicht edierte Tagebuch Hahns bezieht.

15 So Churchill in seiner Züricher Universitätsrede vom 19.9.1946: James, *Winston S. Churchill, Bd. 7*, 1974, 7380–7381. Hier zitiert nach Oexle, *Hahn, Heisenberg und die anderen*, 2003, 30.

16 Ebd. Vgl. Mark Walker, *Die Uranmaschine*, 1990, 227; Balcar, *Ursprünge der MPG*, 2019, 59–60; Brautmeier, *Forschungspolitik in Nordrhein-Westfalen*, 1983.

17 Walker, *Die Uranmaschine*, 1990, 225–227.

18 Hachtmann, *Wissenschaftsmanagement*, 2007, 1097–1099.

entwickelten sich die Beziehungen vor allem der dorthin verlagerten biowissenschaftlichen KWI zu ihrer Besatzungsmacht und den deutschen Verwaltungen auf kommunaler und Landesebene – nicht zuletzt dank der Vermittlung des deutschen Europäers mit französischem Familienhintergrund, Staatsrechtlers und Sozialdemokraten Carlo Schmid – immerhin so günstig, dass ihre Direktoren, die »Tübinger Herren« Adolf Butenandt, Alfred Kühn, Max Hartmann und Georg Melchers, keine Eile hatten, sich der 1946 zunächst nur in der britischen Zone wieder gegründeten KWG bzw. der umbenannten und seit 1948 bizonalen Max-Planck-Gesellschaft anzuschließen.[19]

Aus britischer Sicht war die Einbeziehung der Franzosen weniger dringlich, ihnen wollte man – angesichts der kommunistischen Neigungen mancher von ihnen und allen europapolitischen Visionen zum Trotz – das nukleartechnische Wissen einschließlich der deutschen Expertise möglichst lange vorenthalten. Wichtiger war die Verständigung mit der stärksten westlichen Siegermacht. Aber diese Einigung gestaltete sich schwierig.

Ähnlich wie die britischen Militärs hätten die amerikanischen Besatzungsbehörden einen der letzten, aber formell nicht mehr in Kraft getretenen Beschlüsse des Alliierten Kontrollrates zu gern umgesetzt: die KWG – die sie allzu undifferenziert als Rüstungsforschungskonzern, aber völlig zurecht als wichtige Stütze des NS-Regimes betrachteten – umgehend aufzulösen, ihre Forschungsinstitute gründlich zu denazifizieren und in die Universitäten zu integrieren. Um die amerikanische Militärregierung umzustimmen, bedurfte es erheblichen argumentativen Aufwands. Dabei wurde von britischer und deutscher Seite die begriffliche Unterscheidung von Grundlagen- und angewandter Forschung immer wieder als zentrale rhetorische Figur eingesetzt. Indem man nur mehr von der Grundlagenforschung als der in Deutschland zulässigen Forschung sprach, hoffte man, amerikanische Ängste vor neuerlicher deutscher Militärforschung zumindest linguistisch zu bannen.[20]

Einige Fürsprecher auch aus amerikanischen Wissenschaftskreisen hingegen und nicht zuletzt die ersten Emissäre, John D. Rockefeller III, Albert Mann und David Havighurst, die für die *Rockefeller Foundation* den Status und die Bedingungen von Bildung, Wissenschaft und Forschung im Nachkriegsdeutschland erkundeten, unterstützten den seit April 1946 als Präsident der KWG/MPG in der britischen Zone amtierenden Otto Hahn und den langjährigen, politisch gewieften Generalsekretär Ernst Telschow. Als unverzichtbar aber erwies sich ihr britischer Pate, Colonel Bertie Blount, der als Leiter des *Research Branch* der britischen Militärregierung in Göttingen stationiert war. Der Chemiker, der 1931 an der Universität Frankfurt am Main unter anderem mit einem Gutachten des auswärtigen Mitglieds und späteren Direktors des KWI für physikalische Chemie und Elektrochemie, Karl-Friedrich Bonhoeffer, dissertiert hatte, quartierte sich praktischerweise in einigen Räumen der Aerodynamischen Versuchsanstalt

19 Lewis, Kalter Krieg, 2004.
20 Sachse, Research, 2009, 124–128; Sachse, Grundlagenforschung, 2014, 223–227.

ein, in der auch die aus Berlin evakuierte Generalverwaltung der KWG/MPG untergekommen war.[21] Blount vermittelte unermüdlich zwischen ihr, seinen Vorgesetzten in der Militärregierung sowie den politisch Verantwortlichen und deren wissenschaftlichen Beratern in London, vor allem aber auch seinen Gegenspielern in der amerikanischen Militärregierung. Mit vereinten Kräften konnten sie dem amerikanischen Militärgouverneur, General Lucius Clay, um den Jahreswechsel 1947/48 schließlich die Einwilligung in die bizonale Erweiterung der MPG abringen.[22]

Erst nach Gründung der Bundesrepublik im Mai 1949, der schließlich auch die französische Militärregierung als schwächster Part der Westalliierten widerstrebend zustimmen musste, willigten die rebellischen »Tübinger Herren« in den Anschluss an die damit schließlich bundesweit etablierte MPG ein. Sie hatten – ihrerseits von französischen Kollegen wie den Biochemikern und Besatzungsoffizieren André Lwoff und Paul Fouché unterstützt – bis zuletzt die neu gewonnene Unabhängigkeit ihrer biowissenschaftlichen Institute von der Göttinger Generalverwaltung zu verteidigen versucht.[23]

Es waren erhebliche Widerstände, die den KWG-Wissenschaftlern um Otto Hahn und ihren britischen Unterstützern entgegentraten, und sie kamen von vielen Seiten: den Militärs aller Siegermächte, der amerikanischen Wissenschaftspolitik in Europa, der französischen Wissenschafts- und Europapolitik, nicht zuletzt auch aus dem sich im Zuge der bundesdeutschen Staatsgründung formierenden Kulturföderalismus und selbst von prominenten KWG-Biowissenschaftlern im Südwesten der neuen Republik. Die Gegenwehr zeigt, dass die Weiterführung der KWG, die wenige Monate nach dem Zusammenbruch des Deutschen Reiches in Farm Hall und London projektiert worden war, eine höchst ungewisse Option war.

Dass diese Widerstände innerhalb von vier Jahren überwunden werden konnten, verweist aber noch auf etwas anderes: Nach peinlicher Überprüfung der deutschen durch die britischen Wissenschaftler hatte sich zwischen den Farm-Hall-Internierten und ihren Supervisoren ein kleines, aber prominentes britisch-deutsches Netzwerk eminenter, fast durchweg nobelpreisgekürter Kernforscher re-formiert.[24] Es erwies sich als belastbar, ausdauernd, politisch

21 Zu Bonhoeffer vgl. James et al., *Hundert Jahre*, 2011, 150–155 und passim.

22 Sachse, Research, 2009, 131–132. Hachtmann, *Wissenschaftsmanagement*, 2007, 1086–1096 fokussiert sich in seiner Darstellung der Rettung und Umgründung der KWG/MPG stark auf die Person Telschows und unterschätzt das Zusammenwirken der britischen und deutschen Atomforscher im Hintergrund der besatzungspolitischen Aushandlungen. Zur amerikanischen Forschungspolitik im Nachkriegseuropa und den inneramerikanischen Debatten, inwieweit überhaupt und ggf. welche Art der Forschung auf dem alten Kontinent wieder zugelassen werden sollte, vgl. Krige, *American Hegemony*, 2006.

23 Hachtmann, *Wissenschaftsmanagement*, 2007, 1097–1100, 1143–1147; Lewis, Kalter Krieg, 2004.

24 Oexle, *Hahn, Heisenberg und die anderen*, 2003, 34 weist auf die transnationale Verbundenheit der »Rutherford-Family« der ehemaligen Schüler und Mitarbeiter von Ernest Rutherford in Montreal hin, zu denen Hahn, Darwin und Blackett zählten.

versiert und einflussreich genug, um mit der KWG/MPG eine in ihren Augen unverzichtbare Ressource zukünftiger Forschung in Europa zu sichern – eine Ressource, die gemessen an den zu erwartenden Kosten überproportional der kernphysikalischen Forschung zugutekommen würde. Die sich verhärtenden Fronten im beginnenden Kalten Krieg begünstigten sie dabei: Ein möglichst rasch wieder produktives bundesrepublikanisches Wissenschaftssystem, über dessen potentielle Leistungsfähigkeit sie dank der auch von einigen KWI-Direktoren auf Anordnung der Besatzungsbehörden verfassten FIAT-, CIOS- und BIOS-Berichte bestens informiert waren, schien am Ende allen Westalliierten für den Aufbau des westeuropäischen Bollwerks gegen den Weltkommunismus unverzichtbar.[25] Die westdeutschen Konstrukteure dieses Wissenschaftssystems samt ihrer alliierten Aufseher wären schlecht beraten gewesen, wenn sie auf die bewährte außeruniversitäre Selbstverwaltungsorganisation der KWG/MPG verzichtet hätten. Schließlich versammelten sich unter deren Dach Forschungsinstitute, die, wie die Kundschafter der *Rockefeller Foundation* schon 1946 und 1947 berichtet hatten, selbst unter den dürftigsten Bedingungen der ersten Nachkriegsjahre noch immer leidlich funktionstüchtig waren und die sich vielerorts mit interessanten Forschungsideen schon für bessere Zeiten in Stellung brachten.[26]

(Re-)Integration in internationale Scientific Communities und supranationale Organisationen, insbesondere CERN

Das britisch-amerikanisch-deutsche Netzwerk, dem es gelungen war, die Kaiser-Wilhelm-Gesellschaft in widrigen Zeiten als bundesweite Max-Planck-Gesellschaft zu reetablieren, bewährte sich auch, als es darum ging, ihre Wissenschaftler zügig in die internationalen Scientific Communities zu reintegrieren

25 FIAT: Field Information Agency, Technical; CIOS: Combined Intelligence Objectives Sub-Committee; BIOS: British Intelligence Objectives Sub-Committee. Die über 4.000 Berichte über den Status von Wissenschaft, Technologie und Industrieunternehmen für die US-amerikanischen und britischen Nachrichtendienste wurden beginnend mit der Landung in der Normandie 1944 bis 1947 verfasst. Mehr als 12.000 »investigators« waren mit der Datenerhebung beauftragt; eine Reihe deutscher Wissenschaftler hatten Berichte über ihr jeweiliges Forschungsfeld zuzuliefern. Werth-Mühl, CIOS, BIOS, FIAT, JIOA, 2001.

26 Die Kundschafter der Rockefeller Foundation hatten 1946 und 1947 rund ein Dutzend der ca. 40 in den Westzonen existierenden KWI, vor allem jene, die früher gefördert worden waren, besucht und den Eindruck gewonnen, dass die Arbeits- und Lebensbedingungen der KWG-Wissenschaftler deutlich günstiger waren als die Bedingungen im Nachkriegsdeutschland allgemein und dass nicht wenige von ihnen bereits wieder – jedenfalls unter den gegebenen Bedingungen – bemerkenswerte Forschungsansätze verfolgten. Damit unterschied sich ihre Sicht deutlich von den Lamenti, die jener Teil der MPI-Direktoren zur Festschrift für Otto Hahn 1949 beisteuerte, der Zusammenbruch und Besatzung noch immer als ungerechtfertigte Demütigung empfand, vgl. Sachse, Research, 2009, 116–121.

und vor allem sie in den neu entstehenden supranationalen Organisationen zu platzieren, die als Initiatoren, Träger oder Finanziers zukünftiger internationaler Großforschung wichtig wurden. Noch bevor die Bundesrepublik überhaupt gegründet war und lange bevor sie ihre außenpolitische Autonomie wiedererlangt hatte, sorgte sich der Gründungsdirektor der UNESCO, der britische Zoologe Julian Huxley, um den Zustand der deutschen Wissenschaft. Da die Deutschen sich noch nicht selbst vertreten konnten, rief er eine Expertenkommission ein; deren sieben Mitglieder – alle aus zukünftigen NATO-Ländern – sollten ihn in deutschen Angelegenheiten beraten. Auf der Suche nach Ansprechpartnern vor Ort, die die UNESCO über die deutschen Forschungsstätten aufklären konnten, empfahl ihm die britische Militärregierung, sich an den Deutschen Forschungsrat (DFR) zu wenden. Diese kurzlebige Institution war im März 1949 gerade erst aus einem wissenschaftlichen Beraterkreis hervorgegangen, den der britische Forschungskontrolloffizier Blount Anfang 1946 in Göttingen um sich geschart hatte. Ihm gehörten inzwischen zwar nicht mehr nur Göttinger Naturwissenschaftler und auch nicht nur MPG-Mitglieder an. Aber Heisenberg, der ebenso wie Hahn gleich nach seiner Rückkehr von Farm Hall in diesen Kreis aufgenommen worden war, fungierte bis zur Fusion des DFR mit der Notgemeinschaft der Deutschen Wissenschaft zur Deutschen Forschungsgemeinschaft (DFG) 1951 als dessen Vorsitzender, um dann sogleich in die Position eines Vizepräsidenten der DFG überzuwechseln. Damit war die enge Verzahnung der MPG als außeruniversitärer Institution der Grundlagenforschung mit der DFG, die für die finanzielle Förderung von Grundlagenforschung generell an bundesdeutschen Universitäten und Forschungsinstituten zuständig war, personell gewährleistet. Dies war umso wichtiger, als die DFG zukünftig diesen gesamten Sektor des bundesdeutschen Wissenschaftssystems inklusive der MPG im Ausland repräsentieren sollte. Das schloss aber Kompetenzstreitigkeiten zwischen DFG und MPG gerade auf der internationalen Bühne nicht aus, im Gegenteil, sie werden uns im Verlauf unserer Geschichte noch auf vielen Schauplätzen begegnen.[27]

Denn gerade als selbständige Forschungsinstitution und in der Nachfolge der politisch korrumpierten, aber wissenschaftlich noch immer international renommierten KWG war die MPG frühzeitig ein begehrter Ansprechpartner, wenn sich ausländische, supra- und internationale Institutionen über die westdeutsche Wissenschaft informieren wollten. Im Herbst 1951 etwa stattete eine Delegation der *Organisation for European Economic Co-operation* (OEEC) mit 25 Mitgliedern aus mehreren Marshallplanländern und den USA, die sich vor allem für wirtschaftsnahe Forschung interessierten, dem MPG-Präsidenten Hahn ihren Besuch ab.[28] Sobald der Bundesrepublik 1951 gestattet wurde, selbst außenpolitisch in Erscheinung und der UNESCO beizutreten, entsandte die MPG mit Carl Friedrich von Weizsäcker ihren ersten Repräsentanten in die

27 Stamm-Kuhlmann, Deutsche Forschung, 1990, 905. Zur kurzen Geschichte des DFR vgl. Orth, *Autonomie und Planung*, 2011, 39–46; Carson und Gubser, Science Advising, 2002.

28 Stamm-Kuhlmann, Deutsche Forschung, 1990, 903.

Deutsche UNESCO-Kommission, die von Walter Hallstein noch vorbereitet worden war, bevor er als Staatssekretär ins ebenfalls 1951 neu gegründete Auswärtige Amt überwechselte. Weizsäcker allerdings hielt es nicht lange in dieser Kommission; schon 1953 ließ er sich »auf eigenen Wunsch« von Karl-Friedrich Bonhoeffer, dem inzwischen nach Göttingen übergesiedelten Direktor des dort neu gegründeten MPI für physikalische Chemie, ablösen.[29]

Dank ihrer frühzeitigen Mitarbeit in der UNESCO und dadurch in gewisser Weise politisch rehabilitiert, standen die führenden Atomforscher der MPG rechtzeitig bereit, als es an die Gründung eines internationalen Kernforschungszentrums ging. Es sollte den europäischen Wissenschaftlern den Anschluss an die amerikanische und sowjetische Forschung ermöglichen, der von den einzelnen europäischen Nationalstaaten nicht alleine hätte finanziert werden können. Heisenberg wusste von diesen Plänen zwar schon, seit ihn sein dänischer Mentor Niels Bohr vorab zu einem informellen Physikertreffen eingeladen hatte. Aber als die formelle Anfrage der UNESCO bei der neu gegründeten DFG als Repräsentantin der bundesdeutschen Wissenschaft eintraf, konnte deren Senat in seiner ersten Sitzung ihren Vizepräsidenten Heisenberg als Verhandlungsführer nominieren und Wolfgang Gentner als weiteren Repräsentanten. Gentner hatte ebenfalls dem Uranverein angehört und war nach dem Krieg zunächst auswärtiges Mitglied des Heidelberger MPI für medizinische Forschung, bevor er 1957 zum Direktor des neu gegründeten MPI für Kernphysik berufen wurde. Anfang 1952 mündeten diese Verhandlungen in die Gründung des *Conseil Européen de la recherche nucléaire* (CERN) in Genf. Dessen neu zu schaffendes Forschungszentrum versprach auch den MPG-Kernphysikern exzellente Arbeitsbedingungen – zu einem Zeitpunkt, als die alliierten Forschungsverbote noch längst nicht vom Tisch waren. Das CERN verband sie darüber hinaus aufs Engste mit ihrer internationalen Scientific Community.[30]

In den folgenden Jahren hatten die beiden westdeutschen Repräsentanten durchgängig wichtige Positionen innerhalb der Organisationsstruktur des CERN inne. Heisenberg vertrat darüber hinaus die Bundesrepublik gegenüber dem CERN und vice versa.[31] In dieser Position musste er sich bald auch darum kümmern, wie mit weiteren Ländern verfahren werden sollte, die um Aufnahme in den Club der zwölf europäischen Gründungsstaaten ansuchten. Sol-

29 *MPG-Tätigkeitsbericht 1954*, 509; *60 Jahre*, 2011, 1–2; Bode, *Auswärtige Kulturverwaltung*, 2014, 305–312. Zu Bonhoeffers Wechsel von Berlin nach Göttingen siehe James et al., *Hundert Jahre*, 2011, 151.

30 Carson, *Heisenberg in the Atomic Age*, 2010, 210–215; Stamm-Kuhlmann, Deutsche Forschung, 1990, 906–908. Zum gespannten Verhältnis von Heisenberg und Gentner bzw. ihrer jeweiligen MPI vgl. Bonolis und Leon, *Astrophysics*, 2023, 291–296 und passim. Zur Geschichte des CERN: Hermann et al., *History of CERN, Bd. 1*, 1987; Hermann et al., *History of CERN, Bd. 2*, 1990; Krige, *History of CERN, Bd. 3*, 1996.

31 Heisenberg: 1953/54 Nominating Committee; 1954–57 Vorsitzender des Scientific Policy Committee; 1958–1960 Vice-President of CERN Council. Gentner: 1954–1958 Forschungsdirektor. Vgl. Carson, *Heisenberg in the Atomic Age*, 2010, 213.

chen Wünschen, die bald nach Gründung eingingen, konnte entsprechend der CERN-Konvention nur bei einstimmigem Votum des Rats der Gründungsmitglieder stattgegeben werden. Zudem wollte man sich auf europäische Mitglieder beschränken und hielt Neuaufnahmen erst dann für sinnvoll, wenn der erste Akzelerator, das Synchrocyclotron, in Betrieb genommen wäre. Zu Jahresbeginn 1956 sah der amtierende Ratspräsident Ben Lockspeiser aus Großbritannien die Zeit für neue Mitgliedsstaaten dennoch gekommen. Zugleich wollte er das Verfahren angesichts der Erfahrung, dass bislang keine der informellen Voranfragen einstimmig befürwortet worden war, vereinfachen und eine Zweidrittelmehrheit einführen. In aller Vertraulichkeit bat er seine Ratskollegen, darunter auch Heisenberg, zu eruieren, ob ihre jeweiligen Regierungen einer entsprechenden Änderung der Konvention zustimmen würden. Heisenberg reichte das Schreiben kommentarlos an das Auswärtige Amt in Bonn weiter und bat um Anweisung.[32] Beim zuständigen Kulturreferenten leuchteten sofort die Warnlampen auf:

> Ich darf darauf hinweisen, daß von französischer Seite seinerzeit die Zustimmung zur Aufnahme von Spanien von dem Einverständnis der übrigen Mitgliedsstaaten zur Aufnahme von Ostblockländern abhängig gemacht worden ist.[33]

Entsprechend wurde Heisenberg aufgefordert, dem Ratspräsidenten die Ablehnung der Bundesregierung mitzuteilen.[34] Es finden sich keine Hinweise, dass Heisenberg, dem die britischen Kollegen noch wenige Jahre zuvor den Zugang zur europäischen Kernforschung wiedereröffnet hatten, dies kritisch im Sinne des wissenschaftlichen Universalismus oder des gemeinsamen europäischen Kulturraums kommentiert hätte; dem regierungsoffiziellen Antikommunismus und der blockpolitischen Abschottung setzte Heisenberg auch inoffiziell nichts entgegen.

Going international mit der Alexander von Humboldt-Stiftung und weiteren Organisationen

Mit seiner regierungsloyalen Haltung hatte sich Heisenberg schon zuvor für eine weitere Schlüsselposition qualifiziert, die in den frühen Jahren der Bundesrepublik zu besetzen war und für die Gestaltung der Auslandsbeziehungen der MPG bis heute bedeutsam werden sollte. Im Dezember 1953 hatte die Bundesregierung die Alexander von Humboldt-Stiftung (AvH) wiedergegründet,

32 Lockspeiser an Heisenberg 10.1.1956; Heisenberg an v. Trützschler (AA) am 13.1.1956, PA AA B 94-REF. 604/IV5/127.

33 Aufzeichnung v. Trützschler (AA, Abt. 6 – Kult) vom 6.2.1956, PA AA B 94-REF. 604/IV5/127. Gründungsstaaten waren Belgien, Dänemark, Frankreich, BRD, Griechenland, GB und Nordirland, Italien, Niederlande, Norwegen, Schweden, Schweiz und Jugoslawien. Aufnahmewünsche hatten u. a. Spanien (Aufnahme: 1961–1968, 1983), Österreich (1959), Israel (2013) und Japan (nicht aufgenommen) geäußert.

34 v. Trützschler an Heisenberg am 24.2.1956, PA AA B 94-REF. 604/IV5/127.

die sich schon in den 1920er und 1930er Jahren als wirkungsvolles Instrument der auswärtigen Kulturpolitik bewährt hatte. Auch jetzt sollte eine Elite ausländischer Nachwuchswissenschaftler für Forschungsaufenthalte an bundesdeutschen Hochschulen und Forschungseinrichtungen gewonnen werden, mit der man langfristig die internationale Vernetzung der bundesdeutschen Wissenschaft auszubauen hoffte. Als man im Auswärtigen Amt nach einem geeigneten Präsidenten von internationaler Statur Ausschau hielt, rückte schon bald Heisenberg ins Blickfeld des Kulturreferats. Nachdem Heisenberg sich hatte versichern lassen, dass diese weitere Aufgabe nicht zu viel Zeit kosten würde und er davon ausgehen durfte, dass er damit der MPG einen privilegierten Zugang zu den vor allem von der Bundesregierung bereitgestellten Mitteln für den internationalen wissenschaftlichen Austausch eröffnete, übernahm er die Präsidentschaft für die folgenden zwanzig Jahre bis kurz vor seinem Tod. Ihm folgte von 1975 bis 1979 der Direktor am MPI für Biochemie und Nobelpreisträger, Feodor Lynen, und nach einem zehnjährigen Interregnum des Physikers Wolfgang Paul, der nicht der MPG angehörte, dort aber über Kooperationen am CERN und am DESY wohlbekannt war, übernahm 1989 wiederum der ehemalige MPG-Präsident, Reimar Lüst, für weitere zehn Jahre dieses Amt. Die Begleitung der Auswahlverfahren gehören seit Heisenbergs Zeiten zu den Daueraufgaben der zuständigen Abteilung bzw. seit 1971 des Auslandsreferats in der Generalverwaltung der MPG.[35]

Die Tätigkeits- und Jahresberichte der MPG aus dem ersten Nachkriegsjahrzehnt enthalten nur recht dürftige Mitteilungen über ihre Auslandskontakte, aber sie lassen dennoch eine stetige Verdichtung und Verstärkung dieser Beziehungen erkennen: Für die Jahre 1946 bis 1950 konnte man zwar noch keine »offiziellen Auslandsbeziehungen« vermelden, wohl aber das Revirement der persönlichen Beziehungen aus Vorkriegszeiten und viele – leider nicht bezifferte – Besuche in fast alle westeuropäischen Länder, nach Nordamerika und in die Türkei, mit entsprechenden Gegenbesuchen.[36] Einer von ihnen war jener SS-Mann und Züchtungsforscher Rudorf, der 1949 mit einem Stipendium der *Rockefeller Foundation* in die USA reisen durfte.[37] Ein anderer war Heisenberg, der schon 1947 und 1948 ausgedehnte Vortragsreisen in Großbritannien unternahm und 1950 die USA bereiste.[38] Zwei weitere frühere Uranvereinsmitglieder, Otto Hahn und Karl Wirtz, folgten zur gleichen Zeit den wiederholten Einladungen der *Junta de Energía Nuclear* (JEN) ins franquistische Spanien, um die dortigen Kollegen beim Aufbau ihres Atomprogramms zu beraten (→ 3.2).[39]

35 *MPG-Jahrbuch 1955*, 16; Carson, *Heisenberg in the Atomic Age*, 2010, 209–210; Bode, *Auswärtige Kulturverwaltung*, 2014, 256–324; Alexander von Humboldt Stiftung, Frühere Präsidenten, https://www.humboldt-foundation.de/entdecken/organisation/fruehere-praesidenten, zuletzt aufgerufen am 19.1.2019. Interview Nickel (Sachse) 12.4.2018.

36 *KWG-/MPG-Tätigkeitsbericht 1951*, 362.

37 Schüring, *Vergangenheitspolitik*, 2006, 330; Sachse, Research, 2009, 115.

38 Carson, *Heisenberg in the Atomic Age*, 2010, 206–207.

39 Presas i Puig, *Reflections*, 2008, 19–20.

1951 konnte als erste offizielle Verbindung die erneute Beteiligung an der Hochalpinen Forschungsstation Jungfraujoch in der Schweiz vermeldet werden.[40] Währenddessen wollte die Rückgabe des römischen KWI für Kunstgeschichte, die Bibliotheca Hertziana, nicht recht vorankommen, so dass Planck, Heisenberg und Telschow bei Privataudienzen mehrfach »Seine Heiligkeit Papst Pius XII« in Rom um Vermittlung baten; 1954 konnte die Hertziana dann tatsächlich unter Regie der MPG wiedereröffnet werden (→ 3.1). Inzwischen hatten sich auch die Beziehungen zu den ausländischen Wissenschaftsorganisationen wieder »gefestigt«. Wie die persönlichen Beziehungen sollten sie sich von Jahr zu Jahr »erweitern«, »verstärken«, »intensivieren«; Vortragseinladungen an Institutsdirektoren ins Ausland und entsprechende Gegenbesuche mehrten sich stetig, wurden aber weiterhin nicht beziffert. Das Jahr 1955 brachte mit der staatlichen Souveränität der Bundesrepublik dann den Durchbruch: Mit den Mitteln der AvH und vor allem dank einer besonderen Zuwendung des Bundesinnenministeriums an die MPG zur Pflege der Auslandsbeziehungen konnten ausländische Gastwissenschaftler auch wieder für längere Zeit zur Mitarbeit in den Instituten gewonnen werden.[41]

Im Rückblick auf dieses erste Nachkriegsjahrzehnt verdichtet sich der Eindruck, dass sich die MPG erstaunlich rasch wieder in die internationalen wissenschaftlichen Beziehungen einschließlich der neu entstehenden inter- und supranationalen Wissenschaftsinstitutionen integrieren konnte.[42] Entscheidend dafür waren die Hilfestellungen aus den Ländern der westlichen Besatzungsmächte, die keineswegs selbstlos, sondern mit Blick auf den gemeinsam zu rekonsolidierenden westeuropäischen Wissenschaftsraum gewährt wurden – eine Zukunftsvision, die es schon bald opportun erscheinen ließ, über die NS-Verstrickungen der KWG hinwegzusehen. Zugleich hatten sich die persönlichen Verbindungen der wissenschaftlich renommierten KWG/MPG-Wissenschaftler zu ausländischen Kollegen als das wichtigste und schon bald nach dem Krieg wieder mobilisierbare soziale Kapital erwiesen. Mit dessen Hilfe und zusätzlichen staatlichen Zuwendungen dank des anziehenden Wirtschaftswachstums waren die klassischen Instrumente für internationale wissenschaftliche Kooperationen der KWG/MPG – Vortragsreisen, Gasteinladungen, Beteiligung an internationalen Forschungsstationen – seit Anfang der 1950er Jahre in steigendem Umfang wieder verfügbar.

Gleichzeitig traten andere Aspekte stärker hervor und neue hinzu: Das war erstens die Notwendigkeit, sich in der Auslandsarbeit mit anderen bundesdeutschen Wissenschafts(förderungs)institutionen zu vernetzen und zu koordinieren. Die wichtigsten waren hier die DFG und die AvH; später wurden weitere wie

40 Balsiger und Flückiger, 75 Jahre, 2007.

41 *KWG-/MPG-Tätigkeitsbericht 1951*, 362; *MPG-Tätigkeitsbericht 1952*, 438; *MPG-Tätigkeitsbericht 1954*, 509; *MPG-Jahrbuch 1955*, 16.

42 Leider reicht das Datenmaterial nicht aus, um diese Einschätzung quantitativ vergleichend zu untersetzen.

der Deutsche Akademische Austauschdienst (DAAD) relevant. Zweitens hatte man aufgrund des föderalen bundesdeutschen Bildungs- und Wissenschaftssystems, das Bundeszuschüsse an die MPG nach dem Königsteiner Abkommen von 1949 zunächst ausschloss und später nur eingekleidet in spezifische Programme und Prozeduren zuließ,[43] nicht nur einen ministerialen Ansprechpartner, sondern musste sich außer mit den Landesverwaltungen mit zunächst zwei Bundesministerien, dem Auswärtigen Amt und dem Bundesinnenministerium, ins Benehmen setzen. Ab 1957 kam dann noch das jeweils für Forschung zuständige Ministerium hinzu, nämlich das Bundesministerium für Atomfragen (BMAt), das 1962 in das Bundesministerium für wissenschaftliche Forschung (BMwF) umgewandelt wurde.[44] Drittens wurden die neuen supranationalen Institutionen in dem Maße für die MPG relevant, wie sie multilaterale Großforschungseinrichtungen initiierten oder internationale und regionale Forschungsprogramme ausschrieben. Wenn die MPG sich nicht darauf verlassen wollte, dass die DFG ihre Interessen hinreichend mitvertreten würde, musste sie sich selbst einbringen – entweder über die institutionelle Vernetzung auf der Führungsebene durch die wechselseitige Entsendung von Vertretern in die Präsidien und Senate oder, wenn das nicht reichte, durch eigene Repräsentanten in den neuen Institutionen. Diese institutionellen inländischen, inter- und supranationalen Vernetzungen gewannen gegenüber dem üblichen Besuchs- und Schriftenaustausch mit befreundeten ausländischen Wissenschaftsorganisationen, die den klassischen wissenschaftlichen Internationalismus bis in die 1930er Jahre geprägt hatten, zunehmend an Gewicht.[45] Sie weisen schon in den frühen 1950er Jahren auf das hin, was der MPG-Präsident Hans Zacher vier Jahrzehnte später als amorphe Internationalität der MPG zur Revision empfehlen sollte.

2.2 Außenwissenschaftspolitik im CDU-Staat

Den Beginn der folgenden Periode markiert die Wiedergewinnung der außenpolitischen Souveränität der Bundesrepublik einschließlich ihrer Wiederbewaffnung 1955. Mit der Einbindung ins westliche Bündnissystem von NATO und Römischen Verträgen wurde sie gleichzeitig fest im Blocksystem des Kalten Krieges verankert. Damit waren auch die außenwissenschaftspolitischen Aktivitäten der

43 Pfuhl, Königsteiner Staatsabkommen, 1959.

44 Hohn und Schimank, *Konflikte*, 1990, 115–120. Hohn und Schimank beschreiben die langjährigen Aushandlungsprozesse um die Finanzierung der außeruniversitären Forschung zwischen Bund, Ländern und den jeweiligen Forschungsinstitutionen, die erst 1964 mit dem »Verwaltungsabkommen zur Förderung von Wissenschaft und Forschung« einen vorläufigen Abschluss finden sollten; ich danke Jaromír Balcar für diesen Hinweis. Zu dem sich später noch mehrfach ändernden Ressortzuschnitt vgl. vorn Kapitel 1, FN 41.

45 Schroeder-Gudehus, Internationale Wissenschaftsbeziehungen, 1990; Schroeder-Gudehus, *Deutsche Wissenschaft*, 1966.

MPG in einen festen Rahmen gespannt. Im »CDU-Staat«[46] mit seinem außenpolitischen »Alleinvertretungsanspruch für das deutsche Volk« wurde er einerseits durch die Hallstein-Doktrin definiert, die 1955 vom Leiter der politischen Abteilung im Auswärtigen Amt, Wilhelm Grewe, formuliert und nach dem ersten Staatssekretär dieses Ministeriums benannt wurde. Sie wertete die Aufnahme diplomatischer Beziehungen zur DDR durch Drittstaaten als unfreundlichen Akt, der seitens der Bundesrepublik mit dem Abbruch der Beziehungen zu dem entsprechenden Land beantwortet werden müsse.[47] Andererseits eröffnete just diese – realiter höchst unpraktikable und schon bald umstrittene – außenpolitische Doktrin Handlungsspielräume für die Außenwissenschaftspolitik, die im Sinne von *Science for Diplomacy* gelegentlich gerade dort tätig werden sollte, wo sich die regierungsoffizielle Außenpolitik enthalten wollte. Dank dieser Ambiguität wurden die internationalen Beziehungen bundesdeutscher Wissenschaftler/innen keineswegs im Blocksystem eingefroren, sondern erlebten einen weiteren Aufschwung, und das nicht nur in westliche, sondern im Zuge der Entstalinisierung der Sowjetunion auch in östliche Richtung.

Diese Periode, die bis Anfang der 1970er Jahre reichte – und damit etwa bis zum Ende der MPG-Präsidentschaft von Adolf Butenandt (1960–1972) –, darf als das goldene Zeitalter des institutionellen Ausbaus der MPG gelten. Vor dem Hintergrund des Wirtschaftswunders wuchs die Zahl der Max-Planck-Institute von 38 (1955) auf 54 (1972); gleichzeitig vervierfachte sich die Zahl der Mitarbeiter/innen nahezu von gut 2.000 auf knapp 8.000, davon etwa ein Viertel Wissenschaftler/innen, während sich das Haushaltsvolumen sogar verzehnfachte.[48] Dieser beachtliche Zuwachs an Instituten und Personal war sowohl in wissenschaftsaußen- wie außenwissenschaftspolitischer Perspektive relevant: Zum einen vervielfachten sich in dieser Zeit die internationalen wissenschaftlichen Kooperationen sogar noch überproportional. Das lag auch an dem institutionellen Ausbau von Forschungsrichtungen wie der extraterrestrischen Physik, die genuin auf Infrastrukturen angewiesen war (Teleskope in der Südhemisphäre, globale Netze von Messstationen oder orbitale Installationen), die die Grenzen des nationalen Territoriums ebenso überschritten wie die des nationalen Wissenschaftsbudgets. Zum anderen entdeckte die Politik die Wissenschaft für ihre außenpolitischen Zwecke, sei es zur Imagepflege der Bundesrepublik vor allem im westlichen Ausland, sei es als Vehikel der europäischen Integration.

Zugleich lebte – dank eines nachhaltigen Impulses US-amerikanischer Kollegen – innerhalb der MPG die Idee einer von wissenschaftlicher Rationalität beratenen Politik in einem Kreis von intellektuell führenden MPG-Mitgliedern wieder auf, die damit die als katastrophischen Einbruch von Irrationalität my-

46 So der Titel einer zeitgenössischen, damals viel diskutierten politologischen Analyse: Schäfer und Nedelmann, *Der CDU-Staat*, 1967.

47 Kilian, *Hallstein-Doktrin*, 2001; Booz, *Hallsteinzeit*, 1995; Gray, *Germany's Cold War*, 2003.

48 Balcar, *Wandel*, 2020, 5–6, 244.

thologisierte NS-Vergangenheit hinter sich lassen wollten und sich stattdessen mit der Möglichkeit des atomaren Weltuntergangs, aber nicht mit der nicht vergehenden Wirklichkeit des Holocausts und Vernichtungskrieges auseinandersetzten.[49] Im Kontext des außerordentlichen Ausbaus der MPG in den 1960er Jahren war es in der Geschichte der MPG einmalig möglich, Vorstellungen einer wissenschaftlichen Politikberatung institutionell zu verankern, die über die übliche Bereitstellung von Expertenwissen – wie es häufig vor allem von den Fachleuten für internationales Recht der rechtswissenschaftlichen MPI erfragt wurde – hinausgingen.[50]

Kompetenzabgrenzungen im bundesdeutschen Wissenschaftssystem: MPG und DFG

Die materielle Basis dafür, dass die MPG an dem Mitte der 1950er Jahre beginnenden außenwissenschaftspolitischen Aufschwung teilhaben konnte, war eine neue Geldquelle: Die außerordentliche Bundeszuwendung für besondere Ausgaben »zur Pflege der Auslandsbeziehungen«, von der das MPG-Jahrbuch erstmals 1955 berichtet hatte, sollte sich verstetigen.[51] Die erwartete Wiederaufrüstung hatte sich etwas verzögert und die vom Bund vorsorglich angesparte Summe belief sich inzwischen auf über sieben Milliarden DM. Der öffentliche Druck, diese Steuergelder nicht länger – wie es damals in Anspielung auf den »Reichskriegsschatz« von 1871 hieß – im »Juliusturm« zu bunkern, veranlasste die Bundesregierung schließlich, einen Teil davon der westdeutschen Forschung »zur Deckung des ›Nachholbedarfs‹ zukommen zu lassen«.[52] Bis zur Neuregelung der Bund-Länder-Finanzierung der Wissenschaft im Jahr 1964 profitierte die MPG davon mit jährlich sieben bis neun Millionen DM; danach ging dieser Posten in den regulären, nunmehr von Bund und Ländern gemeinsam finanzierten MPG-Haushalt ein. Entsprechend der kulturföderalistischen Kautelen durfte bis dahin dieser »Sonderhaushalt« nur für klar definierte Sonderausgaben verwandt werden. Neben »der Verbesserung der Arbeitsmöglichkeiten in den Instituten«, womit Geräteanschaffungen und Baumaßnahmen gemeint waren, nahm man sich mit höchster Priorität die »Intensivierung der Beziehungen

49 Als die vielleicht berühmtesten zeitgenössischen Analysen dieser Flucht vor der Wirklichkeit und der Verantwortung für das tatsächlich Geschehene vgl. Arendt, The Aftermath of Nazi Rule, 1.10.1950, https://www.commentary.org/articles/hannah-arendt/the-aftermath-of-nazi-rulereport-from-germany/; Mitscherlich und Mitscherlich, *Unfähigkeit*, 1967. Zur Vergangenheitspolitik der MPG vgl. Sachse, Butenandt, 2004; Sachse, Was bedeutet »Entschuldigung«?, 2011; Schmaltz, Brain Research, 2022; Schmaltz, Institutionelles Gedächtnis, 2023.

50 Balcar, *Wandel*, 2020, 245.

51 *MPG-Jahrbuch 1955*, 16.

52 Hohn und Schimank, *Konflikte*, 1990, 111–115.

zum Ausland« und die »Förderung des wissenschaftlichen Nachwuchses« aus dem In- und Ausland vor.[53] So konnten jetzt nicht nur auf dem Jungfraujoch, sondern auch wieder in der Zoologischen Station Neapel und der Biologischen Station im österreichischen Lunz Arbeitstische gemietet und mehr Gäste in die Institute eingeladen werden. Für 1959 wurden »nahezu 150 ausländische Wissenschaftler« vermeldet, ansonsten ist die Datenbasis bis in die 1970er Jahre hinein dürftig.[54]

Welcher Art die Beziehungen der MPG zu einzelnen Ländern waren und wie sie vertraglich ausgestaltet wurden, hing von vielen Faktoren ab. Idealiter gab es seit der Auflösung des DFR und der Kompetenzabgrenzungen zwischen DFG und MPG eine klare Regel: Die DFG sollte die gesamte bundesdeutsche Wissenschaft, insbesondere die Hochschulen, aber auch die MPG gegenüber dem Ausland vertreten, erster Ansprechpartner für die ausländischen Wissenschaftsakademien sein, Kontakte zwischen in- und ausländischen Forschungseinrichtungen vermitteln, Kooperationsprogramme finanzieren. Insoweit sollte sie als Äquivalent für eine Nationalakademie fungieren, die dank der späten Nationalstaatsbildung und des darin basierten Kulturföderalismus der deutschen Kleinstaaten erst gegründet wurde, als Bund und Länder 2008 die Hallensische Leopoldina zur Nationalakademie erhoben – sehr zum Missfallen all der anderen deutschen Wissenschaftsakademien.[55] Die Auslandsaktivitäten der MPG sollten sich gegenüber der Ersatzakademie DFG auf die Anbahnung, Finanzierung und Abwicklung direkter Kooperationsbeziehungen zwischen einzelnen MPG-Wissenschaftlern und -Wissenschaftlerinnen, -Forschungsgruppen und -Instituten sowie ihren individuellen oder institutionellen Wunschpartnern im Ausland beschränken.

Realiter funktionierte es so oft nicht: Den ausländischen Partnern waren erstens die bundesdeutschen Zuständigkeiten kaum verständlich zu machen. Die außerhalb der Bundesrepublik üblichen nationalen »Forschungsakademien«, die in den insgesamt fünf regional organisierten westdeutschen »Gelehrten-

53 *MPG-Jahrbuch 1957*, 17–19, Zitat 19; Hohn und Schimank, *Konflikte*, 1990, 111–115. Ich danke Jaromír Balcar für die Aufklärung dieser Zusammenhänge. Zur genaueren Aufschlüsselung der Zuwendungen des Bundes vgl. Balcar, *Wandel*, 2020, 65–85.

54 *MPG-Jahrbuch 1959*, 15. Leider sind solche Zahlenangaben in den Tätigkeitsberichten und Jahrbüchern nur sporadisch zu finden und mangels Erläuterungen zu ihrer Erhebung nicht miteinander zu vergleichen. Zu den biologischen Stationen vgl. Löffler, *70 Jahre Biologische Station*, 1976; Partsch, *Die zoologische Station*, 1980; Groeben, Kaasch und Kaasch, *Stätten biologischer Forschung*, 2005.

55 Vermerk vom 25.2.1974, AMPG, II. Abt., Rep. 70, Nr. 373, fol. 33. In dieser Bilanz der bisherigen Auslandsbeziehungen der MPG kommt Nickel sogar zu dem Schluss, dass »die Haltung der Max-Planck-Gesellschaft« dazu geführt habe, »daß die DFG in immer stärkeren Maßen die Rolle einer nationalen Akademie wahrnimmt«. Tatsächlich wurde dies von der DFG selbst so beansprucht und seitens des Auswärtigen Amtes und des Forschungsministeriums auch so forciert, vgl. unten Kapitel 3.3. Zur Leopoldina vgl. Gerstengarbe, Thiel und Bruch, *Leopoldina*, 2016.

gesellschaften« kein äquivalentes Gegenüber fanden, wandten sich lieber direkt an die Organisation, die die für sie einschlägigen forschungsaktiven Einrichtungen beherbergte.[56] Gerade für die Akademien in den Ostblockstaaten, die die Zusammenarbeit sowieso lieber auf naturwissenschaftliche Forschungsinstitute beschränken wollten, die sie für technologisch interessant und ideologisch unverfänglich hielten, war und blieb die MPG die erste Adresse. Die MPG hatte zweitens zwar ihre eigenen Etatposten für Auslandsaktivitäten – einen Fonds für Aufenthalte ausländischer Gäste, den die Generalverwaltung verteilte, sowie Posten in den Institutshaushalten für Beteiligungen an internationalen Großforschungseinrichtungen, Auslandsreisen und anderes mehr. Zugleich aber konnten MPG-Forscherinnen und -Forscher auch DFG-Förderungen beantragen, etwa für Auslandsreisen, Forschungsaufenthalte, Tagungen, Konferenzen und sogar Forschungsprojekte mit oder ohne internationale Beteiligung.

Die Generalverwaltung versuchte – mit steigendem Informations-, Koordinations- und Verhandlungsaufwand – das Beste aus dieser komplexen Situation für die Institute und die MPG als Ganzes herauszuholen: Sie überließ bilaterale Rahmenverträge, die vor allem von den Wissenschaftsorganisationen der Ostblockländer, später auch von postkolonialen Ländern in Asien, Afrika und Südamerika oft als Zeichen nationaler Anerkennung gewertet und als Voraussetzung konkreter Kooperationsvereinbarungen eingefordert wurden, gern der DFG. Offizielle Delegationsbesuche hielt man in der MPG für weniger dringlich; zwischenstaatlich fixierte Austauschquoten empfand man als Einschränkung der nach Kräften verteidigten Flexibilität, die eigenen knappen Mittel möglichst passgenau für die tatsächlichen Forschungsbedürfnisse der Max-Planck-Institute einsetzen zu können.[57]

Aber um die Mittel für den wissenschaftlichen Austausch insgesamt zu maximieren, machte die Generalverwaltung selbstverständlich auch den Anspruch von MPG-Wissenschaftlern und -Wissenschaftlerinnen auf die vom thematischen und organisatorischen Zuschnitt her jeweils passenden »Fördertöpfe« bei der DFG geltend. Darüber hinaus beobachtete sie die Programmentwicklung anderer Drittmittelgeber, um gegebenenfalls auch dort Förderanträge zu platzieren. So konnte 1958/59 mit DFG-Mitteln die Sonnenbeobachtungsstation in Locarno errichtet werden, die das MPI für Aeronomie fortan gemeinsam mit der Universität Göttingen betrieb.[58] 1962/63 begann dann der Bau der Ionosphären-Station im namibischen Tsumeb, ebenfalls für das MPI für Aeronomie, das dort

56 Göttingen (1751), München (1759), Heidelberg (1763), Mainz (1949), Düsseldorf (1970); zum Vergleich der Wissenschaftsakademien in West- und Osteuropa nach 1945 vgl. Feichtinger und Uhl, *Akademien der Wissenschaften in Zentraleuropa*, 2018.

57 Vermerk vom 30.10.1980, AMPG, II. Abt., Rep. 70, Nr. 86; Nickel spricht in diesem Vermerk rückblickend von einem bereits »Anfang der 60er Jahre aufgestellten Grundsatz für eine nicht durch Allgemeinverträge bestimmte Politik der Auslandsbeziehungen der MPG«.

58 *MPG-Tätigkeitsbericht 1960*, 553.

die 1957/58 während des Internationalen Geophysikalischen Jahres begonnenen Arbeiten im 1964/65 anstehenden Internationalen Jahr der ruhigen Sonne fortsetzen wollte.[59]

Außenpolitik mit anderen Mitteln: der Fall Israel

Es ging in der institutionellen Ausgestaltung der internationalen wissenschaftlichen Zusammenarbeit jedoch nicht nur ums Geld, sondern manchmal auch um die Vorbereitung der Außenpolitik mit anderen Mitteln. Auf diese Weise kam eine weitere Ambiguität ins Spiel, denn die Rollen, die die Bundesregierung der MPG dabei mal absprach, mal zugestand, mal zuwies, waren durchaus widersprüchlich. Im Fall der Sowjetunion verhinderte die Bundesregierung einen direkten Kooperationsvertrag zwischen der MPG und der Akademie der Wissenschaften, obwohl oder gerade weil sie selbst in ihren Verhandlungen mit der feindlichen Großmacht im Osten um ein Regierungsabkommen zum kulturellen und technisch-wirtschaftlichen Austausch wegen der strittigen Berlin-Frage nicht vorankam. Dennoch wurden während des vertragslosen Zustands, der sich bis 1970 hinziehen sollte, individuelle Kontakte zwischen MPG-Wissenschaftlern und sowjetischen Kollegen aufrechterhalten, allerdings stets kritisch beäugt vom Auswärtigen Amt und von der Botschaft in Moskau (→ 3.3).[60] Im Fall des franquistischen Spaniens war es der Bundesregierung zur gleichen Zeit jedoch durchaus recht, dass die MPG ihre seit den ersten Nachkriegsjahren vor allem auf dem Feld der Kernphysik bestehenden Kontakte, wie von spanischer Seite gewünscht, weiter ausbaute. Man richtete sogar ein einseitig von der MPG finanziertes Austauschprogramm für Nachwuchswissenschaftler/innen ein, das direkt mit dem Spanischen Forschungsrat vereinbart und erst 1980 in einen »echten bilateralen Vertrag« mit verteilten Kosten umgewandelt wurde (→ 3.2).[61] Diese beiden kontrastierenden Beispiele zur Rolle der MPG im Verhältnis von Diplomatie und Wissenschaft werden im dritten Kapitel dieser Studie ausführlich dargestellt.

In einem weiteren bereits gründlich aufgearbeiteten Fall versuchte die Bundesregierung die MPG sogar in die Rolle eines stellvertretenden außenpolitischen

59 *MPG-Tätigkeitsbericht 1964*, 569; Aronova, Baker und Oreskes, Big Science and Big Data in Biology, 2010. Zu den Beobachtungsstationen des MPI für Aeronomie vgl. Bonolis und Leon, *Astrophysics*, 2023, 158–183.

60 Deutsch-sowjetische Vereinbarung über einen kulturellen und technisch-wirtschaftlichen Austausch vom 25.3.1959: »Die Kabinettsprotokolle der Bundesregierung« Online, Zustimmung zum Entwurf, 14.5.1959, https://www.bundesarchiv.de/cocoon/barch/0/k/k1959k/kap1_2/kap2_18/para3_7.html; Protokoll der Sitzung im AA am 25.4.1960, PA AA/B 97-REF. VI 8/VI 10/57; Vermerk vom 25.2.1974, AMPG, II. Abt., Rep. 70, Nr. 373, fol. 32.

61 Vermerk vom 30.10.1980, AMPG, II. Abt., Rep. 70, Nr. 86, fol. 17; Interview Nickel (Sachse) 12.4.2018; Presas i Puig, *Scientific and Technological Relations*, 2007, 23–28.

Akteurs zu drängen. In historischen Selbstdarstellungen schreibt sich die MPG ihre in den frühen 1960er Jahren aufgenommenen Kooperationsbeziehungen zum israelischen Weizmann-Institut gern als eigeninitiative Pionierleistung für die deutsch-israelische Annäherung nach dem nationalsozialistischen Völkermord an den Juden zugute.[62] Tatsächlich ging die Initiative in den späten 1950er Jahren, wie die multiperspektivische Analyse von Thomas Steinhauser, Hanoch Gutfreund und Jürgen Renn gezeigt hat, von Wissenschaftlern und Wissenschaftsmanagern des Weizmann-Instituts aus, das ebenso wie der Staat Israel seit seiner Gründung um sein Überleben kämpfen musste und dringend weitere Sponsoren suchte.[63] Der Weizmann-Wissenschaftler Gerhard Schmidt kontaktierte in den Jahren 1956 bis 1958 mehrfach den Freiburger Universitätsprofessor Wolfgang Gentner, der seit 1954 Forschungsdirektor am CERN war, bevor er 1958 als Direktor ans MPI für Kernphysik wechselte. Noch während eines Forschungsaufenthalts am CERN schmiedeten Amos de Shalit, Kernphysiker am Weizmann-Institut, und Gentner in Genf zusammen dann die ersten israelisch-deutschen Kooperationspläne. Währenddessen gelang es den in Europa basierten Fundraising-Experten des Weizmann-Instituts, Josef Cohn und Richard Kronstein, über einige Mittler ihr Anliegen Konrad Adenauer direkt vorzutragen.

Den Bundeskanzler allerdings hatte die Hallstein-Doktrin in eine verzwickte außenpolitische Sackgasse geführt. Einerseits lag der Bundesregierung sehr an einer Verbesserung ihrer Beziehungen zu Israel – nicht zuletzt, um ihr internationales Image und vor allem ihr Ansehen in den USA aufzubessern. Zwar schreckte sie aus anderen Gründen als Israel, das Rücksicht auf seine vielen NS-verfolgten Staatsangehörigen nehmen musste, vor diplomatischen Beziehungen noch zurück. Gerade deshalb hätte sie gern die wissenschaftlichen Beziehungen auch mit erheblichen Fördersummen unterstützt, und zwar über die laufenden »Wiedergutmachungszahlungen« und die geheimen Waffenlieferungen hinaus, die sie in Abstimmung mit den USA durchführte, damit diese nach außen ihr Embargo gegen den israelischen Aggressor im Sinai-Krieg aufrechterhalten konnten. Andererseits durfte auch die Bundesregierung, um der Hallstein-Doktrin nicht zuwiderhandeln zu müssen, die arabischen Freunde und Handelspartner nicht verprellen, die im Gegenzug damit drohten, die DDR

62 So z. B. Staab in seinem einleitenden Statement zur Jahrespressekonferenz am 24.11.1987, Vermerk 1.12.1987, Anlage 3, Bl. 7, BArch B 196/96345; Henning, Auslandsbeziehungen, 1999, 106; Markl, Entschuldigung, 2003, 42. Bereits Dietmar Nickel schrieb, wie er in einem Telefonat am 8.4.2022 mitteilte, vergeblich gegen diese Selbstdarstellung an: Nickel, *Rehovot*, 1989. Das Weizmann-Institut war 1934 von Chaim Weizmann als multidisziplinär-naturwissenschaftliches Daniel-Sieff-Forschungsinstitut in Palästina begründet worden.

63 Steinhauser, Gutfreund und Renn, *Turning Points*, 2017. Die folgende knappe Darstellung basiert auf dieser detaillierten Studie sowie auf Nickel, *Rehovot*, 1989; und Nickel, Wolfgang Gentner und die Begründung, 2006.

anzuerkennen und die geopolitischen Gewichte zugunsten der Sowjetunion zu verschieben.

Aus dieser Zwickmühle schien sich mit der privaten Wissenschaftsorganisation MPG ein Ausweg zu bieten, denn gegen Kooperationsverträge zwischen privaten bundesdeutschen und israelischen Wissenschaftsorganisationen hätten die arabischen Staaten nichts einwenden können; für die Zuweisung zusätzlicher Bundesmittel an die MPG waren die Wege ja schon zuvor gebahnt worden. Otto Hahn, den Gentner Ende 1959 hatte motivieren können, gemeinsam mit ihm und dem Direktor des MPI für Zellchemie, Feodor Lynen, das Weizmann-Institut in Rehovot zu besuchen und die dortigen Kooperationsmöglichkeiten zu eruieren, wäre als MPG-Präsident auch dazu bereit gewesen. Aber sein alsbaldiger Nachfolger im Amt, Adolf Butenandt, ließ sich vom langjährigen Verwaltungschef Telschow belehren, dass die MPG-Satzung eine solche verdeckte Amtshilfe und Transferzahlungen an Dritte verbiete. Die neue, aber noch immer von Telschow beratene MPG-Führung wollte sich im Falle Israels nicht für die Lösung außenpolitischer Probleme der Bundesregierung in Dienst nehmen lassen. Insofern blieb es zunächst bei einem von der MPG aus eigenen Mitteln finanzierten Stipendienprogramm in Höhe von 30.000 DM für Israel-Aufenthalte junger MPG-Wissenschaftler.[64]

Die ersten Raten der Wissenschaftsförderung, die Adenauer dem israelischen Premierminister David Ben-Gurion bei einem Treffen in New York 1960 versprochen hatte, flossen dennoch – sogar als direkte Zahlungen aus dem Kulturetat des Auswärtigen Amtes und nicht durch die verdeckten Kanäle, durch die die weit umfangreicheren Zahlungen für den Wirtschaftsaufbau und die Rüstungsgüter transferiert wurden. 1963 kam man schließlich auf die Idee, dass die Minerva Gesellschaft, die ein Jahr zuvor zur Abwicklung anderer nicht satzungsgemäßer Finanztransaktionen der MPG gegründet worden war, auch für die bundesdeutsche Förderung des Weizmann-Instituts einen außenpolitisch unbedenklichen Transferweg offerieren könnte. 1964 wurde ein entsprechender Vertrag geschlossen, der ein Jahr später schon nicht mehr nötig gewesen wäre. Denn 1965 nahmen Israel und die Bundesrepublik dann doch offizielle diplomatische Beziehungen auf, nachdem die deutsch-israelischen Geheimabkommen international ebenso bekannt geworden waren wie die Waffenverkäufe bundesdeutscher Unternehmen an Ägypten, dessen Staatschef Gamal Abdel Nasser zur gleichen Zeit seinem Ostberliner Kollegen Walter Ulbricht einen Staatsempfang bereitete.[65] Angesichts der geopolitischen und rüstungswirtschaftlichen Verwicklungen wäre die Hallstein-Doktrin im Nahostkonflikt wohl auch durch einen beherzteren wissenschaftsdiplomatischen Einsatz der MPG-Führung nicht zu halten gewesen. Das Minerva-Programm und der wissenschaftliche Austausch zwischen der MPG und dem Weizmann-Institut florieren indessen bis auf den heutigen Tag.

64 Steinhauser, Gutfreund und Renn, *Turning Points*, 2017, 34–35, 40.
65 Ebd., 35–37, 42–44.

Europäisierung der Großforschung

Was durch all diese institutionellen Kompetenzabgrenzungen einerseits und Kooperationserfordernisse andererseits, deren Aushandlungen seit Ende der 1950er Jahre immer mehr Raum einnahmen, aber auch die gelegentliche Inanspruchnahme durch die bundesdeutsche Diplomatie deutlich wurde, war die Tatsache, dass die MPG eine innen- und außenpolitisch handlungsfähige und entscheidungswillige Führung brauchte. Schon ein Jahr vor dem 1960 anstehenden Wechsel im Präsidentenamt wurde eine Kommission eingesetzt. Sie sollte eine gründliche Satzungsreform vorbereiten, die der konsolidierten Rolle der MPG in der bundesdeutschen und westeuropäischen Wissenschaftslandschaft gerecht würde.[66] Die Kommission arbeitete über mehrere Jahre, so dass der neue Präsident, Adolf Butenandt, seine ersten Erfahrungen im Amt einbringen konnte. Dazu gehörten in außenwissenschaftspolitischer Hinsicht ein deutsch-sowjetischer Delegationsaustausch 1962/63 (→ 3.3) sowie seine Spanienreise 1963 (→ 3.2). In diese Zeit fiel aber vor allem auch die weitere Europäisierung der Großforschung, mit der sich die fachlich entsprechenden Max-Planck-Institute vor allem hinsichtlich der Nutzung der aufwendigen apparativen Infrastrukturen koordinieren mussten. Dies betraf zuerst, wie schon die Gründung des CERN 1952 gezeigt hatte, die kernphysikalische Forschung, die Förderung der Kernenergie sowie die Fusionsforschung, die mit der 1957 gegründeten Europäischen Atomgemeinschaft (EURATOM) als europäische Gemeinschaftsaufgabe institutionalisiert wurden. Nicht nur das Kernforschungszentrum, das zu Heisenbergs großer Enttäuschung in Karlsruhe und nicht in München angesiedelt wurde, und die Kernforschungsanlage Jülich profitierten von der EURATOM-Förderung, sondern insbesondere auch das MPI für Plasmaphysik (IPP): Es wurde 1960 – nach einem komplexen Aushandlungsprozess und wohltarierter Minderheitsbeteiligung von EURATOM – zunächst als »Institut für Plasmaphysik GmbH in der MPG« gegründet und 1971 in die MPG eingegliedert.[67]

Zudem trat mit der *European Space Research Organisation* (ESRO) eine hinsichtlich der Mitgliedsstaaten und des Forschungsförderungsvolumens ähnlich groß dimensionierte Forschungsinstitution wie der CERN auf den Plan.[68] Wie

66 Vgl. Balcar, *Wandel*, 2020, 171–186.

67 Zur Rolle Heisenbergs bei der Ausgestaltung der europäischen Atomforschung vgl. Carson, *Heisenberg in the Atomic Age*, 2010, 218–255. Mit Ausnahme des IPP beherbergte die MPG keine Großforschungsinstitute, die in der Regel direkt von Bund und Ländern oder eben als europäische Kooperationen geführt wurden. Vgl. zum Verhältnis MPG und Großforschung Balcar, *Wandel*, 2020, 106–162, 248. Zum Aushandlungsprozess, der zur Gründung des IPP zunächst als GmbH führte, und zu deren weiterer Entwicklung bis zur Eingliederung in die MPG vgl. Boenke, *Entstehung und Entwicklung*, 1991.

68 Bis auf Griechenland und Jugoslawien waren die CERN-Gründungsstaaten auch bei der ESRO versammelt. Hinzu kam Spanien, das 1961 schließlich in den CERN aufgenommen worden war. Die Kosten bezifferte Reimar Lüst in seinem Bericht vor der Chemisch-Phy-

beim CERN war es auch hier das Ziel, die westeuropäische Weltraumforschung eigenständig neben, aber zugleich kooperativ vernetzt mit der US-amerikanischen und sowjetischen Forschung zu profilieren. In Abstimmung mit dem BMAt verhandelten hier für die westdeutsche Seite vor allem MPG-Physiker aus den in der »Arbeitsgemeinschaft für extraterrestrische Forschung« zusammengeschlossenen MPI für Aeronomie, für Kernphysik sowie für Physik und Astrophysik. Federführend tat sich der Astrophysiker Reimar Lüst hervor, dessen Abteilung in der Folge zu einem Institut für extraterrestrische Physik im Verband des MPI für Physik und Astrophysik aufgewertet wurde. Lüst nahm zusätzlich zur Institutsleitung mehrfach führende Positionen in der ESRO wahr – »im Interesse der Deutschen Bundesrepublik«, wie Heisenberg und Biermann in ihrem Antrag an die Chemisch-Physikalische Sektion (CPT) hervorgehoben hatten.[69]

Näher an Butenandts eigenem Forschungsgebiet, der Biochemie, war eine weitere 1962 gestartete und insbesondere von britischen Biologen vorangetriebene europäische Initiative, die sich ebenfalls am CERN-Modell orientierte, nämlich die Gründung der *European Molecular Biology Organisation* (EMBO). An deren Vorbereitung waren von bundesdeutscher Seite Hans Friedrich-Freksa und Alfred Gierer vom MPI für Virusforschung beteiligt, während Butenandt im Hintergrund die Weichen für eine Anschubfinanzierung durch die VW-Stiftung stellte. Die EMBO musste sich zunächst auf die Koordinierung der Forschung und die stärkere Zusammenarbeit zwischen den europäischen molekularbiologischen Instituten beschränken, weil sich besonders aufgrund europapolitischer Differenzen zwischen Frankreich und Großbritannien das von Anfang an in Aussicht genommene gemeinsame europäische Labor (*European Molucular Biology Laboratory*, EMBL) um mehr als zehn Jahre verzögerte.[70] Butenandt hätte es in Übereinstimmung mit der Bundesregierung gern in Martinsried, also nahe seinem MPI für Biochemie, angesiedelt. Gerade hier aber befürchteten die Vertreter der beteiligten zwölf Mitgliedsstaaten, dass die »Heranbildung einer eigenen Identität gefährdet« sein könnte und »die Nähe Dachaus« für israelische Wissenschaftler/innen, die in der EMBO neben den britischen Kollegen

sikalischen Sektion der MPG am 6.6.1961 (AMPG, II. Abt., Rep. 66, Nr. 3047, fol. 39–45, hier fol. 43) auf anfangs 100 Mio. DM, später 200 Mio. DM jährlich; davon müsse die BRD ca. 20 % zuzüglich der national anfallenden Kosten für die Instrumentenentwicklung an Universitäten und Forschungsinstituten in Höhe von mindestens 15 Mio. DM jährlich aufbringen, während die Kosten der BRD für den CERN zur gleichen Zeit mit ca. 60 Mio. DM jährlich zu Buche schlügen. Krige, Russo und Sebesta, *History of ESA, Bd. 1*, 2000.

69 Protokoll der CPTS vom 13/14.5.1963, AMPG, II. Abt., Rep. 62, Nr. 1741, fol. 161; AMPG, II. Abt., Rep. 66, Nr. 3047, fol. 39–45: Bericht Lüst (»Internationale Zusammenarbeit auf dem Gebiet der Weltraumforschung und die Beteiligung der Max-Planck-Gesellschaft«) vor der CPT-Sektion am 6.6.1961. Lüst war 1962–1964 Technischer Direktor, 1968–1970 Vizepräsident der ESRO und im Anschluss an seine MPG-Präsidentschaft 1984–1990 Generaldirektor der Nachfolgeorganisation European Space Agency (ESA). Zur AG extraterrestrische Forschung vgl. Bonolis und Leon, *Astrophysics*, 2023, 276.

70 Vor allem das Veto De Gaulles gegen den britischen EG-Beitritt blockierte die EMBL-Einrichtung bis zu dessen Rücktritt 1969, so Krige, Birth, 2002.

prominent mitwirkten, »unzumutbar« sein könnte. Sie entschieden sich deshalb für den verkehrsgünstigeren Standort Heidelberg, wo man sich in der Nähe zur Universität »größere, wissenschaftliche Vielfalt (insbesondere in Hinblick auf Instrumentenentwicklung)« und überhaupt »umfassendere Entwicklungsmöglichkeiten« erhoffte als in der unmittelbaren Nachbarschaft der etablierten MPG-Wissenschaftszentren in Garching und Martinsried.[71]

Ein außenpolitisches Mandat für den Präsidenten

Ganz offensichtlich verdichteten sich die außenwissenschaftspolitischen Aufgabenfelder, mit denen sich der neue MPG-Präsident Anfang der 1960er Jahre befassen musste – und wollte. Anders als sein Vorgänger Otto Hahn, der in den letzten Jahren seiner Amtszeit und mit fortgeschrittenem Lebensalter politischen Herausforderungen eher ausgewichen war, brannte Butenandt darauf, sich mit dem Gewicht seines neuen Amtes wissenschaftspolitisch einzubringen. Dies machte er seinen Kollegen in der entscheidenden Sondersitzung des Wissenschaftlichen Rates im November 1963 klar, auf der die Feinheiten der neuen Satzung ein letztes Mal diskutiert wurden, bevor der abgestimmte Entwurf im Juni 1964 dem Senat vorgelegt und dann im Dezember 1964 in einer außerordentlichen Hauptversammlung der MPG-Mitglieder verabschiedet werden konnte.[72] Sein Statement, das, wie er kollegial-verbindlich einflocht, »keine Kritik an Otto Hahn« sein sollte, war exakt dies. So wie es »vor zehn Jahren« vielleicht noch gegangen sei, könne es nicht weitergehen:

> Jetzt ist die Gesellschaft konsolidiert, und jetzt hat sie einen bestimmten Platz, und wir haben in einer Entwicklung gestanden, daß die Gesellschaft auch in allen Fragen der Wissenschaftspolitik nach außen sehr an Bedeutung gewonnen hat.[73]

In doppelter Hinsicht wollte Butenandt das Präsidentenamt wissenschaftspolitisch profilieren: »Nach außen« – womit nicht nur das Ausland, sondern mehr noch das bundespolitische Außen der MPG, nämlich »Bund, Länder, DFG, Wissenschaftsrat und Rektorenkonferenz« gemeint waren – bedürfe es »einer Konzeption«, die der Präsident zu verantworten habe. »Nach innen« müsse man wissen, »wohin der Weg ginge«, bisher habe »sich niemals jemand darüber Gedanken gemacht«; jetzt zwinge schon der 1957 als höchstes wissenschafts-

71 Protokoll der 71. Sitzung des Senates vom 15.3.1972, AMPG, II. Abt., Rep. 60, Nr. 71.SP, fol. 14, 159–160. In der Niederschrift wurden die Vorbehalte gegen Martinsried nicht mehr ausgeführt. Ich danke Alison Kraft für diese Hinweise. Kraft und Sachse, MPG als Forschungsinstitution, 2023.

72 Schreiben des MPG-Präsidenten an die MPG-Mitglieder vom 31.7.1964, AMPG, III. Abt., ZA 116, K 65. Zu den Satzungsreformen der MPG bis 1972 vgl. Balcar, *Wandel*, 2020, 171–243.

73 Protokoll der Sondersitzung des Wissenschaftlichen Rates vom 1.11.1963, AMPG, II. Abt., Rep. 62, Nr. 1942, fol. 310.

politisches Beratungsorgan der Bundesregierung gegründete Wissenschaftsrat die MPG dazu, Institutsgründungen nicht länger »immer dem Zufall (zu) überlassen«.[74] Für beides, die Innen- und die Außenpolitik der MPG, wünschte sich Butenandt ein klares Mandat. Während die Kollegen noch darüber stritten, ob eine entsprechende Klausel in der Satzung dem Präsidenten nicht zu viel Macht gebe oder ob sie dessen Macht im Vergleich zur bisherigen Satzung, die das Präsidentenamt überhaupt nicht qualifiziert hatte, nicht vielmehr einschränke, und wie man es mit der Macht überhaupt halten wolle, plante Butenandt schon über seine eigene Amtszeit hinaus.[75] Es sei die Pflicht jedes »künftigen Präsidenten« darüber nachzudenken, »was wird aus der MPG«, und zwar stets und ständig, »daß er nämlich dann keinen Abend schlafen geht, ohne sich Gedanken darüber gemacht zu haben«.[76] Der Paragraph 11 der neuen Satzung erteilte dem Präsidenten dann das gewünschte Mandat, nämlich, wie Butenandt es verstand, »die Gesellschaft als wesentlichen Faktor der Kulturpolitik auch nach außen angemessen zu vertreten«.[77]

Bald darauf wurde Butenandt in den Kulturpolitischen Ausschuss des Auswärtigen Amtes berufen.[78] Darüber, wie er sein wissenschaftspolitisches Mandat gegenüber bundesdeutschen Institutionen, aber auch gegenüber dem Ausland wahrnahm, legte er in seinen Ansprachen auf den Hauptversammlungen der MPG, die von nun an auch regelmäßig in den *MPG-Jahrbüchern* dokumentiert wurden, Rechenschaft ab.[79]

74 Ebd.

75 Butenandts stärkster Widersacher war der Direktor des MPI für Biologie, Georg Melchers, der gegen jeden möglichen Machtzuwachs des Präsidentenamtes im Allgemeinen und eines Präsidenten Butenandt insbesondere polemisierte: AMPG III/84-2-7353, Briefwechsel Melchers/Butenandt vom 4.4., 18.4., 30.4. und 16.5.1962.

76 Alle vorstehenden Zitate: Protokoll der Sondersitzung des Wissenschaftlichen Rates vom 1.11.1963, AMPG, II. Abt., Rep. 62, Nr. 1942. fol. 310.

77 Schreiben des MPG-Präsidenten an die MPG-Mitglieder vom 31.7.1964, AMPG, III. Abt., ZA 116, K 65. Paragraph 11 der neuen Satzung, der Rechte und Pflichten des Präsidenten definierte, besagte in Absatz 1, dass er die MPG nach außen »repräsentiert«, und zwar, wie Hans Dölle (Vizepräsident und Direktor des MPI für ausländisches und internationales Privatrecht) als federführender Autor der Satzung erläuterte, insbesondere im »kulturpolitisch relevanten Bereich, etwa bei der Abgabe von Erklärungen, bei programmatischen Reden, bei Reaktionen auf Aktionen von Regierungsstellen, bei Kontakten mit inländischen und ausländischen Wissenschaftsorganisationen und dergl.«. In § 11 Abs. 2 heißt es darüber hinaus, der Präsident »entwirft die Grundzüge der Wissenschaftspolitik«; vgl. Dölle, *Erläuterungen zur Satzung der MPG*, 1965, 33.

78 Protokoll der 48. Sitzung des Senates vom 10.6.1964, AMPG, II. Abt., Rep. 60, Nr. 48. SP, fol. 160–161. Sekretariat Butenandt an Rohrehe (AA) 5.3.1964; Sattler an Etzdorf 10.3.1964, PA AA B 90-REF. 600/IV1/832, sowie PA AA B 90-REF. 600/IV1/879: In den Protokollen der Beiratstreffen finden sich keine Diskussionsbeiträge Butenandts und überhaupt mehr Ab- als Zusagen zu den Sitzungen. Aktivere Mitglieder des 1961 gegründeten Gremiums waren seitens der MPG vielmehr Hellmut Becker und anfangs auch C. F. von Weizsäcker.

79 Das *MPG-Jahrbuch 1963* enthielt erstmals die Ansprache des Präsidenten, die fortan regelmäßig dort erschienen.

Erste außenwissenschaftspolitische Herausforderungen hatte er schon bei seiner Festansprache anlässlich der Hauptversammlung der MPG 1963 zu meistern. Aus West und Ost hagelte Kritik auf das bundesdeutsche Wissenschaftssystem einschließlich der MPG hernieder. Ende 1962 hatte der Präsident der US-amerikanischen National Academy of Science (NAS), Frederik Seitz, dieses System als im Vergleich mit seinen westeuropäischen Nachbarn besonders reformresistent und ergo wissenschaftlich rückständig abqualifiziert; seine beißende Kritik erschien nicht nur in der international verbreiteten naturwissenschaftlichen Fachzeitschrift *Physics Today*, sondern in detaillierterer Ausarbeitung zugleich als Buchpublikation auf Deutsch. Sie veranlasste die DFG, eine Studie zu »Stand und Rückstand der Forschung in Deutschland« zu beauftragen, die ihrerseits auch den amtierenden Präsidenten des Wissenschaftsrats und vormaligen DFG-Präsidenten, Ludwig Raiser, zu einer im Ergebnis beunruhigenden Analyse des westdeutschen im Vergleich zum US-amerikanischen Wissenschaftssystem herausforderte. Darin identifizierte er vor allem die früh einsetzende Selektivität des westdeutschen Schulsystems sowie die mangelnde inhaltliche Flexibilität und hierarchische Ordnung der Hochschulen als reformbedürftig.[80]

Butenandt sah bei all dieser Kritik und Selbstkritik Gefahr im Verzug: Seitz verortete die Ursachen der westdeutschen Misere nicht, wie er es selbst getan hätte, in unzureichender Finanzierung, sondern in der veralteten, aus Kaisers Zeiten herrührenden Instituts- und Ordinarienverfassung, die den wissenschaftlichen Nachwuchs außer Landes und vor allem in die USA treibe. Zudem hatte Seitz zwar nur die Universitäten im Blick gehabt, dies aber nicht deutlich gesagt. Diese Punkte griff Butenandt in seiner Festrede 1963 auf und hob die bei allem bildungspolitischen Rückstand, den er einräumte und den die DFG demnächst bilanzieren würde, dennoch vorhandenen Spitzenforschungen hervor – »in Teilgebieten der Chemie«, in der theoretischen und Plasmaphysik und in der »Virusforschung, auch in ihrer Beziehung zur modernen Genetik« –, die nicht zufällig alle in MPIs verortet waren. Er beschloss diese Leistungsschau mit deutscher Tiefgründigkeit:

> Wollen wir uns nicht auch dessen freuen, daß es in Deutschland noch Naturforscher gibt, die nicht nur danach fragen, wie die Dinge sich verhalten, sondern sich umtreiben lassen von der Frage, »warum« sie sich so verhalten?[81]

Dann kam er zu Seitz' Hauptkritikpunkt, der »strengen hierarchischen Ordnung« des bundesdeutschen »Institutsbetriebs«. Auch hier konzedierte er angesichts der allzu langsam voranschreitenden Reformen Missstände an den

80 Seitz, Science on the March, 1962, 28–30. Seitz, *Wissenschaft im Vormarsch*, 1962; Paulus, *Amerikanisierung*, 2010, 357; Raiser, *Deutsche Hochschulprobleme*, 1966. Ähnlich wie Seitz auch Conant, *Probleme*, 1965. Siehe dazu auch die vergleichende Rezension von dem seit 1968 tätigen Direktor am MPI für Geschichte Vierhaus, Probleme der Universitäten, 1967.

81 Butenandt, Ansprache des Präsidenten, 1963, 24.

Universitäten, weil sich wegen der dort üblichen »Durchlaufstellen« für den wissenschaftlichen Nachwuchs keine »echten Arbeitsgemeinschaften« entwickeln könnten. Anders die Max-Planck-Institute: Zwar würde man auch hier nicht vom »sogenannten ›*teamwork*‹« sprechen, wohl aber von »Gemeinschaften«, die in ihrer »inneren Gliederung [...] dem gemeinsamen Ziel zustreb(ten)«. Hier missglückte nicht nur die Übersetzung eines verschmähten Anglizismus, hier wurde vielmehr der Gemeinschaftsdiskurs, der alle deutschen Herrschaftssysteme der letzten sechs Jahrzehnte durchzogen hatte, ungebrochen weitergeführt und wie selbstverständlich durch das Führerprinzip in Gestalt »der Persönlichkeit des Direktors« und der »von ihm ausgehenden integrierenden Kraft« ergänzt. Max-Planck-Institute bewährten sich für Butenandt als »Arbeitsinstrumente qualifizierter Persönlichkeiten« dann, wenn sie es dem »echten Forscher« ermöglichten, gleich dem Künstler »das noch nicht Gestaltete« zu sehen und »seine Gestaltung zu verwirklichen«. Wie ein solches »Arbeitsinstrument« beschaffen sein sollte, welche neuen Gebiete mit ihm erschlossen werden sollten, welche Methoden verwandt und welches Personal benötigt wurde, könne und müsse allein der Forscher-Künstler entscheiden. Die MPG habe ihre wesentliche Aufgabe mit der »Wahl der Persönlichkeit« erfüllt und den Direktor fortan nur noch »in der verwaltungsmäßigen Bewältigung seiner Aufgaben« zu unterstützen.[82] Ohne jegliche Zugeständnisse an die neuen Zeiten vertrat Butenandt hier das Harnack-Prinzip, das sich in seinen Augen weiterhin bewährte, nachweisbar an den aufgezählten international anerkannten Forschungsleistungen der MPIs.

Einer etwaigen Kritik an dieser – von Butenandt immerhin eingestandenen – »extremen Freiheit der Arbeitsgestaltung« versuchte er durch einen rhetorisch abrupten Gegnerwechsel den Wind aus den Segeln zu nehmen: Die Delegation der sowjetischen Akademie der Wissenschaften, die Ende 1962 neben anderen Wissenschaftseinrichtungen auch die MPG besucht hatte, habe zwar bestätigt, dass Ausgezeichnetes geleistet werde, aber gleichzeitig kritisiert, dass teils »unaktuelle« oder »rein theoretische Probleme« bearbeitet würden, die mit »den Problemen der Produktion nicht zusammenhängen« und insofern kaum »gerechtfertigt« seien.[83] Hier zeige sich, so Butenandts schlichte Zurückweisung, »die unterschiedliche Denkweise«: »Dort die Problemstellung von der Praxis, der Produktionschance her, bei uns in der Grundlagenforschung die Bemühung um Vermehrung unserer Erkenntnis«. Und das eben sei die primäre Aufgabe der MPG, bei deren Verfolgung durchaus »am Rande des Weges [...] eine Fülle von praktischen Ergebnissen zutage« treten könne.[84] Die Freiheit, so die rhetorische

82 Alle Zitate: ebd., 25–27.

83 Ebd., 27; Butenandt zitiert hier aus den Eindrücken des Delegationsmitglieds und Metallurgen Iwan Oding, die dieser, ebenso wie seine beiden Kollegen Georgi Winogradow und Nikolai Bassow, in der Zeitschrift *Sowjetunion heute* (8/8, 16.4.1963, 20–21, Zitate: 20) unter der gemeinsamen Überschrift »Wir werden gerne daran zurückdenken« schilderte. Ausführlicher dazu Kapitel 3.3.

84 Ebd., 28.

Halse, die der politische Gegner angreift, darf nicht hinterfragt, sie muss verteidigt werden – und sei es in Gestalt der Allgewalt eines MPI-Direktors, die es gegen jegliche Kritik aus Ost und West zu verteidigen galt.

Butenandts intellektuelle Bezugsgruppe und ihre gesellschaftswissenschaftlichen Institutsgründungen

Was 1963 in einer Festansprache an MPG-Mitglieder argumentativ noch genügen mochte, reichte in der bildungspolitischen Diskussion nicht mehr hin. Sie hatte in der Bundesrepublik seit dem Sputnikschock – ausgelöst durch den ersten 1957 von der Sowjetunion gestarteten Satelliten im All – an Fahrt aufgenommen: Schule, Hochschule, Forschung – alles stand jetzt zur Diskussion. Und für diese Debatten suchte sich Butenandt intellektuelle Sekundanten aus einem Kreis von Wissenschaftlern, Philosophen und Pädagogen, von denen sich manche schon in ihrer Jugendzeit gefunden hatten, andere sich in den Kriegs- und Nachkriegsjahren hinzugesellten. Einige kamen aus der MPG oder waren MPG-Mitgliedern freundschaftlich oder verwandtschaftlich verbunden. Gemeinsam verstanden sie sich als humanistisch gebildete Elite und liberale Gesellschaftsreformer zugleich. In wechselnden Personenkonstellationen sollten sie einen nicht unerheblichen Einfluss auf die bildungs- und außenpolitischen Debatten in der bundesdeutschen Öffentlichkeit im Allgemeinen und die entsprechende Positionierung der MPG in den späten 1950er und den 1960er Jahren nehmen.

Einer von ihnen, und zudem einer der prominentesten Diskutanten in der bildungspolitischen Debatte in der Bundesrepublik der 1960er Jahre, war der Philosoph und Pädagoge Georg Picht, der in den 1930er Jahren seinen Cousin Carl Friedrich von Weizsäcker in die fortgeschrittene Platon-Lektüre eingeführt und dem jungen Hellmut Becker die Gedichte Stefan Georges nahegebracht hatte. Alle drei waren sie selbstverständlich humanistisch gebildete Sprösslinge von Familien, die seit dem Kaiserreich kulturpolitisch einflussreich und untereinander verschwägert waren.[85] In den letzten Kriegsjahren hatten sie sich an der »Reichsuniversität« Straßburg wieder zusammengefunden: Weizsäcker war auf den Lehrstuhl für Physik berufen worden und wurde gelegentlich von seinem jüngeren Bruder Richard auf Fronturlaub besucht; der kriegsverletzte Becker wurde wieder Assistent bei seinem früheren Universitätslehrer, dem Staatsrechtler Ernst Rudolf Huber, der von Leipzig nach Straßburg gewechselt war; der

85 Raulff spricht hier von den »drei *federalist families* der frühen Bundesrepublik« und rekonstruiert die familiären und professionellen Verknüpfungen dieser und weiterer Familien detailliert: So hatte Pichts Vater Werner Picht 1927–1933 die Hochschulabteilung des Völkerbundsinstituts für Geistige Zusammenarbeit in Paris geleitet; Weizsäckers Vater Ernst von Weizsäcker war 1938–1943 Erster Staatsekretär im Auswärtigen Amt; Beckers Vater Carl Heinrich Becker war Orientalist und hatte sich 1925–1930 als preußischer Kultusminister für Hochschulreformen eingesetzt, Raulff, *Kreis ohne Meister*, 2009, 491.

in Straßburg geborene kriegsuntaugliche Picht, der im nahegelegenen Freiburg promovierte und unterrichtete, begleitete seine Ehefrau, die Pianistin Edith Picht-Axenfeld, zu Konzerten nach Straßburg. Hier versammelten sich alle, einschließlich des Weizsäcker'schen Kindermädchens sowie Hubers elsässischer Sekretärin Antoinette Mathis, die Becker kurz vor der Geburt des gemeinsamen ersten Kindes heiraten sollte. Nicht zuletzt waren auch der Historiker Hermann Heimpel, der seit seinen Leipziger Zeiten mit Heisenberg und Weizsäcker befreundet war, und der Jurist Ludwig Raiser dem Ruf nach Straßburg gefolgt.[86] Der Journalist und Soldat Erich Kuby, dessen Schwägerin mit Heisenberg verheiratet war, machte im Sommer 1944 unterwegs zur atlantischen Front nach Brest Station in Straßburg und beschrieb diese »Kolonie von Intellektuellen« in seinem Tagebuch:

Hier in Straßburg sind eine Menge ansehnlicher Leute versammelt, die vom Dritten Reich und vom Krieg soviel wie möglich verpassen wollen. Was mich an diesem Kreis stört, ist sein elitäres Gehabe, und was ich am wenigsten vertrage, ist die Ironie gegenüber den Nazis, die sich gefahrlos äußert. Diese Kultur- und Wissenschaftsplutokraten tragen ein unsichtbares Schild um den Hals: Wir sind die anderen Deutschen. Wer glaubt, ein »anderer« Deutscher zu sein und sich dennoch als Repräsentant der Deutschen schlechthin fühlt, beteiligt sich an dem Schwindel, die deutsche Führung, Hitler, Goebbels, Göring, Schacht, Bormann, Heydrich seien keine exemplarischen Deutschen. Das aber sind sie.[87]

Nach dem Krieg gingen die Wege umständehalber auseinander, aber die Freundschaften bewährten sich existenzsichernd. Becker ließ sich vorerst als Anwalt am Bodensee nieder, verteidigte den Vater seines Freundes, den ehemaligen Staatssekretär im Auswärtigen Amt Ernst von Weizsäcker, im Wilhelmstraßen-Prozess, assistiert von dessen jüngstem Sohn Richard und beraten von seinem alten Lehrer Huber, den er seinerseits im Entnazifizierungsverfahren unterstützt hatte. Heisenberg schrieb ein entlastendes Gutachten für Heimpels Entnazifizierungsprozess, das diesem den Weg auf die Göttinger Professur erleichterte. Raiser übernahm zunächst eine Professur in Göttingen, dann in Tübingen und leitete darüber hinaus bis 1955 die DFG und anschließend den Wissenschaftsrat. Picht übernahm, wie schon einmal kurzfristig in den frühen 1940er Jahren, die Leitung des Landerziehungsheims Birklehof in Hinterzarten, wo jetzt auch – aus Ostpreußen kommend – Weizsäckers kriegsverwitwete Schwester, Adelheid von Eulenburg, unterrichtete. Die Universitätsstadt Tübingen, wohin es schon einige Berliner KWI verschlagen hatte und im November 1944 auch die »Reichsuniversität« Straßburg evakuiert worden war, wurde ein neuer Treffpunkt. Hier

86 Ebd., 464–466, 470–477. Kant und Renn, Weizsäcker, 2014, 220–221.

87 Kuby, *Mein Krieg*, 1975, 413. Der Text wurde erstmals unter der Überschrift »Besinnung« in Kubys Band *Alles im Eimer: Siegt Hitler bei Bonn?*, Stuttgart 1960 veröffentlicht. Ich danke Daniel Kuby für nähere Auskünfte (schriftliche Mitteilung vom 11.10.2012).

lernte Becker den 1946 neuberufenen Rechtsprofessor Carlo Schmid kennen, der sich als sozialdemokratischer Staatsminister in Württemberg-Hohenzollern um die akademische Wiedereingliederung der in Tübingen gestrandeten KWI-Direktoren Butenandt und Alfred Kühn verdient gemacht hatte, bevor er 1951 in den Senat der MPG berufen wurde.[88] Die kulturelle Annäherung des Kaufmannssohns und Realgymnasiasten Butenandt an die vormalige Straßburger, nunmehr regional versprengte Intellektuellen-Kolonie lässt sich daran ablesen, dass er wie auch Weizsäcker einen seiner Söhne zu Picht auf den Birklehof schickte, wo schon vier Kinder der Familie Heimpel unterrichtet wurden, und darüber hinaus die Schule jahrzehntelang unterstützte.[89]

Ob diese vielseitig vernetzte und aufnahmebereite Gruppe von Intellektuellen tatsächlich durch den Nachhall George'scher Gedichte oder gar in der intergenerationellen Gefolgschaft des unsterblichen Meisters zusammengehalten wurde, wie es Ulrich Raulff in seinem verschwörungstheoretisch anmutenden Werk *Kreis ohne Meister* nachzuweisen versucht, sei dahingestellt. Richtig bleibt, dass sie untereinander vielfach freundschaftlich, verwandtschaftlich und professionell verbunden waren und bildungspolitische Vorstellungen teilten, in denen sich Reformbereitschaft mit Elitebewusstsein paarte. Immer wieder fanden sie sich in Foren zusammen, in denen sie ihre Vorstellungen politisch und institutionenbildend wirksam werden lassen wollten. Ein solches Forum war die 1957 gegründete Forschungsstätte der Evangelischen Studiengemeinschaft (FEST) in Heidelberg. Sie wurde von Picht, der inzwischen an die Universität Heidelberg berufen worden war, geleitet. Die FEST brachte protestantische Wissenschaftler und Intellektuelle wie Heisenberg, Raiser, den Radiointendanten Klaus von Bismarck, den Mathematiker und Philosophen Günter Howe, selbstverständlich Becker und andere zusammen. Dadurch wurde sie immer wieder Ursprungsort atom-, außen-, energie- und friedenspolitischer Thesen und Memoranden, an denen MPG-Wissenschaftler mitunterzeichnend – oder wie Carl Friedrich von Weizsäcker öfters auch federführend – beteiligt waren.[90] Ein wichtiges Zeugnis dafür ist das von Weizsäcker, Picht, Raiser und anderen verfasste Tübinger Memorandum, das bereits 1961 die Anerkennung der Oder-Neiße-Linie forderte. Dieses Memorandum sollte, wie im vierten Kapitel dieser Studie be-

88 Raulff, *Kreis ohne Meister*, 2009, 476–477. Zu Ernst von Weizsäcker vgl. Conze et al., *Das Amt und die Vergangenheit*, 2012.

89 AMPG, III. Abt., Rep. 84–2, Nr. 8102, 7456, 7457, 4699: Butenandts Sohn Eckart (*1937) war ab 1952 auf dem Birklehof. Butenandt war Mitglied im Schulverein des Birklehofs und nutzte bis in die 1980er Jahre seine Kontakte zur Pharmaindustrie, aber auch zu den Rheinischen Stahlwerken für die Spendenwerbung zugunsten der Schule. Birklehofschüler waren auch C. F. v. Weizsäckers Sohn Ernst Ulrich von Weizsäcker (*1939) sowie vier Kinder Heimpels. Vgl. Löwe, *Georg Picht*, 2004, 15, 17.

90 Zum Kontext der Evangelischen Kirchen und der FEST vgl. Eisenbart, Nichtverbreitung von Atomwaffen, 2009, 289–291; Schüring, *Atomstaat*, 2015, 208. Zu diesem Denkkollektiv vgl. auch Seefried, *Zukünfte*, 2015, 87–95.

schrieben (→ 4.1), einen größeren Einfluss auf die bundesdeutsche Außenpolitik ausüben als die heute weit bekanntere Göttinger Erklärung, mit der achtzehn bundesdeutsche Atomphysiker, darunter viele MPG-Wissenschaftler wie Hahn, Heisenberg und Weizsäcker, 1957 vor der atomaren Aufrüstung der Bundeswehr gewarnt hatten.

Ein anderes politikaffines Forum war die MPG-Senatskommission für geisteswissenschaftliche Angelegenheiten, aus der später die Geisteswissenschaftliche Sektion (GWS) der MPG hervorgehen sollte. Dort hatten sich schon 1954/55 unter anderem Weizsäcker, Heisenberg und Carlo Schmid getroffen, um die Wiedergründung des MPI für Geschichte in Göttingen und die Besetzung des Direktorenpostens mit Heimpel, der das zunächst als Gutachten angeforderte Institutskonzept verfasst hatte, zu beraten, zu beschließen und durchzusetzen.[91] Einige Jahre später, 1959, waren es Heimpel, Weizsäcker und Schmid, die – extern unterstützt von Picht – den von Becker ausgearbeiteten Antrag zur Gründung eines MPI für Bildungsforschung in die Gremien der MPG einbrachten. Nach einigen Verzögerungen und zahlreichen Gutachten mündete der Antrag in die Gründung eines fürs erste nur »in der MPG betreuten« Instituts mit Hellmut Becker als längst designiertem Direktor.[92] Widerstände hatte es vor allem von Seiten der Bundesländer gegeben, die durch ein zentrales Berliner Bildungsforschungsinstitut ihre Kulturhoheit gefährdet sahen, aber auch von Seiten jener innerhalb und außerhalb der MPG, die jegliche Form von Politikberatung als unzulässige Abkehr vom Primat der Grundlagenforschung werteten.[93] Nachdem das Institut 1963 endlich eröffnet worden war, sah sich Butenandt in seiner präsidialen Ansprache an die Hauptversammlung der MPG im Juni 1964 genötigt, sowohl diese Kritiker zu beschwichtigen als auch jene, für die das alles schon zu spät kam, nachdem Picht Anfang desselben Jahres mit enormem Presseecho die »deutsche Bildungskatastrophe« ausgerufen hatte:[94] Das Institut werde sich nicht »vorschnell zu Tagesfragen« äußern oder gar »politische Entscheidungen determinieren«, wohl aber »Theorien und Methoden der Bildungsforschung entwickeln«, die »wissenschaftlichen Grundlagen für eine künftige Bildungspolitik« erarbeiten und die »Materialien dafür bereitstellen, daß die Entscheidung über die richtigen Fragen stattfindet«.[95] Um bei aller Grundlagenforschung den-

91 Zur Gründung des MPI für Geschichte vgl. Schöttler, *Die Ära Heimpel*, 2017, 21–23.

92 Thoms, Geschichte des Max-Planck-Instituts, 2016, 3; Behm, Zu den Anfängen der Bildungsforschung, 2017; Kant und Renn, Weizsäcker, 2014, 232–234. Dass der Gründungsvorschlag, wie Karlson meint, »unabhängig voneinander von Carlo Schmid, Georg Picht und Hellmuth [sic!] Becker […] an die MPG herangetragen« worden sei, ist schlechterdings nicht vorstellbar; vgl. Karlson, *Biochemiker, Hormonforscher, Wissenschaftspolitiker*, 1990, 247.

93 Zur Gründungsgeschichte des MPI für Bildungsforschung vgl. auch Balcar, *Wandel*, 2020, 17–21. Britta Behm bereitet im Rahmen des GMPG-Programms einen Preprint (*MPI für Bildungsforschung*) dazu vor.

94 Picht, *Bildungskatastrophe*, 1964.

95 *MPG Jahrbuch 1964*, 36.

noch nicht den Anschluss an internationale bildungspolitische Entwicklungen zu verpassen, werde es in gemeinsamen Projekten mit »ähnlichen Instituten in anderen Ländern« zusammenarbeiten und sich vor allem auch in die entsprechenden Kommissionen der UNESCO, der OECD und des Pariser *International Institute for Educational Planning* einbringen, dem Becker bereits vorstand.[96]

Es war vor allem Becker, der die Forschungen in den Abteilungen seiner Kollegen, dem Bildungsökonomen Friedrich Edding, dem Soziologen Dietrich Goldschmidt und dem Pädagogen Saul Robinsohn, mit den auf bundesdeutscher und supranationaler Ebene aufsprießenden bildungspolitischen Gremien verkoppelte.[97] Auf diese Weise schuf er eine amalgamierte Forschungs- und politische Beratungsinstitution, wie sie Heisenberg und Butenandt vorgeschwebt haben könnte, als sie in jener in der deutschen Wissenschaftsgeschichte legendär gewordenen Bombennacht 1943 von einer Vortragsveranstaltung im Reichsluftfahrtministerium gemeinsam zu Fuß durch das brennende Berlin in ihre Dahlemer Villen zurückkehrten. Unterwegs diskutierten sie, wie sie sich später erinnerten, über die »pädagogische Seite der Wissenschaft« und die »Hauptaufgaben«, die sich ihnen als Wissenschaftler nach dem Krieg stellen würden, nämlich mit »ihre[r] Art zu denken [...] Einfluß auf viel weitere Kreise aus[zu] üben« und vor allem die Jugend zum »rationalen Denken« zu erziehen.[98] Freilich mit einem Unterschied: Während Butenandt und Heisenberg 1943 noch dem Traum vom nationalen Wiederaufstieg Deutschlands aus dem Geist der Wissenschaft nachgehangen hatten,[99] ging es jetzt um wissenschaftlich begründete Bildungsreformen im europäischen Kontext, den internationalen Vergleich von Bildungssystemen und damit nicht zuletzt auch um die bessere Erschließung von Bildungspotentialen, aus denen der eigene wissenschaftliche Nachwuchs rekrutiert werden konnte. Offensichtlich konnte Becker seine Kollegen in der MPG in den folgenden Jahren von seinem Ansatz wissenschaftlicher Politikberatung überzeugen. Denn 1971 werteten sie das »Becker-Institut« zum vollwertigen MPI für Bildungsforschung auf, das auf diese Weise mit einer weiteren gesellschaftswissenschaftlichen Neugründung gleichgestellt wurde – dem MPI in Starnberg.[100] Dessen Gründungsgeschichte ist noch komplizierter als die seines bildungs(politik)wissenschaftlichen Pendants. Anders als dieses ging die Starnberger Gründung auch nicht, wie gemeinhin angenommen, von unserem

96 Ebd., 37–38.

97 Thoms, Geschichte des Max-Planck-Instituts, 2016, 5–8. Zu Edding, der ebenfalls international sehr aktiv war, vgl. Geiss, Bildungsökonom, 2015.

98 Heisenberg, *Der Teil und das Ganze*, 1972, 217. Vgl. Stoff, Butenandt in der Nachkriegszeit, 2004, 384–385.

99 Stoff, Butenandt in der Nachkriegszeit, 2004, 400–402.

100 Thoms, Geschichte des Max-Planck-Instituts, 2016, 5,7. Der spätere MPG-Präsident Lüst erinnerte diese Aufwertung allerdings als einen weiteren Erfolg jener »Mafia«, die es durchsetzte, dass Becker in dem Moment zum »richtigen Max-Planck-Direktor« ernannt wurde, als sein Freund Weizsäcker als MPI-Direktor in Starnberg Einzug hielt: Interview Lüst (Renn und Kant) 18.5.2010.

ehemals Straßburger Intellektuellenkreis aus, auch wenn dieser später für die institutionelle Realisierung sorgen sollte.[101] Die Impulse gingen von Akteuren und Orten jenseits bundesdeutscher Grenzen aus.

Von Amerika Politikberatung lernen

Tatsächlich begann die Vorgeschichte des Starnberger Instituts in Addis Abeba und Sopot, wo 1965 und 1966 die 15. und 16. der *Pugwash Conferences on Science and World Affairs* (PCSWA) stattfanden. Zur ersten dieser Konferenzen hatten sich 1957, im Anschluss an das 1955 veröffentlichte Russell-Einstein-Manifest, etwa zwei Dutzend Naturwissenschaftler, vor allem prominente Atomphysiker der drei Atommächte USA, UdSSR und Großbritannien, in Pugwash, einem Fischerort in Nova Scotia, versammelt. Im hoffnungsvollen Vertrauen auf die »gemeinsame Sprache der Wissenschaft« wollten sie darüber beraten, wie sie auf ihre jeweiligen Regierungen einwirken und so zur Vermeidung eines Atomkriegs beitragen könnten. Die bis heute an wechselnden Orten fortgeführten *Pugwash Conferences* entwickelten sich in kurzer Zeit zu einem in vielen Ländern der Welt etablierten Kanal einer *Second Track Diplomacy*, der vor allem in den 1960er Jahren im Vorfeld bzw. parallel zu den offiziellen Abrüstungsverhandlungen der Großmächte genutzt wurde.[102] Auch in der Bundesrepublik begeisterten sich einige für den Pugwash-Gedanken, nur eben – jedenfalls aus Sicht ihrer prominenten und politisch einflussreichen amerikanischen und britischen Kollegen – nicht die richtigen: Die mehrfach angefragten eminenten MPG-Wissenschaftler, von Hahn über Heisenberg und den Biophysiker Boris Rajewsky bis hin zu Butenandt, trauten sich, wie im vierten Kapitel dieser Studie (→ 4.2) noch ausführlicher dargestellt, nicht auf das rutschige Parkett einer informellen Wissenschaftsdiplomatie zwischen West und Ost.[103] Nur Weizsäcker, der inzwischen, seinen philosophischen Neigungen nachgebend, dem Ruf auf einen entsprechenden Lehrstuhl an die Universität Hamburg gefolgt war, hatte in den späten 1950er Jahren an dem einen oder anderen Pugwash-Treffen teil-

101 Zur Geschichte des MPIL vgl. Laitko, MPI zur Erforschung, 2011; Leendertz, *Pragmatische Wende*, 2010; Kant und Renn, Weizsäcker, 2014; Seefried, *Zukünfte*, 2015, 324–333; Sachse, The Max Planck Society and Pugwash during the Cold War, 2018.

102 Zur Geschichte der PCSWA vgl. Rotblat, *Pugwash*, 1968; Rotblat, *Scientists in the Quest for Peace*, 1972; Kubbig, *Communicators in the Cold War*, 1996; Evangelista, *Unarmed Forces*, 1999; Kraft, Nehring und Sachse, The Pugwash Conferences and the Global Cold War, 2018; Kraft und Sachse, *Science, (Anti-)Communism and Diplomacy*, 2020; Kraft, *From Dissent to Diplomacy*, 2022. Zur *Track II Diplomacy* vgl. Montville, Track Two Diplomacy, Bd. 2, 1991; Diamond und McDonald, *Multi-Track Diplomacy*, 1996.

103 Zum Verhältnis der MPG zu Pugwash vgl. Sachse, The Max Planck Society and Pugwash during the Cold War, 2018; zu den west- und ostdeutschen Pugwash-Gruppen vgl. Kraft, Confronting, 2020.

genommen. Dann aber hatte er es seinen jungen, weder wissenschaftlich noch politisch hervorgetretenen Hamburger Assistenten überlassen, sich im Kreis von internationalen, vor allem amerikanischen, sowjetischen und britischen Nobelpreisträgern und hochrangigen Regierungsberatern zu behaupten. So auch 1965/66 in Addis Abeba und Sopot, wo es unter dem offiziellen Konferenzthema »Abrüstung und Sicherheit« um die Vorbereitung des Atomwaffensperrvertrags (*Non-Proliferation Treaty*, NPT) ging. Die amerikanischen Kollegen, allen voran der Harvard-Professor und Präsidentenberater Henry Kissinger, waren schier entsetzt von der unprofessionellen Performance der westdeutschen Pugwash-Delegation und zugleich wegen der Ablehnung des NPT seitens der Bundesregierung äußerst besorgt.[104] Im Herbst 1966 jedoch schien sich mit dem Bruch der CDU-FDP-Koalition ein *Window of Opportunity* zu öffnen, um endlich auch in der Bundesrepublik wissenschaftliche Politikberatung nach amerikanischem Vorbild zu etablieren und auf diese Weise eine realistischere Außen- und Sicherheitspolitik seitens der neuen Regierungskoalition mit einem sozialdemokratischen Außenminister, Willy Brandt, zu befördern.

Der MIT-Biophysiker Alexander Rich, der die letzten Pugwash-Konferenzen besucht hatte, nahm die Sache in die Hand: Zwei Monate nach der Konferenz in Sopot wandte er sich im November 1966 an seinen Fachkollegen im Göttinger MPI für physikalische Chemie, Manfred Eigen, mit einer Liste von 25 prominenten US-Wissenschaftlern und Regierungsberatern, die bereit seien, in die Bundesrepublik zu reisen und die Deutschen über den American Way wissenschaftlicher Politikberatung aufzuklären.[105] Eigen, der enge Forschungskooperationen mit dem israelischen Weizmann Institut unterhielt, aber sonst in außenwissenschaftspolitischen Kontexten noch nicht hervorgetreten war und dies auch später kaum wieder tun würde, folgte der Bitte um entsprechende deutsche Personalvorschläge und organisierte gemeinsam mit seinem Institutskollegen Friedrich Cramer ein Treffen im Januar 1967 im Münchener MPI für Physik, zu dem schließlich neben dem Initiator Rich acht weitere amerikanische Wissenschaftler anreisten.[106] Sie kamen alle aus Ivy-League-Universitäten der Ostküste und waren ehemalige oder amtierende Mitglieder des *Presidential Scientific Advisory Committee* (PSAC). Angeführt wurden sie von Kissinger, der in verschiedenen Funktionen nacheinander die Präsidenten Kennedy, Johnson und (ab 1969) Nixon beriet, und Isidor Rabi, der als Kernphysiker in zahlreichen

104 Schnippenkoetter an Kissinger am 26.5.1966; Vermerk vom 27.6.1966; Vermerk Ramisch (AA) am 29.9.1966, PA AA B 43-REF. 302/II8/UA IIB/90. Der Abrüstungsbeauftragte der Bundesregierung und vormalige Botschaftsrat in Washington Schnippenkoetter und Kissinger hatten Ende April bei einer Tagung der Ditchley Foundation in Ditchley Park (Oxfordshire, UK) über die bevorstehende Pugwash-Konferenz in Sopot gesprochen.

105 Rich an Eigen am 28.11.1966, AMPG, II. Abt., Rep. 70, Nr. 359, fol. 73.

106 Zu Eigen vgl. Gespräch Frühwald und Eigen (Frieß und Fickers) 23.9.1994. Nachruf: Pecht und Jovin, Eigen, 2019.

Beiräten US-amerikanischer, inter- und supranationaler atompolitischer Institutionen mitwirkte.[107]

Seitens der MPG waren außer den Organisatoren Eigen und Cramer, dem Hausherrn Heisenberg, dem Präsidenten Butenandt und seinem neuen Generalsekretär Friedrich Schneider drei weitere MPI-Direktoren verschiedener physikalischer und biowissenschaftlicher Fachrichtungen zugegen.[108] Weizsäcker, der seine MPG-Mitgliedschaft auch als Hamburger Philosophieprofessor beibehalten hatte, erschien zusammen mit seinem Freund Picht. Zudem hatte man den amtierenden Präsidenten des Wissenschaftsrats, Hans Leussink, den Leiter der 1962 gegründeten Ebenhausener Stiftung für Wissenschaft und Politik, Klaus Ritter, sowie mit Rudolf Mößbauer von der Technischen Hochschule München immerhin einen Physiker und Nobelpreisträger eingeladen, der nicht der MPG angehörte. Die Verbindung zur Bundesregierung stellte Kurt Birrenbach her, der seit 1957 die CDU/CSU-Fraktion im Auswärtigen Ausschuss des Bundestages vertrat, die Aufnahme der diplomatischen Beziehungen zu Israel mit vorbereitet hatte und als Mitglied der Atlantik-Brücke, eines überparteilichen Netzwerks von deutschen und amerikanischen Führungskräften, Adenauers Nachfolger Ludwig Erhard und Georg Kiesinger in Amerikafragen beriet.[109]

Hauptanliegen waren die Fragen, »ob eine Einflußnahme von Wissenschaftlern auf bestimmte politische Entscheidungen möglich ist und wie ein funktionsfähiges wissenschaftliches Beratungswesen für die Bundesregierung geschaffen werden kann«. Auf besonderen »Wunsch der Amerikaner« sollte aber auch über die »mangelnde deutsche Beteiligung an Pugwash-Konferenzen« gesprochen werden.[110]

Zwei Tage lang diskutierte man über die erheblichen Differenzen in den politischen und wissenschaftlichen Systemen beider Seiten – angefangen bei der im Vergleich zum US-Präsidenten schwächeren verfassungsrechtlichen Position des Bundeskanzlers gegenüber den Bundesministerien und Kultusministerien der Bundesländer.[111] Viele dieser Ministerien schufen sich ihre eigenen, inhalt-

107 Bericht über die Besprechung mit Vertretern der amerikanischen Wissenschaft und Wissenschaftspolitik in München am 20./21. Januar 1967 (im Folgenden zitiert als »Bericht 20./21.1.1967«), BArch N 1225/110. Die Teilnehmerliste verzeichnete weiterhin: Paul Doty (Harvard University), Carl Kaysen (Institute for Advanced Studies, Princeton), Don K. Price (Harvard University), Edward Purcell (Harvard University), Eugene Skolnikoff (MIT), Charles Townes (MIT).

108 Die anderen Direktoren waren Feodor Lynen (MPI für Zellchemie), Arnulf Schlüter (Institut für Plasmaphysik) und Otto Westphal (MPI für Immunbiologie), Bericht 20./21.1.1967, Teilnehmerliste, BArch N 1225/110.

109 Atlantik-Brücke, https://www.atlantik-bruecke.org/geschichte-der-atlantik-bruecke/. Vgl. Leendertz, Ein gescheitertes Experiment, 2014, 244.

110 Wortprotokoll 20./21.1.1967, AMPG, II. Abt., Rep. 70, Nr. 359, fol. 26; Bericht 20./21.1.1967, BArch N 1225/110.

111 Wortprotokoll 20./21.1.1967, AMPG, II. Abt., Rep. 70, Nr. 359, fol. 26, und Bericht 20./21.1.196, BArch N 1225/110. Das Folgende ist ein Kondensat dieser teils sehr differenzierten, teils redundanten Diskussionen.

lich eng definierten Beratungsgremien, die freilich in ihrer üppigen Anzahl und fachlichen Begrenztheit keine Chance hatten, so prominent in Erscheinung zu treten wie das herausgehobene PSAC an der Spitze der westlichen Supermacht. Dieses konnte je nach Problemlage weitere spezifizierte Expertengruppen hinzuziehen und dabei aus einem Reservoir von über tausend engagierten und ihrer Citizenship verpflichteten Wissenschaftlern schöpfen. Diese breit gestreute Beratungstätigkeit wurde im PSAC gebündelt, koordiniert und »ihre Ergebnisse dem Präsidenten unmittelbar zugänglich gemacht«. Das zwanzigköpfige Spitzengremium sei darüber hinaus mit »Fragen des öffentlichen Lebens« und »Problemen des Staates« befasst und bereite deren Entscheidung »mit den Methoden, die die Wissenschaft anbietet«, vor. Demgegenüber beschränke sich die Beratungstätigkeit in der Bundesrepublik auf bildungs-, wissenschafts- und forschungspolitische Fragen im engeren Sinne bzw. auf gezielte Forschungsaufträge einzelner Regierungsstellen. Schuld an dem bundesrepublikanischen Defizit wissenschaftlicher Politikberatung seien beide Seiten: Den bundesdeutschen Wissenschaftlern fehle es an »politischem Verantwortungsgefühl« und »persönlicher Beteiligung« an politischen Fragen, wie sie »in den USA seit Jefferson und Franklin zur Tradition« gehörten. Von staatlicher Seite werde ein solches Engagement aber auch nicht gefördert. Im Gegenteil, »unbequeme« Wortmeldungen wie die Göttinger Erklärung von 1957 oder das Tübinger Memorandum von 1961 würden nicht etwa als »ernsthafter Beitrag zum politischen Leben« begrüßt, sondern als »unerwünschte Intervention« abgewehrt.[112]

Mehr als alle strukturellen Unterschiede in der politischen Verfassung sowie dem rechtlichen Status, der Finanzierung und (Selbst-)Verwaltung von Universitäten und Forschungseinrichtungen prägten die konträren historischen Erfahrungen von Wissenschaftlern in und unmittelbar nach dem Zweiten Weltkrieg ihr Verhältnis zur staatlichen Politik. Es war der erfolgreiche Schulterschluss von Politik und Wissenschaft im *Manhattan-Project*, dem sich das PSAC verdankte und der es bis in die 1970er Jahre hinein inspirierte, wie auch immer sich einzelne seiner Mitglieder dann zur Atomrüstung und Militärstrategie ihrer Regierungen im Kalten Krieg positionierten.[113] Umgekehrt war es die Kollaboration von Wissenschaft und Politik im NS-Regime, von der sich bundesdeutsche Wissenschaftler distanzieren mussten, wollten sie vor sich selbst und erst recht in ihren internationalen Scientific Communities bestehen. Statt aber Rechenschaft über ihre eigene konkrete Involviertheit in die NS-Verbrechen abzulegen, zogen

112 Bericht 20./21.1.1967, Bl. 2–3, BArch N 1225/110.

113 Das PSAC war 1951 als *Scientific Advisory Committee* (SAC) von Präsident Truman ins Leben gerufen worden, Eisenhower wertete es in Reaktion auf den Sputnikschock 1957 zum PSAC auf und siedelte es direkt im Weißen Haus an. Kennedy benannte es 1961 um in *Office of Science and Technology* (OST), als solches wurde es 1973 von Nixon aufgelöst, 1976 aber von Ford als *Office of Science and Technology Policy* (OSTP) reetabliert. Seine jeweiligen Leiter (seit 2021 der Mathematiker Eric Lander) haben Kabinettsrang und werden gewöhnlich als *President's Science Adviser* apostrophiert. Wang, *Sputnik's Shadow*, 2008.

sie es bekanntlich vor, vom Missbrauch der Wissenschaft durch die Politik zu reden, der zukünftig zu vermeiden war: Fortan galt in der Bundesrepublik vor allem politikfreie Wissenschaft als gute Wissenschaft; wer sich ihr mit allen seinen zeitlichen und intellektuellen Ressourcen verschrieb, machte nichts verkehrt, konnte es sich im Elfenbeinturm einrichten und den Vorwurf der Weltfremdheit, mit dem gerade auch prominente bundesdeutsche Politiker politische Einlassungen von Wissenschaftlern abwehrten, an sich abprallen lassen.[114] Diese infolge der »politischen Verhältnisse [...] seit 1933« ausgebildete »Kluft zwischen wissenschaftlicher Forschung und Politik« gelte es endlich zu »überbrücken«.[115]

Die (un)amerikanische Gründung des Starnberger Instituts

Im Ergebnis wollte man der Bundesregierung vorschlagen, einen »beratenden Ausschuss« »nach amerikanischem Vorbild« einzurichten. In der Aufgabenbeschreibung des bundesdeutschen Pendants schlugen allerdings deutlich Weizsäckers frustrierende Erfahrungen mit seinen bisherigen politischen Interventionen und vor allem mit der Vereinigung Deutscher Wissenschaftler (VDW) durch, die 1959 im Anschluss an die Göttinger Erklärung und analog zur *Federation of American Scientists* (FAS) eigens gegründet worden war, um der sozialen Verantwortung der Wissenschaft öffentlichen Ausdruck zu verleihen (→ 4.1, 4.2). Der neu zu berufende Ausschuss sollte nämlich die Stelle sein, die einerseits »Gutachten und Vorschläge anderer wissenschaftlicher Gremien, wie etwa der VDW, aufnimmt und für deren weitere Behandlung sorgt«, sie also, wenn schon nicht zensieren, so doch politisch kommensurabel machen würde. Andererseits sollte er den Wissenschaftlern, »die sich aus Gründen ihrer persönlichen Verantwortung zu akuten Fragen der wissenschaftlichen oder politischen Entwicklung äußern wollen«, die Überzeugung vermitteln, dass ihre Anregungen »sachverständig weiterbehandelt« würden, sie also ermutigen, sich und ihre Expertise weiterhin einzubringen. Der Ausschuss sollte also zugleich evaluieren und den knirschenden Dialog zwischen Wissenschaft und Politik moderieren, selbst aber »der Leitung des ›Wissenschaftlichen Beraters des Bundeskanzlers‹« unterstellt werden.[116] Zumindest den deutschen Gesprächsteilnehmern war klar, wen man für diese heikle Pufferposition vorschlagen würde, auch wenn der Name noch nicht schriftlich fixiert wurde: Carl Friedrich von Weizsäcker. Fürs erste sollte dieser, gemeinsam mit Schneider, Birrenbach und Eigen, die Besprechungsergebnisse zusammenfassen und dem Bundeskanzler sowie weiteren Mitgliedern von Regierung und Bundestag zukommen lassen.[117]

114 Vgl. dazu unten Kapitel 4.1.
115 Bericht 20./21.1.1967, Bl. 1, BArch N 1225/110.
116 Ebd.
117 Ebd.; Leendertz, Ein gescheitertes Experiment, 2014, 244, Anm. 8.

Aus diesen hochfliegenden Plänen wurde trotz Birrenbachs Vorsprache im Bundeskanzleramt weder zu Zeiten der Großen noch der nachfolgenden sozialliberalen Koalition etwas. Vielmehr kam ihnen das Bundesministerium für wissenschaftliche Forschung (BMwF) unter Leitung von Gerhard Stoltenberg und ebenfalls durch Picht beraten mit der Einsetzung eines eigenen »Beratenden Ausschusses für Forschungspolitik« (BAF) zuvor. Unter Vorsitz von Ludwig Raiser wurden dahin zwar auch Weizsäcker, Heisenberg, Butenandt, Lüst und Konrad Zweigert vom MPI für ausländisches und internationales Privatrecht berufen. Aber sie waren dort nur in ihrer fachwissenschaftlichen Expertise gefragt und nicht, wie sie es sich gewünscht und die amerikanischen Erfahrungen zurechtgedeutet hatten, in ihrer umfassenden wissenschaftlichen Weltsicht.[118] Womöglich hatte sich ja auch bis in bundesdeutsche Regierungskreise herumgesprochen, dass das PSAC die Klimax seiner Bedeutung während der Präsidentschaft Eisenhowers schon überschritten und gegenüber der 1961 nachfolgenden Kennedy-Administration und erst recht nach Abschluss des *Limited Test Ban Treaty* (LTBT) 1963 kontinuierlich an Einfluss verloren hatte; von Richard Nixon 1973 abgeschafft, wurde es allerdings 1976 von Gerald Ford reinstalliert.[119]

Immerhin einen, wenn auch wenig nachhaltigen Erfolg konnten die amerikanischen Coaches verbuchen: Nach achtjähriger Pugwash-Absenz reiste Weizsäcker im Mai 1967 zu einem Meeting der *Pugwash Study Group of European Security* ins tschechische Marienbad (→ 4.2). Offiziell überbrachte er als westdeutscher Pugwashite die emphatische Unterstützung des NPT durch die VDW. Als inoffizieller Sonderemissär des Bundesaußenministers erläuterte er andererseits die primär wirtschaftlich bedingten Vorbehalte der Bundesregierung, die um die westdeutsche Atomenergiewirtschaft fürchtete. Sollten diese Bedenken durch eine entsprechende Vertragsgestaltung ausgeräumt werden, sei, so durfte er in Brandts Auftrag den versammelten Pugwashites signalisieren, ein Beitritt der Bundesrepublik zum NPT denkbar, der nach dem Regierungswechsel 1969 dann tatsächlich erfolgte. Diese positive Erfahrung, über die Weizsäcker dem Auswärtigen Amt ausführlich berichtete, motivierte ihn und seine MPG-Kollegen dennoch nicht, sich zukünftig verstärkt in der informellen Diplomatie der Pugwash-Konferenzen zu engagieren.[120]

118 Leendertz, Ein gescheitertes Experiment, 2014, 244–245. Kant und Renn, Weizsäcker, 2014, 236. Zum BAF allgemein vgl. Rudloff, Verwissenschaftlichung, 2004, 232–239. Zu Heisenbergs Vorstellungen von Politikberatung vgl. Carson, New Models, 1999, 148–153, 165, 168.

119 Rubinson, Crucified on a Cross, 2011, 317–318.

120 Vgl. Weizsäcker, Bericht Pugwash-Tagung, 1984; Weizsäcker, *Der bedrohte Friede*, 1983, 458. An der VDW-Stellungnahme hatten nicht zuletzt der Heisenberg-Schüler Wirtz vom KfK und sein Kollege Wolf Häfele, der Projektleiter des Schnellen Brüters Kalkar, mitgewirkt: VDW-Kommuniqué von Vorstand und Arbeitsausschuss der VDW 2.5.1967, PA AA B 43-REF. 302/II8/UA IIB/209. Am 16.6.1967 berichtete Weizsäcker einem AA-Mitarbeiter über das Pugwash-Symposium und erklärte sich bereit, auch weiterhin die »amtliche deutsche Auffassung zu Fragen der Abrüstung und Rüstungskontrolle«,

In eigener Sache sprach Weizsäcker mit dem ebenfalls nach Marienbad gereisten Pugwashite Kissinger über den Plan B für den – tatsächlich eintretenden – Fall, dass sich das PSAC-Modell in der Bundesrepublik nicht realisieren ließ: das Modell der *RAND Corporation*, also eines selbständigen Think-Tanks.[121] Was immer die beiden dort im Einzelnen besprochen haben mögen – dokumentiert ist, dass sie seither eine anhaltende Freundschaft verband und Kissinger das Konzept für ein Max-Planck-Institut, das Weizsäcker in den folgenden Monaten ausarbeitete, enthusiastisch unterstützte.[122]

Vorbehaltlose Unterstützung fand Weizsäcker auch bei den Granden der MPG. Heisenberg und Butenandt hatten ihre kriegsgeborene Wiederaufstiegsidee, sich und die MPG als professionelle bzw. institutionelle Vertreter des »rationalen Denkens« beratend in die Bundespolitik einzubringen, nie aufgegeben.[123] Beide hatten es nicht zuletzt aus diesem Grund stets bedauert, dass sie Weizsäcker, wenn sie ihn schon auf einen philosophischen Lehrstuhl hatten ziehen lassen müssen, nicht wenigstens in München hatten halten können.[124] Sie vermissten den Physikerphilosophen mit seiner diplomatischen Kinderstube in ihrer Münchner Nachbarschaft, hatte er doch die kernphysikalische Unschärfetheorie ins Politische transponiert und seine Sowohl-als-auch-Ambivalenz – im Zuge seiner Aus- und Widerrufung der Göttinger Erklärung 1957/58, seiner

die »sich mit seiner persönlichen Meinung decke«, bei Pugwash-Treffen zu erläutern (Aufzeichnung der Besprechung mit Weizsäcker 19.6.1967, PA AA B 43-REF. 302/II8/UA IIB/209). Tatsächlich nahm Weizsäcker erst 1976 wieder an einem Symposium on Problems of Military-Oriented Technologies in Developing Countries im bayerischen Feldafing, 1977 an der großen, zum 25-jährigen Jubiläum von der bundesdeutschen Pugwash-Gruppe ausgerichteten 27. PCSWA in München und bis 1985 noch an insgesamt drei kleineren Workshops teil, vgl. Pugwash Conferences on Science and World Affairs: Participants and meetings, 1957–2007, https://pugwash.org/history/resources/, zuletzt aufgerufen am 15.9.2021; Eisenbart, Nichtverbreitung von Atomwaffen, 2009, 292–293. Vgl. Sachse, *MPG und die Pugwash Conferences*, 2016, 32–33; Sachse, The Max Planck Society and Pugwash during the Cold War, 2018, 197–199.

121 Abella, *Soldiers of Reason*, 2009; Brandstetter, Pias und Vehlken, Think-Tank-Denken, 2010.

122 Gottstein, Die VDW, 2009, 373. Sachse, *MPG und die Pugwash Conferences*, 2016, 33.

123 Carson, New Models, 1999, 144–145 schildert, wie Heisenberg nach dem Scheitern des DFR jede neue Bundesregierung von der Notwendigkeit eines wissenschaftlichen Beratungskreises auf höchster Regierungsebene zu überzeugen versuchte und sich 1964 sogar mit dem Plan trug, bayerischer Kultusminister in der Nachfolge von Theodor Maunz zu werden, der wegen seiner jetzt erst problematisierten NS-Vergangenheit zurücktreten musste.

124 Butenandt an Heisenberg am 13.12.1956 und Heisenbergs Antwort am 14.12.1956, AMPG, III. Abt., ZA 116, K 7: Butenandt versuchte mit Heisenbergs Unterstützung, aber dennoch vergeblich, die philosophische Fakultät der Universität München zur Berufung Weizsäckers zu veranlassen, um dessen Ruf nach Hamburg abzuwehren. Heisenberg hoffte immer noch darauf, dass Weizsäcker nach München kommen würde, und wollte ihm in diesem Fall die Position des stellvertretenden Direktors an seinem MPI für Physik anbieten, Heisenberg an Hahn am 16.1.1957, AMPG, II. Abt., Rep. 111, Nr. 243.

wohldosierten Aktivitäten in der VDW und seiner zurückhaltenden Beobachtung der Pugwash-Konferenzen – zur Meisterschaft getrieben (→ 4.1, 4.2).[125] Ja, sie konnten sich Weizsäcker sogar in Butenandts Nachfolge als nächsten MPG-Präsidenten vorstellen.[126] Weizsäcker selbst sehnte sich nach knapp zehn Jahren als Hamburger Universitätslehrer und intellektueller Hauptverantwortlicher für eine zunehmend unregierbare VDW, die zwischen einer konservativ-liberalen, aber verbandspolitisch inaktiven professoralen Mitgliedschaft und ihren aufmüpfigen, meist sozialwissenschaftlich ausgebildeten und der studentischen Protestbewegung nahestehenden Mitarbeitern zerrissen wurde, zurück nach konzentrierter Denkarbeit.[127] Er wollte, womit er damals nicht allein stand, die Bedingungen der Möglichkeit eines »föderativen Weltstaats«, das für ihn einzig denkbare »Modell des gesicherten Weltfriedens«, erforschen. Und wo anders ginge das besser als in einem eigenen Max-Planck-Institut?[128]

Allerdings nahm auch dieser Plan B auf dem Weg durch die Gremien der MPG eine gänzlich unamerikanische Wendung.[129] Das Institut, das aus den zweijährigen Kontroversen 1969/70 schließlich hervorging und den sperrigen Namen MPI zur Erforschung der Lebensbedingungen in der wissenschaftlich-technischen Welt (MPIL) erhielt, war nach den Regeln des Harnack-Prinzips ganz auf Weizsäcker als Direktor zugeschnitten. In seinem politischen Status hatte es nicht nur nichts mit dem PSAC, seinen vom US-Präsidenten berufenen Mitgliedern und seinem ebenfalls vom US-Präsidenten als persönlichen Berater berufenen Vorsitzenden gemein. Auch der *RAND Corporation* ähnelte es allenfalls in seinem atemberaubend breiten Spektrum der dort zu bearbeitenden globalen Themenstellungen. Sie reichten von der Welternährung, der Bevölkerungsbegrenzung und den gesellschaftlichen Auswirkungen biologischer Forschung über die Strukturprobleme hochindustrialisierter Gesellschaften und den »begrifflichen Horizont« der modernen Militärstrategie bis hin zur zukünftigen Struktur Europas und den zu schaffenden Institutionen des »Weltfriedens«. Das alles sollte freilich nicht, zerlegt in handliche Projekte, als Auftragsforschung für Regierungsstellen oder supranationale Organisationen angegangen werden und in wissenschaftlich begründete Empfehlungen für politische Akteure münden. Vielmehr sollte anhand frei gewählter Themen von gleichwohl

125 Zur politischen Rolle Weizsäckers in der und für die MPG vgl. Sachse, *MPG und die Pugwash Conferences*, 2016, 15–20, 29–33. Kant und Renn, Weizsäcker, 2014. Zum Ambivalenzbegriff bei Weizsäcker vgl. Laitko, Das Ambivalenzkonzept, 2014.

126 Leendertz, Ein gescheitertes Experiment, 2014, 250.

127 Bieber, VDW, 2009.

128 Weizsäcker, *Der bedrohte Friede*, 1983, 208. Vgl. Sachse, *MPG und die Pugwash Conferences*, 2016, 20. Unter anderen Einstein, Szilard, Pauling, Sacharow, Russell, Churchill, Gandhi, Nehru, Martin Luther King und Camus werden dem 1947 gegründeten World Federalist Movement (WFM) zugerechnet, vgl. Wittner, *Struggle Against the Bomb, Bd. 2*, 1997, 465. Zur Debatte darüber im Bulletin of the Atomic Scientists (BAS) vgl. Slaney, Eugene Rabinowitch, 2012, 125–128.

129 Vgl. im Einzelnen dazu Sachse, *MPG und die Pugwash Conferences*, 2016.

»direkter praktischer Relevanz« und mithilfe »abstrakter Grundwissenschaften wie Spieltheorie und Systemtheorie« »hinreichend verantwortlich über das Ganze nachgedacht« und die Wissenschaft instandgesetzt werden, »ihre eigenen Methoden auf die Untersuchung ihrer eigenen Auswirkungen anzuwenden«. In diesem Sinne sollte Grundlagenforschung betrieben werden, wie es sich für ein MPI gehörte.[130] Diese Themenkomplexe waren in dem einen oder anderen Einzelaspekt schon in der von Weizsäcker geleiteten Forschungsstelle der VDW in Hamburg aufgegriffen worden, sollten aber jetzt in fundierter Form, innerhalb hinreichend ausgestatteter Projekte, bearbeitet werden.

Seine eigene Aufgabe sah Weizsäcker in der Verknüpfung der von den verschiedenen Arbeitsgruppen zu produzierenden Ergebnisse, die er perspektivisch zum Entwurf einer »Weltinnenpolitik« synthetisieren wollte.[131] Zweifeln an der Machbarkeit eines solchen Programms versuchte Weizsäcker unter Berufung auf internationale Partnerinstitutionen, mit denen zusammenzuarbeiten sei, vorzubeugen. Hier nannte er tatsächlich die *RAND Corporation*, aber auch einschlägige Zentren der *Harvard University*, insbesondere Kissingers *Center for International Affairs*, außerdem entsprechende europäische Institute in London, Paris, Stockholm und Prag bis hin zu inländischen Institutionen. Mitunterzeichnet wurde der Vorschlag selbstverständlich von Heisenberg, Weizsäckers Kollegen aus Straßburger Zeiten Heimpel, seinem Farm-Hall-Gefährten Walter Gerlach, dem Mitunterzeichner des Tübinger Manifests Klaus von Bismarck sowie dem Mediziner Wolfgang Bargmann, der maßgeblich an der Gründung der Bremer Universität beteiligt gewesen war, danach für einige Jahre dem MPG-Senat angehörte und sich in der VDW engagierte.[132]

Die Einwände gegen den Gründungsplan, die vor allem von Wirtschaftsvertretern im Verwaltungsrat und Senat der MPG vorgebracht wurden, waren dennoch heftig: Derartige Politikberatung passe nicht in die MPG, zudem seien die angesprochenen Probleme nicht durch redseliges Theoretisieren, sondern nur durch Fortschritte in Medizin, Wissenschaft und Technik zu lösen. Sie zwangen Weizsäcker zu Abstrichen, die er in Rücksprache mit einem eigens eingesetzten Beratungskreis vornahm. Diesem elfköpfigen Gremium gehörten neben dem Antragsteller selbst und dem MPG-Präsidenten vier der MPI-Direktoren an, die schon bei dem deutsch-amerikanischen Treffen in München Anfang 1967

130 Alle Zitate, Vorschlag zur Gründung eines MPI zur Erforschung der Lebensbedingungen der wissenschaftlich-technischen Welt 1.11.1967, AMPG, II. Abt., Rep. 9, Nr. 13, fol. 207–216. Der Text wurde im Wesentlichen von Weizsäcker verfasst; Mitunterzeichner waren Wolfgang Bargmann, Klaus v. Bismarck, Hermann Heimpel, Walter Gerlach und Heisenberg.

131 Zur Bedeutung dieses 1963 von Weizsäcker kreierten Begriffs vgl. Bartosch, *Weltinnenpolitik*, 1995.

132 Vorschlag zur Gründung eines MPI zur Erforschung der Lebensbedingungen in der wissenschaftlich-technischen Welt vom 1.11.1967, AMPG, II. Abt., Rep. 9, Nr. 13, fol. 207–216. Als wissenschaftshistorische Einordnung des Institutskonzepts siehe Seefried, Ohne Atomkraft leben?, 2014, 391–398.

dabei gewesen waren.[133] In diesem Kreis verständigte man sich auch über die verlangten internationalen Gutachter – eine vergleichsweise leichte Übung im Vergleich zum Umgang mit den anhaltenden Vorbehalten der Wirtschaftsvertreter im Verwaltungsrat der MPG, die die Etablierung einer in ihren Augen für die MPG völlig unpassenden ideologieträchtigen Forschungsrichtung befürchteten. Neben Kissinger sandten alle fünf angefragten Kollegen unverzüglich durchweg positive Stellungnahmen; allerdings hielten sie sich – zumindest aus heutiger Sicht – bemerkenswert kurz. Nur Emmanuel Mesthene, der in Harvard ein vergleichbares *Program on Technology and Society* leitete und den Antragsteller nicht persönlich kannte, setzte sich ebenso ausführlich wie befürwortend mit Weizsäckers Programm und der Operationalisierbarkeit seines Konzepts auseinander.[134]

Argumentativ trainiert durch den Beratungskreis und gestützt auf die internationalen Gutachten, zogen Butenandt und Weizsäcker dann am 11. Februar 1969 in die letzte Schlacht in der Geisteswissenschaftlichen Sektion (GWS). Diese hatte darüber zu befinden, ob sie das vom Senat bereits im November 1968 grundsätzlich befürwortete neue Institut tatsächlich bei sich aufnehmen und Weizsäcker zum Direktor berufen wollte; nach mehrstündiger Diskussion gingen Präsident und Antragsteller als Sieger vom Platz. Wissenschaftlicher Rat und Senat der MPG schlossen sich dieser Entscheidung im März 1969 an.[135]

Wissenschaftliches Weltverständnis als Mission

Die Gründungsgeschichten des »Becker-Instituts« und des »Starnberger Instituts« sind aus mehreren Gründen zum Verständnis der Außenwissenschaftspolitik der MPG in den langen 1960er Jahren wichtig. Erstens zeigen sie, dass die MPG-Führung diese von Jaromír Balcar zurecht so genannte »formative Phase« der MPG nicht nur nutzte, um ihre genuinen natur- (und rechts-)wissenschaftlichen Forschungsagenden massiv auszubauen und auszuweiten.[136] Viel-

133 Mitglieder des Beratungskreises: Coing, Eigen, Gentner, Gierer, Heimpel, Heisenberg, Lotz, Schlögl, Schlüter, Weizsäcker, Westphal; Vorsitz: Butenandt. Zu den hausinternen Widerständen v. a. von Wurster und Winnacker und den weiteren Verhandlungen bis zum Gründungsbeschluss vgl. Leendertz, Ein gescheitertes Experiment, 2014, 245–249. Zur umstrittenen Beratungsfunktion des Starnberger Instituts vgl. auch Kant und Renn, Weizsäcker, 2014.

134 Die weiteren Gutachter waren: Raymond Aron (École Pratique des Hautes Études, Paris), J. B. Adams (United Kingdom Atomic Energy Authority, Harwell), C. J. F. Böttcher (Raad van Advies voor het Wetenschaapsbeleid, 's-Gravenhage), Alastaire Buchan (Institute für Strategic Studies, London), vgl. Butenandt an Buchan und alle anderen Gutachter vom 8.2.1968; Gutachten Aron 12.2.1968; Buchan 15.2.1968; Kissinger 21.2.1968; Böttcher 28.2.1968; Adams 28.2.1968; Mesthene 6.3.1968, AMPG, II. Abt., Rep. 66, Nr. 2359, fol. 327–341, 326, 297–298, 289, 287–288, 285–286, 279–281.

135 Protokoll der GWS vom 11.2.1969, AMPG, II. Abt., Rep. 62, Nr. 1424, fol. 3–42. Protokoll der 62. Sitzung des Senates vom 7.3.1969, AMPG, II. Abt., Rep. 60, Nr. 62.SP, fol. 19.

136 Balcar, *Wandel*, 2020, 244–247.

mehr brachte sie sich in kritischer Distanz zur Bonner Regierungspolitik auch bildungs- und außenpolitisch in Stellung. Jenseits der von politischen Entscheidern abgefragten fachwissenschaftlichen Expertise erhob sie damit den Anspruch, mit wissenschaftlicher Autorität in der politischen Arena die Stimme zu erheben.

Zweitens tritt in diesen Gründungsinitiativen ein Netzwerk von Personen in Aktion, dessen Nukleus sicherlich prominente MPG-Mitglieder um Heisenberg und Weizsäcker bildeten, das aber in alle wissenschaftlichen Sektionen der MPG und über ihre institutionellen Grenzen hinaus in außenpolitische, bildungspolitische und kirchliche Kreise hineinreichte. Nicht zuletzt konnte es auf die tatkräftige Unterstützung des seit 1960 amtierenden MPG-Präsidenten Butenandt zählen. Diese Akteure teilten miteinander die Vorstellung von einer besonderen Verbindung von Politik und Wissenschaft, die sich mit der seit den Atombombenabwürfen von Hiroshima und Nagasaki vielfach transatlantisch diskutierten Verantwortung von Wissenschaftlern für die gesellschaftlichen Folgen ihrer Forschungen nicht begnügte. Vielmehr ging es diesen westdeutschen Akteuren um ein wissenschaftliches Weltverständnis, das sie mit den Möglichkeiten der MPG »grundwissenschaftlich«, wie Weizsäcker es formulierte, unterfüttern, zugleich aber auch als dessen berufene Verkünder in die Politik hineintragen wollten.

Mit der Einrichtung dieser beiden Häuser wurde drittens erstmals in der Geschichte der MPG der Anspruch auf eine solche »grundwissenschaftliche« Politikberatung, den die beiden Granden der KWG, Heisenberg und Butenandt, bereits im Angesicht des untergehenden »Dritten Reiches« formuliert hatten, institutionalisiert. Genauer gesagt, wurde er von der MPG jetzt in der Form von Forschungsinstituten internalisiert, die auf Gesellschafts- und Außenpolitik bezogen waren. Denn zuvor waren alle anderen Versuche, die man gemeinsam mit Kollegen außerhalb der MPG und auf nationaler Ebene gestartet hatte, gescheitert oder hatten unerwünschte Effekte gezeitigt: zuerst der DFR, dann die außerparlamentarischen atom- und außenpolitischen Interventionen von Göttingen und Tübingen und schließlich die VDW. Vor diesem Erfahrungshintergrund erhoffte sich der »politische« Präsident Butenandt mit diesen Instituten sozusagen zwei Stabsstellen, in der Erwartung, sie mögen ihn in seiner Amtsführung bildungspolitisch und außenwissenschaftspolitisch beraten, aber auch entsprechend auf die bundesrepublikanische Politik und Gesellschaft einwirken. Damit sah er sich und die MPG gut aufgestellt in einer Zeit, in der Wissenschaft und Politik, wie von vielen Seiten gefordert, in ein neues, produktiveres Verhältnis treten sollten.[137]

137 Der *MPG-Tätigkeitsbericht* für die Jahre 1970 und 1971 hob noch einmal explizit hervor, dass man sich mit diesen beiden Instituten in voller Übereinstimmung mit »der Forschungsplanung des Bundes« entsprechend des »Bundesberichts Forschung IV« befinde, der Forschungen zur Sicherung des Friedens und zur Reform des Bildungswesens für vorrangig erklärt hatte. *MPG-Tätigkeitsbericht 1972*, 534. Vgl. auch Kant und Renn, Weizsäcker, 2014, 234.

Dagegen zeigten sich viertens vor allem beim Starnberger Institut und im Vergleich mit dem PSAC bereits im Gründungsprozess einige Eigentümlichkeiten, die eine effektive wissenschaftliche Politikberatung nach amerikanischem Modell auch nach dem sozialliberalen Machtwechsel in Bonn 1969 von Beginn an höchst unwahrscheinlich machten: Zum einen hatte ein »reines« Forschungsinstitut innerhalb einer auf ihre wissenschaftliche Autonomie bedachten MPG nicht im Entferntesten den politischen Status eines von Regierungsseite selbst berufenen und anerkannten Gremiums. Zum anderen ging es Carl Friedrich von Weizsäcker als maßgeblichem Urheber des Forschungskonzepts und zukünftigem Institutsdirektor weniger darum, der Regierungspolitik wissenschaftlich begründete Entscheidungshilfen und Lösungsstrategien für konkrete Problemlagen an die Hand zu geben. Stattdessen strebte er im Sinne einer MPG-adäquaten Grundlagenforschung die Vertiefung eines philosophisch-physikalischen Weltverständnisses an, mit dem sich bestenfalls die Bedingungen der Möglichkeit eines fernen Weltfriedens beschreiben ließen. Das Starnberger Institut blieb ein an der Spitze idealistisches Unterfangen, während an der Basis thematisch, methodisch und politisch disparate Forschungsgruppen neben- und gegen-, aber selten miteinander arbeiteten. Immerhin die eine oder andere von ihnen sollte – wie im vierten Kapitel dieser Studie gezeigt wird – in der internationalen Friedenspolitik dennoch eine Rolle spielen.

2.3 Wissenschaft und Technik im sozialliberalen Jahrzehnt der Entspannung

Der Beginn des sozialliberalen Jahrzehnts der bundesdeutschen Entspannungspolitik im Kalten Krieg wird gemeinhin auf das Jahr 1969 datiert, als die neu gewählte und von Willy Brandt geführte Regierung sich an die Vorbereitung der Ostverträge machte, die kaum ein Jahr später zunächst mit der Sowjetunion und Polen, dann 1971/72 mit der DDR und 1973 schließlich mit der Tschechoslowakei unterzeichnet werden konnten. Diese als »neue Ostpolitik« in die Geschichte der internationalen Beziehungen eingegangene Vertragspolitik konnte tatsächlich erst nach dem Wechsel von der Großen zur sozialliberalen Koalition umgesetzt werden.[138] Aber sie war – kaum verwunderlich angesichts ihrer raschen Erfolge – konzeptionell und auf informellen diplomatischen Wegen längst vorbereitet, wozu jener intellektuelle, mit der MPG verwobene Kreis um Carl Friedrich von Weizsäcker sein Scherflein beigetragen hatte: Sei es, wie eben gesehen, bei der diplomatischen Vorbereitung des bundesdeutschen Beitritts zum Non-Proliferation Treaty (NPT), der nur vier Wochen nach Amtsantritt von der Regierung Brandt unterzeichnet wurde. Sei es, schon 1961, durch das Tübinger

138 Speicher, *The Berlin Origins*, 1999; Fink und Schaefer, *Ostpolitik*, 2009.

Memorandum, das die Anerkennung der bestehenden Grenzen einschließlich der Oder-Neiße-Linie in die öffentliche Diskussion eingeführt hatte. Das war seinerzeit politisch noch so skandalös, dass es von den Sozialdemokraten Egon Bahr und Brandt 1963 erst in die politisch geschmeidigere, dennoch umstrittene Sprache vom »Wandel durch Annäherung« übersetzt werden musste, bevor diese frühen Empfehlungen zehn Jahre später als unvermeidlicher Teil der Ostverträge festgeschrieben wurden.[139] »Wandel durch Annäherung« blieb freilich das Motto einer von Brandt schon als Außenminister seit 1966/67 begonnenen und von seinen freidemokratischen Nachfolgern im Amt, Walter Scheel und Hans-Dietrich Genscher, fortgesetzten neuen Außenpolitik, die mehr als zuvor auf wissenschaftlich-technische Zusammenarbeit und dabei gelegentlich auch auf die MPG setzte.

Multilateral fortgesetzt wurde die Entspannungspolitik im Rahmen der 1973 auf Drängen der Ostblockstaaten einberufenen Konferenz für Sicherheit und Zusammenarbeit in Europa (KSZE), die 1975 mit der Schlussakte von Helsinki weitere Folgekonferenzen vereinbarte und 1994 in die ständige Organisation für Sicherheit und Zusammenarbeit in Europa (OSZE) überführt wurde. Dennoch endete das Jahrzehnt der Entspannungspolitik schon einige Jahre vor dem Sturz der sozialliberalen Koalition mit der neuerlichen Beschleunigung des nie unterbrochenen Wettrüstens: Ab 1977 stationierte die Sowjetunion neu entwickelte SS-20-Mittelstreckenraketen in Europa. Die NATO antwortete, indem sie die Ankündigung, im Gegenzug Pershing-II-Mittelstreckenraketen und Marschflugkörper zu stationieren, mit der Forderung nach Wiederaufnahme der Rüstungskontrollverhandlungen zwischen den Supermächten verknüpfte. Diesem NATO-Doppelbeschluss stimmte die seit 1974 von Helmut Schmidt geführte Bundesregierung Ende 1979 zu – trotz massiver zivilgesellschaftlicher Widerstände, an denen sich auch Teile der MPG-Mitarbeiterschaft, vor allem aber weite Kreise der SPD-Mitgliedschaft beteiligten, die so ihre Partei in eine Zerreißprobe zwangen.[140]

Weitere Widersprüche kennzeichneten dieses Jahrzehnt: 1972 löste der *Club of Rome* mit seiner Studie über die globalen »Grenzen des Wachstums« breite Diskussionen über die vor allem vom Westen induzierten Wohlstandsrisiken in wissenschaftlichen Foren und öffentlichen Medien aus.[141] Zugleich wurde nach Wachstumsanreizen für die seit der Ölpreiskrise von 1973 stagnierende Wirtschaft gesucht. Der Ausbau der Kernenergie galt den einen als Lösung aller Wachstumskrisen und den anderen als unverantwortbares Zukunftsrisiko – auch dieser Konflikt hallte in der MPG wider. Willy Brandt war innen-

139 Egon Bahr prägte den Begriff bei einem Vortrag am 15.7.1963 in der Evangelischen Akademie Tutzing. Bahr, Wandel durch Annäherung. Ein Diskussionsbeitrag in Tutzing 1963. Depositum Egon Bahr. Archiv der sozialen Demokratie der Friedrich-Ebert-Stiftung online. Zu Brandts Außenpolitik vgl. die Studien in Rother, *Brandts Außenpolitik*, 2014.

140 Vgl. Hansen, *Abschied*, 2016.

141 Meadows, Meadows, Randers und Behrens, *The Limits to Growth*, 1972.

politisch nicht nur mit dem Slogan »Mehr Demokratie wagen« angetreten. Noch unter seiner Kanzlerschaft wurde auch die sogenannte »Tendenzwende« mit »Radikalenerlass« und Berufsverboten gegen vermutete »Verfassungsfeinde« im öffentlichen Dienst eingeleitet und eine ganze Studierendengeneration vom Verfassungsschutz ins Visier genommen. Viele aus dieser Generation beteiligten sich an den neuen sozialen Bewegungen, von der Anti-Atomkraft- über die Frauen- bis zur Umwelt- und Friedensbewegung; manche hegten dennoch Sympathien für den »bewaffneten Kampf« der Bader-Meinhof-Gruppe und RAF, einige schlossen sich ihnen an.[142]

In diesen widersprüchlichen Zeiten trat die MPG unter Führung des im internationalen Wissenschaftsmanagement erprobten Astrophysikers Reimar Lüst als neuem Präsidenten (1972–1984) den Rückzug vom gerade begonnenen Einstieg in die wissenschaftliche Politikberatung an und besann sich auf das wissenschaftsaußenpolitische Kerngeschäft der MPG. Geleitet von den erfahrenen Verwaltungsjuristen und Wissenschaftsadministratoren Friedrich Schneider (1966–1976) und Dietrich Ranft (1976–1987) als Generalsekretären, konzentrierte sich die Generalverwaltung auf die Erleichterung und politisch möglichst friktionsarme Abwicklung wissenschaftlicher Kooperationen ihrer Wissenschaftler/innen mit ausländischen Partnern. Gerade damit geriet die MPG immer wieder mal in Konflikt mit der staatlichen Außenpolitik. Zugleich richtete sich der Blick von MPG-Wissenschaftlern ebenso wie von ministeriellen Forschungspolitikern – vor allem, wenn es um die Errichtung aufwendiger Infrastrukturen ging – auf die europäische Zusammenarbeit. Das lag auch daran, dass der schon länger anhaltende Trend hin zu großen und kostenintensiven Forschungsinstrumenten nun auf die globale und langanhaltende ökonomische »Stagflation« traf, in der geringe wirtschaftliche Wachstums- mit steigenden Inflationsraten und anschwellenden Erwerbslosenzahlen einhergingen und die Staatskassen strapazierten.

Brandts neue Außenpolitik

Das Konzept des Wandels durch eine politische Annäherung der Blöcke ging wie das Tübinger Memorandum von der bis auf Weiteres unüberwindlichen Faktizität der deutschen Teilung, des Verlustes der Ostgebiete und eines militärisch-atomar effektiv gesicherten sowjetischen Machtbereichs aus. Das hatte der von den westlichen Alliierten hingenommene Mauerbau von 1961 bewiesen.[143] Die Niederschlagung des »Prager Frühlings« durch den ebenfalls hingenommenen Einmarsch der Warschauer-Pakt-Truppen in die ČSSR im Sommer 1968 bekräf-

142 Als knappen Überblick über das lange sozialliberale Jahrzehnt vgl. Borowsky, Tendenzwende, 1998.

143 Wilke, Vom Mauerbau, 13.7.2020, https://www.bpb.de/geschichte/zeitgeschichte/deutschlandarchiv/312613/i-1961-1963-vom-mauerbau-bis-zum-konzept-wandel-durch-annaeherung.

tigte das noch einmal. Als gleichrangiges Faktum erachteten Brandt und Bahr aber auch die zunehmende Abhängigkeit der Sowjetunion und ihrer Satellitenstaaten von westlicher Technologie, nicht im militärischen, wohl aber im zivilen Bereich, und hier galt es mit wissenschaftlich-technischen und wirtschaftlichen Kooperationsofferten Vertrauen aufzubauen, politische Zugeständnisse einzuhandeln und gesellschaftliche Wandlungsprozesse anzustoßen. Solange unter einer CDU-geführten großen Koalition an Verträge unter Anerkennung der bestehenden Ostgrenzen nicht zu denken war, konzentrierte sich Brandt als sozialdemokratischer Chef des Auswärtigen Amtes auf die wissenschaftlich-technische Zusammenarbeit als dritte »Säule« seiner neuen Außenpolitik, neben der klassischen Diplomatie und der wirtschaftlichen Zusammenarbeit. In seiner Rede zur Eröffnung der Internationalen Funkausstellung in Berlin 1967 präsentierte er seinen neuen Ansatz und berief sich zugleich auf internationale Entwicklungen, an denen es teilzuhaben galt:

> Der schnelle Fortschritt von Wissenschaft und Technik, die über den nationalen Rahmen hinausreichenden Größenordnungen der modernen natur- und ingenieurwissenschaftlichen Forschung und die wachsende Erkenntnis der politischen Bedeutung von Forschung und Technologie haben die außenpolitische Bewertung des wissenschaftlich-technischen Entwicklungsstandes des eigenen Landes und anderer Staaten, die Beobachtung der Wissenschaftspolitik anderer Länder sowie die internationale Zusammenarbeit auf wissenschaftlich-technischem Gebiet zu einem neuen Bereich der Diplomatie und der internationalen Beziehungen werden lassen. Mehr und mehr Staaten bedienen sich des Instruments der wissenschaftlich-technischen Zusammenarbeit, um politische Ziele zu erreichen.[144]

Brandts Plädoyer für die wissenschaftlich-technische Zusammenarbeit war indessen nicht nur eine Grußadresse an das internationale Publikum, das sich auch in diesem Spätsommer zur Feier der neuen Medien am Fuße des Berliner Funkturms versammelt hatte. Es war zugleich eine öffentliche Abmahnung der kulturpolitischen Abteilung seines eigenen Hauses. Statt des angeforderten neuen Konzepts für die auswärtige Kulturpolitik, die er neben der klassischen Diplomatie und den Außenhandelsbeziehungen als »dritten Pfeiler« seiner Außenpolitik ausbauen wollte, hatte sie ihm anrüchige Ladenhüter offeriert: die Pflege der deutschen Sprache und die Darstellung deutscher Kultursuprematie unter »Rückgriff auf Deutschstämmige«.[145] Eine daraufhin eingesetzte Reformkommission begann dann 1968 mit der Ausformulierung einer »zwi-

144 Rundschreiben an alle deutschen diplomatischen und berufskonsularischen Vertretungen vom 29.1.1968, Bl. 1, PA AA BAV 243-TELA/2234. Paraphrase der Rede Brandts am 25.8.1967, PA AA BAV 243-TELA/2234.

145 Zielsetzungen der Auswärtigen Kulturarbeit-Schwerpunkte vom 27.2.1967, PA AA B 90-REF. 600/IV1/663, hier zitiert nach Bode, *Auswärtige Kulturverwaltung*, 2014, 607. Bode bietet eine detaillierte Rekonstruktion der Auseinandersetzungen zwischen dem neuen Außenminister und seiner Kulturverwaltung, vgl. ebd., 604–618.

schenstaatlichen« bzw. »internationalen Gesellschaftspolitik«, die nach Brandts Vorstellungen einen »immer stärker werdenden wissenschaftlich-technischen Einschlag« haben müsse und in die »alle politisch wirksamen Kräfte und gesellschaftlichen Formierungen« und also auch die Wissenschaftsorganisationen einzubeziehen seien.[146]

»Das Amt« leitete aus dieser Abmahnung sowie aus der Beobachtung, dass andere Länder – und zwar sowohl die Großmächte als auch die kleineren westlichen Partner – in den letzten Jahren verstärkt sowohl miteinander als auch blockübergreifend entsprechende bilaterale Abkommen geschlossen hatten, eine überfällige Revision auch seiner außenwissenschaftspolitischen Grundsätze ab. Man könne, so hieß es in einem Rundschreiben an die bundesdeutschen Botschaften, die internationale wissenschaftlich-technische Zusammenarbeit nicht mehr nur »privat« von Industrie, Hochschulen und Wissenschaftsorganisationen betreiben lassen; auch könne man nicht länger zugunsten der Beteiligung an großen supranationalen Organisationen wie CERN, IAEA, OECD, ESRO und ELDO auf bilaterale Abkommen verzichten; und leider sei die europäische Integration nicht so weit gediehen, dass man den Europäischen Gemeinschaften die wissenschaftlich-technischen Beziehungen zu dritten Staaten allein überlassen könne. Vielmehr müsse man erkennen, dass Forschung und Technologie aufgrund »ihres Einflusses auf Wirtschaft und Verteidigung zu politischen Faktoren erster Ordnung geworden« seien, und überhaupt »die internationale Zusammenarbeit auf diesem Gebiet wesentlich politischer sehen«. Die europäischen Defizite ließen genügend Raum für bilaterale Abkommen, und diese seien wie der wissenschaftlich-technische Austausch insgesamt »keineswegs nur fachlich« interessant:[147]

Dem wissenschaftlich-technischen Faktor kommt für die deutsche Außenpolitik eine große Bedeutung zu, weil die spezifische Stellung der Bundesrepublik Deutschland in der öffentlichen Weltmeinung und im Spiel der politischen Kräfte in Europa auf solche Mittel auswärtiger Politik hinweist, die unproblematischer sind als manche Maßnahmen der klassischen Diplomatie.[148]

Den bundesrepublikanischen Botschaften wurde dementsprechend aufgetragen, über die Forschungsorganisation und -förderungspolitik sowie die bilateralen Abkommen zur wissenschaftlich-technischen Zusammenarbeit des jeweiligen Gastlandes detailliert zu berichten und zu eruieren, mit welchen Forschungseinrichtungen vor Ort bundesdeutsche Institute sinnvoll kooperieren könnten. Besonderes Augenmerk sei dabei auf Kernenergie, Weltraumerschließung,

146 Alle Zitate nach Bode, *Auswärtige Kulturverwaltung*, 2014, 614. Der hier zitierte Zwischenbericht der Reformkommission ist abgedruckt im Bulletin des Presse- und Informationsamtes der Bundesregierung vom 21.8.1969.

147 Rundschreiben an alle deutschen diplomatischen und berufskonsularischen Vertretungen vom 29.1.1968, Bl. 2–5, PA AA BAV 243-TELA/2234.

148 Ebd., Bl. 5–6.

Ozeanographie, Datenverarbeitung und die Aufbereitung wissenschaftlicher Erkenntnisse für Industrie und Verwaltung zu legen.[149] Diese prioritären Interessensgebiete waren eher der »angewandten Forschung« zuzuordnen, wie sie unter dem Label der »wissenschaftlich-technischen Entwicklung« bzw. der »wissenschaftlich-technischen Zusammenarbeit« – oder wie es in den östlichen Zielländern hieß: der »wissenschaftlich-technischen Revolution« – tatsächlich auch verstärkt gefördert werden sollte. Gleichwohl sollte auch die der »Grundlagenforschung« verpflichtete MPG in der neuen Außenpolitik gefragt sein, allerdings nicht als Beratungsinstanz für außenpolitischen Realismus und wissenschaftliche Weltsicht, wie es die ehemalige Straßburger, inzwischen erweiterte und zu Teilen in der MPG beheimatete Kriegskolonie der Intellektuellen imaginiert hatte.

Entspannungsorientierte Außenwissenschaftspolitik und ihre widersprüchlichen Anforderungen an die MPG

Nach Brandts Wahl zum Bundeskanzler am 21. Oktober 1969 übernahm sein Nachfolger im Auswärtigen Amt, Walter Scheel, dessen außenpolitisches Programm und berief Ralf Dahrendorf zum Staatssekretär. Zu den Agenden des Konstanzer Soziologieprofessors – der ebenso wie Scheel der FDP angehörte, aber nach eigenem Bekunden Willy Brandt »zu Füssen« lag –[150] zählte die Ausarbeitung eines »Gesamtplans für die Auswärtige Kulturpolitik«. Diesen Plan legte Dahrendorf im Sommer 1970 gerade noch rechtzeitig vor, bevor er, frustriert von den Mühen des ministeriell-administrativen Alltags, nach Brüssel entschwand, um als Mitglied der Europäischen Kommission die Verantwortung für den Außenhandel zu übernehmen.[151] Dahrendorfs Plan basierte auf einem »erweiterten Kulturbegriff«, der vor allem bei Georg Simmel und Alfred Weber Anleihen genommen hatte, und auf der Vorstellung, dass eine in diesem Sinne breit angelegte »internationale Kultur-, Wissenschafts- und Gesellschaftspolitik« »nicht in erster Linie oder gar ausschließlich Angelegenheit von Regierungen« sei, sondern von vielerlei nicht-staatlichen Organisationen und einzelnen Personen getragen werden müsse.[152]

Solche nicht-gouvernementalen bi- und multilateralen Beziehungen hatte der westdeutsche Politologe Karl Kaiser schon 1969 als Ausprägungen einer sich seit den späten 1950er Jahren ausweitenden transnationalen Politik bezeichnet.[153] Die Frage, wie sie zu beurteilen sei und inwieweit eine kohärente staatliche

149 Ebd., Bl. 7.

150 Dahrendorf, *Über Grenzen*, 2003, 121. Hier zitiert nach Bode, *Auswärtige Kulturverwaltung*, 2014, 616.

151 Bode, *Auswärtige Kulturverwaltung*, 2014, 617.

152 Zitiert nach ebd., 620–622.

153 Kaiser, Transnationale Politik, 1969.

Außenpolitik angesichts der sich ausfächernden transnationalen Beziehungen gesellschaftlicher Akteure überhaupt noch möglich sein könne, forderte die zeitgenössische Politikwissenschaft theoretisch heraus.[154] Ganz praktisch schlugen sich damit einerseits die Ministerialbeamten des Auswärtigen Amtes herum, die ihre Kompetenzen gegenüber anderen Ministerien, die sich jetzt ebenfalls verstärkt auf außenpolitischem Terrain tummelten, verteidigen wollten. Andererseits klagten die bundesdeutschen Botschaften über die beobachtete oder unterstellte außenpolitische Unbedarftheit mancher ihrer reisenden Landsleute aus Wirtschaft, Wissenschaft und Kultur, die sich um den diplomatischen Komment nicht scherten und außenpolitische Strategien vor Ort durchkreuzten. Matthias Bode, der die Kulturverwaltung des Auswärtigen Amtes bis in die frühen 1970er Jahre hinein aus verfassungs- und verwaltungsrechtlicher Perspektive analysiert hat, kommt jedenfalls zu dem Schluss, dass Dahrendorf das Amt mit einem ebenso »avantgardistischen« wie »schlechthin verwaltungsunförmigen« Konzept für die auswärtige Kulturpolitik habe im Regen stehen lassen.[155]

Im Bundeswissenschafts- bzw. Bundesforschungsministerium machte man sich dagegen unter Leitung des parteilosen Hans Leussink, 1972 gefolgt von zunächst Klaus von Dohnanyi (SPD) und dann Horst Ehmke (SPD), guten Mutes an die Umsetzung der Brandt'schen Vorgaben zum Ausbau der wissenschaftlich-technischen Zusammenarbeit.[156] Die Kontakte gingen dabei in alle Richtungen – nach Nord- und Südamerika, Osteuropa, dem Nahen und Fernen Osten bis nach Australien. Eine Zusammenstellung von Ende 1976 verzeichnet gut drei Dutzend bilaterale wissenschaftlich-technische Rahmenabkommen auf Regierungs- und Ressortebene, wovon bis auf vier alle erst nach 1970 abgeschlossen worden waren; weitere wurden noch verhandelt. »Eine recht stattliche Erfolgsbilanz«, vermerkte der zuständige Referatsleiter, zumal »last not least« auch eine Vereinbarung mit der DDR in Vorbereitung war.[157] Dazu kamen mehr als zwei Dutzend Einzelvereinbarungen über bilaterale Forschungs- und Entwicklungskooperationen, mit denen die Rahmenabkommen konkretisiert wurden. Vertragspartner waren mehrfach die Kernforschungsanlage Jülich (KFA) und die Gesellschaft für Kernforschung (GfK), also der Rechtsträger des Kernforschungszentrums Karlsruhe. Nur einmal wird hier die MPG aufgeführt,

154 Keohane und Nye, Transgovernmental, 1974; Keohane und Nye, *Transnational Relations*, 1971.

155 Bode, *Auswärtige Kulturverwaltung*, 2014, 625. Zum »Gastspiel Dahrendorf« am MPIL vgl. Leendertz, *Pragmatische Wende*, 2010, 29–44.

156 Leussink leitete das BMBW von Dezember 1969 bis März 1972; ihm folgte Dohnanyi im BMBW bis Mai 1974; im Dezember 1972 erfolgte die Aufspaltung in BMBW und BMFT, wobei Letzteres unter Leitung von Horst Ehmke fortan für die internationale wissenschaftlich-technische Zusammenarbeit zuständig war; 1994 wurden die beiden Ministerien wieder zusammengeführt.

157 Zusammenstellung Regierungs- und Ressortabkommen vom 15.11.1976 (Abkommen ohne EG-Länder) und 8.12.1976 (EG-Länder), BArch B 196/20357.

die gemeinsam mit der *Comisión Nacional de Astronomía* das Deutsch-Spanische Astronomische Zentrum auf dem Calar Alto vorbereitete.[158]

Das bedeutete aber nicht, dass die MPG an dem von der Bundesregierung induzierten Aufschwung der internationalen wissenschaftlichen Kooperationen nicht beteiligt gewesen wäre. Auch von den Problemen der außenpolitischen Kompetenzabgrenzungen, Richtlinien und der Administrierbarkeit blieb sie nicht verschont. Im Gegenteil, vor allem in der Zusammenarbeit mit den zwei inzwischen verfeindeten kommunistischen Mächten UdSSR und China fand sie sich erneut in zwei konträren Rollen wieder. Im Fall der Sowjetunion beendete Brandts neue Ostpolitik die vertragslosen Zeiten im »wilden Osten« mit dem im September 1970 unterzeichneten Abkommen zwischen der DFG und der sowjetischen Akademie der Wissenschaften (AdW-SU). Statt in eigener Regie Kontakte in die Sowjetunion aufzubauen und zu pflegen, mussten nun die meisten Kooperationen mit sowjetischen Forschungseinrichtungen, die Aufenthalte von MPG-Wissenschaftlern dort sowie die Einladungen an sowjetische Kollegen durch die Auswahlverfahren und die Administration der DFG geschleust werden. Die politischen Unwägbarkeiten auf sowjetischer Seite verminderten sich dadurch jedoch keineswegs, sondern wurden nur umso größer, je offizieller die Verhandlungen geführt werden mussten (→ 3.3).[159]

In der neuen Chinapolitik des Westens, an der die Bundesrepublik von Anfang an teilhatte, übernahm die MPG hingegen eine bedeutende und langfristige Mittlerrolle. Zwar stand den diplomatischen Beziehungen zu China, die im Herbst 1972 aufgenommen wurden, auf bundesdeutscher Seite keine Hallstein-Doktrin mehr im Wege. Wohl aber blockierte das rotchinesische Analogon, die Ein-China-Politik, zunächst die Aufnahme vertraglicher außenwissenschaftspolitischer Beziehungen zur Bundesrepublik. Denn da die DFG schon seit Längerem vertraglich geregelte Austauschbeziehungen zur *Academia Sinica* in Taiwan unterhielt, weigerte sich die chinesische Seite, diesen kontaminierten Vertragspartner zu akzeptieren. Hier wurde die MPG seit Mitte der 1970er Jahre von der Bundesregierung dringend gebeten, anstelle der DFG das nahezu gesamte, mit zusätzlichen Bundesmitteln finanzierte wissenschaftliche Austauschprogramm mit China zu verwalten. Das bedeutete, dass auch die Hochschulen mit grundsätzlich allen Disziplinen sowie weitere Forschungseinrichtungen einzubeziehen waren, soweit sich die chinesische Seite darauf einließ (→ 3.4).[160]

158 Zusammenstellung Einzelvereinbarungen vom 15.11.1976 (Abkommen ohne EG-Länder), BArch B 196/20357. Zum Observatorium Calar Alto vgl. Bonolis und Leon, *Astrophysics*, 2023, 372–414.

159 Vermerk Nickel vom 15.7.1971, AMPG, II. Abt., Rep. 70, Nr. 374, fol. 109; Vermerk Nickel vom 25.2.1974, AMPG, II. Abt., Rep. 70, Nr. 373, fol. 34–35; Interview Nickel (Sachse) 12.4.2018.

160 Kühner, *Chinesische Akademie der Wissenschaften*, 1986; Harnisch, Zehn Jahre Kooperation, 1984; Sonderteil: 20 Jahre Zusammenarbeit, 1994.

Die europäische Wissenschaftslandschaft im Blick zweier MPG-Präsidenten

Die Jahre der Neuorientierung der bundesdeutschen Außenpolitik von 1966/67 bis in die frühen 1970er Jahre korrespondierten innenpolitisch mit weitreichenden Bildungsreformen und einem außerordentlich starken Ausbau des Hochschulwesens. Auch die MPG justierte in dieser Zeit ihren Ort im bundesdeutschen Wissenschaftssystem neu. Innerhalb der MPG standen nach der Satzungsreform von 1964 weitere Strukturreformen auf der Agenda, die vom 1966 installierten neuen Generalsekretär Schneider mit dem Ziel vorangetrieben wurden, wissenschaftlich weniger produktive Institute zügiger abwickeln und flexibler auf neue wissenschaftliche Entwicklungen reagieren zu können.[161] Diese neuen Entwicklungen setzten vielfach aufwendige Großinstrumente wie Satelliten oder Teleskope voraus und verlangten – so sahen es Präsident Butenandt und erst recht sein Nachfolger Reimar Lüst – einen weit größeren Wissenschaftsraum, als ihn die vielen europäischen Nationalstaaten je für sich bieten konnten; keiner von ihnen könne mit den wissenschaftlichen Großmächten, wie sie die USA und UdSSR darstellten, mithalten.

Zur Festversammlung der MPG im Juni 1971 trug Butenandt ein letztes Mal in präsidialer Funktion seine außenwissenschaftspolitischen Reflektionen vor, mit ähnlichen Inhalten wie im Jahr zuvor.[162] Den Beziehungen zur Sowjetunion, die mit dem Vertrag zwischen der DFG und der sowjetischen Akademie der Wissenschaften auf einen »neuen Anfang […] gesetzt« würden, widmete er nur einen kurzen Absatz, auf Beziehungen zu ost- und außereuropäischen Staaten ging er gar nicht ein. Selbst die USA wurden nur einmal kurz als wissenschaftspolitische Referenzgröße erwähnt. Vielmehr konzentrierte Butenandt sich ganz auf die in seinen Augen defizitäre »europäische Zusammenarbeit«. Hier zeige zwar der CERN, »welche fruchtbaren Ergebnisse eine über die nationalen Grenzen hinaus gerichtete Forschung bringen kann«; die Molekularbiologie sei mit der EMBO auf ähnlich gutem Wege. Nicht zuletzt sei die MPG den Empfehlungen der OECD folgend in Vorleistung getreten und habe im Bereich der Hirn- und Verhaltensforschung drei Jahre lang Symposien und Trainingsprogramme für den wissenschaftlichen Nachwuchs »aus ihren privaten Mitteln« finanziert. Aber die von britischer Seite vorgeschlagene Einrichtung eines europäischen Forschungsrats komme nicht von der Stelle; der aber werde gebraucht, um nach dem Vorbild der USA im kontinentalen westeuropäischen Maßstab Forschungsschwerpunkte zu definieren sowie Kooperationen und Arbeitsteilungen zu vereinbaren. Die in allen Ländern begrenzten Mittel der Forschungsförderung

161 Zu diesen Reformen, die am wissenschaftsorganisatorischen Identitätskern der MPG, dem Harnack-Prinzip, nagten, vgl. Balcar, *Wandel*, 2020, 186–243.

162 *MPG-Jahrbuch 1970*, 40–42.

sollten gebündelt und gezielt eingesetzt werden, statt sie »in kleine und kleinste Teile« aufzusplittern, wie es derzeit geschehe, weil »europäische Forschungspolitik [...] noch in 19 Hauptstädten betrieben« werde.[163] Damit meinte er die seinerzeit 18 Mitgliedsstaaten des Europarats und Israel im Beobachterstatus, also nicht nur die EG-Mitglieder.

Butenandts Zorn, seit den Haushaltsverhandlungen von 1965 legendär, richtete sich in dieser Rede gegen ein Europa der nationalstaatlichen Kleingärten, in denen die Zeichen der Zeit noch immer nicht verstanden wurden: Der Aufbau eines (west)europäischen Wissenschaftsraums, der es an Größe, Planung, Verflechtung und Infrastruktur mit denjenigen der USA und der Sowjetunion aufnehmen könne, war aus seiner Sicht überfällig.[164] Noch 1964 hatte Butenandt seine Forderungen an die Bundesregierung nach hinreichender Forschungsfinanzierung und notwendigen Bildungsreformen mit der nationalen Vision überhöht, »die Jugend möge Vertrauen fassen zu den Möglichkeiten, die Deutschland bietet, und die Hand im eigenen Vaterland anlegen«, statt in die USA abzuwandern.[165] Mit seiner zornigen Anklage von 1971, dass ein Europa als »Gemeinschaft der Wissenschaftler«, wie es Bundeskanzler Brandt angekündigt hatte, noch allzu weit entfernt sei, vollzog er eine bemerkenswerte Wandlung vom deutschen zum europäischen Wissenschaftspatrioten.[166]

Im Sommer darauf übergab Butenandt diese Agenda an seinen Nachfolger Reimar Lüst und damit an einen weniger patriotischen, aber durch und durch pragmatischen Europäer. Lüst hatte als Coordinating Secretary in den 1960er Jahren maßgeblich den Aufbau der ESRO, der nach dem CERN zweiten europäischen Großforschungsorganisation, vorangetrieben und war dann als deren wissenschaftlicher Direktor für einige Jahre zwischen Paris und Garching gependelt. Sein Garchinger Institut für extraterrestrische Physik war bei seinen Weltraumexperimenten auf die Zusammenarbeit mit allen westlichen Raumfahrtzentren und insbesondere der US-amerikanischen *National Aeronautics and Space Administration* (NASA) angewiesen, unterhielt aber auch regelmäßige Kooperationsbeziehungen in die Sowjetunion. Lüst selbst, der bereits während seiner Kriegsgefangenschaft in Texas in der improvisierten Lageruniversität begonnen hatte zu studieren, nahm nach dem Studium bei Weizsäcker in Göttingen einige Postdoc-Positionen und Gastprofessuren an US-amerikanischen Hotspots der Weltraumforschung wahr und kannte sich an den westlichen Raketenstartplätzen, ob in Cape Canaveral, Kourou oder Woomera, aus. Zudem war er mehrfach und zuletzt 1970 als Präsident des Wissenschaftsrats, also jenes

163 *MPG-Jahrbuch 1971*, 39–42.

164 1965 hatte sich »Butenandts Zorn«, wie Rudolf Walter Leonhardt in der *Zeit* titelte, gegen die unzureichende Forschungsfinanzierung der Bundesregierung gerichtet: Leonhardt, Butenandts Zorn, *Die Zeit*, 20.8.1965.

165 *MPG-Jahrbuch 1964*, 38.

166 *MPG-Jahrbuch 1971*, 42.

1957 gegründeten Gremiums, das Bund und Länder in Fragen des Hochschulwesens und der Forschungseinrichtungen berät, in die Sowjetunion gereist.[167] Kurz: Für den Weltraumphysiker Lüst waren internationale wissenschaftliche Kooperationen ebenso unabdingbar wie selbstverständlich.[168]

Der mit neuen europäischen Projekten verbundene Administrations- und Koordinationsaufwand, den Lüst einzuschätzen gelernt hatte, sollte sich allerdings auch lohnen. Diese pragmatische Herangehensweise, die auf Europa-Visionen jenseits der Wissenschaftspolitik weitgehend verzichtete, machte er bereits in seiner Antrittsrede 1972 deutlich. Neue europäische Institutionengründungen sollten zukünftig nur dort in Angriff genommen werden, »wo der Aufwand für Investitionen, laufende Ausgaben oder Personal so hoch ist, dass er von einem einzelnen Land nicht mehr getragen werden kann«. Dagegen sollten »die gemeinsame Ausnutzung bereits existierender Institute« und der Wissenschaftleraustausch »zwischen existierenden Instituten der europäischen Länder ganz wesentlich intensiviert« werden.[169] Als Vorbild nannte er das Hochmagnetfeldlaboratorium in Grenoble, das das MPI für Festkörperforschung zu einem Viertel nutzen konnte.[170] Dementsprechend sollten weitere Gespräche mit dem französischen *Centre National de Recherche Scientifique* (CNRS) zunächst im Bereich der Astronomie sowie dem britischen *Research Council* und analogen Einrichtungen in anderen Ländern geführt werden. Tatsächlich berief Lüst in den von ihm neu als präsidiales Beratungsgremium installierten Senatsausschuss für Forschungspolitik und Forschungsplanung (SAFPP) die führenden Repräsentanten dieser beiden wichtigsten europäischen Wissenschaftsinstitutionen, die damit direkt in die Planungen der MPG einbezogen waren.[171] Auch sollten die Stipendienmittel der MPG, die bisher weit überwiegend für Gastaufenthalte in und aus den USA flossen, verstärkt für den innereuropäischen Austausch eingesetzt werden. Auf diese Weise, und nicht durch neue Bürokratien – so die vergleichsweise schwache visionäre Anmutung, mit der Lüst seine Rede dann doch beschloss – könne man vielleicht dazu beitragen, »dem amerikanischen Beispiel folgend« eine »European Scientific Community« zu entwickeln:[172]

167 Die Vorsitzenden des Wissenschaftsrats amtieren in der Regel für drei Jahre, Lüst von 1969 bis 1972, vgl. Bartz, *Wissenschaftsrat*, 2007.

168 Gespräch Lüst (Nolte), 2008.

169 *MPG-Jahrbuch 1972*, 54.

170 Protokoll der 71. Sitzung des Senates vom 15.3.1972, AMPG, II. Abt., Rep. 60, Nr. 71.SP, fol. 12–13; dieser Vertrag mit dem CNRS war im Juni 1971 noch in Butenandts Amtszeit verhandelt und unterzeichnet worden; die MPG beteiligte sich – unterstützt durch die VW-Stiftung – an den Kosten der Erweiterung des Laboratoriums.

171 1. Sitzung des Senatsausschuß für Forschungspolitik und Forschungsplanung vom 15.5.1973, AMPG, II. Abt., Rep. 60, Nr. 197. Ausführlich zum SAFPP: Balcar, »Nach dem Boom«, 2023.

172 Protokoll der 73. Sitzung des Senates vom 29.11.1972, AMPG, II. Abt., Rep. 60, Nr. 73.SP, fol. 11–12.

[...] nicht auf der Grundlage internationaler Verträge, nicht durch Gründung international finanzierter Institute, sondern durch die selbstverständlicher werdende Zusammenarbeit an gemeinsamen Aufgaben.[173]

Es blieb nicht bei programmatischen Ankündigungen, vielmehr zeitigte die europäische Wende auch einen gewissen Effekt bei den Einladungen an ausländische Gäste: Zwar stieg die Zahl der amerikanischen Gäste von 190 im Jahr 1974 noch auf 237 im Jahr 1980. Aber ihr Anteil an allen ausländischen Gästen (1974: 757; 1980: 1.271) sank im selben Zeitraum von 25 Prozent auf unter 19 Prozent.[174] Es waren nicht nur positive Impulse aus Europa, die diese Wende begünstigten, sondern auch beunruhigende Verlautbarungen aus den USA, die der Präsident und sein Generalsekretär bei einer Reise 1973 vor Ort überprüften: Auch wenn die Finanzierung von »Grundlagenforschung« in den USA nicht so dramatisch eingebrochen sei, »wie wir es aus der Ferne wahrgenommen hatten«, sei doch die forschungspolitische Stimmung stark zugunsten der »relevanten Forschung« umgeschlagen; Hochschulabsolventen fänden nicht mehr die Stellen, die sie erwartet hätten, und die Zahl der Studienbewerber sei auch bei den besten Universitäten stark zurückgegangen.[175] An Lüsts eigenem und anderen physikalischen MPI hatte man inzwischen Schwierigkeiten, den eigenen Nachwuchs auf bezahlte Postdoc-Positionen in die relevanten Labors in den USA zu vermitteln, und musste deren karrierestrategisch nach wie vor obligatorischen USA-Aufenthalt zunehmend selbst finanzieren.[176] Doch das half nicht immer. Auch in der MPG beobachtete man »das nachlassende Interesse jüngerer deutscher Wissenschaftler an längerfristigen Forschungsaufenthalten im Ausland« und deren abnehmende »Risikobereitschaft, ohne gesicherten Arbeitsplatz im Inland Forschungen im Ausland durchzuführen«.[177] Am sowohl mentalen als auch infrastrukturellen Ausbau einer europäischen Wissenschaftslandschaft führte kein Weg vorbei: Einen Anreiz für den Nachwuchs sollte etwa der Otto-Hahn-Preis bieten. Vor allem aber waren weitere bi- und multilateral betriebene europäische Großforschungseinrichtungen geplant. So betreibt die 1975 zwischen der MPG und mehreren europäischen Wissenschaftsorganisationen vereinbarte *European Incoherent Scatter Facility in the Auroral Zone* (EISCAT) in der nördlichen Polarzone bis heute mehrere Forschungsradars

173 *MPG-Jahrbuch 1972*, 54.

174 Statistik Thoms, DA GMPG, Privatarchiv Sachse, ID 601104.

175 Protokoll der 75. Sitzung des Senates vom 28.6.1973, AMPG, II. Abt., Rep. 60, Nr. 75.SP, fol. 12–14. Zu der Entwicklung des Arbeitsmarktes für Physiker in den USA und den teilweise esoterischen Ausweichbewegung des akademischen Nachwuchses vgl. Kevles, *The Physicists*, 1995.

176 Kurzer Bericht über die Arbeiten des Instituts für Astrophysik im Jahre 1972, AMPG, II Abt., Rep. 66, Nr. 3068, fol. 42.

177 Protokoll der 88. Sitzung des Senates vom 18.11.1977, AMPG, II. Abt., Rep. 60, Nr. 88.SP, fol. 12; *MPG-Jahrbuch 1979*, 115–117.

Abb. 2: European Incoherent Scatter Facility in the Auroral Zone (EISCAT), Eröffnung durch König Carl XVI. Gustaf von Schweden am 26.8.1981 in Kiruna.

zur Erkundung der Beschaffenheit der mittleren Atmosphäre und der Wechselwirkungen zwischen Erde und Sonne.[178]

Europäische Wissenschaft administrieren: Das Auslandsreferat der MPG

Lüsts pragmatischer Ansatz richtete sich auf die Anstiftung direkter bi- oder auch multilateraler wissenschaftlicher Kooperationen in den Labors, Instituten und Großforschungseinrichtungen. Hier wie überhaupt in der Verwaltung der MPG setzte er, unterstützt vom SAFPP, auf größtmögliche Flexibilität, um angesichts der geschrumpften finanziellen Möglichkeiten überhaupt noch Gestaltungsspielräume zu haben. Auf bildungspolitische oder weltphilosophische Beratung bei der internationalen Zusammenarbeit, wie sie bei der Gründung der beiden MPI für die Kollegen Becker und Weizsäcker mitintendiert war, konnte er daher gut verzichten. Was er hingegen brauchte, war eine forschungsnahe

178 *MPG-Jahrbuch 1976*, 71–72; *MPG-Jahrbuch 1978*, 100; *MPG-Jahrbuch 1979*, 117. Die MPG beendete 2006, Deutschland insgesamt 2011 die Mitgliedschaft; vgl. EISCAT-CAWSES-Copernicus, EISCAT, https://web.archive.org/web/20130529154836/http://eiscat.de/, zuletzt aufgerufen am 17.1.2022.

kompetente Verwaltung, die die Wissenschaftler und Wissenschaftlerinnen in den Instituten bei der inhaltlichen Anbahnung und administrativen Umsetzung ihrer Kooperationsbedürfnisse unterstützte. Tatsächlich war bereits 1971 im Zuge der MPG-Verwaltungsreform innerhalb der von Edmund Marsch geleiteten Abteilung I, die für Planung und Organe sowie Öffentlichkeitsarbeit zuständig war, ein Sachgebiet »In- und Auslandsbeziehungen« ausgewiesen worden.[179] Es war dort in dem von Dietmar Nickel geleiteten Referat angesiedelt, das unter anderem auch für Planung, Organe und Gremien zuständig war. Das Sachgebiet Ausland dehnte sich in den folgenden Jahren allerdings immer weiter aus und wurde ab 1974 von mindestens zwei weiteren fest engagierten Referenten bzw. Referentinnen betreut.[180] Seit dieser Zeit wurden auch die Zahlen in- und ausländischer Gastwissenschaftler regelmäßig erhoben – nach Herkunftsländern, aber leider nicht nach Geschlecht differenziert.[181] Auch entstanden häufiger als zuvor Sachstands- und Strategiepapiere zu den Auslandsbeziehungen der MPG.

In einem solchen Strategiepapier von Anfang 1974 resümierte Nickel zunächst die »drei Ebenen« der wissenschaftlichen Zusammenarbeit der MPG: 1. die Mitgliedschaft in internationalen Organisationen wie der *European Science Foundation* (ESF), den *European Science Research Councils* (ESRC) und dem *International Institute for Applied Systems Analysis* (IIASA); 2. die von Lüst präferierte unmittelbare Zusammenarbeit zwischen MPI und ausländischen Instituten; und 3. langfristige vertragliche Absprachen mit ausländischen Einrichtungen, wie sie bis dahin nur mit dem spanischen CSIC und dem israelischen Weizmann-Institut bestanden, während sich der Vertrag mit dem französischen CNRS auf das gemeinsam betriebene Hochfeld-Magnetlabor in Grenoble beschränkte. Zwar gebe es nach wie vor gute Gründe, gerade bei solchen Verträgen mit langfristig vereinbarten Austauschquoten zurückhaltend zu sein: Neben dem grundsätzlichen Vorrang der DFG als Repräsentantin der bundesdeutschen Wissenschaft im Ausland und der größeren Effektivität direkter Kooperationen auf Institutsebene war ein dritter wesentlicher Grund die »Beweglichkeit beim Einsatz der Auslandsmittel«. Dennoch empfahl Nickel, diese Prioritäten zu überprüfen: Zum einen bestanden die osteuropäischen Wissenschaftsakademien, die im Geleitzug der großen sowjetischen Schwester jetzt gleichfalls ein größeres Interesse an wissenschaftlichem Austausch zeigten, wie diese – und im Übrigen auch viele »Entwicklungsländer« – oft auf »schriftlich fixierten Verträgen«.

179 Organigramme AMPG 1971–2002, DA GMPG, Privatarchiv Sachse, ID 600020.

180 Organisationspläne vom 11.1.1971, 1.6.1971, Januar 1974, Organigramme AMPG 1971–2002, DA GMPG, ID 600020, Privatarchiv Sachse. Seit 1974 erschienen »Auslandsbeziehungen« auch im Namen der Abteilung I. Die Referent/innen waren Herr Halterhoff (1971ff) und Frau Peter (1974ff). Später kamen noch Fachreferenten bzw. -referentinnen für das Chinaprogramm hinzu. Ausführlich zur organisatorischen Entwicklung des Auslandsreferats: Interview Nickel (Sachse) 12.4.2018.

181 Max-Planck-Gesellschaft, *Zahlenspiegel 1974* und folgende Jahrgänge.

Zum anderen solle man sich nicht noch weiter, wie es im Fall der Sowjetunion geschehen sei (→ 3.3), zum »Erfüllungsgehilfen der DFG« machen, sondern mit »eigenen Verträgen« »volle Handlungsfreiheit zurückgewinnen«.[182]

Zu entsprechenden Verträgen sollte es zunächst nicht kommen, die MPG begnügte sich offensichtlich mit informelleren Kontakten zu den Akademien in Bulgarien, Rumänien und Polen.[183] Damit war man, zumindest gemessen an der Zahl der Gastwissenschaftler/innen aus diesen Ländern, erfolgreicher als mit den von der DFG verwalteten vertraglichen Vereinbarungen mit der sehr viel größeren sowjetischen Akademie. Von 1974 bis 1980 verdoppelte sich die Zahl der Gastwissenschaftler/innen aus osteuropäischen Ländern einschließlich der Sowjetunion nahezu von 68 auf 129; insgesamt machten sie in diesen Jahren zwischen acht und zehn Prozent aller ausländischen Gäste (1974: 757; 1980: 1.271) aus. Polinnen und Polen (1974: 27; 1980: 79) bildeten mit 50 bis 60 Prozent dabei die bei weitem größte der osteuropäischen Gruppen. Über den gesamten Zeitraum von 1974 bis 1980 wurde ihre absolute Zahl von 386 Personen im globalen Spektrum ausländischer Gäste nur noch von der US-amerikanischen und der britischen Gruppe übertroffen. An zweiter Stelle aus Osteuropa folgte die ungarische Gruppe mit 102 Gästen; aus Bulgarien, der ČSSR und der UdSSR kamen im selben Zeitraum jeweils rund 50 und aus Rumänien 29 Personen.[184]

Die Wahrung wenn schon nicht der vollen, so doch der größtmöglichen Handlungsfähigkeit war auch die Richtschnur des Auslandsreferats bei der Gestaltung der Beziehungen ins westliche Ausland und insbesondere innerhalb Europas. Hier stand die Gründung der *European Science Foundation* (ESF) ins Haus, die – Vorschlägen der OECD folgend – von einer EG-Kommission betrieben wurde und vornehmlich die »Grundlagenforschung« in der Europäischen Gemeinschaft fördern sollte. Mit seiner erfahrungsgesättigten Skepsis gegenüber der EG-Bürokratie hatte Lüst noch Ende 1972 gegenüber dem Senat erklärt, man habe »nicht die Absicht, [...] diese Initiative zu unterstützen«, und sei sich darin mit der DFG und der Bundesregierung einig.[185] Doch trotz vereinter bundesdeutscher »Zurückhaltung« nahm das Projekt Fahrt auf. Und nur wenige Monate später musste man auf den laufenden Zug aufspringen, um ihn doch noch in die richtige Spur zu lenken. Das gelang nach Nickels Einschätzung

182 Vermerk Nickel vom 25.2.1974, AMPG, II. Abt., Rep. 70, Nr. 373, fol. 37.

183 Mit dem Präsidenten der Bulgarischen AdW, der 1973 zu Gast in der MPG war, war sich Lüst »einig, dass die wissenschaftliche Zusammenarbeit zwischen unseren Ländern in den beide Organisationen interessierenden Bereichen durch direkte Kontakte zwischen den Instituten verstärkt werden sollte«, Protokoll der 75. Sitzung des Senates vom 28.6.1973, AMPG, II. Abt., Rep. 60, Nr. 75.SP, fol. 14.

184 *MPG-Jahrbuch 1973*, 19. Statistik Thoms, DA GMPG, Privatarchiv Sachse, ID 601104. Die Statistik weist für den gesamten Zeitraum keine Gäste aus der DDR aus; es ist nicht ersichtlich, ob es tatsächlich gar keine gab oder ob sie als Deutsche gezählt wurden.

185 Protokoll der 73. Sitzung des Senates vom 29.11.1972, AMPG, II. Abt., Rep. 60, Nr. 73.SP, fol. 12.

nur beschränkt, denn der erste von ihm verfasste ESF-Satzungsentwurf wurde zu seinem Bedauern im Verlauf der weiteren Verhandlungen »stark verwässert«.[186]

Zunächst ging es darum sicherzustellen, dass die projektierte ESF sich nicht auf die EG-Staaten beschränken, sondern andere wichtige europäische Kooperationspartner miteinbeziehen würde. Das erschien nicht zuletzt deshalb wichtig, weil man sie der Verwaltungshoheit der Brüsseler Kommission entwinden und die Verantwortung in die Hände der Wissenschaftsorganisationen der beteiligten Länder legen wollte. So sollte den »besonderen Umständen der Grundlagenforschung, das heißt der weitgehenden Autonomie und Dezentralisierung der Einzelprojekte« Rechnung getragen werden.[187] Des Weiteren musste die Auswahl der Schwerpunkte, hier nicht zuletzt der astronomischen Forschung, kontrolliert werden; und schließlich galt es dafür zu sorgen, dass die ersten, 1975 gebildeten Expertengruppen zuverlässig besetzt wurden. Dies gelang mit Heinz Maier-Leibnitz, dem auswärtigen wissenschaftlichen Mitglied des MPI für Kernphysik, der die Expertengruppe Astronomie leitete, und mit Wolfgang Gentner, der diesmal nicht als Kernphysiker, sondern als »Nestor der Archäometrie« der Expertengruppe Archäologische Hilfswissenschaften vorstand.[188] Der EG-Kommissar Dahrendorf, der inzwischen ins Ressort Forschung, Wissenschaft und Ausbildung gewechselt war, verbürgte sich dafür, dass die Kommission darauf verzichten werde, »die Planung der Europäischen Wissenschaftsstiftung selbst in die Hand zu nehmen«; vielmehr unterstütze sie »die autonome Entwicklung aus dem Kreise der organisierten Wissenschaft, auch und gerade dort, wo sie über die Grenzen der Gemeinschaft hinausgreife«. Gleichwohl stellte Dahrendorf für später »Zuschüsse der Europäischen Gemeinschaften« in Aussicht.[189] Dass dieser Garant der wissenschaftlichen Selbstorganisation in Westeuropa dann selbst den Vorsitz bei den Sozialwissenschaften übernahm, wurde von MPG-Generalsekretär Schneider, der seinerseits zum Generalsekretär der ESF bestellt worden war, in seinem Bericht über die erste Jahresversammlung der ESF 1975 positiv vermerkt.[190]

Mit der europäischen Wende in den Auslandsbeziehungen der MPG einerseits und dem Aufschwung der internationalen wissenschaftlich-technischen Zu-

186 Interview Nickel (Sachse) 12.4.2018 (Zitat). Vgl. auch Protokoll der 74. Sitzung des Senates vom 9.3.1973, AMPG, II. Abt., Rep. 60, Nr. 74.SP, fol. 15–16; Protokoll der 75. Sitzung des Senates vom 28.6.1973, AMPG, II. Abt., Rep. 60, Nr. 75.SP, S. 15–18; Protokoll der 76. Sitzung des Senates vom 23.11.1973, AMPG, II. Abt., Rep. 60, Nr. 76.SP, fol. 106–108.

187 *MPG-Jahrbuch 1973*, 18.

188 Wagner, Wolfgang Gentner, 2006. Gentner, Forschungsmethoden, 1977.

189 Protokoll der 75. Sitzung des Senates vom 28.6.1973, AMPG, II. Abt., Rep. 60, Nr. 75.SP, fol. 15–18; die Zitate stammen aus der Rede Lüsts.

190 Protokoll der 79. Sitzung des Senates vom 22.11.1974, AMPG, II. Abt., Rep. 60, Nr. 79.SP, fol. 125; Protokoll der 81. Sitzung des Senates vom 19.6.1975, AMPG, II. Abt., Rep. 60, Nr. 81.SP, fol. 16; Protokoll der 82. Sitzung des Senates vom 21.11.1975, AMPG, II. Abt., Rep. 60, Nr. 82.SP, fol. 155.

sammenarbeit im Zuge der reformierten auswärtigen Kulturpolitik der sozialliberalen Bundesregierungen andererseits vergrößerte sich der Aufgabenbereich der Generalverwaltung bzw. des dafür zuständigen Referats mit seinem Sachgebiet Auslandsbeziehungen: Alle diese Entwicklungen mussten dahingehend beobachtet werden, ob und welche Chancen und Risiken sie für die optimale wissenschaftliche Zusammenarbeit von Max-Planck-Instituten und möglichen ausländischen Partnerinstitutionen bargen. Wenn neue supranationale, bi- oder multinationale Institutionen der Wissenschaftsförderung entstanden, galt es Einfluss zu nehmen, dass die dort bereitgestellten öffentlichen Mittel mit möglichst geringen politischen Vorgaben seitens der Geldgeber möglichst autonom von den Wissenschaftsorganisationen der beteiligten Länder verwaltet und die Interessen von MPG-Wissenschaftlern und -Wissenschaftlerinnen hinreichend berücksichtigt wurden. Es ging kurz gesagt darum, die nationalen und supranationalen Möglichkeiten der Forschungsförderung für internationale wissenschaftliche Kooperationen im Hinblick auf die in der MPG vertretenen Forschungsinteressen zu optimieren. Politikberatung fand hier nur insoweit statt, als man im eigenen Interesse oder im allgemeiner formulierten Interesse »der Grundlagenforschung« auf die zuständigen Bundesministerien bzw. europäischen Institutionen einzuwirken versuchte.

Politikberatung in der Abstellkammer der MPG

Politikberatung im umfassenderen Sinn der wissenschaftlichen Durchdringung von weltpolitischen Problemlagen als einer Aufgabe der MPG, wie sie Butenandt und dem intellektuellen Kreis, auf den er sich stützte, bei der Gründung des Weizsäcker'schen Instituts vorgeschwebt hatte, war nicht mehr auf der Agenda des neuen Präsidenten und seiner Generalverwaltung. Aber sie war auch noch nicht vollends aus der MPG verschwunden, sondern nach Starnberg ausgelagert. Von dort aus unterhielt Weizsäcker, der früh für außenpolitischen Realismus in den bundesdeutschen Beziehungen zum Ostblock und für den Beitritt der Bundesrepublik zum NPT eingetreten war, steten Kontakt zu den führenden Politikern der sozialliberalen Bundesregierung, deren Entspannungspolitik er sich verbunden fühlte.[191] Wissenschaftliche Basis dafür war die von Weizsäcker herausgegebene und Ende 1971 erschienene Studie »Kriegsfolgen und Kriegsverhütung«, die im Wesentlichen noch an der Forschungsstelle der VDW in Hamburg entstanden war. Deren wichtigste Bearbeiter, allen voran der Völkerrechtler Horst Afheldt und der Physiker und Politologe Philipp Sonntag, waren

191 Vgl. seine Korrespondenzen mit Bahr (AMPG, III. Abt., Rep. 111, Nr.15, 16, 17), Brandt (AMPG, III. Abt., Rep. 111, Nr. 236), Gaus (AMPG, III. Abt., Rep. 111, Nr. 65); Bahr an Weizsäcker am 29.11.1979, AMPG, III. Abt., Rep. 111, Nr. 17; Weizsäcker an Butenandt am 14.11.1977, AMPG, III Abt., Rep. 84–2, Nr. 6289, fol. 6.

mit Weizsäcker nach Starnberg gewechselt.[192] Das rund 700-seitige Werk (→ 4.3) enthielt einerseits multidisziplinäre Modellanalysen der Auswirkungen möglicher Kernwaffenexplosionen auf dem Gebiet der Bundesrepublik, andererseits systemanalytische Beschreibungen der damals vorherrschenden militärischen Abschreckungsstrategien und alternative militärstrategische Überlegungen zur Friedenssicherung. Weizsäcker nutzte den Versand dieser Studie im März 1972, um in einem persönlichen Begleitschreiben an führende Bonner Politiker seine eigenen Schlussfolgerungen zu der Aussage zu verdichten:

> Ich bin deshalb persönlich entschieden und ohne jedes Zögern für eine Ratifikation der (Ost-)Verträge im jetzigen Augenblick.[193]

Allerdings, und hier sprang er ganz weberianisch vom Boden des Politikers wieder aufs Katheder des Professors, mögen »die Argumente unserer Studie [...] von der Stellungnahme zu den außenpolitischen Entscheidungen des Augenblicks unabhängig gelten und diskutiert werden«. Adressaten dieser mit wissenschaftlichem Anspruch hergeleiteten Politikempfehlung waren unter anderem Bundeskanzler Brandt (SPD), Oppositionsführer Rainer Barzel (CDU) und Bundesaußenminister Scheel (FDP).[194] Zumindest Letzterer antwortete ausführlich und teilte Weizsäcker seine »Genugtuung« darüber mit, »dass Ihre Überlegungen zu dem vielschichtigen Thema ›Krieg und Kriegsverhütung‹ – zunächst nicht beabsichtigt, wie Sie schreiben – zu einer Bestätigung der Ostpolitik der Bundesregierung geführt haben«.[195] Seine außenpolitische Mission hatte das Starnberger Institut – so kann man Scheels höfliche Antwort auch lesen – erfüllt, bevor es überhaupt richtig mit der Arbeit begonnen hatte. Für Scheel, Brandt und Egon Bahr, den sozialdemokratischen Architekten der Ostverträge, blieb Weizsäcker gleichwohl über alle Amtswechsel hinweg ein persönlich hochgeschätzter Gesprächs- und Korrespondenzpartner.

Die Anstrengungen, in Starnberg wissenschaftliche Politikberatung institutionell zu verankern, wurden über die Jahre immer weniger gewürdigt. Es begann damit, dass der Heisenberg-Schüler Klaus Gottstein, der auf Vorschlag seines Lehrers bald nach seiner Habilitation 1961 zum wissenschaftlichen Mitglied am MPI für Physik berufen worden war,[196] 1971 für drei Jahre beurlaubt wurde, um als Wissenschaftsattaché an die bundesdeutsche Botschaft in Washington zu gehen. Hochgesteckte Erwartungen mehrerer Akteure verbanden sich in dieser

192 Weizsäcker, *Kriegsfolgen und Kriegsverhütung*, 1971. Weitere Autoren waren Utz-Peter Reich, Hellmuth Roth, Erwin Rahner, Alexander Pfau, Klaus Rajewski und Hans A. Künkel.

193 Weizsäcker an Brandt am 21.3.1972, AMPG, III. Abt., Rep. 111, Nr. 236; Weizsäcker an Barzel am 21.3.1972, AMPG, III. Abt., Rep. 111, Nr. 15; Weizsäcker an Scheel am 21.3.1972, PA AA B 43-REF. 302/II8/UA IIB/209.

194 Ebd.

195 Scheel an Weizsäcker (Durchschlag o. D.), PA AA B 43-REF. 302/II8/UA IIB/209.

196 Protokoll der 40. Sitzung des Senates vom 6.12.2961, AMPG, II. Abt., Rep. 60, Nr. 40.SP, fol. 229–230.

Entscheidung. Mit Hans Leussink stand zu dieser Zeit ein parteiloser Ingenieurwissenschaftler an der Spitze des BMBW, der ganz im Sinne des Kanzlers Brandt die engere Verbindung von Wissenschaft und Außenpolitik institutionalisieren wollte, indem er aktive Wissenschaftler in den bundesdeutschen Botschaften platzierte.[197] Zum anderen sahen Butenandt und Heisenberg gerade in der Entsendung eines MPG-Repräsentanten nach Washington die doppelte Chance, vor Ort die Interessen der MPG besser zu vertreten und zugleich das amerikanische Knowhow wissenschaftlicher Politikberatung zu retransferieren. Gottstein schien beiden Seiten der geeignete Kandidat: Er hatte in Bristol, Berkeley und am CERN geforscht und wollte die positiven Erfahrungen, die gerade Physiker in internationalen wissenschaftlichen Kooperationen machten, für die Vermeidung des Atomkriegs und die Friedenssicherung nutzbar machen. Seine Gedanken über »so eine Art wissenschaftlicher Gemeinschaft [...], die eine gewisse Extraterritorialität [...] wie der Vatikan« haben sollte, schrieb er im Sommerurlaub 1962 auf, ließ sie von seiner Sekretärin abtippen und schickte sie auch an Weizsäcker. Allerdings machte ihm der Autor der Göttinger Erklärung (→ 4.2) bald klar, »was das für ein Unsinn sein würde« und dass ihm »vor den Empfehlungen, die die Wissenschaftler dann erarbeiten würden«, nur graue. Stattdessen empfahl er dem jüngeren Kollegen, sich in der VDW zu engagieren.[198] Dort geriet Gottstein dann rasch in den geschäftsführenden Arbeitsausschuss und traf auf das VDW-Beiratsmitglied Leussink.[199] Anders als Gottstein selbst erwartet hätte, als ihn dessen Anfrage aus Bonn erreichte, hielt ihn Heisenberg in München durchaus für entbehrlich, hatte Gottstein doch mit seinem Doktoranden Norbert Schmitz selbst einen geeigneten Stellvertreter herangezogen, der schon 1969 zum wissenschaftlichen Mitglied berufen worden war und sich in Abwesenheit seines Vorgesetzten nun auch als Abteilungsleiter rasch bewähren sollte. Gottsteins Beurlaubung vom MPI für Physik verlängerte sich hingegen über seine Washingtoner Episode hinaus mit kurzer Unterbrechung bis zu seiner Emeritierung 1992.[200]

Ähnlich wie der parteilose Ingenieurwissenschaftler Leussink, der schon Anfang 1972 von seinem Amt als Bundesminister zurücktrat, hatte auch der Physiker Gottstein keinen leichten Stand in einer Zeit, in der zwar häufig von

197 Mit der Entsendung von Wissenschaftsattachés stand die Bundesrepublik in den frühen 1970er Jahren nicht allein, in Washington unterhielten 20 Botschaften »science offices«, in Bonn wiederum waren 10, in London, Paris und Tokyo 15 bzw. 14 Wissenschaftsattachés akkreditiert. Vgl. Greenwood, Scientist-Diplomat, 1971, 15; Greenwood, Science Attaché, 1971.

198 Interview Gottstein (Sachse) 11.11.2011, 27–28.

199 Bieber, VDW, 2009, 139.

200 Gottstein, Danksagung, 1992, 56; Gottstein, Words of Appreciation, 5.5.2009, 3–5, Privatarchiv Klaus Gottstein. Nach der Auflösung des MPIL ging Gottstein zunächst zurück ans MPI Physik, aber später wurde seine Forschungsstelle für Fragen im Grenzbereich von Politik und Wissenschaft erst verselbständigt und dann auch räumlich ausgelagert, vgl. Sachse, *MPG und die Pugwash Conferences*, 2016, 38.

Interdisziplinarität geredet wurde und wissenschaftliche Expertise in der Politik mehr denn je gefragt war, zugleich aber die professionelle, institutionelle und funktionelle Differenzierung unaufhaltsam voranschritt.[201] Gottstein blieb ein Außenseiter, zunächst als diplomatischer Laie in der wichtigsten aller bundesdeutschen Botschaften; desgleichen nach seiner Rückkehr als Naturwissenschaftler in der Friedens- und Konfliktforschung, die vornehmlich unter sozialdemokratischer Regierungsverantwortung zügig institutionalisiert und von Sozialwissenschaftler/innen dominiert wurde;[202] und erst recht als experimenteller Teilchenphysiker, der nach dreijährigem außenpolitischen Sabbatical den wissenschaftlichen Anschluss gar nicht erst suchte. Schließlich geriet er auch in einer MPG, die unter Leitung ihres neuen Präsidenten Lüst zwar die Internationalisierung und Europäisierung der Forschung immer weiter vorantrieb, sich dabei aber immer weniger als außenpolitischer Akteur verstehen wollte, in eine Abseitsposition.

Dabei hatte Gottstein noch in Washington mit Weizsäcker und Kissinger besprochen, wie es mit ihm zuhause weitergehen sollte: Als »engster Mitarbeiter« würde er Weizsäcker unterstützen, dem Ehmke als der neue Wissenschaftsminister gerade den Vorsitz im zukünftigen Beratenden Ausschuss für Forschung und Technologie (BAFT) angetragen hatte.[203] Dieser Ausschuss konnte es zwar nicht mit einem *Presidential Advisory Board* aufnehmen. Doch mit ihm wurde wissenschaftliche Politikberatung immerhin im Forschungsressort der Bundesregierung unter die Führung des MPG-Chefintellektuellen Weizsäcker gestellt. Nach seiner Rückkehr aus den USA 1974 fand Gottstein sich als MPG-Mitglied, Professor und ehemaliger Wissenschaftsattaché wider Erwarten nicht neben Weizsäcker auf der Beletage mit Starnberger Seeblick, sondern im Souterrain der Villa wieder. Die Raumplanung hatte Weizsäcker dem basisdemokratischen Institutsrat überlassen, der sozialen Hierarchien entgegenwirken wollte und schon längst die begehrtesten Büros bevorzugt an gering bezahlte

201 Leussink hatte – »vom Mißerfolg zermürbt«, wie der *Spiegel* wusste – noch vor Weihnachten 1971 seinen Rücktritt angeboten: Rückgriff, 30.1.1972.

202 Wichtige Gründungen waren neben der bereits 1962 gegründeten Stiftung Wissenschaft und Politik in Ebenhausen die von Bundespräsident Heinemann 1970 initiierte Deutsche Gesellschaft für Friedens- und Konfliktforschung, die im gleichen Jahr gegründete Hessische Stiftung für Friedens- und Konfliktforschung sowie das 1971 gegründete Institut für Friedensforschung und Sicherheitspolitik an der Universität Hamburg, als dessen Gründungsdirektor C. F. v. Weizsäcker vorgesehen war, bevor dieser in die MPG zurückging, vgl. Neuneck, Weizsäcker, Hamburg und das IFSH, 2012. Die Gründungen der 1970er Jahre fanden nicht zufällig in sozialdemokratisch regierten Bundesländern bzw. auf Initiative von führenden Sozialdemokraten statt. Zur Wissenschaftsgeschichte der bundesdeutschen Friedens- und Konfliktforschung vgl. Hauswedell, *Friedenswissenschaften*, 1997, 49–65. Hauswedell weist darauf hin, dass die institutionalisierte westdeutsche Friedensforschung nur wenig Verbindung zu den Naturwissenschaften unterhielt: ebd., 65 und passim. Vgl. mit weiteren Literaturangaben auch Nehring, Friedensforschung, 2011.

203 Interview Gottstein (Sachse) 11.11.2011, S. 16.

Abb. 3: Sitz des MPI zur Erforschung der Lebensbedingungen der wissenschaftlich-technischen Welt in Starnberg.

Doktorand/innen vergeben hatte.[204] Dennoch machte Gottstein als Dauergast im Keller des MPIL bis zu dessen Auflösung aus den Nöten des Dilettanten die Tugenden des Sekretärs, Eventmanagers und Netzwerkers.

Das wissenschaftliche Beratungswesen war in den Bundesministerien der frühen 1970er Jahre offensichtlich noch im Experimentierstadium.[205] Ehmke jedenfalls war mit dem noch von seinem Vorgänger Leussink berufenen Beraterkreis, dem von Seiten der MPG deren Präsident Lüst sowie der Soziologe und Philosoph Jürgen Habermas, der 1971 als Co-Direktor ans Starnberger Institut berufen worden war, und Hans-Joachim Queisser vom MPI für Festkörperforschung angehörten, nicht zufrieden und verabschiedete ihn Anfang 1974.[206] Er wünschte sich eher »ein ›Tabak-Gremium‹ oder ›Rat der Weisen‹, das sich mit Fragen der Prognose und Entwicklung befassen« sollte. »Statt des bisherigen demokratischen Verfahrens« bevorzugte er einen »starken Mann«

204 Ebd., S. 16–17. Zu Weizsäckers Führungsstil vgl. Sonntag, Kritische Masse, 2014; Sachse, *MPG und die Pugwash Conferences*, 2016, 25, 35.

205 Merkblatt 11/71 »Neuordnung des Beratungswesens beim Bundesministerium für Bildung und Wissenschaft (BMBW)« vom September 1971, BArch B 138/25723.

206 Mitgliederverzeichnis des Beratenden Ausschusses für Bildungs- und Wissenschaftspolitik (BABW) vom 1.12.1971, BArch B 138/25723.

als Vorsitzenden, der »unbequem«, »unabhängig« und »standfest« sein solle. Mit ihm zusammen wollte er dann gemeinsam »die weitere Zusammensetzung entscheiden«.[207] Dem siebzehnköpfigen Gremium gehörten schließlich außer dem Vorsitzenden Weizsäcker seitens der MPG Alfred Gierer vom MPI für Virusforschung und wiederum Queisser an. Weitere sieben Männer kamen aus den Universitäten und der außeruniversitären Forschung, je zwei aus der Großindustrie und den Gewerkschaften sowie je einer aus dem Medienbereich und der Kommunalpolitik.[208] Gottstein war keiner von ihnen, sondern wurde, wie Weizsäcker zu Protokoll gab, von der MPG »als Mitarbeiter für den Ausschuß zur Verfügung« gestellt.[209]

Noch ehe der BAFT sich überhaupt konstituieren konnte, war Bundeskanzler Brandt zurückgetreten und Ehmke von dessen Nachfolger Helmut Schmidt entlassen worden. Der neue Forschungsminister Hans Matthöfer teilte indessen Ehmkes Beratungsbedarf und erhoffte sich vor allem eine kritische Evaluation von prognostischen Analysen, die teils in seinem eigenen Haus, teils extern erarbeitet werden sollten. Er legte darüber hinaus dem neuen Ausschuss eine in seinem Ministerium zusammengestellte lange Liste an möglichen Beratungsthemen vor, wie etwa die Frage nach der Relevanz von Grundlagenforschung, den Kriterien für die Auswahl der »›richtigen‹ neuen Programme« und ihrer »richtigen Dimensionierung«, den Umgang mit der Öffentlichkeit, die Sinnhaftigkeit sozialwissenschaftlicher Begleitung von BMFT-Programmen, die weitere Entwicklung der Großforschungseinrichtungen, das Verhältnis von staatlicher und industrieller Förderung von Forschung und Entwicklung und anderes mehr.[210] Diese Liste wurde in den ersten Sitzungen noch länger und mit einer, wie ein kritischer Beobachter aus dem Schwesterministerium, dem BMBW, süffisant anmerkte, nicht zu bewältigenden »Papierflut« teils aus der Feder von Ausschussmitgliedern, teils Studien der Schweizer Prognos AG, teils Analysen aus anderen Ministerien angereichert; sie könne nie und nimmer zu einer »ergebnisbezogenen Diskussion führen«, wenn das BMFT nicht endlich selbst »eine zusammenfassende und diskutierbare Gesamtunterlage« vorbereite, statt sich dieser Aufgabe mit der »intensiven Betätigung der Vervielfältigungsanlagen [...] zu entziehen«.[211]

207 So die Notizen aus dem BMBW, das die entsprechenden Bemühungen der jetzt in einem BMFT verselbständigten Abteilungen für Forschung und Technologie kritisch und nicht ohne Häme verfolgte: Vermerke vom 5.2.1974 und 28.2.1974, BArch B 138/25723.

208 Mitgliederliste vom 10.9.1974, BArch B 138/25724. Die Tätigkeit des BAFT ist umfänglich dokumentiert in BArch B 138/25724 bis BArch B 138/25729.

209 Ergebnisniederschrift der konstituierenden Sitzung des BAFT vom 24.10.1974, Bl. 4, BArch B 138/25724.

210 Mögliche Beratungsthemen des BAFT aus heutiger Sicht vom 2.5.1974; Ergebnisniederschrift der 2. BAFT-Sitzung am 7.12.1974; Vermerk Leittersdorf (BMBW) »Zur Leistungsfähigkeit vorliegenden Prognosematerials« vom 25.1.1975; Vermerk Schroeter »Prognoseaktivitäten des BMFT«, o. D., BArch B 138/25724.

211 Vermerk Beckerhoff (BMBW) vom 29.11.1974, BArch B 138/25724.

Gottstein hatte als Sekretär des Ausschusses mit der Vorbereitung der Sitzungen des Ausschusses, der sechzehn Mal während seiner dreijährigen Funktionsperiode tagte, mehrere Unterausschüsse einrichtete, Klausuren abhielt und Großforschungseinrichtungen besichtigte, reichlich zu tun.[212] Am Ende mendelten sich einige Kernthemen heraus, zu denen der BAFT ab Mitte 1976 Empfehlungen veröffentlichte, die gelegentlich so ausgewogen waren, dass sie niemanden aufmerken ließen: Grundlagenforschung bedürfe mehr noch als Forschung und Technologie insgesamt einer kontinuierlichen Förderung, die stetig und maßvoll anwachsen müsse.[213] Ähnliches gelte für die ausdrücklich empfohlene Erhaltung funktionsfähiger Großforschungseinrichtungen; sie sollten sich der praxisorientierten Forschung in solchen Bereichen widmen, die von besonderem öffentlichen Interesse seien, und auf die sinnvolle Verschränkung von grundlagen- und praxisorientierter Forschung achten, technische Entwicklungen hingegen der Industrieforschung überlassen.[214] Konflikthaltiger waren die Empfehlungen zum Transfer »angepaßter Technologien für Entwicklungsländer«, ein Anliegen, das Alfred Gierer anfangs als Plädoyer für »bescheidene Technologien« eingebracht hatte. Er wollte sie keineswegs auf Länder der »Dritten Welt« beschränkt sehen, sondern verstand sie als Ansatz für eine globale Umkehr von Großtechnologien hin zu ressourcenschonenden, bedürfnisorientierten, lokal gesteuerten und partizipativen Technologien für bessere Lebensqualität der Menschen in allen Weltregionen.[215] Der BAFT beschränkte seine Empfehlungen jedoch auf »Entwicklungsländer«, denen je angepasst an die lokalen Bedingungen eher mit einfachen, robusten und arbeitsintensiv gestalteten Technologien zu helfen sei, auch wenn sie womöglich weniger von einem »hochtechnisierte[n] Land wie [der] Bundesrepublik«, sondern eher von weniger entwickelten Ländern wie China oder Jugoslawien produziert und exportiert werden könnten. Wichtig bleibe jedoch das vielfältige wissenschaftliche Wissen, mit dem die Bundesrepublik ähnlich wie andere hochentwickelte Länder die Auswahl von Projekten, die Entwicklung und Erprobung angepasster Technologien und die Ausbildung lokaler Fachkräfte anleiten könne.[216]

Bei der über die drei Jahre von 1974 bis 1977 am intensivsten diskutierten und politisch hochumstrittenen Frage, die Weizsäckers ureigene Expertise herausforderte, versagte der BAFT indessen den Dienst: der Frage, wie die Risiken von

212 Nach eigener Aussage (Interview Gottstein [Sachse] 11.11.2011, S.10) war Gottstein derjenige, der die »Hausaufgaben« machte.

213 BMFT Pressemitteilung vom 10.6.1976, BArch B 138/25728.

214 Anlage 2 zur Ergebnisniederschrift der 13. BAFT-Sitzung am 10.12.1976, BArch B 138/25728.

215 Gierer: »Vorschlag ›Bescheidene Technologien‹«, vorgelegt zur konstituierenden BAFT-Sitzung am 23.9.1974, BArch B 138/25724.

216 Anlage 1 zur Ergebnisniederschrift der 13. BAFT-Sitzung am 10.12.1976, BArch B 138/25728. Inwieweit der BAFT hier mit seinen Empfehlungen über den seinerzeitigen Diskussionsstand in der bundesdeutschen Entwicklungspolitik hinausging, wäre zu prüfen, jedenfalls wirken die Empfehlungen auch vierzig Jahre später noch durchaus aktuell.

Atomkraftwerken einzuschätzen seien und welche Richtung die Energiepolitik einschlagen solle. Statt mit einer klaren Einschätzung zog sich der Ausschuss zunächst mit einer Liste weiterer Prüfaufträge an das BMFT aus der Affäre und verabschiedete sich am Ende seiner Funktionsperiode 1977 mit einer Empfehlung, die dem Eingeständnis der eigenen Überforderung gleichkam: Eines der höchsten Verfassungsorgane – Bundesregierung, Bundespräsident oder Bundesrat – möge »eine kleine Kommission prominenter Wissenschaftler« beauftragen, »binnen weniger Monate ein allgemeinverständliches Gutachten über die Gefahren der Kernenergie zu erstatten«. Das autoritative Urteil des dort zu versammelnden Sachverstands würde endlich »zur Versachlichung der öffentlichen Diskussion« beitragen. Bundeskanzler Schmidt, dem Weizsäcker persönlich geschrieben hatte, wies dieses Ansinnen zurück, um keine Zweifel an der »Vertretbarkeit« der längst beschlossenen Politik der Bundesregierung aufkommen zu lassen.[217] Denn diese hatten ihm die Kernphysiker und Leiter einschlägiger Forschungseinrichtungen Reimar Lüst (MPG), Karl Heinz Beckurts (Kernforschungsanlage Jülich, KFA) und Heinz Maier-Leibnitz (DFG) in einem offenen Brief an die Bundestagsabgeordneten rechtzeitig zur Parlamentsdebatte über grundsätzliche Fragen der Kernenergienutzung im Dezember 1975 längst bestätigt.[218] Stattdessen stellte der Bundeskanzler Weizsäcker anheim, von sich aus eine solche Kommission einzuberufen und einen versachlichenden Bericht vorzulegen. Ohne autoritatives Mandat hielt Weizsäcker dies wiederum für Zeitverschwendung, kündigte aber an, auch weiterhin seine persönliche Meinung kundzutun.[219]

Auch Forschungsminister Matthöfer, der an den meisten Sitzungen selbst teilgenommen hatte, war, wie Gottstein rückblickend einräumte, enttäuscht von seinem Ausschuss, der nur auf »Regierungsanliegen reagiert« habe, aber nicht initiativ oder prognostisch aktiv geworden sei.[220] Immerhin habe Matthöfer es

217 Ergebnisniederschrift der 6. BAFT-Sitzung am 14.10.1975, BArch B 138/25727. Vermerk Coester vom 31.3.1977, BArch B 138/25729; Ergebnisniederschrift der 15. BAFT-Sitzung am 16.6.1977 und Aktennotiz Weizsäcker zum Vorschlag eines Kommissionsberichts zur Versachlichung der Kernenergie 18.7.1977, BArch B 138/25729 (Zitate). Vgl. auch Seefried, Ohne Atomkraft leben?, 2014, 398–403. Sie hebt auf Basis der BMFT-Akten zum BAFT hervor, dass ein Papier, das Weizsäcker zunächst für den BAFT verfasst, dann aber in einer dreiteiligen Serie »Ohne Atomkraft leben?« in der *Zeit* vom 27.6., 4.7. und 11.7.1975 veröffentlicht hatte, insofern Eingang in die Regierungspolitik fand, als das Kabinett in seinen »Grundlinien und Eckwerten für die Fortschreibung des Energieprogramms« dann von reduzierten Zuwachsraten beim Energiebedarf ausging und der Bedeutung sparsamer Energieverwendung höhere Priorität zumaß.

218 Lüst an Kollegen am 18.11.1975 und Anlage »Offener Brief an die Abgeordneten des Deutschen Bundestages«, AMPG, III. Abt., ZA 116, K 65. Vgl. Altenburg, *Kernenergie und Politikberatung*, 2010, 66.

219 Aktennotiz Weizsäcker zum Vorschlag eines Kommissionsberichts zur Versachlichung der Kernenergiedebatte vom 18.7.1977, BArch B 138/25729.

220 Vermerk Coester vom 31.3.1977, Bl. 3, BArch B 138/25729. Vortrag Gottstein »Politikberatung als Aufgabe und Ziel am Beispiel des Beratenden Ausschusses für Forschung und Technologie (BAFT) unter dem Vorsitz von C. F. v. Weizsäcker« am 23.6.2007, S. 3–4 (Zitat), Privatarchiv Gottstein.

Abb. 4: Kolloquium anlässlich der Emeritierung von Klaus Gottstein am 5.12.1991: »Die Rolle der Wissenschaft in der Politik und die Rolle der Politik in der Wissenschaft«; v. l. n. r.: Karin Gottstein jun., Carl Friedrich von Weizsäcker, Gottstein, Hans Zacher (MPG-Präsident), Hans-Peter Dürr.

»amüsant« und »instruktiv« gefunden, »seine Abteilungsleiter von unabhängigen Wissenschaftlern in die Zange genommen zu sehen«.[221] Es verwundert nicht, dass weder der Minister noch seine Beamten eine Weiterführung dieses oder die Berufung eines neuen Beratungsausschusses ernsthaft erwogen.

Gottsteins Qualitäten als Konferenzorganisator wurden von ministerieller Seite hingegen weiterhin geschätzt. Bereits im Sommer 1977 hatte er sie bewiesen, als er für die westdeutsche Pugwash-Gruppe die vom BMFT finanzierte 27. *Pugwash Conference on Science and World Affairs* (PCSWA) in München mit über 200 Teilnehmern und einigen Teilnehmerinnen aus 47 Ländern organisiert hatte (→ 4.3).[222] Gleich im Anschluss daran beauftragte ihn das BMFT in Vorbereitung der für 1979 in Wien geplanten Weltwissenschafts- und Technologiekonferenz der Vereinten Nationen, die im internationalen Rahmen den Technologietransfer in Entwicklungsländer behandeln sollte; Gottstein sollte Beiträge von bundesdeutschen Institutionen und Persönlichkeiten einwerben und einen »konkreten Input« für das Länderpapier der Bundesrepublik vorbe-

221 Interview Gottstein (Sachse) 11.11.2011, S. 12.

222 Vgl. Gottstein, Erinnerungen an Pugwash, 2007, 40–41. Sachse, *MPG und die Pugwash Conferences*, 2016, 26.

reiten.[223] Im folgenden Jahr übernahm er im Auftrag des Auswärtigen Amtes die Leitung der bundesdeutschen Delegation bei den Vorbereitungen des Wissenschaftlichen Forums der KSZE, das auf Vorschlag des damaligen Bundesaußenministers Scheel in die Schlussakte von Helsinki aufgenommen worden war und 1980 in Hamburg stattfinden sollte; anschließend fungierte er als dessen Exekutivsekretär.[224]

Für alle diese und weitere außen- und wissenschaftspolitische Aktivitäten erbat und erhielt Gottstein die Erlaubnis seines Präsidenten Lüst, der ihn auch zum Pugwash-Beauftragten der MPG erklärte und ihm dieses und andere Felder der informellen Wissenschaftsdiplomatie überließ, ohne sich weiter dafür zu interessieren. Gottstein berichtete regelmäßig und ausführlich, erhielt aber bestenfalls eine freundliche Empfangsbestätigung aus dem Präsidialbüro.[225] Wenn der MPG-Präsident im Vorfeld solcher internationalen Konferenzen Einfluss auf die bundesdeutsche Verhandlungsposition nehmen wollte, sprach er Staatssekretär Haunschild an, der das BMFT über viele Jahre im MPG-Senat vertrat, und stimmte sich mit seinen präsidialen Kollegen in der gern als »heilig« apostrophierten Allianz der Wissenschaftsorganisationen ab, in der sich die wichtigsten bundesdeutschen Wissenschaftsorganisationen seit den 1950er Jahren regelmäßig zusammenfanden, um ihre wissenschafts(außen)politischen Agenden gegenüber Bund und Ländern konzertiert zur Geltung zu bringen.[226] In diesem Nicht-Verhältnis des MPG-Präsidenten zu seinem Beauftragten für Pugwash und ähnliche internationale Netzwerke setzte sich die Distanz fort, die schon Lüsts Vorgänger in diesem Amt gegenüber der informellen Wissenschaftsdiplomatie im Kalten Krieg gepflegt hatten.

Auch innerhalb des Starnberger Instituts wurden Gottsteins außenwissenschaftspolitische Bemühungen zur Moderierung des Kalten Krieges wenig gewürdigt. Nicht besser erging es den alternativen Militärstrategien, die im Anschluss an die Kriegsfolgenstudie von Afheldt und seiner Arbeitsgruppe entwickelt wurden, um das Risiko eines Umschlags vom Kalten in einen heißen Krieg auf europäischem Boden zu vermindern. In beiden Fällen waren sich die internen Kritiker, die – wie die Arbeitsgruppen zur Wissenschaftsforschung oder zur Entwicklungspolitik – oft genug selbst in der Kritik der Medien, der

223 Vertrag zwischen BMFT und Gottstein vom 9.11.1977, AMPG, II. Abt., Rep. 9, Nr. 20, fol. 205.

224 Gottstein, KSZE, 1981. Jahresbericht 1980 der Arbeitsgruppe Gottstein im Institut für Physik am MPI für Physik und Astrophysik, AMPG, IX. Abt., Rep. 5, Nr. 633, S. 3.

225 Gottstein an Lüst am 24.5.1978, AMPG, III. Abt., ZA 116, K 24.

226 Lüst erwähnte Gottstein bei diesen Gelegenheiten jedenfalls nicht so nachdrücklich, dass es protokollarisch vermerkt worden wäre, Protokoll der 86. Sitzung des Senates vom 11.3.197, AMPG, II. Abt., Rep. 60, Nr. 86.SP, fol. 99–100; Protokoll der 90. Sitzung des Senates vom 15.6.1978, AMPG, II. Abt., Rep. 60, Nr. 90.SP, fol. 82, 84–85. Zur Bildung der Heiligen Allianz und der Rolle der MPG darin vgl. Balcar, *Wandel*, 2020, 102–105; Osganian und Trischler, *MPG als wissenschaftspolitische Akteurin*, 2022.

Industrievertreter im Senat und von zunehmend mehr MPG-Mitgliedern standen, mit ihren externen Gegnern einig: Politikberatung und Militärforschung waren für sie keine Grundlagenforschung und gehörten deshalb nicht in die MPG. Auch ihren Institutsdirektor Weizsäcker, der Afheldts und Gottsteins Arbeiten durchaus unterstützte, ließen sie spüren, dass sie mit derartig politisch und sogar militärisch konnotierten Aktivitäten im eigenen Haus nichts zu tun haben wollten.

Einen Anlass dafür bot der zumindest von Seiten des Bundespräsidialamtes monatelang vorbereitete Besuch Scheels in Starnberg im Juli 1976. Die Präsidialbeamten hatten die umfänglichen Institutsberichte, die ihnen Weizsäcker einige Wochen zuvor übersandt hatte, übersichtlich zusammengefasst und ihren Chef gründlich über die Struktur des Instituts, seine Arbeitsgruppen und deren Forschungsschwerpunkte informiert. Das minutengenaue Ablaufprotokoll war mit der Bayerischen Staatskanzlei und der MPG-Generalverwaltung abgestimmt und wurde formell eingehalten. Aber was nach den Begrüßungsansprachen der bayerischen Staatssekretärin Mathilde Berghofer-Weichert, des MPG-Vizepräsidenten Konrad Zweigert und der Institutsdirektoren Weizsäcker und Habermas inhaltlich folgte, war aus Sicht der begleitenden Beamten »enttäuschend«.[227]

Es begann damit, dass Rainer Döbert und Gertrud Nunner-Winkler nicht willens waren, ihre Erkenntnisse über die Entwicklung des moralischen Bewusstseins bei Jugendlichen »in einer normalen Umgangssprache« zu vermitteln und auf diese Weise »heftige Reaktionen des Herrn Bundespräsidenten« auslösten.[228] Die Stimmung hellte sich beim Gespräch über »Entwicklung und Unterentwicklung« mit Folker Fröbel, Jürgen Heinrichs und Otto Kreye wieder auf, deren »in verständlicher Form« vorgetragenen Ergebnisse »geeignet waren, die von dem Herrn Bundespräsidenten als Bundesminister für Entwicklungshilfe vertretene Politik zu unterstützen«.[229]

Als letzter und wichtigster Programmpunkt, für den absprachegemäß die meiste Zeit reserviert war, war ein von Weizsäcker moderiertes Gespräch über ethische Grundlagen und Grenzen in der Wissenschaft geplant, womit sich der Bundespräsident auf eine zwei Monate später zu haltende Ansprache vor der Generalversammlung der Görres-Gesellschaft vorbereiten wollte. Als weitere Gesprächspartner waren hier neben Habermas unter anderem die »Finalisten« Gernot Böhme, Wolfgang van den Daele und Rainer Hohlfeld vorgesehen, die mit ihrer These von einer zunehmenden Zweckorientierung oder »Finalisierung« der Wissenschaften in der Gegenwart alle diejenigen empört hatten, die

227 Vermerk Dr. Wemmer vom 19.7.1976 und Programm für den Besuch des Herrn Bundespräsidenten beim Max-Planck-Institut in Starnberg am 16.7.1976, BArch B 122/17858, fol. 52–54, 57–58.

228 Vermerk Dr. Wemmer vom 19.7.1976, BArch B 122/17858, fol. 52–54. Vgl. Döbert und Nunner-Winkler, *Adoleszenzkrise*, 1975.

229 Vermerk Dr. Wemmer vom 19.7.1976, BArch B 122/17858, fol. 52–54. Vgl. Gespräch Lüst (Nolte), 2008, 195–198.

Abb. 5: Besuch des Bundespräsidenten Walter Scheel im MPI zur Erforschung der Lebensbedingungen der wissenschaftlich-technischen Welt in Starnberg am 16.7.1976; v. l. n. r.: Scheel, Konrad Zweigert (Vizepräsident der MPG), Carl Friedrich von Weizsäcker, Jürgen Habermas.

die »Freiheit der Wissenschaften« nicht infrage stellen lassen wollten.[230] Nur weil Scheels Referenten einige Stunden vor ihm im Institut eingetroffen waren und so bemerken konnten, dass »die Gruppe auf das Gespräch überhaupt nicht vorbereitet« war, ließen sich gröbere Peinlichkeiten gerade noch verhindern. Die Stichpunkte, die »die jungen Wissenschaftler« in der kurzen verbleibenden Zeit notierten und dann in die Diskussion einbrachten, waren wenig originell: Auf den Hippokratischen Eid als moralische Selbstbegrenzung medizinischen Handelns musste der Ehemann der Ärztin und Gründerin der Deutschen Krebshilfe, Mildred Scheel, nicht hingewiesen werden, und über das Memorandum von 1975, mit dem sich über hundert Molekularbiologinnen und -biologen anlässlich einer Konferenz im kalifornischen Asilomar zur Einhaltung von gewissen ethischen Regeln in der experimentellen Genetik verständigt hatten, war Scheel bereits von seinen Referenten informiert worden.[231] Womöglich rettete Weizsäcker die Situation, indem er auf die notwendige Unterstützung der

230 Böhme, Daele und Krohn, Finalisierung, 1973. Böhme et al., *gesellschaftliche Orientierung*, 1978; Leendertz, Finalisierung der Wissenschaft, 2013; Krohn, »Der harte Kern«, 2014.

231 Alle Zitate, Vermerk Dr. Wemmer vom 19.7.1976, BArch B 122/17858, fol. 52. Vgl. auch Chadarevian, Asilomar, 2005.

persönlichen Moral des Wissenschaftlers durch Öffentlichkeit und Politik hinwies. Zudem hob er die »Unterschiede zwischen den Selbstbeschränkungsmöglichkeiten« in der Atomforschung, die »politisch forciert« werde, und der Biologen hervor, die sich selbst begrenzen könnten, weil sie niemand zwinge, »weitere Erkenntnisse herbeizuführen«. Es fehlte die Zeit und womöglich auch das prognostische Problembewusstsein, das die Bundesforschungsminister Ehmke und Matthöfer sich von ihrem BAFT-Vorsitzenden erwartet hatten, um diese auch damals schon erkennbar problematische Unterscheidung und mögliche außerwissenschaftliche Einflüsse auf zukünftige molekularbiologische Forschungen weiter zu diskutieren.[232]

Der letzte Mandarin der MPG: Carl Friedrich von Weizsäcker

Der insgesamt enttäuschende Eindruck, den der Bundespräsident und seine Referenten von ihrem Besuch in Starnberg mitnahmen, beschädigte Weizsäckers Ansehen in sozialliberalen Regierungskreisen nicht nachhaltig. Im Frühjahr 1979, als die Götterdämmerung des Starnberger Instituts noch weiter fortgeschritten war, trugen ihm Willy Brandt als SPD-Vorsitzender und sein Kollege Hans-Dietrich Genscher von der FDP die Kandidatur für die anstehende Bundespräsidentenwahl an. Die sozialliberale Koalition war in einer heiklen Situation: Sie hatte die Mehrheit in der Bundesversammlung verloren und Scheel war nicht bereit, gegen den von der CDU/CSU aufgestellten Kandidaten Karl Carstens anzutreten. Mit dem angesehenen parteilosen Intellektuellen hoffte man das Blatt noch zu wenden, zumal auch einige CDU-nahe Mitglieder im Vertrauen signalisiert hatten, für Weizsäcker zu stimmen. Weizsäcker hätte, wie er in seinem am Vortag der auf den 23. Mai 1979 angesetzten Wahl in der *Süddeutschen Zeitung* veröffentlichten Brief an Brandt darlegte, seinen festen Entschluss, die letzten Jahre seines Arbeitslebens ausschließlich der »philosophischen Durchdringung der Naturwissenschaft« zu widmen, dem Amt des Bundespräsidenten »zum Opfer« gebracht. Allerdings nur, wenn ihm das Amt, das er nur »überparteilich« zu führen bereit wäre, »von einer Mehrheit der Wahlberechtigten offen angetragen würde«. Auch wenn er sich angesichts der »für die Achtzigerjahre« zu erwartenden »schweren Krisen der Welt und daher unserer Nation« eigentlich nicht weigern könne, »dieses Wissen in das Amt des Bundespräsidenten einzubringen«, stand er für eine riskante Zählkandidatur nicht zur Verfügung.[233] Die Sozialdemokratin Annemarie Renger sprang als erste Kandidatin überhaupt in der Geschichte der Bundespräsidentenwahlen in die Bresche und unterlag noch höher als erwartet, weil sie nicht einmal alle

232 Alle Zitate, Vermerk Dr. Wemmer vom 19.7.1976 über Scheels Besuch in Starnberg und seine Gesprächsnotizen vom 16.7.1976, BArch B 122/17858, fol. 54.

233 Briefentwurf Weizsäcker vom 21.5.1979, AMPG, III. Abt., Rep. 111, Nr. 243. Weizsäcker will nicht »Zählkandidat« sein. *Süddeutsche Zeitung*, 22.5.1979, 1–2.

sozialdemokratischen Stimmen erhielt.[234] In seinem Antwortbrief bedauerte Brandt angesichts der breiten Zustimmung, die er für Weizsäckers Kandidatur verspürt hatte, »dass wir hier vielleicht miteinander eine Chance verpasst haben, die sich für die Bundesrepublik wohl so bald nicht wieder ergeben wird«. Auch er befürchtete für die 1980er Jahre »schwere Herausforderungen [...], zu deren Bewältigung wir aller Vernunft und allen Einfallsreichtums bedürfen«. Nur wenn Politik und Wissenschaft zukünftig enger zusammenwirken würden, ließe sich vermeiden, »dass uns die Probleme über den Kopf wachsen«.[235]

Ob und in welcher Weise sich die MPG in ein zukünftiges Zusammenwirken von Außenpolitik und Wissenschaft einbringen würde, war in den letzten Jahren der sozialliberalen Ära unklarer als zu Beginn. Am MPI für Bildungsforschung wurden um 1980 mit den kurzfristig aufeinanderfolgenden Emeritierungen von drei seiner vier Direktoren – Hellmut Becker, Friedrich Edding und Dietrich Goldschmidt – die politiknahen Forschungsbereiche Bildungsökonomie und Bildungsrecht abgewickelt. Zukünftig sollten unter Leitung des neu berufenen Direktors Paul Baltes als Grundlagenforschung verstandene entwicklungspsychologische Fragestellungen, die den gesamten menschlichen Lebenszyklus im gesellschaftlichen Kontext in den Blick nahmen, verfolgt werden.[236]

Die wissenschaftliche Politikberatung, der der Gründerkreis des MPI zur Erforschung der Lebensbedingungen in der wissenschaftlich-technischen Welt (MPIL) in Starnberg eine institutionelle Basis hatte geben wollen, konnte sich dort nie unangefochten etablieren. Im Zuge der innenpolitischen »Tendenzwende« geriet sie innerhalb der MPG immer mehr unter Druck und wurde im Zuge der anhaltenden Strukturreformen in der zweiten Hälfte der 1970er Jahre zurückgefahren. Das Starnberger Institut wurde, nachdem mit Dahrendorfs unerwarteter Absage alle Versuche, einen adäquaten Nachfolger für den Emeritus Carl Friedrich von Weizsäcker zu finden, gescheitert waren, und auch Habermas als der zweite Direktor 1981 angesichts der anstehenden arbeitsrechtlichen Auseinandersetzungen mit den verbliebenen Mitarbeiter/innen der Weizsäcker'schen Abteilung die Segel gestrichen und seinen Direktorenposten aufgekündigt hatte, unter heftigen und öffentlich in den Medien ausgetragenen Streitigkeiten aufgelöst.[237] Übrig blieben nur die kleinen Arbeitsgruppen um Gottstein, der als MPG-Mitglied unkündbar war, und Afheldt, den man aus arbeitsrechtlichen Gründen nicht entlassen konnte. Beide Gruppenleiter waren, worauf im vierten Kapitel näher einzugehen ist, über ihre gegen Ende des Jahrzehnts anstehende Emeritierung bzw. Pensionierung hinaus in trans- und internationalen militär-

234 Vgl. den Wikipedia-Eintrag zu: Wahl des deutschen Bundespräsidenten 1979. https://de.wikipedia.org/wiki/Wahl_des_deutschen_Bundespr%C3%A4sidenten_1979, zuletzt aufgerufen am 10.3.2019.

235 Brandt an Weizsäcker am 30.5.1979, AMPG, III. Abt., Rep. 111, Nr. 243.

236 Thoms, Geschichte des Max-Planck-Instituts, 2016, 9–11. Zur Entwicklung des MPIB im Kontext der Tendenzwende vgl. demnächst: Behm, *MPI für Bildungsforschung*.

237 Leendertz, *Pragmatische Wende*, 2010, 29–49.

strategischen, abrüstungspolitischen, entwicklungs- und umweltpolitischen Expertenkreisen und NGOs aktiv. Hingegen wurden sie in der MPG zwar weiterhin großzügig alimentiert, aber institutionell zügig marginalisiert.[238]

Mit Carl Friedrich von Weizsäcker ritt 1980 zugleich der letzte Wissenschaftler vom Hofe, auf den sich das (Selbst-)Bild der MPG als einer korporativ handelnden wissenschaftlich-politischen Einheit noch projizieren ließ. Er war auch einer der letzten, dem größere Teile einer zunehmend wissenschaftskritischen bundesdeutschen Öffentlichkeit noch zugestanden, »im Namen der Wissenschaft« außen-, friedens- und energiepolitische Fragen zu beurteilen, und dessen Dicta sie bereit waren, ernsthaft in Erwägung zu ziehen. Das personell verstärkte und organisatorisch konsolidierte Auslandsreferat in der Generalverwaltung konzentrierte sich demgegenüber auf das Kerngeschäft der Vermittlung und Verwaltung bi- und multilateraler wissenschaftlicher Kooperationen, möglichst auf der konkreten Arbeitsebene der Labors und Großforschungseinrichtungen. Im Übrigen übte sich die MPG – jenseits der europäischen Wissenschaftsförderungspolitik und des Sondereinsatzes in China – in außenpolitischer Enthaltsamkeit.

Wie politisch darf ein MPG-Wissenschaftler sein? Dürr versus Lüst

Es blieben die individuellen wissenschaftlichen Mitglieder, aber auch die wissenschaftlichen und nicht-wissenschaftlichen Mitarbeiterinnen und Mitarbeiter. In unterschiedlichster Weise engagierten sich einige von ihnen in innen- und außenpolitischen Konflikten und vor allem in solchen, von denen sie sich als Wissenschaftler und Wissenschaftlerinnen bzw. als Angehörige der prominentesten bundesdeutschen Wissenschaftsorganisation herausgefordert fühlten. So protestierte der Direktor am MPI für biophysikalische Chemie in Göttingen, der Hirnphysiologe Otto Creutzfeldt, 1973 gemeinsam mit »etwa 100 jüngeren und älteren Mitarbeitern der Universitätskliniken und Max-Planck-Institute« in einem offenen Brief an den syrischen Präsidenten gegen die »unmenschlichen Bedingungen«, denen israelische Kriegsgefangene aus dem Sechstagekrieg und dem Oktoberkrieg »in Konzentrationslagern in Syrien ausgesetzt« seien.[239] 1974 sammelte er erneut in Kooperation mit dem bundesdeutschen P. E. N.-Zentrum Unterschriften gegen »die zunehmende Verketzerung Israels in der UNO und jetzt auch der UNESCO«, die Israel wegen seiner von arabischer Seite bekämpften

238 Afheldt, Kalter Krieg, 2009, 307, Anm. 11. Vgl. Sachse, *MPG und die Pugwash Conferences*, 2016, 37–38.

239 Deutscher Briefentwurf vom 12.12.1973, AMPG, III. Abt., Rep. 84/2, Nr. 1070, fol. 2–3; Schreiben an President of the Syrian Republic am 12.12.1973, AMPG, III. Abt., Rep. 84/2, Nr. 1070, fol. 4; Creutzfeld an Butenandt am 14.12.1973, AMPG, III. Abt., Rep. 84/2, Nr. 1070, fol. 1. Ich danke Sascha Topp für diesen und den nachfolgenden Quellenhinweis.

archäologischen Grabungen in Jerusalem die Mitarbeit verweigerte.[240] Nicht immer waren die in solchen Aktionen vertretenen Positionen so regierungsloyal und zugleich innerhalb der MPG so konsensuell wie im Fall der seit den späten 1950er Jahren im wissenschaftlichen Austausch basierten Solidarität mit Israel.

Das musste auch der MPG-Präsident Lüst höchstpersönlich erfahren, der den Bundeskanzler nicht nur mehrfach als »eine Art Außenminister der deutschen Wissenschaft« von Amts wegen auf dessen Auslandsreisen begleitete, sondern ihm 1975 auch als wissenschaftlicher Experte in seiner Kernenergiepolitik zur Seite springen wollte.[241] Gemeinsam mit seinen Physikerkollegen, dem Vorstandsvorsitzenden der KFA Beckurts und dem DFG-Präsidenten Maier-Leibnitz, verfasste er jenen bereits erwähnten offenen Brief zur Unterstützung des von der Bundesregierung geplanten weiteren Ausbaus von Atomkraftwerken. Zwar hatten die drei hochrenommierten Kernenergiebefürworter ihren Appell an die Abgeordneten des deutschen Bundestages als »Wissenschaftler und Staatsbürger« auf neutralem Briefpapier verfasst, jedoch in den Wissenschaftsorganisationen, denen sie vorstanden, dafür geworben und mehr als 600 Unterschriften gesammelt.[242] Ausgerechnet an Lüsts eigenem MPI für Physik und Astrophysik kritisierten die Abteilungsleiter Norbert Schmitz und Hans-Peter Dürr den offenen Brief heftig, und zwar nicht, weil hier womöglich der MPG-Präsident die Unterscheidung zwischen seiner dienstlichen Position und seiner politischen Haltung als Staatsbürger en passant verwischt hatte. Die Kritik richtete sich gegen den Kernphysiker, der über die Gefahren der Atomenergie allzu »großzügig« hinweggegangen sei.[243]

240 Creutzfeld an Butenandt am 28.11.1974, AMPG, III. Abt., Rep. 84/2, Nr.1070, fol. 5. Botschaftsrat Lahav (israelische Botschaft in Bonn) an Creutzfeld 28.11.1974. Die UNESCO hatte Israel – anders als den USA und Kanada – den Beitritt zu ihrer Europäischen Region verweigert; da sich die Asiatische und die Nahöstliche Region ihrerseits weigerten, Israel aufzunehmen, aber die Zugehörigkeit zu einer Region Voraussetzung für die Einbeziehung in regionale UNESCO-Aktionen war, hatte Israel keine organisatorisch-institutionelle Basis mehr in der UNESCO.

241 Dieser Attribuierung seines Interviewers Nolte widersprach Lüst nicht: Gespräch Lüst (Nolte), 2008, 195.

242 »Offener Brief an die Abgeordneten des Bundestages«; Anschreiben Lüst an Kollegen am 18.11.1975, AMPG, III. Abt., ZA 116, K 65; Altenburg 2010, 66.

243 Dürr an Lüst am 3.12.1975, AMPG, III. Abt., ZA 116, K 65; hier bezog sich Dürr auf ein entsprechendes Schreiben von Schmitz an Lüst und schloss sich dessen Begründungen an, ohne diese zu referieren. In einem Interview, das Rainer Braun und Hans-Joachim Bieber am 29.7.2008 mit ihm führten, erinnerte Dürr diese Auseinandersetzung indessen genau andersherum: Er habe den drei Autoren vorgehalten, dass sie den Brief nicht als Privatpersonen, sondern als Repräsentanten ihrer Institutionen unterzeichnet und ihn aufgefordert hätten, seinerseits als MPI-Direktor zu unterschreiben, was er verweigert habe, Braun und Bieber, Interview Dürr (Braun und Bieber), 2009, 347–350. Tatsächlich hatten sie den offenen Brief als »Staatsbürger und Wissenschaftler« verfasst und ihre Mitarbeiter gebeten, den Brief ebenso zu unterschreiben; außerdem erinnerte Dürr den Briefautor Beckurts nurmehr als »Beck« – so viel zu den Kapriolen des Gedächtnisses von Zeitzeugen. Hans-Peter Dürr (1929–2014) hatte 1956 bei Edward Teller in Berkeley

Mehr noch, für Dürr war diese Unterschriftenaktion ein doppeltes Erweckungserlebnis: Zum einen fühlte er sich durch die in dem offenen Brief aufgestellte Behauptung, dass »in den kommenden Jahrzehnten mit einem weiteren Anstieg des Energieverbrauchs zu rechnen [sei], dessen Ausmaß mit dem Wachstum der Volkswirtschaft verkoppelt ist«, herausgefordert.[244] In den folgenden Jahren ließ ihn die Frage nach der Berechnung des notwendigen Energiebedarfs und den möglichen Einschränkungen des Verbrauchs auf ein global und langfristig verträgliches Maß nicht mehr los; vielmehr trieb sie ihn immer weiter in die Beschäftigung mit ökologischen Systemzusammenhängen und alternativen Denkansätzen, in denen er lebensphilosophische und quantentheoretische Überlegungen zu verknüpfen suchte.[245] Zum anderen hielt ihn nach dem Tod seines hochverehrten Lehrers Heisenberg, seinem wichtigsten Gesprächspartner auf dem Feld der theoretischen Physik, aber zugleich unbeirrbarem Verteidiger der zivilen Kernenergienutzung, nichts mehr davon ab, seine wachsende Kritik an der Atomenergiepolitik der Bundesregierung und darüber hinaus an der westlichen Konsumkultur öffentlich zu vertreten. Seine ersten in Reaktion auf Lüsts offenen Brief verfassten und über die Jahre immer wieder zitierten »kritischen Gedanken zur Kernenergie-Debatte«, die Lüst vor allem in ihrer langanhaltenden politischen Wirkung schier entsetzten, erschienen als zweiteiliger Artikel im Herbst 1977 in der Frankfurter Rundschau.[246] Immer stärker engagierte sich Dürr danach in transnationalen friedens- und umweltpolitischen Aktivitäten von Wissenschaftlern und Wissenschaftlerinnen sowie in zivilgesellschaftlichen NGOs, die ähnliche Ziele verfolgten, sich gern auf den Kernphysiker und Direktor am Werner-Heisenberg-Institut der MPG beriefen,

promoviert und sich anlässlich eines Besuchs des bundesdeutschen Atomministers Franz Josef Strauß bei Teller überzeugen lassen, nach Deutschland zurückzukehren, um mit Heisenberg zusammenzuarbeiten, vgl. Gespräch Dürr (Devillard), 2013, 93–97. Heisenberg betrachtete ihn als »den Mitarbeiter mit der stärksten theoretischen Begabung seit 1945« und setzte trotz eher verhaltener Gutachten seine Wahl zum wissenschaftlichen Mitglied 1963 durch: Niederschrift der Kommissionssitzung vom 14.5.1963 (fol. 274–275); Antrag der CPTS vom 15.5.1963 (fol. 278, Zitat); Auszug aus der Niederschrift der Sitzung des Senats vom 15.5.1963 (fol. 278–280); Gutachten (fol. 208–210), AMPG, II. Abt., Rep. 66, Nr. 3048.

244 »Offener Brief an die Abgeordneten des Bundestages«, AMPG, III. Abt., ZA 116, K 65; das Fragezeichen neben dem zitierten Satz war die einzige Marginalie, die Dürr am Briefentwurf von Lüst et al. anbrachte.

245 Dürr, Immer mehr, *Frankfurter Rundschau*, 27.9.1977; Dürr, Sicherung des Weltfriedens, *Frankfurter Rundschau*, 28.9.1977, GVMPG, Presseausschnittsammlung Dürr, KWG/MPG DÜRR Hans Peter, Personalien bis 1991. Anfang der 1980er Jahre leitete Dürr das »Seminar Sanfte Energie für München (SESAM)« vgl. Beisel, Kreissäge, 1983; Dürr, Personal Energy Budget, 1994.

246 Dürr, Immer mehr, *Frankfurter Rundschau*, 27.9.1977; Dürr, Sicherung des Weltfriedens, *Frankfurter Rundschau*, 28.9.1977. Dürr an Lüst am 18.3.1980, AMPG, III. Abt., ZA 116, K 65. Interview Dürr (Reif), 2008, 45–46.

ihn als mitreißenden Redner auf ihre Podien einluden und in ihre Präsidien wählten. Wie einer seiner Mitstreiter, der Generalsekretär der Pugwash-Konferenzen Francesco Calogero, 1990 anerkennend bemerkte, war Dürr »a world known theoretical physicist working essentially full-time since many years on global projects connected with ecology, development, and conversion«.[247]

Innerhalb des eigenen Hauses wurden hingegen genau diese Aktivitäten äußerst kritisch kommentiert. Während einer Sitzung des Intersektionellen Ausschusses im Herbst 1980 gerieten Lüst und Dürr über die Rolle des Wissenschaftlers in der Öffentlichkeit aneinander.[248] Nachdem der Ausschussvorsitzende Otto Westphal vom MPI für Immunbiologie berichtet hatte, dass immer wieder Bitten geäußert würden, die MPG möge »sich zu drängenden wissenschaftspolitischen Fragen äußern«, versuchte der MPG-Präsident den Rahmen dafür auf Gebiete zu beschränken, »auf denen sie durch absolute Sachkompetenz ausgewiesen« sei. Sein Generalsekretär Dietrich Ranfft formulierte es noch schärfer, nämlich:

> [...] daß die Verantwortung des Wissenschaftlers anderer Natur sei als die des Staatsbürgers; um jedem Mißbrauch vorzubeugen, müßten die Aussagen des Wissenschaftlers absolut der Wahrheit entsprechen und nicht nur Meinungen widerspiegeln.[249]

Dürr hingegen wollte »die Grenzen nicht so eng gefaßt« sehen. Ganz in der Tradition Heisenbergs und Butenandts, denen er sich eng verbunden fühlte, bestand er auf der besonderen Nobilität wissenschaftlicher Denkungsart und der besonderen gesellschaftlichen Verantwortung des darin geschulten Wissenschaftlers.[250] Dürr zufolge sollte gerade »die Erkenntnis- und Urteilsfähigkeit, die der Wissenschaftler über die Erfahrungen im eigenen Fachgebiet hinaus durch seine Arbeit erworben habe, in die öffentliche Diskussion um allgemeine Probleme mit eingebracht werden«.[251]

Lüst hielt diesen Ansatz für so verkehrt, dass er zwei Jahre darauf in seiner Ansprache an die Hauptversammlung der MPG seine Kollegen sogar davor

247 Calogero an Yasushi Akashi am 29.5.1990, AMPG, III. Abt., ZA 116, K 58. Einen guten Einblick in das rastlose Engagement Dürrs und sein öffentliches Wirken vermitteln die gesammelten Zeitschriftenausschnitte in: GVMPG, Presseausschnittsammlung Dürr, KWG/MPG DÜRR Hans Peter, Personalien bis 1991.

248 Der Intersektionelle Ausschuss bestand aus den Vorsitzenden und je zwei weiteren Vertretern der drei wissenschaftlichen Sektionen der MPG; er war 1970 vom Wissenschaftlichen Rat, also der Vollversammlung der MPG-Mitglieder, installiert worden, um den Einfluss der Mitglieder auf die Entscheidungsfindungen der Generalverwaltung zu vergrößern, vgl. Balcar, *Wandel*, 2020, 222 und passim.

249 Ergebnisprotokoll über die Sitzung des Intersektionellen Ausschusses des Wissenschaftlichen Rates der MPG vom 4.11.1980, AMPG, II. Abt., Rep. 1, Nr. 281, fol. 256.

250 Vgl. zum Verhältnis Dürr und Heisenberg: Gespräch Dürr (Devillard), 2013, 89–92, 96–97 und zu Dürr und Butenandt: Dürr an Butenandt 16.3.1983, AMPG, III. Abt., ZA 116, K 7.

251 Ergebnisprotokoll über die Sitzung des Intersektionellen Ausschusses des Wissenschaftlichen Rates der MPG vom 4.11.1980, AMPG, II. Abt., Rep. 1, Nr. 281, fol. 256.

Abb. 6: Werner Heisenberg und Hans-Peter Dürr im MPI für Physik, Anfang der 1960er Jahre.

warnte, »als Wissenschaftler in einem Felde [zu] argumentieren, in dem sie selbst nicht oder nicht ausreichend kompetent sind oder in dem ihre Aussagen in Wirklichkeit eher gesellschaftspolitisch sind, ohne daß sie dies deutlich zu erkennen geben«.[252] Dürr, an den sich diese Warnung zuallererst richtete, auch wenn er dezenterweise nicht namentlich genannt wurde, ließ sich davon wenig beeindrucken. Er wollte oder konnte das Spiel nicht spielen, das Carl Friedrich von Weizsäcker noch immer so meisterlich beherrschte, nämlich zwischen seinen Sprecherpositionen als Wissenschaftler und als Staatsbürger säuberlich zu unterscheiden – selbst dann, wenn dies von der Sache her schwer möglich war und durch die häufigen Gesprächsinszenierungen mit Weizsäcker in der Hauptrolle des *Senior Scientist*, der sich auf Augenhöhe mit einem *Elder Statesman* austauschte, eher verwischt als unterstrichen wurde. Überhaupt war das Bemühen, zwischen den Rollen als Wissenschaftler und Staatsbürger zu differenzieren,

252 *MPG-Jahrbuch 1982*, 21–22.

in der Öffentlichkeit zumeist verlorene Liebesmüh, denn wann immer ein Angehöriger der MPG sich öffentlich zu aktuell interessierenden Fragen jedweder politischen Art äußerte, wurde er in den Medien als solcher präsentiert, um seinen Aussagen durch den Nimbus der eminenten bundesdeutschen Forschungsorganisation noch mehr Gewicht zu verleihen.

Diese Kontroverse war der Ausgangspunkt eines tiefen Zerwürfnisses zwischen dem atom-, friedens- und umweltpolitisch engagierten Physiker Dürr und seinem Präsidenten und vormaligen Institutskollegen Lüst. Sie markiert zugleich eine Wegscheide, an der sich das Selbstverständnis der MPG als institutioneller Akteurin im Verhältnis von Wissenschaft und Politik endgültig lossagte vom Verständnis des Wissenschaftlers als eines mit sich selbst identischen Homo politicus, dessen rationale Denkungsart ihn befähige, die Probleme beider Sphären gleichermaßen zu durchdringen. Die beiden Protagonisten dieser Kontroverse lagen altersmäßig nicht weit auseinander, aber sie gehörten zwei generationell aufeinanderfolgenden Denkstilen an. Der jüngere Dürr (*1929), der das Kriegsende als jugendlicher Flakhelfer erlebt hatte, fühlte sich als theoretischer Physiker berufen, die Welt als Ganzes zu durchdenken und in naturwissenschaftlicher Rationalität basierte Lösungen für existenzielle Probleme zu entwickeln. Er sah sich dabei – ob zurecht oder nicht – in einer Denktradition mit seinen verstorbenen bzw. emeritierten Lehrern Heisenberg und Weizsäcker und in grundsätzlicher Übereinstimmung mit dem von ihm verehrten Altpräsidenten Butenandt. Der ältere Lüst (*1923) hatte sich als Notabiturient freiwillig zum Kriegseinsatz gemeldet und war 1943 als Ingenieur seinem sinkenden U-Boot mit knapper Not entkommen, um die letzten beiden Kriegsjahre in amerikanischer Kriegsgefangenschaft zu verbringen. Er verkörperte wie kaum ein anderer prominenter MPG-Wissenschaftler dieser Jahre das, was Ariane Leendertz in einem anderen Zusammenhang die »pragmatische Wende« genannt hat, nämlich die Abkehr von ganzheitlichen, tendenziell ideologischen Theorieansätzen, die Anerkenntnis der Begrenztheit und Fragmentiertheit möglichen Wissens und den Ehrgeiz, dieses Wissen mit allen verfügbaren Möglichkeiten – in Lüsts Fall der großtechnologischen Weltraumforschung – experimentell zu erweitern.[253]

Lüst war als europäischer Wissenschaftsmanager der richtige Mann zur richtigen Zeit, um gegen Ende der 1970er Jahre mit dem inhaltlichen Umbau des MPI für Bildungsforschung und der Schließung des Starnberger Instituts in der

253 Leendertz, *Pragmatische Wende*, 2010, 8–11. Als Ego-Dokumente der beiden hier exemplarisch konfrontierten Protagonisten siehe Gespräch Dürr (Devillard), 2013; Gespräch Lüst (Nolte), 2008. Im Vergleich dieser sich altersmäßig nahestehenden MPG-Physiker, die ähnliche Qualifikationswege einschließlich langjähriger Aufenthalte in US-amerikanischen Labors in den 1950er Jahren durchlaufen hatten und beide international, wenn auch in teilweise unterschiedlichen physikalischen *Communities* vernetzt waren, zeigt sich einmal mehr die allenfalls hoch aggregierte Aussagekraft eines Generationenmodells, das von Balcar freilich zuversichtlicher für die Analyse der MPG-Mitgliederstruktur genutzt wird, Balcar, *Wandel*, 2020, 24–33.

MPG das nachzuvollziehen, was von der sozialliberalen Innenpolitik am Beginn des Jahrzehnts angestoßen worden war: die innenpolitische Flankierung der neuen Ostpolitik durch eine strikte Distanzierung von gesellschaftskritischen Bestrebungen, die von der Opposition als »linkssozialistisch«, »kommunistenfreundlich« oder gar »kommunistisch unterwandert« hätten denunziert werden können.[254] Es mag befremden, dass seitens der neuen MPG-Führung ein wissenschaftliches Welt- und Politikverständnis gerade dann aus dem intellektuellen Horizont der MPG gedrängt wurde, als die sozialliberale Ostpolitik umsetzte, was ein Jahrzehnt zuvor führende Repräsentanten der MPG unter Berufung auf ein solches Wissenschaftsverständnis als eine endlich realistische Außenpolitik gefordert hatten. Die »Tendenzwende«, die spätestens mit dem Kanzlersturz von 1974 aus dem Vokabular der Wirtschaftspresse auch in den politischen Journalismus übernommen wurde, mag den breiteren gesellschaftlichen Kontext dafür geboten haben.[255]

Es gab aber auch, wie Lüsts kontroverse Intervention zugunsten der Schmidt'schen Atomenergiepolitik gezeigt hatte, Klärungsbedarf, in welcher Weise, Rolle und Funktion und an welchem Ort MPG-Wissenschaftler sich zu (welt)politischen Problemen äußern können sollten. Anders als zu Zeiten der Göttinger Erklärung gab es keine selbstverständlich autorisierten Sprecher mehr, die sich wie Hahn, Heisenberg und Weizsäcker – allenfalls nach Abstimmungen untereinander – unangefochten zu Wort melden konnten und als Repräsentanten der MPG gelten durften, auch wenn sie nicht explizit in deren Namen sprachen. Schon in den Verhandlungen um die Satzungsreform der 1960er Jahre war das von Butenandt geforderte politische Mandat des Präsidenten zwar befürwortet, zugleich aber auf wissenschaftspolitische Fragen im engeren Sinne begrenzt worden. Zudem widersetzten sich vielschichtige Problemlagen eindeutigen Analysen. In den 1950er Jahren konnte man sich mit oder ohne kernphysikalische Expertise rasch darauf einigen, dass der zu dieser Zeit nur als globale Katastrophe vorstellbare Atomkrieg vermieden werden musste. Anfang des folgenden Jahrzehnts ließ sich im Tübinger Memorandum außenpolitischer Realismus noch als Manifestation wissenschaftlicher Wahrheit beschreiben und einfordern. Inzwischen waren ganz offensichtlich unterschiedliche, aber gleichermaßen wissenschaftlich begründbare Antworten – oder Annäherungen an solche – möglich auf komplexere Fragen wie die nach der Führbarkeit begrenzter Atomkriege, den Risiken atomaren Fallouts, der Sicherheit von Atomkraftwerken,

254 Pointiert formuliert hat das Borowsky, Tendenzwende, 1998.

255 Zur Begriffskonjunktur der »Tendenzwende« vgl. Hoeres, Von der »Tendenzwende«, 2013. Nach Google Books Ngram Viewer steigt die Konjunktur der Verwendung des Begriffs »Tendenzwende« schon ab 1970 steil an und erreicht 1978 ihren Kulminationspunkt: Google Books Ngram Viewer, Tendenzwende, https://books.google.com/ngrams/graph?content=Tendenzwende&year_start=1800&year_end=2019&corpus=31&smoothing=3&direct_url=t1%3B%2CTendenzwende%3B%2Cc0#t1%3B%2CTendenzwende%3B%2Cc1, zuletzt aufgerufen am 30.7.2022.

der Endlichkeit des Ressourcenverbrauchs oder der Fragilität regionaler und globaler Ökosysteme.

Zudem erlebte die Erkenntnis, dass Wissenschaft vielen Interessen dienen kann, eine Renaissance, nicht zuletzt im Zuge der in den frühen 1980er Jahren einsetzenden und von medialer Aufmerksamkeit begleiteten Aufarbeitung der NS-Wissenschaft und vor allem der medizinischen Verbrechen. Wissenschaftskritik war wieder en vogue, und dass sie bis in bundesdeutsche Regierungskreise hineinreichte, beunruhigte den MPG-Präsidenten Lüst in seinen letzten Amtsjahren besonders:

> Daß überhaupt bei Anhörungen im politischen Raum Politiker und Regierungsbeamte da und dort fast offiziell die zwei Kategorien vom »Wissenschaftler« und vom »kritischen Wissenschaftler« benutzen, geht über eine Stilfrage hinaus. Nicht nur, daß man damit der einen Gruppe eine kritische Haltung abspricht – in der Öffentlichkeit muß der Eindruck entstehen, als könne man von Wissenschaftlern von vornherein nichts anderes als einseitige und interessengebundene Aussagen erwarten.[256]

Das war gefährlich in einer Zeit, in der öffentliche Gelder knapper waren als zuvor, der Finanzbedarf insbesondere der großinstrumentell betriebenen naturwissenschaftlichen Forschung jedoch weiter wuchs und die Europäische Gemeinschaft (EG) sich anschickte, mithilfe neuer Instrumente der Wissenschaftsförderung europapolitische Ziele zu verfolgen, die mit den je konkreten Interessen von MPG-Wissenschaftlern an selbstdefinierten europäischen Forschungskooperationen nicht unbedingt identisch waren. Für Lüst und die Generalverwaltung galt es mehr als zuvor, die Autonomie des Wissenschaftssystems und darin eingebettet die Autonomie der MPG im nationalen und nun auch im supranationalen Rahmen der EG zu verteidigen, ohne auf neue Finanzierungsquellen verzichten zu müssen. Vor diesem Hintergrund mochte es erst recht angeraten erscheinen, im Umkehrschluss die Autonomie des politischen Systems zu respektieren und sich nicht länger als politischer Lehrmeister der Nation zu gerieren, sondern argumentativ auf den eigenständigen Wert wissenschaftlichen Erkenntnisgewinns und insbesondere der in der MPG beheimateten Grundlagenforschung jenseits block- und finanzpolitischer Restriktionen zu setzen. Diese Argumentationsstrategie sollte in den darauffolgenden Jahren nicht lange unwidersprochen bleiben.

256 *MPG-Jahrbuch 1982*, 21.

2.4 Vom Ende der Entspannung zum Zusammenbruch des Sowjetimperiums

1985, mitten im letzten Akt des Kalten Krieges, rief Jürgen Habermas die Epoche der »Neuen Unübersichtlichkeit« aus.[257] Und in der Tat ist es auch mehr als drei Jahrzehnte später nicht leicht, die 1980er und frühen 1990er Jahre auf den Begriff zu bringen oder sie auch nur auf eine überschaubare Anzahl von Charakteristika zu reduzieren. Zwar lässt sich der Beginn dieses Zeitabschnitts Ende der 1970er Jahre mit der – noch in der Logik des Gleichgewichts des Schreckens verbleibenden – Stationierung einer neuen Generation von nuklearen Mittelstreckenraketen auf beiden Seiten des Eisernen Vorhangs und vor allem seines deutsch-deutschen Teilstücks ebenso deutlich markieren wie sein Ende mit dem Zusammenbruch des Sowjetimperiums 1989/90. Ins Zentrum rückt dann mit einiger Plausibilität Ronald Reagans 1983 eröffnete rüstungspolitische Großoffensive der *Strategic Defense Initiative* (SDI), mit der er die Logik des militärischen Gleichgewichts definitiv verabschiedete und die Militarisierung des Weltraums in Angriff nehmen wollte, den die international verflochtenen »Extraterresten« in der MPG als ihre wissenschaftliche Freizone betrachteten.[258] Statt die Sowjetunion mit einem analogen Programm vollends in den Bankrott zu treiben, antwortete Reagans ebenfalls neu ins Präsidentenamt eingerückter Gegenspieler Michail Gorbatschow ab Mitte der 1980er Jahre mit einer überraschenden, durch den Supergau von Tschernobyl beschleunigten und am Ende erstaunlich erfolgreichen Initiative zur nuklearen Abrüstung.[259] Doch welche der vielfältigen geopolitischen, ökonomischen, wissenschaftlich-technischen, sozialen und kulturellen Entwicklungen, die sich überwiegend global ausprägten, die drei Markierungspunkte ursächlich miteinander verbanden, ist historiographisch noch längst nicht entschieden.[260] Ebenso wenig klar zu beurteilen ist die Bedeutung der »neuen«, transnational agierenden sozialen Bewegungen, die sich mit ihren vielfältigen, miteinander korrespondierenden friedens- und abrüstungspolitischen, feministischen und ökologischen Zielen der neuerlichen

257 Habermas, Unübersichtlichkeit, 1985. Zum Rücktritt Habermas' vgl. Leendertz, *Pragmatische Wende*, 2010, 44–49.

258 Eine erste Analyse des strategischen Richtungswechsels unternahm zeitnah Heisenbergs Sohn Wolfgang, der an der Ebenhausener Stiftung Wissenschaft und Politik tätig war: Heisenberg, Strategische Verteidigungsinitiative, 1986. Fitzgerald, *Way Out There*, 2001.

259 Arndt, *Politik und Gesellschaft nach Tschernobyl*, 2016; Radkau, Dreißig Jahre, 1.4.2016, https://zeitgeschichte-online.de/kommentar/dreissig-jahre-tschernobyl.

260 Axel Schildt überzeichnet m. E. das Bild einer in wohliger Stagnation verharrenden Bundesrepublik, die sich von den globalen Entwicklungen kaum beeindrucken ließ: Schildt, Letzte Jahrzehnt, 2012. Ebenfalls nur aus westdeutscher Perspektive befassen sich die Beiträge des Heftes *Aus Politik und Zeitgeschichte* vom 6.11.2015 mit den 1980er Jahren; dort finden sich auch weitere Literaturverweise.

Eskalation der Blockkonfrontation entgegenstellten und sich von den abgenutzten antikommunistischen Projektionen immer weniger beeindrucken ließen.[261]

Der britische Historiker Ian Kershaw macht in seiner 2019 erschienenen Geschichte Europas seit 1950 für die Beendigung des Kalten Krieges und »die umwälzenden Veränderungen in der Osthälfte des Kontinents« letztlich das ereignishafte Auftreten der Person Gorbatschows verantwortlich.[262] Auf westlicher Seite sieht er indessen ähnlich wie Habermas viele neben-, mit- und gegeneinander laufende Trends, die sich allesamt im Syndrom des postmodernen Zeitgeistes verknäulten: Er nennt unter anderem die Deindustrialisierung und ihre Konsequenzen für Arbeitsmärkte und Sozialstruktur, die Computerisierung und Medialisierung der Massenkultur, den »Niedergang eines Gesellschaftsverständnisses, das kollektive Sorge und Verantwortung in den Vordergrund stellte«, Privatisierung und Individualisierung, tendenziell egalisierende Veränderungen in den Geschlechterverhältnissen, sexuelle Liberalisierung, den Niedergang der Sozialdemokratie und den Aufstieg der ökologisch orientierten Parteien.[263] Dass die meisten dieser Trends sich eher verstärkten, als dass sie in den 1980er Jahren neu entstanden wären, und dass sie noch weit ins 21. Jahrhundert hineinreichen, erleichtert ihre historische Einordnung nicht.

Die geopolitischen Ereignisse und die gesellschaftspolitischen Entwicklungen dieser Jahre tangierten die MPG als ein soziales Gebilde wissenschaftlich arbeitender und politisch mehr oder minder engagierter Menschen ebenso wie ihre internationalen Beziehungen und ihre Positionierung im Wissenschaftssystem, sei es im nationalen, im europäischen oder internationalen Rahmen. Wie sich einzelne MPG-Wissenschaftler – und die eine oder andere ihrer noch immer wenigen Kolleginnen[264] – als politische Personen in diese transnationalen, vor allem friedens- und umweltpolitischen Bewegungen einbrachten und in welche

261 Inzwischen liegt neben der sozialwissenschaftlichen auch eine wachsende historiographische Literatur zu den in der Folge von »1968« entstehenden verzweigten Bewegungen vor, die im Unterschied etwa zu der im 19. Jahrhundert entstandenen klassischen Arbeiterbewegung und der gleichzeitigen, aus der Perspektive der 1970er und 1980er Jahre »alten« Frauenbewegung von ihren Akteur/innen ebenso wie von den zeitgenössischen Medien und den Sozialwissenschaften als »neu« verstanden und beschrieben wurden, vgl. für die Bundesrepublik Reichardt, *Authentizität*, 2014; Ferree, *Varieties of Feminism*, 2012. Als deutsch-französischen Vergleich der Frauenbewegung vgl. Schulz, *Frauenbewegung*, 2002. Aus globalhistorischer Perspektive und mit Fokus auf Anti-Atomwaffen-Bewegungen vgl. Wittner, *Struggle Against the Bomb, Bd. 3*, 2003.

262 Kershaw, *Achterbahn*, 2019, 441–472, Zitat 472. Vgl. Judt, *Geschichte Europas*, 2007, 682–695.

263 Kershaw, *Achterbahn*, 2019, 472–494, Zitat 477.

264 Zwischen 1979 und 1992 wurden überhaupt nur zwei Frauen, die Soziologin Renate Mayntz (MPI für Gesellschaftsforschung) und die Biologin Christiane Nüsslein-Volhard (MPI für Entwicklungsbiologie) zu wissenschaftlichen Mitgliedern berufen; zwischen 1948 und 1979 wurden insgesamt sechs Frauen zu wissenschaftlichen Mitgliedern und zwei weitere zu auswärtigen wissenschaftlichen Mitgliedern berufen – im Schnitt also pro Jahrzehnt zwei Frauen. Vgl. Kolboske, *Chancengleichheit*, 2018, 131–136.

Konflikte sie damit innerhalb einer MPG gerieten, wird im vierten Kapitel dieser Studie dargestellt. Im Fokus des vorliegenden Kapitels steht zunächst die MPG als institutioneller Akteur, der sich in der neuen gesellschaftlichen Unübersichtlichkeit einerseits und in der sich dramatisch verändernden geopolitischen Situation andererseits zu positionieren versuchte. Sowohl die neuerliche militärische Aufrüstung der Blöcke seit Ende der 1970er Jahre als auch die Mitte der 1980er Jahre einsetzenden Abrüstungsverhandlungen waren in einer Weise mit wissenschaftlicher Forschung verknüpft, die die MPG in ihrem Selbstverständnis als möglichst politikfreier Hort der Grundlagenforschung herausforderten. Zudem bangte sie um ihre Geschäftsgrundlage: die auskömmliche und weitestgehend selbstbestimmt zu verwendende staatliche Grundfinanzierung, die sie in der spezifischen westdeutschen Nachkriegssituation erfolgreich ausverhandelt und auch über die mageren 1970er Jahre hinweg verteidigt hatte. Diese Grundfinanzierung sah sie von immer neuen wissenschaftskritischen Debatten in der Öffentlichkeit einerseits und – verstärkt seit dem neuerlichen Regierungswechsel von 1982 – von außenwissenschaftspolitischen Prioritäten der Bundesregierung in Frage gestellt.

Die MPG im Verhältnis von Politik und Öffentlichkeit

Die in der Nachkriegszeit etablierte, auch im internationalen Vergleich außergewöhnliche Autonomie von MPG-Wissenschaftlern in der Wahl und Bearbeitung ihrer Forschungsfelder blieb über die Jahre nicht unwidersprochen. Das zeigte sich schon in den 1970er Jahren. So hatte Bundeskanzler Helmut Schmidt 1975 in seiner Antrittsrede vor der Festversammlung der MPG die »Bringschuld« der Wissenschaft angemahnt und dahingehend präzisiert, dass Wissenschaftler ihre Fragestellungen und Ergebnisse der Öffentlichkeit allgemeinverständlich darzustellen und auf gesellschaftliche Konsequenzen hinzuweisen hätten.[265] Von der Bringschuld der Wissenschaft war seither immer wieder die Rede, wenn es um ihr Verhältnis zu Politik und Öffentlichkeit ging. In seiner Festansprache von 1982 konfrontierte MPG-Präsident Lüst den erneut anwesenden Schuldeneintreiber mit der Gegenthese von der »Holschuld der Politiker«, die sich gefälligst »ernsthaft mit Wissenschaftlern auseinandersetzen« sollten, statt »für alles und jedes ein sogenanntes wissenschaftliches Gutachten« anzufordern – eine ungute Praxis, die sich in den letzten Jahren etabliert habe und nur dazu angetan sei, beide Seiten, Wissenschaft und Politik, zu diskreditieren. Wissenschaft

265 Schmidt, Forschungspolitik, 1975. Die Bringschuld-Passage ist in den abgedruckten Auszügen nicht enthalten, wird aber später häufig zitiert, vgl. z. B. Gespräch Hartmut Graßl und Helmut Schmidt, 1.6.1995, 7, die diese Passage in ihrem Gespräch allerdings irrtümlich einer Rede Schmidts vor dem Deutschen Historikertag zuordnen. Zum Historikertag sprach Schmidt nicht 1975, sondern 1978, und zwar ohne auf die Bringschuld zu rekurrieren: Schmidt, Auftrag und Verpflichtung, 1978.

Abb. 7: Ansprache des Bundeskanzlers Helmut Schmidt bei der MPG-Festversammlung am 14.5.1982 in Bonn.

könne allenfalls helfen, »Tatbestände aufzuklären, Fehlentwicklungen zu erkennen und Alternativen aufzuzeigen«, aber keine »Patentrezepte« liefern.[266] Bundeskanzler Schmidt, der sich dieses Mal entgegen dem üblichen Protokoll das letzte Wort als Festredner ausbedungen hatte, ließ sich damit nicht abspeisen.[267] Vielmehr erinnerte er die MPG-Wissenschaftler erneut an ihre Verantwortung für die gesellschaftlichen Konsequenzen ihrer Forschungen, die sie nicht auf die Politiker abschieben könnten:

> Ich möchte das Wort von der Bringschuld wieder aufnehmen und – unter dem Gesichtspunkt dieser Verantwortung gegenüber der Gesellschaft – etwas erweitern: Ich möchte an die Forscher und Wissenschaftler appellieren, sich der Anstrengung zum ordnenden Überblick nicht zu entziehen.[268]

Angesichts der Begrenztheit der Wissenschaft, die keineswegs »alle Probleme des Menschen und der Menschheit lösen« könne, hatte Lüst demgegenüber zur

266 Lüst, Wechselwirkungen, 1982, 57–58.

267 Schon 1975 wollte er als Bundeskanzler auf die Vorredner reagieren können und deshalb als Letzter sprechen, konnte die Protokolländerung vor Beginn der Veranstaltung aber nicht durchsetzen: Gespräch Lüst (Nolte), 2008, 196. Der Bericht des MPG-Pressesprechers Robert Gerwin, Forschungspolitik, 1975 über die Hauptversammlung dokumentiert die übliche Reihenfolge der Redner, wonach der MPG-Präsident als Letzter sprach.

268 Schmidt, Moral, 1982, 60.

»Bescheidenheit« des Wissenschaftlers »im Dialog zwischen Wissenschaft und Politik« geraten – Haushaltsverhandlungen ausgenommen. Ungeachtet der wiederholten Appelle des Noch-Bundeskanzlers Schmidt, die »Sozialbindung der Forschung« bei den Planungen und Schwerpunktsetzungen doch wenigstens zu erwägen und sich »bewußt zu sein, daß andere das erarbeiten, was Sie an Mitteln zur Verfügung haben«,[269] wies er »Nützlichkeitsaspekte« bei der Prioritätensetzung »auch in Zeiten finanzieller Knappheit« zurück. In der »Spitzenforschung« könne allein die Frage, »wo entscheidende Durchbrüche« zu erzielen seien, den Ausschlag geben, ob das Geld nun in die Mikroelektronik, die reine Mathematik oder aber in sein besonders kostenintensives Spezialgebiet, die Weltraumforschung, fließe. Hier bestand Lüst wie jeder MPG-Präsident vor ihm auf der Autonomie der Wissenschaft. Im politischen Dialog hingegen solle sich »der Wissenschaftler [...] im Bewußtsein seiner Begrenztheit« zurückhalten:

Dann dürfen wir auch auf die Frage, warum wir forschen, getrost die gleiche Antwort wie Sie, Herr Bundeskanzler, beim Segeln geben, nämlich: »weil es mir Spaß macht«. Ja, es macht weiterhin Freude, in der Max-Planck-Gesellschaft zu forschen.[270]

Auch diese launig-hanseatische Überleitung ließ ihm der Kanzler nicht durchgehen. Er konterte die, wie er fand, »entwaffnende Ehrlichkeit« seines Vorredners mit einer Erläuterung der feinen sozialen Unterschiede im Verhältnis von »Hobby und Beruf«. Sein Hobby, das Segeln, mache ihm in der Tat Spaß, bei seinem Beruf sei das nicht immer so, und schon gar nicht könne es »einer Fabrikarbeiterin oder einem Fließbandarbeiter in einer Automobilfabrik oder einem Stahlkocher« gelingen, ihren Beruf zum Hobby zu machen. Gerade dieses Privileg der Wissenschaftler, dass bei den meisten von ihnen Hobby und Beruf in eins fielen, verpflichte sie, die Verantwortung für die »möglichen Folgen des eigenen Tuns« zu übernehmen:

Wie sollten wir Laien eigentlich diesen Überblick gewinnen, wenn Sie, die in diesem Feld Privilegierten, die Forscher und Wissenschaftler Ihrerseits die Gesamtschau nicht hätten? Schlimmer noch: Wenn Sie, die Wissenschaftler und Forscher, diesen Überblick gar nicht haben wollten, weil Ihr Tun und Denken auf die Spezialisierung und auf die Spitzenleistung im eigenen Fach konzentriert ist, wenn Sie sich weigerten, anderen die Gesamtschau darzubieten oder zu vermitteln?[271]

Die streitbare Freundschaft, die Lüst und Schmidt verband, seit dieser sich bei seinem Antrittsbesuch als Bundeskanzler bei der MPG 1975 über die allzu prächtige Amtskette des MPG-Präsidenten mokiert hatte, hielt solche Konfrontationen aus, zumal Lüst seine persönliche Bringschuld mit dem offenen Brief

269 Schmidt, Forschungspolitik, 1975, 9. Ähnlich wieder 1982: Schmidt, Moral, 1982.
270 *MPG-Jahrbuch 1982*, 22.
271 Schmidt, Moral, 1982, 61.

Abb. 8: Helmut Schmidt und Reimar Lüst bei der MPG-Hauptversammlung am 14.5.1982 in Bonn.

zugunsten des Kernenergieausbaus im selben Jahr fürs Erste getilgt hatte.[272] Schmidt, der Batteriechef aus dem Zweiten Weltkrieg, fand in dem vormaligen Marineleutnant Lüst einen kongenialen Gesprächspartner. Miteinander konnten sie diskutieren, wie »der Prozess wissenschaftlichen Erkenntnisfortschritts für die Menschen unserer Zeit mitvollziehbar und damit aushaltbar gemacht« und wie der »Wissenschaftsskepsis« und den »Zukunftsängsten« begegnet werden könne, die sich etwa in der »Republik Freies Wendland« und den wiederbelebten Ostermärschen gegen militärische und längst auch zivile Atomkraftnutzung politischen Ausdruck verschafften.[273] Schon während der Kanzlerreise 1976 in die USA hatte sich Schmidt von seinem Reisebegleiter Lüst ausführlich über die MPG informieren lassen und seine Bereitschaft zu vertiefter Mitarbeit bekundet, wenn er einmal aus seinem derzeitigen Amt geschieden sei.

272 Zur persönlichen Freundschaft der Paare Helmut und Loki Schmidt sowie Lüst und Nina Grunenberg vgl. Lehberger, *Die Schmidts*, 2018, 229–230. Das Foto stammt von der MPG-Festversammlung 1982; Lüst selbst erinnerte diese oder eine ähnliche Szene aber im Zusammenhang mit der Versammlung von 1975, vgl. Gespräch Lüst (Nolte), 2008, 196.

273 Lüst, Wechselwirkungen, 1982, 57–58. Bereits in seiner Ansprache an die Hauptversammlung der MPG 1975 hatte Schmidt »die Wissenschaft« aufgefordert, den »populären Widerstand gegen den an sich unvermeidlichen Ausbau der Kernenergie« ernst zu nehmen und »ihre Arbeit einsehbar und, soweit das geht, begreifbar zu machen«.

Abb. 9: Reimar Lüst mit seiner Ehefrau und Kollegin Rhea Lüst (r.) und Loki Schmidt bei der MPG-Hauptversammlung am 14.5.1982 in Bonn.

Wenige Monate nach der Festversammlung der offenen Worte war es so weit. Im Herbst 1982 trat Schmidt nach einem Misstrauensvotum des Bundestags zurück. Noch am selben Abend wollte Lüst der Kanzlergattin, der er sich aufgrund ihrer naturwissenschaftlichen Ausbildung als Biologin »sehr verbunden« fühlte, telefonisch sein Bedauern ausdrücken.[274] Loki Schmidt befand sich aber zu diesem Zeitpunkt auf einer botanischen Expedition in Brasilien, und so hatte er ihren Ehemann gleich selbst am Apparat, der ihn an das Gespräch im Flugzeug über dem Atlantik erinnerte. Lüst verstand die Anspielung und bat ihn unverzüglich um seine Zustimmung, ihn der MPG als Senator vorschlagen zu dürfen. Um den Parteienproporz zu wahren, fragte Lüst auch noch den damaligen Regierenden Bürgermeister von Berlin, Richard von Weizsäcker, an, woraufhin beide 1983 »auf einem Ticket« in den Senat gewählt wurden.[275] Dort sorgte fortan vor allem Schmidt für eine Belebung, um nicht zu sagen Politisierung der Diskussionen. Im Gegenzug lud Schmidt Lüst, der nach seiner Amtszeit als MPG-Präsident 1984 Ehrenmitglied des Senats wurde, in seine 1985 begründete »Freitagsgesell-

274 Gespräch Lüst (Nolte), 2008, 197.

275 Ebd., 195–198. Zwischen 1975 und 1979 hatte Loki Schmidt mehrmals mit Wolfgang Wickler, dem Nachfolger Konrad Lorenz' am MPI für Verhaltensphysiologie, und seinem Forschungsteam Expeditionen unternommen: Wickler, *Reisen*, 2014.

schaft«; sie versammelte sich im Winterhalbjahr einmal monatlich zumeist in Schmidts Hamburger Privathaus, um Vorträge ihrer Mitglieder und gelegentlich geladener Gäste zu einem breit gefächerten politischen, kulturellen und wissenschaftlichen Themenspektrum zu diskutieren. Nach seinen Jahren als ESA-Chef trug auch Lüst dort regelmäßig vor.[276]

Wenn Schmidt, der sich in der Verachtung des »inflationär aufgeblähten Unwesens sogenannter Gutachterei und immer neuer sogenannter Sachverständigen-Beiräte« mit Lüst einig war,[277] gehofft hatte, im Senat der MPG kundig und verantwortlich über gesellschaftliche Kontexte, Risiken und Chancen der neuesten Forschungsrichtungen aufgeklärt zu werden und ihre Auswahl mitdiskutieren zu können, so wurde er mehr als einmal enttäuscht. Es waren vor allem vier wissenschaftspolitische Themen, die ihn, aber auch andere Politiker im Senat – wie den SPD-Bundesgeschäftsführer Peter Glotz oder den Staatssekretär im BMFT Hans-Hilger Haunschild, in dessen Zuständigkeit die Haushaltsverhandlungen des Bundes mit der MPG fielen – Mitte der 1980er Jahre umtrieben: 1. die kostenträchtige Fusionsforschung, wie sie im europäischen Verbund am Garchinger MPI für Plasmaphysik betrieben wurde; 2. die nicht minder kostspieligen Weltraumprojekte der an mehreren MPI betriebenen extraterrestrischen physikalischen Forschung; 3. die von der MPG demgegenüber vernachlässigte ökologische Forschung; und 4. die öffentliche Tierschutzdebatte, die im Senat einhellig als wissenschaftsbedrohend wahrgenommen wurde und deren »emotionaler Druck«, so der Senator und Mitherausgeber der Frankfurter Allgemeinen Zeitung, Joachim Fest, kaum mehr mit »sachlicher Aufklärung«, sondern allenfalls mit »Selbstkritik« abzumildern sei.[278] Aus der Tierschutzdebatte konnte man bestenfalls – so hoffte jedenfalls der neue MPG-Präsident, Chemiker und Direktor am MPI für medizinische Forschung Heinz Staab – für die gerade beginnende gesellschaftliche Auseinandersetzung über die Gentechnologie lernen und mit rechtzeitiger Pressearbeit vielleicht einer ähnlichen Emotionalisierung vorbeugen.[279]

Gerade in der Mischung dieser vier oder bald fünf Themen lag ihr Gefahrenpotential. Denn damit standen wichtige Parameter der öffentlich finanzierten Forschung in der MPG erneut zur Diskussion: Wie konnte sichergestellt werden, dass die Forschungsbudgets angesichts knapper öffentlicher Kassen nicht beschnitten wurden? Wie konnte vermieden werden, dass Politik und Öffentlichkeit substanziell in die Forschungsplanung eingriffen? Wie konnten

276 Schmidt, *Erkundungen*, 1999; Schmidt, *Vertiefungen*, 2010.

277 Schmidt, Moral, 1982, 61.

278 Protokoll der 110. Sitzung des Senates vom 8.3.1985, AMPG, II. Abt., Rep. 60, Nr. 110.SP, fol. 236. (Paraphrase der Redebeiträge von Fest und Hans-Joachim Maier vom Zentralkomitee der Deutschen Katholiken). Einen knappen historischen Überblick über die neue Tierschutzbewegung bietet Roscher, Tierschutz- und Tierrechtsbewegung, 2012.

279 Protokoll der 110. Sitzung des Senates vom 8.3.1985, AMPG, II. Abt., Rep. 60, Nr. 110.SP, fol. 229: Staab kündigte hier ein Ringberg-Symposium speziell für die Presse zu Fragen der Gentechnologie für Mai 1985 an: *Symposion Gentechnologie*, 1985.

ethisch-moralisch motivierte, aber »wissenschaftswidrige Reglementierungen« verhindert werden, die – so Staab laut Protokoll – »allen schaden [...] und die die Stabilität der Bundesrepublik Deutschland, zu deren Grundlagen die Entwicklung von Wissenschaft, Technik und Wirtschaft gehöre, in Frage stellen«?[280] Mit der Beschwörung einer nationalstaatlichen Apokalypse griff Staab sicherlich zu hoch, denn weder Tierschützerinnen noch Umweltaktivisten oder Gentechnologiekritikerinnen wären 1985 in der Lage gewesen, das Wissenschaftssystem oder gar die Stabilität der Bundesrepublik ins Wanken zu bringen, die sich mit der seit Herbst 1982 von Helmut Kohl geführten christlich-liberalen Bundesregierung in der Stagnation eingerichtet hatte.[281] Andererseits griff Staab nicht weit genug aus.[282] Denn keines dieser umstrittenen Themen ließ sich innerhalb der bundesdeutschen Grenzen einhegen und befrieden; vielmehr ging es um transnationale soziale Bewegungen mit globalen Zielen und um inter- oder multinational organisierte Forschungsprogramme.

Stell dir vor, es gibt Krieg und die MPG geht nicht hin

Mindestens zwei davon, die Fusionsforschung und die Weltraumprojekte, waren darüber hinaus direkt mit der Positionierung von MPG-Forschungen in jenem – damals noch nicht als letztes erkennbaren – Stadium des Kalten Kriegs verknüpft, das als »Krieg der Sterne« zwar bis auf Weiteres Dystopie bleiben, aber dennoch die inter- und supranationale Forschungspolitik beeinflussen sollte. Zwei Jahre nach dem Start des SDI-Programms im März 1983, das, wie von den Kritikern erwartet, keine schnellen Ergebnisse brachte und dem der amerikanische Kongress, anders als geplant, bereits die Mittel zu kürzen begann, sann die US-amerikanische Regierung darauf, wie sie die europäischen Verbündeten an der SDI-Forschung, vor allem aber an den Kosten beteiligen könnte.[283] Bundeskanzler Kohl war durchaus geneigt, um der deutsch-amerikanischen Freundschaft willen, aber auch zum Wohle westdeutscher Unternehmen, ein Kooperationsabkommen zu treffen. Das Auswärtige Amt – nach wie vor unter

280 Protokoll der 110. Sitzung des Senates vom 8.3.1985, AMPG, II. Abt., Rep. 60, Nr. 110.SP, fol. 229.

281 In dieser Hinsicht würde ich Schildt, Letzte Jahrzehnt, 2012 folgen.

282 Dies ist vielleicht kein Zufall angesichts der Karriere Stabs, die sich im Wesentlichen in Heidelberg abspielte und nicht mit längeren Studien- oder Forschungsaufenthalten im Ausland verbunden war, vgl. Husung, Heinz A. Staab, https://www.mpg.de/8235381/heinz-staab. Allerdings engagierte er sich stark im Rahmen des Minerva-Programms und im wissenschaftlichen Austausch mit Israel, vgl. Staab und Sela, *Heinz A. Staab und Michael Sela*, 1995.

283 Zur amerikanischen SDI-Debatte vgl. die frühe Bilanz von Kubbig, *SDI-Debatte*, 1988; Fitzgerald, *Way Out There*, 2001; Freedman und Michaels, *The Evolution*, 2019, 517–525. Zur bundesdeutschen Raumfahrtpolitik: Reinke, *Geschichte der deutschen Raumfahrtpolitik*, 2004.

Leitung von Hans-Dietrich Genscher – analysierte in Vorbereitung einer Expertenreise von Ministerialbeamten und Wirtschaftsvertretern zu Gesprächen im Pentagon seit Frühjahr 1985 die Rahmenbedingungen, blieb aber skeptisch.[284] Vor allem fürchtete es die Destabilisierung des blockpolitischen Gleichgewichts und damit die Gefährdung der deutschen Sicherheit in der Mitte Europas. Denn Deutschland würde keineswegs durch einen wann immer funktionierenden Abwehrschirm im Weltraum geschützt werden, sondern bliebe weiterhin primäres Ziel- und Operationsgebiet aller atomaren Kurz- und Mittelstreckenwaffen und noch mehr der konventionellen Arsenale diesseits und jenseits des Eisernen Vorhangs – erst recht, wenn die Amerikaner ausgerechnet jene SDI-Forschungen in die Bundesrepublik und nach Westeuropa auslagerten, die nicht mehr mit dem *Anti-Ballistic Missiles Treaty* (ABM-Vertrag) in Einklang zu bringen waren.[285] Angesichts der rigiden Geheimhaltungsvorschriften bei militärisch relevanten Forschungen und der sonstigen protektionistischen Alleingänge des mächtigen amerikanischen Partners im wirtschaftlichen Wettbewerb schätzte das Auswärtige Amt darüber hinaus den Wissenstransfer aus den USA in die Bundesrepublik, den möglichen wissenschaftlich-technischen Spin-off und die Gewinnchancen für deutsche Unternehmen eher gering ein. Letztere wünschten sich zwar in wirtschaftsliberalistischer Manier die Unterstützung der Bundesregierung bei der Wahrung ihrer Wettbewerbschancen auf dem amerikanischen Markt, aber freie Hand bei der Übernahme amerikanischer Aufträge ohne diplomatische Auflagen und außenpolitische Rücksichten.[286]

Außer der Deutschen Forschungs- und Versuchsanstalt für Luft- und Raumfahrt (DFVLR) und einigen Instituten der Fraunhofer-Gesellschaft hatte das

284 Die Differenzen zwischen Bundeskanzleramt und Auswärtigem Amt bzw. zwischen Kohl und Genscher bewertete der *Spiegel* sogar als »Zerreißprobe« der christlich-liberalen Koalition; SDI, *Der Spiegel*, 29.9.1985. Vgl. auch den Artikel des abrüstungspolitischen Sprechers der CDU-Fraktion Todenhöfer, Westen und die Abrüstung, 1985 sowie die im Auswärtigen Amt angefertigte kritische Textanalyse von Hofstetter vom 1.8.1985, PA AA B 43-ZA/130084. Über den ganzen Sommer zog sich die Ausarbeitung eines Fragenkatalogs, den die nach dem Kohl-Berater benannte Teltschik-AG, die sich im Bundeskanzleramt mit SDI befasste, bei ihrer USA-Reise im Herbst 1985 abarbeiten sollte. Am 15./16.8.1985 veranstaltete sie in Euskirchen einen vorbereitenden SDI-Workshop mit Industrievertretern, die mit in die USA reisen sollten, vgl. die Berichte über das Euskirchener Vorbereitungsgespräch von Stülpnagel vom 16.8.1985 und weitere Unterlagen in PA AA B43-ZA/163068. Zur Teltschik-AG vgl. auch Reinke, *Geschichte der deutschen Raumfahrtpolitik*, 2004, 275–278.

285 Eine sorgfältige Analyse der strategischen und politischen Bedeutung von SDI für die USA und der Konsequenzen für Europa aus zeitgenössischer Sicht bietet Heisenberg, Strategische Verteidigungsinitiative, 1986.

286 Stellungnahme der Bundesregierung zur Strategischen Verteidigungsinitiative (SDI) des amerikanischen Präsidenten vom 27.3.1985; Entwurf und weitere Versionen eines Sachstandsberichts zur SDI vom 14.5.1985, 9.7.1985 und 19.8.1985; vorbereitende Unterlagen für die Expertengespräche in den USA (»Anmerkungen zur derzeitigen Situation«; »Hintergrund und Ziel der Gespräche«), PA AA B43-ZA/163068. Die international vergebenen SDI-Aufträge werden aufgelistet bei Reiss, *Strategic Defense Initiative*, 1992, 135.

Auswärtige Amt keine weiteren Wissenschaftsorganisationen in seine Vorbereitungen einbezogen.[287] Dennoch hatte der Bundestagsabgeordnete der sozialdemokratischen Opposition, Glotz, im Juni 1985 Veranlassung, im Senat nachzufragen, was es mit einer möglichen Beteiligung der MPG an zukünftigen SDI-Forschungsprogrammen auf sich habe und in welcher Weise der MPG-Präsident den Chef des Bundeskanzleramtes, Wolfgang Schäuble (CDU), beraten habe.[288] Staab wies jegliches SDI-Kooperationsansinnen zurück, er habe gemeinsam mit den Kollegen Klaus Pinkau, der seit 1981 das MPI für Plasmaphysik (IPP) leitete, und Karl-Ludwig Kompa vom MPI für Quantenoptik nur zur eigenen Information an den Beratungen im Bundeskanzleramt teilgenommen und sei weder um Rat noch gar um Beteiligung der MPG gefragt worden. Vielmehr verwies er auf seine Stellungnahme tags zuvor in der Pressekonferenz anlässlich der jährlichen MPG-Hauptversammlung:

> Für uns ist ein wesentliches Element unserer Max-Planck-Gesellschaft die freie wissenschaftliche Information [...] [und] die Unabhängigkeit und Autonomie unserer wissenschaftlichen Problemstellungen [...], jede Art von durch Geheimhaltungsklauseln beschränkte Forschung [ist] nicht akzeptabel.[289]

Weit mehr sorgten sich Staab als MPG-Präsident und Lüst als ESA-Chef darum, dass »die protektionistische Haltung [der USA, CS] in Bezug auf Wirtschaft und Rüstung« jetzt auch »beim Wissenschaftleraustausch Schwierigkeiten« machen werde und wissenschaftliche Geheimnisträger an der Ausreise aus den USA gehindert werden könnten.[290] Wie sie berichteten, waren sie bereits bei dem Präsidenten der *National Academy of Science* (NAS), Frank Press, und

287 Anlage 2: Teilnehmerliste, o. D. (ca. Frühjahr 1985), PA AA B43-ZA/163068.

288 Protokoll der 111. Sitzung des Senates vom 13.6.1985, AMPG, II. Abt., Rep. 60, Nr. 111.SP, fol. 96; Vermerk Haunschild 18.6.1985, BArch B 196/156212. Zur Geschichte des IPP vgl. Boenke, Institut für Plasmaphysik, 1990; Boenke, *Entstehung und Entwicklung*, 1991.

289 Protokoll der 111. Sitzung des Senates vom 13.6.1985, AMPG, II. Abt., Rep. 60, Nr. 111. SP, fol. 250. Nach Lüst (Interview Lüst [Renn und Kant] 18.5.2010, 14–15, 19–20) hatten Heisenberg und Biermann schon 1957/58 gegenüber dem Bundesnachrichtendienst (BND) darauf bestanden, ihre ersten Forschungsergebnisse zur Fusionsforschung auf Konferenzen in Venedig und Genf vorzutragen – zum Erstaunen der angereisten amerikanischen und sowjetischen Kollegen, die den Geheimhaltungsregeln ihrer Länder unterworfen waren und von ihren Fortschritten nicht berichten durften. 1976 koppelte man nach Interventionen der amerikanischen und der Bundesregierung die Laserforschung, die in Verbindung mit der Plasmaforschung als zu »waffennah« eingeschätzt wurde, vom IPP ab, um erst gar keine Geheimhaltungsvorschriften herauszufordern. Aus der Gruppe Laserforschung ging dann 1981 das MPI für Quantenoptik hervor. Zur wissenschaftshistorischen Einschätzung von Geheimhaltungsregimen in der universitären und außeruniversitären Forschung bzw. der Wissenschaftsproduktion unter Marktbedingungen vgl. Dennis, Secrecy, 2006. Vgl. auch Oreskes und Krige, *Science and Technology*, 2014; Krige, *Sharing Knowledge*, 2016.

290 Protokoll der 111. Sitzung des Senates vom 13.6.1985, AMPG, II. Abt., Rep. 60, Nr. 111. SP, fol. 250.

mehreren amerikanischen Universitätspräsidenten vorstellig geworden, die ihre Befürchtungen zwar relativierten, aber nicht vollends ausräumten. Queisser vom MPI für Festkörperforschung erwartete sogar – im Nachhinein unnötigerweise – Probleme bei anstehenden Rückberufungen von deutschen Kollegen, deren Förderung in den USA »so umfangreich und so aktiv« sei, »daß wir möglicherweise darunter leiden werden«.[291]

Während Glotz die kategorische Ablehnung einer SDI-Beteiligung der MPG sicherlich befürwortete und darüber hinaus die Bundesrepublik lieber ganz davon ferngehalten hätte, plädierte Schmidt nach wie vor in der Logik des Wettrüstens – und damit auf einer Abseitsposition in seiner seit dem Nachrüstungsstreit um Neuorientierung ringenden Partei – dafür, die Grenzen des ABM-Vertrags, der Forschung und Entwicklung zur Raketenabwehr nicht gänzlich ausschloss, auszureizen.[292] Beide wurden indessen in ihrem Bedürfnis enttäuscht, genauer über die wissenschaftlich-technischen Realitäten hinter den SDI-Visionen informiert zu werden und eine wissenschaftliche Bewertung der US-amerikanischen Regierungspläne zu erhalten. Denn Staab, der die MPG keinesfalls in die Auseinandersetzungen über den ABM-Vertrag hineingezogen sehen wollte, lehnte jede wissenschaftliche Beratung von Regierung und Opposition zu SDI-Fragen seitens der MPG ab:

> Wir können das als Wissenschaftsorganisation auf der Basis dessen, was uns zugänglich ist, nicht und sind auf diesem Gebiet keine kompetenten Politikberater.[293]

Zwar habe er persönlich »Zweifel an der Realisierbarkeit von SDI«, werde sich dazu aber »als Präsident der MPG nicht äußern«.[294] Glotz kommentierte bei allem Verständnis für die Zurückhaltung der MPG diese dennoch kritisch mit dem Verweis, »dass amerikanische Wissenschaftler ihre Meinungen oft deutlicher artikulierten als die deutschen«.[295]

Dabei gab es durchaus auskunftsfähige Kollegen in der MPG: Afheldt beschäftigte sich in Starnberg zwar schwerpunktmäßig mit alternativen Verteidigungsstrategien gegen konventionelle Militärangriffe an der innereuropäischen Front. Doch er verfolgte auch die internationale SDI-Debatte; weder jedoch galt der Völkerrechtler und Verteidigungsstratege als Grundlagenforscher, noch war er ein wissenschaftliches Mitglied der MPG und insofern nicht auf Augenhöhe

291 Ebd., fol. 252. Tatsächlich kamen diese Befürchtungen bei den in Rede stehenden Berufungen von Volker Dose ans MPI für Plasmaphysik und von Reinhard Genzel ans MPI für Physik und Astrophysik nicht zum Tragen.

292 Ebd., fol. 252–253. Zur Krise der SPD im Anschluss an den Nachrüstungsstreit vgl. Hansen, *Abschied*, 2016, 153–238; Kubbig, *Communicators in the Cold War*, 1996; Freedman und Michaels, *The Evolution*, 2019, 429–439.

293 Protokoll der 111. Sitzung des Senates vom 13.6.1985, AMPG, II. Abt., Rep. 60, Nr. 111. SP, fol. 253.

294 Ebd., fol. 254.

295 Ebd., fol. 97.

mit den Senatoren. Gottstein dagegen wäre als MPG-Mitglied, gelernter Kernphysiker und USA-Kenner im Senat protokollarisch und fachlich eher am Platze gewesen. Aber er wurde, obwohl in seiner Forschungsstelle nicht nur seit Jahren zur Rüstungskontrolle, sondern inzwischen auch zu »politischen, strategisch-operativen, ökonomischen und psychologischen Aspekten des SDI-Projekts« gearbeitet wurde, kaum als kompetent erachtet.[296] Schließlich hatte er sich schon zwei Jahre zuvor, als es noch um den Nachrüstungsbeschluss der NATO ging, auf Anfrage der Generalverwaltung außerstande gesehen, dazu im *MPG-Spiegel* öffentlich zu berichten.[297]

Ein anderes MPG-Mitglied wäre aber sicher kompetent und willens gewesen, die Senatoren zu informieren: Hans-Peter Dürr war längst mit öffentlichen Stellungnahmen hervorgetreten, in denen er dem SDI-Programm »vom wissenschaftlichen Standpunkt aus keinerlei Voraussetzungen« zugestand, »die auf eine mögliche Realisierung hindeuten«.[298] Aber gerade ihm wollte man im Senat kein Forum bieten. Vielmehr sprachen der ehemalige und der amtierende Präsident dem in ihren Augen allzu engagierten Kollegen dort ein weiteres Mal die Kompetenz ab:

> Als wenig hilfreich empfand es Herr Lüst, daß Wissenschaftler aus Max-Planck-Instituten – Fachkompetenz vorgebend – zu diesen Fragen öffentlich Stellung nähmen. Dem sollte man, auch nach Meinung des Präsidenten, entgegenwirken. Die Problematik solcher öffentlicher Äußerungen sei im Senat mehrfach diskutiert worden: er – Staab – habe darüber auch mit dem Beteiligten [gemeint war Dürr, CS] gesprochen.[299]

Weder freilich ließ sich Dürr von seinem Präsidenten einen außen- und verteidigungspolitischen Maulkorb verpassen, noch verzichtete der MPG-Senator Glotz in seiner Rolle als SPD-Bundesgeschäftsführer auf den meinungsstarken

296 Forschungsstelle Gottstein in der MPG, Jahresbericht 1986/87, S. 29–68 (Zitat: 29), AMPG, IX. Abt., Rep. 5, Nr. 377.

297 Marsch an Lempert (MPI Bildungsforschung) am 14.9.1983, AMPG, II. Abt., Rep. 1, Nr. 625, fol. 49–50. Allerdings veröffentlichte Gottstein dann doch einige Monate darauf dazu einen Artikel in *Bild der Wissenschaft*, der in den Appell mündete, die Androhung der wechselseitigen Vernichtung durch eine noch zu erfindende »neue Methode der internationalen politischen Auseinandersetzung« zu ersetzen, die »weniger risikobehaftet« sei, Gottstein, Nachrüstung, 1984.

298 Artikel »Nur Traumtänzerei«. Interview mit dem Elementarteilchenphysiker Prof. Dr. Dürr über »SDI«, in: Tageszeitung vom 19.4.1985; ähnlich in Frankfurter Neue Presse vom 25.4.1985, Deutsche Volkszeitung vom 26.4.1985, Deutsches Allgemeines Sonntagsblatt vom 2.6.1985, Süddeutsche Zeitung vom 15.6.1985, Allgemeine Zeitung Mainz vom 21.6.1985 u. a. m., vgl. GVMPG, Presseausschnittsammlung, KWG/MPG DÜRR Hans Peter, Personalien bis 1991. Ausführlicher noch präsentierte er seine Überlegungen in einem Vortrag im Rahmen der öffentlichen Vortragsreihe »Wissenschaft und Friedenssicherung« der Ludwigs-Maximilians-Universität München im Sommersemester 1985: Dürr, *Star-Wars-Konzept SDI*, 1985.

299 Protokoll der 111. Sitzung des Senates vom 13.6.1985, AMPG, II. Abt., Rep. 60, Nr. 111. SP, fol. 96–97.

und inzwischen zum Medienstar aufgestiegenen MPG-Wissenschaftler, wenn es in den nächsten Monaten darum ging, der SDI-Politik der Bundesregierung entgegenzutreten und eine eigenständige Abrüstungspolitik zu formulieren. Vielmehr lud er Dürr unverzüglich als einzigen Physiker zu einem Werkstattgespräch über SDI ins Bonner Erich-Ollenhauer-Haus, bei dem die SPD-Abgeordneten im Europa-Parlament gemeinsam mit ihren europäischen Fraktionskollegen und vereinzelten -kolleginnen eine gemeinsame Linie zur SDI und zum gerade in Vorbereitung befindlichen zivilen europäischen Begleitprogramm EUREKA finden wollten.[300] Die Einladung Dürrs zur Expertenanhörung des Auswärtigen und des Verteidigungsausschusses des Bundestages im Dezember 1985 folgte alsbald.[301]

Während das MPG-Mitglied Dürr in seiner öffentlichen Agitation gegen SDI nicht zu bremsen war (→ 4.3), ließ sich der Versuch des IPP-Mitarbeiters und Hochfrequenzphysikers Eckehart Speth, SDI erneut, und zwar diesmal in der fachlich zuständigen Chemisch-Physikalisch-Technischen Sektion (CPT) der MPG zu thematisieren, im Ansatz stoppen. Speth hatte Ende 1985 die Einberufung eines Sektionsausschusses beantragt, der »die nötige Sachkunde und Kompetenz« zur »Problematik SDI« erwerben und gegebenenfalls eine Stellungnahme erarbeiten sollte, die dann über den MPG-Präsidenten an die Bundesregierung zu leiten wäre. Er begründete seinen Antrag zum einen mit der Befürchtung, dass die Gelder, die die Bundesregierung womöglich in die SDI-Forschung lenken würde, dann »an anderer Stelle verloren« gingen. Zum anderen erwarte die Öffentlichkeit berechtigterweise »von ihren hervorragendsten Wissenschaftlern, daß sie sich mit den komplizierten technischen und physikalischen Fragen befassen, sich die nötige Kompetenz verschaffen und eine klare Stellungnahme aus technisch-physikalischer Sicht abgeben«.[302] Er sah sich als Wissenschaftler, die CPT als Kompetenzzentrum und die MPG als Institution in jener Bringschuld, die Helmut Schmidt als Bundeskanzler angemahnt hatte.[303]

300 Glotz an Dürr am 9.7.1985, AMPG, III. Abt., ZA 116, K 7; das »Europäische Werkstattgespräch der SPD zur Weltraumrüstung« fand am 30.9./1.10.1985 statt. Interner Bericht vom 3.10.1985 über die Veranstaltung, PA AA B 43-ZA/130084. Darin kam der Verfasser, VLR Daerr, zu dem Urteil, »daß die Podiumsteilnehmer (Experten, Befrager, Moderatoren) ohne eine Ausnahme SDI-Gegner waren und diese Haltung oft gar nicht rational begründeten, sondern mit missionarischem Eifer Emotionen im ziemlich einseitig zusammengesetzten Publikum (Wissenschaftler, Medienvertreter, Friedensbewegung) ansprachen«.

301 Stercken (Vorsitzender des Auswärtigen Ausschusses) an Dürr am 8.11.1985, Dürr an Stercken am 27.11.1985, AMPG, III. Abt., ZA 116, K 7. Die gemeinsame Anhörung der beiden Bundestagsausschüsse fand am 9./10.12.1985 statt: Stenographisches Protokoll der Sitzungen des Auswärtigen Ausschusses (57. und 58. Sitzung) und des Verteidigungsausschusses (80. und 81. Sitzung) am 9. und 10.12.1985 (unkorrigierte und nichtautorisierte Fassung in AMPG, III. Abt., ZA 116, K 7).

302 Protokoll der CPTS vom 29.1.1986, AMPG, II. Abt. Rep. 62, Nr. 1807, fol. 25.

303 So Speths mündliche Erläuterung seines Antrags während der Sitzung der CPT-Sektion, Protokoll der CPTS vom 29.1.1986, AMPG, II. Abt. Rep. 62, Nr. 1807, fol. 6 verso.

IPP-Direktor Pinkau leitete den Antrag pflichtgemäß, aber mit besorgten Anmerkungen an den CPT-Vorsitzenden Fritz Peter Schäfer vom MPI für biophysikalische Chemie weiter: Die finanzpolitische Begründung hielt er für »geradezu gefährlich«; die MPG dürfe sich nicht im eigenen Interesse zum »Richter über staatliche Vorhaben aufschwingen«. Und was die wissenschaftliche Kompetenz anbelange, bräuchte die CPT sowohl technischen als auch politischen Sachverstand von außen. Letzteren könnte man vielleicht gewinnen, indem »je ein hoher Beamter des Auswärtigen Amtes und des Verteidigungsministeriums« hinzugezogen würde.[304]

Eine direkte und offizielle Interaktion von Regierung und Wissenschaft bei einem so brisanten Thema wäre das Letzte gewesen, was nach Ansicht der MPG-Führung in den heiligen Hallen der Grundlagenforschung passieren durfte. Und so beeilte sich Staab, von Schäfer zu Hilfe gerufen, seine Position auf der Sitzung der CPT-Sektion im Januar 1986 zu pointieren.[305] Angesichts von jährlich etwa 1.400 ausländischen Gastforschern und Stipendiaten sei eine »durch Geheimhaltungsklauseln eingeschränkte Forschung« oder gar die Aufspaltung in Arbeitsgruppen mit spezifischen Kommunikations- und Publikationsverboten inakzeptabel und damit eine Beteiligung an SDI-Forschungsprogrammen ausgeschlossen.[306] Dank dieses schlagenden Arguments habe er es sich in Diskussionen mit Politikern bisher ersparen können, »auf die außen- und rüstungspolitische Komponente des Projekts einzugehen«. Die Befürchtung, dass zukünftige SDI-Forschungsgelder des Bundes der »allgemeinen Forschungsförderung« und damit auch der MPG verloren gehen könnten, wies er angesichts entsprechender Zusagen der Bundesregierung als »wenig relevant« zurück. Die Bringschuld der Wissenschaft möge es wohl geben, aber sie sei keinesfalls von der MPG einzulösen, sondern »vielmehr zu den Aufgaben einer National Academy of Sciences zu zählen« – zu schade, dass es eine solche in der Bundesrepublik nicht gab.[307]

Nicht alle Sektionsmitglieder wollten sich so billig aus der Affäre ziehen und fühlten sich weiterhin »zu Information und Aufklärung der breiten Öffentlichkeit«, aber auch zur individuellen und institutionellen Selbstaufklärung verpflichtet.[308] Am Ende aber sollte das Bekenntnis zum opportunen Nicht-Wissen siegen:

> Die Kritiker einer offiziellen Stellungnahme [der MPG zu SDI, CS] wiesen dagegen besonders auf die Komplexität der Problematik hin und erhoben Bedenken, daß aus der

304 Pinkau an Schäfer am 18.12.1985, Protokoll der CPTS vom 29.1.1986, AMPG, II. Abt. Rep. 62, Nr. 1807, fol. 29–30.

305 Schäfer an Staab am 3.1.1986, AMPG, II. Abt., Rep. 1, Nr. 625, fol. 2. Vgl. auch Staab, Grundlagenforschung, 1985, 22.

306 Protokoll der CPTS vom 29.1.1986, AMPG, II. Abt. Rep. 62, Nr. 1807, fol. 7 recto; Protokoll der 111. Sitzung des Senates vom 13.6.1985, AMPG, II. Abt., Rep. 60, Nr. 111.SP, fol. 96.

307 Protokoll der CPTS vom 29.1.1986, AMPG, II. Abt. Rep. 62, Nr. 1807, fol. 7 recto.

308 Ebd.

Sektion ausreichend breitgefächerter Sachverstand in diese Kommission eingebracht werden könnte. Außerdem wurde bezweifelt, daß den Mitgliedern einer Sektionskommission überhaupt alle notwendige Information zugänglich wäre.[309]

Mit sechs Stimmen, ohne Gegenstimmen, aber ebenso vielen Enthaltungen entschied sich die CPT, nicht weiter über SDI zu diskutieren und Speths Antrag abzulehnen. Mit dem Rückzug der Grundlagenforscher in die selbstverordnete außen- und rüstungspolitische Uninformiertheit mochte man – wie halbherzig auch immer – die gesellschaftliche Bringschuld abgeschüttelt haben, die den MPG-Wissenschaftlern wenigstens das Bemühen um den »ordnenden Überblick« abverlangt hätte. Dank der postulierten Weigerung, sich an Geheimforschungen zu beteiligen, konnte man sich indessen die Hände in Unschuld waschen.[310]

»Krieg der Sterne« – wissenschaftliche Kollateraleffekte

Die Forschungsfinanzierung aber blieb ein wunder Punkt; das wusste Staab – trotz seines vorgeblichen Vertrauens in die Zusagen der Bundesregierung – sehr genau. Der Kampf gegen die zunehmende Projektfinanzierung der staatlichen Geldgeber zulasten der frei verfügbaren Grundfinanzierung und damit der autonomen Forschungsplanung der MPG sollte geradewegs die Signatur seiner Präsidentschaft werden. Und hier holte der »Krieg der Sterne« die MPG wieder ein. Wenn es zwei Forschungsbereiche in der MPG gab, die man wegen der exorbitanten Kosten nicht nur mit europäischen Partnern, sondern am besten im internationalen Verbund auch mit den beiden Großmächten bearbeitet hätte, so waren es die Fusionsforschung und die physikalisch-extraterrestrischen Forschungsprojekte. Doch hier konnte man die Rechnung nicht ohne die verfeindeten Wirte, die USA und die Sowjetunion, machen.

US-Präsident Reagan nämlich begnügte sich nicht mit dem visionären SDI-Programm von 1983; vielmehr schob er ein Jahr darauf noch ein technisch eher überschaubares und exakt auf den 500. Jahrestag der kolumbianischen Entdeckung Amerikas terminiertes NASA-Programm nach: Ab 1992 sollte eine ständig bemannte Raumstation namens »Freedom« die Erde umkreisen. Tatsächlich erreichte das erste Bauteil nicht vor 1998 seine Umlaufbahn, seither umkreist uns die *International Space Station* (ISS), wie sie seit 1994 weniger politisch-programmatisch heißt, als orbitale Großbaustelle. Es bedurfte aller-

309 Ebd., fol. 7 verso.

310 Die für diese Studie eingesehenen Akten der Führungsgremien der MPG lassen tatsächlich keine Hinweise auf SDI-Forschungsaufträge an einzelne MPI oder MPG-Wissenschaftlergruppen bzw. Beteiligung an SDI-Forschungsprojekten erkennen. Dieser vorläufige Befund wäre durch genauere Analyse der einschlägigen Institutsakten zu überprüfen. Schmaltz, Militärische Forschung, 2023.

dings der Zeitenwende von 1989/90, dass das 1993 von US-Präsident Clinton neu aufgelegte, nunmehr unter Einschluss Russlands und mit neuem Namen international betriebene Projekt vorankam. 1984 hatten die Sowjets, die seit 1971 mit ihrem Saljut-Programm fast durchgängig eine Station im All hatten, die Einladung Reagans, sein ziviles Freedom-Projekt gemeinsam voranzutreiben, noch aus Protest gegen seine militärischen SDI-Pläne ausgeschlagen.

Bundeskanzler Kohl war Mitte der 1980er durchaus willens, den amerikanischen Freunden zur Seite zu springen und im Verbund mit der ESA stärker in die bemannte Raumfahrt zu investieren. Dafür wollte er die Mittel verwenden, die in den nächsten Jahren bei der Reaktorentwicklung – hier vor allem beim *Schnellen Brüter* und beim Hochtemperaturreaktor – frei werden würden. Wissenschaftlerinnen und Wissenschaftler aus anderen, nicht zuletzt den geistes-, human- und lebenswissenschaftlichen Disziplinen hofften vergeblich, dass die eingesparten Gelder jetzt endlich ihnen zugutekommen würden. Stattdessen stellte die Bundesregierung 1985 für die nächsten zehn Jahre insgesamt viereinhalb Milliarden D-Mark sowohl für den Bau eines europäischen Columbus-Moduls für die amerikanische Raumstation als auch für die Entwicklung schubstärkerer europäischer Ariane-Raketen bereit. Nicht nur das Bundeskabinett hatte gezögert, Kohls kostspielige Pläne abzusegnen, auch Weltraumwissenschaftler, nicht zuletzt der Direktor am MPI für extraterrestrische Physik und amtierende Vorsitzende der Deutschen Gesellschaft für Physik (DGP), Joachim Trümper, hatten Zweifel an der Sinnhaftigkeit der bemannten Raumfahrt geäußert, da sie Weltraumexperimente aufgrund der höheren Sicherheitsaufwendungen für die Menschen an Bord unnötig verteuern würde.[311] Zuletzt hatten sogar die Präsidenten der bundesdeutschen Forschungsorganisationen vor der Umlenkung der Gelder in die bemannte Raumfahrt, die für die Grundlagenforschung dringend benötigt wurden, gewarnt.[312] Die Kritik verstummte auch nicht, nachdem Bundesforschungsminister Heinz Riesenhuber unter Verweis auf die eminent politische Bedeutung dieses Raumfahrtprogramms beim Bundesfinanzministerium durchgesetzt hatte, dass immerhin die Hälfte der Kosten dem Etat des BMFT zusätzlich zugeschlagen würden.[313] Auch der vom BMFT eingesetzte und von IPP-Chef Pinkau geleitete Ad-hoc-Ausschuss »Weltraumforschung

311 Die DGP verabschiedete 1987 ein kritisches »Memorandum zur Materialforschung mit bemannter Raumfahrt«: Interview Trümper (Trischler) 18.3.2010, 10. Ähnlich: Interview Pinkau (Trischler) 9.3.2010, 10.

312 Robert Gerwin berichtet von einem »Brief der Präsidenten an den Bundeskanzler und die zuständigen Minister«: Gerwin, Fuß im All, 1985; Hoaf, Orbitale Kosten, *Die Zeit*, 25.1.1985; Schmerzgrenze, *Der Spiegel*, 23.3.1986; Ruttley, Robinson und Gerstenmaier, The International Space Station, 2017; Radkau und Hahn, *Aufstieg und Fall*, 2013; Oetzel, *Zukunft*, 1999.

313 Protokoll der 110. Sitzung des Senates vom 8.3.1985, AMPG, II. Abt., Rep. 60, Nr. 110. SP, fol. 232–234: Haunschild versuchte mit diesem Hinweis die Kritiker im Senat zu besänftigen. Vgl. auch Hoaf, Orbitale Kosten, *Die Zeit*, 25.1.1985.

und Weltraumtechnologie« empfahl, statt Menschen ins All zu schicken, lieber »zu untersuchen, inwieweit Automaten und Roboter im Weltraum neue Wege eröffnen könnten«.[314]

Als MPG-Mitglied und extraterrestrischer Experimentalphysiker hätte Lüst seinem Kollegen sicher zugestimmt, aber als ESA-Chef saß er inzwischen auf der anderen Seite und musste die bemannte Raumfahrt gerade wegen ihrer macht- und medienpolitischen Symbolwirkung in der Außen- und der Innenpolitik verteidigen.[315] Der Zwiespalt führte bei der Senatssitzung im Juni 1985 zu einem, wie Staatssekretär Haunschild verblüfft vermerkte, »Ausbruch von Lüst gegen Gerwin«.[316] Der MPG-Pressesprecher Robert Gerwin hatte unter der Überschrift »Der Fuß im All – ein Pferdefuß« just diese förderpolitische Entscheidung der Bundesregierung im wichtigsten Publikationsorgan der MPG, dem *MPG-Spiegel*, kritisch kommentiert. Damit sei nicht nur »die totale Stagnation in allen anderen Bereichen [der Forschung, CS] vorprogrammiert«, sondern es werde auch »das Ansehen der Wissenschaft« aufs Spiel gesetzt:

> Es ist [...] der »Stil«, in dem die Diskussion um die Raumstation abläuft, der jene Bürger bestätigt, die in der Wissenschaft zwar ein echtes Moment der Zukunftsbewältigung sehen, sich andererseits aber vor der vermeintlichen oder tatsächlichen Attitüde der Wissenschaft fürchten, alles zu tun, was machbar ist, die Umwelt nur als »Sache« anzusehen und dementsprechend damit umzugehen.[317]

Als in der darauffolgenden Ausgabe des *MPG-Spiegels* die Rede des Präsidenten vor dem Wissenschaftlichen Rat knapp zusammengefasst und die von ihm angeprangerten Kosten des Weltraumprogramms in einem Absatz mit den negativen Wirkungen der aktuellen Tierschutzdebatte auf »die Freiheit und Effizienz der Forschung« erwähnt wurden,[318] sah Lüst rot: »Diese Verbindung ist ein starker Tobak.«[319] Zwar müsse der MPG-Präsident, dessen vorsichtig-kritische Haltung zu den Bonner Entscheidungen Gerwin in der folgenden Ausgabe des *MPG-Spiegels* dezent paraphrasiert hatte, darauf dringen, dass die Finanzierung der Raumfahrt nicht zulasten der Grundlagenforschung gehe.[320] Aber der Pressesprecher dürfe ihm nicht Äußerungen zuschreiben, »nach welchen sich die befürchtete Einengung der Grundlagenforschung durch finanziell aufwendige Weltraumprojekte ähnlich negativ auswirke wie die Behinderung der Forschung

314 Gerwin, Fuß im All, 1985.
315 Gespräch Lüst (Nolte), 2008, 203–204.
316 Vermerk Haunschild vom 18.6.1985 über die MPG-Senatssitzung am 13.6.1986, BArch B 196/156212.
317 Gerwin, Fuß im All, 1985.
318 Notiz HOMEER (= Horst Meermann), »Wissenschaftlicher Rat. Hans F. Zacher neuer Vorsitzender«. *MPG-Spiegel* 2 (1985), 10.
319 Protokoll der 111. Sitzung des Senates vom 13.6.1985, AMPG, II. Abt., Rep. 60, Nr. 111. SP, fol. 249.
320 Gerwin, Aus dem Senat, 1985, 8.

Abb. 10: Besuch des Bundespräsidenten Karl Carstens im IPP im November 1983; v. l. n. r.: Klaus Pinkau, Reimar Lüst, Karl Carstens und Veronica Carstens.

durch eine restriktive Tierschutzgesetzgebung«.[321] Bei Lüst lagen angesichts zunehmender Wissenschaftskritik und knapper Bundeskassen offensichtlich die Nerven blank: Vor ähnlich »emotionalen« öffentlichen Aversionen wie gegen die – tatsächlich stetig zunehmenden – Tierexperimente wollte er »die Wissenschaftler [...], die an der Raumstation aktiv mitwirkten«, geschützt sehen.[322]

Auch Klaus Pinkau, der als Direktoriumsvorsitzender des IPP die Fusionsforschung in der MPG verantwortete, war bewusst, wie wichtig das öffentliche Image seiner kostspieligen Forschungsrichtung und der politische Rückhalt für sein Institut waren, das, anders als bei Max-Planck-Instituten sonst üblich, zu neunzig Prozent vom Bund finanziert wurde. Er ließ sich deshalb auch nicht zweimal bitten, als Senator Glotz im Sommer 1985 darüber aufgeklärt werden wollte, »welche zukünftigen Aufgaben« das IPP »im Rahmen der europäischen Fusionsforschung« übernähme und was sie kosteten.[323]

321 Protokoll der 111. Sitzung des Senates vom 13.6.1985, AMPG, II. Abt., Rep. 60, Nr. 111. SP, fol. 95.

322 Ebd., fol. 249.

323 Ebd., fol. 91. Zur Gründung und Finanzierung des IPP vgl. Balcar, *Wandel*, 2020, 112–120.

Fusionsforschung und der Anfang vom Ende des Kalten Kriegs

Die nächste Senatssitzung, bei der Pinkau zum Stand der Fusionsforschung vortragen sollte, war auf den 22. November 1985 terminiert. Es war nicht vorauszusehen, dass zwei Tage zuvor Reagan und Gorbatschow in Genf zusammenkommen würden – das erste Gipfeltreffen der Supermächte seit dem definitiven Ende der Entspannungsphase 1979. In Genf wurden zwar noch längst keine konkreten Abrüstungsschritte vereinbart, dazu hätte Reagan zuallererst auf das SDI-Programm verzichten müssen. Wohl aber vereinbarte man die Wiederaufnahme des Dialogs und immerhin ein im Vorfeld auf administrativer Ebene vorbereitetes Austauschabkommen im Bereich von Wissenschaft, Erziehung und Kultur. Das war mehr, als die tausende in Genf ausharrenden Journalisten und Journalistinnen noch zu hoffen gewagt hatten. Wegen der von den beiden Hauptprotagonisten verhängten Nachrichtensperre mussten sie sich bis zum Ende der letzten nächtlichen Gesprächsrunde am 20. November mit dürftigsten Meldungen begnügen, um dann wider Erwarten doch noch eine gemeinsame Erklärung der beiden Staatspräsidenten entgegennehmen zu können.[324] Just diese Erklärung ließ Pinkau am 22. November im Senat als Tischvorlage verteilen, bevor er seinen Vortrag mit der Topnachricht eröffnete, dass Gorbatschow und Reagan der internationalen Zusammenarbeit auf dem Gebiet der Kernfusion zukünftig ihre »besondere Aufmerksamkeit« zuwenden wollten.[325]

Pinkau dürfte davon weniger überrascht gewesen sein als die Presse in Genf oder die MPG-Senatoren in München. Zum einen war die Fusionsforschung schon seit den 1970er Jahren ein von sowjetischer Seite und auch der Internationalen Atomenergiebehörde (International Agency for Atomic Energy, IAEA) bevorzugter Kandidat für blockübergreifende Kooperation in der Nuklearforschung.[326] Zum anderen hatte Pinkau nur zwei Monate zuvor in Moskau mit dem Vizepräsidenten der Akademie der Wissenschaften, Jewgeni Welichow, der bald darauf Gorbatschows Genfer Delegation angehören sollte, den Plan eines Fusionsreaktors diskutiert, der in internationaler Zusammenarbeit entwickelt und betrieben werden sollte. An diesem *International Torus* (INTOR) wollte sich die Sowjetunion beteiligen, um, wie Pinkau vermutete, »sich des europäischen

324 Einen lebhaften Eindruck des Gipfeltreffens aus der Perspektive der wartenden Journalisten bietet der ARD-»Weltspiegel extra«, in dem auch das Austauschabkommen erwähnt wird: https://www.youtube.com/watch?v=UKTNHP3xfXM, zuletzt aufgerufen am 10.3.2019. Zur Vorgeschichte dieses Abkommens vgl. McCray, ITER's Fusion, 2010, 290–295. Für weiterführende Hinweise zur europäischen Fusionsforschung danke ich Juan-Andres Leon und Fabian Lüscher.

325 Protokoll der 112. Sitzung des Senates vom 22.11.1985, AMPG, II. Abt., Rep. 60, Nr. 112. SP, fol. 254.

326 Ausführlich dazu Lüscher, *Nuklearer Internationalismus*, 2021, 235–242.

Vorsprungs zu vergewissern«, schließlich seien »sie mit der experimentellen Fusionsforschung nicht so weit […] wie wir«:[327]

Wenn Intor nichts wird, haben die Russen gesagt, bauen wir den Reaktor allein auf der Basis der Erkenntnisse, die in Garching und beim Jet [*Joint European Torus*, CS] gewonnen wurden.[328]

Auf Senator Schmidts Frage hin, warum Gorbatschow und Reagan ausgerechnet auf die Fusionsforschung als Projekt der blockübergreifenden Zusammenarbeit verfallen seien und welche Zwecke sie damit verfolgten, erläuterte Pinkau:

Die Russen haben zwei Ziele (Selikov [sic] verfolgt das): schon seit 4 Jahren erklärt er, daß die Fusion sich eignet für eine große internationale Anstrengung, denn die Technologie ist noch weit weg von wirtschaftlicher und militärischer Nutzungsmöglichkeit, aber auch wegen der Struktur des Projektes – große Apparaturen, hoher Kostenaufwand.[329]

Die USA hingegen seien durch Gorbatschows Vorstoß, der bereits bei seinem Paris-Besuch im Oktober 1985 um europäische Kooperation geworben hatte, »in einen Sog« geraten.[330] Denn genau das, was die Fusionsforschung für die sowjetische Diplomatie so interessant machte, nämlich dass man noch auf lange Sicht »alle Möglichkeiten mit dem Blick auf die spätere Anwendung durchzuprüfen« hätte – gerade so, wie es die Garchinger Fusionsforscher dank langfristiger und auskömmlicher Finanzierung durch das BMFT auch weiter angehen wollten –, hatte die Amerikaner zuletzt abgeschreckt.[331] Mit ihrem, wie Pinkau fand, »unglücklichen Diskussionsansatz« der »end product economy«, wonach Fusionsforschung sich nur lohne, wenn sie »in unmittelbarer Zukunft eine Lösung der Energieprobleme beschert«, fehlte ihnen der lange Atem.[332]

Staatssekretär Haunschild schätzte darüber hinaus die Kooperationsbereitschaft der Amerikaner gering ein; allein schon wegen der Spekulationen über die Herstellung einer »gezähmten Wasserstoffbombe« hätten sie »sicher wenig Neigung, ihre wissenschaftlich-technischen Erkenntnisse der UdSSR zur Verfügung zu stellen«. Erst vier Tage vor dem Genfer Gipfel hatte ihn im BMFT die an alle europäischen Forschungseinrichtungen ergangene Anfrage des State

327 Protokoll der 112. Sitzung des Senates vom 22.11.1985, AMPG, II. Abt., Rep. 60, Nr. 112. SP, fol. 257. Die offizielle Auflösung des Akronyms INTOR der IAEA lautet: International Tokamak Reactor.

328 Protokoll der 112. Sitzung des Senates vom 22.11.1985, AMPG, II. Abt., Rep. 60, Nr. 112. SP, fol. 257.

329 Ebd., fol. 257. Hier wird der Name fälschlich mit Selikov wiedergegeben, gemeint ist Jewgeni Welichow; in der Niederschrift fehlt diese Information völlig.

330 Ebd., fol. 255.

331 Ebd., fol. 8.

332 Stenographische Notizen der 112. Sitzung des Senates vom 22.11.1985, AMPG, II. Abt., Rep. 60, Nr. 112, fol. 257–258.

Department erreicht, unverzüglich mitzuteilen, »ob sie bei einer weltweiten Zusammenarbeit mitmachen würden«. Da die zuständige Brüsseler Kommission so kurzfristig keine Abstimmung unter den europäischen Partnern der seit 1957 im EURATOM-Vertrag verankerten und seit den 1960er Jahren auch zunehmend transnational betriebenen europäischen Fusionsforschung mehr herbeiführen konnte, habe man hinhaltend antworten müssen.[333] Pinkau wies »den Vergleich mit der gezähmten Wasserstoffbombe« aufgrund der ganz anderen Funktionsprinzipien empört zurück: »Die Bombe explodiert«, die Fusion aber höre auf, »wenn wir den Stecker rausziehen«.[334] Auch warnte er davor, sich auf dilatorische Behandlung der Kooperationsvereinbarung seitens der USA zu verlassen. Zwar habe sich das State Department wegen der Kürze der Zeit nicht mit den europäischen Partnern absprechen können. Aber jetzt müsse man »Aufmerksamkeit walten lassen und wach sein«, damit noch alles »ins Lot« komme, also sicherstellen, dass die gemeinsam mit den europäischen Partnern betriebene Fusionsforschung in der Zusammenarbeit mit den beiden Großmächten angemessen repräsentiert war und dennoch nicht Gefahr lief, im Falle des politischen Scheiterns dieser erweiterten Kooperation unter die Räder einer bis auf weiteres unabsehbaren amerikanisch-sowjetischen Gipfeldiplomatie zu geraten.[335]

Und in der Tat sollte es jetzt angesichts der gewaltigen Pläne schnell vorangehen: Nach einer dreijährigen Vorbereitungsphase startete das Forschungsprojekt *International Thermonuclear Experimental Reactor* (ITER) 1988 unter der Schirmherrschaft der IAEA und der Beteiligung der EG, UdSSR, USA und Japans. Als Sitz der Arbeitsgruppe, die das ITER-Konzept erarbeiten sollte, konnten die Europäer das IPP in Garching gegen die konkurrierenden Standorte im kalifornischen Livermore oder bei der IAEA in Wien durchsetzen, jedenfalls bis die ITER-Gruppe ins südfranzösische Cadarache umzog, freilich auf europäischem Boden blieb.[336] Im benachbarten Saint-Paul-lès-Durance baut seit 2006 ein er-

333 Protokoll der 112. Sitzung des Senates vom 22.11.1985, AMPG, II. Abt., Rep. 60, Nr. 112. SP, fol. 255–256.

334 Ebd., fol. 256–257. Haunschild bestand übrigens auf einer Korrektur der Niederschrift dieser Senatssitzung: Von der »gezähmten Wasserstoffbombe« wollte er nicht mehr gesprochen haben, auch nicht davon, dass die USA der UdSSR entsprechendes Wissen vorenthalten wollten, zudem wollte er das State Department als Absender der Anfrage im Vorfeld des Genfer Treffens nicht genannt haben: Staab an die Senatoren der MPG 23.12.1985; MR Zelle an Gutjahr-Löser (MPG) 7.1.1986; Gutjahr-Löser an Zelle 14.1.1986 mit Auszügen aus den stenographischen Aufzeichnungen; Materialien für die Senatssitzung 12.6.1986, BArch B196/156214. Der korrigierte Absatz sollte jetzt lauten: »Vermutlich gingen die USA an eine internationale Zusammenarbeit […] mit einer gewissen Vorsicht heran, nicht zuletzt wegen der Notwendigkeit, die Verbreitung sensitiver Nuklearkenntnisse zu verhindern.«

335 Zur erfolgreichen Verhandlungsstrategie des europäischen Forschungskonsortiums unter Leitung des italienischen Physikers Donato Palumbo vgl. McCray, ITER's Fusion, 2010, der vor allem die Rolle der französischen Partner betont.

336 Sprechzettel für den BMFT zur MPG-Senatssitzung 19.11.1987, BArch B 196/156219.

weitertes internationales Konsortium unter Führung der EU den ITER-Reaktor, mit dem das IPP bis heute eng zusammenarbeitet.[337]

Ob sich Institute oder Wissenschaftler der MPG an SDI-Forschungen beteiligten, kann hier nicht abschließend geklärt werden.[338] Zumindest aber die Fusionsforschung am IPP profitierte davon, wenn auch – wie Lüst es in der Senatssitzung im November 1985 mit Blick auf den Genfer Gipfel prägnant zusammenfasste – in indirekter Weise:

> Die USA hätten es begrüßt, ein gemeinsames Programm aufzunehmen, und hatten ursprünglich die Weltraumforschung vorgeschlagen. Dies wurde von den Russen abgelehnt wegen SDI. Dann haben die Russen vorgeschlagen, sich bei der Fusionsforschung zusammenzutun.[339]

Die Garchinger Kollegen nutzten gemeinsam mit ihren europäischen Kollegen die Chance der besonderen politischen Stunde. Auch die seit 1984 von Lüst geleitete ESA erlebte als Partner zweiter Wahl für die NASA nach Jahren der Krise einen Aufschwung mit Haushaltssteigerungen von jährlich fünf Prozent.[340] Für die MPG sah es zumindest aus Sicht ihres Präsidenten, der sich um die Finanzierung der Grundlagenforschung sorgte, anders aus.

Woher mit dem Geld: Projektförderung oder Grundfinanzierung?

Schon seit Adenauers Zeiten waren die MPG-Führungsgremien der Projektförderung seitens der Bundesregierung, insbesondere durch ihr Atomministerium, mit gemischten Gefühlen begegnet.[341] Einerseits begrüßte man die zusätzlichen Forschungsgelder, andererseits befürchtete man die »enge Verstrickung der

337 ITER, What Is ITER?, http://www.iter.org/proj/inafewlines; Max-Planck-Institut für Plasmaphysik, ITER-Teilnahme, https://www.ipp.mpg.de/9018/iter, zuletzt aufgerufen am 17.4.2019.

338 Dietrich Lemke vom MPI für Astronomie (MPIA) weist auf eine indirekte Zusammenarbeit mit SDI hin: Von 1978 bis 1985 entwickelte MBB in Zusammenarbeit mit dem MPIA und finanziert durch das BMFT ein Infrarot-Teleskop (German Infrared Laboratory, GIRL), das mit dem *Space Shuttle* der NASA zum *Spacelab* transportiert werden sollte. Nachdem die Flugkosten insbesondere infolge der Bemannung des *Space Shuttle* immer teurer wurden, brach das BMFT das Projekt, in das bereits fast 50 Mio. DM geflossen waren, ab; MBB profitierte indessen von der zuvor gemeinsam entwickelten Technologie und verkaufte ein GIRL-ähnliches Gerät dann an das SDI-Programm. Lemke, *Himmel über Heidelberg*, 2011, 96–98. Ich danke Juan-Andres Leon für diesen Hinweis.

339 Protokoll der 112. Sitzung des Senates vom 22.11.1985, AMPG, II Abt., Rep. 60, Nr. 112. SP, fol. 256.

340 Gespräch Lüst (Nolte), 2008, 202. Zur Geschichte der ESA vgl. Krige, Russo und Sebesta, *A History of the ESA*, Bd. 2, 2000; Trischler, *»Triple Helix«*, 2002; Hoerber und Stephenson, *European Space Policy*, 2017.

341 Vgl. Hohn und Schimank, *Konflikte*, 1990, 114–115, 119, 134.

Forschung mit wirtschaftlichen und staatspolitischen Fragestellungen« bzw. europapolitischen Zielen sowie die Einbuße an Autonomie und Flexibilität bei der Verfolgung neuer Themen der Grundlagenforschung.[342] Nicht minder ambivalent hatte man Anfang der 1970er Jahre die mit der ESF etablierte europäische Projektförderung betrachtet, um sich dann doch massiv darin zu engagieren. Und erst recht galt dies für die Forschungsinitiative EUREKA, die 1985 in Paris als europäische Antwort auf das amerikanische SDI-Programm gestartet wurde, um zivile, nicht der Geheimhaltung unterliegende Hochtechnologie in multilateralen westeuropäischen Projektverbünden vor allem im Bereich der Mikroelektronik, Materialforschung, Informations- und Produktionstechnik, dann aber auch der Umweltforschung zu entwickeln.[343] Mit ihrer programmatischen Markt- und Technologieorientierung widersprach und widerspricht diese Initiative bis heute dem sorgfältig gepflegten Profil der MPG als Instanz der Grundlagenforschung. Dennoch haben sich von Anfang an Max-Planck-Institute an EUREKA-Projekten beteiligt: Schon 1986 arbeitete das MPI für Chemie am Projekt *Experiment on Transport/Transformation of Environmentally Relevant Trace Constituents in the Troposphere in Europe* (EUROTRAC) mit; andere MPI waren an der *Cooperation for Open Systems Interconnection Networking in Europe* (COSINE) beteiligt. Seit 1987 war das MPI für Biochemie sogar federführend bei einem Projekt zum *Protein-Design* (PRODESIGN).[344] Internationale wissenschaftliche Kooperation fand, sobald sie über wechselseitige Besuche, internationale Kongresse und ähnliche klassische Modi der Kommunikation mit ausländischen Kolleg/innen und Wissenschaftsorganisationen hinausging, in aller Regel in Form von inhaltlich eng definierten und zeitlich befristeten

342 Pfuhl, *Öffentliche Forschungsorganisation*, 1958, 194; hier zitiert nach Hohn und Schimank, *Konflikte*, 1990, 115.

343 Vermerk betr. Deutsch-französische Initiative EURECA (sic!, o.D. ca. Frühjahr 1985), BArch B196/156212: Das BMFT definierte hier als ersten seiner »wesentlichen Grundsätze« für die weiteren Verhandlungen: »EURECA ist kein Anti-SDI-Programm, sondern mit SDI kompatibel. Es ist [durchgestrichen: insbesondere] nicht nur auf SDI-Gebiete beschränkt.«

344 Liste der EUREKA-Projekte mit deutscher Beteiligung Stand 1986, BArch B 196/111034; weiterführende Hinweise können den Websites der Projekte entnommen werden: EU 7/EUROTRAC EUREKA, Project Database, https://www.eurekanetwork.org/project-database/; EU 8/COSINE (Hill und Newman, Eureka Cosine Project, 1989); EUREKA, EU 41/PRODESIGN, https://www.eurekanetwork.org/project/id/41, zuletzt aufgerufen am 5.4.2019). Die Projekt-Datenbank des EUREKA Networks (EUREKA, Project Database EUREKA, https://www.eurekanetwork.org/project-database/, zuletzt aufgerufen am 13.6.2022) verzeichnet bis heute insgesamt zehn Projekte, an denen MPI beteiligt sind. Alle diese Hinweise erhielt ich dankenswerterweise von Annemone Christians, die derzeit im Rahmen der DFG-Forschergruppe »Kooperation und Konkurrenz in den Wissenschaften« an der LMU München das Teilprojekt »Das EUREKA-Projekt. Europäische Forschungs- und Technologiepolitik zwischen Kooperation und Konkurrenz (ca. 1980–1992)« bearbeitet. Zu EUROTRAC vgl. Lax, *Klimaforschung*, in Vorbereitung.

Projekten statt: Je mehr es davon gab, umso größer wurde das Gewicht der Projektforschung.

Immer wieder wurde das Spannungsverhältnis von Projektförderung und Grundfinanzierung im Senat der MPG diskutiert, wobei die Positionen der politischen Repräsentanten unabhängig von ihrer Parteizugehörigkeit wechselten: War ihre jeweilige Partei in der Opposition, sangen sie das Hohe Lied der Grundlagenforschung, der Mittel entzogen würden; war ihre Partei hingegen an der Regierung beteiligt, verteidigten sie die projektgebundenen Forschungsaufwendungen und rechneten vor, dass die Grundlagenforschung im Allgemeinen und die MPG im Besonderen davon keinen Schaden nähmen. Nur Hans-Hilger Haunschild, der seit 1971 beamteter Staatssekretär war und seither das BMBW bzw. BMFT im Senat der MPG vertrat, brauchte die Rolle nicht zu wechseln und moderierte die auseinanderstrebenden Interessen meist mit Verweis auf die konstanten oder steigenden, jedenfalls nie fallenden Ausgaben des Bundes für die Grundlagenforschung und die stets bremsenden Bundesländer im Geleitzug der Bund-Länder-Finanzierung der MPG.[345] Haunschild hatte beginnend mit der Regierung Kiesinger (CDU) allen nachfolgenden Regierungen gedient, bis er 1987 von Forschungsminister Riesenhuber (CDU) entlassen wurde, der dessen eigenmächtiges Engagement für die Großforschungseinrichtungen nicht länger hinnehmen wollte.[346] Zugleich kündigte Riesenhuber in einem Gespräch mit MPG-Präsident Staab an, zukünftig selbst an den Senatssitzungen der MPG teilnehmen zu wollen.[347]

345 1980 etwa sorgten sich Kurt Birrenbach und Gerhard Stoltenberg von der CDU »um eine Verengung des finanziellen Spielraums in der Förderung der Grundlagenforschung« wegen der Belastungen des Bundeshaushalts durch »Rüstungsausgaben, Entwicklung neuer Technologien, Subventionen und Investitionsförderungsmaßnahmen« (Protokoll der 95. Sitzung des Senates vom 7.3.1980, AMPG, II. Abt., Rep. 60, Nr. 95.SP, fol. 165). Nach 1982 waren es vor allem die sozialdemokratischen Senatsmitglieder, die, wie z. B. Glotz 1985, »Zweifel an einer ausgewogenen Forschungspolitik der Bundesregierung« anmeldeten (Protokoll der 110. Sitzung des Senates vom 8.3.1985, AMPG, II. Abt., Rep. 60, Nr. 110.SP, fol. 232). Beide Male hielt Haunschild mit Verweis auf den – auch im internationalen Vergleich – hohen prozentualen Anteil der Grundlagenforschung an den gesamten Forschungsausgaben des Bundes dagegen. Zur ausgebremsten »Lokomotivfunktion« des BMFT bei der Finanzierung der MPG zu 50 % durch den Bund und zu 50 % durch die Ländergemeinschaft, wonach die Grundfinanzierung der MPG durch den Bund nicht höher sein durfte als die der Länder, vgl. Vermerk Hahn vom 10.10.1986, BArch B 196/96344. Ausführlich zur Finanzpolitik der MPG: Balcar 2019, 85–110; ders. 2020, 60–85, 133–162.

346 Haunschild, der seine Beamtenpension mit Beraterverträgen u. a. der Fraunhofer-Gesellschaft und des CERN aufbesserte, blieb der MPG auch danach als privat förderndes Mitglied erhalten, insofern floss zumindest ein Teil der steuerfinanzierten Beraterhonorare für den pensionierten Staatsbeamten, die *Der Spiegel* monierte, wiederum in eine steuerfinanzierte Institution zurück: Doppeltes Polster für Beamte a. D., *Der Spiegel* 42/1989 (16.10.1989), S. 146; vgl. auch Hoffmann, Kulisse, *Die Zeit*, 23.10.1987, 26.

347 Staab an Riesenhuber am 21.4.1987, BArch B 196/156203.

Abb. 11: Hans-Hilger Haunschild bei einem Interview für den *MPG-Spiegel* 2 (1980), 26/27.

Staab begrüßte die ministerielle Präsenz und nutzte die nächste Gelegenheit, nämlich die Hauptversammlung der MPG im Juni 1987, um mit der Forschungsförderung des Bundes öffentlich abzurechnen.[348] Zwar sei der MPG für das folgende Jahr eine Anhebung der Grundfinanzierung um fünf Prozent zugesagt, auch habe sich die Projektförderung durch das BMFT seit 1981 mehr als verdreifacht und beliefe sich im Jahr 1987 auf 87 Millionen DM. Aber das liefe, so Staab, alles in die falsche Richtung: An der Steigerung der Ausgaben für die Grundlagenforschung im BMFT-Haushalt von 26 auf 35 Prozent habe die MPG nicht partizipiert; noch immer entfielen auf sie nur 5,5 Prozent des gesamten BMFT-Haushalts, was allerdings auch an der strikten Regel der hälftigen Bund-Länder-Finanzierung liege. Die steigende Projektförderung sei ein Danaergeschenk, denn das seit Gründung der KWG »verfolgte Prinzip der unabhängigen, autonomen wissenschaftlichen Fragestellung der Institute gerät durch eine zu große Abhängigkeit von Projektbewilligung in Gefahr«.[349] Akut verschärft wurden diese schon längst diagnostizierten Grundprobleme aus Staabs Sicht durch die wissenschaftlich unsinnige, allenfalls außen- und europapolitisch zu legitimierende Förderung der »Weltraumtechnik« für die bemannte Raumfahrt,

348 Staab, Ansprache des Präsidenten, 1987, 20–25.
349 Ebd., 24.

deren Anteil am BMFT-Haushalt sich bereits im Vergleich zu 1982 um fünfzig Prozent erhöht habe und bis 1990 verdoppeln würde.[350]

Das BMFT war alarmiert, zumal die Presse sich besonders Staabs Kritik an der auch in der Öffentlichkeit umstrittenen bemannten Weltraumfahrt zu eigen machte. Es versuchte zunächst auf zweithöchster Ebene von Staats- zu Generalsekretär wieder auf eine einvernehmliche Geschäftsgrundlage zu kommen und fragte nach, ob man etwa die »weniger willkommenen« Projektmittel jetzt einbehalten solle und ob die MPG die derzeit vorliegenden sechs Anträge noch aufrechterhalten würde, deren Finanzierung keineswegs gewiss sei.[351] Dabei gehe man selbstverständlich davon aus, »dass die MPG selbst prüft, ob die von ihr gestellten Anträge ihre Autonomie gefährden, und daß die MPG ihre eigenen hohen Ansprüche an Themenwahl und Qualität diesen Anträgen zugrunde legt«. Die Förderung der Weltraumforschung sei im Übrigen durch »drastische Reduzierungen anderer Programme, etwa der Energieforschung«, gegenfinanziert.[352]

Es half nichts. Zwar hatten sich Haunschilds Nachfolger im BMFT, Gebhardt Ziller und der neue MPG-Generalsekretär Wolfgang Hasenclever (1987–1995), der zuvor Vorstandsmitglied bei der DFVLR gewesen war, im Anschluss an Staabs Philippika gesprächsweise dahingehend verständigt, dass Projektmittel weiterhin willkommen seien. Doch wenige Monate später wiederholte Staab, wie Forschungsminister Riesenhuber den Medien entnahm, »seine Kritik praktisch unverändert«, und zwar in seinem einleitenden Statement zur Jahrespressekonferenz der MPG im November 1987, die zufällig just einen Tag vor der Bundestagsdebatte zum BMFT-Haushalt und ebenfalls in Bonn angesetzt war.[353] Generalsekretär Hasenclever hatte das Manuskript erst kurz vor der Veranstaltung zu sehen bekommen und keinen mäßigenden Einfluss mehr darauf nehmen können.[354] Keiner der zahlreichen Presseberichte verzichtete auf die Wiedergabe der neuerlichen Kritik der eminenten bundesdeutschen Forschungsinstitution am Bonner Weltraumprogramm, viele brachten sie bereits in der Titelzeile unter.[355] Riesenhuber jedenfalls schloss aus seiner Presselektüre, »dass wir einen anscheinend geradezu irrationalen Dissens mit der MPG bei der Weltraumfahrt haben«.[356] Einer seiner Referenten vermutete sogar, dass Staab,

350 Ebd.

351 Randbemerkung Riesenhubers auf dem Vermerk von Wahl 19.6.1987 (Zitat); BMFT-Staatssekretär Ziller an MPG-Generalsekretär Hasenclever 1.7.1987, BArch B 196/96345.

352 BMFT-Staatssekretär Ziller an MPG-Generalsekretär Hasenclever am 1.7.1987, BArch B 196/96345.

353 Vermerk Riesenhuber 26.11.1987, BArch B 196/96345.

354 Jahres-Pressekonferenz der MPG in Bonn 24.11.1987 – Einleitendes Statement des Präsidenten der MPG Prof. Dr. Heinz A. Staab; Vermerk Frenzel vom 14.12.1987 (Zitat), BArch B 196/96345.

355 Presseausschnitte vom 25.11.1987 (Frankfurter Allgemeine Zeitung, 7; Handelsblatt, 6 und 18; Süddeutsche Zeitung, 6; Die Welt, 12; General-Anzeiger, 32), BArch B 196/96345.

356 Vermerk Riesenhuber vom 26.11.1987, BArch B 196/96345.

der sich »bisher zurückhaltend-kritisch« präsentiert hätte, »gezielt von innen und außen beeinflußt worden« sei. Insbesondere zwei »Exponenten deutscher kritischer Wissenschaftler gegen die BMFT-Weltraumpolitik« hatte er im Verdacht, nämlich Erhard Keppler vom MPI für Aeronomie, »der selbst intensiv an geförderter unbemannter Weltraumforschung mitwirkt«, und Dürr, »der gegen Weltraum und SDI als militärische Ambitionen zu Felde zieht und jüngst den ›Alternativen Nobelpreis‹ erhielt«.[357]

Auch Staab, der sich vielleicht von den artikulierten Kritikern der bemannten Raumfahrt Keppler, Pinkau und Trümper, aber sicher nicht von Dürr hatte beeindrucken lassen, war angesichts der Medienresonanz erschrocken.[358] Er schickte Riesenhuber unverzüglich und unaufgefordert sein Redemanuskript, nahm aber von seinen Aussagen nichts zurück, sondern distanzierte sich nur von den Interpretationen seiner Äußerungen durch Presse und Rundfunk und bat »so bald wie möglich« um ein klärendes Gespräch.[359] Die BMFT-Referenten, die dieses Gespräch akribisch vorbereiteten, indem sie Staabs Statements, die entsprechende Pressemitteilung der MPG und die Presseberichte einer vergleichenden Textanalyse unterzogen, hielten den Dissens für weniger gravierend als ihr Minister. Im Gegenteil, eigentlich befinde man sich mit Staab »auf gleicher Linie«, denn das Haus und sein Minister hätten doch selbst immer wieder hervorgehoben, dass das in Den Haag beschlossene europäische Raumfahrtprogramm sich allenfalls teilweise durch forschungspolitische, vor allem aber »durch außen- und europapolitische Erwägungen« begründe. Mit eben dieser Argumentation und dem Hinweis, dass keinesfalls die Grundlagenforschung »ausgetrocknet« werden dürfe, hatte man die Aufstockung des BMFT-Etats beim Bundesfinanzminister gefordert.[360] Und was die Projektförderung – darunter auch die über 30 Millionen DM für die in der Weltraumforschung aktiven MPI allein in 1987 – anbelange, nehme die MPG sie dankbar in Anspruch, jedenfalls solange die haushaltsrechtlichen Restriktionen der gemeinsamen Bund-Länder-

357 Vermerk Frenzel vom 14.12.1987, BArch B 196/96345. Frenzel bezog sich vermutlich auf das »Forum für junge Erwachsene« zum Thema »Der Griff nach den Sternen«, das Ende November 1986 von der Evangelischen Akademie Tutzing durchgeführt worden war und bei dem Keppler und Dürr dem ersten deutschen Astronauten Ernst Messerschmidt kritisch gegenübergetreten waren, vgl. Jung-Hüttl, Per Anhalter, 1986.

358 Keppler, Pinkau und Trümper gehörten 1990 zu den Autoren der kritischen Entschließung der Deutschen Physikalischen Gesellschaft (DPG) zur bemannten Raumfahrt: Wolfgang Heinicke, Erhard Keppler, T. Mayer-Kuckuk, J. Treusch, J. Trümper, K. Pinkau und H. Warlimont: Entschließung der Deutschen Physikalischen Gesellschaft zur Bemannten Raumfahrt. *DPG*, 1990. https://www.dpg-physik.de/veroeffentlichungen/publikationen/stellungnahmen-der-dpg/bemannte-raumfahrt/mem_raum_1990, zuletzt aufgerufen am 28.4.2019. Vgl. dazu auch Interview Riesenhuber (Trischler) 5.10.2010, 18.

359 Staab an Riesenhuber am 26.11.1987; Vermerk Bitter vom 15.12.1987 (Zitat), BArch B 196/96345.

360 Vermerk Leittersdorf vom 1.12.1987, BArch B 196/96345.

Finanzierung keine entsprechende Aufstockung der thematisch ungebundenen Grundfinanzierung einseitig durch das BMFT zulasse.[361]

Das für Ende Januar 1988 anberaumte Gespräch zwischen Forschungsminister Riesenhuber und MPG-Präsident Staab sollte denn auch nur noch weiterbestehende »Irritationen ausräumen«, nämlich einerseits die Befürchtungen des BMFT, »die MPG trete gezielt in Konfrontation zur gegenwärtigen Weltraumpolitik«, und andererseits Befürchtungen der MPG, »ihre Förderung durch das BMFT könne abhängig sein vom forschungspolitischen Wohlverhalten«.[362] Diesen Verdacht hatte der CDU-Bundestagsabgeordnete und Haushaltspolitiker Dietrich Austermann hervorgerufen, der – erbost über Staabs Äußerungen gegenüber der Presse – ihn mahnend darauf hingewiesen hatte, dass »wir in gewisser Weise auch eine Berücksichtigung der generellen politischen Linie [erwarten]«.[363] So weit wollte das BMFT nicht gehen, es begnügte sich mit der Bitte an Staab, »bei zukünftigen öffentlichen Äußerungen an die Presseauswertung zu denken«.[364] Einig war man sich darin, dass die bemannte Weltraumfahrt aus außen- und europapolitischen Erwägungen entsprechend der Beschlüsse von Bundesregierung und Bundestag, die die MPG nicht kommentieren würde, selbstverständlich vorangetrieben werden konnte, dass deren Förderung aber nicht zulasten der Grundlagenforschung und der MPG gehen dürfe. Was die Projektförderung durch das BMFT, ein »dreistelliger Millionenbetrag« jährlich, anbelangte, erinnerte sich Riesenhuber noch über zwanzig Jahre später:

> Ich habe dann nicht nur Herrn Staab [...] gesagt, ich hätte überhaupt kein Interesse, eine so klar umrissene Gesellschaft wie die MPG in irgendeiner Weise mit Vorschriften zu beengen. Wenn sie der Ansicht seien, dass die Projektförderung nicht helfe, sondern ihre Kultur beeinträchtige, könnten wir das innerhalb von einer Woche beenden. Die MPG entschied sich damals, dass die Beeinträchtigung ihrer Kultur nicht so kritisch gewesen sei, und die Sache hat sich gut weiterentwickelt.[365]

Irgendwelche Hoffnungen, eingesparte Gelder aus der Energieforschung statt in die Weltraumfahrt in wissenschaftlich als sinnvoller erachtete Bereiche oder gar in die Grundfinanzierung der MPG umzulenken, hatten zu keinem Zeitpunkt

361 Vermerk Helle vom 1.12.1987; Vermerk Frenzel vom 14.12.1987; Vermerk Wahl vom 19.6.1987, BArch B 196/96345.

362 Vermerk Wahl vom 11.1.1988 zur Gesprächsstrategie, BArch B 196/96345.

363 Austermann an Staab am 26.11.1987 (Zitat); Staab an Austermann am 22.12.1987, BArch B 196/96345.

364 Vermerk Wahl vom 11.1.1988, BArch B 196/96345. Im folgenden *MPG-Spiegel* (Globig, Jahrespressekonferenz, 1988) wurden alle Argumente Staabs dennoch wiederholt, allerdings nahm der gelegentliche Konjunktiv der indirekten Rede ihnen manche Spitze des bei der Pressekonferenz im November 1987 vorgetragenen Statements. Das BMFT musste für Richtigstellungen aus seiner Sicht selbst mit einer Ausarbeitung für die Presse sorgen: Entwurf für einen Beitrag für »Blick durch die Wirtschaft«, o. D. ca. 3.12.1987, BArch B 196/96345.

365 Interview Riesenhuber (Trischler) 5.10.2010, 11.

Abb. 12: MPG-Präsident Heinz A. Staab (r.) im Gespräch mit Heinz Riesenhuber (l.), Bundesminister für Forschung und Technologie, bei der 25-Jahr-Feier des MPI für Plasmaphysik am 5.7.1985 in Garching.

eine realistische Basis.[366] Die MPG musste sich weiterhin auf dem harten Boden der föderalen haushaltsrechtlichen und finanzpolitischen Bedingungen ihrer Bund-Länder-Finanzierung bewegen. Staab konnte aber im Zuge der »jüngsten ›Wirren‹ zum Thema Weltraum«[367] und mit Rückendeckung des BMFT nicht nur ein Sonderprogramm zur Gerätemodernisierung, sondern für 1988 eine zunächst einmalige fünfprozentige Steigerung der Grundfinanzierung der MPG durch Bund und Länder durchsetzen, die er in seiner Abschiedsrede als MPG-Präsident im Juni 1990 als »Durchbruch zu einer stetigeren und ausrei-

366 Im Referentenentwurf für einen Beitrag für »Blick durch die Wirtschaft« wird erläutert, dass die Erhöhung des BMFT-Etats 1988 allein der weltraumpolitischen Schwerpunktsetzung der Bundesregierung zu verdanken sei: »D. h. ca. 150 Mio. DM Forschungsausgaben des BMFT im Jahr 1988 kommen Dank der Weltraumprojekte zustande; sie wären auch nicht bewilligt worden für andere Projekte. Sie sind eine Bewilligung der Bundesregierung im Rahmen der allgemeinen politischen Zielsetzungen, die mit de[n] Weltraumprojekten verbunden sind. Für die Grundlagenforschung in ihrer Allgemeinheit ständen diese Mittel überhaupt nicht zur Verfügung. Sie können gar nicht verteilt werden.« BArch B 196/96345.

367 Vermerk Bitter (betr. Gesprächswunsch Prof. Staab) vom 15.12.1987, BArch B 196/96345. Zu den haushaltsrechtlichen Möglichkeiten und Grenzen der Bund-Länder-Finanzierung der MPG vgl. Balcar, *Wandel*, 2020, 65–79, 133–162.

chenderen Finanzierung« wertete.[368] Denn der von Bundeskanzler Kohl Ende 1989 einberufene »Bildungsgipfel« aller Wissenschafts- und Finanzminister und -ministerinnen von Bund und Ländern beschloss, ab 1991 die Grundfinanzierung von MPG und DFG für fünf Jahre um jeweils fünf Prozent anzuheben.[369] Allerdings sollten dann ganz andere, um den Jahreswechsel 1989/90 noch kaum erahnbare Aufgaben auf die MPG und ihren designierten neuen Präsidenten, Hans Zacher, zukommen.

Von der Politik zur Administration internationaler Wissenschaftsbeziehungen

Die wissenschaftsaußenpolitischen Orientierungspunkte der MPG – in Stichworten: inhaltliche Autonomie, wissenschaftsintrinsisch bestimmte Auswahl der Kooperationspartner, direkte wissenschaftliche Kooperation auf Laborebene, finanzielle Flexibilität, Einladungs- statt Entsendeprinzip – waren bis 1989/90 durch das Auslandsreferat mehrfach ausformuliert und regelmäßig in Jahresberichten, auf Pressekonferenzen und Sprechzetteln für Verhandlungen der Präsidenten wiederholt worden.[370] Widerständen von einzelnen, vor allem osteuropäischen Ländern und den sich ändernden außen- und europapolitischen Bedingungen internationaler wissenschaftlicher Zusammenarbeit versuchte man immer wieder mit möglichst geringen Abstrichen an den eigenen Prioritäten zu begegnen. Mehrfache Umstrukturierungen in der Generalverwaltung in den 1970er Jahren und insbesondere in der von Edmund Marsch geführten »politischen« Abteilung I hatten dem steigenden Arbeitsaufwand für die Pflege der außenwissenschaftlichen Beziehungen der MPG Rechnung getragen. Seit 1978 konzentrierte sich das von Dietmar Nickel geleitete Referat im Wesentlichen auf den Bereich »Zusammenarbeit Ausland«, den er von Anfang

368 Staab an Riesenhuber am 28.1.1988; Staab an die Ministerpräsidenten der Länder am 28.1.1988, BArch B 196/96345.

369 Staab, Ansprache des Präsidenten, 1990, 20–21 (Zitat).

370 Die Berichterstattung wurde einerseits umfangreicher und andererseits standardisierter; wahrscheinlich wurde sie deshalb nicht jedes Jahr in den Jahresberichten abgedruckt. Neben der Darstellung der Entwicklungen auf den drei von Nickel erstmals 1974 unterschiedenen drei Ebenen (direkte Kooperationen bzw. Gastwissenschaftler; Mitgliedschaft/Beteiligung der MPG in internationalen Forschungsinstitutionen bzw. an Großforschungseinrichtungen; bilaterale Verträge) wurden als Messgrößen großzügig gerundete (und daher schwer vergleichbare) Zahlen der Gäste und Forschungsprojekte mit ausländischen Kooperationspartnern, die Zahl der ausländischen MPI-Direktoren und Fachbeiräte, gelegentlich auch die der auswärtigen wissenschaftlichen Mitglieder aus dem Ausland angegeben. Regionale oder diachrone Vergleiche finden sich kaum; gelegentliche, sehr verhaltene oder überhaupt nur indirekte wissenschaftliche und/oder politische Bewertungen unterliefen eher, als dass sie explizit gemacht wurden. Vgl. etwa: *MPG-Tätigkeitsbericht 1985*, 1985, 85–92; und Staabs Statement zur Jahres-Pressekonferenz der MPG vom 24.11.1987, S. 6–7, BAK B 196/96.345.

an zu seinem persönlichen Arbeitsschwerpunkt gemacht hatte.[371] Dieser Aufwand verdankte sich nicht zuletzt der von Brüssel angetriebenen Europäisierung der Forschung, aber auch dem florierenden Chinaprogramm. Beides veranlasste Nickel Ende 1980, wie schon 1974 die Leitlinien der Auslandsarbeit der MPG kritisch zu überprüfen.

Im Vergleich der schon 1974 definierten drei Ebenen der Zusammenarbeit mit ausländischen Einrichtungen und gestützt auf eine Umfrage unter den Instituten stellte er fest:[372] Die unmittelbar von den Instituten bzw. Forschenden der MPG selbst angebahnte Kooperation mit fachlich interessanten Instituten bzw. Kollegen und Kolleginnen im Ausland, die sich insbesondere in Gastaufenthalten, Forschungsreisen, Tagungen, Seminaren konkretisierte, war nach wie vor am wichtigsten. Auf der zweiten Ebene der institutionellen Mitgliedschaften der MPG in internationalen Forschungseinrichtungen waren noch weitere hinzugekommen.[373] Die zunehmend umfangreicher werdende dritte Ebene bildeten die vertraglich zu regelnden Verbundprojekte wie EISCAT und multinational betriebene Forschungseinrichtungen wie das 1979 gemeinsam von der MPG, dem französischen CNRS und dem spanischen *Instituto Geográfico Nacional* (IGN) gegründete *Institut de Radioastronomie Millimétrique* (IRAM) in Grenoble mit seinen Teleskopen auf dem Pico Veleta bei Granada und in den französischen Alpen. Eigentlich problematisch auf dieser Ebene blieben aus Nickels Sicht die »Allgemeinverträge«, wie sie bislang nur mit dem spanischen CSIC und der Chinesischen Akademie der Wissenschaften (CAS) bestanden und mit dem französischen CNRS gerade vorbereitet wurden. Man hatte solche Verträge zuvor – von den genannten Ausnahmen abgesehen – gern der DFG als der offiziellen Repräsentantin der bundesdeutschen Wissenschaft im Ausland überlassen, um sich in der eigenen freien Wahl der ausländischen Kooperationspartner und im flexiblen Einsatz der Auslandsmittel nicht durch vertraglich festgelegte Schwerpunkte und Austauschquoten einschränken zu lassen. Vor allem ging es um den Vorrang des Einladungsprinzips vor dem Entsendeprinzip, der sich freilich – ob mit oder ohne Vertrag – nicht gegenüber allen Ländern durchsetzen ließ: Man wollte keine Gäste akzeptieren müssen, die der

371 Interview Nickel (Sachse) 12.4.2018 und Organigramme AMPG 1971–2002, DA GMPG, Privatarchiv Sachse, ID 600020. Von seinen 1971 noch zahlreicheren Aufgabenbereichen wurden immer mehr in eigene Referate ausgelagert, so dass die Abteilung I ab 1978 aus vier Referaten bestand, von denen Nickel das Referat Ic leitete, das außerdem noch für die Betreuung der fördernden Mitglieder und Protokollfragen zuständig war. Dieser organisatorische Zuschnitt blieb bis zu Nickels Wechsel in die Geschäftsführung der Minerva-Stiftung 1996 erhalten.

372 Vermerk Nickel vom 25.2.1974 (hier hatte Nickel erstmals die Grundsätze der MPG-Auslandsarbeit zusammengefasst), AMPG, II. Abt., Rep. 70, Nr. 373, fol. 32 und Vermerk Nickel vom 30.10.1980, AMPG, II. Abt., Rep. 70, Nr. 86, fol. 12.

373 Nickel nannte neben dem IIASA, der Galapagos Foundation und der Stiftung Jungfraujoch jetzt noch das International Centre of Insect Physiology and Ecology (ICIPE) in Nairobi und das Institut des Hautes Études Scientifiques (IHES) im französischen Bur-sur-Yvette. Vermerk Nickel vom 30.10.1980, AMPG, II. Abt., Rep. 70, Nr. 86, fol. 12.

Vertragspartner nach eigenen – wie immer institutionell oder (außen)politisch konnotierten – Kriterien auswählte und einem ins Haus schickte, sondern nur solche, die man sich wegen ihrer passgenauen wissenschaftlichen Expertise selbst ausgesucht hatte.[374]

Inzwischen aber hatten sich die globalen außenwissenschaftspolitischen Bedingungen verändert: Der Alleinvertretungsanspruch der DFG wurde durch die wachsende Zahl an direkten Verträgen zwischen Forschungsinstituten mehrerer Länder über gemeinsam genutzte Großforschungseinrichtungen, durch multilaterale Forschungsverbünde, aber auch durch immer mehr bilaterale Partnerschaftsabkommen zwischen Universitäten unterlaufen. In der Zusammenarbeit mit der Sowjetunion erwies sich die DFG, die hier immer noch die – auch vom Auswärtigen Amt so gewollte – Federführung innehatte, als Hemmschuh für viele MPG-Wissenschaftler, die lieber direkt mit den ihnen gut bekannten und fachlich einschlägigen Kollegen kommunizierten (→ 3.3).[375] Dagegen hatte die MPG in der streng reglementierten Kooperation mit China die Vorteile zu schätzen gelernt, die sich boten, wenn man selbst die Federführung innehatte und damit mehr Gestaltungsmöglichkeiten und nicht zuletzt bessere Einblicke in die sich entwickelnde chinesische Forschungslandschaft erhielt. Überhaupt beobachtete Nickel »nicht nur in den sogenannten Staatsforschungsländern«, sondern selbst bei der US-amerikanischen *National Science Foundation* (NSF) eine »Verstärkung der Vertragstendenz« und allerorten ein zunehmendes Interesse, »die wissenschaftliche Zusammenarbeit auch als Mittel der politischen Kooperation zu benutzen«.[376] Öfters machten solche Länder die Gewährung von Reisekostenzuschüssen an ihre Wissenschaftlerinnen und Wissenschaftler von der Existenz eines Rahmenvertrags abhängig; solche Zuschüsse konnten gerade in den mageren 1980er Jahren helfen, das knappe Budget der MPG für Auslandsaktivitäten zu entlasten.[377] Nicht zuletzt wollte Nickel dem BMFT keinen Anlass liefern, die MPG-Auslandsmittel zu überprüfen und mit Verweis auf die auch von der MPG genutzten Haushaltstitel der DFG zu kürzen.[378] Kurz, es gab gute Gründe, die Vertragspolitik der MPG auf den Prüfstand zu stellen und Kriterien für zukünftige Verträge zu entwickeln, die der MPG, ihren Instituten und Forschenden auch in Zeiten zunehmender transnationaler projektgebundener und

374 Protokoll der 98. Sitzung des Senates vom 6.3.1981, AMPG, II. Abt., Rep. 60, Nr. 98.SP; Interview Nickel (Sachse) 12.4.2018: Das Einladungsprinzip ließ sich gegenüber der Sowjetunion gar nicht, gegenüber China erst in späteren Jahren durchsetzen.

375 Vgl. dazu den Briefwechsel zwischen Hans Weidenmüller vom MPI für Kernphysik und Generalsekretär Ranft, AMPG, II. Abt., Rep. 70, Nr. 285: Weidenmüller an Ranft am 16.10.1981, fol. 466–468; Ranft an Weidenmüller am 5.4.1982, fol. 453–456.

376 Vermerk Nickel vom 30.10.1980, AMPG, II. Abt., Rep. 70, Nr. 86, fol. 12.

377 Protokoll der 98. Sitzung des Senates vom 6.3.1981, AMPG, II. Abt., Rep. 60, Nr. 98.SP, fol. 9: Dies galt auch für die NSF, die seit 1980 einen solchen Vertrag mit der DFG geschlossen hatte, der auch die MPG und die Fraunhofer-Gesellschaft einschloss, ohne diese in der freien Wahl ihrer Kooperationspartner einzuschränken.

378 Vermerk Nickel vom 30.10.1980, AMPG, II. Abt., Rep. 70, Nr. 86, fol. 18.

geräteintensiver Forschungskooperationen den größtmöglichen Gestaltungsspielraum in der Kooperation mit ausländischen Kollegen und Kolleginnen ließen und längerfristige Festlegungen von Haushaltsmitteln weitestgehend vermieden. Je nachdem wie regelungsbedürftig die bi- oder multilateralen Forschungsvorhaben waren bzw. wie regelungsbeflissen die Vertragspartner sich verhielten, sollte zwischen drei Modellen gewählt werden: dem bevorzugten lockeren »allgemeinen Rahmenvertrag«, dem »besonderen Rahmenvertrag« und dem tunlichst zu vermeidenden »Detailvertrag«.[379]

Inwieweit Nickels Vertragsgestaltungsschema tatsächlich umgesetzt wurde, wäre anhand der in den nachfolgenden Jahren geschlossenen Verträge im Einzelnen zu prüfen. Weitere bilaterale Länderverträge, die wie diejenigen mit Spanien und China über Kooperationsverträge zwischen konkreten Forschungseinrichtungen hinausgingen, kamen jedenfalls nur wenige zustande: 1980 sicherte man die Arbeitsmöglichkeiten für den in seine Heimat zurückgekehrten emeritierten Verhaltensforscher Konrad Lorenz in einem Rahmenvertrag mit der Österreichischen Akademie der Wissenschaften ab. 1981 wurde der Rahmenvertrag mit dem CNRS abgeschlossen; jenseits der Nutzung der gemeinsamen Großforschungseinrichtungen sollte er dem im europäischen Vergleich geringen Wissenschaftleraustausch mit Frankreich aufhelfen und den vermuteten »sprachlichen Hemmnissen« entgegenwirken.[380] Es folgten 1984 ein Vertrag mit dem brasilianischen *Conselho Nacional de Desenvolvimento Científico e Tecnológico* (CNPq), der von Seiten der MPG vor allem die tropenökologischen Forschungen des MPI für Limnologie sowie ein neues Projekt des MPI für Chemie zur Bio- und Atmosphärenforschung im Amazonasgebiet absichern sollte, und ein Rahmenvertrag mit dem japanischen RIKEN-Institut, der aber bis in die 1990er Jahre hinein kaum genutzt wurde.[381] Grundsätzlich hielt die MPG auch weiterhin an der, so Zacher noch 1995, »bewährten« Politik fest, »die Liste der bilateralen Sonderbeziehungen allgemeineren Charakters […] so klein als möglich zu halten«.[382]

Zumindest die Zahlen der Gäste aus Ost und West bestätigten ihn darin: Aus Frankreich kamen auch nach Inkrafttreten des Vertrages mit dem CNRS kaum mehr Kollegen und Kolleginnen als früher; vorher schwankte ihre Anzahl zwischen 15 und 43, danach zwischen 23 und 40 und erst ab 1988 bewegte sie sich zwischen 50 und 60 jährlich.[383] 1987 war das »offenbar geringe Interesse französischer Wissenschaftler an einem Forschungsaufenthalt in der Bundesrepublik«

379 Ebd., fol. 19.

380 Protokoll der 98. Sitzung des Senates vom 6.3.1981, AMPG, II. Abt., Rep. 60, Nr. 98.SP, fol. 12. Vgl. Heinemann, MPG und CNRS, 2013, 193.

381 Protokoll der 106. Sitzung des Senates vom 18.11.1983, AMPG, II. Abt., Rep. 60, Nr. 106. SP, fol. 112; Protokoll der 107. Sitzung des Senates vom 9.3.1984, AMPG, II. Abt., Rep. 60, Nr. 107.SP, fol. 581–582.

382 Bericht Zacher vom 8.2.1995, GVMPG, BC 213481, fol. 85. Zu Lorenz vgl. Taschwer und Föger, *Lorenz*, 2009. Und jetzt Kaufmann, *Konrad Lorenz*, 2018.

383 Statistik Thoms, DA GMPG, Privatarchiv Sachse, ID 601104.

erneut Gegenstand einer Senatsdiskussion: Wie junge deutsche Wissenschaftler zögen sie die USA vor, hinzu aber komme, »dass die Weiterqualifizierung an einer ausländischen Forschungseinrichtung in der akademischen Laufbahn französischer Forscher nicht denselben Stellenwert habe wie hierzulande«.[384] Auch auf die Zahl der japanischen Gäste hatte der Vertrag mit dem RIKEN keinen Einfluss, sie stagnierte freilich auf einem vergleichsweise hohen Niveau mit jährlich zwischen 80 und 100 Gästen. Nur etwas weniger, nämlich jährlich um 80 bis 85 Gäste, kamen regelmäßig aus den beiden großen westeuropäischen Ländern Großbritannien und Italien. Die US-amerikanischen Gäste, von denen mit geringen Schwankungen in den 1980er Jahren durchschnittlich etwa 220 kamen, stellten zwar weiterhin die größte Gruppe dar, aber ihr Anteil gegenüber den westeuropäischen Gästen ging zurück. Im Rahmen des Vertrages der DFG mit der sowjetischen Akademie der Wissenschaften besuchten bis 1985 dagegen höchstens einmal ein Dutzend, meist aber noch weniger Gäste im Jahr ein MPI. Danach stieg ihre Zahl zunächst geringfügig und erst ab 1989 dramatisch an (1988:18; 1990: 64; 1992: 178; 1993: 248). Der Austausch mit den osteuropäischen Staaten, auf deren bilaterale Vertragswünsche die MPG nicht eingegangen war, entwickelte sich unterschiedlich: Die polnische Gruppe wuchs in den 1980er Jahren mit weit über hundert Gästen jährlich zu der nach den USA stärksten nationalen Gruppe überhaupt (1980: 79; 1982: 121; 1984: 113; 1987: 144). Auch die ungarische Gruppe verdoppelte sich von 1981 auf 1982 auf 34 Personen und hielt sich in den folgenden Jahren mit manchmal über 50 Gästen mit der französischen Gruppe beinahe die Waage.[385]

Am Ende seiner Amtszeit konnte MPG-Präsident Staab mit einer gewissen Genugtuung zurückblicken: Mit Rückendeckung seiner Generalverwaltung, aber auch der Kollegen in der »heiligen Allianz« der bundesdeutschen Forschungsorganisationen hatte man die aus Sicht der MPG für die Grundlagenforschung erforderlichen Mittel erfolgreich verteidigt. Es war gelungen, einen weiterhin hohen Anteil nicht projektgebundener staatlicher Grundfinanzierung zu sichern, ohne sich allzu sehr auf die außenpolitisch motivierten Forschungsprioritäten der Regierung Kohl – die bemannte Weltraumfahrt und das europäische SDI-Begleitprogramm EUREKA – einzulassen. Zugleich wurde aber offensichtlich, dass man sich dem schon von Butenandt und Lüst geforderten europäischen Wissenschaftsraum, der es irgendwann einmal mit dem amerikanischen und sowjetischen sollte aufnehmen können, nur mit weiteren projektgebundenen multilateralen Forschungskooperationen annähern konnte. Neben der eigentümlichen, föderal strukturierten bundesdeutschen Wissenschaftsförderungspolitik, die zusätzliche Bundesmittel für die MPG nur in Form von BMFT-finanzierten Projekten zuließ, nagte nun auch zunehmend die

384 Protokoll der 116. Sitzung des Senates vom 11.6.1987, AMPG, II. Abt., Rep. 60, Nr. 116. SP, fol. 87.

385 Alle Angaben nach: Statistik Thoms, DA GMPG, Privatarchiv Sachse, ID 601104.

europäische Wissenschaftspolitik an dem von der MPG als Garant autonomer Grundlagenforschung verfochtenen Primat der staatlichen Grundfinanzierung.

Darüber hinaus war die MPG vor allem mit der extraterrestrischen Forschung und der Fusionsforschung, ob sie es wollte oder nicht, mittendrin in den dramatischen außenwissenschaftspolitischen Entwicklungen der 1980er Jahre, in denen sich neuerliche Aufrüstung und Entspannung überlappten. Anders als in den 1960er und 1970er Jahren war sie als institutioneller Akteur nun aber weder willens noch in der Lage, zu diesen außenpolitischen Entwicklungen Stellung zu beziehen. Der außenwissenschaftspolitische Dialog, wie ihn Carl Friedrich von Weizsäcker und Willy Brandt zur neuen Ostpolitik bzw. Reimar Lüst und Helmut Schmidt zum Verhältnis von Wissenschaft und Politik geführt hatten, fand in der Ära Kohl keine Entsprechung. Weder Lüst, der, wie er selbst sagte, als »Schmidt-Mann« bei Kohl »abgemeldet« war, noch seine politisch weniger profilierten Nachfolger im Präsidentenamt Staab und Zacher pflegten ein solches Naheverhältnis zur Bonner Regierungsspitze.[386] Der langjährige CDU-Kanzler suchte seinerseits kaum die Nähe zur MPG, sondern überließ sie seinem zuständigen Ressortminister. Diese neue Distanz der Bonner Regierungsspitze spiegelte sich in der MPG-Generalverwaltung wider, die ihrerseits alles daransetzte, die internationalen Kooperationen von Max-Planck-Instituten und ihren Wissenschaftler/innen so friktionsarm wie möglich durch die außenpolitisch bewegten Zeiten durchzuadministrieren. Dies setzte selbstverständlich auf der Arbeitsebene gute Beziehungen zu den Bonner Ministerien von Verwaltung zu Verwaltung voraus. Auf diese Basis konnte dann im Zuge der deutschen Wiedervereinigung zurückgegriffen werden, als es darum ging, an der Homogenisierung der deutschen Wissenschaftslandschaft entsprechend den in den alten Bundesländern etablierten Strukturen mitzuwirken.

2.5 Nach dem Kalten Krieg: Deutsche Wiedervereinigung im erweiterten Europa

Als Präsident Staab anlässlich der Festversammlung der MPG Ende Juni 1990 in Travemünde die Erfolge seiner sechsjährigen Amtszeit bilanzierte – eine bis auf weiteres konsolidierte Finanzierung der MPG, sechs Nobelpreise für MPG-Wissenschaftler, fast fünfzig Neuberufungen, darunter sieben Rückberufungen deutscher Wissenschaftler aus den USA und sieben Berufungen von Ausländern, drei Institutsneugründungen – und den Staffelstab an seinen Nachfolger, den Sozialrechtler Hans Zacher vom MPI für ausländisches und internationales

386 Interview Lüst (Renn und Kant) 18.5.2010, S. 50. Demnach erschien Kohl nur ein einziges Mal zur Verabschiedung von Lüst 1984 bei einer MPG-Festversammlung.

Sozialrecht, weitergab, war die Welt eine andere als noch wenige Monate zuvor.[387] Nach der Ratifizierung des *Intermediate Range Nuclear Forces Treaty* (INF-Vertrag) im Sommer 1988 hatten die USA und die UdSSR mit dem Abtransport der Mittelstreckenraketen aus Mitteleuropa begonnen. Zugleich verweigerte der sowjetische Präsident Gorbatschow seinen osteuropäischen Bündnisgenossen die militärische und politische Unterstützung, die sie gebraucht hätten, um die Massendemonstrationen von Menschen, die *Perestroika* und *Glasnost* auch in ihren Ländern einforderten, zu unterbinden und ihre rigiden Grenzregime aufrechtzuerhalten. Der DDR waren in den Monaten vor der unbeabsichtigten Öffnung der Berliner Mauer im November 1989 und danach erst recht die Bürgerinnen und Bürger zu Zehntausenden davongelaufen. Seit dem Frühjahr 1990 verhandelten die erste frei gewählte Regierung der DDR und die Bundesregierung die Staatsverträge, wonach am 1. Juli 1990 nur wenige Tage nach der Travemünder Festveranstaltung die Währungs-, Wirtschafts- und Sozialunion in Kraft trat. In den anschließenden Verhandlungen, die mit dem Einigungsvertrag vom September 1990 in den Beitritt der DDR zum Geltungsbereich des Grundgesetzes münden sollten, ging es unter anderem um die Zusammenführung der Wissenschaftssysteme der beiden deutschen Staaten. Damit wurde es auch für die MPG ernst mit der Wiedervereinigung.

Aber das war nicht die einzige Herausforderung, die der neu installierte Präsident im Juni 1990 auf sich und die MPG zukommen sah. Auch in der europäischen Frage stand nach Zacher »viel auf dem Spiel«, könne doch aus dem Neuen in Europa, das täglich heranwachse, »unversehens« eine »Vorentscheidung für die Forschungsverfassung Europas« werden. Und nichts sei »weniger selbstverständlich«, als dass diese die deutsche sein werde, die gerade in ihrer in Europa einzigartigen föderalen Struktur die Autonomie der MPG und der DFG garantiere.[388] Mit der blockpolitischen Wende, der deutschen Wiedervereinigung, dem anhaltenden und sich territorial noch erweiternden europäischen Integrationsprozess waren die wissenschaftspolitische Position der MPG und ihr Identitätskern, die autonome Grundlagenforschung, sowohl im nationalen deutschen als auch im supranationalen europäischen Rahmen keineswegs mehr so selbstverständlich wie all die Jahrzehnte zuvor. Vielmehr sah sich die MPG mit dem Ende des Kalten Krieges unversehens in die Defensive gedrängt, aus der heraus der Jurist Zacher die forschungspolitische Linie für die kommenden Jahre ausgab: Es galt, an zwei verfassungspolitischen Fronten zugleich die Autonomie der Forschung im Allgemeinen und der MPG im Besonderen zu verteidigen und außenwissenschaftspolitische Überformungen zurückzuweisen oder

387 Staab, Ansprache des Präsidenten, 1990. Dass in seine Amtszeit die Berufung immerhin einer Frau zum Wissenschaftlichen Mitglied fiel, erwähnte er nicht: Es war die Biologin und Genetikerin Christine Nüsslein-Volhard, die im Anschluss an ihre Tätigkeit als Nachwuchsgruppenleiterin am Friedrich-Miescher-Laboratorium (MPG) 1985 ans MPI für Entwicklungsbiologie berufen wurde; sie erhielt 1995 den Nobelpreis für Physiologie oder Medizin.

388 Alle Zitate: Zacher, Herausforderungen, 1990, 32.

wenigstens einzudämmen. Aus dieser unter allen Umständen zu sichernden Deckung heraus brachte sich die MPG dann aber doch mit hohem personellen, institutionellen und intellektuellen Einsatz in die nationalen und supranationalen Einigungsprozesse ein, die es in die richtige Richtung zu steuern galt. Dieses Engagement sollte sich im bundesdeutschen Rahmen bis zum Ende des Jahrhunderts über anfängliche Erwartungen hinaus für die MPG auszahlen. Im supranationalen Rahmen hingegen zeitigte es – zumindest im Hinblick auf die von Zacher fokussierte europäische »Forschungsverfassung« – nur wenig greifbare Ergebnisse, bei dennoch steigendem administrativen Aufwand.[389]

Die Generalverwaltung im Ausnahmezustand

Die Beziehungen, die die MPG zu Wissenschaftsinstitutionen in der DDR gepflegt oder – präziser formuliert – die zahlreiche ihrer Mitglieder mit ihren ostdeutschen Kollegen durch die Risse im Eisernen Vorhangs hindurch aufrechterhalten hatten, waren zutiefst geprägt von den Absurditäten des deutsch-deutschen Verhältnisses: Im Anschluss an den Grundlagenvertrag von 1972/73 hatte man auf Regierungsebene, aber auch unter gelegentlicher informeller Einbeziehung der MPG, über fünfzehn Jahre hinweg und in mehr als dreißig Verhandlungsrunden versucht, ein Abkommen zur wissenschaftlich-technischen Zusammenarbeit (WTZ) zu vereinbaren, bevor es im September 1987 endlich unterzeichnet wurde.[390] Immer wieder war es an der »Berlin-Frage«, hier also der Einbeziehung der Westberliner Wissenschaftseinrichtungen, gescheitert. Erst ganz zuletzt konnte man sich darauf einigen, auch in diesem Fall die nach ihren diplomatischen Urhebern benannte und seit 1972 in vielen anderen Ost-West-Verträgen genutzte »Frank-Falin-Klausel« anzuwenden, wonach die unterschiedlichen Rechtsstandpunkte bezüglich des Status von Berlin durch die Teilnahme Westberliner Institutionen nicht tangiert würden.[391] Dennoch konnte auch Monate später die gemeinsame Kommission, die das WTZ-Abkommen praktisch umsetzen sollte, nicht zusammentreten, weil die Bundesregierung auf der Teilnahme eines Westberliner Wissenschaftlers bestand, den die DDR nicht akzeptieren wollte.

389 Als detaillierte Rekonstruktion der Rolle der MPG im Wiedervereinigungsprozess vgl. Ash, *MPG im Kontext der Deutschen Vereinigung*, 2020. Ihre Rolle im europäischen Einigungsprozess ist historiographisch noch kaum bearbeitet.

390 »Abkommen über die Zusammenarbeit auf den Gebieten der Wissenschaft und Technik zwischen den Regierungen der Bundesrepublik Deutschland und der Deutschen Demokratischen Republik« (WTZ-Abkommen) vom 8.9.1987.

391 Die Klausel war im Vorfeld des Handelsabkommens zwischen der Bundesrepublik und der Sowjetunion am 3.4.1972 vom Staatssekretär im Auswärtigen Amt Paul Frank und vom sowjetischen Botschafter in Bonn Walentin Falin vereinbart worden: *Akten zur Auswärtigen Politik 1972*, 366–368 (Dokument 86). Vermerk Nickel vom 19.4.1988, AMPG, II. Abt., Rep. 70, Nr. 110, fol. 411.

Gleichzeitig war es aber das in Berlin-Dahlem beheimatete Fritz-Haber-Institut (MPI), das die berlinpolitischen Empfehlungen des BMFT schlicht ignorierte und – einer Umfrage des Auslandsreferats vom Juli 1987 zufolge – die meisten, längsten und intensivsten Arbeitskontakte mit Kollegen an den Universitäten in Rostock, Leipzig, Halle und Jena unterhielt.[392] Mindestens zwei von ihnen, der Experimentalphysiker Joachim Finster (Universität Rostock) und der Chemiker Armin Meisel (Universität Leipzig), waren auch schon mehrfach in Dahlem zu Gast gewesen.[393] Dabei gehörten DDR-Bürger – von DDR-Bürgerinnen ganz zu schweigen – zu den seltensten Varietäten in der globalen Population der MPG-Gäste: In den Jahren von 1968 bis 1973 und wohl auch später war allenfalls jeweils ein DDR-Wissenschaftler und dann auch nur kurzfristig zu Gast, 1985 waren es zwei und 1986 immer noch erst vier.[394] Selbst wenn man die – für 1973 mit 13 bezifferten – DDR-Flüchtlinge mitzählen würde, die bei der MPG als Stipendiaten unterkamen,[395] rangierte die DDR, wie Staab in seiner Abschiedsrede als MPG-Präsident 1990 festhielt, im Vergleich aller Ostblockstaaten »bis in das letzte Jahr hinein [...] selbst noch nach Rumänien als Schlußlicht«.[396]

Aber das betraf nur die DDR-staatlich blockierte Ost-West-Reiserichtung, in der Gegenrichtung sah es ganz anders aus. Schon in den 1960er Jahren arbeitete die Biologin Käthe Seidel von der Limnologischen Station Niederrhein in der MPG mit Erich Rübensam von der Deutschen Akademie der Landwirtschaftswissenschaften in der DDR zusammen. »Binsenkäthe«, die im Westen das »Krefelder System« zur biologischen Abwasserklärung entwickelte, half den DDR-Kollegen zunächst beim Aufbau einer Flechtbinsen-Versuchsplantage und führte anschließend mit ihnen gemeinsam ein erfolgreiches Projekt zur Phenol-

392 »Wissenschaftliche Beziehungen von Max-Planck-Instituten zu osteuropäischen Ländern (Stand Januar 1987)«, S. 1, Vermerk Peters vom 8.7.1987, AMPG, II. Abt., Rep. 70, Nr. 110, fol. 28: Von den sieben weiteren dort angeführten Instituten hatten nur das MPI für Züchtungsforschung und das MPI für medizinische Forschung länger bestehende Kontakte gemeldet, die anderen berichteten von geplanten oder gewünschten Kontakten zu bestimmten Kollegen und Wissenschaftsinstitutionen in der DDR.

393 Für die DDR waren Einladungen aus Westberlin dann akzeptabel, wenn sie von der Berliner Institution direkt und ohne Einschaltung einer etwaigen westdeutschen Trägerorganisation ausgesprochen wurden; die Generalverwaltung ermahnte die Berliner MPI dagegen pflichtgemäß, ihre MPG-Zugehörigkeit – und damit die Verbindung Westberlins zur Bundesrepublik – nicht unter den Scheffel zu stellen und durch gelegentliche Einladungen durch die westdeutsche Trägerorganisation zu testen, ob die DDR ihre Politik womöglich geändert hätte. Vermerk Peters vom 8.7.1987, AMPG, II. Abt., Rep. 70, Nr. 110, fol. 28; Vermerk Nickel vom 7.5.1986, AMPG, II. Abt., Rep. 70, Nr. 110, fol. 411.

394 Nickel an Loosch (BMFT) am 1.3.1974, AMPG, II. Abt., Rep. 70, Nr. 110, fol. 161. Nickel an Mönig (BMFT) am 25.8.1986. Protokoll der 116. Sitzung des Senates vom 11.6.1987, AMPG, II. Abt., Rep. 60, Nr. 116.SP, fol. 84. Leider liegen keine durchgehenden statistischen Angaben für die DDR-Gäste vor.

395 Angaben über DDR-Flüchtlinge aus anderen Jahren liegen mir nicht vor, Nickel an Losch (BMFT) am 1.3.1974, AMPG, II. Abt., Rep. 70, Nr. 110, fol. 161.

396 Staab, Ansprache des Präsidenten, 1990, 23.

aufnahme dieser Spezies und deren möglichen Einsatz zur Industrieabwasserreinigung durch. Vermittelt hatte diese Kooperation der ehemalige Direktor des KWI für Kulturpflanzenforschung, Hans Stubbe, der nach dem Krieg in der DDR sowohl das Institut für Kulturpflanzenforschung in der Deutschen Akademie für Wissenschaften (DAW) in Gatersleben als auch die Akademie für Landwirtschaftswissenschaften in Ostberlin leitete und mit Butenandt nicht zuletzt über dieses Projekt regelmäßigen Kontakt hielt.[397] Meist aber beschränkten sich solche Kontakte auf Informationsreisen. So besuchten etwa in den 1970er Jahren Mitarbeiter des MPI für ausländisches und internationales Privatrecht die Kollegen im Potsdamer Institut für ausländisches und vergleichendes Recht der Akademie für Staats- und Rechtswissenschaften der DDR; gemeinsame Projekte entwickelten sich daraus nicht.[398] Daran änderte auch der Grundlagenvertrag von 1972 nichts, vielmehr unterstrich die DDR mit der Umbenennung der DAW in Akademie der Wissenschaften der DDR (AdW) nur noch die mit den deutsch-deutschen Verträgen anerkannte Zweistaatlichkeit der deutschen Nation.[399]

Hingegen waren in den Vorwendejahren mehr als fünfzig der rund zweihundert MPG-Mitglieder, darunter alle noch lebenden MPG-Präsidenten von Butenandt über Lüst bis Staab, zugleich Mitglieder der Leopoldina.[400] Dieser 1652 gegründeten Deutschen Akademie der Naturforscher in Halle war es gelungen, ihren wissenschaftspolitischen Sonderstatus zumindest in der Zusammensetzung ihrer Mitgliedschaft gegen den Abgrenzungswahn der DDR-Führung zu verteidigen: Mehr als doppelt so viele der deutschen, aber auch der ausländischen Mitglieder kamen aus dem Westen, und gerade von den MPG-Mitgliedern reisten viele regelmäßig zu den alle zwei Jahre stattfindenden Hauptversammlungen.[401] Sie übten darüber hinaus auch hohe Funktionen in der ostdeutschen Gelehrtengesellschaft aus, allen voran Butenandt als langjähriger

397 Stubbe an Butenandt am 6.6.1964; Butenandt an Stubbe am 1.7.1964; Stubbe an Butenandt am 25.2.1966; Butenandt an Stubbe am 6.4.1966; Butenandt an Stubbe am 4.3.1967, AMPG, II. Abt., Rep. 70, Nr. 109, fol. 437, 436, 434, 433, 429. Zu Käthe Seidel (1907–1990): Globig, Katzenpaul, 2004. Happel, *Gutes Wasser Lebensquell*, 2001. Zu Stubbes beruflichem und privatem Sonderstatus in der DDR vgl. Heim, *Die reine Luft*, 2002, 36–39.

398 Dennoch hatte man dank wiederholter Abfragen, in die das Auslandsreferat alle MPI einbezog, einen recht guten Überblick über die Forschungssituation und die mehr oder weniger interessanten Forschungsgebiete in der DDR. Nickel an Losch (BMFT) am 1.3.1974, AMPG, II. Abt., Rep. 70, Nr. 110, fol. 161.

399 Nötzoldt, Deutsche Akademie der Wissenschaften zu Berlin, 2018, 393.

400 Staab, Ansprache des Präsidenten, 1990, 23. Für 1989/90 gibt Ash 60 MPG-Mitglieder an, die zugleich Mitglieder der Leopoldina waren, wovon sieben auch ihrem Senat angehörten. Käthe Seidel, die so intensive Arbeitskontakte in die DDR unterhielt, war hingegen weder MPG- noch Leopoldina-Mitglied, vgl. Ash, *MPG im Kontext der Deutschen Vereinigung*, 2020, 53.

401 1980 kamen 718 Leopoldina-Mitglieder aus dem Westen, davon 356 aus der Bundesrepublik; aus Staaten des Warschauer Pakts kamen 292 Mitglieder, davon 143 aus der DDR, vgl. Macrakis, Einheit der Wissenschaft, 1997. Otto Hahn, der 1926 in die Leopoldina berufen worden war, blieb selbstverständlich auch nach dem Krieg Mitglied.

Vizepräsident. Mehrere MPG-Mitglieder waren im Führungsgremium und im Senat vertreten oder wie Staab nicht nur als Senator, sondern auch als Obmann der Sektion Chemie.[402] Heinz Staab wurde dann auch Anfang 1987 vom Erlanger Institut für Gesellschaft und Wissenschaft angefragt, das im Auftrag des BMFT die Öffentlichkeitsarbeit für den zukünftigen deutsch-deutschen Wissenschaftsdialog betrieb und dafür mit den Erwartungen von Kennern der ostdeutschen Wissenschaftslandschaft in einer Werbebroschüre werben wollte. Staab verwies in seiner Antwort auf die engen Beziehungen zur Leopoldina, die regelmäßigen Besuche ihres Präsidenten, Heinz Bethge, bei der MPG und seine eigenen zahlreichen Vortragsreisen in die DDR. Vor allem nannte er die schon 1985 problemlos erfolgte Berufung des Linguisten Manfred Bierwisch, der an der Akademie der Wissenschaften der DDR (AdW) in Berlin arbeitete, zum Auswärtigen Wissenschaftlichen Mitglied (AWM) an das 1980 im niederländischen Nijmegen gegründete MPI für Psycholinguistik.[403]

Die institutionellen Beziehungen der MPG zur AdW in Ostberlin als der zentralen Forschungsinstitution der DDR blieben hingegen bis zu deren Auflösung 1992 unterkühlt. Anders war es dann mit deren Nachfolgeorganisation, der 1993 konstituierten Berlin-Brandenburgischen Akademie der Wissenschaften (BBAW), die sich gegenüber den westdeutschen Gelehrtengesellschaften als innovative Arbeitsakademie zu profilieren trachtete, sich aber gleichwohl in die Tradition der 1946 in der AdW aufgegangenen Preußischen Akademie der Wissenschaften stellte.[404] In den 1960er Jahren hatte man gelegentlich politische Vereinnahmungsversuche diplomatisch-elegant zurückgespielt – etwa die Aufforderung des Präsidiums, anlässlich des Attentats auf Rudi Dutschke zu Ostern 1968, der »Manipulation der öffentlichen Meinung durch die Springer-Presse« und den »empörenden Ausschreitungen der Polizei und ihrer Hilfstruppen gegen demokratische Kräfte und Notstandsgegner aus der studentischen Jugend, der Wissenschaft und aus anderen Kreisen der Bevölkerung in Westdeutschland

402 Butenandt führte auch das inoffizielle Spendenkonto der Leopoldina im Westen. Einzahlungen darauf waren zum anhaltenden Bedauern Hans Hermann Webers (MPI für medizinische Forschung) nicht steuerabzugsfähig, da Butenandt die westdeutschen Finanzbehörden nicht involvieren wollte, vgl. Marsch an Weber am 19.2.1965, Weber an Marsch am 20.2.1965, Butenandt an Weber am 1.4.1965, AMPG, II. Abt., Rep. 70, Nr. 109. Zu Staabs Tätigkeit in der Leopoldina 1981–1999, AMPG III. Abt., Rep. 150, Nr. 43, fol. 381, 380, 379. Vgl. zur Geschichte der Wiederzulassung der Leopoldina in der DDR: Gerstengarbe, Leopoldina SBZ DDR, 2016; zu Butenandt ebd. 437, 446–467.

403 Ob das nichtdeutsche Sitzland des MPI für Psycholinguistik, des nach der römischen Bibliotheca Hertziana zweiten von bis heute fünf MPI an ausländischen Standorten, die Berufung des AdW-Mitglieds erleichtert hat, wäre zu prüfen. Burrichter an Staab am 2.2.1987; Staab an Burrichter am 26.2.1987, AMPG, II. Abt., Rep. 70, Nr. 110. Fol. 43, 41.

404 Zur wiederbelebten preußischen Tradition vgl. die Website der BBAW, Akademiegeschichte, http://www.bbaw.de/die-akademie/akademiegeschichte, zuletzt aufgerufen am 11.7.2019. Zur Geschichte der Berliner Akademie vgl. Kocka, *Berliner Akademien der Wissenschaften*, 2002.

und Westberlin« entgegenzutreten.[405] Erst nach den Pariser Mai-Aufständen fünf Wochen später bedankte sich Butenandt für die Anteilnahme der Ostberliner Kollegen, die er ironisch-euphemistisch als »Beweis einer Verbundenheit der Wissenschaftler untereinander« wertete. Jedoch könne das »geringe Gewicht« der Wissenschaft angesichts der in mehreren Ländern »weitreichenden Unzufriedenheit und Unsicherheit der heranwachsenden Generation in Bezug [...] vor allem auf ihre eigene Zukunft« und der »nicht klar übersehbaren und daher nicht klar zu beurteilenden Situation politischer Unruhen« nichts bewirken; vielmehr hoffe er, dass sich die neue »Verbundenheit der Wissenschaft zwischen den beiden Teilen Deutschlands nicht nur in Krisenzeiten wie der jetzigen, sondern in der tätigen Zusammenarbeit in unserer eigentlichen Aufgabe wieder zur Wirklichkeit werden möge«.[406]

Diese Hoffnung blieb erwartungsgemäß vergeblich. Zwar gab es um 1975 im BMFT durchaus die Vorstellung, dass das in Verhandlung befindliche WTZ-Rahmenabkommen unter anderem mit einem Einzelabkommen zwischen der MPG und der AdW untersetzt werden solle.[407] Aber in den folgenden zwölf Jahren bis zur Unterzeichnung des Rahmenabkommens änderte sich wenig – trotz gelegentlicher Sondierungsgespräche und immerhin zwei leidlich funktionierender Kooperationen einschließlich wechselseitiger Besuche: Sowohl das MPI für Biochemie als auch das MPI für Immunbiologie kooperierte mit Kollegen der Universität Rostock.[408] Auch der vom BMFT vorbereitete Besuch des Ministers für Wissenschaft und Technik der DDR, Herbert Weiz, im Sommer 1982, der mit einem Besuch bei der MPG verbunden war, und der Gegenbesuch des MPG-Präsidenten bei der Ostberliner AdW im Januar 1983 brachten keinen Durchbruch.[409] Zum einen warnte das BMFT einmal mehr davor, ohne Rücksprache mit ihm und dem Bundesministerium für innerdeutsche Beziehungen (BMB) weitere Kooperationen auf Institutsebene zu vereinbaren, weil die DDR nur Kooperationen in wenigen für sie technologisch interessanten Bereichen wie der Metallurgie und der Lasertechnologie anbieten würde. Dagegen müsse die Bundesregierung auf einem Interessenausgleich und der Zusammenarbeit vor allem auch in den Geisteswissenschaften bestehen, und hier dem auch von Seiten des

405 Hartke, Klare, Rompe (alle DAW) an Butenandt am 22.4.1968, AMPG, II. Abt., Rep. 70, Nr. 109, fol. 427.

406 Butenandt an Hartke am 27.5.1968; tags zuvor hatte Butenandt die Angelegenheit im Verwaltungsrat vorgetragen, AMPG, II. Abt., Rep. 70, Nr. 109, fol. 425.

407 Vermerk Nickel vom 18.12.1975, AMPG, II. Abt., Rep. 70, Nr. 373, fol. 22; Haunschild (BMFT) an Lüst am 20.5.1975; Lüst an Haunschild am 10.6.1975; Lüst an Klare (AdW) am 24.7.1975, AMPG, II. Abt., Rep. 70, Nr. 109, fol. 217, 213, 209.

408 Am MPI Biochemie kooperierten die Direktoren Gerhard Ruhenstroth-Bauer und Kurt Hanning mit Dr. H. L. Jenssen (Universität Rostock) und am MPI Immunbiologie Dr. Jann mit Prof. Nimmich (Universität Rostock). Vermerke Kazemi vom 7.7.1982 und 15.4.1983, AMPG, II. Abt., Rep. 70, Nr. 110, fol. 291–294, 344.

409 Vermerke Nickel vom 7.7.1982, AMPG, II. Abt., Rep. 70, Nr. 110, fol. 291 und 21.1.1983, AMPG, II. Abt., Rep. 70, Nr. 110, fol. 344; Nickel an Petzow (MPI Metallforschung) am 9.8.1982, AMPG, II. Abt., Rep. 70, Nr. 110, fol. 63.

MPI für Geschichte eingeforderten ungehinderten Zugang zu den Staatsarchiven der DDR, dem Einbezug Westberlins und der Unterzeichnung eines entsprechenden Rahmenabkommens.[410] Zum anderen versuchte die DDR seit 1983 mit der Verzögerung eben dieses Abkommens die Bundesregierung zur Abkehr vom NATO-Doppelbeschluss zu bewegen und dafür auch die Unterstützung der MPG zu gewinnen. In der Folge wurde ein für November 1983 vorgesehener Besuch des Stellvertretenden Ministers für Hoch- und Fachschulwesen der DDR, Günter Heidorn, zunächst seitens der MPG mit Blick auf die beginnende Aufstellung der US-amerikanischen Pershing-II-Raketen auf Bundesgebiet verzögert und dann von Heidorn ganz abgesagt.[411]

Selbst als das WTZ-Rahmenabkommen im Herbst 1987 endlich unterzeichnet war, ging es noch nicht voran. Zwar lud MPG-Präsident Staab seinen Kollegen von der AdW, Werner Scheler, noch im November 1987 nach München ein und folgte wenige Monate später der Gegeneinladung zur AdW nach Ostberlin. Aber sein Auslandsreferat warnte ihn vor voreiligen Festlegungen: Das von der MPG bevorzugte Einladungsprinzip sei gegenüber dem Entsendeprinzip, auf dem die AdW unter Verweis auf das Staatsabkommen beharrte, kaum durchzusetzen. Längere Aufenthalte von eingeladenen DDR-Wissenschaftlern an Max-Planck-Institute scheiterten meist immer noch an der Genehmigung der AdW. Mithin war es alles andere als gesichert, dass die MPG-Wissenschaftler mit ihren durchaus breit gefächerten Interessen an wissenschaftlichen Kooperationen mit Kolleg/innen nicht nur der AdW, sondern auch der ostdeutschen Universitäten diese auch würden realisieren können. Sollte Staab bei seinem Besuch in Ostberlin dennoch, wie vom BMFT durchaus gewünscht, auf ein direktes Abkommen von MPG und AdW zusteuern wollen, so empfahl Nickel nachdrücklich, »darauf zu bestehen, daß ein erster Entwurf von unserer Seite erarbeitet und der AdW übermittelt wird«. Die Details sollten tunlichst »auf Referentenebene« geklärt werden und die Abschlussrunde auf bundesdeutschem Boden stattfinden.[412] Erst im Oktober 1989 – »kurz vor dem Kollaps«, wie es Nickel im Interview formulierte – zeigte sich die AdW ernsthaft an einer Zusammenarbeit interessiert und war nach der Maueröffnung schließlich auch bereit, das Einladungsprinzip, das Nickel in einen ersten Vertragsentwurf hineingeschrieben hatte, zu akzeptieren. Noch in der Weihnachtspause 1989/90 wollten die beiden Präsidenten,

410 Vgl. Schöttler, *MPI für Geschichte*, 2020, 67–82. Vermerk Nickel vom 16.8.1982, AMPG, II. Abt., Rep. 70, Nr. 110, fol. 146; Vermerke Kazemi vom 15.4.1983, AMPG, II. Abt., Rep. 70, Nr. 110, fol. 344.

411 Werner Scheler (Präsident AdW) an Lüst am 10.10.1983, AMPG, II. Abt., Rep. 70, Nr. 110, fol. 182; Heidorn an Lüst am 11.10.1983, AMPG, II. Abt., Rep. 70, Nr. 110, fol. 179; Vermerk Nickel vom 3.11.1983, AMPG, II. Abt., Rep. 70, Nr. 110, fol. 178.

412 Vermerk Nickel vom 19.4.1988, AMPG, II. Abt., Rep. 70, Nr. 110, fol. 415; Vermerk Peter vom 29.4.1987, AMPG, II. Abt., Rep. 70, Nr. 110, fol. 170; Zusammenstellung laufender, geplanter und gewünschter Kooperationen von MPI mit osteuropäischen Ländern einschließlich der DDR 8.7.1987. Vermerk vom 12.11.1987 betr. MPG-Senat 19.11.1987, BArch B196/156219.

Staab und Scheler, den Vertrag zur Unterschriftsreife bringen lassen. Aber jetzt tat Nickel als Auslandsreferent in Übereinstimmung mit dem Generalsekretär der MPG, Wolfgang Hasenclever, alles in seiner Macht Stehende, um die Unterzeichnung zu verzögern – zunächst mit Blick auf die im März 1990 bevorstehenden ersten freien Wahlen zur Volkskammer der DDR, dann auf die Aushandlungen im Einigungsvertrag und die damit verbundenen Begutachtungen der wissenschaftlichen Einrichtungen der DDR durch den bundesdeutschen Wissenschaftsrat.[413]

Ob der MPG-Präsident die Verzögerungstaktik seiner Administration bemerkte oder gar rügte, ist nicht überliefert. Jedoch dürfte er wenige Monate später dankbar gewesen sein, dass sie ihn gehindert hatte, dem gefährlichen Gerede von der AdW als »potentiellem Fusionspartner« der MPG in »einer künftigen ›Wissenschaftsunion‹ der beiden deutschen Staaten«, gar einer »Konvergenz der Wissenschaftssysteme« noch unwillentlich Vorschub zu leisten.[414] In seiner Festrede im Juni 1990 zog Staab jedenfalls eine scharfe Trennlinie: Die Kollegen von der Leopoldina – ihr scheidender Präsident Bethge ebenso wie sein Nachfolger Benno Parthier – wurden auf das herzlichste begrüßt als Vertreter der Institution, »die über 40 Jahre Teilung hinweg die wissenschaftliche Verklammerung von Ost und West frei von politischer Einflußnahme unbeirrt gewährleistet hat«.[415] Mit der »DDR-Akademie« hingegen rechnete er ab: Sie sei »fest in den zentralstaatlichen Machtapparat [...] eingebunden« gewesen, was sich auch jetzt noch im Mitgliederbestand und in den Leitungsgremien widerspiegele. Allenfalls ein Viertel ihrer Aktivitäten komme »unserem Verständnis von Grundlagenforschung« nahe. Sie sei infrastrukturell und apparativ völlig unzureichend ausgestattet, personell hingegen weit überbesetzt. Aber dennoch gebe es – »auch das wissen wir vor allem durch die Leopoldina« – »hervorragende Wissenschaftler, die selbst unter diesen schwierigen Bedingungen Beachtliches leisten konnten«. Sie, die »aus politischen Gründen« meist nicht zu den »Reise-Kadern« gehört hätten, gelte es jetzt zu identifizieren, zu fördern und international zu profilieren.[416]

Was Staab hier noch als Zukunftsaufgabe formulierte, sollte nur wenige Tage später operationalisiert werden, und zwar in jenem »Kamingespräch« am 3. Juli 1990, in dem die Präsidenten der »Heiligen Allianz« – unter ihnen der frisch gekürte neue MPG-Präsident Zacher – mit den west- und ostdeutschen Ressort-Unterhändlern die wissenschaftspolitischen Festlegungen des zukünftigen Einigungsvertrags vorverhandelten. Am Ende des Tages war zwar noch nichts in Stein gemeißelt. Noch konnten die DDR-Vertreter hoffen, dass einige Elemente ihres Wissenschaftssystems in die zukünftige einheitliche Forschungsstruktur

413 Interview Nickel (Sachse) 12.4.2018. Vgl. Ash, *MPG im Kontext der Deutschen Vereinigung*, 2020, 54.
414 Staab, Ansprache des Präsidenten, 1990, 24–25.
415 Ebd., 16.
416 Ebd., 24.

des wiedervereinigten Deutschland übernommen, die Filetierung der AdW und entsprechende Massenentlassungen aber ausbleiben würden.[417] Umgekehrt war aus Sicht der MPG die Gefahr noch nicht gebannt, zukünftig mit einer dem westdeutschen Wissenschaftssystem fremden Forschungsakademie oder irgendwelchen neuartigen Institutionen konfrontiert zu sein und womöglich selbst Anpassungen vornehmen zu müssen. Bis Ende 1991 blieben noch 18 Monate, in denen die vom westdeutschen Wissenschaftsrat (WR) eingesetzten Arbeitsgruppen die außeruniversitären Forschungseinrichtungen der (bald vormaligen) DDR – in Disziplinenbündel sortiert – evaluieren würden, um schließlich ihre Auflösung, Weiterführung oder Umstrukturierung zu empfehlen. Diese Zeit galt es zu nutzen.[418]

Allein zwanzig MPI-Direktoren beteiligten sich an sieben der acht WR-Arbeitsgruppen, die die AdW-Institute und die Akademie der Landwirtschaftswissenschaften evaluierten.[419] Viele Max-Planck-Institute evaluierten darüber hinaus eigeninitiativ, welche Forschungspotentiale die in Abwicklung befindliche DDR bot: Sie suchten ihnen interessant erscheinende Labore und Arbeitsgruppen auf, unterstützten sie – dank zusätzlicher Mittel der MPG, des Bundes und der DFG – mit wissenschaftlicher Literatur und Geräten und luden insgesamt über hundert Wissenschaftler und Wissenschaftlerinnen als Gäste zeitweilig in ihre Institute ein.[420] Mit diesem noch 1989 gestarteten »informellen Kooperationsprogramm« konnte man für das Gebiet der DDR *from the bottom up* nachholen, was im internationalen Wissenschaftsaustausch der MPG seit jeher praktiziert wurde.[421]

417 Zum »Kamingespräch« am 3.7.1990 samt Vor- und Nachlauf, vgl. Ash, *MPG im Kontext der Deutschen Vereinigung*, 2020, 19–50.

418 Die folgende Darstellung basiert hauptsächlich auf den in den Jahrbüchern der MPG abgedruckten Festreden von Staab und Zacher anlässlich der MPG-Hauptversammlungen 1990 und 1991 sowie dem dort ebenfalls abgedruckten Bericht zur »Forschungspolitik und Forschungsplanung«, Staab, Ansprache des Präsidenten, 1990, 23–25; Zacher, Ansprache des Präsidenten, 1991, 17–20; *MPG-Jahrbuch 1991*, 93–98. Sie stützt sich in der Argumentation darüber hinaus auf Ash, *MPG im Kontext der Deutschen Vereinigung*, 2020. Vgl. auch Mayntz, *Deutsche Forschung*, 1994.

419 Liste der MPG-Wissenschaftler in Evaluierungskommissionen des Wissenschaftsrats, Stand 27.11.1990, AMPG, II. Abt., Rep. 57, Nr. 482, fol. 182–184; ich danke Mitchell Ash für den Hinweis auf dieses Dokument. Dass allein 5 MPG-Mitglieder in der Arbeitsgruppe (AG) mitwirkten, die die physikalischen Einrichtungen untersuchte, mag nicht überraschen, wohl aber dass sich ebenso viele an der Evaluierung der wirtschafts- und sozialwissenschaftlichen Einrichtungen beteiligten. Außer in der AG für Mathematik und Informatik waren in allen AG MPI-Mitglieder vertreten. Weitere Schlüsseldokumente zur AdW-Evaluierung wurden von der Bundesstiftung Aufarbeitung online gestellt: Bundesstiftung Aufarbeitung, Auflösung, https://deutsche-einheit-1990.de/ministerien/mft/adw/, zuletzt aufgerufen am 12.8.2022.

420 1990 kamen »mehr als hundert Gastwissenschaftler und Stipendiaten aus den neuen Bundesländern«, *MPG-Jahrbuch 1991*, 93.

421 Zacher, Ansprache des Präsidenten, 1991, 19.

Darüber hinaus übernahm die MPG, wie es Mitchell Ash ausführlich dargestellt hat, eine strikt befristete Aufgabe bei dem Umbau des Wissenschaftssystems im »Beitrittsgebiet« und der Einpassung der als erhaltenswert eingestuften Einrichtungen oder auch nur einzelner Forschungsteams in das – nicht nur in den Augen der MPG-Führung bewährte – Wissenschaftssystem der Bundesrepublik.[422] Wiederum ausgehend von der Initiative einzelner MPI und durch sie individuell betreut, wurden zwischen 1991 und 1992 knapp dreißig Arbeitsgruppen gebildet und an die Universitäten der neuen Bundesländer angegliedert. Mit ihnen sollte die Forschung, die nach sowjetischem Vorbild zu großen Teilen unter dem Dach der Akademie konzentriert worden war, an die Universitäten zurückgeführt und die universitäre Lehre wieder stärker an aktuelle Forschung angebunden werden. Sofern sich die Arbeitsgruppen – die mit wenigen Ausnahmen von ostdeutschen, ausnahmslos männlichen Wissenschaftlern geleitet wurden, während die übrigen Mitglieder keineswegs nur aus dem Osten kamen – als produktiv erwiesen, sollten sie nach Ablauf von fünf Jahren in universitärer Regie weitergeführt werden.[423]

Für die MPG war diese für ihr institutionelles Selbstverständnis ungewöhnliche Aufgabe – ebenso wie die befristete Übergangsträgerschaft für die neugeschaffenen Geisteswissenschaftlichen Zentren, die sie auf Vorschlag des Wissenschaftsrats 1992 zusätzlich übernahm – kein selbstloser Dienst an der deutschen Wiedervereinigung.[424] Es war für sie zunächst einmal ein Zeitgewinn; denn sie stand, so nahm es die in der Generalverwaltung für sämtliche »Neuvorhaben« zuständige Referatsleiterin, Beatrice Fromm, wahr, unter starkem Zeitdruck der Bundesregierung, die mit der beschleunigten Gründung von sage und schreibe etwa zwanzig neuen Max-Planck-Instituten im Beitrittsgebiet positive Zeichen auch für den wissenschaftlichen »Aufbau Ost« setzen wollte.[425] Institutsgründungen hatten in der MPG aber erfahrungsgemäß einen langen Vorlauf sorgfältiger Themen-, Personal- und Standortselektion, den man keineswegs zugunsten der vereinigungspolitischen Prioritäten abkürzen wollte. Freilich war auch die Etablierung dieser Arbeitsgruppen mit einem erheblichen Aufwand seitens der betreuenden Institute und der Generalverwaltung, die ohne nennenswerte personelle Verstärkung dafür eine koordinierende Sonderkommission installierte, verbunden. Dieser Einsatz rechtfertigte sich aus Sicht der MPG jedoch als wohlkalkulierte und im Übrigen durch Sondermittel des Bundes

422 Ash, *MPG im Kontext der Deutschen Vereinigung*, 2020.

423 Vgl. dazu ebd., 156 und 295: Ursprünglich geplant waren 30, nach politischer Überprüfung der vorgesehenen Leiter aus der ehemaligen DDR blieben 27 übrig.

424 Zu den geisteswissenschaftlichen Zentren vgl. ebd., 97–103, 249–265.

425 Schriftliche Mitteilung von Fromm an CS am 24.1.2020 und mündliche Mitteilung von Fromm an CS am 26.1.2020: Fromm brach im Sommer 1990 auf Bitte des MPG-Präsidenten ihren Urlaub ab, nachdem er ihr mitgeteilt hatte, mit wie vielen Neugründungen zu rechnen war. Die Arbeitsgruppen wurden nach dem Vorbild der Klinischen Studiengruppen in der MPG konzipiert; vgl. zu diesen Schlünder, Medizinische Forschung, 2023.

finanzierte Vorleistung für die unveränderte Aufrechterhaltung der MPG. Ihre tradierten Strukturen durften auch durch ein globales Jahrhundertereignis wie den Zusammenbruch des Sowjetreichs nicht angefochten werden. Zunächst galt es, in den neuen Bundesländern die nach westdeutschen Maßstäben definierte »Normalität universitärer Forschung« herzustellen. Erst dann würde die MPG darauf aufsattelnd eigene Institute gründen können, um subsidiär solche innovativen Forschungsfelder zu bearbeiten, die an den Universitäten (noch) nicht repräsentiert waren. Geplant war, wie seit Harnacks Zeiten, »herausragenden Forscherpersönlichkeiten die Arbeit an wichtigen, zukunftsträchtigen Themen der Grundlagenforschung zu ermöglichen«.[426]

Nur ein einziges AdW-Institut wurde 1992 thematisch, örtlich und personell wiedererkennbar in ein neues Max-Planck-Institut kleineren Zuschnitts transformiert. Nicht zufällig handelte es sich um das in den 1960er Jahren vom späteren Präsidenten der Leopoldina, Heinz Bethge, gegründete Institut für Festkörperphysik und Elektronenmikroskopie in Halle. Sein Nachfolger in der Institutsleitung, Johannes Heydenreich, hatte dieses Institut schon zu DDR-Zeiten zu einem international vernetzten und renommierten Zentrum für Elektronenmikroskopie ausgebaut und stand als auswärtiges Mitglied des Stuttgarter MPI für Metallforschung bereits seit 1990 mit einem Bein in der MPG. Noch bis zu seiner Emeritierung 1995 führte er es als MPI für Mikrostrukturphysik weiter, ab 1993 an der Seite zweier jüngerer Kollegen aus dem Westen.[427]

Demgegenüber mangelte es nicht an Ideen für neue Max-Planck-Institute, die man im Zuge des Aufbaus Ost hoffte realisieren zu können – zwar an ungewohnt weit östlich gelegenen, vereinigungspolitisch bedingten Standorten, aber selbstverständlich nach den etablierten Verfahrensweisen der MPG. Es würde nicht danach gefragt werden, ob die neu zu berufenden Kollegen aus der DDR oder gar den abgewickelten Forschungsinstituten stammten, sondern nur danach, ob sie die Bestgeeigneten für Forschungsgebiete waren, in denen mit

426 Zacher, Ansprache des Präsidenten, 1991, 19.

427 Dies waren Jürgen Kirschner, zuvor Experimentalphysiker an der Freien Universität Berlin, und Ulrich Gösele, der am MPI für Metallforschung seine Dissertation und Habilitation vorangetrieben hatte, später eine Professur an der Duke University, North Carolina übernahm und von dort 1993 ins MPI für Mikrostrukturphysik zurückberufen wurde. Vgl. die Nachrufe auf Heydenreich und Gösele: Max-Planck-Institut für Mikrostrukturphysik, Ehemalige Direktoren, https://www.mpi-halle.mpg.de/ehem-Direktoren, zuletzt aufgerufen am 22.7.2019. Als zweites wurde 1992/93 das MPI für Kolloid- und Grenzflächenforschung in Golm bei Potsdam gegründet; es ging immerhin auf das Konzept eines AdW-Wissenschaftlers, Burkhart Philipp, zurück, der vorschlug, mehrere, an verschiedenen AdW-Instituten tätige Arbeitsgruppen in einem neuen interdisziplinären MPI zusammenzuführen. Wie viele AdW-Wissenschaftler/innen dann tatsächlich dorthin übernommen wurden, ist unklar; Philipp selbst arbeitete als Emeritus noch dort mit; die drei Direktoren kamen jedoch alle aus dem Westen. Vgl. im Einzelnen zu den beiden ersten Gründungen Ash, *MPG im Kontext der Deutschen Vereinigung*, 2020, 119–131.

den Ressourcen der MPG international respektable Durchbrüche zu erwarten waren.[428] Alle drei Sektionen machten Vorschläge und setzten Kommissionen ein, um ihre Institutsgründungspläne alsbald zu konkretisieren und dem Senat entscheidungsreif vorzulegen. In seiner Festrede 1991 warnte Zacher allerdings vor zu großen Erwartungen: »Mit Wahrscheinlichkeit aber ist abzusehen, daß wir mehr Vorhaben beschließen könnten, als uns der Finanz- und Stellenrahmen jemals erlauben« werde.[429]

Erst 1993 hatte die MPG mit ihren Geldgebern geklärt, wie die neuen Institute finanziert werden sollten. Dann aber konnten bis 1996 schon neun Institute in den neuen Bundesländern und dem Ostteil Berlins die Arbeit aufnehmen, weitere fünf waren im Aufbau begriffen.[430] Dass es trotz der ökonomischen Vereinigungskrise in den frühen 1990er Jahren so zügig voranging, ist umso erstaunlicher, als die MPG mit allen ihren Gremien auf ihren zeitaufwendigen internen Institutsgründungs- und Berufungsprozeduren bestand, die selten rasch abgeschlossen werden konnten. Abgesehen vom MPI für Mikrostrukturphysik mündeten sie bis 1996 nur in einem weiteren Fall, nämlich dem des Gründungsdirektors des MPI für Mathematik in den Wissenschaften, Eberhard Zeidler, in die Berufung eines Wissenschaftlers aus der ehemaligen DDR. Erst um die Millenniumswende wurden noch zwei weitere in den Kreis der Wissenschaftlichen Mitglieder aufgenommen: Gunter Fischer (Max-Planck-Forschungsstelle für Enzymologie der Proteinfaltung) und Sibylle Günter (MPI Plasmaphysik) als einzige Frau.[431]

Auch darin zeigte sich das, was Mitchell Ash zurecht als den dominanten Strukturkonservatismus der MPG bezeichnet hat.[432] In der Bewältigung der Wiedervereinigung durchdrang er auf allen Ebenen nahezu sämtliche wissenschaftspolitische Strategien, Entscheidungen und Legitimationen innerhalb der MPG. Er hielt die umfänglichen Anstrengungen ihrer Führungsspitze, ihrer Administratoren und Administratorinnen, aber auch vieler ihrer Wissenschaftler und Wissenschaftlerinnen zusammen und motivierte ihr Handeln, das die Direktorin des MPI für Gesellschaftsforschung, Renate Mayntz, schon 1992 treffend als »identitätskonform« beurteilt hatte:[433] Es galt, strukturverändernde Anpassungen an die neuen Gegebenheiten zu vermeiden, und stattdessen das

428 Zur Personalrekrutierung in den NBL vgl. Ash, *MPG im Kontext der Deutschen Vereinigung*, 2020, 292–297, 307; Scholz und Kolboske, Sozialgeschichtliche Dynamik, 2023; Ash, *Die Max-Planck-Gesellschaft im Prozess*, in Vorbereitung.

429 Zacher, Ansprache des Präsidenten, 1991, 20.

430 Zacher, Ansprache des Präsidenten, 1996, 19. Zu den weiteren Neugründungen im Einzelnen vgl. Ash, *MPG im Kontext der Deutschen Vereinigung*, 2020, 131–153, 189–223, 307.

431 Vgl. dazu demnächst: Ash, *Die Max-Planck-Gesellschaft im Prozess*, in Vorbereitung; vgl. unten Kapitel 4.1.

432 Ash, *MPG im Kontext der Deutschen Vereinigung*, 2020, 84, 87, 103 und passim.

433 Mayntz, Forschung, 1992, 77–78.

bewährte Geschäftsmodell eins zu eins ins »Beitrittsgebiet« zu exportieren. Im nationalen Rahmen wurde dieses Ziel mit heute achtzehn Max-Planck-Instituten und -Forschungsstellen in den neuen Bundesländern bravourös erreicht. Wissenschaftlerinnen und Wissenschaftler aus der ehemaligen DDR profitierten in der ersten Berufungsrunde jedenfalls auf der Direktorenebene fast gar nicht davon.[434] Vielmehr ging dieser gewaltige Zuwachs an Max-Planck-Instituten in den 1990er Jahren bis in die frühen 2000er Jahre mit einem deutlichen Internationalisierungs-, genauer gesagt: Verwestlichungsschub der MPG-Mitgliedschaft einher, nicht jedoch mit einem Feminisierungsschub: Etwa die Hälfte der rund fünfzig in den neuen Bundesländern neu berufenen MPI-Direktoren kam aus dem westlichen Ausland, vor allem aus den USA; bis auf die amerikanische Wissenschaftshistorikerin Lorraine Daston (MPI Wissenschaftsgeschichte, Berlin) und die westdeutsche Neuropsychologin Angela Friederici (MPI für Kognitions- und Neurowissenschaften, Leipzig) waren es ausschließlich Männer.[435]

434 Leider liegen keine Statistiken vor, wie viele Wissenschaftler/innen aus der ehemaligen DDR als wissenschaftliche Mitarbeiter/innen in den neu gegründeten MPI eingestellt wurden. Auch die Leiter/innen der befristet etablierten Geisteswissenschaftlichen Zentren kamen ausschließlich aus dem Westen. Hingegen kamen die Leiter der befristeten Arbeitsgruppen fast vollständig aus DDR und wurden nach Fristablauf überwiegend von den Universitäten, an die sie angedockt waren, weiterbeschäftigt; vgl. Ash, *MPG im Kontext der Deutschen Vereinigung*, 2020, 292–297. Vgl. dazu Kolboske und Scholz, Spannungsfelder, 2023. Die Verteilung der MPI auf die alten (64) und neuen (17) Bundesländer entspricht in etwa den Bevölkerungsanteilen; hinzu kommen noch fünf MPI, davon zwei Neugründungen, in Berlin: Max-Planck-Gesellschaft, Institute in den Bundesländern, https://www.mpg.de/institute_karte, zuletzt aufgerufen am 2.8.2019.

435 Ich danke Mitchell Ash für die vorab übermittelten, demnächst zu veröffentlichenden Listen der Institutsneugründungen einschließlich der namentlichen Angaben der Direktoren und ihrer vorherigen institutionellen Anbindung; demnach waren auch die ostdeutschen Leiter der 27 Arbeitsgruppen alle männlich. Von der Übertragung des bundesdeutschen Wissenschaftssystems von West nach Ost profitierten im Übrigen auch an den Universitäten selbst in den Geistes- und Sozialwissenschaften weit überwiegend (westliche) Männer, die auf die neu zu besetzenden Professuren berufen wurden. Es ist keineswegs polemisch festzustellen, dass die Transformation des ostdeutschen Wissenschaftssystems im Wesentlichen ein Projekt von westlichen Männern (in den Evaluierungs-, Gründungs- und Berufungskommissionen) für westliche Männer war, die auf einen Karrieresprung hofften, die sich dann aber an den auf mittlerer und unterer Ebene verbliebenen Resten alter Strukturen und Netzwerke gelegentlich die Zähne ausbissen. Entgegen dem eigenen Innovationsanspruch gehorchte das Engagement der MPG in den neuen Bundesländern exakt diesem tradierten geschlechterpolitischen Muster. Zur Geschlechterpolitik der MPG im Kontext der bundesdeutschen Gleichstellungspolitik in den 1990er Jahren vgl. Kolboske, *Chancengleichheit*, 2018 und Kolboske und Scholz, Spannungsfelder, 2023.

Europa: Ein ständiger Prozess der »Erosion« des deutschen Wissenschaftssystems

Die Übertragung des westdeutschen Wissenschaftssystems auf die neuen Bundesländer war noch kaum in die gewünschten Bahnen gelenkt, geschweige denn abgeschlossen, als sich Anfang 1992 mit dem Vertrag über die Europäische Union (EU) von Maastricht neue Herausforderungen ankündigten, die in den nachfolgenden Jahren deutlich mehr Platz in der Berichterstattung einnahmen als die vereinigungspolitischen Probleme.[436] Die neuen Gefahren lauerten in den Artikeln 130 f–p, die den Willen der Mitgliedsstaaten – oder zumindest ihrer Regierungen – ausdrückten, den »Prozess der europäischen Integration« auch auf dem Feld von Forschung und Entwicklung »auf eine neue Stufe zu heben«.[437] Bislang hatten sich die wissenschaftsrelevanten Förderprogramme der EG vornehmlich auf industrielle bzw. industrienahe und agrarwissenschaftliche Forschungs- und Entwicklungsprojekte beschränkt, jetzt sollten auch Bereiche der Grundlagenforschung in die Förderung einbezogen werden. Zahlreiche Max-Planck-Institute, von denen sich einige bereits zuvor EG-kompatible Projekte von Brüssel hatten finanzieren lassen, wussten das rasch zu nutzen. Schon 1993 waren es 39 Institute, die mit 21,2 Mio. DM fast doppelt so viele EU-Fördermittel abriefen wie noch im Jahr zuvor:

EG/EU-Fördermittel für MPI-Projekte 1981–1993

Jahr	*TDM*	*Jahr*	*TDM*
1981	275	1988	3.145
1982	363	1989	5.254
1983	1.145	1990	10.353
1984	1.972	1991	12.260
1985	1.958	1992	11.491
1986	2.543	1993	21.247
1987	3.723		

Quelle: Vermerk Lange-Gao 3.5.1995, AMPG II-1–489, Bl. 96.

436 Vor allem die *MPG-Jahrbücher 1992* (85–96), *1993* (18–19, 96–102) und *1994* (71–74) gingen ausführlich auf Probleme der europäischen Forschungspolitik ein; die Berichterstattung über vereinigungspolitisch bedingte Entwicklungen »normalisierte« sich hingegen verblüffend schnell und wurde unverzüglich in die Standardrubriken der Institutsneugründungen und Neuberufungen integriert, vgl. Zacher, Ansprache des Präsidenten, 1992, 21–22; Zacher, Ansprache des Präsidenten, 1993, 18–19.

437 Zitate: Politische Union, Vertrag über EU, http://www.politische-union.de/euv/euv1.htm, zuletzt aufgerufen am 2.8.2019.

In diesem Jahr 1993 wurden insgesamt 232 Einzelvorhaben aus EU-Mitteln gefördert. Allerdings konzentrierte sich mehr als die Hälfte der Gesamtfördersumme auf die vier MPI für Meteorologie (20 Projekte; 5,9 Mio. DM), Züchtungsforschung (26 Projekte; 2,3 Mio. DM), Quantenoptik (11 Projekte; 1,9 Mio. DM) und Festkörperforschung (21 Projekte; 1,2 Mio. DM).[438]

Was war falsch an diesem in den Instituten offensichtlich hochwillkommenen europäischen Geldsegen? Trotz seiner auf den zweiten Blick weniger beeindruckenden Fülle – es waren kaum 1,3 Prozent des Gesamtbudgets der MPG von 1,69 Milliarden DM im Jahr 1993 und weit weniger als die vom BMFT bereitgestellten Projektmittel – verstärkte er zunächst einmal die von MPG-Präsident Staab schon in den 1980er Jahren bekämpfte Tendenz zunehmender Projektförderung bei stagnierender Grundfinanzierung. Dieser Entwicklung, die zumindest in den Augen der MPG-Führung einen Verlust an Autonomie bei der Entscheidung über zukünftige Forschungsschwerpunkte und -richtungen vorprogrammierte, war auf europäischer Ebene noch weit weniger gegenzusteuern als im nationalstaatlichen Rahmen der Bundesrepublik.[439] Darüber hinaus widersprach das Kleingedruckte – besonders der Artikel 130 n des Maastricht-Vertrages – den Grundstrukturen der MPG, die tief ins bundesdeutsche Wissenschaftssystem eingelassen waren:

> Die Gemeinschaft kann gemeinsame Unternehmen gründen oder andere Strukturen schaffen, die für die ordnungsgemäße Durchführung der Programme für gemeinschaftliche Forschung, technologische Entwicklung und Demonstration erforderlich sind.[440]

Der folgende Artikel 130 o stellte darüber hinaus klar, wer die Details dieser zukünftigen Strukturen festzulegen hatte, nämlich der Europäische Rat, und zwar einstimmig »auf Vorschlag der Kommission und nach Anhörung des Parlaments und des Wirtschafts- und Sozialausschusses«.[441] Die europäischen Wissenschaftsorganisationen wurden mit keinem Wort erwähnt.

Kaum dass der Maastricht-Vertrag im Frühjahr 1992 ausformuliert vorlag, sah sich MPG-Präsident Zacher genötigt, die Hauptversammlung nachdrücklich auf die drohenden Gefahren für das deutsche Wissenschaftssystem im Allgemeinen und die MPG im Besonderen aufmerksam zu machen, nämlich:

> […] auf die strukturelle Ungleichheit zwischen der Forschungsförderung in Deutschland und der Forschungsförderung in Europa und auf den ständigen Prozeß der Erosion des deutschen Systems durch die europäische Dynamik.[442]

438 Vermerk Lange-Gao vom 3.5.1995, AMPG, II. Abt., Rep. 1, Nr. 489, fol. 97–101. Vgl. zur Inanspruchnahme von EU-Fördergeldern: *MPG-Jahrbuch 1992*, 92.

439 Zu den Haushaltsdaten vgl. Balcar, »Aufbau Ost«, 2023.

440 Maastricht-Vertrag § 130n: Politische Union, Vertrag über EU, http://www.politische-union.de/euv/euv1.htm, zuletzt aufgerufen am 5.10.2021.

441 Maastricht-Vertrag § 130o: ebd. Hinzu kamen noch ca. 70 Programmkomitees, in die die Staatsregierungen jedoch wiederum nur ihre politischen Vertreter entsandten, nicht jedoch Repräsentanten der nationalen Wissenschaftsorganisationen.

442 Zacher, Ansprache des Präsidenten, 1992, 21.

Nicht nur, dass EU-Forschungspolitik »einseitig Projektförderung« war. Sie band die Mittelvergabe auch noch an – in Zachers Augen »wissenschaftsfremde« – Kriterien wie die ausgeglichene regionale Verteilung und die Förderung der im EU-Jargon sogenannten Kohäsion des europäischen Wissenschaftsraums, die etwa mit Vorgaben zur multilateralen Zusammensetzung von Projektteams vorangetrieben werden sollte. Diese europapolitischen Kriterien würden den wissenschaftlichen Wettbewerb zurückdrängen, den es aber als allererstes zu fördern gelte, um endlich eine an »komparativer Leistung« orientierte und auf die »Kompetenz der Besten« zielende europäische Scientific Community auszuformen, die es, wie es Zacher und seine Vorgänger schon immer gefordert hatten, mit den USA und Japan aufnehmen könne.[443] Als noch verheerender empfand Zacher die »gewaltige europäische Entscheidungsmaschinerie« von Kommission, Parlament und Rat, die der »eigenständigen Artikulation der Wissenschaft« keinen Raum bot, geschweige denn dass sie die Programmentwicklung und -durchführung an die autonomen und einzig kompetenten Wissenschaftsorganisationen delegieren würde:

> Die Autonomie der Wissenschaft schrumpft weitgehend auf die Wahlfreiheit zusammen, um die Teilhabe an den Programmen anzusuchen oder eben nicht.[444]

Von der deutschen Politik fühlte Zacher sich vollends verlassen. Die habe zwar »ein äußerstes« getan, um das, »was den Erfolg der deutschen Währungspolitik in der Nachkriegszeit ausgemacht hat«, auf die europäische Ebene zu übertragen, aber nichts, um den »Prinzipien Ausdruck zu geben, die den Erfolg der deutschen Forschung ermöglicht haben«.[445] Das musste man selbst in die Hand nehmen:

> Wir müssen ausloten und zur Geltung bringen, was zur Bewahrung der Werte, für welche die Max-Planck-Gesellschaft steht, in einer europäischen Zukunft denkbar und machbar ist.[446]

Verschiedene Ansätze wurden kombiniert, denen zweierlei gemeinsam war: Erstens sollte das Bottom-up-Prinzip in der europäischen ebenso wie der internationalen wissenschaftlichen Zusammenarbeit, ausgehend von der Arbeitsebene der

443 Zacher formulierte sein Verständnis von Forschungspolitik, die vor allem auf Leistung, Selektion und Innovation zu setzen habe, in seinen Festansprachen 1994 und 1995, vgl. Zacher, Ansprache des Präsidenten, 1994, 23; Zacher, Ansprache des Präsidenten, 1995, 20–21.

444 Alle vorstehenden Zitate: Zacher, Ansprache des Präsidenten, 1992, 21. Zur Konkurrenz der globalen Wissenschaftsräume vgl. Staab, Ansprache des Präsidenten, 1989, 20–23; Zacher, Ansprache des Präsidenten, 1993, 20. Zum Verhältnis von wissenschaftlichem Wettbewerb und der am »wissenschaftsfremden« Ziel der »Kohäsion«, d. h. am Ausgleich des Wohlstands- und Wissenschaftsgefälles in Europa orientierten EU-Forschungspolitik vgl. *MPG-Jahrbuch 1992*, 94; Zacher, Ansprache des Präsidenten, 1995, 20.

445 Zacher, Ansprache des Präsidenten, 1992, 22.

446 Ebd.

Labore und Schreibtische, gegenüber der von allen Präsidenten immer wieder angeprangerten »Top-down-Philosophie« geltend gemacht werden, mit der der »Koloß von Brüssel« dem »Europa der Forscher« seine bürokratischen Strukturen und außerwissenschaftlichen Zielvorstellungen oktroyieren wolle.[447] Zweitens sollte die Position der nationalen sowie der von der EG/EU-Kommission unabhängigen europäischen Wissenschaftsorganisationen gestärkt werden – hier insbesondere die inzwischen als das kleinere Übel geschätzte *European Science Foundation* (ESF). Den entgegenstehenden EG/EU-Vertragswerken zum Trotz, propagierte man ebenso beharrlich wie vergeblich die Dezentralisierung der europäischen Forschungsförderung und die wissenschaftliche Selbstverwaltung. In diesem Sinne hatten MPG und DFG schon 1989 die ESF-finanzierten *European Research Conferences*, die sich insbesondere an den wissenschaftlichen Nachwuchs richteten, initiiert.[448] Als Vorbild für eine hochselektive Bottom-up-Förderung und getragen allein mit nationalen Partnern, der Alexander-von-Humboldt-Stiftung (AvH) und dem BMFT, wurde ab 1990 der mit beachtlichen 200.000 DM dotierte Max-Planck-Forschungspreis eingerichtet. Er wurde auf ausgeschriebenen Themengebieten an jeweils zwei Forscher bzw. Forscherinnen, von denen eine Person im Inland, die andere im Ausland stationiert war, vergeben und sollte ihnen für drei Jahre eine intensive Kooperation ermöglichen.[449]

Um sich bei allen Vorbehalten gegenüber der Projektförderung dennoch einen fairen Anteil an den europäischen Fleischtöpfen zu sichern, richtete die MPG 1990 wiederum gemeinsam mit den anderen deutschen Wissenschaftsorganisationen die Koordinierungsstelle der Wissenschaftsorganisationen (KOWI) in Brüssel ein.[450] Man hatte – nicht zum ersten Mal – nachgerechnet, dass längst nicht so viele Fördergelder nach Deutschland zurückflossen, wie der deutsche Steuerzahler dafür in den EG-Haushalt einbezahlte. Als Grund vermutete man

447 Die Zitate stammen von Staab, Ansprache des Präsidenten, 1989, 21, finden sich ähnlich aber auch bei seinem Vorgänger und seinem Nachfolger und in den Berichten der Generalverwaltung.

448 Die ersten sechs Konferenzen fanden 1990 statt, 1991 folgten 23 weitere und für 1992 waren über fünfzig Konferenzen geplant; das Programm wurde bis 2015 weitergeführt: European Science Foundation, Conferences, http://archives.esf.org/serving-science/conferences.html, zuletzt aufgerufen am 5.8.2019. Staab, Ansprache des Präsidenten, 1989, 21–22; *MPG-Jahrbuch 1992*, 94.

449 Die Liste der Preisträger findet sich unter: Max-Planck-Forschungspreis, https://de.wikipedia.org/w/index.php?title=Max-Planck-Forschungspreis&oldid=168795977, zuletzt aufgerufen am 5.8.2019. Die Vergabekriterien wurden mehrfach und zuletzt 2017 verändert, das bilaterale Kooperationsgebot wurde schon 1995 wieder aufgegeben, das Preisgeld aber drastisch bis auf heute 1,5 Mio. Euro erhöht: Bundesministerium für Bildung und Forschung – BMBF, Forschungspreis ab 2018, 31.7.2017, https://web.archive.org/web/20210305100902/https://www.bmbf.de/de/neuer-max-planck-humboldt-forschungspreis-ab-2018-4542.html, zuletzt aufgerufen am 5.8.2019.

450 *MPG-Jahrbuch 1992*, 93: AvH, AGF, DFG, DAAD, FhG und HRK gründeten als Trägerorganisation den Verein zur Förderung europäischer und internationaler wissenschaftlicher Zusammenarbeit e. V.

vor allem mangelnde Informiertheit seitens des Forschungspersonals im dezentral und föderal verfassten bundesrepublikanischen Wissenschaftssystem. Hier sollte die KOWI Abhilfe schaffen und das leisten, was in anderen zentralistischer verfassten EG-Staaten, wie etwa Frankreich, das Wissenschaftsministerium übernahm: Informationen über neue Förderprogramme zügig in die Universitäten und Forschungsinstitute durchreichen sowie potentielle Antragsteller und Antragstellerinnen unterstützen. Nicht zuletzt sollte die KOWI die Interessen deutscher Forschungsgruppen und -einrichtungen wirkungsvoll bereits in die Planung und dann in die Durchführung von EG-Programmen einbringen.[451]

Stammten die Ideen für diese Initiativen ebenso wie das Engagement der MPG für die Einrichtung von europäischen, aber möglichst in der Regie der Wissenschaftsorganisationen zu vergebenden Mobilitätsstipendien noch aus der Vorwendezeit, so bot der Zusammenbruch des Sowjetimperiums Chancen, die Vorteile des deutschen Wissenschaftssystems in Europa zu propagieren: Zum einen versuchte man, gemeinsam mit allen relevanten deutschen Organisationen, die beitrittswilligen Länder Ostmitteleuropas von der dezentralen Struktur des deutschen Wissenschaftssystems und der administrativen Autonomie seiner Organisationen zu überzeugen. Im Rahmen einer Informationsveranstaltung im Februar 1992 wollte man den eingeladenen Repräsentanten der osteuropäischen Akademien und Universitäten »Anregungen für die Entwicklung in den eigenen Ländern« geben.[452] Womöglich hoffte man so, das bislang singuläre deutsche Modell zum Role Model wenn schon nicht für ganz Europa, dann doch wenigstens für das Erweiterungsgebiet zu machen und mittelfristig seine regionale Basis in der EG/EU zu verbreitern. Zum anderen wollte man direkt auf die administrative Macht in Brüssel einwirken. Auf Initiative der MPG und sekundiert von DFG und AvH konnte der EG-Kommission nach »intensiven Diskussionen« 1992 ein Pilotprogramm abgerungen werden, in dem die in Deutschland üblichen Selektionskriterien mit denen der EG verglichen werden sollten. Anlass dafür war das im selben Jahr eingerichtete EG-Programm in Höhe von 55 Mio. ECU zur Förderung der Wissenschaften in Ostmitteleuropa. Alle Forscherinnen und Forscher aus diesen Ländern, die sich um einen Gastaufenthalt in Deutschland bewarben, wurden nicht nur durch die zuständigen EG-Gremien, sondern auch durch die MPG, DFG und/oder die AvH evaluiert. Der Vergleich sollte erweisen, »inwiefern künftig Begutachtungsverfahren und Mittelverwaltung nationalen oder supranationalen Organisationen, die von Wissenschaftsorganisationen der EG-Länder getragen werden, überantwortet werden können«.[453] Wie immer das Ergebnis des Versuchs ausgefallen sein mochte, er erreichte sein

451 Ebd., 93–94. Zum spärlichen Geldrückfluss und stockenden Informationsfluss vgl. auch die Diskussion während des ersten Symposiums in der Reihe »European Research Structures – Changes and Challenges«: Max-Planck-Gesellschaft, *European Research Structures. Institutional Aspects*, 1994, 27–28, 34, 37.

452 *MPG-Jahrbuch 1992*, 96. Die Informationsveranstaltung wurde gemeinsam bestritten von AvH, AGF, DAAD, DFG, FhG und HRK.

453 Ebd.

Ziel nicht: Die seitens der deutschen Wissenschaftsorganisationen und vor allem der MPG gewünschte Übertragung von Programmentwicklung und Förderentscheidungen an nationale oder supranationale Selbstverwaltungseinrichtungen rückte nicht in Sichtweite.

Im darauffolgenden Jahr startete MPG-Präsident Zacher eine regelrechte Großoffensive. Geradewegs euphorisch berichtete er auf der Hauptversammlung der MPG im Juni 1993 von überraschenden Durchbrüchen auf der europäischen Ebene: Inzwischen hatte der Wissenschaftsrat seine »Empfehlungen zur Internationalisierung der Wissenschaftsbeziehungen« herausgegeben, die sich mit den forschungspolitischen Perspektiven nach Maastricht befassten.[454] Im Januar 1993 hatten sich die *European Heads of Research Councils* (EuroHORCs), unter ihnen selbstverständlich auch der MPG-Präsident, zusammengeschlossen, um koordiniert als Vertreter der europäischen Scientific Community und autorisierter Ansprechpartner gegenüber der EU-Kommission auftreten zu können.[455] Die Kommission hatte ihrerseits eine, nach Zachers Wahrnehmung, »ganz neue Offenheit für einen Dialog und ein Zusammenwirken mit der Forschung« signalisiert.[456] Der Chef der für Forschung und Entwicklung zuständigen Generaldirektion XII (DG XII), Paolo Fasella, hatte sich nämlich davon überzeugen lassen, 1993/94 gemeinsam mit der MPG eine dreiteilige Serie von Symposia zu veranstalten, die sich auf Schloss Ringberg, der MPG-Tagungsstätte am Tegernsee, mit den »Changes and Challenges« der europäischen Forschungsstrukturen befassen sollten. Kollegial unterstützt wurde der Sozialrechtler Zacher von den ebenfalls im internationalen und Europa-Recht bewanderten MPI-Direktoren, dem Völkerrechtler Jochen Frowein und dem Patentrechtler Joseph Straus; jedes ihrer MPI war für eins der Symposien verantwortlich.[457]

Zwischen den veranstaltenden Institutionen, der MPG und der DG XII, war das Einvernehmen jedoch begrenzt. Das manifestierte sich bereits im Finanzierungsmodus: Die Kommission übernahm zwar bereitwillig die Kosten für das zweite und dritte Symposium, die sich mit den eher technischen Problemen der sozialrechtlichen Voraussetzungen für die innereuropäische Mobilität von Wissenschaftlerinnen und Wissenschaftlern bzw. Fragen des europäischen Patentrechts und des geistigen Eigentums auseinandersetzten. Auf den Kosten für das erste Symposium, das um die besonders brisanten institutionellen Aspekte der europäischen Forschungspolitik kreiste, blieb die MPG jedoch sitzen – nicht weil, wie Frowein in seiner Eröffnungsansprache noch ironisch unterstellt hatte, »the

454 Wissenschaftsrat, *Empfehlungen zur Internationalisierung*, 1992.

455 Die EuroHORCs haben sich 2011 aufgelöst und sind in der neuen europäischen Wissenschaftsorganisation Science Europe aufgegangen, vgl. https://www.scienceeurope.org/, zuletzt aufgerufen am 10.8.2019.

456 Zacher, Ansprache des Präsidenten, 1993, 19.

457 Max-Planck-Gesellschaft, *European Research Structures. Mobility*, 1994; Max-Planck-Gesellschaft, *European Research Structures. Intellectual Property*, 1994. Organisatorisch verantwortlich waren hier die MPI für ausländisches und internationales Sozialrecht bzw. für ausländisches und internationales Patent-, Urheber- und Wettbewerbsrecht.

EC Commission [...] believes that here the principle of subsidiarity should also apply«.[458] Den wahren Grund offenbarte Zacher nach Abschluss der Dreierserie:

> In fact, the first institutional colloquium was viewed as being politically too explosive to be organized under its (the DG's XII) auspices.[459]

Ob es taktisch geschickt war, sei dahingestellt, aber die Organisatoren vom Heidelberger MPI für ausländisches öffentliches Recht und Völkerrecht nutzten die Finanzhoheit der MPG, um das Programm ganz nach ihren Vorstellungen zusammenzustellen und sämtliche Sprecherpositionen bis auf das Hauptreferat mit zwei Rednerinnen und fünf Rednern aus der MPG zu besetzen. Auch im Publikum stellte die Generalverwaltung die übergroße Mehrheit. Die Vorträge richteten sich indessen in erster Linie an die sechs angereisten Führungskräfte der EU-Kommission/DG XII und danach an die Gäste aus deutschen und einigen westeuropäischen Universitäten, Instituten und Wissenschaftsverwaltungen.[460] Für das Eingangsreferat hatte man den jungen Staatsrechtler Hans-Heinrich Trute eingeladen, der gerade eine rechtsvergleichende Studie zur europäischen Forschungspolitik durchführte.[461] Er verglich die westeuropäischen Wissenschaftssysteme und bot darüber hinaus eine aus deutscher Perspektive optimistische Interpretation des Artikel 130 n, nämlich dass dieser der Kommission jetzt gestatten würde, endlich dezentrale Selbstverwaltungsstrukturen für die Wissenschaft in Europa zu schaffen.[462]

Die Ausführungen dieses ausgewiesenen, aber externen Experten wurden in der nachfolgenden Diskussion gleich doppelt von den MPG-Mitgliedern Renate Mayntz und Fritz Scharpf vom MPI für Gesellschaftsforschung kommentiert.[463] Dabei rückten beide die institutionellen Spezifika des deutschen Wissenschaftssystems in den Fokus. Diese Spezifika, die in vielen Punkten den Direktiven der europäischen Forschungspolitik widersprachen, galt es zu verteidigen, gerade

458 Max-Planck-Gesellschaft, *European Research Structures. Institutional Aspects*, 1994, 1. Organisatorisch verantwortlich war hier das MPI für ausländisches öffentliches Recht und Völkerrecht.

459 Hier handelt es sich um Zachers Einleitung zur späteren Publikation des zweiten Symposiums: Max-Planck-Gesellschaft, *European Research Structures. Mobility*, 1994, 8.

460 Außer den MPG-Angehörigen waren sechs Hochschullehrer aus Deutschland vertreten. Die ausländischen Gäste kamen aus Frankreich (2), den Niederlanden (1), Großbritannien (2), Finnland (1), Spanien (1) und Portugal (1); vgl. Max-Planck-Gesellschaft, *European Research Structures. Institutional Aspects*, 1994, 116–120.

461 Er hatte sich kurz zuvor in Heidelberg mit einer wissenschaftsrechtlichen Arbeit habilitiert und war gleich darauf nach Dresden berufen worden: Trute, *Forschung zwischen grundrechtlicher Freiheit*, 1994; Trute und Groß, Rechtsvergleichende Grundlagen, 1994; Trute, *Comparative Analysis*, 1994.

462 Max-Planck-Gesellschaft, *European Research Structures. Institutional Aspects*, 1994, 21.

463 Den übrigen Vorträgen der MPG-Angehörigen Jozef Schell (MPI für Züchtungsforschung), Christine Langenfeld (MPI für ausländisches öffentliches Recht und Völkerrecht) sowie Wilhelm Krull (Generalverwaltung) ließ man unkommentiert sogleich die allgemeine Diskussion folgen, ebd.

weil sie die historisch erkämpfte Sonderstellung der MPG innerhalb des deutschen Systems, aber auch im internationalen Vergleich begründeten. Die Verteidigungslinie von Mayntz und Scharpf lief entlang von vier wohlbekannten Argumenten: 1. Zentral war die eigentümlich institutionalisierte Unterscheidung von Grundlagenforschung und angewandter Wissenschaft in Deutschland. Zwar würden diese Begriffe auch anderswo als analytische und beschreibende Kategorien verwendet, aber nirgendwo sonst sei diese Unterscheidung zur Richtschnur der institutionellen Organisation des nationalen Wissenschaftssystems erhoben worden. 2. Insbesondere die MPG und die DFG, die in Deutschland für die Grundlagenforschung zuständig seien, genössen eine exzeptionelle administrative und forschungspolitische Autonomie, insofern sie sämtliche Personalentscheidungen einschließlich der Berufung ihrer Präsidenten, die Auswahl ihrer Forschungsschwerpunkte und Förderkriterien sowie die Auswahlprozesse und Förderentscheidungen allein verantworteten. 3. Als inhaltliches und personelles Auswahlkriterium gelte das einzige der Grundlagenforschung angemessene Prinzip der Exzellenz; dies aber stünde im unüberwindlichen Gegensatz zum europapolitischen Leitmotiv der Harmonisierung regionaler Gefälle bzw. der Kohäsion der Mitgliedsstaaten. 4. Von deutscher Seite sei also die gerade beginnende Umlenkung von Geldern aus dem nationalen in ein europäisches Budget für Grundlagenforschung ein höchst bedenklicher Vorgang. Besser sei es, wenn gerade hier das Prinzip der Subsidiarität greifen würde, und zwar im Sinne des bundesdeutschen Föderalismus: Die Grundlagenforschung solle in einzelstaatlicher Zuständigkeit verbleiben; europäische Fördermaßnahmen sollten sich dagegen weiterhin auf die angewandte Forschung, Großforschungseinrichtungen und solche Projekte konzentrieren, die die nationalen Budgets überforderten und insofern einen europäischen Mehrwert brächten.[464]

Wie Scharpf in seinem Kommentar schon vorab konzediert hatte, waren diese deutschen Essentials den europäischen Partnern kaum nahezubringen. Sie waren in anderen, womöglich zentralistischer organisierten oder weniger scharf von staatlichen Administrationen abgegrenzten Wissenschaftssystemen zuhause, fühlten sich aber dennoch von der Politik ihrer Länder nicht mehr gegängelt als ihre deutschen Kollegen. Der französische Rechtswissenschaftler Jacques Guin von der Universität Montpellier fürchtete vielmehr die Folgen der in seinem Land gerade anlaufenden Dezentralisierung. Denn jetzt würden die lokalen und regionalen Autoritäten viel mehr Einfluss auf die Forschungsrichtungen der Laboratorien zu nehmen versuchen, als es die Nationalregierung je getan hätte.[465] Dagegen funktionierte – wie Gérard Rivière vom französischen *Club des Organismes de Récherches Associés* (CLORA), einer ähnlichen Einrichtung in Brüssel wie die deutsche KOWI, meinte – das Zusammenspiel zwischen der französischen Regierung und dem CNRS bei der Mobilisierung

464 Ebd., 27–33.
465 Ebd., 101–102.

europäischer Forschungsgelder recht gut, und man verdanke der europäischen Förderung auch Kooperationsprogramme zwischen Industrie und wissenschaftlichen Einrichtungen, die es sonst nicht gäbe.[466] Die Interpretation des Subsidiaritätsprinzips war und blieb zwischen den Sprechern aus verschiedenen Ländern uneinheitlich, manche ordneten es eher der »Basic Research« zu, andere eher dem Bereich »Research and Development«. Die Diskutanten der MPG versuchten jedenfalls, die subsidiäre EU-Förderung auf Bereiche der angewandten Forschung und vor allem der kostenintensiven Großtechnologien zu lenken und so das nationale Budget für Grundlagenforschung zu verteidigen. Denn nur darin sahen sie die Grundfinanzierung der MPG und damit ihre autonome Forschungsplanung diesseits von europäischer Projekt- und Programmförderung einigermaßen sichergestellt.[467] Der niederländische Vizedirektor der DG XII, Hendrik Tent, mokierte sich gerade über diesen Identitätskern der MPG:

> I must admit, I am still totally confused about the distinctions between basic research, applied research, mission-oriented research, diffusion-oriented research and so on; in fact, it ends up being confusion-oriented.[468]

Tent machte auch die Hoffnungen zunichte, die Trute mit seiner Interpretation des Artikel 130 n geweckt hatte, nämlich dass die Kommission ihn nutzen könne, um forschungspolitische Entscheidungen an autonome europäische Wissenschaftsorganisationen etwa unter der Ägide der EuroHORCS und unter dem Dach der ESF zu überantworten. Allenfalls Routineaufgaben beim Management der Programme dürfe und könne sie delegieren:

> However, in the present structure there is no question of delegating decision-making processes, even if we discuss it, because it is simply not possible at the moment and it would only create new infrastructures in the system. This is one of the elements agreed on by all the Ministers of Research including the German Minister. […] They thought that only the Commission could ensure the balance that they are looking for. In other words, the Ministers trust each other less than they trust the Commission.[469]

Zachers Sommereuphorie war verflogen, noch ehe die Symposia-Serie im Januar 1994 abgeschlossen war. Die EU-Kommission hingegen zog ihre eigenen Schlüsse aus diesen Diskussionen. Sie nutzte ihren in Artikel 103 n des Maastricht-Vertrags konzedierten Handlungsspielraum und etablierte an den EuroHORCS vorbei noch im März 1994 eine *European Science and Technology*

466 Ebd., 34–35.
467 Ausführlich gingen Trute und Lengenfeld in ihren Vorträgen auf verschiedene Ausdeutungsmöglichkeiten ein, vgl. ebd., 20–21, 72–73. Auch die Diskutanten kamen immer wieder darauf zurück, ob und wo genau sich mithilfe dieses Prinzips die Grenze zwischen nationaler und europäischer Forschungsförderung ziehen lasse, vgl. ebd., 61, 87, 111 und passim.
468 Ebd., 35.
469 Ebd., 38.

Assembly (ESTA). Deren 112 Mitglieder aus Wissenschaft und Wirtschaft, von denen sie sich zukünftig beraten lassen würde, berief die Kommission selbst und erbat sich dafür nur Auswahllisten von den nationalen Wirtschaftsverbänden und Wissenschaftsorganisationen.

Der DFG-Präsident Wolfgang Frühwald, mit dem sich Zacher bei seiner europapolitischen Offensive stets abgesprochen hatte, tobte über diesen »Handstreich«, mit dem die Kommission zugegebenermaßen »taktisch klug« den EuroHORCS zuvorgekommen war. Diese aber würden nicht klein beigeben, sondern alles daransetzen, um zu verhindern, »daß Gelder der nationalen Forschungsförderung zugunsten der nach Brüssel zu zahlenden Mitgliedsbeiträge gekürzt werden«, wie es »in Großbritannien schon seit der Thatcher-Ära praktiziert wird und [...] die dortige Grundlagenforschung an den Rand des Ruins gebracht hat«.[470] Der DFG-Präsident nahm seine Paderborner Universitätsrede im Juni 1994 zu Anlass, öffentlich mit der europäischen Forschungspolitik der »Harmonisierung« abzurechnen und der bevorstehenden deutschen Ratspräsidentschaft dringende Empfehlungen nicht nur der deutschen, sondern auch der übrigen europäischen Wissenschaftsorganisationen mit auf den Weg zu geben: Das »einzigartige« deutsche Wissenschaftssystem und vor allem der europäische »Sonderfall« einer »selbstverwalteten Grundlagenforschung (der berühmte bottom-up approach)« seien unbedingt zu bewahren; die historisch gewachsene Vielfalt der europäischen Wissenschaftssysteme sei zu erhalten, nicht zu harmonisieren; und die EU-Forschungsförderung dürfe nicht zulasten der nationalen Forschungshaushalte und deren Zuwachsraten gehen. Kurz: »Die Grenzen zwischen nationaler und EU-Forschungsförderung dürfen nicht verwischt werden.« Wohl aber sollten die nationalstaatlichen Grenzen durchlässiger gemacht werden, damit »Studenten und Wissenschaftler frei von einem System ins andere wechseln können«, ohne sich um die Anerkennung ihrer Qualifikationen und Abschlüsse sorgen zu müssen.[471]

Damit lagen die Präsidenten von DFG und MPG auf gleicher Linie. Auch für Zacher war die ESTA-Gründung »the most striking event«, in dessen Folge die europäische Wissenschaft von der Forschungspolitik der EU nichts Gutes mehr erwarten durfte und mit dem sie als kaum beherrschbares Risiko für die internationale wissenschaftliche Zusammenarbeit nun zu rechnen hatte:

It is with scepticism that not only the Max Planck Society, but most of our partner organizations in the other Member States follow such top-down approaches by the Commission. ESTA is yet another example of the hitherto unsatisfactory interaction between the political and administrative institutions of the European Union and the organizations representing the scientific community. [...] I do hope, that at least in the

470 Frühwald, Wissenschaftssystem, 1994, 5–6, http://gcc.uni-paderborn.de/AccessDB/OFFICE/PUBLIC/WI2_TRA5.NSF/ba96c98116259251c125683100441208/2613cbacfeeb9421412560cc005047f0?OpenDocument&AutoFramed.

471 Ebd., 6–8, 10.

long run, it will be possible to establish a truly European scientific community which can rest upon strong communication channels, well established cooperative projects and programmes, and in intensive exchange of personnel.[472]

Die europäische Wissenschaftsförderungspolitik forderte das bundesdeutsche Wissenschaftssystem in seinen noch unter der Ägide der Besatzungsmächte entstandenen Spezifika – nämlich erstens der primär föderalen Verfassung mit nur subsidiären, stets umstrittenen bundesstaatlichen Kompetenzen und zweitens der institutionalisierten Differenz von angewandter und Grundlagenforschung – besonders heraus. Dagegen konnten Mitgliedsländer mit einer zentralstaatlich organisierten Wissenschaftspolitik die jeweiligen nationalen Interessen an der europäischen Förderpolitik in Brüssel kompakter vertreten und pflegten einen institutionell geschmeidigeren Umgang mit der heuristischen Unterscheidung von Grundlagen- und angewandter Forschung. Innerhalb des bundesdeutschen Wissenschaftssystems war die MPG, deren wissenschaftlich-epistemischer Identitätskern von autonomer Grundlagenforschung ebenso wie ihre eigentümliche Bund-Länder-Finanzierung just in diesen Spezifika verankert waren, mehr herausgefordert als etwa Universitäten und Technische Hochschulen, deren Forschungen schon längst zu großen Teilen projektförmig organisiert und finanziert wurden, oder als die Fraunhofer-Gesellschaft, deren Raison d'être gerade die projektförmig organisierte und flexibel finanzierte Kooperation mit der Industrie war.

Hinzu kam, wie zuletzt das verlorene Hase-und-Igel-Spiel zwischen den selbstorganisierten EuroHorcs und der von der Brüsseler Kommission eigenmächtig installierten ESTA gezeigt hatte, dass die Wissenschaft auf europäischer Ebene weder legitimierte und respektierte Sprecher noch konkrete Ansprechpartner hatte. Die zuständige DG XII der Brüsseler Kommission funktionierte eben nicht wie das BMFT, dessen Minister oder zumindest Staatssekretäre keine MPG-Senatssitzung versäumten. Die Anstrengungen der europäischen Wissenschaftsorganisationen einschließlich der hier durchaus engagierten MPG, sich gemeinsam gegenüber Brüssel zu artikulieren, reichten nicht aus, kamen zu spät oder liefen ins Leere. Bis in die Mitte der 1990er Jahre konnte man sich allenfalls darauf einigen, dass jedes nationale Wissenschaftssystem auf den erprobten und eingefahrenen Wegen weitermachen solle wie bisher und die EU sich darauf beschränken möge, die politischen und rechtlichen Hemmnisse wissenschaftlicher Mobilität und Kooperation abzubauen, auf dass die nationalen Wissenschaftsstandorte in einen erweiterten Wettbewerb um die besten Ideen und Köpfe treten könnten.

Bis zum *European Research Council* (ERC), der 2007 seine Arbeit aufnahm und sich tatsächlich in seiner Organisation und Förderstruktur von europa-

472 Max-Planck-Gesellschaft, *European Research Structures. Institutional Aspects*, 1994, XX–XXI. Vgl. *MPG-Jahrbuch 1994*, 70–74; Zacher, Ansprache des Präsidenten, 1995, 20–21.

politischen Vorgaben emanzipieren konnte, um sich – so jedenfalls der programmatische Anspruch – ausschließlich am Kriterium wissenschaftlicher Exzellenz zu orientieren, war es noch ein weiter Weg. Die MPG im Verbund mit den anderen in der »heiligen Allianz« vertretenen deutschen Wissenschaftsorganisationen beteiligte sich daran ebenso wie ihre Partnerorganisationen in den anderen EU-Ländern.[473] Am Ende konnten sie ihre Vorstellungen hinsichtlich der autonomen Themensetzung durch die zu fördernden Personen, deren wissenschaftliche »Exzellenz« als primäres Selektionskriterium sowie der aus den jeweiligen internationalen Scientific Communities rekrutierten Auswahl-Panels weitgehend durchsetzen. Was sie zur großen Enttäuschung des ersten ERC-Generalsekretärs und vormaligen DFG-Präsidenten, Ernst-Ludwig Winnacker, jedoch nicht erreichen konnten, war eine von der EU-Kommission abgekoppelte selbständige Verwaltungsorganisation.[474] Das Förderprinzip, nämlich eine »exzellente« Forscherpersönlichkeit damit zu betrauen, ein international zusammengesetztes Forschungsteam zu bilden und dafür in dem auf fünf Jahre befristeten Förderzeitraum die wissenschaftliche Verantwortung zu übernehmen, mochte den in der MPG bereits etablierten Nachwuchsgruppen ähneln, es entsprach aber mindestens ebenso dem Trend der Zeit. In den meisten am ERC beteiligten Ländern, so beobachtete es die MPG-Auslandsreferentin Angelika Lange-Gao, die in den Anfangsjahren als »nationale Expertin« in das Brüsseler ERC-Büro abgeordnet war, suchte man nach »Alternativen zur Festanstellung von Wissenschaftlern«, um »mehr finanzielle Flexibilität zu erlangen« und »rascher auf neue Forschungstrends reagieren zu können«.[475]

In den ERC-Gremien war die MPG von Beginn an mit einer der noch immer raren MPI-Direktorinnen, der Entwicklungsbiologin und Nobelpreisträgerin Christiane Nüsslein-Volhard (MPI für Entwicklungsbiologie), dem Physikochemiker Hans-Joachim Freund (Fritz-Haber-Institut der MPG) sowie dem Atmosphärenchemiker und Nobelpreisträger Paul Crutzen (MPI für Chemie) prominent vertreten.[476] In der Laufzeit des 7. EU-Forschungsrahmenprogramms von 2007 bis 2013, innerhalb dessen die ersten *ERC-Grants* ausgeschrieben wurden, lag die MPG mit 50 »Advanced Grants« für Wissenschaftler/innen mit langjähriger Forschungserfahrung hinter dem französischen CNRS (61), in dem die meisten französischen Forschungseinrichtungen zusammengefasst sind, und

473 Nach Kai Simons (MPI für molekulare Zellbiologie und Genetik sowie damaliger Präsident der European Life Scientist Organization, ELSO) engagierten sich vor allem die europäischen Biowissenschaftler/innen bei der Durchsetzung des ERC, vgl. Simons und Featherstone, Council, 2005. Zur Geschichte des ERC liegt eine erste Studie vor: König, *Council*, 2016. Für wertvolle weitergehende Hinweise danke ich Vanessa Osganian.

474 Der vormalige DFG-Präsident, Ernst-Ludwig Winnacker, der 2007–2009 als erster Generalsekretär den ERC in Brüssel funktionstüchtig machen musste, hat seine enervierenden Erfahrungen mit der EU-Bürokratie eindrücklich beschrieben: Winnacker, *Europas Forschung im Aufbruch*, 2012.

475 Interview Lange-Gao (Sachse) 11.12.2021.

476 Winnacker, *Europas Forschung im Aufbruch*, 2012. König, *Council*, 2016.

Abb. 13: Christiane Nüsslein-Volhard im sogenannten »Fliegenstall« des MPI für Entwicklungsbiologie in Tübingen ca. 1982.

der University of Oxford (53) als einzelner Universität auf dem dritten Platz der erfolgreichsten Wissenschaftseinrichtungen in der EU und den assoziierten Staaten – eine Selbstbewertung auf der Website der MPG, die angesichts der inkommensurablen Vergleichseinheiten erst noch zu gewichten wäre.[477]

Das Ende des Kalten Krieges und seine Bedeutung für die Wissenschaftsaußenpolitik der MPG

Noch im Zusammenbruch des Blocksystems starteten im sich wiedervereinigenden Europa zwei politische Prozesse, die das Selbstverständnis und die Positionierung der MPG im Wissenschaftssystem der Bundesrepublik gleichermaßen

477 Max-Planck-Gesellschaft, ERC Advanced Grants, 2.10.2013, https://www.mpg.de/7541606/erc_advanced_grants, zuletzt aufgerufen 26.9.2021. Der Vergleich dieser nach Größe, institutioneller Reichweite und disziplinärem Zuschnitt höchst unterschiedlichen Einrichtungen ist auf Basis solcher *Rankings* nicht aussagekräftig. Eine eingehendere Untersuchung der Beteiligung der MPG an Vorbereitung und Organisation des ERC sowie der von MPG-Wissenschaftler/innen eingeworbenen Grants in einem hinreichend gewichteten europäischen Vergleich liegt außerhalb des Untersuchungszeitraums dieser Studie.

tangierten, aber am Ende konträre Effekte hatten. Dies war einmal die in wenigen, kurzfristig aufeinanderfolgenden Schritten vollzogene Übertragung des etablierten westdeutschen Systems auf die neuen ostdeutschen Bundesländer. Damit einher ging, wie gesehen, ein weitgehender Elitenaustausch, von dem zuvörderst jüngere männliche Wissenschaftler aus den alten Bundesländern, aber auch aus anderen westlichen Ländern profitierten. An diesem Prozess der systemkonformen wissenschaftspolitischen Integration oder – wie man es pointierter formulieren könnte – der Kolonialisierung der neuen Bundesländer beteiligte sich die MPG mit hohem Einsatz von administrativem Knowhow und wissenschaftlich-epistemischer Kreativität. Der Erfolg war beachtlich: Wie zuletzt in den Jahren des westdeutschen Wirtschaftswunders vergrößerte die MPG innerhalb nur eines Jahrzehnts das Ensemble ihrer Institute um fast ein Drittel, konnte dabei ihre institutionellen Strukturen ebenso wie ihre prozeduralen Modi aufrechterhalten und ihre produktivsten Forschungsfelder weiter ausbauen.

Dennoch hatte dieser Erfolg einen Preis: Angesichts der schon früh einsetzenden ökonomischen Vereinigungskrise in der Bundesrepublik und anhaltend knapper staatlicher Kassen war es zwar nicht notwendig, die Ausdehnung nach Osten vollständig mit Einsparungen im Westen zu kompensieren. Doch allenthalben musste, wie es in diesen Jahren hieß, konsolidiert werden. Insofern wuchs zum Ende der Amtszeit des »Vereinigungspräsidenten« Zacher der Druck, auch die Max-Planck-Institute bzw. deren Abteilungen in den alten Bundesländern auf den Prüfstand zu stellen und mögliche Kandidaten für allfällige Schließungen zu identifizieren. In dieser konfliktträchtigen Situation berief die MPG 1996 das erste und bis heute einzige Mal mit dem Zoologen Hubert Markl einen Wissenschaftler und erfahrenen Wissenschaftsmanager von außen an die Spitze der MPG. Der vormalige DFG-Präsident verband die undankbare Aufgabe der finanziellen Konsolidierung der MPG mit einer administrativen Runderneuerung der Generalverwaltung im Zeichen des »New Public Management« bzw. der Verwaltungsreformen, mit denen in der Bundesrepublik dieser Jahre mehr oder minder flächendeckend öffentliche Verwaltungen an betriebswirtschaftliche Managementformen herangeführt werden sollten. Beraten von Boston Consulting, leitete Barbara Bludau, Nachfolgerin des Generalsekretärs Hasenclever und erste Chefin der Generalverwaltung, diese Reformprozesse.[478] Zugleich nahm sich Markl vor, die Internationalisierung der Direktorenschaft in der MPG, die mit den Berufungen in die neuen Bundesländer bereits an Fahrt aufgenommen hatte, weiter voranzutreiben, die MPG endlich auch in

478 Diese Reformen stießen zumindest anfänglich in der Mitarbeiterschaft der Generalverwaltung, nicht anders als in anderen Verwaltungen dieser Jahre, auf wenig Verständnis: Interview Fromm (Sachse) 22.1.2018; mündliche Mitteilungen von Angelika Lange-Gao an CS 2018 bis 2021. Zum *New Public Management* im tertiären Bildungsbereich vgl. Boer, Enders und Schimank, On the Way, 2007; Boer, Enders und Schimank, Comparing Higher Education, 2008; Schimank, Public Managment, 2005. Für diese Hinweise und Textdiskussionen danke ich Britta Behm; Balcar, »Aufbau Ost«, 2023.

der Frauenförderung international anschlussfähig zu machen und die gerade auch von den international führenden Wissenschaftsmedien, insbesondere den Zeitschriften *Nature* und *Science*, immer wieder angemahnte Aufarbeitung der NS-Vergangenheit ihrer Vorgängerinstitution, der KWG, in angemessener Weise anzugehen.[479]

Zur gleichen Zeit, in der man sich in der Bundesrepublik daranmachte, die eigene Wissenschaftslandschaft systemkonform gen Osten zu erweitern, verstärkte auch die EG/EU ihre Versuche, die national zersplitterte europäische Wissenschaftslandschaft zu homogenisieren und die wissenschaftliche Zusammenarbeit in Europa mithilfe neuer Instrumente zu fördern. Während sich die MPG im deutschen Wiedervereinigungsprozess vielleicht nicht im regierungsseitig politisch forcierten Tempo, so doch in der wissenschaftspolitischen Richtung mit der Bonner Regierung einig wissen durfte, war dies im parallelen europäischen Integrationsprozess keineswegs der Fall. Hier mussten vielmehr jene europapolitischen Zumutungen aus Brüssel abgewehrt werden, die das deutsche Wissenschaftssystem und insbesondere die darin verankerte Position der MPG herausforderten. Inhaltlich war dies die bereits etablierte Indienstnahme der Forschungsförderung für die primär wirtschafts- und industriepolitisch konzipierte Kohäsions- und Harmonisierungspolitik der EG/EU. Hier sollten nun auch Teilbereiche der Grundlagenforschung einbezogen werden, und zwar solche, bei denen – so die Befürchtung – jene Forschungsthemen priorisiert würden, die möglichst schnell industrierelevant zu werden versprachen. Budgetär lag die Gefahr vor allem in Zeiten knapper Kassen darin, dass die Steuergelder, die die Mitgliedsstaaten für diese erweiterte europäische Forschungsförderung nach Brüssel transferierten, den nationalen Fördertöpfen entzogen wurden, auf deren Verteilung man immer noch mehr Einfluss hatte als auf den »Brüsseler Moloch«. Prozedural waren es schließlich die Ausschreibungs-, Beantragungs- und Auswahlverfahren, die in den Händen der europäischen Kommission lagen, und eben nicht bei der wissenschaftlichen Selbstverwaltung, sei es auf nationaler, sei es auf transnationaler Ebene.

Wenigstens hier hoffte man in der MPG noch gegensteuern zu können und suchte wie schon in den 1970er Jahren, als es noch um die Gründung der ESF ging, den Schulterschluss mit den Wissenschaftsorganisationen der anderen europäischen Länder inklusive einiger Nicht-EG/EU-Länder. Mit diesem gezielt nicht EU-konformen territorialen Zuschnitt würde sich die zu organisierende Selbstverwaltung der europäischen Wissenschaft jenseits der Zuständigkeit der Brüsseler Kommission konstituieren und damit ihren Anspruch auf politische

479 1997/98 startete sowohl mit dem C3-Sonderprogramm für Wissenschaftlerinnen in der MPG das erste Frauenförderprogramm als auch das von einer unabhängigen Präsidentenkommission geführte Forschungsprogramm zur Geschichte der Kaiser-Wilhelm-Gesellschaft im Nationalsozialismus, vgl. Kolboske, *Chancengleichheit*, 2018, 99; Kolboske, *Hierarchien*, 2021; Kaufmann, Einleitung, 2000; Sachse, *Verbindung nach Auschwitz*, 2003; Sachse, Was bedeutet »Entschuldigung«?, 2011.

Unabhängigkeit institutionell untermauern. Dieser transnationale Prozess kam indes nur schleppend voran, konnte mit der Brüsseler Gangart kaum Schritt halten und war Ende der 1990er Jahre noch längst nicht am Ziel. Er führte mit der Gründung des ERC im darauffolgenden Jahrzehnt auch nur zu partiellen Erfolgen, nicht jedoch zu jenem Grad administrativer Autonomie, den die DFG und die MPG seit der Etablierung des bundesdeutschen Wissenschaftssystems in den späten 1940er und frühen 1950er Jahren im eigenen Land gewohnt waren.

Die supranationale Wissenschaftsförderungspolitik der EU im Dienst einer primär ökonomisch orientierten europäischen Integration forderte die MPG in ihrem wissenschaftlichen Selbstverständnis weit mehr heraus, als es ihre verschiedentlichen Einbindungen in die bundesdeutsche Außenwissenschaftspolitik je getan hatten. Die nationalen Außenpolitiken wie auch die Entspannungspolitik beider Blöcke rekurrierten gewissermaßen auf die Universalität der Wissenschaften und die globale Vernetzung von Wissenschaftler/innen. Sofern sie nicht – wie vor allem in den USA und der UdSSR – sicherheitspolitischen Restriktionen unterlagen, sollten und wollten Wissenschaftler beider Seiten, darunter allerdings nur sehr wenige MPG-Mitglieder, ihre kollegialen Kommunikationskanäle und ihre spezifische Expertise für diplomatische Zwecke zur Verfügung stellen, etwa um im Vorfeld von offiziellen Rüstungskontrollverhandlungen die Verhandlungsspielräume beider Seiten zu erweitern und den Umschlag des Kalten Kriegs in einen heißen Krieg zu verhindern. Besonders zu Beginn der Entspannungspolitik ab Mitte der 1980er Jahre galt es, mit der Demonstration von blockübergreifender wissenschaftlicher Kooperationswilligkeit Vertrauen zu schaffen. Dafür eigneten sich am ehesten Forschungsfelder, die (noch) nicht militärisch brisant oder kurzfristig anwendungsrelevant waren, wie in diesem Fall die Fusionsforschung, an der die MPG mit dem IPP einen erheblichen Anteil hatte und so dazu beitragen konnte, den europäischen Einfluss auf die jetzt blockübergreifend bzw. global betriebene Fusionsforschung stark zu machen.

Solche außenwissenschaftspolitischen Einbindungen mochten durchaus einen gewissen Niederschlag in bilateralen Forschungskooperationen gefunden haben, die sonst vielleicht nicht zustande gekommen wären. Aber im Unterschied zur lenkungspolitisch ausgerichteten und programmförmig organisierten europäischen Wissenschaftsförderung nahmen diese Formen der wissenschaftlichen *Second Track Diplomacy* auf die Gegenstände der Forschung und die Art ihrer Bearbeitung in der MPG allenfalls vermittelt Einfluss. Noch weniger tangierten sie die institutionellen und finanziellen Rahmenbedingungen des deutschen Wissenschaftssystems, in dem die staatlich grundfinanzierte Grundlagenforschung und damit die international außergewöhnliche Autonomie der MPG verankert waren und an denen die MPG keinesfalls rütteln lassen wollte. Vielmehr verteidigte die MPG vor allem in Gestalt ihrer Präsidenten Staab und Zacher die aus der Not des verlorenen Krieges geborenen Strukturen – den bundesdeutschen Föderalismus in der Wissenschaftsförderung und insbesondere in der Finanzierung der MPG, die damit verbundene Dezentralisierung der Forschungseinrichtungen inklusive der Max-Planck-Institute, die institutionalisierte Differenz von angewandter und Grundlagenforschung sowie ihre Beschränkung auf Letztere – jetzt als Garanten ihrer wissenschaftlichen Autonomie gegenüber einer politisch gesteuerten europäischen Forschungspolitik.

Gleichwohl lässt sich seit den 1990er Jahren anhand der zunehmend professionell und multimedial gestalteten Selbstdarstellungen der MPG gegenüber der deutschen und internationalen Öffentlichkeit langfristig und über den Untersuchungszeitraum dieser Studie hinaus beobachten, dass der Topos der zweckfreien Grundlagenforschung als Alleinstellungsmerkmal der MPG allmählich in der Rede von der anwendungsorientierten Forschung aufging und zunehmend durch Berichte über erfolgreiche Anwendungen von Forschungsergebnissen aus Max-Planck-Instituten ergänzt wurde.[480] Dazu hat die europäische Wissenschaftsförderung ihr Scherflein beigetragen, aber es kamen zwei weitere Faktoren dazu: einmal die wissenschaftlichen Kooperationen von MPG-Wissenschaftler/innen mit Kolleg/innen in Ländern wie der UdSSR und China, die sich um die feinen Unterschiede von *Basic* versus *Applied Research* weniger scherten (→ 3.3, 3.4). Zum anderen – und nicht zuletzt – war es die neoliberale Umwertung des Verhältnisses von Grundlagenforschung versus Anwendungsorientierung in globalem Maßstab, die auch vor der MPG nicht haltmachte. Sie ließ es zunehmend opportun erscheinen, industrielle, biomedizinische oder großtechnologische Anwendungen, die aus Forschungen an Max-Planck-Instituten hervorgegangen waren, oder Ausgründungen von Start-ups vor allem im Bereich der Biotechnologie als Erfolge der MPG in ihren Medien öffentlich hervorzuheben.

480 Dass dies nicht nur eine luftige diskursive Verschiebung war, sondern mit institutionellen und epistemischen Entwicklungen seit den 1980er Jahren einherging, hat Jaromír Balcar am Beispiel der Geschichte der *Garching Instruments* gezeigt, die in den 1970er Jahren zunächst nur innerhalb der MPI entwickelte wissenschaftliche Instrumente zu vermarkten versuchte, sich in den 1980er Jahren auf die Vermittlung von Lizenzen und Patente verlegte und seit den 1990er Jahren vor allem auch die Ausgründung von Start-ups und Spin-offs unterstützt: Balcar, *Instrumentenbau – Patentvermarktung – Ausgründungen*, 2018.

3. Besondere Beziehungen: Die kultur- und wissenschaftspolitischen Missionen der MPG in Italien, Spanien, der UdSSR und China

In diesem Teil wenden wir uns anhand von vier Fallstudien jenen Missionen der MPG näher zu, die erkennen lassen, wie die MPG als außenwissenschaftspolitische Akteurin an verschiedenen Schauplätzen der europäischen Nachkriegsordnung und des Kalten Krieges auftrat. Hier stand ihr Handeln oft in Gegensatz zu den bevorzugten wissenschaftsaußenpolitischen Prinzipien der eigenen Generalverwaltung, wie internationale wissenschaftliche Beziehungen administrativ zu gestalten waren. Wie gezeigt, betonten die Leitlinien für die Zusammenarbeit der MPG mit dem Ausland, die Anfang der 1970er Jahre erstmals vom Auslandsreferat in der Generalverwaltung schriftlich niedergelegt wurden, über alle Fortschreibungen hinweg immer dezidierter das (heute mehr denn je gültige) Credo: Die internationalen Beziehungen sollten vor allem in Bezug auf die konkreten wissenschaftsintrinsischen Bedürfnisse der Forschenden in den Instituten konzipiert, aufgebaut und gepflegt werden. Universal gültiges Grundlagenwissen sollte möglichst frei über alle nationalen Grenzen hinweg flottieren können und seine Produktion in den Instituten durch unmittelbare bi- und multilaterale Kooperationen mit einschlägig arbeitenden Kollegen und Kolleginnen in ausländischen Forschungseinrichtungen, wo immer sie sich befanden, vorangetrieben werden. Staatliche Außenpolitik sollte allenfalls als *Diplomacy for Science* – eine der drei von der Royal Society 2010 definierten wissenschaftsdiplomatischen Dimensionen (→ 1) – ins Spiel kommen, also immer dann, wenn sie helfen konnte, politische Hindernisse der grenzüberschreitenden Kommunikation und Mobilität der forschenden Wissensproduzent/innen auszuräumen.[1]

Diese Grundsätze trafen allerdings auf den von harten Grenzen durchzogenen Boden internationaler Realpolitik, an die das imaginierte Universum wissenschaftlichen Wissens, wie wir im vorherigen Teil gesehen haben, in vielfältiger Weise gebunden blieb: Sei es, dass sich führende Protagonisten der MPG selbst – mit gelegentlich durchaus kontroversen Akzentuierungen – als Staats- oder auch Weltbürger zu innen- und außenpolitischen Problemlagen positionierten. Sei es, dass sie die nationale Ressourcenbasis der »Grundlagenforschung«, sprich: ihrer eigenen Profession und Institution, zu verteidigen suchten, wann immer sie

1 The Royal Society, *New Frontiers in Science Diplomacy*, 2010, V, 9.

ihnen durch außen-, block-, deutschland- oder europapolitische Entwicklungen und entsprechende Entscheidungen der Bundesregierung gefährdet erschien.

Zu einzelnen Ländern entstanden außerdem wissenschaftliche Beziehungen, die, wie Hans Zacher es formuliert hätte, in je besonderer Weise außenpolitisch überformt waren. Eben solche Länder – Italien mit dem auf lange Zeit einzigen Auslandsinstitut der MPG, Spanien, die Sowjetunion und China – werden im Folgenden als Fallbeispiele für den aktiven Umgang der MPG mit außenpolitischen Realitäten und die dadurch induzierten Vorgaben und Prioritäten untersucht. Dies sind freilich nicht die Länder, mit denen die intensivsten wissenschaftlichen Kontakte gepflegt wurden, das waren insbesondere die USA, Großbritannien und Japan sowie in geringerem Maße Frankreich. Zwar waren auch die Beziehungen zu den Kollegen und Kolleginnen in diesen Ländern nicht vollends »außenpolitikfrei«, sondern, wie die Studien von Juan-Andres Leon, Luisa Bonolis und Alison Kraft zeigen, immer wieder auch von außenwissenschaftspolitischen Überlegungen durchzogen – vor allem der Hoffnung, mit der Schaffung eines europäischen Wissenschaftsraums der amerikanischen Hegemonie in der internationalen Welt der Wissenschaft entgegentreten zu können.[2] Aber die Beziehungen der MPG zu ihren Partnern in diesen großen westlichen Wissenschaftsnationen waren weit weniger von der Außenpolitik der beteiligten Staaten tangiert als die Verbindungen zu jenen hier ausgewählten Ländern. Diese Fallbeispiele repräsentieren mit ihren jeweiligen zeitlichen Startpunkten aufeinanderfolgende historische Phasen, aber auch unterschiedliche Stile in der Außenwissenschaftspolitik der MPG. Sie zeigen in ihrer weiteren Entwicklung zudem die Tendenz hin zu einer »Normalisierung«, wie sie die Generalverwaltung favorisierte und die mit den Stichworten Flexibilisierung, Autonomisierung und Entpolitisierung der Außenwissenschaftspolitik beschrieben werden kann.

Den Anfang machten die süd- und südosteuropäischen Forschungseinrichtungen, die zum Teil bis in die Gründungszeit der Kaiser-Wilhelm-Gesellschaft zurückreichten und zutiefst mit der auswärtigen Kultur- und Expansionspolitik des Deutschen Reiches verbunden waren. Nach dem Zweiten Weltkrieg sollte nur die kunsthistorische Bibliotheca Hertziana in Rom, nach langwierigen Verhandlungen, wiedereröffnet werden, sie blieb für die nächsten Jahrzehnte das einzige Auslandsinstitut der MPG. Diese Erfahrung immunisierte die MPG durchaus nachhaltig gegen weitere kulturpolitische Auslandsexperimente und ließ sie noch 1987 vor der Übernahme der Trägerschaft für das Deutsche Institut für Japanstudien in Tokio zurückschrecken.

Im Falle Spaniens ließen sich die wissenschaftlichen Beziehungen, die man seit den 1920er Jahren pflegte, hingegen nur wenige Jahre nach dem Zweiten Weltkrieg problemlos fortsetzen – und zwar in zweifacher Hinsicht: Zum einen

2 Bonolis und Leon, *Astrophysics*, 2023; Kraft, Selbstverständnis, 2023. Nach Henning verlief der Austausch mit den USA »reibungslos«, auch ohne dass er – abgesehen von wenigen Jahren 1981 bis 1986 – vertraglich geregelt war, vgl. Henning, Auslandsbeziehungen, 1999, 109.

fand hier die franquistisch-nazistische Kulturpolitik unter Beteiligung von MPG-Wissenschaftlern eine zuweilen grotesk anmutende post-faschistische Fortsetzung. Zum anderen entwickelten sich parallel dazu Kooperationen insbesondere auf dem Feld der Kernphysik und der Atomenergiepolitik, die im Falle Spaniens noch weniger als anderenorts von Kernwaffenaspirationen abzulösen waren. An dieser wissenschaftlich-technischen Zusammenarbeit allerdings hatte die MPG nur einen auf die Ausbildung von wissenschaftlichen Nachwuchskräften begrenzten Anteil, wegen ihrer in den 1950er Jahren im westdeutschen Wissenschaftssystem institutionell festgeschriebenen Nicht-Zuständigkeit für Atomenergieentwicklung.

Wie im Kalten Krieg nicht anders zu erwarten, waren insbesondere die Beziehungen zu den Ostblockländern außenpolitisch eng reglementiert, wenn auch, wie am Beispiel der DDR gezeigt,[3] von den östlichen Machthabern deutlich stärker als von den Bundesregierungen. Letztere hätten sich zwar von der MPG in der Berlin-Frage »mehr Haltung« gewünscht, wussten aber die seltenen wissenschaftlichen Kooperationen und die weit umfänglichere informelle Kontaktpflege von MPG-Wissenschaftlern und einer einzelnen MPG-Wissenschaftlerin mit ostdeutschen Universitäten, Forschungsinstituten und vor allem der Leopoldina im Sinne der Behauptung einer gesamtdeutschen »Kulturnation« durchaus zu schätzen. Hingegen lässt sich am Beispiel der Beziehungen von MPG-Wissenschaftlern zu sowjetischen Kollegen eine Dimension ausloten, die im wissenschaftsdiplomatischen Schema der Royal Society gar nicht vorgesehen ist, gelegentlich dennoch das Potenzial diplomatischer Synergien in sich barg, nämlich einer *Science against Diplomacy.*

Andere Fälle stellten sich – zumindest in ihren Start- und Implementationsphasen – eindeutig als diplomatische Missionen der MPG im Auftrag der Bundesregierung dar. Dazu gehören die seit 1962 von der Minerva-Stiftung GmbH administrierten Beziehungen zu Israel, deren Geschichte bereits umfassend dargestellt wurde.[4] Aber auch das von der MPG seit 1974 verwaltete und hier als vierte Fallstudie ausführlich zu behandelnde Austauschprogramm zwischen der Bundesrepublik und China ist ein klassisches Beispiel jener wissenschaftsdiplomatischen Dimension, die im Schema der Royal Society als *Science for Diplomacy* bezeichnet wird und der sich die MPG eigentlich lieber entzogen hätte. Dabei starteten beide Missionen unter sehr verschiedenen Vorzeichen: Während man sich in der außenpolitisch angestoßenen und geförderten Kooperation mit israelischen Kollegen und Kolleginnen wissenschaftlich von Anfang an auf Augenhöhe begegnete – bei aller wechselseitigen Vorsicht aufgrund konträrer Positionierung hinsichtlich der NS-Vergangenheit –, war die noch unter kulturrevolutionären Vorzeichen begonnene Kooperation mit den chinesischen Kolleginnen und Kollegen anfangs in jeder Hinsicht asymmetrisch. Dies sollte

3 Vgl. oben Kapitel 2.5 und Ash, *MPG im Kontext der Deutschen Vereinigung*, 2020.

4 Nickel, Wolfgang Gentner und die Begründung, 2006. Steinhauser, Gutfreund und Renn, *Turning Points*, 2017. Vgl. auch oben Kapitel 2.2.

sich aber in einem wechselseitigen Lernprozess zügig ändern, in dem die MPG vor allem die wissenschaftsaußenpolitischen Instrumente erprobte, mit denen sie sich heute, in der globalisierten Wissenschaftslandschaft des 21. Jahrhunderts, hofft behaupten zu können.

Die wissenschaftsdiplomatischen Labels *Science for Diplomacy*, *Diplomacy for Science* und hier auch *Science against Diplomacy*, die in den folgenden vier Fallstudien genutzt werden, erweisen sich im konkreten Fall jedoch selten als eindeutig. Zudem veränderten sich die Beziehungen der MPG zu den hier ausgewählten Ländern in ihrem historischen Verlauf. Daher eignet sich eine chronologische Anordnung der Beispiele entsprechend ihrer Startpunkte besser, um die jeweiligen zeithistorischen Kontexte stärker einbeziehen zu können. So lässt sich auch genauer nachzeichnen, wie sich Motive und Prioritäten in den Beziehungen der MPG zu diesen Ländern über die Zeit verschoben, um schließlich auf verschiedenen Wegen in die Tendenz hin zu möglichst wenig außenpolitisch überformten bilateralen wissenschaftlichen Kooperationen einzumünden.

3.1 Italienische und andere (verlorene) Außenposten in Süd(ost)europa

Die 1954 wiedereröffnete Bibliotheca Hertziana (MPI) im römischen Palazzo Zuccari, die nach ihrer Gründerin aus deutsch-jüdischer Familie benannt ist, blieb bis 1980 das einzige Auslandsinstitut der MPG. Henriette Hertz, eine der letzten Salonnières der europäischen Kulturgeschichte, hatte sie im September 1912, wenige Monate vor ihrem Tod, testamentarisch der 1911 gerade erst gegründeten KWG vermacht. Doch diese kunsthistorische Forschungsbibliothek war in der Longue durée der Geschichte der KWG/MPG weder das erste noch das einzige Institut an einem außerdeutschen Standort.[5] Vielmehr hatte die KWG noch im Gründungsjahr als ihr erstes Institut überhaupt die Zoologische Station des Berliner Aquariums übernommen. Sie lag ebenfalls in südlichen Gefilden, nämlich in Rovigno am Strand von Istrien, das damals zu den österreichischen Kronlanden gehörte. Paul Schottländer – aus einer jüdischen Familie in Breslau stammend und Erbe eines der damals größten Vermögen in Deutschland – war selbst Biologe und Meeresforscher. Als förderndes Mitglied und Senator hatte er der KWG die Übernahme der 1891 eröffneten Station ermöglicht, die

5 Die folgende Darstellung stützt sich auf die Datensammlungen von Henning und Kazemi, *Handbuch*, 2016: Bibliotheca Hertziana (142–162); Biologische Station Lunz (261–265); Deutsch-Bulgarisches Institut für Biologie in der KWG (318–320); Deutsch-Griechisches Institut für Biologie in der KWG (612–615); Deutsch-Italienisches Institut für Meeresbiologie, Rovigno (738–743); Forschungsstelle und KWI für (Geschichte der) Kulturpflanzenforschung (851–859); Meteorologische Stationen des Sonnblick-Vereins (1061–1066).

sonst vom Konkurs des Aquariums, ihres Hauptabnehmers von Meerestieren, 1909/1910 mitgerissen worden wäre.[6] Schottländer legte damit den Grundstein für die biologische Forschung in der KWG, die nach dem Ersten Weltkrieg noch weitere Versuche unternahm, sich den europäischen »Südosten« als Forschungsressource zu erschließen.

Willkommene und unwillkommene mäzenatische Schenkungen: Zoologische Station Rovigno und Bibliotheca Hertziana

Beide Schenkungen standen in der Tradition deutsch-jüdischen Mäzenatentums, wovon die KWG auch an ihren deutschen Standorten mehrmals profitieren sollte, bevor sie den Vorgaben des NS-Regimes, zunächst widerstrebend, folgte und die Stifterinnen und Stifter – unter ihnen Paul Schottländer – aus ihren Gremien hinausnötigte. Obendrein tilgte sie deren Namen aus ihren Annalen und Institutsbezeichnungen, auch denjenigen von Henriette Hertz.[7]

Die mediterranen Standorte dieser beiden frühen KWI waren keineswegs so peripher, wie es mit Blick auf das am Rande von Berlin entstehende, bis heute so gepriesene »deutsche Oxford« mit seinen chemischen und physikalischen Labors zunächst erscheinen mag.[8] Italien als über seine jeweiligen nationalen Grenzen hinausreichender Kulturraum war längst mehr als ein auf Goethes Spuren zu erreisendes Sehnsuchtsziel. Es war die Heterotopie des europäischen Großbürgertums samt seiner künstlerischen und wissenschaftlichen Bohème. In Rom und Florenz versammelten sich um 1900 kunstwissenschaftliche, historische und archäologische Institute mehrerer europäischer Länder und auch der USA. Allein deutsche Träger unterhielten dort neben der Hertziana noch vier weitere Institute.[9] An Adria und Riviera suchten Meeresbiologen unterschiedlicher Nationalität – gebildete Laien gemeinsam mit Universitätsprofessoren und einheimischen Fischern – nach marinen Arten, die nicht nur neue ästhetische Sensationen, sondern vor allem evolutionsbiologische Erkenntnisse versprachen oder sich als Modellorganismen für unterschiedlichste Studien eigneten. Die von dem deutschen Zoologen Anton Dohrn 1873 in Neapel gegründete und bis in die 1960er Jahre hinein – mit Unterstützung unter anderem auch der KWG/MPG – privat betriebene *Stazione Zoologica* war und ist bis heute eine der ersten

6 Groeben, Rovigno, 2010, 198–200.

7 Vgl. dazu im Einzelnen: Kreutzmüller, *Zum Umgang der KWG*, 2005. Rürup, *Schicksale*, 2008, 37, 84.

8 Henning und Kazemi, *Dahlem*, 2009. Bis heute bietet die MPG geführte Rundgänge im »deutschen Oxford« von Dahlem an: Wissensstadt Berlin, Überblickstour, https://www.wissensstadt.berlin/events/uberblickstour-fake-fakten-aus-dem-deutschen-oxford-3.

9 Die weiteren deutschen Institute waren das Kunsthistorische Institut in Florenz und das Deutsche Archäologische Institut in Rom, beide in Reichsträgerschaft, das Preußische Historische Institut sowie als zunächst private Stiftung die Deutsche Akademie »Villa Massimo«, beide in Rom.

Abb. 14: Henriette Hertz, um 1900, vermutlich im Palazzo Zuccari in Rom.

Adressen meeresbiologischer Forschung.[10] Aber auch Friedrich Alfred Krupp, ein weiterer KWG-Mäzen, richtete sich in seiner Villa auf Capri ein meeresbiologisches Labor ein. Ärzte aus allerlei Ländern, die mit der medizinischen Betreuung ihrer illustren internationalen Klientel nicht ausgelastet waren, trieben, wie der Deutsche Moritz Schiff, in ihren Villen physiologische Studien und stritten sich mit italienreisenden britischen und deutschen Tierschützerinnen – auch Henriette Hertz engagierte sich entsprechend – über wissenschaftliche Notwen-

10 Partsch, *Die zoologische Station*, 1980; Groeben, Stazione Zoologica, 2006. Die Stazione Zoologica Anton Dohrn, wie sie seit 1982 heißt, ist heute ein nationales italienisches Forschungsinstitut; zu ihrer Nachkriegsgeschichte vgl. Stazione Zoologica Anton Dohrn Napoli, Our History – Stazione Zoologica Anton Dohrn Napoli, https://www.szn.it/index.php/en/who-we-are/our-history, zuletzt aufgerufen am 23.1.2022.

digkeit und moralische Verwerflichkeit der Vivisektion.[11] Kurz, Italien war vor dem Ersten Weltkrieg eine kultur- und lebenswissenschaftliche Drehscheibe der gebildeten okzidentalen Welt. Ob Erkenntnis, Bildung oder Erholung suchend, schauten daher die Direktoren und Generalsekretäre der KWG gern bei ihren italienischen Adressen vorbei. Allerdings war es mit dem arkadischen Traum schon bald vorbei. Sobald Italien sich 1915 auf die Seite der Entente gestellt und den Mittelmächten den Krieg erklärt hatte, wurden deren Institute in Italien bzw. Istrien einschließlich der beiden KWI geschlossen und im Zuge der Pariser Vorort-Verhandlungen von Italien beschlagnahmt.

Schon vor dem Krieg hatte es nationalistische Störfeuer gegeben – und zwar aus den eigenen deutschen Reihen. Henriette Hertz hatte ihre Bibliothek einschließlich des Palazzo Zuccari, in dem sie untergebracht war, zunächst dem Deutschen Reich als testamentarisches Vermächtnis angetragen. Aber Paul Fridolin Kehr, seit 1903 Direktor des Preußischen Historischen Instituts (PHI) in Rom und einflussreicher preußischer Wissenschaftsmanager, hintertrieb die Annahme dieser Schenkung durch die Reichsbehörden nach Kräften. Er wollte nicht nur die weitere Ausbreitung der »wissenschaftlichen Kleinstaaterei« der deutschen Institute in Rom verhindern, sondern sein Institut mit dem Deutschen Archäologischen Institut (DAI), der Accademia tedesca/Villa Massimo und, wenn nicht zu vermeiden, dann auch mit der Bibliotheca Hertziana unter seiner Führung zu einem schlagkräftigen deutschen Nationalinstitut zusammenlegen, das mit den französischen und österreichischen Kulturrepräsentanzen vor Ort mithalten konnte.[12] Schon gar nicht wollte er neben seiner seit 1905 aufgebauten kunsthistorischen Abteilung am PHI eine weitere wissenschaftliche Konkurrenz unter deutscher Leitung hinnehmen.

Sein Monopolisierungsplan scheiterte am Widerstand seiner römischen Amtskollegen. Aber beim Präsidenten der KWG, der Henriette Hertz ihre Schenkung wegen der von Kehr geschürten Bedenken der Reichsbehörden als nächstes antrug, fand er offene Ohren. Für Adolf von Harnack war es ein Danaergeschenk, das die KWG nur aus Rücksicht auf die außenpolitischen Interessen des Reiches in Italien und ihre jüdischen Förderer im Senat stillschweigend entgegengenommen hatte, obwohl es nicht in das Konzept der gerade gegründeten Anstalt zur »Förderung der Wissenschaften« in Deutschland passte:[13] Es öffnete

11 Sachse, Streit um die Vivisektion, 2006, 11–12. Hertz' Testament bestimmte außer den Schenkungen an die KWG (Bibliotheca Hertziana) und den italienischen Staat (Gemäldesammlung) u. a. im Kodizill vom 18.6.1912 auch ein Legat für den Tierschutzverein, vgl. Tesche, *Ernst Steinmann*, 2002, 268–270.

12 Das Zitat entstammt einer Stellungnahme Kehrs vom 11.1.1908 zum Gesuch der Preußischen Akademie der Künste an den Reichskanzler um die Errichtung eines Kaiserlich Deutschen Kunsthistorischen Instituts, hier zitiert nach Tesche, *Ernst Steinmann*, 2002, 63. Zum Widerstand Kehrs gegen die Hertz'sche Schenkung vgl. ebd., 53–56, 62–71.

13 Tesche beschreibt die kommentarlose Kenntnisnahme der Schenkung durch den Senat 1912 und die »unauffällige« Eröffnung als ein Institut der KWG 1913, die – wie ein Begräbnis – »in aller Stille« stattfand, vgl. Tesche, *Ernst Steinmann*, 2002, 71.

den unerwünschten Geisteswissenschaften die Tür, und zwar, wie man fand, auf besonders kompromittierende Weise, nämlich als »Fortsetzung des Salons der Stifterin«, die sich darüber hinaus ausbedungen hatte, dass der von ihr selbst eingesetzte Direktor, Ernst Steinmann, nicht nur auf Lebenszeit im Amt bleiben, sondern auch noch seinen Nachfolger bestimmen durfte. Damit war nicht nur das Gründungsprinzip der KWG, nämlich in eigener Regie zunächst einen hervorragenden Wissenschaftler zu identifizieren und um ihn herum dann das passende Institut zu bauen – das später so benannte Harnack-Prinzip – verletzt. Auch dem gefürchteten »Salon-Ästhetizismus« war womöglich noch über eine zweite Direktorengeneration hinweg kein Einhalt zu gebieten.[14] In dieser – wenn auch vergeblichen – Abwehr der Hertz'schen Schenkung finden sich alle Dispositive des kaiserzeitlichen Wissenschaftsdiskurses wieder, der endlich vollenden wollte, was die moderne Institutionalisierung der Wissenschaften im langen 19. Jahrhundert angetrieben hatte: die säuberliche Scheidung des akademischen vom Laienwissen, der wissenschaftlichen Forschung vom bildungsbürgerlichen Hobby, des Wahren vom Schönen. Eine diskursive Scheidung, die sich im Ausschluss der Frauen aus den Universitäten als Geschlechterkampf konkretisierte und spiegelbildlich dazu den mit allen Insignien der Virilität ausgestatteten Wissenschaftlertypus inthronisierte. Nicht zuletzt ging diese Polarisierung mit der Nationalisierung der Wissenschaften einher.[15]

Steinmann, der langjährige Vertraute von Henriette Hertz, entsprach diesem Bild vom virilen nationalbewussten Wissenschaftler kaum. Der Büchersammler, der gelegentlich gemeinsam mit seiner Frau, Olga von Gerstfeldt, kunsthistorische »Pilgerfahrten« unternommen oder Shakespeare'sche Sonette übersetzt und beides publiziert hatte, neigte seit ihrem frühen Tod zu Depressionen.[16] Sein Wissenschaftsverständnis, in dem sich schwärmerische Hingabe an das künstlerische Genie – vor allem der Michelangelo der Sixtinischen Kapelle faszinierte ihn – mit akribischem, auf Vollständigkeit bedachtem Sammlungspositivismus paarte, erschien weder einem kunstwissenschaftlichen Pionier wie Aby Warburg noch einem von der deutschen Kultursuprematie überzeugten Historiker wie Paul Kehr mehr zeitgemäß: »Gott behüte«, so warnte Kehr seinen Briefpartner Harnack, »die KWG vor den geplanten Publikationen der Steinmannschen Schule«.[17] Ebenso wenig entsprach Steinmanns Auffassung des politischen Auftrags deutscher Kulturinstitutionen – als internationaler Stätten weltbürgerlicher Kommunikation über das humanistische Erbe von

14 Paraphrasiert nach dem von Tesche zitierten Briefwechsel von Harnack und Kehr, ebd., 68–69. Vgl. auch ebd., 191; Schieder, Werner Hoppenstedt, 2013, 90.

15 Paradigmatisch dazu Hausen, Polarisierung, 1976; Honegger, *Ordnung der Geschlechter*, 1991; Sachse, Streit um die Vivisektion, 2006; Jansen, *Schädlinge*, 2003; Wobbe, *Vorderbühne*, 2006; Jessen und Vogel, *Wissenschaft und Nation*, 2002.

16 Steinmann und Gerstfeldt, *Pilgerfahrten*, 1910. Vgl. Tesche, *Ernst Steinmann*, 2002, 84 ff.

17 Zitiert nach Tesche, *Ernst Steinmann*, 2002, 71–72. Zur wissenschaftshistorischen Einordnung Steinmanns vgl. Ebert-Schifferer, Ernst Steinmann, 2013.

Abb. 15: Ernst Steinmann 1927 am Grab seiner Ehefrau Olga von Gerstfeldt (1866–1910) auf dem Cimitero Acattolico in Rom.

Renaissance und Barock in Italien – dem zunehmend kultur- und wissenschaftsimperialistischen Zeitgeist des frühen 20. Jahrhunderts.

Wenn die Hertziana, wie Harnack fürchtete, schon durch ihre »bloße Existenz unserer Pflanzung gefährlich werden könnte«, bedurfte es, da sich dieser »Giftpilz« nun einmal in der KWG angesiedelt hatte, eines Gegengifts. Kehr, der ebenso wie Steinmann und alle anderen deutschen Mitarbeiter der Kulturinstitute in Italien, 1915 nach Deutschland zurückkehren musste, übernahm in Berlin weitere Ämter, die ihn endgültig zum führenden deutschen Nationalhistoriker machten: Er wurde nicht nur Generaldirektor der Preußischen Archive und Präsident der *Monumenta Germaniae Historica;* er wurde 1917 auch zum Direktor eines neu zu gründenden KWI für deutsche Geschichte berufen, das als legitimer Spross der KWG dem italienischen »Zufallskind«

Hertziana den Rang des erstgeborenen geisteswissenschaftlichen KWI streitig machen konnte.[18]

In Rom aber konnte Steinmann, der unmittelbar nach Kriegsende zurückgekehrt war, die Hertziana sehr rasch als einen Treffpunkt des internationalen Kulturlebens reetablieren. Bereits 1920 wurde der Bibliotheksbetrieb wieder aufgenommen, wenn auch mit Rücksicht auf nationale Empfindlichkeiten des Gastlandes und die ungeklärten Eigentumsverhältnisse zunächst nur inoffiziell. Aber auch ohne Türschild – von Nationalflaggen ganz zu schweigen – fanden die zahlreichen italienischen und internationalen Gäste aus Kunst, Kultur und Politik zu Steinmanns regelmäßigen geselligen Abenden, die ihnen in diesen politisch angespannten ersten Nachkriegsjahren hochgeschätzte informelle Kontakte boten. Steinmanns noch aus dem 19. Jahrhundert herrührende Salonkultur mutierte im Rom der 1920er Jahre zur *Second Track Diplomacy* avant la lettre und verhalf so der Hertziana schon Jahre vor der zwischenstaatlichen Einigung zu einer Position, die, wie Steinmann es intendiert hatte, »die Garantie für ihren Fortbestand in sich selber findet«.[19] Seine guten Verbindungen zu den führenden Vertretern der italienischen Kunstinstitutionen und Politik, nicht zuletzt zu dem Philosophen und kurzzeitigen Unterrichtsminister Benedetto Croce, hatten dabei ebenso geholfen wie das Ansehen der verstorbenen Stifterin in Italien, die ihre Gemäldesammlung dem Gastland vermacht hatte, sowie die weitere finanzielle Unterstützung der Hertziana durch die mit Henriette Hertz über deren Tod hinaus eng verbundene Londoner Unternehmerfamilie Mond. Selbst der nach wie vor, wenn auch jetzt meist aus der Ferne, amtierende PHI-Direktor Kehr musste bei seinem Rom-Besuch 1920/21 nicht nur ein neuerliches Scheitern seiner Pläne zur Zusammenführung der deutschen Kulturinstitute hinnehmen, sondern auch neidvoll zugestehen, dass die Hertziana im Unterschied zu allen anderen Instituten bereits wieder arbeitsfähig und in ihrem Bestand trotz unsicherer Rechtslage nicht ernsthaft gefährdet war.[20]

Tatsächlich sollte sich die rechtliche Situation der Hertziana – ebenso wie die der anderen deutschen Institute – erst klären, nachdem 1925 die zollpolitischen Regelungen des Versailler Vertrags, die den Siegermächten und also auch Italien die einseitige Meistbegünstigung gegenüber Deutschland eingeräumt hatten, ausgelaufen waren. Deutschland konnte seine Außenhandelsverträge neu verhandeln. Mussolini hingegen war dringend an niedrigen deutschen Ein-

18 Alle Zitate entstammen dem Briefwechsel von Harnack und Kehr, hier zitiert nach Tesche, *Ernst Steinmann*, 2002, 68–69. Zu Kehr siehe den Eintrag: Schieffer, Kehr, 1977. Der Hertziana wurde hingegen der legitime Name »Kaiser-Wilhelm-Institut« verwehrt und sie auch weiterhin nur als Bibliothek geführt; ich danke Wolfgang Schieder für diesen Hinweis.

19 Zitiert nach Tesche, *Ernst Steinmann*, 2002, 143.

20 Ebd., 146–147. Kehr hatte bereits 1919/1920 einmal im Auftrag des AA die Lage der deutschen Institute in Italien erkundet und blieb trotz seiner Berliner Ämter kommissarischer Leiter des PHI, vgl. Esch, Die Lage, 1992.

fuhrzöllen für italienische Agrarprodukte interessiert und im Gegenzug bereit, die sequestrierten deutschen Kulturinstitute in Italien an Deutschland zurückzugeben. Nach Abschluss des deutsch-italienischen Handelsvertrags verzichtete Mussolini 1927 per Dekret auf die Liquidierung deutschen Eigentums in Italien; die KWG konnte ihren Besitz am Palazzo Zuccari und seiner kunsthistorischen Bibliothek wieder öffentlich geltend machen und Steinmann seine Arbeit in bewährter Weise fortsetzen.[21]

Die im vormals habsburgischen Istrien gelegene Zoologische Station schien hingegen verloren. Nach der italienischen Kriegserklärung 1915 waren Inventar und Bibliothek teilweise nach Graz evakuiert und das zumeist österreichische Personal einberufen worden. Sobald das italienische Militär Istrien wenige Tage vor Kriegsende eingenommen hatte, wurde die Station in Rovigno unter italienische Verwaltung gestellt und die verbliebenen deutschen KWG-Mitarbeiter entlassen. Die italienischen Direktoren, vor allem der von 1923 bis 1945 amtierende Massimo Sella, bauten die vorgefundenen Einrichtungen in eine meeresbiologische Beobachtungsstation um, die für internationale Gäste, darunter vor allem auch Biologen aus den neu gegründeten biowissenschaftlichen KWI, ähnlich attraktiv wurde wie die *Stazione Zoologica* in Neapel. Möglicherweise hatten sich dort so fruchtbare italienisch-deutsche Wissenschaftskooperationen ergeben, dass die KWG von sich aus nach Mussolinis Dekret von 1927 auf eine formelle Rückgabe der Station in Rovigno verzichtete. Stattdessen vereinbarte sie 1930/31 mit dem *Consiglio Nazionale delle Ricerche* (CNR) und dem *Regio Comitato Talassografico Italiano* (CTI), der die Station seit 1918 betrieb, die Überführung in das gemeinsam finanzierte und kollegial geführte Deutsch-Italienische Institut für Meeresbiologie.[22] Auf jeden Fall aber fügte sich ein solches bilaterales Abkommen gut in die Außenwissenschaftspolitik der KWG während der Weimarer Republik und deren auswärtige Kulturpolitik ein, die sich insbesondere auch auf das als selbständige Republik verbliebene deutschsprachige Österreich richtete.

Die Vision vom »mitteleuropäischen« Wissenschaftsraum

Verglichen mit Deutschland, wo sich mit der Notgemeinschaft der Deutschen Wissenschaft und späteren DFG schon relativ bald eine angesichts der Zeitumstände erstaunlich leistungsfähige Förderinstitution etablieren und die KWG weiter expandieren konnte, war die finanzielle Lage der Wissenschaften in Österreich desolat. Privaten, ebenfalls meist von jüdischen Mäzenen gestifteten Forschungseinrichtungen drohte mit der Hyperinflation das Ende. Als einer

21 Vgl. Tesche, *Ernst Steinmann*, 2002, 142–147; Becker, *Handlungsspielräume der Agrarpolitik*, 1990, 164–166. Torunsky, *Entente*, 1986, 133–142.

22 Groeben, Rovigno, 2010, 200–202. 1931 trat das von den Generalsekretären der KWG und des CNR unterschriebene Abkommen in Kraft. Vgl. auch Kazemi, Gründung, 2005; Kazemi, Meeresbiologische Forschung, 2010.

der ersten wandten sich der Leiter der 1906 gegründeten Biologischen Station Lunz in den niederösterreichischen Voralpen, Franz Ruttner, und der Botaniker Richard Wettstein 1922/23 an die Kollegen in der KWG. Mit Unterstützung des Direktors am 1914 gegründeten KWI für Biologie, Max Hartmann, konnten sie erreichen, dass ein Konsortium aus KWG und der österreichischen Akademie der Wissenschaft (ÖAW) 1924 die Trägerschaft und Finanzierung dieser limnologisch arbeitenden Station übernahm. Mit den meteorologischen Stationen des Sonnblick-Vereins auf dem Hohen Sonnblick und dem Obir in Kärnten verfuhr man bald darauf ähnlich; hier bildete man 1926 einen Trägerverein, dem unter dem Vorsitz des österreichischen Geophysikers Felix Exner außer der KWG und ÖAW noch weitere institutionelle und Einzelmitglieder und später auch der Deutsch-Österreichische Alpenverein angehörten.[23]

Diese beiden deutsch-österreichischen Gemeinschaftsprojekte boten nicht nur die Kopiervorlage für das wenige Jahre später bilateral von KWG und CNR geführte meeresbiologische Institut in Rovigno. Sie nahmen auf einer – dank der nicht staatlichen Verfasstheit der KWG – als privat zu deklarierenden Ebene vorweg, was auf zwischenstaatlicher Ebene allzu heikel war. Denn das in den Pariser Verträgen niedergelegte und später noch mehrfach von den Alliierten bekräftigte Anschlussverbot untersagte der Republik Österreich nicht nur eine politische Vereinigung mit dem Deutschen Reich, sondern auch alle bilateralen Absprachen, die ihre Unabhängigkeit gefährden könnten. Dringend erbetene Fördergelder etwa der DFG oder des Auswärtigen Amtes für österreichische Wissenschaftler, die die deutsche Seite – in mäßigem Umfang – auch gern gewähren wollte, mussten unterhalb der Aufmerksamkeitsschwelle der Alliierten durchgereicht werden.[24] Eine solche Wissenschaftsförderung war Teil einer vorsichtigen Politik der »Angleichung«, wie sie bereits in den Bereichen Wirtschaft, Recht und Verkehr praktiziert wurde und mit der das Anschlussverbot unterlaufen werden sollte. Worum es der deutschen Außenpolitik dabei ging, formulierte der Zentrumsabgeordnete und Kirchenhistoriker Georg Schreiber, der zugleich päpstlicher Hausprälat und Senator der KWG war, 1929 im Deutschen Reichstag, nämlich »den Volksgenossen da draußen an der Donau mit den reichsdeutschen Brüdern zu einem einheitlichen Kulturbewusstsein zu verbinden«.[25] Unterstützt vom sozialdemokratischen Reichstagspräsidenten Paul Löbe, war Schreiber die »treibende Kraft« hinter der verstärkten deutschen Kulturarbeit im Ausland und insbesondere in Österreich; sie mündete 1929 in die Gründung der zum allergrößten Teil aus Mitteln der DFG finanzierten und möglichst unauffällig arbeitenden Österreichisch-Deutschen Wissenschafts-

23 Zusammengefasst nach Henning und Kazemi, *Handbuch, Bd. 1*, 2016, 261–265; Henning und Kazemi, *Handbuch, Bd. 2*, 2016, 1061–1066. Vgl. auch Löffler, *70 Jahre Biologische Station*, 1976; Schiemer, Limnologie, 2014; Auer et al., *Labor*, 2011.

24 Vgl. zum Folgenden Fengler und Luxbacher, Aufrechterhaltung, 2011.

25 Schreiber, *Deutschland und Österreich*, 1956, 32. Hier zitiert nach Fengler und Luxbacher, Aufrechterhaltung, 2011, 308.

hilfe (ÖDW) ein, die unter anderem Projekte in Lunz oder auf dem Sonnblick förderte.[26]

Die großdeutsche Kulturraumpolitik sollte am Ende auch die römische Hertziana einholen. Als Direktor eines inzwischen auch offiziell wieder unter dem Dach der KWG fungierenden kunsthistorischen Instituts versuchte Steinmann in der zweiten Hälfte der 1920er Jahre zunächst, das Image der Hertziana als Kultursalon zurückzudrängen und die von dilettierenden Kunstinteressierten aus aller Welt und Studierenden der italienischen Universitäten stark frequentierte Bibliothek den »Männern der Wissenschaft« zu reservieren. Zwar erhielten akademisch hinreichend qualifizierte Frauen mit entsprechenden Empfehlungsschreiben auch dann noch Zugang zum Lesesaal, aber um eines der raren Stipendien brauchten sie sich erst gar nicht zu bewerben.[27]

Ab 1933 ging es dann um die inhaltliche Einpassung der Hertziana in die großdeutsche Kulturpolitik – und zwar in doppelter Hinsicht. Als erstes drängte das Auswärtige Amt unter Berufung auf die Reichskanzlei schon im Frühjahr 1933 auf die Einsetzung des »alten Kämpfers« Werner Hoppenstedt als stellvertretenden, aber dienstlich unabhängigen Direktors. Der promovierte Kunsthistoriker und gelegentliche Reiseleiter ohne eigene wissenschaftliche Ambitionen sollte die Gleichschaltung nach innen vorantreiben und nach außen als »Verbindungsmann zwischen der NSDAP und der faschistischen Partei vor allen Dingen auf kulturpolitischem Gebiete« fungieren.[28] Der Generaldirektor der KWG und Mussolini-Bewunderer, Friedrich Glum, widersetzte sich diesem Ansinnen keineswegs – obwohl es dem sonst hochgehaltenen Prinzip der wissenschaftlichen Autonomie Hohn sprach –, sondern nutzte die Gelegenheit, höhere Reichszuschüsse für die Hertziana herauszuhandeln. Steinmann, ohne Rückendeckung in der Generalverwaltung, konnte dank der testamentarischen Bestimmungen Henriette Hertz' gerade noch verhindern, dass Hoppenstedt auch als sein Nachfolger nominiert wurde, und musste sich ansonsten mit dem neuen, persönlich als umgänglich wahrgenommenen Kollegen arrangieren.[29] Man benannte die Hertziana um und spaltete sie als KWI für Kunst- und Kulturwissenschaft 1934 in zwei Abteilungen, in denen die beiden Direktoren unabhängig voneinander agieren konnten. Hoppenstedts kulturpropagandistisches Wirken wurde von Wolfgang Schieder ausführlich beschrieben und völlig zurecht als »Perversion von Kulturwissenschaft« bewertet.[30] Es weitete sich in den ersten Kriegsjahren

26 Ebd., 307.

27 Ebert-Schifferer, Ernst Steinmann, 2013, Zitat: 57 und Anm. 222: Als *Gentiluomo*, der er blieb, sah Steinmann sich außerstande, einer »Dame« die mit dem Stipendium verbundenen Weisungen zu erteilen, und wies mit dieser Begründung die Bewerbung einer promovierten Kunsthistorikerin zurück.

28 So der Leiter der kulturpolitischen Abteilung im AA, Friedrich Stieve, in seinem Schreiben an den Generalsekretär der KWG, Friedrich Glum, am 3.7.1933, hier zitiert nach Schieder, Werner Hoppenstedt, 2013, 92.

29 Ebd., 92–94.

30 Ebd., 115.

auf Anthropologie und Rassenkunde aus und machte auch nicht davor halt, den italienischen Verbündeten unter tätiger Mitwirkung der Erbforscher in der KWG rassenpolitischen Nachhilfeunterricht zu erteilen.[31]

Aber auch die kunstwissenschaftliche Abteilung passte sich dem Zeitgeist an. Zwar hatte Steinmann kurz vor seinem Tod im November 1934 als Nachfolger noch seinen Wunschkandidaten durchsetzen können. Aber mit Leo Bruhns hatte er sich – womöglich um Schlimmeres aus Berlin zu verhindern – für einen etablierten Kunsthistoriker entschieden, der ein geradezu konträres wissenschaftliches Programm vertrat. Steinmann und Hertz war es mit der Bibliotheca Hertziana um die humanistisch inspirierte Befassung mit den künstlerischen Hinterlassenschaften der italienischen Renaissance und des Barock sowie die zeitgenössische Vermittlung der darin gesehenen überzeitlichen und transnationalen Werte gegangen. Bruhns hingegen, der sich zuvor kaum mit italienischer Kunst befasst hatte, wollte jetzt in den mittelalterlichen Sakral- und Profanbauten der Stauffer in Süditalien nach den steinernen Zeugnissen suchen, die helfen würden, einen jahrhundertealten, bis dorthin reichenden deutschen Kultureinfluss nachzuweisen und die »Achse-Berlin-Rom« kulturhistorisch zu unterfüttern.[32] Mit diesem »forschungspolitischen Paradigmenwechsel«, wie es Kai Kappel nennt, öffnete Bruhns die Hertziana der deutschnationalen Stauffer-Begeisterung, die 1927 mit der schwärmerischen, von Ernst Kantorowicz verfassten und von Stefan George persönlich redigierten Friedrich-Biographie einen Höhepunkt erlebt und die führenden Köpfe der NS-Bewegung von Rosenberg über Himmler bis Hitler ebenso ergriffen hatte wie den KWG-Präsidenten Harnack und seinen historischen Berater Kehr.[33] Dessen kunsthistorische Abteilung am Preußischen Historischen Institut war 1905 überhaupt nur gegründet worden, um das Feld der süditalienischen Stauffer-Forschung nicht der französischen Konkurrenz zu überlassen; sie musste aber nach dem Ersten Weltkrieg aus finanziellen Gründen aufgegeben werden.[34] Mit der Aufnahme dieses – zumindest aus deutscher Sicht seither verwaisten – Forschungsgebiets in die Hertziana wurde das humanistische Bemühen um die italienische Kunst von ihrer Betrachtung »vom betont eigenen nationalen Standpunkt« aus und zu geschichtslegitimatorischen Zwecken abgelöst.[35]

31 Am anthropologischen Programm wirkten die Direktoren der rassenpolitisch notorischen KWI für Anthropologie, menschliche Erblehre und Eugenik (Berlin) sowie für Psychiatrie (München), aber auch des KWI für Biologie mit. Vorträge hielten u. a. Eugen Fischer, Othmar von Verschuer, Ernst Rüdin, Alfred Kühn und Fritz von Wettstein, vgl. ebd., 110–115.

32 Vgl. Tesche, *Ernst Steinmann*, 2002, 238–239; Dobler, Leo Bruhns, 2013, 76–77.

33 Kappel, Gebrochene Tradition, 2013, 171.

34 Esch, Die Lage, 1992, 324.

35 So Bruhns in seinem Jahresbericht von 1934/35, hier zitiert nach Kappel, Gebrochene Tradition, 2013, 171; zur Stauffer-Forschung in Italien und zur deutschen Stauffer-Begeisterung allgemein: ebd., 168–171.

Die nationalsozialistische Bündnis-, Expansions-, Kriegs- und Besatzungspolitik bot auch einigen in Deutschland beheimateten KWI die Chance, ihren territorialen Handlungsspielraum zu erweitern und zugleich zur Realisierung der längst über »Großdeutschland« hinausreichenden europäischen Großraumpläne des NS-Regimes beizutragen. Es waren vor allem, wie Susanne Heim gezeigt hat, die Botaniker, Genetiker und Pflanzenzüchter der KWI für Biologie in Berlin und für Züchtungsforschung in Müncheberg, die den neuen »Lebensraum« im europäischen Südosten und von dort aus weiter in den eurasischen Osten hinein erkunden und erschließen wollten.[36] In den ersten Kriegsjahren wurden in Absprache mit dem Auswärtigen Amt und anderen Reichsministerien, der Wehrmacht und der Wirtschaft – hier vor allem mit dem an der Erschließung des südosteuropäischen »Ergänzungsraums« interessierten Mitteleuropäischen Wirtschaftstag (MWT) – viele Auslandsinstitutspläne geschmiedet.[37] Das deutsch-ungarische Agrarforschungsinstitut kam über erste Sondierungen in Budapest nicht hinaus. Für die Mikrobiologische Forschungsstelle, die auf der bulgarisch besetzten Insel Thassos die in den besetzten Ostgebieten verbreiteten Seuchen erforschen, aber auch biologische Waffen erproben sollte, wurden immerhin schon umfängliche Laboreinrichtungen angekauft; da sich die Baupläne verzögerten, wurden sie aber nie in die Ägäis geliefert. In Bulgarien, das sich den »ergänzungswirtschaftlichen« Plänen des MWT gegenüber besonders aufgeschlossen zeigte, sollte darüber hinaus ein ebenfalls bilateral geführtes Institut für landwirtschaftliche Forschung entstehen. Doch nach einer pompösen Grundsteinlegung 1942 ging es nicht mehr voran, und vor dem Herannahen der Roten Armee konnten gerade noch einige bereits transferierte Apparate nach Deutschland evakuiert werden.[38]

Etwas besser erging es dem 1942 eröffneten meeresbiologischen Institut im deutsch besetzten Piräus, das in einem von griechischer Seite bereitgestellten Gebäude untergebracht war. Nachdem sie sich schon um die Rettung der bankrotten Biologischen Station Lunz verdient gemacht hatten, machten sich Fritz von Wettstein, Richard Wettsteins Sohn und selbst seit 1934 Direktor am KWI für Biologie, und sein Mentor Max Hartmann noch in den Vorkriegsjahren an marine Planungen. Zusammen mit ihrem griechischen Kollegen Konstantin Tzonis wollten sie das noch wenig beforschte östliche Mittelmeer »biologisch durchdringen«.[39] Tatsächlich widmete man sich vorerst seiner militärischen

36 Heim, *Kalorien*, 2003. Vgl. auch Heim, *Autarkie und Ostexpansion*, 2002; Gausemeier, *Ordnungen*, 2005, 291–303. Zur semantischen Bedeutung, geographischen Unbestimmtheit und aggressiven Konnotation der Begriffe »Mitteleuropa«, »Balkan« und »Südosten« vgl. Sachse, Einführung. »Mitteleuropa« und »Südosteuropa«, 2010, 15–19; Sachse, »Ehe von Schornstein und Pflug«, 2010.

37 Zum MWT vgl. Freytag, *Deutschlands »Drang nach Südosten«*, 2012.

38 Heim, *Kalorien*, 2003, 72–84. Zu den entwicklungspolitischen Projekten des MWT in Bulgarien vgl. Wien, Selektive Wissensimporte, 2010.

39 Das Zitat entstammt einem Brief von F. v. Wettstein an Telschow vom 4.1.1941, hier zitiert nach Zarifi, Das deutsch-griechische Forschungsinstitut, 2002, 229.

Durchdringung mit ozeanographischen Messungen für das Oberkommando der Marine. Mit dem Rückzug der Deutschen 1944 ging das Institut vollends an die griechische Akademie der Wissenschaften über, die nach Krieg und Bürgerkrieg vergeblich darauf hoffte, Hartmann noch einmal als Direktor gewinnen und damit die Verbindung zur KWG/MPG stärken zu können.[40]

Inhaltlich am weitesten gedieh das KWI für Kulturpflanzenforschung. Zwar konnte es erst 1943 nahe Wien, dem inzwischen reichsdeutschen »Tor zum Südosten«, eröffnet werden. Aber das produktive Netzwerk um die österreichische Botanikerdynastie Wettstein hatte es bereits seit dem »Anschluss« vorbereitet. Ein »Weltsortiment von Wild- und Primitivformen unserer Kulturpflanzen« wollte man aufbauen und für die Züchtungsforschung nutzbar machen.[41] Der designierte Direktor Hans Stubbe, ein enger Mitarbeiter Fritz von Wettsteins, sammelte bereits im Zuge seiner beiden Exkursionen 1941 und 1942 im zentralen Bergmassiv des Balkans und in Griechenland umfängliches Wildpflanzenmaterial für die geplante Samenbank. Bald darauf versuchte er einen Teil der Beute zu erhalten, die das »SS-Ahnenerbe«, die mächtige Konkurrenz in der Kulturpflanzenforschung, bei seiner Jagd auf die einzigartigen Saatgutsammlungen des weltbekannten sowjetischen Pflanzengenetikers Nikolai Wawilow an sich gerissen hatte. Nachdem Fritz von Wettstein und Stubbe erfahren hatten, dass der Lyssenko-Gegner von der sowjetischen Geheimpolizei 1941 wegen angeblicher Spionage verhaftet worden war, ergingen sie sich in der Phantasie, dessen Forschungseinrichtungen, vor allem aber sein Zentralinstitut nahe dem ausgehungerten Leningrad zu übernehmen und alsbald ein Netz von Forschungsstationen vom Eismeer bis zum Mittelmeer zu knüpfen.[42] Immerhin gelang es Stubbe Anfang 1945 noch, seine vom Bombenkrieg über Wien bedrohten südosteuropäischen Sammlungen und womöglich auch seinen Anteil an der russischen Beute vollständig ins »Altreich« zu transferieren. Allerdings brachte er sie auf die östliche Seite der zukünftigen innerdeutschen Grenze, wo auch er selbst es vorzog zu verbleiben – trotz der Offerten seiner westlichen Kollegen, sich ihnen in der 1948 umgegründeten MPG zuzugesellen.[43]

Am Ende des Zweiten Weltkriegs war der Traum vom »europäischen Lebensraum« ebenso dahin wie der vom »großdeutschen Kulturraum«. Die unfertigen Auslandsinstitute der KWG bzw. das, was von ihnen übrig war, verschwanden

40 Zarifi, Das deutsch-griechische Forschungsinstitut, 2002; Henning und Kazemi, *Handbuch, Bd. 1*, 2016, 612–615. Zu Hartmanns Engagement in Griechenland vgl. auch Gausemeier, *Ordnungen*, 2005, 299–300. Auch im Fall von Piräus waren die vorgesehenen wissenschaftlichen Apparaturen zwar von der KWG bereitgestellt, aber bis Kriegsende dann doch lieber in Lunz eingelagert worden, von wo sie dann im Zuge der einander ablösenden alliierten Besatzung verschwanden.

41 So die Aufgabenbeschreibung des Instituts, hier zitiert nach Henning und Kazemi, *Handbuch, Bd. 1*, 2016, 856.

42 Zur Kritik am neuerlichen Revival der lamarckistischen Genetik Trofim Lyssenkos und des Lyssenkoismus vgl. Graham, *Lysenko Epigenetics*, 2016.

43 Zusammengefasst nach Heim, *Kalorien*, 2003, 212–229.

hinter dem bald herniedergehenden Eisernen Vorhang; die bilateral betriebenen Stationen in Österreich, Griechenland und jetzt Jugoslawien wurden von den wieder oder neu entstehenden Nationalstaaten und ihren nationalen wissenschaftlichen Institutionen übernommen. Und im trizonalen Westdeutschland hatten Rückkehrer und Generalverwaltung Dringenderes zu tun, als den verlorenen Außenposten nachzutrauern. Hier ging es ums Ganze, den Bestand der KWG und die Wiederingangsetzung ihrer Institute an ihren alten und neuen westdeutschen Standorten.

Nur die römische Dependance, die bereits 1944 von den Alliierten beschlagnahmt und 1945 ein weiteres Mal vom italienischen Staat sequestriert worden war, wollte man nicht preisgeben. Nur leider hatte man hier nicht mehr den geschmeidigen Kulturdiplomaten alter Schule, Steinmann, vor Ort, sondern einen gekränkten Nationalkunsthistoriker. Bruhns war – sein Biograph vermutet wider eigenen Willen – im Frühjahr 1944 einem von Hoppenstedt veranlassten »Führerbefehl« gefolgt und hatte vor Ankunft der Alliierten in Rom die Bibliotheken aller vier deutschen Kulturinstitute einschließlich der Hertziana ins Salzkammergut abtransportieren lassen.[44] Damit hatte er der testamentarischen Verfügung der Stifterin, die den Verbleib in Rom zwingend vorschrieb, zuwidergehandelt, und zwar obwohl der Vatikan, der bereits die Obhut über den Palazzo Zuccari übernommen hatte, selbstverständlich auch die Bücher hinter seinen Mauern in Sicherheit gebracht hätte. Dieser Schritt, aber auch die kulturpropagandistischen Aktivitäten des von ihm geleiteten KWI für Kunst- und Kulturwissenschaften während der NS-Zeit sowie sein dubioser Einsatz in der deutschen Truppenbetreuung in den letzten Monaten vor der Befreiung Italiens wurden Bruhns in Rom nicht verziehen:[45] Weder von den Alliierten, zumal vor allem die Briten über die Stiftungen von Hertz und des britischen Ehepaars Mond wachten; noch vom Antifaschisten Croce, der von Mussolini 1935 aus allen Ämtern entlassen worden war und nun, im befreiten Italien, wieder zu einer zentralen Figur der Kulturpolitik wurde. Hatte er sich nach dem Ersten Weltkrieg noch für die Rückgabe der von Steinmann geleiteten Hertziana an die KWG eingesetzt, so forderte er unmittelbar nach dem neuerlichen Kriegsende die Rückgabe der widerrechtlich verlagerten Bücher an Italien.[46] Die amerikanische Besatzungsmacht veranlasste tatsächlich zügig die Rückführung der Bibliotheken, unterstellte sie aber, »um sie nicht in die Hände der Italiener fallen zu lassen«, der treuhänderischen Regie der eigens dafür gegründeten *Unione Internazionale degli Istituti di Archeologia, Storia e Storia dell'Arte* (Unione).[47]

44 Dobler, Leo Bruhns, 2013, 85–86.
45 Ebd., 85; Matheus, Deutsche Akteure, 2013, 29.
46 Matheus, Deutsche Akteure, 2013, 124, 136, 139.
47 So der Rektor der Universität Bonn, Theodor Klauser, in seiner Niederschrift über eine Besprechung mit Mr. Constable, dem »Kulturadviser des amerikanischen Militär-Gouverneurs«, vom 13.5.1949 in Bonn (Niederschrift vom 17.5.1949, AMPG, III. Abt., Rep. 93, Nr. 228, fol. 328). Klauser gehörte der Zentraldirektion des DAI und der Görres-Gesellschaft an und war ein wichtiger Bündnispartner Heisenbergs in seinen Bemühungen

Entnazifizierung und späte Ankunft der Hertziana in der MPG

Es folgte eine siebenjährige diplomatische Auseinandersetzung über eine zukünftige internationale, italienische oder bundesrepublikanische Trägerschaft, das Eigentum an den Gebäuden und ihre mögliche Wiedereröffnung als Forschungs- oder Kulturinstitute. Beteiligt waren die westlichen Alliierten, der italienische Staat und die Bundesregierung, im Hintergrund aber auch wissenschaftspolitische Akteure wie eben die Unione und die *Accademia dei Lincei* sowie von bundesdeutscher Seite eine beratende »Kommission für die wissenschaftliche Arbeit im Ausland«.[48]

Die Möglichkeiten der KWG/MPG, sich selbst um die Rückgabe der Hertziana zu bemühen, waren begrenzt, wurden aber ausgereizt. Schon im Juni 1946 bat der KWG-Präsident Max Planck – seit 1936 Mitglied der Päpstlichen Akademie der Wissenschaften – in einem persönlichen Schreiben Pius XII. um die Unterstützung des Vatikans.[49] Prälat Georg Schreiber, der unmittelbar nach Kriegsende seinen Sitz im KWG-Senat, der ihm während der NS-Zeit entzogen worden war, wieder einnahm, nutzte seine Verbindungen zum Vatikan, aber auch zum politischen Katholizismus der Adenauer-Ära. Ab 1949 beriet er den vormaligen Mitverfasser der Nürnberger Rassegesetze und jetzigen Chef des Bundeskanzleramts, Hans Globke, in kultur- und wissenschaftspolitischen Fragen; zudem vertrat er die Interessen der MPG in jener beratenden Kommission. Bruhns, seit August 1945 wieder in Rom, tat, was er konnte, um seine allzu gehorsame Pflichterfüllung gegenüber dem untergehenden NS-Regime vergessen zu lassen, fühlte sich aber »waffenlos und schwach« und bat, wie auch Schreiber, um Unterstützung der Nobelpreisträger der MPG: Sie, »die leuchtenden Gipfel deutscher Naturforschung«, mögen »Blitze aussenden zur Rettung der Hertziana«.[50] Im Frühjahr 1949 reiste Heisenberg – Planck war 1947 verstorben – nach Rom, wo er von Pius XII. in Privataudienz empfangen wurde. Hier und in zahlreichen weiteren Gesprächen erfuhr er, dass die italienische Seite einer Rückgabe der deutschen Kulturinstitute nicht unbedingt abgeneigt sei, zumal der Unione das Geld ausging und man an funktionierenden, der internationalen Forschung offenstehenden Instituten unter deutscher Verwaltung durchaus interessiert sei. Aber erst müsse die amerikanische Besatzungsmacht überzeugt werden, und das sei allenfalls denkbar, wenn die Institute mit neuem, politisch unbelastetem Personal neu starten würden.[51] Bis dahin waren noch über einige Jahre diplo-

um die Rückgabe der Hertziana an die MPG. Vgl. auch Esch, Institutsbibliotheken, 2007, 88–92.

48 Vgl. hierzu und zum Folgenden Matheus, Deutsche Akteure, 2013; Esch, Institutsbibliotheken, 2007, 93–97.

49 Henning und Kazemi, *Handbuch, Bd. 1*, 2016, 152.

50 Bruhns an Hahn 25.1.1949, hier zitiert nach Matheus, Deutsche Akteure, 2013, 130.

51 Dobler, Leo Bruhns, 2013, 88; Matheus, Deutsche Akteure, 2013, 130–131.

matische Verwicklungen, gelegentliche Missverständnisse und allzu berechtigte Vorwürfe mithilfe neuer Sprachregelungen aus dem Weg zu räumen.

Auf Seiten der MPG nahm jetzt der politisch wendige Generalsekretär Ernst Telschow das Heft in die Hand. Er reiste noch mehrmals nach Rom, unter anderem auch zu einer päpstlichen Privataudienz. Mit seinem Schützling Hoppenstedt – der sich bald, obwohl er nicht als wissenschaftliches Mitglied übernommen worden war, dank weiterhin auskömmlicher Versorgungsbezüge und eines höchst glimpflich verlaufenen Entnazifizierungsverfahrens wieder als förderndes Mitglied in die MPG einkaufen konnte – beriet er sich »privatim« über zukünftige Direktorenkandidaten für den Fall, dass die Institute an die Bundesrepublik zurückgegeben würden. Dem entgeisterten Bauernopfer Bruhns teilte Telschow mit, dass er als Direktor einer wiedereröffneten Hertziana nicht in Frage käme, aber als Emeritus in der MPG weiterhin willkommen sei.[52]

Letztlich aber war es Adenauer, der die Rückgabe der deutschen Kulturinstitute als Zugeständnis der Westalliierten an seine Politik der Westbindung erreichte. Rückendeckung erhielt er von der italienischen Regierung; sie zog die Unterhaltung dieser für Italien wichtig erachteten wissenschaftlichen Infrastruktur durch die Bundesrepublik einer politisch und finanziell riskanten Internationalisierung vor. Die entscheidenden Verhandlungen mit den Westalliierten hatte das Bundeskanzleramt geführt und nach Gründung des Auswärtigen Amtes dessen kulturpolitische Abteilung. Dort verstand man auch sehr genau, welcher politische Preis dafür zu zahlen war: Die Bezeichnung »Kulturinstitut« war wegen ihrer propagandistischen Konnotation verbrannt, »reine« Forschungsinstitute mussten es werden. Sämtliche bisherigen Direktoren, wie immer sie sich mit dem NS-Regime eingelassen hatten, waren, anders als man es von zuhause gewöhnt war, auszutauschen.[53]

Im Fall der Hertziana, deren alte Direktoren Bruhns und Hoppenstedt immer noch in mehr oder minder offiziellen Funktionen in Rom agierten, wollte man ganz sicher gehen: Als Telschow 1952 dort mit dem zuständigen Wissenschaftsreferenten im Auswärtigen Amt, Franz Graf Wolff-Metternich, zusammentraf und mit ihm über mögliche Direktoren der als MPI wiederzueröffnenden Hertziana sprach, brachte sich dieser gleich selbst ins Gespräch. Unter den gegebenen Umständen war dies eine beachtenswerte Option – jedenfalls wenn man, wofür Telschow sorgte, den prominenten, von der Unione ins Spiel gebrachten deutsch-jüdischen Kunsthistoriker Richard Krautheimer, der im US-amerikanischen Exil seine bahnbrechende Architekturikonographie entwickelt hatte, erst gar nicht in Erwägung ziehen wollte.[54] Wolff-Metternich hatte lange Jahre als Provinzialkonservator der Rheinprovinz gearbeitet. Vor allem aber hatte er während des Krieges 1941/42 den Kunstschutz der Wehrmacht im besetzten Frankreich

52 Hachtmann, *Wissenschaftsmanagement*, 2007, 1120 und Anm. 213; Matheus, Deutsche Akteure, 2013, 133.

53 Matheus, Deutsche Akteure, 2013, 131–143.

54 Ebd., 131; Dobler, Leo Bruhns, 2013, 87–88; Kinney, Civis Romanus, 2013, 193.

auf eine Weise geleitet, die ihm seitens des Sicherheitsdienstes als allzu frankophile Haltung ausgelegt wurde. Diese Denunziation dürfte seine Rückberufung 1942/43 in die zunehmend bombengeschädigte Heimat, die seine Expertise aus Sicht seiner Vorgesetzten dringender benötigte, beschleunigt haben. Frankreich hingegen dankte ihm seine kooperative Haltung und ernannte ihn nach dem Krieg zum Offizier der Ehrenlegion. Adenauer selbst protegierte den von den Alliierten geachteten Kunstschützer und hatte ihn bereits als Kulturattaché in Italien vorgesehen, doch Wolff-Metternich zog es in die Wissenschaft.[55] Telschow konnte seinen Präsidenten in Göttingen rasch von der Opportunität einer solchen allein diplomatisch motivierten Personalauswahl überzeugen.[56] Hahn stimmte sich mit Adenauer über die weitere Verwendung des Ehrenlegionärs in der MPG ab, bevor er dem Wissenschaftlichen Rat seine Entscheidung mitteilte. Daran konnten in der Folge weder die noch ausstehenden Gutachten noch der Protest des Verbands Deutscher Kunsthistoriker etwas ändern, der in dieser außenwissenschaftspolitisch heiklen Personalangelegenheit ebenso wenig zu sagen hatte wie die für Berufungen von zukünftigen MPG-Mitgliedern eigentlich zuständigen Gremien der MPG.[57]

Tatsächlich knüpfte Wolff-Metternich 1953 mit seinem diplomatischen und integrativen Stil der Institutsleitung dort an, wo Steinmann 1934 aufgehört hatte. Mit dem stetigen Aufwuchs von Bibliothek und Fotothek machte er die Hertziana rasch wieder zu einer hochfrequentierten Serviceeinrichtung der internationalen Kunstwissenschaft und mit wöchentlichen Vortragsabenden zugleich zu einem kulturellen Treffpunkt der Stadt. Er erreichte, dass die Unione, die all die Jahre für die Internationalisierung der deutschen Kulturinstitute gekämpft hatte, die Hertziana noch 1953 in ihren Kreis aufnahm.[58] Auch personalpolitisch blieb er seinem Vorvorgänger treu: Er widersetzte sich standhaft der Berufung der sowohl in Rom als auch international hochangesehenen Kunst- und Wissenschaftshistorikerin Anneliese Maier an die Hertziana.[59] Inmitten der rund 15

55 Matheus, Deutsche Akteure, 2013, 131; Thoenes, Kontinuität, 2013, 145–146. Ausführlicher zur Biographie Wolff-Metternichs siehe Heyer, Metternich, 2020. Heyer relativiert auf Basis von erst jetzt zugänglichen Quellen aus dem Familienbesitz sowie französischen Akten die Widerständigkeit, die Wolff-Metternich, der im Mai 1933 nach Rücksprache mit seinem Malteser Orden wohl vor allem aus opportunistischen Gründen der NSDAP beigetreten war, in der Nachkriegszeit für sich beanspruchte. Im Zuge der neuen Provenienzforschung ist Wolff-Metternich verstärkt ins Blickfeld gerückt und das letzte Wort zur Bewertung seiner Tätigkeit im Krieg wohl noch nicht gesprochen, zu weiteren Literaturangaben vgl. demnächst den Preprint, den Maria Teresa Costa im Rahmen des GMPG-Programms vorbereitet.

56 Dabei verwies er insbesondere auf dessen Ansehen in Frankreich, von wo der stärkste Widerstand gegen die Rückgabe der Hertziana zu erwarten war, vgl. Matheus, Deutsche Akteure, 2013, 131 FN 76.

57 Ebd., 131.

58 Thoenes, Kontinuität, 2013, 146.

59 Anneliese Maier war 1938 mit einem DFG-Stipendium an die Hertziana gekommen, und ausgerechnet der Nationalsozialist Hoppenstedt machte sie, die sich aus NS-Deutschland

Abb. 16: Audienz bei Papst Paul VI., Anfang der 1970er Jahre; Franz Graf Wolff-Metternich überreicht den Band XX der Römischen Forschungen der Bibliotheca Hertziana: »Die Erbauung der Peterskirche zu Rom im 16. Jahrhundert«.

Stipendiaten seiner zehnjährigen Amtszeit fand sich nur eine Frau, und selbst die wissenschaftlichen Hilfskräfte waren weit überwiegend Männer; immerhin wurde die Fotothek seit 1960 von einer Frau geleitet.[60] Wissenschaftlich pflegte Wolff-Metternich im Vergleich zu Steinmanns schwärmerischem Stil einen geradezu nihilistischen Positivismus: Die Erforschung »ihrer Kunst« solle man »den Italienern« jetzt tunlichst »als eigene nationale Aufgabe« überlassen.[61] Und da er sich Kunstgeschichte nicht anders denn als nationale Aufgabe vorstellen konnte, blieb für deutsche Kunsthistoriker in Rom nichts anderes zu tun, als sich der interpretationsfreien Beschreibung und Katalogisierung der Kunstschätze Italiens zu widmen. Er selbst nahm sich – auch hier an Steinmann an-

nach Rom zurückgezogen hatte, 1943 nach Einberufung seiner männlichen Assistenten zu seiner Assistentin. Sie wurde in der Folge zwar 1954 zum MPG-Mitglied berufen, jedoch ohne eigene Abteilung und formelle Anbindung an die Hertziana, finanziert nur durch Forschungsbeihilfen aus einem Sonderfonds der MPG. Vgl. dazu Vogt und Paravicini Bagliani, Anneliese Maier, 2013, 119–121.

60 Ebert-Schifferer, Wissenschaftlerinnen, 2013, 336–337.

61 So Wolff-Metternich in seinen vermutlich Ende 1952 verfassten »Gedanken über die Aufgaben der Bibliotheca Hertziana in Rom«, hier zitiert nach Thoenes, Kontinuität, 2013, 151.

knüpfend – nichts weniger als den Petersdom vor, allerdings nicht die Fresken der Sixtinischen Kapelle, sondern als erfahrener Landeskonservator die Baugeschichte des Doms. Christof Thoenes, der 1953 als Doktorand an die Hertziana gekommen war und danach über Jahrzehnte zusammen mit Wolff-Metternich an der Baugeschichte des Petersdoms arbeitete, hielt seinem Mentor vor allem zugute, dass er sein konservativ-positivistisches Institutsprogramm nicht zum Dogma machte und nichts unternahm, um »den Forscherdrang seiner jungen Mannschaft zu bremsen«.[62] Die 1962 endende Direktorenschaft Wolff-Metternichs resümierte Thoenes anlässlich des 100-jährigen Bestehens der Hertziana lakonisch:

> Gestützt auf die Quasi-Monopolstellung ihrer Rom-Bibliothek betrieb die Hertziana Spitzenforschung auf dem Feld der historisch-kritischen Denkmäleranalyse, nicht in der Produktion von Ideen.[63]

Ein halbes Jahrhundert musste ins Land gehen, bevor aus dem ungeliebten »Zufallskind« ein veritables Max-Planck-Institut werden konnte. Nicht nur zwei, wie bei der zögerlichen Annahme des Danaergeschenks 1912 befürchtet, sondern drei Direktorengenerationen dauerte es, bis sich die Nachfolgeorganisation der KWG erstmals ohne Rücksicht auf testamentarische Auflagen und massive Einmischungen des Auswärtigen Amtes auf die Suche nach einem ihren meritokratischen Kriterien entsprechenden Hertziana-Direktor machen konnte. Sie fand ihn in Wolfgang Lotz, der inhaltlich an die architekturhistorischen Arbeiten seines Vorgängers anschloss, vor allem aber mit seiner USA-Erfahrung ein in den 1960er Jahren obligatorisches Berufungskriterium erfüllte: Seit 1952 hatte er – dank früher Kontakte zu Richard Krautheimer – am Vassar College (Poughkeepsie, NY) und später auch an der New York University gelehrt. Als Hertziana-Direktor revanchierte er sich und veranlasste, dass Krautheimer, den die MPG in den frühen 1950er Jahren gar nicht erst als Direktor der wiedereröffneten Hertziana erwogen hatte, der aber längst als einer der wichtigsten Kunsthistoriker des 20. Jahrhunderts galt, zum auswärtigen wissenschaftlichen Mitglied der MPG berufen wurde. Er lud seinen Freund und Förderer darüber hinaus ein, nach seiner Emeritierung in den USA 1971 mit seiner Ehefrau nach Rom in den Palazzo Zuccari überzusiedeln. Dort lebte, forschte und schrieb der »grand old man« der Hertziana bis zu seinem Tod 1994.[64]

62 Ebd., 151.

63 Ebd., 153. Auch die Gedenkreden anlässlich seines Todes 1978 haben einen ähnlichen Tenor: *Gedenkfeier Franz Graf Wolff Metternich*, 1979. Zu Thoenes' eigenem lebenslangen Wirken an der Hertziana vgl. Satzinger, Christof Thoenes, 2013.

64 Thoenes, Wachstum, 2013, 156. Folgt man Thoenes, so war Lotz vor allem mit dem Management einer stetig wachsenden Zahl an Büchern, Fotos und Nutzer/innen sowie der Generationen- und Autoritätskonflikte der 1970er Jahre, die auch in die Hertziana hineinspielten, ausgelastet. Zu Krautheimer an der Hertziana vgl. auch Kinney, Civis Romanus, 2013.

Auslandsinstitute – eine Negativbilanz und ihre Lehren für die MPG

Überblickt man die ersten fünfzig Jahre internationaler Aktivitäten der KWG/MPG, die sich in diesem Zeitabschnitt in den Auslandsinstituten kondensierten, so ist die Bilanz ernüchternd. Das Zeitalter der Extreme, die gerade in der ersten Hälfte des 20. Jahrhunderts vor allem von Deutschland angetrieben und weit über seine Grenzen hinaus unmittelbar erlebt wurden, schlug auch auf die Versuche der KWG/MPG durch, sich im europäischen Feld wissenschaftlicher Forschung zu etablieren: Die Hoheit über die Station in Rovigno, das erste KWI überhaupt, büßte man 1915 nach nur vier Jahren wieder ein. In den 1920er Jahren durfte man immerhin als Gast anklopfen und teilte sich dann vierzehn Jahre lang die Hausrechte mit dem italienischen Partner, bevor mit dem Ende des nächsten Krieges alles an Jugoslawien verloren ging. Die bilateral betriebenen alpinen Stationen in Österreich waren für rund zwanzig Jahre vor allem eigenfinanzierte, am Ende vergebliche Vorleistungen der KWG für den »großdeutschen« Wissenschaftsraum und gingen nach 1945 in den alleinigen Besitz der diesmal dauerhaft etablierten Alpenrepublik über. Die perspektivisch hin auf den als deutsch dominiert imaginierten europäischen Wissenschaftsraum gestarteten Institutsgründungen der 1940er Jahre in Budapest, auf Thassos, in Sofia und Wien wurden schon im Anlauf gestoppt. Bereits getätigte Investitionen kamen in den letzten Kriegs- und ersten Nachkriegsmonaten abhanden. Piräus war jenseits des sowjetisch beherrschten Balkans noch weiter an die Peripherie gerückt und verlor an Attraktivität; das ursprünglich gemeinsam betriebene Institut wurde klaglos den griechischen Kollegen überlassen. Und was die Hertziana, den Leuchtturm der KWG/MPG im Ausland, anbelangt, so wurde sie nicht nur ähnlich wie die anderen Auslandsgründungen institutionell in die auswärtige Kulturpolitik des Deutschen Reiches bzw. seiner Rechtsnachfolgerin einbezogen. Vielmehr wurde sie davon, stärker noch als ihre naturwissenschaftlichen Pendants, in ihrer Personalpolitik beeinflusst. Die Folge war, dass sich das ausgewechselte Leitungspersonal mit seiner nationalhistorischen Schwerpunktsetzung nach 1933 ebenso wie mit den positivistischen Korrekturen ab 1954 ganz in den Dienst der jeweiligen nationalen auswärtigen Kulturpolitik stellte. Die Hertziana war mindestens bis zum Ende der 1950er Jahre nicht nur außenpolitisch überformt, sondern durchformt.

Angesichts dieser verlustreichen und wissenschaftlich inakzeptablen Bilanz verwundert es nicht, dass die MPG in den folgenden Jahrzehnten auf die Gründung neuer Auslandsinstitute verzichtete. So wie sie zustande gekommen und geführt worden waren, passten sie nicht länger zum neuen Verständnis wissenschaftlicher Autonomie und zum neu aufgebauten Image der MPG als Hort einer politikfernen Grundlagenforschung. Eine Ausnahme bildete das 1980 im niederländischen Nijmegen gegründete MPI für Psycholinguistik. Es wurde freilich ganz in der Tradition des Harnack-Prinzips um den seit 1974 in Nijmegen lehrenden Willem Levelt herum aufgebaut. Levelt hatte zuvor am *Harvard*

Center for Cognitive Studies und am *Institute for Advanced Studies* in Princeton geforscht und ab 1976 in Nijmegen eine MPG-Projektgruppe für Psycholinguistik geleitet, die fürs erste sowohl der Geisteswissenschaftlichen Sektion (GWS) als auch der Biologisch-Medizinischen Sektion (BMS) zugeordnet worden war. Nach diesem Vorlauf wurde die Projektgruppe 1979/80 auf dem üblichen Weg durch die Gremien der MPG in ein MPI überführt und ausschließlich in der BMS verankert.[65]

Anders verhielt es sich in den 1980er Jahren bei einigen geistes- und sozialwissenschaftlichen Instituten im Ausland, die das BMFT gern der MPG überantwortet hätte. So lehnte sie die angefragte Trägerschaft des 1987 in Washington gegründeten Deutschen Historischen Instituts rundweg ab, obwohl, wie Bundesforschungsminister Riesenhuber versicherte, dessen Aufgaben »ausschließlich im Bereich der Forschung und nicht der Kulturpolitik angesiedelt sein« würden.[66]

Im Falle des Deutschen Instituts für Japan-Studien in Tokio, dessen Wiedererrichtung Bundeskanzler Kohl schon 1983 vorgeschlagen hatte, setzte die MPG nach entsprechender Empfehlung des Wissenschaftsrats und auf Bitte des BMFT immerhin 1986 eine Kommission unter Leitung von Renate Mayntz (MPI Gesellschaftsforschung) ein.[67] Ein Jahr lang eruierte diese Kommission die Bedingungen der Möglichkeit für eine MPG-Trägerschaft und setzte sie schließlich so hoch an, dass das BMFT alsbald sein Ansinnen aufgab. Zwar war man sich über die inhaltliche Ausrichtung, nämlich die sozialwissenschaftliche Erforschung des gegenwärtigen Japans als Desiderat der universitären Japanologie in der Bundesrepublik, durchaus einig. Jedoch sollte nach Vorstellung der Mayntz-Kommission nicht nur ein Institut mit zwei Standorten in der Bundesrepublik und in Japan errichtet werden, das deutsche Institut sollte vielmehr auch bis auf weiteres wissenschaftlich federführend bleiben. Demgegenüber sollte der japanische Standort vorerst nur als infrastrukturelle Basis für solche Wissenschaftler/innen – sei es aus dem zu gründenden MPI, sei es von bundesdeutschen Universitäten – dienen, die ihre Forschungen zeitweilig vor Ort in Japan durchführen mussten. Von einem zukünftigen permanenten Leiter dieses Satelliten erwartete man zwar japanische Sprach- und Ortskenntnisse, aber nicht zwingend eigene wissenschaftliche Ambitionen, schon gar nicht müsse er MPG-Mitglied sein oder werden. Für die befristeten Leitungspositionen am deutschen Standort, die die japanische Außenstelle im Rotationsprinzip mitzubetreuen hätte, wollte man hingegen mehrere ausgewiesene Gelehrte aus verschiedenen Disziplinen mit einer »spezifischen ›japanologischen‹ Kompetenz«, aber nicht unbedingt

65 Henning und Kazemi, *Handbuch, Bd. 2*, 2016, 1396–1400.

66 Riesenhuber an Staab, 7.2.1986, BArch B 196/96342.

67 Sprechzettel Pusch (BMFT) vom 11.6.1987 für SAFPP-Sitzung vom 11.6.1987, BArch B 196/156218. Zur Vorgeschichte des Japan-Instituts vgl. Friese, Kontinuität und Wandel, 1990; Hack, Japanisch-Deutsche Kulturinstitut, 1995.

mit japanischen Sprachkenntnissen gewinnen. Sie wären gegebenenfalls für einige Jahre von ihren Universitäten zu beurlauben, um ihre japanorientierten Forschungen voranzutreiben und entsprechenden Nachwuchs heranzubilden.[68]

Der provisorische Charakter dieses übervorsichtigen und deutschlandzentrierten Konzepts war einerseits der Überzeugung geschuldet, dass es auf dem Feld gegenwartsbezogener Japanstudien noch keine nach MPG-Kriterien berufungsfähigen Wissenschaftler gebe, wohl aber universitären Nachwuchs, der sich aber erst noch bewähren müsse. Zum anderen galt es um jeden Preis zu verhindern, dass die MPG in irgendeiner Weise mit bundesdeutscher Kulturpolitik in Verbindung gebracht oder zur Trägerin einer wissenschaftlichen Serviceeinrichtung für westdeutsche Handelsreisende und andere Japaninteressierte degradiert würde.[69] Eine Rolle spielten außerdem Vorbehalte, auch seitens der befragten westeuropäischen und amerikanischen Experten, gegenüber einer japanischen Gesellschaft, die sich allenfalls in den Außenhandelsbeziehungen zum Westen öffnen würde. Das BMFT griff angesichts dieser aufwendig kaschierten Absage der MPG auf die bereits vorbereitete alternative Trägerschaft in Form der Philipp-Franz-von-Siebold-Stiftung zurück, holte neben der Humboldt-Stiftung immerhin auch die für nicht satzungsgemäße Aufgaben der MPG zuständige Minerva Stiftung GmbH als Stifterin sowie den MPG-Präsidenten als Stiftungsratsmitglied mit ins Boot und eröffnete noch 1988 das unilokale Deutsche Institut für Japanstudien (DIJ) in Tokio.[70]

Weniger Probleme sah die MPG ein Dutzend Jahre später auf sich zukommen, als ihr wiederum das BMFT im Jahr 2000 die Übernahme des seit 1897 bestehenden Kunsthistorischen Instituts in Florenz (KHI) antrug. Die inhaltlichen Überschneidungen und historisch etablierten Kooperationsbeziehungen mit der Bibliotheca Hertziana in Rom wirkten hier nicht etwa prohibitiv im

68 Bericht der Kommission »Japan-Institut« an die GWS vom 15.5.1987, BArch B 196/156218.

69 Bericht der Kommission »Japan-Institut« an die GWS 15.5.1987, ebd. Seitens des BMFT standen schon allein die Regeln der Bund-Länder-Finanzierung der Gründung eines in der Bundesrepublik basierten MPI entgegen, das nur mit anteiliger Finanzierung durch ein Bundesland hätte eingerichtet werden dürfen; das Japan-Institut sollte jedoch ausschließlich vom Bund finanziert werden (Vermerk Japan-Institut 17.2.1987, BArch B 196/156216; Riesenhuber an Staab 15.5.1987, BArch B 196/156218). Auch die nicht wissenschaftlichen Mitglieder im MPG-Senat nahmen das Konzept der Mayntz-Kommission eher kritisch auf (Protokoll der 116. Sitzung des Senates vom 11.6.1987 in Hamburg, AMPG, II. Abt., Rep. 60, Nr. 116.SP, fol. 85–92).

70 Philipp-Franz-von-Siebold-Stiftung, Gründungskonzept 2.11.1987; Entwurf der Stiftungssatzung; Ergebnisvermerk 1. Sitzung des Gründungsausschusses am 2.11.1987; Vermerk Sachstand Japan-Institut 22.1.1988 für Gespräch Riesenhuber/Staab am 27.1.1988, BArch B 196/156219. Seit 2002/3 betreut die neu gegründete Max Weber Stiftung die Deutschen Geisteswissenschaftlichen Institute im Ausland, vgl. Max Weber Stiftung. Deutsche Geisteswissenschaftliche Institute im Ausland, Deutsches Institut für Japanstudien, https://www.maxweberstiftung.de/institute/institute-dij-tokyo.html, zuletzt aufgerufen am 27.1.2022.

Sinne einer zu vermeidenden Verdoppelung, sondern wurden wohl eher als Erleichterung für einen zügigen Umbau dieses Instituts in ein MPI gewertet. Mit seiner seit 2003 in zwei Abteilungen organisierten »Italienforschung in der Kunstgeschichte und ihren Nachbardisziplinen« konzentriert es sich seither MPG-konform »in einem dialogischen Modell auf die Grundlagenforschung«.[71]

Ein weiteres Jahrzehnt später wurden sogar noch zwei Institute an ausländischen Standorten eröffnet, nämlich 2009 das Max Planck Florida Institute for Neuroscience in Jupiter (Florida) sowie 2012 das *Max Planck Institute Luxembourg for International, European and Regulatory Procedural Law*, nach langwierigen Vertragsverhandlungen mit dem Großherzogtum.[72] Diese Gründungen lassen sich kaum als Wiederanknüpfung an die kulturpolitischen Missionen der ausländischen KWG-Institute aus der Zeit des Deutschen Reiches bzw. der italienischen und spanischen Aktivitäten der MPG in den Anfangsjahren der Bundesrepublik interpretieren. Weder gingen diese Gründungen auf Initiativen der Bundesregierung zurück, noch stellte das BMFT irgendeine Form der Sonderfinanzierung dafür zur Verfügung. Vielmehr werden beide Institute über verschiedene Konstruktionen im Wesentlichen von ihren Sitzländern finanziert, im ersten Fall vom Bundesstaat Florida und dem County Palm Beach, im zweiten Fall vom Großherzogtum. Insofern handelt sich eher um den – je nach Perspektive – Export bzw. Import des spezifischen MPG-Modells der Forschungsorganisation an zwei für das jeweilige Forschungsfeld höchst bedeutsame ausländische Standorte. Das ist zum einen die unmittelbare Nachbarschaft zum 2003 eröffneten *Scripps Research Campus* für Biomedizin in Jupiter, zum anderen der Sitz des Europäischen Gerichtshofes in Luxemburg.[73] Die Frage, inwieweit diese »Proliferation«[74] des Max-Planck-Modells als paradigmatisch für eine neue, seit Mitte der 1990er Jahre diskutierte Internationalisierungsstrategie der MPG gelten kann, wird im Schlusskapitel dieser Studie noch einmal aufgegriffen.

71 Forschungsbericht des KHI-MPI 2004–2006, 15, hier zitiert nach Henning und Kazemi, *Handbuch, Bd. 1*, 2016, 866. Schriftliche und mündliche Mitteilungen von Wolfgang Schieder an CS am 30.4. und 5.5.2020. Schieder war 2003–2009 erster Vorsitzender des Rats der Stiftung Deutsche Geisteswissenschaftliche Institute im Ausland (ab 2012 Max Weber Stiftung); sein Vorschlag in dieser Funktion, das 1997 gegründete Deutsche Forum für Kunstgeschichte in Paris ebenfalls in die MPG zu übernehmen, wurde hingegen abgelehnt.

72 Vgl. Henning und Kazemi, *Handbuch, Bd. 1*, 2016, 523–526, 918–921.

73 Scripps Research, https://www.scripps.edu/about/history/index.html, zuletzt aufgerufen am 12.10.2021.

74 Diesen Begriff brachte Jürgen Renn in einem Gespräch (3.11.2021) über die Auslandsgründungen ein.

3.2 Alte Kameraden und neue Instrumente: Spanien

Die Verbindungen der KWG/MPG zu spanischen Institutionen reichen historisch fast so weit zurück wie das Engagement in Italien, nämlich bis in die frühen 1920er Jahre. Auch hier waren sie von Beginn an stark außenpolitisch geprägt. Doch anders als für Italien bedürfte es eines recht gedehnten Kulturbegriffs, um die spanischen Interessen noch unter die reichs- bzw. bundesdeutsche auswärtige Kulturpolitik zu subsumieren. Sowohl nach dem Ersten wie nach dem Zweiten Weltkrieg ging es vielmehr um Rüstungstechnologien, und zwar um die jeweils avanciertesten Systeme, die unter führender Beteiligung von KWG-Wissenschaftlern entwickelt wurden. Zunächst ging die Initiative von deutscher Seite aus, die in den frühen 1920er Jahren nach Absatzmöglichkeiten für ihre zur Kontrabande mutierten Giftgasreserven suchte. Knapp dreißig Jahre später reisten als Diplomaten getarnte spanische Militärs ins besetzte Westdeutschland, um kernpysikalische Experten für das 1948 startende spanische Atomprogramm abzuwerben. In beiden Fällen war das in den Weltkriegen formell neutrale Spanien grundsätzlich daran interessiert, an den jeweils erreichten internationalen Stand der Waffentechnik aufzuschließen. Darüber hinaus ging es jeweils ganz konkret darum, die Herrschaft über die aufbegehrenden nordafrikanischen Kolonien zu sichern.

Frühe Waffenpatenschaft

Im 1921 begonnenen Zweiten Marokkanischen Krieg hatten die kabylischen Rebellen den spanischen Truppen im Rifgebirge zunächst verlustreiche Niederlagen bereitet. Mit dem nachfolgenden Einsatz modernster Kriegstechnik – und das waren die Kampfgase des »Großen Krieges« – sollte das Blatt gewendet werden. Nachdem sich die Reizstoffe aus französischer Produktion nach spanischem Dafürhalten als nicht hinreichend effektiv erwiesen hatten, kamen die Angebote aus einschlägigen deutschen Kreisen, die nur darauf warteten, das Waffenproduktionsverbot des Versailler Vertrags und insbesondere das Verbot der Kampfgasproduktion zu unterlaufen, gerade recht.[75] Im Schnittfeld dieser Kreise aus Wirtschaft, Militär und Wissenschaft agierten der Direktor des KWI für physikalische Chemie und Elektrochemie, Fritz Haber, der die bis dahin wirksamsten Kampfgase entwickelt, ihren Einsatz im Feld getestet und ihre Massenproduktion während des Krieges gemanagt hatte; der in Madrid ansässige Unternehmer und Bankier Julio Kocherthaler, der den ihm ver-

75 Kunz und Müller, *Giftgas gegen Abd el Krim*, 1990.

wandtschaftlich verbundenen Haber in seinen Patentauseinandersetzungen mit der BASF beriet; das vormalige Mitglied der Operationsabteilung der Obersten Heeresleitung, Max Bauer, der sich inzwischen in Spanien (und später auch in der Sowjetunion und in China) als Militärberater hervortat; sowie Habers Assistent im Kriegseinsatz, Hugo Stoltzenberg. Ihn hatte die Reichstreuhandstelle auf Habers Empfehlung hin mit der von den Alliierten angeordneten Entsorgung der noch immer überreichlich vorhandenen Giftgasvorräte beauftragt. Diesen hochriskanten Auftrag – Chroniken wie die *Weltbühne* verzeichneten mehrere tödliche Unfälle infolge explodierender Lagerbestände – reformulierte Stoltzenberg als »Kampfstoffverwertung«, die sich in vielerlei Hinsicht als gewinnbringend erweisen sollte:[76] Die Konversion von Giftgasen in ungefährliche Stoffe bot dem Physikochemiker Haber neue Erkenntnischancen; die teils explosiven Erfahrungen bei der Zwischenlagerung verbesserten das militärische Knowhow im Umgang mit Kampfstoffen. Der Verkauf zivil verwertbarer Umwandlungsprodukte brachte ebenso wie die illegale Verschiebung unterschlagener Altbestände zusätzliches Geld in die Kassen der neu gegründeten Chemischen Fabrik Stoltzenberg. Alles zusammen machte deren Besitzer – zumal mit Haber als seinem wissenschaftlichen Berater im Hintergrund – zu einem gefragten Experten für Gaskriegsstrategen in aller Welt. Habers Finanzberater von der deutsch-spanischen Bankengruppe Kochenthaler/Ullmann/Lewin vermittelte ihm 1921 seinen ersten ausländischen Auftrag: die Errichtung einer technologisch weiterentwickelten Kampfgasfabrik in Marinosa südlich von Madrid, die Lieferung von deutschen Giftgasrestbeständen und die Ausarbeitung einer Militärstrategie, in der Brand- und Giftgasbomben kombiniert wurden, um die Lebensbasis der aufständischen Kabylen gründlich zu verseuchen. Mit Gift und Expertise aus dem KWI für physikalische Chemie mündete der »erste aerochemische Krieg der Geschichte«, wie ihn Margit Szöllösi-Janze nennt, in einen »Vernichtungsfeldzug gegen die Rifkabylen«.[77]

Selbstverständlich stand die Reichswehr hinter diesem deutsch-spanischen Kooperationsprojekt; über die hier neu gewonnenen chemischen, produktionstechnischen und strategischen Erkenntnisse für zukünftige Gaskriege hielt Haber die deutschen Militärs auf dem Laufenden.[78] Den siegreichen Ententemächten blieben weder die völkerrechtswidrigen spanischen Kriegspraktiken

76 Zum Beispiel in einem Artikel von Ossietzky, Gasangriff auf Hamburg, 1928. Vgl. Naumann, Ein Leben für den Tod, *Die Zeit*, 28.9.1979.

77 Die Darstellung der Stoltzenberg-Affaire folgt Szöllösi-Janze, *Haber*, 1998, 467–480, Zitate: 469, 470. Siehe dort auch die Ausführungen zu den entsprechenden Aktivitäten Stoltzenbergs und Habers in der Sowjetunion, die in einem finanziellen Desaster für die *Chemische Fabrik Stoltzenberg* endeten. Zu den weitergehenden industriellen und militärischen Kooperationen zwischen Spanien und Deutschland bis in die 1950er Jahre siehe Presas i Puig, Deutsche Wissenschaftler, 2006, 154–158; Presas i Puig, Technological Transfer, 2008.

78 Szöllösi-Janze, *Haber*, 1998, 470.

noch die deutschen Verstöße gegen den Versailler Vertrag verborgen. Aber den Kolonialmächten Frankreich und Großbritannien war das Hemd, nämlich ihre eigenen Interessen an der Niederschlagung jedweder antikolonialer Aufstände im mediterranen Raum, näher als der Rock internationalen Rechts.[79]

Die Rolle der MPG im spanischen Atomprogramm

Auf den ersten Blick scheint die Wiederaufnahme der spanisch-deutschen Wissenschaftsbeziehungen nach dem Zweiten Weltkrieg dem gleichen Drehbuch zu folgen – nur mit modernisierten Requisiten. Bei näherer Betrachtung zeigt sich jedoch, dass die wichtigste Requisite, die Nutzung der Atomenergie in Form von Waffen und Reaktoren, die gesamte geopolitische Bühne gravierend veränderte und damit auch den Verlauf dieser Beziehungen in den 1950er und 1960er Jahren. Auch die Rolle, die die MPG darin spielte, sollte sich modifizieren, schon allein deshalb, weil ihre Atomphysiker, anders als ihre Physikochemiker im Ersten Weltkrieg, nicht bis an die Weltspitze vorgedrungen waren und zwar einiges Wissen, aber noch keine funktionierenden Technologien anzubieten hatten.

In Spanien war am Ende des Zweiten Weltkriegs weder das eine noch das andere vorhanden, wohl aber, wie die spanischen Behörden zu erkennen gaben, eines der größten europäischen Uranvorkommen.[80] Und die Franco-Regierung ließ nur wenige Tage nach den Atombombenabwürfen auf Hiroshima und Nagasaki öffentlich verlautbaren, dass sie ihre geopolitische Lektion gelernt hatte: Nur ein Land, das über diese Waffentechnologie verfügte, würde zukünftig noch als militärische Macht ernst genommen werden, nicht zuletzt auch in den eigenen, noch verbliebenen westsaharischen Kolonien.[81] Die spanischen Ambitionen sorgten – angesichts der historisch durchaus begründeten Denkmöglichkeit einer Koppelung von deutscher Expertise und spanischem Rohstoff – für Nervosität bei der noch einzigen Atommacht der Welt und für ein beschleunigtes Umlenken der US-amerikanischen Spanienpolitik. Statt das im Krieg nur formal neutrale Land für seine Unterstützung NS-Deutschlands weiterhin abzustrafen und international zu isolieren, besann sich die Truman-Administration schon ab 1946/47, also mit dem Auseinanderbrechen der west-östlichen Kriegsallianz, auf die strategische Bedeutung der Iberischen Halbinsel und deren potentielle Rolle als Uranlieferant für den Westen. Als einer der ersten profitierte der hochrangige Marineoffizier und Direktor des physikalischen Instituts im *Consejo Superior de Investigaciones Científicas* (CSIC), José María Otero de Navascués,

79 Sasse, *Franzosen, Briten und Deutsche*, 2006.

80 Die folgende Darstellung stützt sich vor allem auf die Arbeiten von Albert Presas y Puig, dem ich darüber hinaus für Kommentare und Hinweise sowie die Überlassung eines unveröffentlichten Manuskripts danke, das meine eigene Quellenrecherche sehr erleichterte.

81 Mundo VI/276 vom 19.8.1945 und VII/300 vom 3.2.1946, 161; hier paraphrasiert nach Presas i Puig, Science on the Periphery, 2005.

von den amerikanischen Freundschaftsbezeugungen: Der Marineattaché der US-Botschaft in Madrid übergab ihm 1947 eine Kollektion amerikanischer, vormals klassifizierter atomphysikalischer Fachzeitschriften. Das war der leise Auftakt der nuklearwissenschaftlichen und atomenergiewirtschaftlichen Zusammenarbeit mit den USA, die sich schon einige Jahre vor dem Abschluss der bilateralen Militärabkommen und Eisenhowers »Atoms for Peace Program« von 1953, erst recht aber danach intensivierte.[82]

Otero de Navascués wurde zur Schlüsselfigur des spanischen Atomprogramms, dessen Institutionalisierung 1948 einsetzte und nach einigen Reorganisationen 1951 in die *Junta de Energía Nuclear* (JEN) mündete. Geleitet wurde die JEN von Militärs bzw. Luftfahrtministern, zunächst von General Juan Vigón Suerodiaz und ab 1955 von General Hernández Vidal. Aber Vizedirektor (und ab 1958 Direktor) Otero, der in den Jahren um 1930 an den technischen Hochschulen in Zürich und Berlin-Charlottenburg studiert hatte, verantwortete ihr Arbeitsprogramm, das alle Komponenten von der geologischen Exploration und dem Abbau der Uranvorkommen über atomphysikalische und -chemische Forschungen bis zur Entwicklung von Reaktortechnologie abdecken sowie den gesamten Brennstoffzyklus kontrollieren sollte.[83] Als drängendstes Problem identifizierten Otero und seine Kollegen in den organisatorischen Vorstufen der JEN die Personalentwicklung in wissenschaftlicher und technologischer Hinsicht. Dafür suchten sie ausländische Unterstützung. Schon im Frühjahr 1948 verabredete man mit italienischen Kollegen, denen infolge alliierter Restriktionen der Rohstoff für die Wiederaufnahme kernphysikalischer Experimente fehlte, den Austausch von Uran gegen Wissen: Im ersten Schritt wurden – versteckt im Diplomatengepäck – spanische Uranproben nach Italien geschickt. Ein paar Monate später durften dann einige ausgesuchte spanische Wissenschaftler zur Weiterbildung in italienischen Forschungsinstituten hinterherreisen.[84]

Erst im Jahr darauf suchte man dann auf verschiedenen Wegen den Kontakt auch zu westdeutschen Wissenschaftlern und insbesondere zu den bekannten KWG/MPG-Kernforschern. Dies war gerade wegen der vormals engen wirtschaftlichen und wissenschaftlichen Beziehungen zu Deutschland nicht einfach. Denn im Zuge ihrer *Safehaven*-Strategie übten die Westalliierten noch immer – wenn auch nachlassenden – Druck auf Spanien und die anderen vormals neutralen westeuropäischen Staaten aus. Demnach waren politisch fragwürdige Deutsche auszuweisen und deutsche Vermögenswerte zu konfiszieren, die der

82 Presas i Puig, Science on the Periphery, 2005, 201 (FN 23), 207–208. Torre, Who Was Who, 2017, 37. Eine Kurzfassung des nach vierzigmonatigen Verhandlungen getroffenen amerikanisch-spanischen Atomabkommens von 1955 findet sich in: Uran, *Der Spiegel*, 8.6.1955, 27: Gegen Lieferung von Uranerz in festen Quoten übernahmen die USA die gesamten Kosten für den Uranabbau, den Bau von Atomkraftwerken und die Ausbildung spanischer Wissenschaftler und Techniker in amerikanischen Labors.

83 Presas i Puig, Science on the Periphery, 2005, 203–204; Presas i Puig, Human Capital, 2017, 106–107.

84 Presas i Puig, Science on the Periphery, 2005, 203–204.

alliierten Kontrolle in den Besatzungszonen entzogen waren. Zudem konnten die Besatzungsmächte eingeladenen Westdeutschen und eben auch MPG-Wissenschaftlern jederzeit Reisevisa versagen. Zwar sah sich Spanien, um die Alliierten nicht zu sehr zu verärgern, gelegentlich genötigt, den einen oder anderen notorischen Nationalsozialisten zu »repatriieren«, tat ansonsten aber alles, um die deutsche Kolonie in ihrer Mehrheit zu schützen und seinem Ruf als Rückzugsort für Deutsche ungeachtet etwaiger nationalsozialistischer Einlassungen auch weiterhin gerecht zu werden.[85]

So warben die Manager des spanischen Atomprogramms um deutsche Kernphysiker, die ihre in Westdeutschland verbotene Forschung fortsetzen wollten. Als erstes wurden in einer mehr oder weniger verdeckten Aktion zwei technisch und physikalisch ausgebildete, deutschsprechende Offiziere mit Diplomatenstatus in die Westzonen geschickt. Obwohl die Headhunter immerhin zehn umsiedlungswillige deutsche Physiker ausfindig machen konnten, darunter Heisenbergs engsten Mitarbeiter und Experten für Reaktorbau, Karl Wirtz, waren ihre Auftraggeber mit der Ausbeute noch nicht zufrieden.[86]

Als nächstes versuchten sie Heisenberg persönlich zu kontaktieren, und zwar über bewährte römische Kanäle. Dazu hatte sie Johannes Gehlen, der ältere Bruder des von den Amerikanern bereits 1946 eingesetzten Chefs der Organisation Gehlen und des späteren Bundesnachrichtendiensts (BND), bei seinen »Gesprächen mit Regierungsstellen in Spanien« ermuntert.[87] Johannes Gehlen agierte von Rom aus offiziell als Sekretär für die auswärtigen Angelegenheiten des Souveränen Malteser-Ritterordens, unter dem Decknamen Gustav aber zugleich als Chef einer siebenköpfigen Nachrichtengruppe, die die Organisation des jüngeren Bruders Reinhard in Pullach mit Nachrichten aus der italienischen Hauptstadt versorgte. Johannes war als vorehelicher Sohn der gemeinsamen Eltern 1901 in Rom geboren und dort von deutschen Pflegeeltern aufgezogen worden; bis 1935 war der studierte Ökonom in italienischen und britischen Banken in Rom tätig. Danach studierte er ein zweites Mal, und zwar Physik, Mathematik und Astronomie in Leipzig unter anderem bei Heisenberg und dem Strahlenphysiker Robert Döpel. Im Jahr 1942 wechselte er als promovierter wissenschaftlicher Assistent zu Walther Bothe ans KWI für medizinische Forschung.[88] Schon damals schürten sein »bewegter Lebenslauf« und seine vielfältigen »Kontakte ins Ausland« den »Argwohn« seiner Leipziger Lehrer, und noch im August 1945 rätselten die Internierten Heisenberg, Kurt Diebner und Walter Gerlach in Farm Hall darüber, ob Gehlen etwa »vom britischen Secret

85 Vgl. zur Safehaven-Strategie der Alliierten und ihrem begrenzten Erfolg in Spanien: Collado Seidel, *Angst vor dem »Vierten Reich«*, 2001. Zur ambivalenten Repatriierungspolitik ebd., 81–91.

86 Presas i Puig, Science on the Periphery, 2005, 206.

87 Gehlen an Heisenberg am 30.5.1949, AMPG, III. Abt., Rep. 93, Nr. 1792, fot. 183.

88 Vgl. Wolf, *Entstehung des BND*, 2018, 426–429. Ausführlich zur Biographie Johannes Gehlens: Franceschini, Wegener Friis und Schmidt-Eenboom, *Spionage*, 2017, 53–63.

Service« bei ihnen eingeschleust worden sei.[89] Insofern war es womöglich keine so gute Idee, Otero ausgerechnet mit einem Empfehlungsschreiben von Gehlen nach Göttingen zu schicken, auch wenn dieser sich selbst bei Heisenberg als »langjähriger Hörer« in Erinnerung rief und seine lauteren Absichten betonte:

Es war immer mein Lieblingsgedanke, die internationale Ebene des [Malteser, CS] Ordens und seine neutrale Stellung ebenso wie seine rein humanitär ausgerichteten Ziele mehr für die Wissenschaft einzusetzen.[90]

Vorsorglich hatte Gehlen noch den ehemaligen DAI-Direktor Ludwig Curtius, der 1937 von den Nationalsozialisten in den vorzeitigen Ruhestand versetzt worden war, aber weiterhin in Rom lebte und sich wie Heisenberg in die Verhandlungen über die Rückgabe der deutschen Institute einbrachte, um ein weiteres Empfehlungsschreiben für Otero gebeten.[91]

Entsprechend ausgestattet sprach Otero im Juni 1949 bei Heisenberg vor, und unter Physikern verständigte man sich schnell: Heisenberg würde in den kommenden Jahren mehrfach zu Vorträgen nach Spanien reisen.[92] Sein MPI für Physik würde, so wie es prominente amerikanische und italienische Forschungsstätten schon taten, einige Prä- und Postdoc-Arbeitsplätze für den spanischen Nachwuchs in der Kernphysik bereitstellen. Als erste kam 1952 die Tochter des JEN-Direktors, María Aránzazu Vigón, die, wie Heisenberg nach Madrid berichtete, schon nach einigen Monaten »ganz als ›Institutsmitglied‹ gerechnet« wurde, später auch mit Wirtz zusammen publizierte und nach ihrer Rückkehr eine wichtige, wenn auch keine führende Position in der JEN einnehmen sollte. Dagegen war ihr Kollege am MPI für Physik, Ramón Ortíz Fornaguera, für eine solche Position vorgesehen, legte aber ein allzu schüchternes Auftreten an den Tag, was Otero, der sich mit Heisenberg regelmäßig über die Fortschritte der gemeinsamen Schützlinge austauschte, große Sorgen bereitete.[93]

Die wichtigste westdeutsche Bildungsinvestition in das spanische Atomprogramm verkörperte indessen Karl Wirtz. Der Reaktorspezialist durfte als erster Atomforscher der MPG bereits im März 1950 in doppelter Mission für einige Wochen nach Spanien reisen: Er sollte spanische Kollegen bei der Standortsuche für eine Beobachtungsstation für kosmische Strahlen in die Sierra Nevada begleiten, aber auch die Leiter des spanischen Atomprogramms beim

89 Die Zitate entstammen dem abgehörten Gespräch von Gerlach und Heisenberg am 5.8.1945: Hoffmann, *Operation Epsilon*, 1993, 140–141.

90 Begleitbrief Gehlen an Heisenberg am 30.5.1949 (fot. 183); das eigentliche Empfehlungsschreiben datiert vom 29.5.1949 (fot. 187), AMPG, III. Abt., Rep. 93, Nr. 1792.

91 Curtius an Heisenberg am 28.5.1949, ebd., fot. 191.

92 Siehe dazu den Briefwechsel Heisenberg – Otero 1949–1972, AMPG, III. Abt., Rep. 93, Nr. 1792.

93 Otero an Heisenberg am 18.5.1953 (fot. 193–194); Heisenberg an Otero am 9.6.1953 (Zitat, fot. 101); Heisenberg an Otero am 5.4.1954 (fot. 91–93); Otero an Heisenberg am 10.4.1954 und 25.10.1958 (fot. 79, 89), ebd.

organisatorischen Umbau der Vorläuferinstitutionen zur JEN beraten. Während deren Startphase 1951 blieb er sogar zwei Monate vor Ort und reiste auch in den folgenden Jahren immer wieder nach Spanien, gelegentlich auch mit Repräsentanten westdeutscher Industrieunternehmen wie der Firma Degussa-Nukem, die – eine Lücke in der Verbotsliste des alliierten Atomverbotsgesetzes nutzend – Anfang der 1950er Jahre eine Anlage zur Herstellung hochreinen Urans an Spanien lieferte.[94]

In der Bundesrepublik debattierte man derweil über den Standort des zukünftigen Kernforschungszentrums (KfK) mitsamt seinem Forschungsreaktor. Mit der unmittelbar nach den Pariser Verträgen 1955 gefällten Entscheidung, das Reaktorzentrum in Karlsruhe und nicht in München zu platzieren, düpierte Bundeskanzler Adenauer nicht nur seinen Minister für besondere Aufgaben, ab 1955 Minister für Atomfragen, den Bayern Franz Josef Strauß, sondern auch Heisenberg, der sich daraufhin aus der Reaktorforschung zurückzog. Zwar wäre die MPG als mögliche Trägerorganisation einer solchen industrienahen Großforschungseinrichtung kaum in Betracht gekommen, aber Heisenberg hätte sie sich doch in der unmittelbaren Nachbarschaft seines im Umzug nach München begriffenen MPI für Physik gewünscht.[95] Für Wirtz, der als Leiter der Reaktorgruppe im MPI für Physik von Anfang an maßgeblich in die Planung des KfK einbezogen war, bedeutete dies letztendlich die institutionelle Loslösung von der MPG, aber auch die Emanzipation von seinem wissenschaftlichen Lehrer. Er überführte seine Göttinger Reaktorgruppe in das von ihm geleitete Institut für Neutronenphysik und Reaktortechnik am KfK und übernahm ein Ordinariat an der Technischen Hochschule Karlsruhe. Aber er blieb dem MPI für Physik und der MPG als auswärtiges wissenschaftliches Mitglied und auch Heisenberg persönlich ebenso wie im wissenschaftlichen Austausch verbunden.[96] Die spanisch-deutsche Zusammenarbeit in der Reaktortechnologie verlagerte sich freilich nach Karlsruhe. Zwar kamen weiterhin spanische Nachwuchswissenschaftler/innen ans MPI für Physik, die dort ihre Kenntnisse in der theoretischen und experimentellen Physik vertieften; Heisenberg aber erübrigte nur selten die Zeit, einer der vielen Vortragseinladungen nach Spanien zu folgen.[97]

Die 1949/50 einsetzende deutsch-spanische Zusammenarbeit in der Atomforschung und Reaktortechnologie hat immer wieder Spekulationen genährt, Hitlers und Francos Atomphysiker hätten verbotene Forschungen betrieben und

94 Müller, *Geschichte der Kernenergie*, Bd. 1, 1990, 54; Matz, *Aufbruch*, 1985; Kollert, *Politik der latenten Proliferation*, 1994, 468; Wirtz, *Im Umkreis*, 1988, 81–82; Presas i Puig, Deutsche Wissenschaftler, 2006, 163; Presas i Puig, *Reflections*, 2008, 19–21. Vgl. auch Radkau, *Aufstieg und Krise*, 1983.

95 Carson, *Heisenberg in the Atomic Age*, 2010, 232–243; Müller, *Geschichte der Kernenergie*, Bd. 1, 1990, 129–140; Gleitsmann, *Im Widerstreit der Meinungen*, 1986.

96 Wirtz an Heisenberg am 22.5.1957, AMPG, III. Abt., Rep. 93, Nr. 1906, fot. 185. Wirtz, *Im Umkreis*, 1988, 85.

97 Heisenberg an Albareda am 16.7.1964, AMPG, III. Abt., Rep. 93, Nr. 93, fot. 110–112.

geheime Atomwaffenpläne verfolgt.[98] Als Indiz dafür wurde die Präferenz beider Staaten für die Entwicklung von Natururan-Schwerwasser-Reaktoren gewertet, bei deren Betrieb besonders viel waffentauglich aufzubereitendes Plutonium anfällt. Die öffentlichen Bekenntnisse zur ausschließlich friedlichen Nutzung der Kernenergie, insbesondere in der Göttinger Erklärung der bundesdeutschen Atomwissenschaftler von 1957, seien nur Augenwischerei und es gelte, die Wissenschaftler ihrer geheimen Machenschaften zu überführen.[99]

Tatsächlich ist die Geschichte weniger geheimnisvoll, aber dennoch nicht harmlos. Spanien, das erst 1987, lange nach der Franco-Diktatur, dem Atomwaffensperrvertrag (NPT) beitrat, machte bis dahin keinen Hehl daraus, dass es sich die Option zur Atomwaffenproduktion offenhalten wollte. Auch in der wiederbewaffneten Bundesrepublik der 1950er Jahre wurde der Wunsch der Regierungsspitze nach Teilhabe an der neuen Waffentechnologie und Aufbau einer auf eigener Waffenproduktion gründenden europäischen Atommacht breit diskutiert.[100] Der bis Ende der 1960er Jahre CDU-geführten Bundesregierung galt der Atomwaffensperrvertrag, dem vielzitierten Bonmot Adenauers zufolge, als inakzeptabler »Morgenthau-Plan im Quadrat« und Spanien als wichtige Stütze einer international aufzustellenden Anti-NPT-Koalition.[101] Nach dem Regierungswechsel 1969 ging der neugewählte sozialdemokratische Bundeskanzler Brandt zwar auf Distanz zum franquistischen Spanien und legte die Atomwaffenpläne zu den Akten. Aber er unterschrieb den Atomwaffensperrvertrag erst, nachdem – nicht zuletzt mithilfe wissenschaftlicher Beratung durch Wirtz und Weizsäcker – vertraglich sichergestellt war, dass bundesdeutsche Unternehmen uneingeschränkt an der weiteren Entwicklung der zivilen Atomtechnologie teilnehmen konnten.[102]

98 So vor allem Kollert, *Politik der latenten Proliferation*, 1994, 463–489. In der Nachfolge zuletzt Hanel, *Die Bombe als Option*, 2015. Ähnlich argumentiert auch Presas i Puig, Science on the Periphery, 2005, 209, FN 69; Presas i Puig, *Continuities*, 2005, 34, FN 207. Presas korrigiert dies aber 2007, da sich keine belastbaren Dokumente für entsprechende Absichten von MPG-Physikern finden ließen; vgl. Presas i Puig, *Scientific and Technological Relations*, 2007, 20. Erfrischend deutlich weist Stephan Geier (Bombe als Option, 2015) in seiner Rezension Hanels Entlarvungsduktus zurück.

99 Ausführlich zu den argumentatorischen Ambivalenzen der Göttinger Erklärung vgl. Lorenz, *Protest der Physiker*, 2011; Walker, Mit der Bombe, 2014.

100 Aus der umfangreichen Literatur vgl. Radkau, *Aufstieg und Krise*, 1983; Küntzel, *Bonn und die Bombe*, 1992; Thoß, *NATO-Strategie*, 2011; Thoß, Atomkriegsplanungen, 2014; Möller, *Franz Josef Strauß*, 2015, 184–205; Siebenmorgen, *Franz Josef Strauß*, 2015.

101 Zitat Adenauer in: Die Welt 20.2.1967; Der Spiegel 27.2.1967, hier zitiert nach Geier, *Schwellenmacht*, 2013, 227. Vgl. auch Schrafstetter, The Long Shadow of the Past, 2004, 132–135. Zur Anti-NPT-Koalition vgl. Kollert, *Politik der latenten Proliferation*, 1994, 470, 480–483; Küntzel, *Bonn und die Bombe*, 1992, 53 ff.; Presas i Puig, Deutsche Wissenschaftler, 2006, 164.

102 Wirtz hatte Bundeskanzler Kiesinger bei seinen Verhandlungen dahingehend beraten: Manuskript Wirtz, »German-American Interaction in the Field of Atomic Energy«, Vortrag Battelle Memorial Institute Seattle, Februar 1970, 17, AMPG, III. Abt., Rep. 93,

Die Erkenntnis, dass beim Reaktorbetrieb je nach Bauweise mehr oder weniger waffentauglich aufzubereitendes, aber auch anderweitig zu nutzendes Plutonium anfällt, hatte der Autor der Göttinger Erklärung, Carl Friedrich von Weizsäcker, bereits 1941 als Patent angemeldet. Seine darauf aufbauende Idee eines zweistufigen plutoniumbrütenden Kernreaktors ließ sich der bei den KWG-Kernforschern wenig beliebte Mitstreiter im NS-Uranverein und Haftgenosse in Farm Hall, Diebner, schon 1955, also direkt nach der Aufhebung der alliierten Forschungsverbote, patentieren.[103] Dass also jeglicher Atomenergiegewinnung die militärische Option – wenn auch je nach Reaktortyp in unterschiedlichem Maße – innewohnt, war jedem, der es wissen wollte, ob in Spanien, Deutschland oder anderswo, bekannt. Atomwissenschaftler und -techniker mochten diese Option nun als militärisch-diplomatischen Extragewinn für ihren jeweiligen Staat realisieren wollen oder sie als ein politisches Risiko, das zu verantworten sie anderen überließen, billigend in Kauf nehmen.

Wie immer sie sich dazu verhielten, im Aufbau der europäischen Atomindustrie galt den meisten der Schwerwasser-moderierte Natururanreaktor in den 1950er Jahren noch als die Anlage der Wahl. Die westdeutschen Reaktorforscher um Wirtz hatten von Beginn an auf eine solche Anlage hingearbeitet, und mit der Entscheidung im KfK für die Entwicklung eines Schnellen Brüters Ende der 1950er Jahre wuchs der erwartete Bedarf an Uran. In Spanien wollte man das vorhandene Natururan nutzen, um damit unabhängiger von Importen von angereichertem Uran aus den USA und den daran geknüpften Kontrollen zu sein. Auch Frankreich, das seine *Force de frappe* vorantrieb, hatte sich aus ähnlichen Gründen für eine Natururanreaktorbaureihe, Gas-gekühlt und Graphit-moderiert, entschieden. Nicht zufällig baute die *Électricité de France* (EDF) gemeinsam mit drei spanischen Energieunternehmen in Tarragona seit 1968 einen *Uranium Naturel Graphite Gaz Réacteur* (UNGG-Reaktor, Vandellós 1), dessen stark plutoniumhaltiger Abfall in Frankreich gegen einen Teil des recycelten Plutoniums und ansonsten kostenfrei aufbereitet wurde. Den anderen Teil erhielt Spanien zur freien Verwendung zurück unter der Auflage, es nicht an Dritte zu verkaufen und der französischen Aufsichtsbehörde eine gewisse Aufsicht zu gestatten, die das *Commissariat à l'Énergie Atomique* (CEA) eher lässig ausübte.[104] Tatsächlich verfolgten einige JEN-Wissenschaftler die Idee einer spanischen Plutoniumbombe, gaben diesen Plan aber wegen der hohen Kosten,

Nr. 1906, fot. 63–77. Weizsäcker nutzte seine Pugwash-Kontakte und unterstützte Bundeskanzler Brandt in der Durchsetzung dieses Interesses, vgl. Sachse, Max Planck Society and Pugwash, 2018, 195–199; vgl. oben Kapitel 2.2, unten Kapitel 4.2.

103 Aus der umfangreichen Literatur zum Uranverein sei hier nur auf das Standardwerk verwiesen: Walker, *Die Uranmaschine*, 1990. Für eine Publikation zu den jüngsten Kontroversen, die zudem auf die zwischenzeitlich erschienene einschlägige Literatur verweist vgl. Walker, Physics, 2017, 275. Zur vergleichsweise späten Entdeckung der Plutonium-Patente und ihrer Bedeutung siehe Karlsch, *Hitlers Bombe*, 2005, 282–286; Karlsch und Walker, New Light, 2005.

104 Sánchez-Sánchez, An Alternative Route, 2017, 169.

ausbleibender Unterstützung durch ihre Regierung und außenpolitischer Rücksichten auf den übermächtigen amerikanischen Partner beim Aufbau der spanischen Atomenergiewirtschaft schließlich auf.[105] Für die Plutoniumproduktion war Spanien also nicht auf bundesdeutsche Kooperationspartner angewiesen, diese waren aber durchaus am spanischen Uran interessiert. Darüber verhandelte Atomminister Strauß bei seinen Spanienbesuchen Mitte der 1950er Jahre, lehnte das Angebot dann aber als überteuert ab.[106]

Indessen wurde auf internationalen Konferenzen europaweit und selbstverständlich mit amerikanischer Beteiligung über die Vor- und Nachteile der verschiedensten bereits vorhandenen und in Entwicklung begriffenen Reaktortypen debattiert. Als Ergebnis einer Konferenz der *European Atomic Energy Society* (EAES) im Mai 1956 in Italien beispielsweise fasste Wirtz zusammen, dass sich bisher »kein optimaler Reaktortyp erkennen« ließe, dass aber unter den ihm plausibel erscheinenden Annahmen seines kanadischen Kollegen Wilfrid Bennett Lewis »Power-Reaktoren mit natürlichem Uran und schwerem Wasser als Moderator und Kühlmittel sehr billigen Strom liefern könnten«.[107]

Überhaupt drängten sich die ökonomischen Aspekte immer mehr in den Vordergrund und verstärkten die Interessengegensätze innerhalb des Franco-Regimes. Spanien geriet 1956 in eine anhaltende Wirtschaftskrise und wurde vom Internationalen Weltwährungsfonds sowie der Internationalen Bank für Wiederaufbau und Entwicklung angehalten, seine autarkistische Wirtschaftspolitik zu liberalisieren. Das tangierte auch seine Atompolitik, die bislang darauf ausgerichtet war, alle Etappen von der Uranförderung über die Kernforschung bis zur Strom- und gegebenenfalls auch Plutoniumgewinnung möglichst in Regie der JEN zu halten. Galt die dort betriebene eigene Reaktorentwicklung bislang als Prestigeobjekt nationaler wissenschaftlicher und technologischer Leistungsfähigkeit, so wurden Kernkraftwerke, noch bevor Spanien ein konkurrenzfähiges Produkt anbieten konnte, zur Ware, die man günstiger auf dem internationalen Markt einkaufte. Die spanische Energiewirtschaft jedenfalls scherte aus dem autarkistischen Verbund aus; sie orderte bevorzugt amerikanische Leichtwasserreaktoren, die noch dazu mit günstigen Finanzierungsplänen der U.S. EXIM Bank daherkamen, und bestellte das angereicherte Uran, mit

105 Der UNGG-Reaktor ging 1972 in Betrieb; unklar ist, ob der Bombenplan noch vor Francos Tod oder erst 1981 aufgegeben wurde, als das Islero-Projekt auf Druck der US-Regierung endgültig ad acta gelegt wurde, vgl. ebd., 162–169 und FN 62; Velarde, *Proyecto Islero*, 2016.

106 Die Atomwirtschaft Juli/August 1956, 283. Aschmann, *Treue Freunde*, 1999, 231–233; Presas i Puig, Deutsche Wissenschaftler, 2006, 164. Kollert stellt hingegen die Frage in den Raum, »ob Strauß mit dem spanischen General die Optionen einer deutsch-spanischen Atomkooperation unter militärischem Aspekt ventilierte«, führt aber keine Belege dafür an, vgl. Kollert, *Politik der latenten Proliferation*, 1994, 469.

107 Vertraulicher Bericht Wirtz über die »Ergebnisse der Konferenz der European Atomic Energy Society vom 21. bis 26. Mai 1956 auf dem Monte Faito, Italien«, AMPG, III. Abt., Rep. 93, Nr. 1906, fot. 195–206.

dem amerikanische Hersteller den Weltmarkt reichlich versorgten, für ihren Betrieb gleich mit.[108]

Otero sah angesichts der amerikanischen Dumpingstrategie die finanzielle und legitimatorische Basis für die innerhalb der JEN betriebene kernphysikalische Forschung und Entwicklung dahinschwinden und fragte in den folgenden Jahren mehrfach seinen bundesdeutschen Kooperationspartner Wirtz um strategischen Rat für die Positionierung der JEN in der spanischen Atomenergie- und Wissenschaftspolitik, aber auch um Vermittlung bundesdeutscher Investitionen als Gegengewicht zu den US-amerikanischen. Wirtz riet ihm, sich einerseits mit den amerikanischen Leichtwasserreaktoren und überhaupt der internationalen Kommodifizierung der Kernenergie abzufinden.[109] Andererseits, so fasste Wirtz 1968/69 seine jahrelangen Beobachtungen in Spanien und seine Erfahrungen mit der JEN in einem von Otero erbetenen Memorandum zusammen, müsse ein schlüssiges Programm entworfen werden, das staatliche Investitionen in die Forschung auch unter den gegebenen marktliberalen Bedingungen rechtfertige und zugleich die spanische Industrie in die Pflicht nehme. Es müsse ein Regierungsprogramm sein, für das nicht die JEN, sondern das zuständige Ministerium verantwortlich zeichne; nur das habe die Autorität, die innerspanischen Interessengegensätze auszugleichen. Zugleich wünschte er sich in zweifacher Hinsicht einen verbindlichen Vertragspartner: einmal für zukünftige Kooperationsprojekte zwischen dem KfK und dem Forschungszentrum der JEN in Moncloa insbesondere bei der Entwicklung des Schnellen Brüters als desjenigen europäischen Projekts, das irgendwann einmal der amerikanischen Konkurrenz Paroli bieten sollte. Zum anderen für mögliche Aufträge an westdeutsche Reaktorbauer, die sich bislang noch nie auf dem vornehmlich von Westinghouse und General Electric dominierten spanischen Markt hatten durchsetzen können.[110]

Immerhin ein einziges Mal zeigte Wirtz' Einsatz für das spanische Atomprogramm auch den erwünschten außenwirtschaftlichen Erfolg für die Bundes-

108 Presas i Puig, Science on the Periphery, 2005, 213–217; Rubio-Varas und Torre, Major US Nuclear Client, 2017.

109 Presas i Puig, Science on the Periphery, 2005, 212.

110 Wirtz hoffte, Spanien ähnlich wie Belgien und die Niederlande in die Brüterentwicklung zu integrieren. Im September 1968 eruierte eine Delegation des KfK die Möglichkeit, mit dem JEN-Kernforschungszentrum in Moncloa »auf dem Gebiet der schnellen Brutreaktoren« zusammenzuarbeiten (Vertraulicher Bericht »Atomenergie in Spanien« vom 18.9.1968, AMPG, III. Abt., Rep. 93, Nr. 1906, fot. 79–112). Im März 1969 reiste Wirtz auf dringenden Wunsch Oteros nochmals zur JEN, um das erwünschte Memorandum und einen Entwurf für ein Regierungsprogramm zu verfassen; in seinem Reisebericht klingen seine eher pessimistischen Erwartungen hinsichtlich der Reformbereitschaft Oteros und Reformierbarkeit der JEN an: Proyecto »Programa Nuclear del Gobierno Espanol« am 17.3.1969, AMPG (fot. 31–45); Memorando sobre las actividades de la Junta de Enérgía Nuclear« am 21.3.1969 (fot. 47–59); Reisebericht Wirtz vom 10.4.1969 (fot. 27–30), AMPG, III. Abt., Rep. 93, Nr. 1906. Vgl. auch Sanz Lafuente, Long Road, 2017, 199.

republik: 1975, noch zu Francos Lebzeiten, als bereits sieben Reaktoren in Betrieb und neun weitere im Bau waren, erhielt die deutsche Kraftwerksunion (KWU), ein Gemeinschaftsunternehmen von AEG und Siemens, den Zuschlag für den Bau des Druckwasserreaktors Trillo 1 in Guadalajara. Das KWU-Vorstandsmitglied Hans Frewer dankte Wirtz überschwänglich für seinen jahrzehntelangen spanischen Einsatz.[111] Trillo 1 ging 1988 ans Netz, fünf Jahre nachdem die erste sozialistische Regierung Spaniens den weiteren Ausbau der Atomenergie und damit auch des geplanten Reaktorblocks Trillo 2 abgesagt hatte, und ein Jahr, nachdem die zweite sozialistische Regierung endlich dem Atomwaffensperrvertrag beigetreten war.[112] Bald darauf sollte auch das Vorzeigeprojekt des KfK, der in Kalkar gebaute, aber nie in Betrieb gegangene Schnelle Brüter, endgültig aufgegeben werden.

Die Interessen, die den langjährigen spanisch-deutschen Beziehungen in der Atomenergieforschung unterlagen, waren nicht immer deckungsgleich, überlappten sich aber des Öfteren. Die von Otero geleitete JEN suchte in den Atomphysikern des MPI für Physik, Heisenberg und Wirtz, zunächst Lehrer für den eigenen wissenschaftlichen Nachwuchs, später dann bei Wirtz und dem KfK vor allem den organisatorischen Rat für den institutionellen Auf- bzw. Umbau des spanischen Atomprogramms. Otero jedoch konnte sich nur schwer von der Idee eines staatlich gelenkten Kernenergiekomplexes lösen, der vom Uranabbau über kernphysikalische Forschung und technologische Entwicklung bis zum Reaktorbau (und anfangs womöglich auch noch Kernwaffenentwicklung) alles in sich vereinte. Nur dann, glaubte er, würde das franquistische Regime nachhaltig in den Aufbau einer Generation von spanischen Kernphysikern und Kernphysikerinnen investieren, die auf internationalem Niveau in allen Bereichen der modernen Physik würde mithalten können. Die 1960er Jahre sollten ihn in fataler Weise bestätigen: Kaum war klar, dass die spanische Energiewirtschaft nicht auf spanische Reaktoren wartete, sondern ohne Zögern nach den amerikanischen Sonderangeboten griff, beschloss die Franco-Regierung, die Beiträge zum CERN einzusparen und die Mitgliedschaft des Landes 1969 aufzukündigen. Erbetene Interventionen der internationalen kernphysikalischen Prominenz von Isidor Rabi, Victor Weisskopf, Francis Perrin und zuletzt auch Heisenberg änderten nichts daran.[113] Erst die sozialistische Regierung kehrte 1983 die Prioritäten

111 Sanz Lafuente, Long Road, 2017, 187–188. Eine Liste der spanischen AKW findet sich bei Rubio-Varas und Torre, *The Economic History of Nuclear Energy in Spain*, 2017, 250–254. Zu den dort gelisteten drei Reaktoren, die bis 1975 ans Netz gegangen waren, kommen noch vier Forschungsreaktoren: https://de.wikipedia.org/w/index.php?title=Liste_der_kerntechnischen_Anlagen_in_Spanien&oldid=219936801, zuletzt aufgerufen am 14.8.2022.

112 Vgl. zu den komplexen Hintergründen des Zuschlags für die KWU Sanz Lafuente, Long Road, 2017. Vgl. zum Ende des spanischen Atomprogramms Presas i Puig, Deutsche Wissenschaftler, 2006, 165. Ferner vgl. Kerntechnische Anlagen.

113 Otero an Heisenberg am 14.4.1969, AMPG, III. Abt., Rep. 93, Nr. 1792, fot. 29–33.

um und beschloss parallel zum Ausstieg aus dem Atomprogramm den Wiederbeitritt zum CERN.[114]

Wirtz hatte Spanien – neben Südamerika und Australien – anfangs womöglich als alternativen Standort für sich und seine vorerst noch verbotene Reaktorforschung erwogen. Mit der 1955 wiedergewonnenen Forschungsfreiheit und dem bald darauf gegründeten KfK aber entwickelten sich die Dinge für ihn dann in der Bundesrepublik in die gewünschte Richtung. Das KfK unterschied sich freilich als eine im Verbund von Wissenschaft, Politik und Industrie betriebene und projektbezogene Großforschungseinrichtung von der multifunktionalen, ursprünglich autarkistisch konzipierten, dann aber von den Marktentwicklungen bedrängten JEN. Gleichwohl brachte Wirtz seine noch während seiner Zeit am MPI für Physik geknüpften intensiven Spanienkontakte und seine intimen Kenntnisse der JEN, des spanischen Atomprogramms und insbesondere des Kernforschungszentrums in Moncloa in das KfK ein. Seine Spanienexpertise versuchte er – selbstverständlich im Verbund mit der Bundesregierung – dafür zu nutzen, das bundesdeutsche Projekt des Schnellen Brüters auf eine breitere europäische Basis zu stellen und zugleich der heimischen Atomindustrie die Tür zum amerikanisch beherrschten spanischen Markt zu öffnen. Kaum zeichneten sich Anfang der 1970er Jahre hier erste Erfolge ab, zog die Atomdämmerung in Spanien infolge des Regimewechsels noch schneller herauf als in der Bundesrepublik.[115]

Kulturpolitisches Terrain zurückgewinnen

Schon im Sommer 1949 hatte der Generalsekretär des CSIC, Chemiker und *Opus-Dei*-Numerarier[116] José María Albareda, Otto Hahn als seinen präsidialen Gegenpart in der MPG nach Spanien eingeladen. Dieser erste Anlauf, die 1945 unterbrochenen institutionellen Beziehungen zwischen den beiden Wissen-

114 Presas i Puig, Human Capital, 2017, 109–110.

115 Wirtz, *Im Umkreis*, 1988, 87–88; Sanz Lafuente, Long Road, 2017, 196–199.

116 Das Opus Dei (seit 1982 *Praelatura Sanctae Crucis et Operis Dei*) wurde 1928 von dem spanischen Priester Josemaría Escrivá de Balaguer y Albas als ein römisch-katholischer Orden gegründet, dem sowohl Kleriker als auch Laien beitreten können. Als »Numerarier« werden die fast sämtlich akademisch gebildeten, zölibatär und meist in Ordenseinrichtungen lebenden, nach Geschlecht getrennt organisierten Mitglieder bezeichnet, die die Führungsschicht des Ordens bilden, aber überwiegend bürgerlichen Berufen nachgehen. Zur Biographie Albaredas: Pérez López, José María Albareda, 2010. Zu diesem rechtskatholischen intellektuellen Milieu vgl. Prades Plaza, *España y su historia*, 2014. Zu seinem westdeutschen Gegenpart und seinen paneuropäischen Verbindungen vgl. Conze, *Europa der Deutschen*, 2005. Hier vor allem die Ausführungen zum 1952 in Santander gegründeten Centre Européen de Documentation et Informations / Europäisches Dokumentations- und Informationszentrum (CEDI), in dem sich unter Führung Otto von Habsburgs spanische, französische, deutsche und andere westeuropäische »Abendländer« versammelten, die die bis nach »Ibero-Amerika« reichende »abend-

schaftsorganisationen wiederherzustellen, scheiterte jedoch an dem von den alliierten Aufsichtsbehörden verweigerten Reisevisum für Hahn. Erst ein Jahr später durfte der MPG-Präsident mit einer dreiköpfigen Delegation, der sich noch der Biologe Georg Melchers anschloss, nach Spanien reisen.[117] Melchers, der dem Empfang der Delegation beim Generalísimo ferngeblieben war und vor allem den Kontakt zu Regimegegnern unter seinen spanischen Kollegen gesucht hatte, mokierte sich später über den faschistisch-klerikalen Pomp, mit dem die MPG-Delegation empfangen wurde, und die architektonische Pracht der spanischen Wissenschaftspaläste, gegen die das Harnack-Haus zur ärmlichen Hütte verblasse.[118]

Politisch weniger heikel und unterhalb des Radars der Generalverwaltung der MPG hatten einige Institute schon seit den frühen 1950er Jahren den wissenschaftlichen Austausch mit spanischen Kollegen (wieder) aufgenommen. Besonders eng waren die Beziehungen des MPI für Hirnforschung in Köln zum *Instituto Cajal*, das 1900 für den Nervenhistologen und späteren Nobelpreisträger Santiago Ramón y Cajal in Madrid eingerichtet worden war. Der langjährige MPI-Direktor Hugo Spatz und sein 1951 neu berufener Kollege Klaus-Joachim Zülch pflegten darüber hinaus ein verzweigtes Netz wissenschaftlicher Beziehungen zu spanischen Forschungseinrichtungen und Universitätskliniken, wo sie gelegentlich auch in spanischer Sprache Vorträge hielten.[119] Auch die Direktoren der MPI für Eisenforschung (Franz Wever), für ausländisches öffentliches Recht und Völkerrecht (Hermann Mosler), für Züchtungsforschung (Wilhelm Rudorf) sowie für Landarbeit und Landtechnik (Gerhardt Preuschen) unternahmen Studien- und Vortragsreisen nach Spanien und beherbergten einige spanische Postdocs als Gäste in ihren Instituten.[120]

Es waren die insistierenden Nachfragen des bundesdeutschen Generalkonsuls in Barcelona, Herbert Schaffarczyk, die die Generalverwaltung zu einer Umfrage

ländische Kultur« zum Nutzen der »paneuropäischen« Wirtschaftsmacht wiedererwecken wollten, vgl. ebd., 169–206.

117 Albareda an Hahn am 23.12.1949, AMPG, III. Abt., Rep. 14, Nr. 5205, fol. 2. Hahn an Albareda am 17.1.1950; Albareda an Hahn am 26.1.1959, AMPG, III. Abt., Rep. 14, Nr. 31, fol. 1, 2. Hahn an Nordstrom (Chief Research Control Group OMGUS) am 4.2.1950, AMPG, III. Abt., Rep. 14, Nr. 3150, fol. 2–3. Der Delegation gehörten die MPI-Direktoren Erich Regener (MPI Physik der Stratosphäre), Karl Ziegler (MPI Kohlenforschung) und Gunther Lehmann (MPI Arbeitsphysiologie) an. Eine kurze Zusammenfassung der Reisen Hahns 1950 und 1953 nach Spanien enthält ein undatierter Vermerk in den Akten zur Vorbereitung der Butenandt-Reise 1963, AMPG, II. Abt., Rep. 102, Nr. 346, fol. 225.

118 So Melchers in einem Brief an seinen Mitarbeiter und Vertrauten, Anton Lang, vom 6.6.1950, hier paraphrasiert nach der englischen Übersetzung von Presas i Puig, *Scientific and Technological Relations*, 2007, 18–19.

119 Ballreich an Schaffarczyk am 16.1.1958 und 11.2.1958, AMPG, II. Abt., Rep. 102, Nr. 347, fol. 465–466, 489.

120 Ballreich an Schaffarczyk am 16.1.1958, ebd., fol. 472–473. Vgl. auch Presas i Puig, *Scientific and Technological Relations*, 2007, 20–23.

unter den Instituten zu ihren Spanienkontakten veranlassten.[121] Der Konsul hatte 1956 ein Frühstück zu Ehren des Vortragsreisenden Mosler gegeben, dazu hochrangige Repräsentanten der örtlichen Universität gebeten und der MPG nachdrücklich empfohlen, deren Rektor, den Chemiker Francisco Buscarons Úbeda, zu ihrer nächsten Hauptversammlung einzuladen.[122] Fortan fragte Schaffarczyk bei der Generalverwaltung immer wieder, aber nicht immer erfolgreich nach geeigneten Vortragenden »auf dem Gebiet der Medizin, Chemie und Physik«; sie sollten helfen, das in den unmittelbaren Nachkriegsjahren an »Frankreich, England und besonders die USA« »verlorene Terrain zurückzugewinnen«.[123] Diesem vor allem von Seiten der deutschen Kolonie in Spanien, der Botschaft in Madrid und dem Konsulat in Barcelona seit Mitte der 1950er Jahre immer nachdrücklicher artikulierten Bedürfnis entsprach auf spanischer Seite der Wunsch, der als übermächtig wahrgenommenen US-amerikanischen Präsenz in Wirtschaft und Wissenschaft diversifizierte Auslandskontakte und insbesondere solche zum alten Gesinnungspartner Deutschland entgegenzusetzen.

Kryptofaschisten schalten sich ein

Noch während der Besuch der MPG-Delegation vorbereitet wurde, schaltete sich ein außenwissenschaftspolitisch besonders engagiertes Mitglied der deutschen Kolonie in Spanien ein. Hans Juretschke war als junger promovierter Romanist vom Kriegsbeginn in Madrid überrascht worden, kaum dass er dort seine Lektorenstelle an der Universität angetreten hatte; als Student war er der SA und vor seiner Ausreise noch dem NS-Lehrerbund beigetreten. Neben seiner universitären Tätigkeit stellte er seit 1942 nebenamtlich als »wissenschaftlicher Hilfsarbeiter« in der Kulturabteilung der deutschen Botschaft Daten für ein bibliografisches Bulletin zusammen. Vermutlich nicht nur damit machte sich der »Vorzeigekatholik« für das Auswärtige Amt und das Reichserziehungs-

121 Rundschreiben der Generalverwaltung am 20.1.1958, AMPG, II. Abt., Rep. 102, Nr. 347, fol. 485–486.

122 Mosler an Ballreich am 11.5.1956, Schaffarczyk an Ballreich am 16.5.1956, ebd., fol. 515, 517–518. Schaffarczyk war ursprünglich von dem ihm verbundenen Chef des Bundeskanzleramtes, Otto Lenz, als Leiter der Personalabteilung im AA vorgesehen, wurde aber, als dessen Pläne für ein Informationsministerium, dem auch die Organisation Gehlen zugeordnet werden sollte, 1953 am Einspruch der Alliierten scheiterten und Lenz selbst entlassen wurde, nach Barcelona versetzt. Erst 1967 deckte Bernt Engelmann auf, dass Lenz, der 1957 unter mysteriösen Umständen auf Ischia zu Tode kam, in den bis dahin größten Rüstungsbeschaffungsskandal um den Schützenpanzer HS-30 verwickelt gewesen war, dem 1967 ein parlamentarischer Untersuchungsausschuss, weitere Todesfälle, Mordanklagen und mögliche Fehlurteile (Vera Brühne/Johann Fehrbach) folgten. Vgl. Engelmann, *Schützenpanzer HS 30*, 1967.

123 Schaffarczyk an Ballreich 10.12.1957 (Zitate), Ballreich an Schaffarczyk am 16.1.1958, Seeliger an Schaffarczyk am 14.3.1958, AMPG, II. Abt., Rep. 102, Nr. 347, fol. 455, 487–488, 492–493.

ministerium so unentbehrlich, dass er bis Kriegsende immer wieder ohne nähere Begründung »uk« (unabkömmlich) gestellt wurde.[124] Nach Kriegsende jedenfalls blieb er in Madrid und gehörte dort zu jenen Deutschen, die von der spanischen Regierung gerne im Lande gehalten wurden, obwohl die Alliierten deren Ausweisung gefordert hatten. Denn in Spanien wusste man ihren professionellen Impact ebenso zu schätzen wie ihren immer noch disziplinierenden Einfluss auf die deutsche Kolonie, ihre Verbindungen zur *Falange* und zu den politisch kooperierenden katholischen Ordensgemeinschaften, namentlich dem Opus Dei.[125] Juretschke, der 1958 zum Direktor des Deutsch-Spanischen Forschungsinstituts der Görres-Gesellschaft in Madrid und 1963 zum Professor an die dortige Universität berufen werden sollte, setzte jedenfalls seine Lehrtätigkeit an der Universität und seit 1947 auch seine bibliografisch-dokumentarische Arbeit fort, nun allerdings unter der schützenden Hand seines Glaubensbruders Albareda im CSIC, und zwar im *Patronato »Juan de la Cierva« de Investigación Técnica.* Vermittelt über Josef Goubeau, einem 1937 an der Bergakademie Clausthal habilitierten und inzwischen in Göttingen lehrenden Chemiker, der schon 1949 nach Spanien hatte reisen dürfen, nahm Juretschke Kontakt zur MPG-Generalverwaltung auf und erbat als Chefredakteur der CSIC-Zeitschrift *Arbor* Informationsmaterial über die MPG und ihre Institute.[126]

Womöglich war es auch der Anorganiker Goubeau, der Juretschke mit seinem Kollegen, dem Chemiker Erich Pietsch, in Kontakt brachte. Den Herausgeber des zentralen Nachschlagewerks *Gmelins Handbuch der anorganischen Chemie* hatte es 1946 mitsamt seiner Redaktion von Berlin nach Clausthal verschlagen. Dort war das seit 1940 als Gmelin-Institut firmierende Dokumentationsunternehmen auf Druck der Alliierten zunächst von der KWG betreut worden, bevor es 1948 in die umgegründete MPG aufgenommen wurde.[127] Juretschke, der später selbst die Leitung des *Servicio de Documentación Scientífica* im CSIC übernehmen sollte, und Pietsch teilten nicht nur ihr professionelles Interesse

124 Zitat: Hausmann, *»Vom Strudel der Ereignisse verschlungen«*, 2000, 487. Auswärtiges Amt, *Biographisches Handbuch*, 2005, 454–455. Personalakte Juretschke, PA AA P 1/6900 und P 1/6901.

125 Collado Seidel verweist auf Quellen, die Juretschke als »Kryptonazi« einer Gruppe von ehemaligen Botschaftsangehörigen zurechneten, die noch um den Jahreswechsel 1945/46 Parteitreffen abhielt und nicht (mehr) gefügige Deutsche massiv unter Druck setzte, vgl. Collado Seidel, *Angst vor dem »Vierten Reich«*, 2001, 82–83, 123 FN 13. Ähnlich Hausmann, *»Vom Strudel der Ereignisse verschlungen«*, 2000, 487.

126 Goubeau an Telschow 15.2.1950; Telschow an Goubeau am 18.2.1950, Pollay an Juretschke am 21.2.1950, Juretschke an Pollay am 17.3.1950, AMPG, II. Abt., Rep. 102, Nr. 347, Bl. 615–618. Zu Juretschke, der Zeitschrift Arbor, dem CSIC und dem Opus Dei vgl. Prades Plaza, Las plataformas, 2012; Prades Plaza, *España y su historia*, 2014, 102–123; Diaz Hernández, *Rafael Calvo Serer*, 2008.

127 Henning und Kazemi, *Handbuch, Bd. 1*, 2016, 587–590. Auch die Übernahme des Beilstein-Instituts, Herausgeber des entsprechenden Handbuchs für die organische Chemie, als Stiftung in die MPG verdankte sich dem Druck der amerikanischen Besatzungsmacht, Hahn an Nordstrom am 4.2.1950, AMPG, II. Abt., Rep. 102, Nr. 347, fol. 619.

an wissenschaftlicher Dokumentation. Sie konnten sich auch über ihre europäischen Kriegserfahrungen als Spitzel in Madrid bzw. als Organisator wissenschaftlicher Zwangsarbeit und Plünderer wissenschaftlicher Einrichtungen im besetzten Polen austauschen.[128]

Dieses kryptofaschistische Gespann fühlte sich berufen, dem deutschen Kultureinfluss in Spanien wieder zu alter Größe zu verhelfen. Ein klassischer Ansatzpunkt auswärtiger Kulturpolitik ergab sich bei der Replikation der eiszeitlichen Deckenmalereien in den Altamira-Höhlen, die in einem stereofotogrammetrischen Verfahren unter Anleitung Pietschs für das Deutsche Museum München und bald darauf auch für das *Museo Archeológico Nacional de España* hergestellt wurde.[129] Diese als ehrenamtlich deklarierte Tätigkeit, seine Begeisterung für die Urgeschichte chemischer Technologie und die Kooperation mit Juretschke vom CSIC auf seinem eigentlichen professionellen Feld der wissenschaftlichen Dokumentation, die sich ab 1957 auch auf die »Atomkernenergie«-Forschung erstreckte, führten Pietsch seit Mitte der 1950er Jahre regelmäßig nach Spanien.[130]

Was mit dem Deutschen Museum so gut funktionierte, sollte doch auch mit der MPG möglich sein. Der neue, der Chemieindustrie nahestehende Präsident Butenandt hatte sein Amt im Juni 1960 gerade angetreten, als Pietsch – der inzwischen mit seinem Gmelin-Institut ins Carl-Bosch-Haus nach Frankfurt am Main, also ins verbandspolitische Zentrum der deutschen Chemieindustrie, gezogen war – um einen dringenden Gesprächstermin bat.[131] Er sei vom CSIC beauftragt, mit dem neuen MPG-Präsidenten über »eine intensivere Deutsch-Spanische Zusammenarbeit« zu sprechen.[132] Ein vorbereitender Vermerk des MPG-Generalsekretariats warnte Butenandt, dass es nicht nur um Pietschs deutsch-spanische Kooperation bei der wissenschaftlichen Dokumentation,

128 Zu Juretschke vgl. Presas i Puig, *Scientific and Technological Relations*, 2007, 17–19. Ausführlich zu Pietschs Osteinsatz im Auftrag des Fachspartenleiters für anorganische Chemie im Reichsforschungsrat, dem KWI-Direktor Peter Adolf Thiessen, vgl. Schmaltz, *Kampfstoff-Forschung*, 2005, 178–188.

129 Pietsch an Bundesaußenminister Brandt am 7.4.1967, AMPG, III. Abt., Rep. 22, Nr. 74; hier beschreibt Pietsch das Zustandekommen dieses Projekts. In München wird die Replikation seit 1962 präsentiert. Zur museums- und technikhistorischen Bedeutung des deutsch-spanischen Altamira-Projekts vgl. Deutsches Museum, Sammlung des Deutschen Museums, Webseite, https://www.deutsches-museum.de/museum/sammlung, zuletzt aufgerufen am 24.1.2020.

130 Presas i Puig, *Scientific and Technological Relations*, 2007, 23. Pietsch gab seine deutschsprachige Altamira-Publikation im *MPG-Jahrbuch* nicht an, wohl aber die ein Jahr später erschienene und vom CSIC herausgegebene spanische Übersetzung: Pietsch, *Altamira*, 1963; Pietsch, *Altamira y la Prehistoria*, 1964; Generalverwaltung der *MPG- Jahrbuch 1965*, 205. Zur Platzierung der Zentralstelle für Atomkernenergie-Dokumentation (ZAED) im Gmelin-Institut vgl. Henning und Kazemi, *Handbuch, Bd. 1*, 2016, 591.

131 Zu Butenandts Verbindungen zur Chemieindustrie vgl. Gaudillière, Biochemie und Industrie, 2004; Stoff, Butenandt in der Nachkriegszeit, 2004, 390–397.

132 Vermerk Ballreich am 20.6.1960, AMPG, II. Abt., Rep. 102, Nr. 347, fol. 413.

sondern auch um eine Spanien-Einladung nebst Verleihung einer Ehrendoktorwürde an ihn selbst gehen würde. Auch stünden Pietschs räumliche Bedrängnis im Carl-Bosch-Haus und die Differenzen mit seinem Kuratoriumsvorsitzenden Karl Winnacker, dem Chef der Hoechst AG und des Deutschen Atomforums, im Raum. Die anstehenden Fragen seien »sehr vielschichtig und von vielerlei Interessen verschiedenster Stellen durchsetzt«. Dem MPG-Präsident wurde angeraten, »zunächst hinhaltend zu verhandeln und vor irgendwelchen Planungen auch die Gesichtspunkte von Professor [Karl] Winnacker zu hören«;[133] der Chemiker, vormalige IG-Farben-Manager und nach 1945 Vorstandsvorsitzende der Hoechst AG, gehörte als MPG-Senator zum engsten Beraterkreis Butenandts.

Auch im Nachhinein lassen sich die Interessen nicht einfach entwirren. Ein starkes Motiv war Pietschs Sorge um die Zukunft seines Lebenswerks, des *Gmelin*, der seit 1817 in bis dahin acht Auflagen und regelmäßigen Ergänzungsbänden erschien. Dieses deutschsprachige Handbuch wurde in seiner Bedeutung als international verbindliches Referenzwerk aller anorganischen chemischen Verbindungen und der entsprechenden wissenschaftlichen Literatur von den seit 1907 in den USA erscheinenden *Chemical Abstracts* zunehmend bedrängt.[134] Gerade in Spanien, dessen im Aufbau befindliches Wissenschaftssystem von US-amerikanischen Starthilfen und Kooperationsangeboten stark beeinflusst wurde, drohte diese Gefahr, der Pietsch und Juretschke mit einer breit aufgestellten kulturpolitischen Mission entgegenwirken wollten:

> Dabei darf als Tatsache der starke Wille der spanischen Intelligenz zu einer Hinwendung zu Deutschland hervorgehoben werden. Untersucht man dieses Phänomen näher, so zeigt es sich, daß hier an eine alte Tradition angeknüpft wird, daß aber in den beiden letzten Jahrzehnten zunehmend ein Schwanken bemerkbar wird, was häufig so formuliert wird, daß man sich fragt, ob man denn eigentlich als Gesprächs- und Arbeitspartner erwünscht und genehm sei und ob nicht – möglicherweise durch das eigene Regierungssystem bedingt – ein Desinteressement deutscherseits vorliege oder sich zumindest auszuprägen beginne, daß die Spanier selbst wider eigenen Willen vor die Notwendigkeit stelle, eine Neu-Orientierung vorzunehmen. Eine derartige Interessen-Gruppierung aber wird den Spaniern von den anderen Ländern in geschickter Weise nahegebracht, nicht zuletzt von den USA und dem United Kingdom. Mehrfach wird präzis wie folgt formuliert: wollen Sie als Deutsche es eigentlich zulassen, daß die letzten möglichen Positionen einer Zusammenarbeit seitens des United Kingdom blockiert werden – wollen Sie etwa zuwarten, bis eine Änderung unserer Regierungsform in dieser oder jener Weise eintritt, um erst dann wieder die Zusammenarbeit zu aktivieren – Sie werden alle Stühle besetzt finden.[135]

133 Vermerk Ballreich am 1.7.1960. Das Gespräch von Butenandt und Pietsch fand dann am 5.8.1960 in Göttingen statt, ebd., fol. 408, 412.

134 Ich danke Carsten Reinhard für die Erläuterung dieses Zusammenhangs.

135 Pietsch an Dumke (Auswärtiges Amt, Referat Zusammenarbeit mit den Entwicklungsländern) am 21.12.1960, AMPG, III. Abt., Rep. 22, Nr. 74.

So ausführlich, stilistisch an SD-Berichte der NS-Zeit erinnernd,[136] begründete Pietsch, der seine Ehrenmitgliedschaft im CSIC als entwicklungspolitische Verpflichtung gegenüber Spanien verstand, dem Auswärtigen Amt gegenüber sein über Jahre verfolgtes Anliegen, deutsche Gelder für den Ankauf von chemischen Forschungsinstrumenten durch den CSIC aufzustellen. Dennoch blitzte er bei allen Bundesministerien ab und auch beim Chef der Deutschen Bank und MPG-Senator, Hermann Abs, an den er sich ebenfalls hilfesuchend wandte.[137]

Eine Fiesta für Butenandt und ein Gastgeschenk an Spanien

Butenandt hingegen fand sich nach weiteren Avancen des CSIC-Präsidenten Albareda sowie einer von Pietsch veranlassten vaterländischen Ermunterung des bundesdeutschen Botschafters in Madrid bereit, Ende 1963 nach Spanien zu reisen.[138] Diese Entscheidung hatte er sicherlich nicht ohne Rücksprache mit seinen persönlichen Beratern Winnacker und Carl Wurster von der BASF getroffen. Der Verwaltungsrat, in dem die Tagespolitik der MPG nicht zuletzt mit der gewichtigen Stimme des Vizepräsidenten Wurster entschieden wurde, hatte bislang Vorsicht walten lassen und etwa die Ernennung eines Vertrauensmannes in Spanien, die unweigerlich auf Juretschke zugelaufen wäre, ebenso abgelehnt wie die Schenkung der Witwe eines früheren deutschen Generalkonsuls, die der MPG 1961 ihr spanisches Landhaus samt größerem Grundbesitz antrug – man hatte bekanntlich gemischte Erfahrungen mit Schenkungen dieser Art.[139] Butenandt war vorgewarnt und erbat im Vorfeld der Reise – ausgerechnet von Pietsch – Aufklärung darüber, »welche Erwartungen in den Gesprächen angeklungen sind, die Sie mit den spanischen Stellen geführt haben«, damit »ich dabei nicht zu sehr überrascht werde«.[140]

Diese erste Auslandsreise als MPG-Präsident absolvierte er nur in Begleitung seiner Ehefrau Erika und seiner Bürochefin Erika Bollmann, nicht aber seines

136 Der Sicherheitsdienst (SD) des Reichsführers SS sammelte seit 1937/38 Stimmungsberichte aus der deutschen Bevölkerung und fasste sie zu »Meldungen aus dem Reich« bzw. zu »SD-Berichten zu Inlandsfragen« zusammen: Boberach, *Meldungen*, 1984.

137 AMPG, III. Abt., Rep. 22, Nr. 74: Diese Akte dokumentiert Pietschs Schriftwechsel, der ihn über Jahre beschäftigte, mit den Bundesministerien für Wirtschaft, für Bildung und Wissenschaft und für wirtschaftliche Zusammenarbeit, sowie mit Abs und der deutschen Botschaft in Madrid. Zur Ehrenmitgliedschaft Hahns im CSIC: Albareda an Hahn am 11.9.1950, AMPG; Hahn an Albareda am 27.9.1950; AMPG, III. Abt., Rep. 14, Nr. 31.

138 Vermerk Ballreich am 11.7.1962; Botschafter von Welck an Butenandt am 6.2.1963; Pietsch an Butenandt am 5.3.1963, AMPG, II. Abt., Rep. 102, Nr. 346, fol. 295–296, 301–304.

139 Auszug aus einem Brief von Benecke an Schreiber am 21.2.1958 (oder 1959) sowie Auszug aus der Niederschrift des Verwaltungsrates vom 6.6.1961 in Berlin, AMPG, II. Abt., Rep. 102, Nr. 347, 406, 451.

140 Butenandt an Pietsch am 25.11.1963, AMPG, II. Abt., Rep. 102, Nr. 346, fol. 266A–267.

Abb. 17: Spanienreise des MPG-Präsidenten 9.–18.12.1963; Ankunft im Hotel Ritz; v. l. n. r: Erika Bollmann, Erika Butenandt und Adolf Butenandt.

in München unabkömmlichen Generalsekretärs. Das zehntägige »Butenandt-Festival«, wie er seine Erlebnisse im Nachhinein selbst zusammenfasste, überraschte ihn nicht, es überwältigte ihn.[141] Institutsbesichtigungen in Madrid, Toledo, Sevilla und Huelva, akademische Ehrungen, Botschafts-, Fest- und Staatsempfänge einschließlich einer Privataudienz beim Generalísimo folgten dichtgedrängt; immer waren die Säle voll, Publikum und Presse begeistert.[142] Der deutsche Botschafter, inzwischen Helmut Allardt, berichtete hochzufrieden nach Bonn und bedankte sich bei Butenandt, der gerade zur rechten Zeit gekommen sei, um »wenigstens auf gewisse Bereiche des spanischen Geistes- und Forschungslebens bleibenden Einfluß zu nehmen, bevor es zu spät ist«.[143]

Während der gesamten Reise wichen Albareda und Juretschke nicht von Butenandts Seite. Ihnen ging es nicht nur um Umfang und Modalitäten des

141 Butenandt an Juretschke am 20.12.1963 (Zitat), ebd., fol. 151–152; die Akte enthält alle von Bollmann auf Butenandts detaillierte Vorgaben hin zumeist sehr persönlich formulierte Dankschreiben im Anschluss an die Reise. Vgl. Karlson, *Biochemiker, Hormonforscher, Wissenschaftspolitiker*, 1990, 229–230.

142 Reiseprotokoll von Bollmann am 30.1.1964, AMPG, II. Abt., Rep. 102, Nr. 346, fol. 74–81.

143 Allardt an Butenandt am 13.1.1964, ebd., fol. 107–108. Allardt an Auswärtiges Amt am 24.7.1964, PA AA/B 26-REF. 206/IA 4/281.

Abb. 18: Empfang des MPG-Präsidenten Adolf Butenandt bei General Francisco Franco im Dezember 1963, v. r. n. l.: Franco, Butenandt, Botschafter Helmut Allardt, Manuel Lora-Tamayo Martín (spanischer Bildungsminister), vermutlich ein Übersetzer.

spanisch-deutschen Wissenschaftsaustauschs: Hier verständigte man sich rasch auf wechselseitige Gastvorträge von etablierten Wissenschaftlern, mehrmonatige Gastprofessuren für jüngere deutsche Wissenschaftler an spanischen Universitäten und Forschungsinstituten, die den dortigen Nachwuchs im Umgang mit neuen Instrumenten und Methoden trainieren sollten, sowie Schriftenaustausch. Darüber hinaus aber wollten sie die MPG als die zentrale Anlaufstelle für spanische *Postgraduados* verpflichten, die der CSIC zur Weiterbildung in die Bundesrepublik schicken wollte. Butenandt hatte Albareda zwar seitens der MPG jährlich bis zu fünf Stipendien für Nachwuchswissenschaftler und -wissenschaftlerinnen zugesichert, die an ihren Instituten arbeiten würden. Für andere junge Leute aus Fachgebieten, die in den MPI nicht vertreten waren, seien hingegen der DAAD oder die Humboldt-Stiftung zuständig.[144] Genau deren nicht nach Nationalitäten quotierte Auswahlverfahren und damit die internationale Konkurrenz wollte die spanische Seite vermeiden.

144 Notiz von Bollmann am 29.12.1963 (AMPG, II. Abt., Rep. 102, Nr. 346, fol. 116–120) auf Basis ihrer stenographischen Notizen der abschließenden Besprechung am 12.12.1963 in Madrid. Bollmann, Zusammenarbeit, 1964.

Zunächst liefen die Dinge nur schleppend an; Grund dafür waren die oft unzureichenden Sprachkenntnisse der spanischen Bewerber und Bewerberinnen, obwohl Juretschke, in Zusammenarbeit mit dem Deutschen Kulturinstitut und den Goethe-Instituten, für bevorzugt vermittelte Deutschkurse gesorgt hatte.[145] Mit den ersten Kandidatenlisten für die MPG-Stipendien aber wurde der latente Konflikt virulent und im Frühjahr 1966 reiste Juretschke zunächst allein und dann noch einmal mit zwei CSIC-Kollegen zu Nachverhandlungen nach München.[146] Butenandt war in der Zwickmühle: Der MPG-Verwaltungsrat bestand auf klarer Kompetenzabgrenzung zwischen MPG, DAAD und Humboldt-Stiftung und lehnte die Finanzierung eines über die MPI hinausgehenden Stipendienprogramms ab. Wurster verwies im Übrigen darauf, dass die BASF Förderungen spanischer Industriechemiker, wenn überhaupt, dann in eigener Regie betrieb; und alle waren sich einig, dass es keines zusätzlichen Vermittlungsgremiums, in dem Juretschke die spanische und Pietsch die deutsche Seite vertreten würde, bedürfe.[147] Dennoch machte Butenandt seinen vormaligen Gastgebern, die ihn in Spanien so aufwendig hofiert hatten, Zugeständnisse, die die Richtlinien der Generalverwaltung zum bilateralen wissenschaftlichen Austausch, insbesondere das »Einladungsprinzip«, konterkarierten. Seine Büroleiterin Bollmann, die die Schreiben an den CSIC entwarf, verwischte die Entscheidungen des Verwaltungsrats bis zur Unkenntlichkeit: Die MPG werde auch jenen Stipendiaten, für die kein MPI infrage kam, nicht nur einen Platz an einer anderen akademischen oder industriellen Forschungseinrichtung vermitteln, sondern sich auch der »Regelung der finanziellen Seite«, gegebenenfalls auch mit Hilfe der Senatoren Wurster von der BASF und Siegfried Balke von der Hoechst AG, annehmen.[148] Der CSIC seinerseits versuchte, die beiden Senatoren wie zuvor Butenandt mit ähnlich aufwendigen Einladungen umzustimmen.[149]

In dieser Gemengelage lassen sich zumindest die spanischen Interessen klar erkennen: Man wollte eigene Nachwuchskräfte mit MPG-Stipendien in der

145 Ynfiesta (Secretario Técnico des CSIC-Patronato Juan de la Cierva) an Butenandt am 12.1.1965, Butenandt an Ynfiesta am 10.2.1065, AMPG, II. Abt., Rep. 102, Nr. 348, fol. 234–235, 237–238.

146 Notizen Bollmann für den Präsidenten am 1.3.1966 und 28.3.1966, ebd., fol. 193–194, 223–224.

147 Auszug aus der Niederschrift der Sitzung des Verwaltungsrates vom 10.3.1966 in Hannover; Notiz Bollmann für den Präsidenten am 28.3.1966, ebd., fol. 195–198, 200; Notiz Bollmann für den Präsidenten am 1.4.1966, AMPG, II. Abt., Rep. 102, Nr. 347, fol. 139–140.

148 Bericht von Juretschke über die Gespräche in München vom 5.–7.5.1966 an den spanischen Wissenschaftsminister Lora-Tamayo; Juretschke an Pietsch am 22.7.1966; Pietsch an Butenandt am 27.7.1966; Butenandt an Juretschke am 4.8.1966: Butenandt entschuldigte sich gegenüber Juretschke sogar für einen anderslautenden Bescheid seines Geschäftsführers, Edmund Marsch, der spanische Bewerber oder Bewerberinnen mit Verweis auf den DAAD und die Humboldt-Stiftung abgewiesen hatte, AMPG, II. Abt., Rep. 102, Nr. 348, fol. 99–106 (Zitat fol. 102), 124–125, 130, 137–138, 147.

149 Notiz Bollmann am 4.3.1966 sowie Juretschke an Bollmann am 8.7.1966, ebd., fol. 147, 199–200.

Bundesrepublik ausbilden lassen, gern in Max-Planck-Instituten, aber da es vorrangig um technische oder ganz andere Fachrichtungen ging, auch in geeigneten Industrielaboren und Universitäten. Die vom CSIC ausgewählten Kandidatinnen und Kandidaten sollten sich nicht den Auswahlverfahren des DAAD oder der Humboldt-Stiftung unterziehen müssen, sondern konkurrenzlos von der MPG vermittelt und finanziert werden. Die selbsternannten Kulturpolitiker reichsdeutscher Prägung, Juretschke und Pietsch, fühlten sich im Einklang mit dem weitergehenden spanischen Interesse an einer Diversifizierung der außen-, wirtschafts- und wissenschaftspolitischen Abhängigkeiten gegenüber der US-amerikanischen Dominanz. Hier sahen sie den Ansatzpunkt, allgemein den verlorenen deutschen Kultureinfluss in Spanien wieder zu stärken und – im speziellen Falle von Pietsch – die internationale Geltung des deutschsprachigen Referenzwerkes der Chemie, des *Gmelin*, zumindest in Spanien zu verteidigen.[150] Dafür setzten sie ihr soziales Kapital, ihre Mitgliedschaften in CSIC und MPG, ein, versicherten sich der bereitwilligen Unterstützung der bundesdeutschen Vertretungen in Spanien und taten alles in ihrer Macht Stehende, um die MPG als Erfüllungsgehilfin der spanischen Qualifizierungsinteressen zu mobilisieren.[151]

Butenandt – sekundiert von seiner Büroleiterin Bollmann – konnte oder wollte diesem kulturpatriotisch motivierten Ansinnen nicht widerstehen. Generalverwaltung und Verwaltungsrat versuchten in diesem Fall vergeblich, die in der Außenwissenschaftspolitik der Bundesrepublik inzwischen etablierten Kompetenzabgrenzungen zwischen MPG, DAAD und Humboldt-Stiftung hochzuhalten. Selbst die Vertreter der Chemieindustrie in den MPG-Gremien, Butenandts engste Berater, schätzten diese institutionellen Abgrenzungen und bestanden darauf, den wissenschaftlich-technischen Nachwuchs für ihre spanischen Tochterunternehmen eigenständig zu rekrutieren, ohne Hilfestellung der MPG und jedenfalls ohne Einmischung dilettierender deutscher Kulturpatrioten oder franquistischer Wissenschaftsmanager.[152] Gegen Butenandts Selbstverpflichtung aber konnten sie kaum mehr ausrichten, als die einmal getroffenen

150 Pietsch an Brandt am 7.4.1967, Pietsch an BMWF Stoltenberg am 10.4.1967; bis 1967 hatten, wie Pietsch in seinem Schreiben an den neuen bundesdeutschen Außenminister hervorhob, immerhin die zwei Universitäten (Madrid und Valencia) den als Geschenk überreichten Gmelin aufgestellt und damit, wie er meinte, eine Lanze für die deutsche Sprache im spanischen Bildungssystem gebrochen, AMPG, III. Abt., Rep. 22, Nr. 74.

151 Nicht nur die bundesdeutsche Botschaft in Madrid schätzte die kulturpolitische Schützenhilfe der MPG; auch Bundestagspräsident Gerstenmaier ließ Heisenberg ausrichten, er möge die Einladung zum 25-jährigen Jubiläum des CSIC wohlwollend prüfen (Albareda an Heisenberg am 18.2.1964, Randnotiz ohne Namenszeichen, AMPG, III. Abt., Rep. 93, Nr. 93, fot. 143). Heisenberg folgte dieser Bitte nicht. Stattdessen vertrat der Biochemiker und Nobelpreisträger Feodor Lynen die MPG bei diesem Ereignis (Notiz Bollmann am 4.11.1964, AMPG, II. Abt., Rep. 102, Nr. 347, fol. 213–214).

152 Notiz Bollmann für den Präsidenten am 1.4.1966, AMPG, II. Abt., Rep. 102, Nr. 347, fol. 139–140. BASF und Bayer hielten je 25% an einer spanischen Farbenfabrik Fabricación Nacional de Colorantes S.A. (FENCE), Hoechst war an der Firma CROS S.A. beteiligt.

Vereinbarungen dilatorisch und restriktiv zu administrieren.[153] Erst unter dem neuen MPG-Präsidenten Reimar Lüst und nach dem spanischen Regimewechsel gelang es, das Spanienprogramm der MPG, analog zu einem bereits 1971 zwischen DFG und CSIC vereinbarten Stipendienprogramm, in ein beiderseitiges Austauschprogramm umzugestalten und dem Einladungsprinzip mehr Geltung zu verschaffen.[154]

Wissenschaftlich-technische Zusammenarbeit 2.0

Gleichwohl wussten einige MPG-Wissenschaftler die einseitige Vorleistung ihres Hauses zu nutzen. So unternahm Lüst 1967 in seiner Funktion als Direktor des MPI für extraterrestrische Physik eine ausgedehnte Vortragsreise nach Spanien. Als Vorsitzender des Wissenschaftlichen Komitees der ESRO eruierte er aber zugleich, wie Spanien als bislang eher passives Mitglied für die europäische Raumfahrt aktiviert werden könne; er selbst wollte im Rahmen des Stipendienprogramms »einen qualifizierten spanischen Wissenschaftler für 1 bis 2 Jahre an unser Institut« einladen.[155] Lüst wirkte damit – so berichtete Juretschke nach München – nachhaltig »als Bahnbrecher und Wegbereiter für die deutsch-spanischen Beziehungen«, anders als der gerade emeritierte Pietsch, der »aufgrund seiner persönlichen Beziehungen« nur »ein einmaliger Sonderfall« gewesen sei. Entscheidend dafür sei allerdings auch der »absolut unpolitische Charakter« der Vortragsveranstaltungen gewesen, auf dem der Präsident der Comisión Nacional de Investigación del Espacio im Vorfeld bestanden hatte.[156] Bundesforschungsminister Stoltenberg reagierte hingegen eher höflich als interessiert auf Lüsts Vorschläge zur Unterstützung der spanischen Raumfahrtforschung, wofür dieser in seinem Reisebericht auch mit dem Hinweis geworben hatte, dass deren zukünftige »apparative Ausstattung« »Anknüpfungspunkte […] für die deutsche Industrie« bereithielt.[157]

Das sollte sich mit der neuen sozialliberalen Bundesregierung ändern, die die wissenschaftlich-technische Zusammenarbeit zur dritten Säule ihrer neuen Außenpolitik machte. Bereits im Frühjahr 1970 unterzeichnete sie ein Rahmenabkommen mit dem franquistischen Spanien, wo unterdessen noch mehr Uni-

153 Marsch an Pfuhl am 22.5.1967, AMPG, II. Abt., Rep. 102, Nr. 349, 78.

154 Interview Nickel (Sachse) 12.4.2018; BMFT-Vermerk mit Anlage vom 12.12.1984 zur Vorbereitung eines Besuchs des spanischen Bildungsministers im Januar 1985, BArch B138/44717.

155 Lüst an Butenandt am 21.6.1967, AMPG, II. Abt., Rep. 102, Nr. 349, fol. 86–87.

156 Juretschke an Butenandt am 27.5.1967 (Zitate) sowie Lüst an Stoltenberg (BMWF) am 16.5.1967, ebd., fol. 74–75, 77–79; Gespräch Lüst (Nolte), 2008, 157. Die Botschaft war daher bei den Vorträgen zu Juretschkes Enttäuschung nur mit ihren Militär- und Kulturattachés zugegen.

157 Lüst an Stoltenberg (BMWF) am 16.5.1967 (Zitate) sowie Stoltenberg an Lüst am 5.6.1967, AMPG, II. Abt., Rep. 102, Nr. 349, fol. 73, 77–79.

versitäten als in der Bundesrepublik gegründet wurden.[158] Friedrich Schneider, der 1966 die Position des Generalsekretärs der MPG übernommen hatte, nutzte die Regierungsverhandlungen, um schon im Vorfeld ein aktuelles Interesse der MPG beim Staatssekretär und Verantwortlichen für das neue außenpolitische Programm im Auswärtigen Amt, Ralf Dahrendorf, zu platzieren: Für das 1967 neu gegründete MPI für Astronomie waren drei große Teleskope geplant, davon mindestens eines im Mittelmeerraum; als idealen Standort hatte der Gründungsdirektor, Hans Elsässer, Südostspanien ausgemacht und bereits Vorgespräche geführt.[159] Schneider schlug der Bundesregierung nun vor, zusammen mit dem Rahmenabkommen und unter Verweis auf das »spezielle Stipendienprogramm«, mit dem die MPG seit Jahren »jungen Wissenschaftlern Ausbildungsaufenthalte in Deutschland und zwar nicht nur an Max-Planck-Instituten, sondern auch an Universitätsinstituten« finanziere, einen Vorvertrag über die Errichtung einer Beobachtungsstation der MPG auf dem Calar Alto in der Nähe von Almería abzuschließen.[160] Mit diesem »ersten konkreten Vorhaben« könne das Rahmenabkommen sofort untersetzt werden. Das MPI für ausländisches öffentliches Recht und Völkerrecht fertigte kurz darauf einen ersten Entwurf an und ließ ihn dem mit der Ausarbeitung des Staatsvertrags befassten BMBW zukommen.[161]

Ganz so schnell sollte es dann doch nicht gehen, und die MPG musste der spanischen Seite einige Zugeständnisse machen: Das Observatorium wurde offiziell nicht als MPI-Außenstelle, sondern als bilaterales Deutsch-Spanisches Astronomisches Zentrum (DSAZ) geführt; zwar konnten die Beobachtungszeiten für spanische Forschungsinstitute dennoch knapp gehalten werden, dafür waren aber einmal mehr spanische Stipendiat/innen zur Ausbildung ans MPI für Astronomie einzuladen und das Wartungspersonal der Station zum größeren Teil in Spanien zu rekrutieren.[162] Nach Vertragsabschluss 1972 verteuerten

158 BGBl 1971 Teil II Nr. 38 Seite 1005 ff.: Rahmenabkommen zwischen der Regierung der Bundesrepublik Deutschland und der Regierung des Spanischen Staates über Zusammenarbeit in der wissenschaftlichen Forschung und technologischen Entwicklung, unterzeichnet am 23.4.1970, in Kraft getreten am 10.3.1971.

159 Vgl. im Folgenden zu den historischen Daten des MPI für Astronomie und zum Deutsch-Spanischen Astronomischen Zentrum (DSAZ) in Almería und auf dem Calar Alto: Henning und Kazemi, *Handbuch, Bd. 1*, 2016, 109–123. Zu seiner wissenschaftlichen Bedeutung vgl. Bonolis und Leon, *Astrophysics*, 2023, 372–414. Ich danke Juan-Andres Leon für weitere Hinweise.

160 Schneider an Dahrendorf 12.3.1970, BArch B196/16748.

161 Preiß (MPG-GV) an von Heppe (Staatssekretär BMBW) 9.4.70 (Zitat); Entwurf eines Aide-Mémoire vom 6.4.1970; Preiß an von Heppe am 25.5.1970, BArch B196/16748.

162 Vermerk Preiß über die Besprechungen in Spanien 30.6.–7.7.1970 vom 13.7.1970; Preiß an Blatzheim (BMBW) 17.7.1970, ebd. Nur 5 % Beobachtungszeit wurden spanischen Projekten eingeräumt. Vgl. hier auch die diversen Vertragsentwürfe für das Regierungsabkommen über das DSAZ, die im Wesentlichen vom MPI für ausländisches öffentliches Recht und Völkerrecht vorbereitet wurden. Pierre Encrenaz und seine Mitautoren sprechen im Unterschied zum IRAM hier von einer »near-colonialist attitude«: Encrenaz et al., Highlighting the History, 2011, 88.

Abb. 19: Das Observatorium auf dem Calar Alto (Provinz Almería, Spanien) in der Bauphase, ca. 1978/79.

und verzögerten sich die Bauarbeiten; gelegentlich wurden sie etwa wegen Korruptionsvorwürfen ganz unterbrochen. Erst im Juli 1975 starteten die ersten Beobachtungen mit dem kleineren der beiden vorgesehenen Teleskope. Noch bevor das DSAZ mit der Beendigung des ersten Bauabschnitts 1979 und der Inbetriebnahme des zweiten größeren Teleskops in einem Staatsakt offiziell eingeweiht werden konnte, musste man registrieren, dass die andalusischen Nächte längst nicht so wolkenlos waren, wie man bei der Standortentscheidung gedacht hatte.[163] Als schließlich 1986 das dritte und größte Teleskop installiert wurde, war es im Vergleich zu den Instrumenten des European Southern Observatory (ESO) auf La Silla in der chilenischen Atacama-Wüste, woran die MPG von Beginn an beteiligt war, technologisch bereits überholt. Dennoch konnten mit den Teleskopen auf dem Calar Alto nicht nur langfristige Beobachtungsprojekte des MPI für Astronomie – etwa der Calar Alto Deep Imaging Survey (CADIS) – durchgeführt werden. Im Verbund mit dem globalen Netz an Beobachtungsstationen gelangen darüber hinaus auch einige spektakuläre Beobachtungen von Schwarzen Löchern, Supernovae und Pulsaren. In ihrer Studie zur Astronomie, Astrophysik und Weltraumforschung an Max-Planck-Instituten bewerten Luisa

163 Die Eröffnungsfeierlichkeiten sind umfänglich dokumentiert in BArch B196/20310. Zu den Pannen bei der Errichtung und den technischen Unzulänglichkeiten der Calar Alto Teleskope vgl. Bonolis und Leon, *Astrophysics*, 2023, 373.

Bonolis und Juan-Andres Leon gleichwohl das Engagement der MPG auf dem Calar Alto, das nach einigen modifizierten Kooperationsverträgen 2018 endgültig beendet wurde, als insgesamt kritische Erfahrung. Sie habe die MPG letztlich veranlasst, zukünftig auf eigene große infrastrukturelle Investitionen zu verzichten und sich stattdessen an multilateralen Projekten zu beteiligen, deren aufwendige Infrastruktur von supranationalen Institutionen wie eben ESO oder CERN unterhalten wird.[164]

Diplomatie in eigener Sache

Wie immer man den wissenschaftlichen Ertrag der beträchtlichen infrastrukturellen Investitionen auf dem Calar Alto rückblickend bilanzieren mag: Ihre Erfolge und Misserfolge verdankten sich weitestgehend der wissenschaftlichen Initiative, vertraglichen Ausgestaltung, technischen Planung und kaufmännischen Leitung der MPG, genauer, der Generalverwaltung und des von ihr unterstützten MPI für Astronomie, das in dem nach eigenen Erkenntnisinteressen konstruierten Observatorium über das bei weitem größte Kontingent an Beobachtungszeiten verfügen konnte. Diese Investitionen und ihr Handling fielen in den Zeitraum zu Beginn der 1970er Jahre, in dem Willy Brandts neue Außenpolitik mit der wissenschaftlich-technischen Zusammenarbeit als »dritter Säule« Gestalt anzunehmen begann (→ 2.3). Das außenwissenschaftliche Engagement der MPG in Spanien wandelte sich in dieser Zeit: War es anfangs von kruden, um nicht zu sagen reaktionären kulturpolitischen Vorstellungen durchzogen, setzte sich im Fortgang eine primär an den eigenen Forschungsinteressen orientierte Wissenschaftsaußenpolitik durch, die jedwede außenpolitische Überlegungen einschließlich der Frage nach dem Umgang mit einem diktatorischen Regime möglichst hintanstellte.

Insgesamt lassen sich die spanischen Aktivitäten der MPG keiner der drei Dimensionen von Wissenschaftsdiplomatie – *Science for Diplomacy, Diplomacy for Science, Science in Diplomacy* – passgenau zuordnen. Dies umso weniger, als die MPG hier nicht als einheitlicher Akteur auftrat. Da gab es den selbstberufenen Kulturpolitiker Pietsch und den von ihm verführten MPG-Präsidenten Butenandt samt der langjährigen Chefin des Präsidialbüros Erika Bollmann, die während des Zweiten Weltkriegs die südosteuropäischen Ambitionen der KWG so lange administrativ vorangetrieben hatte, bis der zurückweichende Frontverlauf sie ausbremste.[165] Da gab es in den frühen Nachkriegsjahren die atomwissenschaftlichen Opportunisten, die sich die Möglichkeit offenhalten wollten, an den alliierten Verboten vorbei gegebenenfalls in Spanien ihre Forschungen

164 Bonolis und Leon, *Astrophysics*, 2023, 324, 325, 372–414, 428 und passim.

165 Zu Bollmann vgl. Heim, *Kalorien*, 2003, 80–84; ausführlich zu Bollmann: Kolboske, *Hierarchien*, 2023, Kapitel 2.6.1.2 »Die graue Eminenz« und passim; außerdem Kolboske und Scholz, Spannungsfelder, 2023.

fortsetzen zu können, und später die Radioastronomen, denen es allein auf den nach topographischen und klimatischen Gesichtspunkten ausgewählten Standort für ihre Teleskope ankam, der sich am Ende der Bauzeit leider als meteorologisch weniger geeignet erwies als erwartet. Und da gab es eine sich seit den 1960er Jahren reformierende Generalverwaltung, die die aus diesen disparaten Motiven geknüpften Beziehungen der MPG zu Spanien nach ihrem Verständnis zu normalisieren versuchte – insbesondere das einseitig MPG-finanzierte Stipendienprogramm für Nachwuchskräfte, die man nicht selbst aussuchen und nur teilweise in den eigenen Instituten platzieren konnte.

Von keinem dieser neben- und gegeneinander handelnden Akteure innerhalb der MPG sind Vorbehalte gegenüber dem bis 1975 an der Macht befindlichen Franco-Regime aktenkundig geworden. Man sprach mit jenen Verhandlungspartnern, die sich anboten und die durchweg jenem franquistisch-klerikalen Milieu angehörten, das das Regime intellektuell trug. Zuletzt akzeptierte man auch jenen notorischen Nazi-Spitzel Juretschke, zu dem man anfangs noch Distanz gehalten hatte, als offiziellen »Verbindungsmann« und Verhandlungsführer des CSIC in deutschen Angelegenheiten.[166] Diese politische Indifferenz der MPG-Akteure diente im Falle Spaniens nicht etwa einer wissenschaftsdiplomatischen Mission im Regierungsauftrag, sondern vor allem den selbstdefinierten Interessen – seien es die unzeitgemäßen kulturpolitischen Phantasmagorien des kryptofaschistischen Gespanns Pietzsch/Juretschke, seien es die dargebotenen infrastrukturellen Bedingungen für die atomphysikalischen und astronomischen Forschungsanliegen. Wenn die MPG hier Diplomatie betrieb, dann in eigener Sache – freilich durchaus in Übereinstimmung mit der jeweiligen westdeutschen Regierungspolitik.

Aus der Perspektive der Bundesregierungen gingen die Aktivitäten der MPG bzw. von einigen ihrer führenden Wissenschaftler im deutsch-spanischen Wissenschaftsaustausch nicht nur zu Zeiten von Adenauer und Strauß mit ihrer Außen- und insbesondere ihrer Atompolitik konform. Auch die sozialliberalen Regierungen wussten sie im Sinne ihrer neuen Prioritätensetzung zugunsten bilateraler wissenschaftlich-technischer Zusammenarbeit vor und nach dem spanischen Regimewechsel zu schätzen. Im Zuge der Vorbereitungen für die Eröffnungsfeierlichkeiten auf dem Calar Alto 1979 bilanzierte das zuständige BMFT die Ergebnisse des deutsch-spanischen Rahmenabkommens von 1970.[167] An fast allen dort aufgelisteten Erfolgen waren MPG-Wissenschaftler initiativ, beratend oder forschend beteiligt: Das begann mit Wirtz' Gastaufenthalten seit den frühen 1950er Jahren, die über die Jahre mehrere atomenergiepolitische Kooperationen beförderten, darunter 1973 eine Einzelvereinbarung zwischen dem KfK und der JEN über die »Zusammenarbeit auf dem Gebiet der friedlichen Nutzung der Kernenergie« und 1978 ein entsprechendes Regierungsabkommen.

166 So führte ihn MPG-Generalsekretär Schneider 1970 beim neuen Staatssekretär im AA, Dahrendorf ein: Schneider an Dahrendorf am 12.3.1970, BArch B 196/16748.

167 Vermerk van Hees 11.9.1979, BArch B 196/20310.

Es setzte sich mit Lüsts Spanienaufenthalt von 1967 fort, an den sich einige Kooperationsprojekte zwischen der Deutschen Forschungs- und Versuchsanstalt für Luft- und Raumfahrt (DFVLR) und dem entsprechenden *Instituto Nacional de Técnica Aeroespacial* (INTA) sowie die stärkere Einbindung Spaniens in die ESRO anschlossen. Es erreichte einen Höhepunkt mit dem Regierungsabkommen von 1972 über das formell gemeinsam von MPG und CSIC auf dem Calar Alto betriebene, realiter aber weit überwiegend von der MPG wissenschaftlich genutzte DSAZ.

Mit der institutionellen Arbeitsteilung zwischen der MPG und dem neu gegründeten Kernforschungszentrum und dem damit verbundenen Wechsel von Wirtz und seiner Reaktorforschungsgruppe nach Karlsruhe erübrigte sich die atomenergiewissenschaftliche Zusammenarbeit mit den spanischen Kollegen und Kolleginnen. Nicht nur die physikalisch ausgerichteten MPI blieben indessen eine bevorzugte Adresse für die Fortbildung des spanischen Wissenschaftsnachwuchses. Warum aber die MPG den selbstbewusst vorgetragenen Ausbildungswünschen des CSIC und der JEN mit dem einseitigen Stipendienprogramm so weit entgegenkam, dass sie ihre eigenen wissenschaftsaußenpolitischen Kriterien hintanstellte, mag sich aus der spezifischen mentalen Konstellation erklären, in der sich die franquistisch-klerikale Gegenwart der einen mit der nationalsozialistischen Vergangenheit der anderen Hauptprotagonisten verknüpfte. Ungeachtet der politisch-diktatorischen Realität in Spanien, die in den Akten der MPG – außer von dem notorisch kritischen Biologen Melchers – mit keinem Wort auch nur benannt wurde, verstand sich die MPG in der Beziehung zu den spanischen Wissenschaftsorganisationen als die gebende Seite. Die bundesdeutschen Vertretungen in Madrid und Barcelona sahen es ebenso und versicherten ihr den Dank des Vaterlandes. Aber auch von spanischer Seite ließen es sich die MPG-Repräsentanten – Hahn, Heisenberg, Wirtz, Pietsch und Butenandt – danken: Auszeichnungen wie Ehrendoktorate spanischer Universitäten, Ehrenmitgliedschaften im CSIC und in wissenschaftlichen Fachgesellschaften, aber auch staatliche Orden wurden bereitwillig entgegengenommen, Empfänge bei Franco fraglos besucht.[168]

Immerhin dürfte das von der Generalverwaltung über die Jahre eher widerwillig administrierte und finanzierte Stipendienprogramm die Bereitschaft auf spanischer Seite befördert haben, ihrerseits ihre außenwissenschaftspolitischen Leitlinien zu dehnen. Grundsätzlich nämlich lehnte die franquistische Wissenschaftspolitik ausländische Institutsgründungen ab und war stattdessen darauf bedacht, die spanische Wissenschaftslandschaft in eigener Regie, freilich mit

168 Die höchste Auszeichnung, nämlich das Komturkreuz des Ordens *Alfonso X El Sabio*, nahm Wirtz 1960 entgegen, wie er noch 1988 mit Stolz notierte, vgl. Wirtz, *Im Umkreis*, 1988, 88; Hermann, *Karl Wirtz*, 2006, 124. Kritische Äußerungen finden sich weder in den internen Aufzeichnungen der Generalverwaltung oder den Präsidialakten der MPG noch etwa im Briefwechsel zwischen Heisenberg und Wirtz oder zwischen Butenandt und Pietsch.

im Ausland ausgebildeten Fachkräften, aufzubauen.[169] Dennoch gestattete sie der MPG schließlich, ein Observatorium auf dem Calar Alto zu errichten, das der Form halber als bilaterales Zentrum konfiguriert, realiter aber bis 2004 als wissenschaftliche Außenstelle des MPI für Astronomie betrieben wurde und insofern auch nicht mit der Bibliotheca Hertziana in Rom oder dem MPI für Psycholinguistik in Nijmegen als wissenschaftlich eigenständigen Max-Planck-Instituten im Ausland vergleichbar war.[170]

Rückblickend lässt sich resümieren, dass das spanische Engagement zwei außenwissenschaftspolitische Lektionen für die MPG bereithielt: Erstens sollte man keine einseitigen Verpflichtungen eingehen, und insbesondere nicht solche, die einem vom ausländischen Kooperationspartner ausgewählte Gastwissenschaftler/innen aufnötigten. Zweitens sollten Investitionen in aufwendige Infrastruktureinrichtungen, wie die immer größeren Teleskope für Astronomie und Raumforschung, vermieden werden. Solch hohe finanzielle Risiken, noch dazu im Ausland, waren besser auf supranationale Institutionen zu verlagern und die wissenschaftliche Nutzung mit den entsprechenden ausländischen Partnern multilateral zu organisieren.

Ein Beispiel für das erfolgreiche Beherzigen der zweiten Lektion ist das *Institut de Radioastronomie Millimétrique* (IRAM), das nach jahrelangen Verhandlungen mit diversen möglichen Partnerinstitutionen in Europa und mehrfach gescheiterten Finanzierungsplänen letztlich 1979, gemeinsam mit dem französischen CNRS und dem spanischen *Instituto Geográfico Nacional* (IGN), gegründet wurde. Es unterhält zwei Observatorien auf dem Plateau de Bure in der Nähe von Grenoble, wo auch die Hauptverwaltung lokalisiert wurde, und auf dem Pico Veleta nahe Granada. Heute präsentiert sich das IRAM als »a model of scientific multinational cooperation«.[171] In diesem Sinne normalisierten sich die besonderen Beziehungen der MPG zu Spanien seit Ende der 1970er Jahre:

169 Dies musste der Direktor des MPI für Kulturpflanzenforschung, Reinhold v. Sengbusch, erfahren, der 1963 gehofft hatte, eine Außenstelle auf Teneriffa errichten zu können (Albareda an Pietsch am 29.3.1963, AMPG, II. Abt., Rep. 102, Nr. 346, fol. 305–306). Nach seiner Rückkehr aus Spanien beschied ihm Butenandt, dass der spanische Kulturminister und der CSIC-Präsident die »Errichtung deutscher Forschungseinrichtungen in Spanien« ebenso wie zuvor schon der MPG Verwaltungsrat »ganz eindeutig« ablehnten, man habe dort genug Forschungsinstitute und es käme ihnen nur darauf an, »aus Deutschland geistige Anregung und personelle Ergänzung zu erhalten« (Vermerk Ballreich am 20.12.1963, Butenandt an Sengbusch am 21.12.1963 (Zitate), AMPG, II. Abt., Rep. 102, Nr. 346, fol. 181–183).

170 Henning und Kazemi, *Handbuch, Bd. 1*, 2016, 121.

171 Institut de Radioastronomie Millimétrique (IRAM), Institute, https://www.iram-institute.org/EN/content-page-8-1-8-0-0-0.html, zuletzt aufgerufen am 9.2.2020. Zur langwierigen Gründungsgeschichte, an der u. a. auch britische, schwedische und niederländische Institutionen beteiligt waren, vgl. Encrenaz et al., Highlighting the History, 2011, 87–90. Zu den in Zusammenarbeit mit dem IRAM betriebenen Forschungen des MPI für Radioastronomie vgl. Bonolis und Leon, *Astrophysics*, 2023, 376–378.

das Stipendienprogramm wurde umgestaltet, das DSZA auf dem Calar Alto ab 2004 tatsächlich bilateral geführt und 2018 vollständig an spanische Trägerinstitutionen übergeben. Gleichzeitig verstärkte sich das Engagement der MPG in multilateral betriebenen Großforschungseinrichtungen.

3.3 Mit dem politischen Gegner wissenschaftlich kooperieren: UdSSR

Ganz anders stellt sich die Entwicklung der wissenschaftlichen Beziehungen der MPG zur Sowjetunion dar: Zwar lässt sich auch hier eine Normalisierung gemäß den wissenschaftsaußenpolitischen Kriterien der Generalverwaltung beobachten, allerdings setzte sie erst beinahe zwanzig Jahre später mit dem von Gorbatschow eingeleiteten Ende des Kalten Krieges ein. Bis dahin standen die wissenschaftlichen Beziehungen der MPG zu sowjetischen Forschungseinrichtungen in einem je nach der politischen Konjunktur des Kalten Krieges mal mehr, mal weniger ausgeprägten Spannungsverhältnis sowohl zur Außenpolitik der Bundesregierung als auch zu den politischen Restriktionen und vor allem den Reiseverboten, denen ihre sowjetischen Kollegen und Kolleginnen unterlagen.[172] Seitens der Bundesregierungen bekam die MPG höchst selten die Chance, sich proaktiv in den Dienst einer auswärtigen Kulturpolitik zu stellen. Im Gegenteil, die meiste Zeit sah sie sich in der politisch heiklen Lage, an allen politischen Restriktionen des Kalten Krieges vorbei zu versuchen, die teils weit zurückreichenden wissenschaftlichen Beziehungen aufrechtzuerhalten und neue Kooperationen auszubauen.

Seit Aufnahme der diplomatischen Beziehungen zwischen Bonn und Moskau 1955 bemühte sich die MPG gegen außenwissenschaftspolitische Widerstände im eigenen und anderen Land um die Wiederherstellung jener Normalität und Intensität, die den wissenschaftlichen Austausch ihrer Vorgängerorganisation mit sowjetischen Institutionen, Kollegen und Kolleginnen noch über 1933 hinaus ausgezeichnet hatten, bis ihn das Reichswissenschaftsministerium 1937 untersagte. Jürgen Nötzold hat diese besondere Verbindung, die auf eine bis in die Aufklärung des frühen 18. Jahrhunderts zurückreichende deutsch-russische Tradition bilateraler wissenschaftlicher Transfers aufsetzte, beschrieben. Aus einem nur in den Anfängen deutsch dominierten Lehrer-Schüler-Verhältnis wurde demnach rasch ein qualitativ gleich zu gewichtendes Austauschverhält-

172 Anders sah es mit der sowjetischen Außenwissenschaftspolitik im eigenen osteuropäischen Lager aus: Nagornaja und Nikonova, Sowjetische Kulturdiplomatie, 2018; Schmid, Nuclear Colonization?, 2011. Für kritische Lektüre dieses Kapitels und wertvolle Hinweise danke ich Fabian Lüscher.

nis zwischen Kollegen und Kolleginnen. Dieses bestand vor allem innerhalb der physikalischen und agrarwissenschaftlichen Fachrichtungen, aber auch zwischen unterschiedlich entwickelten Disziplinen.[173]

Wissenschaftstransfer: Vom beiderseitigen Nutzen zum Sicherheitsrisiko

Für die KWG zeigt dies schlaglichtartig eine Rückblende in die späten 1920er und frühen 1930er Jahre: 1925 hatte man den Direktor des KWI für Hirnforschung, Oskar Vogt, nach Moskau eingeladen, um das Hirn des 1924 verstorbenen Revolutionsführers Lenin pathologisch zu untersuchen und zugleich das Staats- und spätere Akademieinstitut für Hirnforschung aufzubauen. 1932 bot man ihm darüber hinaus sogar die Leitung der gesamten sowjetischen Neurologie und Psychiatrie an.[174] Währenddessen berichtete der deutsche Generalkonsul in Leningrad über den Allrussischen Genetischen Kongress von 1927 ans Auswärtige Amt in Berlin:

> Für Deutschland ist das Ergebnis des Kongresses in wissenschaftlicher Beziehung unerfreulich. Es hat bewiesen, daß Rußland, wie mir von den verschiedensten Seiten versichert wurde, auf dem Gebiet der genetischen Wissenschaft uns weit überflügelt hat.[175]

Nachdem der KWG-Wissenschaftler Lenins Hirn in 30.000 Schnitten präpariert und dem Revolutionär eine geniale Assoziationsfähigkeit bescheinigt hatte, zog er es dennoch vor, nach Hause zurückzukehren und dort zusammen mit seiner Frau und Kollegin, Cécile Vogt, und den Töchtern Marthe und Marguerite die Hirnforschung weiter voranzutreiben. Zuvor aber hatte er noch die beiden jungen russischen Biologen Nikolai und Elena Timofejew-Ressowski veranlasst, nach Berlin überzusiedeln und an seinem Institut die bis dahin in der KWG nicht vertretene Drosophila-Genetik aufzubauen.[176] Zwar verloren die deutsch-sowjetischen Wissenschaftsbeziehungen gegen Ende der 1920er Jahre in beiden Ländern und auch in der KWG im internationalen Vergleich ihre Vorrangstellung. Aber noch 1930/31 stellten die Sowjets mit 26 Personen die drittgrößte Gruppe der Gäste an Kaiser-Wilhelm-Instituten, hinter Japan mit 43 und den USA mit 39 Personen.[177]

173 Nötzold, Wissenschaftsbeziehungen, 1990, 778–792. Vgl. auch Beitel und Nötzold, *Wirtschaftsbeziehungen*, 1979.

174 Nötzold, Wissenschaftsbeziehungen, 1990, 781.

175 Zitiert nach ebd., 785.

176 Zu den Arbeiten dieser beiden forschenden Familien und ihren dramatischen weiteren Biographien vgl. Satzinger, *Geschichte*, 1998; Satzinger, Krankheiten, 2003. Zur Drosophilagenetik am KWI für Hirnforschung vgl. Gausemeier, *Ordnungen*, 2005, 150–175. Zu Vogts Tätigkeit in Moskau vgl. Spengler, *Lenins Hirn*, 1991; Granin, *Der Genetiker*, 1991.

177 Nötzold, Wissenschaftsbeziehungen, 1990, 787.

Der Krieg und der unmittelbar anschließende Kalte Krieg unterbrachen diesen engen wissenschaftlichen Austausch für fast zwanzig Jahre. Aber sobald die Sowjetunion in der bald nach Stalins Tod 1953 einsetzenden »Tauwetter«-Phase vorsichtig begann, sich dem internationalen wissenschaftlichen Austausch auch in westlicher Richtung wieder zu öffnen, interessierten sich sowjetische Wissenschaftler nicht nur für die neuesten naturwissenschaftlichen und technologischen Entwicklungen in den USA, Frankreich und Großbritannien, sondern auch in der Bundesrepublik. Allerdings hatten sich die geopolitischen Rahmenbedingungen für einen deutsch-sowjetischen Wissenschaftsaustausch radikal verändert: Die Sowjetunion war zur Welt- und Atommacht aufgestiegen und hatte ihren europäischen Herrschaftsbereich bis an die innerdeutsche Grenze ausgedehnt. Wissenschaftliche Forschung war auf beiden Seiten des Eisernen Vorhangs – mehr als je zuvor in der Geschichte wissenschaftlicher Transfers – gleichermaßen zum Problem und Garanten der nationalen Sicherheit im jeweiligen Blocksystem geworden.[178]

Als 1955/56 die ersten wissenschaftlich attraktiven Einladungen aus Moskau bei MPG-Wissenschaftlern eintrafen, wandten diese sich vorsorglich ans Auswärtige Amt. Der Direktor des MPI für Eisenforschung, Franz Wever, und sein Mitarbeiter Max Hempel wollten ohne eine amtliche Zusicherung, dass ihre zweiwöchige Vortragsserie an der sowjetischen Akademie der Wissenschaften (AdW-SU) tatsächlich »im deutschen Interesse« liege, nicht aufbrechen. Das Amt bestätigte das zwar nicht, meldete aber auch keine gravierenden Bedenken an, empfahl die Moskau-Reisenden in die Obhut der deutschen Botschaft und bat um einen späteren Reisebericht, den die Deutsche Gesellschaft für Osteuropakunde auswerten würde.[179]

Karl-Friedrich Bonhoeffer vom KWI für physikalische Chemie hingegen wollte sich nicht unter die Kuratel des Auswärtigen Amtes begeben, sondern nur einem etwaigen späteren Vorwurf des Staats- und Geheimnisverrats vorbeugen. Er war im gleichen Jahr zur Vierten Allunions-Konferenz der Elektrochemie eingeladen worden, und zwar von seinem Moskauer Fachkollegen Alexander N. Frumkin. Der Direktor des Akademieinstituts für Elektrochemie kämpfte seinerseits trickreich, aber mäßig erfolgreich gegen die Publikations- und Reiseverbote seiner Staatsführung an.[180] Erst im Vorjahr 1955 hatte sie ihm im letzten

178 Diese Problematik ist im Anschluss an die Arbeiten von Forman (Behind Quantum Electronics, 1987) und Kevles (Cold War and Hot Physics, 1990) vor allem für die US-amerikanische Physikgeschichte bearbeitet worden: Rubinson, *Redefining Science*, 2016; Krige, National Security and Academia, 2014; Krige, Ford Foundation, 2012. Für die sowjetische Seite: Holloway, *Stalin and the Bomb*, 1994; Krementsov, Of the Bomb, 2007. Vgl. auch Lüscher, *Nuklearer Internationalismus*, 2021, 97–102, 136–144.

179 Telefonvermerk für Horst vom 7.6.1956; Wever an Toptschijew (AdW-SU) am 9.6.1956; Wever an Horst (AA) am 28.8.1956 (Zitat); Horst an Wever am 17.9.1956; Vermerk Merten (Botschaft Moskau) vom 20.10.1956 über die Besuche Wevers und Hempels in der Botschaft, PAAA B 94-28.

180 Zu Frumkin und der Allunions-Konferenz 1956 vgl. Petrii und Fletcher, Frumkin Era, 2015, 79–80.

Moment die von Bonhoeffer arrangierte Vortragsreise zur Hauptversammlung der Fachgruppe Elektrochemie in der Gesellschaft Deutscher Chemiker untersagt. Mit Verweis auf die politische Gängelung seines Kollegen in der Sowjetunion versuchte Bonhoeffer, die Vorbehalte des Auswärtigen Amtes gegen seine eigene Reise zu entkräften: Falls er die Gegeneinladung nun seinerseits ausschlagen müsse, würde nur deutlich werden, dass es sich in beiden Fällen nicht etwa, wie das Amt unterstellt hatte, um sowjetischerseits »politisch gesteuerte«, sondern hier wie dort um »politisch verhinderte« Besuche von zwei Wissenschaftlern handelte, »die aus sachlichen und menschlichen Gründen einen Kontakt aufrecht zu erhalten bzw. wieder aufzunehmen wünschen«; die Bundesregierung mache sich, so der Unterton, mit der sowjetischen Staatsführung gemein. Im Übrigen habe er sich längst mit seinen Kollegen am Massachusetts Institute of Technology (MIT) abgestimmt, mit denen zusammen er für 1957 ein Fachkolloquium in der Bundesrepublik vorbereite, zu dem auch die einschlägigen sowjetischen Kollegen eingeladen werden sollten. Insofern liege seine Moskau-Reise »durchaus im derzeitigen Sinne der Wissenschaftspolitik der Westmächte«.[181] Bonhoeffer reiste guten Gewissens auch ohne den Segen des Auswärtigen Amtes nach Moskau.

Wissenschaftliche Wiederannäherung unter außenpolitischen Störfeuern

Wever und Bonhoeffer blieben nicht die einzigen MPG-Wissenschaftler, die Mitte der 1950er Jahre in die Sowjetunion reisten. Generalsekretär Telschow wusste 1958 von mindestens drei weiteren Direktoren, und er vermutete, dass zwischenzeitlich noch mehr MPG-Wissenschaftler dorthin gereist waren.[182] Angesichts der widrigen Zeitumstände ließ sich der Austausch mit den sowjetischen Kollegen aus Sicht der MPG also gar nicht so schlecht an, auch wenn es mit den Gegeneinladungen noch haperte. Noch intensiver wäre er geworden, hätte man den Vorschlag zügig umsetzen können, den der Kulturattaché der sowjetischen Botschaft im Auftrag der AdW-SU dem MPG-Generalsekretär Telschow im Mai 1958 persönlich vortrug: MPG und AdW-SU sollten wechselseitig Verhandlungskommissionen entsenden, die sich zunächst über die wissenschaftlichen Gegebenheiten der anderen Institution informieren und dann die Einzelheiten eines Austauschprogramms – insbesondere längere Arbeitsaufenthalte für jüngere und kürzere Vortragsreisen für ältere Wissenschaftler und Wissenschaftlerin-

181 v. Trützschler an Bonhoeffer 7.7.1956; Bonhoeffer an v. Trützschler (AA) 16.8.1956 (Zitate), PA AA, B 94-REF. 604/IV5/28.

182 Telschow an Scholl (AA) am 18.11.1958, AMPG, II. Abt., Rep. 102, Nr. 353, fol. 302–304. Die bekannten Moskau-Reisenden waren Karl Ziegler (MPI Kohlenforschung), Ludwig Biermann (MPI Physik und Astrophysik) und Walter Dieminger (MPI für Aeronomie).

nen – ausverhandeln sollten.[183] Im Verwaltungsrat und Senat stieß der Vorschlag auf einvernehmliche Zustimmung. Selbst der Bundeskanzler bekundete am Rande der Hauptversammlung Ende Mai 1958 sein Einverständnis, empfahl nur, »die Amerikaner« nicht etwa um Erlaubnis zu bitten, aber doch zu informieren, bevor es die Presse tat.[184] Mit dieser Rückendeckung preschte Telschow voran – ungeachtet der telefonischen Intervention des DFG-Präsidenten. Gerhard Hess hatte einige Tage nach der Senatssitzung indigniert nachgefragt, ob die MPG »die Sache jetzt allein [...] machen« wolle, nachdem man auf Empfehlung des Auswärtigen Amtes auf ein früheres informelles Gesprächsangebot der AdW-SU an DFG und MPG nicht eingegangen sei.[185] Telschow ließ sich nicht bremsen, stellte eine mögliche Delegation mit Heisenberg an der Spitze zusammen und brachte das entsprechende präsidiale Schreiben an die AdW-SU zügig auf den Weg.[186]

Über den Sommer 1958 geschah nicht viel, weder in Moskau noch in Bonn oder Göttingen. Im Herbst aber bat das Auswärtige Amt Telschow nach Bonn, nachdem es vertraulich durch seine Moskauer Botschaft über die Absichten von MPG und AdW-SU unterrichtet worden war.[187] Dort erwartete ihn ein fünfköpfiges Gremium der Kulturabteilung, das ihn über die Pläne der Bundesregierung, nämlich den Abschluss eines Kulturabkommens mit der Sowjetunion, aufklärte und die außenwissenschaftspolitische Geschlossenheit der bundesdeutschen Wissenschaftsorganisationen anmahnte.[188] Das Auswärtige Amt sah sich seinerseits unter Druck: Das Kulturabkommen mit der Sowjetunion sollte möglichst rasch zum Abschluss kommen, bevor »uns andere Länder und insbesondere die SBZ auf wichtigen Gebieten zuvorkommen«.[189] Das Amt und seine Moskauer Botschaft wussten selbstverständlich um die Attraktivität gerade der MPG für die sowjetischen Verhandlungspartner, die sich im kulturellen Bereich am liebsten auf Folklore, Ballett und Sprachförderung beschränkt hätten, während sie im wissenschaftlichen Bereich auf die ideologisch weniger brisanten Naturwissenschaften setzten. Dabei sollte die Kooperation mit den forschenden Akademieinstituten der MPG vorbehalten bleiben, wohingegen die Universitäten – die auf sowjetischer Seite, weitgehend zutreffend, als Lehr-

183 Vermerk Telschow am 13.5.1958, AMPG, II. Abt., Rep. 102, Nr. 354, fol. 379–381. Vgl. zum Folgenden auch Nötzold, Wissenschaftsbeziehungen, 1990, 792–795. Zur Geschichte der AdW-SU vgl. Vucinich, *Empire of Knowledge*, 1984.

184 Protokoll der 30. Sitzung des Senates vom 29.5.1958 in Hannover, AMPG, II. Abt., Rep. 60, Nr. 30.SP, fot. 20; Vermerk Telschow am 5.6.1958 (Zitat), AMPG, II. Abt., Rep. 102, Nr. 353, fol. 319.

185 Vermerk Telschow am 4.6.1958, AMPG, II. Abt., Rep. 102, Nr. 353, fol. 323–324.

186 Vermerk Telschow am 5.6.1958; Hahn an Nesmejanow (Präsident AdW-SU) am 13.6.1958, ebd., fol. 313, 319. Delegationsmitglieder sollten sein: Heisenberg, Biermann, Butenandt, Kuhn, Dölle, Friedrich-Freksa, ggf. noch Witt und Rudorf.

187 Von Trützschler an Telschow am 14.10.1958, ebd., fol. 311–312.

188 Vermerk Telschow am 5.11.1958 über die Besprechung im AA am 3.11.1958, ebd., fol. 307–308.

189 Telegramm Kroll (Botschaft Moskau) an AA am 6.6.1958, PA AA BAV 164-MOSK/5009; SBZ steht für Sowjetische Besatzungszone.

anstalten mit geringer wissenschaftlicher Produktivität galten – sich ausschließlich untereinander austauschen sollten.[190] Eine solche Deklassierung war für die westdeutschen Universitäten und ihre Interessenvertreter, DFG und Hochschulrektorenkonferenz (HRK), inakzeptabel. Wenn das Auswärtige Amt seine kulturpolitischen Interessen, die sich nicht zuletzt an den Studierendenaustausch und die damit erhoffte politische Wirkung auf die nächste Generation knüpften, wenigstens im Ansatz realisieren wollte, musste es die sowjetische Seite mit den Max-Planck-Instituten locken, durfte aber die Universitäten zuhause nicht verprellen. Die bundesdeutsche Wissenschaft musste als Gesamtpaket verhandelt werden; Rosinenpickerei seitens der Sowjets, aber auch der MPG galt es zu verhindern. DFG, HRK und alle anderen Instanzen der bundesdeutschen Wissenschaftspolitik teilten diese Sicht.[191]

Telschow fügte sich widerwillig und informierte fortan das Auswärtige Amt über seine weitere Korrespondenz mit der AdW-SU. Aber er wies ebenso regelmäßig darauf hin, dass, wenn schon die MPG in das staatliche Kulturabkommen einbezogen würde, dort keinesfalls Details der wissenschaftlichen Zusammenarbeit fixiert werden dürften, die die Autonomie der Max-Planck-Institute in der Gestaltung ihrer Kooperation mit sowjetischen Forschungseinrichtungen in irgendeiner Weise einschränkten.[192] Als das Kulturabkommen im Mai 1959 schließlich unterzeichnet wurde,[193] dankte Telschow dem zuständigen Legationsrat süffisant: Es habe »ja lange gedauert, bis Sie dieses Ergebnis erreichen konnten«, und er »glaube, man sollte Ihnen und allen beteiligten Herren dafür Dank sagen«, auch wenn sich erst noch zeigen müsse, was es für die Bundesrepublik bringe. Er schloss mit der doppeldeutigen Ankündigung, bei den Wissenschaftlern der Max-Planck-Gesellschaft bestehe jedenfalls »der feste Wille, aus den vorgesehenen Bestimmungen das Beste zu machen«.[194] Legationsrat Scholl dankte nicht weniger ironisch »für die so freundlichen Worte«.[195]

190 Zum gespannten Verhältnis von Physikern der AdW-SU und ihren Kollegen an den Universitäten vgl. Holloway, *Stalin and the Bomb*, 1994, 209–213.

191 Von Trützschler an Telschow am 14.10.1958, Vermerk Telschow am 5.11.1958, AMPG, II. Abt., Rep. 102, Nr. 353, fol. 307–308, 311–312. Diese auch noch nach Abschluss des Kulturabkommens weiterbestehende Problemlage wird auch in Protokollen und Vermerken des AA thematisiert, vgl. z. B.: Vermerk über die zweite Besprechung beim Staatlichen Komitee für kulturelle Beziehungen mit dem Ausland in Moskau am 26.6.1959; Protokoll über eine Sitzung im AA am 25.4.1960 mit Vertreter/innen von AA, BMI, DFG, KMK, MPG, HRK, DAAD; Bericht Fehling (AA) 25.4.1960, PA AA/B 97-REF. VI 8/VI 10/97.

192 Telschow an von Trützschler am 14.11.1958, Telschow an Scholl am 18.11.1958 und 16.6.1959, AMPG, II. Abt., Rep. 102, Nr. 353, fol. 302–304, 334, 363–364.

193 »Die Kabinettsprotokolle der Bundesregierung« Online: 8. Zustimmung der Bundesregierung zum Entwurf einer deutsch-sowjetischen Vereinbarung über einen kulturellen und technisch-wirtschaftlichen Austausch, AA. Bundesarchiv, 14.5.1959. https://www.bundesarchiv.de/cocoon/barch/0/k/k1959k/kap1_2/kap2_18/para3_7.html, zuletzt aufgerufen am 16.2.2019.

194 Telschow an Scholl am 16.6.1959, AMPG, II. Abt., Rep. 102, Nr. 354, fol. 334.

195 Scholl an Telschow am 8.7.1959, PA AA, B 97-REF. IV8/IV10/57.

Tatsächlich war die Idee eines Sonderabkommens zwischen der AdW-SU und der MPG auch nach Inkrafttreten des staatlichen Kulturabkommens nicht vom Tisch. Vor allem die AdW-SU hielt, wie der Vertreter des Auswärtigen Amtes bei seinen Verhandlungen über dessen konkrete Umsetzung im Frühjahr 1960 in Moskau feststellte, an diesem von ihr »zähe verfolgten Ziel« fest. Sie geizte mit Austauschplätzen für bundesdeutsche Universitätswissenschaftler/innen und setzte auf den noch ausstehenden Delegationenaustausch mit der MPG, der sich wegen der zwischenstaatlichen Verhandlungen verzögert hatte.[196] Die MPG behielt sich ihrerseits – allen Solidaritätsappellen der bundesdeutschen Wissenschaftsorganisationen zum Trotz – vor, die Frage »innerhalb der Max-Planck-Gesellschaft auf höchster Ebene zu entscheiden«.[197] Gegenüber dem ebenfalls aus Russland stammenden Direktor des MPI für Biophysik, Boris Rajewsky, der gerade im Begriff war, sich mit dem Auswärtigen Amt über eine mögliche Reise in die Sowjetunion abzustimmen, wetterte Telschow offen gegen die, wie er es sah, Anmaßungen der bundesdeutschen Außen- und Wissenschaftspolitiker:

> [...] aus dem Kreise der [bundesdeutschen, CS] Verhandlungspartner [wurde] der Vorschlag gemacht, daß sich die Max-Planck-Gesellschaft in Zukunft bei allen Abreden mit der Moskauer Akademie vorher mit dem Auswärtigen Amt abgleichen sollte. Ich habe dagegen große Bedenken; nicht einmal im Dritten Reich waren wir gezwungen, bei einem wissenschaftlichen Austausch das Auswärtige Amt zu fragen. Wir haben es lediglich von unseren Vereinbarungen benachrichtigt. [...] Wir wissen doch selbst, was wir in Bezug auf das politische Verhalten der Bundesrepublik schuldig sind [...].[198]

Noch einmal konnte Telschow den Verwaltungsrat in seiner Interpretation wissenschaftlicher Autonomie gegenüber staatlicher Außenpolitik hinter sich bringen, aber seine Tage als Generaldirektor waren gezählt.[199] Nur eine Woche später, im Mai 1960, wählte der Senat den Nachfolger Hahns ins Präsidentenamt. Butenandt ernannte den zeitgleich pensionierten Telschow zwar zu seinem persönlichen Berater, aber die laufenden Geschäfte führten andere. Den wissenschaftlichen Austausch mit der Sowjetunion bearbeiteten fortan die rasch aufeinanderfolgenden Generalsekretäre Otto Benecke, Hans Seeliger und Hans Ballreich. Die Bundesregierung nutzte diese bis 1966 reichende Phase personeller Diskontinuität, um den Druck auf die MPG zu erhöhen, und schickte ihren

196 Bericht Fehling (AA) am 25.4.1960 über seine Verhandlungen zur Umsetzung des Abkommens in Moskau im Frühjahr 1960, PA AA, B 97-REF. IV8/IV10/57. Zu den Verzögerungen im Delegationenaustausch siehe: Scholl an Telschow am 8.7.1959; Aktennotiz 19.8.1959; Hahn an Nesmejanow (AdW) am 27.8.1959; Roether (AA) an Telschow am 2.3.1960, PA AA, B 97-REF. IV8/IV10/57.

197 So Pohley als MPG-Vertreter bei der Sitzung im AA am 25.4.1960, Protokoll über eine Sitzung im AA am 25.4.1960, PA AA, B 97-REF. IV8/IV10/57, 7.

198 Telschow an Rajewsky am 12.5.1960, AMPG, II. Abt., Rep. 102, Nr. 354, fol. 172–173. Der Briefwechsel Rajewskys mit dem Auswärtigen Amt einerseits und Telschow andererseits ist dokumentiert in AMPG, II. Abt., Rep. 102, Nr. 354, fol. 172–178.

199 Auszug aus dem Protokoll der 45. Sitzung des Verwaltungsrates vom 17.5.1960 in Bremen, ebd., fol. 169–171.

Atomminister und MPG-Senator Balke vor, um die neue Leitung der MPG auf eine gemeinsame außenwissenschaftspolitische Linie gegenüber der Sowjetunion zu bringen. Sie sollte auf ein Sonderabkommen mit der AdW-SU verzichten und stattdessen in der inzwischen bei der DFG eingerichteten Zentralen Austauschstelle mitarbeiten.[200] Butenandt zeigte sich gesprächsbereit, erneuerte aber zugleich die Einladung ans Präsidium der AdW-SU.[201]

Im Herbst 1960 stand bereits die Verlängerung des bis Jahresende knapp befristeten ersten zwischenstaatlichen Kulturabkommens an. Die Leitung der MPG stimmte schließlich zu, ihre Vorstellungen in diese Verhandlungen einzubringen.[202] Wie Butenandt im Verwaltungsrat erläuterte, war die MPG jedoch nur ausnahmsweise bereit, sich übergeordneten Zielen zu fügen:

> Wir haben hier früher bereits die Ansicht vertreten, dass die Max-Planck-Gesellschaft beim Abschluß etwaiger Austauschvereinbarungen frei sein muß, es scheinen hier aber tatsächlich besondere Verhältnisse vorzuliegen, auf die man im Gesamtinteresse der deutschen Wissenschaft Rücksicht nehmen muß.[203]

Um dem Senat die Zustimmung zu erleichtern und zugleich den Vertretern der Bundesregierung die Grenze ihres politischen Einflusses aufzuzeigen, fügte er hinzu, »daß von dem Abkommen nicht betroffen sind unmittelbarer Kontakt und Besuchsreisen unserer Institutsdirektoren, die wir selbst finanzieren«.[204] Genau diese »privaten« Dienstreisen, die nirgendwo zentral erfasst wurden, führten in den folgenden Jahren immer wieder zu Irritationen auf Seiten der DFG-Austauschstelle, des Auswärtigen Amtes und seiner Moskauer Botschaft.

Die MPG an der kurzen Leine des Auswärtigen Amtes

Einmal mehr kam es anders als geplant. Denn die Verhandlungen um die Verlängerung des staatlichen Kulturabkommens sollten – und zwar bis zum Ende des Jahrzehnts – immer wieder an der Berlin-Frage scheitern. Das bedeutete aber keinesfalls das Ende des wissenschaftlichen Austauschs. Vielmehr richteten sich alle Beteiligten im vertragslosen Zustand ein. Für die bundesdeutsche Seite verhandelte nicht mehr das Auswärtige Amt, sondern der »Beauftragte für den Austausch von Wissenschaftlern mit der Sowjetunion bei der DFG«, Wolfgang

200 Vermerk Ballreich am 23.6.1960 sowie Balke an Butenandt am 13.7.1960, AMPG, II. Abt., Rep. 102, Nr. 356, fol. 255–257, 340–341.

201 Butenandt an Balke am 3.8.1960 sowie Butenandt an AdW-Präsidium am 11.8.1960, AMPG, II. Abt., Rep. 102, Nr. 354, fol. 153, 155–156.

202 Scholl an Benecke am 28.7.1960, Benecke an Scholl am 2.8.1960, Scholl an Benecke am 11.8.1960, PA AA, B 97-REF. IV8/IV10/57.

203 Auszug aus dem Protokoll der 47. Sitzung des Verwaltungsrates vom 10.11.1960 in Köln, AMPG, II. Abt., Rep. 102, Nr. 354, fol. 148–151, Zitat fol. 149.

204 Auszug aus dem Protokoll der 37. Sitzung des Senates vom 11.11.1960 in Leverkusen, ebd., fol. 144–147, Zitat fol. 146.

Kasack. Seine institutionellen Gesprächspartner auf sowjetischer Seite waren neben der AdW-SU vor allem die für die verschiedenen Hochschultypen zuständigen Ministerien.[205] Die zuletzt zwischen ihnen nur noch mündlich ausgehandelten Austauschquoten galten ebenfalls als »private« Vereinbarungen, mit denen das diplomatische Tabu im deutsch-sowjetischen Verhältnis umgangen werden konnte und Westberliner Institutionen stillschweigend einbezogen wurden.[206] Fortan wickelte die MPG ihren Austausch mit der Sowjetunion bis auf die aus dem eigenen Budget finanzierten Dienstreisen über die DFG-Austauschstelle ab. Über die Mitgliedschaft im zugehörigen Ausschuss – zuerst von Josef Straub vom MPI für Züchtungsforschung, später von Alfred Seeger vom MPI für Metallforschung – sicherte sie sich ihren Einfluss auf die Auswahl der Austauschwissenschaftlerinnen und -wissenschaftler.[207]

Das Verhältnis zum Auswärtigen Amt blieb indessen gespannt: Mal mahnte es die MPG zur Zurückhaltung bei jenen »privaten« Reisen, die aus seiner Sicht die bundesdeutsche Position in der Berlin-Frage aufzuweichen drohten; mal versuchte es, die wissenschaftliche Attraktivität der Max-Planck-Institute als Joker einzusetzen, um der sowjetischen Seite doch noch Zugeständnisse abzuringen. Die MPG arrangierte sich zumeist mit dieser Ambivalenz, ohne sich bei den »privaten« Sowjetunion-Reisen hineinreden zu lassen. Und wann immer es im komplizierten Macht-, Zuständigkeits- und Verhandlungsgefüge heftiger knirschte, dachten ihre geschäftsführenden Repräsentanten laut darüber nach, ob man mit einem Sondervertrag, wie ihn die AdW-SU immer wieder mal anbot, nicht doch besser bedient wäre, nur um dann wieder murrend ins außenwissenschaftspolitische Glied zurückzutreten.[208]

205 Botschaft Moskau an AA am 20.1.1961, v. Ostermann (AA) an Botschaft Moskau am 6.2.1961, PA AA, B 97-REF. IV8/IV10/57.

206 Detailliert dazu Kasack, Die wissenschaftlichen Beziehungen, 1965. Der Leiter der Zentralen Austauschstelle beschreibt die Verfahren, die beteiligten Institutionen und den Umfang des Austauschs; demnach unternahmen von 1959 bis 1965 insgesamt 45 Deutsche und 37 Sowjets kurze Informationsreisen; langfristige Aufenthalte im Rahmen der Hochschulabkommen absolvierten 46 deutsche und 39 sowjetische Nachwuchskräfte, und im Rahmen des Akademieabkommens 10 Deutsche und 14 Sowjets, vgl. ebd., 34. Die MPG-Teilnehmer werden dort nicht ausgewiesen, die persönlichen Vortragseinladungen in das jeweils andere Land nicht beziffert. Auch seinen internen Jahresberichten und Verhandlungsprotokollen sind diese Daten nicht zu entnehmen: Tätigkeitsbericht für das Jahr 1961 1.2.1962 (fol. 561–566) und Bericht Kasack vom 15.10.1962, AMPG, II. Abt., Rep. 102, Nr. 357, fol. 328–330; Aufzeichnung der Besprechungen im Mai 1967, AMPG, II. Abt., Rep. 102, Nr. 358, fol. 47–49.

207 Rundschreiben Kasack an die Mitglieder des Ausschusses für den Austausch von Wissenschaftlern mit der Sowjetunion am 9.4.1965, AMPG, II. Abt., Rep. 102, Nr. 358, fol. 393–394.

208 PA AA/B 97-REF. VI 8/VI 10/97: Vermerk v. Ostermann (AA) am 30.11.1962; in dieser ausführlichen Notiz über ein Telefonat mit Ballreich (MPG) werden ein weiteres Mal die Zweifel innerhalb des AA an der loyalen Haltung der MPG in dieser Frage deutlich. Dass diese Zweifel nicht unberechtigt waren, zeigt das Protokoll des Wissenschaftlichen Rates vom 14.5.1963 in Augsburg, AMPG, II. Abt., Rep. 62, Nr. 1491. Seeger an Butenandt am 26.1.1965, AMPG, II. Abt., Rep. 102, Nr. 358, fol. 412.

Auch der bereits 1958 vereinbarte Delegationenaustausch wurde, als er 1962/63 auf eine neuerliche Initiative der AdW-SU hin endlich zustande kam, federführend vom DFG-Beauftragten Kasack organisiert.[209] Von sowjetischer Seite waren vielfältige Besuchswünsche auch von Universitätsinstituten signalisiert worden, was dem Auswärtigen Amt die Handhabe bot, in die Besuchsregie einzugreifen:

Die Aufgliederung der sowjetischen Besuchswünsche erleichtert uns, die Koordinierung des Besuchsprogramms dem Sonderausschuss der DFG zu übertragen, wodurch die Möglichkeit zu Gesprächen über eine Sondervereinbarung zwischen der Max-Planck-Gesellschaft und der sowjetischen Akademie eingeschränkt wird, zumal dann erreicht werden kann, dass Herr Dr. Kasack beim Besuch der Max-Planck-Gesellschaft anwesend ist.[210]

Nachdem man die MPG an die kurze Leine genommen hatte, waren immer noch komplizierte Protokollfragen zu klären, die der verlagerten Zuständigkeit und der heruntergestuften diplomatischen Bedeutung des Delegationenaustauschs Ausdruck verleihen sollten: Zahl, Rang und Status der Delegationsmitglieder mussten sich auf beiden Seiten gleichen. Die AdW-SU entsandte zwar keine führenden Repräsentanten, doch der Petrochemiker Georgi W. Winogradow, der Metallkundler Iwan A. Oding und der Quantenradiophysiker Nikolai G. Bassow waren auch nicht »die dritte Garnitur«, wie Rajewsky vermutete, weil er keinen von ihnen kannte.[211] Sie alle waren leitende Mitarbeiter an Akademieinstituten; der jüngste, Bassow, sollte zwei Jahre später den Nobelpreis erhalten.[212] Aber auch wenn der sowjetische Botschafter es sich nicht nehmen ließ, beim Abendempfang der MPG für die AdW-Delegation dabei zu sein, verzichtete das Auswärtige Amt auf einen höherrangigen Vertreter, um den »privaten« Charakter zu wahren.[213] Auf bundesdeutscher Seite wurde nach einigem Hin und Her bis hinauf zu einem Spitzengespräch zwischen Bundesaußenminister Gerhard Schröder und dem MPG-Präsidenten festgelegt, dass die MPG keinen Verhandlungsauftrag habe.[214] Das von der AdW-SU nach wie vor favorisierte Sonderabkommen sei also gar nicht zu thematisieren. Vielmehr solle, falls der vertraglose Zustand mündlicher Absprachen überhaupt einmal in ein »privates«

209 Vermerk Ballreich am 23.3.1962, AMPG, II. Abt., Rep. 102, Nr. 357, fol. 396; Vermerk Marsch am 10.4.1962, II. Abt., Rep.102, Nr. 353, fol. 240; Protokoll der 41. Sitzung des Senates vom 9.3.1962 in Göttingen, AMPG, II. Abt., Rep. 60, Nr. 41.SP, fol. 21–22.

210 Aufzeichnung v. Ostermann am 17.2.1962, PA AA, B 97-REF. IV8/IV10/57.

211 Vermerk Marsch am 14.11.1962, AMPG, II. Abt., Rep. 102, Nr. 353, fol. 196.

212 Ebd., fol. 193–195.

213 Vermerk Marsch am 14.11.1962, ebd., fol. 196. Butenandt an Dieter Sattler (Ministerialdirektor AA) am 26.11.1962, PA AA B 97-REF. VI 8/VI 10/97. Vermerk Ballreich über ein Gespräch mit Sattler am 25.2.1963, AMPG, II. Abt., Rep. 102, Nr. 354, fol. 111–112.

214 Vermerk Ballreich am 25.6.1963, AMPG, II. Abt., Rep. 102, Nr. 353, fol. 64; Butenandt an Schröder am 23.10.1963, AMPG, II. Abt., Rep. 102, Nr. 354.0, fol. 85–86.

Abkommen überführt werden würde, die DFG Vertragspartner sein.[215] Der diplomatische Rang der MPG-Delegation, die ein Jahr später im November 1963 nach Moskau reisen sollte, wurde daraufhin ebenfalls herabgestuft: Statt des MPG-Präsidenten reiste Rajewsky; für Heisenberg rückte der jüngere Reimar Lüst nach; von Telschows ursprünglichem Personalvorschlag blieb nur Richard Kuhn als Delegationsleiter übrig.[216]

Autonomie oder Plan, zweckfreie oder nützliche Wissenschaft

Was lernte man nun voneinander? In den zwei Gesprächsrunden im Dezember 1962 mit der MPG-Führung in München – außer Butenandt waren die Verwaltungsratsmitglieder Heisenberg und Dölle zugegen – kreisten die Fragen der sowjetischen Gäste fast durchweg um die Struktur des bundesdeutschen Wissenschaftssystems und die Position der MPG. Auch im Vergleich mit den US-amerikanischen und französischen Systemen, mit denen sie sich auszukennen glaubten, blieb ihnen das Fehlen jeglicher zentraler Wissenschaftsplanung in der Bundesrepublik und die scheinbar grenzenlose Freiheit der Wissenschaftler bei der Wahl ihrer Forschungsthemen kaum nachvollziehbar. Immer wieder fragten sie nach möglichen Funktionsäquivalenten zu ihren »Perspektivplänen«, »Problemräten« und dem neu gegründeten »Staatskomitee für die Koordinierung wissenschaftlicher Forschungsarbeiten«, für die es in den USA und Frankreich sehr wohl vergleichbare Gremien oder Strukturen gebe. Dass dies, wie Butenandt nicht müde wurde zu betonen, in der Bundesrepublik nicht der Fall sei, mochte Bassow kaum glauben, habe er doch »den Eindruck gewonnen, daß diese Frage [der Koordinierung, CS] in der deutschen wissenschaftlichen Welt im Augenblick aktuell sei«. Das »hohe Vertrauen«, das den führenden Wissenschaftlern und insbesondere den MPI-Direktoren entgegengebracht würde, konnte Winogradow sich nur mit der Beobachtung erklären, dass die Wissenschaftler in Industrieinstituten mehr verdienten als in staatlichen Einrichtungen und der MPG, dass also, »wer in einem Max-Planck-Institut arbeiten wolle, seine finanziellen Interessen der Aufrechterhaltung seiner wissenschaftlichen Initiative zum Opfer bringen müsse«.[217] Dem widersprach Butenandt nicht.

215 Seitens der MPG war man weniger entschieden und brachte sich als möglicher Vertragspartner immer wieder in Erinnerung: Sattler an Butenandt am 17.2.1962, AMPG, II. Abt., Rep. 102, Nr. 357, fol. 556–557. Protokoll der 44. Sitzung des Senates vom 13.3.1963 in Freiburg, AMPG, II. Abt., Rep. 60, Nr. 44.SP, fol. 251–252, 256. Protokoll der 57. Sitzung des Verwaltungsrates vom 14.5.1963 in Augsburg (auch Auszug AMPG, II. Abt., Rep. 102, Nr. 353, fol. 71–73). Protokoll der 46. Sitzung des Senates vom 6.12.1963 in Frankfurt am Main, AMPG, II. Abt., Rep. 60., Nr. 46.SP.

216 Vermerk Ballreich am 21.1.1963 sowie Ballreich an Kasack am 25.2.1963, AMPG, II. Abt., Rep. 102, Nr. 353, fol. 83–84, 88.

217 Alle Zitate siehe Aufzeichnung der Gespräche vom 4. und 5.12.1962 von Kasack, AMPG, II. Abt., Rep. 102, Nr. 357, fol. 64–75. Heisenberg und Dölle waren nur am ersten Tag

Heisenberg wollte von den sowjetischen Gästen eigentlich nur wissen, was er tun könne, damit die sowjetischen Kollegen, mit denen er Forschungsaufenthalte vereinbart hatte, auch tatsächlich an sein Institut kommen dürften; bisher seien Absagen, oft auch kurzfristige, eher die Regel als die Ausnahme. Ihm wurde empfohlen, so wie es die amerikanischen und französischen Kollegen längst praktizierten, Einladungen nicht nur an den jeweiligen Wissenschaftler persönlich, sondern zugleich an die Akademieleitung zu schicken, und zwar jeweils bis zum Spätherbst für das folgende Jahr. Wenn die Pläne erst einmal in Kraft seien, gebe es keine Spielräume mehr. Auch dann könne es passieren, dass der Eingeladene wegen etwaiger Planengpässe kurzfristig doch nicht abkömmlich sei, deshalb müsse man sich vorbehalten, gegebenenfalls einen anderen Fachvertreter zu schicken, und würde es überhaupt vorziehen, statt konkreter Personen Fachgebiete für den Austausch zu benennen. Das von sowjetischer Seite bevorzugte Entsendeprinzip folgte demnach primär der eigenen planwissenschaftlichen Rationalität (und ihren immanenten Unwägbarkeiten) und nur sekundär dem politischen Kontrollanspruch, der sich damit freilich von Fall zu Fall auch leicht kaschieren ließ.[218] Letztlich prallten im Streit um Entsende- versus Einladungsprinzip zwei inkompatible Vorstellungen von wissenschaftlicher Forschung aufeinander: die westliche Idee des autonomen erkenntnisgetriebenen Forschers inmitten seines individuell gewählten Forschungsfelds und der entsprechend gestalteten Infrastruktur gegen die östliche Überzeugung von der Notwendigkeit und Möglichkeit der Planung gesellschaftlich nützlicher Forschung und der Austauschbarkeit des Forschungspersonals gemäß den Planvorgaben. Nur der Quantenphysiker Bassow versuchte am zweiten Tag den Eindruck der MPG-Kollegen von der Weisungsgebundenheit sowjetischer Forscher zu korrigieren: Auch die Akademieinstitute seien frei in der Wahl der zu bearbeitenden Themen; die »Problemräte« würden koordinieren, nicht anweisen.[219]

zugegen, an beiden Tagen waren darüber hinaus leitende Mitarbeiter der Generalverwaltung und selbstverständlich Erika Bollmann sowie Kasack von der DFG beteiligt.

218 Aufzeichnung der Gespräche vom 4. und 5.12.1962 von Kasack, ebd. Zum sowjetischen Primat des Entsendeprinzips, das den deutsch-sowjetischen Austausch von Anfang an bestimmte, vgl. auch Vermerk über die zweite Besprechung beim Staatlichen Komitee für kulturelle Beziehungen mit dem Ausland, 26.6.1959, Bericht Fehling (AA) vom 25.4.1960 und Protokoll der Sitzung im AA vom 25.4.1960, PA AA/B 97-REF. VI 8/VI 10/97.

219 Aufzeichnung der Gespräche vom 4. und 5.12.1962 von Kasack, AMPG, II. Abt., Rep. 102, Nr. 357, fol. 64–75. Der langjährige US-amerikanische Programmkoordinator der US-Soviet and East European Programs bei der National Science Foundation, Gerson Sher, bestätigt das gewissermaßen: Zwar würde etwa 70 Prozent der sowjetischen Forschung in zivilen Instituten vom Militär finanziert, aber gerade in diesen Instituten hätten die Wissenschaftler ein ungewöhnliches Maß an Freiheit bei der Wahl ihrer Themen: »In part, this was one of the luxuries of the top-down, command-economy type of funding that characterized the Soviet science establishment in general. Funding was not project-specific; it was institute-specific, and the director had substantial latitude in determining which scientists and laboratories would be funded, and how.« Sher, *From Pugwash to Putin*, 2019, 115.

Abb. 20: Empfang der sowjetischen Wissenschaftlerdelegation bei der MPG in München am 4.12.1962: Georgi W. Winogradow (2. v. l.), Ursula Tschauner (m.), Nikolai G. Bassow (2. v. r.).

Der Hauptteil des Besuchsprogramms bestand für die sowjetischen Gäste, ebenso wie ein Jahr später für die MPG-Delegation in der Sowjetunion, in einer dichten Abfolge von Institutsbesichtigungen, die für jedes Delegationsmitglied individuell entsprechend seiner fachlichen Expertise zusammengestellt worden waren. Die Mitarbeiterin der MPG-Generalverwaltung, Ursula Tschauner, die Winogradow als Dolmetscherin begleitete, berichtete intern über ihre Rundreise mit einem eigensinnigen Gast: Fragen wollte er lieber selbst stellen als beantworten, womöglich hatte ihn der Botschaftssekretär, der ihn zu mitternächtlicher Stunde im Hotel noch zu einem »instruktiven Spaziergang« abgeholt hatte, entsprechend angewiesen. Sorgfältig vorbereitete Besichtigungen von Instituten, die, wie etwa das MPI für Strömungsforschung, Winogradow dann doch weniger interessierten, verkürzte er, ohne sich um Höflichkeitsregeln zu scheren; begeistert war er hingegen vom Erdölinstitut in Hannover, dessen Labors er am folgenden Tag gleich noch einmal besuchen wollte, vom Institut für Mechanik der Technischen Hochschule Aachen und vom Deutschen Kunststoffinstitut in Darmstadt. Zumindest in seinem Fall ging die Rechnung der DFG auf: Der Petrochemiker hatte sich selbst davon überzeugt, dass er für sein Fachgebiet an Technischen Hochschulen hochmotivierten Nachwuchs und interessantere

Gesprächspartner fand als in der MPG.[220] Die Zweifel seines Kollegen Oding an der sozialen Berechtigung zweckfreier Forschung ließen sich indessen auch durch dessen Institutsbesichtigungen nicht ausräumen.[221]

Vom Gegenbesuch der MPG-Delegation und vor allem seinen Institutsbesichtigungen im November 1963 berichtete der bereits erfahrene Sowjetunion-Reisende Lüst ausführlich in den MPG-Mitteilungen. Ihn beeindruckte die schiere Größe mancher Institute, wie besonders des Kurtschatow-Instituts für Kernenergie mit mehreren tausend Mitarbeitern, oder die hohe Anzahl junger Absolventen etwa im Fach Astronomie, vor allem aber die überall reichliche und weit entwickelte apparative Ausrüstung sowie die langjährigen Erfahrungen und innovativen Methoden, mit denen etwa in der Plasmaphysik, aber auch in der extraterrestrischen Physik bei der Beobachtung von Sonne und Mond gearbeitet wurde.[222] Auch wenn, wie er allerdings erst Jahre später im Senat berichtete, die »Atmosphäre überaus schlecht« gewesen sei und man »kaum Kontakte zu den wichtigen Stellen« habe herstellen können,[223] war seine Schlussfolgerung eindeutig: Bei der »Aufgeschlossenheit der Wissenschaftler dort« und dem »hohen Stand der wissenschaftlichen Forschung an den dortigen Instituten« musste der Austausch »mit allen Mitteln« fortgesetzt werden.[224]

Der Mittel waren nicht viele, es blieb bei den informellen mündlichen Absprachen zwischen dem DFG-Beauftragten und den diversen zuständigen Instanzen in der Sowjetunion. Die MPG-Wissenschaftler lernten, dass sie immer noch am weitesten kamen, wenn sie ihre sowjetischen Wunschpartner direkt oder vermittelt über ihre zunehmenden persönlichen Kontakte einluden bzw. sie bei »privaten« Reisen aufsuchten und sich um die Aufforderung des Auswärtigen Amtes, auf strikte Reziprozität zu achten, wenig kümmerten.[225] Auch die Westberliner Institute konnten so am ehesten ihre Kontakte in die Sowjetunion pflegen.[226]

220 Bericht Tschauner am 21.12.1962 über die Einzelreise Winogradow am 5.–15.12.1962, AMPG, II. Abt., Rep. 102, Nr. 357, fol. 43–50.

221 Seine entsprechenden Äußerungen in der Zeitschrift *Sowjetunion heute* dienten Butenandt in seiner Festrede 1963 als Kontrastfolie für seine Verteidigung des Harnack-Prinzips, vgl. Butenandt, Ansprache des Präsidenten, 1963, 27, siehe oben Kapitel 2.2.

222 Lüst, Eindrücke, 1964. Zum Kurtschatow-Institut, das das Zentrum des sowjetischen Atomprogramms darstellte, vgl. Holloway, *Stalin and the Bomb*, 1994; Josephson, *Red Atom*, 2000; Schmid, *Producing Power*, 2015.

223 Protokoll der 67. Sitzung des Senates vom 24.11.1970 in Stuttgart, AMPG, II. Abt., Rep. 60, Nr. 67.SP, fol. 16.

224 Lüst, Eindrücke, 1964, Zitate: 63.

225 Protokoll der 48. Sitzung des Senates vom 9.6.1964 in Hamburg, AMPG, II. Abt., Rep. 60, Nr. 48. SP, fol. 171, 179–180; Protokoll der 54. Sitzung des Senates vom 22.6.1966 in Frankfurt am Main, AMPG, II. Abt., Rep. 60, Nr. 54.SP, fol. 220, 226; Protokoll der 57. Sitzung des Senates vom 8.6.1967 in Kiel, AMPG, II. Abt., Rep. 60, Nr. 57.SP, fol. 267–268. Aufzeichnung Kasack über ein Spitzengespräch der Wissenschaftsorganisationen im Auswärtigen Amt am 16.6.1966, AMPG, II. Abt., Rep. 102, Nr. 355, fol. 420–421. Peckert (AA) an Butenandt am 24.6.1966, AMPG, II. Abt., Rep. 102, Nr. 358, fol. 176–178.

226 Davon konnte sogar ein geisteswissenschaftliches Institut profitieren: Hellmut Becker vom MPI für Bildungsforschung traf sich während seiner vierwöchigen Moskau-Reise

Neue staatliche und andere hinderliche Abkommen

Erst der neue sozialdemokratische Bundesaußenminister brachte 1966/67 wieder Bewegung in die deutsch-sowjetischen Wissenschaftsbeziehungen. Auch und gerade die Beziehungen zur UdSSR sollten mit der neu zu errichtenden dritten Säule der Brandt'schen Außenpolitik, der wissenschaftlich-technischen Zusammenarbeit, untersetzt werden. Unmittelbar bevor der DFG-Beauftragte im Mai 1967 zu seinen alljährlichen Absprachen über die Austauschquoten des Folgejahrs nach Moskau aufbrach, ließ ihn das Auswärtige Amt wissen, »es würde aus politischen Gründen größten Wert auf eine erhebliche Erweiterung des Wissenschaftleraustauschs legen«, und bat darum, »evtl. wissenschaftliche Bedenken gegenüber der politischen Notwendigkeit zurückzustellen«.[227] Manche seiner für die Universitäten zuständigen ministeriellen Gesprächspartner waren bereit, die Austauschkontingente zu erhöhen; bei der AdW-SU hingegen drang der DFG-Beauftragte nicht durch. Dort hatte man andere Vorstellungen über eine zukünftige Intensivierung der wissenschaftlichen Zusammenarbeit und ließ dem MPG-Präsidenten durch die sowjetische Botschaft in Bonn signalisieren, dass der Generalsekretär der Akademie gern zu direkten Gesprächen nach München kommen würde. Auch Butenandt hoffte, mit dem Rückenwind der neuen Außenpolitik den Austausch mit den Akademieinstituten ausweiten und vor allem mehr interessante sowjetische Gäste an die MPI bringen zu können, und lud den AdW-Generalsekretär Jānis W. Peive unverzüglich ein.[228] Aber seine Hoffnungen wurden bald gedämpft.

Es sollten wiederum vier Jahre ins Land gehen, bis der vereinbarte Besuch im Sommer 1971 tatsächlich stattfand. Bis dahin hatte die 1969 gewählte sozialliberale Bundesregierung die außenwissenschaftspolitischen Weichen in geordnetere, aber keineswegs neue Bahnen gelenkt. Voraussetzung dafür war der Abschluss des Moskauer Vertrages im August 1970 als außenpolitische Basis der neuen Ostpolitik. Parallel dazu verhandelte das BMBW in Absprache mit der DFG mit den zuständigen sowjetischen Stellen ein Abkommen über die wissenschaftlich-technische Zusammenarbeit. Wegen des noch immer geltenden Berlin-Junktims kam auch jetzt kein Staatsvertrag zwischen den zuständigen Ressorts, dem BMBW und dem Staatskomitee für Wissenschaft und Technik, in Betracht. Stattdessen einigte man sich auf ein von den »privaten« Wissenschafts-

mit dem Direktorium des International Institute for Educational Planning der UNESCO im Oktober 1965 zu einem Vieraugengespräch mit dem Präsidenten des sowjetischen Staatskommissariats für kulturelle Beziehungen mit dem Ausland, Romanowski, und man verständigte sich über einen pragmatischen Umgang mit Westberliner Instituten, Becker an Sattler am 21.10.1965; Botschaft Moskau an AA am 28.10.1965, PA AA, B 97-REF. IV8/IV10/53.

227 Aufzeichnung Kasack über die Besprechungen im Mai 1967, AMPG, II. Abt., Rep. 102, Nr. 358, fol. 47–49, Zitate fol. 48.

228 Butenandt an Peive am 18.9.1967, AMPG, II. Abt., Rep. 102, Nr. 355, fol. 9–10.

institutionen DFG und der AdW-SU zu vereinbarendes »Abschlusskommuniqué«, das der langjährigen vertragslosen Praxis einen formellen Rahmen geben sollte, aber konkrete Festlegungen späteren Fachkommissionen überließ. Die Unterzeichnung durch den DFG-Präsidenten Speer und den AdW-Generalsekretär Peive im September 1970 wurde im Festsaal der AdW-SU im Beisein aller ihrer lebenden Mitglieder »rein« akademisch inszeniert. Aber eigentlich krönte sie den Abschluss eines zwölftägigen Staatsbesuchs von Bundeswissenschaftsminister Leussink, der von den Chefs der »Heiligen Allianz« begleitet wurde: Neben dem DFG-Präsidenten Speer waren das Butenandt für die MPG, Lüst für den Wissenschaftsrat und Hans Rumpf (TH Karlsruhe) für die Westdeutsche Rektorenkonferenz (WRK). Gemeinsam mit ihrem Minister absolvierten sie mit einem eigens bereitgestellten Flugzeug ein Besuchsprogramm durch sowjetische Wissenschaftsverwaltungen, Universitäten und Forschungsinstitute in Moskau, Leningrad, Tiflis, Serpuchow und Nowosibirsk.[229]

In einer Vorbesprechung, zu der sich die Delegationsmitglieder zehn Tage vor ihrem Abflug nach Moskau am Tegernsee zusammengefunden hatten, waren die außenpolitischen Ziele ihrer wissenschaftspolitischen Mission und ihre Verhandlungsstrategie klar definiert worden: Es ging darum, die »Bedeutung und Funktion« der Bundesrepublik »im technologischen Gefälle zwischen West und Ost« neu zu justieren. Ausgangspunkte waren dabei »die politische Richtlinie, daß die BRD in der westlichen Staatengemeinschaft fest verankert bleibt, sowie das vitale Interesse der deutschen Wissenschaft und Wirtschaft am gleichmäßigen Fluß von wissenschaftlich-technischem know-how aus den USA«. Deshalb durfte das Vertrauen der westlichen Schutzmacht, dessen man sich vor allem durch die Einhaltung der NATO-Embargobestimmungen (COCOM) als würdig erwies, nicht gefährdet werden. Andererseits sollten die Vorgaben »unser langfristiges Bestreben nach größerer Unabhängigkeit von den USA nicht behindern«:

> Das bedeutet, daß die Zusammenarbeit mit der UdSSR auf Gebieten, auf denen wir von den Sowjets lernen können und auf denen das westliche Potential nicht gefährdet werden kann, an den Embargo-Bestimmungen nicht scheitern darf.[230]

Man musste also versuchen, die von der Sowjetunion bevorzugten Schwerpunkte der zukünftigen Zusammenarbeit, die eher auf wirtschaftsnahen und

229 Über diese Reise (17.–29.9.1970), die verschiedenen Besprechungen und Besichtigungen wurde ein ausführlicher Bericht im BMBW verfasst, der u. a. die Berichte über die diversen Besichtigungen und das Abschlusskommuniqué enthält, das in der Folge auch als WTZ-Abkommen bzw. als DFG-AdW-Abkommen vom 28.9.1970 firmierte, AMPG, II. Abt., Rep. 70, Nr. 375, fol. 1–89. Zu Leussinks Delegation gehörten neben einigen Ministerialbeamten auch Bertold Beitz von der Friedrich-Krupp-Stiftung sowie der Karlsruher Privatdozent Görke an, der das Rechenzentrum und das Institut für Halbleiterphysik im sibirischen Akademgorodok besuchte.

230 Alle Zitate: Vermerk (IB5) 9.9.1970 zum »Ergebnis der Besprechung in Rottach-Egern am 7.9.1970 zur Vorbereitung der Reise in die UdSSR«, BArch B 138/7405.

technologischen Feldern lagen, auf unverfänglichere Gebiete etwa der Hochschuldidaktik, des Dokumentationswesens oder der Meeresforschung umzulenken und sich bei den heiklen Themen wie den neuen Technologien, der Datenverarbeitung, Kernenergie und Weltraumforschung »auf industrieferne Gebiete der Grundlagenforschung (bzw. Software bei der DV)« zu beschränken.[231]

Einmal mehr steckte die strikte rhetorische und organisationale Unterscheidung von Grundlagen- und angewandter Forschung, die die bundesdeutsche Wissenschaftspolitik durchzog, den außenwissenschaftspolitischen Handlungsrahmen ab. Die Wünsche der Sowjets nach Zusammenarbeit auf verschiedenen Feldern der Industrieforschung wurden zwar registriert – nicht umsonst war der Pionier des bundesdeutschen Osthandels und Vorstandsvorsitzende der Alfried Krupp von Bohlen und Halbach-Stiftung, Berthold Beitz, ebenfalls Mitglied der sonst nur aus Wissenschaftlern bestehenden Delegation. Aber Leussink konnte sich für unzuständig erklären und auf seinen Kollegen im Bundeswirtschaftsministerium, Karl Schiller, verweisen, dessen Delegation fast gleichzeitig in Moskau verhandelte. So konnte sich Leussink auf jene Forschungsfelder beschränken, die nun einmal von DFG und MPG als institutionelle Repräsentation der Grundlagenforschung vertreten wurden. Der mitreisende Reporter der *Zeit*, Claus Grossner, apostrophierte Beitz als den »ungekrönten König dieser Mission«. Die dilettierenden Politiker aus der Wissenschaft einschließlich Leussinks seien nicht nur wegen ihrer mangelhaften Vorbereitung – der verantwortliche Staatssekretär von Dohnanyi habe es vorgezogen, seinen Urlaub zu planen – überfordert gewesen. Sie hätten auch ihren Verhandlungspartnern, allesamt »nicht nur hochintelligente, politisch geschulte Wissenschaftler, sondern auch Politiker«, nicht das Wasser reichen können und in ihrer Selbstgenügsamkeit als »Sachverständige« die wissenschaftspolitischen Chancen der Stunde an sich vorbeiziehen lassen.[232] Die Delegationsmitglieder, die einschließlich Beitz alle auch dem MPG-Senat angehörten, waren hingegen, wie sie dort im Herbst 1970 berichteten, einmal mehr von Anzahl, Größe und Ausstattung der besichtigten Institute beeindruckt, von der durch den Moskauer Vertrag aufgehellten Stimmung angetan und mit den Ergebnissen zufrieden.[233]

Angesichts der sich schon zu dieser Zeit abzeichnenden wirtschaftlichen Engpässe und technologischen Rückstände in der Sowjetunion hätte man womöglich mehr erreicht, wenn man mit industriell interessanten Wissenschaftskooperationen hätte locken und nicht nur die Einhaltung paritätischer Austauschquoten, die von der Sowjetunion regelmäßig unterschritten wurden,

231 Vermerk (IB5) 27.8.1970 zur Vorbereitung der Sitzung am 9.9.1970, ebd.

232 Auch Leussinks Beratender Ausschuss Forschungspolitik (BAF), dieses »mit Repräsentanten des wissenschaftspolitischen Establishments überladene Gremium«, dem zu diesem Zeitpunkt seitens der MPG u.a. Lüst und Heisenberg angehörten, habe »so gut wie keine Vorausanalysen geliefert«: Grossner, Leussinks Mission, *Die Zeit*, 2.10.1970.

233 Protokoll der 67. Sitzung des Senates vom 24.11.1970 in Stuttgart, AMPG, II. Abt., Rep. 60, Nr. 67.SP, fol. 13–19.

hätte anmahnen müssen.[234] In den von dem Abkommen zwischen DFG und AdW-SU abgedeckten Forschungsbereichen erhöhten sich zwar kurzfristig die Austauschzahlen. Das galt auch für die Max-Planck-Institute, die unter dem nunmehr formalisierten DFG-AdW-Regime mehr denn je gehalten waren, ihre Austauschvorhaben über die DFG abzuwickeln: Während von MPG-Wissenschaftlern von 1966 bis 1969 durchschnittlich 25 Reisen jährlich in die Sowjetunion unternommen wurden, waren es 1970 bereits 41 und 1971 sogar 53. Die Zahl der sowjetischen Gäste – vor 1969 höchstens drei im Jahr – stieg 1970 auf elf, fiel aber 1971 bereits wieder auf fünf, und bis Mitte 1972, als das Auslandsreferat der MPG diese Zahlen erhob, war noch niemand von den für dieses Jahr eingeladenen sechs Forschern und zwei Forscherinnen tatsächlich eingetroffen.[235] Hans-Jürgen Overbeck vom MPI für Limnologie, der die DDR erst 1961 verlassen hatte und sich mit der sowjetischen Forschung in seinem Fach auskannte, beschrieb die anhaltende Misere konkret:

> Das Interesse von sowjetischen Kollegen, nach Deutschland zu kommen, ist riesengroß. Man merkt auf Tagungen und bei Diskussionen immer wieder, wie nachhaltig die Isolierung vom Ausland ist. [...] Die Russen [...] haben ein großes Land mit einem Instinkt für die ökologische Fragestellung [...]. Limnologische Institute sind über die ganze Sowjetunion verteilt. Es gibt in Irkutsk am Baikalsee ein großes Institut, ein weiteres in Kaukasien, kleinere auf der Halbinsel Kola in Karelien [...]. Das ergäbe für uns hervorragende Möglichkeiten. Gerade was wir regionale Limnologie nennen, die großräumige Verschiedenheit von Gewässersystemen usw., die wir in unserem engen Raum garnicht [sic] untersuchen können, ließen sich in Zusammenarbeit ausgezeichnet erforschen.[236]

Aber obwohl die bis in die 1920er Jahre zurückreichende »Tradition des Kontaktes mit russischen Limnologen« nach dem Zweiten Weltkrieg »recht gut wieder aufgenommen« worden sei, hätte sich »auch nach der politischen Entspannung« nichts an den »bekannten politischen Schwierigkeiten« geändert. Neben den ins Leere laufenden Einladungen an sowjetische Kollegen – noch immer warte er auf das Erscheinen einer »guten Mathematikerin«, die bei ihm bakteriologisch arbeiten solle – nannte Overbeck die prohibitiven Kosten für Kongressreisen in die UdSSR, für die die staatliche Reiseagentur Intourist die »üblichen Touristen-

234 Vgl. dazu etwa folgende Briefwechsel: Arnold (AA) an Lüst am 30.1.1973 (fol. 438–440); Vermerk Nickel am 16.2.1973 (fol. 437); Lüst an Arnold am 21.2.1973 (fol. 430–432); Schiel (DFG) an Skrjabin (AdW) am 30.3.1977 (fol. 365–366), AMPG, II. Abt., Rep. 70, Nr. 541.

235 Vertraulicher Vermerk Nickel am 27.6.1972, AMPG, II. Abt., Rep. 70, Nr. 546, fol. 290–294.

236 Information Overbeck o. D. (ca. April 1972) im Zusammenhang mit der Vorbereitung des Besuchs von Kotelnikow (Vizepräsident AdW-SU) und N. F. Krasnow (»stellvertretender Minister für Hochschul- und Höhere Fachschulbildung der UdSSR«) am 25.4.1972 in München einschließlich Besichtigung einiger MPI und Treffen mit MPG-Präsident Butenandt, AMPG, II. Abt., Rep. 70, Nr. 546, fol. 373–382. Vgl. auch den autobiographischen Roman: Overbeck, *Insel der Kraniche*, 2013.

preise« abkassiere und damit den Institutshaushalt über Gebühr belaste, da die DFG keineswegs alle diese Reisen finanziere.[237]

Offensichtlich hatte auch der Besuch Peives, der im Juli 1971 endlich nachgeholt worden war, nichts bewirkt. Dabei waren die Disparitäten und Abstimmungsprobleme offen diskutiert und wechselseitige Besserung versprochen worden; denn auch Peive und sein außenpolitischer Referent Jewgeni Tabakejew beklagten sich über die oft kurzfristigen Absagen der bundesdeutschen Gäste.[238] Auf ihrer Rundreise durch mehrere MPI zeigten sich die beiden hingegen positiv beeindruckt von der Ausstattung des MPI für Radioastronomie, besonders von der »neuartigen Konstruktion« seines gerade eingeweihten Teleskops, dessen Besuch sie den Fachkollegen zuhause nahelegen wollten. Vor allem aber interessierte sich der Bodenchemiker Peive, der inzwischen als Generalsekretär der AdW-SU von Georgi Skrjabin abgelöst worden war und nunmehr als akademischer Sekretär der Abteilung für allgemeine Biologie zur MPG reiste, für die biologischen und agrarwissenschaftlichen MPI. Von denen versprach er sich für die sowjetische Biologie mehr als etwa von der *European Molecular Biology Organization* (EMBO) in Heidelberg; entsprechend deutete er mehrfach Interesse an einem Sonderabkommen mit der MPG auf biologischem Gebiet an.[239]

Damit alarmierte er die DFG vollends. Schon im Vorfeld war ihr Vizepräsident Heinz Pick höchst irritiert, dass die DFG nicht vorab informiert worden war, sondern er zufällig bei Moskauer Gesprächen von Peives bevorstehender Reise erfuhr. Unverzüglich organisierte die DFG daraufhin ein Treffen Peives mit ihrem Präsidenten, dem BMFT und weiteren Wissenschaftsorganisationen im Raum Bonn und legte auch die Besichtigung der Landwirtschaftlichen Hochschule Hohenheim in das Besuchsprogramm hinein.[240] Die Bonner Besprechungen nutzten dann die DFG-Spitze und Staatssekretär Haunschild vom BMFT, um den sowjetischen Gästen wiederholt die Aufgabe der DFG vorzubuchstabieren, nämlich »für die Wissenschaftsorganisationen in der Bundesrepublik in den Auslandsbeziehungen federführend zu sein«. Peive kam dann auch nicht mehr auf die Idee des Sonderabkommens zurück. Auf Referentenebene warnte Doris Schenk von der DFG, auf aktuelle Erfahrungen mit den ersten DFG-AdW-Fachkommissionen für Molekularbiologie und Physik gestützt, ihren MPG-Kollegen Nickel ausdrücklich davor, sich auf so etwas ohne Rücksprache mit BMFT und DFG einzulassen:

237 Information Overbeck o. D. (ca. April 1972), ebd., fol. 373–382.

238 Vermerk Nickel 19.7.1971 über die Abschlussbesprechung vom 15.7.1971, AMPG, II. Abt., Rep. 70, Nr. 374, fol. 98–100; Protokoll der 70. Sitzung des Senates vom 14.11.1971 in München, AMPG, II. Abt., Rep. 60, Nr. 70.SP, fol. 12–14.

239 Vermerk Nickel 19.7.1971 über die Abschlussbesprechung vom 15.7.1971, AMPG, II. Abt., Rep. 70, Nr. 374, fol. 98–100. Protokoll der 70. Sitzung des Senates vom 14.11.1971 in München, AMPG, II. Abt., Rep. 60, Nr. 70.SP, fol. 12–14.

240 Pick an Butenandt am 19.5.1971; Telefonnotiz NN (Db) für Marsch über ein Gespräch mit Müller-Dehn (DFG) am 28.5.1971 (fol. 302); Butenandt an Pick am 3.6.1971 (fol. 300–301); Butenandt an Peive am 4.6.1971, AMPG, II. Abt., Rep. 70, Nr. 374.

> Die Sowjets wären vor allem an einer Zusammenarbeit auf molekularbiologischem Gebiet interessiert und weniger auf physikalischem Gebiet. Man sollte hier darauf achten, daß man beide Gebiete in den Austausch einbeziehe. Die Verhandlungen auf molekularbiologischem Gebiet hätten sich in der Berlin-Frage festgefahren. Die Sowjets versuchten aber, die Klippe durch Sondervereinbarungen zu umgehen. Hierzu sollte man ihnen keine Gelegenheit geben.[241]

Vielmehr sollte auch die MPG auf strikte Einhaltung des DFG-AdW-Abkommens, Parität und Reziprozität beim Wissenschaftleraustausch drängen.

Zumindest aus Sicht der MPG hatte sich mit dem DFG-AdW-Abkommen an der sowjetischen Handhabung der Austauschbeziehungen nichts verbessert. Im Gegenteil, der eigene Handlungsspielraum hatte sich deutlich verengt, die Querelen mit der DFG, von der sie nun ebenso wie die Hochschulen gegenüber den sowjetischen Partnern vertreten wurde, nahmen noch zu. Jetzt war sie gehalten, die Reisen ihrer Wissenschaftler in die UdSSR und die Einladungen an sowjetische Kollegen und Kolleginnen im Rahmen der für alle vereinbarten Austauschquoten zu beantragen und abzuwickeln, wollte sie ihre eigenen Budgets nicht überstrapazieren und sich dafür noch Verrat an der gemeinsamen außenwissenschaftspolitischen Sache vorwerfen lassen.[242]

241 Vermerk Nickel vom 15.7.1971 (Zitate), AMPG, II. Abt., ebd., fol. 116–120. Protokoll der 70. Sitzung des Senates vom 14.11.1971 in München, AMPG, II. Abt., Rep. 60, Nr. 70.SP, fol. 12–14. Zur Person der langjährigen DFG-Fachreferentin und späteren Leiterin des DFG-Verbindungsbüros in Moskau vgl. Deutsche Forschungsgemeinschaft: DFG eröffnet Verbindungsbüro in Moskau. Pressemitteilung Nr. 30, 11.7.2003. https://www.dfg.de/service/presse/pressemitteilungen/2003/pressemitteilung_nr_30/index.html, zuletzt aufgerufen am 16.3.2020.

242 Rundschreiben der GV vom 15.12.1971, AMPG, III. Abt., ZA 116, Nr. 64. Immer wieder musste der MPG-Auslandsreferent Nickel einzelne MPI-Direktoren zur Ordnung rufen oder ihr Verhalten gegenüber der DFG, der Botschaft in Moskau und den Bundesministerien legitimieren: Vermerk Nickel vom 14.11.1975, AMPG, II. Abt., Rep. 70, Nr. 373, fol. 315; Vermerk vom 5.4.1977, AMPG, II. Abt., Rep. 70, Nr. 541, fol. 368. Z. B. Dürr vom MPI für Physik, der regelmäßig in die Sowjetunion reiste und sowjetische Kollegen nach München einlud, ließ sich kaum disziplinieren (Nickel an Dürr am 5.4.1977, AMPG, II. Abt., Rep. 70, Nr. 54, fol. 367; Dürr an Nickel am 15.5.1979, AMPG, III. Abt., ZA 116, K 58). Auch Ludwig Genzel vom MPI für Festkörperforschung musste auf den richtigen Weg gewiesen werden (Schenk [DFG] an Genzel am 25.11.1981, fol. 158–160; Genzel an Nickel am 26.11.1981, fol. 157; Lüst an Genzel am 21.12.1981, AMPG, II. Abt., Rep. 70, Nr. 541, fol. 156). Vermerk Nickel vom 25.2.1974, AMPG, II. Abt., Rep. 70, Nr. 373, fol. 32–37. Seine Erfahrungen mit dem Abkommen fasste Nickel darin in der – freilich nicht umgesetzten – Empfehlung an die DFG zusammen, zum vertragslosen Status quo ante zurückzukehren, um endlich wieder Handlungsspielräume zu erhalten. Vermerk Nickel vom 18.12.1975, AMPG, II. Abt., Rep. 70, Nr. 373, fol. 20–22. Anlässlich der Schwierigkeiten, die das MPI für Metallforschung mit der DFG hatte, eine Symposia-Serie mit dem Moskauer Bajkow-Institut (AdW) durchzuführen, brachte Nickel erneut die möglichen Vorteile eines Sondervertrags mit der AdW ins Spiel.

Die DFG hatte dabei besonders die Physik-Institute der MPG im Visier. Schon im Vorfeld des Staatsbesuchs des Bundeswissenschaftsministers hatte sie als Problem notiert, dass die AdW-SU Anträge von bundesdeutschen Physikern auf Besuche von Akademieinstituten ignorierte, weil deren Themen angeblich in diesen Instituten nicht bearbeitet würden. Gleichzeitig berichtete der MPG-Auslandsreferent Nickel dem BMBW von den zahlreichen und durchaus intensiven Kontakten der MPI mit physikalischen Fachrichtungen, die allerdings hauptsächlich durch kurzfristige, zumeist aus eigenen Mitteln finanzierte Besuche von MPG-Wissenschaftlern in den entsprechenden sowjetischen Instituten gepflegt wurden.[243]

Nachdem der Moskauer Vertrag, an dem der sowjetischen Führung mindestens so viel gelegen war wie der Bundesregierung, im Mai 1972 schließlich ratifiziert war, durften sich die sowjetischen Kollegen und Kolleginnen kooperativer zeigen und wurden wohl auch ermuntert, gegebenenfalls Sondervereinbarungen auf Institutsebene oder zwischen der Akademie und der MPG zu treffen. Genau dies galt es aus Sicht der Bundesregierung zu verhindern: Sie wollte endlich das seit 1960 ausgesetzte staatliche Kulturabkommen – freilich unter Einbeziehung West-Berlins – revitalisieren und ihr kompaktes Verhandlungsangebot, die bilaterale wissenschaftlich-technische Zusammenarbeit, nicht durch unkontrollierte Einzelabsprachen zerbröseln lassen. Damit stand der Elefant wieder im Raum, und vor allem die Physiker von MPG und AdW-SU mussten sich mit ihren Kooperationswünschen vorsichtig um ihn herumbewegen. Dabei entwickelte vor allem das Berliner Fritz-Haber-Institut Geschick und Chuzpe, um mal mit den einen oder den anderen zu beteiligenden Stellen – MPG-Generalverwaltung, DFG, Auswärtiges Amt, BMFT – oder auch mal an allen vorbei einige Einladungen an sowjetische Gäste und ihre eigenen Reisen in die Sowjetunion zu realisieren.[244]

Neue Kooperationen – allen Abkommen zum Trotz

Für ein paar Jahre war es auch im wörtlichen Sinne möglich, ein paar Versuchsballons steigen zu lassen – und zwar in der Form von kooperativen Forschungsprojekten auf Institutsebene, die die sowjetische Seite als Einzelabsprachen sowieso präferierte und die ihre Drei-Staaten-Theorie nicht berühren würden. Auch von der Bundesregierung wurden solche Kooperationsprojekte hingenommen, solange sie im Rahmen des DFG-AdW-Abkommens abgewickelt und in-

243 Aufzeichnung Schenk/Pick über die Besprechungen in Moskau 23.–26.3.1970, AMPG, II. Abt., Rep. 70, Nr. 439, fol. 226–242; Speer an Leussink am 26.8.1970; Nickel an Schneider (BMBW) am 25.8.1970, BArch, B 138/7405. Protokoll der 69. Sitzung des Senates vom 24.6.1971 in Berlin, AMPG, II. Abt., Rep. 60, Nr. 69.SP, fot. 17.

244 Gerischer an Lüst am 8.3.1974 (fol. 151–152); Marsch an Trabandt (BMFT) am 25.3.1974 (fol. 166); DFG an BMFT am 4.4.1974; AA an BMFT am 6.5.1974 (fol. 156), AMPG, II. Abt., Rep. 70, Nr. 373.

sofern als konsistent mit ihrer Berlin-Politik interpretiert wurden.[245] Ende 1973 vereinbarten das MPI für extraterrestrische Physik und das Akademieinstitut für Physik der Erde in einem Memorandum ein ganzes Bündel gemeinsamer Experimente, darunter auch Ballonexperimente zum Vermessen der Röntgenstrahlung in der Polarlichtzone, die im Falle der Zustimmung durch die Präsidien ihrer beider Institutionen in den nächsten Jahren durchgeführt werden sollten.[246] Als erstes davon sollten sich die Raketenexperimente mit künstlich injizierten Barium-Ionenstrahlen realisieren lassen. Der Wissenschaftsreferent der bundesdeutschen Botschaft in Moskau hatte im Vorfeld »alle möglichen Knöpfchen« gedrückt, »um die hiesigen spezifischen bürokratischen Hürden zu überwinden« und dieses wissenschaftliche ebenso wie politische Experiment auf den Weg zu bringen:

> Last not least hat das Ganze auch eine politische Bedeutung: es wäre eines der ersten konkreten bilateralen wissenschaftlichen Projekte, an dem sich praktisch zeigen kann, wie die wissenschaftliche Zusammenarbeit mit der UdSSR funktioniert, und aus dessen Verlauf man für die zukünftige Zusammenarbeit wird Schlüsse ziehen können.[247]

Zusätzlich zur außenpolitischen Rückendeckung versicherte sich Lüst der Zustimmung von DFG und BMFT, bevor er sein endgültiges Placet gab.[248]

Auch das im Memorandum von 1973 gelistete Breiten-Profil-Experiment zur Registrierung von Pulsationen, das vom MPI für Aeronomie entwickelt worden war, konnte zügig starten. Entlang eines geomagnetisch invarianten Breitengrades vom Atlantik bis zum Ural sollte die longitudinale Variation von magnetischen Mikropulsationen gemessen werden; vier der sechs dafür vom MPI für Aeronomie zu liefernden Magnetometerstationen sollten auf dem Gebiet der Sowjetunion aufgestellt werden. Im Mai 1974 reisten die beiden verantwortlichen MPI-Forscher mit der gesamten Ausrüstung nach Borok, einer Station mit mehreren Laboren und Instituten in einer Sperrzone 350 km nördlich von Moskau. Dort errichteten sie die erste der vier Magnetometerstationen und wiesen dabei die sowjetischen Kollegen und auch eine Kollegin in Aufbau,

245 Zur bundesdeutsch-sowjetischen »projektbezogenen Forschung«, deren Umfang im Verlauf der 1970er Jahre denjenigen des individuellen Wissenschaftleraustauschs zwischen beiden Ländern nach Quoten gemäß der jährlichen DFG-AdW-Absprachen um das Dreifache übersteigen sollte, vgl. auch Nötzold, Wissenschaftsbeziehungen, 1990, 796–800.

246 Haerendel (MPIE) an Lüst am 20.12.1973, beigefügt das in Moskau vom MPI-Direktor, Gerhard Haerendel, und der AdW-Vertreterin W. A. Troizkaja (vermutlich am 14./15.12.1973) unterzeichnete Memorandum, AMPG, II. Abt., Rep. 70, Nr. 373, fol. 177–179.

247 Brenner (Botschaft Moskau) an Lüst am 15.8.1973, AMPG, II. Abt., Rep. 70, Nr. 373, fol. 206.

248 Lüst an Speer am 21.12.1973, ebd., fol. 175–176; Loosch (BMFT) an Lüst am 16.1.1974, ebd., fol. 170; Nickel an Loosch am 18.2.1974, ebd., fol. 168.

Wartung und Bedienung ein; denn das sowjetische Team musste die drei übrigen Stationen allein aufbauen. Der Wunsch der beiden MPI-Wissenschaftler, auch an den anderen Standorten beratend zugegen zu sein, wurde abgelehnt; offensichtlich sollte ihr Einblick in die landesweite sowjetische Forschungsinfrastruktur auf das Nötigste begrenzt werden.[249]

Womöglich am weitesten kam das MPI für Radioastronomie, dessen Teleskop den Akademiker Peive bei seinem Besuch 1971 so beeindruckt hatte. MPI-Direktor Peter Mezger vereinbarte Ende 1976 eine dreijährige Kooperation mit der AdW-SU »auf dem Gebiet der galaktischen und extragalaktischen Radioastronomie«, in die auch das MPI für Physik und Astrophysik eingebunden wurde.[250] Wechselseitig konnten Radioastronomen aus beiden Ländern das Bonner 100-m-Radioteleskop und das 22-m-Radioteleskop bei Simeis auf der Krim sowie weitere Instrumente benutzen. Diese Kooperation fand zwar auch im Rahmen des DFG-AdW-Abkommens statt, aber die wechselseitigen Forschungsaufenthalte konnten ohne Begrenzung durch DFG-Austauschquoten flexibel gehandhabt werden. Tatsächlich gelang es, eine ganze Reihe »namhafter sowjetischer Theoretiker« wie Raschid Sjunjajew und Boris Schklowski für einige Wochen oder Monate nach Bonn zu holen. Allerdings erhielten nicht alle, die man sich wünschte, eine Ausreiseerlaubnis. Deshalb wurden in der Sowjetunion gemeinsame Seminare abgehalten, bei denen man etwa auch mit Witali Ginsburg und Jakow Seldowitsch diskutieren konnte, die – sei es wegen ihrer vormaligen Beteiligung am sowjetischen Nuklearwaffenprogramm, sei es aus antisemitischen Gründen – nicht ins Ausland reisen durften.[251] Diese radioastronomische Kooperation wurde von allen Beteiligten als so erfolgreich eingeschätzt, dass eine Verlängerung um weitere drei Jahre bis 1982 bei der DFG

249 Lüst an Keldych (AdW) am 21.5.1973, ebd., fol. 369–371; Reisebericht Schmidt und Wilhelm (MPI Aeronomie) vom 12.7.1974, ebd., fol. 129–142.

250 Protokoll der Arbeitstagung der Vertreter des Max-Planck-Instituts für Radioastronomie in Bonn und des wissenschaftlichen Rates für Probleme der Radioastronomie der Akademie der Wissenschaften der Union der sozialistischen Sowjetrepubliken zur Ausarbeitung eines Programms über die Zusammenarbeit auf dem Gebiet der galaktischen und extragalaktischen Radioastronomie 25.11.1977, AMPG, II. Abt., Rep. 70, Nr. 540, fol. 164.

251 Bestandsaufnahme der Zusammenarbeit auf dem Gebiet der Radioastronomie zwischen sowjetischen und deutschen Instituten o. D., ebd., fol. 39–53. In den 1970er und 1980er Jahren versuchten zahlreiche Juden und Jüdinnen aus der UdSSR auszureisen und nutzten dafür ggf. auch berufliche Auslandsreisen. Sunjajew (*1943) wurde 1995 zum Mitglied des MPI für Astrophysik berufen, vgl. Max-Planck-Gesellschaft, Rashid Sunyaev, https://www.mpg.de/379023/astrophysik_wissM1, zuletzt aufgerufen am 19.3.2020. Schklowski (*1944) ging 1990 an die University of Minnesota; Seldowitsch (1914–1987) und Ginsburg (1916–2009) erhielten für ihre späteren Arbeiten auf dem Gebiet der Teilchenphysik und Astrophysik bzw. der Supraleitung hohe internationale Auszeichnungen bis hin zum Nobelpreis 2003 für Ginsburg. Zum Antisemitismus vgl. auch Interview Sagdejew (Diamond) 2018, 39.

Abb. 21: Radioteleskop Effelsberg des MPI für Radioastronomie, eingeweiht am 12.5.1971.

und AdW-SU beantragt und bewilligt wurde, obwohl sich der politische Wind bereits gedreht hatte.[252]

Als erster bekam Ian Axford vom MPI für Aeronomie diesen Gegenwind zu spüren. Eher beiläufig hatte er das BMFT im Frühjahr 1979 informiert, dass er soeben in Moskau mit Roald Sagdejew, dem Direktor des Instituts für Weltraumforschung (IKI) an der AdW-SU, ein Memorandum unterzeichnet hatte, das ähnlich wie jenes von 1973 einige Felder möglicher Kooperationen auflistete. Ein Projekt zur Sonnenwindforschung war bereits konkret vereinbart; dabei sollten die Satellitenexperimente der Gruppen von Helmut Rosenbauer am MPI und Konstantin Gringauz am IKI zwar getrennt – die einen mit der International Solar Probe Mission (ISPM) der NASA, die anderen mit einem sowjetischen Prognos-Satelliten – mitfliegen. Doch beide sollten instrumentell parallelisiert und die gewonnenen Daten gemeinsam ausgewertet werden.[253] Im BMFT reagierte man äußerst ungehalten auf diese Eigenmächtigkeit:

252 Mezger an Lüst am 12.7.1979; Bestandsaufnahme o. D., AMPG, II. Abt., Rep. 70, Nr. 540, fol. 101–102.

253 Axford an Fincke (BMFT) am 20.4.1979, ebd., fol. 294; Memorandum (Entwurf). Rosenbauers Experiment sollte bei der International Solar Probe Mission (ISPM) der NASA mitfliegen, ebd., fol. 210–211.

Wie Sie wissen, haben die langen und schwierigen Verhandlungen über ein Wissenschaftsrahmenabkommen mit der UdSSR bisher zu keinem Erfolg geführt. Deshalb soll sich die wissenschaftliche Zusammenarbeit mit der UdSSR auf das unbedingt nötige Mindestmaß beschränken, so bedauerlich das aus der Sicht der Wissenschaftler auch sein mag. Ihr Institut hat trotz dieser Ihnen sicherlich bekannten Randbedingung einen Zusammenarbeitsvertrag mit dem »Institute for Space Research« der russischen Akademie der Wissenschaften abgeschlossen. Ich wäre Ihnen deshalb dankbar, wenn Sie mir hierzu Näheres mitteilen könnten, u. a. auch mit wem der Abschluß dieses Vertrages vorher abgestimmt worden ist.[254]

Der Antwortbrief auf diesen massiven Vorwurf durchlief in den nächsten sechs Monaten mehrere vom Auslandsreferenten in der Generalverwaltung korrigierte Entwürfe, die die Vorgeschichte der voreiligen Unterschrift Axfords rekonstruierten, die Verantwortung parzellierten und auf alle Beteiligten – Axford, Sagdejew, DFG, AdW – verteilten, nur um am Schluss mit der Zusicherung zukünftigen Wohlverhaltes um ministerielle Unterstützung zu bitten. Tatsächlich mussten die Pläne für die nächsten Jahre »›auf Eis‹ gelegt« werden.[255]

Sagdejew trug die Absage mit Fassung und Verständnis für die politischen Hintergründe. Er war im November 1979 als erster Sowjetbürger nach dem Zweiten Weltkrieg zum auswärtigen Mitglied der MPG ans MPI für Physik und Astrophysik berufen worden, und zwar gegen das Votum des BMFT: Das Ministerium hatte aus einem Bericht der Moskauer Botschaft geschlossen, dass die umfänglichen Kontakte der Direktoren dieses Instituts mit sowjetischen Kollegen weit über das außenpolitisch verträgliche Maß hinausgingen. Haunschilds Sprechzettel für diese Senatssitzung sah eine dringende Aufforderung an die allzu kooperativen MPG-Physiker zur Zurückhaltung vor: Die Berufung eines sowjetischen Wissenschaftlers passe »nicht in die politische Landschaft«; zwar gebe es gegen ihn keine fachlichen Einwände, aber »eine derartige demonstrative, zusätzliche Geste ist sachlich nicht opportun«.[256]

Die Mehrheit des Senats ignorierte die ministerielle Warnung. Für die MPG und ihre chemisch-physikalische Sektion war Sagdejew ein Glückstreffer: Der Autor der »Sagdejew-Formel« für die Berechnung effektiver Stoßfrequenzen in stoßfreiem Plasma verband in seiner wissenschaftlichen Arbeit Plasma- und Weltraumforschung, Röntgen- und Infrarotastronomie und damit mehrere wichtige physikalisch-experimentelle Schwerpunkte an den MPI für Physik und Astrophysik, für Aeronomie, für Radioastronomie, für Astronomie und für Kernphysik sowie für Plasmaphysik.[257] Er wurde, wie es in seiner Laudatio hieß,

254 Finke an Axford am 30.5.1979, ebd., fol. 291.

255 Briefentwürfe Axford an Fincke, letzte Version vom 6.11.1979, ebd., fol. 208–209, 287–300; Rosenbauer an Rouget (AA) am 30.4.1981, ebd., fol. 224.

256 Sprechzettel Max-Planck-Senat vom 23.11.1979 (Zitate); Botschaft Moskau an AA am 11.10.1979, BArch B 196/20431. Interview Sagdejew (Diamond), 2018, 11, 35.

257 Zusammen mit seinem sowjetischen Kollegen Albert Galejew und amerikanischen Kollegen hatte Sagdejew in den 1960er Jahren am IAEA-Zentrum für Theoretische Physik in Triest zur Theorie der sog. Bananendiffusion geforscht: Sagdeev, *The Making of a*

»nicht müde den erdnahen Weltraum als ideales Plasmalabor zu preisen«.[258] Man wollte eine Arbeitsgemeinschaft zur theoretischen Plasmaphysik ins Leben rufen, die ab 1980 abwechselnd in Garching und Moskau tagen sollte.[259] Und nicht nur das, der IKI-Direktor war der ideale Türöffner zur sowjetischen Raumfahrt, an deren Mitflugangeboten die MPG-Weltraumphysiker dringend interessiert waren, damit sie, wie es der Radioastronom Mezger ausdrückte, »bei entsprechenden Verhandlungen mit der NASA [...] nicht als reine Empfehlsempfänger [sic!] dastehen müssen«.[260]

Tatsächlich lud Sagdejew die Kollegen vom MPI für Aeronomie 1980 erneut ein; diesmal hätten sie von Erhard Keppler entwickelte Experimente in einer sowjetischen VENERA-Sonde zum Kometen Halley mitfliegen lassen können – eine Mission, die für Ende 1984 terminiert und komplementär zur GIOTTO-Mission der ESA konzipiert war.[261] Kepplers Institutsdirektor Rosenbauer setzte alle ihm zugänglichen Hebel in Bewegung: Er schaltete frühzeitig die Generalverwaltung ein, eruierte – gestützt auf Sagdejews Langmut und Hintergrunddiplomatie – die Möglichkeit, die Experimente formal über die Abteilung für kosmische Strahlen des ungarischen Zentralinstituts für Physik laufen zu lassen, wovon Lüst abriet, aktivierte einen informellen Kontakt ins Auswärtige Amt, in der Hoffnung, dass »man die ganze Angelegenheit doch noch im Bereich des Inoffiziellen halten und von den Betroffenen stillschweigende Zugeständnisse bekommen könnte«, und scheiterte dennoch. Dabei lag er mit seiner Beobachtung der letzten Jahre, »daß vieles inoffiziell erwünscht schien, was offiziell nicht zugestanden werden konnte«, nicht ganz falsch.[262]

Soviet Scientist, 1994, 126–131; Galeev und Sagdeev, Transport Phenomena, 1968. Auf die aufkommende Kritik reagierten Sagdejew und Galejew mit weiteren wissenschaftlichen Publikationen: Galeev und Sagdeev, Paradoxes, 1970; Galeev und Sagdeev, Ob odnom, 1969. Sowjetische Fusionsforscher waren aufgrund ihres für die internationale Kooperation prädestinierten Forschungsfeldes besonders privilegierte Reisekader. Für diese Hinweise danke ich Fabian Lüscher; vgl. dazu ausführlich Lüscher, *Nuklearer Internationalismus*, 2021, 195–196, 219–225 sowie das Interview Sagdejew (Diamond), 2018, 12–20.

258 Materialien zur Sitzung der Chemisch Physikalisch Technischen Sektion des Wissenschaftlichen Rates vom 9.5.1979 in Mainz; Auszug aus dem Protokoll der Sitzung der Chemisch Physikalisch Technischen Sektion des Wissenschaftlichen Rates vom 9.5.1979 in Mainz, Materialien zur 94. Sitzung des Senates vom 23.11.1979 in München, AMPG, II. Abt., Rep. 62, Nr. 470, fol. 18, 58, 62–63 (Zitat).

259 Haerendel an Genzel (CPT-Vorsitz) am 19.9.1979, ebd., fol. 23.

260 Mezger an Lüst am 13.7.1982, AMPG, II. Abt., Rep. 70, Nr. 540, fol. 3. Trümper an Regula (BMFT) am 6.11.1979, BArch, B196/20431.

261 Keppler an Meinecke (GV-MPG) am 24.2.1981, AMPG, II. Abt., Rep. 70, Nr. 540, fol. 221–222. Zur west-östlichen Zusammenarbeit bei den geplanten Missionen zum Kometen Halley, der 1985 (und dann erst wieder in 76 Jahren) in erreichbare Nähe kommen würde, vgl. auch Gespräch Lüst (Nolte) 2008, 205–208.

262 Rosenbauer an Lüst am 10.11.1980, AMPG, II. Abt., Rep. 70, Nr. 540, fol. 230–231; Lüst an Rosenbauer am 17.12.1980, ebd., fol. 229; Rosenbauer an Nickel am 14.4.1981, ebd., fol. 218–219; Rosenbauer an Rouget (AA) am 30.4.1981, ebd., fol. 223–225; Rosenbauer an

Der Kalte Krieg setzt wieder ein

Ende Oktober 1979 hatte Bundesforschungsminister Volker Hauff den MPG-Präsidenten Lüst daran erinnert, dass die Bundesregierung von den Wissenschaftsorganisationen größte Zurückhaltung in ihren Beziehungen zur Sowjetunion erwarte. Unmittelbarer Anlass dafür war, dass man sich in Gesprächen zwischen den Außenministern Genscher und Gromyko über das noch immer nicht unterzeichnete WTZ-Abkommen in der Berlin-Frage keinen Schritt nähergekommen war. Den Hintergrund bildeten die zunehmenden rüstungspolitischen Spannungen zwischen den Blöcken wegen der Stationierung von atomaren Mittelstreckenwaffen (SS-20 und Pershing 2) in Europa. Lüst hatte seinerseits in den Sektionssitzungen an die Institutsdirektoren »appelliert, [...] zur Zeit keine neuen formellen Vereinbarungen [...] zu treffen«, war aber, wie er Hauff schrieb, »nur sehr bedingt auf Verständnis gestoßen«. Die MPG-Wissenschaftler befürchteten bei ihren sowjetischen Kollegen »unglaubwürdig« zu werden, hätten sie sich doch immer schon »unabhängig von politischen Schwierigkeiten« um wissenschaftliche Kontakte bemüht. Im Übrigen standen neben den Sonnenwindmessungen und der Halley-Mission des MPI für Aeronomie noch weitere wichtige Projekte auf dem Spiel.[263] Hauff hielt in seiner erst Monate später formulierten Antwort zwar an der Generallinie der Bundesregierung fest, versprach aber zugleich mit dem Außenminister in Verbindung zu bleiben, »um gemeinsam nach einem Ausweg aus der gegenwärtigen, unglücklichen Lage zu suchen«.[264] Das allerdings gestaltete sich schwieriger als erwartet, denn das Auswärtige Amt verhielt sich angesichts der im Dezember 1979 noch weiter zugespitzten Blockkonfrontation infolge des sowjetischen Einmarsches in Afghanistan immer weniger konziliant.

Dies zeigte sich bei einem Projekt, das Lüst besonders am Herzen lag, kam es doch aus dem eigenen Hause, dem MPI für Physik und Astrophysik. Sagdejew hatte im Frühjahr 1979 auch seinen MPI-Kollegen Joachim Trümper eingeladen, mehrere Experimente und die zugehörige instrumentelle Ausrüstung auf einem sowjetischen Röntgenastronomie-Satelliten mitfliegen zu lassen; insbesondere ein abbildendes Röntgenmikroskop aus Garching würde, so hofften die sowjetischen Kollegen Seldowitsch, Sjunjajew und Schklowski, auf diese Weise mit an

Sagdejew am 15.6.1981, ebd., fol. 214; Rosenbauer an Lüst am 22.9.1981, ebd., fol. 201–203. Schon 1976 hatte BMFT-Staatsekretär Haunschild im Kuratorium des MPI für Physik und Astrophysik seinem grundsätzlichen »Unbehagen über die Kontakte« Ausdruck verliehen, »da von den Russen bewußt die Berliner Forschung ausgeschlossen wird«, auf Nachfrage aber zugesichert, »daß jeder Einzelfall selbstverständlich gesondert geprüft werde«, Protokoll Kuratorium MPIPA 27.2.1976, Bl. 10, BArch B196/20336. Sagdejew erinnert das Halley-Projekt als »nightmare«, das ihn veranlasste, sich stärker in der Forschungspolitik zu engagieren: Interview Sagdejew (Diamond) 2018, 23–24.

263 Lüst an Hauff am 8.11.1979, BArch B 196/20431.

264 Hauff an Lüst am 24.1.1980, AMPG, II. Abt., Rep. 70, Nr. 541, fol. 286.

Bord kommen.[265] Staatssekretär Haunschild im BMFT stand dem grundsätzlich wohlwollend gegenüber, fürchtete aber das Veto des Auswärtigen Amtes und spielte angesichts des erst für 1983/84 geplanten Starts auf Zeit – auch noch, nachdem sich im Oktober 1979 seine Hoffnung zerschlagen hatte, dass sich Genscher und Gromyko beim WTZ-Abkommen annähern könnten.[266] Fürs erste sollten die MPI-Forscher mit ihren sowjetischen Kollegen nur in eine nichtbindende vorbereitende Phase eintreten. Der Wortlaut des entsprechenden Schreibens des MPG-Präsidenten an seinen AdW-SU-Kollegen Anatoli Aleksandrow musste mit dem BMFT, das sich wiederum beim Auswärtigen Amt rückversicherte, abgestimmt werden und durfte erst nach schriftlicher, durch den Bundesforschungsminister persönlich erteilter Genehmigung abgesandt werden. Allein drei Entwürfe wurden verworfen; Knackpunkt dabei war ein Satz, der die tatsächliche Durchführung der zu planenden Experimente vom rechtzeitigen Zustandekommen des zwischenstaatlichen Rahmenabkommens abhängig machte, das aber wegen des Berlin-Junktims nicht in Sicht war. Nach vielen Telefonaten und Telegrammen zwischen München und Bonn über den Jahreswechsel hinweg durfte der MPG-Auslandsreferent Nickel den Brief seines Präsidenten mit einem entsprechenden Zusatz schließlich Anfang Januar 1980 abschicken.[267] In der nachfolgenden Senatssitzung erläuterte Haunschild die härtere, aber immer noch ambivalente Position der Bundesregierung: Laufende Kooperationsprojekte sollten nicht abgebrochen und das DFG-AdW-Abkommen weiter bedient werden; aber es sei nicht an der Zeit, das Bemühen der Sowjetunion um verstärkte wissenschaftliche Zusammenarbeit zu erwidern. Im Senat sicherte Lüst dem Regierungsvertreter zu, die MPG werde die Bundesregierung in ihrer Außenpolitik unterstützen und bis auf Weiteres von offiziellen Besuchsreisen und neuen Kooperationsprojekten mit sowjetischen Instituten absehen. Persönliche und fachliche Beziehungen wie zu dem neuen auswärtigen Mitglied Sagdejew werde man jedoch weiter pflegen.[268]

Tatsächlich haderten Lüst und mit ihm all jene Kollegen – neben den Physikern vor allem auch die Juristen –, die in den Jahren zuvor enge Kooperationsbeziehungen in die Sowjetunion aufgebaut hatten und aktuell in etwa zwanzig laufende oder geplante Kooperationsprojekte involviert waren, gewaltig mit

265 Notiz Trümper an Lüst am 5.3.1979; Lüst an Hauff am 8.11.1979, BArch, B 196/20431; Notiz Trümper an Lüst am 10.12.1979, AMPG, II. Abt., Rep. 70, Nr. 541, fol. 75.

266 Vermerke Blaesing (BMFT) an Haunschild am 18.4.1979 und 24.4.1979; Haunschild an Lüst am 2.5.1979, BArch B 196/20431.

267 Vermerke Nickel vom 10.12.1979 und 17.12.1979, AMPG, II. Abt., Rep. 70, Nr. 540, fol. 324, 321; Telex BMFT an Nickel am 7.1.1980 mit Vermerk Nickel vom 8.1.1980, ebd., fol. 318; Lüst an Alexandrow am 17.12.1979 (Entwurf) und am 7.1.1980 (Brief), ebd., fol. 319, 318; Hauff an Lüst am 24.1.1980, AMPG, II. Abt., Rep. 70, Nr. 541, fol. 286. Telex Nickel an Freytag (BMFT) am 19.12.1979; Telex Blaesing (BMFT) an Nickel am 3.1.1980, BArch, B196/20431.

268 Protokoll der 95. Sitzung des Senates vom 7.3.1980 in Düsseldorf, AMPG, II. Abt., Rep. 60, Nr. 95.SP, fol. 167.

dieser außenpolitischen Wende und der Rolle der MPG darin.[269] Da das Auswärtige Amt in seiner außenwissenschaftspolitischen Haltung trotz der Vermittlungsbemühungen des BMFT nicht zu erweichen war, aktivierte Lüst im Herbst 1981 seinen persönlichen Kontakt zum Bundeskanzler. Schmidt bat ihn, seine Gedanken schriftlich zu fixieren, damit er darauf zurückgreifen konnte, wenn der sowjetische Staatschef auf seinem Weg zu den Genfer Verhandlungen Ende November in Bonn Station machte. In seinem Memorandum konstatierte Lüst »Stagnation, ja ein[en] Rückgang der Kontakte«, die zu Beginn der 1970er Jahre so erfolgreich ausgebaut worden seien, inzwischen aber hinter den Stand der späten 1960er Jahre zurückfielen. Bei den MPG-Wissenschaftlern stieße dies »mehr und mehr auf Kritik und Unverständnis«, zumal die französischen und amerikanischen Kollegen »intensiv mit den Russen zusammenarbeit[et]en« und man selbst wegen der politisch erzwungenen Zurückhaltung »im Vergleich zu den Wissenschaftlern anderer Länder ins Abseits« zu geraten drohe. Es sei auch nicht zu erwarten, dass sich »die Russen« davon in ihrer Haltung zur Berlin-Frage würden beeinflussen lassen, vor allem nicht, solange die wirtschaftliche Zusammenarbeit ständig ausgebaut würde und die industrielle Forschung einbeziehe. Man solle es DFG und MPG endlich anheimgeben, in welcher Weise sie mit sowjetischen Wissenschaftlern kooperieren wollten.[270]

Offensichtlich fanden Schmidt und Breschnew trotz der vordringlichen Nach- und Abrüstungsfragen im November 1981 Zeit, auch über die wissenschaftlichen Beziehungen ihrer Länder zu sprechen.[271] Jedenfalls berichtete der Chef des Bundeskanzleramts, Manfred Lahnstein, in einem Dankschreiben an Lüst, dass sie übereingekommen seien, die wissenschaftlich-technologische Zusammenarbeit zu stärken und »eine beiderseits annehmbare Regelung für die Einbeziehung des Berliner wissenschaftlich-technischen Potentials« herbeizuführen.[272] Aber solange es nicht so weit war, wollte die Bundesregierung die DFG und MPG nicht aus der Solidarhaftung für Berlin entlassen. Sie selbst hatte bereits 1981 die DFG-Sondermittel für den Austausch mit der UdSSR um 25 Prozent gekürzt und ließ nicht erkennen, dass sie diese im Folgejahr wieder

269 Lüst an Hauff am 8.11.1979; Vermerk Marsch an Lüst am 25.2.1980, AMPG, II. Abt., Rep. 70, Nr. 351; BArch, B 196/20.431. Nötzold (1990, 797) nennt für 1983 insgesamt 35 laufende oder beantragte Projekte, die im Rahmen des DFG-AdW-Abkommens betrieben wurden bzw. werden sollten; davon entfielen 11 auf die MPG; außerhalb des DFG-AdW-Abkommens liefen noch 9 weitere Kooperationsprojekte, an denen MPI beteiligt waren. Außer den bereits benannten astrophysikalischen und astronomischen Fachrichtungen waren Quantenoptik, Kernphysik, Plasmaphysik, Festkörperforschung, Metallforschung, biophysikalische Chemie sowie Wirtschaftsrecht beteiligt. Vgl. auch Vermerk Nickel vom 8.7.1984, AMPG, II. Abt., Rep. 70, Nr. 542.

270 Ms. »Wissenschaftliche Beziehungen zur Sowjetunion«, o. D. (26.10.1981), AMPG, II. Abt., Rep. 70, Nr. 541, fol. 183–184.

271 Zum Treffen der beiden Staatschefs vgl. Schmidt drängt Breschnew, *Der Spiegel*, 26.10.1981.

272 Lahnstein an Lüst am 28.12.1981, AMPG, II. Abt., Rep. 70, Nr. 541, fol. 143–144.

aufstocken würde.[273] Lüst untertrieb, wenn er antwortete, er sei »ein wenig enttäuscht«; er fühlte sich vielmehr gründlich missverstanden und beschloss seine Replik mit einem staatsbürgerlichen Räsonnement:

> Wichtig ist für mich die Feststellung, daß die Zusammenarbeit von Wissenschaftlern, gerade über Systemgrenzen hinweg, von fundamentaler Bedeutung ist. Das sollten wir Deutsche, gerade auf Grund unserer historischen Erfahrung, berücksichtigen, und das ist der Grund, warum ich mich verpflichtet fühle, für den Ausbau der Kontakte mit den Wissenschaftlern in der Sowjetunion einzutreten.[274]

Allein es nützte nichts. Angesichts der Verhängung des Kriegsrechts in Polen bekräftigte die sozialliberale Bundesregierung im Sommer 1982 ihre Ablehnung von sowjetischen Mitflugangeboten für Weltraumexperimente.[275] Auch der Antrag des MPI für Radioastronomie auf eine weitere dreijährige Verlängerung des zuvor von allen Seiten so positiv beurteilten Kooperationsprogramms mit dem IKI sollte 1983 scheitern.[276] Die DFG begründete dies mit ihrer verschlechterten Finanzlage und der Kritik der anonymen Gutachter, deren Qualifikation der Antragsteller Mezger allerdings anzweifelte, schließlich hätten in diesem Programm »praktisch alle führenden Radioastronomen beider Länder« miteinander kooperiert. Die Empörung darüber, dass die DFG diesen von ihm als völlig inadäquat wahrgenommenen Gutachten ohne Rücksprache mit den beteiligten Wissenschaftlern folgte, war jedenfalls so groß, dass sowohl der sowjetische Koordinator Roman Sorotschenko als auch Mezger ihre Ämter sofort niederlegten und die Abschlussarbeiten anderen überließen.[277]

»Sternenfrieden« oder die Ökonomisierung der Raumfahrt

Gleichwohl rissen die Kontakte und Kooperationen zwischen den MPI – besonders den physikalischen – und den Akademieinstituten nicht ab. Sie intensivierten sich sogar wieder nach dem Bonner Regierungswechsel 1982, wenn auch nicht unbedingt als dessen Folge. Der Antrieb dafür war ironischerweise die US-amerikanische *Strategic Defense Initiative* (SDI) (→ 2.4). Sie veranlasste

273 Schenk (DFG) an Genzel (MPI Festkörperphysik) am 25.11.1981, ebd., fol. 158–161.

274 Lüst an Lahnstein am 3.2.1982, ebd., fol. 135–136.

275 Loosch (BMFT) an Hasenclever (DFVLR) am 1.6.1982, PA AA, BAV 164-MOSK/25085.

276 Mezger an Lüst am 13.7.1982 mit beiliegendem Memorandum, AMPG, II. Abt., Rep. 70, Nr. 540, fol. 3–5; DFG-Antrag 22.10.1982, ebd., fol. 27–53.

277 Sorotschenko an Mezger am 8.6.1983, AMPG, II. Abt., Rep. 70, Nr. 540, fol. 10; Mezger an Sorotschenko am 8.7.1983, ebd., fol. 11; Mezger an Seibold (DFG-Präsident) am 8.7.1983, ebd., fol. 9–10. Tabelle der Kooperationsprojekte, lfd. Nr 10: Das Kooperationsprogramm wurde bis 1985 mit einem Viertel der beantragten Fördersummen abgeschlossen. Auf Seiten der MPG zeichneten R. Wieblinski und I. I. K. Pauliny-Toth vom MPI Radioastronomie sowie Kippenhahn vom MPI Physik und Astrophysik, für das IKI der AdW L. I. Matwijenko, AMPG, II. Abt., Rep. 70, Nr. 541, fol. 24–31.

die sowjetische Weltraumpolitik schon 1983/84 – neben dem anfänglichen, aber finanziell aussichtslosen und von Gorbatschow 1985 aufgegebenen Versuch, bei der Entwicklung von Weltraumwaffen bzw. von satellitengestützten Abwehrschirmen mit den USA mitzuhalten – dazu, die internationale Erforschung des Weltraums zur friedlichen Nutzung als globalpolitisches Gegenprogramm unter sowjetischer Führung zu propagieren: »Sternenfrieden« statt »Krieg der Sterne«, so wurde es in der von der neuen sowjetischen Führung bevorzugten »öffentlichen Diplomatie« in Fernsehansprachen und offenen Briefen etwa an die UN-Generalversammlung formuliert.[278] Konkrete internationale forschungspolitische Initiativen sollten diese Vision untersetzen. Verstärkt wurden Forschungsinstitute westlicher Länder, aber auch etwa Indiens und Brasiliens eingeladen, eigene bzw. bi- und multilateral entwickelte Experimente als Payload auf sowjetischen Satelliten, Sonden und Raumfähren mitfliegen zu lassen. Auf diese Weise hoffte man, sie hinter der sowjetischen »Friedensmacht« zu versammeln, sie zugleich an den Kosten zu beteiligen und selbst Anschluss an internationale wissenschaftliche Entwicklungen zu halten.[279] Ihre weiter gesteckten Ziele, nämlich sie auch für das Projekt einer internationalen Raumstation und die Schaffung einer internationalen Weltraumorganisation zu gewinnen, stießen auf wenig Resonanz.[280]

Sagdejew, der als wissenschaftlicher Berater gemeinsam mit dem Vizepräsidenten der Akademie, Jewgeni Welichow, Gorbatschow drängte, sich nicht auf das orbitale Wettrüsten einzulassen, trat als IKI-Chef zugleich für die

278 Der sowjetische Ministerpräsident Ryschkow führte den Begriff des »Sternenfriedens« in seinem Schreiben an den Generalsekretär der Vereinten Nationen vom 10.6.1986 ein (Vermerk 3.7.1986, PA AA, BAV 164-MOSK/25085). Als »öffentliche Diplomatie« charakterisierte ein interner Vermerk des AA vom 21.1.1986 die außen- und sicherheitspolitische Note Gorbatschows vom 15.01.1986, die Botschafter Semjonow einen Tag später ins Bundeskanzleramt trug, die jedoch nur eine vorangegangene Fernsehansprache paraphrasierte und gleichlautend auch den wichtigsten anderen NATO-Mitgliedern überbracht, aber dennoch im AA einer umfänglichen Analyse unterzogen wurde (Vermerk 17.1.1986, PA AA, B 43-ZA/144754). Ähnlich verhielt es sich mit einer weiteren »mündlichen Botschaft« Gorbatschows vom Juli 1986 (Bundeskanzleramt an von Schubert 15.7.1986; zwei Vermerke vom 18.7.1986, PA AA, B 43-ZA/144754). Mitte Februar 1986 ließ sich der Abrüstungsbeauftragte der Bundesregierung, Friedrich Ruth, von Daniil Proektor, dem Leiter der Abteilung für militärpolitische Fragen des Instituts für Weltwirtschaft und internationale Beziehungen (IMEMO), erläutern, wie die Gorbatschow-Note vom 15.1.1986 zu interpretieren sei, nämlich als »Alternativprogramm zu SDI« zur »Rettung der Menschheit vor der atomaren Bedrohung – ohne Waffensysteme mit rein politischen Mitteln« (Vermerk 19.2.1986, PA AA, B 43-ZA/144754).

279 Lüscher hat eine ähnliche Internationalisierungsstrategie für die sowjetischen Kernenergiekooperationen besonders mit blockfreien Ländern in den 1950er und 1960er Jahren beobachtet, vgl. Lüscher, *Nuklearer Internationalismus*, 2021, 125–157, 178–186.

280 Botschaft Moskau an AA 27.12.1985 betr. Sowjetischer Vorschlag zur Gründung einer Internationalen Weltraumorganisation; Vermerk (AA) vom 9.7.1987; von Wagner (AA) an BM Finanzen, BM Wirtschaft, BMFT, Bundeskanzleramt 16.7.1987, PA AA, BAV 164-MOSK/25085.

Internationalisierung und Kommerzialisierung der Raumfahrtforschung ein. Auf einer Pressekonferenz warb er primär um die Zusammenarbeit mit den USA, die so viel Forschungsgeld für SDI mobilisierten, wovon die sowjetischen Weltraumforscher nur träumen konnten. Dabei verwies er auf die bereits bestehenden Kooperationen mit französischen und niederländischen Instituten sowie dem MPI für Physik und Astrophysik.[281] Aber an ein Raumforschungsabkommen mit den USA war so lange nicht zu denken, wie US-Präsident Reagan das SDI-Programm nicht aufgab. Umso wichtiger wurde die Zusammenarbeit mit anderen westlichen Ländern, und zwar sowohl geopolitisch – entsprechende Staatsabkommen ließen sich als Zustimmung zur »friedlichen« Weltraumpolitik der Sowjetunion und Distanzierung vom amerikanischen *Star-Wars*-Programm präsentieren – als auch ökonomisch. Denn die Dienstleistungen des sowjetischen Raumfahrtbetriebes für ausländische Kunden wurden in Devisen abgerechnet, auf die das kollabierende sowjetische Wirtschaftssystem dringend angewiesen war.[282] Sagdejew warb weiterhin für *Payload*-Experimente bei seinen MPG-Kollegen, aber auch in anderen westlichen Ländern, bis ab Herbst 1985 die GLAVKOSMOS – gewissermaßen eine Ausgründung aus dem für den sowjetischen Raumfahrtbetrieb zuständigen Militärapparat – die internationale Vermarktung von Dienstleistungen für die nicht militärisch orientierte Raumfahrt übernahm.[283]

Der Bedeutungswandel der Raumfahrt durch die neue sowjetische Außen- und Wirtschaftspolitik hatte für Sagdejew und sein Institut für Weltraumforschung eine Schattenseite: In dem Maße, wie sich in der *Perestroika* der Primat von der Politik auf die Ökonomie verlagerte, mussten sie sich mit ihren kostspieligen nichtkommerziellen Forschungsprojekten gegen die deviseneinspielende Raumfahrtindustrie behaupten. Deshalb setzte Sagdejew auf die

281 Vermerk Kastl (Botschaft Moskau) 14.2.1986, PA AA, BAV 164-MOSK/25085; für den Referenten waren »Sinn und Zweck der Pressekonferenz […] nicht erkennbar«, insbesondere Sagdejews Fixierung auf die USA, wo doch die umfänglichsten Weltraumkooperationen mit Frankreich und eben den MPI stattfanden.

282 Vermerk 3.7.1986, PA AA, BAV 164-MOSK/25085. Am 30.10.1987 (ebd.) berichtete die Moskauer Botschaft von in Vorbereitung befindlichen Weltraumabkommen der UdSSR mit Österreich, Großbritannien, Italien, Australien und Kanada. Am 4.7.1988 (ebd.) berichtete das AA der Moskauer Botschaft von Rahmenabkommen der Sowjetunion mit Finnland, Brasilien, Großbritannien, USA und Österreich; verhandelt wurde noch mit Italien, Griechenland, Australien, Indien, Norwegen und Kanada.

283 Botschaft Moskau an AA am 17.1.1984, PA AA, BAV 164-MOSK/25085. Sagdejew war die wichtigste Auskunftsperson für den Botschaftsreferenten, der die Motive für die sowjetischen Bemühungen um ein Weltraumabkommen mit der Bundesrepublik recherchierte. Botschaft Moskau an AA am 27.12.1985, ebd.; Vermerk AA an Botschaft Moskau betr. »Sowjetische Bemühungen um ein Abkommen mit der Bundesrepublik Deutschland zur Zusammenarbeit im Weltraum« 4.7.1988. Glavkosmos, https://www.glavkosmos.com/en/history/, zuletzt aufgerufen am 25.3.2020; Committee on Energy and Natural Resources, *Cosmos 1900*, 1989, 92; Sagdeev, *The Making of a Soviet Scientist*, 1994, 272–273.

außenpolitische Karte und drängte seine wissenschaftlichen Kooperationspartner im Westen, in ihren Ländern auf möglichst hochrangige Staatsabkommen hinzuwirken. So auch seinen langjährigen Kooperationspartner Mezger vom MPI für Radioastronomie anlässlich eines deutsch-sowjetischen Workshops über »Instellar Medium and New Developments in Radioastronomy« im Herbst 1987, über den der Wissenschaftsreferent der Moskauer Botschaft das Auswärtige Amt informierte:

Sagdejew [betonte] [...] erneut großes Interesse des IKI an Aufnahme deutsch-sowjetischer Verhandlungen über Abkommen auf dem Gebiet der Weltraumforschung. Bisherige Zusammenarbeit mit deutschen Forschungsinstituten unter dem Dach der DFG-AdW-Vereinbarung sei zwar sehr gut und für beide Seiten nützlich, könne jedoch erheblich ausgeweitet werden. [...] Um sich gegenüber den zahlreichen, an friedlicher Nutzung des Weltraums beteiligten sowjetischen Stellen und besonders gegenüber der sowjetischen »Space-Industrie« mit größeren und kostspieligeren als den bisherigen gemeinsamen deutsch-sowj. Projekten durchzusetzen, benötige er eine »höherrangige« Vereinbarung, die die Regierungen beider Seiten gegenüber den am Projekt beteiligten Stellen verpflichtet.[284]

Zu diesem Zeitpunkt waren die politischen Voraussetzungen für ein solches bilaterales Weltraumabkommen geschaffen: Die bundesdeutsche Seite hatte mit dem im Juli 1986 unterzeichneten und 1987 in Kraft getretenen Rahmenabkommen über die wissenschaftlich-technische Zusammenarbeit endlich die volle Einbeziehung West-Berlins erreicht; drei konkretisierende Ressortabkommen zur Kern-, Agrar- und Gesundheitsforschung waren gleichzeitig in Kraft gesetzt worden; sie benannten alle bereits Berliner Forschungseinrichtungen sowie das IPP (Pinkau) und das MPI für Psychiatrie (Hans Dieter Lux) als Kooperationspartner.[285] Für die sowjetische Seite erwartete Sagdejew »ein ausgesprochen günstiges Klima für eine intensive Zusammenarbeit« auch in der Raumforschung, nachdem auch die Bundesregierung sich mit der »doppelten Nullösung« – das heißt dem vollständigen Abzug aller atomarer Flugkörper mittlerer und kürzerer Reichweite einschließlich der Pershing 1a aus Europa – abgefunden habe und die Unterzeichnung des *Intermediate Range Nuclear Forces Treaty* (INF) zwischen den USA und der UdSSR bevorstehe. Letzteres erfolgte

284 Nocker (Botschaft Moskau) an AA, BMFT und DFG am 7.9.1087, PA AA, BAV 164-MOSK/25085. Schon ein halbes Jahr vorher hatte Sagdejew auf Veranlassung des sowjetischen Außenministeriums mehrere Botschaftsangehörige ins IKI eingeladen, ihnen von den Kooperationsprojekten vor allem mit den MPI in Heidelberg, Mannheim und Garching berichtet und im vertraulichen Gespräch angedeutet, dass »ein Abkommen auf Regierungs- oder Ressortebene sowjetischer Seite Bereitstellung finanzieller Mittel für Zusammenarbeit erleichtern« würde (Nocker an AA und BMFT 19.3.1987, ebd.). Dunajew, der Chef von GLAVKOSMOS, sprach im AA vor und erläuterte seine Angebote (Vermerk Menniken [AA] 25.2.1988, ebd.).

285 BGBl. 1988/II/394–412. König und Rembser, Wissenschaftlich-technische Zusammenarbeit, 1988; Nötzold, Wissenschaftsbeziehungen, 1990, 800.

dann tatsächlich drei Monate später im Dezember 1987.[286] Das deutsch-sowjetische Weltraumabkommen wurde ein Jahr später im Oktober 1988 anlässlich des Staatsbesuchs von Bundeskanzler Kohl in Moskau von Bundesforschungsminister Riesenhuber und dem amtierenden AdW-SU-Präsidenten Guri I. Martschuk unterzeichnet. Es sollte bei Gorbatschows Gegenbesuch 1989 in Bonn in Kraft gesetzt werden.[287]

Bis dahin musste wie auch bei den vorangegangenen Ressortabkommen eine Liste geplanter Kooperationsprojekte ausgehandelt werden – und hier verknäulten sich politische, wissenschaftliche und wirtschaftliche Interessen aller Beteiligten beider Seiten erneut. Es begann damit, dass zur ersten Bonner Gesprächsrunde im Februar 1989 wider Erwarten nicht nur Vertreter der AdW-SU, sondern auch der sowjetischen Raumfahrtindustrie einschließlich der orbitalen Reiseagentur GLAVKOSMOS anreisten. Hauptstreitpunkt wurde das politische Prestigeprojekt der Bundesregierung, nämlich einen westdeutschen Astronauten auf die sowjetische Raumstation MIR zu schicken. Für den gesamten Flugbetrieb, insbesondere aber für bemannte Raumflüge, noch dazu von ausländischen Kunden, war nicht mehr die AdW-SU, sondern GLAVKOSMOS zuständig, die sie unter »commercial conditions« durchführte.[288] Für die Bundesregierung – nicht aber für die bundesdeutsche Community der Weltraumforschung, die die teure bemannte Raumfahrt, ob mit ESA, NASA oder den Sowjets, für wissenschaftlich obsolet hielt (→ 2.4) – war hingegen ihr Mann auf der MIR die lebendige Verkörperung der neuen »deutsch-sowjetischen wissenschaftlich-technologischen Zusammenarbeit«, und nicht etwa Objekt eines schnöden Handelsgeschäfts, zumal »in D[eutschland] Regierung und Wirtschaftskreise strikt getrennt seien«.[289]

286 Botschaft Moskau an AA am 7.9.1987, PA AA, BAV 164-MOSK/25085.

287 Nocker (Botschaft Moskau) an AA am 28.10.1988, PA AA, BAV 164-MOSK/25088. Abkommen vom 25.10.1988 zwischen dem Bundesministerium für Forschung und Technologie der BRD und der Akademie der Wissenschaften der UdSSR über die wissenschaftliche Zusammenarbeit auf dem Gebiet der Erforschung und Nutzung des Weltraums zu friedlichen Zwecken, in *Akten zur Auswärtigen Politik 1989*, 2020, 1640–1641.

288 Vermerk BMFT vom 17.2.1989, PA AA, BAV 164-MOSK/25086.

289 AA an BMFT am 9.1.1989, ebd. Dass die Trennung von Politik, Ökonomie und Wissenschaft so strikt nicht war, wussten auch die sowjetischen Verhandlungspartner: Schließlich setzte sich der bayerische Ministerpräsident Strauß bei der sowjetischen Regierung auf der Basis des WTZ-Abkommens von 1986 für die Entsorgung des Atommülls der Firma NUKEM, die die Wiederaufarbeitungsanlage Wackersdorf bauen sollte, in der Sowjetunion ein (Botschafter Meyer-Landrut an AA am 22.4.1988; Vermerk AA-StS Lautenschläger vom 4.5.1988, PA AA, BAV 164-MOSK/25087). Auch Haerendel vom MPI für Physik und Astrophysik nutzte seine guten Kontakte zu Sagdejew und zum IKI, um der Münchener Firma Kayser-Threde, die messtechnische Geräte für die Raumfahrt herstellte und deren Absatz in den USA nach dem Challenger-Unglück von 1986 eingebrochen war, einen neuen Kunden zu verschaffen. Kayser-Threde kam dann erfolgreich mit GLAVKOSMOS ins Geschäft (Vermerk 1.3.1988; Vermerk Nocker [Botschaft Moskau] vom 18.3.1988; AA an Botschaft Moskau am 4.7.1988, S. 4, PA AA, BAV 164-MOSK/25087).

Der sowjetische Delegationsleiter, ein hoher Beamter des Außenministeriums, blieb hart: »Wie im Casino« müsse ein »entry ticket« gezahlt werden, GLAVKOSMOS brauche schließlich Kostenübernahmesicherheit, bevor das Fluggerät bei der Industrie beauftragt werden könne; beim »entertainment ticket« könne man verhandeln und gegebenenfalls die Kosten für die Experimente entsprechend der beiderseitigen wissenschaftlichen Interessen aufteilen. Mit den »commercial conditions« sei es zur Not auch vereinbar, statt in Cash mit Gütern oder Dienstleistungen zu zahlen.[290] Das bot der Bundesregierung, deren Verhandlungsleiter diesen »Sozialtarif« zunächst empört zurückgewiesen hatte, immerhin die Chance, mit der Lieferung »möglichst anspruchsvoller Experimente und Geräte« den wissenschaftlichen Charakter des Unternehmens und das Gesicht der bundesdeutschen Raumfahrer als gleichwertige Partner der Sowjets zu wahren.[291] Die Details mussten dennoch mit dem GLAVKOSMOS-Vertreter ausgehandelt werden, wurden aber auf die »Arbeitsebene« im BMFT verlagert und der öffentlichen Aufmerksamkeit entzogen.[292]

Die Direktoren der extraterrestrisch forschenden MPI, aber auch ihre Kollegen im IKI sahen ihre Felle davonschwimmen. Sie, die mit ihrer inzwischen über zehnjährigen Zusammenarbeit die Basis für das Weltraumabkommen geschaffen hatten und jetzt die Ausweitung ihrer Kooperationsprojekte – und ihrer Finanzierung – erwarteten, wurden brüskiert: Das BMFT bediente ihre Förderanträge keineswegs bevorzugt, sondern lehnte sie zugunsten des politisch priorisierten Astronautenmitflugs, der damit verknüpften Experimente auf der MIR und einer technologisch und finanziell besonders hochwertigen TV-Stereo-Kamera als »entertainment ticket« ab. Keines der Projekte, die die MPI für Aeronomie, für Chemie, für Kernphysik und für Physik und Astrophysik gemeinsam mit dem IKI für das soeben gestartete sowjetische Marsforschungsprogramm entwickelt hatten und deren Finanzierung in Höhe von 10 Mio. DM nicht einmal ein Prozent des milliardenschweren Etats des BMFT für Weltraumforschung ausgemacht hätte, schaffte es auf die erste Vorschlagsliste des BMFT. Rosenbauer vom MPI für Aeronomie und Heinrich Waenke vom MPI für Chemie, die anlässlich des Eintritts der sowjetischen Sonde Phobos in den Mars-Orbit Ende Februar 1989 zu weiteren Planungen nach Moskau gereist waren, mussten ihren Kollegen am IKI stattdessen mitteilen, dass sie ihre gemeinsam konzipierten Angebote für nachfolgende Marsmissionen zurückzuziehen hätten.

Dem Botschafter Andreas Meyer-Landrut trugen sie »ihre große Besorgnis und Enttäuschung« vor. Auch Albert Galejew, der Sagdejew Ende 1988 als IKI-Direktor nachgefolgt war, äußerte sich der Botschaft gegenüber »tief enttäuscht« und machte deutlich, dass sein Institut »größten Wert darauf [lege], die wissenschaftlichen Leistungen der MPI's und deren wissenschaftliches Prestige in die sowj. Marsforschung einzubinden«. Auch er plädierte dafür, bei der bemannten

290 Vermerk BMFT vom 17.2.1989, PA AA, BAV 164-MOSK/25086.
291 AA an BMFT am 9.1.1989; Vermerk BMFT vom 17.2.1989, ebd.
292 Vermerk BMFT vom 17.2.1989, ebd.

Weltraumforschung, die »wissenschaftlich im Vergleich zum Kostenaufwand sowieso viel weniger [bringe] als die unbemannte Forschung«, einzusparen und stattdessen die MPI-Projekte auf die Liste zu setzen.[293] Dass Sagdejew inzwischen in den Obersten Sowjet gewählt worden war und dort seine Expertise als Regierungsberater einbrachte, mochte ebenfalls eine Rolle spielen.[294] Meyer-Landrut, der die wissenschafts- und raumfahrtpolitischen Befindlichkeiten in Moskau vermutlich besser einschätzen konnte als das BMFT, setzte sich jedenfalls mehrfach in Telegrammen an das Auswärtige Amt für die Interessen der MPI und des IKI ein.[295] Am Ende schafften es zwar über ein Dutzend MPI-Projekte auf die BMFT-Liste für den Programmentwurf, sie mussten allerdings überwiegend aus den Institutsbudgets ohne zusätzliche Mittel aus dem Weltraumprogramm finanziert werden.[296] Bis diese Projektliste unterschriftsreif war, verging ein weiteres Jahr mit außergewöhnlichen Ereignissen, die das Regierungsinteresse an der bundesdeutsch bemannten Raumfahrt in den Hintergrund drängten. Etwa vier Wochen nach dem Mauerfall verständigten sich die inzwischen damit befassten Außenminister Genscher und Schewardnadse, den Astronautenflug zwar weiterhin im Weltraumabkommen vorzusehen, die Verhandlungen über die Konditionen aber abzukoppeln, damit es im Sommer 1990 endlich in Kraft treten konnte.[297]

Was bedeutete das nun für die MPG und ihre in langjährigen Kooperationen mit sowjetischen Kollegen engagierten Wissenschaftler? Die extraterrestrisch forschenden Physiker, Chemiker und Astronomen hatten wie ihre Kollegen aus anderen Fachrichtungen sicherlich vom Rahmenabkommen zur deutsch-sowjetischen wissenschaftlich-technischen Zusammenarbeit von 1986/87 profitiert. Ihre Kooperationswünsche mussten sie seither nicht mehr nur durch »den schmalen Kanal« des DFG-AdW-Abkommens zwängen, sondern konnten auch

293 Meyer-Landrut an AA am 1.3.1989, ebd.

294 Nocker (Botschaft Moskau) an AA am 15.9.1988, ebd.

295 Meyer-Landrut an AA am 1.3.1989, 23.3.1989, 31.3.1989, ebd.

296 AA an Botschaft Moskau am 30.3.1989 mit Projektliste im Anhang, ebd. Die am 13.6.1990 endlich unterzeichnete Projektliste mit insgesamt 33 Einzelprojekten enthielt 13 Kooperationsprojekte der MPI für Aeronomie, für Physik und Astrophysik und für Chemie überwiegend mit dem IKI sowie ein Projekt des MPI für molekulare Genetik mit den AdW-Instituten für Proteinforschung und für Kristallographie, PA AA B 41-ZA/151754.

297 Vermerk Wagner (AA) am 21.12.1989 über Gespräche des Bundesaußenministers mit Außenminister Schewardnadse am 5.12.1989, PA AA BAV 164-MOSK/25086. Bundesgesetzblatt 1990 II, S. 801: Deutsch-sowjetisches Abkommen über wissenschaftlich-technische Zusammenarbeit auf dem Gebiet der Erforschung und Nutzung des Weltraums zu friedlichen Zwecken (Weltraumabkommen) vom 25.10.1988, in Kraft getreten am 5.7.1990; Art. 3 verweist auf die gesondert zu vereinbarenden Bedingungen des Astronautenfluges. Nach dem ostdeutschen Sigmund Jähn, der bereits 1978 auf der Sojus 31 mitfliegen durfte, waren dann Klaus-Dietrich Flade und Ulf Merbold 1992 bzw. 1994 die ersten gesamtdeutschen Gäste auf der MIR.

auf breiterer, aber keineswegs unregulierter Ebene zusammenarbeiten.[298] Vor allem war der Elefant – das Berlin-Junktim, das zuvor so manche Kooperationsabsprache blockiert hatte – aus dem Weg geräumt worden. Darüber hinaus aber hatten die »Extraterresten« durch das Weltraumabkommen von 1988/90 wenig bis nichts hinzugewonnen. Ihre überwiegend aus den Institutsbudgets finanzierten Projekte hätten sie wie bisher in direkter Absprache mit dem IKI realisieren können. Dagegen drohten ihre weiter gesteckten Projektpläne im Gewirr der ökonomischen und politischen Interessen der Verhandlungsführer – hier das BMFT und dort der wissenschaftlich-ökonomisch-politische Raumfahrtkomplex – unterzugehen. Zwar setzte die bundesdeutsche Politik sehr wohl auf die wissenschaftliche Bedeutung der MPI-IKI-Kooperationsprojekte, um ihr nach innen und außen gerichtetes Propaganda- und Prestigeprojekt der bundesdeutschen Teilhabe an der bemannten Raumfahrtforschung gegenüber den sowjetischen Verhandlungspartnern durchzusetzen und die bestehende Abhängigkeit von der US-amerikanischen Weltraummacht zu mindern. Aber sie sah keine Veranlassung, diese Projekte zusätzlich zu fördern. Es bedurfte des Drucks der Kollegen am IKI, die ihrerseits das Prestige der extraterrestrischen Forschung an den entsprechenden MPI zur Aufwertung ihres eigenen internationalen wissenschaftlichen Standings – zumal in Zeiten der Perestroika – einsetzen wollten, um die gemeinsamen Projekte überhaupt in das deutsch-sowjetische Weltraumabkommen einzuschreiben. Und es brauchte einen bundesdeutschen Botschafter in Moskau, der das sowjetische Begehren für die Bonner Politik übersetzte.

Wissenschaft und Diplomatie vor und nach der Wende

Einmal mehr hatte sich noch im Nachhall des Kalten Krieges der Konflikt zwischen der bundesdeutschen Außenwissenschaftspolitik und einer Politik der MPG Bahn gebrochen, die ihre Wissenschaftsbeziehungen zur Sowjetunion möglichst ohne Einschränkungen durch die außenpolitischen Vorgaben der Bundesregierung zu pflegen versuchte. Dafür erscheint der Begriff der Wissenschaftsaußenpolitik treffend, zumal irgendwelche im eigenen Hause formulierten oder im außenpolitischen Auftrag vertretenen Absichten im Sinne einer auswärtigen Kultur- oder gar Geopolitik gegenüber der Sowjetunion nicht dokumentiert sind. Im Fall der süd- und südosteuropäischen Institute bzw. Institutsgründungsinitiativen aus KWG-Zeiten und der Bibliotheca Hertziana noch darüber hinaus, aber auch in den Beziehungen zu Spanien bis in die Gegenwart verbanden sich die meist kompatiblen, wenn nicht identischen Interessen der staatlichen Außenpolitik und die der KWG/MPG an bilateraler wissenschaftlicher Zusammenarbeit zu einer überwiegend kohärenten und relativ konfliktarmen Außenwissenschaftspolitik. Im Fall der Sowjetunion hingegen gerieten

298 Vermerk Nickel vom 14.11.1986 zur Einschätzung des WTZ-Abkommens, AMPG, II. Abt., Rep. 70, Nr. 542, fol. 294–296.

die Außenwissenschaftspolitik der Bundesregierung und die Wissenschaftsaußenpolitik der MPG immer wieder in Konflikt.

In erster Linie lag dies vermutlich daran, dass die sowjetische Forschungslandschaft für einige Fachrichtungen in der MPG außerordentlich attraktiv war. Dazu gehörten zum Beispiel die Limnologie und alle diejenigen, die sich aus verschiedenen disziplinären Ansätzen ökologischen Fragestellungen annäherten und später die Erdsystemforschung in der MPG begründeten.[299] Sie fanden auf dem kontinentalen Territorium der Sowjetunion im Wortsinne vielfältige Landschaften vor, deren Beforschung durch ein beachtliches Netz an biologischen Stationen und zahlreiche in der Feldforschung erfahrene Kollegen und Kolleginnen erschlossen wurde. Im Falle der physikalischen Fachrichtungen erhöhte sich die Attraktivität der Kooperationsmöglichkeiten mit der Sowjetunion gerade auch im Vergleich mit bzw. als Ergänzung zu den US-amerikanischen Forschungseinrichtungen. Nichtexperimentell arbeitende Quantenphysiker – wie etwa Hans-Peter Dürr, der sich nicht mit der großinstrumentell operierenden Physik und schon gar nicht mit der ressourcenverschlingenden extraterrestrischen Forschung im eigenen Hause anfreunden konnte und fast jährlich »private« Reisen in die UdSSR unternahm – fanden dort weit eher als in den USA ähnlich theoretisch orientierte Gesprächspartner, mit denen sie über Jahre einen kontinuierlichen Dialog führten.[300] Den auf immer aufwendigere Instrumente und technische Infrastrukturen angewiesenen »Extraterresten« aller Fachrichtungen bot die Sowjetunion gleich mehrere Vorteile: Sie trafen dort auf fachlich exzellente Kollegen, die zudem Zugang zum dringend benötigten Raumfahrtequipment hatten. Mit ihnen konnte man in einen äquivalenten Tausch eintreten, indem man selbst entwickelte hochwertige Instrumente und innovative Experimente in sowjetischen Raumflugkörpern mitfliegen ließ, um die gewonnenen Daten dann gemeinsam auszuwerten. Anders als in der Kooperation mit der NASA, bei der man sich öfters mal in die Rolle des zahlenden Bittstellers versetzt sah, verhandelte man hier auf Augenhöhe und im wechselseitigen Interesse, ja, man wurde sogar umworben, wenn auch nicht nur aus »rein wissenschaftlichen« Gründen. Zwar konnten und sollten die Mitflugangebote der sowjetischen Raumfahrt die Kooperation mit NASA und ESA nicht ersetzen, aber sie boten eine hochwillkommene weitere, die eigene Verhandlungsmacht stärkende Option. Der damit verbundene technologische Wissenstransfer von West nach Ost, der seitens der Bundesregierung immer mal wieder problema-

299 Vgl. Lax, *Von der Atmosphärenchemie zur Erforschung des Erdsystems*, 2018; Lax, *Wissenschaft*, 2020.

300 Gespräch Dürr (Devillard) 2013, 97–100. Bereits 1967 präsentierte Dürr in Dubna eine nach Heisenbergs Ansicht »sehr wichtige Arbeit« zur indefiniten Metrik und nicht lokalen Interaktion (Vorlauf/Nachlauf: Heisenberg an Weisskopf am 13.11.1969, Protokoll der Sitzung der Chemisch Physikalisch Technischen Sektion des Wissenschaftlichen Rates vom 7.11.1969 in Heidelberg, AMPG, II. Abt., Rep. 62, Nr. 1757, fol. 30–33). Dürrs umfängliche SU-Kontakte sind dokumentiert in AMPG, III. Abt., ZA 116, K 58; Dürr an Marsch am 8.9.1970, AMPG III. Abt., ZA 116, K 64.

tisiert wurde, war aus Sicht der MPI-Wissenschaftler zu vernachlässigen, da ja per definitionem alles, was unter dem Label der MPG geschah, als Grundlagenforschung firmierte und früher oder später publiziert werden würde.

Tatsächlich hingen die so attraktiven wissenschaftlichen Beziehungen der MPG zur Sowjetunion mehr als zu jedem anderen Land am Gängelband der Politik, und zwar in doppelter Hinsicht. In keinem Ostblockland außer der DDR wurden die Wissenschaftler und Wissenschaftlerinnen von ihren Regierungen so rigide in ihren Reisemöglichkeiten in den Westen einschließlich der MPI eingeschränkt und in ihren nach Westen gerichteten Kooperationswünschen kontrolliert wie in der Sowjetunion. Und als wäre das nicht schon genug der politischen Bevormundung, mischte sich auch noch die bundesrepublikanische Außenpolitik mit ihren berlinpolitischen Vorbehalten und Verfahrensregulierungen ein, die die beabsichtigten Kooperationsprojekte zusätzlich behinderten. Es war diese Zwickmühle, in der die Generalverwaltung der MPG immer mal wieder die Idee prüfte und doch verwarf, ob man mit einem Sondervertrag mit der AdW nicht mehr Gestaltungsspielraum gewinnen könne als im Schlepptau der DFG, um im wissenschaftlichen Austausch mit der Sowjetunion wenigstens so präsent zu sein wie die französischen, britischen und US-amerikanischen Kollegen und Kolleginnen.

Es ist bemerkenswert, wie fraglos die MPG die Idee eines rein erkenntnisgetriebenen wissenschaftlichen Austauschs und den Anspruch auf uneingeschränkte institutionelle Autonomie bei dessen Ausgestaltung gerade im besonderen Fall der Sowjetunion aufrechterhielt, auch wenn sie beides nicht gegen die block- und berlinpolitischen Idiosynkrasien der Zeit durchsetzen konnte. Anders betrachtet, ist es erstaunlich, wie wenig ausgeprägt in diesem Fall ihre außenpolitische Loyalität zur Bundesregierung war. Immer wieder mussten das BMFT, das Auswärtige Amt oder auch einmal ein Bundeskanzler persönlich diese Loyalität einfordern. Die Generalverwaltung, die sich in der Ära nach Telschow mit ihrem Auslandsreferat zunehmend als Serviceeinrichtung zur organisatorischen und administrativen Unterstützung der Kooperationspläne aus den Instituten verstand, übernahm dabei gelegentlich eine Moderatorenrolle und versuchte, zwischen den außenpolitischen Vorgaben der Regierung bzw. den zuständigen Ministerien und den Wünschen aus den Instituten vermitteln: Auch wenn die maximale Autonomie der MPI bei der Gestaltung ihrer Beziehungen in die Sowjetunion die Richtschnur des institutionellen Handelns der Generalverwaltung war, durfte die Bundesregierung als wichtigster Geldgeber nicht zu oft brüskiert werden; das institutionelle Gesamtinteresse der MPG und die individuellen epistemischen Interessen ihrer Mitglieder an der Zusammenarbeit mit sowjetischen Kollegen mussten austariert werden.[301] Dabei ließen sich

301 Wie vorsichtig die Generalverwaltung hier gegenüber allen Seiten operierte, zeigt die Behandlung einer Beschwerde Weidenmüllers (MPI Kernphysik) bezüglich der Einladung eines sowjetischen und eines chinesischen Wissenschaftlers, die Generalsekretär Ranft am Ende nur mündlich klären wollte: Ranft an Weidenmüller/Briefentwurf Kühner am 5.4.1982 mit Vermerken von Ranft, AMPG, II. Abt. Rep.70, Nr. 285, fol. 453–456.

die durchweg auf direkten persönlichen Kontakten beruhenden wissenschaftlichen Kooperationsprojekte mit sowjetischen Kollegen kaum je harmonisch in die Außenwissenschaftspolitik der Bundesregierung einpassen. Vielmehr mussten sie zumeist an ihr vorbeimanövriert werden, wobei gelegentlich interministeriell divergierende Interessenlagen zwischen Bundeskanzleramt, BMFT und Auswärtigem Amt geschickt genutzt und die Bündnispartner – mal der Bundeskanzler persönlich, mal der zuständige Staatssekretär im BMFT, mal der bundesdeutsche Botschafter vor Ort in Moskau – entsprechend gewechselt wurden.

Die Leitvorstellung einer politikfreien Wissenschaft und eines ebensolchen wissenschaftlichen Austauschs unterlag nicht nur den Auseinandersetzungen mit den Bundesministerien und der Moskauer Botschaft, sie bestimmte auch den (Nicht-)Umgang mit den politischen Dissidenten unter den sowjetischen Kollegen: Bei einem seiner Moskaubesuche im Sommer 1982 traf der Radioastronom Mezger mit »einem der bekanntesten theoretischen Astrophysiker der jüngeren Generation« und engsten Mitarbeiter Ginsburgs zusammen. Leonid Ozernoi informierte ihn, dass er in Kürze in Hungerstreik treten werde, weil sein Ausreiseantrag nach Israel für sich und seine Familie abgelehnt worden war, er infolgedessen inzwischen sozial und kollegial isoliert sei, auch nicht mehr unterrichten oder ins Ausland reisen dürfe. Ozernoi bat um Unterstützung der westdeutschen Astronomen und gab Mezger einen offenen Brief an die bevorstehende Generalversammlung der *International Astronomical Union* (IAU) mit. Die Sowjetunion-Referentin der DFG, Schenk, riet Mezger indessen von einer Unterschriftensammlung ab und empfahl allenfalls eine diskrete Intervention des MPG-Präsidenten bei seinem AdW-SU-Kollegen. Auf Mezgers entsprechende Anfrage bei Lüst notierte der MPG-Auslandsreferent Nickel knapp am Rand: »Präs[ident] will nur bei Gelegenheit mal.«[302] Auch in der breiten internationalen Kampagne für die Freilassung des Atomphysikers und Menschenrechtlers Andrei Sacharow aus der Verbannung in Gorki, die 1983 einen erfolglosen Höhepunkt erreichte, engagierte sich von Seiten der MPG nur Hans-Peter Dürr in öffentlich wahrnehmbarer Weise und bot Sacharow eine Position am MPI für Physik an, sobald er die Sowjetunion verlassen könne (→ 4.4). Dieses Angebot war mit der Leitung der MPG jedoch nicht abgestimmt und entsprach insofern auch nicht Sacharows Vorstellung von einer möglichst hochrangigen Einladung der Bundesregierung oder mindestens des MPG-Präsidenten, die sein Ausreisebegehren in Moskau vielleicht wirkungsvoller hätte unterstützen können.[303]

302 Mezger an Lüst am 13.7.1982 mit Ozernois offenem Brief im Anhang, AMPG, II. Abt., Rep. 70, Nr. 540, fol. 3–7. Zu Ozernoi, der erst 1986 ausreisen durfte und dann in die USA ging, vgl. Fridman und Usov, Ozernoy, 2002.

303 Dürrs Engagement in der Sacharow-Kampagne ist dokumentiert in: AMPG, III. Abt., ZA 116, K 51. Zur Einladung ans MPI für Physik siehe Münchner Merkur 30.11.1983 (Zeitungsausschnitt, AMPG, III. Abt., ZA 116, K 51). *Akten zur Auswärtigen Politik 1983*, 2014, 663–664, FN 16. Zur neuerlichen Intervention Dürrs bei Gorbatschow 1986, die einen wichtigen Impuls für die letztendliche Freilassung Sacharows setzte, vgl. Kapitel 4.4.

Der rapide Anstieg der Zahl der sowjetischen bzw. russischen Gäste nach 1989/90 (1988: 18; 1990: 64; 1991: 125; 1992: 178), die 1993 mit 248 Personen schließlich die größte Gruppe aller ausländischen MPG-Stipendiaten und -Stipendiatinnen bildeten, dürfte insofern mehr mit der neuen Reisefreiheit als mit der politischen Freizügigkeit in Gorbatschows Sowjetunion zu tun gehabt haben. Vor allem aber lag es an den sich ebenso rapide verschlechternden Arbeitsbedingungen vor allem in den Akademieinstituten, die die Reisefreudigkeit sowjetischer Wissenschaftler und Wissenschaftlerinnen auch bald schon wieder einschränkten, weil sie befürchten mussten, bei der Rückkehr ihren Arbeitsplatz nicht wieder einnehmen zu können. Ab 1995 kamen jährlich nur mehr knapp ein Dutzend russische Gäste an die MPI.[304] Zugleich aber konnte der langjährige Kooperationspartner des MPI für Astrophysik, Raschid Sjunjajew, als neuer Direktor an dieses Institut berufen werden. Sjunjajew behielt seine Leitungsposition am IKI bei und baute die jahrzehntelange Zusammenarbeit beider Institute weiter aus.[305] Die dramatische und langanhaltende Wirtschaftskrise im Gefolge der misslungenen Perestroika und ihre verheerenden Auswirkungen auf die russische Forschungslandschaft waren es, die schließlich auch eine Wende in dem angespannten Verhältnis der bundesrepublikanischen Außenwissenschaftspolitik und der Wissenschaftsaußenpolitik der MPG im Umgang mit Russland herbeiführten.

Erstmals nachdem Butenandt 1970 in der Delegation von Bundesforschungsminister Leussink die Sowjetunion besucht hatte, reiste 1999 wieder ein MPG-Präsident, Hubert Markl, nach Russland. Die Reise der von Markl geführten Delegation wurde von Angelika Lange-Gao, die den 1997 neu eingerichteten Russland-Schwerpunkt im Auslandsreferat der MPG betreute, in Zusammenarbeit mit der DFG-Referentin Doris Schenk ein Jahr lang detailliert vorbereitet.[306] Der Bericht über ihre vorgeschaltete Explorationsreise im Herbst 1998 zeichnete ein nach wie vor desolates Bild der russischen Forschungslandschaft mit leerstehenden Labors, unbezahlten und unterbeschäftigten Wissenschaftlern, verstaubten Instrumenten und ungeheizten Büros, bürokratischer Willkür und Korruption, vergreisten Präsidien und fehlendem Nachwuchs.[307] Andere Reiseberichte, wie die der Bundesforschungsministerin Edelgard Bulmahn oder des Berliner Wissenschaftsstaatssekretärs Ingolf Hertel, sowie der Jahresbericht der Botschaft in Moskau bestätigten – manchmal etwas vorsichtiger formuliert –

304 Nickel an König (BMFT) am 18.2.1991, AMPG, II. Abt., Rep. 70, Nr. 110, fol. 2; Statistik Thoms, DA GMPG, Privatarchiv Sachse, ID 601104. Zu den chaotischen Arbeitsbedingungen an sowjetischen bzw. russischen Forschungsinstituten in den frühen 1990er Jahren vgl. auch Bonolis und Leon, *Astrophysics*, 2023, 564 (Fußnote 300).

305 Vgl. Bonolis und Leon, *Astrophysics*, 2023, 447–449; Max-Planck-Institut für Astrophysik, *50th Anniversary*, 2008.

306 Die Reisevor- und -nachbereitungen sind dokumentiert in AMPG, II. Abt., Rep. 70, Nr. 514, 515, 674.

307 Vermerk Lange-Gao vom 20.11.1999, AMPG, II. Abt., Rep. 70, Nr. 673, fol. 391–404.

diese Eindrücke.[308] Die MPG-Generalsekretärin Barbara Bludau fragte sich nach der Lektüre besorgt, ob »unter diesen Bedingungen eine Reise des Präsidenten zum gegenwärtigen Zeitpunkt überhaupt zumutbar« sei.[309]

Aber Markl und seine Delegation ließen sich nicht abschrecken. Sie nahmen sogar den Vorschlag auf, nicht nur die europäischen Wissenschaftsagglomerationen in Moskau und St. Petersburg zu besuchen, sondern auch die sibirischen Zentren in Nowosibirsk und Irkutsk, die wie auch weitere russische Regionen im Blick des bereits 1991 eingerichteten TACIS-Programms der Europäischen Union standen.[310] Die Delegation reiste im September 1999 auch nicht mit leeren Händen. Ob in Moskau, Nowosibirsk oder Irkutsk, immer wieder stellte Markl die neuen, nur zum Teil für die ostdeutschen Bundesländer, vor allem aber für China entwickelten Instrumente bilateraler Zusammenarbeit vor: »Forschungspartnerschaften« und »Partnergruppen« sollten junge Gastwissenschaftler/innen zur Rückkehr in die Heimat veranlassen, ihnen dort die Fortsetzung ihrer Forschungen mit den benötigten Instrumenten oder auch den Aufbau einer eigenen Forschungsgruppe ermöglichen. In »virtuellen Laboren« sollte nach wechselseitigen Gastaufenthalten an MPI und russischen Forschungseinrichtungen die begonnene Kooperation mithilfe der neuen Medien fortgesetzt werden: Gemeinsam organisierte »Sommerschulen« und womöglich sogar neu eingerichtete »International Max Planck Research Schools« an russischen Universitäten sollten dem gravierenden Nachwuchsmangel in Russland entgegenwirken. Außerdem wollte man auch gezielte Aufträge »zur Lösung von wissenschaftlich-technischen oder ingenieurwissenschaftlichen Problemen an Max-Planck-Instituten« vergeben. Alle diese Angebote waren keineswegs als einseitige Geschenke gedacht, sondern sollten dem Ziel dienen, wieder »langfristige Partnerschaften in erfolgreichen Kooperationsprojekten« zwischen Max-Planck-Instituten und russischen Forschungsinstituten zu etablieren, wie sie zu Zeiten der alten Sowjetunion und des Kalten Krieges trotz aller politischen Widrigkeiten durchaus möglich gewesen waren.[311]

308 Gesprächsprotokoll Bulmahn/Filippow vom 18.2.1999, AMPG, II. Abt., Rep. 70, Nr. 514, fol. 196–198; Bericht Besuch StS für Wissenschaft, Forschung und Kultur des Landes Berlin Hertel am 16.6.1999 sowie Jahresbericht 1998/99 zu Forschungs-, Technologie- und Kernenergiepolitik in der Russischen Föderation, AMPG, II. Abt., Rep. 70, Nr. 515, fol. 142–156, 253–277.

309 Randvermerk Bludau vom 11.12.1998, AMPG, II. Abt., Rep. 70, Nr. 673, fol. 404.

310 Sitzungsprotokoll zur Vorbereitung der Delegationsreise nach Russland 16.2.1999, ebd., 359–371. Das TACIS-Programm (Technical Assistance to the Commonwealth of Independent States) sollte den Aufbau von Marktwirtschaft und Demokratie in Osteuropa und Zentralasien unterstützen: Europäische Kommission, Technische Hilfe der EG, 14.9.2014, https://ec.europa.eu/commission/presscorner/detail/de/MEMO_92_54, zuletzt aufgerufen am 5.4.2020.

311 Bericht über die Delegationsreise der MPG nach Moskau, Nowosibirsk und Irkutsk am 9.11.1999, AMPG, II. Abt., Rep. 70, Nr. 515, fol. 21–40 (Zitate fol. 23–24); MPG-Presseinformation vom 28.9.1999, AMPG, II. Abt., Rep. 70, Nr. 514, fol. 4–5.

Die nach diversen gescheiterten Reformansätzen weiter anhaltende wissenschaftsinfrastrukturelle Misere in Russland zog in den ausgehenden 1990er Jahren vermehrt das außenwissenschaftspolitische Interesse des Westens auf sich. Der Anlass war nicht etwa, dass man sich die meistversprechenden wissenschaftlichen »Potentiale« der untergegangenen Sowjetunion sichern wollte – diese strömten längst aus eigenem Antrieb in die westlichen und vorzugsweise US-amerikanischen Universitäten und Forschungsinstitute. Auch Sagdejew folgte, nachdem er Ikes Enkelin Susan Eisenhower geheiratet hatte, dem Ruf an die University of Maryland und übersiedelte bereits 1990 in die USA. Man wollte vielmehr diesen unregulierten Brain-Drain stoppen und vor allem die noch in den ehemals geschlossenen militärischen Wissenschaftsstädtchen verbliebenen, schlecht oder gar nicht bezahlten Wissenschaftler und Wissenschaftlerinnen davon abhalten, ihre Erfahrungen in der Entwicklung nuklearer, chemischer und biologischer Massenvernichtungswaffen in den nicht mehr in das Blocksystem eingebundenen »rogue states«, wie sie der amerikanische Präsident George Bush nannte, zu Geld zu machen und ihnen stattdessen Alternativen in der Konversionsforschung aufzeigen. Ziel war es, wie es Rose Gottemoeller, die US-amerikanische Diplomatin, Sicherheitspolitikerin und bis 2019 stellvertretende NATO-Generalsekretärin, einmal formulierte, »[to] wrap Russian and Ukrainian scientists in a web [so that] they would not go elsewhere«.[312] Auch im Jahresbericht der MPG für 1992 bekannte man sich – außergewöhnlich genug, aber der Zeitenwende von 1989/90 angemessen – zu einem explizit außenwissenschaftspolitischen Motiv für die vermehrten Einladungen von osteuropäischen und russischen Wissenschaftlern an Max-Planck-Institute:

> Ziel ist dabei, den drohenden Brain-Drain, insbesondere aus der ehemaligen Sowjetunion, durch kurzfristige Aufenthalte von Wissenschaftlern an deutschen Instituten, durch Gerätespenden und durch den Aufbau von Kooperationsprojekten möglichst zu minimieren.[313]

Diese sicherheitspolitisch angetriebene Außenwissenschaftspolitik vor allem der USA, in die aber auch die westlichen Verbündeten einschließlich der Bundesrepublik sowie die EU einschwenkten, war – anders als zu Zeiten des Kalten Krieges – kompatibel mit einer neuen Wissenschaftsaußenpolitik der MPG. Zumindest in Bezug auf Russland verstand sich diese nicht länger als apolitische Pflege bilateraler Wissenschaftskooperationen. Stattdessen wollte die MPG aus einem globalisierten Wissenschaftsverständnis heraus an der Rekonsolidierung

312 Zitiert nach Sher, *From Pugwash to Putin*, 2019, 127.

313 *MPG-Jahrbuch 1992*, 96. Diese Politik erstreckte sich auch auf die übrigen osteuropäischen Staaten: Die Zahl der Gäste aus Bulgarien (1989: 13; 1993: 30) und der Tschechoslowakei (1985: 7; 1989: 30; 1993: 64) stieg nach der Wende noch einmal deutlich an, während die der polnischen und ungarischen Gäste, die wohl ähnlich wie ihre russischen Kolleg/innen um ihre heimischen Arbeitsplätze fürchteten, ab 1992 zurückging (Statistik Thoms, DA GMPG, Privatarchiv Sachse, ID 6011049).

des russischen Wissenschaftsraums mitarbeiten und ihre im post-kulturrevolutionären China entwickelten Ansätze des Wissenschafts(wieder)aufbaus ein weiteres Mal erproben.

3.4 Wissenschaftliche Pingpong-Diplomatie: China

Auf dem kurzen telefonischen Dienstweg teilte Ende September 1972 eine Mitarbeiterin des Auslandsreferats der MPG dem Auswärtigen Amt mit, dass sich im Vorjahr sieben chinesische Stipendiaten an Max-Planck-Instituten aufgehalten hätten, davon vier aus »Formosa/Nationalchina« und zwei aus Hong-Kong. Dazu käme ein »Flüchtling aus Shang-Hai«, der über die Philippinen eingereist sei, es gebe aber »keine Rotchinesen in unseren Instituten«.[314] Mit der Information eilte es, denn keine vierzehn Tage später, am 11. Oktober 1972, wollten Außenminister Scheel und sein chinesischer Kollege JI Pengfei die Aufnahme diplomatischer Beziehungen verkünden. Für Scheels Ansprache in der Großen Halle des Volkes in Beijing taugten diese Angaben freilich nicht. Gleichwohl sollten die MPG und die Chinesische Akademie der Wissenschaften (*Chinese Academy of Science*, CAS) in den wissenschaftlichen Beziehungen zwischen der Bundesrepublik und China eine ähnliche Rolle spielen wie die nationalen Tischtennismannschaften in MAOs und Nixons Pingpong-Diplomatie ein Jahr zuvor.[315] In der Tat fand sich die MPG nur wenige Monate darauf in einer Rolle wieder, die sie sonst tunlichst zu meiden suchte: Sie geriet zum Hauptakteur der frisch initiierten Außenwissenschaftspolitik, mit der die sozialliberale Bundesregierung die primär wirtschaftlichen Interessen der Bundesrepublik gegenüber diesem möglichen, vorerst noch kaum einzuschätzenden Handelspartner voranbringen wollte. Die MPG übernahm diese Rolle mit bemerkenswertem, insbesondere auch von der chinesischen Seite geschätztem Engagement, schneiderte sie sich dabei über die Jahre aber so zurecht, dass ihre eigenen Interessen an der Kooperation mit dem sich rasant entwickelnden ostasiatischen Wissenschaftsraum immer stärker zur Geltung kamen.

314 Vermerk Helga Peter vom 29.9.1972, AMPG, II. Abt., Rep. 70, Nr. 128, fol. 389; die Angaben bezogen sich auf 1971, fürs laufende Jahr lagen offensichtlich noch keine aktualisierten Daten vor.

315 Über das zufällige Zustandekommen der sinoamerikanischen Freundschaftsspiele als Auftakt für die Anknüpfung bilateraler Beziehungen berichtete anlässlich des 40. Jahrestags in mehreren Medien: Teuffel, Ping-Pong-Diplomatie, *Der Tagesspiegel*, 27.3.2011. Zur Historiographie der sinoamerikanischen Beziehungen in den 1960er und 1970er Jahren vgl. Fardella, Sino-American Normalization, 2009; mit weiteren Literaturangaben Millwood, (Mis)Perceptions, 2019. Zu den sinoamerikanischen Wissenschaftsbeziehungen Millwood, Exceedingly Delicate Untertaking, 2021.

Geopolitik in Bewegung

In den Jahren um 1970 schaltete der Kalte Krieg einen oder auch zwei Gänge zurück, was verschiedenen Akteuren Gelegenheit bot, sich geopolitisch neu aufzustellen und zugleich umstrittenes innenpolitisches Terrain zu besetzen. In den USA hatte Nixon 1968 die Präsidentschaftswahl nicht zuletzt mit dem Versprechen gewonnen, die amerikanischen Truppen »ehrenvoll« aus Vietnam abzuziehen. Sein Sicherheitsberater Kissinger war seither in geheimdiplomatischen Missionen in Hanoi, Beijing und Moskau unterwegs, um die neue Kriegsstrategie außenpolitisch zu moderieren. Sein Ziel war nicht etwa die Beendigung, sondern vielmehr die beabsichtigte »Vietnamisierung« des Krieges am Boden mit zunächst noch anhaltender amerikanischer Bomberunterstützung aus der Luft. Im Anschluss an die sinoamerikanischen Pingpong-Freundschaftsspiele in Shanghai und Beijing im Herbst 1971 bereitete er die Chinareise Nixons für den Mai 1972 vor, der sich damit einmal mehr als Friedensbringer zur Wiederwahl empfehlen wollte. Zugleich kündigte Kissinger die exklusive Bipolarität im west-östlichen Kräftemessen zwischen Washington und Moskau auf.[316] In China hatte MAO 1969 die erste terroristische Etappe der drei Jahre zuvor gestarteten Kulturrevolution für beendet erklärt, die außer Kontrolle geratenen Roten Garden auf die Felder fernab der städtischen Zentren verschickt und dafür in den Schulen und Universitäten (sofern sie wiedereröffnet wurden), den Betrieben und Kommunen Revolutionskomitees aus disziplinierteren Partei- und Militärangehörigen eingesetzt, ohne jedoch die innerparteilichen Macht- und Richtungskämpfe beizulegen.[317] Sein loyaler Kampfgefährte, der europäisch gebildete, polyglotte Mandarin ZHOU Enlai, der in den frühen 1920er Jahren in Paris die europäische Gruppe der chinesischen KP aufgebaut, aber auch ein paar Semester in Göttingen und Berlin zugebracht hatte und seit 1949 sein Amt als Premierminister durch alle Kampagnen und Säuberungen MAOs hindurch ausübte, kümmerte sich derweil um die Außen- und Wirtschaftspolitik.[318] Der sowjetische Einmarsch in der dissidenten ČSSR 1968 und die militärischen Zusammenstöße einige Monate darauf im Ussuri-Konflikt an der eigenen nordöstlichen Grenze zur Sowjetunion waren ein letzter Anstoß für ihn, nach einem Ausweg aus der doppelten ideologischen und geopolitischen Konfrontation gegenüber den beiden Supermächten und der Selbstisolation zu suchen, die China seit dem Zerwürfnis mit der kommunistischen Brudermacht von 1959/60 gepflegt hatte.[319]

316 Nixons Weg, 1971. Zu Nixons »Madman-Theorie« vgl. Greiner, *Krieg ohne Fronten*, 2007, 70–73. Vgl. auch Berman, *No Peace*, 2001.

317 Leese, Kulturrevolution in China, 2016.

318 Krüger, Der rote Star, *Die Zeit*, 15.7.1954. Lee, *Pioneers of Modern China*, 2005, 120. Als Überblick über die chinesische Außenpolitik siehe Möller, *Außenpolitik der Volksrepublik China*, 2005, 80–92.

319 Anlass für dieses Zerwürfnis war einerseits die Entspannungspolitik Chruschtschows, die von der KP in China, aber auch in einigen afrikanischen und asiatischen Ländern als

Eine bundesdeutsche China-Politik war bis 1972 kaum bemerkbar und sollte es auch nicht sein. Zwar hätte es durchaus Anknüpfungspunkte für bilaterale Beziehungen gegeben: Etwa die Handelskontakte, die manche der zum Teil seit der Kolonialzeit in China engagierten deutschen Firmen in den frühen 1950er Jahren wiederaufgenommen hatten. Deren 1972 noch bescheidenes Volumen von 900 Mio. DM hatte unter den Bedingungen kommunistischer Autarkie- und amerikanischer Embargopolitik ausgereicht, um die westdeutsche Wirtschaft zu einem wichtigen Geschäftspartner der Volksrepublik (VR) China zu machen.[320] Außerdem hegten alle Bundesregierungen große Sympathie für die Ein-China-Politik Beijings – sei es aus nationalpolitischem Prinzip oder realistischer Einsicht in die langfristige Übermacht Festlandchinas, sei es wegen politischer Vorbehalte gegen JIANG Kai-sheks Diktatur in Taiwan. Entsprechend vermieden sie, trotz gelegentlicher Vorstöße seitens der USA, Nationalchinas oder auch abweichender Stimmen in der Bundesrepublik, diplomatische Beziehungen zu Taiwan. Die Ein-China-Politik habe, so der Historiker und ehemalige deutsche Generalkonsul in Guangzhou, Wolfgang Runge, sogar für die Bonner Hallstein-Doktrin »Modell« gestanden.[321]

Danach verboten sich freilich auch diplomatische Beziehungen zur VR China, die nach dem Bruch mit der Sowjetunion keineswegs ihre Botschaft in Ost-Berlin geschlossen hatte. Um nicht in offenen Widerspruch zur amerikanischen China-Politik zu geraten, schreckte die Bundesrepublik auch vor anderen international sichtbaren staatlichen Beziehungen mit der Volksrepublik zurück und wickelte den bilateralen Handel ohne Staatsabkommen über den Ostausschuss der Deutschen Wirtschaft beim Bund der Deutschen Industrie ab. Mit Nixons Wende in der amerikanischen China-Politik, der Wiederaufnahme der Volksrepublik in die UNO und dem damit gekoppelten Ausschluss Taiwans sowie dem Abrücken der Bundesregierung von der Hallstein-Doktrin hätten diese Rücksichten entfallen können. Einige westliche Länder, darunter Italien und Kanada sowie Japan gingen in der Folge sehr rasch auf die diplomatischen Offerten Chinas ein; Frankreich und Großbritannien unterhielten schon seit den 1950er Jahren diplomatische Beziehungen zur VR China. Indessen fürchtete die inzwischen sozialdemokratisch geführte Bundesregierung zu diesem Zeitpunkt, die Sowjetunion zu brüskieren und so ihre eigene neue Ostpolitik zu gefährden. Umgekehrt beobachtete auch China die bundesdeutsche Annäherung an den gemeinsamen Erzfeind misstrauisch, bot sich sogar zwischenzeitlich – wenn auch

Verrat an der gemeinsamen revolutionären Sache interpretiert wurde, und andererseits die genozidale Zwangskollektivierung und -industrialisierung durch MAOs »Großen Sprung nach vorn«, der von Moskau als abenteuerlich verurteilt wurde. Vgl. dazu zuletzt: Li und Xia, *Mao and the Sino-Soviet Split*, 2018; Shen und Xia, *Mao and the Sino-Soviet Partnership*, 2015; Li, *Mao's China*, 2014; Lüthi, *Sino-Soviet Split*, 2008.

320 Runge, Kooperation im Wandel, 2002, Zitat: 4. Nach Runge war die BRD bis etwa 1970/71 sogar der wichtigste Handelspartner Chinas; dagegen weist Möller, *Außenpolitik der Volksrepublik China*, 2005, 86 diese Rolle seit den 1960er Jahren Japan zu.

321 Runge, Kooperation im Wandel, 2002, 4.

vergeblich – der DDR als neue kommunistische Schutzmacht an. Doch sobald der Moskauer Vertrag im Sommer 1972 vom Bundestag ratifiziert war, ging alles ganz schnell, zumal die jeweiligen außenpolitischen Essentials, die Taiwan- bzw. die Berlinfrage, zwischen Bonn und Beijing keiner Verhandlung bedurften.[322] Nach nur fünf Wochen waren die Dokumente unterschriftsreif und noch im Dezember 1972 traf die erste chinesische Fachdelegation für Kernenergietechnik in der Bundesrepublik ein, in den ersten Monaten 1973 folgten weitere für Energiewirtschaft und Farbfernsehsysteme.[323]

Bündnispolitischer Hintergrund dieser raschen Entwicklung war der Umstand, dass die amerikanisch-chinesische Annäherung nach ihrem sportlichen Aufbruch 1972/73 schon wieder stockte – vor allem, weil die USA ihren taiwanischen Bündnispartner nicht fallen lassen wollten und Kissinger seinen chinesischen Verhandlungspartner ZHOU mit dem Angebot militärisch-technologischer Transferleistungen zu mehr chinapolitischer Flexibilität bewegen wollte. Zwar antwortete ZHOU diplomatisch-ausweichend, aber allein schon das wurde ihm seitens seiner Parteiführung als Kapitulationismus angekreidet und führte zum endgültigen Bruch mit dem Großen Vorsitzenden. Gleichwohl lehnte MAO das Rücktrittsangebot seines Premiers ab, untersagte ihm jedoch, je wieder mit den USA zu verhandeln. Erst nachdem die beiden chinesischen Protagonisten 1976 gestorben waren, gelang den neuen Staatschefs DENG Xiaoping in China und Jimmy Carter in den USA in den folgenden zwei Jahren die Normalisierung ihrer zwischenstaatlichen Beziehungen.[324] Die Bundesrepublik gehörte zu jenen westlichen Staaten, die von dieser jahrelangen diplomatischen Blockade zwischen China und den USA profitierten, weil beide Seiten die Tür zwischen China und dem Westen trotz allem einen Spalt weit offen halten wollten. Innerhalb nur eines Jahres, von 1973 bis 1974, verzehnfachte sich das bilaterale Handelsvolumen; die Welle der westlich-internationalen China-Euphorie erfasste die Bundesrepublik.[325]

Dazu dürfte die Wirtschaftsdelegation mit beigetragen haben, die als erste bundesdeutsche Delegation überhaupt im Mai 1973 nach Beijing und Shanghai reiste.[326] Sie wurde vom Osthandelsexperten und MPG-Senator Berthold

322 Die obige Darstellung stützt sich im Wesentlichen auf Runge, Kooperation im Wandel, 2002.

323 Vermerk Eikenberg (BMBW) vom 13.3.1973, BArch B 138/44779.

324 Zusammengefasst nach Millwood, (Mis)Perceptions, 2019, hier besonders 897–904, der Kissingers Fehleinschätzungen der innerchinesischen Machtverhältnisse und seinen unglücklichen Beitrag zur politischen Isolierung ZHOUs rekonstruiert hat.

325 Runge, Kooperation im Wandel, 2002, 7. Im BMBW sah man diese Euphorie allerdings eher skeptisch: BAK B 138/44.779: Bente (Generalkonsulat Hongkong) an AA 9.7.1973; Annotationen von BMFT-Referenten vom 13. und 25.7.1973 zu diesem Bericht und zu einem Presseausschnitt (»Wie weit ist die ›gelbe Technik‹? Erstaunliche Fortschritte Chinas in Wissenschaft und Produktion«) aus der Frankfurter Rundschau.

326 Zum Vergleich: Von März bzw. April bis Juli 1973 besuchten 80 japanische und 44 amerikanische »Delegationen aller Art« die VR China; der Austausch mit der EG war vergleichsweise gering; bis Ende 1974 hofften die USA zum zweitgrößten Handelspartner

Beitz geleitet, der 1970 als Zaungast die Wissenschaftsdelegation des damaligen Bundesbildungsministers in die Sowjetunion begleitet hatte. Jetzt tauschten die beiden Vertrauten die Rollen. Leussink, der nach seinem Rücktritt vom Ministeramt 1972 in den Senat der MPG berufen worden war, stieg zwar nicht wie zuvor Beitz in Moskau zum »ungekrönten König« dieser Delegation auf. Aber es gelang ihm nachhaltig, das bundesdeutsche »Interesse an einem gleichberechtigten Austausch von Studenten, Praktikanten, Wissenschaftlern sowie später an gemeinsam [sic] wissenschaftlichen Beziehungen« zu vermitteln und auf die bundesdeutschen Wissenschaftsorganisationen, besonders aber die MPG aufmerksam zu machen.[327] Dabei dürfte auch er vom Stillstand der amerikanisch-chinesischen Beziehungen profitiert haben, der sich auch auf den wissenschaftlichen Austausch erstreckte – trotz aller Bemühungen seitens eines extra dafür gegründeten und an die *National Academy of Sciences* (NAS) angedockten *Committee on Scholarly Communication with the People's Republic of China* (CSCPRC) – und ebenfalls erst 1977/78 überwunden werden konnte.[328]

Leussinck besuchte vor allem Institute der Qinghua-Universität sowie der CAS in Beijing und bemerkte erstaunt, dass etwa ein Drittel der Versuchsleiter in den physikalischen Labors Frauen waren. Gegenüber der Leiterin des Büros für auswärtige Beziehungen, CHEN Ping, bestand er gleichwohl darauf, mit dem wissenschaftlichen Leiter und Vizepräsidenten der Akademie, WU Youxun, zu sprechen, dem er die Grüße des MPG-Präsidenten Lüst überbrachte.[329] Seinem eigenen und auch Beitz' Insistieren schrieb er es zu, dass ihm durch CHEN noch beim Abschlussbankett die Einladung einer MPG-Delegation avisiert wurde, die zwischen der CAS, der Qinghua-Universität und dem chinesischen Außenministerium kurzfristig abgestimmt worden war und in etwa drei Monaten zu erwarten sei:

> Ich führe dieses erfreulich konkrete Gespräch auf intensive Beratungen auf chinesischer Seite im Anschluß an meine verschiedenen Gespräche […] zurück.[330]

nach Japan aufzusteigen; eine etwaige frühere bundesdeutsche Spitzenposition war also trotz der Verzehnfachung des Handelsvolumens von 1972 zu 1973 bereits kurz nach der außenpolitischen Öffnung Chinas dahin; vgl. Botschaft Peking an AA (Politischer Halbjahresbericht VR China) 3.10.1973, BArch, B 138/44779.

327 Leussink, Bericht über die Chinareise 21.5.–1.6.1973 – Wissenschaftliche Aspekte, AMPG, II. Abt., Rep. 70, Nr. 292, fol. 77. Der Bericht war als Anlage zu Beitz' Delegationsbericht konzipiert und findet sich auch in den Beständen von AA, BMBW und BMFT. Der Delegation gehörten u. a. an: Herbert Culmann (Lufthansa), Christian-Peter Henle (Klöckner), Konrad Henkel (Henkel), Alfred Herrhausen (Deutsche Bank), Ernst Wolf Mommsen (Krupp), vgl. Käppner, *Berthold Beitz*, 2010, Kap. »In einem unbekannten Land. Die China-Reise 1973«.

328 Millwood, Exceedingly Delicate Untertaking, 2021.

329 Der Vizepräsident und Physiker WU Youxun repräsentierte die wissenschaftliche, der Präsident und Historiker GUO Moruo, der zugleich als Vizepräsident des Volkskongresses fungierte, die politische Führung der CAS, vgl. Leussink, Bericht über die Chinareise 21.5.–1.6.1973, AMPG, II. Abt., Rep. 70, Nr. 292, fol. 95.

330 Ebd., fol. 97.

Höhepunkt der Reise war das anschließende mitternächtliche Gespräch der Delegation mit ZHOU Enlai in der Großen Halle des Volkes. Da ging es zwar auch um mögliche Billigimporte chinesischer Lebensmittel und Textilien in die EG, mit denen die bundesdeutschen Delegationsmitglieder aus Großindustrie und Finanzwirtschaft die aus ihrer Sicht überhöhten Preise europäischer Hersteller zu drücken hofften. Mehr noch wurde aber über Leussinks neugeknüpfte Wissenschaftskontakte gesprochen, die der Premierminister für »unbedingt notwendig« erachtete und deren Intensivierung »man möglichst bald [...] ernsthaft anpacken« solle; so von ZHOU womöglich wörtlich und auf Deutsch formuliert.[331] Jedenfalls tauschte sich ZHOU, nachdem er die anderen Delegationsmitglieder und auch Botschafter Pauls verabschiedet hatte, noch mit Beitz unter vier Augen über Berliner Reminiszenzen aus.[332]

Außenwissenschaftspolitik im Limbo

In den nächsten Monaten wurden auf allen Seiten die wissenschaftlichen Chancen und politischen Risiken geprüft. Die direkt bei Premierminister ZHOU angesiedelte, einem Ministerium entsprechende »Gruppe für Wissenschaft und Erziehung im Staatsrat« hielt wissenschaftliche Kooperationen und längerfristige Aufenthalte westlicher Wissenschaftler und Wissenschaftlerinnen angesichts der für europäische Ansprüche ungenügenden Unterbringungsmöglichkeiten und Laboreinrichtungen in China für verfrüht. Sie war hingegen – wie auch ZHOU persönlich – sehr am Studierendenaustausch und darüber hinaus an intensiven wechselseitigen Informationsbesuchen wissenschaftlicher Fachdelegationen interessiert.[333] Die CAS hingegen blieb, wie Botschafter Pauls bei seinem dortigen Antrittsbesuch im Juni 1973 erfuhr, dringend an dem von Leussink angebahnten Austausch mit der MPG interessiert. Vizepräsident WU war, so interpretierte Pauls dessen Ausführungen, mit der jüngsten »Entmachtung« der CAS, die mit dem Zwölf-Jahres-Plan von 1956 und im Zuge des »Großen Sprungs vorwärts« zunächst einen großen Aufschwung genommen habe, zuletzt aber 60 Prozent ihrer Institute an regionale Behörden und die Industrie habe abgeben müssen, alles andere als einverstanden:

331 Ebd., fol. 77; Leussink zitiert hier ZHOU »wörtlich«. GE Mingyi von der Internationalen Abteilung der CAS beschrieb in seinem Beitrag zum zehnjährigen Jubiläum der chinesisch-bundesdeutschen WTZ am 14.12.1989 die Gesprächsabfolge etwas anders, bestätigte aber die persönliche Intervention ZHOUs zugunsten der Zusammenarbeit zwischen MPG und CAS, AMPG, II. Abt., Rep. 70, Nr. 91, fol. 79–89. Zu ZHOUs Rolle in der chinesischen Wissenschaftspolitik vgl. Wang, Cold War and the Reshaping, 2014, 358; Wang, Chinese Debates, 2018.

332 Zu Wirtschaftsinteressen und Zwiegespräch vgl. Käppner, *Berthold Beitz*, 2010, Kap. »In einem unbekannten Land. Die China-Reise 1973«.

333 Leussink, Bericht über die Chinareise 21.5.–1.6.1973, AMPG, II. Abt., Rep. 70, Nr. 292, fol. 77. Vermerk Wiercimok (DFG) vom 4.10.1973 und Vermerk IIA5 (BMBW) vom 16.10.1973, BArch B 138/44779.

[…] seine Ausführungen zu den Errungenschaften der Kulturrevolution [waren] bestenfalls Pflichtübung. Zur Erläuterung der Bedeutung der Verbindung von Theorie und Praxis und der Leistungen von Arbeiter- und Bauernwissenschaftlern bediente er sich gar eines vorbereiteten Manuskripts.[334]

Hier sah der Botschafter einen produktiven Ansatzpunkt für eine bundesdeutsche Außenwissenschaftspolitik, die den chinesischen Kritiker/innen der Kulturrevolution in der Phase der Wiedereröffnung der Hochschulen und des Umbaus des Wissenschaftssytems den Rücken stärken würde. Er empfahl dem Auswärtigen Amt, dass, sobald die Einladung der CAS an die MPG vorliege, »einer möglichst großen Zahl (prominenter) deutscher Wissenschaftler Gelegenheit gegeben wird, an einer Delegationsreise teilzunehmen«. Der chinesischen Seite wollte er dann eine Aufteilung in mehrere Gruppen vorschlagen, »um eine möglichst große Zahl von Einzelinstituten im ganzen Land berühren zu können«. Das Amt leitete diesen Vorschlag befürwortend an das BMBW weiter.[335]

Dort bereitete man gerade die für Oktober 1973 geplante Chinareise von Leussinks Nachfolger im Ministeramt, Klaus von Dohnanyi, vor. Von der chinesischen Botschaft in Bonn war im Vorfeld höflich bedeutet worden, es bei einer möglichst kleinen Delegation mit allenfalls einem Journalisten zu belassen.[336] Im BMBW sah man sich – ähnlich wie im BMFT, in dessen Zuständigkeit die MPG seit der Aufspaltung des Wissenschaftsministeriums 1972 fiel – in seiner Skepsis gegenüber der grassierenden China-Euphorie bestätigt, zumal man über den Generalkonsul in Hongkong von den Beobachtungen einer »US-Wissenschafts- und Technologie-Mission« erfahren hatte, dass der »Stand der chinesischen Forschung und Lehre noch niedriger als erwartet« sei und – von »erstaunlichen Einzelleistungen (z. B. Insulin-Forschung, Geburtenkontrolle)« abgesehen – drei bis zwanzig Jahre hinter der internationalen Forschung zurückhänge.[337] Dohnanyi nahm letztlich keine Wissenschaftler mit nach China, sondern ließ sich außer von seiner Ehefrau, einem Journalisten und wenigen Ministerialbeamten nur von der bildungspolitischen Sprecherin der FDP, Hildegard Hamm-Brücher, begleiten, die im Anschluss in der *Süddeutschen Zeitung* mehr fasziniert als kritisch vom Durchgriff der »Erziehungsrevolution« berichtete, in die die Kulturrevolution überführt worden sei.[338] Tatsächlich hatte die

334 Pauls an AA am 28.6.1973 (Doppel für BMBW), BArch B 138/45509.

335 Pauls an AA am 28.6.1973 (Zitate) BArch, B 138/44779; Randvermerk Nissen (AA) vom 6.7.1973, BArch B 138/45509.

336 Vermerk Klisch (BMBW) vom 28.6.1973, BArch B 138/44779.

337 Bente (Generalkonsulat Hongkong) an AA am 9.7.1973 (Doppel für BMFT) mit Randbemerkungen (Zitate), BArch B 138/44779 – Bente berichtete über ein Gespräch mit dem Delegationsmitglied Ezra Vogel (Harward University) am 25.6.1973. Vermerk Wiercimok (DFG) vom 4.10.1973 und Vermerk betr. BMFT vom 16.10.1973, BArch B 138/44779.

338 Klisch (BMBW) an WANG Yu-tien (Botschaft VR China) am 11.10.1973, BArch B 138/44779. Hamm-Brücher, Chinas zweiter Sprung, *Süddeutsche Zeitung*, 24.11.1973.

Delegation vor allem Bildungseinrichtungen vom Kindergarten bis zur Universität besucht.

Gleichwohl hatte Dohnanyi Verhandlungsaufträge und Kooperationsangebote aller im internationalen Wissenschaftsaustausch aktiven bundesdeutschen Organisationen – DFG, DAAD, AvH und MPG – im Gepäck.[339] Kurz vor der Reise wurde er auch noch über die dabei zu erwartenden Widerstände informiert. Die Taiwan-Frage spielte zwar auf Regierungsebene dank der Nichtanerkennung Taiwans durch die Bundesrepublik keine Rolle, aber sehr wohl auf der Ebene nachgeordneter staatlicher, halbstaatlicher oder staatlich finanzierter Institutionen, welche immer von der einen oder anderen Seite auf Basis des je eigenen institutionenpolitischen Vorverständnisses als solche (miss-)interpretiert wurde. Die Gruppe Wissenschaft und Erziehung im chinesischen Staatsrat hatte jedenfalls über den Sommer recherchiert, dass zwischen dem für den Studierendenaustausch zuständigen »DAAD und der ›Taiwan Clique‹ Beziehungen bestünden«, und insistierte auf einer »anderen Trägerorganisation«. Daraufhin wurden die ersten Studierenden aus beiden Ländern provisorisch als »Stipendiaten der Bundesregierung« deklariert, bis man eine »unbedeutendere Organisation« für die Durchführung gefunden haben würde.[340] Ähnliche Vorbehalte waren auch für die anderen Wissenschaftsorganisationen zu befürchten, wenn es nicht gelingen sollte, der chinesischen Seite das bundesdeutsche Verständnis von Privatheit in der Wissenschaftspolitik zu vermitteln:

> Unsere kulturellen Beziehungen bestehen zu allen Völkern und Gebieten, die Kontakte wünschen, ohne Rücksicht auf die jeweilige innenpolitische Lage oder den jeweiligen völkerrechtlichen Status. Die Maßnahmen dienen Menschen, sie werden nicht von staatlichen, sondern privaten Organisationen durchgeführt. Die chinesische Regierung dürfte dafür Verständnis haben, da z. B. eine Tischtennismannschaft aus Taiwan in die VR China eingeladen wurde.[341]

Es galt also, eine Art Pingpong-Mannschaft für die bundesdeutsche Außenwissenschaftspolitik zu finden.

Zwischenzeitlich hatte das BMFT die MPG über die zu erwartende chinesische Einladung informiert.[342] Unverzüglich machte sich der Auslandsreferent Nickel daran, eine Verhandlungsstrategie zu entwerfen, zumal Leussink für Ende Juli 1973 Vertreter aller am Wissenschaftsaustausch mit China interessierten bundesdeutschen Organisationen und Ministerien zu einem Treffen mit An-

339 Vermerk Wiercimok vom 4.10.1973 (DFG), BArch B 138/44779; Vermerk Sobotta vom 12.10.1973 (AvH, MPG, DAAD), ebd.

340 Vermerke betr. DAAD und Taiwan bzw. China vom 5.9.1973; Vermerk Wiercimok (DFG) vom 4.10.1973; Telegramm Botschaft Peking an AA vom 5.10.1973 (Zitat), ebd.

341 Vermerk Hellbeck (AA) vom 10.10.1973, ebd.

342 Pauls (Botschaft Peking) an AA am 5.6.1973 (Doppel für BMFT), Zusatzvermerk BMFT vom 24.6.1973, ebd.

gehörigen der chinesischen Botschaft eingeladen hatte.[343] Zwei Klippen galt es aus Sicht der MPG zu umschiffen: Zum einen drohte in den bundesdeutschen Hoheitsgewässern der Alleinvertretungsanspruch der DFG für den internationalen Wissenschaftsaustausch; die Erfahrungen mit dem sich als Vergleichsfall anbietenden Abkommen zwischen der DFG und der sowjetischen Akademie der Wissenschaften waren jedenfalls, so resümierte Nickel in seinem strategischen Vermerk, »sehr negativ«:

> Seit wir den Wissenschaftleraustausch über dieses Abkommen abwickeln, gelang es den Instituten kaum, einen Wissenschaftler, auf den sie Wert gelegt haben, in ihr Institut einzuladen und umgekehrt.[344]

Die Abhängigkeit von einem neuerlichen DFG-Quotenabkommen mit einer kommunistischen Akademie sollte also tunlichst vermieden werden. In chinesischen Gewässern musste zum anderen Taiwan, wo die außenwissenschaftspolitischen Konkurrenten DFG und DAAD ja schon festsaßen, weiträumig umfahren werden, wenn man überhaupt ans Ziel kommen wollte.[345] Tatsächlich erkundigte sich die chinesische Botschaft in Bonn im Anschluss an das Juli-Treffen schriftlich bei der MPG nach deren taiwanischen Stipendiaten und forderte, sie ihr »zu unterstellen«.[346] Nickel zog es nach Rücksprache mit Präsident Lüst vor, diese inakzeptable Zumutung trotz aller sprachlichen Schwierigkeiten telefonisch aus dem Weg zu räumen und sie gar nicht erst zum Vorgang werden zu lassen. Zwar habe man taiwanesische Gäste und werde »aufgrund von Absprachen der Wissenschaftler untereinander« auch weiterhin solche einladen, aber dafür seien »alleine wissenschaftliche und nicht politische Gesichtspunkte ausschlaggebend«. Die Aufenthalte würden ganz unterschiedlich finanziert und »offizielle Kontakte zwischen Taiwan und der Max-Planck-Gesellschaft« bestünden nicht.[347] Die chinesische Botschaft ließ sich nach einem weiteren persönlichen Gespräch Lüsts mit Botschafter WANG auf diese Sprachregelung ein und übermittelte Anfang Januar 1974 endlich die Einladung der CAS. MPG-Präsident Lüst nahm sie unverzüglich dankend und verbunden mit der erwünschten Gegeneinladung an.[348]

343 Protokoll der 76. Sitzung des Senates vom 23.11.1973 in Düsseldorf, AMPG, II. Abt., Rep. 60, Nr. 76.SP, fol. 108.

344 Vermerk Nickel vom 20.7.1973, AMPG, II. Abt., Rep. 70, Nr. 128, fol. 383.

345 Wegen der Taiwan-Frage kamen mit DFG und AvH keine Kooperationsabkommen zustande, Botschaft Peking an AA 17.3.1975, Anlage: Kulturpolitischer Jahresbericht 1974, Bl. 44, PA AA B 97-REF. 610/350.

346 Vermerk Sobotta (BMBW) vom 12.10.1973 (Zitat), BArch B 138/44779.

347 Vermerk Nickel vom 30.8.1973 (Zitate), AMPG, II. Abt., Rep. 70, Nr. 128, fol. 385. BArch B 138/44779: Vermerk Sobotta (BMBW) vom 12.10.1973. Lüst selbst hat in Interviews gern betont, dass er den chinesischen Zumutungen in der Taiwan-Frage nicht nachgegeben habe: Lüst (Nolte) 2008, 196; Interview Lüst (Renn und Kant) 18.5.2010, 28–29.

348 Protokoll der 76. Sitzung des Senates vom 23.11.1973 in Düsseldorf, AMPG, II. Abt., Rep. 60, Nr. 76.SP, fol. 108; Protokoll der 77. Sitzung des Senates vom 25.3.1974 in München, AMPG, II. Abt., Rep. 60, Nr. 77.SP, fol. 142. WANG Yu-tien (chinesische Bot-

Was also qualifizierte die MPG zur Pingpong-Spielerin der bundesdeutschen Außenwissenschaftspolitik? Vorrangig war, dass sie aufgrund ihrer prinzipiell bevorzugten und im Fall von »Nationalchina« auch so praktizierten vertragslosen Handhabung des Austauschs auf der Ebene der Institute der »rot«-chinesischen Seite hinreichend plausibel machen konnte, dass sie keine förmlichen, der Ein-China-Politik entgegenstehenden Beziehungen zu Taiwan unterhielt. Zweitens entsprach sie mit ihrem Forschungsprofil am ehesten der in der Kulturrevolution geschrumpften CAS, die einen Großteil ihrer erst ab Mitte der 1950er Jahre gegründeten Institute an Parteiorgane, Industrieministerien oder Provinzverwaltungen hatte abgeben müssen und jetzt vorwiegend weniger politik- und industrienahe Forschungsfelder bearbeitete, ohne sich freilich einer Grundlagenforschung zu verschreiben, wie sie die MPG für sich in Anspruch nahm.[349] Die verbleibende inhaltliche Schnittmenge zur MPG konzentrierte sich damit drittens auf die weniger ideologieverdächtigen Naturwissenschaften, worauf China – hier ausnahmsweise im Einklang mit den Ostblockstaaten – den Austausch mit dem Westen sowieso begrenzen wollte.[350] Viertens kam die informelle Handhabung des Wissenschaftsaustauschs, wie sie die MPG gern praktizierte, den chinesischen Verhandlungspartnern auch innenpolitisch entgegen. Denn in jenen frühen 1970er Jahren waren die Richtungskämpfe zwischen den radikalen Kulturrevolutionären – der »Viererbande« um MAOs vierte Ehefrau JIANG Qing – und moderaten Politikern wie ZHOU Enlai und DENG Xiaoping ebenso wenig entschieden wie die zukünftigen Strukturen des Bildungs- und Wissenschaftssystems einschließlich der CAS, die tatsächlich 1978 erneut re-

schaft Bonn) an Lüst 10.1.1974, AMPG, II. Abt., Rep. 70, Nr. 303, fol. 315; Lüst an WANG 21.1.1974, AMPG, II. Abt., Rep. 70, Nr. 303, fol. 313–314.

349 Zur Geschichte der 1928 gegründeten Academia Sinica (AS), die unter diesem Namen nach dem Bürgerkrieg in Taiwan weitergeführt wurde, und der in Beijing 1949 nach sowjetischem Vorbild neu gegründeten Chinesischen Akademie der Wissenschaften (CAS), in die ein Teil der Festlandsinstitute der AS sowie der Akademie der Wissenschaften Beijing integriert wurden und die sich verwirrenderweise noch über einen längeren Zeitraum wie auch ihr taiwanisches Pendant Academia Sinica nannte, vgl. Kühner, *Chinesische Akademie der Wissenschaften*, 1986, 1–43. Demnach (ebd. 27) gab es 1966: 120 und 1978: 71 CAS-Institute. Zum Verständnis von Grundlagenforschung in China vor und während der Kulturrevolution vgl. Wang, Chinese Debates, 2018; Wang, Physics in China, 2010.

350 Bericht über die Reise der ersten MPG-Delegation nach China 19.–27.4.1974, AMPG, III. Abt., Rep. 150, Nr. 62: Ein Institutsverzeichnis war der MPG nicht zur Verfügung gestellt worden. Erst auf Nachfrage erhielten sie vor Ort eine kurzfristig angefertigte Liste der »Research Institutions of Natural Sciences of the Academia Sinica (36 in all)« (ebd., fol. 256–257), von denen 17 »under direct jurisdiction of the Academia Sinica« (ebd., fol. 257) und 19 »under dual jurisdiction of the Academia Sinica and Province or Municipalities with the latter as the main leading body« (ebd., fol. 257) standen. Leider findet sich bei Kühner, *Chinesische Akademie der Wissenschaften*, 1986, der die CAS-Institute mit Stand von 1984 detailliert beschreibt, kein Verzeichnis aller Institute um 1974; ihre Gesamtzahl dürfte eher unter als über der Zahl von 71 im Jahr 1978 gelegen haben.

organisiert werden sollte.[351] In jener Phase politischer Unsicherheit vertrug sich flexibles, vertragsungebundenes Handeln allemal besser mit jederzeit möglichen Richtungswechseln.[352]

Die Kunst der Informalität

Was informelle Verhandlungsführung *à la chinoise* bedeutete, lernte die von Präsident Lüst geleitete MPG-Delegation während ihres achttägigen Aufenthalts im April 1974 in Beijing und Shanghai sozusagen im Feldversuch, den der begleitende Pressesprecher Robert Gerwin in seinem Reisetagebuch dokumentierte.[353] Demnach begannen die ersten »politischen Gespräche« zwar noch nicht in der für den Empfang der Delegation vorbereiteten Flughafen-Lounge unter den obligaten Bildern von MAO auf der einen und von Marx, Engels, Lenin, Stalin auf der gegenüberliegenden Wand; dort tauschten die jeweils ranghöchsten Personen beider Seiten, Lüst und der CAS-Generalsekretär YUE Zhijian, wohl nur Höflichkeitsfloskeln, alle anderen schwiegen. Aber wohl schon auf der Fahrt in die

351 Nach 1978 wurden die meisten während der Kulturrevolution ausgegliederten Institute wieder in die CAS zurückgeführt, die geistes- und sozialwissenschaftlichen Institute jedoch in die 1977 gegründete Chinesische Akademie der Sozialwissenschaften eingebracht, vgl. Kühner, *Chinesische Akademie der Wissenschaften*, 1986, 18.

352 Die im Herbst 1973 neu berufene Kulturreferentin der bundesdeutschen Botschaft in Beijing, Marianne Lapper, wusste ein Lied davon zu singen: Kaum hatte sie sich ansatzweise einen Überblick über die »kulturpolitische Situation des Gastlandes« verschafft und die ersten Möglichkeiten bundesdeutscher Kulturpräsentationen in China eruiert, wurden dort im Zuge der noch 1974 gestarteten *Pi-Lin Pi-Kong* (Kampagne zur Kritik an Lin Biao und Konfuzius) der »Import westlicher Kulturgüter in die VR China« verboten und alle ihre Vorarbeiten zunichte gemacht, während sie den üppigen Export von Peking-Opern, Akrobaten- und Wu-shu-Gruppen in die Bundesrepublik kaum steuern konnte: Botschaft Peking an AA am 17.3.1975, Anlage: Kulturpolitischer Jahresbericht 1974, bes. 3, 45–47, PA AA B 97-REF. 610/350; Vermerk »Deutsch-Chinesische kulturelle Beziehungen« 29.9.1975, PA AA B 94-REF. 621/613/774. Vgl. zu den Auseinandersetzungen um die CAS im Zusammenhang von *Pi-Lin Pi-Kong*: Teiwes und Sun, *The End of the Maoist Era*, 2007, 324–348.

353 Zur Delegation gehörten die Vizepräsidenten Gentner, Lynen und Zweigert, der inzwischen erfahrene Chinareisende und MPG-Senator Leussink, der MPG-Schatzmeister Klaus Dohrn und der China-Spezialist des MPI für ausländisches und internationales Privatrecht, Frank Münzel. Die Reise ist umfänglich dokumentiert in einem 81-seitigen, aus Beiträgen der Delegationsmitglieder zusammengestellten »Bericht über die Reise einer Delegation der Max-Planck-Gesellschaft unter Leitung ihres Präsidenten, Professor Dr. Reimar Lüst, in die Volksrepublik China zum Besuch der Akademie der Wissenschaften (Academia Sinica) vom 19. bis 27. April 1974« (AMPG III-150/62.2) sowie in den für die Publikation aufbereiteten »Tagebuch-Notizen« von Gerwin, Reisebericht, 1974 und einem knappen Ergebnisbericht: Gerwin, Wissenschaftler-Austausch mit China, 1974, 1–2. »Rote Fahne« meinte hier weder die Flagge noch das deutschsprachige Propagandablatt der VR China, sondern die Typenbezeichnung der Luxuslimousinen, mit denen die MPG-Delegation durch Beijing und Shanghai chauffiert wurden.

Abb. 22: Besuch der MPG-Delegation in Beijing und Shanghai, 19.–27.4.1974: MPG-Präsident Lüst (m.) im Gespräch mit dem Vizepräsidenten der CAS, WU Youxun (2. v. r.), und Gentner (2. v. l.).

Stadt tastete man sich aneinander heran. Als Lüst jedoch beim Abendessen voreilig die Vorstellungen der MPG zum beabsichtigten Wissenschaftleraustausch präzisierte, blieben sie ohne erkennbare Resonanz, ebenso wie am folgenden Nachmittag, als er sie beim ersten offiziellen Gespräch in der Akademie wiederholte. Vizepräsident WU schilderte vielmehr – untersetzt von MAO-Zitaten – das Auf und Ab der Akademie nach 1949 als revolutionären Lernprozess, der die Wissenschaftler näher in »Kontakt zu den Massen« gebracht habe.[354] Am Abend traf man sich zur Peking-Ente wieder. Hier konnten endlich auch die übrigen Delegationsmitglieder mit ihren zumeist älteren chinesischen Kollegen, die fast alle in den 1920er und 1930er Jahren in Europa und den USA ausgebildet worden waren, auf Englisch, Französisch oder Deutsch plaudern. In seiner Tischrede deutete WU jetzt immerhin vorsichtig den Zweck der ganzen Unternehmung an, nämlich die Verstärkung des wissenschaftlichen Austauschs. Am nächsten Tag beim Sonntagsausflug zur Großen Mauer und zu den Ming-Gräbern ging man dann en passant in die Details und setzte dies abends beim Empfang in der bundesdeutschen Botschaft fort. Dort hatte Botschafter Pauls kurzerhand

354 Bericht über die Reise der ersten MPG-Delegation nach China 19.–27.4.1974, AMPG, III. Abt., Rep. 150, Nr. 62, fol. 215.

das geplante Bankett in ein Buffet verwandeln lassen, was den versammelten Wissenschaftlern Gelegenheit bot, sich in wechselnden Konstellationen miteinander zu unterhalten. So sah man Lüst gemeinsam mit dem Atomphysiker ZHOU Peiyuan, dem vor und nach der Kulturrevolution wohl außenwissenschaftspolitisch einflussreichsten Naturwissenschaftler Chinas, physikalische Gleichungen auf Papierservietten lösen, während sich Gentner und der Leiter des CAS-Instituts für Kernenergie, QIAN Sanqiang, über ihre Zeiten am Pariser Institut du Radium/Institut Curie unterhielten. Selbst WU konstatierte in seiner offiziellen Ansprache, »man habe die gemeinsame Sprache der Zusammenarbeit gefunden«.[355]

Vor dem geplanten Abschlussgespräch lagen noch zwei Tage, in denen die MPG-Delegation in Shanghai weitere wissenschaftliche und touristische Programmpunkte absolvierte, während in Beijing wohl hinter geschlossenen Türen beratschlagt wurde, auf was man am Ende zusteuern wollte. Zurück in Beijing sollte am nächsten Abend im offiziellen Rahmen der Akademie und in Gegenwart chinesischer Regierungsvertreter sowie der Kulturreferentin der bundesdeutschen Botschaft das Resümee gezogen werden. In der Sache war man sich inzwischen einig, dass bis auf Weiteres pro Jahr fünf bis zehn ältere Wissenschaftler/innen für jeweils vier Wochen wechselseitig zu Vorlesungen und Institutsbesichtigungen eingeladen werden und ein bis zwei jüngere bis zu 24 Monate im Gastland arbeiten sollten. Da die Akademie die eigenen infrastrukturellen Bedingungen für längere Aufenthalte westlicher Gäste noch nicht für angemessen hielt, wollte sie um des von ihr immer wieder betonten Prinzips der Reziprozität willen fürs erste mehr kurzfristige Einladungen ermöglichen. Die technischen Details sollten beim Gegenbesuch der CAS-Wissenschaftler in München geklärt werden. Überhaupt sollte zukünftig alles – auch die Auswahl der Wissenschaftler und Wissenschaftlerinnen – »direkt oder durch die Botschaften«, nicht aber, wie von der MPG präferiert, durch ein gemeinsames Komitee von MPG- und CAS-Mitgliedern geregelt werden. In diesem Sinne wurde auch »auf eine schriftliche Vereinbarung [...] im beiderseitigen Einvernehmen bewußt verzichtet«.[356] Stattdessen wurde diese mündliche Absprache, die offensichtlich ganz den Vorstellungen der chinesischen Verhandlungspartner entsprach, durch einen überraschend für den nächsten Vormittag anberaumten Staatsempfang beider Verhandlungsdelegationen beim stellvertretenden Ministerpräsidenten LI Xiannian, zu dem Botschafter Pauls noch hinzueilte, abgesegnet.[357]

355 Reisebericht: Mit der »Roten Fahne« durch Peking, ebd., fol. 202 verso. Die Details der Banquett-Diplomatie kann man dem Artikel des in Beijing akkreditierten *FAZ*-Korrespondenten entnehmen: Grudinski, Schießpulver, *Frankfurter Allgemeine Zeitung*, 25.4.1974. Zur Rolle von ZHOU Peiyuan vgl. Barrett, Minding the Gap, 2020, 200–203.

356 Bericht über die Reise der ersten MPG-Delegation nach China 19.–27.4.1974, AMPG, III. Abt., Rep. 150, Nr. 62, fol. 214.

357 Reisebericht: Mit der »Roten Fahne« durch Peking, ebd., fol. 204.

Dem Einvernehmen, künftig alle Austausche ohne weitere schriftliche Vereinbarungen miteinander zu regeln, unterlag indessen ein höchst unterschiedliches Verständnis von Informalität. Der MPG ging es darum, die Beteiligung staatlicher Stellen und verpflichtende Quotenvorgaben zu vermeiden. Vielmehr sollten die seitens ihrer Institute für wissenschaftlich sinnvoll erachteten Besuche ihrer Mitarbeiter in chinesischen Instituten ebenso wie die Einladung interessanter chinesischer Kollegen in die MPI direkt mit der CAS vereinbart werden. Die zuständigen Ministerien, BMFT und Auswärtiges Amt, sollten bestenfalls darüber informiert werden, was man mit der CAS jeweils vereinbart hatte. Der CAS hingegen war es zwar ebenfalls wichtig, sich nicht vertraglich festzulegen und flexibel gemäß der jeweiligen innenpolitischen Situation handeln zu können. Aber selbstverständlich würde sie nichts unternehmen, was nicht die Revolutionskomitees in den jeweils infrage stehenden Instituten und die politische Leitung der CAS geprüft und von noch höherer Stelle politisch hatten genehmigen lassen.

Auch die Rolle und Bedeutung der Botschaften im jeweiligen Gastland hätte nicht unterschiedlicher sein können. Die chinesische Botschaft in Bonn agierte als verlängerter innenpolitischer Arm ihrer Regierung. Auch wenn ihr dort die Kontrolle über die taiwanischen Stipendiaten und Stipendiatinnen verweigert wurde, hatte sie diejenigen aus der Volksrepublik doch fest im Griff. Dabei dürfte die in mehreren MPI beobachtete und später auch von der bundesdeutschen Presse angeprangerte Nötigung, einen Teil der ihnen von der MPG gezahlten Stipendien regelmäßig bei der Botschaft abzuliefern, noch nicht zu den bedrohlichsten Kontrollpraktiken gezählt haben, denen sich die chinesischen Wissenschaftler und Wissenschaftlerinnen in der Bundesrepublik ausgesetzt sahen.[358] In der bundesdeutschen Botschaft in Beijing sah die MPG dagegen eher eine Serviceeinrichtung, die sie mehr oder weniger regelmäßig informierte, gelegentlich um Nachfragen bei den chinesischen Gesprächspartnern und Dolmetscherhilfe bat und gern als Veranstalter von Empfängen in Anspruch nahm. Auch nutzte sie gelegentlich deren Diplomatenpost, soweit sie nicht direkt mit der chinesischen

358 Seeger (MPI Metallforschung) an Lüst am 31.10.1979, AMPG, II. Abt., Rep. 70, Nr. 286, fol. 20–21; zu den Stipendienabschöpfungen unten mehr. Wie übergriffig die Kontrollen durch die chinesischen Botschaften im individuellen Fall sein konnten, hat CHANG Jung, die 1978 als Stipendiatin nach London kam, im Nachwort zu ihrer Familienbiographie beschrieben: Chang, *Wilde Schwäne*, 2015, 714, 718–724. YANG Dawei, Mitglied einer chinesischen Delegation in München, schrieb am 16.11.1979 per Hand und auf Deutsch einen verzweifelten Brief an Nickel und seine Mitarbeiterin Peter: Er hatte seinen Geldbeutel einschließlich eines Reisechecks über 5.000 DM für die Delegation im Taxi liegen gelassen: »Ich kann nur Sie beide um Hilfe bitten und wage nicht jemand von unserer Delegation wissen zu lassen […] Ich bitte Sie beiden, das alles geheimzuhalten, bevor wir den Beutel finden oder mindestens der Scheck nicht von den anderen Leuten von der Bank geholt würde. Helfen Sie mir dabei. Ich brenne auf die Ergebnisse.«, AMPG, II. Abt., Rep. 70, Nr. 379, fol. 201.

Botschaft in Bonn verhandelte.[359] Hier hatte Nickel in den Botschaftssekretären WU und YUAN Chengyu längst direkte Ansprechpartner gefunden, die er bei Kommunikationsproblemen mit der CAS um Vermittlung bat.[360]

Botschafter Pauls war weder damit zufrieden noch überhaupt mit der unmittelbar nach Aufnahme der diplomatischen Beziehungen einsetzenden »Hast vieler deutscher Stellen, die Kontakte zur VR China anzubahnen«. Da schickten oder empfingen Ministerien wie das BMFT oder das Bundesgesundheitsministerium »sowie unabhängig davon einzelne deutsche Institute und Gesellschaften« wie etwa der Hartmann-Bund alle möglichen Delegationen und trafen »unkoordiniert nebeneinanderher« Absprachen mit chinesischen Stellen. Davon erfuhr die Botschaft eher zufällig, weil etwa die MPG-Delegation in Beijing ihrem »Unmut« über die zeitgleichen Aktivitäten des BMFT »im internen Kreise freimütig Lauf ließ«. Im Herbst 1974 forderte der Botschafter seinen Dienstherrn nachdrücklich auf, »die Rolle des Koordinators und Regisseurs« zu übernehmen, vordringlich das BMFT und die MPG an einen Tisch zu bringen und dafür zu sorgen, dass die in den Absprachen zwischen der MPG und der CAS in ferne Zukunft vertagte schriftliche Vereinbarung alsbald nachgeholt werde, um »einer generellen Verwirrung über Träger und Adressaten von Einladungen, Forschungsvorhaben und Studienaufenthalten zu steuern«:

> Bei dem ausgesprochenen Sinn der chinesischen Seite für koordinierte Planung über Regierungskanäle und ihrem sehr konkreten Verständnis der »Nutzung des Fremden zur Aufbesserung des Eigenen« [...] könnte es sehr leicht zu einem Ungleichgewicht zu Ungunsten der deutschen Seite kommen.[361]

Das Amt teilte diese Sicht und insbesondere auch die Kritik an der MPG, die darauf bestehe, bis auf weiteres »ohne Einschaltung offizieller Stellen« in China agieren zu wollen, was angesichts der »außenpolitischen Bedeutung aller Kontakte mit der VR China« nicht hingenommen werden könne.[362] Es lud unverzüglich zur Ressortbesprechung und reichte dort den Stab ans BMFT weiter, das seinerseits die Wissenschaftsorganisationen, darunter die WRK, den DAAD und die MPG, zur nächsten Ressortsitzung Ende November 1974 einbestellte.[363]

359 Zum Beispiel zog die MPG es vor, das Gastgeschenk anlässlich ihres Beijing-Besuchs, den 268-bändigen Gmelin, über die chinesische Botschaft an die CAS zu verschicken, statt sie mit der bundesdeutschen Diplomatenpost befördern und durch den eigenen Botschafter überreichen zu lassen, vgl. Gerwin (MPG) an MA Jin-wen (Botschaft VR China in Bonn) am 10.5.1974, AMPG, II. Abt., Rep. 70, Nr. 303, fol. 271–272; MA Jin-wen an Gerwin am 20.6.1974, ebd., fol. 270. Protokoll der Sitzung vom 26.11.1974 im BMFT, 4–5, PA AA B 94-REF. 621/613/618.

360 Vermerk Nickel vom 6.11.1974, AMPG, II. Abt., Rep. 70, Nr. 303, fol. 254.

361 Alle vorstehenden Zitate: Pauls an AA 4.10.1974. Zur Delegation des Hartmann-Bundes; Ergebnisvermerk über die Ressortbesprechung im BMFT am 4.11.1974, PA AA B 94-REF. 621/613/618.

362 Vermerk Referat 414 (AA) vom 14.10.1974, ebd.

363 Ergebnisvermerk über die Ressortbesprechung im BMFT vom 4.11.1974, ebd.

Erst nachdem die Vertreter der anderen Organisationen und Ministerien (u.a. BMBW, AA, BMFJG) ihre Schwierigkeiten, überhaupt einen chinesischen Ansprechpartner zu identifizieren, und die fehlende bundesdeutsche Koordination hinreichend beklagt hatten, meldete sich MPG-Referent Nickel zu Wort und riss das Ruder herum: Der umfängliche offizielle Reisebericht der MPG-Delegation könne ab sofort jedem zugestellt werden; die erste, nämlich die Orientierungsphase, von zwei Phasen im Ausbau der wissenschaftlichen Beziehungen sei angelaufen; sie erstrecke sich auch auf Gebiete wie Gesundheitswesen und Rechtswissenschaften, deren spätere Bearbeitung sich keineswegs auf die MPG beschränken müsse; im Übrigen pflege man unmittelbaren Kontakt zur chinesischen Botschaft. Als der junge Vertreter des Auswärtigen Amtes, Hans-Bodo Bertram, dessen erster Auslandseinsatz in Beijing unmittelbar bevorstand, höflich nachfragte, inwieweit die deutsche Botschaft »jetzt schon in diesem Zusammenhang Aktivitäten entfalten könnte«, beschied ihm Nickel, er möge bitte feststellen lassen, »wie weit die chinesischen Vorstellungen für eine Zusammenarbeit mit der MPG gediehen seien«. Für die Zukunft gelobte man allseitig frühestmögliche Unterrichtung über geplante China-Initiativen und übertrug der MPG die Federführung innerhalb der Allianz der Wissenschaftsorganisationen. Über deren Ausschuss zur Koordinierung der Auslandsbeziehungen (AKA) sollte sie das BMFT und dieses wiederum die anderen Ressorts informieren; umgekehrt würde das BMFT über die MPG alle Maßnahmen der Bundesregierung an den AKA kommunizieren.[364]

Auswärtiges Amt und BMFT verfehlten im Fall von China also nicht nur ihr Ziel, die MPG in eine regierungsseitig koordinierte Außenwissenschaftspolitik einzubinden. Beide Ministerien mussten bis zum Ende der 1970er Jahre auch noch deren eigentümliche Sonderrolle akzeptieren.[365] Denn bis dahin blieben, wie die kulturpolitischen Jahresberichte der Botschaft immer wieder einräumten, die zwischen der MPG und der CAS alljährlich ausgehandelten Delegationsbesuche und Einzelreisen das eigentliche Zugpferd des deutsch-chinesischen Wissenschafts- und Kulturaustauschs. Dabei lagen aus Sicht der Botschaft freilich die Vorteile ausschließlich auf der chinesischen Seite, die auf diese Weise einseitig wissenschaftliches Wissen und technisches Knowhow abschöpfen könne, selbst wenn der Austausch in Personenmonaten gemessen halbwegs ausgeglichen sei.[366] Demgegenüber liefen alle Vorstöße der bundesdeutschen China-Politik, ähnlich wie die der anderen westeuropäischen Länder, in Richtung auf ein zwischenstaatliches WTZ- oder gar ein Kulturabkommen

364 Alle Zitate: Protokoll der Sitzung vom 26.11.1974 im BMFT, 4–5, ebd.; zu Bertram: Köbler, Wer ist weiter, http://www.koeblergerhard.de/weristweiterwer.htm.

365 Vermerk (AA Ref. 621) vom 27.2.1975, PA AA B 97-REF. 610/450; Sachstandsbericht 29.9.1975, PA AA B 94-REF. 621/613/774.

366 Anschreiben Pauls an AA am 17.3.1975 zum Kulturpolitischen Jahresbericht 1974, PA AA B 97-REF. 610/350; Pauls an AA am 10.3.1975; Anschreiben Pauls an AA am 18.3.1976 zum Kulturpolitischen Jahresbericht 1975, PA AA B 97-REF. 610/450. Kulturpolitischer Jahresbericht 1976, Bl. 42, PA AA BAV 190-PEKI/7658.

ins Leere – und zwar noch über MAOs Tod, das offizielle Ende der Kulturrevolution und die Verhaftung der »Viererbande« in 1976 hinaus. Selbst Staatsbesuche von Bundeskanzler Schmidt 1975, Forschungsminister Matthöfer 1976 oder Außenminister Genscher 1977 änderten daran nicht viel.[367] Erst mit der Rehabilitierung des mehrfach und zuletzt 1975 von MAO abgesetzten DENG Xiaoping sollten nicht nur die wirtschaftspolitischen, sondern auch die außenwissenschaftspolitischen Weichen umgestellt werden. Der frühe Pariser Parteigenosse des inzwischen verstorbenen ZHOU Enlai kümmerte sich am Beginn seines politischen Wiederaufstiegs 1977/78 vor allem um die vierte von ZHOUs »vier Modernisierungen«, nämlich den Ausbau von Wissenschaft und Technik, und ließ später auch die taiwanpolitischen Vorbehalte gegen die anderen im Wissenschaftsaustausch aktiven bundesdeutschen Organisationen wie DAAD, DFG, Fraunhofer-Gesellschaft und Humboldt-Stiftung fallen.[368]

Kurs halten in der Fremde: Grundlagenforschung!?

Bis dahin gelang es nur mit den wechselseitigen fachwissenschaftlichen Delegationsbesuchen von MPG und CAS, über touristische Programmpunkte und oberflächliche Institutsbesichtigungen hinaus an die Orte der Forschung in China vorzustoßen und Arbeitskontakte zu chinesischen Kollegen anzubahnen.[369] Persönliche Kontakte wie zu ZHOU Peiyuan, QIAN Sanqiang und nicht zuletzt dessen Kollegin und Ehefrau HE Zehui, die während ihres Forschungsaufenthalts am Physikinstitut des KWI für medizinische Forschung in den Jahren 1943 bis 1945 bei Familie Gentner gewohnt hatte, waren hilfreich, aber insgesamt weit spärlicher als zu sowjetischen Kollegen.[370] Sie minderten die Wucht

367 Zum Bundeskanzlerbesuch und dem Nicht-Zustandekommen eines monatelang vorbereiteten Kulturgesprächs vgl. den Brief der frustrierten Kulturreferentin Lapper in Beijing (Lapper an Schmid am 24.11.1975, PA AA B 97-REF. 610/450; Schmid an Lapper am 5.12.1975, ebd.). Max Frisch und C. F. v. Weizsäcker, die Helmut Schmidt begleiteten, hinterließen zwar Reisereflexionen, aber keine Spuren auf der politischen Agenda (C. F. v. Weizsäcker, Reflexionen nach vier Tagen in China 29.10.–2.11.1975, AMPG, II. Abt., Rep. 70, Nr. 302, fol. 118–127); Frisch, Nein, Mao habe ich nicht gesehen, 1976. Bericht über die Reise von BM Matthöfer in die VR China 1.–12.3.1976, BArch B 138/45509.

368 Vogel, *Deng Xiaoping*, 2011, 197–200. Kulturpolitischer Jahresbericht 1977, Bl. 10, PA AA BAV 190-PEKI/7658.

369 Die ersten vier Stipendiaten gingen ans MPI für Festkörperphysik in Stuttgart und ans MPI für Biophysik in Frankfurt/M., vgl. Nickel, Aufbruch ins Ungewisse, 1994, 27.

370 HE hatte 1940 an der TH Berlin promoviert und zunächst bei Siemens gearbeitet; nach dem Krieg forschte sie für drei weitere Jahre zusammen mit QIAN am Kernchemielabor des Collège de France in Paris, bevor sie mit ihm und der gemeinsamen kleinen Tochter zurück nach China ging, wo beide weiterhin in der kernphysikalischen Forschung und auch im chinesischen Atombombenprogramm arbeiteten. Vgl. Kant, Lichttherapie, 2008, 90–91. Zum Wiedersehen von HE und Gentner 1974 vgl. Ruge, Spektographen, *Die Welt*, 18.5.1974.

Abb. 23: Besuch der MPG-Delegation im CAS-Institut für Atomenergie (Beijing) am 26.4.1974; v. r. n. l.: HE Zehui, Wolfgang Gentner, MPG-Präsident Lüst, QIAN Sanqiang (Institutsdirektor), ganz links vermutlich ZHOU Peiyuan.

der Fremdheitserfahrung kaum, die fast alle Chinareisenden der MPG bis in die 1980er Jahre hinein zu umfänglichen Reiseberichten drängte, mit denen sie ihrer Eindrücke Herr werden wollten und Ordner um Ordner in der Generalverwaltung füllten.[371] Irritierend waren demnach als diskrepant wahrgenommene Erfahrungen auf drei Ebenen: Auf der lebensweltlichen Ebene differierten die Beobachtungen in den wissenschaftlichen Einrichtungen, die sich mit den eigenen abgleichen ließen und gern nach in Jahren gemessenen Rückständigkeitsgraden sortiert wurden, von den Eindrücken des sozialen Alltags, dessen Andersartigkeit nur staunend konstatiert werden konnte. Auf kommunikativer Ebene führte man kollegiale Fachgespräche, die vielfach als offen erlebt wurden, konnte aber die verborgenen politischen Entscheidungsprozesse über mögliche zukünftige Kooperationen oder auch nur über kurzfristige Änderungswünsche im Reiseprogramm und die entsprechenden (Nicht-)Mitteilungen nicht entschlüsseln. Auf epistemischer Ebene schließlich traf man in den besichtigten Instituten auf wissenschaftliche Praktiken, die – ob rückständig oder nicht – weitgehend ver-

371 Siehe u. a. AMPG, II. Abt., Rep. 70, Nr. 187–189, 213–214, 292, 302, 304, 471–475. Barbara Spielmann, seit 1987 Chinareferentin in der MPG, nahm sich anlässlich des 20-jährigen Jubiläums des Chinaprogramms die bis 1994 eingegangenen rund 400 Reise- und Expeditionsberichte vor und verfasste eine knappe, gelegentlich ironische ethnografische Analyse: Spielmann, Einmal Peking-Ente, 1994.

traut waren, die aber in ein System der gesellschaftlichen Wissensproduktion eingebettet waren, das auf sie exotisch wirkte.[372]

In ihrer Suche nach Kooperationsmöglichkeiten waren die Chinareisenden der MPG eingenordet auf Grundlagenforschung im längst institutionell fixierten bundesdeutschen Verständnis. Auf dieser Suche irritierte es sie, wenn ihnen institutseigene Werkstätten vorgeführt wurden, in denen man diffizile, aber auf dem Weltmarkt oder zumindest bei Spezialfirmen längst käufliche Instrumente selbst herstellte. Noch nachvollziehbar war ihnen die politische Erklärung, dass man nach dem Schock von 1960, als man nach dem Abzug der sowjetischen Berater plötzlich mit nicht fertig montierten Anlagen und fehlenden Geräteteilen zurechtkommen musste, nie wieder von ausländischen Experten und Zulieferern abhängig sein, sondern – getreu MAOs Leitsatz – auf die eigene Kraft vertrauen wolle. Ökonomisch erschien der Arbeitsaufwand der Techniker und Technikerinnen, die oft einen Großteil der Institutsbeschäftigten ausmachten, den westlichen Besuchern als pure Vergeudung – zumal dann, wenn etwa mehrere Institute je für sich einen Gas-Chromatographen zusammenbastelten, statt deren Produktion an kompetenter Stelle zu konzentrieren. Aber sie hielten es für möglich, dass auch dies gewollt sei – nämlich als konkrete Umsetzung der kulturrevolutionären Gebote, Theorie und Praxis zu verbinden und die Wissenschaft zu den Massen bzw. die Massen in die Wissenschaft zu bringen, wozu sich jede Institutsleitung in ihrer Begrüßungsansprache obligatorisch bekannte. Mit diesen »Mao-Gedanken« erklärten sich die Chinareisenden auch andere Beobachtungen: an die Universitäten angeschlossene Fabriken, in denen etwa Physikstudierende in Shanghai Schaltelemente für den Handel produzierten; oder die ihnen als Bauern präsentierten Kurzzeitstudierenden, die in mehrwöchigen Kursen in Beijing die Züchtung von Haploiden erlernten. So verstanden sie auch die in den späten 1970er Jahren nach wie vor obligatorischen Land- und Produktionssemester für die Studierenden, deren Schul- und Studienzeiten – kaum dass Schulen und Universitäten überhaupt wieder geöffnet hatten – im Zuge der Erziehungsrevolution und der 1974 gestarteten *Pi-Lin-Pi-Kong*-Kampagne zur Kritik an LIN Biao und Konfuzius drastisch verkürzt und inhaltlich reduziert worden waren.[373] Dem Primat der Politik gegenüber Wirtschaft und Wissen-

372 Zusammengefasst auf Basis der von Heinz Staab gesammelten und zum Teil für einen Zeitschriftenartikel ausgewerteten Reiseberichte: Reisebericht Gierer (Chinareise 17.8.–14.9.1975), fol. 163–196; Reisebericht Genzel/Roth/Hüfner/Wagner (Chinareise November 1975), fol. 132–162; Reisebericht Haenel/Kleihues/Straub/Wenzel (Chinareise 5.–16.9.1976), fol. 16–34; Reisebericht Kreyenberg (Chinareise 17.–31.10.1976), fol. 378–416 sowie seiner (Staabs) eigenen handschriftlichen Aufzeichnungen (Chinareise 17.8.–14.9.1975), AMPG, III. Abt., Rep. 150, Nr. 62, fol. 65–127; sowie seines Artikels: Staab, Klassenkampf, 1976; WANG, Chinese Debates, 2018.

373 Botschaft Peking an AA 17.3.1975, Anlage: Kulturpolitischer Jahresbericht 1974, bes. 3, 45–47, PA AA B 97-REF. 610/350; Vermerk »Deutsch-Chinesische kulturelle Beziehungen« 29.9.1975, PA AA B 94-REF. 621/613/774.

schaft schrieben sie es auch zu, dass sich der soziale Status von Wissenschaftlern und Wissenschaftlerinnen kaum von demjenigen der übrigen Beschäftigten in den Forschungsinstituten abhob und akademische Titel, Eingangs- und Abschlussprüfungen zeitweilig abgeschafft waren. Individuelle Autorschaft bei wissenschaftlichen Publikationen war selbst bei international herausragenden Arbeiten etwa zur Röntgenstrukturanalyse des Rinderinsulins tabu, wissenschaftliche Durchbrüche wurden vielmehr als Erfolge der Kulturrevolution und der anhaltenden *Pi-Lin-Pi-Kong*-Kampagne präsentiert. Offensichtlich hatten diese Kampagnen zumindest eines ihrer Ziele, nämlich die Vorherrschaft der Intellektuellen zu brechen, erreicht.[374]

Heinz Staab, der im Sommer 1975 zusammen mit Georg Melchers und Alfred Gierer vor allem biologische und chemische Institute in China besucht hatte, versuchte in seinem für die *Nachrichten aus Chemie und Technik* verfassten Bericht, seiner Leserschaft diese befremdlichen Beobachtungen verständlich zu machen. Es erschien ihm durchaus »vernünftig«, dass ein ebenso riesiges wie armes und politisch durchgeschütteltes Land nunmehr einen kontinuierlichen Aufbau anstrebte, »dessen Tempo von den aus eigener Kraft erwirtschafteten Investitionen bestimmt« und dessen so bedingte Langsamkeit dafür genutzt werde, »die noch immer überwiegend landwirtschaftlich tätige Bevölkerung in möglichst großer Breite allmählich auf die Anforderungen einer stärker industrialisierten Gesellschaft vorzubereiten, indem man sie mit technischen Problemen und Arbeiten vertraut macht«.[375] Das war eine gewaltige Aufgabe bei einer Bevölkerung von über 800 Millionen Menschen, angesichts der bildungs- und wissenschaftspolitischen Ausgangslage von nicht einmal 120.000 chinesischen Hochschulabsolvent/innen im Jahr 1975, darunter gerade 8.000 in den Naturwissenschaften.[376] Da mochte in der Tat der Verzicht auf Eingangsqualifikationen, die radikale Verkürzung und Spezialisierung des Hochschulstudiums, die Förderung in die Breite der Bevölkerung statt in die Höhe wissenschaftlich-technischer Spitzenleistungen einer winzigen intellektuellen Elite naheliegen. Diese Situation verlangte, wie ihre offiziellen Gesprächspartner und -partnerinnen stets wiederholten, nach zügiger Erforschung der Probleme aus der Praxis und rascher Entwicklung von technischen Lösungen für die Praxis. Nur was sollte hier die MPG mit ihrem höchst spezifischen Verständnis von

374 Staab, Klassenkampf, 1976, 72 bezieht sich hier auf die englischsprachige Veröffentlichung der Peking Insulin Structure Research Group, Insulin Crystal Structure, 1974.

375 Staab, Klassenkampf, 1976, 73.

376 Zahlen gerundet nach Kühner, *Chinesische Akademie der Wissenschaften*, 1986, 35; Kühner bezieht sich auf offizielle statistische Daten, die gerade für die 1970er Jahre unsicher sein mögen, aber doch die Größenordnungen erkennen lassen; in den frühen 1970er Jahren verließen noch weit weniger Absolvent/innen die um 1970 wiedereröffneten Hochschulen, aber auch vor der Kulturrevolution waren es maximal 200.000 p. a. Vgl. auch Staab, Klassenkampf, 1976, 74.

Grundlagenforschung und ihrer entsprechend spezifizierten Forschungsagenda tun? Und warum blieb sie über die anhaltenden Turbulenzen der chinesischen Wissenschaftspolitik hinweg ein nachgefragter, wenn auch mitnichten der einzige bundesdeutsche Kooperationspartner?

Es waren zwei Andockpunkte, die sich der MPG boten bzw. die sich die chinesische Seite zunutze machen konnte. Zum einen waren es die relativ leicht zu reaktivierenden oder auch neu zu knüpfenden persönlichen Kontakte zu jenen Naturwissenschaftlern und -wissenschaftlerinnen, die noch in Europa oder Nordamerika studiert oder geforscht hatten und die, soweit sie ohne zu große Blessuren durch die Kulturrevolution hindurchgekommen waren, jetzt wieder leitende Positionen in den Akademieinstituten einnahmen. Zum anderen war es das pragmatisch-autarkistische Wissenschaftsverständnis, das von diesem Personenkreis vermutlich geteilt wurde: Es hielt zwar die gesellschaftliche Verpflichtung zur Nützlichkeit jeglicher wissenschaftlicher Forschung hoch, erlaubte aber oder forderte sogar, auch das, was im Westen als Grundlagenforschung firmierte, auf seine Brauchbarkeit für chinesische Verhältnisse zu prüfen, gegebenenfalls zu adaptieren, es aber keinesfalls an sich vorbeiziehen zu lassen – auch und schon gar nicht das in der MPG produzierte, immer wieder einmal nobelpreisgewürdigte Wissen.[377]

Die Botschaft in Beijing lag insofern mit ihrer Einschätzung, dass es die chinesische Seite mit der Reziprozität im Wissenschaftsaustausch nicht so genau nahm und vor allem Wissen abschöpfen wollte, zumindest für die ersten vier Jahre der informellen Absprache zwischen der MPG und der CAS nicht falsch. Zwar reisten zwischen 1974 und 1978 deutlich mehr Personen nach China (52) als in die Gegenrichtung (41). Zudem begnügten sich die chinesischen Delegationen zumeist damit, sich ausgewählte Institute vorführen zu lassen – nur von der Chemikerin und stellvertretenden Delegationsleiterin YU Weile ist bekannt, dass sie dort auch selbst Vorträge hielt.[378] Demgegenüber trugen die MPG-Wissenschaftler in den chinesischen Instituten regelmäßig vor, hielten dort auch kleinere Seminare ab und waren umso zufriedener, je mehr Nachfragen aus dem Publikum kamen. Ihre immer wieder vorgetragenen Bitten, wenigstens zwei oder auch vier Wochen zusammenhängend an einem chinesischen Institut bleiben zu können, um Einblick in Diskussionsstil und Arbeitsabläufe zu

377 Gierer hatte während seiner Chinareise 1975 bemerkt, »daß die Forderung des Vorsitzenden Mao nach Einheit von Theorie und Praxis überraschend of[t] gerade im Sinne einer Förderung der Grundlagenforschung interpretiert wird« (Gierer an Lüst 19.9.1975, AMPG, III. Abt., Rep. 150, Nr. 62, fol. 164).

378 Nickel, Aufbruch ins Ungewisse, 1994, 26 konnte nicht umhin, den im Kreis der MPG höchst seltenen Auftritt einer Frau in herausgehobener wissenschaftlich-professioneller Funktion jovial in die gewohnte Geschlechterordnung hineinzukomplimentieren: »mit sehr viel Charme und großem Geschick« habe sie ihre offiziellen Pflichten erfüllt. Zahlenangaben ebd. 27.

bekommen, wurden jedoch nicht erfüllt.[379] Demgegenüber konnten schon die ersten vier chinesischen Stipendiaten, die ab 1976 über zwei Jahre an den MPI für Festkörperphysik und für Biophysik ausgebildet wurden, genau berichten, wie es dort zuging, sei es bereits in der Bonner Botschaft, sei es nach ihrer Rückkehr zuhause.[380]

Größtes taktisches Geschick brauchte es auch, um den Austausch wenigstens ansatzweise auf die Geisteswissenschaften auszuweiten. Als erster Jurist durfte nach diplomatischen Interventionen Ulrich Drobnig vom MPI für ausländisches und internationales Privatrecht im Herbst 1976 mit einer im Übrigen aus Physikern bestehenden MPG-Delegation nach China reisen. Zusammen mit dem MPG-Auslandsreferenten Nickel bereitete er dort in Gesprächen auf administrativer Ebene den Boden für eine zukünftige Ausdehnung und Intensivierung des deutsch-chinesischen Wissenschaftsaustauschs auch über die MPG hinaus. Drobnig wunderte sich ansonsten über die »für westliche Beobachter unfassbar geringe Rolle« des Rechts, das »fast gänzlich fehlende Rechtsbewusstsein der Bevölkerung« und die »Dürftigkeit der Rechtsquellen«; nirgendwo sonst sei das von Marx vorausgesagte Absterben des Rechts im Kommunismus weiter fortgeschritten als in China.[381]

Die wissenschaftspädagogischen Vorleistungen der MPG in eine ungewisse Zukunft sollten sich bald lohnen: Noch bevor das 11. Zentralkomitee der KP auf seiner historischen dritten Sitzung im Dezember 1978 den neuen Wirtschaftskurs verkünden sollte, gab die nationale chinesische Wissenschaftskonferenz das Ziel vor: »England überholen, die USA einholen!« Dieses Ziel erwies sich zwar ebenso wie zwanzig Jahre zuvor beim »Großen Sprung nach vorn« rasch als illusorisch, setzte aber dennoch einen nachhaltigen Impuls für die internationalen wissenschaftlichen Beziehungen Chinas zur westlichen Welt und damit für die deutsch-chinesische Wissenschaftskooperation.[382] Davon sollte die MPG in doppelter Weise profitieren: Zum einen konnte sie ihre Autonomie im Gefüge der in China aktiven Institutionen der bundesdeutschen Außenwissenschaftspolitik behaupten. Andererseits waren ihre Wissenschaftler in der Poleposition, als der wissenschaftliche Wiederaufbau in China mit anspruchsvollen Projekten tatsächlich startete.

379 Fernschreiben Nickel an Berendonck (Botschaft Peking) am 5.9.1975, AMPG, II. Abt., Rep. 70, Nr. 303, fol. 188; Botschaft Peking an MPG München am 28.8.1975, ebd., fol. 111–112; Gierer an Lüst am 19.9.1975, ebd., fol. 131–134; Lüst an GUO Moruo (CAS-Präsident) am 13.10.1975, ebd., fol. 182–183. Reisebericht Genzel/Roth/Hüfner/Wagner (November 1975), AMPG, III. Abt., Rep. 150, Nr. 62, fol. 132–162.

380 Nickel 1994, 27.

381 Bericht über die Reise einer Delegation der MPG in die VR China 26.9.1976–17.10.1976, AMPG, II. Abt., Rep. 70, Nr. 457, fol. 123–199. Zitate aus dem Teilbericht Drobnigs, ebd., fol. 174–180.

382 Kühner, Die Chinesische Akademie der Wissenschaften, 1986, 16–18. Botschaft Peking an AA 29.11.1984, AMPG, II. Abt., Rep. 70, Nr. 287, fol. 72–83. Kraus, *Wirtschaftliche Entwicklung*, 1979, 508–512.

Abb. 24: Besuch der CAS-Delegation im Institut für extraterrestrische Physik (MPI für Physik und Astrophysik) 1978. Dr. Leo Haser (l.) erklärt die Funktionsweise des Ballonteleskops für Infrarotbeobachtungen, daneben HE Zehui (verdeckt), FANG Yi (m.), chinesischer Vizeministerpräsident, ab 1979 CAS-Präsident.

Die MPG im aufblühenden China-Geschäft der Bundesrepublik

Um 1978 war die MPG schon nicht mehr der einzige bundesdeutsche Akteur auf dem ungeregelten Feld der wissenschaftlich-technischen Zusammenarbeit mit China. Hier tummelten sich inzwischen auch Wissenschaftsorganisationen wie DAAD, Humboldt-Stiftung und Fraunhofer-Gesellschaft, die anfangs in der Volksrepublik wegen ihrer Taiwan-Verbindungen verpönt waren. Im Oktober 1978 kam es dann auch zu einem formellen Regierungsabkommen zur wissenschaftlich-technischen Zusammenarbeit, dessen Abschluss via Satellit live ins chinesische Staatsfernsehen übertragen wurde. Die Carl-Duisberg-Centren (CDC) folgten Mitte der 1980er Jahren mit einem Stipendienprogramm der bundesdeutschen Wirtschaft. Längst auch waren die Großforschungseinrichtungen wie DESY und KFA sowie diverse Ministerien hier aktiv.[383] Das BMFT ergänzte

383 Bericht über die Reise BM Matthöfer in die VR China (1.–12.3.1976) vom 25.3.1976, Bl. 9, BArch B 138/45509. Kulturpolitischer Jahresbericht 1977 China, Bl. 9–13, sowie die kulturpolitischen Programmplanungen für 1977 und 1978, PA AA BAV 190-PEKI/7658. Vermerk Lambsdorff (AA) über den Wissenschaftsaustausch mit der VR China o. D. (Anfang Mai 1986), in dem das AA einmal mehr die Einrichtung einer Clearingstelle

das Regierungsabkommen allein durch sieben spezifizierte Ressortabkommen mit chinesischen Ministerien etwa zur Rohstoff- und Materialforschung, Metallurgie und zu zivilen Funknavigationssystemen.[384] Es machte gegenüber den chinesischen Verhandlungspartnern zu keinem Zeitpunkt einen Hehl daraus, dass es den aus deutscher Sicht noch immer einseitigen Wissenschafts- und Technologietransfer, darunter auch die Vorleistungen der MPG aus den frühen Jahren, als *Billet d'Entrée* für einen Vorzugsplatz bei der zukünftigen wirtschaftlich-industriellen Zusammenarbeit gewertet wissen wollte.[385] Auch im Senat der MPG würdigten der Vorstandsvorsitzende von Mannesmann, Egon Overbeck, und der ehemalige Präsident der Deutschen Bundesbank, Karl Klasen, die Rolle der MPG bei der Ausbildung des chinesischen Wissenschaftsnachwuchses ganz ähnlich, ließe sich doch damit »die Aufnahmebereitschaft für Produkte und Technologien aus der Bundesrepublik fördern«.[386] Schon früh versuchte das BMFT, Chinas Begehren nicht nur nach Erforschung, sondern auch Nutzung von Kernenergie und Weltraum zu wecken – im Interesse der bundesdeutschen Reaktor- und Raumfahrtindustrie und trotz der Bedenken des Auswärtigen Amtes. Letzteres sah vor allem die atomwissenschaftliche Zusammenarbeit mit einem Land, das den NPT nicht unterzeichnet hatte, kritisch und wollte sie allenfalls auf Fragen der Grundlagenforschung beschränken, was immer damit bei der »friedlichen Nutzung der Kernenergie« noch gemeint sein mochte.[387] Dennoch

nach US-amerikanischem Vorbild forderte, die den Überblick herstellen, die vielfältigen Initiativen koordinieren und der Stipendienabschöpfung durch die chinesische Seite entgegenwirken sollte: BArch B 138/56203. Zum China-Engagement der AvH vgl. Jansen, *Exzellenz weltweit*, 2004, 173–178.

384 1978 wurde auf Regierungsebene das Abkommen über wissenschaftlich-technische Zusammenarbeit (BGBl 30.12.1978, Teil II, Nr. 58, 1527) geschlossen; weitere Abkommen folgten. Vgl. auch Vermerk: Wissenschaftsaustausch mit der VR China, ohne Datum, ca. 1985/86, BArch B 138/56203.

385 So etwa StS Haunschild gegenüber Vizepremierminister FANG Yi auf den ersten beiden Tagungen der WTZ-Kommission (Bericht über die 2. Tagung der Gemeinsamen Kommission für WTZ zwischen der BRD und der VR China 22./23.10.1981, Zusammenfassende Bewertung, BArch B 138/44766). In einer Evaluation der ersten sechs Jahre nach Abschluss des WTZ-Abkommens 1978 kam der Wissenschaftsreferent der Botschaft Peking zum Schluss, dass die WTZ der Bundesrepublik zu hohem Ansehen und Vertrauen verholfen, im Metallurgiebereich etwa auch »den Marktzugang deutscher Unternehmen« erleichtert habe. Aber es sei dennoch darauf zu achten, »daß die Interessen der deutschen Wirtschaft bei der WTZ mit der VR China nicht zu kurz kommen«; »großzügige WTZ« sei eine geeignete »Vorleistung«, um auch bei Großgeschäften mit den weit finanzstärkeren amerikanischen »Unternehmen wie Exxon, Occidental, Bechtel oder Fluor« konkurrieren zu können (Nölle, Botschaft Peking, an AA am 29.11.1984, AMPG, II. Abt., Rep. 70, Nr. 287, fol. 82).

386 Protokoll der 91. Sitzung des Senates vom 24.11.1978, AMPG, II. Abt., Rep. 60, Nr. 91.SP, fol. 271.

387 AA an Botschaft Peking am 10.8.1977; Vermerk Bertram (Botschaft Peking) vom 6.9.1977; Wickert (Botschaft Peking) an AA am 9.9.1977, PA AA BAV 190-PEKI/7658.

wurden 1984 beide, das Weltraum- und das Kernenergieabkommen, unterzeichnet; die von MBB/Erno geführte europäische Firma Eurosatellite, Siemens und die Kraftwerk Union scharrten schon mit den Hufen. Erst acht Jahre später und zwei Jahre nach Ende des Kalten Krieges sollte China dem NPT beitreten.[388]

Anlässlich des zehnjährigen Jubiläums des zwischenstaatlichen WTZ-Abkommens 1988 setzte die Pressemitteilung des BMFT die bisherigen Aufwendungen des eigenen Hauses mit 94 Millionen DM für Projekte aus dem gesamten Spektrum seiner Fachprogramme für China und die der MPG für Projekte mit der CAS in Höhe von 5,3 Mio. DM sowie den finanzierten Delegationen- und Wissenschaftleraustausch in Höhe von 10 Mio. DM ins Verhältnis zueinander. Dabei nannte das Ministerium beide Programmschienen – seine direkten Förderungen wissenschaftlich-technischer Zusammenarbeit sowie die von der MPG verwalteten und überwiegend aus dem eigenen Budget finanzierten Wissenschaftskooperationen – in einem Atemzug.[389] Dementsprechend wurden die Jubiläumsfeierlichkeiten in Bonn als Staatsakt inszeniert: Es eröffneten die Staatsekretäre des BMFT und des Auswärtigen Amtes, von chinesischer Seite der Stellvertretende Vorsitzende der Staatlichen Kommission für Wissenschaft und Technik (SKWT) und der chinesische Botschafter. Zwar waren zahlreiche Repräsentanten der MPG geladen, aber als Redner waren sie nicht vorgesehen – nicht einmal bei den zehn Fachvorträgen zu Bereichen wie Meeresforschung, Fertigungstechnik oder Umwelttechnologie, von denen keiner in der MPG bearbeitet wurde. Hier sprach als Erstes Hans Frewer von Siemens/KWU über die laufenden – freilich hinter den deutschen Erwartungen zurückbleibenden – Reaktorprojekte in China, danach wechselten sich Vertreter chinesischer Spezialakademien und Forschungsinstitute mit Projektleitern aus bundesdeutschen Universitäten und Großforschungseinrichtungen ab.[390] Gelegentlich erwähnte der eine oder andere Redner noch die Pionierrolle der MPG, aber im großen

388 Vermerk Hahn (AA) vom 12.9.1984: Sachstand und Gesprächsvorschlag für den Besuch des Bundeskanzlers in der VR China (7.–13.10.1984), AMPG, III. Abt., Rep. 150, Nr. 63, fol. 72–77.

389 Pressemitteilung des BMFT vom 14.12.1988, AMPG, II. Abt., Rep. 70, Nr. 91, fol. 40–43. In diesem Ordner ist die Festveranstaltung umfänglich dokumentiert. Die MPG finanzierte die Kooperationen ihrer eigenen Institute mit Instituten der CAS aus dem eigenen Budget; Vortrags- und Informationsreisen von MPG-Wissenschaftlern nach China konnten, wenn sie keinem MPG-CAS-Projekt zugeordnet waren, ggf. auch aus den von der MPG verwalteten Sondermitteln des BMFT finanziert werden, vgl. Notiz von Nickel zum Gespräch mit Schiel vom 8.11.1982, AMPG, II. Abt., Rep. 70, Nr. 128, fol. 395–396; Schiel an Ranft am 28.10.1982, ebd., fol. 397–399; Ranft an Schiel am 14.6.1982, ebd., fol. 400–404 und AMPG, II. Abt., Rep. 70, Nr. 137, fol. 100. Eine zusammenfassende Auswertung der umfangreichen Akten zur Finanzierung des Chinaprogramms konnte im Rahmen dieser Studie nicht geleistet werden.

390 Einladungsliste der MPG o. D., AMPG, II. Abt., Rep. 70, Nr. 91, fol. 48–50; Programm der Festveranstaltung am 14.12.1988, ebd., fol. 44–45.

deutsch-chinesischen Geschäft der wissenschaftlich-technischen Zusammenarbeit (WTZ) wurde sie nicht mehr gebraucht.[391]

Die Bundesrepublik war zum größten Handelspartner Chinas in Europa aufgestiegen; im gesamten chinesischen Außenhandel nahm sie, seit sich das deutsch-chinesische Außenhandelsvolumen von 1972 bis 1988 versechzehnfacht hatte, den vierten Platz und als Gastland für chinesische Studierende und Wissenschaftler/innen den dritten Platz hinter den USA und Japan ein.[392] Der chinesische Botschafter MEI Zhaorong begründete diesen Erfolg:

> [...] zwischen der VR China und der Bundesrepublik Deutschland gibt es keine grundlegenden Interessenkonflikte, es bestehen auch keine von der Geschichte hinterlassenen offenen Fragen, die zu bewältigen wären. In den wichtigsten internationalen Fragen decken sich die Ansichten unserer beiden Länder, oder sind sich ähnlich.[393]

Vergangenheitspolitisch profitierte die Bundesrepublik einmal mehr davon, dass den Siegermächten des Ersten Weltkriegs mit der Übernahme der deutschen Kolonien dort auch die letztgültige Verantwortung für die postkolonialen Folgen zugeschrieben wurde. Die von MEI angesprochenen außenpolitischen Übereinstimmungen betrafen vorrangig die Frage der nationalen Einheit.

Aber inzwischen hatte sich auch das Wissenschaftsverständnis, wie es sich durch alle Reden deutscher oder chinesischer Sprecher zog, von beiden Seiten her angenähert: Wissenschaft und Technologie galten ihnen allen als mächtigste Produktivkraft; Grundlagenforschung war kein esoterisches oder elitäres Erkenntnisstreben mehr, sondern in ein Geflecht eingewoben, das sie mit angewandter Forschung und technologischer Entwicklung, Produktion und Vermarktung verband. Sie wurde immer weniger im Elfenbeinturm oder in selbstgenügsamen Labor-Werkstätten ausgeübt, dafür zunehmend in bi- oder multinational aufgestellten, projektorientierten Netzwerken von Universitäten, Instituten, Großforschungseinrichtungen und nicht zuletzt Unternehmen, die dem Sprecher des BMFT als Garanten dafür galten, »daß primär solche Vorhaben aufgegriffen werden, die auch eine vernünftige Realisierungschance haben«.[394] Zudem hatten sich die wissenschaftlichen Netzwerke vervielfältigt – noch immer unkoordiniert, wie das Auswärtige Amt und seine Botschaft in Beijing regierungsintern ein um das andere Mal beklagten. Jede bundesdeutsche Universität, die auf sich hielt, schloss mittlerweile eigene Verträge mit chinesischen

391 Ansprache Probst (StS-BMFT) vom 14.12.1988, ebd., fol. 40–43; ausführlicher ging der Leiter der Internationalen Abteilung der CAS, GE Mingyi, in seinem Fachvortrag zur »Grundlagenforschung« auf die MPG ein (GE Mingyi, Fachvortrag »Grundlagenforschung«, Jubiläumsveranstaltung am 14.12.1988, ebd., fol. 79–89).

392 Ansprache RUAN Chongwu (SKWT) vom 14.12.1988, AMPG, II. Abt., Rep. 70, Nr. 91, fol. 61 verso; Ansprache Lautenschlager (AA) vom 14.12.1988, ebd., fol. 71 und fol. 72 verso; Ansprache MEI Zhaorong (chinesische Botschaft Bonn) vom 14.12.1988, ebd., fol. 78.

393 Ansprache MEI Zhaorong vom 14.12.1988, ebd., fol. 78.

394 Ansprache Probst vom 14.12.1988, ebd., fol. 52 verso.

Partneruniversitäten; die Bundesländer suchten sich Partnerprovinzen für die regionale WTZ; der DAAD betreute wie überall auf der Welt jetzt auch den Austausch von Studierenden und Lehrenden, Prae- und Postdocs, Lektoren und Lektorinnen mit China; die Fraunhofer-Gesellschaft unterhielt seit 1979 einen eigenen Kooperationsvertrag mit der CAS für die von beiden priorisierte angewandte Forschung.[395]

Was also blieb für die MPG dann noch zu tun? Es galt, das in den turbulenten letzten Jahren der Kulturrevolution Erreichte zu sichern und die Domänen der MPG in der inzwischen üppigen Landschaft der chinesisch-bundesdeutschen Wissenschaftsbeziehungen zu markieren. So mussten Übergriffe des BMFT abgewehrt werden, das die Kooperationsprojekte aller bundesdeutschen Forschungsinstitutionen einschließlich der MPG in seine WTZ-Verhandlungen mit der chinesischen Staatskommission für Wissenschaft und Technik (SKWT) einbeziehen wollte. Solche Absichten wies der Sinologe Hans Kühner, der von 1980 bis 1982 und erneut 1994 das Auslandsreferat der MPG personell verstärkte, mit Nachdruck zurück: Die CAS war ja gerade nicht, wie andere chinesische Forschungszentren, der SKWT, sondern direkt dem Staatsrat unterstellt und ihr Präsident selbst im Ministerrang. Nur deshalb war sie »relativ autonom in ihren Entscheidungen« und konnte »flexibel auf unsere Vorstellungen eingehen«:

> Gerade diese relative Autonomie und Flexibilität haben zur bisherigen erfolgreichen Abwicklung unseres Kooperationsprogramms beigetragen.[396]

Dieses zarte Pflänzchen wissenschaftlicher Autonomie, das die MPG über Jahre in China gehegt hatte, durfte nicht in Regierungsverhandlungen zertreten werden.

395 Über die stürmische weitere Entwicklung im Anschluss an das WTZ-Abkommen von 1978 und das Kulturaustauschprogramm von 1979, an der außer den genannten noch zahlreiche weitere bundesdeutsche Programmträger (GTZ, DSE, Goethe-Institut und politische Stiftungen u. a. m.) teilhatten, informiert ein umfänglicher Vermerk von Nikolaus Graf Lambsdorff (AA) vom Frühjahr 1986, in dem immer noch »das Fehlen einer Koordinierungsinstanz schmerzlich« beklagt wurde, die geeignet wäre, den »unrationellen Einsatz geistiger und materieller Ressourcen«, »Reiselust und Sendungsbewußtsein« vieler Hochschullehrer in effizientere Bahnen zu lenken, BArch B 138/56203. Zum Abkommen der Fraunhofer-Gesellschaft und der CAS vgl. Trischler und Bruch, *Forschung für den Markt*, 1999, 275, die die FhG hier »im Schlepptau der Bonner Außenpolitik« sehen, sowie Notiz Nickel vom 12.1.1979, AMPG, II. Abt., Rep. 70, Nr. 286, fol. 633–634; Blaesing (BMFT) an Reichel (FhG) am 5.11.1979, AMPG, II. Abt., Rep. 70, Nr. 379, fol. 130–132.

396 Ullerich (BMFT) an diverse Forschungseinrichtungen am 22.7.1982, fol. 203, und Kühner (MPG) an Ullerich am 18.8.1982, AMPG, II. Abt., Rep. 70, Nr. 285, fol. 197 (Zitate). Unterlagen für die Chinareise der MPG-Delegation 16.–31.10.1983, Anlage »Die Chinesische Akademie der Wissenschaften« (zum politischen Status der CAS), AMPG, II. Abt., Rep. 70, Nr. 292, fol. 124–125. Die Chinareferent/innen der MPG waren: Hans Kühner 1980–1982 und 1994, Thomas Harnisch 1983 bis ca. 1995, Barbara Spielmann 1987–2013 sowie vertretungsweise 1994/95 Angelika Lange-Gao.

Als nächstes musste das Verhältnis zur DFG geklärt werden.[397] Schon im Anschluss an die Vorgespräche, die Nickel und Drobnig in Beijing im Herbst 1976 geführt hatten und die eine Ausweitung des Austauschs über die Forschungsfelder der MPG hinaus erwarten ließen, hatten die beiden Organisationen 1977 eine Vereinbarung getroffen: In Umkehrung der sonst üblichen Vertretung der bundesdeutschen Wissenschaft im Ausland sollte demnach die MPG die Interessen der DFG, das heißt vor allem der bundesdeutschen Universitäten, mitvertreten.[398] In dem im September 1978 zwischen MPG und CAS geschlossenen Vertrag verpflichteten sich denn auch beide Seiten, die Austauschinteressen von Wissenschaftler/innen aus anderen Institutionen, insbesondere den Universitäten und den dort vertretenen Forschungsfeldern, zu berücksichtigen und gegebenenfalls vermittelnd tätig zu werden.[399] Der Kreis der externen Interessenten und die Zahl der chinesischen Institutionen, die sie gern besuchen wollten, weitete sich aber rasch aus. Bei allem Engagement für das Chinaprogramm hatte das Auslandsreferat der MPG jedoch weder die Kapazitäten noch die Absicht, als Agentur für sämtliche Chinareisen bundesdeutscher Scientific Communities zu fungieren, gleich welcher Disziplin. Die DFG, deren Taiwan-Verbindungen in Beijing inzwischen hingenommen wurden, hätte es durchaus begrüßt, wenn die erfahrene MPG das gesamte Geschäft mit der Volksrepublik übernommen oder, wenn sie dazu nicht bereit war, es vollständig samt dem eingearbeiteten Verwaltungspersonal an die DFG übergeben hätte. Beides kam für die MPG nicht infrage. Sie wollte vielmehr wie bisher den Austausch zwischen ihren Instituten und den »relativ autonomen« CAS-Instituten in eigener Regie gestalten.[400] Darüber hinaus wollte sie – mit zusätzlichen BMFT-Geldern – jene geo-, bio- und humanwissenschaftlichen Forschungsfelder weiterbetreuen, die oft mit umfänglichen Feldforschungen in abgelegenen chinesischen Regionen verbunden waren. Diese Thematiken wurden zwar nicht innerhalb der MPG, wohl aber von einschlägigen CAS-Instituten bearbeitet und konnten vielleicht einmal für die MPG interessant werden.[401] Alles andere wollte sie der DFG überlassen.

397 AMPG, II. Abt., Rep. 70, Nr. 285 und Nr. 287: Die folgende Darstellung fasst den umfänglichen Schriftwechsel zwischen MPG und DFG in den Jahren 1979–1984 zusammen.

398 Vermerk Nickel vom 12.1.1979 mit Verweis auf den entsprechenden Briefwechsel zwischen MPG und DFG vom 18.2. und 28.11.1977, AMPG, II. Abt., Rep. 70, Nr. 286, fol. 635–642.

399 Die Vereinbarung über die wissenschaftliche Zusammenarbeit zwischen der MPG und der CAS wurde am 15.9.1978 in Beijing von den Generalsekretären Ranft und YU Wen unterzeichnet: AMPG, II. Abt., Rep. 70, Nr. 460, fol. 23–27. Vermerk Nickel vom 12.1.1979, AMPG, II. Abt., Rep. 70, Nr. 286, fol. 635–642 und vom 6.4.1979, ebd., fol. 630–632. Vereinbarung über die wissenschaftliche Zusammenarbeit zwischen der MPG und der Academia Sinica (CAS) vom 29.9.1981, AMPG, II. Abt., Rep. 70, Nr. 287, fol. 14; Durchführungsregelung zu dieser Vereinbarung vom 28.8.1984, ebd., fol. 18.

400 Vermerk Nickel vom 26.6.1980 zur Vorbereitung der Sitzung der Allianz am 30.6.1980; Protokollauszug der Allianz-Sitzung vom 30.6.1980, AMPG, II. Abt., Rep. 70, Nr. 86, fol. 39–54.

401 Notiz Nickel für das Gespräch Lüsts mit DFG-Generalsekretär Schiel vom 8.11.1982, AMPG, II. Abt., Rep. 70, Nr. 128, fol. 395–396; Notiz Kühner für Ranft vom 12.11.1982,

Die Gespräche mit der DFG zogen sich – in gelegentlich gereizter Tonlage – über einige Jahre hin, hatten aber am Ende genau das von der MPG gewünschte Ergebnis: Im Zuge der 1981 anstehenden Verlängerung des MPG-CAS-Vertrages willigte die DFG zunächst ein, wie bisher ihre Anliegen im naturwissenschaftlichen Bereich übergangsweise für weitere drei Jahre von der MPG vertreten zu lassen. 1984 fand sie sich dann mit dieser Konstruktion als Dauerlösung ab.[402] Zwischenzeitlich hatte sie selbst Verträge mit der 1979 gegründeten chinesischen Akademie für Sozialwissenschaften (CASS) sowie mit dem für die Universitäten zuständigen chinesischen Erziehungsministerium abgeschlossen; weitere Verträge mit den neu entstehenden chinesischen Teilakademien etwa für Medizin oder Landwirtschaft folgten. Am Ende betreute die DFG die Geistes- und Sozialwissenschaften sowie alle anderen akademischen und universitären Austausch- und Kooperationsbegehren, soweit sie sich nicht an die CAS richteten und damit in den Zuständigkeitsbereich der MPG fielen.[403] Zur internen bundesdeutschen Abstimmung wurde ein paritätisch besetzter und alle relevanten Disziplinen abdeckender China-Koordinationsausschuss (CKA) eingesetzt, der bis 2004 regelmäßig tagte, die eingehenden Anträge prüfte und über die jährlichen Fortschreibungen des Austauschprogramms befand.[404]

AMPG, II. Abt., Rep. 70, Nr. 285, fol. 33–35: Nicht zuletzt konnte die CAS, die wie die chinesische Außenpolitik überhaupt auf formale Reziprozität bedacht war, so ihre Gegenleistung erbringen, indem sie die aufwendigen Expeditionen bundesdeutscher oder auch gemischter Teams innerhalb Chinas organisierte und überwiegend finanzierte. Die Expeditionen der Feldforscher/innen waren sozusagen der Ausgleich für die Ausbildung des chinesischen Wissenschaftsnachwuchses nicht nur, aber bevorzugt an den Max-Planck-Instituten bzw. durch MPG-Wissenschaftler mit ihren Vortragsreihen und Seminaren an CAS-Instituten. Gleiches hatten die CAS-Institute vorerst noch nicht zu bieten.

402 Ranft (MPG) an Schiel (DFG) am 30.10.1980, AMPG, II. Abt., Rep. 70, Nr. 86, fol. 366–367. Vereinbarung zwischen DFG und MPG vom 5.12.1980, AMPG, II. Abt., Rep. 70, Nr. 128, fol. 405; Vermerk Nickel für Lüst vom 3.8.1984, AMPG, II. Abt., Rep. 70, Nr. 287, fol. 153–160; Ranft (MPG) an Schiel (DFG) am 7.11.1984, ebd., fol. 363–366.

403 DFG-Bericht über die Reise der DFG-Delegation in die VR China 6.–21. April 1981, AMPG, III. Abt., Rep. 150, Nr. 63, fol. 1–44 verso; Unterlagen für die Chinareise der MPG-Delegation 16.–31.10.1983, Anlage »Die Chinesische Akademie der Wissenschaften« (zu den Verträgen der DFG mit chinesischen Institutionen und den Verträgen der CAS mit anderen bundesdeutschen Forschungsorganisationen), AMPG, II. Abt., Rep. 70, Nr. 292, fol. 130–134.

404 Vermerk Nickel vom 12.1.1979, AMPG, II. Abt., Rep. 70, Nr. 286, fol. 635–642; Vorlage für die Besprechung der Vizepräsidenten vom 6.4.1979, ebd., fol. 630–632; Ranft (MPG) an Schiel (DFG) am 3.5.1979, ebd., fol. 547–547A; Schiel an Ranft am 11.6.1979, ebd., fol. 546. Die Abgrenzung zwischen MPG und DFG und die Aufgaben des CKA waren aber immer mal wieder strittig (Ranft an Schiel am 14.7.1982, AMPG, II. Abt., Rep. 70, Nr. 128, fol. 401–404; Schiel an Ranft am 28.10.1982, ebd., fol. 397–399; Notiz Nickel vom 8.11.1982 für Präsident Lüst zum Gespräch mit Schiel, ebd., fol. 395–395; Notiz Kühner vom 12.11.1982 für Ranft zur Sitzung der Allianz am 16.11.1982, ebd., fol. 33–35) und verwirrten die chinesische Seite, die aber rasch lernte, diese Konkurrenz für sich zu nutzen (Vermerk Kühner vom 29.12.1982 über den Besuch der CAS-Delegation, AMPG, II. Abt., Rep. 70, Nr. 285, fol. 11–16). Seit 2011 verwaltet die MPG keinerlei externe China-Kooperationen mehr (schriftliche Auskunft Sabine Panglung vom 18.2.2022).

Alles in allem erreichte die MPG im Austausch mit China genau das, was sie sich für die Sowjetunion vergeblich gewünscht hatte: Sie konnte ihre Kooperationsbeziehungen mit dem Maximum an Autonomie gestalten, das mit einem sozialistisch-autoritär regierten Partner überhaupt möglich war, ohne sich den außenpolitischen Direktiven des eigenen Landes, die im Falle Chinas zugunsten der wirtschaftlichen Zusammenarbeit sowieso recht flexibel waren, beugen und den DFG-Prozeduren unterwerfen zu müssen. Da die MPG für die Austauschbegehren der naturwissenschaftlich arbeitenden Kollegen und Kolleginnen an den bundesdeutschen Universitäten, soweit sie sich an die CAS richteten, noch bis 2011 zuständig blieb, behielt sie darüber hinaus die Entwicklungen der deutsch-chinesischen Zusammenarbeit auch auf jenen naturwissenschaftlichen Feldern im Blick, auf denen Max-Planck-Institute (noch) nicht tätig waren.

Eine Schneise für die Grundlagenforschung in China

Mit der CAS hatte die MPG die führende Forschungseinrichtung des chinesischen Wissenschaftssystems zur Partnerin. Aber diese war nach den kulturrevolutionären Verwerfungen hierarchischer denn je rekonstruiert, und der postmaoistische Wirtschaftskurs ließ seine akademische Spitzenorganisation nicht in den Himmel der grenzenlosen Forschungsfreiheit entschweben. Sie mochte 1978 zu einer der tragenden Säulen der »vier Modernisierungen« aufgewertet worden sein, aber von ihr wurde auch der entscheidende Beitrag zur Vervierfachung (*fan liang fan*) der industriellen und landwirtschaftlichen Jahresbruttoproduktion »aus eigener Kraft« bis zur Millenniumswende erwartet. Dieses Ziel hatte DENG Xiaoping schon 1979 ausgegeben, und der 12. Parteikongress der Kommunistischen Partei Chinas (KPC) hatte es 1982 erneut bekräftigt.[405] Aber damit musste es beschleunigt vorangehen, denn die Öffnungspolitik und nicht zuletzt der Chinatourismus hatten unerwünschte Folgen gezeitigt: eine wachsende Auslandsverschuldung, die zunehmende Kenntnis der Bevölkerung von westlichen Konsumstandards und eine aufkeimende soziale Bewegung, die als fünfte Modernisierung die Demokratie einforderte. Ministerpräsident ZHAO Ziyang nahm die Wissenschaft in die Pflicht: Sie solle zuerst die Themen behandeln, »die zentrale Bedeutung für den wirtschaftlichen Aufbau besitzen und größten wirtschaftlichen Nutzen erwarten lassen« – eine Position, die man zu dieser Zeit ähnlich auch vom BMFT hätte vernehmen können.[406] Im Interview

405 Li, *Glossary*, 1995, 90. Vogel, *Deng Xiaoping*, 2011, 450–453; hinsichtlich der Konsequenzen für die post-kulturrevolutionäre Elitenbildung vgl. Andreas, *Rise of the Red Engineers*, 2009.

406 ZHAO Ziyang in seiner Rede auf dem 12. Parteikongress der KPC (1.–12.9.1982), hier zitiert nach: Unterlagen für die Reise der offiziellen MPG-Delegation 16.–31.10.1983, Historischer Überblick, AMPG, II. Abt., Rep. 70, Nr. 292, fol. 120). Diesen Überblick hatte der Sinologe Thomas Harnisch verfasst, der Kühner nach dessen Wechsel an die Ruhr-Universität Bochum 1983 als Chinareferent nachfolgte.

mit dem *MPG-Spiegel* Ende 1982 sah Präsident LU Jiaxi seine Akademie »mit schweren Aufgaben konfrontiert«:

Um es ganz offen zu sagen: Wir können vielleicht durch eine verbesserte Organisation oder durch Erhöhung der Produktivität die Jahresbruttoproduktion von Industrie und Landwirtschaft verdoppeln. Aber die wesentliche Verantwortung für die zweite Verdoppelung liegt doch bei uns Wissenschaftlern und Technikern und daher ist die Last, die auf unseren Schultern liegt, sehr schwer, vor allem die Last, die die Academia Sinica tragen muß. Es ist möglich, daß sich der Anteil der Grundlagenforschung nur auf dem gegenwärtigen Stand stabilisieren wird und nur sehr allmählich gestärkt werden kann. Die anwendungsorientierte Forschung wird gestärkt und ihre Entwicklung möglicherweise auch forciert werden. Dies wird nicht ohne Auswirkungen auf die internationale Kooperation bleiben. Aber, und das ist meine persönliche Meinung, wenn wir die Kooperation besser organisieren, dann können wir auch die negativen Faktoren ausgleichen.[407]

Gefragt waren also ein kreativer Umgang mit den politischen Vorgaben und ein geschmeidiges Verständnis von Grundlagenforschung. Darin waren beide Seiten, die MPG und die CAS, geübt und sie waren entschlossen, weiterhin entsprechend zu kooperieren, auch angesichts der ermutigenden Entwicklungen der vorangegangenen Jahre.

Melchers hatte sich schon bei seiner ersten Chinareise 1975 beeindruckt von den großangelegten Zuchtversuchen in den über mehrere Provinzen verteilten botanischen Instituten gezeigt, sich aber auch nicht gescheut, das Gerede eines Revolutionskomitee-Vorsitzenden von den züchtenden Massen in den Kommunen kurzerhand als »nonsense« abzuwürgen.[408] Drei Jahre später erregte er sich wieder, diesmal über die allzu uniforme Verdammung der von Links- zu Rechtsabweichlern umetikettierten »Viererbande« durch seine Gesprächspartner und deren vorbehaltlose Unterstützung der neuen Regierung. Aber er konstatierte auch ihre größere fachliche Offenheit: Bereitwillig habe man ihm diesmal die »chinesischen Methoden der Anerkennung neuer Sorten« erläutert, die nun nicht mehr, wie zuvor behauptet, durch »die Massen«, sondern in einem mehrstufigen Verfahren durch »Samenprüfbüros« erfolge. Auch sei die »Pflege der wissenschaftlichen Beziehungen zum Ausland« nun »geradezu Pflicht« geworden. Inhaltlich fand er das, »was von den Chinesen geboten wurde, vor allem an der Grenze von Grundlagen- und angewandter Forschung, so gut«, dass er den Direktor des genetischen Instituts der CAS in Beijing, HU Han, einen Fachmann für die Haploidenzüchtung, in den Herausgeberkreis der Zeitschrift *Theoretical and Applied Genetics* einlud.[409] Auch Staab, der erneut 1979 zu zwei

407 Interview LU Jiaxi (Kühner) am 9.11.1982, veröffentlichte Version von 1983, 21 (Zitate).
408 Reisebericht Gierer 17.8.–14.9.1975, AMPG, III. Abt., Rep. 150, Nr. 62, fol. 163–196 (Zitat: fol. 171); Melchers an Lüst am 2.10.1975, AMPG, II. Abt., Rep. 70, Nr. 303, fol. 127–130.
409 Melchers an Lüst am 11.7.1978 (Zitate), AMPG, II. Abt., Rep. 70, Nr. 302, fol. 328–331. Die Zeitschrift war 1929 unter dem Titel »Der Züchter« gegründet und 1968 umbenannt worden; HU folgte der Einladung, vgl. Götze, *Springer-Verlag*, 2008, 149.

Vortragsreihen nach Beijing und Shanghai reiste und sich bei dieser Gelegenheit erstmals auch einige Tage länger in den dortigen Chemieinstituten der CAS aufhalten durfte, berichtete, dass »der persönliche Kontakt zu den Wissenschaftlern diesmal völlig frei und unbeschränkt« gewesen sei: Ohne die Aufpasser aus den abgesetzten Revolutionskomitees sprachen sie »nüchtern und sachlich« über die Rückschläge, die das Wissenschaftssystem während der letzten anderthalb Jahrzehnte erfahren habe, vor allem den fast vollständigen Ausfall des wissenschaftlichen Nachwuchses in der »Altersgruppe von Ende 20 bis zu etwa 40 Jahren«, den Staab auch in seinen Auditorien bemerkte. »Erschütternd« war für ihn, »was man dabei über persönliche Schicksale während der Kulturrevolution in großer Offenheit erfuhr«.[410]

Als es ab 1978/79 endlich an die immer wieder angemahnte inhaltliche Vertiefung der Zusammenarbeit ging, hatten MPG-Wissenschaftler die Nase vorn, dank ihres während der zahlreichen Delegationsreisen erworbenen Überblicks über die – von der CAS als präsentabel ausgewählten – Leuchttürme in der chinesischen Wissenschaftslandschaft. Am MPI für Metallforschung in Stuttgart hatte man inzwischen beachtliche Erfahrung mit chinesischen Stipendiaten – Ende 1979 waren acht allein dort für meist zwei Jahre tätig. MPI-Direktor Alfred Seeger wusste, dass man sie aufwendig mit mehrmonatigen Sprachkursen noch in China und dann in Deutschland auf ihre Tätigkeit am MPI vorbereiten und dann einarbeiten musste. Frühestens nach einem Jahr konnte man »doch noch eine selbständige und für das Institut wertvolle wissenschaftliche Leistung« von ihnen erwarten.[411] Tatsächlich trieb in Stuttgart ein Viererteam unter Leitung des international renommierten Physikers GE Tingsui vom Metallforschungsinstitut der CAS in Shenyang innerhalb eines Jahres ein Forschungsprojekt bis zu ersten Publikationen voran. Ludwig Genzel vom benachbarten MPI für Festkörperforschung, der schon nach seiner ersten Chinareise 1975 »in nicht allzu ferner Zukunft [einen] ausgewogenen wissenschaftlichen Erfahrungsaustausch« erwartet hatte, schilderte 1980 im Senat der MPG seine »außerordentlich positiven Erfahrungen mit jungen chinesischen Gastwissenschaftlern« und trat damit den Bedenken des DFG-Präsidenten Seibold gegen eine Ausweitung des Austauschprogramms entgegen.[412] Seither kamen regelmäßig Gäste für ein bis zwei Jahre nach Stuttgart, während MPI-Mitarbeiter gelegentlich kürzere Gegenbesuche absolvierten. Während der nächsten zwei Jahrzehnte wurde die Zusammenarbeit mit chinesischen Kollegen und Kolleginnen in den beiden Stuttgarter MPI selbstverständlich.[413]

410 Staab an Lüst am 26.11.1979, AMPG, II. Abt., Rep. 70, Nr. 304, fol. 103.

411 Seeger an Lüst am 31.10.1979, AMPG, II. Abt., Rep. 70, Nr. 286, fol. 16.

412 Reisebericht Genzel/Roth/Hüfner/Wagner (November 1975), AMPG, III. Abt., Rep. 150, Nr. 62, fol. 14. Protokoll der 95. Sitzung des Senates vom 7.3.1980, AMPG, II. Abt., Rep. 60, Nr. 95.SP, fol. 167.

413 Roth, Stuttgart, 1994. Roth nennt über 130 langfristige Gäste aus China im Zeitraum 1974–1994. Zur weiteren Entwicklung vgl. z. B. den Bericht über die Zusammenarbeit bei der Erforschung nanostrukturierter Materialien zwischen dem MPI für Metall-

Wenig später begann die Zusammenarbeit des 1983 gegründeten MPI für Polymerforschung mit dem Institut für Chemie der CAS und seinem *Joint Laboratory for Polymer Science and Materials.* Begonnen hatte es damit, dass der CAS-Wissenschaftler QIAN Renyuan seine Doktorandin ZHU Lilan Ende der 1970er Jahre zu dem Polymerforscher Gerhard Wegner an die Universität Freiburg schickte. ZHU und ihr Doktorvater revanchierten sich mit einer Gegeneinladung Wegners nach China, wo er Kontakte zu einschlägigen Forschungszentren knüpfen konnte; wenig später etablierte er als neu berufener MPI-Direktor in Mainz ein stabiles deutsch-chinesisches Netzwerk in der Polymerforschung.[414] ZHU selbst wurde 1998 zur ersten chinesischen Wissenschaftsministerin berufen. Als solche verband sie in ihrem Antrittsinterview den Primat der angewandten Forschung mit einer forschungspolitischen Strategie, wie sie auch ein MPG-Präsident in diesen Zeiten knapper Ressourcen hätte formuliert haben können:

> As a developing country, we need to concentrate our resources in order to make strategic breakthroughs. We can't afford to scatter our investments thoughtlessly.[415]

Kontinuierlich und intensiv entwickelte sich seit den frühen 1980er Jahren vor allem auch die Zusammenarbeit auf diversen astrophysikalischen Forschungsgebieten, und zwar nach ähnlichem Muster wie in Stuttgart. Zu Beginn gingen MPI-Wissenschaftler, meist Institutsdirektoren, auf Vortragstournee durch die für sie einschlägigen chinesischen Forschungszentren, dann kamen Doktoranden und Doktorandinnen aus geeigneten chinesischen Instituten an die MPI. Es folgten kleinere Workshop-Serien abwechselnd in der Bundesrepublik und in China, aus denen sich dann idealerweise das eine oder andere gemeinsam zu betreibende Forschungsprojekt entwickeln ließ. So arbeitete das MPI für Radioastronomie schließlich eng mit den CAS-Observatorien in Beijing, Shanghai und Nanjing bei interferometrischen Beobachtungen zusammen.[416] Das MPI für extraterrestrische Physik kooperierte ebenfalls mit diesen Observatorien sowie mit dem CAS-Institut für Hochenergiephysik in Beijing und dem Universitätszentrum für Astrophysik in Hefei bei der Entwicklung des Röntgensatelliten ROSAT und nach dessen Start 1990 bei der Datenauswertung.[417] Gemeinsam war diesen Projekten auch, dass sie mit der Entwicklung von Geräten, etwa eines mm-Radiometers, Röntgenspiegels oder eben Satelliten, sowie von Daten-

forschung, hier besonders Manfred Rühle, und dem entsprechenden CAS-Institut in Shenyang, wo 1999 eine MPG-CAS-Partnergruppe unter Leitung von LU Ke eingerichtet wurde, vgl. Lu, Nanostructured Materials, 2004 sowie rund ein Dutzend Berichte in diesem Heft über MPG-CAS-Kooperationsprojekte und -Partnergruppen, die zumeist um die Millenniumswende starteten.

414 Wegner, 25 Years, 2004.

415 Zitiert nach: Swinbanks, New Chinese Premier, 1998.

416 Schwartz, Radiohimmel, 1994. Auch aus dieser Kooperation ging 2000 eine Partnergruppe hervor, vgl. Han, Radio Astronomy, 2004 sowie die dort zitierten gemeinsamen Publikationen von HAN Jinlin mit Richard Wielebinski vom MPI für Radioastronomie.

417 MPI für extraterrestrische Physik, Chronologie, 1994.

auswertungsprogrammen verbunden waren, die sich über das konkrete Projekt hinaus womöglich im Rahmen der chinesischen Raumfahrtpläne einsetzen und so einem gedehnten Begriff von angewandter Forschung subsumieren ließen.

Ob das auch für die kernphysikalische Erforschung primitiver Meteoriten galt, die in den 1970er Jahren über China niedergegangen waren und von denen man sich Aufschlüsse über die Struktur des oberen Erdmantels versprach, mag dahingestellt bleiben. Hier arbeitete die Forschergruppe von Ahmed El Goresy am MPI für Kernphysik mit den beiden Akademieinstituten für Geochemie in Guiyang und Guangzhou sowie der Universität für Geowissenschaften in Wuhan zusammen. Deren Doktoranden und Doktorandinnen nahmen vermutlich die chemischen Untersuchungen an den Meteoriten vor Ort vor, da solche Objekte und Präparate nicht außer Landes gebracht werden durften.[418] Langfristig außer Landes ging indessen HUA Qin, eine Doktorandin aus Wuhan und in den frühen 1980er Jahren Stipendiatin bei El Goresy in Heidelberg, die ihre Karriere an der Arizona State University fortsetzte.[419]

Nicht alles entwickelte sich gradlinig. Schwierig gestaltete sich etwa die Kooperation des MPI für Quantenoptik mit dem Institut für Optik und Feinmechanik in Hefei, das 1970 aus einer militärtechnischen Einrichtung hervorgegangen war. 1978 wurde es zwar der neu gegründeten CAS-Zweigakademie Anhui zugeordnet, schleppte aber seine militärtechnische Tradition, gepaart mit den Problemen der Kulturrevolution, weiter: Die Wissenschaftler/innen in Hefei, die an den 1980 gemeinsam begonnenen Molekularstrahl- und Relaxationsexperimenten teilnahmen, waren aus bundesdeutscher Sicht einerseits »um den Faktor 10« zu zahlreich, andererseits nicht hinreichend qualifiziert und wenig interessiert sich fortzubilden.[420] Die jungen Forschenden, die in Garching ausgebildet worden waren, säßen nach ihrer Rückkehr nach Hefei untätig herum, weil ihnen die geeigneten Geräte fehlten, aber auch weil sie »kaltgestellt« würden.[421] Qualifizierte Wissenschaftler aus anderen CAS-Instituten seien nicht zu bewegen, nach Hefei zu gehen. Überhaupt gingen die Experimente in Hefei immer nur so lange voran, wie Garchinger Kollegen vor Ort waren. Das aus alten Zeiten mehr technisch als wissenschaftlich orientierte Personal in Hefei konnte sich eher vorstellen, »künftig auch optische Teile für das deutsche Institut« herzustellen, wofür sich jedoch MPI-Direktor Karl-Ludwig Kompa wenig begeistern mochte.[422]

418 Der Versand wissenschaftlicher Objekte von Gesteins- bis zu Blutproben aus China in die Bundesrepublik – auch zu Untersuchungszwecken und im Kontext von Kooperationsprojekten – war lange Jahre Gegenstand von Auseinandersetzungen (Vermerk Nickel vom 3.8.1984, AMPG, II. Abt., Rep. 70, Nr. 287, fol. 157).

419 El Goresy, Meteoriten, 1994.

420 Vermerk Kühner vom 29.12.1982, AMPG, II. Abt., Rep. 70, Nr. 285, fol. 15; vgl. auch Kühner, *Chinesische Akademie der Wissenschaften*, 1986, 142–143.

421 Vermerk Kühner vom 29.12.1982, AMPG, II. Abt., Rep. 70, Nr. 285, fol. 15.

422 Bericht Kühner vom 3.5.1982 über die Chinareise der MPG-Delegation 19.9.–9.10.1981, AMPG, II. Abt., Rep. 70, Nr. 292, fol. 193, 196.

Der Akademieleitung in Beijing wurden am Beispiel dieses Instituts ganz offensichtlich nicht nur die finanziell-infrastrukturellen, sondern auch die soziokulturellen Grenzen ihres reformerischen Durchgriffs vorgeführt. Beim gemeinsamen Besuch des Instituts in Hefei im Oktober 1981 widersprach der CAS-Generalsekretär YU Wen seinem MPG-Kollegen Ranft nicht, sondern führte die von diesem benannten Probleme auf mangelhafte Organisation und Administration zurück.[423] CAS-Präsident LU ließ bei seinem Besuch im Dezember 1981 im MPI für Quantenoptik sogar durchblicken, dass »die Entscheidung, die Experimente nach Hofei [Hefei] zu holen, falsch war«.[424] Im Interview mit dem *MPG-Spiegel* ein Jahr darauf wurde er noch deutlicher: Das Institut habe »noch ein wenig den Charakter eines Pre-Development Instituts« und stehe »jetzt ziemlich ratlos« vor den Anforderungen der Grundlagenforschung.[425] Er kümmerte sich um eine teilweise Verlagerung der Experimente an das Institut für chemische Physik im mandschurischen Dalian, das im Bereich der Laserspektroskopie und Molekularstrahlstreuung gut aufgestellt war und bereits mit dem taiwanisch-amerikanischen Chemiker Yuan T. Lee von der University of California, Berkeley in Projekten kooperierte, die zumindest von chinesischer Seite als »stark anwendungsorientiert« verstanden wurden.[426] Tatsächlich sollte sich diese Zusammenarbeit in den nächsten Jahren vor allem im Bereich der Laserchemie, von der man sich in Beijing »großen Nutzen« versprach, bestens entwickeln und trotz der Tiananmen-Ereignisse von 1989 mit nur kurzer Unterbrechung weitergeführt werden.[427]

Dies galt auch für die Zusammenarbeit des MPI für Astrophysik mit Akademieinstituten in Beijing und Nanjing sowie mit der Chinesischen Universität für Wissenschaft und Technik, die der CAS unterstellt und 1969/70 von Beijing nach Hefei verlagert worden war. Aus mühsamen Anfängen ergaben sich Konferenzserien zur Hochenergieastrophysik, gemeinsame Doktorandenausbildung und Publikationen.[428] Regelmäßiger Teilnehmer dieser Tagungen und Förderer der

423 Ebd., fol. 196.

424 Vermerk Kühner vom 29.12.1982, AMPG, II. Abt., Rep. 70, Nr. 285, fol. 16.

425 Nicht autorisierte Rohfassung des Interviews LU Jiaxi (Kühner) am 9.11.1982, nur für den internen Gebrauch, Kühner 17.12.1982, ebd., fol. 24–25. In der im *MPG-Spiegel* 2 (1983), 19–22 gedruckten Version sind einige kritische Passagen zur Situation in Hefei, aber auch zur Vernachlässigung von Tibet in der Forschungsförderung und zur mangelnden sozialen Integration der chinesischen Forscher und Forscherinnen in ihre Gastinstitute weggefallen.

426 Kühner, *Chinesische Akademie der Wissenschaften*, 1986, 71.

427 Vermerk Kühner vom 18.11.1980 über seine Chinareise 20.10.–4.11.1980 (Zitat), AMPG, II. Abt., Rep. 70, Nr. 86, fol. 497. Wanner, Molekulare Dynamik, 1994.

428 Börner, Gemeinsamer Blick, 1994; Kühner, *Chinesische Akademie der Wissenschaften*, 1986, 149–150: Der CAS waren ursprünglich noch vier weitere Eliteuniversitäten zugeordnet, die dann aber wieder dem Erziehungsministerium bzw. anderen Ministerien unterstellt wurden; dies waren die Zhejiang Universität, die Universität für Wissenschaft

Austauschprogramme sowie der sich daraus entwickelnden Kooperationsprojekte war der Leiter der Astrophysikabteilung in Hefei, FANG Lizhi, der selbst vor allem mit Partnern in Arizona und mit Remo Ruffini in Rom kooperierte. FANG war bereits 1958 wegen kritischer Auftritte als Student aus der KPC ausgeschlossen, während der Kulturrevolution erst in Hausarrest, dann in den Bergbau geschickt und 1969 schließlich nach Hefei an die Universität versetzt worden. Dort stieg er nach 1978 bis zum Vizepräsidenten auf, wurde aber, nachdem man ihn dort für die Studentenunruhen im Dezember 1986 verantwortlich gemacht hatte, ans Observatorium in Beijing zurückbeordert.[429] Gerhard Börner vom Garchinger MPI für Astrophysik entwickelte unterdessen mit LI Qibin, dem späteren Direktor des Observatoriums in Beijing, sowie Nachwuchswissenschaftlern unter anderem auch aus Hefei statistische Methoden zur Berechnung der Galaxienverteilung auf großen Skalen. Damit hofften sie Erkenntnisse aus der Frühphase des Universums zu gewinnen und weitere Projekte anschließen zu können.[430]

Trotz all dieser Projekte, die in der Berichterstattung der MPG immer wieder hervorgehoben wurden, blieb für die chinesische Seite dennoch die Ausbildung von Prae- und Postdocs prioritär in der auch weiterhin ungleichgewichtigen Zusammenarbeit mit der MPG.[431] Das spiegelte sich auch in Zahlen wider: Bis 1982 hatten sich insgesamt 172 chinesische Gäste kurzfristig und 146 Stipendiat/innen länger als 12 Monate an MPI aufgehalten. Dem standen im selben Zeitraum 333 Kurzreisen bis zu drei Monaten, aber nur acht langfristige China-Aufenthalte bundesdeutscher Wissenschaftler/innen gegenüber.[432] An diesen Relationen sollte sich auch in den folgenden Jahren wenig ändern, zumal die Zahl der chinesischen Gäste in den MPI bis 1986 auf 50 bis 65 jährlich anstieg und sich danach noch einmal verdoppeln sollte.[433]

und Technik Harbin, die Universität für Wissenschaft und Technik Shanghai sowie die Universität für Wissenschaft und Technik Chengdu. Für Hinweise zu dieser Kooperation danke ich Gerhard Börner und Barbara Spielmann.

429 Börner, *High Energy Astrophysics*, 1988, V; Fang, Fractals, 1988; Fang, *Bringing Down*, 1990.

430 Börner, Gemeinsamer Blick, 1994. LI und Börner setzten ihre Kooperation bis zu LIs frühem Tod im Jahr 2003 fort, vgl. den Nachruf Börners auf seinen Kollegen und Freund: Börner, Travelling with Li Quibin, DA GMPG, Privatarchiv Sachse, BC 600021; schriftliche Auskünfte von Gerhard Börner 22.2.2022.

431 Vermerk Kühner vom 18.11.1980 über seine Chinareise 20.10.–4.11.1980, AMPG, II. Abt., Rep. 70, Nr. 86, fol. 497.

432 Vermerk Kühner vom 28.10.1982, AMPG, II. Abt., Rep. 70, Nr. 128, fol. 524–527; die Statistik Thoms, DA GMPG, Privatarchiv Sachse, ID 601104, verzeichnet von 1973 bis einschließlich 1981 176 chinesische Stipendiat/innen an MPI.

433 Statistik Thoms, DA GMPG, Privatarchiv Sachse, ID 601104 (1987: 90; 1988: 120; 1989: 119 und 1990: 119); vgl. auch Nickel, Aufbruch ins Ungewisse, 1994, 31.

Laborerkundungen in Fernost: »Es geht auch anders, doch so geht es auch«

Kaum ein MPG-Wissenschaftler wagte es in den späten 1970er und frühen 1980er Jahren, seinen Lebensmittelpunkt und seine Forschungen für ein ganzes Jahr oder noch länger nach China zu verlegen. Dabei wurde den Gästen dort, so hatte es der MPG-Auslandsreferent Nickel bei seinen Chinareisen beobachtet, »ein ungewöhnlicher Freiraum bei der Gestaltung ihrer Arbeiten« geboten:

Gerade auch qualifizierte junge Wissenschaftler haben hier die einmalige Möglichkeit, an der Konzipierung von Forschungsvorhaben mitzuwirken. Allerdings sollten nur hervorragende jüngere qualifizierte Wissenschaftler in die VR China entsandt werden, die außerdem einerseits bereit sind, nicht unerhebliche persönliche Einschränkungen in Kauf zu nehmen, und zum anderen in der Lage sind, die freien Gestaltungsmöglichkeiten, die ihnen die chinesische Seite bietet, zu verkraften.[434]

Einer der wenigen, den diese Aussichten lockten, war Wolfgang Ranke vom Berliner Fritz-Haber-Institut (FHI).[435] Er hatte dort 1973 seine Dissertation angefertigt und war seit 1975 unbefristet in der Abteilung von Heinz Gerischer angestellt. Am FHI arbeiteten schon 1978 drei chinesische Gäste, darunter XU Yabo, der an der Zhejiang-Universität in Hangzhou lehrte und in Berlin neue Methoden der Oberflächenforschung erlernen wollte. XU arbeitete dabei eng mit Ranke zusammen, war häufiger Gast in dessen Berliner Wohngemeinschaft und begleitete den aktiven Gewerkschafter zu den 1.-Mai-Demonstrationen. Er bekräftigte Ranke in seiner Idee, jenes märchenhafte »ferne Land [...] mit seinem Sozialismus und seiner – damals – knappen Milliarde Menschen« realiter zu erfahren, statt den für Physik-Postdocs obligatorischen Auslandsaufenthalt an einer möglichst renommierten amerikanischen Universität zu absolvieren. Ge-

434 Bericht Nickel vom 14.9.1979 über seine Chinareise 23.8.–9.9.1979, AMPG, II. Abt., Rep. 70, Nr. 304, fol. 124 (Zitat); Sprechvorlage Nickel 8.11.1979 zum Treffen des MPG-Generalsekretär mit seinem CAS-Kollegen YU Wen am 13.11.1979, AMPG, II. Abt., Rep. 70, Nr. 379, fol. 187–198.

435 Am 5.2.2020 führte ich ein erstes langes Gespräch mit Ranke und am 4.3.2020 ein zweites mit ihm und seiner Ehefrau Liv, die ebenfalls als »Expertin«, nämlich als Schwedisch-Lektorin für die in Beijing in vielen Sprachen produzierte und international verbreitete Zeitschrift *China im Bild* tätig war und die Ranke dort kennenlernte. Einen vorbereitenden Fragebogen hatte Ranke zuvor schon schriftlich beantwortet (Interview Ranke [Sachse] 21.12.2019), außerdem übergab er mir einen 38-seitigen Auszug aus seinen 2008 aufgezeichneten, zum Teil auf die damalige Korrespondenz mit Familie, Freunden, Kollegen und Vorgesetzten gestützten Erinnerungen: »In China. September 1980 bis Januar 1982« (DA GMPG, Privatarchiv Ranke, ID 601105). Weiterhin übergab mir Wolfgang Ranke die Kopie seines an den Direktor des FHI Gerischer gerichteten Verlängerungsantrags vom 25.5.1981 (Privatunterlagen Ranke). Aus allen diesen Unterlagen wird mit seinem Einverständnis im Folgenden zitiert.

rischer hielt zunächst gar nichts von dieser »linken Idee von dem linken Ranke«, ließ sich aber vom Auslandsreferat der MPG umstimmen. So begannen Ranke und seine damalige Partnerin, für die man eine Stelle als Deutschlehrerin für zukünftige Austauschwissenschaftler/innen organisiert hatte, im Herbst 1979 Chinesisch zu lernen und machten sich ein Jahr darauf mit der Transsibirischen Eisenbahn auf den Weg.[436]

Rankes Ziel war das von HUANG Kun geleitete Halbleiter-Institut der CAS in Beijing, eines der Zentren, in denen um 1978 mit der Oberflächenforschung begonnen wurde.[437] Dort, wie auch an den anderen Instituten, hatten sie gerade für 700.000 Dollar eine Ultrahochvakuum- (UHV-)Anlage von der US-amerikanischen Firma *Physical Electronics* erworben, an die so viele Zusatzinstrumente angeflanscht waren, dass Ranke nurmehr vom »Igel« sprach. Fast alles, was ein Oberflächenforscher sich wünschte, könne man damit machen, schrieb Ranke an XU in Berlin. Genutzt würde die Anlage allerdings nur »to take routine depth profiles of samples of the whole institute and also from outside«.[438] Ranke hingegen hatte sich vorgenommen, den chinesischen Kollegen zu zeigen, wie man mit dieser avancierten Apparatur Oberflächenexperimente als Grundlagenforschung betreiben konnte.[439] Seine Projektidee hatte er schon aus Berlin mitgebracht: An einem hohlzylindrisch geschliffenen Galliumarsenid-Einkristall wollte er die unterschiedliche Sauerstoff-Adsorptionsfähigkeit der kontinuierlich variierenden kristallografischen Orientierungen an der Außenfläche des Zylinderrings mithilfe der Augerelektronenspektroskopie messen und vergleichend auswerten. Es gelang ihm, seine skeptischen neuen Kollegen, die lieber mehrere ebene Proben unterschiedlicher Orientierungen verglichen hätten, von der neuen Versuchsanordnung zu überzeugen. Dabei profitierte er von der Geschicklichkeit, mit der der Techniker im Materiallabor die Herausforderung, einen kleinen kristallinen Hohlzylinder zu fertigen, meisterte. Zusammen mit den beiden Physikern, die ihm für die gesamte Zeit seines Aufenthalts zugeordnet waren, XING Yirong und SHEN Guangdi, konstruierte er dann die speziellen Probenhalterungen, mit denen der »Igel« für die neuartigen Messexperimente nachgerüstet werden musste. Die wiederholten Messungen und Datenauswertungen zogen sich bis in den Herbst 1981; sie sollten in mehreren gemeinsamen Publikationen des chinesisch-deutschen Teams

436 Ranke, In China, 2008, DA GMPG, Privatarchiv Ranke, ID 601105, 3–4.

437 Bericht über meinen bisherigen Aufenthalt und Antrag auf Verlängerung um drei Monate bis Dezember 1981, Privatunterlagen Ranke. Die anderen Zentren der Oberflächenforschung waren an der Universität für Wissenschaft und Technik in Hefei, der Fudan-Universität und dem CAS-Institut für Metallurgie in Shanghai sowie dem CAS-Institut für chemische Physik in Dalian. Vgl. Kühner, *Chinesische Akademie der Wissenschaften*, 1986, 71–72, 130–131, 134–135.

438 Ranke an XU am 10.11.1980, auszugsweise wiedergegeben in: Ranke, In China, 2008, DA GMPG, Privatarchiv Ranke, ID 601105, 10.

439 Ranke, ebd., 31.

dokumentiert werden, weshalb Ranke seinen Aufenthalt um ein paar Monate verlängerte.[440]

Die Institutsleitung in Beijing schätzte, wie sie einer MPG-Delegation 1981 darlegte, eher den funktionalen Nutzen von Rankes Anwesenheit im Labor. Für sie war er eine hochwillkommene Unterstützung bei der Aufgabe, die wissenschaftlich-technische der vier Modernisierungen umzusetzen und in dem ursprünglich militärisch-industriell ausgerichteten Halbleiterinstitut »eigentliche Grundlagenforschung« zu etablieren, die zukünftig etwa 20 Prozent der Institutstätigkeit ausmachen sollte. In ihren Augen war Ranke derjenige, der die eigenen Leute auf der teuren UHV-Anlage anlernte, die zukünftig nur noch zur Hälfte für Serviceleistungen, ansonsten aber für die Grundlagenforschung genutzt werden sollte.[441]

Ranke war mit der »uneingestandenen Vorstellung« angereist, »dass die Grundauffassungen und die Strukturen im chinesischen Forschungsbetrieb ungefähr gleich sein müssten, damit er erfolgreich sein sollte«:

> Entweder waren die Strukturen ähnlich, dann könnte man ja einfach loslegen, oder sie waren anders, dann müssten sie eben geändert werden.[442]

Jetzt übte er sich im Halbleiter-Institut täglich in demütiger Rezitation des Mantras: Es geht auch anders, doch so geht es auch. Das begann mit der eigentümlich hierarchischen Kommunikationsweise. Hierarchische Entscheidungsstrukturen waren Ranke von zuhause nicht neu, aber dort wusste er, woran er war: Er diskutierte seine Ideen mit dem Chef und der beschied ihn meist rasch und eindeutig. Hier wurden seine Vorschläge wohlwollend aufgenommen, dann geschah lange nichts, auch Nachfragen wurden freundlich weggelächelt, bis ihm nach Wochen Zustimmung übermittelt wurde oder eben nicht, Absagen jedoch nie. Zwischendurch waren seine Vorschläge eine verborgene mehrstufige Hierarchieleiter hinauf- und wieder herabgereicht oder irgendwo schubladiert worden. Den einheimischen Labor-, Projekt- und Abteilungsleitern erging es nicht anders, im Gegenteil, die Wünsche des ausländischen Gastes wurden beschleunigt weitergegeben. So gering die persönlichen Entscheidungsspielräume waren, so eng waren die Spezialisierungen der Kollegen und Kolleginnen und besonders scharf waren die Grenzen zwischen Wissenschaftler/innen, Laborleiter/innen und Techniker/innen. Das ging so weit, wie Ranke verblüfft beobachtete, dass Wissenschaftler ihre Proben den Technikern im Labor übergaben und »nicht

440 Bericht über meinen bisherigen Aufenthalt und Antrag auf Verlängerung um drei Monate bis Dezember 1981, Privatunterlagen Ranke. Ranke, In China, 2008, Privatarchiv Ranke, DA GMPG, ID 601105, 10–12, 31, 33, 36–37. Folgende Publikationen gingen aus dieser Kooperation hervor: Ranke, Xing und Shen, Orientation Dependence, 1982; Ranke, Xing und Shen, Orientation Dependence I, 1982; Ranke, Xing und Shen, Orientation Dependence II, 1982.

441 Bericht Kühner vom 3.5.1982 über die Chinareise der MPG-Delegation 19.9.–9.10.1981, AMPG, II. Abt., Rep. 70, Nr. 292, fol. 189.

442 Ranke, In China, 2008, DA GMPG, Privatarchiv Ranke, ID 601105, 28.

einmal immer anwesend [waren], wenn ihre Proben vermessen wurden«.[443] Dass ein Wissenschaftler selbst seine Proben präparierte, Instrumente adaptierte und die Messungen beobachtete – »Qualifikationen, die jeder gute Doktorand bei uns erworben haben muss« –, war im dortigen System wissenschaftlicher Arbeitsteilung nicht vorgesehen.[444]

Heikel wurde es, als das für Rankes Experimente wichtigste Instrument, der Elektronenenergie-Analysator, ausfiel. Zwar konnte er den Fehler ohne größere, aber dennoch zustimmungsbedürftige Eingriffe schnell einkreisen, hätte sich auch zugetraut ihn zu beheben. Aber ins Innere der teuren und von niemandem sonst im Labor bisher geöffneten Maschine vorzudringen ging zu weit, da halfen auch alle seine technischen Erläuterungen nichts, zumal der amerikanische Hersteller noch Garantie gewährte. Bis der jedoch einen Techniker über den Pazifik geschickt hätte, wären Wochen vergangen. Stattdessen gestattete *Physical Electronics* der Institutsleitung und diese dann auch Ranke, dass er die Reparatur unbeschadet der Garantie selbst versuchte. Umringt von der Laborbelegschaft, machte er sich an die Demontage des defekten Teils, fand dort just den vermuteten Fehler, stellte den unterbrochenen Kontakt mit etwas Aluminiumfolie wieder her und baute alles wieder zusammen. Damit hatte er »das Heiligtum, das dieses Wunderwerk von Analysator für meine chinesischen Kollegen darstellte, auf den Fußboden der Realitäten gestellt«.[445]

In seiner Zwischenbilanz nach zwölf Monaten ging Ranke durchaus kritisch mit sich und der westlichen Überheblichkeit, die nur die eigenen Lebens-, Denk- und Arbeitsweisen als »normal« anerkennt, zu Gericht und konzedierte: »Vieles war also anders hier. Aber ich musste zugeben: Es funktionierte auch so.« Innerhalb eines Jahres hatte er, so seine Selbstbeobachtung, den Weg »von dieser theoretischen Einsicht bis zum gefühlten Verständnis« zurückgelegt.[446] In seinem bald darauf einsetzenden zweiten Beijinger Winter in 15 Grad kühlen Büros, mit doppelten langen Unterhosen, mehreren Schichten wattierter Jacken und Publikationsdruck im Nacken kamen ihm jedoch Neugier und Geduld abhanden; in seinen Briefen nach Hause schob sich das Trennende in den Vordergrund:

Hier gibt es kaum Rechte. Regeln und Gesetze, soweit sie überhaupt existieren, scheinen mir, der ich aus dem regel- und gesetzesreichen Deutschland komme, eher unverbindliche Ratschläge zu sein. Der Ganbu (Kader) und die Lingduo (Führung) scheinen allmächtig und unangreifbar. Die Tradition der Machtlosigkeit des einzelnen in 2000 Jahren feudal-bürokratischer Vergangenheit und die persönliche Erfahrung derselben Machtlosigkeit während der Kulturrevolution sind wohl die Gründe für das, was wir die »Meiguanxi-Mentalität« nennen, die »Macht-nichts-Mentalität«. Man glaubt nichts, bevor es nicht eingetreten ist; Begeisterung kommt kaum auf, man schaut erstmal, was andere machen, bevor man selbst etwas tut. So jedenfalls ist es

443 Ebd., 30.
444 Ebd.
445 Ebd.
446 Ebd., 30–31.

bei meinen Kollegen, die wegen der kulturrevolutionären Ausbildungslücke alle über 40, meistens 45 bis 50 Jahre alt sind. Da die ersten jungen Hochschulabsolventen erst ab 1982 in die dumpfe Grünlichkeit [sic] der Labors einbrechen werden, muss ich mich also weiter mit der Lahmarschigkeit abfinden und – was besonders im jetzigen Stadium der Versuchsauswertungen und Diskussion besonders hinderlich ist – mit den radebrechenden bis stammelnden Englischkenntnissen meiner Mitarbeiter. Ich verstehe das alles schon und kenne die Ursachen, aber deshalb geht es mir nicht weniger auf die Nerven. Ihr seht also, lieber wäre ich zu Hause.[447]

Zwei Monate später, im Januar 1982, reiste er ab. Und anders als sein chinesischer Chef es erhofft hatte, kehrte er auch später nicht noch einmal zurück, um den Fortschritt der von ihm angeleiteten Arbeiten zu beobachten. Ranke hatte, so sein Fazit, »gezeigt, wie man Oberflächenforschung betreibt«, verspürte aber am Ende im Halbleiter-Institut »eigentlich wenig Interesse an dieser Art Grundlagenforschung«. Nur mit seinem engsten Kollegen XING Yirong, der später zweimal zu längeren Forschungsaufenthalten nach Berlin kam, kooperierte und publizierte er weiter; überhaupt sah er sein Forschungsgebiet besser bei XU Yabo an der Zhejiang Universität in Hangzhou und am CAS-Institut für chemische Physik in Dalian vertreten.[448]

Die Reform des Instituts für Optik und Feinmechanik in Hefei war, wie gesehen, trotz gemeinsamer Anstrengungen der CAS-Leitung und des MPI für Quantenoptik gescheitert. So konnte die Erwartung, dass ein einzelner MPG-Wissenschaftler im Halbleiter-Institut in Beijing habituierte wissenschaftliche Arbeits- und Denkweisen nachhaltig würde ändern können, nur illusorisch sein. Zumal an den undurchschaubaren hierarchisch-institutionellen Strukturen nicht zu rütteln war und die wechselseitigen Sprachkenntnisse gerade ausreichten, sich über die technischen Daten, Messwerte, Objekte und Apparaturen der gemeinsamen Arbeit zu verständigen. Umso bemerkenswerter erscheint die Lern- und Anpassungsbereitschaft jener chinesischen Wissenschaftler und Wissenschaftlerinnen, die sich nach Westen und an die Max-Planck-Institute wagten. Bis Anfang der 1980er Jahre entstammten auch sie meist der älteren, vor der Kulturrevolution ausgebildeten Generation. Anders als Ranke, mussten sie ihre Familien zurücklassen, lebten in der Bundesrepublik jedenfalls nach ortsüblichen Maßstäben bescheiden und unter Aufsicht ihrer Botschaft. Gleichwohl wurde durchweg berichtet, dass sie bis auf wenige Ausnahmen nach der entsprechenden Vorbereitungs- und Einarbeitungszeit erfolgreich ihre eigenen Projekte durchführen oder in Institutsprojekte integriert werden konnten. Aber auch hier war die Nachhaltigkeit gefährdet.

447 Ranke an »die Thalmänner und (hauptsächlich) -frauen« 22.11.1981, wiedergegeben in: Ebd., 38.

448 Ebd., 31 (Zitate). Als weitere Publikationen siehe: Xing und Ranke, Accurate Analysis of AES, 1983; Ranke, Oberflächenforschung, 1984. Bericht Kühner vom 3.5.1982 über die Chinareise der MPG-Delegation 19.9.–9.10.1981, AMPG, II. Abt., Rep. 70, Nr. 292, fol. 189.

Das begann mit der jahrelang gepflegten Praxis der Botschaft in Bonn, die von der MPG, aber auch der Humboldt-Stiftung oder dem DAAD gezahlten Stipendien »abzuschöpfen«, also die chinesischen Stipendiaten und Stipendiatinnen zu nötigen, eine gewisse Summe bei der Botschaft abzuliefern.[449] Während die Presse dies als grenzüberschreitenden diktatorischen Zugriff des chinesischen Regimes auf seine Staatsbürger im Ausland zur Aufbesserung ihrer Devisenkonten skandalisierte, setzte die MPG-Generalverwaltung vor allem haushaltsrechtliche Vorschriften dagegen und drohte ihrerseits mit Kürzungen bzw. mit »Naturalrestitution«. Seeger vom MPI für Metallforschung wies schon 1979 auf die Konsequenzen für die wissenschaftliche Arbeit der »abgeschöpften« Stipendiaten hin: Sie könnten nicht an spätabendlichen Vortragsveranstaltungen teilnehmen, weil das Taxi nach Hause zu teuer sei, keine Tagungsgebühren bezahlen und keine Bücher mehr kaufen, stattdessen würden sie den Institutskopierer blockieren; überhaupt würden sie so daran gehindert, am normalen gesellschaftlichen Leben in Stuttgart mit seinen hohen Mieten und Lebenshaltungskosten teilzunehmen, seien folglich sozial isoliert und vom informellen Gedankenaustausch ausgeschlossen.[450]

In Beijing bestätigten CAS-Repräsentanten gegenüber dem MPG-Auslandsreferenten die Stipendienabschöpfung: Die Heimatinstitute benötigten die Devisen, um jene Geräte anzuschaffen, mit denen die Rückkehrenden zuhause weiterarbeiten sollten; die Beträge würde man ihnen in China dann rückerstatten. Wie sich bei den in Hefei untätig herumsitzenden Rückkehrern aus Garching zeigte, war der Gerätemangel zwar ein großes Problem, aber die Stipendienabschöpfung keine Lösung, weder für die konfuzianisch modernisierte noch für die traditionell kameralistische Buchhaltung. Das Auslandsreferat setzte daher ein Geräteprogramm auf: Die chinesischen Institute sollten eine Wunschliste erstellen und die MPG würde ihnen geeignete gebrauchte Geräte zum Kauf anbieten; außerdem würde sie sich bei der VW-Stiftung um die Mittel zum Erwerb der für zukünftige Kooperationen notwendigen Geräte bemühen; schließlich würde sie die Ausbildung chinesischer Fachkräfte für den Gerätebau – etwa mit einer Sommerschule – unterstützen.[451]

449 Vermerk Kühner vom 29.6.1981, AMPG, II. Abt., Rep. 70, Nr. 199, fol. 220. Um welche Beträge es dabei ging, war ungewiss, möglicherweise um die Differenz zwischen den von bundesdeutscher Seite gezahlten und den chinesischen Regierungsstipendien. Ranke, In China, 2008, DA GMPG, Privatarchiv Ranke, ID 601105, 34 hörte am Rande eines Empfangs 1981 in Beijing, es sei üblich, den MPG-Stipendiaten »alles bis auf monatlich 250 DM abzuknöpfen«.

450 Bericht Nickel vom 14.9.1979 über seine Chinareise 23.8.–9.9.1979, AMPG, II. Abt., Rep.70, Nr. 304, fol. 111–112. Seeger an Lüst am 31.10.1979, AMPG, II. Abt., Rep. 70, Nr. 286, fol. 20–21. Vermerk Kühner vom 18.11.1980 über die Chinareise 20.10.–4.11.1980 (Zitat: Randvermerk Nickel), AMPG, II. Abt., Rep. 70, Nr. 86, fol. 498.

451 Ergebnisse der Besprechungen zwischen der Academia Sinica und der MPG beim Besuch des Generalsekretärs der Akademie YU Wen im November/Dezember 1979 vom 14.1.1980, AMPG, II. Abt., Rep. 70, Nr. 379, fol. 114–115.

Allein es half nichts: Einerseits scheiterte das Geräteprogramm am Ausfuhrverbot von elektronischen Geräten nach China und anderen Versandkomplikationen.[452] Andererseits ging es bei der Stipendienabschöpfung auch um »innenpolitische Konflikte und innerbürokratisches Konkurrenzdenken« in China und nicht zuletzt um sozialpolitische Verwerfungen, die durch die enorme Einkommensdiskrepanz – Auslandsstipendien waren etwa zwanzigmal höher als Inlandsgehälter – hervorgerufen wurden.[453] Letztlich benötigte die CAS für ihr internationales Kooperationsprogramm, wenn sie dem außenpolitischen Anspruch Chinas auf Reziprozität und den Erwartungen der ausländischen Partner nur halbwegs genügen wollte, einen überproportionalen Anteil der für den Wissenschaftsaustausch bereitstehenden Mittel, was ihr von anderen Wissenschaftsadministrationen geneidet wurde. Außerdem lag es nicht in der Macht der Akademie, die Abschöpfungen zu verhindern. Der Vorschlag der CAS-Leitung, die MPG möge doch bitte jenseits des offiziellen Austauschprogramms chinesischen Wissenschaftler/innen, so wie es in den USA gehandhabt wurde, reguläre Arbeitsverträge anbieten, zeugte von analoger Unkenntnis der arbeitsrechtlichen Empfindlichkeiten des bundesdeutschen Wissenschaftsbetriebs in den mageren Jahren nach dem Boom und wurde ihr von Nickel unverzüglich »ausgeredet«. Erst im Zuge der Verhandlungen für das Jahresprogramm 1982 fand man eine Vertragsformulierung, die den politischen und arbeitsrechtlichen Eigentümlichkeiten beider Seiten gerecht wurde; danach war von der Abschöpfungspraxis nicht mehr die Rede.[454]

Das Problem, dass die unzureichende Ausstattung, die die zurückkehrenden Stipendiaten und Stipendiatinnen in ihren Heimatlabors vorfanden, die Nachhaltigkeit der Ausbildungsinvestition der MPI beeinträchtigte, blieb jedoch bestehen. Hinzu kam die in mehreren MPI beobachtete geringe wissenschaftliche Eigeninitiative der jungen chinesischen Gäste, oder genauer gesagt, ihre Furcht, mit eigenen Ideen ihren Vorgesetzten gegenüberzutreten. Und hier kam Uli Schwarz vom MPI für Virusforschung und dem Auslandsreferenten Nickel 1982 nach einer Sitzung der Biologisch-Medizinischen Sektion die Idee, ein Instrument bilateraler wissenschaftlicher Kooperation, das im Rahmen des BMFT- bzw. BMBF-finanzierten und von der MPG administrierten Minerva-Programms für Israel entwickelt worden war, an chinesische Verhältnisse anzupassen.[455] An israelischen Universitäten waren seit Ende der 1970er Jahre

452 Notiz Nickel vom 3.8.1984, AMPG, II. Abt., Rep. 70, Nr. 287, fol. 158.

453 Dies erfuhr der Chinareferent Kühner bei seinen ohne Dolmetscher auf Referentenebene geführten Gesprächen in Beijing: Vermerk Kühner vom 18.11.1980 über die Chinareise 20.10.–4.11.1980, AMPG, II. Abt., Rep. 70, Nr. 86, fol. 498.

454 Ebd. (Zitat: Randvermerk Nickel); Bericht Kühner vom 3.5.1982 über die Chinareise der MPG-Delegation 19.9.–9.10.1981, AMPG, II. Abt., Rep. 70, Nr. 292, fol. 180–181. Zur Frage der Befristung von wissenschaftlichen Arbeitsverhältnissen in der MPG vgl. Scholz, Partizipation, 2019.

455 Schriftliche Auskunft von Nickel an CS am 4.4.2022.

die ersten von heute 24 Forschungszentren – *Minerva Centers* – gegründet worden.[456] Ähnliches könne, so Schwarz, in Shanghai entstehen, wo an den Akademieinstituten für Zellbiologie, Physiologie und Biochemie »schon jetzt eine relativ gute Forschung betrieben« würde. Vieles sprach für ein »Gästelabor« auf diesem vielversprechenden Campus: Anders als auf den Feldern der Physik und Mathematik, wo »die Amerikaner bereits sehr aktiv« seien, könne sich die Bundesrepublik mit der Unterstützung der Biologie in China noch profilieren. Unter den »tonangebenden« chinesischen Biologen, die jetzt die neue Generation heranzogen, seien einige, die noch vor dem Krieg als Doktoranden oder Postdocs in Deutschland gearbeitet hatten »und gern daran zurückdenken«, wie der in den 1930er Jahren als Humboldt-Stipendiat in Freiburg und München ausgebildete Entwicklungsbiologe ZHUANG Xiaohui. Ein mit MPG-Hilfe gut ausgestattetes Labor im zukünftigen Neubau des von ZHUANG geleiteten Instituts für Zellbiologie würde deutsche Gäste anlocken, dort auch für längere Zeit mit den chinesischen Kolleg/innen und insbesondere den Rückkehrern aus Deutschland zusammenzuarbeiten, zumal Shanghai im Vergleich zu anderen chinesischen Standorten »die bessere Lebensqualität« biete. Die CAS würde Räume, Grundausstattung und eine Gästewohnung bereitstellen, die MPG gegebenenfalls mit Mitteln der VW-Stiftung die zusätzlichen Instrumente finanzieren, die für eine »moderne Entwicklungsbiologie kombiniert mit Molekularbiologie« benötigt würden; die Kosten kalkulierte Schwarz überschlägig mit 285.000 DM.[457] Die Idee wurde allseits für gut befunden, nur der Finanzierung standen wiederum allerlei haushaltsrechtliche Vorschriften entgegen. Am Ende sprang die Krupp-Stiftung ein, deren Vorsitzender Beitz der MPG schon 1973 den Weg nach China gebahnt hatte. Weitere Mittel kamen von der Humboldt-Stiftung und aus dem stets hilfreichen »Präsidentenfonds« der MPG, der manches möglich machte, was die öffentlichen Haushälter nicht zuließen.[458]

»Modellcharakter« erhoffte man sich von diesem im Herbst 1984 anlässlich des zehnjährigen Jubiläums der Zusammenarbeit von MPG und CAS gestarteten »interessanten Experiment«.[459] Das 1985 im neuen Gebäude des Akademieinstituts für Zellbiologie in Shanghai eröffnete *Max-Planck Guest Laboratory* fungierte noch 2020 in der Selbstdarstellung der MPG als innovativer Leucht-

456 Minerva, https://www.minerva.mpg.de/minerva-centers, zuletzt aufgerufen am 18.2.2022. Vgl. Steinhauser, Gutfreund und Renn, *Turning Points*, 2017, 80–82 und oben Kapitel 2.2.

457 Schwarz an Nickel am 30.3.1982, AMPG, II. Abt., Rep. 70, Nr. 128, fol. 351–352. Zu ZHUANG vgl. Kühner, *Chinesische Akademie der Wissenschaften*, 1986, 111 und zu den insgesamt sieben biowissenschaftlichen Akademieinstituten in Shanghai ebd. 109–117.

458 Vermerk Nickel vom 26.4.1982, AMPG, II. Abt., Rep. 70, Nr. 128, fol. 530; Vermerk Kühner vom 28.10.1982, ebd., fol. 524–527. Vermerk Kühner vom 5.7.1982 über ein Gespräch bei der VW-Stiftung, AMPG, II. Abt., Rep. 70, Nr. 285, fol. 47–49.

459 Vermerk Nickel vom 3.8.1984 für den Präsidenten zum Besuch des CAS-Generalsekretärs GU Yijian in München (26.–30.8.1984), AMPG, II. Abt., Rep. 70, Nr. 287, fol. 158.

turm ihrer China-Kooperation.[460] Bis dahin wurde es, wie sein Initiator Schwarz anlässlich des 20-jährigen Jubiläums der Zusammenarbeit von MPG und CAS 1994 berichtete, kontinuierlich von deutsch-chinesischen Teams und einzelnen MPG-Wissenschaftlern für gemeinsame Symposia, Seminare und Doktorandenschulen genutzt und strukturell immer wieder an neue politische Entwicklungen angepasst. 2005 wurde es schließlich als Serviceeinrichtung in das neu gegründete *Partner Institute for Computational Biology* integriert, das von der CAS und der MPG gemeinsam betrieben wird, und nach dem Tod seines Initiators 2008 in *Uli Schwarz Laboratory* umbenannt.[461] Ob es allerdings wirklich als Modell diente und wofür, ist eine schwierigere Frage.

Permanente Akademiereform und die Rolle der MPG

In Zeiten der Kulturrevolution war die Akademie auf die Hälfte ihrer Institute geschrumpft, die verbleibenden Institute waren gezwungen worden, den Forderungen nach der Einheit von Theorie und Praxis, nach einer Wissenschaft für und durch die Massen – in welcher Weise auch immer – nachzukommen. Nach MAOs Tod und der Ausschaltung der »Viererbande« ging es nicht einfach darum, die ausgegliederten Institute unter das Dach der Akademie zurückzuführen und dort wieder anzusetzen, wo man 1966 hatte aufhören müssen. MAOs revolutionäre Experimente galten, wie DENG Xiaoping bereits 1978 bilanziert hatte und wie es die chinesische Führung bis heute wiederholt, als nur zu 30 Prozent schlecht, zu 70 Prozent aber gut – und das betraf auch den Wissenschaftsbetrieb. Die Kulturrevolution hatte Spuren in den institutionellen Strukturen, im Personalkörper, im Wissenschaftsverständnis und in den wissenschaftlichen Praktiken hinterlassen. Ein Jahrzehnt lang war so gut wie kein wissenschaftlicher Nachwuchs ausgebildet worden, und er fehlte jetzt in den Forschungsinstituten. Zehn Jahre internationaler wissenschaftlicher Entwicklungen waren verpasst worden, aber wie es MAO schon zwei Jahrzehnte zuvor im Verhältnis zur Sowjetunion klargestellt hatte, ging es auch jetzt im Verhältnis zum Westen nicht darum, »blindlings nachzuahmen«, sondern »analytisch« zu

460 Vgl. die Website der MPG: Max-Planck-Gesellschaft, Max-Planck-Gesellschaft: China, https://www.mpg.de/de/international/china, zuletzt aufgerufen am 14.7.2020.

461 Vermerk Peter vom 22.11.1994 betr. Gemeinsames Kolloquium anlässlich des Jubiläums in Martinsried am 10.10.1994, AMPG, II. Abt., Rep. 70, Nr. 219, fol. 215; Spielmann (MPG) an Abel (BMFT) am 18.4.1989, AMPG, II. Abt., Rep. 70, Nr. 221, fol. 88–92. Schriftliche Mitteilung von Panglung (MPG) an CS am 17.7.2020; schriftliche Mitteilung von Spielmann an CS am 14.7.2020. Im Nachruf der CAS auf den 2006 verstorbenen Uli Schwarz heißt es, dass bis dato über 1.000 aus dem Ausland zurückkehrende Studierende und Postdocs im Gästelabor ihre Forschungen fortgesetzt hätten: Chinese Academy of Sciences: Prof. Uli Schwarz, a Diligent Foster for Sino-German S&T Partnership. https://english.cas.cn/newsroom/archive/china_archive/cn2006/200909/t20090923_42025.shtml, zuletzt aufgerufen am 15.7.2020.

prüfen, »was gut am Kapitalismus ist«.[462] Für die CAS bedeutete das eine unablässige Folge von Reformen, bei denen immer wieder auch die Spezifika der MPG auf ihre Brauchbarkeit geprüft wurden.

Im Herbst 1979 reiste der Leiter des Auslandsreferats Nickel zum zweiten Mal nach China, um vertragsgemäß die Kooperationsabsprachen für das kommende Jahr vorzubereiten.[463] Fast alles hatte sich gegenüber 1976 geändert. Mit der Wissenschaft für die Massen war es zumindest für die beiden Akademien, die CAS und die CASS, vorbei, vielmehr bildeten sie jetzt die Spitze eines reformierten Wissenschafts- und Bildungssystems, das noch hierarchischer konzipiert wurde, als es das bundesdeutsche je war: Der wissenschaftliche Nachwuchs für die Forschungsinstitute der Akademien sollte vor allem in vier Eliteuniversitäten herangebildet werden, der direkt der CAS zugeordneten Chinesischen Universität für Wissenschaft und Technik Hefei, der Qinghua- und Beijing-Universität sowie der Universität für Wissenschaft und Technologie Shanghai. Rund zwei Dutzend weitere Universitäten, darunter die 1907 aus deutschen Gründungen hervorgegangene Tongji-Universität in Shanghai, sollten zu forschenden Schwerpunktuniversitäten ausgebaut, die »Massen« hingegen in den übrigen noch vorhandenen und neu zu schaffenden Universitäten zu dringend benötigten Fachkräften ausgebildet werden. Der Wissenschaftsadministrator Nickel hatte es nicht mehr mit Revolutionskomitees und ihren primär politisch qualifizierten Vorsitzenden zu tun, sondern sprach mit den Vizepräsidenten als den wissenschaftlich maßgeblichen Leitern der Akademien und ihren Auslandsreferent/innen direkt. Bei ihnen registrierte er – bei der CAS mehr noch als bei ihrer sozialwissenschaftlichen Schwesterorganisation – die Bereitschaft, »westlichen Vorbildern beim Aufbau der Forschungsstruktur weitgehend zu folgen und die Ideologie […] zugunsten der angestrebten größtmöglichen Leistungsfähigkeit der Forschungsinstitute aufzugeben«. Besonders deutlich verspürte er »das Interesse am Wiederaufbau der deutschen Wissenschaft nach dem Zweiten Weltkrieg«, der als »Modell für den eigenen Aufbau« angesehen würde.[464]

Tatsächlich hatten der CAS-Generalsekretär YU Wen und seine Delegation, als sie Ende 1979 in die Bundesrepublik reisten, nicht nur die Unterzeichnung des CAS-MPG-Jahresprogramms für 1980 auf ihrer Agenda. Sie informierten sich auch drei Wochen lang über die westdeutschen Forschungsstrukturen. Im BMFT erläuterte man ihnen das deutsche Verständnis von Grundlagenforschung, angewandter Forschung und Entwicklung und demonstrierte ihnen die Spitzenwerte, die die bundesdeutschen Ausgaben für Grundlagenforschung

462 Zitiert nach: Schmidt-Glintzer, 70 Prozent, 1.8.2017, https://www.ipg-journal.de/schwerpunkt-des-monats/geschichtspolitik/artikel/detail/70-prozent-gut-30-prozent-schlecht-2198/.

463 Bericht Nickel vom 14.9.1979 über die Reise in die VR China (23.8.–9.9.1979), AMPG, II. Abt., Rep. 70, Nr. 304, fol. 105–125.

464 Ebd., fol. 107.

im OECD- und EG-Vergleich erzielten.[465] Der MPG-Generalsekretär Ranft gab ihnen dann zum Abschied die Essentials für ihr zukünftiges Forschungsmanagement mit auf den Weg, nämlich dass »wissenschaftspolitische Entscheidungen in der Bundesrepublik durch die Wissenschaftler selbst vorbereitet werden und daß die Heranziehung in- wie ausländischer Wissenschaftler bei der Vorbereitung solcher Fragen eine ganz entscheidende Rolle spielt«. Dies sei keine »deutsche Eigentümlichkeit«, sondern »eine Grundvoraussetzung für die erfolgreiche Entwicklung der Forschung eines Landes« und daher auch »der erste und entscheidende Schritt für die wissenschaftspolitische Neuausrichtung in Ihrem Lande«.[466]

Im Mai 1981 verabschiedete die CAS ihre »Provisorische Satzung«, in der man einige Strukturelemente der MPG, aber weder den von ihr vertretenen Primat der Grundlagenforschung noch ihren Anspruch auf Wissenschaftsautonomie wiedererkennen konnte.[467] So gliederte sie sich in fünf Sektionen (Physik, Chemie, Biologie, Geo- und Technikwissenschaften), die freilich die für die MPG typische Interdisziplinarität nicht erkennen ließen, dafür aber Technologie, angewandte und Entwicklungsforschung integrierten.[468] Als höchstes Organ installierte sie die Vollversammlung der Sektionen, die dem Wissenschaftlichen Rat ähnelte, aber nur alle zwei Jahre tagte, um gegebenenfalls die Satzung zu revidieren und die langfristige Forschungsplanung zu beraten. Die übrige Entscheidungsgewalt delegierte sie an das 29-köpfige Präsidium, das zwar von ihr gewählt, aber nicht unbedingt ausgewählt wurde, jedenfalls nicht das Drittel seiner Mitglieder, die nicht den Sektionen angehörten, sondern als leitende Kader von Partei und Staatsrat vorgeschlagen wurden. Das Präsidium wiederum ernannte aus seiner Mitte den Präsidenten und die Vizepräsidenten. Die Satzung stärkte die Stellung der Institute, die ihre Forschungsprogramme und -pläne selbst festlegen und sich von einer akademischen Kommission aus internen und externen, aber nicht unbedingt ausländischen Fachwissenschaftlern beraten lassen sollten, was den Kuratorien und Fachbeiräten der MPI nur

465 Vermerk Unger (BMFT) vom 16.11.1979 für das Gespräch mit dem CAS-Generalsekretär, AMPG, II. Abt., Rep. 70, Nr. 128, fol. 552: Demnach gab die BRD mit 22,3 % (1975) bzw. 21,7 % (1977) den höchsten Anteil ihrer gesamten FuE-Ausgaben für Grundlagenforschung aus – im OECD-Vergleich zu Frankreich (1975: 21,4 %; 1977: 21,2 %), UK (1975: 14,5 %), USA (1975: 12,9 %; 1977: 12,7 %) und Japan (1975: 11,2 %). Sprechvorlage Nickel vom 8.11.1979 für Ranft betr. Gespräch mit YU Wen am 13.11.1979, AMPG, II. Abt., Rep. 70, Nr. 379, fol. 187–198.

466 Vorschlag Nickel vom 3.12.1979 für die Ansprache Ranfts am 4.12.1979 anlässlich der Verabschiedung der chinesischen Delegation der CAS, AMPG, II. Abt., Rep. 70, Nr. 379, fol. 172.

467 Unterlagen für die Chinareise der MPG-Delegation 16.10.–30.10.1983, Anlage: Provisorische Satzung der CAS vom 18.5.1981, AMPG, II. Abt., Rep. 70, Nr. 292, fol. 135–144.

468 Die mangelnde Interdisziplinarität der eigenen Institute bedauerte der Chemiker und CAS-Präsident LU Jiaxi bei seinem Besuch im Dezember 1982 in München besonders: Nicht autorisierte Rohfassung des Interviews Jiaxi (Kühner) am 9.11.1982, nur für den internen Gebrauch, Kühner 17.12.1982, AMPG, II. Abt., Rep. 70, Nr. 285, fol. 24, 26 verso.

bedingt entsprach. Über das Berufungsverfahren für Institutsdirektoren, das in seiner Eigentümlichkeit für die wissenschaftliche Dynamik in der MPG so charakteristisch war, sagte die Satzung der CAS hingegen wenig aus, nur dass das Präsidium alle wichtigen Führungskader und eben auch die Institutsdirektoren ernannte oder entließ.

Kulturpolitische Anstrengungen der MPG, ihre Idee von der Autonomie der Wissenschaft und der Forscherpersönlichkeit nach China zu transferieren, halfen da wenig. So wollte sie die anlässlich der hundertsten Geburtstage von Albert Einstein, Max von Laue, Otto Hahn und Lise Meitner 1978/79 entwickelte und zuerst in Berlin präsentierte Gedächtnisausstellung mit finanzieller Unterstützung des Auswärtigen Amtes 1980 in Beijing zeigen.[469] Der Plan stand unter keinem günstigen Stern. Zunächst musste die Ausstellung wegen Budgetknappheit des Auswärtigen Amtes kurzfristig um ein Jahr verschoben werden; dann wollte die Botschaft in Beijing sie noch einmal zugunsten einer Ausstellung deutscher Expressionisten, denen sie »unter kulturpolitischen Gesichtspunkten einen erheblich höheren Wert« beimaß, um einige Wochen verschieben. Dies konnte MPG-Präsident Lüst, von Nickel gebrieft, im persönlichen Gespräch mit Staatssekretärin Hamm-Brücher gerade noch verhindern; weder die Bundesrepublik noch die MPG könnten sich einen neuerlichen Gesichtsverlust leisten, schließlich würde der Zusammenarbeit mit der MPG »von der Akademie vor allen anderen Organisationen im Ausland Priorität eingeräumt«:

> Die Organisation der Akademie wird seit zwei Jahren [...] nach deutschem Muster, und zwar nach Max-Planck-Modell, umstrukturiert (Organisation von Sektionen, eines wissenschaftlichen Rates, stärkere Unabhängigkeit der Institute und der Wissenschaftler bei der Gestaltung ihrer wissenschaftlichen Arbeit).[470]

Das war eine zweifellos zu starke Aussage, aber sie erreichte ihren Zweck. Trotz des verlängerten Vorlaufs reichten jedoch Zeit und Geld nicht, um den Katalog übersetzen zu lassen; man begnügte sich mit kurzen Erläuterungen der Exponate in chinesischer Sprache.[471] Und zuletzt drohte die Eröffnung zu platzen, obwohl die MPG-Delegation mit Generalsekretär Ranft und dem Festredner Hans-Peter Dürr vom MPI für Physik an der Spitze schon in Beijing eingetroffen war: Das Handelsschiff, mit dem man die Tafeln und Exponate nach China hatte transportieren lassen, lag noch immer hinter vielen anderen Frachtern vor der Hafenstadt Tianjin auf Reede; seine Ladung würde kaum vor der geplanten

469 Die Ausstellung war von dem Berliner Wissenschaftshistoriker Jost Lemmerich in Zusammenarbeit mit der Deutschen Physikalischen Gesellschaft (DPG) und der MPG kuratiert worden: Physikalische Gesellschaft Berlin e. V., Physik, https://www.pgzb.tu-berlin.de/index.php?id=278, zuletzt aufgerufen am 18.7.2020.

470 Notiz Nickel vom 13.5.1981 für den Präsidenten betr. Gespräch mit Hamm-Brücher, AMPG, II. Abt., Rep. 70, Nr. 326, fol. 511.

471 Max-Planck-Gesellschaft, *Gedächtnisausstellung*, 1979. Vermerk Peter (MPG) vom 22.5.1980, Nickel an Lemmerich am 28.5.1980, AMPG, II. Abt., Rep. 70, Nr. 326, fol. 459–461, 516.

Finissage gelöscht werden. Hier nun half der ministerielle Status der CAS, ein Anruf ihres Generalsekretärs bei der Hafenbehörde genügte und das Schiff wurde vorgezogen. Nach nächtlichen Sonderschichten unter Leitung des Chinareferenten Kühner wurde die Ausstellung dann mit nur zweitägiger Verspätung am 26. September 1981 tatsächlich eröffnet.[472] Den chinesischen Partnern wäre im Übrigen, wie sie Kühner schon früher hatten wissen lassen, eine weitere Verschiebung durchaus recht gewesen, wenn sie dafür den erfahrenen, aber terminlich stark beanspruchten Wissenschaftsmanager Lüst anlässlich der Eröffnung hätten begrüßen dürfen.[473]

In seiner Eröffnungsansprache formulierte Ranft die nicht nur im Beijing der 1980er Jahre unzeitgemäße Botschaft, die die Ausstellung transportieren sollte: Aufgabe einer Wissenschaftsorganisation wie der KWG/MPG sei es, »Forschern höchsten Ranges die Möglichkeit [zu geben], frei von allen Verpflichtungen und äußeren Zwängen ihrer Arbeit nachzugehen«. »Spitzenleistungen in der Forschung« seien nur dort möglich, wo »das Prinzip von Qualität und Liberalität« gewahrt würde; es sei immer »die Leistung des einzelnen [...], die den Durchbruch in unbekanntes Neuland erzielt«; freilich gedeihe sie am besten in einer Umgebung »zahlreicher Wissenschaftler mit außergewöhnlicher Leistungskraft in verschiedenen Gebieten«. Ein solches Ambiente zu schaffen, erfordere eine stetige Politik »bewusster Elite-Bildung«, unbeeinflusst von öffentlicher Meinung und wirtschaftlichen Schwankungen.[474] Es war der vorkriegszeitliche Mythos vom deutschen Oxford im Dahlem, den Ranft hier evozierte und der allenfalls bei der Physikerin HE Zehui und dem einen oder anderen ihrer älteren Kollegen noch Erinnerungen an ihre Postdoc-Zeit an einem Kaiser-Wilhelm-Institut wecken mochte.

Dürr, der als »Direktor des früheren Einsteinschen Instituts« vorgestellt wurde, der aber zu Beginn der 1980er Jahre längst auf Kriegsfuß mit seinem institutionellen Umfeld in der MPG stand, ging mit seinem Vortrag noch einige Jahrzehnte weiter zurück. Er verlor über die in der Ausstellung gefeierten Jubilare Hahn und Meitner und die von ihnen entdeckte Kernspaltung kein Wort, über von Laue und seine Theorie der Beugung von Röntgenstrahlen nur wenige Sätze. Stattdessen konzentrierte er sich auf den jungen Einstein, der mit seinen vier Schriften 1905 die neue Physik jenseits der Newtonschen Mechanik eingeleitet hatte.[475] Dürr feierte am Beispiel Einsteins das »schöpferische Denken« der »eigenwilligen Persönlichkeit«, die nur eine ermutigende »Atmosphäre« benötige, um »im Spiel der freien Assoziation von konkreter Erfahrung, die mit Fleiß

472 Interview Nickel (Sachse) 12.4.2018.

473 Vermerk Kühner vom 18.11.1980 zu den Ergebnissen seiner Besprechungen mit der CAS, AMPG, II. Abt., Rep. 70, Nr. 86, fol. 497.

474 Ansprache Ranft o. D. (26.9.1981), AMPG, II. Abt., Rep. 70, Nr. 326, fol. 34–35.

475 Einstein, Erzeugung und Verwandlung des Lichtes, 1905; Einstein, Theorie der Wärme, 1905; Einstein, Elektrodynamik, 1905; Einstein, Trägheit eines Körpers, 1905.

Abb. 25: MPG-Gedächtnisausstellung zur Erinnerung an Albert Einstein, Max von Laue und Lise Meitner, Beijing im September 1981.

und Geduld erworben werden muss, und bildhafter Intuition, die aus tieferen Quellen gespeist wird«, den »Sprung« zu neuen Erkenntnissen zu vollbringen.[476] Ironisch nur, dass Einstein sein *annus mirabilis* in der Atmosphäre des Berner Patentamts verbracht hatte, sein späteres KWI in Dahlem nie ernsthaft aufgebaut hatte, sich ab 1933 in Princeton ohne jegliche direktorale Verpflichtung bis zum Lebensende dem Erdenken der einheitlichen Feldtheorie widmete und weiterhin das politische Weltgeschehen kommentierte. Sein wissenschaftlicher Arbeitsstil bediente also weder den Mythos von Dahlem, noch taugte er für die weitgehend projekt- und teamförmig organisierte Forschung der MPI in den 1980er Jahren.[477] Ob diese unbeabsichtigte Ironie den Gästen der Eröffnungszeremonie in Beijing auffiel oder sich in der Übersetzung verlor, lässt sich nicht rekonstruieren. Botschafter Schödel jedenfalls meinte, einen »eindrucksvollen Vortrag« über alle »vier Physiker« gehört zu haben, kritisierte in seinem Bericht ans Auswärtige Amt aber die Ausstellung: Sie habe nur Bücher und Dokumente in deutscher und englischer Sprache gezeigt, die kurzen Erläuterungen auf

476 Vortragsmanuskript Dürr »Über das wissenschaftliche Werk von Albert Einstein und Max von Laue« vom 24.9.1981, AMPG, II. Abt., Rep. 70, Nr. 326, Zitat: fol. 29. Der Vortrag fand zwei Tage später statt.

477 Renn et al., *Zurich Notebook*, 2007; Renn und Schemmel, *Gravitation*, 2007.

Chinesisch hätten nicht mal deren Inhalte zusammengefasst. Dem »durchschnittlichen Chinesen, auch dem naturwissenschaftlich vorgebildeten«, blieben die Exponate »unzugänglich«.[478]

Der CAS-Leitung fehlte für eine Epistemologie des Genies die Muße; sie hatte der sozialistischen Modernisierung als vierte Säule zu dienen. Als sie im Herbst 1982 zur jährlichen Fortschreibung des Austauschprogramms mit der MPG wieder in die Bundesrepublik reiste, meldete sie entsprechende Bedürfnisse an: Sie wollte sich über die Wissenschaftsverwaltung in verschiedenen Arten von Forschungseinrichtungen, die Verbindung von Grundlagenforschung und angewandter Forschung, den Patentschutz und die Anwendung von Forschungsergebnissen in der Produktion informieren. Also schickte man sie zum BMFT, zur Gesellschaft für Mathematik und Datenverarbeitung, zum DESY und zum Technischen Zentrum der Firma Bosch in Stuttgart, was sich aufs Sinnvollste mit dem Besuch der dortigen MPI verbinden ließ, die schon länger mit CAS-Instituten kooperierten:

> In den Max-Planck-Instituten für Festkörperforschung und für Metallforschung bietet es sich an, vor allem die Frage des Verhältnisses von Grundlagenforschung, anwendungsorientierter Forschung und Entwicklung sowie die Kontakte von Forschung und Industrie zu diskutieren.[479]

Schließlich trugen sie, wie die Botschaft in Beijing beobachtete, »gerade im Metallurgiebereich« dazu bei, »den Marktzugang deutscher Unternehmen zu erleichtern« – »bisweilen sehr zum Verdruss unserer europäischen Partnerländer«.[480]

Auch beim Abschlussgespräch in der Münchner Generalverwaltung ging es neben der Vorbereitung neuer Kooperationsprojekte um Fragen des Wissenschaftsmanagements. CAS-Präsident LU beneidete die MPG um ihre Entscheidungsfreiheit bei der Gründung und Schließung von Instituten und ließ sich von dem darin erprobten MPG-Präsidenten genau erklären, wie er die Probleme vor allem beim Schließen löste, wobei LU wohl nicht nur an sein Sorgenkind, das Institut für Optik und Feinmechanik in Hefei, dachte. Lüst erläuterte ihm auch, welche neuen Wege die MPG mit ihrer gerade reorganisierten Tochtergesellschaft, der Garching Instrumente GmbH (GI), beschritt, um Forschungs-

478 Schödel an AA am 9.10.1981, AMPG, II. Abt., Rep. 70, Nr. 326, fol. 293.

479 Vermerk Kühner vom 28.10.1982 für Präsident und Generalsekretär betr. Gespräche mit CAS-Präsident LU Jiaxi und seiner Delegation am 8.11.1982, AMPG, II. Abt., Rep. 70, Nr. 128, fol. 524–527.

480 Nölle (Botschaft Peking) an AA am 29.11.1984, 11, AMPG, Abt. II, Rep. 70, Nr. 287, fol. 82. Das sollte keine Einbahnstraße bleiben, wie Generalsekretär Hasenclever 1995 berichtete (Wortprotokoll Ringberg-Colloquium 15./16. Mai 1995, 102, AMPG, III. Abt., ZA 188, Nr. 56): Ein CAS-Austauschwissenschaftler im MPI für Metallforschung hatte im Zuge der »dortigen industrienahen Arbeit« einen Mitarbeiter des Daimler-Forschungslaboratoriums kennengelernt, über die Jahre engen Kontakt zu ihm gehalten und konnte, nachdem beide in ihren Institutionen aufgestiegen waren, Forschungsaufträge von Daimler für sein Akademieinstitut akquirieren.

ergebnisse kommerziell zu verwerten, nämlich die defizitäre Produktion von Instrumenten für den Markt einzustellen und stattdessen Patente zu generieren und Lizenzen zu verkaufen.[481] Diesseits von Wissenschaftsautonomie und einer emphatisch verstandenen Grundlagenforschung hatte die MPG durchaus Erfahrungswissen zu bieten, das der CAS helfen mochte, dem Anspruch, den das »*fan liang fan*«-Programm zur Vervierfachung der Jahresbruttoproduktion an sie stellte, gerecht zu werden.

In den darauffolgenden zwei Jahren wurden zunächst die Führungsorgane der CAS radikal verkleinert und verjüngt: statt sechs gab es nur mehr drei, davon zwei jüngere neu berufene Vizepräsidenten, die ebenso wie der Präsident ab 1984 wieder vom Ministerpräsidenten bestimmt und mit Zustimmung des Nationalen Volkskongresses ernannt wurden. Die Vollversammlung der Sektionen, das Analogon zum Wissenschaftlichen Rat der MPG, wurde entmachtet und der zarte Ansatz akademischer Selbstverwaltung nach nur drei Jahren gekappt.[482] Auf der Ebene der Institute wurde mindestens so strikt durchgegriffen: 98 Prozent aller Leitungsstellen in den Instituten wurden nur mehr befristet auf drei Jahre neu besetzt und das Durchschnittsalter in kürzester Zeit von 60,7 auf 51,2 Jahre abgesenkt.[483] Auch wenn gleichzeitig die Entscheidungsbefugnisse und die Verantwortung der Direktoren und Direktorinnen gestärkt wurden, ließ dieses rabiate Vorgehen sicherlich keine Annäherung an das Harnack-Prinzip erkennen.[484]

Die untere Ebene der Institutsbelegschaft war nicht so leicht zu reformieren. Die Versuche, die Arbeitsplatzmobilität des wissenschaftlichen und technischen Personals zu erhöhen, stießen in der CAS auf ähnliche Probleme wie in der MPG. Wenn hier das bundesdeutsche Arbeitsrecht der wissenschaftlichen

481 Vermerk Harnisch vom 10.12.1982 betr. Gespräch mit der CAS-Delegation am 8.11.1982, AMPG, II. Abt., Rep. 70, Nr. 285, fol. 17–22. Zur Garching Instrumente GmbH vgl. Balcar, *Instrumentenbau – Patentvermarktung – Ausgründungen*, 2018. Es wäre interessant zu wissen, wie profitabel und wie lange die Fabriken von der CAS noch unterhalten wurden, die laut Satzung von 1981 (Abs. IV/26) die Aufgabe hatten, »wissenschaftliche Geräte, Anlagen oder deren Bauteile zu erforschen, im Prototyp herzustellen und in Serie zu produzieren« (Unterlagen für die Chinareise der MPG-Delegation 16.10.–30.10.1983, Anlage: Provisorische Satzung der CAS vom 18.5.1981, AMPG, II. Abt., Rep. 70, Nr. 292, fol. 143).

482 Kühner, *Chinesische Akademie der Wissenschaften*, 1986, 42. Die Stellung des neben der Vollversammlung der Sektionen existierenden Wissenschaftlichen Rates der CAS wurde hingegen gestärkt. Er bestand seit 1955 und galt als das höchste Entscheidungsgremium der CAS, repräsentierte aber das gesamte chinesische Wissenschaftssystem, ähnelte also am ehesten einer westlichen Nationalakademie; die Berufung seiner Mitglieder war bottom-up organisiert, wobei die politischen Administrationen der diversen Wissenschaftsinstitutionen eine gewichtige Rolle bei der Zusammenstellung der Vorschlagslisten hatten, aus denen der Rat dann seine neuen Mitglieder wählte; vgl. China aktuell, Dezember 1990, 921 (Kopie in AMPG, II. Abt., Rep. 70, Nr. 291, fol. 17).

483 Vermerk Harnisch vom 25.9.1984, AMPG, II. Abt., Rep. 70, Nr. 287, fol. 7.

484 Nickel sah hierin jedoch eine starke Anpassung der Stellung der CAS-Direktoren an die der MPG-Direktoren (Vermerk Nickel vom 3.8.1984, ebd., fol. 160).

Neuorientierung oder Auflösung von Instituten Grenzen zog, so war es dort das Prinzip der »eisernen Reisschüssel«: Es garantierte den Beschäftigten in chinesischen Staatsbetrieben einen sicheren Arbeitsplatz und erleichterte es ihnen, sich der wissenschaftspolitisch erwünschten Mobilität zwischen Akademieinstituten, Universitäten und Betrieben – und damit dem Transfer der Expertise des Forschungspersonals – zu entziehen, jedenfalls solange die Anreize nicht überzeugten und man auf Methoden im Stil der Kulturrevolution verzichtete. Hier lag ein zentrales Problem der umfassenden Strukturreform des chinesischen Wissenschaftssystems, der sich auch Präsident LU 1984 mit seinen neuen Führungskräften stellen musste. Ziel dieser neuerlichen Reform war es, Wissenschaft und Wirtschaft noch enger zu verzahnen und auch die »hermetische Abtrennung zwischen militärischer und ziviler Forschung aufzubrechen«, zugleich aber die mühsam wiederaufgebaute Grundlagenforschung zu sichern.[485] Dafür gab es Planvorgaben: 25 Prozent der Mittel der CAS sollten in die Grundlagenforschung, 35 Prozent in die Erforschung von Naturressourcen und Umwelt und 40 Prozent in die angewandte Forschung fließen, die ihrerseits eng mit der Industrie kooperieren und nach und nach durch Auftragsforschung, Vergabe von Lizenzen und Patenten ähnlich wie die Fraunhofer-Gesellschaft selbst ihre Mittel erwirtschaften sollte. Anders als bei der Garching Instrumente GmbH, von der sich LU und seine Delegation womöglich hatten inspirieren lassen, die aber selbst nach ihrer erfolgreichen Umstrukturierung nie relevante Beträge zum MPG-Budget beisteuern konnte, gelang dies erstaunlich gut: Manche Akademieinstitute erwirtschafteten mit ihren weiterbestehenden Produktionsbetrieben das zwei- bis sechsfache ihrer staatlichen Grundfinanzierung – eine, wie im BMFT am Rand eines Botschaftsberichts aus Beijing von 1991 vermerkt wurde, »recht imposante Unabhängigkeit von staatlichen Geldern«.[486]

Personalpolitisch flankiert wurde diese Reform durch eine gewisse Liberalisierung des bisherigen Stellenzuweisungssystems, die unter Wahrung der Anstellungsgarantie sowohl den Instituten als auch den Wissenschaftler/innen Wahlmöglichkeiten einräumte. Dabei hatte man besonders diejenigen im Auge, die im Ausland studiert hatten und jetzt richtig eingesetzt werden sollten. Konnte man im Bereich der angewandten Forschung darauf hoffen, dass sich aus der Zusammenarbeit mit der Industrie hinreichende finanzielle Anreize für die Mobilisierung des wissenschaftlichen Personals ergeben würden, musste man sich im Bereich der Grundlagenforschung etwas anderes einfallen lassen. Hier

485 Nölle (Botschaft Peking) an AA am 29.11.1984, AMPG, II. Abt., Rep. 70, Nr. 287, fol. 74.

486 Mann (Botschaft Peking) an AA am 8.2.1991, AMPG, II. Abt., Rep. 70, Nr. 291, fol. 95–100 (Zitat: S. 2); andere Betriebe blieben allerdings eine unproduktive Belastung für die Institute, was wohl um 1990/91 zu dem Plan führte, alle CAS-Betriebe in eine Staatliche Holdinggesellschaft zu überführen. Im Übrigen zusammengefasst nach Vermerk Harnisch vom 25.9.1984, AMPG, II. Abt., Rep. 70, Nr. 287, fol. 6–10; und Nölle an AA am 29.11.1984, ebd., fol. 72–83; Vermerk Spielmann vom 27.1.1988 betr. Strukturreform der CAS, AMPG, II. Abt., Rep. 70, Nr. 91, fol. 13–16; Kühner, *Chinesische Akademie der Wissenschaften*, 1986, 41–42.

wurden »offene Labore« an Instituten mit hochqualifiziertem, wissenschaftlich aktivem Personal und entsprechender technischer Infrastruktur eingerichtet. Offen waren sie für Wissenschaftler und Wissenschaftlerinnen aus anderen Instituten und auch Universitäten und insbesondere für ausländische Gäste. Nicht zuletzt für sie sowie für Rückkehrer/innen aus dem Ausland, für die ein eigenes Stipendienprogramm aufgelegt wurde, sollten sie hinreichend attraktiv instrumentiert sein. Zwei Drittel aller dort Forschenden sollte nur für die Dauer ihrer Projekte befristet, aber mit doppelt so hohen Gehältern dort tätig sein; besonders »tüchtige junge Wissenschaftler« hatten Aussicht auf leitende Positionen.[487] Ein Komitee aus überwiegend externen Wissenschaftler/innen stand ihnen zur Seite. Nicht ganz so offen war der hoffnungsvolle Nachwuchs in der Wahl seiner Forschungsthemen, denn die Labors wurden nur auf Forschungsgebieten errichtet, die im nationalen Forschungsplan ganz oben rangierten. Bis 1988 existierten bereits 40 solcher Labors, mehr als zwei Dutzend weitere standen kurz vor der Gründung. Die neue Generalsekretärin der CAS, HU Qiheng, die YU Wen abgelöst hatte, legte sie dem frühen Chinareisenden und jetzigen MPG-Präsidenten Staab 1988 bei ihrem Besuch in München besonders ans Herz, denn der Wissenschaftleraustausch mit der MPG und auch die gemeinsamen Projekte sollten sich aus ihrer Sicht zukünftig auf diese Labors konzentrieren.[488]

Von der gern herausgestrichenen Vorbildfunktion der MPG ist – lässt man die Reformen des chinesischen Wissenschaftssystems, so wie sie sich in den Akten der MPG, des BMFT und des Auswärtigen Amtes widerspiegeln, Revue passieren – vor allem in höflichen Ansprachen und Danksagungen seitens der chinesischen Partner die Rede, oder aber in den Selbstdarstellungen der MPG und ihres Chinaprogramms gegenüber den anderen bundesdeutschen Wissenschaftsorganisationen und den Bundesministerien. Gleichwohl wurden die Strukturen der MPG von den regelmäßig anreisenden Delegationen der CAS gründlich studiert, ebenso aber die der anderen Wissenschaftsorganisationen, ob DFG, Fraunhofer-Gesellschaft oder die Großforschungseinrichtungen und nicht zuletzt auch industrielle Forschungseinrichtungen. Selbstverständlich galt das auch für die anderen Länder, mit denen China im intensiven wissenschaftlichen Austausch stand, vor allem die USA, Japan und Großbritannien. Aus allen diesen Wissenschaftssystemen wurden, so ist zu vermuten, einzelne Elemente kopiert, adaptiert und in das eigene, seit 1978 fortdauernd in Reorganisation begriffene System eingebaut. Oberstes Ziel war und blieb dabei die Beschleunigung der ökonomischen »Modernisierung«.

Was die MPG dazu beigesteuert hatte, benannte der Sprecher der CAS deutlich, als er im Nachgang zur CAS-Jahrestagung im Januar 1991 die Wissen-

487 GE Mingyi, Fachvortrag »Grundlagenforschung«, Jubiläumsveranstaltung am 14.12.1988, AMPG, II. Abt., Rep. 70, Nr. 91, fol. 88.

488 Vermerk Spielmann vom 27.1.1988 betr. Strukturreform der CAS, ebd., fol. 13–16; Ergebnisvermerk Spielmann vom 3.8.1988 zum Präsidentengespräch mit HU Qiheng am 13.4.1988, ebd., fol. 1–4.

schaftsreferenten der US-amerikanischen und der deutschen Botschaft zu einem »Briefing« einlud. Im Zentrum der Tagung habe die Personalpolitik bis 2003 gestanden, die den anstehenden altersbedingten Personalwechsel nutzen wolle, »ineffektiv arbeitende Institute personell aus[zu]dünnen und die Mobilität und das Konkurrenzprinzip [zu] verstärken«. Insgesamt solle der Personalstand von derzeit 90.000 auf 55.000 Personen gesenkt und zukünftig »verstärkt Zeitpersonal« eingesetzt werden. Als organisatorisches Modell verwies er auf die bestehenden »offenen Labore«. Aber er hob »ausdrücklich« auch die MPG hervor, sie sei das »Vorbild für Effektivität und die Verwirklichung des Konkurrenzprinzips«. Im trilateralen Setting dieses Briefings von Wissenschaftsreferenten, ohne MPG-Repräsentanten am Tisch, bedurfte es keiner Höflichkeitsfloskel; der CAS-Sprecher dürfte gemeint haben, was der deutsche Botschaftsreferent protokollierte.[489] Aus den wissenschaftspolitischen Lehrmaterialien, die die MPG seit nunmehr fast 17 Jahren offerierte, pickte sich ihre chinesische Partnerorganisation als Rosinen »Effektivität« und »Konkurrenz« heraus, um sie in ihr System einzubauen. Dagegen trat »reine Grundlagenforschung« in den Hintergrund. »Autonomie« der Wissenschaft, ihrer Institutionen, Forscherinnen und Forscher wurden in einer Weise interpretiert, die den Primat von Politik und Ökonomie nicht infrage stellte. Der MPG war's sowieso recht und sie beeilte sich, der CAS bei einem weiteren Personalproblem den Weg zu weisen.

Tiananmen – war da was?

Mangelnde Mobilität des Forschungspersonals war das eine, zu viel Mobilität in die falsche Richtung das andere Problem. Es verstärkte sich, je mehr junge, nach der Kulturrevolution ausgebildete Hochschulabsolvent/innen ins westliche Ausland geschickt wurden, um dort an den renommiertesten Universitäten und Forschungseinrichtungen ihre Dissertationen voranzutreiben. Anders als die vierzig- und fünfzigjährigen Austauschwissenschaftler/innen der ersten Jahre waren sie in China noch nicht professionell etabliert und familiär weniger gebunden. Sie begannen ihre wissenschaftlichen Karrieren im westlichen Ausland, warum sollten sie sie nicht dort fortsetzen – so wie ihre ähnlich mobilen Peers in den Gastländern, die sich in den 1980er Jahren in viele Richtungen orientierten, weil sie zuhause keine adäquate akademische Anschlussposition fanden oder sich überhaupt woanders ausprobieren wollten? Als DENG Xiaoping 1978 den Plan fasste, zehntausende von Studierenden loszuschicken, um »vom Ausland zu lernen«, sorgte er sich nicht um den möglichen Brain-Drain. Vielleicht vertraute er auf alte kulturelle Adhäsionskräfte, jedenfalls sah er in den nicht minder alten chinesischen Communitys in vielen Teilen der Welt keine Verräter an der

489 Mann (Botschaft Peking) an AA am 8.2.1991, AMPG, II. Abt., Rep. 70, Nr. 291, fol. 95–100 (Zitate: S. 3).

kommunistischen Sache, sondern Brückenköpfe Chinas im Ausland und setzte auf ihre Bereitschaft, das Heimatland aus der Ferne zu unterstützen.[490]

Zehn Jahre später war der Brain-Drain nicht mehr zu leugnen. Die »offenen Labore« waren nicht zuletzt auch ein Versuch, den Auslandsstudierenden und Austauschwissenschaftler/innen die Heimkehr attraktiver zu machen. Aber er reichte nicht hin. Den hochqualifizierten jungen chinesischen Wissenschaftsnachwuchs zog es in den späten 1980er Jahren, ähnlich wie den bundesdeutschen in den Jahren zuvor, vor allem in die USA. Dort residierten immer noch die prestigeträchtigsten Forschungsinstitute, dort gab es ein breit gefächertes Stipendienangebot, mit dem die Zeit überbrückt werden konnte, bis sich endlich auch in China attraktivere Lebens- und Forschungsbedingungen bieten würden – so man dann überhaupt noch zurückkehren wollte. Denn nicht zuletzt fand sich in jeder größeren Stadt eine Chinatown, deren soziale Netze die Neuankömmlinge vom chinesischen *Mainland* auffingen. Genau diesem Brain-Drain gegenzusteuern war, wie die Chinareferentin der MPG Barbara Spielmann realistisch einschätzte, der Grund, weshalb die CAS vermehrt Praedocs in die Bundesrepublik schicken wollte und auf die – 1987 unterschriebene – Vereinbarung eines Doktorandenprogramms mit der MPG gedrängt hatte, das sie als mindestens so wichtig ansah wie die bilateralen Forschungsprojekte.[491] Das allein half nur wenig, denn so wie die junge Meteoritenforscherin HUA Qin am MPI für Kernphysik bewegten sich auch andere nach ihrer Promotion weiter in westliche Richtung. Um genau dies zu erschweren, bestand die CAS darauf, die Stipendien auf zwei Jahre zu beschränken – wohl wissend, dass in dieser Zeit keine Dissertation, geschweige denn ein bundesdeutsches Promotionsverfahren abgeschlossen sein würde. Verlängerungsanträge seitens der MPI oder auch der Universitäten wurden zum großen Ärger der hiesigen Doktorväter und vielleicht auch der einen oder anderen Doktormutter sehr restriktiv behandelt.[492] Die Promotionen sollten in China durchgeführt und die Stipendiaten und Stipendiatinnen auf diese Weise genötigt werden, nach China zurückzukehren.

Und wieder hatte der Entwicklungsbiologe Uli Schwarz hierzu eine Idee. Mit ihrem hochselektiven Ansatz war sie zwar nicht geeignet, die Freizügigkeit der Auslandsstudierenden zu mehren. Doch sie verstand das Nachwuchsdilemma des chinesischen Wissenschaftssystems zu nutzen, um den schon bestehenden

490 Vogel, *Deng Xiaoping*, 2011, 455–456. Vogel wertet – auf Basis der Zahlenangaben in der Auslandsausgabe von *People's Daily* vom 26.6.2008 (6) – erstaunlicherweise als Erfolg, dass von einer Million Chinesen, die im Zeitraum von 1978 bis 2007 im Ausland studierten, bis 2007 »about a quarter of them already returned to China«; von den verbleibenden 750.000 dürften die meisten zu diesem Zeitpunkt ihre Studien abgeschlossen haben und eben nicht zurückgekehrt sein. Vgl. auch Wang, Cold War and the Reshaping, 2014, 358–363.

491 Spielmann, Rückblick und Ausblick, 1989, 32; Nickel, Aufbruch ins Ungewisse, 1994, 31.

492 Bothe (Universität Köln) an Spielmann am 8.2.1989, AMPG, II. Abt., Rep. 70, Nr. 221, fol. 65–66; Telefax MPG an GE Mingyi (CAS) am 15.2.1989, ebd., fol. 63–64; GE an Spielmann am 1.4.1989, ebd., fol. 3–5.

Brückenkopf der MPG in Shanghai, jene vitale Agglomeration von biowissenschaftlichen Instituten, zu verstärken. Am Gästelabor sollte zunächst eine jener Nachwuchsgruppen eingerichtet werden, wie sie in der MPG Ende der 1960er Jahre eingeführt worden waren. Für die Gruppenleitung wollte man in einer internationalen Ausschreibung einen jüngeren Spitzenwissenschaftler, womöglich auch eine Spitzenwissenschaftlerin chinesischer Nationalität mit einem überzeugenden Projektvorschlag gewinnen, der oder die für die Laufzeit von fünf Jahren nach Shanghai gehen würde, um dort ein Team aus deutschen und chinesischen, einheimischen und rückkehrwilligen Prae- und Postdocs zu bilden. Gemeinsam sollten sie ein Projekt durchführen, das sowohl der Projektleitung als auch den jungen Teammitgliedern die Chance geben würde, sich für höhere Positionen im chinesischen Wissenschaftssystem und zugleich für zukünftige Kooperationen mit biowissenschaftlichen MPI zu profilieren.[493] Allein die auch von chinesischer Seite gutgeheißene Idee kam zum historisch falschen Moment.

Noch bevor die Finanzierung geklärt war, starb am 15. April 1989 HU Yaobang, der frühere Generalsekretär der KPC. Der Reformpolitiker, den vor allem intellektuelle Kreise wegen seiner moderierenden Interventionen gegen antiliberale Kampagnen wie die »gegen geistige Verschmutzung« von 1983 geschätzt hatten, war 1987 im Nachgang der Studentenunruhen von 1986 als KPC-Generalsekretär abgesetzt worden. Am Tag nach seinem Tod versammelten sich – ähnlich wie beim Tod von ZHOU Enlai im April 1976 – zunächst hunderte von Studentinnen und Studenten auf dem Tiananmen-Platz zum Gedenken an den vormals führenden Parteikader, dessen als ungerecht empfundene Degradierung ihre Hoffnungen auf politische und kulturelle Liberalisierung ein weiteres Mal enttäuscht hatte. Dieses Totengedenken war der Auftakt zu den größten Massenprotesten in der Geschichte der Volksrepublik, in denen sich studentische Frustrationen, aber auch existenzielle Ängste weiter Teile der Bevölkerung vor den sozial polarisierenden Auswirkungen der ökonomischen Liberalisierungen Bahn brachen. Die studentischen Wortführer und Wortführerinnen artikulierten sie in Forderungen nach Unterbindung der Korruption, gesellschaftlicher Demokratisierung und studentischer Selbstorganisation. Von den maßgeblichen Teilen der Parteiführung, einschließlich DENG Xiaoping selbst, wurde dies als öffentliche Infragestellung des chinesischen Partei- und Staatssystems interpretiert, die umgehend unterbunden werden musste.[494] Am 3./4. Juni 1989 wurden junge Frauen und Männer rund um den Tiananmen von der Volksbefreiungsarmee zusammengeknüppelt, von Panzern überrollt und niedergeschossen, in anderen Teilen der Stadt verloren mindestens hunderte

493 Spielmann, Rückblick und Ausblick, 1989, 33; Spielmann an Abel (BMFT) am 18.4.1989, AMPG, II. Abt., Rep. 70, Nr. 221, fol. 88–92.

494 Zu HUs Rolle in der chinesischen Reformpolitik, seiner Absetzung, den Ursachen des Aufstandes und der innerparteilichen Entscheidungsfindung vgl. Vogel, *Deng Xiaoping*, 2011, 576–587, 599–603; Lim, *People's Republic*, 2014.

ihr Leben. Sofern sich die umfängliche wissenschaftspolitische Aufbauhilfe der westlichen Länder für China je mit liberaldemokratischen Zielen und nicht nur mit globalen marktwirtschaftlichen Interessen verbunden hatte, waren zumindest ihre chinesischen Hoffnungsträger in dieser Nacht gewaltsam und nachhaltig desillusioniert worden.[495]

Die Reaktion des Westens kam rasch, blieb ambivalent und war von kurzer Dauer.[496] Einen Monat nach dem Tiananmen-Massaker kürzte der Wirtschaftsgipfel der G7-Staaten in Paris Wirtschaftshilfen, Kredite und Technologietransfers. Erziehung und Wissenschaft wurden allerdings von den Sanktionen ausgenommen und die Politik der EG bestätigt, entsprechende bi- und multilaterale Beziehungen auf der Arbeitsebene weiterzuführen. Gegenüber dieser fein austarierten Realpolitik boten die Feierlichkeiten zum 200-jährigen Jubiläum der französischen Revolution die Szenerie für ein symbolpolitisches Signal: Statt der ursprünglich vorgesehenen chinesischen Akrobatengruppe nahmen Pariser Studierende aus China mit schwarzen Trauerbändern die Ehrenposition in der Parade auf den Champs-Élysées ein. Ob in den USA, Japan, Großbritannien, Frankreich oder der Bundesrepublik – überall wurden Hilfsprogramme für die chinesischen Austauschstudierenden aufgelegt und Aufenthaltsgenehmigungen verlängert; Kanada bot seinen chinesischen Studierenden sogar den Permanent-Resident-Status an. Die Austauschstudierenden wurden gewissermaßen die Maskottchen einer westlichen Außenwissenschaftspolitik, die ansonsten in all diesen Ländern zwischen zwei Polen schwankte: Sollte man die wissenschaftlichen Beziehungen aussetzen und damit den Druck auf die chinesische Regierung, die politischen Verhältnisse im Sinne der Protestierenden zu verbessern, erhöhen? Oder sollte man die Kooperationen fortsetzen, um die Scientific Communities in China nicht weiter zu isolieren und noch verletzlicher zu machen?

Die bundesdeutsche Außenwissenschaftspolitik entschied sich ohne größere Debatten für die zweite Position. Mitte Juni 1989 trafen sich in Bonn die Chinareferentinnen und -referenten der bundesdeutschen Wissenschaftsorganisationen (MPG, DAAD, DFG, AvH) mit YUAN Chengyu, dem ehemaligen Wissenschaftsreferenten der Chinesischen Botschaft und späteren Leiter der

495 Zu den scheiternden Deeskalationsversuchen der in dieser Frage gespaltenen Parteiführung und der weiteren Zuspitzung rund um den Staatsbesuch Gorbatschows in Beijing, mit dem DENG am Ende seines politischen Lebens den sinosowjetischen Bruch überwinden wollte, vgl. Vogel, *Deng Xiaoping*, 2011, 595–639.

496 Die folgende Darstellung stützt sich, soweit nicht anders angegeben, auf Bullock, Effects of Tiananmen, 1991. Die Sinologin am Woodrow Wilson Center in Washington hatte 1989/90 im Auftrag des US-Kongresses in den in der wissenschaftlichen Zusammenarbeit mit China wichtigsten Ländern (USA, Großbritannien, Frankreich, Bundesrepublik und Japan) Interviews mit Vertretern und Vertreterinnen der einschlägigen Wissenschaftsinstitutionen und Ministerien geführt und deren Reaktion auf Tiananmen-Ereignisse vergleichend dargestellt. Sie interviewte auch die Chinareferentin der MPG Spielmann und ihren Referatsleiter Nickel (Bullock an Spielmann am 24.6.1990 und 30.10.1990, AMPG, II. Abt., Rep. 70, Nr. 291, fol. 151–159, 164–165; Spielmann an Bullock am 27.11.1990, ebd., fol. 147–148).

CAS-Auslandsabteilung. Er lebte inzwischen wieder in Köln, von wo aus er für die CAS die Beziehungen zur Carl-Duisberg-Gesellschaft aufbaute, war aber nicht mehr bereit, »sich am Telefon in irgendeiner Form zu den Vorkommnissen zu äußern«. Von diesem »alten Bekannten« und »Vertrauensmann der MPG« versprach sich auch die Chinareferentin Spielmann »wertvolle Hinweise«.[497] Was immer dort besprochen und – womöglich aus Vorsicht – nicht protokolliert wurde, sicher ist, dass Spielmann das BMFT bald darauf telefonisch und schriftlich informierte, dass die MPG den Wissenschaftleraustausch mit der CAS »zunächst der Jahresplanung gemäß« fortsetzen und – in Abstimmung mit der DFG – auch eine im Rahmen des Chinaprogramms für August bis Oktober 1989 geplante Tibet-Expedition stattfinden lassen werde.[498] Die Bitte, die die CAS nur wenige Tage nach der Räumung des Tiananmen an die MPG gerichtet hatte, aus Sicherheitsgründen bis auf weiteres »keine deutschen Wissenschaftler in ihr Land zu senden«, wurde schon bald zurückgenommen.[499] Die Tibet-Exkursion wurde von bundesdeutscher Seite jetzt als Chance gesehen, chinesische Teilnehmer/innen, vor allem junge Nachwuchswissenschaftler/innen, von denen einige wegen ihrer Beteiligung an den Tiananmen-Demonstrationen gefährdet waren, wenigstens für einige Wochen den Nachforschungen der Sicherheitsbehörden zu entziehen.[500]

Wenige Tage nach jenem Treffen mit YUAN unterrichtete das BMFT seinerseits 14 weitere mit BMFT-Mitteln in China engagierte Forschungsinstitutionen und Großforschungseinrichtungen über die innerhalb der Bundesregierung abgestimmten »Vorstellungen zu weiteren Verfahrensweisen«: Ein »*business as usual*« sei vorerst ausgeschlossen, die »Basis für wissenschaftliche Kontakte« solle aber erhalten bleiben. Konkret hieß dies, dass weiterhin chinesische Gastwissenschaftler/innen in die BRD kommen durften, Delegationen empfangen und laufende Projekte wie geplant weitergeführt werden konnten. Reisen in die Gegenrichtung sollten eher verschoben werden, »spektakuläre und öffentlichkeitswirksame Maßnahmen« wurden abgesagt, nicht jedoch jene sehr wohl Aufmerksamkeit erregende Tibet-Expedition. Die Sondierung neuer Projekte sei möglich, aber bei der Vorbereitung »keine übertriebene Eile« geboten. Sollte man es dabei mit neuen chinesischen Kontaktpersonen zu tun bekommen, möge man jedoch eruieren, »ob die bisherigen Partner nicht etwa politischen Maßnahmen zum Opfer gefallen sind«. Auch sollten Gastwissenschaftler/innen, deren Aufenthalt regulär abgelaufen sei, nicht gegen ihren Willen nach China

497 Reiseantrag Spielmann vom 13.6.1989, AMPG, II. Abt., Rep. 70, Nr. 221, fol. 1. YUAN hatte in den 1950er Jahren in der DDR studiert und als Botschaftssekretär in Bonn in den 1970er Jahren »auch hinter den Kulissen« die CAS-MPG-Kooperation vorangetrieben (Vermerk Nickel vom 3.8.1984, AMPG, II. Abt., Rep. 70, Nr. 287, fol. 153–160; telefonische Mitteilung von Nickel an CS vom 8.4.2022).

498 Spielmann an Abel (BMFT) am 17.7.1989 mit Verweis auf das zuvor geführte Telefonat, AMPG, II. Abt., Rep. 70, Nr. 221, fol. 149–152.

499 Spielmann an Meyerhoff am 14.6.1989, ebd., fol. 341 (Zitat).

500 Schriftliche Mitteilung von Spielmann an CS vom 6.1.2022.

zurückgeschickt werden, die Mittel für einige Zusatzmonate würden bereitgestellt. DAAD-Lektorinnen und Lektoren waren indessen schon im Laufe des Juli nach China zurückgekehrt, ebenso die Botschaftsangehörigen samt Familien sowie die Repräsentanten deutscher Firmen; die DAAD-Stipendiat/innen sollten pünktlich zu Semesterbeginn anreisen und die deutsche Schule würde nach den Sommerferien wieder öffnen.[501] Alles in allem waren es eher kosmetische Maßnahmen, die das Post-Tiananmen-Procedere vom business as usual im wissenschaftlichen Austausch der Bundesrepublik mit China unterschieden; sie streuten allenfalls etwas Sand in sein zuvor so geschmiert laufendes Getriebe.

Das galt für die MPG erst recht, zumal die naturwissenschaftlichen Institutionen und ihre Mitarbeiterinnen und Mitarbeiter bei den unmittelbar nach dem Tiananmen-Massaker einsetzenden politischen Überprüfungen, Verfolgungen und Säuberungen glimpflicher davonkamen als etwa die Chinesische Akademie für Sozialwissenschaften (CASS).[502] Nicht zuletzt auch deshalb, weil der CAS-Generalsekretär YUAN Wen, ein zum pragmatischen Wissenschaftsmanager gewandelter ehemaliger Kampfgenosse MAOs aus den Zeiten des Langen Marsches, »seine Leute« recht erfolgreich vor Verfolgung schützen konnte.[503] Dass davon allerdings gar keine Kooperationspartner der MPI betroffen gewesen seien, wie es Auslandsreferent Nickel in seinem Beitrag zum Sonderteil des *MPG-Spiegels* anlässlich des 20-jährigen Jubiläums des MPG-CAS-Abkommens behauptete, trifft nicht zu.[504] Eher ist zu vermuten, dass man solche Fälle auch 1994 noch nicht öffentlich thematisieren wollte, denn nicht einmal das Schicksal des prominenten Kosmologen FANG Lizhi, der seit langem die Kooperationsbeziehungen des MPI für Astrophysik zu Partnerinstituten der CAS unterstützt hatte, wurde erwähnt.[505] Er hatte sich zusammen mit seiner Ehefrau unmittelbar

501 BMFT an 14 Empfängerinstitutionen am 21.7.1989, AMPG, II. Abt., Rep. 70, Nr. 221, fol. 144–148; die Teilnehmer am Gespräch mit YUAN am 15./16.6.1989 waren nicht auf dem Verteiler.

502 Heinzig (Bundesinstitut für ostwissenschaftliche und internationale Studien, BiOst) an Spielmann am 2.11.1989, AMPG, II. Abt., Rep. 70, Nr. 199, fol. 73; Protokoll eines am 17.10.1989 im Bundesinstitut für ostwissenschaftliche und internationale Studien geführten Gesprächs über die aktuelle Situation in den wissenschaftlichen Instituten der VR China, ebd., fol. 74–76. Spielmann an Eikenberg (BMFT) am 27.8.1990, AMPG, II. Abt., Rep. 70, Nr. 291, fol. 143–146.

503 So beschreibt es der Auslandsreferent Nickel (schriftliche Mitteilung an CS am 4.4.2022; mündliche Mitteilung an CS am 8.4.2022), der zugleich den engen persönlichen Kontakt zwischen YUAN und seinem Gegenpart bei der MPG, Generalsekretär Ranft, hervorhebt.

504 Nickel, Aufbruch ins Ungewisse, 1994, 31.

505 Auch Börner (Gemeinsamer Blick, 1994) erwähnte FANG in seinem Festschrift-Beitrag nur als denjenigen, der von Hefei aus die Kosmologie in China wesentlich vorangetrieben habe, nicht aber dessen Verfolgung, Flucht und Exil. Gleichwohl blieben beide in Kontakt, da FANG weiterhin ein häufiger Gast bei den MPG-CAS-Workshops war, soweit sie in Deutschland stattfanden (schriftliche Mitteilung von Börner an CS am 22.2.2022). Vgl. auch die entsprechenden Proceedings: Fang, Quasar Clustering, 1993; Deng et al., Quasar Clustering, 1993; Bi et al., Jeans-Type Instability, 1995; Fang, Large Scale Bulk Velocity, 2001.

nach der gewaltsamen Räumung des Tiananmen in die US-amerikanische Botschaft geflüchtet, wo das Paar ein Jahr lang ausharren musste, bevor es dank der Vermittlung durch Präsident George W. Bush persönlich nach Großbritannien ausreisen durfte. FANG unterrichtete dann an verschiedenen britischen und amerikanischen Universitäten und zuletzt in Tucson (Arizona).[506] Der »chinesische Sacharow«, wie er in den internationalen Medien apostrophiert wurde, lehnte selbst noch im Exil eine wissenschaftliche Isolierung Chinas durch das Ausland ab.[507]

Statt auf verfolgte Kollegen und Kolleginnen verwies man seitens der MPG lieber auf den seit 1987 amtierenden CAS-Präsidenten ZHOU Guangzhao, dank dessen geschickter Leitung die Akademie »von politischen Pressionen weitgehend verschont« geblieben sei.[508] Er habe sich ebenfalls, so die Chinareferentin Spielmann rückblickend, »persönlich schützend vor seine Mitarbeiter und Wissenschaftler gestellt, die an den Demonstrationen teilgenommen hatten«, und ihnen jenes »Unbedenklichkeitszeugnis« ausgestellt, das es brauchte, um weiterhin an internationalen Kongressen teilnehmen zu können.[509] ZHOU hatte auch beizeiten signalisiert, dass die Akademie es billigen würde, wenn die MPG die Stipendien ihrer chinesischen Gäste, die nach den Juni-Ereignissen um Aufschub ihrer Rückreise baten, um zunächst drei Monate verlängern und gefährdete Wissenschaftler/innen in China, die sich hilfesuchend an ihre ehemaligen westdeutschen Gastinstitute wandten, wieder einladen würde.[510]

Dort, wo die MPG außenpolitisch genötigt war, Zeichen zu setzen, fand man wie in den Anfangszeiten gemeinsam mit der CAS informelle Lösungen: Eine noch 1989 geplante internationale Konferenz in Dalian musste abgesagt werden, was insofern besonders misslich war, weil das MPI für Quantenoptik und das

506 Britannica, Fang Lizhi, https://www.britannica.com/biography/Fang-Lizhi, zuletzt aufgerufen am 10.5.2022; Schell, Introduction, 1992; Vogel, *Deng Xiaoping*, 2011, 385, 576–579, 653.

507 FANG im Interview mit dem *Spiegel*-Korrespondenten Tiziano Terzani: FANG (Terzani) am 2.8.1990, Fang, Bringing Down, 284–285.

508 So MPG-Präsident Zacher im Bittschreiben an die Fritz-Thyssen-Stiftung zur Finanzierung der nach der Wiedervereinigung gekürzten BMFT-Mittel für das Chinaprogramm: Zacher an Merkle und Coing (beide Thyssen-Stiftung) am 3.6.1991, AMPG, II. Abt., Rep. 70, Nr. 291, fol. 311–313.

509 Vermerk Spielmann o. D. (ca. Ende September/Anfang Oktober 1997) zu den Gesprächen mit der CAS, Gespräch mit dem ehemaligen Präsidenten ZHOU Guangzhao, Chinareise des MPG-Präsidenten Markl (6.–11.10.1997), AMPG, II. Abt., Rep. 70, Nr. 150, fol. 24–30. Noch 1987 hatte ZHOU, der zuvor als Mitglied des ZK der KPC die Entlassung FANGs aus der Universität Hefei und dessen Versetzung ans Observatorium Beijing exekutiert hatte, ihm immerhin ermöglicht, noch an Kongressen im Ausland teilzunehmen (Schell, Introduction, 1992, xxix–xxx). Inwieweit er 1989/90 auf FANGs Exil in der US-Botschaft und seine Ausreise nach Großbritannien und USA hinwirkte, wäre zu prüfen.

510 Nickel an Haffner (BMFT) am 9.10.1989, AMPG, II. Abt., Rep. 70, Nr. 221, fol. 73–75. Die beantragten Zusatzmittel von 50.000 DM für die Verlängerung der Stipendien waren bescheiden im Vergleich zum China-Budget des BMFT von ca. 100 Mio. DM.

dortige CAS-Institut für chemische Physik bei dieser Gelegenheit die Austauschkandidat/innen des nächsten Jahres hatten auswählen wollen. Um die »bisher so erfreuliche Kooperation« dennoch nicht abreißen zu lassen, kreierte man kurzerhand ein »Wiedereinladungsprogramm« und lud vertraute Kollegen ein zweites Mal ein.[511] Auch ein offizielles Treffen zur Verlängerung des MPG-CAS-Kooperationsabkommens, das alle drei Jahre und so auch 1990 wieder anstand, hätte auf bundesdeutscher Seite zu sehr nach business as usual ausgesehen. Also stattete CAS-Präsident ZHOU seinem Kollegen Staab im März 1990 einen persönlichen Besuch ab, wohlweislich nicht an dessen Münchner Amtssitz, sondern in dessen Heidelberger MPI für medizinische Forschung. Dabei kam man überein, den alten Vertrag ohne die sonst üblichen Programmdetails für die nächste Periode schlicht per Brief zu verlängern.[512] Diese Praxis wurde dann unter der Regie von MPG-Präsident Zacher noch weiter vereinfacht; fortan reichten dank der langjährigen Erfahrungen und des mit ihnen gewachsenen wechselseitigen Vertrauens automatische jährliche Verlängerungen. Darauf wies Spielmann den nachfolgenden MPG-Präsidenten Hubert Markl hin, bevor dieser im Herbst 1997 der längst wieder üblichen Routine folgte und nach Beijing flog, um mit ZHOU und dessen Nachfolger LU Yongxiang neue Projekte zu sondieren:

> Dieses auch sehr personenbezogene Vertrauen, besonders in Präsident Zhou und seine Kollegen, machte es der MPG möglich, die schwierigste Etappe der Kooperation, die Zeit nach den Ereignissen des 4. Juni 1989[,] allen Bedenkenträgern zum Trotz ohne Schaden durchzustehen.[513]

ZHOUs informelle Reisediplomatie im Frühjahr 1990 beschränkte sich freilich nicht auf die MPG und auch nicht auf die Bundesrepublik. Schon im Januar 1990 war der Atomphysiker – seit 1987 selbst Mitglied der US-amerikanischen National Academy of Science (NAS) – in die USA geflogen, um den NAS-Präsidenten Frank Press und andere politisch einflussreiche Kollegen davon zu überzeugen, dass es an der Zeit sei, die Sanktionen gegenüber den chinesischen Wissenschaftsinstitutionen zu lockern. Tatsächlich nahmen die NAS und auch die *National Science Foundation* (NSF) in den nächsten Monaten ihre Chinaprogramme wieder auf. Auch mit dem japanischen Ministerium für Internationalen Handel und Industrie (MITI) konnte ZHOU Anfang 1990 die unterbrochenen Verhandlungen über ein von Japan zu förderndes Umweltforschungszentrum

511 Wanner, Molekulare Dynamik, 1994, 56. In der Außendarstellung wurde 1989/90 hervorgehoben, dass man offizielle Kontakte und Großveranstaltungen vermeide und bundesdeutschen Wissenschaftlern von Chinareisen abrate, vgl. Peter (MPG) an Korn-Riedlinger (Verbindungsbüro für Elektronik und Informationstechnik Beijing/Berlin) am 17.8.1989, AMPG, II. Abt., Rep. 70, Nr. 221, fol. 279; Spielmann an Eikenberg (BMFT) am 27.8.1990, AMPG, II. Abt., Rep. 70, Nr. 291, fol. 143–146.

512 Staab an ZHOU am 2.5.1990, AMPG, II. Abt., Rep. 70, Nr. 291, fol. 36; ZHOU an Staab am 26.5.1990, ebd., fol. 33.

513 Vermerk Spielmann o. D. zur Chinareise des MPG-Präsidenten Markl 6.–11.10.1997, AMPG, II. Abt., Rep. 70, Nr. 150, fol. 206–207.

Abb. 26: Chinareise des MPG-Präsidenten 6.–11.10.1997; Hubert Markl im Gespräch mit dem CAS-Präsidenten LU Yongxiang.

in Beijing fortsetzen. Bis Mitte 1990 waren im Grunde alle wichtigen westlichen Kooperationspartner Chinas auf dem Feld der wissenschaftlich-technischen Zusammenarbeit, mit einigen symbolischen Einschränkungen, zum business as usual zurückgekehrt.[514]

Die Enttäuschung über das so gewaltsam nachjustierte chinesische Reformprojekt hielt indessen an, und zwar bei den eigentlichen Akteuren der bilateralen Wissenschaftskooperation. In der MPG gab es jene – von der mit ihrem Programm hochidentifizierten Chinareferentin Spielmann als »Bedenkenträger« karikierten – Institutsdirektoren, die die umstandslose Fortschreibung des MPG-CAS-Abkommens im Frühjahr 1990 nicht guthießen und auf den schwindenden China-Enthusiasmus ihrer Mitarbeiter und Mitarbeiterinnen hinwiesen. Es wurde nicht leichter, Nachwuchskräfte für einen längeren China-Aufenthalt zu motivieren. Vorbehaltloser konnte man sich für hochmotivierte junge Studierende aus China engagieren. ZHENG Qingyi hatte zwar nicht, wie man annahm, erst »nach der Niederschlagung der Unruhen als examinierte Medizinerin China verlassen«, sondern war bereits 1988 ihrem älteren Bruder von Shanghai nach Hamburg gefolgt, weil sie hier ihr Studium fortsetzen und sich, statt für die medizinische Praxis, für die Erforschung von Krankheitsursachen qualifizieren wollte. 1994 schloss sie in Hamburg ein Zweitstudium in Biologie ab, das sie sich als »Spülfrau« in der Max-Planck-Gruppe Zytoskelett

514 Bullock, Effects of Tiananmen, 1991, 616–617, 625–628.

Abb. 27: ZHENG Qingyi im Anschluss an ihre Promotion am 28.11.1997 in Hamburg zusammen mit Eckhard und Eva-Maria Mandelkow.

von Eckhard Mandelkow finanziert hatte, die insbesondere zum Morbus Alzheimer forschte. Der Sprecher der Max-Planck-Arbeitsgruppen für strukturelle Molekularbiologie am DESY, der schon ihre Diplomarbeit betreut hatte, unterstützte ihren Promotionswunsch und setzte sich beim MPG-Präsidenten für ein Stipendium »aus Auslandsmitteln, sonst aus privaten Mitteln« ein, damit sie ihre Forschungen an einem Alzheimer-spezifischen Antikörper fortsetzen konnte.[515] Das Auslandsreferat fand schließlich eine buchhalterisch korrekte Lösung jenseits des MPG-CAS-Abkommens, in dem solche Fälle gar nicht erst thematisiert wurden. Nach ihrer »sehr gut« bewerteten Promotion blieb sie noch für einige Jahre als Postdoc in Mandelkows Arbeitsgruppe am DESY, bevor sie zu Klaus Willecke ans Genetische Institut der Universität Bonn wechselte.[516]

515 Vermerk Meinecke (MPG) vom 3.8.1994 über den Besuch des Präsidenten in Hamburg am 14.7.1994, AMPG, II. Abt., Rep. 70, Nr. 218, fol. 59. Mündliche Mitteilung von ZHENG Qingyi an CS vom 19.2.2022. Für aufwendige Recherchen, die diesem persönlichen Kontakt vorausgingen, und die nachfolgenden Quellenhinweise danke ich Hanna Worlizcek. Zheng-Fischhöfer, *Sequenzielle Phosphorylierung*, 1997.

516 Vermerk Kühner vom 18.8.1994, AMPG, II. Abt., Rep. 70, Nr. 218, fol. 57. Zheng-Fischhöfer an Zacher am 24.1.1998; Zacher an Zheng-Fischhöfer am 29.1.1998, AMPG, III. Abt., Rep. 134, Nr. 138, fol. 324–326. Zheng-Fischhöfer heiratete 1991 und folgte ihrem Ehemann in den frühen 2000er Jahren an seine wechselnden Standorte als Berufssoldat der Bundeswehr; sie bekam zwei Kinder und unterrichtet heute Biologie in verschiedenen akademischen und Berufsbildungskontexten.

Globalisierte Elitenförderung

Dramatische Nachwirkungen zeigten sich im regulären Doktorandenprogramm, das die MPG – im Gegensatz zur VW-Stiftung, die ihre China-Stipendien mit Blick auf ihre bevorstehenden Verpflichtungen in Ostdeutschland gekürzt hatte – kontinuierlich ausweitete.[517] Hatte sich durch den wachsenden Anteil von Doktorandinnen und Doktoranden an den chinesischen Gästen in den MPI der anfangs kaum beobachtete Brain-Drain schon in der zweiten Hälfte der 1980er Jahre bemerkbar gemacht, so wurde er nach den Tiananmen-Ereignissen zur Herausforderung. Die jungen Leute blieben zwar nach Ablauf ihrer Stipendien meist nicht in Deutschland, aber sie suchten sich verstärkt Anschlusspositionen in den USA.[518] Von denjenigen, die gleich in den USA promoviert hatten, blieben noch mehr dort. Erstmals sank auch die Rückkehrquote aus Japan: Waren 1988 noch 90 Prozent der erwarteten Hochschulabsolvent/innen nach China zurückgereist, so waren es 1989 nur 10 Prozent; die japanischen Unternehmen nutzten die Gunst der Stunde, den in ihrem Land ausgebildeten natur- und ingenieurwissenschaftlich ausgebildeten chinesischen Nachwuchs für sich zu rekrutieren.[519] Hingegen geriet die CAS »in immer größere Bedrängnis, qualifizierte Bewerber für Führungspositionen zu finden«; inzwischen sprach man dort bereits von einer »zweiten verlorenen Wissenschaftlergeneration«.[520]

Dennoch waren die Tiananmen-Ereignisse und ihre unmittelbaren Folgen für den wissenschaftlichen Austausch Chinas mit der westlichen Welt kein Anlass für DENG Xiaoping, der als Vorsitzender des Ständigen Ausschusses des KPC-Politbüros das gewaltförmige Krisenmanagement verantwortete und noch bis in die frühen 1990er Jahre als fast neunzigjährige graue Eminenz die Fäden in der Hand hielt, die Reform- und Öffnungspolitik zurückzunehmen. Doktoranden- und Austauschprogramme zu stoppen, stand nicht zur Debatte.[521] Die Akademie musste sich andere Mittel ausdenken, um den Brain-Drain zu regulieren, ohne die noch kaum gebahnten Wege zur Mobilisierung, Effizienzsteigerung und internationalen Konkurrenzfähigkeit des chinesischen Wissenschaftssystems

517 Bullock, Effects of Tiananmen, 1991, 621; Spielmann an Bullock am 27.11.1990, AMPG, II. Abt., Rep. 70, Nr. 291, fol. 162–163, womit sie Bullocks Textpassagen, die auf den Interviews mit ihr und Nickel basierten, freigab – mit kleineren formalen Korrekturen, die aber wegen Terminüberschreitung nicht mehr in die Druckfassung eingearbeitet wurden.

518 Vermerk Peter vom 22.11.1994 (Protokoll des Kolloquiums zum 20-jährigen Jubiläum des MPG-CAS-Abkommens), AMPG, II. Abt., Rep. 70, Nr. 219, fol. 212.

519 Bullock, Effects of Tiananmen, 1991, 625.

520 Mann (Botschaft Peking) an AA am 8.2.1991 (3–4), AMPG, II. Abt., Rep. 70, Nr. 291, fol. 97–98. Laut Jahresbericht Forschung und Technologie VR China 1995/96 der deutschen Botschaft vom 2.1.1997 waren von den seit Beginn der 1980er Jahre ins Ausland gegangenen 230.000 Studenten bis zu diesem Zeitpunkt nur 75.000 zurückgekehrt, AMPG, II. Abt., Rep. 70, Nr. 150, fol. 185.

521 Vogel, *Deng Xiaoping*, 2011, 643–644.

wieder zu versperren. Sie musste ihre Attraktivität für den eigenen – international konkurrenzfähigen – wissenschaftlichen Nachwuchs stärken. Dabei durfte sie weder mit politischer Liberalisierung locken, die gerade erst wieder ins Reich der Utopie verbannt worden war, noch das eiserne Reisschälchen aus der Rumpelkammer holen. Sie musste sich mit genuin wissenschaftlichen und ökonomischen Anreizen begnügen, die sie in der Folge in jener meritokratischen Weise kombinierte, wie sie im Westen funktionierte und die dem umworbenen auslandserfahrenen Nachwuchs bekannt war. Diese Anreize wurden aber auf chinesische Verhältnisse zugeschnitten und knüpften dabei an kulturhistorische Erinnerungen an das jahrtausendelang praktizierte und erst 1905 abgeschaffte Beamtenprüfungssystem an.

Ausschließlich wissenschaftliche Qualifikation, nicht politische Wohlgefälligkeit oder Seniorität sollte den Ausschlag bei Berufungen geben, zumal wegen der Kulturrevolution die mittleren Jahrgänge des hinreichend qualifizierten wissenschaftlichen Personals fehlten. Auch deshalb wurde das Mindestalter für die Ernennung von *Associate Professors* (bisher 35 Jahre) und Professoren (bisher 45 Jahre) aufgehoben; schon 1991 war der jüngste Professor der CAS nur 29 Jahre alt. Alle zwei Jahre wurden fortan die besten Nachwuchswissenschaftler/innen individuell ausgezeichnet und unter anderem mit der Zuweisung von Wohnraum und besseren Reisemöglichkeiten belohnt; im Jahr 1990 gab es 19 auf diese Weise Geförderte. Darüber hinaus verfügte der CAS-Präsident nun über einen Fonds, um begabte Graduierte direkt zu fördern. Die Zeche zahlten die Älteren, die die Kooperationsprojekte auf chinesischer Seite entwickelt hatten und leiteten, denen aber keine Auslandsreisen mehr finanziert wurden, sobald sie die Altersgrenze von 50 oder 55 Jahren überschritten hatten. Die Zahl der »offenen Labore« mit ihren befristeten und projektgebundenen Anstellungsverhältnissen wurde weiter erhöht; 1991 waren es bereits 85, 1996 rund 100 und 150 weitere waren geplant. Die Finanzierung von Forschungsprogrammen und -projekten als fortan wachsender Teil der Institutsbudgets sollte einem strikten Wettbewerbsverfahren unterliegen.[522] Der »Politik der offenen Tür«, der beruflichen Freizügigkeit, wie sie die CAS verfolgen wollte, wurde allerdings von der Staatlichen Erziehungskommission immer noch Grenzen gezogen. Vielleicht lag es an der Intervention dieser Behörde, dass die CAS-Institute auch weiterhin Verlängerungsanträge ihrer Wissenschaftler/innen im Ausland ablehnten und von ihren Ausreisenden eine »notarielle Bestätigung ihrer Rückkehrwilligkeit«

522 Mann (Botschaft Peking) an AA am 8.2.1991, AMPG, II. Abt., Rep. 70, Nr. 291, fol. 95–100. Der Wissenschaftsreferent protokollierte mit diesem Maßnahmenkatalog die Ausführungen des CAS-Sprechers bei einer Unterredung am 6.2.1991 im Anschluss an die CAS-Jahrestagung 15.–18.1.1991. Zu den offenen Laboren siehe auch: Niederschrift über die Sitzung des MPG/DFG-China-Koordinierungsausschusses (CKA) vom 15.2.1995, AMPG, II. Abt., Rep. 70, Nr. 219, fol. 157 und Bericht Peter (MPG) vom 10.5.1996 über die Chinareise 1.–11.4.1996, ebd., fol. 6. Zur Höchstaltersgrenze: Kühner an Walther (MPI für Quantenoptik) u. a. am 7.10.1994, AMPG, II. Abt., Rep. 70, Nr. 121, fol. 272.

oder aber eine »Abstandszahlung« verlangten.[523] Zudem machte die chinesische Botschaft in Bonn Druck auf die deutschen Behörden, chinesischen Studierenden und Wissenschaftler/innen nach Ablauf ihrer Stipendien keine mit einer Arbeitserlaubnis verbundene Aufenthaltsbefugnis aus humanitären Gründen mehr zu gewähren. Ihre eigenen Staatsangehörigen zwang die Botschaft, von sich aus diesen privilegierten Aufenthaltsstatus aufzugeben, wenn sie ihre Pässe verlängern oder etwa ein neugeborenes Kind anmelden wollten; den Betroffenen blieb nur die Wahl, entweder unverzüglich nach China zurückzukehren oder in Deutschland politisches Asyl zu beantragen.[524]

Der Erfolg all dieser Maßnahmen von Zuckerbrot bis Peitsche schlug nicht unmittelbar durch. Daher erwartete die MPG anlässlich des 20-jährigen Jubiläums der Kooperation mit der CAS im Herbst 1994, das seitens der MPG-Leitung wegen politischer Bedenken von einem Staatsakt im Berliner Reichstag, wie ihn die CAS bevorzugt hätte, auf einen akademischen Festakt in München heruntergestuft worden war, eine unangenehme Diskussion über die »mangelnde Rückkehrwilligkeit der Wissenschaftler«. Darauf jedenfalls bereitete der Chinareferent Kühner die deutschen Teilnehmer im abschließenden Round-Table-Gespräch mit den chinesischen Kollegen in Martinsried vor:

> Hier gibt es aus meiner Sicht keine einfache Lösung. Administrativer Zwang scheidet aus, der einzig praktikable Ansatz scheint darin zu liegen, durch Partnerschaften, gemeinsame Projekte, Nachwuchsgruppen und ähnliches die Attraktivität einer Rückkehr nach China zu erhöhen.[525]

Diese wissenschaftspolitische Konstellation in China war der Hintergrund, vor dem Uli Schwarz' Vorschlag aus den späten 1980er Jahren, das Gästelabor in

523 Kühner an Walther (MPI für Quantenoptik) u. a. am 7.10.1994, AMPG, II. Abt., Rep. 70, Nr. 121, fol. 272; Niederschrift CKA vom 15.2.1995, AMPG, II. Abt., Rep. 70, Nr. 219, fol. 163.

524 Wenke, Streit um Aufenthaltsbefugnis, *Frankfurter Rundschau*, 11.10.1994.

525 Kühner an Walther (MPI für Quantenoptik, CKA-Vorsitzender), Ziegler (Senckenberg-Museum), Trümper (MPI extraterrestrische Physik) und Schwarz (MPI für Entwicklungsbiologie) am 7.10.1994, AMPG, II. Abt., Rep. 70, Nr. 121, fol. 270–278, Zitate: fol. 273. Vermerk Kühner vom 22.4.1994, ebd., fol. 361; Programm für den 14.10.1994, ebd., fol. 291; Vermerk Kühner (Ablaufplanung) vom 10.8.1994, ebd., fol. 352–353. Die Herabstufung des Festaktes ist auf einem mit umfänglichen Marginalien von Marsch (Leiter Abt. I), Generalsekretär Ranft und Zacher versehenen Vermerk Nickels vom 2.11.1993 (ebd., fol. 375–377) dokumentiert. Ranft meinte, dass ein Staatsakt nicht in die politische Landschaft passe, und scheute die Abstimmung mit dem BMFT und dem AA; Marsch widerstrebte, dass mit einem solchen Festakt die Zusammenarbeit mit China gegenüber anderen wichtigeren Ländern wie den USA zu sehr in den Vordergrund gerückt würde. Überhaupt würde hier ein Vertrag, den es eigentlich nicht brauchen sollte, und die schwierige Partnerschaft gefeiert, während die funktionierenden vertragslosen Partnerschaften nicht erwähnt würden. Zacher zog München, von wo aus die China-Kooperation 20 Jahre lang bestritten worden war, der Hauptstadt des wiedervereinigten Deutschlands als Veranstaltungsort vor.

Shanghai mit Nachwuchsgruppen anzureichern, wieder aufgegriffen wurde. Wie auch an den deutschen MPI, sollten sie zunächst auf drei Jahre und nach einer Evaluation auf insgesamt fünf Jahre befristet werden. Um sie vor allem auch für Auslandschinesen attraktiv zu machen, wurde das von der CAS gezahlte reguläre Monatsgehalt von 1.500 Renminbi (300 DM) von der MPG um einen für Inlandschinesen atemberaubenden fünffachen monatlichen Zuschuss (7.500 Renminbi/1.500 DM) aufgestockt; weitere 1.500 DM standen der Gruppenleitung monatlich zu Verfügung, um auch die Gehälter der Gruppenmitglieder aufzubessern; für Geräte und Materialien gab es jährlich 75.000 DM ebenfalls von der MPG.[526] Hier wurde, so muss man es wohl sehen, geklotzt und nicht gekleckert. Die CAS ließ sich zugunsten ihrer Konkurrenzfähigkeit auf dem internationalen Bietermarkt für hochqualifizierte chinesische Nachwuchskräfte auf diese Unwucht in ihrem Sozialgefüge ein.[527] Gemeinsam mit der MPG und mit Blick auf das bevorstehende Jubiläum hatte man Anfang 1994, was bis dato für die CAS und das ganze chinesische Wissenschaftssystem undenkbar war, zwei Gruppenleiterstellen international, unter anderem in *Science*, *Nature*, *China Daily* und *Chinese Science News* ausgeschrieben; bewerben durften sich Chinesinnen und Chinesen aus dem In- und Ausland. Einige Dutzend Bewerbungen aus den USA, Kanada, Großbritannien, Schweden und China gingen ein. Eine von den beiden Präsidenten der CAS und der MPG berufene deutsch-chinesische Kommission – auch das eine Innovation für die chinesische Seite – lud zunächst eine Gruppe von fünf Postdocs nach Shanghai zu bis dahin ebenfalls in China unbekannten öffentlichen Hearings. Dass die chinesischen Partner in schwierigen Verhandlungen »mehrfach über ihren Schatten gesprungen sind« und sich am Ende auf diese für sie neuartigen Prozeduren und den damit verbundenen Kontrollverlust einließen, verdankte sich ihrer personalpolitischen Zwangslage infolge der Öffnungspolitik und der gleichzeitigen Absage an politische Liberalisierung.[528]

526 Vermerk für den Präsidenten zur Senatssitzung am 19.10.1994, AMPG, II. Abt., Rep. 70, Nr. 121, fol. 267. Niederschrift Sitzung des gemeinsamen deutsch-chinesischen Ausschusses zur Auswahl des Leiters der zweiten Nachwuchsgruppe am Institut für Zellbiologie, Shanghai vom 9.4.1996, AMPG, II. Abt., Rep. 70, Nr. 219, fol. 12. Unter den insgesamt 11 bis 2018 berufenen Nachwuchsgruppenleitern ist tatsächlich mit der deutschen Molekularbiologin Frauke Gräter, heute Universität Heidelberg, nur eine Frau; von ihren zehn Kollegen stammen neun aus China und einer aus Russland; schriftliche Mitteilung von Sabine Panglung (MPG-GV) an CS vom 17.7.2020. Nähere Informationen zu den Gruppen finden sich in den beiden Jubiläumsheften des Bulletin of Chinese Academy of Science: Networking for Scientific Excellence (2004, 2/18) und Networking for Science (2014, 2/28).

527 Wie diese Unwucht intern gemanagt wurde, darüber geben die deutschen Quellen keine Auskunft.

528 Spielmann, Nachwuchsgruppen, 1997, 35 (Zitat). Ähnlich schon Schwarz in seinem Bericht im CKA (Niederschrift CKA Sitzung vom 15.2.1995, AMPG, II. Abt., Rep. 70, Nr. 219, fol. 155–170).

Die Auswahlkommission entschied sich schließlich für den Biochemiker und Suchtforscher PEI Gang, der 1991 in Chapel Hill (NC, USA) promoviert hatte und seither als Postdoc am *Duke University Medical Center* zu Opiumrezeptoren forschte. 1953 in eine Akademikerfamilie geboren, war er – was weder in den PR-Meldungen der MPG noch in ihren Akten auch nur angedeutet wird – eine ebenso perfekte wie wohl seltene Widerlegung der Rede von der ersten »verlorenen Wissenschaftlergeneration«. Ein überzeugter Rotgardist der ersten Stunde, hatte er während der Kulturevolution auf Reisfeldern und in Werkzeugfabriken gearbeitet, sich nebenher im Selbststudium in Sprachen und Naturwissenschaften weitergebildet und, sobald die Universitäten 1976 wieder öffneten, sein Pharmaziestudium begonnen; noch als Student trat er in die KP ein, der er bis heute angehört. Ans Studium schloss er 1986 einen Gastaufenthalt am Karolinska-Institut in Stockholm an und ging anschließend in die USA.[529] Ob er sich dort mit seinen Kommilitoninnen und Kommilitonen auf dem Tiananmen solidarisierte, ist nicht bekannt. 1994 jedenfalls las er das Stellenangebot, das ihm, wie er im Interview für den *MPG-Spiegel* 1997 erzählte, wie gemacht für ihn erschien:

> Natürlich wollte ich immer nach China zurückkehren, weil ich Chinese bin und China meine Heimat ist. Aber ich wollte es nie tun, nur um des Zurückkehrens willen, sondern um in China etwas zu bewegen. Als ich die Anzeige in *Science* entdeckte, traute ich meinen Augen nicht. Dort war eine Stelle ausgeschrieben, die mir beides ermöglichte: Zurückzukehren und etwas in Bewegung zu setzen.[530]

Und das tat er. Anders als manche seiner Mitbewerber ließ PEI sich nicht abschrecken von den Friktionen und Verzögerungen, die sich bei der strukturellen Integration dieses fremdartigen Modells einer zeitlich befristeten, großenteils MPG-finanzierten und inhaltlich selbständig arbeitenden Forschungsgruppe in das chinesische Wissenschafts-, Arbeits- und Sozialsystem ergaben und die die Eröffnung pünktlich zum Jubiläum des MPG-Chinaprogramms im Herbst 1994 vermasselten.[531] Ab 1995 baute er zügig sein *Laboratory of Receptive Biology* mit zehn Personen, darunter je vier Prae- und Postdocs, auf, heimste schon im ersten Jahr zwei chinesische Nachwuchsförderpreise ein und übernahm 2000 im Anschluss an seine Nachwuchsgruppe die Leitung der in den *Shanghai Institutes for Biological Sciences* zusammengefassten regionalen biowissenschaftlichen Akademieinstitute. 2007 wurde er Präsident der Tongji-Universität und ver-

529 Berg, Professor Rastlos, *Berliner Zeitung*, 8.11.2010; Wikipedia, Pei Gang, https://de.wikipedia.org/w/index.php?title=Pei_Gang&oldid=221643011, zuletzt aufgerufen am 30.7.2020.

530 Spielmann, Nachwuchsgruppen, 1997, 36.

531 Kühner an Walther u.a. am 7.10.1994 Anlage, 7, AMPG, II. Abt., Rep. 70, Nr. 121. Schwarz berichtete dem CKA ausführlich über die Probleme infolge der Befristung, die von der Sozialversicherung über die Wohnungszuweisung, die sich sehr lang hinzog, bis zum Promotionsrecht reichten: Niederschrift CKA-Sitzung vom 15.2.1995, AMPG, II. Abt., Rep. 70, Nr. 219, fol. 162.

suchte dort, seiner Vision von einer Verknüpfung von Kommunismus, Demokratie, wissenschaftlicher Autonomie und Kreativität gerecht zu werden, was ihm als Regierungsberater, der er auch war, wohl weniger gelang. Als Universitätspräsident konnte er »guten Professoren« »Top-Gehälter« bieten, ärgerte sich aber über »den Eigennutz von Studenten«, die sich von einem Tongji-Abschluss nur ein »tolles Gehalt« versprächen, und wollte mit dem verbreiteten »Abkupfern, Fälschen, Betrügen« zuallererst in der Hochschule aufräumen.[532]

Bei seinem zehn Jahre jüngeren Kollegen, dem Molekulargenetiker HU Gengxi, der 1996 für die zweite Nachwuchsgruppenleitung ausgewählt wurde, wäre er mit diesem Anliegen nur bedingt auf Verständnis gestoßen. HU konnte ohne kulturrevolutionäre Verzögerungen sein Studium zuhause beginnen, ging mit seinem *Master Degree* ans Massachusetts Institute of Technology (MIT) und ließ sich 1996 vom MPG/CAS-Angebot nach Shanghai locken. Er nutzte sein *Laboratory of Genome Stability and Modification* als Start-up und gründete 2000, also noch in dessen MPG-Förderperiode, die Firma *Health Digit*, die schon bald westliche Pharmaunternehmen das Fürchten lehrte. Sie produzierte anfangs mit rund 300 Beschäftigten Proteinchips und Diagnoseapparate unter anderem zum Krebsscreening und machte rasch Millionenumsätze. Beim »Biotechnologie-Treffen«, dem ersten derartigen Alumni-Treffen des DAAD 2004 in Shanghai, mit dem die entstandenen Netzwerke gefestigt werden sollten, präsentierte HU sein Unternehmen mit entsprechendem Werbematerial. In jeder seiner Hochglanzbroschüren, so der Berichterstatter der *FAZ*, witterte die anwesende westliche Konkurrenz Patentverletzungen, etwa in der Verwendung von zwölf Tumormarkern, die weltweit außer in China geschützt waren. Dass HU nun auch noch ins Ausland expandieren wollte, erboste den Leiter des Medizinischen Proteom-Center der Universität Bochum, Thomas Meyer, vollends:

> Wenn dies das Ergebnis unserer Zusammenarbeit ist, muß man schon sagen: So haben wir uns das nicht vorgestellt.[533]

HU ist heute Chairman der Zhejiang Wolwo Bio-Pharmaceutical Company Limited und rangierte 2020 mit seiner Familie dank der Einnahmen aus mehreren

532 So wird er von Berg (Professor Rastlos, *Berliner Zeitung*, 8.11.2010) zitiert, die in ihm schon den nächsten Wissenschaftsminister sah; PEI zog sich allerdings 2016 im Alter von nur 63 aus allen Ämtern zurück, kurz nachdem er zusammen mit der DAAD-Präsidentin Margret Wintermantel an der Tongji-Universität die größte deutschsprachige Bibliothek Asiens eröffnet hatte: Ausbau des deutsch-chinesischen Netzwerks in der Biotechnologie, *Innovations Report*, https://www.innovations-report.de/fachgebiete/biowissenschaften-chemie/ausbau-deutsch-chinesischen-netzwerks-biotechnologie-161496/, zuletzt aufgerufen am 31.7.2020. Vgl. auch PEI Gang – Portrait, 2004.

533 Zitiert nach: Müller-Jung, Pendler, Promotionen, Plagiate, *Frankfurter Allgemeine Zeitung*, 12.5.2004. Ausbau des deutsch-chinesischen Netzwerks in der Biotechnologie, *Innovations Report*, https://www.innovations-report.de/fachgebiete/biowissenschaften-chemie/ausbau-deutsch-chinesischen-netzwerks-biotechnologie-161496/, zuletzt aufgerufen am 31.7.2020.

Biotech-Unternehmen auf Platz 1.613 von weltweit 2.095 Milliardären auf der Forbes-Liste.[534]

Die CAS ebenso wie die MPG lasen beide Karrieren als Erfolgsgeschichten, die es rechtfertigten, das Modell Nachwuchsgruppe auch in China in Serie gehen zu lassen. Erst noch am Akademieinstitut für Biochemie und Zellbiologie, danach am neu gegründeten *CAS-MPG Partner Institute for Computational Biology* (PICB) liefen bis 2018 ständig zwei, zeitweilig auch drei, wie sie dann hießen, Max Planck-CAS Research Groups. Der Versuch, das Modell auch im Zoologischen Institut Kunming mit seinem Schwerpunkt auf Biodiversitäts- und Ökosystemforschung zu etablieren, musste nach der ersten 2002/03 gestarteten Runde wegen eines politisch bedingten Wechsels in der Leitung und der inhaltlichen Ausrichtung des Instituts abgebrochen werden. Die letzte von XU Shuhua in Shanghai geleitete *Population Genomics Group* wurde 2018 als reguläre Forschungsgruppe ins PICB integriert, wo XU dann auch als Direktionsassistent fungierte.[535]

Bereits 1996 richtete die CAS im Rahmen ihrer andauernden Strukturreform und in alleiniger Regie zwanzig Nachwuchsgruppen ein; 1997 sollten weitere zwanzig und bis zur Millenniumswende noch einmal mindestens sechzig folgen. Sie wurden vorzugsweise an die »offenen Labore« und die etwas später eingerichteten Forschungszentren für Biowissenschaften in Shanghai und für Geowissenschaften in Beijing angedockt. Dort sollte stärker als an den konventionellen Akademieinstituten interdisziplinär geforscht werden, auch boten die Forschungszentren den Landsleuten im Ausland Laborplätze für die Semesterferien an.[536] Inwieweit sie tatsächlich dem Max-Planck-Modell folg-

534 Forbes, Billionaires, https://www.forbes.com/consent/?toURL=https://www.forbes.com/billionaires/, zuletzt aufgerufen am 30.7.2020. Zur Personalie HU siehe auch: Niederschrift Sitzung des gemeinsamen deutsch-chinesischen Ausschusses zur Auswahl des Leiters der zweiten Nachwuchsgruppe […] vom 9.4.1996, AMPG, II. Abt., Rep. 70, Nr. 219, fol. 11–14. Vgl. auch HU Genxi – Portrait, 2004.

535 Schriftliche Mitteilungen von Panglung an CS am 17.7.2020 und von Spielmann an CS am 16.7.2020. Population Genomics, PGG, https://www.picb.ac.cn/PGG/; CAS-MPG Partner Institute for Computational Biology, About Us, https://www.picb.ac.cn/picben/#/channelData/e9366501bbb94bfaaaac94c906be1a52, beide Links zuletzt aufgerufen am 31.7.2020. Vgl. auch den Forschungsbericht der von XU geleiteten Max Planck-CAS Research Group in: 40th Anniversary of CAS-MPG Partnership, Special Issue – Bulletin of Chinese Academy of Sciences, vol. 28, No. 2, 2014, 188–191. Die vertragliche Bindung der MPG an das PICB endete im Dezember 2020: https://www.mpg.de/15290773/china-historie, zuletzt aufgerufen am 19.8.2022.

536 Vermerk Lange-Gao vom 12.10.1995 über Chinareise von Krull und Lange-Gao, AMPG, II. Abt., Rep. 70, Nr. 218, fol. 5; Vermerk Peter vom 22.11.1994 betr. Kolloquium am 10.10.1994, AMPG, II. Abt., Rep. 70, Nr. 219, fol. 215–216; Niederschrift CKA-Sitzung vom 15.2.1995, ebd., fol. 162; Bericht Peter vom 10.5.1996 über die Chinareise der MPG/DFG-Delegation 1.–11.4.1996, ebd., fol. 8; Vermerk Spielmann vom 11.3.1997, Vorschläge zur zukünftigen Gestaltung der Beziehungen zwischen MPG und CAS, AMPG, II. Abt., Rep. 70, Nr. 271, fol. 303; Bericht Spielmann 5.11.1997 über die Chinareise des Präsidenten 6.–11.10.1997, AMPG, II. Abt., Rep. 70, Nr. 150, fol. 9, 11.

ten – etwa beim Auswahlverfahren, bei der Bezahlung weit jenseits der üblichen chinesischen Gehaltsskala, aber vor allem bei den Handlungsspielräumen der Gruppenleitung –, wäre in den Archiven der CAS zu prüfen. Erst dann ließe sich feststellen, ob dieses Instrument einer transnationalen Nachwuchsförderung tatsächlich zum Hierarchieabbau in den Strukturen wissenschaftlichen Arbeitens der CAS – was von vielen Chinareisenden der MPG bis in die 1980er Jahre hinein als überfällig beschrieben worden war – beigetragen hat.

Bleibt noch die Frage zu klären, wem und wofür das Gästelabor und die Nachwuchsgruppen, also die beiden in der Zusammenarbeit von MPG und CAS bis dahin originären Instrumente bilateraler wissenschaftlicher Kooperation, als Modell dienten. Anlässlich der Bonner Festveranstaltung zum 20-jährigen Jubiläum des WTZ-Abkommens zwischen der Bundesrepublik und der VR China 1998 warb der inzwischen emeritierte CAS-Präsident ZHOU Guangzhao nachdrücklich um die Rückkehr der im Publikum versammelten jungen chinesischen Austauschwissenschaftler und betonte – vordergründig an die deutschen Gastgeber gerichtet – die Vorbildfunktion der MPG für die »gegenwärtig vertieft durchgeführten« Strukturreformen in der CAS. Dabei orientiere man sich an dem, was den Erfolg der MPG ausmache, nämlich dass »sie ununterbrochen Altes abstößt, Neues anstrebt und dabei die Kreativität ihrer Wissenschaftler zu bewahren sucht«. Die Nachwuchsbildung sowie die Personalauswahlverfahren, Evaluierungen und die Befristung von Anstellungsverträgen werde man adaptieren; »größeren Freiraum« wolle man denjenigen gewähren, »die sich mit der Grundlagenforschung beschäftigen«, um ihre »Initiative und Kreativität zu wecken«. Junge Wissenschaftler aus dem Ausland werde man bei Einkommen und Lebensbedingungen bevorzugen, damit sie »auf chinesischem Boden Fuß fassen können und die Wissenschaft und Technik in China [...] auf ihrem Weg in die Internationalität voranbringen«.[537]

In zwei Dingen aber folgte die CAS der MPG nicht: Mit ihrer permanenten Strukturreform ging es ihr zu keinem Zeitpunkt um die Konzentration ihres Geschäftsfeldes auf Grundlagenforschung. Stattdessen war das Ziel stets, wie ZHOU auch 1998 wieder betonte, die Optimierung der »Verbindung zwischen Wissenschaft, Technik und Wirtschaft«, sei es durch mehr Auftragsforschung an den Akademieinstituten, sei es durch die neuerliche Gründung eigener innovativer Betriebe, mit denen die chinesische Gesellschaft dafür gewonnen werden sollte, mehr Geld in die Forschung einschließlich der Grundlagenforschung zu investieren. Allerdings wollte ZHOU – und das war der zweite Differenzpunkt – bei der Umstrukturierung des chinesischen Wissenschaftssystems nicht so radikal vorgehen, wie er es 1991 bei seinem Besuch in den neuen Bundesländern beobachtet hatte. Dort sei die westdeutsche Wissenschaftspolitik unter maßgeblicher Beteiligung der MPG vor »schmerzvollen Einschnitten« nicht zurückgeschreckt, gepaart mit hohen Investitionen und dem Transfer von ge-

537 Ansprache ZHOU vom 1.10.1998 zur Festveranstaltung in Bonn, AMPG, II. Abt., Rep. 70, Nr. 121, fol. 177–179 verso (Zitate fol. 178–179).

schultem westdeutschen Personal. Für China sei es »nicht möglich, die deutsche Vorgehensweise einfach zu übernehmen«.[538]

Indessen war der Lernprozess, der mit der Installierung und langjährigen Weiterführung von Nachwuchsgruppen einherging, spätestens nach 1989 keine Einbahnstraße mehr von der westeuropäischen Wirtschafts- und Wissenschaftsmacht ins ostasiatische Entwicklungsland, als das sich China immer noch gern selbst bezeichnete.[539] Vielmehr näherten sich die Positionen von MPG und CAS an: zwar nicht unbedingt auf dem Feld der internationalen Politik, wohl aber auf dem wissenschaftlichen Arbeitsmarkt, der sich seit dem Zusammenbruch des Sowjetregimes und der Auflösung des Ostblocks zunehmend globalisierte. Nicht nur die CAS hatte Sorge, ihre im Ausland ausgebildeten Wissenschaftlerinnen und Wissenschaftler zurückzugewinnen, auch für die MPG war die Mobilität dieser gemeinsam ausgebildeten Spitzengruppe des chinesischen Wissenschaftsnachwuchses so etwas wie der Kompass zur Lokalisierung des eigenen Standorts auf diesem Markt. So wies MPG-Präsident Markl auf der genannten Bonner Festveranstaltung 1998 – wie schon Festredner früherer Jubiläen – mit Genugtuung darauf hin, dass etwa ein Drittel der Leitungspositionen in der CAS mit Wissenschaftlern besetzt seien, die in Deutschland ausgebildet worden seien und die jetzt die Basis bildeten, »die letztlich auch die wirtschaftliche Entwicklung beider Länder nachhaltig positiv beeinflusst«. Mit dem nächsten Satz aber schüttete er Essig in den festlichen Wein:

> [...] so beobachten wir nicht ohne Sorge, daß es unseren chinesischen Partnern immer schwerer fällt, Studenten und Wissenschaftler für ein Studium oder einen Forschungsaufenthalt in Deutschland zu gewinnen. Die enorme Anziehungskraft der Vereinigten Staaten bedeutet für uns eine außerordentliche Konkurrenz.[540]

Gegen diesen mächtigen Konkurrenten im Wettstreit um die schlauesten Köpfe in China und anderswo standen die MPG und die CAS inzwischen Seit an Seit. Mehr noch, beide konnten in China die Instrumente erproben, mit denen sie in

538 Mit »Marschällen« und »Generälen« ins 21. Jahrhundert? Fragen an den Präsidenten der Chinesischen Akademie der Wissenschaften, in: *MPG-Spiegel* 5/1994, 45–48, 47 (Zitate); das Interview mit ZHOU Guangzhao konzipierte und übersetzte Barbara Spielmann (Interview ZHOU [Spielmann] im Herbst 1994). Vgl. auch Vermerk Spielmann o. D. zur Chinareise des MPG-Präsidenten Markl 6.–11.10.1997, AMPG, II. Abt., Rep. 70, Nr. 150, fol. 207: ZHOU machte 1991 »keinen Hehl daraus, daß für ihn der radikale Umwälzungsprozeß in Ostdeutschland und besonders das Tempo, das dabei vorgelegt wurde, kein Modell für die Umstrukturierung in China sein kann«.

539 So auch der ehemalige CAS-Präsident ZHOU in seiner Ansprache zum 20-jährigen Jubiläum des sinodeutschen WTZ-Abkommens am 1.10.1998, AMPG, II. Abt., Rep. 70, Nr. 121, fol. 177–179 verso.

540 Ansprache Markl vom 1.10.1998 zur Festveranstaltung in Bonn, ebd., fol. 39–50 (Zitate: fol. 44). Spielmann an Bandel (BMFT) am 28.8.1991, AMPG, II. Abt., Rep. 70, Nr. 291, fol. 72–74. Bericht Spielmann vom 5.11.1997 über die Chinareise des Präsidenten 6.–11.10.1997, AMPG, II. Abt., Rep. 70, Nr. 150, fol. 1–12.

einem globalisierten Wissenschaftsbetrieb zukünftig zu bestehen hofften. All jene Instrumente, die heute die internationale wissenschaftliche Kooperation der MPG vor allem auch jenseits Europas kennzeichnen – bilaterale Nachwuchsgruppen, später dann Partnergruppen an ausländischen Forschungseinrichtungen, zuletzt Partnerinstitute in anderen Ländern –, wurden zuerst in China, an chinesischen Forschungsinstituten, mit chinesischen (Nachwuchs-) Wissenschaftlerinnen und Wissenschaftlern erprobt. In der Zusammenarbeit mit der CAS bahnte sich die MPG ihren forschungspolitischen Weg in die globalisierte Zukunft (→ 5).

Was 1974 als *Science for Diplomacy* begann – plus *Economy*, wie hinzuzufügen wäre – und in seinen Anfangsjahren eher Entwicklungshilfe denn wissenschaftlich-technische Zusammenarbeit war, befand sich nach etwa zweieinhalb Jahrzehnten »in einer Phase der Normalisierung«.[541] Der Austausch mit China näherte sich der in der MPG gepflegten Idealvorstellung von bilateraler wissenschaftlicher Kooperation immer mehr an. Er wurde von einer zunehmend wissenschaftsintrinsischen Dynamik angetrieben und konnte zumindest auf deutscher Seite mit wachsender Autonomie gegenüber außenpolitischen Vorgaben gehandhabt werden. Dass das für die chinesische Seite keineswegs in gleichem Maße der Fall war, lassen die hier herangezogenen, ausschließlich deutschen Quellen durchaus anklingen, kann aber allein damit nicht annähernd konkretisiert werden. Festzuhalten bleibt, dass die MPG zu der verblüffend rasch erreichten internationalen Anschlussfähigkeit der chinesischen Naturwissenschaften erheblich beigetragen hat. Eine politische Liberalisierung, geschweige denn Demokratisierung in China beförderten allerdings weder die MPG noch die anderen westlichen Wissenschaftsorganisationen. Das vermochte auch nicht der Aufstieg der (Natur-)Wissenschaften als solcher. Wenn es noch irgendeines Beweises bedürfte, dass moderne Wissenschaften sich mit jedem politischen System arrangieren können, sofern sich dieses die Prinzipien wissenschaftsgestützter Modernisierung zu eigen macht und universale methodische Standards wissenschaftlicher Forschung akzeptiert, dann ist er in China zu finden. Und mehr noch: dass Wissenschaftsorganisationen – selbst solche, deren Portfolio sich auf Grundlagenforschung beschränkt – sehr gut auf beiden politischen Klaviaturen von demokratischer und autoritärer Herrschaft zugleich spielen können, davon zeugt die hocheffiziente Zusammenarbeit der MPG mit der CAS.

541 Vermerk Spielmann, Vorschläge zur zukünftigen Gestaltung der Beziehungen zwischen MPG und CAS vom 11.43.1997, AMPG, II. Abt., Rep. 70, Nr. 271, fol. 303. Zum wissenschaftlichen Fortschritt in China vgl. den »Jahresbericht Forschung und Technologie VR China 1995/96« der deutschen Botschaft vom 2.1.1997, AMPG, II. Abt., Rep. 70, Nr. 150, fol. 180–189.

3.5 Auslandsbeziehungen im Vergleich

Was lässt sich anhand dieser vier Fallstudien zum Umgang der MPG mit besonderen außenpolitisch induzierten Problemlagen und zu ihrer Rolle in der Außenwissenschaftspolitik der Bundesrepublik aussagen? Welche historischen Kontinuitäten und Zäsuren lassen sich feststellen und was sagen sie uns über Konstanz und Wandel der MPG als Akteurin auf dem Feld der internationalen Politik?

Starten wir mit den Ähnlichkeiten: Alle hier betrachteten Fälle bilateraler wissenschaftlicher Beziehungen waren – daher die Auswahl – in erheblicher Weise von außenpolitischen Interessen geprägt. Diese rührten durchweg aus den historischen und geopolitischen Konstellationen, in denen sich die beteiligten Nationalstaaten am Ende des Zweiten Weltkriegs und im anschließenden Kalten Krieg der Blöcke wiederfanden und die den Grundton ihres bilateralen Verhältnisses zueinander vorgaben. Demgegenüber befleißigte sich die MPG als institutioneller Akteur, hier besonders die Generalverwaltung, in der Ausgestaltung der jeweiligen wissenschaftlichen Kooperationsverhältnisse einer betonten politischen Neutralität – um nicht zu sagen: Indifferenz – nach allen Seiten: Sei es gegenüber dem diktatorischen Regime und seinen klerikal-franquistischen Wissenschaftsmilieus in Spanien, sei es gegenüber den sowjetischen und chinesischen Parteidiktaturen. Politische Zurückhaltung pflegte sie auch im Umgang mit Dissident/innen aus diesen Ländern; manche kooperierten mit Max-Planck-Instituten, einzelne baten die MPG vergeblich um offizielle Unterstützung ihrer Anliegen. So neutral sich die MPG gegenüber den politischen Verhältnissen in den jeweiligen Partnerländern verhielt, so pragmatisch ging sie mit dem eigenen, Anfang der 1970er Jahre ausformulierten Credo einer möglichst politikfrei, autonom und flexibel gestalteten Wissenschaftsaußenpolitik um, die allein den epistemisch-intrinsischen Interessen dienen sollte. Beide Haltungen empfahlen sich, wenn im block- und sicherheitspolitisch definierten Hier und Jetzt möglichst viele der gewünschten wissenschaftlichen bilateralen Kooperationen zustande kommen sollten, ungeachtet widriger politischer Verhältnisse.

Im weiteren Verlauf der bilateralen wissenschaftlichen Beziehungen tendierte ihre formale Ausgestaltung in allen hier untersuchten Fällen hin zu einer Normalisierung, sprich zu einem Abbau der außenpolitischen Vorgaben und Rücksichtnahmen. Man versuchte sich auf solche Kooperationsbeziehungen zu konzentrieren, die von den beteiligten Forscher/innen wechselseitig gewünscht wurden, vom institutionellen Aufwand her ausgeglichen waren und wissenschaftlich-kollegial auf Augenhöhe stattfinden konnten. Allerdings setzte diese Tendenz in den untersuchten Fällen zu verschiedenen Zeitpunkten ein, und zwar abhängig von je spezifischen, sich verändernden politischen Zeitläuften und/oder personell-biographischen Kontingenzen.

Das begann mit der römischen Bibliotheca Hertziana, die hier nicht als Pars pro Toto für die sonstigen direkten Kooperationsbeziehungen von MPG-Wissenschaftler/innen zu italienischen Kolleg/innen missverstanden werden darf. Vielmehr zeugte sie als einziges überlebendes Auslandsinstitut der KWG vom Engagement der MPG-Vorgängerin in einem bis ins 19. Jahrhundert zurückreichenden Kulturimperialismus, der mit dem »Dritten Reich« noch immer nicht vollends untergegangen war, aus dem sich die MPG jedoch zurückzuziehen suchte. Im Fall der Hertziana, die nur nach langjährigen diplomatischen Einsätzen auf allen Ebenen an die MPG übergeben wurde, markierte das Forschungsprogramm des ersten Nachkriegsdirektors Mitte der 1950er Jahre diesen Rückzug auf der epistemisch-kunsthistorischen Ebene. Aber erst mit seinem Ausscheiden 1962 konnte die MPG das erste Mal einen Direktor nach ihren eigenen Kriterien wissenschaftlicher Exzellenz berufen – unabhängig von mäzenatischen Auflagen und außenwissenschaftspolitischen Interventionen, sei es des NS-Regimes, sei es der Bundesregierung in Reaktion auf die Siegermächte. Noch bis in die 1970er Jahre hinein verstand sich die römische Hertziana als eine bundesdeutsche Repräsentanz an einem hochsymbolischen Ort des abendländischen Kulturverständnisses. Nur langsam wandelte sie sich in ein Forschungsinstitut, das dem als Grundlagenforschung apostrophierten Wissenschaftsverständnis der MPG entsprach.

Im Fall von Spanien lebte der alte Kulturimperialismus – mit Wohlwollen, aber keinesfalls im Auftrag des Auswärtigen Amtes – als Farce noch einige Jahre in der MPG weiter. In grotesker Verkehrung machte sich das franquistische Regime die überlebten kulturpolitischen Reminiszenzen einiger MPG-Protagonisten, voran des MPG-Präsidenten Butenandt selbst, in den 1960er Jahren zunutze und ließ sich von der MPG ein Stipendienprogramm finanzieren, das ein Jahrzehnt lang einseitig dem spanischen naturwissenschaftlichen Nachwuchs zugutekam. Erst der 1972 neu berufene MPG-Präsident Lüst bestand mit Unterstützung einer reformierten Generalverwaltung auf Reziprozität und Mitsprache bei der Auswahl der Stipendiat/innen und sorgte in einem für die MPG wissenschaftlich bedeutsamen Kooperationsprojekt zugleich dafür, dass spanische Ansprüche auf Reziprozität bei der Nutzung des auf dem Calar Alto installierten Observatoriums auf ein Minimum reduziert wurden.

Auch beim 1974 startenden Chinaprogramm, bei dem die MPG tatsächlich im Auftrag der Bundesregierung und mit erheblichen zusätzlichen Bundesmitteln für einige Jahre die alleinige Federführung für die bundesdeutsche Seite übernahm, spielten kulturpolitische Überlegungen hinein – allerdings in gänzlich anderer Art und Rollenverteilung. Für den staatlichen Auftraggeber stand das außenwirtschaftspolitische Kalkül im Vordergrund, mit wissenschaftlich-technischer Entwicklungshilfe einen neuen Markt für Hightechprodukte *made in Germany* zu erschließen und zukünftige Kunden an westdeutsche Technologien und entsprechendes Knowhow zu binden. Die vergleichsweise geringfügige Beiladung westlich-demokratischer Werte, verpackt in geistes- und sozialwissenschaftliche Projekte, wurde vom chinesischen Adressaten wenn nicht überhaupt verweigert, dann doch ungenutzt entsorgt. Der MPG wiederum bot sich mit der Übernahme dieses Auftrags die einmalige Gelegenheit, den sich gerade erst vorsichtig öffnenden chinesischen Wissenschaftsraum zu erkunden. Mehr noch: In China konnte sie sich – soweit im Kontext einer kommunistischen Parteidiktatur möglich – in eigener Regie positionieren, statt wie in den europäischen Ostblockländern und vor allem der Sowjetunion vom Gängelband der DFG limitiert zu werden. Die Chance, den ursprünglichen, thematisch weit über das eigene Forschungsspektrum hinausgehenden außenwissenschaftspolitischen Auftrag auf die für die MPG und ihre Institute interessanten Bereiche zu reduzieren, sich dabei aber eine privilegierte Position in der Zusammenarbeit mit der dafür bedeutendsten Forschungsinstitution in China – der CAS – zu sichern, eröffnete sich Ende der 1970er Jahre mit der Konsolidierung der Machtposition DENG Xiaopings in China. Dessen neue Wirtschaftspolitik beförderte einen pragmatischeren Umgang mit der Ein-China-Politik und öffnete den chinesischen Wissenschaftsraum für weitere bundesdeutsche Akteure wie die Fraunhofer-Gesellschaft, den DAAD und die DFG, trotz deren anhaltender, zuvor prohibitiver Engagements in Taiwan. Diese neue innenpolitische Machtkonstellation und die damit verknüpfte größere außenpolitische Geschmeidigkeit der chinesischen Seite erlaubte der MPG den Rückzug auf die von ihr präferierten Forschungsfelder, ohne die gewonnene Selbständigkeit als außenwissenschaftspolitische Pionierin der Bundesrepublik in China reduzieren und wie im sowjetischen Fall hinter die DFG zurücktreten zu müssen.

Bis zur Normalisierung der wissenschaftlichen Beziehungen der MPG zur Sowjetunion sollte hingegen noch fast ein weiteres Jahrzehnt vergehen. Das wurde erst möglich, als der neue Generalsekretär der KPDSU Gorbatschow im Rahmen seiner abrüstungspolitisch motivierten Initiative zur europäischen Forschungszusammenarbeit bereit war, zugunsten des 1987 endlich in Kraft getretenen deutsch-sowjetischen Rahmenabkommens zur wissenschaftlich-technischen Zusammenarbeit in der Berlin-Frage nachzugeben. Bis dahin bot der sowjetische Fall geradezu die Negativfolie für die Vorstellungen der MPG, wie ersprießliche bilaterale wissenschaftliche Beziehungen organisiert sein sollten. Dies war nicht nur den politischen Restriktionen des Sowjetsystems geschuldet, sondern vor allem der höchst misslichen Rolle, die der MPG seitens der bundesdeutschen Außenwissenschaftspolitik zugedacht war. Gegenüber der Sowjetunion galt wissenschaftliche Zusammenarbeit nicht, wie im Fall Chinas, als willkommene Wegbereiterin neuer Geschäftsbeziehungen. Ganz im Gegenteil: Die je nach politischer Großwetterlage dosierten Restriktionen wissenschaftlicher Zusammenarbeit waren besonders im Fall der MPG als Flaggschiff bundesdeutscher Forschung der letzte Joker, den die Bundesregierung einsetzen konnte, solange sie nicht auch die wirtschaftlichen Beziehungen ihrer Berlin-Politik unterordnen wollte. In dieser Konstellation waren die MPG-Wissenschaftler, wenn sie an ihren hochgeschätzten Kooperationen mit sowjetischen Kollegen und Instituten festhalten wollten, über weite Strecken genötigt, *Science against Diplomacy* zu betreiben: Von Fall zu Fall versuchten sie, der Bundesregierung eine Zustimmung abzuringen, oder sie ignorierten deren Haltung und riskierten Abmahnungen. Günstigstenfalls bewegten sie sich unterhalb des Radars von

Auswärtigem Amt und Botschaft, die ihrerseits ihre Radarschirme gelegentlich so ausrichteten, dass sie diese Bewegungen nicht registrieren mussten, um sich so womöglich einen schmalen Kanal der *Soft Diplomacy* offenzuhalten.

Im Spiel dieser diplomatischen Paradoxien im Kalten Krieg tauschten Wissenschaft und Diplomatie und mittendrin die MPG immer wieder die Plätze: Mal war die MPG auf die Hilfe der bundesdeutschen und internationalen Diplomatie angewiesen und musste sich ihr, wie im Fall der Rückgabe der Hertziana, sogar in ihrer Personalpolitik unterordnen. Im spanischen Fall versuchte sie den Übereifer selbstermächtigter Kulturpolitiker aus ihren eigenen Reihen zu bremsen. Mit einer solch hybriden Außenwissenschaftspolitik, in die lange noch je eigentümliche Vorstellungen von kulturpolitischen Missionen deutscher Wissenschaft im Ausland einflossen, versuchte die Generalverwaltung seit Anfang der 1970er Jahre aufzuräumen. Erklärtes Ziel war nun, sich in der administrativen Gestaltung der internationalen Beziehungen ausschließlich an den Interessen der Max-Planck-Institute zu orientieren und Kooperationen mit den für sie wissenschaftlich einschlägigen ausländischen Partnern einzugehen. Allerdings entkam die MPG den geopolitischen Bedingungen des Kalten Krieges nicht. Der blockpolitische Machtpoker diktierte vielmehr auch ihr seine außenwissenschaftspolitischen Spielregeln auf, innerhalb derer sie versuchen musste, ihre eigenen Ziele zu verfolgen. Dabei fand sie sich erneut in konträren Rollen wieder: Im Falle Chinas wurde die MPG von der bundesdeutschen Diplomatie vorgeschickt, während sie sich im sowjetischen Fall zur gleichen Zeit an dieser vorbeimogeln musste. Auf beiden Wegen versuchte die Generalverwaltung indessen, die Interessen der Max-Planck-Institute an wissenschaftlicher Kooperation mit chinesischen und sowjetischen Kolleginnen und Kollegen unter den je gegebenen außenwissenschaftspolitischen Bedingungen maximal zur Geltung bringen.

In keinem der hier untersuchten Fälle handelte die MPG als institutioneller Akteur im Sinne übergeordneter politischer Werte: So wie sie sich zunächst einer historisch obsoleten und politisch fragwürdigen Kulturpolitik zu entziehen versucht hatte, vermied sie es später, sich in die Rolle der Botschafterin für westlich-demokratische Freiheitsideen drängen zu lassen. Allenfalls sang sie gegenüber ihren sozialistischen und kommunistischen Partnern – nicht anders als gegenüber den Vertretern einer kohäsionspolitisch ausgerichteten EG-/EU-Forschungspolitik – das Hohe Lied der wissenschaftlichen Autonomie, die sie im eigenen Hause optimal institutionalisiert sah. Gleichwohl finden wir unter dem Dach der MPG auch Beispiele für eine Wissenschaftsdiplomatie im emphatischen Sinne, die sich für die Vermeidung des Atomkrieges, die Beendigung des Kalten Krieges und die Erhaltung der planetaren Grundlagen des Lebens einsetzte. Doch solches Engagement gab es nicht auf der Ebene der Gesamtinstitution, sondern nur im geo- und umweltpolitischen Handeln individueller Akteure.

4. Die Spur der Sorge um den Weltfrieden und die Erde

Einmal MPG-Wissenschaftler, immer und überall MPG-Wissenschaftler; mindestens aber so lange, wie er – oder heutzutage etwas häufiger auch: sie – auf der Payroll der MPG steht. Der Nimbus der MPG als Eliteinstitution der bundesdeutschen Grundlagenforschung strahlte auf ihre forschenden Angehörigen ab, wo immer sie in der politischen und medialen Öffentlichkeit in Erscheinung traten, und konnte für beide Seiten zum Problem werden: Sobald einer ihrer Wissenschaftler oder gar eine Gruppe von ihnen sich zu einem politisch relevanten, womöglich umstrittenen Thema äußerte, konnte es leicht passieren, dass die Medien deren Einlassungen mit der MPG als Ganzes identifizierten. Umgekehrt konnte sich ein MPG-Wissenschaftler nicht unbefangen als Staatsbürger und schon gar nicht als wissenschaftlicher Experte zu politischen Problemen äußern, sondern musste immer damit rechnen, als Repräsentant der MPG in den Medien zitiert oder als solcher von der einen oder anderen politischen Seite vereinnahmt zu werden – selbst dann, wenn er sich, was nicht alle taten und manche gezielt vermieden, um Differenzierung zwischen sich als Person und seiner professionellen Institution bemühte. Für seine wenigen Kolleginnen galt das grundsätzlich ebenso, kam aber realiter erst gegen Ende des 20. Jahrhunderts vor.

Das Spannungsverhältnis zwischen wissenschaftlicher Institution und staatsbürgerlicher Person, gelegentlich auch zwischen dem wissenschaftlichen und dem politischen Selbst der handelnden Personen durchzog fast alle jene Konflikte, die um öffentlich artikulierte politische Äußerungen von MPG-Angehörigen entstanden.[1] Dass dieses Spannungsverhältnis von den beteiligten Akteuren – vor allem von Repräsentanten an der Spitze der MPG und innerhalb der Generalverwaltung – wahrgenommen und des Öfteren zur Sprache gebracht wurde, ist ein Phänomen, das sich erst nach dem Zweiten Weltkrieg und in der umgegründeten MPG in den Quellen niederschlägt. Bis dahin fühlten sich zumindest die führenden Vertreter und öffentlich agierenden Wissenschaftler der KWG zumeist nicht nur mit ihrer Institution und mit sich selbst als Bürger und Wissenschaftler identisch. Vielmehr noch traten sie, wenn sie sich politisch positionierten und gerade in Kriegszeiten entsprechend agierten, weit überwiegend als wissenschaftlich qualifizierte Mitträger der jeweiligen Reichspolitik – von der Wirtschafts-, Agrar- und Bevölkerungspolitik bis zur Außen-, Militär-,

1 Zu den sich wandelnden Vorstellungen vom wissenschaftlichen Selbst allerdings nur bis zum Ende des 19. Jahrhunderts vgl. Daston und Galison, *Objektivität*, 2007, 201–265.

Rüstungs- und Expansionspolitik – in Erscheinung.[2] Es war gerade diese Übereinstimmung von wissenschaftlicher Elite und politischer Macht, die die KWG in den Augen der Besatzungsmächte gründlich kompromittiert hatte und die das Misstrauen auf Seiten mancher ausländischer Kolleg/innen wachhielt. Auch dann noch, als die deutsche Spitzenforschungseinrichtung längst wieder in ihrer eigentümlichen Organisationsform, nur unter neuem Namen, zugelassen und die Bundesrepublik ins westliche Bündnissystem aufgenommen worden war.

In dieser zugleich außen- und vergangenheitspolitischen Konstellation war es für die MPG nicht einfach, sich in ein neues, nicht kompromittierendes Verhältnis zur Politik zu setzen, vor allem in seiner Wirkung auf das westliche Ausland. Der Verzicht auf jegliche politische Aktivität mochte als verlockende Ausflucht erscheinen, war aber, insoweit nicht per se illusorisch, auch durch neuartige politische Herausforderungen erschwert. Wie schon der Erste war auch der Zweite Weltkrieg von neuen Waffen markiert worden, die wie das Giftgas zwar keineswegs nur bzw. wie die Atombombe gar nicht auf deutscher Seite zum Einsatz gekommen waren. Doch deren wissenschaftliche Voraussetzungen hatten prominente KWG-Forscher, unter ihnen auch Lise Meitner, maßgeblich mitgeschaffen. In den frühen 1920er Jahren ließ sich das politisch-moralische Dilemma der Giftgasentwicklung noch im international geteilten patriotischen Paradigma kalmieren, wonach – so der einschlägige KWG-Experte Fritz Haber – der Wissenschaftler im Frieden der Menschheit, im Krieg aber dem Vaterland zu dienen habe.[3] Die Zerstörungskraft der Atomwaffen war hingegen weder patriotisch noch nationalstaatlich einzuhegen; vielmehr konfrontierte sie die an ihren Grundlagen und Entwicklungen beteiligten Wissenschaftler und Wissenschaftlerinnen, die in den 1940er Jahren die internationale Elite der Kernforschung gebildet hatten, mit den schwerlich zu verantwortenden Folgen ihres wissenschaftlichen Tuns, nämlich der potentiellen Vernichtung der Menschheit und der Erde.

In ihrem Wunsch, sich – nach den von ihnen mitbetriebenen Verbrechen der nationalsozialistischen Kriegs- und Vernichtungspolitik – in ein neues Verhältnis zur Politik zu setzen und sich damit den Weg zurück in die internationalen Scientific Communities zu bahnen, sahen sich die MPG als Institution und ihre Wissenschaftler als verantwortlich handelnde Personen zwei inkompatiblen Optionen gegenüber. Auf der einen Seite empfahl sich der Rückzug in die »reine Grundlagenforschung« und eine daraus scheinbar logisch-harmonisch abzuleitende politische Abstinenz. Das bot sich besonders auf dem Feld der Biowissenschaften an, wo man etwa klinisch-medizinische Forschungen für

2 Aus der Buchreihe des Forschungsprogramms zur Geschichte der Kaiser-Wilhelm-Gesellschaft im NS vgl. hierzu besonders die Bände von Maier (*Forschung als Waffe*, 2 Bde., 2007; *Gemeinschaftsforschung*, 2007), die bis in die Gründungszeit der KWG zurückgreifen, sowie von Heim, *Kalorien*, 2003; Schmaltz, *Kampfstoff-Forschung*, 2005; und Schmuhl, *Grenzüberschreitungen*, 2005.

3 Haber in seinem Rücktrittsschreiben vom 1.10.1933, zitiert nach Szöllösi-Janze, *Haber*, 1998, 687.

eine Weile zurückfuhr oder humangenetische, bevölkerungs- und agrarwissenschaftliche Forschungen vorübergehend als angewandte Forschung definierte und aus dem Portfolio der MPG aussortierte.[4] Auf der anderen Seite stand die vor allem von britischen und amerikanischen Kollegen und Kolleginnen proklamierte Selbstverpflichtung von Wissenschaftler/innen zur Verantwortung für die gesellschaftlichen und politischen Folgen ihrer Forschungen, mögen sie ursprünglich auch noch so »rein« oder »fundamental« konzipiert worden sein. Der Balanceakt, sich zwischen diesen beiden Optionen zu positionieren, gelang selten. Häufiger waren Konflikte, wobei die Repräsentanten an der Spitze der MPG und ihrer Generalverwaltung eher zur Option der politischen Abstinenz neigten. Einige wenige prominente Wissenschaftler sahen sich aber schon seit den 1950er Jahren, zwei Dekaden später auch größere Gruppen von wissenschaftlichen Mitarbeitern und Mitarbeiterinnen bei verschiedenen Gelegenheiten gefordert, unter Berufung auf ihre gesellschaftliche Verantwortung als Wissenschaftler zu politischen Problemen Stellung zu beziehen oder zu ihrer Lösung beizutragen.

Vor allem zwei miteinander verschränkte Problemkomplexe, die mit dem Kriegsende entstanden und in verschieden akzentuierten Ausprägungen bis in die 1990er Jahre hinein immer wieder in Erscheinung traten, wirkten hier aus der MPG heraus bzw. vom Feld der internationalen Politik in die MPG hinein.[5] Das war zum einen selbstverständlich der Atomkrieg, der bis zum Zusammenbruch des Sowjetregimes als mal mehr, mal weniger virulente, aber permanente Bedrohung wahrgenommen wurde. Vor dessen zerstörerischem Potential zu warnen, war gerade den prominenten älteren Kernforschern, die mithilfe der britischen Kollegen die Transformation der KWG zur MPG bewerkstelligt hatten, in den 1950er und frühen 1960er Jahren ein dringendes Anliegen. Später versuchten weniger prominente MPG-Wissenschaftler als eigeninitiative *Scientists in Diplomacy*, dieser Gefahr mit wissenschaftlich hergeleiteten militärischen Strategieentwicklungen, die sie in eine transnationale und blockübergreifende Second-Track-Diplomatie einbanden, entgegenzuwirken. Zum anderen waren es die Gefahren, die auch mit der nicht kriegerischen Nutzung der Atomenergie verbunden waren und zuerst als Fallout bei oberirdischen Kernwaffentests ins Bewusstsein der Bevölkerungen weltweit traten, dann aber auch als Risiken beim Betrieb von Kernkraftwerken und der Atommüllentsorgung in davon betroffenen Regionen wahrgenommen wurden.[6] Die Gegenwehr gegen diese regionale nukleare Umweltverschmutzung verband sich in den 1970er Jahren mit der Kritik am Primat des ökonomischen Wachstums, dessen prognostizier-

4 Sachse, Neugründung, 2011. Zur Abwicklung der Agrarwissenschaften vgl. Schwerin, Landwirtschaftswissenschaften, 2023; zum unsteten Umgang mit klinischer Forschung vgl. Schlünder, Medizinische Forschung, 2023.

5 Vgl. Kraft, Confronting the German Problem, 2020; Sachse, Max Planck Society and Pugwash, 2018.

6 Zu diesem Zusammenhang vgl. Kraft, Dissenting Scientists, 2018.

ter, weltweit und stetig steigender Energiebedarf mittels eines immer größeren Angebots an Atomkraft sichergestellt werden sollte. Diese Kritik, die von einer Reihe von wissenschaftlich Beschäftigten in der MPG öffentlich geteilt wurde, erweiterte sich in den 1980er Jahren zu einer umfassenderen Sorge um die Umwelt, die zunehmend als komplexes und globales ökologisches System verstanden wurde. Diese Besorgnis korrespondierte einerseits mit Gorbatschows 1985 gestarteter Doppelinitiative zur atomaren Abrüstung und globalen Sicherung des Überlebens der Menschheit, in die sich gemeinsam mit vielen anderen Wissenschaftler/innen aus allen Teilen der Welt auch einige MPG-Wissenschaftler einbrachten. Andererseits mündete sie in den institutionellen Ausbau der Erdsystemforschung innerhalb der MPG.

Die Spur dieser transnational geteilten Sorge um den Weltfrieden und den Bestand der Erde führt uns in ihrem historischen Verlauf aus dem intellektuellen Führungskreis der MPG heraus und in jenen Grenzbereich von Politik und Wissenschaft hinein, in dem besorgte Wissenschaftler und Wissenschaftlerinnen in Konflikt mit Leitungsgremien gerieten, die die politische Neutralität der MPG je länger je mehr gewahrt wissen wollten. Diese Spur soll im Folgenden in fünf einander überlappenden Etappen nachgezeichnet werden. Die Abfolge lehnt sich an die Geschichte der sozialen Proteste in der Bundesrepublik an, in denen das friedens-, umwelt- und globalpolitische Engagement von MPG-Beschäftigten zwar nicht aufging, mit denen es sich aber immer wieder überschnitt.[7]

4.1 Zeit der Memoranden: Von Mainau über Göttingen bis Tübingen

Ein erstes Mal manifestierte sich der Konflikt zwischen den konkurrierenden Optionen der politischen Abstinenz und der gesellschaftlichen Verantwortung von MPG-Wissenschaftlern in einer merkwürdigen Parallelaktion von Nobelpreisträgern im Jahr 1955. Anlass dafür waren die ungebremste thermonukleare Aufrüstung der Supermächte, die unerwartet katastrophale Fallout-Wirkung des amerikanischen *Castle-Bravo*-Tests im pazifischen Bikini-Atoll im März 1954 und die Formierung der militärischen Blöcke von NATO und Warschauer Pakt im Anschluss an die Pariser Verträge von 1955. Beide Teilaktionen wurden in der zeit-, sozial- und wissenschaftshistorischen Literatur zwar schon mehrfach beschrieben, ihre Beziehung zueinander gibt aber noch immer Anlass zu Spekulationen.[8]

7 Vgl. dazu als Überblick: Gassert, *Bewegte Gesellschaft*, 2018. Roth und Rucht, *Die sozialen Bewegungen*, 2008.

8 Butcher, *Russell-Einstein Manifesto*, 2005, 21–22; Greenspan, Max Born, 2005; Nickerson, Taking a Stand, 2013.

Eine Parallelaktion von Nobelpreisträgern

In London bereitete der Philosoph, Mathematiker und Literaturnobelpreisträger Bertrand Russell im Anschluss an seinen zur besten Sendezeit kurz vor Weihnachten 1954 im BBC Home Service ausgestrahlten und weithin rezipierten Radiobeitrag »Men's Peril« ein Manifest vor. Dahinter wollte er – angeregt durch Zuschriften von Physikern aus mehreren Ländern, darunter als erstem Max Born – »eminent men of science« versammeln, die in der Lage waren, die von den neuen nuklearen Massenvernichtungswaffen ausgehenden Gefahren in einer Weise zu bewerten, die universale Geltung beanspruchen konnte.[9] Sie sollten der internationalen Öffentlichkeit und den Regierungen der Welt erklären, dass Abrüstung allein nicht genug sei, sondern »distateful limitations of national sovereignty« nötig seien, um den Krieg als solchen abzuschaffen; nur der supranational abgesicherte globale Verzicht auf die kriegerische Austragung von Konflikten mit welchen Waffen auch immer könne das »risk of universal death« ausschalten.[10]

Den ersten und prominentesten Unterzeichner gewann Russell mit Albert Einstein, der ähnliche Vorstellungen von der Notwendigkeit einer demokratisch legitimierten Weltregierung, wie sie von einer ganzen Reihe vor allem US-amerikanischer Atomphysiker geteilt wurden, bereits 1947 in einem offenen Brief an die UNO vertreten hatte.[11] Er unterstützte Russells Initiative mit seinen schwindenden Kräften, verstarb aber noch vor der Veröffentlichung des seither so benannten »Russell-Einstein-Manifests«.[12] Unter den neun weiteren Unterzeichnern, die bis auf den Warschauer Physiker Leopold Infeld sämtlich aus westlichen Ländern stammten und sich dort eher dem linken Spektrum zuordneten, war auch Frédéric Joliot-Curie. Eigentlich hatte dieser als Angehöriger

9 Russells Aufruf auf BBC vom 23.12.1954 gilt als sein berühmtester von vielen Radiobeiträgen: https://www.youtube.com/watch?v=oZzm6x_IMFE, zuletzt aufgerufen am 13.10.2020. Vgl. Russell, *Man's Peril*, 2003, 82–89; Butcher, *Russell-Einstein Manifesto*, 2005, 5–11.

10 Butcher, Russell-Einstein Manifesto, 2005, 25–26. Zu seinen weltparlamentarischen Überlegungen vgl. Russell, *Towards*, 1947.

11 Einstein, To the General Assembly of the United Nations. October 1947. *United Nations World New York Archive.* https://web.archive.org/web/20130510174259/http:/neutrino.aquaphoenix.com/un-esa/ws1997-letter-einstein.html, zuletzt aufgerufen am 15.10.2020, 1947. Vgl. Holton, *Thematic Origins*, 1988. Zur Ideen- und Bewegungsgeschichte von Weltregierung, Weltparlament und Weltföderation und ihren eher liberaldemokratischen Verfechtern vor allem in den USA, Großbritannien und anderen anglosächsischen Ländern vgl. Boyer, *Bomb's Early Light*, 1994, 27–45; Mögle-Stadel, *Unteilbarkeit*, 1996, 122–134; Baratta, *World Federation*, 2004, 301–314, 505–526; Slaney, Eugene Rabinowitch, 2012, 123, 128.

12 Am 11.4.1955 hatte Einstein Russells Entwurf unterschrieben, seine Unterschrift und ein Begleitbrief trafen an seinem Todestag, dem 18.4.1955 bei Russell ein. Zur vorangegangenen Korrespondenz zwischen Born, Einstein und Russell vgl. Butcher, *Russell-Einstein Manifesto*, 2005, 11–15.

der gerade erst wiedererstandenen Grande Nation und Mitglied der sowjetloyalen französischen KP doppelten Grund, sich gegen weltparlamentarische Einschränkungen nationaler Souveränität zu verwahren.[13] Doch auf ihn ging die Idee zurück, es nicht, wie von Russell ursprünglich bevorzugt, bei einem Appell zu belassen, sondern eminente Naturwissenschaftler jeder politischen Couleur aus der ganzen Welt zu einer Konferenz einzuladen, die im Westen – anders als die von ihm selbst präsidierte *World Federation of Scientific Workers* (WFSW) – nicht gleich als kommunistische Frontorganisation abgewehrt werden konnte.[14] Die *Pugwash Conferences on Science and World Affairs* (PCSWA, Pugwash), die zwei Jahre nach dem am 9. Juli 1955 veröffentlichten Russell-Einstein-Manifest im kanadischen Fischerdorf Pugwash starteten, hatten mit diesem Verdacht zwar bis zum Ende des Kalten Kriegs zu kämpfen. Aber die dort engagierten Wissenschaftler und Wissenschaftlerinnen – bis in die 1980er Jahre hinein meist Männer und weit überwiegend Briten, US-Amerikaner und Sowjets – lernten über die Jahre damit umzugehen und ersannen Mittel und Wege einer *Second Track Diplomacy*, die einige Male dazu beitrug, den Umschlag des Kalten in einen heißen Krieg zu vermeiden. Ihre informellen, öffentlich wenig wahrnehmbaren und archivalisch kaum dokumentierten Aktivitäten wurden 1995 mit dem Friedensnobelpreis gewürdigt.[15] Russell hingegen zog sich nach wenigen Jahren von den Pugwash-Konferenzen zurück. In dieser informellen Diplomatie naturwissenschaftlicher Autoritäten, die sich – statt auf die Weltregierung hinzuarbeiten – mit dem »less ambitious« Ziel der Abschaffung der Bombe begnügten, fand er sich als Weltparlamentarier nicht wieder und konzentrierte sich stattdessen auf die gesellschaftlich breit aufgestellte und öffentlich agierende *Campaign for Nuclear Disarmament* (CND).[16]

Im Frühjahr 1955, zeitgleich mit Russell und ebenfalls einer Initiative von Born folgend, machte sich auch ein kleines Grüppchen von MPG-Wissenschaftlern – Hahn, Heisenberg und Carl Friedrich von Weizsäcker – ans Werk. Born war 1954 nach seiner Emeritierung in Edinburgh zusammen mit seiner Ehefrau aus britischem Exil in die Bundesrepublik zurückgekehrt und hatte im selben Jahr den Physiknobelpreis erhalten. In dieser persönlichen Übergangssituation und angespornt durch die späte Ehrung mochte Born sich motiviert fühlen,

13 Die weiteren Unterzeichner waren Hideki Yukawa (Japan), Hermann Joseph Muller, Linus C. Pauling, Percy Williams Bridgman (alle USA), Cecil F. Powell, Józef Rotblat (beide Großbritannien). Max Born unterzeichnete ebenfalls als britischer Staatsbürger.

14 Roberts, Science, Peace and Internationalism, 2020, 63–65.

15 Preisträger waren je zur Hälfte die PCSWA und ihr langjähriger Generalsekretär Józef Rotblat. Vgl. Kraft und Sachse, *Science, (Anti-)Communism and Diplomacy*, 2020. Der Nachlass von Rotblat befindet sich im Churchill Archive Center (CAC) in Cambridge (GB); er ist zwar die Organisation des globalen Unternehmens betreffend immens umfangreich, aber die informellen diplomatischen Aktivitäten der Pugwashites hinterließen naturgemäß wenige schriftliche Spuren.

16 Sachse, Patronage Impossible, 2020, 104–105. Zur Absage der PCSWA an die futuristische Idee der Weltregierung in den frühen 1960er Jahren vgl. Wittner, *Struggle Against the Bomb, Bd. 2*, 1997, 465. Hier wird Rotblat mit einer Bemerkung von 1960 zitiert.

Abb. 28: Otto Hahn (mit Zigarre) beim »Bayerischen Frühstück« anlässlich des 5. Lindauer Nobelpreisträgertreffens im Juli 1955 zusammen mit Kurt Alder, Leopold Ružička, Richard Kuhn und Ehefrau sowie den Initiatoren dieser Treffen Franz-Karl Hein und Ehefrau, im Hintergrund Gerhard Domagk und Ehefrau.

zwischen seinen Kollegen aus der Exilzeit, in diesem Kontext vor allem Russell und Einstein, und jenen in Deutschland verbliebenen Göttinger Kollegen, mit denen er bis 1933 so eng zusammengearbeitet hatte, zu vermitteln, ihnen die britischen und amerikanischen Überlegungen zur sozialen und moralischen Verantwortung der Wissenschaftler nach Hiroshima und Nagasaki nahezubringen und sie in seine noch vagen Pläne für eine entsprechende Initiative von Nobelpreisträgern einzubeziehen. Rascher als erwartet willigte Hahn ein, hatte er doch im Februar 1955 selbst in einer bis nach Dänemark, Österreich, Norwegen und Großbritannien übertragenen Rundfunkrede vor den Gefahren eines Atomkriegs gewarnt und die »Verantwortlichen der großen Politik« aufgerufen, sich an den Verhandlungstisch zu begeben.[17] Wenige Wochen später setzten sich Born und die drei MPG-Kollegen zusammen, um eine Erklärung vorzubereiten, für die sie auf dem im Sommer anstehenden Lindauer Nobelpreisträgertreffen Unterschriften einwerben wollten. Diese Erklärung sollte dann auf der quasi exterritorialen, weil im Besitz des schwedischen Prinzen Bernadotte befindlichen Bodenseeinsel Mainau von diesem verlesen werden.

Born bemühte sich anfangs, die beiden Aktionen zu koordinieren, und kommunizierte den Mainauer Plan – sowohl die inhaltlichen Vorstellungen als

17 Hahn, *Cobalt 60*, 1955.

auch die Terminierung – nach London, gab diese Vermittlung aber bald auf. So kam es, dass im Juli 1955 schließlich im Abstand von wenigen Tagen zwei auf den ersten Blick durchaus ähnliche Erklärungen internationaler Nobelpreisträger verkündet wurden. Verschiedene Überlegungen der Akteure auf beiden Seiten dürften zu diesem zumindest für Hahn und seine Mitstreiter am Ende misslichen Ergebnis geführt haben. Hahn galt dank seiner im internationalen Kollegenkreis bekannten distanzierten Haltung zum Nationalsozialismus als der vielleicht integerste Vertreter der deutschen Atomforschung und zugleich als »Entdecker« der Kernspaltung, MPG-Präsident und Nobelpreisträger als höchste wissenschaftliche Eminenz. Er war der natürliche Ansprechpartner, wenn man überhaupt westdeutsche Forscher in eine transnationale Aktion der internationalen wissenschaftlichen Prominenz gegen Atomwaffen einbeziehen wollte. Allerdings schreckte er vor jeder Initiative, die in irgendeiner Weise als kommunistisch gelenkt oder beeinflusst erscheinen mochte, zurück. So schlug er, wie schon mehrfach zuvor, im Frühjahr 1955 eine Einladung des WFSW-Präsidenten Joliot-Curie in das Planungskomitee der im Russell-Einstein-Manifest angekündigten Konferenz aus. Born, der zwar seine britischen und französischen Kollegen, die sich im WFSW engagierten, persönlich schätzte, sie aber gegenüber Weizsäcker als »workhorses for the Russians« charakterisierte, tat es ihm gleich.[18] Born war aber immer noch willens, das Manifest des erklärten Antikommunisten Russell und seines verstorbenen Freundes Einstein zu unterschreiben. Hahn dagegen lehnte das, nach einiger Korrespondenz mit Russell, wegen der »einseitig linken Tendenz« des Manifests und vor allem der übrigen Unterzeichner ab.[19] Den Ausschlag für Born, dessen Briefe an Russell unbeantwortet blieben, seine Koordinationsbemühungen einzustellen, dürfte aber eine andere Intervention gegeben haben. Infeld, der in den 1930er Jahren zunächst mit Born in Cambridge, dann mit Einstein in Princeton zusammengearbeitet hatte, aber in den frühen 1950er Jahren wegen vermutlich unbegründeter Spionagevorwürfe seine Professur in Toronto aufgegeben hatte und nach Polen zurückgekehrt war, empfahl Born und Hahn, als Unterzeichner der Mainauer Erklärung ausschließlich dezidiert nicht kommunistische westliche Nobelpreisträger anzusprechen, nur so würden sie von westlichen Regierungen ernstgenommen werden. So entschieden sie sich dafür, mit ihrer Mainauer Erklärung getrennt zu marschieren.[20]

Russell war's allemal zufrieden, hatte er doch genug damit zu tun, Joliot-Curies insistierende Korrekturwünsche mit Verweis darauf, dass nach Einsteins Tod keine substanziellen Änderungen an dem von ihm bereits unterzeichne-

18 Zitiert nach Greenspan, Max Born, 2005, 37. Vgl. auch den Briefwechsel zwischen Joliot-Curie und Hahn im Januar 1951, abgedruckt in: Hahn, *Otto Hahn*, 1988, 242–243; Hahn, Persönliche Erinnerung, 1958.

19 Zitiert nach Hahn, *Otto Hahn*, 1979, 249. Vgl. Sachse, *MPG und die Pugwash Conferences*, 2016, 28–29; Sachse, The Max Planck Society and Pugwash during the Cold War, 2018, 181–183.

20 Born an Russell, April 1955 (Datum im Original unvollständig), AMPG, III. Abt., Rep. 14, Nr. 3663, fol. 5–6; Greenspan, Max Born, 2005, 37.

Abb. 29: Bertrand Russell verliest das Russell-Einstein-Manifest bei der Pressekonferenz am 9.7.1955 in der Londoner Caxton Hall.

ten Text mehr vorgenommen werden dürften, in die Fußnoten des Manifests zu verbannen.[21] Russell, der tatsächlich Mühe hatte, westliche Unterzeichner jenseits des linken Spektrums zu gewinnen, und der vor allem Niels Bohrs Absage bedauerte, nutzte indessen die taktische Chance, die sich ihm bot: Er beeilte sich, sein Manifest am 9. Juli 1955 und damit sechs Tage vor der Mainauer Erklärung in einer dank der diskreten Unterstützung des *Observer* weithin annoncierten und entsprechend überfüllten Pressekonferenz in der Londoner Caxton Hall zu verlesen.[22] Mit dieser weltweit registrierten und kommentierten Inszenierung gelang es Russell, »Einsteins Schatten« über die am 18. Juli beginnende erste Genfer Gipfelkonferenz zu werfen, so jedenfalls titelte Le Monde, und resümierte:

> La lutte contre la bombe atomique cesse ainsi définitivement de passer pour un monopole de la propagande communiste.[23]

21 Das Manifest enthält drei solche Fußnoten, eine davon relativiert Russells Kernanliegen, nämlich die Einschränkung der Souveränität der Nationalstaaten zugunsten der supranationalen Friedenssicherung (abgedruckt bei Butcher, *Russell-Einstein Manifesto*, 2005, 26). Vgl. auch ebd., 11–12; Nickerson, Taking a Stand, 2013, 66 (FN 6); Roberts, Science, Peace and Internationalism, 2020, 62–69.

22 Butcher, *Russell-Einstein Manifesto*, 2005, 16–21.

23 L'ombre d'Einstein, *Le Monde*, 12.7.1955.

1

M a i n a u   S t a t e m e n t

We who sign this appeal are scientists from many countries, of several races, of different creeds, of different political convictions. Our association is that we have all been privileged to be awarded Nobel Prizes.

We have given freely a life-time to the service of science. Science, we think, is a way to a fuller life for mankind. But we are alarmed at realising that this same science is providing man with the instruments for self-destruction.

In a full scale war the earth can be so infested with radio-activity as to destroy whole nations. This destruction can strike down neutrals as well as combatants.

If the major powers engage in war who can guaranty that it will not develop into such a deadly struggle? Thus a nation that engages in an all-out war invites its own destruction and endangers the whole world.

We do not deny that today the peace of the world may be maintained by the fear of these deadly weapons. Yet we feel that it would be self-deception if governments should believe that over a long period the fear of these weapons will prevent war from occurring. Fear and tension have too frequently produced war. Likewise, it would be self-deception to believe that minor conflicts could always be settled by the use of traditional weapons. In extreme need, no warring nation will deny itself the use of any weapon that scientific techniques can supply.

All nations must bring themselves to the decision by which

./.

Abb. 30: Faksimile des Mainau Statement vom 15.7.1955 mit den Originalunterschriften.

they voluntarily renounce force as the last recourse in foreign policy. They will cease to exist if they are not prepared to do this.

Mainau/Bodensee, July 15th, 1955.

Kurt ALDER, Köln	Richard KUHN, Heidelberg
Max BORN, Bad Pyrmont	Fritz LIPMANN, Boston
Adolf BUTENANDT, Tübingen	H. J. MULLER, Bloomington
(sgd) Arthur H. COMPTON Arthur H. COMPTON, Saint Louis	Paul Hermann MÜLLER, Basel
Gerhard DOMAGK, Wuppertal	L. RUZICKA, Zürich
H. K. von EULER-CHELPIN, Stockholm	Frederick SODDY, Brighton
Otto HAHN, Göttingen	W. M. STANLEY, Berkeley
Werner HEISENBERG, Göttingen	Hermann STAUDINGER, Freiburg
George v. HEVESY, Stockholm	(sgd) Hideki YUKAWA Hideki YUKAWA, Kyoto

Als Hahn, Heisenberg und Born (Weizsäcker durfte mangels Nobelpreis nicht mitzeichnen) die Mainauer Erklärung mit weiteren 15 Unterschriften von westlichen Nobelpreisträgern – darunter mit Adolf Butenandt und Richard Kuhn zwei weiteren MPG-Mitgliedern sowie drei Unterzeichnern des Russell-Einstein-Manifests – am 15. Juli 1955 nachreichten, konnten sie diese auch von östlicher bzw. kommunistischer Seite höchst erwünschte Wirkung nur noch unterstreichen. Indessen nahm die internationale Presse wenig Notiz von diesem inhaltlich verkürzten Nachklapp mit seinen charakteristischen Auslassungen, nämlich der von Russell und Einstein geforderten Einschränkung nationalstaatlicher Souveränität zugunsten einer supranationalen Friedenssicherung, der Benennung der konflikttreibenden Systemkonkurrenz »between Communism and anti-Communism«, der konkreten atomaren Risiken diesseits einer abstrakten Menschheitsgefährdung und nicht zuletzt der Einberufung einer transnationalen Wissenschaftlerkonferenz.[24]

War es für die Zeitgenossen schon kaum möglich, dem (anti)kommunistischen Vexierspiel zu entkommen, so lässt sich auch im Nachhinein schwerlich entscheiden, wer hier mit wem wissentlich oder unwissentlich wessen Spiel trieb. Nur so viel lässt sich sagen, dass die drei MPG-Autoren – anders als Born – über die verhaltene öffentliche Resonanz auf ihre Mainauer Erklärung nicht allzu enttäuscht waren. Sie hatten ihrem Gewissen Genüge getan; jetzt war es an den Politikern, entsprechend zu handeln.[25] Für Russell und seine Mitstreiter hingegen, vor allem für Józef Rotblat, der in den nächsten Jahrzehnten die Fäden des Pugwash-Netzwerks zusammenhalten sollte, fing die Arbeit mit der Vorbereitung der internationalen Konferenz wissenschaftlicher Eminenzen, zu der sie aufgerufen hatten, erst an. Und genau hier – nicht in der nahezu gleichlautenden Einschätzung der atomaren Gefahren und der Verurteilung des Krieges – lag der Unterschied der beiden Erklärungen: Die »Mainauer« warnten von der Höhe ihrer nobelpreisumglänzten Katheder herab und überließen die Politiker dann

24 Zitat aus dem Manifest (Butcher, *Russell-Einstein Manifesto*, 2005, 25). Beide Deklarationen unterzeichneten Hideki Yukawa und Hermann Joseph Muller sowie Born, dessen explizit aufrechterhaltene Unterschrift Russell zunächst unterschlagen hatte und erst einige Wochen später in einer korrigierten Version seines Manifests nachreichte; vgl. Greenspan, Max Born, 2005, 39; Nickerson, Taking a Stand, 2013, 66 (FN 6). Die übrigen Unterzeichner der Mainauer Erklärung kamen aus der Bundesrepublik (Adolf Butenandt, Richard Kuhn, Kurt Alder, Gerhard Domagk, Hermann Staudinger), der Schweiz (Paul Hermann Müller, Leopold Ružička) und den USA (Arthur Compton, Frederick Soddy, Wendell Stanley) oder waren aus dem deutschsprachigen Wissenschaftsraum bzw. dem NS-Herrschaftsbereich in die USA bzw. nach Skandinavien emigriert (Hans von Euler-Chelpin, George de Hevesy, Fritz Lipmann).

25 Zu einer ähnlichen Einschätzung der Wirkungslosigkeit der Mainauer Erklärung und besonders Heisenbergs Rolle dabei gelangt Carson, *Heisenberg in the Atomic Age*, 2010, 318–320. Allerdings unterschätzt sie den Handlungsspielraum, den die internationalen Kollegen Hahn und Heisenberg schon zu dieser Zeit zugestanden, den die beiden aber mit ihrer Weigerung, das Russell-Einstein-Manifest zu unterzeichnen und sich später an den PCSWA zu beteiligen, nicht nutzten.

ihrem schmutzigen Geschäft. Die *Pugwashites*, wie sie sich bald nach ihrem ersten Treffen im kanadischen Pugwash nennen sollten, trugen mithilfe ihrer transnationalen und blockübergreifenden wissenschaftlichen Netzwerke dazu bei, die dicken Bretter der internationalen Politik zu bohren, und lernten dabei in teils schmerzhaften Lektionen, mit den kommunistischen Vereinnahmungsversuchen ebenso wie mit den antikommunistischen Unterstellungen umzugehen.[26]

»Wege in der Gefahr«[27]

Aber auch für die Kathederphysiker aus der MPG hielt die Geschichte noch einige Lektionen parat. Als erstes mussten sie lernen, dass sie mit der Mainauer Erklärung nicht nur international wenig ausrichteten, sondern auch von der eigenen Regierung nicht ernst genommen wurden. Ungeachtet aller höchstwissenschaftlichen Warnungen liebäugelten Bundeskanzler Adenauer und der im Herbst 1956 vom Atomfragen- zum Verteidigungsminister aufgestiegene Franz Josef Strauß mit der atomaren Aufrüstung der neu installierten Bundeswehr und dem davon erhofften Aufstieg der Bundesrepublik vom politischen Rehabilitanden zum gleichberechtigten Partner innerhalb der NATO und des politischen Westens. Ihr frisch installiertes Beratungsgremium, die Deutsche Atomkommission (DAK), der nicht zuletzt Hahn als Vizepräsident sowie Heisenberg und Weizsäcker angehörten, bezogen die Regierenden erst gar nicht in ihre Überlegungen ein. Nachdem diese und andere Mitglieder des DAK-Arbeitskreises Kernphysik mit ihren Bedenken in einer von ihnen erbetenen Aussprache mit Strauß im Januar 1957 nicht durchgedrungen waren und Adenauer zukünftige taktische Nuklearwaffen in einer Pressekonferenz Anfang April 1957 als simple Weiterentwicklungen der Artillerie popularisieren wollte, sahen sie sich genötigt, ihre Kritik an den militärpolitischen Plänen der Bundesregierung öffentlich zu machen.[28] Unter Weizsäckers Federführung wichen die achtzehn Unterzeichner darin in zwei Punkten von dem bis dahin von westdeutschen Atomwissenschaftlern bevorzugten Modus dringlicher, aber politisch unverbindlicher Warnungen ab: Sie mischten sich zum einen in die nationale Verteidigungspolitik ein und gaben eine der Meinung der Bundesregierung entgegenstehende sicherheitspolitische Einschätzung ab, dass nämlich »ein kleines Land wie die Bundesrepublik [...] sich heute noch am besten schützt und den Weltfrieden noch am ehesten fördert, wenn es ausdrücklich und freiwillig auf den Besitz von Atomwaffen jeder Art verzichtet«. Zum anderen kündigten sie

26 Zur weiteren Geschichte der PCSWA vgl. Kraft und Sachse, *Science, (Anti-)Communism and Diplomacy*, 2020; Kraft, Nehring und Sachse, The Pugwash Conferences and the Global Cold War, 2018.

27 So der Titel des 1976 erschienenen vielbeachteten Buchs von Weizsäcker, *Wege in der Gefahr*, 1976.

28 Vgl. Carson, *Heisenberg in the Atomic Age*, 2010, 320–330.

ihre Weigerung an, sich »an der Herstellung, der Erprobung oder dem Einsatz von Atomwaffen in irgendeiner Weise zu beteiligen«.[29]

Die Geschichte dieser »Göttinger Erklärung«, die wenige Tage nach Adenauers bis heute immer wieder skandalisierten »Artillerie-Sager« von der MPG-Generalverwaltung der Presse übergeben worden war, ist schon in vielen Varianten geschrieben worden; sie reichen vom Widerstandsepos der 18 aufrechten Professoren bis zum Verschwörungskrimi um so getarnte Atomwaffenfans.[30] Hier soll keine weitere Erzählung angeboten, vielmehr nur festgehalten werden, dass die Erklärung wenig Einfluss auf die bundesdeutsche Rüstungspolitik hatte, zumal die Alliierten gar nicht daran dachten, das atomare Zepter aus der Hand zu geben, gleichwohl aber darauf bestanden, den nuklearen New Look der NATO auch und gerade auf dem Gebiet der Bundesrepublik zu installieren. Umso beträchtlicher waren die unbeabsichtigten Effekte dieses missglückten Abstiegs bundesdeutscher Atomwissenschaftler, darunter acht prominenter MPG-Mitglieder, von ihren akademischen Kathedern in die Niederungen der nationalen und supranationalen westlichen Sicherheitspolitik.[31]

Zunächst lösten sie damit eine vehemente öffentliche Debatte um die Rolle von Wissenschaftlern als unparteiische Sachverständige oder als politische Berater aus. Wie kaum anders zu erwarten, brachten sie die Bundesregierung und vor allem Adenauer und Strauß gegen sich auf, die sich jegliche Einmischung politischer Dilettanten in ihre Handlungssphäre verbaten und den Wissenschaftlern nur hinter verschlossenen Türen und dann das Wort erteilen wollten, wenn sie glaubten, deren technische Expertise tatsächlich zu benötigen. Adenauer ließ sich indessen von einem ihrer engen Fachkollegen sekundieren, dem Quantenfeldtheoretiker und CDU-Bundestagsabgeordneten Ernst Pascual Jordan, der seinen ehemaligen Göttinger Kollegen schlankweg die politische Urteilsfähigkeit absprach, was angesichts seiner eigenen früheren nationalsozialistischen Einlassungen nicht alle Kommentatoren und Feuilletons überzeugen mochte. Gravierender jedenfalls war, dass auch die moralphilosophische Autorität der bundesdeutschen Nachkriegszeit, Karl Jaspers, ihnen »Ahnungslosigkeit ihres politischen Denkens« attestierte und sie in ihrer angemaßten höheren Sprecherposition als Atomwissenschaftler auf das staatsbürgerliche Normalmaß zurechtstutzte.[32]

29 Erklärung der 18 Atomwissenschaftler vom 12.4.1957, abgedruckt in: Albrecht et al., *50 Jahre VDW*, 2009, 15–16.

30 Stölken-Fitschen, *Atombombe und Geistesgeschichte*, 1995; Rese, *Wirkung*, 1999; Kraus, *Von der Uranspaltung zur Göttinger Erklärung*, 2001; Lorenz, *Protest der Physiker*, 2011; Hanel, *Die Bombe als Option*, 2015.

31 Neben Hahn, Heisenberg und Weizsäcker unterzeichneten die MPG-Mitglieder Max von Laue, Josef Mattauch, Friedrich-Adolf Paneth, Fritz Straßmann und Karl Wirtz. Zeitweilig in der KWG/MPG gearbeitet hatten die Unterzeichner Fritz Bopp, Rudolf Fleischmann (AWM: Auswärtiges Mitglied der MPG), Otto Haxel (AWM), Hans Kopfermann, Wilhelm Walcher und Heinz Maier-Leibnitz. Die übrigen Unterzeichner waren Max Born, Walter Gerlach, Wolfgang Paul und Wolfgang Riezler.

32 Bereits im Oktober 1956 sprach Jaspers im Schweizer Radio DRS von der Ahnungslosigkeit der Naturwissenschaftler (Karl-Jaspers-Stiftung, Atombombe, https://jaspers-

Der Vorwurf der Anmaßung schallte ihnen auch von der anderen Seite des Atlantiks entgegen, und zwar von amerikanischen Atomforschern, die im Manhattan-Projekt alles darangesetzt hatten, um Hitlers Atombombe zuvorzukommen, und womöglich weiterhin in der Atomwaffenentwicklung tätig waren, weil sie sich die Logik der Abschreckungspolitik zu eigen gemacht hatten. Sie empfanden es als moralische Bigotterie, dass sich ausgerechnet die ehemaligen Mitglieder des NS-Uranvereins auf das hohe Ross wissenschaftlicher Verantwortung schwangen, um lauthals ihre Mitarbeit, um die sie niemand gebeten hatte, an Waffen, die auf bundesdeutschem Boden gar nicht konstruiert und produziert werden durften, zu verweigern.[33] Der 1937 in die USA emigrierte Quantenphysiker österreichisch-jüdischer Herkunft, Victor Weisskopf, der zuvor unter anderem mit Born in Göttingen und Heisenberg in Leipzig zusammengearbeitet hatte, wies Weizsäcker vorsichtig darauf hin, nachdem der ihm die Göttinger Erklärung nach Massachusetts geschickt hatte:

> Ihr Paragraph, in dem Sie sich weigern, an der Bombe zu arbeiten, hat natürlich hier etwas Schwierigkeiten bereitet. Er war das Einzige, was die meisten Zeitungen druckten, und dadurch bekam er eine Wichtigkeit, die Sie ihm nicht zugedacht hatten. Ich bin mit Ihnen diesbezüglich natürlich völlig einverstanden (ich habe ja 1949 eine ähnliche Erklärung in Bezug auf die H-Bombe unterschrieben), aber es gibt einige unter den Physikern hier, die sich dadurch etwas zu persönlich getroffen fühlten. Der Gesamttext macht es natürlich klar, dass Sie keineswegs (zumindest nicht direkt) die U. S. Physiker, die an der Bombe arbeiten, verurteilen wollen. Von den Zeitungsauszügen war das nicht klar.[34]

Viel Beifall kam hingegen von den einheimischen Gegnerinnen und Gegnern der Wiederbewaffnung der Bundesrepublik. Ihre Bewegung, die mit der Etablierung der Bundeswehr vorerst gescheitert war, konnte sich jetzt unter dem Motto »Kampf dem Atomtod« neu formieren.[35] Sie erklärten die Göttinger 18 zu ihren Helden des zivilen Widerstands und schrieben ihnen damit eine Rolle zu,

stiftung.ch/de/karl-jaspers/die-atombombe-1958); in seinem Buch konkretisierte er den Vorwurf dann bezogen auf die Göttinger Erklärung: Jaspers, *Atombombe*, 1958, 268–277. Vgl. Schirrmacher, Physik und Politik, 2007, 25; Beyler, Demon of Technology, 2003, 232–236; Beyler, Physics, 2010, 98–101; Strickmann, Scientists as Intellectuals, 2010; Carson, *Heisenberg in the Atomic Age*, 2010, 320–330.

33 Kant und Renn zeigen, dass die Göttinger 18 sämtlich in der einen oder anderen Weise mit dem Uranverein und untereinander verbunden waren; vgl. Kant und Renn, Weizsäcker, 2014, 228.

34 Weisskopf an Weizsäcker vom 6.5.1957 (Abschrift; Einschübe in Klammern im Original; Orthographie und Zeichensetzung wurden von CS korrigiert), Bl. 2, AMPG, III. Abt., Rep. 111, Nr. 267. Vgl. auch Carson, *Heisenberg in the Atomic Age*, 2010, 329 (FN 70). Sie berichtet von entsprechenden, aber heftigeren Vorhaltungen von Ernst Lawrence gegenüber Wolfgang Gentner während einer Konferenz in Rochester (NY); diese Konferenz fand zum Zeitpunkt der Fertigstellung und Veröffentlichung der Göttinger Erklärung statt, weshalb Gentner nicht mitunterzeichnen konnte.

35 Forschungsstelle für Zeitgeschichte Hamburg, *»Kampf dem Atomtod!«*, 2009.

die kaum einer von ihnen und schon gar nicht die MPG-Mitglieder unter ihnen übernehmen wollten. Für Letztere galt es jetzt vielmehr, den Zorn der Regierenden zu besänftigen und den politischen Schaden für die MPG zu begrenzen. Die unverzüglich eintreffende Vorladung der MPG-Mitglieder Hahn, Weizsäcker und von Laue sowie der Mitunterzeichner Walter Gerlach und Wolfgang Riezler zu einem vertraulichen Gespräch mit Adenauer und Strauß nach Bonn bot die Gelegenheit dazu, zumal Adenauer vor der im Herbst 1957 anstehenden Neuwahl eine Eskalation der Atomwaffendebatte vermeiden wollte.

Dort versuchten sie zurechtzurücken, dass ihre Erklärung keinesfalls eine solche der MPG gewesen sei, auch wenn sie von deren Generalverwaltung veröffentlicht worden war, sondern einzig von den Unterzeichnern persönlich zu verantworten sei, die sich als akademische Ausbilder der nächsten Physikergeneration dazu verpflichtet fühlten.[36] Die Regierungsverlautbarung über dieses Treffen ließ sie freilich in ihrem allzu versöhnlichen Stil ein weiteres Mal als politisch unerfahrene Dümpel erscheinen, die besser geschwiegen und stattdessen das persönliche Gespräch mit Adenauer gesucht hätten. Dann hätten sie beizeiten erfahren, dass es der Regierung nur um Abrüstung zu tun sei, sie also inhaltlich eng beieinander lägen und es dieses öffentlichen Eklats, der nur dem DDR-Regime in die Hände spiele, nicht bedurft hätte.[37]

Die Lehren, die die Göttinger 18 aus dieser Erfahrung zogen, fielen je nach Charakter, politischer Selbstpositionierung und professioneller Funktion unterschiedlich aus. Karl Wirtz etwa räumte bereitwillig ein, dass Politik jenseits seiner Fachkompetenz lag, jedenfalls sobald sie über Kernforschungs- und Atomenergiepolitik im engsten Sinne hinausging. Für zukünftige Interventionen ähnlicher Art stand er nicht mehr zu Verfügung, trieb aber mit Heisenbergs Unterstützung seine fachpolitischen Interessen umso unbefangener voran, und sei es als atompolitischer Berater des Franco-Regimes.[38] Hahn ging erleichtert auf Adenauers Umarmungsstrategie ein, trug seinen Teil dazu bei, die politischen Wogen zu glätten, und lud den mit der größten Mehrheit seiner vielen Amtszeiten wiedergewählten Bundeskanzler als Festredner zu dem anlässlich der Hauptversammlung Ende Mai 1958 zu feiernden zehnten Jubiläum der MPG ein. Hahn konzentrierte sich fortan noch stärker auf seine Aufgaben als

36 Hahn hatte dies zwar auch schon zuvor betont (Kant und Renn, Weizsäcker, 2014, 229), aber mit der Veröffentlichung der Erklärung durch die MPG diese Unterscheidung wieder verwischt.

37 Dokumente zur Deutschlandpolitik III, 3, S. 597–604, 618–620 (12., 13. und 17.4.1957). Tatsächlich beeilte sich das Neue Deutschland (ND) mit dem Nachdruck der Göttinger Erklärung, unterschlug aber das explizite Bekenntnis der Unterzeichner »zur Freiheit, wie sie heute die westliche Welt gegen den Kommunismus vertritt«. ND brachte mehrere Tage lang Artikel zur Göttinger Erklärung auf seiner Titelseite, siehe die Ausgaben vom 13. bis 21.4.1957: https://www.nd-archiv.de/ausgabe/1957-04-13, zuletzt aufgerufen am 9.7.2022. Vgl. Wittner, *Struggle Against the Bomb, Bd. 2*, 1997, 104; Carson, *Heisenberg in the Atomic Age*, 2010, 323–325.

38 Carson, *Heisenberg in the Atomic Age*, 2010, 328, 226. Zu Wirtz' Engagement in Spanien vgl. oben Kapitel 3.2.

Abb. 31: MPG-Hauptversammlung am 30.5.1958 in Hannover; v. l. n. r.: Siegfried Balke (Bundesminister für Atomkernenergie und Wasserwirtschaft), Otto Hahn, Konrad Adenauer, Werner Heisenberg und Heinrich Peter Hellwege (Ministerpräsident des Landes Niedersachsen).

MPG-Präsident, artikulierte seine unverminderte Sorge vor einem Atomkrieg nur mehr – ganz im unverfänglichen »Mainauer« Stil – in allgemeinen, an die Weltöffentlichkeit gerichteten Mahnungen und wagte sich über die mit seinem Amt verbundene Wissenschafts- und Forschungspolitik nur dann hinaus, wenn er sich wie im Fall der Aufbauhilfe für das israelische Wissenschaftssystem im Einklang mit der Bundesregierung wusste.[39] Heisenberg gedachte zwar auch weiterhin politischen Einfluss zu nehmen und sah dafür zwei Wege, über die er anlässlich des Todes von Max Born im Frühjahr 1971 rückblickend reflektierte:

> Der eine ist, man wendet sich an die Öffentlichkeit und kritisiert unglückliche Entwicklungen in aller Offenheit mit der Absicht, dadurch die Menschen zum Widerstand zu bewegen und auf die Regierung Druck auszuüben. Man nimmt dafür in Kauf, daß die Regierung dieser Öffentlichkeitsarbeit häufig mit Mißtrauen und Feindschaft begegnet. Der andere Weg ist: Man versucht, ein Vertrauensverhältnis zur Regierung zu gewinnen und auf Grund dieses Vertrauensverhältnisses die regierenden [!] in der richtigen Richtung zu beeinflussen.[40]

39 Vgl. oben Kapitel 2.2; Steinhauser, Gutfreund und Renn, *Turning Points*, 2017; Kraus, *Von der Uranspaltung zur Göttinger Erklärung*, 2001, 255–262.

40 Heisenberg an Senftleben 2.4.1971, AMPG, III. Abt., Rep. 93, Nr. 1556. Vgl. dazu Carson, *Heisenberg in the Atomic Age*, 2010, 348; sowie Schirrmacher, Mit der Verantwortung leben, 2014.

Anders als Born hatte sich Heisenberg für den zweiten auch von Adenauer gewiesenen Weg entschieden. Das erste Mal hatte Heisenberg diese »beiden extremen Wege« der Einflussnahme von Wissenschaftlern auf die Politik im April 1959 unterschieden. Zu diesem Zeitpunkt hatte er aber noch einen »unsichtbaren« Mittelweg konzipiert, auf den er die gerade in Gründung befindliche Vereinigung Deutscher Wissenschaftler (VDW) einschließlich einer dort zu beheimatenden und von seinem Freund und Kollegen Weizsäcker anzuleitenden westdeutschen Pugwash-Gruppe schicken wollte.[41]

Auf unsichtbaren Wegen

Einer der Impulse für die Gründung der Vereinigung Deutscher Wissenschaftler (VDW) ging von westdeutschen Physikern aus, die weder zur MPG noch zum prominenten Kreis der Göttinger 18 gehörten. Doch sie teilten deren ursprünglich formuliertes Anliegen und fanden in der VDW ein Forum, in und mit dem auch sie ihrer so verstandenen sozialen Verantwortung als Wissenschaftler zukünftig Geltung verschaffen konnten – ähnlich wie es die britischen und amerikanischen Kollegen mit der *Federation of American Scientists* (FAS) bzw. der *Atomic Scientists' Association* (ASA) schon seit Jahren taten.[42] Ein weiterer Impuls kam von außen, und zwar von jenen Pugwash-Konferenzen, die sich im Anschluss an das Russell-Einstein-Manifest formiert hatten. Alle MPG-Wissenschaftler, die Russell nachdrücklich und teils mehrfach zur ersten Konferenz im Sommer 1957 nach Pugwash eingeladen hatte – Hahn, Heisenberg, Butenandt, Boris Rajewski und Weizsäcker –, hatten abgesagt.[43] Sie wollten nicht mehr, und schon gar nicht vor der Bundestagswahl im Herbst 1957 und in einem womöglich kommunistisch beeinflussten internationalen Zusammenhang, öffentlich in Erscheinung treten.

Erst im Dezember 1957 und nachdem er von britischen und NS-verfolgten emigrierten Kollegen informiert worden war, dass das erste Treffen in Pugwash so ermutigend verlaufen war, dass mit Fortsetzungen zu rechnen sei, reiste Weizsäcker als Gast zur konstituierenden Sitzung des *Continuing Committee*

41 Ausführlich zum Verhältnis von VDW und Pugwash sowie zur Rolle von MPG-Wissenschaftlern in beiden sich personell und inhaltlich überlappenden Gruppierungen vgl. Sachse, *MPG und die Pugwash Conferences*, 2016; Sachse, The Max Planck Society and Pugwash during the Cold War, 2018.

42 Zur FAS vgl. u. a. Wang, *American Science*, 1999; Moore, *Disrupting Science*, 2008. Zur ASA vgl. Laucht, Atoms for the People, 2012.

43 Russell an Hahn am 18.10.1956, AMPG, III. Abt., Rep. 14, Nr. 3663, fol. 41–42; Hahn an Rotblat am 19.6.1957, AMPG, III. Abt., Rep. 14, Nr. 3631, fol. 5; Gottstein, Die VDW, 2009, 359; Sachse, *MPG und die Pugwash Conferences*, 2016, 11. Zu den PCSWA vgl. Evangelista, *Unarmed Forces*, 1999; Kraft, Nehring und Sachse, The Pugwash Conferences and the Global Cold War, 2018; Kraft und Sachse, Introduction, 2020.

der PCSWA nach London, um sich einen eigenen Eindruck zu verschaffen.[44] Dort nutzte er die Chance, seine im Kreis der MPG-Kollegen abgestimmten Vorstellungen von kleinen, nichtöffentlichen Treffen eminenter Wissenschaftler vorzutragen, also für Heisenbergs »unsichtbaren Weg« zu werben. Damit stieß er eine mehrjährige Kontroverse über den zukünftigen Charakter der PCSWA an, in die er sich selbst kaum mehr einbrachte.[45] Immerhin nahm Weizsäcker im März 1958 und im Juni 1959, nachdem ihn der weiteramtierende Verteidigungsminister Strauß ausdrücklich dazu ermuntert und Hahn ihn als »the best man of our whole lot« an Russell empfohlen hatte, offiziell an der zweiten und vierten Pugwash-Konferenz im kanadischen Lac-Beauport bzw. im österreichischen Baden teil, die tatsächlich beide einen solchen intimen Charakter hatten.[46]

Zur zwischenzeitlich in Wien in Anwesenheit der internationalen Presse abgehaltenen dritten Pugwash-Konferenz einschließlich einer Großveranstaltung für das begeisterte Wiener Publikum reisten hingegen in Vertretung der eingeladenen MPG-Wissenschaftler mit Gerd Burkhardt, Helmut Hönl und Werner Kliefoth drei jener hochmotivierten, aber international weitgehend unbekannten Physiker, die noch immer nach einem organisatorischen Rahmen für ihr friedens- und verantwortungspolitisches Engagement suchten; Born war der einzige der Göttinger 18, der sie begleitete. In Wien wurde nicht nur die *Vienna Declaration* als Grundsatzpapier der PCSWA verabschiedet, sondern auch zur Gründung nationaler Pugwash-Gruppen aufgerufen. Genau dies erschien den frisch gekürten westdeutschen Pugwashites jetzt als ideale Organisationsform für ihr friedenspolitisches Anliegen im eigenen Land. Erneut wandten sie sich an die Göttinger 18, die, wenn sie glaubhaft bleiben wollten, ihnen die Unterstützung nicht abschlagen konnten. Und so traf man sich im Herbst 1959 am Rande der Jahrestagung des Verbandes der Deutschen Physikalischen Gesellschaften (VDPG), um die VDW als ordentlichen Verein und darin eingebettet den informellen Pugwash-Kreis zu begründen. Insgesamt vierzehn der Göttinger 18, darunter die MPG-Wissenschaftler Hahn, Heisenberg, Weizsäcker, Max von Laue und Josef Mattauch, zu denen sich jetzt auch Wolfgang Gentner gesellte, gehörten zu den VDW-Gründungsmitgliedern. Allerdings traten in den nächsten Jahrzehnten nur wenige von ihnen gelegentlich als VDW-Mitglieder

44 Er hatte sich vor allem mit Weisskopf, Leo Szilard, Cecil F. Powell und Rotblat besprochen, vgl. die Briefwechsel in AMPG, III. Abt., Rep. 111, Nr. 267 sowie Neuneck und Schaaf, Geschichte und Zukunft, 2007, 33.

45 Zu diesen Debatten im Continuing Committee, die sich bis in die frühen 1960er Jahre erstreckten, vgl. Sachse, Patronage Impossible, 2020, 102–115. Kraft, *From Dissent*, 2022.

46 Hahn an Russell am 16.1.1958, AMPG, III. Abt., Rep. 14, Nr. 3663, fol. 49. Vgl. auch Kraus, *Von der Uranspaltung zur Göttinger Erklärung*, 2001, 252; Kraus, Vereinigung Deutscher Wissenschaftler, 2009; Sachse, *MPG und die Pugwash Conferences*, 2016, 11, 22. Weizsäcker nahm erst 1967 wieder an einer Study Group in Marienbad und auch fortan nur selten an Pugwash-Treffen teil.

in Erscheinung. Die eigentliche Vereinsarbeit übernahmen – unter Weizsäckers Supervision – Burkhardt und Kliefoth, die regelmäßig zu Pugwash-Treffen reisten, und andere der bald über einhundert Vereinsmitglieder aus Universitäten, Forschungsinstituten und Industrieforschung.[47]

Vieles lief in diesen Jahren auf Carl Friedrich von Weizsäcker zu, der seinerseits dabei war, sich neu zu erfinden und von der Physik auf die Philosophie umzusatteln. An der Münchner Universität stand er seit Herbst 1956 an »bevorzugter«, freilich umstrittener Stelle der Liste für die Neubesetzung eines philosophischen Lehrstuhls; von der Universität Hamburg hatte er bereits einen Ruf auf eine entsprechende Professur erhalten, dem er zum Wintersemester 1957/58 folgte, ohne freilich seine MPG-Mitgliedschaft aufzugeben.[48] Kaum dass der Streit um die Göttinger Erklärung öffentlich beigelegt worden war, trieb der stellvertretende CDU-Vorsitzende Eugen Gerstenmaier, selbst ein erklärter Befürworter der Atombewaffnung, die Adenauer'sche Vereinnahmungsstrategie weiter und bot dem Nichtparteimitglied im Mai 1957 ein Bundestagsmandat für die anstehenden Wahlen auf der CDU-Liste an – ein Angebot, das Weizsäcker zwar ins Grübeln brachte, das er aber doch ablehnte.[49] Stattdessen übte er sich einerseits in der Rolle des öffentlichen Intellektuellen, wobei er seine doppelte Affiliation zur Hamburger Universität und zur MPG zu nutzen wusste, um je nach Kontext seine Unabhängigkeit von der einen oder anderen oder beiden Institutionen zu unterstreichen. Andererseits nahm er Heisenbergs Auftrag an, die eben entstehende VDW und ihre westdeutsche Pugwash-Gruppe in die richtige, »unsichtbare« Spur zu lenken.

Seine Teilnahme an der zweiten Pugwash-Konferenz im Frühjahr 1958 in Lac-Beauport hatte Weizsäcker mit einer ausgedehnten USA-Reise verknüpft und sich in Gesprächen mit amerikanischen Kollegen und Rüstungsexperten mit dem Ansatz der Graduated Deterrence oder »abgestuften Abschreckung« vertraut gemacht. In Auseinandersetzung mit der offiziellen Nato-Strategie

47 Zum Gründungsprozess der VDW vgl. Kraus, Vereinigung Deutscher Wissenschaftler, 2009, 35–44. Zum Verhältnis von VDW, Pugwash und MPG vgl. Sachse, *MPG und die Pugwash Conferences*, 2016, 11–15. Anfangs wechselten sich Kliefoth und Burkhardt in der Teilnahme an Pugwash-Konferenzen ab; danach vertrat Burkhardt dort bis zu seinem Tod 1969 die bundesdeutsche Gruppe; bereits ab 1962 nahm auch Horst Afheldt, Weizsäckers Mitarbeiter zunächst in und für die Belange der VDW, später in Starnberg, regelmäßig an Pugwash-Konferenzen und Meetings teil; vgl. Boutwell, Participants in the Pugwash Conferences, 2007. Vgl. Gottstein, Erinnerungen an Pugwash, 2007; Kraft, Confronting, 2020.

48 Butenandt an Heisenberg am 13.12.1956, Heisenberg an Butenandt am 14.12.1956, AMPG, III. Abt., Rep. 84–2, Nr. 2379, fol. 4–5, fol. 6. Beide Korrespondenten bemühten sich vergeblich, Weizsäcker den Weg an die Münchner Universität zu ebnen; sie erhofften sich davon, dass er von dort eher als von Hamburg neben seinem Ordinariat noch weiter am MPI für Physik tätig sein könnte, dessen Umzug von Göttingen nach München 1955 beschlossen worden war.

49 Kraus, *Von der Uranspaltung zur Göttinger Erklärung*, 2001, 250, FN 431.

der *massive retaliation* oder »massiven Vergeltung« war dieser Ansatz zunächst auf britischer Seite etwa von dem Labour-Politiker Denis Healey und dem Konteradmiral Sir Anthony Buzzard formuliert und auf amerikanischer Seite von Richard Leghorn, Edward Teller und Henry Kissinger weiterentwickelt worden. Sie hielten einerseits den begrenzten Einsatz von Atomwaffen für technisch möglich und plädierten andererseits dafür, auf den Ersteinsatz von Atomwaffen zu verzichten, strategisch zwischen zivilen und militärischen Zielen zu unterscheiden und andere Auswege aus Krisen zu konzipieren als entweder Unterwerfung oder Atomkrieg. In der Bundesrepublik verfolgte der Sozialdemokrat, spätere bundesdeutsche Verteidigungsminister und Bundeskanzler Helmut Schmidt diese Überlegungen aufmerksam.[50] Für Weizsäcker hingegen war dieser militärpolitische Ansatz neu, aber so überzeugend, dass er an den zwei zentralen Aussagen der »Göttinger Erklärung« zu zweifeln begann: Zum einen erschien ihm die Forderung nach einer atomwaffenfreien Zone auf dem Gebiet der Bundesrepublik nur noch »in sehr begrenztem Umfang richtig«; eine solche Zone müsse man sich, »wenn überhaupt, dann sehr groß wünschen«. Zum anderen bedauerte er, dass er sich durch die voreilige Selbstverpflichtung, sich jeglicher Mitarbeit an Entwicklung und Erprobung von Atomwaffen zu enthalten, nunmehr »davon ausgeschlossen [hatte,] als Physiker an der technischen Vorbereitung der abgestuften Abschreckung mitzuarbeiten«. Weizsäcker versteckte seinen Widerruf in einem Reisebericht, der mit dem bald schon als Bonmot kursierenden Titel »Mit der Bombe leben« in vier Fortsetzungen im Mai und Juni 1958 in der *Zeit* erschien.[51]

Aus Sicht der Bundesregierung hatte er sich und die MPG damit endgültig rehabilitiert.[52] Manche seiner Kollegen aus der MPG und Mitunterzeichner der Göttinger Erklärung wie Born, Hahn und Laue waren von seinem »Umfallen« zunächst sehr irritiert, schätzten ihn dann aber erst recht als ihren politisch-philosophischen Vordenker und diplomatischen Netzwerker in nationalen und internationalen Kontexten.[53] Nur diejenigen, die sich den Göttinger 18 hatten anschließen und mit der Gründung einer bundesdeutschen Pugwash-Gruppe bzw. der VDW die soziale Basis verantwortungspolitisch engagierter Naturwis-

50 Vgl. Coleman und Siracusa, *Real-World Nuclear Deterrence*, 2006, 58–61; Soell, *Helmut Schmidt*, 2003; Freedman und Michaels, *The Evolution*, 2019, 135–141.

51 *Die Zeit* vom 15., 22., 29.5. und 5.6.1958. Später erschienen die Ausgaben als Sonderdruck, wonach hier zitiert wird: Weizsäcker, *Mit der Bombe leben*, 1958, 21, 14; zur atomwaffenpolitischen Wende Weizsäckers vgl. auch Walker, »Mit der Bombe«, 2014.

52 Vermerke o. D. (ca. 23.5.1958 und 29.5.1958); Material für die Ansprache des Bundeskanzlers am 30.5.1958, BArch B 136/6039. In Vorbereitung der Festrede Adenauers zum zehnjährigen Jubiläum der MPG am 30.5.1958 wurde die Artikelserie im Bundesministerium für Atomkernenergie und Wasserwirtschaft unverzüglich und sorgfältig exzerpiert.

53 Hahn schrieb am 24.7.1957 an Born, dass er wie »viele Leute« zunächst geglaubt habe, Weizsäcker »sei ein bißchen umgefallen«, zitiert nach Kant und Renn, Weizsäcker, 2014, 229.

senschaftler hatten verbreitern wollen, wussten nicht mehr, woran sie mit ihm waren und ob sie ihn überhaupt in die VDW aufnehmen sollten. Sie mussten sich aber von ihren prominenteren Kollegen sagen lassen, dass auf Weizsäcker als »massgebliche« Figur nicht zu verzichten sei, er habe »nun einmal die vielen politischen Verbindungen, die er ja dauernd pflegt und auch ausnützt«, und stehe zweifellos »mit seiner ganzen Überzeugung und mit seinem ganzen Herzen auf unserer Seite«.[54]

Zwar hatten die »Göttinger« und vor allem die MPG-Mitglieder unter ihnen die Verantwortung für die gesellschaftlichen Folgen wissenschaftlicher Forschung in einen eigens dafür gegründeten Verein ausgelagert, wollten aber ihren Einfluss darauf nicht aufgeben und die VDW nicht vom unsichtbaren Weg abkommen lassen. Weizsäcker, der sich als Autor der Göttinger Erklärung und ihres Widerrufs als Meister der Ambivalenz qualifiziert hatte, sollte in der VDW nach dem Rechten sehen. Hier verbrachte er – so sein lapidares Resümee nach zehn Jahren VDW-Arbeit, davon auch einigen Jahren als Vorstandsvorsitzender – die meiste Zeit damit, »die Vereinigung an gewissen öffentlichen Verlautbarungen zu hindern, die mir naiv erschienen«.[55] Damit hatte er, je lauter die vor allem von Studierenden und Nachwuchswissenschaftler/innen artikulierte Kritik an den politischen und kulturellen Selbstverständlichkeiten des CDU-Staates im Verlauf der 1960er Jahre wurde und je mehr sie in die VDW hineindrang, umso weniger Erfolg.[56]

»Seelsorge an Bundestagsabgeordneten« oder dem Volk die Wahrheit sagen

Wie weit der unsichtbare Weg sie selbst führen würde, konnten Weizsäcker und sein verantwortungspolitisch engagierter Freundes- und Kollegenkreis, der sich über die Natur- und Geisteswissenschaften innerhalb und außerhalb der MPG bis in die Evangelische Kirche Deutschlands (EKD) hinein vernetzte, bald selbst erproben.[57] Es begann Mitte Juni 1961, wenige Tage zuvor war das erneuerte Ultimatum bekannt geworden, mit dem Chruschtschow den seit Jahresbeginn amtierenden US-Präsidenten Kennedy bei ihrem ersten Zusammentreffen am 4. Juni in Wien konfrontiert und damit die finale Runde der Berlin-Krise eingeläutet hatte. Vor diesem Hintergrund entstand im Gespräch dreier prominenter Repräsentanten der Forschungsstelle der Evangelischen Studien-

54 So der »Göttinger« Gerlach an Burkhardt am 24.6.1959, hier zitiert nach Kraus, Vereinigung Deutscher Wissenschaftler, 2009, 40–41.

55 Weizsäcker, *Der bedrohte Friede*, 1983, 198. Vgl. Sachse, *MPG und die Pugwash Conferences*, 2016, 19–20.

56 Vgl. zu Weizsäcker und der VDW v.a. Bieber, VDW, 2009; Bieber, Carl Friedrich von Weizsäcker, 2014.

57 Kant und Renn, Weizsäcker, 2014, 217.

gemeinschaft (FEST) – C. F. von Weizsäcker, Georg Picht und Günter Howe – mit dem EKD-Bevollmächtigten am Sitz der Bundesregierung in Bonn, Bischof Hermann Kunst, die Idee einer kritischen Stellungnahme zur »einseitig defensiven«, nämlich auf illusorischen deutschlandpolitischen Forderungen beharrenden und insofern in ihrer Handlungsfähigkeit »gehemmten« Politik der Adenauer-Regierung.[58]

Konkrete Auswirkungen zeigten sich etwa beim 10. Evangelischen Kirchentag, der für Mitte Juli 1961 mit Veranstaltungen in allen Sektoren des geteilten Berlin geplant war, dann aber vom DDR-Regime für den Ostteil kurzfristig untersagt wurde und nur in den Westsektoren stattfinden durfte. Während im Aufnahmelager Berlin-Marienfelde in diesem Sommer täglich mehrere tausend DDR-Flüchtlinge eintrafen, debattierte der Kirchentag unter anderem zum Thema »Unser Weg in die Zukunft – Schuld und Chance«.[59] Kurz darauf, am 25. Juli, versprach US-Präsident Kennedy mit seinen »Three Essentials« die Freiheit, Zugänglichkeit und Lebensfähigkeit Berlins sowie die dortige Anwesenheit westalliierter Truppen notfalls mit Nuklearwaffen zu verteidigen. Am 13. August riegelte das DDR-Regime mit sowjetischer Rückendeckung West-Berlin von allen Zufahrtswegen ab und betonierte damit einen noch lange andauernden geopolitischen Zustand. Dies geschah unter den Augen der tatenlosen Westalliierten, die sich mit ihrem »freien Teil«, zu dem allein sie noch Zugang hatten, als Kompromiss zufriedengaben. Eine solche Haltung der Alliierten hatte Weizsäcker schon 1958 in einem »sehr klugen Referat« während der Pugwash-Konferenz in Lac-Beauport erkennen können. Dort hatte ein ungenannter Referent »aus der militärpolitischen Lage die Folgerung gezogen, [dass] eine faktische Anerkennung des Status quo [...] heute der erste unvermeidliche Schritt zur Stabilität [sei], auch wo er aus rechtlichen und humanen Gründen unannehmbar scheine; dieses Opfer müsse jede Nation für die Sicherheit der Welt bringen«. Damals hatte Weizsäcker sich noch genötigt gesehen, die transnationale Pugwash-Runde darauf hinzuweisen, »welche Gefahr für die europäische Stabilität die Fortdauer der deutschen Teilung bedeutet«.[60] Jetzt hatte ihn der Mauerbau

58 Alle Zitate: Tübinger Memorandum, das hier in seiner letzten Version vom 6.11.1961 zitiert wird, abgedruckt in: Becker et al., Memorandum der Acht, *Die Zeit*, 2.3.1962. Zu seiner Vorgeschichte vgl. Strübind, Tübinger Memorandum, 2011, 366–372.

59 In Ostberlin konnten nur noch Gottesdienste und Bibelstunden, aber keine anders gearteten Veranstaltungen stattfinden: https://www.kirchentag.de/service/archiv/berlin_1961#c22407, zuletzt aufgerufen am 8.11.2020. Artikel »Kirchentag 1961«, *Die Zeit* 30/1961 (21.7.1961). Archiv des Deutschen Evangelischen Kirchentags (Fulda): Vorbereitungsheft zum 10. Deutschen Evangelischen Kirchentag in Berlin vom 19.–23. Juli 1961, 56–61 (Arbeitsgruppe 3); Deutscher Evangelischer Kirchentag Berlin 1961 – Dokumente, Stuttgart: Kreuz Verlag 1961, 218–290 (Arbeitsgruppe III. Politik).

60 Weizsäcker, *Mit der Bombe leben*, 1958, 18. Dem BMFT-Referenten, der Weizsäckers Artikelserie auswertete, erschien diese Passage bemerkenswert, BArch B 136/6039; Exzerpt »mit der Bombe leben«, Teil III, o. D. ca. Juni 1958.

gelehrt, dass alle anderen den Fortbestand der deutschen Teilung als Voraussetzung für eben jene Stabilität erachteten.[61]

Inmitten dieser verfahrenen berlin-, deutschland- und blockpolitischen Situation traf sich Ende Juli 1961 ein etwas erweiterter FEST-Kreis bei Ludwig Raiser in Tübingen, um eine Strategie zu entwickeln, wie man »mehr Wahrhaftigkeit« in die westdeutsche Außenpolitik, aber auch in die Bundespolitik insgesamt hineintragen könnte. Die Autoren wollten keinesfalls, so Picht, »als Club individualistischer Intellektueller« erscheinen, weshalb man sich diesmal nicht mit der Autorität der Wissenschaft, sondern mit einem »ausgesprochen evangelischen Gepräge« ausstattete.[62] Nach ersten gegenläufigen Überlegungen sollte auch keine neuerliche öffentliche Erklärung in die Welt gesetzt, sondern ein Memorandum verfasst werden. Das wollte man über das Bonner EKD-Büro evangelischen Bundestagsabgeordneten zukommen lassen, um mit ihnen – nach Parteizugehörigkeit sortiert – zunächst das persönliche Gespräch zu suchen, und zwar keinesfalls vor, sondern erst nach der im Herbst 1961 anstehenden Bundestagswahl.[63]

Man konnte sich also etwas Zeit lassen. Unter Weizsäckers und Raisers Federführung entstanden mehrere Versionen.[64] Parallel dazu warb man um weitere prominente Mitunterzeichner, hätte auch gern Persönlichkeiten aus der Wirtschaft und weitere Kirchenvertreter einbezogen, um, so Weizsäcker gegenüber Butenandt, den Eindruck zu vermeiden, »es handle sich wieder einmal um eine der bekannten gutgemeinten und unrealen Intellektuellenaktionen«.[65] Am Ende blieb es aber just bei jenem Kreis von acht untereinander gut bekannten protestantischen Intellektuellen und Wissenschaftlern, der sich ausgehend von der Straßburger Intellektuellenkolonie nach dem Krieg um die FEST gruppierte und in verschiedenster Weise auch in die MPG hineinwirkte: Zu den vier Initiatoren (Weizsäcker, Howe, Picht und Raiser) stießen noch die Freunde Heisenberg und

61 Über die Pugwash-Konferenz im September 1961 in Stowe (Vermont), an der Weizsäcker selbst nicht teilgenommen hatte, berichtete der Konsul in Boston ans AA, dass sich die anwesenden »amerikanischen Professoren an der Berlin-Krise überwiegend desinteressiert« gezeigt hätten und Eugene Rabinowitch »Kennedy's bisher bewiesene feste Haltung in der Deutschland-Frage als ›Bluff‹« bezeichnet habe (Schmidt-Schlegel an AA am 12.11.1961, PA AA B 43-REF. 302/II8/UA IIB/12).

62 So Picht an Hermann Josef Abs am 1.12.1961, hier zitiert nach Strübind, Tübinger Memorandum, 2011, 371.

63 Im Gegensatz zur überbordenden Literatur über die Göttinger Erklärung liegen für das Tübinger Memorandum nur zwei Darstellungen aus kirchenhistorischer Perspektive vor: Greschat, Tübinger Memorandum, 2000, und Strübind 2011. Carson, *Heisenberg in the Atomic Age*, 2010, 333–336 konzentriert sich auf Heisenbergs Rolle dabei, der im Hintergrund wohl einige Gespräche führte, es ansonsten aber dabei beließ, das Memorandum mit der Unterschrift wenigstens eines Nobelpreisträgers aufzuwerten.

64 Es entstanden insgesamt sechs Versionen, die Strübind, Tübinger Memorandum, 2011, 372–383 textexegetisch vergleicht.

65 Weizsäcker an Butenandt am 10.10.1961, AMPG, III. Abt., Rep. 84–2, Nr. 7691, fol. 1–2; Weizsäcker an Raiser am 12.10.1961 und 6.12.1961, BArch N 1287/59.

Hellmut Becker sowie der Intendant des Westdeutschen Rundfunks (WDR), Klaus von Bismarck, und der Präses der Rheinischen Landeskirche, Joachim Beckmann.[66] MPG-Präsident Butenandt teilte das Anliegen dieser seiner intellektuellen Bezugsgruppe, befand sich aber, wie er Weizsäcker gegenüber zu erkennen gab, »in einem starken Konflikt zwischen dem persönlichen Wunsch zu unterzeichnen und der Besorgnis, damit der Max-Planck-Gesellschaft zu schaden«.[67] Er entschied sich auf Anraten seiner Vizepräsidenten Carl Wurster (BASF), Richard Kuhn (MPI für medizinische Forschung) und Hans Dölle (MPI für ausländisches und internationales Privatrecht) dafür, nicht selbst als Unterzeichner in Erscheinung zu treten – wie im Übrigen auch Bischof Kunst sowie der DFG-Präsident Gerhard Hess –, um jede institutionelle Verknüpfung der MPG mit dem Memorandum zu vermeiden.[68] Denn das hatte es in sich.

Die acht verbliebenen Unterzeichner sahen sich als »Staatsbürger, die selbst nicht im aktiven politischen Leben stehen«, berufen, auf solche »vordringlichen politischen Probleme hinzuweisen«, die die Politiker nicht anzusprechen wagten, weil sie ihre Wähler nicht verschrecken wollten.[69] Mit der Freiheit und dem wachsenden Wohlstand hätten vielmehr in allen Parteien »fiktive Positionen«, »politische und soziale Illusionen, mangelnde Planung und fehlende Voraussicht« um sich gegriffen. Die gefährlichste Illusion liege aber der bundesdeutschen Außenpolitik zugrunde. Sie wolle nicht wahrhaben, »daß das Vertrauen auch der westlichen Welt zu Deutschland durch Hitlers Machtpolitik und durch den Krieg gänzlich zerstört worden ist« und dass die westlichen Alliierten die angesichts dieser Vergangenheit überzogenen nationalen Ansprüche auf Wiedervereinigung und gar Wiederherstellung der Grenzen von 1937 mitnichten unterstützten. Sie seien allenfalls bereit, den Westberliner Status quo zu verteidigen:

> Wir sagen nichts Neues, wenn wir die Ansicht aussprechen, daß zwar die Freiheit der in Berlin lebenden Menschen ein von der ganzen Welt anerkanntes Recht ist, daß aber das nationale Anliegen der Wiedervereinigung in Freiheit heute nicht durchgesetzt werden kann und daß wir den Souveränitätsanspruch auf die Gebiete jenseits der Oder-Neiße-Linie werden verloren geben müssen.[70]

Das war im Winter 1961/62, wenige Monate nach Kennedys berlinpolitischen Essentials und dem Mauerbau, vielleicht nichts Neues mehr. Aber es blieb ein ungeheuerlicher Tabubruch, der alle anderen in dem Memorandum ausgespro-

66 An der Diskussion der ersten von Weizsäcker und Raiser verfassten Textentwürfe beteiligten sich noch einige hochrangige EKD-Vertreter, Wissenschaftler und wenige Politiker, darunter vor allem Weizsäckers Bruder Richard, sie unterschrieben aber alle nicht, vgl. Greschat, Tübinger Memorandum, 2000, 493–494, 502–503; Strübind, Tübinger Memorandum, 2011, 374–376. Zur Straßburger »Intellektuellenkolonie« (Kuby) vgl. Kapitel 2.2.

67 Weizsäcker an Raiser, 12.10.1961, BArch N 1287/59.

68 Ebd.

69 Raiser erläuterte später diese Sprecherposition noch einmal ausführlich: Raiser, Der Wahrheitsanspruch, *Die Zeit*, 20.4.1962.

70 Tübinger Memorandum 1961/62, AMPG, III. Abt., Rep. 84–2, Nr. 7691, fol. 8.

chenen »Wahrheiten« in den Schatten stellte, die ebenfalls deutliche Statements waren: die illusorische Vorstellung, sich mit nationaler oder europäischer Atomrüstung von den USA unabhängig machen zu können; die gefährliche Weigerung, die eigene Bevölkerung über mögliche Kriegshandlungen der Großmächte aufzuklären und ihr Überleben durch entsprechende Zivilschutzmaßnahmen im Rahmen des Möglichen zu sichern; der Verzicht auf eine grundlegende Sozialversicherungsreform zugunsten »planloser Wahlgeschenke«; und die Preisgabe einer durchgreifenden Bildungsreform, um die es vor allem Butenandt zu tun war, an die »Schwerfälligkeit unseres föderativen Systems der Kulturverwaltung«. Gerade an einer »vernünftig geplanten« Sozial- und Bildungspolitik und nicht an der Rüstungspolitik könne sich erweisen, ob »unsere Gesellschaftsordnung der Herausforderung des Kommunismus gewachsen ist«.[71] Anfang November 1961 verschickte das Bonner EKD-Büro fünfzig Kopien des Memorandums an protestantische Politiker.

Die im Nachgang geplanten persönlichen Gespräche, von Weizsäcker später als »Seelsorge an Bundestagsabgeordneten« bezeichnet, verzögerten sich.[72] Von Einzelgesprächen etwa mit Willy Brandt (SPD) und Gerstenmaier (CDU) abgesehen, fanden die Diskussionen mit den Parteigruppen erst im neuen Jahr statt. Unter vier Augen, aber auch im Gruppengespräch mit CDU-Abgeordneten erfuhren die Tübinger Acht durchweg Respekt, gelegentlich sogar Zustimmung. Fast allen war an einer Fortsetzung des vertraulichen Dialogs gelegen; unisono warnten sie aber dringend vor einer Veröffentlichung insbesondere der Aussagen zur Oder-Neiße-Linie. An diesem Punkt kippte sogar das Gespräch mit den Sozialdemokraten, die sich in den rüstungs-, sozial- und bildungspolitischen Aussagen durchaus wiedererkannten, in die Konfrontation. Ihrem Wortführer Herbert Wehner folgend waren die Genossen, so berichtete Howe über das Zusammentreffen Mitte Februar 1962, »so leidenschaftlich bemüht […], jeden Vorwurf einer mangelnden nationalen Gesinnung von sich abzuwehren, daß eigentlich gegen das hier zugrundeliegende Trauma kein rationales Argument mehr half«.[73]

Stattdessen brach, wie man heute sagen würde, ein Shitstorm nicht nur, aber vor allem aus der Richtung der Vertriebenenverbände los. Ausgelöst wurde er durch ein bis heute unaufgeklärtes Leck, durch das das Manuskript Mitte Februar 1962 an die Deutsche Presseagentur (dpa) gelangte.[74] Allerdings hatte

71 Alle Zitate: Ebd., fol. 6–13. Weizsäcker an Butenandt am 10.10.1961, AMPG, III. Abt., Rep. 84-2, Nr. 7691, fol. 1–2: Hier teilte Weizsäcker Butenandt mit, dass dessen Vorschläge zur Schulreform unter dem Stichwort »Kulturpolitik« in die letzte Passage des Memorandums eingearbeitet worden seien.

72 Hier zitiert nach: Neuneck, Nukleare Abrüstung, 2014, 425. Originalzitat: Weizsäcker, *Der bedrohte Friede*, 1981, 576.

73 Howe an Beckmann am 20.2.1962, hier zitiert nach Greschat, Tübinger Memorandum, 2000, 506. Gesprächsteilnehmer waren neben Wehner u. a. Adolf Arndt, Gustav Heinemann, Martin Hirsch und Hans Merten, aber nicht Brandt.

74 Dönhoff, Lobbyisten, *Die Zeit*, 2.3.1962.

sich Raiser wegen der Verzögerung der Gespräche mit den Abgeordneten schon im Dezember 1961 dafür ausgesprochen, die eigentlich erst danach geplante Veröffentlichung in der *Zeit* vorziehen. Im Januar 1962 räsonierte Picht im Kollegenkreis darüber, dass es günstiger wäre, wenn das Memorandum nicht durch sie selbst, sondern durch eine Indiskretion ihrer Kontrahenten an die Öffentlichkeit gelangen würde.[75] Wer immer sie lancierte, die höchst opportune Indiskretion bot den Tübinger Acht den Anlass, den vollständigen Text Ende Februar 1962 im Evangelischen Pressedienst zu veröffentlichen, und zwar ohne die Bedenken ihrer Gesprächspartner aus den Parteien noch einarbeiten zu müssen, und verschaffte Raiser nur wenige Tage später einen, wie er selbst fand, »gelungenen« Fernsehauftritt.[76] Als Mitdiskutantin und ebenfalls Teil der »protestantischen Mafia« um die FEST hatte die *Zeit*-Journalistin Marion Gräfin Dönhoff schon zuvor für die öffentliche Auseinandersetzung plädiert, jetzt bot sie einmal mehr an, das Memorandum in der *Zeit* vollständig nachzudrucken.[77] Darüber hinaus sollten die Unterzeichner, wie von Weizsäcker schon früher vorgeschlagen, ihre Anliegen in einer bis in den Sommer 1962 hinein erscheinenden Serie von Artikeln ausführlicher erläutern und damit wohl mehr zur Aufrechterhaltung als zur Beruhigung der Debatte beitragen.[78]

Dass mit Klaus von Bismarck ein veritabler Vertriebener, der seine hinterpommerschen Landgüter hatte aufgeben müssen, zu den Tübinger Acht zählte, besänftigte die Vertriebenenverbände jedenfalls nicht.[79] Sie liefen Sturm, Schmäh- und Klagebriefe bis hin zu Morddrohungen aus diesen Kreisen gingen bei den Unterzeichnern ein, von Kirchenaustritten wurde berichtet. Die EKD distanzierte sich ein um das andere Mal von der »privaten« Aktion engagierter Christen, die Parteien sowieso – jedenfalls was die Anerkennung der Oder-

75 Raiser an Weizsäcker, 3.12.1961, BArch N 1287/59; Greschat, Tübinger Memorandum, 2000, FN 1 und 2. Bismarck hatte mehrfach vor einer vorzeitigen Veröffentlichung des ursprünglichen Textes gewarnt und plädierte für eine revidierte Fassung.

76 Evangelischer Pressedienst, Zentralausgabe, Nr. 47, 24.2.1962. Auszüge und Berichte erschienen noch am selben Tag in *Die Welt, Neues Deutschland, Tagesspiegel*, vgl. ebd. Zitat: Raiser in Schreiben an Weizsäcker und an Kunst vom 5.3.1962, worin er auch noch einmal seine Zufriedenheit mit der »Indiskretion« betonte, BArch N 1287/59.

77 Als erster kolportierte der *Zeit*-Journalist Claus Grossner 1970 die Rede von der »protestantischen Mafia«: Grossner, Philosophenkönige, *Die Zeit*, 27.3.1970. Nach Strübind, Tübinger Memorandum, 2011, 393, waren damit v.a. engagierte intellektuelle Mitglieder der evangelischen Laienorganisationen wie der FEST, des Evangelischen Kirchentags und der Evangelischen Akademien gemeint. Zur FEST als dem protestantischen »Think Tank« vgl. jetzt Lepp, Protestantischer Think Tank, 2019.

78 Weizsäcker an Raiser am 6.12.1961, BArch N 1287/59; Raiser an Weizsäcker am 5.3.1962, BArch N 1287/59; Greschat, Tübinger Memorandum, 2000, 505. Dönhoff, Lobbyisten, *Die Zeit*, 2.3.1962; Becker et al., Memorandum der Acht, *Die Zeit*, 2.3.1962; Weizsäcker, Chance, *Die Zeit*, 23.3.1962; Bismarck, Bonn, *Die Zeit*, 6.4.1962; Raiser, Der Wahrheitsanspruch, *Die Zeit*, 20.4.1962; Becker, Politik und Wissenschaft, *Die Zeit*, 1.6.1962.

79 Auf dem Evangelischen Kirchentag 1954 in Leipzig hatte Bismarck diese ihn selbst treffenden Ereignisse in einer aufsehenerregenden Rede als Willen Gottes, des Herrn über die Geschichte, anerkannt, vgl. Strübind, Tübinger Memorandum, 2011, 373–374.

Neiße-Linie anbelangte. Auch die Presse berichtete zwar umfänglich, aber durchweg kritisch; vom Verrat am deutschen Osten, ja Hochverrat war die Rede.[80] Dagegen erfuhren die Tübinger Acht »im mündlichen Gespräch und brieflich von einem weiten Kreis von Bekannten und Unbekannten lebhafte Zustimmung und kräftigen Zuspruch«.[81] Auch gab es Stimmen von einzelnen Kirchenvertretern und Politikern wie Brandt (SPD), Richard von Weizsäcker (CDU) und Werner Dollinger (CSU), die es teils emphatisch, teils verhalten begrüßten, dass »einige unbequeme und unangenehme Dinge« endlich zur Sprache kamen. Auch wenn sie sich in öffentlicher Rede zugleich von den ostpolitischen Aussagen der Tübinger Acht distanzierten, wussten sie es zu schätzen, dass das Tabu endlich gebrochen und des ewigen Kanzlers zerschlissene Kleider als solche benannt worden waren.[82]

Ob ungeplant oder doch geschickt vorbereitet, die Tübinger Acht waren zum richtigen Moment, nämlich als die persönlichen Gespräche in argumentativen Sackgassen endeten bzw. aus parteipolitischer Taktik abbrachen, vom unsichtbaren Weg abgewichen. Mit dem »Sturm im Blätterwald« im Rücken und dem Shitstorm von vorn, die sie gleichermaßen tapfer abwetterten, gelang es ihnen – anders als den Mainauer Nobelpreisträgern und den Göttinger 18 –, die Grenzen des Sagbaren in der medialen Öffentlichkeit nachhaltig zu verschieben.[83] Zumindest aus heutiger Sicht liest sich ihr Memorandum wie die Blaupause für die neue Ostpolitik, die Willy Brandt einige Jahre später einleiten würde, und begründete ein anhaltendes Vertrauensverhältnis zwischen diesem und Weizsäcker.

4.2 Wissenschaft und Politik neu denken: VDW und Pugwash

Nicht zufällig lenkte die Tübinger Erklärung die Spur der Sorge verantwortungspolitisch engagierter Naturwissenschaftler aus der MPG hinaus. Doch wo führte sie hin? Jedenfalls keineswegs schnurstracks zur VDW, die man doch eigens zu diesem Zweck gegründet hatte. Vielmehr teilte sie sich verwirrenderweise in mehrere Richtungen: Eine davon verwies weiterhin auf die FEST und die um sie

80 Burkhardt, German Scientists, 1962. Zeitungsartikel und Zuschriften sind umfänglich dokumentiert in: BArch N 1287/60 und BArch N 1287/61. Vgl. Greschat, Tübinger Memorandum, 2000, 507–513.

81 Zitat: Raiser an Kunst am 5.3.1962, BArch N 1287/59; vgl. auch Greschat, Tübinger Memorandum, 2000, 507.

82 Zitat: Rede Brandts auf dem SPD-Parteitag am 24.3.1962, hier zitiert nach Greschat, Tübinger Memorandum, 2000, 508.

83 Raiser und Kunst etwa waren sich über die positiven Effekte des »Sturms im Blätterwald« einig, vgl. ebd., 507–508.

gruppierte »protestantische Mafia« der bundesrepublikanischen Bildungselite, die in die MPG hinein-, aber auch weit über sie hinausreichte. Diese Adresse kam immer dann zum Einsatz, wenn man sich in einem handverlesenen vertrauten Kreis verständigen und seinen dort abgestimmten Verlautbarungen zum Zeitgeschehen ein nicht unbedingt christlich-transzendentales, aber doch moralisch legitimiertes, überparteiliches Gepräge mitgeben wollte. Eine andere Spur führte gleichwohl zur VDW und damit zu einem Verein mit einer zunehmend heterogenen Mitgliedschaft, dessen Eigendynamik immer weniger durch diese Elite gesteuert werden konnte. Eine dritte, nur dünne und häufig unterbrochene Spur deutete auf die PCSWA, jenes transnationale Netzwerk, das sich, nach einer ersten konfliktorischen Selbstfindungsphase, als Kanal einer informellen Diplomatie verstand und sich anbot, hinter den Drohkulissen der atomaren Abschreckungspolitik die Handlungsspielräume der Großmächte auszuloten und sie wo immer möglich für eine Politik der Abrüstung und Friedenssicherung zu erweitern: sei es durch wissenschaftlich-technische Expertise zur Weiterentwicklung seismologischer Überwachung unterirdischer Atomwaffentests und satellitengestützter Beobachtung gegnerischer Waffenarsenale oder durch systemtheoretische Reflektion militärischer Strategien, sei es durch vertrauensbildende informelle Kommunikation zwischen Pugwashites von beiden Seiten des Eisernen Vorhangs bzw. aus den verschiedenen, an internationalen Konflikten beteiligten Ländern und Mächten.[84]

Alle diese Spuren überschnitten sich in der Person Carl Friedrich von Weizsäckers, der sich selbst gerade von der physikalisch-theoretischen Forschung am MPI für Physik auf einen philosophischen Lehrstuhl der Hamburger Universität bewegt hatte, zugleich aber engste Verbindung zu den Kollegen in der MPG hielt. Er hatte sich in seiner neuen Position nichts weniger vorgenommen, als das historisch bis zu Francis Bacon zurückreichende Verständnis von Wissen und Macht zu revidieren. Angesichts der modernen, wissenschaftsgetriebenen Weiterentwicklung von Massenvernichtungswaffen, deren Einsatz unter keinen Umständen mehr als kriegsrechtlich legitimiert gelten könne, reiche es nicht mehr hin, »nur vor Mißbräuchen zu warnen«:

> […] so vereinfachen wir uns selbst das Problem in gefährlicher Weise. Wir sind dann in der Gefahr an einem Symptom zu kurieren. Wir müssen das gesamte Konzept der Rolle der Wissenschaft in der Welt neu denken. Daß wir bei Politikern wirkungslos bleiben, hängt weitgehend daran, daß diese auch merken, ob wir so weit gedacht haben oder nicht.[85]

84 Gerade an die wechselseitige Überwachung der Einhaltung noch zu vereinbarender Abrüstungsschritte durch technische Installationen, die das Betreten des eigenen Territoriums durch menschliche Inspektoren einer gegnerischen oder auch neutralen Instanz unnötig machen würden, knüpften sich Hoffnungen, etwa den begrenzten Atomwaffenteststopp (Limited Test Ban Treaty, LTBT) von 1963 doch noch auf unterirdische Tests zu erweitern. Vgl. Rubinson, Crucified on a Cross, 2011; Kraft, From Dissent, 2022.

85 Weizsäcker an Kliefoth am 28.10.1959, BArch B 456/337.

Carl Friedrich von Weizsäcker: Selbstinformation, Realpolitik und Ambivalenz

An die Einlösung dieses hohen Anspruchs machte sich C. F. von Weizsäcker indessen auf seine idiosynkratische Weise. Er sorgte dafür, dass die Geschäftsstelle der neu gegründeten VDW in Hamburg lokalisiert wurde und sein wissenschaftlicher Assistent (anfangs Eckehard Heimendahl, ab Herbst 1961 Horst Afheldt), den ihm die MPG auch während seiner Zeit an der Hamburger Universität zur Unterstützung seiner außen- und atompolitischen Recherchen finanzierte, den schon bald frustrierenden Job der Geschäftsführung übernahm. Die VDW sollte in Gestalt von Rundbriefen und Studiengruppen vor allem der »Selbstinformation« ihrer Mitglieder einschließlich Weizsäckers selbst dienen und darüber hinaus Formate – etwa interfakultäre Seminare und Vortragsreihen – entwickeln, um die akademische Öffentlichkeit über die »Gefahren der Wissenschaft« aufzuklären.[86] Beides haperte jedoch am unzureichenden Engagement der anderweitig ausgelasteten professoralen Mitglieder aus Universitäten und Max-Planck-Instituten. Sie trugen wenig Inhaltliches zu den kaum gelesenen Rundbriefen bei; die vorbereiteten Veranstaltungsserien wurden nur an drei oder vier Universitäten und auch dort nicht regelmäßig durchgeführt; äquivalente Veranstaltungen innerhalb der MPG sind nicht überliefert.[87] Die Chance zur »politischen Selbstinformation der Wissenschaftler« wurde aus Weizsäckers Sicht vertan.[88] Auch die Studiengruppen blieben zunehmend sich selbst, also den jungen Mitarbeitern, die zumeist aus den Sozialwissenschaften rekrutiert wurden, überlassen. Denen allerdings mangelte es nicht an politischem Engagement, das sie, sofern Weizsäcker es nicht verhindern konnte, bevorzugt in »antikapitalistischen« oder »antiimperialistischen« Resolutionen – etwa 1967 gegen die Notstandsgesetze oder Anfang der 1970er Jahre gegen das spätkoloniale Projekt der Cahora-Bassa-Talsperre im portugiesisch beherrschten Mosambik – zum Ausdruck bringen wollten, statt sich auf dem unsichtbaren Weg zu halten, den die Gründerväter der VDW gewiesen hatten.[89]

86 Zitate: Weizsäcker, *Der bedrohte Friede*, 1983, 197; Kraus, Vereinigung Deutscher Wissenschaftler, 2009, 44–59.

87 Kliefoth äußerte schon früh seine »Enttäuschung über die Reaktion, besonders der Physiker, auf die Einladung zu unserer ersten Mitgliederversammlung« (Kliefoth an Weizsäcker am 6.5.1960, BArch B 456/337). Vgl. insgesamt zu Aufbau und Aktivitäten der VDW Kraus, Vereinigung Deutscher Wissenschaftler, 2009, 44–59; Bieber, VDW, 2009; Sachse, *MPG und die Pugwash Conferences*, 2016, 21–23.

88 Weizsäcker, *Der bedrohte Friede*, 1983, 197.

89 Die Studiengruppen wurden 1964 in einer Forschungsstelle – ebenfalls zunächst unter Weizsäckers Leitung und Afheldts Geschäftsführung – zusammengefasst, womit sich die Probleme eher auftürmten als lösten. Die langjährigen und heftigen Konflikte, die 1975 zur Auflösung der Forschungsstelle führten, werden von Bieber 2009 detailliert rekonstruiert.

Weizsäckers unablässiger »Kampf gegen Manifeste« hatte auch ein, wie er eingestand, »legitimes, persönliches Interesse«:

Ich wurde öffentlich mit der VDW identifiziert und durfte meinen langsam und mühsam aufgebauten Kredit für politische Sachkenntnis nicht durch m. E. undurchdachte Manifeste meiner Kollegen gefährden lassen.[90]

Wenn die VDW vielleicht nicht von vornherein eine »Fehlgründung« darstelle, so sei doch zumindest seine Mitgliedschaft für beide Seiten »schädlich« gewesen: Er, Weizsäcker, hindere die VDW daran, ein eigenes »Image« aufzubauen und so »eine gewisse Wirkung« im öffentlichen Raum zu entfalten; die VDW dagegen desavouiere ihn als Wissenschaftler.[91] Insofern verwundert es nicht, dass Weizsäcker es vorzog, seine Analysen zur Zeit, die politischen Realismus beanspruchten und meist in ausgewogene Ambivalenz mündeten, entweder im vertrauten Kreis seiner Kollegen um die FEST oder überhaupt nur im eigenen Namen zu publizieren. So etwa im November 1964 mit einem Auftaktartikel zu einer Serie der *Zeit* über den zwischen den NATO-Partnern umstrittenen Aufbau einer multilateralen Atomflotte (Multilateral Force, MLF).[92] Von US-Präsident Kennedy 1962 im Anschluss an die Kubakrise ins Spiel gebracht, sollte sie auf Überwasserschiffen basiert und von den USA unter anderem mit Polaris-Raketen bestückt werden. Vor allem die USA, aber auch die Bundesrepublik, die damit erstmals an der operativen Führung eines gemeinsamen Atomwaffenarsenals beteiligt worden wäre, propagierten die MLF als Schritt hin zu einer europäischen, freilich immer noch amerikanisch kontrollierten Verteidigungsgemeinschaft, während die anderen NATO-Partner sehr schnell wieder von diesem Plan abrückten. Dass die MLF weder zur europäischen Einigung noch zur Festigung des amerikanisch-europäischen Bündnisses beitragen würde, wurde offensichtlich, als die beiden westeuropäischen Atommächte, zuerst Frankreich, gefolgt von Großbritannien, auf ihrer nuklearmilitärischen Autonomie bestanden.[93] Weizsäcker warnte nun vor einer reduzierten amerikanisch-bundesdeutschen MLF. Angesichts der von ganz Europa erlittenen »Ausbrüche deutscher Irrationalität« und der Tatsache, dass die Bundesrepublik »zugleich das einzige Land im zentraleuropäischen Bereich [ist], das offen territoriale Ansprüche erhebt«, könne es nicht anders sein, »als daß die ganze, auch die westliche Welt, auf eine Annäherung der Bundesrepublik an eine thermonukleare Schlagkraft nervös reagiert«. Dieses trotz aller Beteuerungen der Bundesregierung, Ansprüche nur friedlich durchsetzen zu wollen, bestehende »psychologische Problem« sei als

90 Weizsäcker, *Der bedrohte Friede*, 1983, 199. Vgl. Bieber, VDW, 2009, 117–122; Kraus, *Von der Uranspaltung zur Göttinger Erklärung*, 2001, 49, 63, 67.

91 Weizsäcker, *Der bedrohte Friede*, 1983, 198–199.

92 Weizsäcker, Kitt oder Keil, *Die Zeit*, 13.11.1964. Vgl. auch MLF, *Die Zeit*, 13.11.1964; Sommer, MLF im Nebel, *Die Zeit*, 27.11.1964. Freedman und Michaels, The Evolution, 2019, 367–372.

93 Ausführlich zu den internationalen Debatten um die MLF: Rüstung, 3.11.1964. Freedman und Michaels, The Evolution, 2019, 367–372.

»real« anzuerkennen, ebenso wie die weltpolitische Entwicklung seit Ende des Krieges. Daran seien »unsere eigenen Ziele und Verhaltensweisen« endlich anzupassen, also die Gebietsansprüche jenseits der Oder-Neiße-Linie aufzugeben sowie den »bisherige[n] Ansatz zur Wiedervereinigung[, basierend] auf der Nichtanerkennung des Staates der Unfreiheit, der sich DDR nennt«. Erst dann könne sich die Bundesrepublik aus ihrer »weltpolitischen Isolierung« befreien und müsse den »amerikanischen Versuch, sich mit Rußland über die europäischen Probleme zu einigen«, nicht länger erschweren. Dann und nur dann könne gelingen, was Weizsäcker am Ende seines Artikels in offene Fragen verpackte, die gleichwohl die diplomatische Kinderstube verrieten, nämlich »das MLF-Projekt gegen gewisse bescheidene Fortschritte im deutschen Problem einzutauschen«.[94]

Zwischen informeller Diplomatie und Regierungsloyalität

Fragen, Denkanstöße – öfters aus Gesprächen mit ausländischen Kollegen, aber auch amerikanischen Politikern resultierend – waren es auch, die Weizsäckers zahlreiche Briefe an prominente Bundespolitiker aus allen drei im Bundestag vertretenen Parteien füllten. Die meisten Adressaten – darunter die Sozialdemokraten Willy Brandt und Egon Bahr, die Christdemokraten Eugen Gerstenmaier und Rainer Barzel sowie aus der FDP Hans-Dietrich Genscher und als einzige Politikerin Hildegard Hamm-Brücher – beantworteten sie nicht nur mit Höflichkeitsfloskeln, sondern oft auch mit begründeter Zustimmung oder Kritik, manchmal auch mit einer Einladung zum persönlichen Gespräch.[95] Als Naturwissenschaftler, Atomphysiker zumal, von internationalem Rang und Namen, der in Bonner Ministerial- und Abgeordnetenbüros ein- und ausging, zugleich freundschaftliche Beziehungen zu Kissinger ebenso wie zu dem gemeinhin als »Vater der Wasserstoffbombe« apostrophierten Edward Teller pflegte, wäre Weizsäcker der ideale westdeutsche Pugwashite gewesen. Tatsächlich wurde er wie kein anderer MPG-Wissenschaftler vom *Continuing Committee* (später *Council*) der PCSWA, das die jährlichen Konferenzen vorbereitete sowie die zwischenzeitlich tagenden Study Groups und Workshops koordinierte, umworben. Allein er lehnte die Einladungen ein ums andere Mal ab und schickte stattdessen seine Hamburger Assistenten, anfangs Heimendahl, dann Afheldt, zu den internationalen Treffen seiner prominenten Kollegen, darunter nicht wenige Nobelpreisträger, vor allem aus den USA, Großbritannien und der Sowjetunion. Afheldt hingegen, der sich nach einem Jurastudium in Philosophie, Politologie und Physik weitergebildet hatte, war in den 1960er Jahren noch nicht einmal promoviert. Über Jahrzehnte sollte er, ab Mitte der 1970er Jahre zusammen mit Gottstein, die MPG im bundesdeutschen Pugwash-Kreis und

94 Alle vorstehenden Zitate: Weizsäcker, Kitt oder Keil, *Die Zeit*, 13.11.1964.
95 Aus den nahezu 300 Korrespondenzboxen im Nachlass C. F. von Weizsäckers vgl. hier AMPG, III. Abt., Rep. 111, Nr. 4, 15, 16, 236, 242, 243.

diesen bei den PCSWA repräsentieren – sehr zum Leidwesen des Auswärtigen Amtes, das allenfalls personelle Präferenzen signalisieren, aber die Auswahl der Konferenzteilnehmer nicht entscheiden konnte.[96]

Die Botschaften in den jeweiligen Gastgeberländern berichteten mehr oder weniger regelmäßig über die Pugwash-Konferenzen nach Bonn. 1960 etwa beobachtete die bundesdeutsche Botschaft in Moskau erstaunt, »daß sich diese internationale Versammlung z. T. angesehener Wissenschaftler eine gewisse Eigenständigkeit bewahrt« habe, daran hätten weder »die Linksgerichteten unter den Teilnehmern noch auch die sowjetischen Gastgeber etwas ändern können«. Besonders hervorgehoben wurde, dass sich unter den zwanzig US-amerikanischen Teilnehmern »eine Reihe bekannter Abrüstungs- und Wirtschaftsexperten« wie Richard Leghorn, Walt Rostow und Jerome Wiesner befänden, die den frisch gewählten Präsidenten Kennedy während des Wahlkampfs beraten hätten.[97] Sie, die »in der künftigen Administration keinen geringen Einfluß ausüben werden«, hätten die Gelegenheit »zu einer Sondierung der sowjetischen Vorstellungen über die Abrüstung« genutzt und im vertraulichen Dialog die »aufrichtige« Sorge ihrer russischen Gesprächspartner vor einer atomaren Bewaffnung der Bundeswehr registriert.[98] Umso empfehlenswerter sei es, dass »die Bundesrepublik zu den künftigen Tagungen Persönlichkeiten von Rang entsendet, die sich auf dem Boden politischer Wirklichkeit sicher bewegen können«.[99] Der bundesdeutsche Pugwashite Burkhardt hingegen ließ aus Sicht der Botschaft nicht nur »eine realistische Einschätzung der Situation Deutschlands vermissen«, sondern entwickele Gedankengänge, »die praktisch auf eine

96 Das bis 1966 CDU-geführte AA schätzte alle westdeutschen PCSWA-Teilnehmer als regierungsfern ein, so neben Burkhardt, Kliefoth und Afheldt selbst den umstrittenen Kieler Völkerrechtler Eberhard Menzel, der in den 1930er Jahren versucht hatte, die NS-Rassenideologie in das »deutsche Volksrechtsdenken der Gegenwart« zu integrieren: Aufzeichnung Lahn vom 14.7.1964, PA AA B 43-REF. 302/II8/UA IIB/12; Lahn an Burkhardt am 24.9.1964, ebd.; Bericht Menzel vom 15.12.1964 über die Pugwash-Konferenz in Udaipur Indien, 27.1.–1.2.1964, ebd., Giese und Menzel, *Vom deutschen Völkerrechtsdenken*, 1938; Stolleis, *Geschichte des öffentlichen Rechts*, 2002, 266. Auf Menzel folgte als regelmäßiger PCSWA-Teilnehmer der Hannoveraner Physiker Hellmut Glubrecht, der es aber wie dann auch seine erfahrenen Mitstreiter Afheldt und Gottstein mit dem SPD- bzw. FDP-geführten AA zu tun hatte, das auf Brandts Geheiß den PCSWA wohlwollender gegenüberstand.

97 Botschaft Moskau an AA am 16.12.1960, PA AA B 43-REF. 302/II8/UA IIB/12.

98 Botschaft Moskau an AA am 3.3.1961, ebd.

99 Botschaft Moskau an AA am 16.12.1960, PA AA B 43-REF. 302/II8/UA IIB/12. Der Bostoner Konsul musste hingegen beobachten, dass auf der nachfolgenden Konferenz 1961 in Stowe (Vermont) niemand die Sicht der Bundesregierung zum Ausdruck brachte und entsprechend auch niemand sowjetischen Diffamierungen wie »die ›militaristische und faschistische‹ Bundesrepublik« sowie der Unterstellung einer amerikanischen Indifferenz gegenüber der Berlin-Krise entgegentrat (Schmidt-Schlegel an AA am 12.11.1961; Vermerk Botschaft Washington vom 8.12.1961 zum Tagungsbericht Burkhardts, ebd).

Empfehlung für den Rapacki-Plan, die Zweistaatentheorie und Ulbrichts Konföderations-Projekt hinausliefen«.[100]

Weizsäcker, dessen Vorstellungen, wie das Tübinger Memorandum gezeigt hatte, nicht so weit davon entfernt waren, hatte sich auch diesmal von den dringlichen Bitten seiner VDW-Kollegen, sie in Moskau zu vertreten, nicht erweichen lassen. Auch in den nachfolgenden Jahren reiste er nicht zu den Pugwash-Konferenzen.[101] Dabei beschrieb er in einem Begleitbrief, mit dem er dem Bundesaußenminister Gerhard Schröder (CDU) Afheldts Bericht über die 11. Pugwash-Konferenz 1963 in Dubrovnik ans Herz legte, sehr genau die Funktionsweise dieser »informellen Diplomatie« am Rande der offiziellen Agenda, ihre Vorteile, die vor allem die Regierungen der USA, Großbritanniens und der Sowjetunion für sich zu nutzen wussten, und die Bedeutung dieses unverbindlichen »Abtastens von Möglichkeiten« für die aktuelle Abrüstungspolitik:

Die Gespräche der Wissenschaftler erscheinen insofern, weil sie formell Gespräche von Privatleuten sind, die in der Tat, jedenfalls in den westlichen Ländern, die volle Freiheit ihrer eigenen Meinung haben und behalten, als Fortsetzung der Möglichkeiten diplomatischer Sondierung in einem Bereich, der der amtlichen Diplomatie ihrem Wesen nach nicht mehr zugänglich sein kann. In einigen Fällen, z. B. in der Vorbereitung des Moskauer Teststopp-Abkommens, scheint mir diese Weise vorweggehender Sondierung in der Tat diplomatischen Nutzen gebracht zu haben.[102]

Trotz dieser Lobrede, die immerhin zur Folge hatte, dass Afheldt und Burkhardt fortan im Vorfeld von Pugwash-Konferenzen im Außenministerium gebrieft wurden, sah Weizsäcker weiterhin davon ab, sich selbst in dieses transnationale Forum informeller Diplomatie einzubringen.[103] Offenbar vertraute er selbst nicht auf die volle Freiheit seiner Meinung als Privatmann. Jedenfalls begegnete er drei Jahre darauf der Kritik amerikanischer Pugwashites an der Zögerlichkeit prominenter MPG-Wissenschaftler gegenüber den PCSWA mit der Gegenfrage:

But what happens – for instance in such a discussion on the German situation – when the scientist feels unable to take the attitude of his government. He cannot argue against his government in such a group.[104]

100 Botschaft Moskau an AA am 3.3.1961, ebd.

101 Botschaft Moskau an AA am 18.9.1959; Botschaft Washington an AA am 26.1.1961, ebd. Kliefoth an Weizsäcker am 12.und 22.8.1960 sowie 5. und 15.5.1961, BArch B 456/337. Boutwell, Participants in the Pugwash Conferences, 2007.

102 Weizsäcker an Schröder am 4.12.1963, PA AA B 43-REF. 302/II8/UA IIB/12. Dabei ging es u.a. um den Limited Test Ban Treaty (LTBT). Eine kritische Analyse der Rolle amerikanischer Wissenschaftler bei dessen Vorbereitung bietet Rubinson, Crucified on a Cross, 2011; Rubinson, *Redefining Science*, 2016.

103 Schröder an Weizsäcker am 9.1.1964; Afheldt an AA-Abrüstungsreferat am 8.2.1964; Lahn (AA) an Afheldt am 26.2.1964; Vermerk Lahn vom 2.4.1964; Afheldt an Diesel (AA) am 13.4.1964; Burkhardt an Lahn am 30.9.1964, PA AA B 43-REF. 302/II8/UA IIB/12.

104 Niederschrift in Stichworten über die Besprechung am 20./21.1.1967 mit Vertretern der amerikanischen Wissenschaft und Wissenschaftspolitik im MPI für Physik und Astro-

Von den amerikanischen und erst recht den KGB-kontrollierten sowjetischen Pugwashites hätte er lernen können, wie man mit einer solchen Situation umgeht.[105]

Druck von allen Seiten

Indessen wuchs der Unmut über die insuffiziente bundesdeutsche Pugwash-Präsenz. Seitens des Auswärtigen Amts und der Botschaften bemängelte man neben dem fehlenden wissenschaftlichen Prestige der bundesdeutschen Teilnehmer vor allem, dass sie sich nicht auf die Hallstein-Doktrin, an der bis zum Ende der christlich-liberalen Koalition im Herbst 1966 zumindest offiziell nicht zu rütteln war, einschwören ließen.[106] Das freilich störte die US-amerikanischen Kollegen und die Vertreter der regierenden demokratischen Administration in Washington nicht – im Gegenteil, sie hätten sich vielmehr eine personell höherrangige und intellektuell gewichtigere Vertretung dieser regierungskritischen Position bei den PCSWA gewünscht.[107]

Anlass, noch genauer auf die bundesdeutsche Präsenz bei Pugwash-Konferenzen zu schauen, waren die 1965 beginnenden Verhandlungen um den Atomwaffensperrvertrag (Non Proliferation Treaty, NPT). Für den Altbundeskanzler Adenauer war dies der »Morgenthau-Plan im Quadrat«, für den ehemaligen Bundesverteidigungs- und späteren -finanzminister Strauß drohte ein »neues Versailles, und zwar eines von kosmischen Ausmaßen«, nämlich die politische »Vergewaltigung der atomaren Habenichtse«, gefolgt von der wirtschaftlichen

physik, München (im Folgenden zitiert als Wortprotokoll 20./21.1.1967), AMPG, II. Abt., Rep. 70, Nr. 359, fol. 57.

105 Der US-amerikanische Physiker Charles Townes äußerte sich beim selben Anlass, dem Münchener Treffen vom Januar 1967 (s. o. Teil 2), überzeugt: »Even the Russians are freely expressing their view in many fields – not all, of course«, Wortprotokoll 20./21.1.1967, AMPG, II. Abt., Rep. 70, Nr. 359, fol. 57.

106 So begründete die Bundesregierung ihre Weigerung, der 10. Pugwash-Konferenz 1962 in London eine Grußbotschaft zukommen zu lassen, wie es Kennedy und sein Nachfolger seit 1961 taten, u. a. damit, dass die »Konferenz-Leitung« regelmäßig »Wissenschaftler der Ostzone« einlud, ungeachtet der Tatsache, dass diese wegen der Reisebeschränkungen der westlichen Staaten sowieso nicht zu den dort stattfindenden Konferenzen einreisen durften (Zitate: Vorbereitung auf eine Anfrage des SPD-Abgeordneten Menzel zur Fragestunde des Bundestages am 5.12.1962), PA AA B 43-REF. 302/II8/UA IIB/12, Vermerk Lahn (AA) 14.71964, PA AA B 43-REF. 302/II8/UA IIB/12. Die Botschaft in London versuchte um den Jahreswechsel 1965/66 auf den Pugwash-Generalsekretär Rotblat einzuwirken, er möge die beiden zur bevorstehenden Konferenz in Adis Abeba zugelassenen Teilnehmer aus Ost- und Westdeutschland, Jürgen Kuczynski und das VDW-Mitglied A. von dem Bussche, als Mitglieder einer »gesamtdeutschen Vertretung« behandeln, Botschaft London an AA 23.12.1965, PA AA B 43-REF. 302/II8/UA IIB/12.

107 Entsprechend äußerte sich Kissinger beim Münchener Treffen mit MPG-Wissenschaftlern im Januar 1967, Wortprotokoll 20./21.1.1967, AMPG, II. Abt., Rep. 70, Nr. 359, fol. 56.

Strangulierung der »atomlosen Westdeutschen«.[108] Dass der NPT auch bei den Pugwash-Konferenzen zur Sprache kommen würde, hatte sich schon um den Jahreswechsel 1965/66 in Addis Abeba angekündigt. Auf dieser ersten Konferenz in Afrika sollte es vorrangig um die Rolle der Wissenschaft in der Entwicklungshilfe gehen. Dafür hatte die VDW den Geschäftsführer des Deutschen Entwicklungsdienstes (DED), Axel von dem Bussche, und damit einen der wenigen Nichtwissenschaftler unter ihren Mitgliedern nominiert.[109] Ihm gelang es in seiner Arbeitsgruppe »Sicherheitsprobleme der Entwicklungsländer«, einen von polnischer Seite eingebrachten Resolutionsentwurf abzuschwächen, der die Bundesrepublik mit ihren territorialen Ansprüchen in Mitteleuropa und ihrer Nachfrage nach Nuklearwaffen zum gefährlichsten Sicherheitsrisiko erklärte. Mit Unterstützung eines israelischen Pugwashite konnte er immerhin erreichen, dass nicht »some enquiry into the methods of enriching uranium into weapons grade in G.F.R. [...] by proper authorities« gefordert wurde. Stattdessen lautete die Feststellung schließlich, dass die unzweifelhafte Urananreicherung in westdeutschen Atomkraftwerken nicht »under any existing safeguard systems« fiel.[110] Im Planungsstab des Auswärtigen Amts war man dennoch aufgebracht, dass alle anderen Punkte – die Bundesrepublik erstrebe Atomwaffen, besitze eine ausgedehnte Kriegsindustrie, stelle Mittelstreckenraketen her und verfüge über reichlich Spaltmaterial – unwidersprochen blieben.[111] Für die im September 1966 im polnischen Sopot anstehende Folgekonferenz explizit zum Thema »Abrüstung und Sicherheit« befürchtete man schlimmste Imageschäden, zumal von dem Bussche in einem Nachgespräch noch einmal deutlich gemacht hatte, dass es »der Mehrzahl der in Osteuropa Lebenden geradezu unerträglich«

108 Adenauer im *Spiegel*-Interview (Morgenthau-Plan, 26.2.1967). Strauß in einer wütenden Attacke auf den britischen Premier Harold Wilson bei dessen Besuch in Bonn am 15./16.2.1967, zitiert nach: *Der Spiegel*, Dagegen kämpfen, 19.2.1967. Vgl. auch *Akten zur Auswärtigen Politik 1967*, 1998, Dokumente 55–57, 271 ff. Zur bundesdeutschen Kontroverse um den NPT vgl. Schrafstetter, The Long Shadow of the Past, 2004.

109 Botschaft London an AA am 23.12.1965, PA AA B 43-REF. 302/II8/UA IIB/90. Von dem Bussche diente als Oberleutnant im selben Regiment wie sein Freund Richard von Weizsäcker und war 1943/44 aktiv im Widerstandskreis um Graf Stauffenberg tätig; er war später im Präsidium des Deutschen Evangelischen Kirchentags und Berater der Weltbank, vgl. Axel von dem Bussche; Gedenkstätte Deutscher Widerstand, Axel Freiherr von dem Bussche, https://www.gdw-berlin.de/vertiefung/biografien/personenverzeichnis/biografie/view-bio/axel-freiherr-von-dem-bussche/, zuletzt aufgerufen am 4.12.2020; Wiegrefe und Doerry, Es war grauenhaft, *Der Spiegel*, 23.8.2009.

110 Botschaft Addis Abeba an AA am 6.1.1966, PA AA B 43-REF. 302/II8/UA IIB/90. Die israelischen Pugwashites in Addis Abeba waren Amos de-Shalit und Y. Peter; wer von ihnen zum Schutz der Bundesrepublik das bemerkenswerte Argument vorbrachte, man möge doch nicht »einen Jüngling des Versuchs der Vergewaltigung nur deswegen [beschuldigen], weil man davon ausgehen könne, dass er physisch dazu in der Lage sei«, lässt sich nicht rekonstruieren.

111 Vermerk Müller-Roschach vom 17.2.1966, PA AA B 43-REF. 302/II8/UA IIB/90.

sei, Deutschland auch nur in der Nähe, geschweige denn im Besitz von Atomwaffen zu wissen:

> Den Deutschen wird in Zoppot ganz deutlich gesagt werden, daß die Bundesrepublik Deutschland, unbeschadet aller Folgen für Europa, das erste Objekt totaler Vernichtung sein wird, sofern sie sich nicht angesichts dieser historischen Gefühle weiterer Bemühungen um solche Waffen enthält.[112]

Im Auswärtigen Amt sondierte man in alle Richtungen, wie man die Position der Bundesregierung dort »zahlen- und niveaumäßig« stärker zur Geltung bringen könnte. Die Praxis, Konferenzteilnehmer in Vorgesprächen zu briefen, hatte aus Sicht des Amtes wenig gebracht. Die Stiftung Wissenschaft und Politik (SWP) sowie die Deutsche Gesellschaft für Auswärtige Politik (DGAP), obwohl zweifellos Sachkenner der politischen Materie, fühlten sich für die noch immer von Naturwissenschaftlern, vor allem Physikern dominierten Pugwash-Konferenzen nicht zuständig. Es brauchte aber gerade in Sopot »fachlich und sachlich qualifizierte und persönlich nicht angreifbare Wissenschaftler [...], die auch der Haltung der Bundesregierung unvoreingenommen gegenüberstehen«. Weizsäcker, den man sich dort am ehesten hätte vorstellen können, stand auch diesmal nicht zur Verfügung. Junge Juraprofessoren wie Horst Ehmke (Freiburg) und Walter Rudolf (Bochum), beide in der »Gnade der späten Geburt«, kamen ins Gespräch. Letztlich aber liefen alle Überlegungen ins Leere, denn angesichts des »privaten Charakters« der PCSWA war hinzunehmen, dass nur der Pugwash-Kreis innerhalb der VDW selbst Personen vorschlug, die das organisierende Londoner *Continuing Committee* dann einlud. Es blieb nur, mit der Bonner US-Botschaft in Verbindung zu treten, »um Näheres über die amerikanische Haltung zur Konferenz in Zoppot und die amerikanische Teilnahme zu erfahren«.[113] Darüber konnte der Abrüstungsbeauftragte der Bundesregierung und vormalige Botschaftsrats in Washington, Swidbert Schnippenkötter, berichten: Kissinger hatte ihn in einem persönlichen Gespräch aufgefordert, für eine präsentable bundesdeutsche Präsenz in Sopot zu sorgen, und gleichzeitig angeboten, selbst entsprechend beim Pugwash-Generalsekretär Rotblat und dem *Continuing Committee*, wo die bisherige bundesdeutsche Präsenz gleichermaßen kritisch beurteilt wurde, zu intervenieren. Nach Rücksprache mit Weizsäcker nannte man Kissinger den ehemaligen Diplomaten Albrecht von Kessel, der während des Krieges dem Widerstand nahegestanden hatte – und heute als einer der Wegbereiter der neuen Ostpolitik gilt –, zur Weiterempfehlung an Rotblat.[114]

112 Aufzeichnung vom 7.2.1966, PA AA B 43-REF. 302/II8/UA IIB/90.

113 Aufzeichnung Lahn vom 3.3.1966 und Aufzeichnung vom 29.3.1966 (Zitate) mit Vermerken vom 30.3. und 5.4.1966, ebd.

114 Schnippenkoetter an Kissinger am 26.5.1966 und Vermerk vom 27.6.1966, ebd.: Die beiden hatten sich Ende April 1966 bei einer Tagung der Ditchley Foundation in Ditchley Park (Oxfordshire, UK) über die bevorstehende Pugwash-Konferenz in Sopot besprochen. Zu von Kessel vgl. Conze et al., *Das Amt und die Vergangenheit*, 2010, 623–624, 640; Vocke, *Albrecht von Kessel*, 2001.

Aber auch dieser Versuch schlug fehl; die VDW ließ sich in ihre Nominierungen nicht reinreden.[115]

Nach Sopot fuhren schließlich die erfahrenen, aber aus Sicht des Amtes nur mäßig geeigneten Pugwashites, nämlich neben Afheldt der wegen seiner NS-Vergangenheit umstrittene Kieler Völkerrechtler Eberhard Menzel sowie als Neuling Ludwig Raiser. Raiser würde als Mitverfasser des Tübinger Memorandums kaum für die Haltung der christdemokratisch-liberalen Regierung einstehen, zumal er zwar »eher konservativ« einzuschätzen, aber »geneigt sei, an praktische politische Fragen mit moralischen Kriterien heranzugehen und auch eine taktische Haltung moralisch zu bewerten«. Man würde selbstverständlich im Vorfeld den »informativen Gedankenaustausch« mit ihm und den anderen suchen, versprach sich aber wenig davon – zurecht, wie sich in Sopot herausstellte.[116] Dort nämlich gerieten die bundesdeutschen und amerikanischen Teilnehmer, unter ihnen Kissinger, aneinander, als es um Szenarios zur Überwindung der innereuropäischen Konfrontation, die deutsche Frage als uneinlösbare Voraussetzung für ein zukünftiges europäisches Sicherheitssystem und einen besonders darauf abzielenden Nichtangriffspakt ging. Afheldt hatte zuvor schon bei einer Tagung der *Pugwash Study Group on European Security* für einen – wohl alle Seiten utopisch anmutenden – Friedensvertrag plädiert, der die Schaffung eines Staatenbundes aller europäischen Staaten westlich der Sowjetunion sowie einen Fahrplan für die deutsche Wiedervereinigung durch ein in zehn oder zwölf Jahren in beiden Teilen Deutschlands abzuhaltendes Plebiszit beinhalten sollte.[117] Die USA jedoch, so berichtete Afheldt, wollten »auf dem europäischen Schauplatz gegenwärtig nicht mit neuen Entwicklungen konfrontiert werden«. Ein klärendes Gespräch in Sopot, wie von Afheldt mehrfach angeboten, lehnte Kissinger ab: »[…] er hätte es satt, sich immer für deutsche Interessen einsetzen zu müssen. Das sollten die Deutschen allmählich selbst tun.«[118]

Pädagogische Geduld mit den verstockten Demokratieschülern vor allem in der MPG obsiegte gleichwohl über Kissingers Missmut. Noch in Sopot boten die US-Pugwashites den bundesdeutschen Kollegen ein vorbereitendes Gespräch

115 Vermerk Lankes (AA) vom 12.8.1966, PA AA B 43-REF. 302/II8/UA IIB/90.

116 Vermerke vom 13. und 14.4.1966 (Zitate) sowie 12.5.1966, ebd.

117 Typoskript Bluhm/Afheldt: »Security in Europe« als Anlage zum Schreiben Afheldt an Lankes (AA) am 1.6.1966, ebd.; Georg Bluhm, Postdoc bei Menzel in Kiel, war auf Empfehlung von Kissinger und Weizsäcker ans Institute for Strategic Studies nach London entsandt worden; zuvor hatte das AA versucht, ihm die bundesdeutschen Positionen etwa zum NPT zu vermitteln (Vermerk vom 12.12.1966, ebd.); vgl. auch Bieber, VDW, 2009, 145. Zur 16. PCSWA in Sopot 1966 vgl. Rotblat, *Pugwash*, 1968, 200–208. Aus den wie stets diplomatisch und unpersönlich formulierten »Proceedings of the Sixteenth Pugwash Conference on Science and World Affairs. ›Disarmament and World Security, especially in Europe‹«, Sopot, Poland, September 11–16th, 1966 (Typoskript 1966) gehen die Konflikte zwischen den westdeutschen und amerikanischen Teilnehmern nicht hervor.

118 Vermerk Ramisch (AA) vom 29.9.1966, PA AA B 43-REF. 302/II8/UA IIB/90.

Abb. 32: Horst Afheldt an seinem Arbeitsplatz im MPI für Sozialwissenschaften in Starnberg im August 1980.

über einen als »round table discussion« zu organisierenden Nachhilfeunterricht in wissenschaftlicher Politikberatung an. Dieser erste Anlauf scheiterte zwar, wie man in der MPG später einräumte, »an unserer mangelnden Bereitschaft zur schnellen Improvisation«.[119] Aber dank der Beharrlichkeit der amerikanischen Pugwashites kam es einige Monate später doch noch zu diesem Round-Table-Meeting im Münchner MPI für Physik, zu dem neun hochrangige Wissenschaftler und Mitglieder des *Presidential Scientific Advisory Board* anreisten (→ 2.2). Das Starnberger MPI zur Erforschung der Lebensbedingungen der wissenschaftlich-technischen Welt (MPIL), das letztendlich 1969/70 aus dieser Intervention

119 So Cramer und Eigen in ihrem Einladungsschreiben vom 12.12.1966 an MPG-Kollegen zum Round-Table-Gespräch im Januar 1967, AMPG, II. Abt., Rep. 70, Nr. 359, fol. 69–71.

hervorging, mochte zwar die amerikanischen und viele andere Erwartungen nicht erfüllen, vor allem nicht die nach einer prominenteren bundesdeutschen Präsenz bei den Pugwash-Konferenzen. Aber mit Weizsäckers Rückendeckung war es Afheldt möglich, seine unkonventionellen strategischen Überlegungen zur Sicherung des Friedens in Europa weiterzutreiben und sich über das Pugwash-Netzwerk, in dem er sich allmählich auch ohne den akademischen Status eines MPG-Mitglieds Anerkennung verschaffen konnte, in die internationale Abrüstungsdiskussion einzubringen.[120]

4.3 Starnberger Strategiespiele

Angefangen hatte es mit der Debatte um den zivilen Bevölkerungsschutz, die im Zusammenhang mit der Berlinkrise und Chruschtschows sinisterer Andeutung, die Sowjetunion könne mit nur acht Wasserstoffbomben die Bundesrepublik ausradieren, an Fahrt aufgenommen hatte. Zuvor hatte man im Westen, von marginalen Gegenpositionen abgesehen, auf die Stimmigkeit der Abschreckungslogik vertraut und auf umfassendere Zivilschutzmaßnahmen verzichtet. Adenauer wollte darüber hinaus weder die eigene Bevölkerung noch das Ausland beunruhigen, das westdeutsche Atomschutzmaßnahmen oder gar ein Bunkerbauprogramm als Kriegsvorbereitung interpretieren würde. Überall im Westen wurden aber spätestens nach dem Mauerbau Schutzprogramme entworfen und die Bevölkerungen in mehr oder minder ernstzunehmenden Broschüren über individuell zu ergreifende Vorkehrungen unterrichtet. Das reichte von Einkaufslisten zur Lebensmittelbevorratung und der berühmten Aktentasche, die – nach einer schon damals persiflierten »duck and cover«-Empfehlung aus den USA – im Explosionsfall über den Kopf zu stülpen war, über die Verstärkung von Kellerwänden bis hin zu Fallout-Bunkern für den Vorgarten.[121]

120 Interview Afheldt (Neuneck) 25.6.2007. Noch 1972 freilich versuchte Karl Maier, der Kuratoriumsvorsitzende der 1970 auf Initiative des Bundespräsidenten Heinemann gegründeten Deutschen Gesellschaft für Friedens- und Konfliktforschung (DGFK), Afheldt beim AA anzuschwärzen, er würde bei Pugwash »kaum ernstgenommen«, aber die Zügel der westdeutschen Pugwash-Gruppe in Händen halten und damit ihrem Ansehen schaden (Maier an Botschafter Roth [AA] am 10.4.1972, PA AA B 43-REF. 302/II8/UA IIB/210). Bei den vorbereitenden Gesprächen zur Gründung der DFGK ließ sich Weizsäcker von seinem Starnberger Mitarbeiter Klaus Michael Meyer-Abich vertreten (Bericht Meyer-Abich über die Entstehung der Förderungsorganisation für die Friedensforschung in der Bundesrepublik vom 17.6.1970, BArch B 456/483; ich danke Alison Kraft für den Hinweis auf dieses Dokument).

121 Zum Hintergrund der Bevölkerungsschutzdebatte 1961/62 vgl. die *Spiegel*-Titelgeschichte Chance, 23.5.1962; Kemper, Atomschlag und Zivilschutz, 2012; Rose, Atomschutzbunker, 2008; Garrison, *Civil Defense*, 2006; Geier, *Kriegsszenarien*, 2003.

Jeder hat (k)eine Chance: Zivilschutz im Kalten Krieg

In den USA setzte sich die *Federation of American Scientists* (FAS) kritisch mit solchen Regierungsplänen auseinander und in der VDW wurden Stimmen laut, die eine unverzügliche Stellungnahme gegen jegliche Luftschutzmaßnahmen forderten, weil solche nur die Gefahren eines Atomkriegs verharmlosten und der Bevölkerung falsche Sicherheiten vorgaukelten. Max Born war mit dieser Ansicht schon 1958 mit Weizsäcker aneinandergeraten, der angesichts der neueren Waffen- und Strategieentwicklungen einen tatsächlich begrenzten Atomkrieg zwar immer noch für wenig wahrscheinlich, aber doch denkbar hielt und es deshalb »als schlichtes Gebot der Menschlichkeit« ansah, im Ernstfall wenigstens die Menschen an den Rändern der atomar verseuchten Gebiete vor den Fallout-Gefahren zu schützen. In seinem im März 1962 nachgereichten *Zeit*-Artikel zur Erläuterung der entsprechenden Passage im Tübinger Memorandum diskutierte Weizsäcker das Für und Wider von zivilen Atomschutzprogrammen, insbesondere die gerade von der Bundesregierung an alle Haushalte verteilte Broschüre mit dem hoffnungsfrohen Titel »Jeder hat eine Chance«: Sie verhöhne die Urteilskraft der Bürger und schrecke einmal mehr davor zurück, die Bevölkerung »mit der bitteren Wahrheit bekannt zu machen«. Am Ende forderte er, neben der »wahrheitsgemäßen und gründlichen« Aufklärung der Bevölkerung und ihrer weitestgehenden Ausbildung in Erster Hilfe, wirkungsvoll ausgestattete zivile technische Hilfstrupps, die breite Verteilung von »Strahlenwarngeräten, gewissen Medikamenten, Volksschutzmasken und Batterieempfängern«, die auch bei Stromausfall Radiowarnungen empfangen könnten, sowie staatliche und private Lebensmittelbevorratung. Zum Bunkerbau wollte er sich hier noch nicht äußern.[122]

In diesem Artikel nahm Weizsäcker wesentliche Ergebnisse einer VDW-Kommission vorweg, der sich auch Hans Friedrich-Freksa vom MPI für Virusforschung angeschlossen hatte und die unter Afheldts Federführung mit einem Gutachten zum »zivilen Bevölkerungsschutz heute« die erste ernstzunehmende Studie erarbeitete, mit der sich die VDW der Öffentlichkeit präsentieren wollte.[123] Als das Gutachten, angereichert mit einer Empfehlung für bauliche Maßnahmen zum Fallout- und Trümmerschutz, im Sommer 1962 schließlich erschien, verpuffte seine öffentliche Wirkung zunächst, weil die Unterschiede zur Regierungsposition allzu sehr im Detail lagen – trotz eines Vorworts von Hahn, Heisenberg und Weizsäcker, die vorab klarstellten, dass letztlich nur die Kriegsverhütung die Bevölkerung sicher schützen könne. Erst als die Autoren

122 Alle Zitate: Weizsäcker, Chance, *Die Zeit*, 23.3.1962. Vgl. auch Bundesamt für zivilen Bevölkerungsschutz, *Chance*, 1961; Kraus, Vereinigung Deutscher Wissenschaftler, 2009, 60–68.

123 Vereinigung Deutscher Wissenschaftler e.V., *Ziviler Bevölkerungsschutz*, 1962. Vgl. Afheldt, Kalter Krieg, 2009, 299–301.

im Oktober 1963 in einer zweiten Auflage – erneut mit dem Segen der »großen Drei« – das im zwischenzeitlich fortgeschriebenen Entwurf zur Notstandsgesetzgebung geplante Schutzraumprogramm als »nicht realisierbar« denunzierten, kam Schwung in die Debatte.[124] Diskussionen im Bundesinnenministerium, genauere Kostenrechnungen durch die Baseler Prognos AG, Anhörungen Weizsäckers und des Heidelberger Physikers Otto Haxel im Innenausschuss des Bundestages folgten. Die späteren Gesetzentwürfe nahmen einige der Kritikpunkte der VDW auf; zuletzt scheiterte das revidierte Zivilschutzprogramm der Bundesregierung an mangelnder Finanzierung in den Jahren des schwächelnden Wirtschaftswunders.[125]

Die Kriegsfolgenstudie

Hingegen hatten Afheldt, C. F. von Weizsäcker und die um sie herum gruppierte VDW-Studiengruppe, die 1969/70 den personellen Nukleus des Starnberger Instituts bilden sollte, ihr Thema gefunden. Zwar blieb der erhoffte Forschungsauftrag der Bundesregierung aus, aber die Volkswagenstiftung sprang ein und finanzierte ihnen ein mehrjähriges Projekt, das mit gut 400.000 DM für sozialwissenschaftliche Forschungsvorhaben außergewöhnlich großzügig ausgestattet war. Dessen Ende 1970 vorgelegten Ergebnisse wurden als erste gewichtige Publikation dem neu eröffneten Starnberger Institut zugerechnet, vielleicht mehr noch als der VDW.[126] Die Studie ging über die Frage nach der Sinnhaftigkeit des zwischenzeitlich obsolet gewordenen Zivilschutzprogramms hinaus und spielte verschiedene Kriegsszenarien – gegliedert nach möglichen Intentionen der Angreifer – in Europa durch, um die Folgen zu konkretisieren, die sich jeweils für das Gebiet und die Bevölkerung der Bundesrepublik ergeben würden.

Der Physiker, Programmierer und Kybernetiker Philipp Sonntag, der sich dafür vorübergehend in eine Wohngemeinschaft nahe dem einzig hinreichend leistungsfähigen Großrechner in Hamburg eingemietet hatte, um dort die Nachtstunden nutzen zu können, verantwortete die mathematisch aufwendigen Modellrechnungen. Dafür wurde das gesamte Gebiet der Bundesrepublik in 2.469 Planquadrate à 100 Quadratkilometer gegliedert, um die jeweiligen physikalischen Zerstörungswirkungen durch Druck, Feuersturm, Hitze und Strahlung von Kernwaffenexplosionen unterschiedlicher Größenordnung über

124 Beide Zitate nach Kraus, Vereinigung Deutscher Wissenschaftler, 2009, 63, 65: Schreiben Helmut Ridder an Afheldt 28.2.1963; Vereinigung Deutscher Wissenschaftler e. V., *Ziviler Bevölkerungsschutz*, 1963, 42.

125 Kraus, Vereinigung Deutscher Wissenschaftler, 2009, 64–65.

126 Weizsäcker, *Kriegsfolgen und Kriegsverhütung*, 1971. Der rund 700-seitige Band enthält 16 unterschiedlich lange, nicht eben leicht zu lesende Einzelstudien von acht Autoren (Afheldt, Philipp Sonntag, Utz-Peter Reich, Hellmuth Roth, Erwin Rahner, Alexander Pfau, Klaus Rajewsky und Hans A. Künkel) sowie eine knappe Einleitung von Weizsäcker. Vgl. zur Charakterisierung dieser Studie auch Seefried, *Zukünfte*, 2015, 332–336.

verschiedenen Regionen – wie Großstädten, ländlichen Gebieten, Industriezentren oder grenznahen Randlagen – zu berechnen.[127] Kombiniert mit ökonomischen, biologischen, medizinischen, hygienischen und meteorologischen Studien der anderen Autoren erbrachten sie niederschmetternde Ergebnisse: Selbst wenn ein begrenzter Angriff nur wenig mehr als 20 Prozent der Infrastruktur des Landes unmittelbar durch die Bombenwirkung zerstören sollte, drohte ein umfänglicher, wenn nicht vollständiger Funktionsverlust der gesamten industriellen Infrastruktur und damit der sozioökonomische Zusammenbruch der Gesellschaft. Selbst wenn es gelänge, einen nennenswerten Teil der überlebenden verletzten und verstrahlten Bevölkerung mit erster Hilfe zu versorgen, wäre er nicht zu retten, weil die notwendige »zweite Hilfe« mangels funktionsfähiger Krankenhäuser ausbliebe. Kurz, der Bundesrepublik drohte nach den Berechnungen der Autorengruppe selbst bei einem begrenzten Atomschlag mindestens die »politische«, wenn nicht die »physische Vernichtung«, gleich welche Supermacht den Krieg in Europa für sich entscheiden würde.[128]

Diese Bedrohung würde – und damit erweiterte die Autorengruppe ihre ursprüngliche Aufgabenstellung von der Berechnung möglicher Kriegsfolgen zur spieltheoretischen Analyse von Militärstrategien im Kalten Krieg – durch die offizielle NATO-Strategie keineswegs gemindert. Zwar setze die NATO seit 1967/68 anstelle der *massive retaliation* (massiven Vergeltung) auf *flexible response*, doch auch hier sei am Ende einer wie immer abgestuften Reaktion auf einen konventionell geführten, aber so nicht zu stoppenden Angriff immer noch der Einsatz von Kernwaffen einkalkuliert.[129] Diese Strategie sehe einen zwar nur in feinen Stufen zu eskalierenden Einsatz taktischer Kernwaffen vor. Doch gerade mit dieser Denkmöglichkeit werde der tatsächliche Gebrauch dieser Waffen immer wahrscheinlicher, einschließlich der Gefahr einer dann doch nicht mehr zu kontrollierenden weiteren Eskalation. *Flexible response* sei, so Afheldt und sein Koautor, der Bundeswehroberst Hellmuth Roth, nichts als die »Mystifikation« einer politischen Grundstruktur, bei der ein begrenzter Atomkrieg allemal in Europa geführt würde. Und zuerst würde Deutschland vernichtet werden, auch wenn sich die Supermächte in der Abwägung von Selbstvernichtung oder Kapitulation womöglich gegenseitig verschonten.[130] Das

127 Interview Sonntag (Sachse) 6.3.2018. Sonntag, Mathematische Analyse, 1971; Sonntag wurde mit dieser Arbeit an der TU Hannover promoviert.

128 Afheldt et al., *Durch Kriegsverhütung zum Krieg?*, 1972, 106–108. Interview Sonntag (Sachse) 6.3.2018.

129 Pommerin, Strategien Kalter Krieg, 1995; Freedman und Michaels, The Evolution, 2019, 365–374.

130 Afheldt und Roth, Verteidigung und Abschreckung, 1971, 301–302 (Zitat); Afheldt et al., *Durch Kriegsverhütung zum Krieg?*, 1972, 20–27. Roth war seit 1969 Abrüstungsbeauftragter im Auswärtigen Amt. Afheldt wurde 1972 mit seinen in die Kriegsfolgenstudie eingegangenen Analysen zur Sicherheitspolitik promoviert. Vgl. auch den Nachruf auf Afheldt von Otfried Ischebeck und Götz Neuneck auf der VDW-Website: Ischebeck und Neuneck, Horst Afheldt, https://vdw-ev.de/nachruf-auf-horst-afheldt/, zuletzt aufgerufen am 23.1.2021.

Wettrüsten gefährde jedoch selbst noch diese Art der Selbstbeschränkung. Von lokalen, konventionell ausgetragenen Grenzscharmützeln abgesehen, setze die Vorstellung begrenzter, konventionell oder nuklear geführter Kriege die effektive Abschreckung voraus, die auf der wechselseitig glaubhaften gegnerischen Zweitschlagskapazität gründe. Genau die darin liegende politische Stabilität der *mutual assured destruction* (MAD) sei aber, so das Ergebnis einer »Systemanalyse« von Afheldt und Sonntag, durch die in den 1960er Jahren entwickelten ABM- und MIRV-Waffensysteme gefährdet.[131] Überhaupt stelle der anhaltende Rüstungswettlauf, bei dem sich etwa in Siebenjahreszyklen die Waffensysteme erneuerten, ergo die Zweitschlagskapazität stets neu austariert werden müsse, permanent sein eigenes Ziel, nämlich eben jene Stabilität, infrage, zumal er unter der Bedingung »kaum verifizierbarer Daten« über das Verhalten der Gegenseite stattfinde, also im Modus des klassischen Gefangenendilemmas. Solcherart Kriegsverhütung produziere unweigerlich Instabilität und gefährde damit den Frieden, den sie schützen wolle.[132]

Das meist kurz als »Weizsäcker-« oder auch »Kriegsfolgenstudie« bezeichnete, siebenhundert Seiten dicke und spröde Werk voller Diagramme, Tabellen, Karten und Formeln wurde Anfang 1971 in einer, wie einer der zahlreichen Rezensenten berichtete, »spektakulären Pressekonferenz« vorgestellt.[133] In rascher Folge mussten zwei Auflagen nachgedruckt werden.[134] Wenig später folgte die auf die politischen Kernthesen reduzierte Taschenbuchversion unter dem provokanten Titel »Durch Kriegsverhütung zum Krieg?«. Sie nahm explizit die im zwischenzeitlich erschienenen zweiten Weißbuch der Bundeswehr für das Jahr 1970 öffentlich dargelegte Strategie der *flexible response* auseinander.[135] Fachkollegen wie Ulrich Albrecht vom *International Institute for Strategic Studies* (IISS) oder der saarländische Politologe Karl Kaiser und Fachjournalisten wie Claus Koch oder Rainer Kabel würdigten das Werk als ersten substanziellen Beitrag zu der noch kaum etablierten westdeutschen Friedensforschung, die

131 Afheldt und Sonntag, Stabilität und Abschreckung, 1971. ABM: Anti Ballistic Missiles Systems (Raketenabwehrsysteme); MIRV: Multiple Independently Targetable Reentry Vehicles (nukleare Mehrfachsprengköpfe für Interkontinentalraketen).

132 Afheldt et al., *Durch Kriegsverhütung zum Krieg?*, 1972, 38–44.

133 Rainer Kabel: Kriegsverhütung – Friedensplanung, in: Das Parlament 14.8.1971, AMPG, III. Abt., Rep. 111, Nr. 360 (Die Akte enthält allein fast zwanzig Rezensionen, die in rascher Folge in der Tages- und Fachpresse erschienen).

134 Weizsäcker, *Kriegsfolgen und Kriegsverhütung*, 1971. Auflage 1/1970 (5.000), 2/1971 (4.000), eine dritte Auflage war Mitte 1971 bereits in Vorbereitung, vgl. VDW-Informationen 1/August 1971, AMPG, III. Abt., Rep. 111, Nr. 360.

135 Afheldt et al., *Durch Kriegsverhütung zum Krieg?*, 1972. Weißbuch 1970 zur Sicherheit der Bundesrepublik Deutschland und zur Lage der Bundeswehr, Deutscher Bundestag, Drs. VI/765 vom 14.5.1970. Die NATO hatte sich bereits mit ihrer Entscheidung MC 14/3 vom 16.1.1968 auf ihre neue Strategie festgelegt, siehe Gregory W. Pedlow, Historical Office, und Supreme Headquarters Allied Powers Europe: NATO Strategy Documents 1949–1969. *NATO Archives*. https://www.nato.int/archives/strategy.htm, zuletzt aufgerufen am 24.1.2021.

sich bisher mit Ankündigungen und der Rezeption ausländischer Forschungsergebnisse begnügt hätte. Auch lobten sie den interdisziplinären Ansatz und verteidigten die Studie gegen Kritik aus Kreisen, die der Bundeswehr bzw. dem Verteidigungsministerium näherstanden. Zwar könnten die Ergebnisse eingeweihte Militärstrategen nicht überraschen, aber die gründliche Analyse ausschließlich öffentlich zugänglicher Quellen und Daten mache für das breitere Publikum nachvollziehbar, was sonst nur hinter verschlossenen Türen artikuliert, berechnet und in strategische Entscheidungen umgesetzt würde. Man könne nur hoffen, dass die von den laufenden SALT-Verhandlungen ermüdete Öffentlichkeit wachgerüttelt werde und, wie Weizsäcker es vor der Presse selbst formulierte, begreife, »daß das eigene Überleben davon abhängen kann, ob der Strukturwandel der Welt, der zum politisch garantierten Weltfrieden führt, die erste Priorität der Politik ihres eigenen Landes ist«.[136]

Im politischen Bonn rannte das Autorenteam gleichwohl offene Türen ein. Im Verteidigungsministerium war man über die Forschungsarbeiten not amused, aber stets auf dem Laufenden: Schließlich hatte man selbst dem Team jenen Bundeswehroffizier Roth als Berater zur Seite gestellt, der freilich mit seiner Skepsis gegenüber der *flexible response* rasch vom »Aufpasser« zum Mitstreiter mutierte und noch vor Abschluss der Studie von der neuen Regierung Brandt als Abrüstungsbeauftragter ins Auswärtige Amt berufen wurde.[137] Weizsäcker ließ es sich dennoch nicht nehmen, die Anfang 1972 erschienene Taschenbuchversion persönlich an Bundesaußenminister Scheel zu schicken. Im Begleitbrief unterstrich er die Brauchbarkeit dieses Bändchens für die laufende Debatte um die Ratifikation der Ostverträge:

> Eines der Argumente vieler Gegner der Ostverträge ist die Besorgnis, diese Verträge könnten unsere militärische Sicherheit gefährden. Diese Sorge beruht auf einer illusionären Überschätzung unserer Sicherheit, die wir heute haben. Unsere militärische Sicherheit beruht im wesentlichen darin, dass die Sowjetunion keinen politischen Grund hat, das schwer kalkulierbare militärische Risiko auszuprobieren, das ein Angriff auf uns für sie bedeuten würde. […] So lange unsere Rüstung im Rahmen des für beide Seiten inkalkulablen Risikos bleibt, hängt unsere Sicherheit vorwiegend von einer tragfähigen politischen Regelung unseres Verhältnisses zu unseren östlichen Nachbarn ab.[138]

136 Zitiert nach Kabel, Kriegsverhütung, 1971. Vgl. insbes. auch die Rezensionen von Ulrich Albrecht (*Survival* 13/1971), H. 10, 355–356; Karl Kaiser, Wasserstoffbomben auf die Saar, *Saarbrücker Zeitung* (15./16.4.1972); sowie den Essay von Claus Koch, Voraussetzungen und Konsequenzen, *Merkur* 19/1971, H. 282 (Oktober 1971), 984–995. Kritische bis ablehnende Rezensionen kamen etwa von Lothar Rühl: Eine Denkschrift wider den Atomtod, *Die Welt* (14.1.1971); Wilhelm Meyer-Detring, Schwachstellen in der Wehrpolitik, *Wehrkunde* (Mai 1972), 244–246; Albert Alexander Stahel, Kriegsfolgen und Kriegsverhütung, *Wehrforschung* 2 (1974), 45–50. Diese und weitere Rezensionen gesammelt in AMPG, III. Abt., Rep. 111, Nr. 360.

137 Afheldt, Kalter Krieg, 2009, 304.

138 Weizsäcker an Scheel 21.3.1972, PA AA B 43-REF. 302/II8/UA IIB/209.

Die unverzügliche Ratifikation der Ostverträge sei daher geboten, um »die ganze Welt« von der »Intention unserer Ostpolitik«, nämlich der »Schaffung eines politisch gesicherten Weltfriedens« zu überzeugen.[139] Scheel konnte ihm in seinem ausführlichen Dankschreiben mit zum Teil wortgleichen Formulierungen nur zustimmen.[140] Zu einer irgendwie gearteten Implementation der Kritik an der *flexible response* kam es jedoch weder in der Bundeswehr noch in der NATO. Der zukünftige Bundesverteidigungsminister Helmut Schmidt berief sich in seiner zeitgleich mit der Kriegsfolgenstudie entstandenen, im Wahlkampf 1969 veröffentlichten programmatischen Studie zur »Strategie des Gleichgewichts« zwar durchaus auf Weizsäckers Thesen vom Weltfrieden als Lebensbedingung des wissenschaftlich-technischen Zeitalters und der Notwendigkeit der politischen Stabilisierung dieses Friedens, sublimierte sie freilich zu philosophischen Begründungen, für deren Entfaltung sein eigenes Buch »keinen Raum« biete. Für Schmidts Vermessung des bundesdeutschen Handlungsspielraums innerhalb der westlichen Verteidigungspolitik als Kombination von Gleichgewichts-, Rüstungskontroll- und Entspannungspolitik lieferte Weizsäcker allenfalls den hohen Ton im Hintergrund.[141]

In der DDR wurde die Kriegsfolgenstudie aufmerksam gelesen: Der Jenaer Historiker Dieter Fricke referierte sorgfältig, kritisierte dann aber linientreu, dass sich die Autorengruppe trotz aller peniblen Berechnungen der Auswirkungen eines Atomkriegs in Europa nicht klar von der Abschreckungstheorie verabschiedete. Als »Hauptschwäche« des Buches warnte er vor der Vision einer »Weltregierung«, die nach Weizsäcker allein in der Lage sei, eben jenes Übel der Abschreckung zu überwinden:

> Ohne zwischen fortschrittlichen und reaktionären, friedensfreundlichen und friedensfeindlichen Kräften zu unterscheiden, wird behauptet, daß ein zuverlässiger Weg zur Kriegsverhütung »den Machtverzicht der Imperien und Nationen in sich schließt« [...].

Diese Forderung sei nicht nur »utopisch«, sondern würde »die Friedenskräfte auf Irrwege« leiten. Gleichwohl liege in der »mehr indirekten, aber unüberhörbaren Anklage gegen die Bonner Rüstungspolitik« die »große Bedeutung dieses Buches«.[142] Im Tenor ähnlich, aber mit noch heftigeren Klassenkampfparolen gegen die Bundesrepublik als »aggressivste imperialistische Macht in Europa«, die Bundeswehr als »militärische Macht der Monopole« und Weizsäcker als »bürgerlichen Friedensbefürworter« eröffnete Jürgen Kuczynski seinen polemischen Verriss der Studie, konnte ihr am Ende aber auch etwas Gutes abgewinnen: Bei aller »Kümmerlichkeit [des] politischen Niveaus« könnten die »interessanten«,

139 Ebd.
140 Scheel an Weizsäcker (unterzeichneter Entwurf o. D.), ebd.
141 Schmidt, *Strategie des Gleichgewichts*, 1970, 38, 70; Afheldt, Kalter Krieg, 2009, 308. Vgl. zu Schmidts Gleichgewichtskonzept auch Hansen, Zwischen Staat und Straße, 2012, 524.
142 Alle Zitate: Fricke, Kriegsfolgen, 1972, 358.

wenn auch nur Bekanntes bestätigenden »naturwissenschaftlich-technischen Ausführungen« womöglich den politisch unbedarften »Fachmann beeindrucken« und »manche Kreise aufschrecken«. Insofern sei das Buch trotz seiner »entscheidenden Mängel« »für den Friedenskampf in der BRD von Nutzen«.[143]

In der Sowjetunion scherte man sich weniger um die ideologische Dekontaminierung des weltpolitischen Ansatzes, sondern interessierte sich für Afheldts und Sonntags strategische Modellrechnungen, die das Moskauer Akademieinstitut für USA- und Kanada-Studien in Vorbereitung der SALT-Verhandlungen über den ABM-Vertrag auswertete.[144] Verbindungen zu sowjetischen Kollegen konnte Afheldt bei Pugwash-Meetings oder auch in der Zusammenarbeit mit dem 1968 gestarteten, transnational angelegten und am *World Law Fund* (WLF) in New York angesiedelten *World Order Models Project* (WOMP) knüpfen und pflegen. Dessen Initiator, der Völkerrechtler Saul Mendlovitz, war vom Konzept der »Weltinnenpolitik« höchst angetan und rekrutierte Weizsäcker als einen ersten Mitstreiter, der die konkrete Zusammenarbeit wohl auch in diesem Fall an Afheldt delegierte.[145]

Defensive Verteidigung

Zuhause in Starnberg wurde Afheldts Arbeitsgruppe »Kriegsverhütung« indessen zur intellektuellen Heimat für weitere Bundeswehr-Dissidenten wie seinen Cousin, den Brigadegeneral des Heeres Eckart Afheldt, und den Oberstleutnant Alfred Mechtersheimer, der nach einem wirren Parcours durch die sich in den 1980er Jahren wandelnde bundesdeutsche Parteienlandschaft schließlich in rechtsextremen Kreisen endete.[146] Hier arbeiteten sie zusammen an einer

143 Kuczynski, Weizsäckers Befürchtungen, 1971.

144 So Afheldt im Interview: Afheldt (Neuneck) am 25.6.2007.

145 In Moskau nutzte man vor allem eine englische Übersetzung, die für das WOMP angefertigt worden war: Afheldt und Sonntag, *Stability and Strategic Nuclear Arms*, 1971; Afheldt und Sonntag, Stability and Deterrence, 1973. Tätigkeitsbericht MPIL vom 21.6.1971, AMPG, III. Abt., Rep. 111, Nr. 78. Vgl. McKeil, Revisiting the World Order, 2022; Mendlovitz, *On the Creation*, 1975. Siehe darin besonders Weizsäcker, A Sceptical, 1975. Vgl. auch Seefried, *Zukünfte*, 2015, 337.

146 Mechtersheimer wurde in den 1970er Jahren als Presse- und Lehroffizier eingesetzt und lehrte u. a. an der Bundeswehrhochschule München; 1977 promovierte er bei Kurt Sontheimer mit einer Studie über das Tornado-Programm (Mechtersheimer, *Rüstung und Politik*, 1977). 1979 wurde ihm die Freistellung für einen längeren Forschungsaufenthalt am MPIL trotz einer ausführlichen Eingabe Weizsäckers verweigert (C. F. von Weizsäcker an Bundesverteidigungsminister Apel am 16.1.1979, AMPG, III. Abt., Rep. 111, Nr. 10). Daraufhin quittierte er den Dienst, um zunächst mit einer DFG-Förderung in der AG Afheldt mitzuarbeiten. Im Zuge der Auflösung des MPIL gründete er gemeinsam mit Afheldt und fünf weiteren MPIL-Kollegen und -Kolleginnen quasi als Auffanginstitution das Forschungsinstitut für Friedenspolitik (FF) in Starnberg (heute Weilheim).

militärischen Alternative zur Strategie der *flexible response* und entwickelten in den nächsten Jahren das Konzept der »defensiven Verteidigung«, die in der internationalen Friedens- und Konfliktforschung der 1970er und 1980er Jahre auch unter Bezeichnungen wie *non-offensive defense* oder strukturelle Angriffsunfähigkeit diskutiert wurde. Dabei ging es darum, die eigene Armee und die Verteidigungsvorkehrungen im eigenen Land so umzugestalten, dass sie weder zum Angriff noch zum Gegenangriff taugten, aber dennoch stark genug waren, um einen gegnerischen Angriff mit konventionellen Waffen von vornherein aussichtslos erscheinen zu lassen. Damit wäre das Risiko gebannt, dass sich ein begrenzt intendierter und mit konventionellen Waffen begonnener Krieg zum Atomkrieg aufschaukeln würde, worin viele Sicherheitsstrategen dieser Jahre die größere Gefahr sahen als in einem direkten Atomwaffenangriff, der unter Annahme der *mutual assured destruction* (MAD) sowieso in die wechselseitige Vernichtung münden würde.

Der strategische und rüstungstechnische Kerngedanke im Afheldt'schen Konzept lag in der Absage an die Linienverteidigung, die, wie Simulationen der Bundeswehr und der NATO immer wieder ergaben und etwa der israelische Vormarsch im Sechs-Tage-Krieg 1967 realiter gezeigt hatte, einem Überraschungsangriff niemals standhalten könne. An ihre Stelle sollte eine tiefgestaffelte Raumverteidigung treten, die das konventionelle Waffenarsenal des Angreifers über kurz oder lang verschleißen und ihn doch wieder auf die nukleare MAD-Logik zurückwerfen würde. Das wichtigste Instrument waren kleine, über das gesamte Territorium der Bundesrepublik verteilte »Technokommandos«, die aus Erdbunkern heraus mit ferngesteuerten Abwehrwaffen die eindringenden Panzer wenn nicht stoppten, so doch aufhielten, um Zeit für Verhandlungen zu gewinnen. Das Konzept wurde in Zusammenarbeit mit Bundeswehroffizieren konkretisiert und verfeinert; die Firma Messerschmitt-Bölkow-Blohm (MBB), zu der Afheldts Arbeitsgruppe persönliche Kontakte unterhielt, entwickelte

Die MPG zahlte deren Gehälter bis zum Auslaufen ihrer befristeten Arbeitsverträge mit dem MPIL und finanzierte übergangsweise die Räumlichkeiten. Afheldt verblieb in unkündbarer Position in der MPG und zog sich nach wenigen Jahren aus dem FF zurück. Mechtersheimer, der sich zunehmend in nationalkonservativen Kreisen bewegte, blieb bis 1989 Vorstandsvorsitzender. Die von ihm betriebene Auflösung des FF wurde von der teils prominenten Mitgliedschaft (Heinrich Böll, Luise Rinser, Sue und Hans-Peter Dürr, Franz Alt u. v. a. m.) verhindert, die 1990 den bis heute amtierenden Vorsitzenden Erich Schmidt-Eenboom einsetzte (mündliche Mitteilungen von Marianne Zepp an CS am 31.1.2021 und von Schmidt-Eenboom an CS am 5.2.2021; Archiv FF: Protokoll der Gründungsversammlung 15.12.1981; Forschungsinstitut für Friedenspolitik, http://www.geheimdienste.info/satzung.htm, zuletzt aufgerufen am 10.2.2021). Zu Mechtersheimer vgl. auch »Mechtersheimer, Alfred«. In: Munzinger Online/Personen – Internationales Biographisches Archiv: http://www.munzinger.de/document/00000016411, zuletzt aufgerufen am 10.2.2021; und den Wikipedia-Artikel zu Mechtersheimer: https://de.wikipedia.org/w/index.php?title=Alfred_Mechtersheimer&oldid=217063951, zuletzt aufgerufen am 10.2.2021.

die passenden Waffensysteme und förderte ihrerseits die Verbreitung von Afheldts Schriften.[147]

Auch wenn die Strategie der »defensiven Verteidigung« nie implementiert wurde, spielte sie im intellektuellen Zweig der internationalen »arms control scene«, nicht zuletzt auch unter Pugwashites eine beachtliche Rolle und wurde in militärischen Kreisen im In- und Ausland diskutiert.[148] So berichtete Afheldt etwa von einer Tagung Ende der 1970er Jahre im *Stockholm International Peace Research Institute* (SIPRI), dass der sowjetische Vertreter seinen Ansatz zwar mit der Bemerkung wegwischte, deutsche Armeen würden bekanntlich immer angreifen. Der polnische Vertreter habe pflichtgemäß zugestimmt, ihn dann aber beim Mittagessen zur Seite genommen und Näheres über diese »interessante«, weil in beide Richtungen nach Westen wie nach Osten wirksame Strategie wissen wollen. Einige Jahre später habe dann der polnische Ministerpräsident Wojciech Jaruzelski das Konzept der defensiven Verteidigung im Rahmen des Warschauer Paktes zur Sprache gebracht, bis es schließlich Gorbatschow in seine Verhandlungsstrategie bei den Abrüstungsgesprächen der späten 1980er Jahre einbaute.[149] Zwischenzeitlich veränderten sich allerdings noch einige Parameter im dynamischen System von Politik, Wissenschaft und MPG und trugen dazu bei, dass die Starnberger Strategiespiele in adaptierter Form schließlich doch auf der Bühne der internationalen Abrüstungsdiplomatie aufgeführt werden konnten.

147 Interview Afheldt (Neuneck) 25.6.2007; Afheldt, Kalter Krieg, 2009, 306; Afheldt, *Verteidigung und Frieden*, 1976; Afheldt, *Verteidigung*, 1983. In seiner Eingabe an den Bundesverteidigungsminister beschrieb Weizsäcker detailliert die enge Zusammenarbeit mit meist pensionierten Bundeswehroffizieren an seinem Institut (Weizsäcker an Apel am 16.1.1979, AMPG, III. Abt., Rep. 111, Nr. 10).

148 Afheldt, Kalter Krieg, 2009, 306; Neuneck, Deutsche Pugwashgruppe, 2009, 385. Ähnliche Konzepte wurden auch von Emil Spanniocchi und Guy Brassollet entwickelt: Spanniocchi und Brossollet, *Verteidigung*, 1976. Zu diesem Band verfasste C.F. von Weizsäcker ein Vorwort. Die Verteidigungsstrategien Österreichs und der Schweiz orientierten sich zu Teilen an diesen Ansätzen. Vgl. dazu den ausführlichen Artikel Ein Heer, 23.5.1982, 80–103, sowie die verschiedenartigen und -sprachigen Publikationsorgane, in denen Afheldt und Weizsäcker ihre Forschungen veröffentlichten (aufgelistet in den *MPG-Jahresberichten 1975 ff.* unter MPIL und *1985 ff.* unter Arbeitsgruppe Afheldt).

149 Interview Afheldt (Neuneck) 25.6.2007. Mehr als vom Verteidigungsministerium wurden Afheldts unkonventionelle Ideen vom Außenamt geschätzt. Dieses förderte in den frühen 1980er Jahren eine Seminarserie in der Evangelischen Akademie Loccum, bei der internationale Theoretiker der non-offensive defense, darunter eben auch Afheldt und sein Kooperationspartner Lutz Unterseher von der SPD-nahen Studiengruppe Alternative Sicherheitspolitik, mit Diplomaten auch aus der Sowjetunion zusammentrafen, die ihrerseits in die laufenden Wiener Verhandlungen über die Abrüstung konventioneller Streitkräfte in Europa (KSE) involviert waren. Evangelista beschreibt diese Seminare als einen Kanal, durch den Afheldts Konzepte nach Moskau und zu Gorbatschow gelangten, vgl. Evangelista, *Unarmed Forces*, 1999, 187.

Bifurkationen

So lautete das Zauberwort, mit dem zwei unerschrockene Grenzgänger zwischen Politik und Wissenschaft den Geist des eben tumultuös zu Grabe getragenen Starnberger Instituts (→ 2.3) zu neuem Leben erwecken wollten. Der eine war der Direktor am Werner-Heisenberg-Institut im MPI für Physik und Astrophysik, Hans-Peter Dürr, der auf diese Weise hoffte, seine zeitintensiven friedenspolitischen Aktivitäten, die seitens des MPG-Präsidialbüros immer wieder gerügt wurden (→ 2.4), in Einklang mit seiner Position als MPI-Direktor zu bringen. Der andere war der junge Philosoph Albrecht von Müller, der sich nach seiner in engem Austausch mit C. F. von Weizsäcker entstandenen Dissertation über »Zeit und Logik« in der VDW-Studiengruppe zur »Europäischen Sicherheit« engagiert und 1982 ein Manuskript mit dem anspruchsvollen Titel »Grundzüge einer europäischen Sicherheitspolitik der 80er und 90er Jahre« verfasst hatte. Mit großem Nachdruck und einigem Erfolg bemühte sich Dürr nicht nur um dessen Publikation.[150] Er versandte das Manuskript seines Postdoktoranden auch an alle wichtigen bundesdeutschen und US-amerikanischen Medien, mehrere Bundesminister, die Parteiführungen von SPD und CDU sowie namhafte Wissenschaftler im Feld der internationalen Politik wie George Kennan (Princeton Institute of Advanced Studies) und Ralf Dahrendorf (London School of Economics). Die Empfangsbestätigungen waren meist förmlich, ausführlichere Reaktionen eher verhalten und seitens der CDU durchwegs kritisch.[151] In Teilen der SPD hingegen, die sich seit Herbst 1982 nicht nur in der Opposition, sondern seit dem von ihr als vormaliger Regierungspartei mit zu verantwortenden NATO-Doppelbeschluss auch im innerparteilichen Streit um die Nachrüstung befand, stießen die dort vorgetragenen sicherheitspolitischen Thesen auf positive Resonanz.[152]

Die Werbekampagne, die Dürr und sein MPI-Sekretariat betrieben, hatte einen doppelten Grund, der sich bereits in dem staatsmännisch-weisen Obertitel des schmalen Bandes andeutete, verhieß dieser doch nichts weniger als die »Kunst des Friedens«.[153] Es ging dem jungen Autor und seinem Mentor nicht nur um einen aktuellen sicherheitspolitischen Beitrag zu den in den Parlamenten,

150 Angereichert mit einem Vorwort des Mitbegründers des Club of Rome, Aurelio Peccei, erschien es nach zahlreichen Verlagsabsagen schließlich 1984 im Hanser Verlag, der auch schon die Kriegsfolgenstudie und einige weitere Weizsäcker-Bände herausgebracht hatte: Müller, *Kunst des Friedens*, 1984.

151 Die umfängliche Korrespondenz einschließlich einer Liste mit rund 130 Adressaten ist enthalten in: AMPG, III. Abt., ZA 116, K 38. In einem Brief an den Staatsminister im Auswärtigen Amt Alois Mertes (CDU) wehrte sich von Müller gegen dessen ihm von verschiedenen Seiten hinterbrachte Vorwürfe des Antiamerikanismus und der Aufkündigung der transatlantischen Sicherheitsgemeinschaft (von Müller an Mertes am 3.5.1983, ebd., Ordner 7).

152 Zum Nachrüstungsstreit in der SPD vgl. Hansen, *Abschied*, 2016.

153 Der Anklang an den um 500 v. Chr. entstandenen chinesischen Klassiker über »Die Kunst des Krieges« von Sunzi ist auffallend und sicher nicht zufällig.

Medien und auf den Straßen ausgetragenen Debatten um Nachrüstung versus Schaffung atomwaffenfreier Zonen. Es war vielmehr der publizistische Auftakt zu einem groß angelegten interdisziplinären Forschungsprogramm, das Strukturbildungsprozesse und Phasenübergänge in hochaggregierten sozialen Systemen analysieren sollte. In Anlehnung an die mathematische Darstellung von Zustandsänderungen – oder mit Henri Poincaré: »Bifurkationen« – in nichtlinearen dynamischen Systemen sollten zwei charakteristische Phasen sozialer Systeme unterscheidbar und à la longue politisch steuerbar gemacht werden: solche, die dynamisch hoch stabilisiert waren und in denen Kursänderungen einen entsprechend hohen Kraftaufwand erfordern würden, und solche, die nur eine geringe Richtungsstabilität aufwiesen und deren Kurs deshalb mit wenig Aufwand umgelenkt werden konnte.[154] Sicherheitspolitik im Kalten Krieg bot sich insofern als ein erster, relativ einfacher Modellfall an, da sich dessen Hauptakteure in einem – im Vergleich zu sonstigen sozialen Systemen – klar strukturierten bipolaren Blocksystem bewegten und darüber hinaus denselben spieltheoretischen Logiken und systemanalytischen Ansätzen folgten. Zudem lag die Dringlichkeit, theoretische und womöglich praktische Auswege aus der in den frühen 1980er Jahren erneut beschleunigten Aufrüstungsspirale zu konzipieren, auf der Hand. Über den Jahreswechsel 1983/84 redeten sich Dürr und von Müller im Schnee der österreichischen Alpen die Köpfe heiß über die Identifikation von Bifurkationen in dynamischen Systemen unterschiedlicher Art und entwickelten schließlich einen Projektantrag zur »stabilitätsorientierten Sicherheitspolitik«, den sie im Sommer 1984 bei der DFG einreichten.[155] Da inzwischen auch die Abwicklung des Starnberger Übergangsprovisoriums, des MPI für Sozialwissenschaften, beschlossen war, sollte das Projekt in der AG Afheldt angesiedelt werden, deren Leiter sie als weiteren Antragsteller mit ins Boot holten.[156]

154 Poincaré, L'Équilibre, 1885; Müller, *Kunst des Friedens*, 1984, 22. Meine Darstellung stützt sich auf die Studie von Collado Seidel, Durchbruch, 2021, die im Auftrag der von v. Müller geleiteten Parmenides-Stiftung erstellt wurde; hier besonders die Korrespondenz zwischen Gottstein und von Müller im Juni und Juli 1984 (ebd., 54–56).

155 Der vollständige Projekttitel lautete: »Stabilitätsorientierte Sicherheitspolitik. Eine integrierte Rahmenkonzeption für die Weiterentwicklung der Sicherheits- und Verteidigungspolitik der Bundesrepublik«. Projektunterlagen befinden sich in AMPG, III. Abt., ZA 116: Ordner 9, K 12, 38, 54 und 108.

156 Die AG Afheldt war als selbständige Einheit in der MPG verblieben, weil ihrem langjährigen Leiter nicht mehr gekündigt werden konnte und es – trotz vereinter Anstrengungen von BMFT und Generalverwaltung – nicht gelungen war, Afheldt an eine aus ihrer Sicht inhaltlich passendere Institution, wie die Stiftung Wissenschaft und Politik (SWP) in Ebenhausen, die Hessische Stiftung Friedens- und Konfliktforschung (HSFK) oder das Institut für Friedensforschung und Sicherheitspolitik an der Universität Hamburg (IFSH), zu vermitteln: Protokoll der 92. Sitzung des Senates vom 16.3.1979 in Berlin, AMPG, II. Abt., Rep. 60, Nr. 92.SP, fol. 214, 217, 220; Protokoll der 97. Sitzung des Senates vom 21.11.1980 in München, AMPG, II. Abt., Rep. 60, Nr. 97.SP, fol. 111–112; Vermerk Haunschild vom 18.1.1980 über die MPG-Senatssitzung am 16.1.1980, BArch B 196/20204.

Es war eines der mühsameren Bewilligungsverfahren bei der DFG.[157] Über ein Dutzend Fach- und Sondergutachter aus mehreren Disziplinen wurden damit über 15 Monate befasst. Dass der Antrag in reduzierter Form im Oktober 1985 immerhin probeweise für ein Jahr – mit Verlängerungsmöglichkeit nach neuerlicher Begutachtung – bewilligt wurde, lag vor allem an der Mitzeichnung Afheldts, dem alle Gutachter hinreichend Expertise und Renommee zuerkannten, auf dass sie ihrem moralischen Gefühl, ein so dringendes Projekt in diesen blockpolitisch so angespannten Zeiten nicht ablehnen zu dürfen, nachgeben konnten. Darüber hinaus zeigten sich die Gutachter aus den Naturwissenschaften meist wohlwollend interessiert daran, ihre Modellierungsverfahren auf soziale Prozesse angewendet zu sehen, wagten aber keine Prognose über den Ausgang dieses Experiments. Bei den Sozialwissenschaftlern herrschte durchweg Skepsis gegenüber dem methodischen Ansatz, dem sie aber doch eine Chance geben wollten, auch wenn oder gerade weil der Ernst-Jünger-Biograph und Hofhistoriker der Adenauer-Republik, Hans-Peter Schwarz, das Projekt als eine angeblich vom Bundesgeschäftsführer der SPD und MPG-Senatsmitglied, Peter Glotz, initiierte »Tendenzforschung« einer DFG-Förderung für unwürdig erachtete und seine strikte Ablehnung in langen Episteln ausführte.[158]

Mit dem bereits wenige Monate nach Projektbeginn fälligen Zwischenbericht, der in Form eines sechshundertseitigen Konvoluts eintraf, war dann aber die Geduld auch der wohlmeinenden Skeptiker erschöpft. Weder erschloss sich ihnen der Zusammenhang der Texte, noch sahen sie ihre konzeptionellen Kürzungsauflagen erfüllt.[159] Den Ausschlag freilich gab das Sondergutachten des neu hinzugezogenen Stuttgarter Physikers Hermann Haken, dessen Arbeiten zur Synergetik das Projektteam selbst als eine wichtige theoretische Referenz benannt hatte. Er bescheinigte dem Team, dass es sich »gut in die hier vorliegenden Theorien«, nämlich außer in seine eigene auch in die Theorie dissipativer Strukturen von Ilya Prigogine sowie in verschiedene Katastrophen- und Chaostheorien eingearbeitet habe. Diese seien allerdings bisher nur für Vorgänge in Bereichen der Physik, Chemie und Biologie entwickelt und an entsprechenden Modellsystemen erprobt worden; es könne »nicht nachdrücklich genug vor den Gefahren gewarnt werden, die durch die Übertragung der [dort] erzielten Ergebnisse auf den soziologischen Bereich entstehen können«. Denn anders als bei den »bewertungsfrei« gewonnenen Resultaten »im mathematisch-strukturellen Bereich« kämen »bei einer Übertragung auf soziologische Vorgänge […] ganz erhebliche Bewertungsfragen ins Spiel«. Schon gar nicht könne sich »der Politiker« an systemtheoretisch gewonnene Analysen soziologischer Vorgänge halten:

157 Das Bewilligungsverfahren ist ebenso wie das gescheiterte Verlängerungsverfahren dokumentiert in BArch B 277/102084 und BArch B 277/147220.

158 Gutachten Schwarz vom 3.9.1984 und 12.2.1985, BArch B 277/102084; dagegen Gutachten Nuscheler vom 4.4.1985, ebd.; Gutachten Schwarz vom 26.2.1987, BArch B 277/147220.

159 AMPG III. Abt., ZA 116, K 108.

In den meisten Fällen wird es sich nämlich dann doch um Entscheidungen im politischen Sinne handeln, wo eben zwischen zwei oder mehreren Möglichkeiten aufgrund politischer Überlegungen gewählt werden muß, wo dann eben die systemtheoretischen Überlegungen als Kriterium nicht mehr ausreichen.[160]

Vor allem auf dieses Physiker-Votum stützte sich die Empfehlung der beiden sozialwissenschaftlichen Fachgutachter und die anschließende DFG-Entscheidung, nur mehr eine Abschlussfinanzierung bis Ende 1987 zu gewähren.[161]

Damit waren das ambitionierte Projekt und die zeitweilig bis zu zwölf Personen zählende Projektgruppe, von denen vier aus den 1987 auslaufenden DFG-Mitteln finanziert wurden, aber keineswegs am Ende, zumal auch hier die VW-Stiftung wie schon bei der Kriegsfolgenstudie finanziell einsprang.[162] Zwar verabschiedete man sich alsbald von den mathematisch angeleiteten Modellierungen sozialer Phänomene, brachten sie doch, wie man im Bericht für das *MPG-Jahrbuch 1987* einräumte, im konkreten Fall »große Schwierigkeiten mit sich, vor allem aufgrund der unvergleichlich größeren Anzahl von Freiheitsgraden in sozialen Systemen und der vielfach unerfreulichen Datenlage«.[163] Alle diese Theorien von den dissipativen Strukturen und dem deterministischen Chaos, in denen man sich so gut auskannte, taugten nur mehr als anregende »Denkmodelle«, aber nicht länger als Analyseinstrumente.[164] Die titelgebende »stabilitätsorientierte Sicherheitspolitik«, bezogen auf die konventionellen Waffenarsenale in Europa und die Vermeidung einer damit womöglich einsetzenden nuklearen Eskalation, fungierte nicht länger als Modell für eine zukünftig breit

160 Alle Zitate: Gutachten Haken, 29.4.1987, BArch B 277/147220. Der Physiko-Chemiker und Nobelpreisträger Prigogine (Brüssel und Austin) wurde 1984 zum Auswärtigen Wissenschaftlichen Mitglied (AWM) im MPI für Ernährungsphysiologie berufen, vgl. Tischvorlage für die MPG-Senatssitzung am 28.6.1984, BArch B 196/156207. Auch die theoretischen Ansätze der MPG-Mitglieder Eigen und Gierer zu nicht mechanischen Strukturbildungsprozessen zogen Dürr und von Müller als »gerade für den Bereich der politisch-geschichtlichen Wirklichkeit von allergrößter Bedeutung« heran, vgl. Müller, *Kunst des Friedens*, 1984, 13.

161 Hauptausschuss-Liste 187/87, BArch B 277/147220. Fachgutachter waren der Duisburger Politologe Franz Nuscheler und der Direktor des Frankfurter Instituts für Sozialforschung, Ludwig von Friedeburg. Auch der Sondergutachter aus der Politologie, Ernst-Otto Czempiel, von der Hessischen Stiftung Friedens- und Konfliktforschung, der den Antrag mit Kürzungsauflagen ursprünglich befürwortet hatte, zeigte sich vom Zwischenbericht »enttäuscht« und plädierte für eine geordnete Beendigung des Projekts (Gutachten vom 10.2.1987, BArch B 277/147220).

162 Collado Seidel, Durchbruch, 2021, 132–134 und passim.

163 *MPG-Jahrbuch 1987*, 859.

164 Zitat: ebd. Im Interview von Müller (Sachse) 9.4.2018 erläuterte von Müller, dass es ihm damals wie heute nicht um Übertragung mathematisch-physikalischer Modelle auf soziale Phänomene gehe, sondern eher um einen Transfer quantenmechanischer und evolutionsbiologischer »Denkansätze« in politik- und sozialwissenschaftliche Analysen.

anwendbare »bifurkationsorientierte Prozessgestaltung« von Sozialsystemen, sondern avancierte zum Projekt sui generis.[165]

Stabilitätsorientierte Sicherheitspolitik auf internationalen Bühnen

Spätestens hier gerieten von Müller, der von Anfang an die Federführung in diesem Projekt innehatte, und Afheldt als Leiter der nach ihm benannten Arbeitsgruppe und Mitantragsteller nicht nur persönlich, sondern auch inhaltlich aneinander.[166] Ihre strategischen Konzepte nämlich unterschieden sich – bei ähnlichen Grundannahmen wie der primären Gefahr eines konventionellen gegnerischen Angriffs am Boden und der im Hintergrund lauernden nuklearen MAD – in einigen nicht unerheblichen Punkten. Afheldts Strategie der defensiven Raumverteidigung verzichtete konsequent auf jegliche Angriffswaffen oder Vorneverteidigung und konzentrierte sich auf jene netzartig über das gesamte Territorium der Bundesrepublik in Erdbunkern verteilten »Technokommandos«, die mit ihren ferngesteuerten Abwehrwaffen den gegnerischen Vorstoß verzögern sollten, um Zeit für politische Verhandlungen mit dem Angreifer zu schaffen. Von ihren militärischen Kritikern wurde diese Strategie gern als Guerillataktik karikiert, war aber in nicht vollends fundamentalistischen Teilen der Friedensbewegung durchaus anschlussfähig. Von Müllers Strategie der strukturellen Nichtangriffsfähigkeit, die jetzt ins Zentrum der angestrebten sicherheitsorientierten Stabilitätspolitik rückte, setzte hingegen auf eine »integrierte Vorneverteidigung« (IVV) in einem hundert Kilometer tiefen, dreigeteilten Grenzstreifen. Die grenznahen ersten beiden Zonen – der 5 km tiefe »Feuergürtel« und das 25 km tiefe »Fangnetz« – waren mit Afheldts Vorstellungen noch kompatibel, nicht aber der 60 km tiefe »Verstärkungsraum« der dritten Zone, in dem »mobile gepanzerte Verbände« auf »günstige Konstellationen« zum Angriff auf die in den ersten beiden Zonen bereits dezimierten gegnerischen Kräfte warten sollten.[167]

Mit dieser »modifizierten Linienverteidigung«, wie sie Carlos Collado Seidel charakterisiert hat, qualifizierte sich von Müller zwar nicht für die Friedensbewegung, wohl aber als Impulsgeber für jene Strategen und Politiker in der Bundesrepublik, die sich eingestanden, dass die *flexible response* im Einsatzfall auf die Vernichtung Deutschlands und weiter Teile Mitteleuropas, ob mit konventionellen und/oder nuklearen Waffen, hinausliefe, und die nach Alternativen

165 Ebd.

166 Die wechselseitigen personellen Animositäten wurden in beiden Interviews (Afheldt [Neuneck] 25.6.2007 und von Müller [Sachse] 6.3.2018) deutlich artikuliert; vgl. dazu auch Collado Seidel, Durchbruch, 2021, 29–38.

167 Von Müller an Zimmermann (DFG) 14.12.1984, Anlage »Übersichtsschema zur ›Integrierten Vorneverteidigung‹ (IVV)«, BArch B 277/102084.

suchten.[168] Dialogpartner fanden sich vor allem in der SPD um Egon Bahr, Dieter Lutz, Peter Glotz und Erhard Eppler. Aber auch Kurt Biedenkopf von der CDU und selbst der Generalinspekteur der Bundeswehr, General Wolfgang Altenburg, der 1986 zum Vorsitzenden des NATO-Militärausschusses gewählt wurde, und einige andere Militärs hielten von Müllers weniger radikale Defensivstrategie für diskussionswürdig.[169] Zusammen mit dem Institut für Systemanalyse und Operations Research der Bundeswehrhochschule München entwickelte man ein »höheraggregiertes Gefechtssimulationssystem« und testete das IVV-Konzept in einer umfangreichen Planübung. Nicht zuletzt konnte sich die Industrie, allen voran Messerschmitt-Bölkow-Blohm (MBB), in dem programmatischen Slogan »durch Umrüstung zur Abrüstung« wiederfinden und auf neue Geschäfte hoffen.[170]

Überhaupt stellte die »beratungspragmatische Umsetzung der Starnberger Arbeiten« diejenige »Projektkomponente« dar, die sich seit 1985 am dynamischsten entwickelte.[171] Denn tatsächlich lag das Projekt im geopolitischen Trend der Zeit, den von Müller zu nutzen wusste. 1982 hatte die unabhängige, vom schwedischen Ministerpräsidenten Olof Palme geleitete internationale »Palme-Kommission« für Abrüstung und gemeinsame Sicherheit, die sich 1980 in Reaktion auf die drohende Stationierung von neuen Mittelstreckenraketen in Europa konstituiert hatte, der zweiten UN-Sondervollversammlung ihre Empfehlungen für weitere Abrüstungsverhandlungen vorgelegt. Noch im selben Jahr schlug die VDW dem Pugwash *Secretary General*, Martin Kaplan, eine entsprechende Pugwash Study Group vor; sie sollte das Thema weiterverfolgen, das aufgrund der von Reagans wenige Monate darauf eröffneten SDI-Initiative nur umso dringlicher wurde, je aussichtsloser es sich in der offiziellen Diplomatie darstellte.[172] Weizsäcker unterstützte dies Anliegen bei einem seiner seltenen

168 Collado Seidel, Durchbruch, 2021, 34.

169 So trafen etwa am 21.1.1985 C. F. von Weizsäcker, Dürr und Afheldt mit Glotz, Biedenkopf und Altenburg sowie den MBB-Vertretern Prof. Bölkow und Dr. Kroy zu einem »Institutsgespräch« über »Zukunftsperspektiven deutscher Verteidigungspolitik« zusammen (Dürr an Staab am 22.2.1985, AMPG, III. Abt., ZA 116, K 65; vgl. Collado Seidel, Durchbruch, 2021, 52). Afheldts weitergehendes Defensivkonzept stieß dagegen, wie es im *MPG-Jahrbuch 1986* (800) hieß, »vor allem in wertkonservativen und kirchlich orientierten Kreisen, sowie in grün-alternativen Kreisen auf starken Widerhall«. Vgl. auch Neuneck, Deutsche Pugwashgruppe, 2009, 385; Hansen, Zwischen Staat und Straße, 2012, 541–542; Hansen, *Abschied*, 2016.

170 Müller, *Kunst des Friedens*, 1984, 57–62; Lutz, Stabilität und Abrüstung durch Umrüstung, 1987. Bei MBB kooperierte man insbesondere mit der Forschungsgruppe Dr. Kroy, die zum Einsatz von Mikroelektronik und Datenverarbeitung bei Passivmunition und Präzisionsfeuer arbeitete. Zur Zusammenarbeit mit MBB und Bundeswehrhochschule vgl. auch die Beiträge der Arbeitsgruppe Afheldt zu den *MPG-Jahrbüchern 1985* (771), *1986* (799–800), *1987* (859–860).

171 *MPG-Jahrbuch 1986*, 800.

172 Fischer (VDW) an Kaplan (Pugwash) am 10.11.1982, Kaplan an Fischer am 12.11.1982, CAC RTBT 5/5/2/66 (2).

Besuche eines Pugwash-Workshops im Sommer 1983 und Kaplan machte es zur Chefsache bei den PCSWA.[173] Entscheidend für das Gelingen war indessen von Müllers effektives Networking, an das sich einer seiner Mitstreiter in dieser Study Group, der britische Ökonom und SIPRI-Gründungsdirektor Robert Neild, noch Jahre später erinnerte:

> Albrecht von Müller is amazingly successful in getting people who matter together to explore new policies of this sort.[174]

Sein Starnberger Widersacher Afheldt konzedierte später ebenfalls, wenn auch mit einer ironischen Sottise, dass dieser »Felix Krull der Sicherheitspolitik«, wie man ihn in der »arms control scene« genannt habe, es geschafft hatte, seine Variante einer defensiven Sicherheitspolitik, die strukturelle Nichtangriffsfähigkeit, international zu verankern.[175]

Das Medium waren die im März 1984 im dänischen Vedbæk startenden Pugwash Workshops on Conventional Forces in Europe, die von Müller fast sieben Jahre lang mitorganisierte, gemeinsam mit Neild und dem Mitbegründer des dänischen Instituts für Friedens- und Konfliktforschung, Anders Boserup, sowie mit Andrzej Karkoszka vom Polnischen Institut für Internationale Angelegenheiten, dem späteren polnischen Vize-Verteidigungsminister und Mitglied im NATO-Expertenrat.[176] Die Verbindung zu amerikanischen Abrüstungsexperten hielt der von der theoretischen Physik in die Public and International Affairs gewechselte Frank von Hippel (Princeton), der dem Pugwash Executive Committee angehörte und an einigen Workshops teilnahm. Sowjetische Wissenschaftler und Militärs nahmen ab 1985 regelmäßig an diesen Workshops teil und berichteten dem neuen Generalsekretär der KPDSU Gorbatschow, der die neuen Ansätze ebenso interessiert aufnahm wie Jaruzelski, der sie seinerseits im War-

173 Es handelte sich um den VIII. Workshop on Nuclear Forces, der am 11./12.6.1983, wie auch die anderen Workshops dieser Serie, an Kaplans Genfer Wohnsitz stattfand und mit einem öffentlichen Appell zum Aufschub des Raketenstationierungstermins endete – sehr zum Ärger des ebenfalls eingeladenen stellvertretenden Abrüstungsbeauftragten des AA, Klaus-Jürgen Citron, der damit keinesfalls identifiziert werden wollte. Tatsächlich handelte es sich nicht um ein abgestimmtes Statement aller Teilnehmer aus West und Ost, sondern nur um eines des Pugwash Executive Committee; dieser feine Unterschied wurde von der Presse, wie Kaplan ihm erklärte, nicht zum ersten Mal ignoriert, Citron (AA) an Kaplan am 23.6.1983 mit anliegender dpa-Meldung vom 21.6.1983, Kaplan an Citron am 4.7.1983, CAC RTBT 5/5/2/64 (1).

174 Neild an Ruth Adams (Pugwash, MacArthur Foundation) am 9.10.1990, hier zitiert nach Collado Seidel, Durchbruch, 2021, 58.

175 Interview Afheldt (Neuneck) 25.6.2007.

176 Die Workshops fanden zwischen 1984 und 1991 insgesamt elfmal statt, Boutwell, Participants in the Pugwash Conferences, 2007. Beim 45. Pugwash-Symposium (17.–19.3.1984, Vedbaek), das später als erster Workshop gezählt wurde, referierten sowohl von Müller als auch Afheldt, der sich aber bald aus diesem Kreis zurückzog. Die Sitzungsunterlagen sind enthalten in: CAC RTBT 5/2/8/1 (11, 10, 1, 2, 7). Vgl. auch Collado Seidel, Durchbruch, 2021, 56–65.

schauer Pakt zur Sprache brachte.[177] Um auch auf die westeuropäischen Länder noch stärker einzuwirken, wurde der 4. Pugwash Workshop on Conventional Forces in Europe, um den sich Kaplan besonders sorgfältig kümmerte, im April 1986 in Stockholm abgehalten. Im Vorfeld der im September 1986 anstehenden Stockholm »Conference on Confidence- and Security-Building Measures and Disarmament in Europe« der OSZE wollte man auf die dort akkreditierten Botschafter/innen der Teilnehmerstaaten und deren Delegationen einwirken.[178] Ende 1986 schließlich rang sich die NATO, die bis dato Gorbatschows nukleare Abrüstungsangebote immer mit der Forderung nach einer prioritären Abrüstung der sowjetischen Überkapazität konventioneller Waffen in Europa pariert hatte, in ihrer Brüsseler Erklärung dazu durch, auf Gorbatschows entsprechendes Verhandlungsangebot einzugehen.[179]

Das Thema war damit auf der Agenda der amerikanisch-sowjetischen Abrüstungsverhandlungen. Auf von Hippels Vorschlag lud Gorbatschows wissenschaftlicher Berater, der langjährige Pugwashite Jewgeni Welichow, die drei Initiatoren dieser Pugwash-Workshops im Februar 1987 zum Moskauer internationalen Forum »For a Nuclear Free World, for Survival of Humanity« ein, zu dem über eintausend Personen aus Wissenschaft, Politik, Wirtschaft und Kultur aus über 80 Ländern geladen waren. Dort trug Gorbatschow selbst seine Abrüstungsvorschläge vor, die sich eng an Vorstellungen Egon Bahrs und der Palme-Kommission von einem breiten Korridor frei von Angriffswaffen entlang des Eisernen Vorhangs anlehnten.[180] Im naturwissenschaftlichen Subforum, das den wissenschaftlich-technischen Aspekten der Abrüstung gewidmet war, machten Boserup, Neild und von Müller mit ihrem weitergehenden Konzept struktureller Nichtangriffsfähigkeit immerhin einen so guten Eindruck, dass sie im April 1987 erneut nach Moskau eingeladen und dort von den Sicherheitsberatern Andrei Kokoschin und Lew Mendelewitsch gebeten wurden, ein vorbereitendes Papier für Gorbatschows weitere Verhandlungen zu verfassen.[181] In dem

177 Collado Seidel, Durchbruch, 2021, 65–67. Spätestens seit der 33. PCSWA in Venedig im August 1983 waren Gottstein und Dürr mit dem Physiker und Vizepräsidenten der sowjetischen AdW, Jewgeni Welichow, im Gespräch über wissenschaftlich basierte Abrüstungsstrategien und planten Treffen zwischen MPG-Wissenschaftlern (u. a. Afheldt, Dürr, Gottstein, von Müller, von Weizsäcker) und AdW-Kollegen, insbesondere dem Committee of Soviet Scientists for Peace and against Nuclear Thread: Gottstein an Welichow am 15.11.1983, AMPG III. Abt., ZA 11, K 24 (2). Dürr, Verantwortung des Wissenschaftlers, 1986, 44–45.

178 Kaplan an Ambassador Carlsson 23.1.1986, CAC RTBT 5/2/8/4 (5). Die Vor- und Nachbereitungen sind dokumentiert in ebd. (4 und 5); CAC RTBT 5/2/8 (1). *MPG-Jahrbuch 1987*, 860.

179 Bruns, NATO, 1987. Vgl. Collado Seidel, Durchbruch, 2021, 67–68.

180 Gorbatschow, *Unsterblichkeit*, 1987. Das Forum selbst ist umfänglich dokumentiert in AMPG, III. Abt., ZA 116, K 78.

181 *MPG-Jahrbuch 1988*, 738. Zum Einfluss dieses Autorenteams, zu dem noch Frank von Hippel hinzutrat, auf Gorbatschows Verhandlungsstrategie vgl. Evangelista, *Unarmed Forces*, 1999, 312–315.

im Oktober 1987 an Gorbatschow versandten Papier legten sie zusammen mit von Hippel ihre theoretischen Überlegungen dar und erläuterten, warum selbst ein disproportional stärkerer Abbau konventioneller Waffen seitens der Sowjetunion ihr dennoch mehr Sicherheit einbringen würde. Sie formulierten darüber hinaus einige konkrete Vorschläge für die laufenden Wiener MBFR-Verhandlungen über die beiderseitige und ausgewogene Truppenverminderung, die 1990 in den Vertrag über konventionelle Streitkräfte in Europa (KSE) münden sollten. Gorbatschow versicherte ihnen in seinem Antwortschreiben: »we will pay great attention to the concrete ideas laid out in the memorandum you attached to your letter«.[182] Und auch der damalige wissenschaftliche Chefkoordinator im Außenministerium, Wladimir Schustow, attestierte den »civilian analysts« erheblichen Einfluss auf die sowjetische Verhandlungsführung.[183]

Doch die MPG spielt nicht mit

Innerhalb der MPG blickte man hingegen mit zunehmender Befremdnis auf alle diese Strategiespiele, obwohl oder gerade weil Weizsäcker sie rückblickend als die wertvollsten und einflussreichsten Arbeiten bezeichnete, die sein seit 1979/80 in Abwicklung befindliches Starnberger Institut hervorgebracht habe.[184] Für den MPG-Präsidenten Lüst hingegen bewies allein die Tatsache, dass es im Zuge der Auflösung des MPIL nicht gelang, die Arbeitsgruppe Afheldt an eine der einschlägigen Institutionen der Friedensforschung auszulagern, dass hier »das Ansehen der Max-Planck-Gesellschaft für bestimmte, wissenschaftlich nicht eindeutig ausgewiesene verteidigungspolitische Auffassungen eingesetzt werde«.[185] Die angeforderten Gutachten hielten diese Arbeiten ebenfalls für fehlplatziert; Afheldt erinnerte sich an Bemerkungen der Art, dass die MPG schließlich nicht dazu da sei, »Menschentöten zu lernen«; sie solle sich besser für die »allgemeine und totale Abrüstung in der Welt« einsetzen.[186]

Dürr und von Müller erging es mit ihren bifurkationsorientierten Systemanalysen nicht besser.[187] Dürr hatte anfänglich gehofft, dass seine eigenen

182 Gorbatschow am 16.11.1987, hier zitiert nach Evangelista, *Unarmed Forces*, 1999, 313.

183 Ebd., 315.

184 So Götz Neuneck in seinem Interview mit Afheldt: Interview Afheldt (Neuneck) 25.6.2007. C.F. von Weizsäcker an Apel (Bundesminister der Verteidigung) am 16.1.1979, AMPG, III. Abt., Rep. 111, Nr. 10. Vgl. auch Drieschner, Verantwortung der Wissenschaft, 1996.

185 Protokoll der 97. Sitzung des Senates vom 21.11.1980 in München, AMPG, II. Abt., Rep. 60, Nr. 97.SP, fol. 113.

186 So erinnerte sich im Interview Afheldt (Neuneck) 25.6.2007. Und Afheldt, Kalter Krieg, 2009, 307, FN 11.

187 Seitens der Generalverwaltung wehrte Edmund Marsch den Vorschlag von Wolfgang Lempert (MPIB), im *MPG-Spiegel* über von Müllers »Denkschrift« zu berichten, mit dem Hinweis ab, diese Arbeit sei keineswegs eine Arbeit aus der Forschungsstelle Gottstein im MPI Physik und Astrophysik, der von Müller zu diesem Zeitpunkt zugeordnet war,

zeitintensiven friedenspolitischen Aktivitäten als Teil des DFG-Projekts »Stabilitätsorientierte Sicherheitspolitik« auch als dienstliche Aufgaben anerkannt würden, ja sogar, dass die Arbeitsgruppe Afheldt, bei der es angesiedelt war, in »Forschungsgruppe Soziale Systeme« umbenannt werden könnte; dieser wollte er sich dann mit dreißig Prozent seiner Arbeitszeit zuordnen. Aber er wurde erneut enttäuscht. Das Gespräch, um das er Lüsts Nachfolger im Präsidentenamt, Staab, unmittelbar nach dessen Amtsantritt im Sommer 1984 gebeten hatte, kam erst auf neuerliche Nachfrage neun Monate später zustande und führte zu nichts.[188] Mit Staab verband Dürr zwar keine so intime Feindschaft wie mit seinem Fach- und vormaligen Institutskollegen Lüst; aber auch von diesem Präsidenten hatte er keine Unterstützung für seine intellektuellen und politischen Interessen jenseits der theoretischen Physik zu erwarten. Im Gegenteil, nachdem Staab im Sommer 1987 vom gescheiterten Verlängerungsantrag für das Projekt erfahren hatte, beeilte er sich gegenüber dem DFG-Präsidenten Hubert Markl klarzustellen, dass der Eindruck der Gutachter, »die Max-Planck-Gesellschaft fördere die Starnberger Gruppe in größerem Stil«, gar mit zwölf Mitarbeiterstellen, völlig falsch sei. Nur für von Müller und für Afheldt bis zu dessen Pensionierung 1989 gebe es noch eine Auslauffinanzierung; die übrigen Mitarbeiter seien, sofern nicht von der DFG finanziert, auf freiwilliger Basis allenfalls mit kurzfristigen Werk- oder Honorarverträgen tätig, und Dürr habe überhaupt andere Aufgaben.[189]

Genau daran erinnerte er Dürr auch persönlich in einer als Gratulation getarnten, inoffiziellen und handschriftlich auf privatem Briefpapier verfassten Abmahnung, die dem überaktiven Kollegen die in der MPG inzwischen normierte Trennung von Wissenschaft und Politik, Beruf und Privatleben aufs Säuberlichste vorbuchstabierte:

Lieber Herr Dürr, Sie erhielten in diesen Tagen in Stockholm den »Right Livelihood Award«, durch den Ihre friedens- und abrüstungspolitischen Bemühungen eine weithin sichtbare Anerkennung gefunden haben. Ausgezeichnet wurden damit nicht Ihre wissenschaftlichen Arbeiten, sondern Ihr privates, ganz persönliches Engagement, so dass sich die Max-Planck-Gesellschaft – wie auch in anderen, ähnlichen Fällen – hierzu öffentlich nicht geäussert hat. Persönlich möchte ich Ihnen aber doch gratulieren; denn Sie wissen, dass ich Ihre außerdienstlichen Aktivitäten mit Interesse und teilweise auch mit Sympathie verfolge – wenn auch nicht ohne Vorbehalte im Blick auf Ihre Rolle und Ihre Pflichten als wissenschaftliches Mitglied und derzeitiger

sondern im Auftrag einer VDW-Studiengruppe erstellt, »dann aber in Herrn von Müllers eigener Verantwortung veröffentlicht worden«; Lempert an Gerwin (MPG-Pressestelle) am 7.9.1983, Marsch an Lempert am 14.9.1983, AMPG, II. Abt., Rep. 1, Nr. 625, fol. 49–50, fol. 51.

188 Dürr an Staab am 14.9.1984 und 22.2.1985, AMPG, III. Abt., ZA 116, K 65; Sprechzettel für die Unterredung mit dem Präsidenten, Prof. Staab am 22.3.1985, 17 Uhr (Zitat), ebd.

189 Staab an Markl am 26.8.1987, BArch B 227/147220.

Geschäftsführender Direktor des Werner-Heisenberg-Instituts. Dies zu sagen, gebietet die Offenheit, die ich auch bei Ihnen zu erkennen glaube und die mich zu diesen Zeilen veranlassen [sic].[190]

Eine atmosphärische Stimmungsaufhellung konnten diese Zeilen kaum bewirken, materielle Konsequenzen musste das MPG-Mitglied Dürr jedoch nicht fürchten.

Der Post-Doktorand von Müller hingegen wusste, dass seine Zeit bei der MPG befristet war, und nutzte sie. Seit 1987 verfolgte er die Idee eines *European Center for International Security* (EUCIS), das die im DFG-Projekt verfolgten Ansätze verstetigen und in größerem Stil fortsetzen sollte. Die Anfänge waren schwierig. Versuche, EUCIS innerhalb der MPG zu verankern, scheiterten trotz der Unterstützung der Senatsmitglieder Glotz und Biedenkopf; das Auswärtige Amt und das Bundesverteidigungsministerium ließen sich ebenso wenig für eine institutionelle Förderung gewinnen wie die verstärkt in der Rüstung aktive Daimler-Benz AG. Auch aus den mit den Kollegen Neild und Boserup geplanten Standorten in London, Kopenhagen, Paris und Venedig wurde nichts. Am Ende blieb EUCIS als ein kleiner, selbständiger Think Tank in Starnberg übrig, der sich vom harten Brot der projektgebundenen Drittelmitteleinwerbung nährte. Gleichwohl gelang es ihm, die internationale Arms-Control-Prominenz über Jahre in Workshop-Serien zusammenzubringen und immer neue sicherheitspolitische Modelle, Simulationen und Strategien zur Gestaltung der sich seit 1989 rasant verändernden geopolitischen Konstellationen zu entwerfen – teils ergänzend zu, teils konkurrierend mit den PCSWA, die sich schwer damit taten, ihre Raison d'être jenseits der Blockkonfrontation neu zu definieren.[191]

Unbelastet vom Pugwash-Erbe der Nachkriegszeit, der welt- und friedenspolitischen Selbstverpflichtung der Atomphysiker, meisterte von Müller das Ende des Kalten Krieges flexibel. Bifurkationsorientierte Prozessgestaltung ließ sich zwar am Beispiel einer im blockpolitischen Nullsummenspiel gefangenen Sicherheitspolitik besonders gut modellieren, aber nicht nur kalte Krieger hatten Entscheidungen unter den Bedingungen von Unsicherheit und Komplexität zu

190 Staab an Dürr am 12.12.1987, AMPG, III. Abt., ZA 116, K 65. Der 1980 von Jakob von Uexküll begründete Right Livelihood Award wird oft als »alternativer Nobelpreis« bezeichnet; Dürr erhielt ihn 1987. Vgl. Right Livelihood, https://rightlivelihood.org/de/who-we-are/, zuletzt aufgerufen am 27.2.2021. Der Journalist Peter Brügge kommentierte die Nicht-Würdigung dieser Preisverleihung durch die MPG im *Spiegel* und beschrieb diese als Institution, »die bislang nur den Umgang mit jenen schieren Nobelpreisen zu schätzen weiß, die auf ein Junktim von Forschung und Gewissen nicht abzielen«: Brügge, Vom Gefühl her, 30.11.1987, 226.

191 Die Workshop-Serien »Joint Analysis of Conventional Stability« (JACOS) und »Joint Simulation« (JOSIM) begleiteten in den Jahren 1989–1991 die KSE-Verhandlungen; sie versammelten Abrüstungsexperten und hochrangige Militärs vor allem aus USA und Sowjetunion, aber auch anderen Ländern der NATO und des in Auflösung begriffenen Warschauer Paktes. Vgl. ausführlich dazu Collado Seidel, Durchbruch, 2021, 129–152.

treffen. Die Denkmodelle, Simulationskonzepte, Visualisierungstechniken, mit denen sich komplexe Situationen in ihren Komponenten, Strukturen, Wechselwirkungen und Abhängigkeiten darstellen und händelbar machen ließen, taugten auch für andere Akteure und vor allem für solche, die willens und in der Lage waren, dafür zu bezahlen. Mit Ende des Kalten Krieges entwickelte von Müller seine »Denkwerkzeuge« zur Produktreife, 1997 präsentierte er die Software Think Tool Suite beim Weltwirtschaftsforum in Davos und drei Jahre später brachte er die Think Tools AG in der Schweiz an die Börse. Der Erfolg war grandios: Die Unternehmensberatung Arthur D. Little (ADL) schwor ihre Consultants weltweit auf diese Software ein, die sie an ihre potenten Kunden vermakeln sollten. Der südafrikanische Staatspräsident Nelson Mandela und Bundesinnenminister Otto Schily nutzten die Think Tools bei der Modernisierung der öffentlichen Verwaltung, die Deutsche Aerospace AG (DASA) bei der Entwicklung des Airbus. Unter den weltweiten Kunden waren der EU-Kommissionschef Romano Prodi und UNO-Generalsekretär Kofi Annan. Die Aktie schoss am ersten Ausgabetag (24.3.2000) von 270 auf 1.050 Schweizer Franken; aber der Höhepunkt mit einem Firmenwert von 2,52 Milliarden Franken war rasch überschritten, im Januar 2003 war die Aktie auf acht Franken gesunken und mit ihr die Reputation des Hauptaktionärs Klaus Schwab, des Gründers des Davoser Weltwirtschaftsforums. Nach allerlei Transaktionen und Fusionen verschwand die Think Tools AG 2004 vom Markt. Aber die ebenfalls von von Müller 2000 gegründete *Parmenides Foundation* blühte auf – dank des Vermögens, das er mit dem missglückten Börsengang dennoch gewonnen hatte, und der von ihm zum Ramschpreis zurückgekauften Think Tools.[192] Die Stiftung residiert heute unter Leitung von von Müller als Vorstandsvorsitzendem und Julian Nida-Rümelin als Geschäftsführer in einer Villa in Pullach und widmet sich der transdisziplinären Erforschung des menschlichen Denkens, vor allem seines Umgangs mit Komplexität. Als alleinige Eigentümerin der Parmenides

192 Noch kurz vor dem Börsengang hatte das *Managermagazin* die Kauflaune angeheizt: Kröher, Achten Sie auf, 2000. Der spektakuläre Börsengang hat viele Spuren in der internationalen Wirtschafts- und Finanzpresse hinterlassen, die sich im Internet leicht auffinden lassen. Ich stütze mich hier v. a. auf: Neubacher, Geist aus der Maschine, 29.5.2000; Think Tools: Der Chefdenker verkauft das Haus. *Bilanz. Handelszeitung* (31.3.2002). https://www.handelszeitung.ch/panorama/think-tools-der-chefdenker-verkauft-das-haus; Think Tools: Gnadenstoss für die Denkwerkzeuge. *Bilanz. Handelszeitung* (31.5.2002). https://www.handelszeitung.ch/unternehmen/think-tools-gnadenstoss-fur-die-denkwerkzeuge, beide zuletzt aufgerufen am 1.3.2022; Ein Bluff fliegt auf. *Blick (28.6.2007).* https://www.blick.ch/news/platz-4-ein-bluff-fliegt-auf-id136434.html, zuletzt aufgerufen am 27.2.2021. Die *Computerwoche* vom 16.3.2001 befasste sich v. a. mit den Plagiatsvorwürfen, die Frederik Vester gegen die Think Tools AG erhob: Plagiatsvorwürfe gegen Think Tools AG. Münchner Wissenschaftler Frederic Vester wehrt sich gegen Schweizer Startup-Company. *Computerwoche* (16.3.2001). https://www.computerwoche.de/a/plagiatsvorwuerfe-gegen-think-tools-ag,1064053, zuletzt aufgerufen am 27.2.2021. Weitere Presseverweise finden sich im englischsprachigen Wikipedia-Eintrag: Think Tools, zuletzt aufgerufen am 27.2.2021.

AG profitiert sie weiterhin von den Denkwerkzeugen, die heute als Parmenides-Eidos-Software vermarktet werden. Noch immer verweist von Müller gern auf seine Jahre bei der MPG und seine spätere Mitgliedschaft in den Kuratorien der MPI für Neurobiologie und Biochemie. In der Satzung seiner gemeinnützigen Stiftung hat er die MPG als Letztbegünstigte eingesetzt.[193]

Die Beziehung zwischen Dürr und der MPG fand hingegen kein Happy End. Dürr konnte der MPG nicht nachsehen, dass sie ihm anders als seinem Vorbild C. F. von Weizsäcker den auch für ihn so natürlichen Übergang von der theoretischen Physik in die tätige Sorge um den Bestand der Erde nicht zugestand, geschweige denn institutionell ebnete, ja nicht einmal sein anderenorts ausgezeichnetes Engagement anerkannte. Für die MPG blieb ihr wissenschaftliches Mitglied Dürr, der nicht hinnehmen mochte, dass man mit der Schließung des Starnberger Instituts auch just diese hybride Kreuzung von Wissenschaft und Politik ein für alle Mal eliminieren wollte, eine gefährliche Schnittstelle zu den neuen sozialen Bewegungen, die seit Anfang der 1980er Jahre auch an die Tore der MPG und mancher ihrer Institute klopften und dort neuerliche Nervosität auslösten.

4.4 Neue soziale Bewegungen: Von Krefeld über Mainz und Hamburg bis Moskau

Das Ende der Entspannungspolitik zeichnete sich bereits seit der Stationierung der sowjetischen SS-20-Raketen Mitte der 1970er Jahre ab. Aber es war der NATO-Doppelbeschluss von 1979, der es besiegelte und die Furcht vor einem möglichen Atomkrieg stärker denn je wieder aufleben ließ. In vielen westlichen Ländern nahm man die zwischenzeitlich verkümmerte Tradition der Ostermärsche mit zuvor nie erreichten Teilnehmerzahlen wieder auf.[194] Bei weitem die meisten Menschen, gemessen an der Bevölkerungszahl, setzten sich in der Bundesrepublik in Bewegung. In dieser neuen Friedensbewegung fanden viele der in den 1970er Jahre entstandenen sozialen Bewegungen – Frauenbewegung, Antiatomkraftbewegung, Umweltaktivistinnen und -aktivisten, Bürgerinitiativen, postmarxistische Gruppierungen – mit Mitgliedern etablierter Organisa-

193 Interview von Müller (Sachse) 9.4.2018. Parmenides Foundation, https://www.parmenides-foundation.org/; Parmenides AG, https://www.parmenides-foundation.org/parmenides-ag, beide zuletzt aufgerufen am 27.2.2021. In seinem kürzlich erschienenen Opus magnum schlägt von Müller einen Bogen von den Think Tools über die Visual Reasoning Architecture zurück zu den kategorialen Grundlagen von Zeit und Logik, die er schon als Doktorand mit C. F. von Weizsäcker diskutierte: Müller, *Selbstentfaltung*, 2020.

194 Wittner, *Struggle Against the Bomb, Bd. 3*, 2003, 144–150; Gassert, Geiger und Wentker, *Zweiter Kalter Krieg*, 2011.

Abb. 33: Gerd Bastian, Petra Kelly und Carl Friedrich von Weizsäcker in einem tibetischen Tempel, undatiert.

tionen vor allem aus den beiden christlichen Kirchen, den Jugendverbänden von SPD und FDP, den Gewerkschaften zusammen, die zuvor eher neben- oder gar gegeneinander agiert hatten.

Wie kaum anders zu erwarten, versuchte die DDR über ihre diversen westdeutschen Frontorganisationen mit mehr oder minder verdeckter finanzieller und organisatorischer Unterstützung, diese vielgestaltige Massenbewegung zu beeinflussen und für ihre »Bündnispolitik« zu vereinnahmen. Aber anders als von der Bundesregierung, der ihr nahestehenden zeitgenössischen Presse und späteren historischen Studien behauptet, gelang es ihr immer weniger. Im Gegenteil, mit ihrem Motto »Schwerter zu Pflugscharen« nahmen die Friedensgruppen in der DDR die Friedensrhetorik ihrer Staatsführung beim Wort; im Schutz der Kirchen und mit öffentlicher Unterstützung westlicher, der kommunistischen Kollaboration unverdächtiger Prominenter wie Petra Kelly und Gert Bastian von der soeben aus all diesen neuen sozialen Bewegungen hervorgegangenen Partei Die Grünen trugen sie das Ihre zum Untergang des Regimes bei.[195]

195 Zur angeblichen Steuerung der Friedensbewegung durch die DDR bzw. ihre »Unterwanderung« durch DDR-nahe westdeutsche Organisationen vgl. u. a. Herf, *War*, 1991; Baron, *Kalter Krieg und heißer Frieden*, 2003; Wettig, Sowjetunion, 2009. Dagegen Walter, Manifest der Friedensbewegung, 2010; Nehring und Ziemann, Wege nach Moskau, 2011. Eine mittlere Position vertritt: Heidemeyer, NATO-Doppelbeschluss, 2011.

Vom theoretischen Physiker zum Friedensaktivisten: Hans-Peter Dürr

Der theoretische Physiker Dürr war in vielen Zweigen und Foren dieser Friedensbewegung unterwegs – allerdings erst nach dem Tod seines Mentors und väterliches Freundes Heisenberg 1976, der bis zuletzt an der friedlichen Verwendung der Kernenergie als unverzichtbarer Ressource gesellschaftlicher Entwicklung und damit an der moralischen Sublimierung seiner frühen Reaktorforschungen festgehalten hatte. Zwar hatte sich Dürr spätestens seit der von ihm abgelehnten Unterschriftenaktion der Wissenschaftsrepräsentanten Lüst (MPG), Beckurts (KfA) und Maier-Leibnitz (DFG) von 1975 zugunsten des Kernenergieprogramms der Bundesregierung Schmidt kritisch mit der herrschenden Überzeugung auseinandergesetzt, dass anhaltendes ökonomisches Wachstum obligat sei und der parallel damit steigende Energiebedarf nur durch den Ausbau der Kernenergie sichergestellt werden könne (→ 4.3).[196] Aber erst 1977 trat er mit seinen eigenen Überlegungen in einem langen Doppelartikel in der *Frankfurter Rundschau* an die Öffentlichkeit.[197] Inspiriert vom *Club of Rome* und dessen Bericht über die »Grenzen des Wachstums« von 1972, wies er darin die gesellschaftliche Zielvorstellung dauerhaften Wirtschaftswachstums und stetig steigenden Lebensstandards – mit Verweis auf die Endlichkeit der Ressourcen des Planeten sowie die naturgesetzliche Unmöglichkeit eines Perpetuum mobile – als irregeleitete und auf ein katastrophisches Ende der Menschheit zulaufende Handlungsmaxime zurück. Stattdessen plädierte er für die Entwicklung neuer Wirtschafts- und Lebensformen, die sich an besserer Lebensqualität statt steigendem Lebensstandard orientieren sollten. Sie sollten befördert werden durch steuerpolitische Regulierungen vor allem des Energieverbrauchs, die Eindämmung des globalen Bevölkerungswachstums sowie durch menschengerechte Arbeitsbedingungen und Vollbeschäftigung für alle, anstelle von höheren Löhnen und Arbeitszeitverkürzungen für die Wenigen in den industriell entwickelten Ländern. Den Betrieb von Kernkraftwerken und die von ihnen ausgehenden Umweltbeeinträchtigungen hielt er im Vergleich zum allgemein herrschenden Raubbau an den weltweiten Ressourcen für das kleinere und übergangsweise hinnehmbare Übel.

Damit vertrat Dürr in der seit Mitte der 1970er Jahre zunehmend polarisierten bundesdeutschen Kernenergiediskussion eine abwägende Position, die sich mit der Ambivalenz seines prominenten Kollegen – »mit Weizsäcker für und gegen Kernenergie«, spottete man in Starnberg gern – durchaus hätte vertragen können. Aber während dieser als quasi ideeller Gesamtbürger die westdeutschen

196 Beckurts, Lüst und Maier-Leibnitz: »Offener Brief an die Abgeordneten des Bundestages«, AMPG, III. Abt., ZA 116, K 65; Dürr an Lüst am 3.12.1975, ebd.

197 Dürr, Immer mehr, *Frankfurter Rundschau*, 27.9.1977; Dürr, Sicherung des Weltfriedens, *Frankfurter Rundschau*, 28.9.1977.

Abb. 34: Carl Friedrich von Weizsäcker und Hans-Peter Dürr bei der MPG-Hauptversammlung.

Debatten mit philosophisch bedächtigem Verständnis für beide Seiten und diese gleichermaßen zur politischen Vernunft mahnend moderierte, ergriff jener Partei. Wenn auch nicht gleich gegen Kernkraftwerke, so trat Dürr doch für eine radikale ökologische und friedliche Umgestaltung der Welt ein, die Kernkraftwerke alsbald überflüssig machen würde und bei der die Bundesrepublik beispielgebend vorangehen sollte.[198] Mit seiner dezidierten Wachstumskritik, seinem ökologisch grundierten Engagement für den Frieden und seinem ebenso esoterischen wie physikalischen Weltverständnis traf Dürr die Proteststimmung dieser Jahre in jenen Elementen, die die divergenten sozialen Bewegungen in den frühen 1980er Jahren zur Friedensbewegung amalgamieren ließen.[199] Sie adop-

198 Seefried zeichnet Weizsäckers unentschiedenes Zweifeln an den Segnungen der Kernenergie nach, das er selbst noch als Moderator des legendären Gorleben-Hearings Ende März 1979 in Hannover kultivierte. Dieses Hearing war Ziel des einwöchigen »Gorleben-Trecks«, aufgrund dessen die von Ernst Albrecht (CDU) geführte niedersächsische Landesregierung schließlich auf den Bau der in Gorleben geplanten Wiederaufbereitungsanlage als politisch nicht durchsetzbar verzichtete. Erst 1986, im Jahr der Tschernobyl-Katastrophe, rang sich Weizsäcker zu einem klaren Votum für den energiepolitischen Verzicht auf Atomkraft durch. Vgl. Seefried, Ohne Atomkraft leben?, 2014.

199 Das Changieren zwischen theoretischer Physik und Esoterik war in der Physikgeschichte und besonders in den 1970er und 1980er Jahren nicht ungewöhnlich, vgl. Kevles, *The Physicists*, 1995; Forstner, *Quantenmechanik*, 2007.

tierten den Direktor des Werner-Heisenberg-Instituts als ihren naturwissenschaftlichen Experten, kam er ihnen doch entgegen mit seinen so eingängigen Bildern vom »Netz des Physikers« oder vom »Pfad« in die »offene Zukunft« eines »andauernden Schöpfungsprozesses« und einer nichtstofflich zu denkenden »eigentlichen Wirklichkeit«, die er quantentheoretisch ebenso gut wie taoistisch zu begründen wusste.[200] Er selbst fand hier die Anerkennung seines postphysikalischen Denkens und seines daraus erwachsenden sozialen und ökologischen Engagements, die ihm die MPG-Präsidenten von Lüst über Staab bis Zacher explizit versagten und viele seiner MPG-Kollegen unausgesprochen vorenthielten.[201] Allerdings stand er mit seinem friedenspolitischen Engagement und seinem wachstumskritischen Denkansatz, der sich mit dem in den 1980er Jahren allmählich populär werdenden Konzept der Nachhaltigkeit gut verbinden ließ, auch in der MPG nicht ganz allein. Manche, die ihm auf seinem Weg auf die Podien der sozialen Bewegungen und ihrer in den 1980er Jahren neu entstehenden Organisationen nicht folgen wollten, respektierten sein unbeirrbares Eintreten für die einmal als richtig, weil zumindest als aus seiner Sicht mit quantentheoretischen Überlegungen harmonierend erkannten Werte und Zukunftsvorstellungen durchaus.[202] Mehr Resonanz fand er indessen außerhalb der MPG.

200 Zitate: Gespräch Dürr (Devillard) 2013, 59–60. Dürr bezog sich gern auf »die Chinesen« mit ihrer »offenen Weltsicht«, das »tiefe« Denken »der Russen«, die Reziprozität im Naturverständnis »der Indianer«, »die Dualität Mann/Frau« und das lebenserhaltende Denken »der Frau«, das er aber auch bei »Mutterschweinen« beobachtet hatte: Ebd., 50–52, 56–60, 67, 110–111, 117. Vgl. auch seine zahlreichen späteren Bücher, u. a. Dürr, *Netz des Physikers*, 1988; Dürr, *Zukunft*, 1995.

201 Die Auseinandersetzungen mit Lüst über die Rolle des Wissenschaftlers in der Kernenergiedebatte waren vor allem von Dürrs Seite emotional sehr aufgeladen (Dürr an Lüst 10.1.1980; Lüst an Dürr 14.1.1980, Dürr an Lüst 18.3.1980; Lüst an Dürr 2.4.1980, AMPG, III. Abt., ZA 116, K 65) und ließen bis zum Ende von Lüsts Präsidentschaft keine Versöhnung zu. Besonders deutlich wird das in einem handschriftlichen, nicht abgeschickten Briefentwurf Dürrs an Lüst vom Frühjahr 1984 sowie im nachfolgenden Briefwechsel (Brief-Ms. o. D., Dürr an Lüst 10.2.1984, Lüst an Dürr 14.3. und 15.3.1984; Dürr an Lüst 19.3.1984, ebd.). Zum Verhältnis Dürr/Staab vgl. oben Kapitel 4.3; das Verhältnis zu Zacher war bei aller inhaltlichen und politischen Distanz wohl von beiden Seiten etwas versöhnlicher gestimmt (Abschiedsgruß von Dürr an Zacher 1.5.1996, Dankschreiben Zacher September 1996, ebd.). Eine lange Liste von Dürrs Mitgliedschaften in friedens- und umweltpolitischen Organisationen und Institutionen findet sich auf der Website: Global Challenges Network, Lebenslauf Dürr, http://www.gcn.de/lebenslauf.html, zuletzt aufgerufen am 24.5.2022.

202 Entsprechend äußerten sich einige meiner Interviewpartner. Dürrs Nachlass (AMPG, III. Abt., ZA 116) enthält eine unüberschaubare Fülle an Unterlagen von Organisationen, mit denen er korrespondierte, denen er beitrat oder in denen er zeitweilig Führungsaufgaben übernahm, von denen Greenpeace nur die bekannteste war (AMPG, III. Abt., ZA 116, K 24).

Kongresse und Appelle an die Öffentlichkeit

Die politische Öffentlichkeit der Bundesrepublik der späten 1970er und 1980er Jahre war – jedenfalls jenseits der Parlamente und etablierten Institutionen – eine andere geworden. Die einst zahlen- und milieumäßig überschaubare außerparlamentarische Opposition von inzwischen examinierten Studierenden war in vielerlei alternative Lebens- und Arbeitsstile, Projekte und Bewegungen diffundiert. Deren heterogene gesellschaftliche Zielvorstellungen oder auch nur gruppenspezifische Lebensentwürfe ließen sich weder nach Parteien noch mit dem klassischen Links-Rechts-Schema sortieren, wohl aber mit den Forderungen nach dem Ende der Abschreckungspolitik, der Kernenergie und der Umweltzerstörung verbinden.[203] Bewegungen wie diese bedurften, wenn sie ihre Ziele als gemeinsame öffentlichkeitswirksam artikulieren wollten, eher charismatischer Rednerinnen wie Petra Kelly, der Mitbegründerin der grünen »Antipartei-Partei«, und politisch-moralischer Autoritäten wie des Schriftstellers Heinrich Böll, die Hunderttausende von Demonstrierenden im Bonner Hofgarten emotional mitnehmen konnten.[204] Der Bedarf an Memoranden aus der Feder elitärer Wissenschaftler, die sich ihrerseits vornehmlich an die politischen Eliten der Republik richteten und nur gelegentlich von Heisenbergs »unsichtbarem Weg« abwichen, hatte sich hingegen erschöpft.

Was es außerdem brauchte, um so verzweigte Bewegungen über spontane und dezentrale Protestaktionen hinaus zu bündeln, war organisatorisches und propagandistisches Knowhow. Und darüber verfügten seit den Tagen Willy Münzenbergs und der KPD-Bündnispolitik der 1920er Jahre vor allem die nur mehr winzige DKP und ihre Derivate wie die Deutsche Friedensunion (DFU) mit ihrem Berufsfunktionär Josef Weber, der mit politischer Rückendeckung und finanzieller Unterstützung aus Ostberlin die Vorbereitungen für die Herbstaktionen der Friedensbewegung in der Bundesrepublik in die Hand nahm. Es galt, die Frist bis zu der im NATO-Doppelbeschluss im Falle eines Scheiterns der Abrüstungsverhandlungen für Ende 1983 angekündigten Stationierung der neuen Mittelstreckenwaffen zu nutzen. Die DFU lud für November 1980 zum »Krefelder Forum« und sorgte wie schon bei ihren früheren, wenig beachteten Aktionen dafür, dass auch einige nicht kommunistische Prominente vertreten waren. Diesmal gelang der lang erhoffte »bündnispolitische Durchbruch«.[205] Er schlug allerdings schon bald in eine Dynamik um, die weder von der DKP/DFU

203 In einem tausendseitigen Band hat Sven Reichardt versucht, diese Milieus zu beschreiben und dabei, m. E. wenig überzeugend, die Suche nach »Authentizität« als ihr verbindendes Charakteristikum ausgemacht: Reichardt, *Authentizität*, 2014.

204 Richter, *Aktivistin*, 2010; Richter, Protagonisten, 2012. Als kurzen Überblick über die westdeutsche Friedensbewegung siehe Wittner, *Struggle Against the Bomb, Bd. 3*, 2003, 144–150.

205 So Walter, Manifest der Friedensbewegung, 2010, 264.

kontrolliert, noch »von Moskau ferngesteuert« werden konnte, wie die Befürworter des NATO-Doppelbeschlusses immer wieder behaupteten.[206] Zu den bewährten Bündnispartnern wie Pastor Martin Niemöller, dem Staatsrechtler Helmut Ridder und dem Journalisten Gösta von Uexküll stießen Christoph Strässer von den Jungen Liberalen, der Gießener Physiker und SPD-Bundestagsabgeordnete Karl Bechert, vor allem aber der soeben im Dissens mit seinem Verteidigungsminister Hans Apel (SPD) in den Ruhestand versetzte Generalmajor Gert Bastian und die frisch gekürte Parteivorsitzende der Grünen, Petra Kelly. Zwar lag der in Krefeld verabschiedete Appell, auch wenn Bastian die Autorschaft für sich reklamierte, noch ganz auf der Linie der DKP- und DFU-»Friedenskämpfer«, indem er ausschließlich die Bundesregierung aufforderte, ihre Zustimmung zur Stationierung der US-Raketen zurückzuziehen und innerhalb der NATO gegen das Wettrüsten aufzutreten, aber kein Wort über die SS-20-Raketen auf der anderen Seite des Eisernen Vorhangs verlor. Aber bald darauf erläuterten Kelly, Bastian und die anderen Initiatoren in Zeitungsannoncen, mit denen sie um Zustimmung in der Bevölkerung warben und zu den nachfolgenden Foren einluden, dass es sehr wohl um ein »atomfreies Europa« und die »Auflösung beider Militärblöcke« ging.[207] Auch Weber konnte dies nicht verhindern, zumal ab 1982 die Organisation der Bewegung weitgehend vom Koordinationsausschuss der unabhängigen Initiativen übernommen wurde.

An der Frage, ob auch die ostdeutsche Schwerter-zu-Pflugscharen-Bewegung einzubeziehen sei, wofür Kelly und Bastian mit Nachdruck stritten, zerbrach die Krefelder Initiative schließlich im Januar 1984. Bis dahin hatte sie an die fünf Millionen Unterschriften – unter anderem von zahlreichen Prominenten aus Kunst, Kultur, Sport, Wissenschaft, Politik und Kirchen – eingesammelt sowie Nachfolgekongresse samt Rockkonzerten in Dortmund 1981 und Bochum 1982 mit rund 15.000 bzw. 200.000 Besucher/innen organisiert. Sie hatte auch zu zahlreichen Massendemonstrationen aufgerufen, denen selten weniger als 100.000 und manchmal über eine Million Menschen republikweit folgten und die sich – allen voran die Sternmärsche zum Bonner Hofgarten 1981 und

206 Ein ironisierender Autoaufkleber in diesen Jahren lautete: »Ich bin von Moskau ferngesteuert.« Hier zitiert nach Schmid, Krefelder Forum Einführung, https://www.1000dokumente.de/index.html?c=dokument_de&dokument=0023_kre&object=context&st=&l=de. Zum Kontrollverlust der DKP und des DDR-Regimes über die Friedensbewegungen in West- und Ostdeutschland vgl. Wittner, *Struggle Against the Bomb, Bd. 3*, 2003, 282–286. Das Bundesamt für Verfassungsschutz sorgte sich indessen bald schon mehr um die mögliche Gewaltbereitschaft militanter »Autonomer« und »Antiimperialisten« und setzte in seiner kleinteiligen Vorschau auf den Kampagnenherbst 1983 selbst auf die Ordnungskräfte von DKP und Vorfeldorganisationen, traute hingegen der unabhängigen »Neuen Linken« nicht zu, ihre militanten Sympathisanten in Schach zu halten (Rundbrief BMI an alle Bundesministerien vom 6.7.1983, hier bes. S. 20, PA AA B 43-REF. 302/II8/UA IIB/128636).

207 Eine Anzeige in *Der Stern* vom 15.3.1982, zitiert nach Walter, Manifest der Friedensbewegung, 2010, 269. Siehe auch Zepp, Ratio der Angst, 2012.

1983 – in das Gedächtnis und Selbstverständnis einer ganzen Generation eingeprägt haben.[208]

Alles in allem erwies sich die Kombination von altlinker Organisationskompetenz und neulinker Kreativität in diesen Jahren als höchst erfolgreich in der Mobilisierung von Massen und der öffentlichkeitswirksamen Regie phantasievoller Protestformen.[209] Dazu gehörte auch die Organisation von Menschen, die sich als Angehörige herausgehobener Berufsgruppen jenseits der Gewerkschaften ansprechen und mobilisieren ließen. Mit diesem »Berufsgruppenansatz« versuchte die Krefelder Initiative insgesamt 21 überwiegend akademische Berufsgruppen für den Frieden und gegen den »Rüstungswahnsinn« der Raketenstationierung zu aktivieren, darunter Ärzte – die sich in der Folge 1982 als westdeutsche Sektion der *International Physicians for the Prevention of Nuclear War* (IPPNW) zusammenfanden –, Pädagogen, Ministerialbeamte, Informatiker, Offiziere und Soldaten, aber auch Unternehmer. Sie sollten die größte soziale Bewegung in der Geschichte der Bundesrepublik noch weiter verbreitern und auch über die nicht unwahrscheinliche Niederlage hinaus am Leben erhalten. Organisatorisch zuständig war dafür Reiner Braun vom DKP-nahen Marxistischen Studentenbund Spartakus (MSB), der nach seinem Studium 1981 zunächst Weber in der Geschäftsführung der Krefelder Initiative unterstützte und diese nach dessen Tod 1985 übernahm.[210]

Eine seiner erfolgreicheren Bemühungen mündete Anfang Juli 1983 in den Mainzer Kongress »Verantwortung für den Frieden – Naturwissenschaftler warnen vor neuer Atomrüstung«. Anfang 1982 trat Braun an den Kölner Genetiker Peter Starlinger heran, der schon 1980 den Krefelder Appell mitinitiiert hatte und jetzt bereit war, als Anchorman unter seinen Kollegen und Kolleginnen bundesweit für einen Kongress zu werben, der den breiten gesellschaftlichen Protest gegen die geplanten Raketenstationierungen mit naturwissenschaft-

208 Zur Organisation der Friedensbewegung und ihren Flügelkämpfen im Anschluss an den Krefelder Appell vgl. Walter, Manifest der Friedensbewegung, 2010; Schmid, Nuclear Colonization?, 2011; Becker-Schaum, Die institutionelle Organisation, 2012, 159–162 sowie die weiteren Beiträge in diesem Band. Zum Selbstverständnis der Friedensbewegten vgl. Reichardt, *Authentizität*, 2014, 173–186.

209 Die sozialdemokratische Konkurrenzinitiative, der Bielefelder Appell vom Dezember 1980, erreichte mit ähnlichen Forderungen hingegen nur die eigene Mitgliedschaft und davon auch nur diejenigen, denen die Unabhängigkeit von kommunistischen Einflüssen wichtiger war als die Teilhabe an einer breiteren Massenbewegung, vgl. Hansen, Zwischen Staat und Straße, 2012, 521–522.

210 Der »Berufsgruppenansatz« war u. a. Gegenstand meines Interviews mit Reiner Braun am 8.3.2018. Vgl. Drewitz et al., *Berufsbezogene Friedensinitiativen*, 1984; Braun et al., *Berufsbezogene Friedensinitiativen*, 1986. Vgl. auch Baron, *Kalter Krieg und heißer Frieden*, 2003, 103–107, insbes. FN 399 und 402. Trotz seines antikommunistischen Furors gelangt Baron zu dem Schluss, dass all diese Organisationen zu heterogen gewesen seien, »als dass sie sich von der DKP und ihren Bündnisorganisationen hätten vereinnahmen lassen«: ebd., 105. Zur IPPNW vgl. Kemper, *Medizin gegen den Kalten Krieg*, 2016.

licher Expertise unterfüttern sollte.[211] Starlinger hatte als Wissenschaftler aus dem Bereich der Universitäten seit 1972 dem MPG-Senat angehört und sich im März 1978 mit einem kritischen Kommentar über den geringen Einfluss der Senatoren auf die wissenschaftlichen Entscheidungen innerhalb der MPG von diesem Gremium verabschiedet.[212] Die zwischen 1978 und 1982 allesamt neu berufenen Direktoren am umstrukturierten Kölner MPI für Züchtungsforschung – der belgische Pflanzengenetiker Jozef Schell, der Molekulargenetiker und einstige Doktorand Starlingers, Heinz Saedler, sowie der Biochemiker Klaus Hahlbrock – beriefen ihn gleichwohl 1982 zum auswärtigen wissenschaftlichen Mitglied an ihr Institut und stellten ihm dort über Jahre ein Labor zur Verfügung.[213] Sie alle gehörten zu den Erstunterzeichnern des Kongressaufrufs, der mit weiteren rund einhundert Unterschriften von Naturwissenschaftlern und einigen Naturwissenschaftlerinnen noch im Februar 1982 in einer Presseerklärung bekannt gegeben wurde.[214] Zur engeren, verantwortlich zeichnenden Vorbereitungsgruppe zählte auch Dürr; allerdings überließ er die organisatorischen Arbeiten einschließlich eines ersten Entwurfs für das Abschlusskommuniqué des Kongresses weitgehend Albrecht von Müller, der so sein Konzept einer »die Stabilität erhöhenden Umrüstung auf eine ›strukturelle Nichtangriffsfähigkeit‹« prominent im dann so genannten Mainzer Appell platzieren konnte.[215]

Der Ehrenpräsident der MPG, Butenandt, bedauerte zwar, dass der Kongressaufruf wohl auf die Göttinger Erklärung von 1957, nicht jedoch auf die von ihm einst mitgezeichnete Mainauer Erklärung der Nobelpreisträger von 1955 Bezug nahm, folgte aber Starlingers Aufforderung im Frühjahr 1983 und unterschrieb unverzüglich.[216] Die Direktoren Gerhard Ruhenstroth-Bauer vom MPI für Biochemie und Uli Schwarz vom MPI für Virusforschung folgten ihm. Bis Juni 1983 hatte man mehr als 1.600 Unterschriften eingesammelt, und am Ende wurde der Appell von rund 3.300 Kongressteilnehmer/innen, darunter 400 Professoren und ein gutes Dutzend MPI-Direktoren, verabschiedet. 23 von ihnen wurden auf

211 Interview Braun (von Schwerin) 6.5.2020. Starlinger an die Mitglieder der Vorbereitungsgruppe (u. a. Dürr) am 8.2.1983, AMPG, III. Abt., ZA 116, Nr. 7.

212 Starlinger an Lüst und Haunschild am 8.2.1978, BArch B 196/20197; Protokoll der 89. Sitzung des Senates vom 17.3.1978 in München, AMPG, II. Abt., Rep. 60, Nr. 89.SP, fol. 103–107. Zur Berufung Starlingers in den MPG-Senat siehe: Protokoll der 93. Sitzung des Verwaltungsrates vom 13./14.3.1972 in Frankfurt, Hotel Frankfurter Hof, AMPG, II. Abt., Rep. 61, Nr. 93.VP, fol. 203–207. Ich danke Alexander von Schwerin für Hinweise und Hintergrundinformationen.

213 Zur Zusammenarbeit des von Max Delbrück 1959 begründeten Instituts für Genetik an der Universität Köln mit dem seit 1955 in Köln ansässigen MPI für Züchtungsforschung vgl. Wenkel und Deichmann, *Max Delbrück*, 2007.

214 Presseerklärung 17.2.1983 (bei der Datierung auf den 17.2.1982 vermute ich einen Tippfehler) und Aufruf zur Teilnahme am Kongress am 2./3.7.1983, Unterschriftenliste ohne Vornamen, AMPG, III. Abt., ZA 116, Nr. 7.

215 Entwurf des Abschlusskommuniqués von Müllers vom 26.6.1983, ebd.; dort auch weitere Überarbeitungen sowie die gedruckte Endversion des Mainzer Appells.

216 Butenandt an Starlinger am 22.3.1983, ebd.

Abb. 35: Demonstration anlässlich des Mainzer Kongresses am 2. Juli 1983.

dem veröffentlichten Mainzer Appell namentlich genannt, sie firmierten fortan analog zu den »Göttinger 18« als die »Mainzer 23«, darunter neben Starlinger die MPG-Mitglieder Dürr und Schell.[217]

Die Mainzer Appellanden standen nicht allein auf der Welt. Bereits im Januar 1983 hatte die *American Physical Society* vor der neuerlichen Rüstungseskalation gewarnt und die Staatschefs der Atommächte aufgefordert, endlich ernsthafte Abrüstungsgespräche zu führen; diesem Statement schloss sich die Deutsche Physikalische Gesellschaft (DPG) im März 1983 mit ihrem »Regensburger Appell« an.[218] Über 30 nationale Wissenschaftsakademien, darunter die amerikanische, sowjetische und französische sowie die britische Royal Society hatten sich ähnlich geäußert. Hingegen wandten sich die sowjetischen Physiker und Physikerinnen im April 1983, also einen knappen Monat nachdem Reagan sein SDI-Programm angekündigt hatte, in einem von der sowjetischen Botschaft in Bonn publizierten Appell an »alle Wissenschaftler der Welt«, um sie darüber aufzuklären, dass das geplante Abwehrsystem allenfalls geeignet sei, »die Stärke des

217 Kongressprogramm mit Unterschriftenlisten, ebd. Die Anzahl der MPI-Direktoren wird mal mit 12 (*FAZ*), mal mit 16 (*SZ*) angegeben: Kauntz, Politiker, *Frankfurter Allgemeine Zeitung*, 4.7.1983; Schütze, Kompetenz, *Süddeutsche Zeitung*, 4.7.1983; Schütze, Naturwissenschaftler, *Süddeutsche Zeitung*, 4.7.1983.

218 American Institute of Physics, News Release 31.1.1983 und Resolution der DGP zur Kernwaffenfrage 16.3.1983, AMPG, III. Abt., ZA 116, Nr. 7.

Gegenschlags zu vermindern«, also »das amerikanische Erstschlags-Potential« zu verstärken, ergo kein defensives, sondern ein aggressives Waffensystem sei.[219]

Während anderswo auf der Welt sich vor allem die Physiker/innen zu Wort meldeten, verteilten sich die Mainzer Appellanden auf mehrere Disziplinen. Dank Starlingers Netzwerk waren vor allem auch die Biowissenschaften stark vertreten, so auch bei den beteiligten MPG-Wissenschaftlern. Unter den Referenten und wenigen Referentinnen des Kongresses dominierten indessen auch hier die Physiker und Mathematiker einerseits, die Friedensforscher andererseits. Die Starnberger Defensivstrategen – Afheldt, von Müller, Dürr – bestritten mit vier weiteren Kollegen eines von neun parallel angesetzten Panels. Strahlenbiologen und Katastrophenmediziner traten hingegen bei der öffentlichen Veranstaltung in der Mainzer Innenstadt auf und schilderten plastisch die Kurz- und Langzeitfolgen, die das zu mehreren Tausend versammelte Publikum zu gewärtigen hatte, sollte zukünftig auch nur eine SS-20- oder Pershing-Rakete über der Rhein-Main-Region gezündet werden.[220]

Zwar versäumte es kein Pressebericht, auf die Beteiligung der Nobelpreisträger aus den USA und Schweden, Linus Pauling und Hannes Alfvén, und die Unterstützung des MPG-Ehrenpräsidenten und Nobelpreisträgers Butenandt hinzuweisen. Jedoch kamen auch junge Nachwuchswissenschaftler/innen wie die Friedensforscherin Corinna Hauswedell und praktizierende Ärzte mit eigenen Referaten zu Wort; im Publikum überwogen erst recht junge Leute.[221] Anders als die Göttinger 18, in deren Tradition sie sich gleichwohl stellten, inszenierten die Mainzer Appellanden ihren Kongress nicht als Veranstaltung einer kleinen wissenschaftlichen Elite, die auf Basis ihres exklusiven Fachwissens die Politiker über die Risiken ihrer Tuns glaubte aufklären zu sollen. Die Mainzer Großveranstaltung glich eher einer selbstorganisierten Massenfortbildung, ähnlich den »Kritischen Universitäten« der Studentenbewegung oder den Sommeruniversitäten der neuen Frauenbewegung in den 1970er Jahren, doch in diesem Fall von »besorgten Bürgern« aus den naturwissenschaftlichen Professionen und für diese. Man verstand sich als der naturwissenschaftlich versierte Arm der Friedensbewegung und wollte, wie es Starlinger ausdrückte, deren »vorwiegend deklamatorischen und emotionalen Charakter (so wertvoll dies an anderem Ort sein mag)« mit Aussagen ergänzen, die sich durch »Klarheit und wissenschaftliche Genauigkeit« auszeichneten.[222] Starlinger, Dürr und andere Redner

219 Presseabteilung der Botschaft der UdSSR, Appell an alle Wissenschaftler der Welt, 18.4.1983, ebd.

220 Kongress-Programm Stand 4.6.1983, AMPG, ebd.; Art. Besorgte Bürger, 5.6.1983; Starlinger, Frieden, 1983. Ausführlicher zum Mainzer Atombomben-Szenario: Kater, Atomkrieg, 1983.

221 Kongress »Verantwortung für den Frieden«, Programmentwurf Stand 4.6.1983, AMPG, III. Abt., ZA 116, Nr. 7.

222 Rundbrief Starlinger vom 8.2.1983 an Vorbereitungsgruppe und Erstunterzeichner des Kongressaufrufs (Zitate) und Redemanuskript Dürrs o. D., ebd.; Besorgte Bürger, *Der Spiegel*, 5.6.1983.

artikulierten deutlich, dass es am Ende nicht um naturwissenschaftliche Beweisführung gegen die Nachrüstung, sondern um politische Bewertungen ging, für die sie als Naturwissenschaftler nicht mehr und nicht weniger qualifiziert seien als andere Staatsbürger auch. Aber sie fühlten sich moralisch verpflichtet und fachlich berechtigt, »komplexe Systeme« mit ihrem professionellen »Sinn für die kritischen Punkte« und ihrem spezifischen analytischen Instrumentarium – hier wurde die Bifurkationstheorie praktisch – zu durchdenken und ihre Schlussfolgerungen öffentlich mitzuteilen.[223] Der Berichterstatter der *Süddeutschen Zeitung* hob die neue Selbstbescheidung in seinem Fazit hervor:

> Neue, wissenschaftlich stichhaltige Argumente für die Friedensbewegung und neue Gedanken für die Diskussion der Politiker sollen ausgesät werden, ohne daß die wissenschaftliche Kompetenz überstrapaziert wird.[224]

Das Politische sei privat

Zwar machten die beteiligten MPI-Direktoren wie auch die anderen Appellanden ihre professionelle Affiliation weder auf den Unterschriftenlisten noch im Kongressprogramm kenntlich. Aber in ihren Instituten und im Kollegenkreis blieb ihr friedenspolitisches Engagement nicht verborgen, zumal Dürr, der sich 1975 noch über Lüsts Unterschriftensammlung zugunsten des Schmidt'schen Atomenergieprogramms empört hatte, selbst in den Garchinger Instituten Unterschriften für den Mainzer Appell gesammelt hatte. Die Generalverwaltung war jedenfalls spätestens ab Mitte September 1983 alarmiert, als das BMFT wegen einer kleinen Anfrage des hessischen CDU-Bundestagsabgeordneten Christian Lenzer dringend Auskunft erbat: Ob es zuträfe, dass in den Räumlichkeiten staatlicher Forschungseinrichtungen und während der Arbeitszeit Mitarbeiterversammlungen »Überlegungen zum Protest gegen den NATO-Doppelbeschluß« anstellten, »Protestresolutionen« verfassten und »zusätzliche Aktionen« planten.[225] MPG-Präsident Lüst ließ knapp und umgehend antworten:

223 Der Berichterstatter der *Zeit* zitierte hier Dürr, dessen systemanalytischer Ansatz einschließlich des Konzepts zur Umrüstung auf strukturelle Nichtangriffsfähigkeit von fast allen Presseberichten hervorgehoben wurde: Bertram, Experten oder Bürger?, *Die Zeit*, 8.7.1983. Nicht überzeugt war hingegen der Autor der wissenschaftskritischen Fachzeitschrift *Wechselwirkung*, dem der »Slogan ›Umrüsten statt Abrüsten‹« immer noch zu nah an »den herrschenden Dogmen der Waffentechnologie« blieb: Stange, Naturwissenschaftler, 1983, 45. Redemanuskript Dürrs o. D., AMPG, III. Abt., ZA 116, Nr. 7.

224 Schütze, Kompetenz, *Süddeutsche Zeitung*, 4.7.1983. Kauntz sah es in der *FAZ* ähnlich: Kauntz, Politiker, *Frankfurter Allgemeine Zeitung*, 4.7.1983. Nur die *WELT* wiederholte den alten Vorwurf der Anmaßung, den Starlinger zurückwies: Starlinger, Frieden, 1983, 591.

225 Vermerk Roeske, 14.9.1983, Anlage Abschrift der Frage Lenzer, AMPG, II. Abt., Rep. 1, Nr. 625, fol. 53.

Der Leitung der MPG ist Derartiges nicht bekannt. Falls es ihr bekannt würde, würde sie es nicht dulden.[226]

Nur ganz so war es nicht. Schon eine Woche zuvor hatte Wolfgang Lempert vom MPI für Bildungsforschung dem MPG-Pressereferenten Robert Gerwin von der hochmotivierten »Initiativgruppe Frieden« an seinem und den beiden anderen Berliner MPI sowie einer »sehr anregenden« Diskussion mit von Müller über dessen Denkschrift zur europäischen Sicherheitspolitik berichtet. Es sei doch jetzt nach dem vielbeachteten Mainzer Kongress an der Zeit, im *MPG-Spiegel* über von Müllers Analysen und die Arbeitsgruppe Gottstein zu berichten:

Darin könnte gezeigt werden, daß die Wissenschaft, auch Grundlagenforschung, wie sie in Max-Planck-Instituten betrieben wird, die Rationalität der Politik im Interesse der Allgemeinheit zu fördern verspricht.[227]

Lempert wurde alsbald belehrt, dass von Müllers Studie im Auftrag der VDW und nicht der MPG entstanden sei und dass die Arbeitsgruppe Gottstein zwar seit einiger Zeit mit Fragen der Abrüstung beschäftigt, aber nicht so weit gediehen sei, dass darüber öffentlich berichtet werden könne.[228] Damit gaben sich Lempert und die Berliner Initiativgruppe nicht zufrieden: von Müllers Studie habe bereits Bedeutung in der öffentlichen Diskussion eines der wichtigsten Gegenwartsprobleme; sie sei darüber hinaus »ein exemplarischer Reflex der unter Wissenschaftlern, gerade auch MP-Leuten, nachweislich sehr aktuellen Sorge um diesen Aspekt des Verhältnisses von Wissenschaft, Politik und Lebensfragen der Gesellschaft«. Das »journalistische Berufsethos« würde geradezu gebieten, darüber zu informieren:

Die Entscheidung, nicht darüber zu berichten, hat in einem solchen Fall viel eher den Charakter einer politischen Maßnahme als eine Entscheidung für einen Bericht.[229]

Die Antwort der Generalverwaltung und der Bericht im *MPG-Spiegel* blieben aus. Dafür erschien Mitte Oktober 1983 eine halbseitige Anzeige im *Tagesspiegel* mit der Überschrift »Mitarbeiter der Berliner Max-Planck-Institute warnen vor neuen Atomraketen« und der Aufforderung an die Bundesregierung, ihre Zustimmung zur Stationierung der Pershing-II-Raketen und der Cruise-Missiles zurückzuziehen. Explizit als »Beschäftigte« der MPI für Bildungsforschung und für molekulare Genetik sowie des Fritz-Haber-Instituts unterschrieben hatten gut 400 wissenschaftliche Mitarbeiter/innen, Honorarkräfte, Sekretärinnen,

226 Ebd.

227 Lempert an Gerwin am 7.9.1983, ebd., fol. 51. Gemeint ist die Studie von Müller, *Kunst des Friedens*, 1984 (siehe oben Kapitel 4.3).

228 Marsch (anstelle des urlaubenden Gerwin) an Lempert am 14.9.1983, ebd., fol. 49. Gottstein trat im Zusammenhang des Mainzer Kongresses nicht in Erscheinung und unterzeichnete nach den mir vorliegenden Unterschriftenlisten auch nicht den Mainzer Appell.

229 Lempert an Marsch am 6.10.1983 (Hervorhebung im Original), ebd., fol. 47–48.

technische Angestellte, Handwerker, Putzfrauen, Bibliothekar/innen und auch einige Emeriti wie die Bildungsforscher Hellmut Becker, Friedrich Edding und Dietrich Goldschmidt sowie, als ihr amtierender Kollege, Wolfgang Edelstein.[230] Freiburger MPI-Beschäftigte schlossen sich mit einer Unterschriftensammlung an. Etwa 230 »Mitarbeiter der Garchinger Max-Planck-Institute« folgten Anfang November, nachdem sich die meisten von ihnen schon zuvor auf dem Garchinger Max-Planck-Campus zu einem spontanen »Schweigekreis« zusammengefunden hatten; ihre allgemeiner gehaltene Anzeige in der *Süddeutschen Zeitung* rief »die Regierenden in Ost und West« auf, die »existenzbedrohende Anhäufung« von Atomwaffen sofort zu beenden.[231] An den Münchener MPI begannen gleich anschließend die Unterschriftensammlungen für eine weitere Anzeige, die den Text der Berliner Kollegen und Kolleginnen übernahm.

In der Generalverwaltung prüfte derweil die Rechtsabteilung, inwieweit das Grundrecht auf freie Meinungsäußerung durch das Gebot der Mäßigung, die Treuepflicht des Arbeitnehmers, seine Pflicht zur Wahrung des Betriebsfriedens, das Verbot dienstfremder Betätigung während der Arbeitszeit oder Sonstiges einzuschränken sei. Des Weiteren, ob in der MPG dafür das Beamtenrecht oder das öffentliche Dienstrecht oder aber das allgemeine Tarifrecht heranzuziehen sei, die allesamt aber nur höchst auslegungsbedürftige Vorschriften enthielten. Erschwerend kam hinzu, dass bei der rechtlichen Bewertung von allgemeinpolitischen Aussagen der Beschäftigten auch das »bisherige Gebaren des Arbeitgebers« zu berücksichtigen sei, das sich bei der MPG bisher durch deutlich größere Freiräume als in anderen Betrieben ausgezeichnet habe. Die Folge sei, dass »im Rahmen dieser Tradition« für alle ihre Mitarbeiter jetzt »ein gewisser Vertrauensschutz« bestehe.[232] Kurz, man hatte keine gerichtsfeste Handhabe, um Unterschriftenaktionen von MPG-Angehörigen zu untersagen und Zuwiderhandelnde abzumahnen, bevor man nicht durch eindeutige und hinreichend kommunizierte Anordnungen mit der Tradition des informellen Liberalismus gebrochen hatte. Vorher konnte man nicht einmal den Direktorenkollegen, an deren Mäßigungspflicht durchaus ein strengerer Maßstab anzulegen sei, untersagen, bei öffentlichen politischen Aktionen ihre MPG-Zugehörigkeit zu erwähnen.

Die an »alle Mitarbeiter« gerichtete Anordnung des geschäftsführenden Direktors am MPI für Psychiatrie, Detlev Ploog, kam mit der scharf formulierten »Mißbilligung« seitens des gesamten Kollegiums jedenfalls zu spät; die Unterschriftensammlung unter den Münchener MPG-Angehörigen war nahezu abgeschlossen, drei Tage später erschien die vierspaltige Anzeige mit rund

230 Ausschnitt *Tagesspiegel* 14.10.1983, 15, ebd., fol. 41.

231 Ausschnitt *Süddeutsche Zeitung* 5.11.1983, ebd., fol. 45; Vermerk Marsch 8.11.1983, ebd., fol. 42; Die Initiative ging vom Institut für Plasmaphysik aus; Mahn u.a. an Lüst am 17.11.1983, ebd., fol. 28–29. Die Freiburger Initiative wird in dem Schreiben Holländer an Lüst vom 18.11.1983 erwähnt, ebd., fol. 22.

232 Rechtliche Beurteilung Weidmann vom 15.11.1983, ebd., fol. 32–36.

800 Unterschriften in der *Süddeutschen Zeitung*.[233] Lüst hatte im persönlichen Gespräch mit dem geschäftsführenden Direktor am MPI für Biochemie, Robert Huber, eben noch erreichen können, dass dieser – obwohl Mitinitiator der Unterschriftensammlung in Martinsried – seine eigene Unterschrift vor Drucklegung zurückzog und die Geschäftsführung niederlegte, um, wie er Lüst gegenüber einräumte, »den Schaden für die Max-Planck-Gesellschaft zu mindern« und »Ihnen Ihre Aufgabe nicht weiter zu erschweren«.[234] Sein Kollege Wolfram Zillig hielt seine Unterschrift hingegen aufrecht, zeichnete sogar mit dem Zusatz »Direktor«, wurde aber ebenso wie Huber vom Nachfolger in der Geschäftsführung am MPI für Biochemie, Peter Hans Hofschneider, auf die Sprachregelung eingeschworen, dass sie wie alle anderen »Unterschriftsgeber« auch nur »als Privatpersonen gehandelt« hätten.[235]

Manche wissenschaftliche Mitarbeiter und Mitarbeiterinnen, die sich bis dahin unter dem Dach der MPG in der Tradition des Russell-Einstein-Manifests und der Göttinger Erklärung gewähnt und sich dort auch politisch beheimatet gefühlt hatten, zweifelten jetzt, ob sie wirklich am richtigen Ort waren. Die von ihnen erwartete Aufspaltung in eine private und eine wissenschaftliche Person lehnten sie jedenfalls ab. »Ich habe nur ein Gewissen«, schrieb der Neurologe Horstmar Holländer vom MPI für Psychiatrie an seinen Präsidenten, »das ich nicht teilen kann in einen privaten und einen wissenschaftlichen Teil«. Gerade die Diskussionen im Mitarbeiterkreis über allgemein interessierende Fragen seien »ja eine gute Tradition in der Max-Planck-Gesellschaft, wie Lebenserinnerungen führender Persönlichkeiten unserer Gesellschaft zeigen«:

> Eine »rein wissenschaftliche« Atmosphäre erscheint mir als eine böse Utopie, und so halte ich wissenschaftlichen Purismus für ebenso gefährlich für unsere Gesellschaft wie eine übertriebene Politisierung. […] Könnte der Name unserer Gesellschaft nicht ein tolerantes Dach sein, unter dem sich wissenschaftlich tätige, verantwortungsbewusste Menschen auch mit ihren verschiedenen politischen Ansichten geborgen fühlen können? Eine Beschränkung unseres Namens auf rein wissenschaftliche Inhalte empfinde ich als eine bedauerliche Verkürzung und Verarmung.[236]

Der geschäftsführende Direktor Ploog setzte Holländer in einem Personalgespräch die Linie des Hauses noch einmal auseinander und nahm es fortan ganz genau mit Aushängen von Flugblättern oder Zeitungsausschnitten zu allgemeinpolitischen Themen, die er der Rechtsabteilung in der Generalverwaltung zur

233 Ploog an alle Mitarbeiter am 15.11.1983, ebd., fol. 37; Ausschnitt *Süddeutsche Zeitung* vom 18.11.1983, 11, ebd., fol. 25.

234 Huber an Lüst am 17.11.1983, ebd., fol. 30.

235 Hofschneider an Huber am 17.11.1983, ebd., fol. 27.

236 Holländer an Lüst am 18.11.1983, ebd., fol. 22; ähnlich Mahn und sieben weitere Garchinger Kolleg/innen an Lüst am 17.11.1983, ebd., fol. 28–29. Holländer folgte später Georg Kreutzberg ans MPI für Neurobiologie nach Martinsried. Ich danke Sascha Topp für diese Auskunft.

Stellungnahme vorlegte. Die allerdings empfahl ihm, die Situation nicht weiter zu eskalieren und »die inkriminierten Aushänge […] allenfalls durch die Verwaltung wortlos beseitigen zu lassen«.[237] Sie folgte damit einem Rat ihres juristischen Experten Hans Zacher vom MPI für ausländisches und internationales Sozialrecht, den Lüst um »Entscheidungshilfen in der Frage der Unterschriftenaktionen« gebeten hatte. Zacher empfahl nämlich, nachdem er sich mit dem »wohl versiertesten Beamtenrechtler im Kreise der Deutschen Staatsrechtlehrer« beraten hatte, »Zurückhaltung« walten zu lassen: »So wie die Dinge bis jetzt gelaufen sind, ist das Problem keine Rechtsfrage, sondern eine Stilfrage.«[238] Und darüber ließ sich weiter streiten, etwa mit dem geschäftsführenden Direktor des MPI für Physik, Dürr, der just in diesen Novembertagen 1983 im Audimax der Ludwig-Maximilians-Universität die Vortragsreihe »Wissenschaft und Friedenssicherung« eröffnete und damit, wie die *Münchner Abendzeitung* titelte, die »Friedens-Diskussion in der Universität« trotz der Vorbehalte ihrer Leitung startete.[239]

Wider die Militarisierung des Weltraums

Die Mainzer 23 ließen sich von der im Herbst 1983 beginnenden Stationierung der Pershing-II-Raketen und der Cruise-Missiles nicht in die Resignation treiben, zumal mit Reagans *Strategic Defense Initiative* (SDI) eine weitere Gefährdung des prekären Gleichgewichts nuklearer Abschreckung bevorstand. Vielmehr suchten sie jetzt den Kontakt zu Kollegen und Kolleginnen, die sich innerhalb der sowjetischen Akademie der Wissenschaften unter Leitung ihres Vizepräsidenten und langjährigen Pugwashite Jewgeni Welichow und des auswärtigen wissenschaftlichen Mitglieds im MPI für Physik und Astrophysik, Roald Sagdejew, zu einem *Committee of Soviet Scientists for Peace and against Nuclear Threat* (CSS) zusammengeschlossen hatten. Das CSS selbst stand bereits seit 1980 mit dem US-amerikanischen *Committee on International Security and Arms Control* (CISAC) der National Academy of Science (NAS) in einem die transnationalen Pugwash-Konferenzen ergänzenden bilateralen Kontakt.[240] Die

237 Ploog an Weidmann am 30.1.1983 (mit Anhängen), ebd., fol. 12; Weidmann an Ploog am 2.12.1983 (Zitate), ebd., fol. 12.

238 Zacher an Lüst am 22.11.1983, ebd., fol. 16.

239 Ausschnitt *AZ München* vom 15./16.11.1983, ebd., fol. 31. Dürrs Kollege, Gerd Buschhorn, am MPI für Physik und Astrophysik, konnte ihn jedenfalls nicht zur Zurückhaltung motivieren und bat Lüst dringend, ein Gespräch mit Dürr zu führen (Vermerk Marsch vom 8.11.1983, ebd., fol. 42).

240 Evangelista, *Unarmed Forces*, 1999, 147–148, 156–164; Wittner, *Struggle Against the Bomb, Bd. 3*, 2003, 222–224, 301. Siehe auch die CISAC-Website: https://www.nationalacademies.org/cisac/committee-on-international-security-and-arms-control, zuletzt aufgerufen am 27.11.2021.

Mainzer 23 sprangen also in die wissenschaftsdiplomatische Lücke, die durch das Fehlen einer bundesdeutschen Nationalakademie entstanden war und die die MPG nicht füllen mochte.

Wie Dürr und Welichow es während der Pugwash-Konferenz 1983 in Venedig angedacht hatten, reisten im März 1984 Starlinger, Dürr und drei weitere Kollegen der Mainzer 23 – oder, wie sie sich jetzt auch nannten, der »Naturwissenschaftler-Initiative« – nach Moskau und legten auf der Rückreise einen Zwischenstopp in Ost-Berlin ein.[241] Man wollte sich über die Probleme eines umfassenden Atomteststopps, eines Verbots von biologischen und chemischen Waffen, alternative Abrüstungsstrategien sowie die Verhinderung der Militarisierung des Weltraums austauschen. Die wie vereinbart informellen Gespräche gestalteten sich dennoch nicht einfach, da die sowjetischen Kollegen selbst unter diesen Bedingungen nicht mehr als das offenbarten, was sie auch bei ihren Großveranstaltungen vortrugen, die sie vierteljährlich in verschiedenen Unionsrepubliken für das wissenschaftliche und das allgemein interessierte Publikum abhielten. Auf dem Programm für den Herbst 1984 standen etwa Veranstaltungen in Kiew zu »Aspekten der europäischen Sicherheitspolitik«, wofür sich Dürr interessierte, sowie in Moskau zu »globalen Konsequenzen eines Kernwaffenkrieges« wie dem nuklearen Winter. Für Letztere schlug man den sowjetischen Kollegen Paul Crutzen vom MPI für Chemie als Gast vor, der 1982 zusammen mit John Birks den weithin beachteten Artikel »Twilight at Noon« über die katastrophalen Auswirkungen eines atomaren Schlagabtauschs auf die Atmosphäre und das Ökosystem der nördlichen Hemisphäre publiziert hatte.[242] Fürs erste hoffte man, dass zwei sowjetische Physiker an dem im Juli 1984 anstehenden Göttinger Kongress gegen die »Militarisierung des Weltraums« würden teilnehmen können.[243] Auch wenn sich die Pläne so nicht realisierten, rissen die Gespräche dank der durch Sagdejew gewährleisteten direkten Verbindung der

241 Starlinger an die Mitglieder der Reisegruppe o. D. (ca. Anfang April 1984) mit Briefentwürfen für die Reisegruppe an die Mainzer 23, Welichow (CSS-Vorsitzender), Klare (Vorsitzender des DDR-Komitees für wissenschaftliche Fragen der Sicherung des Friedens und der Abrüstung) und Seibold (DFG-Präsident), AMPG, III. Abt., ZA 116, Nr. 6. Klare an Starlinger am 6.3.1984, AMPG, III. Abt., ZA 116, K 78. Die anderen Mitreisenden waren die Erlanger Physiker Helmut Aichele und Horst Wegener sowie der Mainzer Mineraloge Werner Dosch, der auch regelmäßiger Autor der Zeitschrift *Wissenschaft und Frieden* war. Zu Aichele: SPD verleiht August-Bebel-Uhr 2014 an Dr. Helmut Aichele. *SPD Erlangen*, 1.12.2014. https://spd-erlangen.de/blog/spd-verleiht-august-bebel-uhr-2014-an-dr-helmut-aichele/, zuletzt aufgerufen am 29.3.2021. Zu Wegener: Naturwissenschaftliche Fakultät I: Zum Tod von Prof. Dr. Horst Wegener, 3.3.2006. https://www.presse.uni-erlangen.de/infocenter/presse/pressemitteilungen/2006/nachrichten_2006/03_06/4548wegener.shtml, zuletzt aufgerufen am 29.3.2021.

242 Crutzen und Birks, The Atmosphere, 1982; Crutzen und Hahn, *Schwarzer Himmel*, 1986.

243 Dürr an Marsch am 23.3.1984, AMPG, III. Abt., ZA 116, K 78, hier betont Dürr den privaten Charakter der Reise (Moskau 26.–30.3.1984, Ost-Berlin 31.3.1984), deren Kosten die Reisegruppe privat finanzierte; handschriftliche Gesprächsaufzeichnungen von Dürr.

Mainzer 23 und insbesondere der friedens- und abrüstungspolitisch engagierten MPG-Mitglieder zum CSS nicht ab.[244]

Innerhalb der MPG traf die mit dem SDI-Programm zu befürchtende Militarisierung des Weltraums vor allem bei extraterrestrisch forschenden Physikern auf Ablehnung. Ein offener Brief an Bundeskanzler Kohl, mit dem sich im Juni 1985 wissenschaftliche Mitarbeiter/innen aus den entsprechenden Instituten in die heftig geführte öffentliche Debatte einbrachten, löste in der Generalverwaltung geringere Nervosität aus als die Proteste gegen die Nachrüstung zwei Jahre zuvor. Der Brief wurde zunächst von 350 Münchner »Naturwissenschaftlern, Ingenieuren und Technikern« unterschrieben, die darauf achteten, ihre MPG-Zugehörigkeit nicht zu erwähnen. Dem schlossen sich im Laufe des Jahres weitere dreitausend einschlägig wissenschaftlich Tätige aus dem gesamten Bundesgebiet an.[245] Sie kritisierten erstens das »irreführende« Versprechen, »SDI mache nukleare Abschreckung überflüssig«, während tatsächlich politische Destabilisierung und beschleunigte Aufrüstung auf beiden Seiten zu erwarten seien und darüber hinaus ein begrenzter Atomkrieg mit taktischen Kernwaffen in Mitteleuropa nur noch wahrscheinlicher würde. Zweitens verweigerten sie in Analogie zur Göttinger Erklärung von 1957 ihre »Mitarbeit am SDI-Projekt« – wenn nicht im Einklang mit, so doch nicht im Widerspruch zum MPG-Präsidenten Staab, der seinerseits bei jeder Gelegenheit die institutionelle Nicht-Zuständigkeit der MPG für militärische Geheimforschung und damit auch für SDI betonte, ohne sich wissenschaftlich und erst recht nicht politisch dazu zu positionieren (→ 2.4).[246] Auch der Direktor des Instituts für Extraterrestrische Physik, Joachim Trümper, teilte »persönlich das Unbehagen über SDI mit […] vielen Kollegen im In- und Ausland«. Doch als amtierender Präsident der Deutschen Gesellschaft für Physik (DGP) wollte er sich öffentlich zurückhalten und zunächst abwarten, was die im Rahmen der DGP geplanten SDI-Seminare sowie eine Tagung seines MPG-Kollegen Gottstein ergeben würden.[247]

Klaus Gottstein beschäftigte sich in seiner Forschungsstelle mit dem »Problem der Perzeption gegnerischer Planungen und Zielsetzungen« nicht nur im

244 Als Veranstalter des Göttinger Kongresses am 7./8.7.1984 firmierten ebenfalls die Mainzer 23, die dann auch die neue gegen die Militarisierung des Weltraums gerichtete »Göttinger Erklärung« unterzeichneten. Göttinger Erklärung vom 7./8.7.1984, AMPG, III. Abt., ZA 116, Ordner 11; Fischer/Labusch/Maus/Scheffran: Entwurf für einen Vertrag zur Begrenzung der militärischen Nutzung des Weltraums, ebd. Dieser Kongress wie überhaupt die Aktivitäten der Naturwissenschaftler/innen im Rahmen der Friedensbewegung sind anders als diese selbst historiographisch kaum aufgearbeitet: Labusch, Maus und Send, *Weltraum ohne Waffen*, 1984.

245 Erläuterung zum Offenen Brief o. D., AMPG, III. Abt., ZA 116, Ordner 11. Die Initiatoren der Briefaktion kamen aus den MPI für Physik und Extraterrestrische Physik, für Plasmaphysik und für Quantenoptik.

246 Offener Brief an Kohl vom 13.6.1985, ebd.; Dürr an Stercken (Auswärtiger Ausschuss des Bundestages) am 17.12.1985, AMPG, III. Abt., Rep. 116, K 7.

247 Trümper an Hotop am 16.12.1986, AMPG, III. Abt., Rep. 139, Nr. 4.

Kontext des SDI-Programms, sondern von Rüstungskontrollverhandlungen im Allgemeinen. In einer Abfolge von Tagungen sollten 1985/86 Wissenschaftler, Diplomaten und Militärs zunächst westliche Wahrnehmungen der sowjetischen Positionen reflektieren und die entsprechenden politischen Optionen ermitteln. Diese Ergebnisse sollten dann mit sowjetischen Gesprächspartnern, die die spiegelsymmetrischen Wahrnehmungen seitens des Warschauer Paktes einbringen sollten, erörtert werden. Ziel war es, das »gegenseitige Verständnis der Ursachen für wechselseitige Fehlperzeptionen« zu fördern und eine Politik zu erleichtern, »die bestrebt ist, das bestehende Mißtrauen nicht noch zu nähren, sondern abzubauen«.[248] Materielle Basis dieses DFG-geförderten Projekts war Gottsteins in nahezu alle Verzweigungen der internationalen Rüstungskontrollszene hineinreichendes Beziehungsnetz, aus dem er nicht zuletzt als langjähriger *Convener* der westdeutschen Pugwash-Gruppe in der VDW seine west-östlichen Kooperationspartner rekrutierte.[249] Dabei hielt sich Gottstein auch noch in den 1980er Jahren strikt auf dem von seinem früheren Direktor Heisenberg gewiesenen »unsichtbaren Weg«. Ob und was sein unermüdliches Networking bewirkte, lässt sich rückblickend kaum evaluieren. Im Unterschied zu Afheldts und von Müllers strategischen Ansätzen zur defensiven Verteidigung bzw. strukturellen Nichtangriffsfähigkeit hinterließ Gottsteins Perzeptionstheorie jedenfalls so gut wie keine Spuren in den Medien.

Ganz anders hingegen Hans-Peter Dürr. Mit seinem zehnseitigen *Spiegel*-Artikel »über den Wahnwitz der ›Strategischen Verteidigungsinitiative (SDI)‹«, in dem der »Direktor am Werner-Heisenberg-Institut« der MPG einen Münchner Universitätsvortrag vom Mai 1985 publizierte, stieg der »Schüler der Atomphysiker Heisenberg und Teller« zum »prominentesten Sprecher« jener »westdeutschen Wissenschaftler« auf, die öffentlich vor einer bundesdeutschen Beteili-

248 Paraphrasiert nach dem Jahresbericht 1986/87 der Forschungsstelle Gottstein in der MPG, Bl. 45–68 (Zitate: Bl. 46, Bl. 48), AMPG, IX. Abt., Rep. 5, Nr. 337.

249 Gottstein, Die VDW, 2009. Gottstein organisierte einen großen Teil der auf bundesdeutschem Boden stattfindenden Pugwash-Workshops und -Symposien einschließlich der großen Konferenz zum zwanzigjährigen Jubiläum der PCSWA 1977 in München. Über seine zahlreichen Mitgliedschaften in oder Beziehungen mit Institutionen, Organisationen und informellen Zusammenschlüssen von Wissenschaftlern im Bereich der internationalen Politik und der Rüstungskontrolle (PCSWA, SIPRI, Amaldi-Konferenzen, IIASA, CISAC) berichtete er im Interview Gottstein (Sachse) am 11.11.2011; hier zitierte er auch den amerikanischen Experimentalphysiker und US-Regierungsberater Richard Garwin: »Wir alle haben nationale Akademien, nur Deutschland hat Herrn Gottstein.« Ohne selbst einer anzugehören, wurde Gottstein von den westdeutschen Akademien öfters als deren Vertreter in internationale friedens- und abrüstungspolitische Zusammenkünfte der in der ICSU zusammengeschlossenen Akademien entsandt. Vgl. auch seine Ansprache zum Colloquium, das zu seinen Ehren am 5.5.2009 am MPI für Physik veranstaltet wurde (Ms. im Privatarchiv Gottstein) sowie den Nachruf der VDW auf ihr am 20.3.2020 verstorbenes Mitglied: Neuneck, Graßl und Bartosch, Klaus Gottstein, 2020, https://vdw-ev.de/nachruf-klaus-gottstein/.

gung an SDI warnten.[250] Als theoretischer Physiker trug er hier, wie er selbst betonte, keine eigenen Forschungsergebnisse vor, sondern stützte sich auf die umfangreiche zeitgenössische Literatur und insbesondere die Publikationen der amerikanischen Kollegen, die sich in der 1969 am MIT gegründeten *Union of Concerned Scientists* (UCS) zusammengeschlossen hatten. Zu diesen zählten der UCS-Mitbegründer Henry Kendall und die Physiker Richard Garwin, Hans Bethe, Carl Sagan und Victor Weisskopf, die zum Teil noch immer Beraterkreisen der US-amerikanischen Regierung angehörten.[251] Sie hatten im Mai 1985 einen Appell veröffentlicht, der von über siebenhundert Mitgliedern der NAS, darunter rund sechzig Nobelpreisträgern, unterschrieben wurde. Darin wurden die Regierungen der USA und der Sowjetunion gleichermaßen aufgefordert, sich strikt an den ABM-Vertrag von 1972 zu halten und ihn um einen »total ban on the testing and deployment of weapons in space« zu ergänzen.[252] Wie seine amerikanischen Kollegen bemühte sich Dürr zu zeigen, dass ein weltraumgestütztes Raketenabwehrsystem zwar nicht völlig unmöglich sei, dass aber Reagans Vision eines Abwehrschirms, der so sicher wäre, dass Offensivwaffen unnötig würden, eine Illusion sei: Zum einen seien die derzeit denkbaren Komponenten eines solchen Schutzschildes wie weiterzuentwickelnde Satelliten, Radarschirme, Sensoren und Röntgenlaserspiegel, die er seiner Leserschaft im Einzelnen erklärte, in ihren exakt aufeinander abzustimmenden Funktionsweisen technologisch hochkomplex; darüber hinaus seien die Produktions- und Energiekosten und nicht zuletzt die Kosten, die allein für den Transport dieses gesamten Arsenals in den Orbit aufgebracht werden müssten, prohibitiv. Zum anderen sei ein technologisch so diffiziles Abwehrsystem keineswegs robust und durch die bereits vorhandenen und vom Gegner sehr viel kostengünstiger weiterzuentwickelnden Anti-Satelliten- und Anti-Raketen-Raketen relativ leicht verwundbar. SDI sei also nicht das euphemistisch versprochene Ende, sondern eröffne eine neue Spirale der Abschreckungspolitik.[253]

250 Dürr, Der Himmel, 14.7.1985. Alle Zitate sind dem redaktionellen Vorspann entnommen, der mit diesen Attribuierungen Dürrs wissenschaftliche Expertise in der Beurteilung der SDI signalisierte. Dürr hatte seine Rede am 23.5.1985 in der LMU keineswegs, wie im Vorspann behauptet, ohne Manuskript gehalten: der 36-seitige Fließtext, der für die Publikation (Dürr, *Star-Wars-Konzept*, 23.5.1985) etwas gekürzt wurde, und knapp zwei Dutzend Overhead-Folien befinden sich in seinem Nachlass, AMPG, III. Abt., ZA 116, Nr. 37.

251 AMPG, III. Abt., ZA 116, Nr. 37. Die Literaturliste ist dem Vortragsmanuskript vom 23.5.1985 beigefügt.

252 Union of Concerned Scientists: 1985 Appeal by American Scientists to Ban Space Weapons, 16.7.2003. https://ucsusa.org/resources/1985-appeal-ban-space-weapons, zuletzt aufgerufen am 8.4.2021. Schon seit 1983 setzte sich die UCS in Kooperation mit ihren sowjetischen Kollegen Welichow und Sagdejew vom CSS für ein Verbot von *Anti-Satellite Weapons* (ASAT) ein, vgl. Evangelista, *Unarmed Forces*, 1999, 237–240; Wittner, *Struggle Against the Bomb, Bd. 3*, 2003, 173–176.

253 Zusammengefasst nach Dürr, Der Himmel, 14.7.1985.

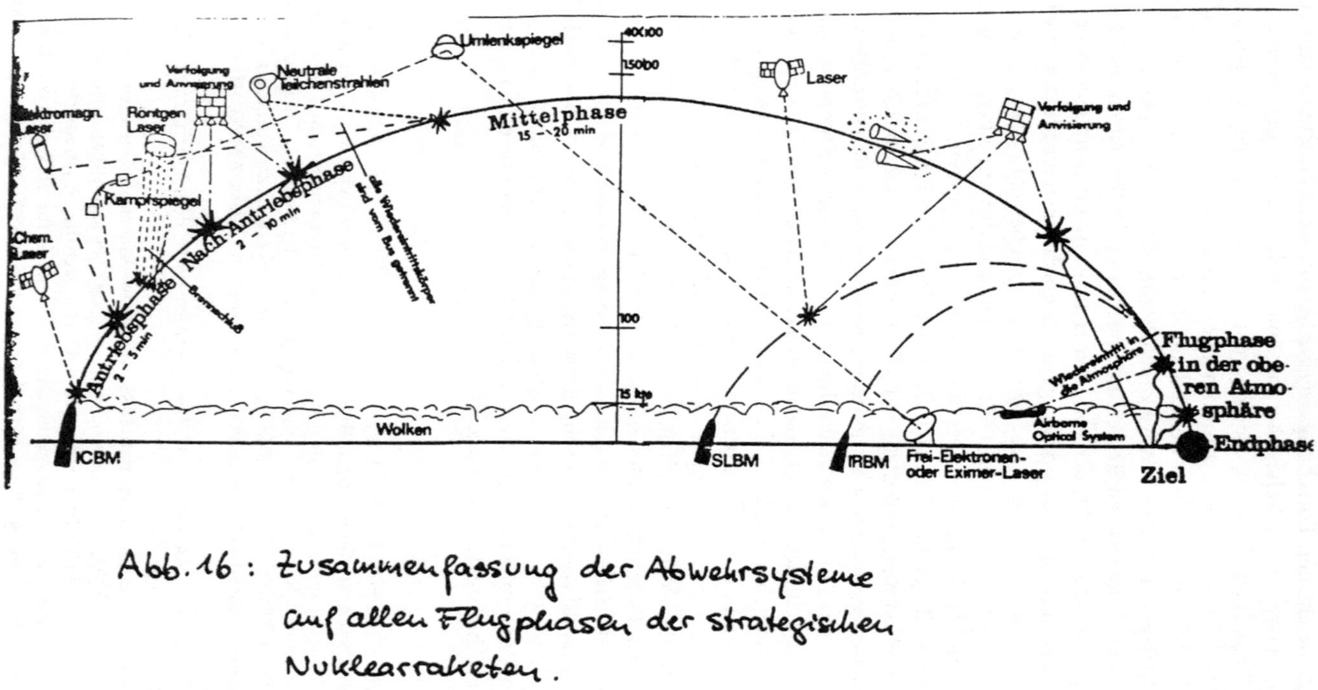

Abb. 36: Faksimile einer Overhead-Folie von Hans-Peter Dürr, präsentiert bei seinem Vortrag am 23.5.1985 im Rahmen der öffentlichen interdisziplinären Vortragsreihe »Wissenschaft und Friedenssicherung« im Auditorium Maximum der Ludwig-Maximilians-Universität München.

Mit dieser Kritik war Dürr während der folgenden Jahre ein begehrter Vortragsredner nicht nur in Foren der Friedensbewegung. Angefragt wurde er auch von zahlreichen Regionalgliederungen der SPD, der Grünen und selbst von einem Ortsverband der Jungen Union; viele Anfragen musste er absagen.[254] Der Einladung von Peter Glotz, sich beim »Europäischen Werkstattgespräch der SPD zur Weltraumrüstung«, das der Parteivorstand gemeinsam mit den SPD-Abgeordneten im EU-Parlament im Frühherbst 1985 veranstaltete, als wissenschaftlicher Experte befragen zu lassen, folgte er jedoch ohne Zögern.[255] Der stellvertretende Vorsitzende der SPD-Bundestagsfraktion Horst Ehmke, der zuvor schon die Position seiner Partei zu SDI formuliert und veröffentlicht hatte, versicherte ihm gleichzeitig, »daß unsere Beurteilung fast völlig übereinstimmt«. Er hoffte auf ein baldiges persönliches Gespräch mit Dürr, womöglich auch, um ihn im zweiten Schritt als Experten für die zum Jahresende anstehende Anhörung in einer gemeinsamen Sitzung des Auswärtigen und des Verteidigungsausschusses im Bundestag zu gewinnen, mit der wiederum die Abstimmung über die Anträge der SPD und der Grünen gegen die Beteiligung der Bundesrepublik an SDI und dem europäischen Begleitprogramm einer Europäischen Verteidigungsinitiative (EVI) vorbereitet werden sollte.[256]

Dürrs *Spiegel*-Artikel wurde rasch, so sah man es im Bundesverteidigungsministerium (BMV), »›zum gedruckten Credo‹ deutscher Wissenschaftler gegen SDI«, und der Chef des Planungsstabs, Hans Rühle, machte sich an eine Gegendarstellung.[257] Darin behauptete er, dass die wissenschaftlich-technischen Einwände jener SDI-kritischen »Ostküsten-Liberalen« im Umkreis der UCS, auf die sich Dürr bezogen hatte, längst widerlegt seien, dass es den USA zu keinem Zeitpunkt um die Überwindung der auf Offensivwaffen gestützten Abschreckungspolitik gegangen sei, sondern um deren Ergänzung durch das geplante Abwehrsystem; Dürrs Widerlegung der Reagan'schen Vision laufe also ins Leere.

254 Auch die Anfrage der Grünen, im Herbst 1986 an ihrem Weltraummemorandum mitzuwirken, sagte er ab. Anfragen, Zu- und Absagen sowie variierende Vortragsmanuskripte auf Basis des Münchner Vortrags vom 23.5.1985 bis in das Jahr 1987 hinein sind dokumentiert in: AMPG, III. Abt., ZA 116, Ordner 34, 37 und 39. Zu Dürrs Bedeutung in der Anti-SDI-Kampagne vgl. auch Neuneck, Deutsche Pugwashgruppe, 2009, 388.

255 Glotz an Dürr am 9.7.1985, AMPG, III. Abt., ZA 116, K 7; Programmflyer, ebd.: Das Werkstattgespräch fand am 30.9./1.10.1985 im Bonner Erich-Ollenhauer-Haus statt.

256 Ehmke an Dürr am 9.7.1985, AMPG, III. Abt., ZA 116, K 7; Presseerklärung der SPD-Bundestagsfraktion vom 25.5.1985, ebd.; Manuskript Ehmke: Die technologische Selbstbehauptung Europas vom 24.5.1985, ebd.; Politik. Aktuelle Informationen der SPD, Nr. 3, Mai 1985, ebd.; Stenographisches Protokoll der Sitzungen des Auswärtigen Ausschusses und des Verteidigungsausschusses 9./10.12.1985 (im Folgenden zitiert als Protokoll 9./10.12.1985), ebd. und PA-DBT 3119 Verteidigung, A10/12 Prot. 80/81. BT-Drs 10/4073 vom 23.10.1985 (= Antrag der Fraktion Die Grünen); Informationen der SPD-Bundestagsfraktion vom 4.12.1985, PA AA B 43-REF. 302/II8/UA IIB/130084.

257 Rühle, An die Grenzen, 24.11.1985. Das Zitat ist dem redaktionellen Vorspann entnommen.

Darüber hinaus kalkulierte Rühle die Kosten auf amerikanischer Seite deutlich niedriger und damit als sicher leistbar, die Kosten für den Aufbau eines gegen die SDI-Komponenten gerichteten »offensiven Potentials« aber deutlich höher und damit als von der Sowjetunion nur schwer aufzubringen; warum sonst führe sie wohl einen so »erbitterten Kampf auf allen Ebenen gegen SDI«.[258] Die Gegendarstellung erschien Ende November 1985 im *Spiegel*, gerade rechtzeitig vor der Expertenanhörung in den beiden Bundestagsausschüssen, und löste nicht nur bei Dürr, der dabei war, seinen Auftritt vorzubereiten, nervöse Aktivität aus.

Auch der geschmähte »Ostküsten-Liberale« Garwin setzte sich, kaum dass er den frisch erschienenen Artikel übersetzt in Händen hielt, hin und zerlegte Rühles Argumentation vor allem unter Berufung auf das Insiderwissen der UCS-Autoren und ihr wissenschaftliches Renommee, die Bestätigung ihrer Analysen aus hochrangigen Kreisen der US-Armee und die Unterstützung ihrer Position durch Teile des Washingtoner politischen Establishments, nicht zuletzt den wohl kaum als »left-liberal« bekannten ehemaligen Pentagonchef James Schlesinger: Weder habe Rühle die sicherheitspolitischen Motive Reagans richtig erfasst, noch die Kosten realistisch eingeschätzt; zudem habe er, wie Garwin an zahlreichen Beispielen demonstrierte, weder die Technologie noch die strategische Bedeutung der vorhandenen und der im Rahmen von SDI angedachten Waffensysteme verstanden. Seinen zwanzigseitigen Verriss faxte Garwin keine drei Tage nach Erscheinen des *Spiegel*-Heftes an Dürr.[259] Auch der setzte sich detailliert mit Rühles Argumenten auseinander, entschied dann aber, sich in seinem Statement vor den beiden Bundestagsausschüssen nicht auf kleinteilige Rechnungen und Gegenrechnungen einzulassen.[260] Vielmehr warnte Dürr vor der falschen Hoffnung, das politische Problem einer bis zum mehrfachen Overkill nuklear hochgerüsteten Welt »auf technische Art und Weise lösen zu können«. Hingegen müsse man so lange, wie man aus der auf beiden Seiten herrschenden Abschreckungslogik noch nicht herauskomme, die militärische Stabilität mit der Einhaltung und dem Ausbau der bestehenden Verträge sichern, »technologische Ausreißer« vermeiden, langfristig und kooperativ klären, wie man die »Offensivwaffensysteme zurückschraubt«, und zwischenzeitlich versuchen, durch Umrüstung auf bodengestützte konventionelle Defensivwaffensysteme zur Abrüstung zu gelangen – nicht aber durch weltraumgestützte

258 Ebd., 159. Während Rühle hier deutlich auf die schon damals diskutierte Intention des Kaputtrüstens der Sowjetunion anspielte, erwähnte er die ökonomischen Interessen am SDI-Programm, die sein Kollege Teltschik im Bundeskanzleramt zur gleichen Zeit mit den Reisevorbereitungen für eine bundesdeutsche Wirtschaftsdelegation zum Pentagon verfolgte, mit keinem Wort (vgl. dazu oben Kapitel 2.4).

259 Manuskript Garwin vom 25.11.1985, AMPG, III. Abt., ZA 116, Nr. 34; das Fax traf am 27.11.1985 zwischen 13.55–14.15 Uhr ein.

260 Handschriftliche Notizen o. D. und Bemerkungen zu dem Aufsatz »An den Grenzen der Technologie« (ohne Verfasser), o. D., ebd.; Gegenüberstellung von Textpassagen aus Dürrs und Rühles Artikeln, o. D., AMPG, III. Abt., ZA 116, Nr. 37.

Abwehrsysteme, die zwangsläufig auch offensive Komponenten enthielten und das Wettrüsten weiter antrieben. Letztlich plädierte Dürr hier für die gemeinsam mit von Müller entwickelte Strategie der strukturellen Nichtangriffsfähigkeit, von der er die Mehrheit der sozialdemokratischen und grünen Abgeordneten nicht mehr überzeugen musste, die christdemokratischen Abgeordneten aber nicht überzeugen konnte.[261] Sie prangerten in ihren Kommentaren an, dass sich Experten, die wie Dürr wegen ihrer naturwissenschaftlichen Qualifikation geladen waren, sich dann doch »nicht auf ihre naturwissenschaftlichen Erkenntnisse, sondern auf den [...] gesunden Menschenverstand und auf politische Argumentationen« stützten.[262] Da vertrauten sie lieber jenen amerikanischen Wissenschaftlern, die sich anders als die *Concerned Scientists* auf SDI einließen, und hielten das weltraumbasierte Abwehrsystem schon deshalb für unverzichtbar, weil sich im demokratischen Westen weitere Raketenstationierungen am Boden politisch nicht durchsetzen ließen, während es dank fehlender Meinungsfreiheit die Sowjets viel leichter hätten, nukleare Waffen zu stationieren; daher bliebe dem Westen nur noch SDI, um »letztlich zur Abrüstung zu gelangen«.[263]

Es war eine jener Aporien, die die im Diskurs der Abschreckungslogik verbleibenden Debatten immer wieder ins Absurde verkehrten: Jetzt war es also die politische Stärke der internationalen Friedensbewegung auf den Straßen, die die westlichen Regierungen zwang, die neuerlichen Verteidigungsanstrengungen in den Himmel zu verlagern – und mit dieser technologischen Offensive die Chance zu nützen, die Sowjetunion in den Bankrott zu treiben. Tatsächlich war es jene vermeintlich aus Moskau ferngesteuerte, realiter blockübergreifend agierende Friedensbewegung mit ihrem starken naturwissenschaftlichen Zweig, die sich jetzt nach Osten wandte und die Chance – in Dürr'scher Diktion: die Bifurkation – nutzte, die sich mit dem Auftritt Gorbatschows auf der geopolitischen Bühne ereignete, um endlich den blockpolitischen Diskurs aus der Sackgasse der Abschreckungslogik herauszumanövrieren.

261 Protokoll 9./10.12.1985, AMPG, III. Abt., ZA 116, K 7 und PA-DBT 3119 Verteidigung, A10/12 Prot. 80/81, 16–17. Die weitgehende friedens- und abrüstungspolitische Übereinstimmung zwischen Dürr und der Oppositionspartei SPD, hier insbesondere mit Glotz, Ehmke, Bahr und Voigt, bemerkte auch der Berichterstatter des Auswärtigen Amtes, der beim Werkstattgespräch vom 30.9./1.10.1985 »ohne eine Ausnahme SDI-Gegner« identifizierte, die »ihre Haltung oft gar nicht rational begründeten, sondern mit missionarischem Eifer« Emotionen im Publikum mobilisiert hätten, während die ausländischen Gäste aus Frankreich, Italien, Großbritannien, Schweden und den Niederlanden »durchweg mehr Realitätssinn zeigten« (Seitz [AA] an Minister am 3.10.1985, PA AA B 43-REF. 302/II8/UA IIB/130084).

262 So der Abg. Lamers (CDU/CSU), Protokoll 9./10.12.1985, AMPG, III. Abt., ZA 116, K 7 und PA-DBT 3119 Verteidigung, A10/12 Prot. 80/81, 60.

263 So der Abg. Todenhöfer (CDU/CSU), ebd., 63.

Ex oriente lux: Gorbatschows Abrüstungsinitiativen und die Mainzer 23

Zweifellos fanden die wichtigeren Hintergrundgespräche zwischen den friedens- und abrüstungspolitisch engagierten Wissenschaftlern der beiden Supermächte statt. Auf amerikanischer Seite waren dies vor allem die FAS-Repräsentanten Frank von Hippel und Jeremy Stone sowie die Abrüstungsexperten Christopher Paine und Thomas Cochran, aber auch der IPPNW-Vorsitzende Bernard Lown. Ihre sowjetischen Gesprächspartner waren in erster Linie die CSS-Mitglieder Jewgeni Welichow, Gorbatschows wissenschaftlicher Berater in allen Abrüstungsfragen und insbesondere auch SDI, das Auswärtige Wissenschaftliche Mitglied der MPG Roald Sagdejew, Andrei Kokoschin und gelegentlich Gorbatschow selbst. In Vor- und Nachbereitung der Gipfelgespräche von Genf (1985), Reykjavík (1986) und Washington (1987) gelang es so, Gorbatschow gegen Widerstände im Militär und im ZK seiner Partei nicht nur zur mehrfachen Verlängerung des einseitigen Atomtest-Moratoriums zu bewegen und ihn vom Verzicht auf ein SDI-analoges Aufrüstungsprogramm zu überzeugen. Sie empfahlen ihm auch jene entscheidenden Verhandlungsangebote etwa bei den Fragen nach der Verifikation eines zukünftigen umfassenden Teststopp-Abkommens und den wechselseitigen Vorort-Inspektionen sowie den Verzicht auf das Junktim, mit dem er seine Bereitschaft zur Verhandlung eines *Intermediate Range Nuclear Forces Treaty* (INF-Vertrag) an den amerikanischen Verzicht auf SDI gebunden hatte.[264] Mit diesen Angeboten stärkte Gorbatschow nicht nur die Position der Verhandlungsbefürworter und SDI-Gegner im amerikanischen Kongress und in der Öffentlichkeit, so dass Reagan sie nicht länger ignorieren konnte. Er schraubte auch die Erwartungen der Weltöffentlichkeit an die amerikanisch-sowjetischen Abrüstungsverhandlungen in die Höhe und setzte damit nicht nur Reagan, sondern auch sich selbst unter Erfolgszwang, wollte er die sich seit 1985 rasch weltweit ausbreitende »Gorbimania« nicht enttäuschen.[265]

In diesem west-östlichen Königsdrama spielten die Mainzer 23 bzw. die bundesdeutsche Naturwissenschaftler-Initiative »Wissenschaftler für den Frieden« mit ihren Protagonisten Starlinger und Dürr eine nicht ganz unerhebliche Nebenrolle. Zwar hatten sie auch zu ihren bisherigen Kongressen in Mainz

264 Evangelista, *Unarmed Forces*, 1999, 274–288, 328–329.

265 Die Konjunktur dieses Wortes erreichte laut Google Ngram viewer 1990 ihren Höhepunkt: »Gorbimania«, Google Books Ngram Viewer, https://books.google.com/ngrams/, zuletzt aufgerufen am 10.3.2022. Für die sowjetische Seite vgl. Evangelista, *Unarmed Forces*, 1999, 322–338. AMPG III-116/36 (Ordner) enthält die vom CSS unter Federführung von Sagdejew und Kokoschin angefertigte SDI-Studie in ihrer gekürzten englischen Version: CSS: *The Large-Scale Anti-Missile System and International Security. Report of the Committee of Soviet Scientists for Peace Against the Nuclear Threat*. Moskau 1986. Für die amerikanische Seite vgl. Wittner, *Struggle Against the Bomb*, Bd. 3, 2003, 369–404, der auch auf den starken Einfluss Nancy Reagans im Weißen Haus hinweist: »[she] pushed everybody on the Geneva summit« (389). Matlock Jr., *Reagan*, 2005; Taubman, *Gorbatschow*, 2018.

1983 und Göttingen 1984 schon internationale Gäste eingeladen. Doch jetzt planten sie gemeinsam mit bekannten fachlich einschlägigen Kollegen aus einem Dutzend west- und osteuropäischer Länder einschließlich der DDR einen großen, explizit internationalen Kongress, der im November 1986 in Hamburg stattfinden sollte. Mit seinem Motto »Wege aus dem Wettrüsten« knüpfte er an ein »International Forum of Scientists to Stop Nuclear Testing« an, zu dem das *Committee of Soviet Scientists* (CSS) der sowjetischen Akademie der Wissenschaften bereits im Juli 1986 knapp zweihundert Wissenschaftler und Wissenschaftlerinnen aus 32 Nationen, darunter auch Dürr, nach Moskau eingeladen hatte; Thema waren hier vorrangig die seismologischen Möglichkeiten einer zuverlässigen Kontrolle von Teststopps.[266] Einige der Teilnehmenden reisten dann auch nach Hamburg, darunter vor allem die Sowjets Welichow, Sagdejew und Kapiza, die Amerikaner Pauling, von Hippel und Garwin sowie die britische Chemikerin, Nobelpreisträgerin und amtierende Pugwash-Präsidentin Dorothy Hodgkin, die das Schlusswort hielt. An dem Kongress, der in eine Friedenswoche der Hamburger Universität eingebettet war und mit mehreren Veranstaltungen in die städtische Öffentlichkeit hineinwirken sollte, nahmen um die 3.000 Menschen aus rund zwei Dutzend Ländern teil. Die prominente internationale Referentengruppe aus Politik- und Naturwissenschaften traf sich bereits zu einem vorgeschalteten Workshop, um die in Moskau begonnene Verifikationsdiskussion fortzusetzen.[267]

Mit dem Hamburger Kongress sollte der bislang vorwiegend von Wissenschaftlern und wenigen Wissenschaftlerinnen aus der UdSSR und den USA geführte Austausch über die wissenschaftlich-technischen Aspekte der rüstungspolitischen Gegenwart auf Europa ausgedehnt werden. Damit wollte man die von Gorbatschow Anfang 1986 im Anschluss an die Genfer Verhandlungen vorgelegten weitergehenden und in den folgenden Monaten mehrfach präzisierten Abrüstungsvorschläge unterstützen. Der Generalsekretär hatte seine Vorschläge zunächst dem US-Präsidenten übersandt, sie aber zugleich im Modus

266 Reichert, Wege aus dem Wettrüsten, 1986. AMPG III-116/78 (Kasten): Dürr an Welichow am 16.7.1986, Anlage »Contributing remarks [...]«. Evangelista, *Unarmed Forces*, 1999, 274–275.

267 Nur dieser Workshop und damit die Reisekosten der internationalen Referent/innen wurden von der VW-Stiftung finanziert, der Kongress selbst aus Spenden und Teilnahmegebühren, die Starlinger in Rundbriefen von Kolleg/innen erbeten hatte. Die äußerst knappen Mittel wurden – anders als es die *WELT* und die *FAZ* insinuierten – wenn überhaupt, dann allenfalls spärlich aus Moskau aufgestockt (Pressespiegel, *Die Welt* 14.11.1986; *FAZ* 14.11.1986; noch schärfer: *Bayernkurier* 25.11.1986; dagegen: *Frankfurter Rundschau* 17.11.1986, AMPG, III. Abt., ZA 116, Ordner 11). Der Kongress ist dokumentiert in AMPG, III. Abt., ZA 116, Ordner 5: Programm und Teilnehmerliste des Workshops »Scientific Aspects of Verification of Arms Control Treaties«, 13./14.11.1985; Rundbrief Starlinger vom 5.9.1986; Programm der Friedenswoche 10.–14.11.1986; diverse Programmentwürfe für »Wege aus dem Wettrüsten. Internationaler Naturwissenschaftler-Friedenskongreß« 14.–16.11.1986; Kurzbeschreibungen der insgesamt 26 parallelen Arbeitsgruppen. Die Angaben zu den Teilnehmerzahlen schwanken zwischen 2.400 und 3.500.

seiner »öffentlichen Diplomatie« auf einer Pressekonferenz in Moskau vorgestellt. Darüber hinaus überbrachten die sowjetischen Botschafter den Regierungen verschiedener NATO-Länder – und so auch dem Chef des Bundeskanzleramtes Wolfgang Schäuble – sogenannte mündliche Botschaften, die diese Regierungen bewegen sollten, die Frage »des Anschließens anderer Staaten zur ›strategischen Verteidigungsinitiative‹ der USA [...] noch einmal auf ernsthafteste Weise [zu] überlegen« und entsprechend auf die Verhandlungsposition ihrer NATO-Führungsmacht einzuwirken.[268] Zwar erkannte das Auswärtige Amt in seiner sorgfältigen Analyse dieser Botschaft für weitere Verhandlungen »nutzbare« Elemente. Es blieb aber höchst skeptisch, inwieweit es sich dabei um ernst gemeinte Neuansätze oder um taktische Finessen handelte und was sie für die – vor allem durch die Übermacht der konventionellen sowjetischen Arsenale – bedrohte deutsche und europäische Sicherheit bedeuteten.[269] Vorerst gelte es, »die sowj. Kompromissbereitschaft [zu] testen«, aber auch, »die neue Runde des ›Kampfes um die Herzen und Hirne der Europäer‹« nicht zu verlieren; man dürfe daher »nicht als Gegner der zugkräftigen nuklearen Null-Lösungs-Parole« wahrgenommen werden, sondern »als eifriger Befürworter der zur Erreichung dieses Zieles geeigneten stufenweisen Entwicklung«.[270] Die Gelegenheit, die der Hamburger Kongress dafür bot, ließ die Bundesregierung – im Unterschied zur Opposition von SPD und Grünen – freilich verstreichen. Sie übte, wie *Die Zeit* kommentierte, »stramm Enthaltsamkeit«; die zum vorgeschalteten Verifikationsworkshop »gemeldeten Bonner Beamten und Offiziere hatten sämtlich ihre Teilnahme wieder abgesagt« und verpassten so »eine nützliche, wichtige Debatte«.[271]

Immerhin konnten sie den »Satellite Summit«, den die Hamburger Veranstalter gemeinsam mit der UCS am vorletzten Abend des Kongresses zwischen Hamburg und Washington DC schalteten und der von zahlreichen Fernsehstationen übertragen wurde, zumindest in einem Zusammenschnitt verfolgen, den der Westdeutsche Rundfunk einen Tag später in einer Sondersendung ausstrahlte.[272] Hier war dann auch der Chef der SDI-Forschungsabteilung des Pentagon, Allan

268 Inoffizielle Übersetzung der Botschaft Gorbatschows an Bundeskanzler Kohl vom 15.1.1986, Zitat: 15, PA AA B 43-REF. 302/II8/UA IIB/144754; Vermerk Ruth (AA) vom 17.1.1986, ebd.; Vermerk Ref. 213 21.1.1986, ebd. Weitere Vorschläge lagen im Auswärtigen Amt im April und im Juli zur Prüfung vor (Vermerk Hartmann vom 18.4.1986, ebd.; Vermerk vom 3.7.1986, ebd.; mündliche Botschaft Gorbatschows vom 14.7.1986 und weitere Vermerke, ebd.).

269 Vermerk Hofstetter (AA) vom 20.1.1986 (Zitat), ebd.

270 Zusammenfassende Analyse Abt. 2A (AA) vom 31.1.1986, Teil 2 (Zitate Bl. 5, Bl. 8), ebd.

271 Pressespiegel: *Die Zeit* 48/1986, 21.11.1986, AMPG, III. Abt., ZA 116, Nr. 5.

272 Pressespiegel: *Science* kündigte die Schaltung im Heft vom 24.10.1986 an; *Hamburger Abendblatt* 14.11.1986, ebd. Insgesamt war das Presseecho sehr beachtlich: Zwar überwiegen in dem von den Hamburger Veranstaltern zusammengestellten Pressespiegel die Ausschnitte aus den DKP- und DFU-nahen Medien, aber auch die überregionale liberale Presse (*SZ*, *Die Zeit*, *FR*, *Stern*, *Spiegel*) berichtete teils mehrfach und überwiegend positiv, die konservative Presse (*FAZ*, *WELT*, *Hamburger Morgenpost*, *Bayernkurier*) entsprechend kritisch bis denunziatorisch.

Mense, zugeschaltet, der in dieser ansonsten von SDI-Kritiker/innen dominierten Veranstaltung die Gegenposition einnahm und den Aufbau eines weltraumgestützten Abwehrsystems als »unabdingbar« für »unsere Verteidigung gegen den nuklearen Holocaust« bezeichnete.[273] Sein Auftritt konnte aber wohl kaum den Eindruck relativieren, den der ehemalige sowjetische Botschafter in Bonn und spätere Leiter der Nachrichtenagentur Nowosti, Walentin Falin, mit seinem Plädoyer für Gorbatschows Abrüstungsvorschläge hinterließ, die in Reykjavík noch nicht die erhoffte Resonanz gefunden hatten und die es umso mehr zu unterstützen galt.[274]

Die zehn »Hamburger Abrüstungsvorschläge«, die der Kongress verabschiedete, taugten nicht als pazifistische Ostermarschparolen. Vielmehr knüpften sie wohlweislich dort an, wo wissenschaftlich-technische Expertise gefragt war, beim heiklen Punkt der Verifikation. Sie zeigten differenziert auf, welche Abrüstungsschritte man derzeit, mit den bereits zur Verfügung stehenden Methoden und Instrumenten, hinreichend zuverlässig verifizieren konnte, nämlich den Stopp sämtlicher Atomwaffentests, auch der unterirdischen, sowie den Stopp der Produktion spaltbaren Materials. Andere Maßnahmen wie die Demontage von landbasierten Mehrfachsprengstoffsystemen seien durch vorhandene oder noch auszubauende nationale Satellitenüberwachung ausreichend zu kontrollieren. Schwierig sei es hingegen bei beweglichen Einfachsprengkopf-Raketensystemen, bei deren Reduktion Kooperation, Vertrauen und internationale Kontrollmaßnahmen inklusive der umstrittenen Vorort-Inspektionen gefragt seien. Die Hamburger Vorschläge unterschieden die Waffensysteme nach dem Grad ihres politischen Destabilisierungspotentials und plädierten dabei für den prioritären Abbau der risikoreichsten Systeme sowie für die langfristige, noch der Forschung bedürftige Umrüstung auf nicht aggressive Verteidigungssysteme. Unbedingt seien die bestehenden Verträge, allen voran der ABM-Vertrag, zu stärken und nicht auszuhöhlen. Weltraumbasierte Abwehrsysteme wie SDI seien zu verbieten, denn sie würden die Erstschlagskapazität erhöhen und damit die Gegenseite zur Stationierung zusätzlicher strategischer Offensivwaffen zwingen. Gleichrangig sei aber der unverzügliche Abbau der strategischen und vor allem der landgestützten Mittelstreckenraketen »entlang der Trennungslinie durch Mitteleuropa«. Schließlich müssten auch bestehende internationale Vertragswerke zum Verbot chemischer und biologischer Waffen an die technologischen Entwicklungen angepasst werden. Zu den rund 60 Erstunterzeichnern aus 19 Ländern gehörten jeweils neun prominente Amerikaner und Sowjets, acht West- und vier Ostdeutsche, viele aktive Pugwashites, einige Nobelpreisträger und -trägerinnen wie die Chemikerin Hodgkin und die italienische Neurobiologin Rita Levi-Montalcini sowie neben den beiden auswärtigen MPG-Mitgliedern, Starlinger und Sagdejew, immerhin drei amtierende MPI-Direktoren,

273 Zitiert nach *Süddeutsche Zeitung* 17.11.1986, ähnlich *Hamburger Morgenpost* 17.11.1986 (beide in: Pressespiegel, ebd.).

274 Tonbandabschrift des Redebeitrags von Falin vom 15.11.1985, ebd.

nämlich außer Dürr auch der Atmosphärenforscher Paul Crutzen vom MPI für Chemie und der 1984 ans MPI für Virusbiologie berufene Nobelpreisträger Georges Köhler.[275]

... et umbra: »Rettet Sacharow«

Bei allem Engagement für Gorbatschows Abrüstungsinitiative hielt Dürr Distanz zum realexistierenden Sozialismus. Einladungen in die sowjetische Botschaft in Bonn zur Verleihung des Lenin-Preises an die DFU- bzw. DKP-Funktionäre Josef Weber (1985) und Herbert Mies (1987) lehnte er ab.[276] In einer anderen Angelegenheit suchte er sehr wohl das Gespräch mit der Botschaft, nämlich als es darum ging, die Hochschätzung, die ihm von sowjetischer Seite entgegengebracht wurde, für die Rückkehr des nach Gorki verbannten Atomphysikers und Regimekritikers Andrei Sacharow nach Moskau einzusetzen.

Schon bei seiner Ansprache zum Mainzer Kongress 1983 hatte Dürr über seine irritierenden Erfahrungen bei seinen zahlreichen Forschungsreisen in die Sowjetunion berichtet:

> So höre ich z. B. vielfach von meinen sowjetischen Kollegen, wenn ich sie über meine große Betroffenheit wegen der Behandlung von Sacharow anspreche, die Antwort, dass dieser Fall im Westen maßlos übertrieben sei, ich doch selbst beobachten könnte, wie der sowjetische Wissenschaftsbetrieb davon Kenntnis genommen habe, was ja auch nur rechtens sei, da man solch unbotmäßiges Verhalten dem Staat gegenüber, gerade bei Leuten wie Sacharow, dem viele Ehrungen und Vorteile zuteil wurden, als disloyal und undankbar empfindet.[277]

Eingebettet hatte er diesen kritischen Bericht in ein Bekenntnis zu den demokratischen Werten des politischen Westens und einen Appell an das Mainzer Publikum, sich seinerseits nicht von Vorwürfen der Disloyalität und des Antiamerikanismus einschüchtern zu lassen, sondern zu erkennen, dass allemal unter demokratischen Bedingungen »die Mündigkeit des Bürgers nicht nur ein Recht, sondern auch eine Pflicht ist«.[278] Im November 1983 folgte er einer Einladung der Internationalen Gesellschaft für Menschenrechte (IGFM), die

275 The Hamburg Proposals for Disarmament 12.9.1986, die bereits im Vorfeld formuliert und dann vom Kongress bestätigt wurden, ebd.; Dokumentation: Wege aus dem Wettrüsten. Die Hamburger Abrüstungsvorschläge. Der *Stern* vom 14.11.1986 veröffentlichte kurze Statements von zehn besonders prominenten Unterzeichnern, darunter dem frisch gekürten Nobelpreisträger Köhler, Pauling, Welichow, Kapiza, dem Präsidenten der ägyptischen Akademie für Forschung und Technologie, Essam Eldin Galal, dem pakistanischen Physiker und Nobelpreisträger Abdus Salam u. a. m.

276 Botschaft der UdSSR an Dürr vom 3.6.1985 und 18.8.1987, AMPG, III. Abt., ZA 116, K 58.

277 Handschriftliches Manuskript »Liebe Freunde […]« o. D. (ca. Ende Juni 1983), 15–16, AMPG, III. Abt., ZA 116, Ordner 7.

278 Ebd., 16.

Aktion »Rettet Sacharow« bei einer ihrer Pressekonferenzen zu unterstützen, und sprach bei dieser Gelegenheit eine offizielle Einladung an Sacharow von Seiten des MPI für Physik und Astrophysik aus – ungeachtet dessen, dass er mit Sacharows Position in der Nachrüstungsfrage ganz und gar nicht übereinstimmte.[279] Dieser hatte nämlich mitten in der großen internationalen Solidaritätsaktion für seine Freilassung einen langen Artikel in der *Zeit* veröffentlicht, in dem er dem Westen dringend empfahl, das konventionelle Rüstungsgleichgewicht wiederherzustellen und entsprechend nachzurüsten sowie dem sowjetischen Übergewicht bei »Großraketen« zu begegnen, indem die USA »glaubhaft« mit der Stationierung von MX-Raketen drohten; beides sei »Voraussetzung für die nukleare Abrüstung«.[280] Mit dieser Position hatte er nicht nur die wenigen ihm wohlgesinnten sowjetischen Kollegen, sondern auch einige seiner westlichen Unterstützer und Unterstützerinnen vor den Kopf gestoßen, deren weltweite Aktionen dadurch nicht einfacher wurden; jedenfalls hatten sie bis auf weiteres keinen Erfolg.[281]

Dürr brachte das Thema jedoch immer wieder in Gesprächen mit sowjetischen Kollegen zur Sprache, so beim Treffen der Mainzer 23 mit dem CSS 1984 in Moskau, im Kontext der Pugwash Workshops on Conventional Forces in Europe und vor allem im Vorfeld des Hamburger Kongresses.[282] Im Januar 1986 bat er zunächst Willy Brandt um Rat, ob und in welcher Form er sich direkt an Gorbatschow wenden könne, von dem er den Eindruck habe, dass er »ein vernünftiger Mann« sei.[283] Im Mai beim IPPNW-Kongress in Köln beriet er sich mit Sagdejew und verfasste bald darauf einen fünfseitigen Brief an den Generalsekretär, in dem er einen weiten argumentativen Bogen schlug, bei dem er freilich das Reizwort der Menschenrechte vermied. Ausgangspunkt war die Irritation, die besonders solche Menschen in der Bundesrepublik angesichts des »Falles Sacharow« empfänden, die die Entspannungspolitik unterstützten. Es folgte eine Demutsgeste, mit der er eingestand, dass er der Aggressor-Nation des Zweiten Weltkriegs angehöre, nur um sogleich die geteilte »schreckliche

279 Luft (IGFM) an Dürr am 20.11.1983, AMPG, III. Abt., ZA 116, K 51; Statement Dürr zur Pressekonferenz »Rettet Sacharow« 28.11.1983, ebd.; manche Dürr ansonsten weniger wohlgesinnte Medien berichteten darüber: *Die Welt* vom 29.11.1983; *Münchner Merkur* vom 30.11.1983.

280 Sacharow, Wenn die Bombe, *Die Zeit*, 24.6.1983. Manche aus dem großen Unterstützerkreis waren aufgrund dieser Aussagen sehr verunsichert und glaubten bei diesem Artikel, der als offener Brief an den amerikanischen Physiker Sidney Drell adressiert war, an eine Fälschung, was die *Zeit*-Redaktion nach Rücksprache mit Gräfin Dönhoff jedoch ausschloss: Foerster (Ärzte warnen vor dem Atomkrieg) an Schwelien (*Zeit*-Redaktion) am 26.6.1983 und 26.7.1983; Schwelien an Foerster am 4.7.1983, AMPG, III. Abt., ZA 116, K 51.

281 Die Aktion ist umfänglich dokumentiert in ebd.; vgl. auch Gorelik, *Andrej Sacharow*, 2013; Rhéaume, Western Scientists', 2008.

282 Zwei undatierte handschriftliche Auflistungen Dürrs über seine verschiedenen Aktivitäten in Sachen Sacharow 1982–1986, ebd.

283 Dürr an Brandt am 10.1.1986, ebd.; eine Antwort ist nicht dokumentiert.

Kriegserfahrung« und den daraus auf beiden Seiten resultierenden Wunsch anzusprechen, »daß Europa nie wieder Schauplatz eines Krieges werden darf«. Dann folgte eine längere Passage über den blockübergreifenden Dialog von Wissenschaftlern, der im besonderen Maße geeignet sei, Vertrauen zu schaffen, weil er genuin lösungs- und nicht konfrontationsorientiert sei. Ins Zentrum des Briefes rückte er die »enormen ökologischen Probleme«, die alle Menschen und alle Länder in gleichem Maße bedrohten, die aber auch in besonderem Maße geeignet seien, vertrauensbildende Zusammenarbeit einzuüben, wozu es gleichwohl einer »Atmosphäre der Entspannung« bedürfe. Damit war er bei Gorbatschows »vielen konstruktiven Vorschlägen« zur Abrüstung, die ihm dank der Vernunft, Zielstrebigkeit und Geduld, mit denen er gegen alle Widerstände am bilateralen Verhandlungstisch und im eigenen Land daran festhalte, viel Sympathie in Westeuropa eingebracht hätten, die aber »die Mächtigen im Westen« nicht zu würdigen wüssten, was kaum erklärlich sei. Mit einer Auflistung seiner eigenen Erfahrungen im blockübergreifenden Wissenschaftlerdialog insbesondere mit den CSS-Kollegen brachte Dürr sich dann selbst als Experten ins Spiel. Erst dann trug er seine »dringenden Bitten« vor, die damit auch als Problemlösungsvorschläge für die stockenden Abrüstungsgespräche verstanden werden durften, nämlich Sacharow nach Moskau zurückzubeordern und ihn dem CSS zur kritischen Mitwirkung an der Friedensproblematik zu empfehlen. Der eine implizit angedeutete Vorteil, den eine solche Entscheidung für Gorbatschows eigene Politik mit sich bringen würde, lag darin, dass Sacharows umstrittene abrüstungspolitische Position, von der sich Dürr dezent distanzierte, im kollegialen Kreis des CSS diskutiert und eingehegt werden könnte. Der andere explizit formulierte Vorteil bestand in der Vertrauensbildung, die für einen erfolgreicheren Fortgang der Abrüstungsverhandlungen unverzichtbar sei:

> Ich bin überzeugt, daß ein solch beherzter Schritt im Falle Sacharow eine ungeheure Signalwirkung in der Welt haben wird und für viele ein weiteres deutliches Zeichen wäre, daß Sie es, mit Ihrem Bemühen um einen besseren und stabileren Frieden, ganz ernst meinen.[284]

Zwei Tage später übergab er diesen Brief dem sowjetischen Botschafter Juli Kwizinski, den er bei einer Podiumsdiskussion in der Hessischen Landesvertretung in Bonn zu Gorbatschows Abrüstungsvorschlägen befragte. Anfang Juli 1986, kaum vier Wochen später, bat ihn die Botschaft telefonisch, möglichst umgehend nach Bonn zu kommen, man wolle ihm dort noch vor seiner Reise nach Moskau zum CSS-Forum über mögliche Teststopp-Kontrollen Gorbatschows Antwort vorlesen. Da für einen solchen Blitzbesuch keine Zeit mehr blieb, traf man sich vor Dürrs Abflug direkt am Frankfurter Flughafen, wo ihm Botschaftsrat Popow den Brief übersetzte, aber nicht aushändigte. Demnach begrüßte Gorbatschow Dürrs »Ausführungen zur Rolle der Wissenschaftler«, lehnte aber Sacharows »Teilnahme am SSC [= CSS, CS] wegen ›unmenschlichen‹ Verhaltens«

284 Dürr an Gorbatschow am 10.6.1986, ebd.

ab.[285] Alles weitere könne Dürr dann in Moskau mit dem entsprechend instruierten Kollegen Welichow bereden.[286] Trotz intensiver Gespräche ließ man Sacharow im November 1986 noch immer nicht zum Hamburger Kongress reisen; erst am 19. Dezember wurde seine Verbannung endlich aufgehoben.

Der kurze Traum von der einen Welt

Womöglich war diese frohe Weihnachtsbotschaft in westliche Richtung als propagandistische Vorleistung für eine weitere, diesmal nicht ausschließlich abrüstungspolitische, sondern globale, in viele zivilgesellschaftliche Bereiche hineinwirkende Initiative gedacht, mit der Gorbatschow ins neue Jahr starten und den Rückschlag von Reykjavík überwinden wollte. Dabei zählte er neben vielen anderen westlichen Prominenten und Intellektuellen auch auf Dürr, den er zum persönlichen Gespräch am Rande des Internationalen Moskauer Forums »For a Nuclear Free World and for Survival of Mankind« Mitte Februar 1987 bat. Zu diesem Friedensforum waren neben den Naturwissenschaftler/innen, die schon im Sommer zuvor in Moskau getagt hatten und die jetzt auch den Kollegen Sacharow in ihrem Kreis begrüßen durften, sieben weitere Professionsgruppen eingeladen: Mediziner, Ökologen, Politiker und Politologen, Vertreter der sechs Weltreligionen, Wirtschaftswissenschaftler und Unternehmensvertreter, pensionierte NATO-Generäle und nicht zuletzt Kulturschaffende aller Sparten – unter ihnen, im Unterschied zu den anderen Gruppen, nicht nur vereinzelt Frauen. Insgesamt waren es über eintausend Personen aus mehr als achtzig Ländern – eine, wie Gorbatschow sie begrüßte, »Personifizierung der Weltöffentlichkeit«.[287] Beim Empfang der bundesdeutschen Delegation in der Moskauer Botschaft trafen neben Dürr unter anderen Petra Kelly, Otto Wolff von Amerongen, Günter Wallraff, Hanna Schygulla, Klaus Gottstein, Egon Bahr und Berthold Beitz zusammen; die anderen nationalen Gruppen waren ebenso gemischt und prominent zusammengesetzt.[288]

Aufzeichnungen über das Gespräch zwischen Gorbatschow und Dürr im Februar 1987 liegen bislang nicht vor. Aber sein Inhalt ist unschwer zu erschließen, denn beide verfolgten in diesen Monaten zwei sehr ähnliche Ideen.[289] Mehrfach

285 Undatierte handschriftliche Auflistung »Sacharow«, ebd. Das von Dürr als Zitat gekennzeichnete Wort »unmenschlich« wird dort nicht weiter erläutert, womöglich war es eine ungeschickte Wortwahl des Übersetzers Popow.

286 So Dürr gegenüber dem *SZ*-Journalisten Urban, Feindbilder, *Süddeutsche Zeitung*, 29.12.1986.

287 Gorbatschow, *Unsterblichkeit*, 1987, 7.

288 Hartwig Spitzer, Eindrücke vom International Forum of Scientists to Stop Nuclear Testing, 20.2.1987, AMPG, III. Abt., ZA 116, K 51; handschriftliche Aufzeichnungen Dürrs »Internationales Friedensforum [...]«, ebd.; Broichhausen, Neugierde, *Frankfurter Allgemeine Zeitung*, 13.2.1987.

289 Entsprechend äußerte sich Dürr gegenüber der *Süddeutschen Zeitung*: Urban, Feindbilder, *Süddeutsche Zeitung*, 29.12.1986.

schon – so auch beim CSS-Treffen im Sommer 1986 in Moskau – hatte Dürr zu einer »Weltfriedensinitiative der Wissenschaftler« aufgerufen. Sie sollte weit über die Abrüstungsproblematik hinaus die großen Probleme der Menschheit aufgreifen, nämlich die globalen ökologischen Folgen der »enormen Expansion unserer technischen Aktivitäten«, die Energieprobleme infolge der wachsenden Weltbevölkerung und ihrer wachsenden Ökonomien sowie die »Drittweltprobleme« angesichts der zunehmenden Ungleichheit innerhalb der Industriestaaten, in denen immer mehr Menschen erwerbslos wurden, und erst recht zwischen diesen Ländern und der Mehrheit der in Armut lebenden Menschen des globalen Südens.[290] Im Januar 1987 gründete er dann mit Freunden in Starnberg den Verein *Global Challenges Network* (GCN), dessen Sinn und Zweck er beim Moskauer Friedensforum im Februar 1987 erläuterte.[291] Demnach hatte er in seiner Auseinandersetzung mit SDI gelernt, dass man nicht vor Utopien, wie es der »Schutz vor Atomraketen« ohne Zweifel sei, zurückschrecken müsse. Man müsse nur die Fährte der »Rationalisten und Pragmatiker« in Sachen SDI aufnehmen, die nicht bei der Utopie stehen geblieben, sondern innerhalb des SDI-Programms gut finanziert ihren Forschungsinteressen gefolgt seien:

> SDI wurde durch 50 kompetente Wissenschaftler im Rahmen einer Kommission unter der Leitung des früheren NASA-Direktors James Fletcher in viereinhalb-monatiger Arbeit fachgerecht in über 800 überschaubare und wissenschaftlich anspruchsvolle Teilprojekte zerlegt und dann geeigneten Rüstungskonzernen und Forschungsinstituten zur weiteren Erforschung und Entwicklung angetragen.[292]

Methodisch »ähnlich der Fletcher-Kommission«, aber inhaltlich konträr solle nun eine im institutionellen Rahmen des GCN angesiedelte *International Science and Technology Group* die Herausforderungen der Menschheit definieren, nach Machbarkeit und Dringlichkeit priorisieren, Einstiege in Lösungswege projektieren, »wissenschaftliche, technische, industrielle und ›grass-roots‹ Potentiale ausfindig machen« und schließlich die so identifizierten Teilprobleme und Potentiale allozieren. Bestehende Projekte und Initiativen auf nationaler und internationaler Ebene sollten mithilfe des GCN vernetzt, neue Initiativen gefördert und in das Netzwerk integriert werden.[293]

Gorbatschow würdigte diese Idee in seiner Ansprache an die Gäste des Moskauer Friedensforums als »perspektivreich und erhaben«, trat aber nicht etwa

290 Verschriftlichter Redebeitrag Dürrs zu einer Round-Table-Diskussion beim International Forum of Scientists to Stop Nuclear Testing, Moskau 11.–13.7.1986 (Übersetzung: CS), ebd.; Diskussionsthema waren die Chancen für die Verbesserung der internationalen Situation, die sich mit einem zukünftigen Atomtest- und -waffenstopp womöglich eröffnen könnten. Geschke, Hans-Peter Dürr, *Deutsches Allgemeines Sonntagsblatt*, 11.1.1987.

291 Manuskript Dürr: Scientists' Initiative for Meeting Global Challenges, Referat beim Moscow International Forum, 15.2.1987, AMPG, III. Abt., ZA 116, K 78. Ähnlich im Gespräch Dürr (*Bild der Wissenschaft*), Oktober 1987.

292 Manuskript Dürr: Denkfabrik der Zukunft 14.7.1987, Bl. 8, AMPG, III. Abt., ZA 116, Nr. 38; der Artikel wurde für den *Stern* geschrieben, dort aber nicht gedruckt.

293 Ebd.

dem Starnberger GCN bei. Vielmehr überließ er es seinen wissenschaftlichen Beratern im CSS, allen voran Welichow und Sagdejew, Dürrs Idee in eine Initiative des Friedensforums, nämlich die Gründung eines »Fonds des Überlebens der Menschheit«, zu transformieren. Seinerseits versprach er, der sowjetischen Öffentlichkeit die »sowohl materielle als auch intellektuelle« aktive Teilnahme an diesem »*Survival Fonds*« zu empfehlen.[294] Anders als das am Ende doch mehr den Grass-Roots verbundene, bescheiden finanzierte GCN wurde die Anfang 1988 offiziell gegründete *International Foundation for the Survival and Development of Humanity* (IFSDH) international breit und finanziell vielversprechend aufgestellt; Gorbatschow wollte immerhin einen Teil der bei der Rüstung zukünftig einzusparenden Mittel in die Stiftung einbringen. Vorerst richtete die Stiftung Sitze in Moskau, Stockholm, New York, Sofia und – vorangetrieben durch Dürr – auch in München ein. In ihrem Board versammelten sich Prominente aus über einem Dutzend Staaten mit repräsentativen Funktionen in Wissenschaft, Wirtschaft, internationalen Organisationen und NGOs. Dank ihrer amerikanischen, im Fundraising erfahrenen Board Members – etwa Sagdejews Ehefrau Susan Eisenhower oder Robert McNamara – konnten sie auf Zuwendungen der großen amerikanischen Stiftungen, die wiederum in einem Beirat eingebunden waren, hoffen – umso mehr, als auf amerikanischen Druck hin mit dem Board Member Sacharow sogar die Menschenrechte ins Stiftungsprogramm aufgenommen worden waren. Mit den eingeworbenen Mitteln sollten dann Pilotprojekte in vier Förderschwerpunkten – International Security, Environment and Development, Human Rights and the Rule of Law, Education and Culture – finanziert werden.[295] Die IFSDH war allerdings noch kaum konsolidiert, als die Zeit auch schon über sie hinwegging. Ende 1991 trat Gorbatschow als Präsident der Sowjetunion zurück; im Januar 1992 nahm die neu gegründete *Gorbachev Foundation* ihre Arbeit auf, die sich zunächst auf sozioökonomische und politische Studien konzentrierte und sich danach vor allem dem Ansehen von Michail und dem Andenken an Raissa Gorbatschowa widmete; ein Jahr darauf, 1993, wurde die IFSDH aufgelöst.[296]

294 Gorbatschow, *Unsterblichkeit*, 1987.

295 Der Gründungsprozess ist umfänglich dokumentiert in: AMPG, III. Abt., ZA 116, K 78. Zur Gründungsgeschichte vgl. die kritisch-liberale Darstellung in der *SZ* und die antikommunistische Interpretation im *Deutschland-Magazin*: Wehowsky, Ein Netz, *Süddeutsche Zeitung*, 19.3.1988; Bärwald, Weltweite Wühlarbeit, *Deutschland-Magazin*, 1988.

296 Zur Auflösung der IFSDH: opencorporates: International Foundation for the Survival and Development of Humanity (The), 2021. https://opencorporates.com/companies/us_dc/EXTUID_2801495, zuletzt aufgerufen am 23.4.2021. Zu ihrer Nachfolgerin: The International Non-Govermental foundation for socio-economic and political studies (The Gorbachev Foundation): http://www.gorby.ru/en/gorbi_fund/about/, zuletzt aufgerufen am 27.10.2022. Inwieweit die Gorbachev Foundation das Erbe der IFSDH angetreten hat, bedürfte weiterer Recherchen. Joachim Radkau zeigt, dass dem Boom der Ökologie in der Sowjetunion um 1990 von den ökonomischen Prioritäten ein rasches Ende bereitet wurde, vgl. Radkau, *Ära der Ökologie*, 2011, 506.

Dürr lag richtig mit der Entscheidung, sein GCN nicht in der IFSDH bzw. in ihrem bundesdeutschen Zweig aufgehen zu lassen, sondern doppelgleisig zu fahren.[297] So behielt er auch nach deren Scheitern seine selbst geschaffene Affiliation jenseits der MPG und konnte mit dem GCN beispielsweise die besser aufgestellten Projekte, wie die *Baltic Coalition*, weiter vorantreiben. In dieser Koalition hatte Dürr, seinem Netzwerk-Ansatz folgend, Regierungsvertreter/innen, Wissenschaftler/innen und andere Interessierte vom MPI für Limnologie und von im Umweltschutz aktiven NGOs aus allen Anrainerstaaten zusammengebracht. Sie wollten die Eutrophierung und Veralgung der Ostsee untersuchen, die Herkunft und Menge der Einträge bestimmen und Anreize für die Verursacher in den verschiedenen Ländern – etwa *Debt-for-Nature-Swaps* – entwickeln, ihre Produktions- und Entsorgungsmethoden umzustellen.[298] Anders als die seit Dürrs Tod im Jahr 2014 inaktive GCN, arbeitet die *Coalition Clean Baltic* (CCB), wie sie heute heißt, in einem vergrößerten institutionellen Netzwerk und mit breiterem Themenspektrum weiter.[299]

4.5 Der Sorge wissenschaftlich begegnen: Der Ausbau der Erdsystemforschung in der MPG

Allemal lagen Gorbatschow und Dürr mit ihren Stiftungsgründungen von 1987/88 voll im Trend einer globalen »Umweltkonjunktur«, die Joachim Radkau in seiner Weltgeschichte der Ökologie mit der Reaktorkatastrophe von Tschernobyl im April 1986 beginnen und mit den uneingelösten Versprechen der UN-Umweltkonferenz von Rio im Juni 1992 wieder abflauen lässt.[300] Sie zog umso mehr öffentliche Aufmerksamkeit und zivilgesellschaftliches Engagement auf sich, je mehr durch das sich abzeichnende Ende des Kalten Krieges freigesetzt

297 Dürr an Bjornerstedt (IFSDH) am 24.3.1988, AMPG, III. Abt., ZA 116, K 78.

298 IFSDH, Summary of Activities 1989–90, Juli 1990, bes. Bl. 6–8, ebd.

299 Die Website der GCN lässt keine Aktivitäten erkennen: Global Challenges Network, http://www.gcn.de/indexalt.html, zuletzt aufgerufen am 23.4.2021. Zur CCB vgl. Coalition Clean Baltic. For protection of the Baltic Sea environment, https://ccb.se/, zuletzt aufgerufen am 24.4.2021. Zu dem von Thomas Lovejoy (World Wildlife Fund) 1984 formulierten Konzept des Debt-for-Nature-Swap vgl. Radkau, *Ära der Ökologie*, 2011, 536–558.

300 United Nations Conference on Environment and Development (UNCED). Vgl. Radkau, *Ära der Ökologie*, 2011, 488–498; erstaunlicherweise erwähnt er die IFSDH in seiner zehnseitigen Auflistung von globalen umweltpolitischen Ereignissen dieser Jahre nicht. Mein Unterkapitel 4.5 stützt sich hinsichtlich des umwelthistorischen Kontextes auf Radkaus globalhistorische Studie zur »Ära der Ökologie« und hinsichtlich der spezifischeren Entwicklungen in der MPG vor allem auf die Studien von Lax, *From Atmospheric Chemistry*, 2018; Lax, *Wissenschaft*, 2020; sowie Schwerin, Landwirtschaftswissenschaften, 2023; beiden GMPG-Kollegen danke ich für ausführliche Diskussionen und wertvolle Hinweise.

wurde. Das zeigte sich nicht zuletzt darin, dass sich sogar die PCSWA, die mit dem Ende des Kalten Krieges ihre Raison d'être neu begründen mussten, von dieser Welle mitreißen ließen. Vor allem auf Initiative der sowjetischen Mitglieder des *Pugwash Council*, dem auch Dürr seit 1987 angehörte, rückten ökologische Themen an die Spitze der Agenda: so bei der Konferenz von Dagomys 1988, die die Erklärung »Ensuring the Survival of Civilisation« verabschiedete, sowie bei der 1992 im wiedervereinigten Berlin organisierten Konferenz unter Federführung von Dürr.[301] Auch die MPG konnte dieser globalen ökologischen Welle nicht mehr ausweichen, auch wenn sie zuvor über Jahre hinweg Anregungen, später auch Forderungen aus dem bundespolitischen Raum hatte ins Leere laufen lassen, die ein stärkeres Engagement der MPG bei der Erforschung der immer deutlicher zutage tretenden ökologischen Verwerfungen in industriellen und postindustriellen Gesellschaften anmahnten, zuvörderst des in den 1980er Jahren heftig diskutierten »Waldsterbens«.

Umweltforschung avant la lettre

Dabei waren, wie Gregor Lax und Alexander von Schwerin gezeigt haben, umweltbezogene Forschungen nichts grundsätzlich Neues in der MPG.[302] So vieldeutig der Begriff der Umwelt, so heterogen und oft kontrovers die Vorstellungen über einen angemessenen Umgang damit waren, so vielgestaltig konnten die wissenschaftlichen Ansätze sein, die sich mit dem einen oder anderen Aspekt dieses im Ganzen unüberschauten Komplexes befassten.[303] Seit den KWG-Zeiten waren es vor allem die im »Dritten Reich« vermehrt gegründeten agrarwissenschaftlichen Institute, in denen unter anderem auch ökologische, biozönotische oder systemische Zusammenhänge bei der Entwicklung von pflanzlichen und tierischen Organismen beforscht wurden. Die meisten dieser Institute wurden freilich in den ersten beiden Jahrzehnten der 1948 umgegründeten MPG mit der Emeritierung ihrer Direktoren aufgelöst, weil deren Arbeitsfelder inzwischen als inkompatibel mit dem enger definierten Profil der MPG

301 Pugwash Conferences on Science and World Affairs, Pugwash Council, https://pugwash.org/1988/09/03/dagomys-declaration-of-the-pugwash-council/, zuletzt aufgerufen am 1.3.2022; Smith et al., *The World at the Crossroads*, 1994. Beide Konferenzen sind umfänglich dokumentiert in: AMPG, III. Abt., ZA 116, K 84, K 85, K 86 und K 87. Gottstein, Erinnerungen an Pugwash, 2007, 46.

302 Lax, *Von der Atmosphärenchemie zur Erforschung des Erdsystems*, 2018; Lax, *Wissenschaft*, 2020. Schwerin, Zeitlichkeit, 2022.

303 Ich werde mich hier nicht an Begriffsdefinitionen von »Umwelt« und »Ökologie« versuchen, zumal auch Radkau in seiner grundlegenden Studie keine handlichen Definitionen anbietet, sondern den wechselnden und jederzeit vielschichtigen Bedeutungsgehalten sowie den gelegentlich kontroversen diskursiven Verwendungen dieser Worte durch politische Akteure und soziale Bewegungen historisch beschreibend folgt, vgl. Radkau, *Ära der Ökologie*, 2011.

als Instanz der bundesdeutschen Grundlagenforschung angesehen wurden.[304] Andere Beispiele für eine Umweltforschung avant la lettre in der KWG/MPG waren etwa die Forschungen zu biologischen Effekten von Niedrigstrahlung und zum Strahlenschutz am KWI/MPI für Biophysik.[305] Dem heute geläufigen Verständnis von Umweltforschung – also dem Schutz von Arten, Biotopen und Ökosystemen dienlich – entsprachen am meisten die MPI für Ornithologie und für Limnologie, die aus den biologischen Stationen der KWG bei Rossitten und Radolfzell bzw. Plön und Langenargen hervorgegangen waren. Bis in die 1970er Jahre hinein führten sie in der MPG trotz der international aufsehenerregenden Forschungen von Käthe Seidel zur biologischen Abwasserklärung jedoch eher ein Schattendasein. Das änderte sich erst, als sie sich mit ihren spezifischen Untersuchungsobjekten in neue Forschungsfelder wie die Verhaltensökologie und Neurobiologie bzw. die Klimaforschung und die Evolutionsbiologie einbringen konnten.[306]

Aber auch dann verstand sich die MPG noch lange nicht als eine prominente Adresse für ökologische Forschung. 1972 musste sich die Generalverwaltung erst einmal einen Überblick verschaffen, in welchen ihrer Institute so etwas wie umweltwissenschaftliche Forschung überhaupt stattfand. Anlass war eine Anfrage des BMFT, das herausfinden wollte, was bundesdeutsche Forschungseinrichtungen zum 1971 verabschiedeten Umweltprogramm der ersten sozialliberalen Bundesregierung beitragen konnten. Bei 33 der damals 49 MPI hielt die Generalverwaltung einschlägige Auskünfte für möglich; elf von ihnen fühlten sich tatsächlich angesprochen, darunter auch das MPI für Limnologie.[307] Seine tropenökologischen Daten und Modelle sollten sich bald als Billet d'Entrée zu einem gerade aufkeimenden Forschungsfeld in der MPG erweisen, das in den 1980er Jahren zum Cluster erdsystemischer Forschung heranwuchs.[308]

304 Schwerin (Zeitlichkeit, 2022) hat die Unterschiede einer eher holistisch und problemlösungsbezogen denkenden (und insofern später als angewandt abqualifizierten) Agrarwissenschaft und einer eher reduktionistisch vorgehenden, methoden- und »grundlagen«orientierten, zunehmend technologiegetriebenen Molekularbiologie am Beispiel der entsprechenden MPI klar herausgearbeitet und zugleich mit den politischen Haltungen ihrer Protagonist/innen in der MPG vor allem im NS bzw. zur NS-Vergangenheit kombiniert. Zur Vorgeschichte vgl. Heim, Forschung für die Autarkie, 2002 sowie weitere Beiträge in dem Band Heim, *Autarkie und Ostexpansion*, 2002.

305 Karlsch, Boris Rajewski, 2007; Schwerin und Karlsch, Außenstelle, 2011.

306 Heim, *Kalorien*, 2003, 63–72; Potthast, MPI Evolutionsbiologie, 2010; Henning und Kazemi, *Handbuch, Bd. 1*, 2016, 912–917; Henning und Kazemi, *Handbuch, Bd. 2*, 2016, 1646–1654.

307 Marsch an Kelberer am 14.12.1972, AMPG, II. Abt., Rep. 70, Nr. 967, fol. 1–2. Vgl. Lax, *Wissenschaft*, 2020, 39 und Lax, Erdsystemwissenschaften, 2023.

308 Zum Konzept der Cluster als institutsübergreifende und forschungsorganisierende Netzwerke oder Sozialgebilde innerhalb der MPG siehe Reinhardt, Strukturen der Forschung, 2023. Zur Geschichte des erdsystemischen Clusters siehe Lax, *From Atmospheric Chemistry*, 2018; Lax, *Wissenschaft*, 2020, und Lax, Erdsystemwissenschaften, 2023.

Abb. 37: Käthe Seidel in der Limnologischen Station Niederrhein, Krefeld im Januar 1974.

Abb. 38: Klaus Hasselmann im MPI für Meteorologie in Hamburg nach der Verleihung des Nobelpreises für Physik 2021.

Zwei Zufälle entfalteten in ihrem Zusammentreffen diese anfangs ungeplante Wirkung: Zum einen war es die schwierige Suche nach einem Nachfolger für Josef Mattauch als Direktor des MPI für Chemie (MPIC), das sich nach dem Zweiten Weltkrieg von der Kernchemie stärker auf die Meteoritenforschung und später auf die Kosmochemie verlegt hatte – ähnlich wie ihre Kollegen von der Physik, die sich den alliierten Forschungsverboten ausweichend nach 1945 der Kosmologie und Astrophysik zugewandt hatten. Es dauerte fast ein Jahrzehnt, bis man sich 1968 für den Mainzer Meteorologen Christian Junge entschieden hatte, was vor allem seinem wissenschaftlichen Renommee und seinem guten Verhältnis zur örtlichen Universität geschuldet war. Vorteilhaft dabei war, dass sich sein innerhalb der MPG neuartiges Arbeitsfeld, die Atmosphärenchemie, gut mit den vorhandenen Forschungsschwerpunkten der Kosmochemie und der Meteoritenforschung verbinden ließ.[309] Zum anderen war es ein politisch induzierter Institutszuwachs: In Hamburg war das international renommierte und vernetzte Fraunhofer-Institut für Radiometeorologie und maritime Meteorologie (IRM) nach dem überraschenden Tod seines Leiters Karl Brock im Jahr 1972 an der Spitze verwaist. Das IRM betrieb in weiten Teilen und in enger Kooperation mit der Hamburger Universität Forschungen, die insofern immer weniger unter das Dach der Fraunhofer-Gesellschaft passten, als die sich im Kontext der sozialliberalen Wende auf »angewandte« Forschung, nicht zuletzt industrielle, militärische und entwicklungspolitische Auftragsforschung konzentrieren und als Pendant zur MPG als bundesdeutscher Instanz der Grundlagenforschung profilieren sollte. Im Sommer 1973 trug Hans-Hilger Haunschild, Staatssekretär im neu gegründeten BMFT, dem MPG-Präsidenten die Übernahme dieses Instituts an. Gemeinsam mit dem neu berufenen Atmosphärenchemiker Junge setzte sich Lüst in den Gremien der MPG erfolgreich für die Aufnahme des Instituts ein. Es wurde im Frühjahr 1975 mit großer Medienresonanz als MPI für Meteorologie (MPIM) unter Leitung von Klaus Hasselmann, der bis dahin an der Hamburger Universität gelehrt hatte, neu eröffnet. Ein Jahrzehnt später sollte es zu einem institutionellen Eckstein des 1987 ebenfalls in Hamburg gegründeten Deutschen Klimarechenzentrums (DKRZ) und zusammen mit dem MPIC zum Kern des international breit vernetzten Erdsystemclusters in der MPG werden.[310]

Ökologische Revolution – revolutionäre Forschung?

Dass diese personal- und wissenschaftspolitischen Kontingenzen der frühen 1970er Jahre eine solch nachhaltige epistemische Dynamik innerhalb der MPG auslösen konnten, lag indessen auch am globalen Zeitgeist. Folgt man Radkaus Periodisierung, so brach die »Ära der Ökologie« um 1970 mit schockartig wahrgenommenen Ereignissen rings um den Erdball an: etwa der Dürrekatastrophe

309 Lax, *From Atmospheric Chemistry*, 2018, 43–47.
310 Lax, *Wissenschaft*, 2020, 43–65.

in der Sahelzone (1969–1973), den Überflutungen infolge von Abholzungen am Südrand des Himalaya (1970), den tödlichen Vergiftungen infolge von nachlässig entsorgten Chemieabfällen japanischer Unternehmen (1969–1971) oder den britisch-isländischen Kriegen um die knapp werdenden Kabeljaubestände im Nordatlantik (1971–1976). Populärwissenschaftlich und aufrüttelnd präsentierte Erkenntnisse wurden in viele Sprachen übersetzt und weltweit rezipiert. Rachel Carsons Warnungen vor dem ungebremsten DDT-Einsatz, die mit dem Emotionen weckenden Titel »Silent Spring« seit 1962 immer wieder aufgelegt wurden, Paul Ehrlichs »Population Bomb« von 1968 und die »Limits to Growth« des *Club of Rome* von 1972 sind davon nur die bis heute vielleicht bekanntesten Werke. Neue soziale Bewegungen und NGOs wie die *Friends of the Earth* und *Greenpeace* traten auf transnationaler und nationaler Ebene, hier besonders stark in den USA, neben die seit langem etablierten Naturschutzverbände. Viele Staaten, von den USA über die Bundesrepublik bis nach Japan, verabschiedeten neue Gesetze und errichteten neue Behörden zum Umweltschutz. Die OECD gründete 1970 ihr *Environment Committee;* die UNESCO legte 1971 ihr noch immer laufendes *Man and the Biosphere Programme* (MAB) auf; im folgenden Jahr startete die UNO im Anschluss an ihre erste Umweltkonferenz 1972 in Stockholm das *UN Environmental Programme* (UNEP). Und selbst die NATO richtete schon 1969 ein *Committee on the Challenges of Modern Society* (CCMS) ein, mit dem sich das westliche Bündnis über seine militärische Verteidigungsaufgabe hinaus neuen transnationalen Problemfeldern und nicht zuletzt Umweltfragen öffnete. Dies geschah vor allem auf Drängen Nixons, der sich damit wie auch mit seiner neuen Chinapolitik auf populären innen- und außenpolitischen Handlungsfeldern jenseits des anhaltenden Vietnam-Desasters profilieren wollte.[311]

Wenn man alle diese Aktivitäten, wie Radkau es im Anschluss an prominente britische und transnational agierende Naturschützer wie Max Nicholson und Martin Holdgate vorschlägt, als »ökologische Revolution um 1970« verstehen will, dann war es mindestens so sehr eine von oben wie von unten. Sie zog noch einige Revolutionen nach sich und blieb – wie die transnationalen Fridays-for-Future-Schulstreiks zuletzt demonstrierten – bis heute unvollendet.[312] In solch revolutionären Zeiten und umgeben von einem kaum überschaubaren Geflecht nationaler, internationaler und transnationaler Akteure, von denen nicht wenige versuchten, den allenfalls ansatzweise verstandenen ökologischen Herausforderungen forschend und wissensgenerierend zu begegnen, kann eine wie immer auf Umwelt bezogene Forschung nicht unpolitisch bleiben. Das musste auch die MPG lernen.

311 Radkau, *Ära der Ökologie*, 2011, 124–164; Lax, *Wissenschaft*, 2020, 25–42.

312 Radkau, *Ära der Ökologie*, 2011, 134; Nicholson, *The Environmental Revolution*, 1970; Holdgate, *The Green Web*, 1999, 101. Holdgate, der in den 1980er Jahren Präsident der 1948 gegründeten International Union for the Conservation of Nature and Natural Resources (IUCN) war, spricht dort von der »environmental explosion«.

Ihr neuer Atmosphärenchemiker Junge hatte sein Handwerk in den 1950er Jahren im *Air Force Cambridge Research Center* (AFCRC) in Bedford (MA) gelernt und dort um 1960 mit seiner Forschungsgruppe den zehn Kilometer dicken und hauptsächlich aus Schwefelsäuretröpfchen bestehenden Aerosolschleier in der Stratosphäre, die dann nach ihm bezeichnete »Junge-Schicht«, entdeckt. Seine Nachwuchswissenschaftler/innen am MPIC ließ Junge selbstverständlich auch an den Radarinstrumenten der sowohl zivil als auch militärisch forschenden NASA ausbilden.[313] Eine Forschungsförderung für seine Aerosolforschung à l'américaine durch das Bundesverteidigungsministerium war innerhalb der MPG nur schwer vorstellbar, war doch die Generalverwaltung angesichts der allzu engen Verknüpfungen ihrer Vorgängerin mit der Rüstungsforschung des »Dritten Reichs« bemüht, jeden Anschein erneuter militärischer Forschung zu vermeiden. Was sie freilich nicht verhindern konnte, waren die umweltpolitisch unerwartet brisanten Forschungsergebnisse, die Junge in enger Kooperation mit dem noch zu seiner Zeit an der Universität Mainz vorbereiteten und dann von 1970 bis 1985 laufenden DFG-Sonderforschungsbereich »Atmosphärische Spurengase« (SFB 73) und den daran beteiligten Kolleg/innen von den Universitäten in Mainz, Darmstadt und Frankfurt am Main vorlegte.[314] Zwar wollte man eigentlich nur, wie 1975 im Fortsetzungsantrag an die DFG dargelegt, die »verschiedenen Bestandteile« der »reinen Atmosphäre« und ihr Verhalten zueinander sowie die historisch-dynamisch gedachten Stoffkreisläufe zwischen der Bio-, Geo- und Atmosphäre aufklären. Aber schon bald stellte es sich als unmöglich heraus, »den Anteil, der von der anthropogenen Luftverschmutzung herrührt, selbst in Reinluftgebieten unberücksichtigt zu lassen«.[315] Und damit war man mittendrin in den neuartigen umweltpolitischen Debatten: Sie drehten sich nicht mehr nur, wie in der ersten Hälfte des 20. Jahrhunderts, um die agrarwissenschaftliche Optimierung nationaler Ressourcen oder, nach 1945, um lokale und regionale Natur- und Umweltschutzprobleme wie den »blauen Himmel über der Ruhr« oder den Londoner Smog, den Schutz einer bedrohten heimischen Tierart, die mögliche Strahlenbelastung im Umkreis eines geplanten Atomkraftwerks in Whyl, eines »Schnellen Brüters« in Kalkar oder eines Atommüll-Endlagers in Gorleben. Sie nahmen vielmehr die grenzenlosen, aber nicht immer unmittelbar wahrnehmbaren planetaren Gefährdungen anthropogenen Ursprungs ins Visier.[316]

313 Zum militärischen Kontext der Erd- und Umweltwissenschaften in den USA vgl. Doel, Postwar Earth Sciences, 2003.

314 Zum SFB 73 vgl. Lax, *From Atmospheric Chemistry*, 2018, 71–82.

315 Hier zitiert nach Lax, *Von der Atmosphärenchemie zur Erforschung des Erdsystems*, 2018, 64; Lax, *From Atmospheric Chemistry*, 2018, 79.

316 Zu dem um 1970 entstehenden wissenschaftspolitisch forcierten Verständnis von Umwelt, das vielerlei Aspekte des etablierten Umwelt- und Naturschutzes in ein systemisches Konzept von Ökologie integriert und einer Ökosystemforschung den Weg weist, vgl. Küppers, Lundgreen und Weingart, Umweltprogramm, 1979; Küppers, Lundgreen und Weingart, *Umweltforschung*, 1978.

Abb. 39: Christian Junge bei seinem Vortrag anlässlich der MPG-Hauptversammlung 1975 in Hamburg.

Schon 1975 warnte Junge in einem öffentlichen Vortrag zur Hauptversammlung der MPG, die anlässlich der Eröffnung des MPI für Meteorologie in Hamburg stattfand, vor dem »Gewächshauseffekt«, also der Wirkung des bereits seit Ende der 1950er Jahre beobachteten, anthropogen verursachten CO_2-Anstiegs sowie der Anreicherung von Spurengasen, konkret der Chlorfluormethane (CFM) bzw. Fluorchlorkohlenwasserstoffe (FCKW) aus Sprühdosen und Kühlaggregaten, auf die Erdatmosphäre:[317]

Es besteht kaum ein Zweifel, daß die Menschheit in etwa zwei Generationen bezüglich des $C0_2$ einem sehr ernsten Problem gegenüberstehen wird. Wegen der relativ langen Zeiten, die dabei im Spiele sind – in der Wirtschaft, wie im System Atmosphäre-Ozean –, sollten ernsthafte Überlegungen früh genug beginnen. [...] Es besteht heute kein Zweifel, daß die CFM wahrscheinlich ein sehr ernst zu nehmendes Umweltproblem darstellen. [...] Aber alle diese meist plötzlich auftauchenden Umweltprobleme zeigen, wie unwissend wir über den Spurenstoffchemismus unserer Umwelt, insbesondere des Mediums in dem wir leben, nämlich unserer Atmosphäre, tatsächlich sind. Hier ist noch viel Grundlagenforschung notwendig, um zunächst das Verhalten der noch unbeeinflußten Atmosphäre zu verstehen. Erst wenn dieses Verständnis vorliegt, können wir die globalen und regionalen Auswirkungen unserer industriellen

317 Junge, Entstehung der Erdatmosphäre, 1975, 44.

Zivilisation mit einiger Sicherheit beurteilen und brauchen nicht zu warten, bis wir per Zufall über die Probleme stolpern und dann in der Eile falsche, voreilige oder verspätete Alarme geben.[318]

Junge spielte hier auf jüngere Fachkollegen an: Paul Crutzen, der gerade vom Meteorologischen Institut der Universität Stockholm ans *National Center of Atmospheric Research* (NCAR) nach Boulder (Colorado) gewechselt war, hatte 1970/71 als einer der ersten auf die Gefährdung der Ozonschicht durch Stickoxid-Emissionen von Überschallflugzeugen (Supersonic Transport, SST), deren Einsatz in der zivilen Luftfahrt gerade geplant wurde, hingewiesen, den Effekt dieser Emissionen allerdings erheblich überschätzt. Nur wenig später, 1974, entdeckten jedoch Mario Molina und Frank Sherwood Rowland unter Bezugnahme auf Crutzen den erheblich zerstörerischen Effekt selbst geringer Mengen von FCKW/CFM auf die Ozonschicht.[319] Zugleich warnte Junge in seinem Vortrag vor umweltpolitischen Fehleinschätzungen, denen nur durch Grundlagenforschung vorgebeugt werden könne, und antwortete damit auf Bundeskanzler Schmidt, der bei dieser Hauptversammlung auch mit Blick auf die zunehmende »Störung des ökologischen Gleichgewichts« so nachdrücklich die »Sozialbindung der Wissenschaft« und den Einsatz betriebswirtschaftlicher Instrumente im Wissenschaftsmanagement angemahnt hatte.[320]

Paul Crutzen: Eine verschmutzte Atmosphäre braucht unreine Wissenschaft

Auch Crutzen verstand sich trotz seiner für einen zukünftigen MPI-Direktor und Nobelpreisträger ungewöhnlichen Berufslaufbahn – er hatte zunächst als Bauingenieur in den Niederlanden und dann in Stockholm als Programmierer gearbeitet und nebenher Meteorologie studiert und promoviert – zu dieser Zeit noch als Grundlagenforscher:

Ursprünglich war das mein Ziel, nur die reine Wissenschaft zu machen. Damals in Stockholm waren zum Beispiel viele Mitarbeiter mit dem Sauren Regen beschäftigt. Ich wollte damit nichts zu tun haben und sagte, ich mache mit den Stickoxiden reine Wissenschaft. Die Stickoxide hatten mit menschlichen Aktivitäten zunächst nichts zu tun, denn sie können auch auf natürliche Weise gebildet werden, das war die Situation 1970.[321]

318 Ebd., 45, 48; vgl. auch Lax, *Von der Atmosphärenchemie zur Erforschung des Erdsystems*, 2018, 78.

319 Crutzen, SST's, 1972; Crutzen, My Life, 1995, 209; Molina und Rowland, Stratospheric Sink, 1974; Crutzen, Estimates of Possible Future Ozone Reductions, 1974; vgl. Lax, *From Atmospheric Chemistry*, 2018, 114–118.

320 Schmidt, Forschungspolitik, 1975, 7, 9. Vgl. oben Kapitel 2.4.

321 Interview Crutzen (Reinhard, Lax) 17.11.2011, Typoskript 11–12 (Z 279–284). Zu Crutzens Karriere vgl. Lax, *Von der Atmosphärenchemie zur Erforschung des Erdsystems*, 2018, 89–91.

Aber dann versperrten ihm seine eigenen Forschungsergebnisse die Flucht vor der Politik: Zu den Stickoxiden, die Überschallflugzeuge in die Stratosphäre transportierten, kamen noch diejenigen, die durch Verbrennung fossiler Brennstoffe und Brandrodungen vom Boden aus in die Atmosphäre gelangten:

Das waren zwei Phänomene, die ich sichtbar gemacht habe. Allerdings am Anfang nicht wegen ihrer politischen Bedeutung, sondern aus rein wissenschaftlichen Gründen. Bis ich dann selbst entdeckte, dass dieses Thema Relevanz für den Menschen hat, und es wurde mir klar, dass man auch als Wissenschaftler auf dem Gebiet der Atmosphärenforschung den Einfluss des Menschen nicht ignorieren kann. Wir spielen überall eine Rolle, deshalb bin ich schließlich auf den Begriff Anthropozän gekommen.[322]

Bis dahin sollte es noch zwei Jahrzehnte dauern. Zunächst betrieb Crutzen in Boulder ähnlich wie Junge mit seinem Team Spurengasforschung, legte allerdings den Schwerpunkt auf die Entwicklung atmosphärenchemischer Modelle und tauschte sich darüber mit seinen empirisch arbeitenden Mainzer Kollegen kontinuierlich aus. Aber als er dann 1978 zum Nachfolger Junges berufen wurde und 1980 die Leitung in Mainz übernahm, avancierten die ursprünglich nebenbei entdeckten anthropogenen Einflüsse auf die chemischen Abläufe in der Atmosphäre sowie deren Rückkoppelungen mit der Geo-, Bio- und Anthroposphäre des gesamten Erdsystems von lästigen Störfaktoren zum eigentlichen Forschungsgegenstand am MPI für Chemie.[323] Hintergrund dafür war die weltweit zunehmende Beunruhigung über wissenschaftlich dokumentierte klimatische Veränderungen wie den Rückgang der Gletscher und den Anstieg der durchschnittlichen Jahrestemperaturen, insbesondere aber die Ausdünnung der Ozonschicht in der unteren Stratosphäre, als deren Verursacher Mario Molina und Sherwood Rowland im Austausch mit Crutzen 1974 die Chlorfluormethane identifiziert hatten.[324] Spätestens jetzt betrieb Crutzen nach eigener Aussage keine »reine Wissenschaft« mehr.[325]

Mehr noch, er mischte sich – kaum in Mainz angekommen – in den wieder eisiger werdenden Kalten Krieg ein und warf mit seinen zusammen mit John Birks entwickelten Modellrechnungen zu den atmosphärischen Auswirkungen eines Nuklearkrieges ein neues Argument in die Debatte, das die gerade wieder aufkeimende Vorstellung von der Gewinnbarkeit eines Atomkrieges ad absurdum führte.[326] Demnach würden die durch Atombomben ausgelösten Flächenbrände von Wäldern, Städten, Öl- und Gasfeldern solche Mengen rußhaltigen Rauchs in die Troposphäre aufsteigen lassen, dass über Monate das Sonnenlicht

322 Interview Crutzen (Reinhard, Lax) 17.11.2011, Typoskript 12 (Z 287–292).

323 Zur Berufung von Crutzen ans MPIC vgl. Lax, *Von der Atmosphärenchemie zur Erforschung des Erdsystems*, 2018, 91–95. Interview Crutzen (Reinhard, Lax) 17.11.2011, 8–10 (Z 208–237).

324 Molina und Rowland, Stratospheric Sink, 1974; Crutzen, Estimates of Possible Future Ozone Reductions, 1974.

325 Interview Crutzen (Reinhard, Lax) 17.11.2011, Typoskript 11 (Z 280).

326 Vgl. zum Folgenden Lax, *From Atmospheric Chemistry*, 2018, 118–123.

absorbiert, die Erde verdunkelt und so landwirtschaftliche Produktion unmöglich würde, zumal photochemische Reaktionen das Ozon in der Troposphäre gefährlich anreichern, in der Stratosphäre aber ebenso gefährlich vermindern würden. Zumindest in den Regionen auf den mittleren und höheren Breitengraden der nördlichen Hemisphäre, also dem wahrscheinlichen Kriegsschauplatz, würden nur die wenigsten Überlebenden der Bombenexplosionen den Hunger und die Krankheiten des darauffolgenden Jahres überleben. Crutzen und Birks veröffentlichten ihren Artikel unter dem Titel »Twilight at Noon« Anfang 1982 in einer von Józef Rotblat, der grauen Eminenz der Pugwash-Konferenzen, mitherausgegebenen Sonderausgabe der Umweltfachzeitschrift *Ambio* der Schwedischen Akademie der Wissenschaften.[327] Noch im selben Jahr richtete das *International Council of Scientific Unions* (ICSU) ein *Steering Committee* zur Erforschung der »Environmental Effects of Nuclear War« (ENUWAR) ein, an dem sich weltweit über dreihundert Wissenschaftler/innen, darunter auch Crutzen, beteiligten.[328] Populär wurde dieses Konzept als »nuklearer Winter«, dem Titel der nachfolgenden TTAPS-Studie einer Forschergruppe um Richard P. Turco, die vor allem die Temperatur- und Wetterveränderungen infolge der langanhaltenden Verdunkelung hervorhob und auch danach noch weiter an der Darstellung der zu erwartenden Rückkopplungen arbeitete.[329]

Es war vor allem Carl Sagan, Astronom an der Cornell University und einer der TTAPS-Autoren, der die Risiken des nuklearen Winters in den USA popularisierte und sie zugleich auch – unterstützt durch Victor Weisskopf – in die informellen Gespräche mit sowjetischen Kollegen einbrachte. Bei Jewgeni Welichow, dem Vizepräsidenten der Sowjetischen Akademie der Wissenschaften, Vorsitzenden des 1983 etablierten CSS und späteren Berater Gorbatschows, traf er auf offene Ohren. Sowjetische Wissenschaftler/innen hatten sich schon länger mit verwandten Klimaphänomenen beschäftigt. Jetzt hielt Welichow sie an, ihre Erkenntnisse mit dem Konzept des nuklearen Winters zu verknüpfen und sich mit ihren amerikanischen Kolleg/innen im CISAC darüber auszutauschen, um die abgestimmten Befunde letztlich den Politikern auf beiden Seiten einzuflüstern.[330] Während US-Präsident Reagan sich weiterhin der Illusion hingab, sein projektierter orbitaler Raketenabwehrschirm würde feindliche Atombomben erst gar nicht bis zur Erdoberfläche vordringen lassen und so auch den nuklearen

327 Crutzen und Birks, The Atmosphere, 1982, 123–124. In seiner Nobelpreisrede 1995 wies Crutzen auf die Verbindung zu Rotblat hin, der im selben Jahr den Friedensnobelpreis erhielt, Crutzen, My Life, 1995, 216, 218.

328 Es war ein Unterkomitee seines Scientific Committee on Problems of the Environment (SCOPE), vgl. Holdstock, The Scope-Enuwar, 1986; Lax, *Von der Atmosphärenchemie zur Erforschung des Erdsystems*, 2018.

329 Benannt nach den Initialen der Autoren Richard Turco, Owen Toon, Thomas Ackermann, James Pollack und Carl Sagan: Turco et al., Nuclear Winter, 1983.

330 Evangelista, *Unarmed Forces*, 1999, 154–155, 158–159. Sagan verbreitete die Idee des nuklearen Winters vor allem über die Wochenendbeilage *Parade* (30.10.1983), die zahlreichen US-Tageszeitungen beigefügt war.

Winter verhindern, fühlte sich Gorbatschow durch dieses neu erkannte atomare Risiko in seiner Überzeugung von der Nicht-Führbarkeit eines Atomkriegs und in seinen Abrüstungsbemühungen bestärkt. 1988 schließlich erkannte die UNO den nuklearen Winter als wissenschaftlich evidente Theorie an.[331]

Crutzen beschäftigte sich freilich nicht nur mit dystopischen Atomkriegsszenarios. Seit seiner Warnung vor den Stickoxid-Emissionen in der Stratosphäre untersuchte er kontinuierlich auch die längst eingetretenen Schäden in der Atmosphäre aus vergleichsweise banalen anthropogenen Ursachen, vor allem den in Sprühdosen, Schaumstoffen und Kühlaggregaten verwendeten FCKW-Gasen. Zwar hatten die Studien von Rowland/Molina und Crutzen aus den 1970er Jahren bereits einige Staaten (USA, Kanada, Schweden und Norwegen) veranlasst, den »non-essential use« von FCKW-Gasen, gemeint waren die Sprühdosen, zu verbieten. Aber es brauchte den Schock von 1985, als sich britische Forscher des *Antarctic Survey* entschlossen, ihre schon seit den späten 1970er Jahren gesammelten Messdaten zu dem sich über der Antarktis entwickelnden Ozonloch endlich zu publizieren – und zwar erst nachdem japanische Kollegen ähnliche Beobachtungen auf einer internationalen Konferenz präsentiert hatten. Auch die NASA ging erst dann mit längst vorliegenden Daten aus Satellitenmessungen an die Öffentlichkeit. Jetzt machte sich die »ganze Ozon-Wissenschafts-Community« an die Aufklärung dieses Phänomens, das man über der kältesten Region der Erde und weit entfernt von den Orten, an denen die FCKW in die Atmosphäre entlassen wurden, am wenigsten erwartet hätte.[332] Crutzen entwickelte eine Hypothese seiner ehemaligen Studentin Susan Solomon in Boulder, die 1986/87 die *National Ozone Expedition* in der antarktischen McMurdo-Station leitete, weiter und bat dann Frank Arnhold vom MPI für Kernphysik, seine Idee durchzurechnen. Beide konnten sie dann zeigen, dass sich unter Stratosphärenbedingungen bei 200° Kelvin feste Salpeter-Trihydrat-Partikel bilden können, die wiederum durch Chloraktivierung den verheerenden Ozonabbau ermöglichen. Unabhängig davon hatte auch eine Forschergruppe um Owen Toon und Turco diese Idee entwickelt; Luisa und Mario Molina stellten anschließend dann den gesamten Reaktionszyklus dar.[333]

Die internationale Politik folgte unter Regie des UNEP mit dem inzwischen von 180 Staaten ratifizierten Montreal-Abkommen von 1987 in einem Tempo, von dem sich angesichts der umwelt- und klimapolitischen Springprozession der letzten beiden Jahrzehnte nur mehr träumen lässt. Zunächst sollte die FCKW-Produktion weltweit um die Hälfte reduziert und ab 1996 in den Industriestaaten ganz untersagt werden. Seither wird das Montreal-Protokoll in unregelmäßigen Abständen fortgeschrieben und weitere ozon- und klimaschädigende

331 Lax, *From Atmospheric Chemistry*, 2018, 123.

332 Crutzen, Schutz, 2019, 144.

333 Solomon et al., On the Depletion, 1986; Crutzen und Arnold, Nitric Acid Cloud Formation, 1986; Toon et al., Condensation, 1986; Molina und Molina, Production, 1987. Detailliert zum Forschungsprozess: Crutzen, My Life, 1995, 210–214.

Abb. 40: Paul Crutzen in seinem Arbeitszimmer im MPI für Chemie 1993.

Substanzen in die Reduktions- und Verbotsliste aufgenommen, woran Crutzen gelegentlich beratend beteiligt war. Aktuelle Messungen deuten darauf hin, dass sich die Ozonschicht inzwischen auf dem niedrigen Niveau der 1980er Jahre stabilisiert hat und auch das Ozonloch über der Antarktis bei starken jährlichen Schwankungen nicht mehr wächst; eine gewisse Erholung scheint also möglich, die Rückkehr zu den Werten der 1970er Jahre ist jedoch nicht in Sicht. Den ersten Nobelpreis, der je für Umweltforschung vergeben wurde, erhielten 1995 die Atmosphärenchemiker Crutzen, Mario Molina und Rowland für ihre Beiträge zum Verständnis des Ozonabbaus.[334]

Crutzen zog sich anders als Junge nicht auf die Position der »reinen« Wissenschaft oder Grundlagenforschung zurück, was angesichts der hochpolitischen Implikationen seiner Forschungen sowohl im nationalen als auch im internationalen Rahmen kaum möglich gewesen wäre. Anders als Dürr war er aber auch kein Aktivist, obwohl die Brisanz seiner Forschungsergebnisse, die er mehrfach auch im populären Format publizierte, andere sehr wohl umweltpolitisch aktivieren konnte.[335] Er folgte Rotblats Einladung, an dessen Sonderheft über mögliche Umweltfolgen eines Atomkriegs mitzuwirken, engagierte sich aber nicht

334 Grundmann, *Transnationale Umweltpolitik*, 1999; Jacobson, *Atmospheric Pollution*, 2012.
335 Crutzen und Hahn, *Schwarzer Himmel*, 1986; Crutzen und Müller, *Das Ende*, 1989; Crutzen et al., *Raumschiff Erde*, 2011.

weiter bei den Pugwash-Konferenzen. Er unterschrieb die Abrüstungsvorschläge des Hamburger Kongresses von 1986 und einen Appell friedenspolitisch engagierter Wissenschaftler/innen gegen SDI, trat aber nicht als Redner bei den entsprechenden Kongressen auf; seine klimapolitischen Kassandrarufe wurden gleichwohl von denen gehört, die sie hören wollten. Er beschränkte sich auf die Rolle des Experten etwa als Mitglied der 1987 einberufenen Enquete-Kommission des Bundestags »Vorsorge zum Schutz der Erdatmosphäre«, war aber auch in solchen Gremien seltener vertreten als etwa sein jüngerer Kollege Hartmut Graßl, der 1988 ans MPI für Meteorologie kam. Crutzen konzentrierte sich auf seine interdisziplinäre und internationale Scientific Community von Wissenschaftler/innen, die sich mit den chemischen, geologischen und biologischen Stoffkreisläufen des Systems Erde beschäftigten und die ihre Wechselwirkungen und Rückkopplungen verstehen und die anthropogen verursachten Veränderungen identifizieren wollten.[336]

Der aufhaltsame Aufstieg der Umweltforschung in der MPG

Die Berufungen des Atmosphärenchemikers Junge 1968 und seines kongenialen Nachfolgers, des Meteorologen Crutzen 1980 ans MPI für Chemie einerseits und zum anderen die Übernahme des Hamburger meteorologischen Instituts 1975 und die Berufung der Geophysiker Klaus Hasselmann und Hans Hinzpeter an dieses neue MPI eröffneten der chemisch-physikalisch-technischen Sektion (CPT) der MPG ein Forschungsfeld, das in ungewöhnlicher Weise für sie neu war. Es war zwar für Institutsgründungen und Nachfolgeentscheidungen in der MPG durchaus üblich, dass wie in diesem Fall mit Atmosphärenchemie und Meteorologie (Sub-)Disziplinen aufgenommen wurden, die dort bisher nicht vertreten waren. Bemerkenswert aber war, wie Lax hervorhebt, dass alle Neuberufenen einen integrativ-erdsystematischen Denkstil vertraten, der so in der CPT – und darüber hinaus in der bundesdeutschen Atmosphärenforschung – bislang nicht etabliert war.[337] Sie wollten atmosphärenchemische und -physikalische Prozesse und deren Rückkopplungen mit interagierenden Prozessen in anderen Teilsystemen der Erde – also der Ozeane, der Bio-, Geo-, Kryo- und nicht zuletzt der Anthroposphäre – verstehen. Dass das MPI für Meteorologie überhaupt einen so klassischen Namen erhielt, war, so der Gründungsdirektor Hasselmann in seiner Eröffnungsansprache 1975, nur »unserer sprachlichen Phantasielosigkeit« geschuldet, »den englischen Ausdruck ›atmosphere-ocean‹ physics in eine akzeptable deutsche Form zu übersetzen«.[338] Noch zwanzig Jahre später mahnte

336 Vgl. Lax, *Wissenschaft*, 2020, 67, 121–122; Dritter Bericht der Enquete-Kommission, Deutscher Bundestag, Drucksache 11/8030, 24.5.1990. Zu Crutzens politischer Zurückhaltung vgl. auch den Nachruf von Joachim Müller-Jung in der *FAZ* vom 29.1.2021: Müller-Jung, Paul Crutzen, *Frankfurter Allgemeine Zeitung*, 29.1.2021.

337 Lax, *Wissenschaft*, 2020, 5, 15, 90 und passim.

338 Hier zitiert nach ebd., 63.

Crutzen gegenüber den Mitgliedern in der CPT an, es bedürfe angesichts der Erkenntnis, »daß die chemische Zusammensetzung der Atmosphäre und [die] Aktivitäten der Biosphäre ein sich wechselwirkend beeinflussendes komplexes System« bilden, endlich eines holistisch ansetzenden Instituts, um die gewonnenen »Kenntnisse über Einzelprozesse in ein globales System zu integrieren«.[339]

Tatsächlich ging der Ausbau der in den 1980er Jahren zunehmend so bezeichneten Erdsystemwissenschaften in der MPG keineswegs so rasch voran, wie man es angesichts des internationalen Renommees, das sich die Mainzer und Hamburger Atmosphären- und Klimaforscher bald erwarben, der anhaltend beunruhigenden Ergebnisse der weltweiten Earth System Sciences, der politischen Aufwertung einer blockübergreifenden Umwelt- und Klimaforschung im Kontext der Abrüstungsverhandlungen und des mit der Katastrophe von Tschernobyl nochmals gestiegenen öffentlichen Interesses hätte erwarten sollen. Erst 1987 wurde im MPIC eine Abteilung für Biogeochemie eingerichtet und der Chemiker und Ozeanograph Meinrat Andreae als Leiter berufen. In Hamburg mussten Hasselmann, Hinzpeter und dessen Nachfolger Graßl sogar 16 Jahre warten, bis 1991 die lange versprochene dritte Abteilung für theoretische Klimamodellierung unter Lennart Bengtsson eingerichtet werden konnte, während es zu der anfangs geplanten vierten Abteilung gar nicht mehr kam.[340] Das mochte auch an knappen Mitteln gelegen haben, denn während es in Mainz im Wesentlichen um die Neudefinition vorhandener Abteilungen ging und man die Hamburger Meteorologie zu günstigen Bedingungen samt der 1985 nachgereichten, BMFT-finanzierten Morgengabe des Klimarechenzentrums übernehmen konnte, musste jeder weitere institutionelle Ausbau aus dem stagnierenden MPG-Budget, also mit anderweitigen Einsparungen und Institutsschließungen, finanziert werden. Es verwundert gleichwohl, dass der Funke einer integrierten Erdsystemwissenschaft, die in ihrem Selbstverständnis die Bio- und Anthroposphäre mit einschloss, erst unter den gänzlich veränderten (wissenschafts)politischen Rahmenbedingungen der deutschen Wiedervereinigung auf die biologisch-medizinische und noch viel später auf die geisteswissenschaftliche Sektion (BMS, GWS) übersprang.

Dabei hatte es an Aufforderungen aus dem politischen Raum nicht gefehlt. Einer der nachdrücklichsten Mahner war Helmut Schmidt, der als Bundeskanzler die Integration des meteorologischen Instituts in die MPG und den weiteren Ausbau des Hamburger Standorts mit den anerkannten geowissenschaftlichen Universitätsinstituten für Meteorologie, Ozeanographie und Geophysik zu einem bundesdeutschen und internationalen Leuchtturm der Umwelt- und Klimaforschung politisch unterstützt hatte. Nach dem Kanzlersturz 1982 in den Senat der MPG berufen, versuchte er dieses neue Ehrenamt zu nutzen, um das ökologische Anliegen, das er mit seiner Ehefrau, der Biologin Loki Schmidt, teilte, in der MPG weiter voranzubringen – und wurde ein um das andere Mal ausgebremst.

339 Hier zitiert nach ebd., 69.
340 Ebd., 19, 64.

Auf dem Höhepunkt der Debatte um das damals so genannte Waldsterben in den frühen 1980er Jahren hatte der baden-württembergische Ministerpräsident Lothar Späth der MPG angeboten, eine interdisziplinäre Projektgruppe zu finanzieren. Diese sollte die nicht zuletzt im Schwarzwald beobachteten Waldschäden erforschen, insbesondere den möglichen Zusammenhang mit dem »sauren Regen« und den höheren Schloten, die seit den 1970er Jahren zwar den Himmel über der Ruhr aufklärten, dafür aber die Atmosphäre weiträumig belasteten.[341] Eine Kommission unter Leitung des MPG-Vizepräsidenten Benno Hess vom MPI für Ernährungsphysiologie hatte dieses unerbetene Angebot geprüft und abgelehnt. Mit Bedauern nahm Schmidt dies in der Herbstsitzung des MPG-Senats 1984 zur Kenntnis, denn »die Politiker stünden in Kürze vor schweren Entscheidungen, ohne sich auf kompetenten wissenschaftlichen Rat stützen zu können«. Am wenigsten überzeugte ihn die Begründung, nämlich dass die MPG nicht über das »erforderliche personelle Potential« verfüge, um ein so komplexes, von mehreren Faktoren wie Schadstoffemissionen und Bodenbeschaffenheit ausgelöstes »Krankheitsbild« und die »komplizierte Wechselwirkung biologischer und biochemischer Systeme«, noch dazu in einer Frist von nur fünf Jahren, zu erforschen, dass das Thema daher bei DFG und ESF besser aufgehoben sei. Schmidt hielt es demgegenüber mit Blick auf die MPG für »falsch, vor der Komplexität zu kapitulieren und nichts zu tun«.[342] Staatssekretär Haunschild vom BMFT versuchte mit Verweis auf den Waldschadensbericht des 1984 etablierten interministeriellen Forschungsbeirats zu kalmieren, der Anfang 1985 zu erwarten war und an dem sich auch MPG-Wissenschaftler, wie er konzedierte, in »zufriedenstellendem Umfang« beteiligten.[343]

MPG-Präsident Staab bekannte sich zwar in der darauffolgenden Senatssitzung, bei der Schmidt verhindert war, dazu, »daß die naturwissenschaftliche Forschung die Verantwortung für die Erhaltung und Sicherung des Lebens auf der Erde mittragen müsse«. Aber in der anschließenden Diskussion kapitulierte man erneut vor der Komplexität des Problems. Allenfalls ließen sich Risikofaktoren definieren, aber »für eine wirkungsvolle Therapie wüßten die Forscher noch keine Lösung«. Zudem habe man, so der bayerische Kultusminister Hans Maier weiter, »die Schwierigkeit einer Verständigung zwischen Vertretern verschiedener Disziplinen, beispielsweise der Biologen, Forstbotaniker und Ökologen«, unterschätzt. Haunschild räumte darüber hinaus ein, dass man nicht nur

341 Spätestens seit der *Spiegel*-Titelstory »Der Wald stirbt. Saurer Regen über Deutschland« war das Waldsterben in aller Munde (Der Wald stirbt, *Der Spiegel*, 15.11.1981). Die Debatte wurde inzwischen schon mehrfach historiographisch bearbeitet. Vgl. Detten, Umweltpolitik und Unsicherheit, 2010; Metzger, »*Erst stirbt der Wald, dann du!*«, 2015.

342 Alle Zitate: Protokoll der 109. Sitzung des Senates vom 23.11.1984 in München, AMPG, II. Abt., Rep. 60, Nr. 109.SP, fol. 20–22.

343 Ebd., fol. 22 und Protokoll der 110. Sitzung des Senates vom 8.3.1985 in Düsseldorf, AMPG, II. Abt., Rep. 60, Nr. 110.SP, fol. 234–235, hier fol. 235. Zu Hess-Kommission und Forschungsbeirat der Bundesregierung siehe auch Protokoll der 110. Sitzung des Senates vom 8.3.1985 in Düsseldorf, ebd., fol. 227–228.

in der MPG zu spät damit begonnen habe, all diese komplexen Fragen intensiv zu bearbeiten. Es sei nicht zu erwarten, dass sich mit einem neuen MPI die Verzögerung aufholen und ein Durchbruch erzielen lasse. Staab versprach gleichwohl, dass die MPG auf Basis der »ausgezeichneten Arbeit« jenes interministeriellen Forschungsbeirats »mögliche Konsequenzen für eine Konzentration und Ausweitung ihrer Aktivitäten prüfen« werde.[344]

Schmidt teilte weder Haunschilds Fatalismus noch Staabs Langmut, sondern bereiste 1985/86 eine »Anzahl einschlägiger Institute«, was im Ergebnis seine Zweifel nur bestärkte, »ob wir in der Bundesrepublik bzw. in Europa genug tun in Bezug auf das Waldsterben«.[345] Anschließend trommelte er zusammen mit seinem früheren Ministerkollegen und jetzigen MPG-Ehrensenator Leussink einen kleinen »Kreis von unabhängigen und im Forschungsbetrieb erfahrenen, aber nicht unbedingt im engeren Fachgebiet ›Waldsterben‹ arbeitenden Persönlichkeiten« zusammen, die am Rande der nächsten MPG-Hauptversammlung im Juni 1986 in Aachen miteinander klären sollten, ob man nicht »ganz andere Methoden und Dimensionen anstreben müßte«.[346] Eingeladen waren die MPI-Direktoren Eigen (MPI biophysikalische Chemie) und Schell (MPI Züchtungsforschung), das MPG-Ehrenmitglied Lüst, der MPG-Ehrensenator und vormalige Bosch-Manager Hans Merkle sowie der Botaniker und Ökophysiologe Hubert Ziegler von der TU München. Schmidt brachte seine Ehefrau Loki und den *Zeit*-Journalisten Haug von Kuenheim mit. Leussink übernahm die Federführung bei dieser Aachener Frühstücksrunde, von der der amtierende MPG-Präsident am Abend zuvor nur zufällig erfuhr.[347]

Die Problembeschreibungen variierten je nach professionellem Hintergrund: Der Botaniker Ziegler beklagte das Fehlen jeglicher Lehrstühle und Forschungseinrichtungen für Forstpathologie in der Bundesrepublik, empfahl, die populäre, aber irreführende Vorstellung von einem gleichförmigen Waldsterben durch das differenzierende Konzept multisymptomatischer und -kausaler Waldschäden zu ersetzen, und wollte die »Ökologie der Bäume« in den Mittelpunkt eines Forschungsinstituts stellen, in dem pflanzenökologische, systemanalytische und mikrobiologische Ansätze kombiniert werden könnten. Schmidt hielt die Waldschäden hingegen nur für einen Teil des Problems, das er entsprechend der impliziten politischen Bezugsfelder portionierte, etwa den Einfluss von Kernkraftanklagen auf Genmutationen, aber auch auf das »Makro-Ökosystem«, die industriell verursachten Schädigungen der Atmosphäre durch Kohlenwasserstoffe und gesteigerten CO_2-Ausstoß, aber auch die Bedeutung der Demografie für das globale Ökosystem. Leussink wähnte sich bereits »an der Schwelle eines

344 Protokoll der 110. Sitzung des Senates vom 8.3.1985 in Düsseldorf, AMPG, II. Abt. Rep. 60, Nr. 110.SP, fol. 228 (Zitat Staab), fol. 234 (Zitat Maier), fol. 235 (Zitat Haunschild).

345 Leussink an Eigen am 22.4.1986, BArch B 196/156214.

346 Ebd.

347 Leussink an Staab am 1.10.1986, Staab an Leussink am 21.10.1986, Leussink an Staab am 5.11.1986, BArch B 196/134374. Die Sitzung hatte am 12.6.1986 ab 9.00 Uhr im Aachener Kongresshotel Quellenhof stattgefunden.

grundlegend neuen Entwicklungsabschnittes in der Geschichte der Menschheit«. Die Vorschläge, wie zu verfahren sei, lagen ebenso weit auseinander: Sie reichten von einer Projektgruppe über eine »etwas komplexere« Struktur, als sie ein MPI oder ein Hochschulinstitut darstellen würde, bis zu einer »ganz neuen Organisationsform« wie einer »unabhängigen mit reichlichen Mitteln (mehrere hundert Millionen) ausgestatteten Stiftung [...] befreit von allen Haushaltsregeln«. Schließlich einigte man sich dennoch auf vertraute Formate: Die Biologen Ziegler und Schell sollten ein Institutskonzept für die Erforschung von Waldschäden entwerfen. Die weitergehenden ökosystematischen Fragen sollten zunächst in »Symposien à la Schloß Ringberg« diskutiert werden.[348]

Am Ende war es Ziegler, der das Institutskonzept entwarf und sich dabei bemühte, allen möglichen Einwänden vorab zu begegnen. Das von ihm vorgeschlagene »Institut für terrestrische Ökologie« sollte komplementär zum bestehenden Plöner MPI für Limnologie und seinen Forschungen zum physiologischen Wechselspiel zwischen Wasser und Wäldern im Amazonasgebiet konzipiert werden und demgegenüber den »Wald in den Vordergrund [...] rücken«. Dabei sollte es sich der Komplexitätsreduktion wegen auf vier ausgewählte, international aussichtsreichste Ansätze beschränken: 1. »die Formulierung von heuristischen Computermodellen«, mit denen sich etwa Transpiration und Photosynthese von Pflanzenensembles als »Interaktionen im Bestand« erkennen ließen; 2. die messende Ökophysiologie, die »Stoffkreisläufe, Regulationen im Ökosystem, Gaswechsel« gegebenenfalls mit neu zu entwickelnden Instrumenten erforschen sollte. Zum »Mindestprogramm« gehörten darüber hinaus 3. »Bodenkunde und Pflanzenernährung« sowie 4. »Bodenmikrobiologie«. Darüber hinaus skizzierte Ziegler noch ein halbes Dutzend ergänzender Ansätze und Methoden, mit denen er nicht zuletzt deutlich machen wollte, dass das neue Institut in vielerlei Hinsicht anschlussfähig sei an bestehende MPI wie die für Züchtungsforschung, Chemie, Meteorologie, Biochemie, Quantenoptik und Verhaltensphysiologie, aber auch an die Garching Instrumente GmbH und die Göttinger Gesellschaft für Datenverarbeitung. Nicht zuletzt nannte er eine ganze Reihe von qualifizierten Wissenschaftlern aus der bayerischen Nachbarschaft ebenso wie aus Australien, um die man sich bemühen könnte.[349] Die Frühstücksrunde, die sich im November 1986 erneut und diesmal in der BMW-Hauptverwaltung in München traf und zu der auch Edmund Marsch von der MPG-Generalverwaltung entsandt wurde, segnete das Konzept einhellig ab. Sogar Schmidt zeigte sich »imponiert« von der »Konkretheit des Vorschlags« und verzichtete fürs erste auf seine weitergehenden Pläne. Am Rande der nächsten Senatssitzung im März 1987 wollte man das Projekt dann mit dem MPG-Präsidenten besprechen.[350]

348 Alle Zitate: Bericht Leussink vom 1.10.1986 über das informelle Gespräch über das Thema »Waldschäden« am 12.6.1986, BArch B196/134374.

349 Alle Zitate: Konzept Ziegler als Anlage zu seinem Schreiben an Leussink am 13.11.1986, BArch B 196/134374.

350 Alle Zitate: Bericht vom 5.12.1987 über das zweite Treffen zum Thema »Waldschäden« am 20.11.1986, ebd.

Im BMFT, das von Leussink stets auf dem Laufenden gehalten wurde, machte man sich sofort an die Bewertung dieses zunächst »vielversprechenden« Plans, der allerdings bei näherer Betrachtung an Glanz verlor.[351] Zwar sei zu begrüßen, dass sich die MPG in der Umweltforschung jetzt endlich bewegen wolle, habe sie doch außer »dem exzellenten MPI für Atmosphärenforschung« mit Crutzen und den MPI für Limnologie und Verhaltensforschung hier bislang wenig vorzuweisen. Aber Zieglers Konzept dokumentiere einmal mehr »das mangelnde Selbstvertrauen der Wissenschaft«, mit den »komplexen [...] Anforderungen einer Ökosystemforschung fertig zu werden«:

> Der Ausweg, der gefunden wird, spiegelt sich in der Wortwahl für das zu gründende Institut [...]: Institut für terrestrische Ökologie und nicht Institut für Ökosystemforschung wider. Damit weicht man einem umfassenden Ansatz (auch unter Einschluß nicht-naturwissenschaftlicher Disziplinen) aus und beschränkt sich darauf, die ohne Zweifel in der deutschen Wissenschaftslandschaft bestehende Lücke im Bereich der terrestrischen Ökologie schließen zu wollen. Dies mag verdienstvoll sein, besonders innovativ jedoch erscheint ein solcher Ansatz nicht.[352]

Der jüngsten Empfehlung des interministeriellen Forschungsbeirats zur Errichtung eines Zentrums für terrestrische Ökosystemforschung werde das Konzept ebenso wenig gerecht wie dem »umfassenderen Ansatz«, der »Herrn Schmidt bei seiner Initiative als Senator der MPG vorschwebte«. Es wäre der gemeinsamen Sache dienlicher, wenn sich die MPG als »exzellenter Teil der Wissenschaft« für einen umfassenderen interdisziplinären Ansatz verwenden und in die Initiative des BMFT zur Gründung von Zentren für Ökosystemforschung an den Standorten Bayreuth, Saarbrücken, Göttingen, Kiel und Jülich einreihen würde.[353]

In der MPG lief die Diskussion in die entgegengesetzte Richtung. Im Mai 1987 stellte Ziegler – sekundiert von Schell – seinen Ansatz im Senatsplanungsausschuss vor. Es solle mitnichten »Schadensforschung« betrieben werden, die mangels einer wissenschaftlichen Definition ihres Gegenstandsbereichs ins Uferlose driften würde; die Konzentration auf den Wald würde vielmehr »dem Desiderat einer ›weichenstellenden‹ Grundlagenforschung Rechnung tragen«. Der Biologe und DFG-Präsident Markl lobte »die klare Begrenzung des Forschungsansatzes

351 Vermerk Keune vom 3.12.1986, ebd.; Vermerk Zelle vom 4.12.1986 (Zitat), ebd.

352 Vermerk von Osten vom 17.12.1986, ebd. Als wesentlicher Grund für den bundesdeutschen Rückstand in der Ökosystemforschung wurden die mangelnde Institutionalisierung und die fehlenden Karrieremöglichkeiten bei ausschließlicher Projektfinanzierung und mangelnden Dauerstellen ausgemacht, die den wissenschaftlichen Nachwuchs abschreckten. Auch hier würde ein MPI als Anreiz wirken.

353 Alle Zitate: Vermerk von Osten vom 17.12.1986, ebd.; Vermerk Keune zur »Schmidt-Initiative/Waldschadensforschung«, o. D., ebd. Zur Geschichte der Ökosystemforschung in der Bundesrepublik und im internationalen Kontext vgl. Kaiser, Mages-Dellé und Oeschger, *Gesamtsynthese*, 2002, 3–13; Masius, Sparenberg und Sprenger, *Innenwelt der Umweltpolitik*, 2009; Uhrqvist und Linnér, Narratives, 2015; Trischler, The Anthropocene, 2016.

auf wenige, grundlagenorientierte Fragestellungen«, mahnte gleichwohl die zusätzliche Berücksichtigung der Bodenmikrofauna und die physiologische Mykologie an. Mit diesen Empfehlungen wurde das Konzept gemeinsam mit einem Antrag der Hansestadt Bremen zur Errichtung eines MPI für Hochseebiologie zur Prüfung an die Biologisch-Medizinische Sektion (BMS) weitergereicht.[354] In Vorbereitung auf diese Sitzung war auch das BMFT auf die kleine Lösung eingeschwenkt, sah darin aber nur mehr eine flankierende Maßnahme zu den in Vorbereitung begriffenen universitären Zentren für Ökosystemforschung; die Sonderfinanzierung eines so eng definierten MPI aus dem dafür im BMFT eingerichteten Fachtitel sei jedenfalls nicht möglich.[355] Die BMS war hingegen noch längst nicht überzeugt und teilte ein halbes Jahr später mit, dass sie im Falle der terrestrischen Ökologie wie auch beim Bremer Antrag zur Hochseebiologie »zunächst eine thematische Abgrenzung des Vorhabens gegenüber anderen Aktivitäten auf diesem Gebiet vornehmen und dann ihre eigenen Vorstellungen konkretisieren« wolle.[356]

Das zog sich so lange hin, dass bei Schmidt der Geduldsfaden riss. In einem umfänglichen Artikel in der *Zeit* entfaltete er im Februar 1988 die Dilemmata einer »vernünftigen Energiepolitik« im nationalen und globalen Rahmen zwischen nötigem Wirtschaftswachstum, drohender Massenarbeitslosigkeit, globalem Bevölkerungswachstum und weltweit steigendem Energiebedarf einerseits, ökonomischen, technischen, militärischen respektive terroristischen, ökologischen und klimatischen Risiken der diversen verfügbaren Energieträger andererseits. Das größte Problem des Politikers sei das unzureichende Wissen, denn selbst die bereits bekannten Risiken seien noch immer nicht hinreichend quantifizierbar und könnten »deshalb auch kaum gegeneinander abgewogen werden«. Unter solchen Unsicherheitsbedingungen gebiete die »abwägende Vernunft« der Energiepolitik die »Einengung erkannter Risiken, Streuung noch unbestimmbarer Risiken, Offenhaltung späterer Entscheidungen für Zeitpunkte, in denen einzelne Risiken stärker als andere erkennbar werden«, so wie es die sozialliberalen Bundesregierungen bis 1982 verfolgt hätten. Das bedrückendste, aber noch am wenigsten kalkulierbare Risiko seien angesichts der fortschreitenden Klimaerwärmung die industrie- und konsumgesellschaftlich bedingten Emissionen von Kohlenwasserstoffen und CO_2. Denn ein »Ausstieg aus den Kohlenwasserstoffen« würde solch »ungeheure Umwälzungen der ökonomischen Strukturen auslösen«, dass ihn Schmidt »hier nicht einmal andeutungsweise ins Auge fassen« wollte. Vor so folgenschweren politischen Entscheidungen erwarte er vielmehr von der »deutschen Naturwissenschaft«, der MPG und dem

354 Zusammenfassende Niederschrift der 19. SAPFF-Sitzung vom 20.5.1987, Bl. 15–17, BArch B 196/134374; Materialien für die Senatssitzung vom 11.6.1987 betr. Punkt 1.2 der Tagesordnung, 4. Niederschrift Senat vom 11.6.1987, BArch B 196/156218.

355 Vermerk Keune vom 14.5.1987 und 5.11.1987, BArch B 196/134374.

356 Protokoll der 117. Sitzung des Senates vom 19.11.1987 in München, AMPG, II. Abt., Rep. 60, Nr. 117.SP, fol. 147. Vgl. auch Lax, *Wissenschaft*, 2020, 67.

von ihm und anderen »seit mehreren Jahren« geforderten MPI für terrestrische Ökologie die nötigen Entscheidungshilfen:

1. Welche Prozesse haben seit Beginn der massiven Industrialisierung stattgefunden, welche Konsequenzen haben sie bewirkt?
2. Welche Prognosen lassen sich heute verantworten?
3. Was empfiehlt die Wissenschaft den handlungsbefugten Politikern – national und international?[357]

Während der Alt-Bundeskanzler um die wissenschaftlichen Voraussetzungen verantwortungsethisch begründeten politischen Handels rang, suchte die Biologisch-Medizinische Sektion der MPG noch immer nach einer Nische für ihren verspäteten Einstieg in die Ökosystemforschung, was nicht so einfach war. Zwar waren die umweltwissenschaftlichen Probleme vielgestaltig und komplex, aber es tummelten sich auch schon längst zahlreiche nationale, internationale und transnationale Akteure auf diesem Feld. Das waren insbesondere all die multinationalen Forschungsgruppen, die etwa am 1971 eingerichteten *Man and the Biosphere Programme* (MAB) der UNESCO oder dem 1986 gestarteten *International Geosphere-Biosphere Programme* (IGBP) der ICSU teilnahmen, oder die in Gründung befindlichen bundesdeutschen Zentren für Ökosystemforschung. So hatte, wie Staab im November 1988 im Senat berichtete, die BMS-Kommission inzwischen herausgefunden, dass das von Ziegler und Schell vorgeschlagene Forschungsprogramm für das zukünftige MPI bereits in ähnlicher Weise von der Gesellschaft für Strahlen- und Umweltschutz verfolgt würde und »dort in guten Händen sei«.[358]

Immerhin hatte die BMS-Kommission inzwischen eine Idee, in welcher Weise die MPG »mit ihren Mitteln und Möglichkeiten« zur Lösung »eines multikausalen Problems« beitragen könnte, nämlich, wie ihr Vorsitzender Hess bereits im Juni 1988 angedeutet hatte, »beispielsweise mit Arbeiten über die molekularen Grundlagen der Wechselwirkung zwischen den Ökosystemen Boden und Pflanzen«.[359] Und tatsächlich konnte die BMS-Kommission mit der Molekularisierung der terrestrischen Ökologie und ebenso der Hochseebiologie schließlich die politischen Zumutungen abwehren, die Staab schon einmal an anderer Stelle öffentlich formuliert hatte:

[…] bei uns [ist] die Auseinandersetzung um ökologische Probleme mehr als in anderen vergleichbaren Ländern verflochten […] mit dem Kampf um politische Zielset-

357 Alle Zitate: Schmidt, Sieben Prinzipien, *Die Zeit*, 19.2.1988. Entsprechend argumentierte er auch mehrfach im MPG-Senat: Protokoll der 119. Sitzung des Senates vom 9.6.1988 in Heidelberg, AMPG, II. Abt., Rep. 60, Nr. 119.SP, fol. 17 und Protokoll der 120. Sitzung des Senates vom 10.11.1988 in München, AMPG, II. Abt., Rep. 60, Nr. 120.SP, fol. 15. Vgl. Lax, *Wissenschaft*, 2020, 65–67.

358 Protokoll der 120. Sitzung des Senates vom 10.11.1988 in München, AMPG, II. Abt., Rep. 60, Nr. 120.SP, fol. 14.

359 Protokoll der 119. Sitzung des Senates vom 9.6.1988 in Heidelberg, AMPG, II. Abt., Rep. 60, Nr. 119.SP, fol. 19.

zungen, bei denen es – oft mehr als um die Umwelt – um die Veränderung unseres gesellschaftlichen und wirtschaftlichen Systems geht.[360]

Mit diesem molekularbiologischen Ansatz musste man sich auch nicht wieder auf holistische Konzepte einlassen, die man 1976 endgültig hoffte eliminiert zu haben, als das MPI für Landarbeit und Landtechnik, das letzte aus der NS-Zeit überkommene agrarwissenschaftliche Institut in der MPG, mit der Emeritierung seines Direktors Gerhardt Preuschen – dem vom Nationalsozialisten zum Ökoaktivisten gewandelten vehementen Kritiker von Molekularisierung, Intensivierung und Übertechnisierung von Landwirtschaft gleichermaßen – geschlossen werden konnte.[361]

Die exakte Einpassung der terrestrischen und marinen Ökologie in das erfolgreich verteidigte molekularbiologische Paradigma der Biologisch-Medizinischen Sektion und die Auswahl der passenden Kollegen brauchten weitere zwei Jahre, wobei allerdings Crutzen und Andreae vom MPI Chemie mitwirkten. Sie versuchten nach Kräften, den BMS-Kollegen das »Arbeiten an Systemen, die größer waren als eine Zelle«, nahezubringen und warben nachdrücklich für die Stärkung einer integrativen Biogeochemie.[362] Politisch flankiert wurden sie von Schmidts zunehmend erboster Kritik im Senat an der – vor dem Hintergrund »des engen Zusammenhangs zwischen den Problemen des Bevölkerungswachstums, der Energieversorgung und der Klimaveränderung« – kleinmütigen Suche der BMS nach einer »›Nische‹ für eine Forschungsinitiative« und dem Appell des amtierenden Bundesforschungsministers Riesenhuber an die MPG, »angesichts des wachsenden Problemdrucks und möglicherweise schon bald irreversibler Entwicklungen« – bei allem Respekt vor der Grundlagenforschung – endlich »wissenschaftliche Ansätze einzelner Forscher und Forschergruppen« zusammenzuführen und »Querschnittsprobleme« anzugehen.[363]

Bei der Hauptversammlung der MPG im Juni 1990 in Lübeck konnte Staab dann die Gründung der neuen mikrobiologischen MPI verkünden. Das MPI für terrestrische Mikrobiologie in Marburg nahm mit dem dortigen Biochemiker Rolf Thauer und dem Mikrobiologen Ralf Conrad 1991 seine Arbeit auf, das MPI für marine Mikrobiologie in Bremen folgte 1992 mit den Mikrobiologen Friedrich Widdel und Bo Barker Jørgensen; mit Conrad und Jørgensen kamen in beiden Instituten Wissenschaftler als Abteilungsleiter zum Zuge, die zeitweilig

360 Heinz A. Staab, Notwendigkeiten und Grenzen der naturwissenschaftlichen Forschung heute (Plenarvortrag, 50. Jahrestagung der DPG, 17.3.1986), Bl. 13, BArch B 196/96342.

361 Schwerin, Zeitlichkeit, 2022.

362 So Andreae in einer E-Mail an Lax 15.9.2018; ich danke Gregor Lax für diesen Hinweis und Meinrat Andreae für die Zitiererlaubnis.

363 Protokoll der 119. Sitzung des Senates vom 9.6.1988 in Heidelberg, AMPG, II. Abt., Rep. 60, Nr. 119.SP, fol. 11–12, fol. 17–22, hier fol. 21; Protokoll der 120. Sitzung des Senates vom 10.11.1988 in München, AMPG, II. Abt., Rep. 60, Nr. 120.SP, fol. 14–17, hier fol. 15. Vgl. Lax, *Wissenschaft*, 2020, 66–70.

im Mainzer MPI biogeochemisch gearbeitet hatten.[364] Gemeinsam nutzten die Kollegen im so entstehenden Erdsystemcluster der MPG dann die Chance des Aufbaus Ost, um mit den beiden Jenaer MPI für Biogeochemie und für ökologische Chemie endlich das holistische »Verständnis der biogeochemischen Kreisläufe vor dem Hintergrund rapide anwachsender anthropogener Effekte«, wie es Bengtsson vom MPI für Meteorologie 1996 in einer CPT-Sitzung formulierte, mit der nötigen institutionellen Infrastruktur voranzutreiben.[365]

4.6 Spurensuche im Zeitraffer

Lassen wir am Ende die Spur der Sorge um den Weltfrieden, die menschliche Existenz und den Planeten Erde in der Geschichte der MPG und ihrer entsprechend engagierten Wissenschaftler/innen noch einmal im Zeitraffer Revue passieren, dann sehen wir, dass sie einmal breiter, einmal dünner war, aber zu keinem Zeitpunkt völlig abriss. Sie veränderte sich jedoch in mancherlei Hinsicht.

Das betraf zunächst die weltpolitischen Problemfelder, an die sich diese Sorge vorrangig knüpfte. Bis zum Ende des Kalten Krieges blieb die Vermeidung eines zwischen den beiden Supermächten auf europäischem Boden ausgetragenen Atomkrieges ihr prominenter Gegenstand. Aber seit Mitte der 1970er Jahre mischte sich zunehmend die Sorge um die Risiken auch der friedlich genutzten Kernenergie hinein sowie um die begrenzten Ressourcen des Planeten, verbunden mit der Kritik am energieverschlingenden ökonomischen Wachstumsparadigma westlicher oder östlicher Prägung. Diese planetare Sorge drängte sich in dem Maße, wie die Atomkriegsgefahr ab Mitte der 1980er Jahre eingedämmt schien, in den Vordergrund.

Auch die Protagonisten, die der komplexer werdenden Sorge Ausdruck verliehen, wechselten, und mit ihnen der institutionelle Ort innerhalb der MPG, an dem sich diese Sorge artikulieren konnte. In den 1950er und 1960er Jahren war es gewissermaßen das ideelle Präsidialbüro, in dem die Fäden zusammenliefen, auch wenn als Postadresse die VDW-Geschäftsstelle in Hamburg, die FEST in Heidelberg oder das Bonner EKD-Büro firmierten. Und selbst wenn Hahn oder Butenandt ihre Rollen als verantwortungsbewusste Wissenschaftler und als MPG-Präsidenten auseinanderzuhalten versuchten, um erwartbaren Zorn der Regierenden von der MPG fernzuhalten, blieben sie doch Teil jenes bundes-

364 Henning und Kazemi, *Handbuch, Bd. 2*, 2016, 923, 1561; Lax, *Wissenschaft*, 2020, 69. Rudolf »Rolf« Kurt Thauer ist der Sohn des Physiologen Rudolf Thauer, der als vormaliger Luftfahrtmediziner und Kälteforscher in die berüchtigten Humanexperimente im KZ Dachau involviert war, 1947 entnazifiziert und nach einigen Jahren als Paperclip-Wissenschaftler in den USA 1951 zum Direktor ans Kerckhoff-Herzforschungsinstitut der MPG bzw. MPI für physiologische und klinische Forschung in Bad Nauheim berufen wurde.

365 Hier zitiert nach Lax, *Wissenschaft*, 2020, 74; zur Gründung der beiden Jenaer Institute 1996 vgl. ausführlich ebd., 68–84.

deutschen intellektuellen Führungskreises um C. F. von Weizsäcker, Raiser und Heisenberg, der sich gern mit Memoranden öffentlich zur Geltung brachte. Dieser Kreis war mit den Führungsspitzen der MPG nicht vollends identisch, aber doch in mannigfaltiger Weise vernetzt, was in der Öffentlichkeit durchaus registriert wurde.

Mit dem Generationswechsel an der Spitze der MPG, dem Wandel des öffentlichen Diskurses der 1970er Jahre und der strikteren Ausdifferenzierung der gesellschaftlichen Sphären von Wissenschaft und Politik wurde die Sorge aus dem Führungszentrum der MPG verdrängt. Es war ein Reinigungsprozess, den der neue Präsident Lüst in zumindest MPG-öffentlichen Kontroversen, sei es auf Festversammlungen mit Bundeskanzler Schmidt, sei es in Senatssitzungen mit dem Friedensaktivisten Dürr, entschieden und wortstark vorantrieb. Nach innen steuerte er gelegentlich mit persönlichen Ermahnungen von MPI-Direktoren nach, die die Trennung der wissenschaftlichen von der politischen Persona noch nicht hinreichend verinnerlicht hatten. Mit der Abwicklung bzw. dem konzeptionellen Umbau der beiden »politischen« Institute, des Starnberger MPI für die Lebensbedingungen in der wissenschaftlich-technischen Welt und des MPI für Bildungsforschung in Berlin, vollendete er diesen Prozess.[366] Seine Nachfolger Staab und Zacher übernahmen ein in diesem Sinne grundgereinigtes Haus samt Pflegeanleitung für die Zukunft.

Die Sorge hatte sich damit keineswegs erledigt, sondern sich in den 1980er Jahren mit der neuerlichen Aufrüstung, der drohenden Militarisierung des Weltraums, der Reaktorkatastrophe von Tschernobyl und den mit dem »Waldsterben« noch offensichtlicher gewordenen industriell verursachten Umweltschädigungen nur mehr verstärkt. Andere Protagonisten wie Dürr nahmen sich ihrer an. Vorzugsweise kamen sie aus den Reihen jener wissenschaftlichen Mitarbeiter/innen, die sich eher den neuen sozialen Bewegungen auf den Straßen oder vor den Bauzäunen von Kalkar und Wackersdorf als den politischen Eliten der Kohl-Ära verbunden fühlten und Abmahnungen riskierten, sobald die Grenze zwischen ihrem individuellen staatsbürgerlichen Engagement und ihrem professionellen Dienstverhältnis zur MPG verwischt wurde.

Dass in einer weiteren Etappe mit dem Ausbau der Erdsystemforschung zu einem veritablen Cluster in den 1990er Jahren der Sorge um den Planeten Erde innerhalb der MPG mehr Raum denn je zuvor eingeräumt wurde, verdankte sich drei kontingenten Impulsen, von denen freilich keiner aus dem Präsidialbüro kam. Der zeitlich erste Impuls war der Aufbau der chemischen und physikali-

366 Es war gewissermaßen eine zweite nach jener von Heiko Stoff (2004) am Beispiel von Butenandt beschriebenen ersten Reinigung in den frühen Nachkriegsjahren: Damals war es darum gegangen, wissenschaftliche Vernunft und ideologische Unvernunft, Wissenschaft und Nationalsozialismus als logischen Widerspruch zu konstruieren und insbesondere Grundlagenforschung einschließlich derer, die sie betrieben, als per se widerständig aus dem NS-Regime heraus zu definieren. Jetzt ging es darum, wissenschaftliche Forschung, Grundlagenforschung allemal, und Politik grundsätzlich – institutionell, personell und handlungslogisch – voneinander zu trennen.

schen Atmosphärenforschung am Mainzer MPI für Chemie und am Hamburger MPI für Meteorologie. Schon seit Mitte der 1970er Jahre förderten deren Forschungen – von ihrer Anlage her zunächst unbeabsichtigt – umweltpolitisch beunruhigende Ergebnisse zutage. Den zweiten Impuls setzte ein ehemaliger Bundeskanzler, der sich auch als MPG-Senator darauf verstand, dicke Bretter zu bohren, und der dem jahrelangen Widerstand der Biologisch-Medizinischen Sektion gegen jedwede biologische Umweltforschung jenseits ihres molekularbiologischen Forschungsdogmas nicht nachgab. Die deutsche Wiedervereinigung und der wissenschaftliche Aufbau Ost boten schließlich die politischen und finanziellen Rahmenbedingungen, um den weiteren Ausbau der Erdsystemforschung in der MPG mit neuen Instituten bzw. Abteilungen zu beschleunigen.

Man sollte meinen, dass die MPG damit ihre von ebenjenem Bundeskanzler Schmidt noch in seiner Amtszeit eingeforderte Bringschuld gegenüber der Politik getilgt hatte. Indessen haben die seither ins Land gegangenen zweieinhalb Jahrzehnte uns der geforderten klimapolitischen Wende kaum nähergebracht, sondern vielmehr gezeigt, dass sich wissenschaftliche Evidenz nicht von selbst in politisches Handeln übersetzt. Die Holschulden der Politik, die Schmidts seinerzeitiger Sparringspartner, der MPG-Präsident Lüst, im Gegenzug angemahnt hatte, sind seither eher vermehrt denn abgetragen worden. Den wissenschaftlichen Pionier der Klimawandelforschung in der MPG und Taufpaten des »Anthropozäns«, Paul Crutzen, trieb die schiere Verzweiflung angesichts politischer »Trägheit und Ignoranz und natürlich wirtschaftliche[r] Interessen« Anfang der 2000er Jahre dazu, einen »Plan B« für den nicht unwahrscheinlichen Fall zu entwerfen, dass die CO_2-Emmissionen und damit die Klimaerwärmung nicht rechtzeitig begrenzt werden würden:[367] Mithilfe von Sulfatinjektionen in die Stratosphäre könne die Sonneneinstrahlung vermindert und die Erderwärmung gebremst werden. Für diesen Vorschlag aus der Trickkiste des Geoengineering wurde er aus Richtung der Umweltbewegung heftig gescholten, während Kolleg/innen aus der Umwelt- und Biodiversitätsforschung die Risiken dieses »Albedo enhancement« zwischenzeitlich als prohibitiv hoch berechneten.[368] Crutzen selbst formulierte 2011 noch eine andere, weniger riskante Vision, die wie ein Wiederaufleben des in den 1970er Jahren entsorgten Denkstils anmutet und vielleicht als Vermächtnis des 2021 Verstorbenen an die MPG gelesen werden darf:

> Es wäre gut, wenn die Wissenschaft, auch die Max-Planck-Gesellschaft, ihr großes wissenschaftliches Potential dafür nutzt zu klären, wie eine ökologisch verträgliche Wirtschaft und Gesellschaft aussehen könnte. Das Anthropozän erfordert einen kognitiven Wandel, damit wir uns der Bedeutung einer globalen Zivilisation bewusst werden. Für viele Wissenschaftler ist es schwer, über die reine Wissenschaft hinauszudenken. Wir Wissenschaftler müssen aber zu einer engeren Verbindung von Natur- und Sozialwissenschaft kommen.[369]

367 Zitate: Crutzen, Erdabkühlung, 2019; Crutzen, Albedo Enhancement, 2006, 211.
368 So z. B. Trisos et al., Biodiversity, 2018.
369 Zitat: Interview Crutzen (Müller) o. D. (ca. 2010/11).

5. Die Wissenschaftsaußenpolitik der MPG und die internationale Politik: Rückschau und Ausblick

Die Max-Planck-Gesellschaft mit ihren transnationalen wissenschaftlichen Beziehungen auf dem Feld der internationalen Politik über mehr als sechs Jahrzehnte zu untersuchen, war eine Herausforderung, zumal der Ausgang in Richtung Gegenwart offenbleibt. Zeithistorisch Forschende fühlen sich gemeinhin wohler, wenn sie ihre Untersuchungsgegenstände in Zeiträume einbetten können, die sich nach politischen Machtwechseln oder Konjunkturzyklen, nach Phasen von Krieg und Frieden, zur Not in »kurze« und »lange« Dekaden gliedern oder bestenfalls durch große Ereignisse regionaler, nationaler oder internationaler Reichweite definieren lassen.[1] Diese Studie hatte es indessen mit einer ganzen Reihe unterschiedlich getakteter Zeitstränge zu tun. Sie reichen von der Ebene der Institutionengeschichte über die nationalen Außenpolitiken der Bundesrepublik und der jeweiligen Partnerländer bis hin zur Geopolitik von Machtblöcken. Unterlegt sind diese wiederum von Entwicklungen längerer Dauer wie der Europäisierung, Internationalisierung und Globalisierung, die gerade auch die Gestaltung grenzüberschreitender wissenschaftlicher Beziehungen prägten. Diese Zeitstränge und Entwicklungen folgten unterschiedlichen Rhythmen, konnten sich überlagern und verstärken, aber auch in Spannung zueinander geraten und sich blockieren. Zusammenfassend soll in einigen Längsschnitten herausgefiltert werden, wie sich die MPG über den gesamten Untersuchungszeitraum zu diesen Zeitsträngen und Entwicklungen ins Verhältnis setzte, und zwar zur bundesdeutschen Außenpolitik, zur Europäisierung der Wissenschaftsförderung sowie zur Globalisierung von wissenschaftlicher Kooperation und Konkurrenz. Abschließend soll rekapituliert werden, wie sich das Selbstverständnis der MPG als institutioneller Akteurin gegenüber internationaler Politik und globalen Entwicklungen von der Nachkriegszeit bis in die Gegenwart wandelte.

Als Richtschnur der folgenden Längsschnitte dient jene Leitlinie der MPG, die bereits in der Einleitung als Wissenschaftsaußenpolitik beschrieben wurde. Zu ihren Prüfsteinen zählten die institutionelle Autonomie bei der prioritär wissenschaftsintrinsisch getriebenen Auswahl ihrer internationalen wissenschaftlichen Kooperationspartner sowie die größtmögliche finanzielle und vertragliche Flexibilität bei der weiteren Ausgestaltung dieser Beziehungen. Zunächst waren diese Orientierungspunkte kaum mehr als eine unartikulierte Reaktion der schon seit Mitte der 1930er Jahre und noch bis 1960 von Ernst Telschow

1 Vgl. dazu Doering-Manteuffel, Zeitbögen, 2014.

geführten Generalverwaltung auf die ebenso berechtigten wie existenzbedrohenden Vorhaltungen der Alliierten, als Kaiser-Wilhelm-Gesellschaft allzu eng mit der Rassen- und Expansionspolitik, vor allem aber mit der Rüstungswirtschaft des NS-Regimes verknüpft gewesen zu sein. In statu nascendi war diese Wissenschaftsaußenpolitik gewissermaßen ein Derivat der apolitisch, zweck- und interessenfrei verstandenen Grundlagenforschung, auf die sich die MPG als ihre alleinige Raison d'être fortan berief. Unterstützt wurde diese (außen-) politikferne Selbstpositionierung der MPG durch die in den 1950er Jahren reorganisierten Strukturen des bundesdeutschen Wissenschaftssystems, in dem die DFG als primäre Repräsentantin der Wissenschaft im Ausland fungierte und andere Organisationen wie die Alexander von Humboldt-Stiftung, der DAAD oder die Goethe-Institute als Träger der auswärtigen Kulturpolitik der Bundesrepublik zur Verfügung standen. Einige mit der Gründung des MPI für Bildungsforschung und des Starnberger Instituts in den 1960er Jahren verbundene Versuche der MPG, sich mit ihrer Spezialisierung auf Grundlagenforschung in ein neues Verhältnis zur nationalen und internationalen Politik zu setzen, wurden gegen Ende der 1970er Jahre abgebrochen. Demgegenüber machte das im Zuge der Verwaltungsreform 1971 installierte Auslandsreferat dann in den folgenden Jahren die Sicherung der »vollen Handlungsfähigkeit« zur Richtschnur seiner Administration der internationalen wissenschaftlichen Beziehungen der MPG.[2] Diese strategische Grundposition wurde durch die neuerliche Reform der Generalverwaltung, die in der zweiten Hälfte der 1990er Jahre um den Primat der Dienstleistung als ihrem Dreh- und Angelpunkt kreiste, in ihrem Anspruch auf größtmögliche Distanz zur Politik nochmals bekräftigt und mit gelegentlichen Modifikationen im Hinblick auf ihre je aktuelle Operationalisierbarkeit bis weit in die 2000er Jahre hinein beibehalten.

Die MPG und die bundesdeutsche Außenpolitik

Gleichwohl wurde diese konstante wissenschaftsaußenpolitische Leitlinie immer wieder herausgefordert, und zwar zuallererst durch die Außen(wissenschafts)politik der aufeinanderfolgenden Bundesregierungen. Dabei hatte es 1955, als die Bundesrepublik ihre außenpolitische Handlungsfähigkeit wiedererlangte, noch recht harmonisch im Sinne eines ausgewogenen Ressourcenaustauschs begonnen: Die MPG profitierte von Sonderzuwendungen des Bundes, mit denen sie ihre Auslandsbeziehungen deutlich erweitern konnte; die Bundesregierung setzte darauf, dass die wissenschaftliche Leistungsfähigkeit der MPG dem politischen Image der Bundesrepublik im Ausland aufhelfen könne. Im Fall von Spanien war eine solche Imagepflege nicht unbedingt vonnöten, gleichwohl flankierten hier die wissenschaftlichen Beziehungen der MPG zum CSIC und zur JEN sowohl fragwürdige Vorstellungen von der Sicherung des alten deutschen Kultureinflusses gegenüber neuer westlicher Konkurrenz als

2 Vermerk Nickel vom 25.2.1974, AMPG, II. Abt., Rep. 70, Nr. 373, fol. 37.

auch die atompolitischen und -wirtschaftlichen Interessen der Bundesrepublik. Klassische auswärtige Kulturpolitik spielte auch noch lange in die Geschichte des einzigen wiedererlangten Auslandsinstituts der KWG hinein, der römischen Bibliotheca Hertziana. Hier war es trotz aller diplomatischen Bemühungen von führenden MPG-Repräsentanten letztlich den Verhandlungen des Bundeskanzlers und seiner Politik der Westbindung zu verdanken, dass die Alliierten der Rückgabe der früheren deutschen Kultureinrichtungen in Italien an die Bundesrepublik zustimmten. Erst dann konnte die MPG auch dieses ehemalige Kaiser-Wilhelm-Institut wieder eingliedern und nahm dafür hin, dass sich die Hertziana nur zögerlich von einer bundesdeutschen Kulturrepräsentanz zu einem wissenschaftlichen Institut, wie man es in der MPG mit ihrer Berufung auf Grundlagenforschung erwarten durfte, entwickelte.

Erste Differenzen zwischen der MPG und der Außenwissenschaftspolitik des Bundes traten gegen Ende der 1950er Jahre auf und trugen zur Herausbildung jener wissenschaftsaußenpolitischen Leitlinie bei, die später expliziert werden sollte. Es waren drei gleichermaßen heikle Anlässe: Da war einmal das Ansinnen der Bundesregierung, die MPG als Instanz für den verdeckten Transfer bundesdeutscher Fördermittel an israelische Wissenschaftseinrichtungen einzuspannen, die von diesen nachdrücklich erbeten worden waren. Auf diese Weise sollte die MPG der Bundesregierung aus der diplomatischen Zwickmühle heraushelfen, in die sie sich mit ihrer gerade in der Nahostpolitik höchst hinderlichen Hallstein-Doktrin hineinmanövriert hatte. Führende MPG-Wissenschaftler waren zwar durchaus an wissenschaftlichen Beziehungen zu israelischen Forschungseinrichtungen – insbesondere zum Weizmann-Institut – und am neuerlichen Kontakt zu den vom NS-Regime verfolgten und vertriebenen Kolleg/innen interessiert. Die Generalverwaltung in Gestalt von Telschow verweigerte jedoch die erbetene, nicht satzungskonforme geheimdiplomatische Hilfestellung. Erst nach dessen Pensionierung fand sich eine elegante Lösung: Sie erlaubte es, den Transfer von Bundesmitteln in das israelische Wissenschaftssystem über die Minerva-Stiftung GmbH abzuwickeln. So konnte sich die MPG als Forschungsorganisation von dieser außenwissenschaftspolitischen Aufgabe reinhalten, als maßgebliche Minerva-Stifterin aber dennoch auf die Verteilung der Mittel Einfluss nehmen, ihre wissenschaftlichen Beziehungen zu Israel nach ihren eigenen Kriterien ausbauen und sich ungeachtet ihrer zunächst ambivalenten Haltung im Nachhinein der Pionierrolle in der Aussöhnung mit Israel rühmen.

Keine elegante Lösung fand sich für die von vielen MPG-Wissenschaftlern hochgeschätzten wissenschaftlichen Beziehungen zur Sowjetunion. Zwar wurden unmittelbar nach Wiedereröffnung der Botschaften in Bonn und Moskau auch die wissenschaftlichen Kontakte von MPG-Wissenschaftlern zu sowjetischen Kollegen und vice versa aktiviert. Auch gab es ähnlich gelagerte Interessen von bundesdeutscher Außenpolitik und Wissenschaftsaußenpolitik der MPG, insofern sie beide bei aller Westbindung ihre Abhängigkeit vom transatlantischen Hegemon lockern und ihre Kooperationschancen diversifizieren wollten, sei es im Handel und in der Energieversorgung, sei es in der Weltraumforschung.

Aber in der Wissenschaftspolitik gegenüber der Sowjetunion dominierten im Zweifel die deutschlandpolitischen Interessen der Bundesregierungen. Sie wollten – ob CDU- oder SPD-geführt – die wissenschaftliche Attraktivität der MPG nutzen, um ihre weitergehenden kultur- und demokratiepolitischen Anliegen voranzubringen. Dazu gehörte, das gesamte westdeutsche Wissenschaftsspektrum und hier insbesondere die universitären Geisteswissenschaften in den Austausch einzubeziehen, und nicht zuletzt, der Sowjetregierung Zugeständnisse in der Berlin-Frage abzuringen. Deshalb bremsten sie immer wieder wissenschaftsaußenpolitische Alleingänge der MPG aus, die ihrerseits nichts unversucht ließ, um ihre bilateralen Projektpläne mit sowjetischen Partnern dennoch ans Ziel zu bringen. Bundesdeutsche Außenwissenschaftspolitik und Wissenschaftsaußenpolitik der MPG agierten mit Blick auf die Sowjetunion bestenfalls nebeneinander, öfters aber gegeneinander. Erst im Zuge von Gorbatschows Entspannungspolitik gab es auch einmal ein Miteinander wie bei der multinationalen Kooperation in der Fusionsforschung, die 1985 als wissenschaftsdiplomatischer Auftakt der sowjetisch-amerikanischen Abrüstungsverhandlungen vereinbart wurde und so das Ende des Kalten Krieges einleitete.

Die dritte außenpolitische Differenz zwischen der Bundesregierung und der MPG brach ebenfalls in den späten 1950er Jahren auf und zog sich mit vertauschten Rollen bis zum Regierungswechsel Ende der 1960er Jahre hin. In diesem Fall fühlten sich führende Repräsentanten aus dem eigenen Haus herausgefordert, die wissenschaftsaußenpolitische Leitlinie der MPG zu überschreiten, hinter die Bundeskanzler Adenauer und sein Verteidigungsminister Strauß sie gern zurückgedrängt hätten. Stein des Anstoßes war, wie es der von Seiten der MPG federführende Carl Friedrich von Weizsäcker rund um die Göttinger Erklärung von 1957 und das Tübinger Memorandum von 1961 und auch bei späteren Anlässen mehrfach öffentlich formulierte, der fehlende Realismus in der bundesdeutschen Außenpolitik. Dieser Mangel manifestierte sich für Weizsäcker und seine Mitstreiter darin, dass der CDU-Staat sich nicht mit der Rolle des atomwaffenpolitischen Habenichts abfinden wollte, sich diplomatisch mit der Hallstein-Doktrin selbst blockierte und nicht bereit war, die geopolitischen Konsequenzen des verlorenen Zweiten Weltkriegs, insbesondere die Oder-Neiße-Grenze und die Existenz eines zweiten deutschen Staates anzuerkennen, und der darüber hinaus die nur bedingte Solidarität der Westalliierten mit dem verstockten Verbündeten nicht wahrhaben wollte.

Angesichts dieser öffentlich heftig diskutierten Vorwegnahme der späteren Ostpolitik Willy Brandts hätte man erwarten können, dass sich die Wissenschaftsaußenpolitik der MPG und die Außenwissenschaftspolitik der sozialliberalen Regierungen, die noch dazu die wissenschaftlich-technische Zusammenarbeit als dritte Säule ihrer neuen Außenpolitik etablierten, aufs Harmonistische ergänzen würden. Mit der Ausnahme des 1974 unter Federführung der MPG startenden Wissenschaftsaustauschs mit China war aber das Gegenteil der Fall: In der wissenschaftlichen Zusammenarbeit mit der Sowjetunion, die nun mehr als zuvor zum Besteck der bundesdeutschen Ostdiplomatie wurde, nahmen die Restriktionen des Auswärtigen Amtes, das sich dabei auf die DFG stützen konnte, gegenüber bilateralen Projekten der MPG mit der sowjetischen Akademie der Wissenschaften eher zu als ab. In der Politikberatung fanden die durchaus wissenschaftsaffinen sozialliberalen Regierungen und die MPG jenseits von fachlich eng definierten und den jeweiligen ministeriellen Fachressorts zugeordneten Expertenbeiräten nicht zueinander. Zum einen setzte die Regierung auch in der Außenpolitik verstärkt auf die fachwissenschaftliche Expertise, die sie schwerlich in dem 1970 eigens zur wissenschaftlichen Politikberatung nach amerikanischem Vorbild gegründeten, dann aber ganz anders arbeitenden Starnberger Institut abrufen konnte, sondern eher bei den jenseits der MPG aufsprießenden, staatlich geförderten Instituten der Friedens- und Konfliktforschung.[3] Zum anderen kam der MPG diese fachwissenschaftliche Spezialisierung, gepaart mit einer zunehmend funktionalen Ausdifferenzierung von Politik und Wissenschaft in den innenpolitisch unruhigen und ökonomisch mageren 1970er Jahren, durchaus zupass. Konzentration aufs Kerngeschäft der (natur)wissenschaftlichen Forschung und zielgerichteter, aber flexibler Einsatz knapper Mittel für kostenintensive, weil zunehmend großinstrumentell betriebene internationale wissenschaftliche Kooperationen waren angesagt. Sie setzten den Rahmen für die dann ausformulierte Leitlinie der weiteren Wissenschaftsaußenpolitik, die auf außenpolitische Enthaltung setzte.

War diese Trennung von Politik und Wissenschaft zu Zeiten eines Bundeskanzlers Schmidt und eines MPG-Präsidenten Lüst noch gelegentlich Gegenstand intellektueller, in Festversammlungen der MPG artikulierter Kontroversen, so gerann sie in den späteren 1980er Jahren zur diskursiven und institutionellen Selbstverständlichkeit. Das ging so weit, dass sich die MPG selbst, hier ihre Chemisch-Physikalisch-Technische Sektion (CPT), zur Unwissenheit verurteilte, sobald sie von Seiten der politischen Öffentlichkeit um eine wissenschaftliche Einschätzung der von US-Präsident Reagan gestarteten *Strategic Defense Initiative* gebeten wurde – aller in ihren Instituten vorhandenen astrophysikalischen und radioastronomischen Kompetenz zum Trotz. Ähnlich abwehrend verhielt sich auch die Biologisch-Medizinische Sektion (BMS), die auf Aufforderungen von MPG-Senatoren aus dem öffentlichen und politischen Raum, die Ursachen ökologischer Fehlentwicklungen und die Risiken des herrschenden Wachstumsparadigmas für die Lebensbedingungen auf diesem Planeten zu erforschen, mit dem Verweis reagierte, dass die allzu komplexen biogeochemischen und -physikalischen Zusammenhänge dieser Phänomene ihrem – noch immer dominanten – molekularbiologischen Forschungsparadigma entgegenstanden. Laut hingegen wurde die MPG, hier vor allem in Gestalt ihres Präsidenten Staab, wenn die atlantische Bündnistreue der Regierung Kohl so weit ging, Teile ihres Forschungsetats in die bemannte Raumfahrt umzulenken, um auf diesem zivilen Weg das US-amerikanische SDI- und Raumfahrtprogramm zu sekundieren.

3 Vgl. dazu Hauswedell, *Friedenswissenschaften*, 1997; Nehring, Friedensforschung, 2011; Wagner, *Notgemeinschaften*, 2021, 430.

Diese bündnis-, macht- und prestigepolitisch getriebene Forschungsförderung kam nämlich keineswegs der an den einschlägigen MPI betriebenen Weltraumforschung zugute. Im Gegenteil, deren auf amerikanische und europäische Satelliten und Raketenprogramme gestützte Experimente würden sich durch die zusätzlichen Sicherheitsaufwendungen für »unseren Mann im All« nur unnötig verteuern, sofern man nicht in den späteren 1980er Jahren auf die günstigeren, von der sowjetischen Raumfahrtorganisation reichlich offerierten Mitflugangebote ausweichen konnte. Darüber hinaus war zu befürchten, dass die seit langem geforderten finanziellen Zuwächse für die bundesdeutsche Grundlagenforschung im Allgemeinen und die MPG im Besonderen weiter ausblieben.

Als Zwischenfazit lässt sich festhalten: Während der gesamten Epoche des Kalten Krieges setzte die Außenpolitik der Bundesregierungen den wissenschaftsaußenpolitischen Interessen der MPG immer wieder Grenzen – insbesondere dann, wenn sich diese Interessen auf die Länder hinter dem Eisernen Vorhang und insbesondere die Sowjetunion richteten. Nur gelegentlich, in spezifischen außenpolitischen Konstellationen, verhielten sich die wissenschaftsaußenpolitischen Interessen der MPG und die außenwissenschaftspolitischen Ziele der Regierung komplementär zueinander und konnten sich gegenseitig befördern. Von einer abgestimmten Wissenschaftsdiplomatie konnte keine Rede sein.

Der Niedergang des Sowjetimperiums und die in unmittelbare Reichweite rückende deutsche Wiedervereinigung ließen nicht nur die Raumfahrtträume der Bundesregierung und die damit verbundenen Unstimmigkeiten zwischen der MPG und der Bündnispolitik der Bonner Republik verblassen. Beide Ereignisse stellten auch die MPG vor ganz neue Herausforderungen. Im deutsch-deutschen Verhältnis galt es in Übereinstimmung mit der Bundesregierung und gemeinsam mit den anderen westdeutschen Forschungsorganisationen, die Erweiterung des Wissenschaftssystems in das »Beitrittsgebiet« hinein möglichst strukturkonform zu bewerkstelligen. An den etablierten kulturföderalen und forschungsorganisatorischen Eigentümlichkeiten der alten Bundesländer und vor allem an der in der MPG institutionalisierten Sonderrolle der außeruniversitären Grundlagenforschung sollte nicht gerüttelt werden. Die MPG – ob Präsident, Generalverwaltung, einzelne Institute, Forschungsgruppen oder MPI-Direktoren – engagierte sich hier in hohem Maße und gemessen an ihren eigenen Zielen mit durchschlagendem Erfolg: Sie konnte nicht nur den höchsten Zuwachs an neuen Instituten seit den Wirtschaftswunderjahren verzeichnen. Es gelang ihr auch, diesen Zuwachs strukturkonform und ohne identitätsgefährdende Zugeständnisse an das sich auflösende Wissenschaftssystem der DDR und seine verbliebenen Wissenschaftlerinnen und Wissenschaftler zu bewältigen.

Europäisierung der Forschungsförderung und ihre Ambivalenzen

Einer anderen, zeitlich parallelen Herausforderung war von Seiten der MPG schwerer zu begegnen. Sie stellte sich mit den nationalen Erweiterungen der Europäischen Union und der von der Europäischen Kommission in Brüssel zugleich angestrebten stärkeren Kohäsion der Mitgliedsstaaten, also der Vertiefung ihrer Zusammenarbeit in immer mehr gesellschaftlichen und politischen Bereichen.

Die Europäisierung von Wissenschaft und Forschung war aus Sicht der MPG ein zweischneidiges Schwert. Einerseits keimten Vorstellungen von größeren transnationalen Wissenschaftsräumen auf westeuropäischem Boden noch vor dem tatsächlichen Kriegsende auf. Sie mochten eher regional gedacht werden und die transrhenanische Integration des südwestdeutschen in den französischen Wissenschaftsraum imaginieren. Oder aber, wie von britischer Seite, als kontinentales Gegengewicht gegen die Wissenschaftsmacht jenseits des Atlantiks. Jedenfalls widersprachen sie jenen amerikanischen Vorstellungen, wonach Forschungsinstitute in Deutschland und insbesondere die Kaiser-Wilhelm-Institute geschlossen, wissenschaftliche Forschung – gründlich demilitarisiert, denazifiziert und langfristig kontrolliert – nur noch an demokratisch rekonstruierten Hochschulen zugelassen und darüber hinaus westeuropäische Wissenschaftsstrukturen im Sinne der eigenen wissenschaftlichen und politischen Führungsmacht umgeformt werden sollten. Diesem frühen Widerstand einiger führender französischer und mehr noch britischer Wissenschaftler gegen die spätestens seit Hiroshima und Nagasaki manifeste wissenschaftliche Hegemonie der USA verdankte sich letztlich die Weiterexistenz der Kaiser-Wilhelm-Institute in den westlichen Besatzungszonen und ihre Überführung in die MPG.

Die Vorstellungen vom zukünftigen europäischen Wissenschaftsraum waren freilich zu inkohärent, ihre Protagonisten womöglich nicht entschlossen und ausdauernd genug: Für eine europäische Wissenschaftsunion analog der Montanunion, EWG oder EURATOM reichte es nicht. Vielmehr reorganisierten sich die Wissenschaftssysteme in den westeuropäischen Ländern nach dem Krieg strikt national und getreu ihren jeweiligen historischen Idiosynkrasien. Damit war aber auch der Grundwiderspruch etabliert, der den Wunschtraum vom europäischen Wissenschaftsraum, der es an Innovationskraft und Leistungsfähigkeit mit dem amerikanischen und sowjetischen würde aufnehmen können, immer wieder in einen Alptraum umschlagen ließ. Das galt für die MPG vielleicht noch mehr als für ihre westeuropäischen Partnerorganisationen. Kaum eine hatte hinsichtlich ihrer institutionellen, inhaltlichen, personellen und finanziellen Autonomie mehr zu verlieren als die staatlich grundfinanzierte Hochburg bundesdeutscher Grundlagenforschung: Sollte sich irgendwann eine europäische Forschungspolitik ausformen, würde sie schwerlich die bundesdeutschen Strukturen kopieren, in die die weitgehende Autonomie der MPG eingeschrieben war.

Zunächst beschränkte sich die Forschungspolitik der EG auf die Interessengebiete ihrer drei konstituierenden Gemeinschaften und damit auf solche Bereiche, die der angewandten Forschung zugerechnet wurden. Sie tangierte die Interessen der MPG also kaum, mit Ausnahme des Instituts und späteren MPI für Plasmaphysik (IPP), das zu einem Drittel von EURATOM mitfinanziert wurde.[4] Die vagen Nachkriegsideen von einem europäischen Wissenschaftsraum, der nicht nur aus bilateralen Austauschprogrammen, einer Ansammlung bilateral betriebener Großforschungseinrichtungen und dem CERN als einsamem multinationalen Leuchtturm bestand, sollten sich erst im koordinierten Widerstand gegen die forschungspolitischen Pläne der Europäischen Kommission konkretisieren. Gemeinsam und mit einigem Erfolg drangen europäische Forschungsorganisationen einschließlich der MPG darauf, dass die 1974 gegründete *European Science Foundation* von den beteiligten Wissenschaftsorganisationen selbst verwaltet wurde und ihre allerdings nur bescheidenen Mittel nach selbstdefinierten Kriterien wissenschaftlicher Qualität statt nach von Brüssel favorisierten kohäsionspolitischen Gesichtspunkten vergeben wurden.

Beim großen Geld der 1984 startenden Forschungsrahmenprogramme (FRP) hielt die Brüsseler Kommission jedoch weiterhin den Daumen drauf und ließ sich weder die inhaltliche Schwerpunktsetzung, gemäß ihrer wirtschafts- und kohäsionspolitischen Prioritäten, noch die organisatorischen Vorgaben und Vergabeverfahren aus der Hand nehmen. Aus Sicht der MPG war diese Art der Top-down-Programmforschung in jeder Hinsicht kontraproduktiv: Sie taugte nur bedingt für die unter ihrem Dach betriebene Grundlagenforschung. Sie gefährdete vielmehr den sublimen Status grundfinanzierter zweckfreier Forschung. Denn nicht alle MPI hielten sich vornehm zurück; einige warben durchaus erfolgreich EU-Förderungen ein und gaben so der vor allem von MPG-Präsident Staab höchst kritisch gesehenen Projektforschung auch in der MPG immer mehr Raum. Da die FRP aus Steuermitteln der EG-Ländern finanziert wurden, zogen sie auch noch Gelder ab, die sonst der bundesdeutschen Wissenschaftsförderung mit ihrer wohlaustarierten Balance von Grund- und Projektfinanzierung zur Verfügung gestanden hätten. Kurz: Diese Form der Europäisierung der Forschungsförderung nagte an den forschungspolitischen Grundfesten der MPG.

Viel besser konnte sich die MPG mit bi- oder auch multilateralen europäischen Forschungseinrichtungen und -kooperationen arrangieren, die allein von den beteiligten Partnerinstitutionen initiiert, betrieben und verantwortet wurden, auch wenn sie in der Regel öffentliche Geldern beanspruchten, die die Partner bei ihren je nationalen Förderinstanzen einwarben. Anfangs wurde der europäische Wissenschaftsraum von solchen Big-Science-Kooperationen markiert, die mit kostenintensiven großinstrumentellen Infrastrukturen verbunden waren. Vor allem die auch in der MPG prominent vertretenen radioastronomischen, kern- und astrophysikalischen Forschungsfelder sollten sich früh als Promotoren einer primär wissenschaftsgetriebenen Europäisierung der Forschung erweisen. Seit den 1960er Jahren aber engagierten sich auch MPG-Biowissenschaftler gemeinsam mit europäischen Kollegen und Kolleginnen vor allem aus Großbritannien und Frankreich, aber auch jenseits der EG beim Aufbau eines Netzwerks in Europa, das ihren Small-Science-Ansätzen gerecht werden und dazu beitragen sollte, den Rückstand gegenüber den USA in der Molekularbiolo-

4 Boenke, *Entstehung und Entwicklung*, 1991.

gie aufzuholen. Der Weg, den diese biowissenschaftliche Grass-Roots-Bewegung einschlug, führte über die Gründung der *European Molecular Biology Organisation* (EMBO) 1964 zur Etablierung der *European Molecular Biology Conference*, in der sich die Staaten zusammenfanden, die das Projekt langfristig unterstützen wollten. Hier engagierten sich insbesondere auch kleinere europäische Länder wie Dänemark, Schweden und die Niederlande. Das führte 1974 schließlich zum Bau des *European Molecular Biology Laboratory* (EMBL) mit – dank nachhaltiger Lobbyarbeit von MPG-Biowissenschaftlern – erstem Sitz in Heidelberg und heute fünf weiteren europäischen Standorten. Es war gewissermaßen der idealtypische Prozess eines sich bottom-up organisierenden europäischen Forschungsnetzwerks und das Gegenstück zu den top-down organisierten Forschungsrahmenprogrammen der Brüsseler Kommission.

Nicht von ungefähr also trugen vor allem Biowissenschaftler/innen aus dem Kreis von EMBO und EMBL, darunter auch engagierte MPG-Kollegen und Kolleginnen, in den 2000er Jahren maßgeblich dazu bei, dass die Forschungsförderung durch den *European Research Council* (ERC) das wurde, was sie heute ist. Dieses Netzwerk verfügte über das basispolitische Knowhow ebenso wie über den Zugang zu den Regierungen – auch hier vor allem den Regierungen kleinerer EU-Länder. Und es brachte den hinreichend langen Atem auf, um der Brüsseler Kommission die nötigen Zugeständnisse für eine Forschungsförderung abzuringen, die weitgehend nach den Grundsätzen wissenschaftlicher Selbstverwaltung funktionierte. Mit den Förderformaten der *Starter* und *Advanced Grants* für als exzellent eingestufte Wissenschaftler/innen mit selbstdefinierten Projekten und eigenen Forschungsteams konnte sich auch die MPG identifizieren, glichen sie doch fast aufs Haar ihren Nachwuchsgruppen in der biologischen Forschung, die erstmals 1969 zusammen mit der Eröffnung des Friedrich-Miescher-Laboratoriums eingerichtet worden waren. Freilich dürfte der Streit um Programmforschung versus eigeninitiative Forschung, um Projekt- versus Grundfinanzierung und um politische Steuerung versus wissenschaftliche Selbstverwaltung damit nicht ausgestanden sein. Die MPG wird weiterhin auf beiden Ebenen, der nationalen und der europäischen, für ihr eigentümliches Modell der Forschungsorganisation und -finanzierung werben müssen.

Globalisierung von wissenschaftlicher Kooperation und Konkurrenz

Schaut man auf die MPG, so startete die jüngste – mit dem russischen Militärangriff auf die Ukraine im Februar 2022 womöglich beendete – Phase der Globalisierung bereits Mitte der 1970er Jahre, also rund eineinhalb Jahrzehnte, bevor dieser Begriff seinen um 2005 kulminierenden multilingualen Steilflug begann.[5]

5 Vgl. dazu etwa die ganz ähnlichen verlaufenden Begriffskonjunkturen von »Globalisierung«, »globalization« und »globalisation« im Google Books Ngram Viewer, https://books.google.com/ngrams/, zuletzt aufgerufen am 29.5.2022. Als Urheber der aktuellen Verwendung des Begriffs gilt Levitt, Globalization, 1983; vgl. Lavelle, Levitt Dead, 2006.

Im Jahr 1974 vereinbarten die MPG und die Chinesische Akademie der Wissenschaften (CAS) ihr erstes Austauschprogramm, das bis heute kontinuierlich ausgebaut und fortgeführt wird. Es unterschied sich vor allem in den ersten beiden Jahrzehnten erheblich von anderen bilateralen Beziehungen, die die MPG mit Partnerinstitutionen, Kollegen und Kolleginnen im Ausland unterhielt:

Erstens hatte die MPG hier auf Aufforderung der Bundesregierung eine genuin wissenschaftsdiplomatische Aufgabe übernommen. Anstelle der DFG, die wegen ihrer Taiwan-Beziehungen von Beijing als Vertragspartner abgelehnt wurde, sollte sie in China die gesamte bundesdeutsche Wissenschaft einschließlich der Universitäten vertreten sowie mit zusätzlichen Bundesmitteln die entsprechenden Austausche und Kooperationen vorbereiten und administrieren. Zweitens galten diese Wissenschaftsbeziehungen nicht nur als erste Konkretion der 1972 neu aufgenommenen diplomatischen Beziehungen zwischen der Bundesrepublik und der Volksrepublik China. Sie sollten vielmehr auch als Türöffner zum chinesischen Markt dienen, auf dessen Erschließung und Entwicklung bundesdeutsche Unternehmen nach dem Übergang der Wirtschaftswunderjahre in die Stagflation der 1970er Jahre ihre Hoffnungen setzten. Drittens schließlich waren diese von der MPG auszugestaltenden Wissenschaftsbeziehungen in die geopolitische Strategie der Nixon-Administration in Washington eingebettet, wonach die andere kommunistische Großmacht als eigenständiger Player ins Spiel geholt werden sollte, um die bipolare Weltordnung des Kalten Krieges aufzubrechen.

Darüber hinaus – und entgegen ihrem Grundsatz, nur unmittelbar den eigenen Forschungsinteressen dienende Kooperationsbeziehungen einzugehen – akzeptierten die MPG, ihre Institute und ihre chinareisenden Wissenschaftler die Rolle als wissenschaftliche Entwicklungshelfer, in die sie nicht zuletzt von chinesischer Seite gedrängt wurden. Angesichts des anfangs konstatierten postkulturrevolutionären Rückstands in den chinesischen Forschungseinrichtungen sollte sich das entwicklungspolitische Investment überraschend schnell auszahlen. Und zwar in doppelter Hinsicht: Zum einen konnte die MPG über die Jahre beständige und zunehmend produktive Kooperationsbeziehungen – sei es in der Materialforschung, in der Astrophysik oder in den Biowissenschaften – aufbauen und ihren Platz unter den für China wichtigsten Kooperationspartnern aus den USA, Großbritannien, Japan und Deutschland langfristig sichern, auch in die Zeit hinein, in der China selbst zum weltweit begehrten wissenschaftlichen Kooperationspartner wurde. Zum anderen konnte die MPG dank der engen, oft auf persönlichem Vertrauen basierenden Zusammenarbeit mit den chinesischen Akademieinstituten erproben, inwieweit ihre eigenen Instrumente der wissenschaftlichen Nachwuchsbildung auch unter ganz anderen politischen und gesellschaftlichen Konstellationen tauglich und welche Anpassungen eventuell nötig und möglich waren. Inwieweit hier von chinesischer Seite Annäherungsprozesse stattgefunden haben, ob etwa die Einrichtung von MPG-CAS-Nachwuchsgruppen zu einer Enthierarchisierung der Forschungspraxis in den beteiligten Akademieinstituten oder gar des chinesischen Wissenschaftssystems beigetragen hat, muss ohne Zugriff auf chinesische Quellen im Bereich der allenfalls auf individuelle Beobachtungen gestützten Spekulation bleiben.

Umgekehrt lässt sich jedenfalls konstatieren, dass sich das Instrument der Nachwuchsgruppen, das Mitte der 1990er Jahre erstmals ins Ausland, und zwar in das von der MPG initiierte Gästelabor in Shanghai transferiert wurde, offensichtlich, wenn auch in zwischenzeitlich modifizierter Form, bewährt hat. Zunächst wurde es auch für den Aufbau der wissenschaftlichen Beziehungen mit den postsowjetischen Ländern Mittel- und Osteuropas erwogen.[6] In jüngster Zeit wurde das speziell auf die Förderung der Spitzenforschung in diesen Ländern zugeschnittene und federführend von der MPG administrierte Dioscuri-Programm installiert. Es startete 2019 mit der Eröffnung der ersten fünf Zentren in Polen, die mit einer Ausnahme an der polnischen Akademie der Wissenschaften angesiedelt sind und eng mit Partnern aus deutschen Universitäten und Forschungsinstituten, darunter auch zwei Max-Planck-Instituten, kooperieren. Weitere Dioscuri-Zentren in der Tschechischen Republik sollen folgen.[7]

Demgegenüber unterhält die MPG heutzutage über siebzig Partnergruppen, wie die Nachwuchsgruppen inzwischen genannt werden, in allen Weltregionen, insbesondere in sogenannten wissenschaftlich aufstrebenden Ländern Asiens, Lateinamerikas und Afrikas, davon allein in Indien derzeit mehr als dreißig und in China etwa zwanzig. Anders als die ersten beiden Shanghaier Gruppen mit ihren damals weltweit ausgeschriebenen Leitungspositionen sind diese Partnergruppen heute enger an die Forschungsinteressen der MPG gebunden: Nur Postdocs, die zuvor an einem MPI gearbeitet haben, kommen für eine Gruppenleitung infrage, und auch nur dann, wenn sie weiterhin an einem Thema forschen, das für das zuvor gastgebende MPI von Interesse ist. Darüber hinaus muss sich in ihrem Heimatland ein leistungsfähiges Institut finden, an dem diese Forschungen durchgeführt werden können und das seinerseits an einer Kooperation mit dem entsprechenden MPI interessiert ist. Auf diese Weise hat die MPG ihre eigene Nachwuchsförderung nicht nur globalisiert, sondern zugleich an ihre langjährige wissenschaftsaußenpolitische Maxime von wissenschaftsintrinsisch getriebenen, direkt zwischen den beteiligten Instituten zu vereinbarenden Kooperationen zurückgebunden. Solche bilateralen Nachwuchs- bzw. Partnergruppen stellen dank ihres begrenzten personellen und finanziellen Aufwands sowie ihrer in der Regel auf fünf Jahre befristeten Dauer ein überschaubares Risiko dar. Zudem steht das jeweilige ausländische Partnerinstitut in der Pflicht, etwaige Reibungen, die sich zwischen diesem überwiegend MPG-finanzierten Format der Nachwuchsförderung und dem jeweiligen nationalen Wissenschaftssystem ergeben könnten, abzufedern.

6 *MPG-Jahrbuch 1997*, 46.

7 Vgl. die Website des Dioscuri-Programms: https://www.mpg.de/internationales/dioscuri-programm, zuletzt aufgerufen am 28.7.2022. Die Dioscuri-Zentren werden anteilig vom BMBF und den jeweiligen Sitzländern finanziert.

Diese Partnergruppen sind bis heute das mit Abstand am meisten genutzte Instrument der MPG, um sich in dem inzwischen über den gesamten Globus erstreckenden Feld von wissenschaftlicher Kooperation und Konkurrenz zu positionieren.[8] Aber sie waren nur der Anfang. Seit der Millenniumswende wurde das Instrumentarium – auch im Respons auf die außenwissenschaftspolitische Internationalisierungsstrategie der Bundesregierung – weiter diversifiziert.[9] Hinzu kamen: die *International Max Planck Research Schools*, also an Max-Planck-Instituten angesiedelte und in Kooperation mit regionalen und ausländischen Universitäten betriebene Graduiertenkollegs; sogenannte virtuelle Labore, in denen Forschungsgruppen der MPG mit solchen an ausländischen Instituten kooperieren und etwa mit komplementären methodischen und instrumentellen Ansätzen gemeinsame Themenfelder bearbeiten; an den MPI angesiedelte *Max Planck Centers* als bi- oder multilaterale Kooperationsplattformen ausgewählter, als gleichermaßen exzellent geltender ausländischer Forschungsinstitute; *Max Planck Fellow Groups* und weitere Formate.[10] Gemeinsam ist ihnen eine dreifache Zielsetzung: Sie sollen erstens »Wachstumsdynamiken im Ausland« nutzen und das eigene »Forschungsportfolio« erweitern. Sie sollen zweitens den Markennamen »Max Planck« in den sich globalisierenden Scientific Communities weltweit noch bekannter und die vielfältigen, aber keineswegs neuen internationalen Kooperationen unter diesem Label sichtbar machen, ihre internationale »Visibilität erhöhen«.[11] Mit dem Rückenwind eines solchen international eingeführten Markennamens sollen drittens die Chancen der MPG im *Global Race for Talent* verbessert werden, weltweit sowohl wissenschaftlichen Nachwuchs als auch bereits etablierte Forscherpersönlichkeiten für die MPG und ihre Institute zu gewinnen. Seine Millenniumsansprache an die MPG-Festversammlung im Juni 2000 nahm Präsident Markl zum Anlass, um in weit ausholenden Betrachtungen vor den sich im 21. Jahrhundert noch verschärfenden demographischen Entwicklungen im nationalen, internationalen und globalen Rahmen und insbesondere vor der daraus resultierenden »Knappheit an Talenten« zu warnen. Die damals amtierende Bundesforschungsministerin Edelgard Bulmahn und die Ministerpräsidenten der Länder forderte er auf, die MPG so auszustatten, dass sie im globalen Wettbewerb um die knapper werdende Ressource »an wissenschaftlich begabten und begeisterten Menschen« bestehen könne.[12]

8 Max-Planck-Gesellschaft: Partnergruppen. https://www.mpg.de/de/international/partnergruppen, zuletzt aufgerufen am 2.6.2022. Der folgende Ausblick basiert ausschließlich auf öffentlich zugänglichem Material, da im Rahmen des GMPG-Projekts nur Akten bis zum Jahr 2002 eingesehen werden konnten.

9 Bundesministerium für Bildung und Forschung: *Internationalisierung*, 2016.

10 Die Max-Planck-Gesellschaft. Zuhause in Deutschland – präsent in der Welt, 2022. https://www.mpg.de/15297895/max-planck-weltweit, zuletzt aufgerufen am 2.6.2022.

11 Die Max-Planck-Gesellschaft. Zuhause in Deutschland – präsent in der Welt, 2013/14. https://web.archive.org/web/20150317103932/http://www.mpg.de/7897212/Zu_Hause_in_Deutschland_de.pdf, zuletzt aufgerufen am 29.7.2022.

12 Markl, Grenzenlosigkeit, 2000, 15. 1997 starteten McKinsey & Company eine mehrjährige Studie unter amerikanischen Unternehmen mit dem Titel *The War for Talent*, vgl.

In diesem Wettbewerb haben sich die in den folgenden beiden Jahrzehnten des 21. Jahrhunderts entwickelten, hier nur knapp skizzierten Instrumente allem Anschein nach bewährt, nicht zuletzt dank ihres je begrenzten und befristeten Mitteleinsatzes und der flexiblen Handhabung in direkter bilateraler Kooperation. Jedenfalls lassen der quantitative Anstieg und die geographische Ausdehnung dieser verschiedenen Kooperationsformen über alle Kontinente dies ebenso vermuten wie der seit den Berufungen an die neu gegründeten Max-Planck-Institute in den ostdeutschen Bundesländern rasch wachsende Anteil des wissenschaftlichen Personals mit ausländischem Pass; allein bei den MPG-Direktorinnen und -Direktoren nahm er von 25 Prozent im Jahr 2000 über 30 Prozent 2013 auf derzeit 37 Prozent zu.[13] Inwieweit diese deutliche Internationalisierung des wissenschaftlichen Führungspersonals neue Kommunikationsformen innerhalb der Institute und in den Sektionen der MPG, andere Weisen professioneller Kooperation, Loyalität und Mobilität mit sich gebracht, womöglich nationalspezifische wissenschaftliche Arbeitskulturen homogenisiert und bisherige Elemente einer Max-Planck-typischen Corporate Identity abgeschliffen hat, wäre erst noch zu untersuchen.

Nicht über die anfänglichen Pilotprojekte hinausgekommen ist der in den 2000er Jahren ebenfalls angestrebte Export des spezifischen MPG-Geschäftsmodells von öffentlich grundfinanzierten und zugleich inhaltlich, personell und administrativ autonomen Max-Planck-Instituten in die Wissenschaftssysteme anderer Länder. Nach einer in beiden Fällen mehrjährigen Vorlaufphase mit schwierigen Finanzierungsverhandlungen konnten zwar 2009 das *Max Planck Florida Institute for Neuroscience* und 2012 das *Max Planck Institute Luxembourg for International, European and Regulatory Procedural Law* die Arbeit aufnehmen. Danach aber sind keine weiteren Auslandsinstitute mit einer entsprechenden ausländischen Finanzierung mehr hinzugekommen, und sie werden in aktuelleren öffentlichen Verlautbarungen der MPG auch nicht mehr, wie noch 2013/14, als wichtige Elemente der eigenen »Internationalisierungsstrategie« hervorgehoben.[14] Auch die Zahl der sogenannten Partnerinstitute stagniert:

Michaels, Handfield-Jones, Axelrod, *The War*, 2001. Mit Blick auf globale Entwicklungen etablierte sich danach der friedlichere Begriff »global race for talent«, vgl. dazu z.B. Kapur und McHale, Give Us Your Best, 2005; Lewin, Massini, Peeters, Companies, 2009.

13 Markl, Grenzenlosigkeit, 2000, 26; Die Max-Planck-Gesellschaft. Zuhause in Deutschland – präsent in der Welt, 2013/14: https://web.archive.org/web/20150317103932/http://www.mpg.de/7897212/Zu_Hause_in_Deutschland_de.pdf, zuletzt aufgerufen am 29.7.2022; Zahlen und Fakten. Eng vernetzt mit Spitzenleuten aus aller Welt: https://www.mpg.de/internationales/zahlen-und-fakten, zuletzt aufgerufen am 11.8.2022. Bei den wissenschaftlichen Mitarbeiter/innen und Doktorand/innen liegt dieser Anteil derzeit zwischen 50% und 60%.

14 Henning und Kazemi, *Handbuch, Bd. 1*, 2016, 523–526, 918–921; Henning und Kazemi, *Handbuch, Bd. 2*, 2016, 1396–1407. Die kunsthistorischen Institute in Rom und Florenz werden ausschließlich von der MPG finanziert; beim MPI für Psycholinguistik in Nijmegen beteiligt sich der niederländische Staat an den Betriebskosten. Zur Entwicklung der Internationalisierungsstrategie der MPG vgl. die Pressemitteilungen vom

Zum Vorbild, dem Gästelabor in Shanghai, das 2005 in das *CAS-MPG Partner Institute for Computational Biology* (PICB) überführt wurde, kam 2007 nur noch das *Biomedicine Research Institute of Buenos Aires – CONICET – Partner Institute of the Max Planck Society* (IBioBA) in Buenos Aires hinzu.[15] Diese Partnerinstitute werden tatsächlich von ihren Sitzländern finanziert und verlangen deutlich weniger institutionelles Engagement seitens der MPG. Dafür funktionieren sie nach den landesüblichen wissenschaftspolitischen Regeln, was im chinesischen Fall unter anderem bedeutet, dass dem geschäftsführenden Direktor selbstverständlich ein KPC-Parteisekretär zur Seite gestellt ist, der ihn wohl nicht nur bei der Aufstellung der Fünfjahrespläne unterstützt.[16]

MPG-Wissenschaftler/innen sind angehalten, die 2021 vom Senat verabschiedeten »Leitlinien zur Ausgestaltung internationaler Kooperationen der Max-Planck-Gesellschaft« sorgsam zu prüfen und sich gegebenenfalls mit dem Ethikrat oder der Kommission für Ethik sicherheitsrelevanter Forschung (KEF) der MPG zu beraten, bevor sie internationale Kooperationsvereinbarungen treffen. Das gilt insbesondere, wenn es sich um »missbrauchsgefährdete Forschung« handelt und sich die Partnerinstitute in Ländern mit »besonderen strukturellen, regulativen, politischen, aber auch ethischen und kulturellen Gegebenheiten« befinden, »die mit den in Deutschland vorfindlichen Verhältnissen nicht oder nur teilweise kompatibel sind«.[17] Orientieren sollen sich die kooperationswilligen MPG-Forscher/innen nicht nur an der akademischen und wissenschaftlichen Freiheit von Wissenschaftler/innen, wie sie im Internationalen Pakt über wirtschaftliche, soziale und kulturelle Rechte der UN, der Grundrechte-Charta der EU sowie im Grundgesetz (Art. 5, Abs. 3) niedergelegt ist. Sie werden auch auf besondere Risiken hingewiesen wie Anzeichen von Korruption und Wissenschaftsspionage oder mögliche Restriktionen bei der Einhaltung der Menschenrechte und der Achtung demokratischer Strukturen in den avisierten Partnerländern. Gemäß der Leitlinien schließen solche Risiken eine Kooperation nicht aus, verlangen aber über die gesamte Dauer des Forschungsvorhabens

18.1.2013: Wir müssen ein weltweites Netz knüpfen (https://www.mpg.de/7478568/Internationalisierung, zuletzt aufgerufen am 11.8.2022) und vom 1.6.2021: Kooperationen sind Ausdruck unserer Wissenschaftsfreiheit (https://www.mpg.de/16980624/orientierung-fuer-internationale-kooperationen, zuletzt aufgerufen am 11.8.2022).

15 IBioBa-MPSP – CONICET: http://ibioba-mpsp-conicet.gov.ar/index.php/en/, zuletzt aufgerufen am 11.8.2022.

16 CAS-MPG Partner Institute for Computational Biology: https://www.picb.ac.cn/picben/#/channelData/7c052e3f63de4d70afa62407a433b77e, zuletzt aufgerufen am 11.8.2022. Geschlechterpolitisch scheint man sich in Shanghai jedoch ganz am deutschen Partner orientiert zu haben: Auf der Liste der um 2020 zwanzig »principal investigators« befand sich genau eine Frau. Die vertragliche Zusammenarbeit der MPG mit dem PICB endete im Dezember 2020: https://www.mpg.de/15290773/china-historie, zuletzt aufgerufen am 19.8.2022.

17 Die im März 2021 verabschiedeten Leitlinien können abgerufen werden: https://www.mpg.de/16767044/mpg-leitlinien-int-kooperationen-2021.pdf, zuletzt aufgerufen am 3.6.2022, Zitat: 4.

eine kontinuierliche Dokumentation der getroffenen Vorkehrungen zur Risikominimierung.[18] Wie es mit der Rechtswirklichkeit der in den Leitlinien aufgerufenen internationalen, nationalen und MPG-spezifischen Regelwerke sowie der Handhabung der empfohlenen Sicherheitsvorkehrungen aussieht und wie sich politische Veränderungen in den Partnerländern, nicht zuletzt im China Xi Jinpings, dabei auswirken, wäre weitergehender Forschungen wert.

Hier bleibt vorerst festzuhalten, dass auch solche politische Risiken es im Sinne der von der MPG präferierten Wissenschaftsaußenpolitik nahelegen, sich bei langfristigen institutionellen Engagements, wie sie mit der Einrichtung von Partnerinstituten und erst recht von Auslandsinstituten verbunden sind, zurückzuhalten und sich eher flexibler, zeitlich befristeter Instrumente mit mäßigem Kostenaufwand zu bedienen. Zumal dann, wenn die politischen Zeitumstände – wie seit dem Februar 2022 – den außenwissenschaftspolitischen Schulterschluss mit den anderen deutschen Wissenschaftsorganisationen und zumindest auf institutioneller Ebene die Aussetzung aller wissenschaftlichen Kooperationen mit Russland nahelegen.[19]

Im aktuellen russischen Fall handelt es sich allerdings nicht nur um vergleichsweise kleine und befristete Partnergruppen oder *Max Planck Centers*, sondern um aufwendige und langfristige Vorhaben wie das ICARUS-Projekt, das von der ISS aus die Wanderungsbewegungen von Tieren rund um den Globus beobachtet, um Erkenntnisse für den Artenschutz, über die Ausbreitungswege von Infektionskrankheiten und über ökologische Veränderungen zu gewinnen und um mögliche Naturkatastrophen antizipieren zu können. Ausgesetzt ist unter anderem auch die Kooperation am sibirischen Klima-Messturm ZOTTO, einem wichtigen Verbindungsglied in einer weltweiten Kette von Klima-Messstationen, die Daten zur Berechnung der Wechselwirkungen von Treibhausgasen und Klimawandel liefern.[20] Angesichts solch brisanter Wertekonflikte

18 Ebd., 7.

19 Auf der Website der MPG findet man derzeit unter dem Stichwort »Länderportale« zu Russland nur den lapidaren Satz: »Aufgrund des russischen Angriffskriegs in der Ukraine hat die Max-Planck-Gesellschaft derzeit ihre wissenschaftlichen Kontakte auf institutioneller Ebene ausgesetzt.« https://www.mpg.de/14474361/russland, zuletzt aufgerufen am 3.6.2022.

20 Im Deutsch-Russischen Jahr der Hochschulkooperation und Wissenschaft 2018–2020 berichtete der amtierende Leiter des MPG-Auslandsreferats, Felix Kahle, von 390 russischen Gast- und Nachwuchswissenschaftler/innen im Jahr 2019 sowie knapp 90 Kooperationsprojekten mit russischen Partnerinstitutionen: https://wissenschaftspartner.de/interview/auf-augenh-he-zusammenarbeit-der-max-planck-gesellschaft-mit-russischen-wissenschaftsorganisationen/, zuletzt aufgerufen am 3.2.2022. Zum Stand der Kooperationen einiger MPI mit russischen Partnerinstitutionen vier Monate nach dem russischen Angriff auf die Ukraine vgl. den Beitrag in *Spektrum der Wissenschaft* vom 29.6.2022: Nestler, Gestörte Kontakte, 2022. https://www.spektrum.de/news/russland-wie-sich-das-wissenschaftsembargo-auswirkt/2035294, zuletzt aufgerufen am 30.6.2022. In einer schriftlichen Mitteilung an CS vom 30.6.2022 bestätigte Kahle, dass die auf der ISS installierten ICARUS-Kooperationen sowie am ZOTTO-Messturm ausgesetzt sind.

zwischen Geopolitik und international vernetzter, hochgradig technologisierter Umwelt- und Klimaforschung ist die MPG als institutionelle Akteurin herausgefordert, ihre Rolle in dieser neuerlichen geopolitischen Konfrontation in Europa und darüber hinaus in der internationalen Politik ein weiteres Mal zu definieren. Und nicht nur das: Auch in dem über Jahrzehnte mühevoll und nach wie vor unzureichend ausgestalteten Forschungsraum der EU-Mitgliedsstaaten muss sich erst noch erweisen, ob die MPG mit ihren bilateralen Instrumenten wissenschaftlicher Kooperation wie den Max Planck und Dioscuri Centers den derzeit zunehmend zentrifugalen Kräften nationalstaatlicher Interessenpolitiken tatsächlich, wie erhofft, entgegenwirken kann. Hier ist etwa an die für beide Seiten gravierenden Folgen des Brexits zu denken, die auch Wissenschaft und Forschung betreffen, oder an die wissenschaftspolitischen Restriktionen, die etwa in Polen oder Ungarn autonom gestaltete Forschungskooperationen mit der MPG behindern.[21]

Die MPG und ihre Wissenschaftler/innen als Akteure in der internationalen Politik

In den vergangenen Jahrzehnten seit dem Ende des Zweiten Weltkriegs wurde die Maxime einer möglichst außenpolitikfernen, autonomen und flexiblen, ausschließlich den Forschungsinteressen von MPG-Angehörigen dienenden Wissenschaftsaußenpolitik nicht nur von außen, also wie hier gezeigt von der bundesdeutschen Außenpolitik sowie von Europäisierungs- und Globalisierungsprozessen infrage gestellt. Auch MPG-Angehörige hielten sich nicht immer daran, sondern sahen sich gerade als Wissenschaftler/innen hin und wieder veranlasst, zu außenpolitischen Entwicklungen Stellung zu beziehen. Die Trennung von wissenschaftlicher und staatsbürgerlicher Persona, von Institution und Individuum war keineswegs selbstverständlich, nicht immer alltagstauglich, manchmal auch nicht gewollt, dafür oft umstritten.

Das begann mit den widersprüchlichen Lehren, die insbesondere damalige und noch bis in die 1970er Jahre hinein wichtige Führungspersönlichkeiten aus ihren Erfahrungen des Krieges und der unmittelbaren Nachkriegszeit zogen. Einerseits hätte die Einbindung der Kaiser-Wilhelm-Gesellschaft in die NS-Expansions- und Vernichtungspolitik ihr nach 1945 um ein Haar die institutionelle Existenz gekostet. Für die MPG als ihre Nachfolgerin empfahl es sich daher, so jedenfalls schlussfolgerte der langjährige Generalsekretär Telschow, die sich rasch intensivierenden internationalen Kooperationen ihrer Institute und Wissenschaftler/innen säuberlich von staatlicher Außenpolitik zu scheiden.

21 Zur Haltung der MPG gegenüber den krisenhaften Entwicklungen in Europa vgl. https://www.mpg.de/15008149/bilaterale-zusammenarbeit-und-netzwerke, zuletzt aufgerufen am 11.8.2022. Zu den wissenschaftspolitischen Folgen des Brexits O'Grady, United Kingdom, 2022, https://www.science.org/doi/epdf/10.1126/science.add6987, zuletzt aufgerufen am 3.8.2022.

Andererseits sahen sich gerade die prominentesten MPG-Wissenschaftler wie Otto Hahn, Werner Heisenberg, Adolf Butenandt und nicht zuletzt Carl Friedrich von Weizsäcker als ihr bekanntester öffentlicher Intellektueller berufen, nicht nur im Nachhinein dem Irrationalismus entgegenzutreten, auf den sie das NS-Regime im Rückblick gern reduzierten, um es im gleichen Atemzug von sich und »der Wissenschaft« wegzuschieben. Sie wollten vielmehr auch zur Rationalisierung zukünftiger Politik – und das hieß vor allem zur Verhinderung des Atomkriegs – beitragen.

Der erste Versuch mit der Mainauer Deklaration der 1955 in Lindau am Bodensee versammelten Nobelpreisträger durchweg westlicher Länder verhallte als politisch folgenlose Friedensmahnung an die Weltöffentlichkeit. Der 1957 mit der Göttinger Erklärung unternommene zweite Anlauf mündete gerade wegen der konkreten, an die Bundesregierung gerichteten atompolitischen Aussagen in eine riskante Konfrontation zwischen der Adressatin und der MPG, provozierte Kritik von amerikanischen Kollegen und anerkannten westdeutschen Philosophen, erhielt dafür aber Beifall von der aus Sicht der Autoren falschen Seite, nämlich der Bewegung der westdeutschen Wiederbewaffnungs- und Atomwaffengegner und -gegnerinnen, mit der man sich nicht unbedingt gemein machen wollte. Der dritte Versuch, das Tübinger Memorandum von 1961, zeigte, dass man die beiden vorangegangenen Lektionen gelernt hatte: In der Sache, also der Kritik an der Atom- und Deutschlandpolitik, der Bildungs- und Sozialpolitik der Bundesregierung, äußerte man sich noch dezidierter. Zugleich war dank der durchdachten Zusammensetzung der achtköpfigen Autorengruppe aus den Medien, der Evangelischen Kirche und nur drei MPG-Wissenschaftlern sowie dem institutionellen Backing des Bonner EKD-Büros die MPG aus der Schusslinie gerückt. Mit der vorsichtig abgestuften Disseminations- und Publikationsstrategie behielt die Autorengruppe das Heft auch dann noch in der Hand, als die öffentliche Diskussion dort aufbrandete, wo man sie haben wollte, nicht auf der Straße, sondern in den führenden Medien, den Parteien und Verbänden. Wie beabsichtigt gelang es so, einen außenpolitischen Diskurswechsel in der Bundesrepublik anzustoßen, auch wenn es bis zum entsprechenden Politikwechsel noch einige Jahre dauern sollte.

Angesichts dieses innenpolitischen Erfolges ist es umso erstaunlicher, dass sich nicht nur die MPG als institutionelle Akteurin, sondern auch ihre prominenten Wissenschaftler auf dem Parkett der internationalen Politik sehr zurückhielten – ganz im Unterschied zu ihren US-amerikanischen und britischen Kollegen. Dies wurde besonders deutlich im Nicht-Verhältnis von MPG und den *Pugwash Conferences on Science and World Affairs* (PCSWA). An ausländischen Vorbehalten gegenüber den vormaligen KWG-Wissenschaftlern der NS-Zeit lag es gewiss nicht. Im Gegenteil, gerade die amerikanischen und britischen Pugwashites hätten die von Atom- zu Astrophysikern, von Kern- zu Kosmochemikern gewandelten MPG-Wissenschaftler, aber auch Biowissenschaftler wie Butenandt oder Manfred Eigen mit ihren wertvollen Kontakten zu DDR-Kollegen gern in ihren Kreis aufgenommen. Denn die »deutsche Frage« war und blieb ein Kristallisationspunkt des Kalten Krieges und damit weit oben auf der Pugwash-Agenda. Selbst das Auswärtige Amt hatte Anfang der 1960er Jahre verstanden, dass Pugwash nicht länger als kommunistische Tarnorganisation abzutun, sondern als Forum einer womöglich einflussreichen *Second Track Diplomacy* ernst zu nehmen war. Deshalb hätte es dort gern akademisch hochrangige bundesdeutsche Vertreter mit internationalem Standing und am besten aus der MPG gesehen, die mit den engagierten amerikanischen, britischen und sowjetischen Pugwashites auf Augenhöhe verkehren konnten. Allein kein hinreichend prominenter MPG-Wissenschaftler nahm den Ball auf. Stattdessen ließ man wissenschaftliche Mitarbeiter und Kollegen aus der zweiten Reihe zu den Pugwash-Treffen reisen und gewährte ihnen – vermittelt über das Starnberger Institut, später über die verbleibenden, innerhalb der MPG aber vollends marginalisierten Arbeitsgruppen Afheldt und Gottstein – großzügige infrastrukturelle Rückendeckung für ihre Aktivitäten. Auf diese Weise war und blieb die MPG zwar bis in die 1990er Jahre hinein eine unverzichtbare institutionelle Stütze für die westdeutsche Pugwash-Gruppe, nahm aber ihrerseits deren Aktivitäten kaum zur Kenntnis.[22]

Überhaupt zeigte sich die MPG als institutioneller Akteur einigermaßen beratungsresistent, wenn es um die Frage ging, ob und in welcher Weise wissenschaftliche Politikberatung jenseits von fachlich eng definierten Expertenbeiräten unter ihrem Dach etabliert werden könnte. Das Starnberger MPI zur Erforschung der Lebensbedingungen in der wissenschaftlich-technischen Welt entwickelte sich in den 1970er Jahren jedenfalls nicht zu dem, was die amerikanischen Ratgeber dem MPG-Führungskreis um Butenandt, Heisenberg und Weizsäcker im Vorfeld der Institutsgründung hatten nahebringen wollen. Was immer dieses Institut am Ende darstellte, sein Scheitern beschleunigte jedenfalls den weiteren Rückzug der MPG als institutioneller Akteurin aus der Sphäre der Politik und stärkte die von der Generalverwaltung vertretene Position einer allein den Forschungsinteressen ihrer Institute und Mitglieder dienlichen Wissenschaftsaußenpolitik.

Mit der Emeritierung Weizsäckers und seines politischen Mitstreiters, des Bildungsforschers Hellmut Becker, 1980/81 sowie dem damit verbundenen Ab- bzw. Umbau ihrer Institute war ein markanter Generationenwechsel für die intellektuelle Geschichte der MPG, vielleicht mehr noch als für ihre Wissenschaftsgeschichte, vollendet. Mit dem Physiker und Philosophen Weizsäcker entschwand der letzte Protagonist aus dem institutionellen Gefüge der MPG, auf den sich das in den 1960er Jahren noch deutlich erkennbare, danach rasch verblassende Selbstbild der MPG als einer korporativ handelnden wissenschaft-

22 So schätzte es auch Reiner Braun ein, der über fast vier Jahrzehnte in verschiedenen Funktionen die sich an den Krefelder Appell von 1980 anschließenden Anti-Atomkriegs- und Friedensinitiativen von Naturwissenschaftler/innen koordinierte – unter anderem auch mehrere Jahre als Geschäftsführer der VDW samt der dort angesiedelten deutschen Pugwash-Gruppe; vgl. Interview Braun (Sachse) 8.3.2018.

lich-politischen Einheit – wenn auch mit nachlassender Überzeugungskraft nach innen und außen – projizieren ließ. Stattdessen wurde seit Ende der 1970er Jahre angestrengt und konfliktreich an der Rolle des MPG-Wissenschaftlers in der bundesdeutschen Politik und an den Grenzmarkierungen zwischen Politik und Wissenschaft, zwischen staatsbürgerlicher Meinung und wissenschaftlicher Expertise gearbeitet. Davon zeugte unter anderem das tiefe persönliche Zerwürfnis zwischen den vormaligen Kollegen am MPI für Physik, Hans-Peter Dürr, der sich in der Tradition Einsteins und Weizsäckers wähnte, wenn er bei seinen öffentlichen Auftritten auf seiner Identität als MPG-Wissenschaftler und politischer Intellektueller beharrte, und Reimar Lüst, der ihn als MPG-Präsident vergeblich auf das neue Grenzregime zu verpflichten suchte. Auch der nachfolgende Präsident, Heinz Staab, verweigerte Dürr explizit die institutionelle Anerkennung für dessen immer weiter gespanntes friedens- und umweltpolitisches Engagement. Rückendeckung erhielt Dürr dafür dennoch nicht nur außerhalb der MPG von entsprechend engagierten sozialen Bewegungen und ihren Bündnispartnern in Teilen der politischen Parteien, sondern auch von wissenschaftlichen Mitarbeitern und Mitarbeiterinnen in den Instituten, die sich in den 1980er Jahren in großer Zahl und koordinierter Form gegen die nukleare Nachrüstung öffentlich artikulierten und präsidiale oder direktoriale Ermahnungen, sich als MPG-Angehörige politisch zurückzuhalten, ignorierten.

Angesichts dieser Entwicklung folgerichtig, fanden die großen Kongresse von Mainz 1983 und Hamburg 1986 mit tausenden von Teilnehmerinnen und Teilnehmern statt. Dort setzten sich vor allem Naturwissenschaftler/innen kritisch mit dem NATO-Doppelbeschluss und der Nachrüstung auseinander, zwar mit durchaus beachtlicher und entsprechend öffentlich registrierter Beteiligung von MPG-Mitgliedern, allen voran den Direktoren des Kölner MPI für Züchtungsforschung und selbstverständlich Dürr, aber ohne institutionelle Unterstützung oder auch nur Kommentierung seitens der MPG. Auch von den parallel laufenden genuin wissenschaftsdiplomatischen Aktivitäten, die etwa Peter Starlinger, Horst Afheldt und Albrecht von Müller im Rahmen von Pugwash und Dürr auch im persönlichen Kontakt zu Gorbatschow entfalteten, nahm die Münchener MPG-Führung keine dokumentierte Notiz. Die abrüstungsstrategischen Studien aus Starnberg, die die wissenschaftliche Basis für dieses diplomatische Engagement von MPG-Wissenschaftlern bildeten, wurden zwar in der internationalen Rüstungskontroll-Community, nicht aber in der MPG geschätzt. Trotz des Engagements dieser und weiterer MPG-Wissenschaftler hatte die MPG als institutionelle Akteurin keinen Anteil an der Beendigung des Kalten Krieges. Mit einer Ausnahme: Dank der am MPI für Plasmaphysik (IPP) betriebenen Fusionsforschung und der direkten Kontakte seines Direktors, Klaus Pinkau, zu sowjetischen Kollegen und Gorbatschows wissenschaftlichen Beratern war auch die MPG dabei, als es 1985 darum ging, mit der in Genf zwischen den Chefs der beiden Supermächte vereinbarten multinationalen Kooperation zur Entwicklung eines Fusionsreaktors einen ersten konkreten Schritt in Richtung weiterer Abrüstungsverhandlungen zu setzen.

Jenseits der Blockkonfrontation setzten in den 1990er Jahren neue Entwicklungen ein: In der deutschen Wiedervereinigung, im Zuge der verstärkten Europäisierung von Wissenschaft und Forschung sowie in der sich beschleunigenden Globalisierung von wissenschaftlicher Kooperation und Konkurrenz war die MPG als institutionelle Akteurin nicht nur von der bundesdeutschen Politik und ihrer neu proklamierten Wissenschaftsdiplomatie gefragt. In der MPG wurde auch rasch verstanden, dass sie diese politischen Prozesse mitgestalten und zugleich neue Instrumente bi- und multilateraler Forschungszusammenarbeit, insbesondere in der Nachwuchsförderung, erproben musste, wenn sie sich als führende deutsche und relevante internationale Forschungsorganisation behaupten wollte.

Hinzu kam, dass sich nun die bislang vornehmlich in den MPI für Chemie und für Meteorologie beheimateten Erdsystemwissenschaften als interdisziplinäres Forschungsfeld in der MPG breiter auffächerten und in die biologisch-medizinische Sektion hinein erweiterten. Damit entstand ein neuer Forschungscluster, der sich wie kaum ein anderer mit dem Feld der internationalen Politik überschneidet: Sein Erkenntnisobjekt ist das System Erde mit seinen interagierenden Stoffkreisläufen vom Meeresboden bis in die Stratosphäre einschließlich der anthropogen bedingten Einflüsse und Veränderungen; seine Forschungsinstrumente sind unter anderem weltweit vernetzte Messstationen zu Wasser, zu Lande, in der Luft und im All. Die Forschungspraxis verlangt dementsprechend engste internationale Zusammenarbeit hinsichtlich der technischen Designs und mathematischen Modellierungen, der Erhebung, des Transfers, der Auswertung und Interpretation der Daten. Schlussendlich sind die Ergebnisse von höchster Relevanz für die nationale und internationale Klima- und Umweltpolitik. Man sollte meinen, dass gerade auf diesem Forschungsfeld Wissenschaftsaußen- und Außenwissenschaftspolitik eine harmonische Symbiose eingehen. Das mag auch für einige Jahre der Fall gewesen sein, auf Dauer hielt diese Symbiose nicht; spätestens Putins Angriffskrieg gegen die Ukraine sprengte sie auf. Denn einerseits war und ist Russland ein zentraler Player auf diesem Forschungsfeld, sowohl wegen seiner interkontinentalen Ausdehnung und der dort stattfindenden und zu beobachtenden erdsystemischen Entwicklungen als auch wegen der dort angesiedelten, lang tradierten und von den MPG-Wissenschaftler/innen hochgeschätzten wissenschaftlichen Expertise in der ökologischen und Klimaforschung. Andererseits verfolgte Putins Regime dissidente Wissenschaftler/innen seit Jahren zunehmend rigider und hat allem Anschein nach zuletzt auch den Dialog zwischen kritischer Wissenschaft und autoritärer Politik gekappt, der seit Chruschtschows Zeiten die Voraussetzung für blockübergreifende diplomatische Initiativen von Wissenschaftler/innen beider Seiten gewesen war. Der auf diese Weise erneut zur Geltung gebrachte Primat der Außenwissenschaftspolitik hat auch die MPG im Geleitzug der Allianz der deutschen Wissenschaftsorganisationen dazu veranlasst, von ihrer Maxime einer wissenschaftsintrinsisch geleiteten Politik internationaler Forschungskooperationen abzuweichen und ihre Beziehungen zu russischen

Partnerinstitutionen bis auf Weiteres auszusetzen. Dass davon nicht zuletzt Forschungsprojekte betroffen sind, die helfen könnten, den planetaren Wandel besser zu verstehen und, was längst überfällig ist, in eine bessere Richtung zu lenken, ist nicht nur besonders tragisch, sondern wirft auch die Frage auf, ob man mit dem außenwissenschaftspolitisch begründeten Wissenschaftsboykott nicht doch eine letzte wissenschaftsdiplomatische Chance vertan hat.

Abkürzungsverzeichnis

A	
AA	Auswärtiges Amt
ABM	Anti-Ballistic Missiles
ADL	Unternehmungsberatung Arthur D. Little
AdW	Akademie der Wissenschaften
AdW-SU	Akademie der Wissenschaften der Sowjetunion
AFCRC	Air Force Cambrigde Research Center
AG	Arbeitsgruppe
AG	Aktiengesellschaft
AGF	Arbeitsgemeinschaft der Großforschungseinrichtungen
AKA	Ausschuss zur Koordinierung der Auslandsbeziehungen
AS	Academia Sinica
ASA	Atomic Scientists Association (UK)
ASAT	Anti-Satellite Weapons
AvH	Alexander von Humboldt-Stiftung
AWM	Auswärtiges Wissenschaftliches Mitglied
B	
BAF	Beratender Ausschuss für Forschungspolitik
BAFT	Beratender Ausschuss für Forschung und Technologie
BAS	Bulletin of the Atomic Scientists
BBAW	Berlin-Brandenburgische Akademie der Wissenschaften
BGBl	Bundesgesetzblatt
BIOS	British Intelligence Objectives Sub-Committee
BMAt	Bundesministerium für Atomfragen
BMB	Bundesministerium für innerdeutsche Beziehungen
BMBF	Bundesministerium für Bildung und Forschung
BMBW	Bundesministerium für Bildung und Wissenschaft
BMFJG	Bundesministerium für Familie, Jugend und Gesundheit
BMFT	Bundesministerium für Forschung und Technologie
BMI	Bundesministerium des Innern
BMS	Biologisch-Medizinische Sektion
BMV	Bundesverteidigungsministerium
BMwF	Bundesministerium für wissenschaftliche Forschung
BND	Bundesnachrichtendienst
BRD	Bundesrepublik Deutschland
C	
CADIS	Calar Alto Deep Imaging Survey
CAS	Chinese Academy of Sciences
CASS	Chinese Academy of Social Sciences

CCB	Coalition Clean Baltic
CCMS	Committee on the Challenges of Modern Society
CDC	Carl Duisberg Centrum
CDU	Christlich Demokratische Union
CEA	Commissariat à l'Énergie Atomique
CERN	Conseil européen de la recherche nucléaire
CFM	Chlorfluormethane
CIOS	Combined Intelligence Objectives Sub-Committee
CISAC	Committee on International Security and Arms Control
CKA	China-Koordinationsausschuss
CLORA	Club des Organismes de Récherches Associés
CND	Campaign for Nuclear Disarmament
CNPq	Conselho Nacional de Desenvolvimento Científico e Tecnológico
CNR	Consiglio Nazionale delle Ricerche
CNRS	Centre national de recherche scientifique
COCOM	Coordinating Committee on Multilateral Export Controls
COSINE	Cooperation for Open Systems Interconnection Networking in Europe
CPT	Chemisch-Physikalisch-Technische Sektion
CSCPRC	Committee on Scholarly Communication with the People's Republic of China
CSIC	Consejo Superior de Investigaciones Científicas
CSS	Committee of Soviet Scientists for Peace and against Nuclear Threat
ČSSR	Československá Socialistická Republika
CSU	Christlich-Soziale Union
CTI	Regio Comitato Talassografico Italiano

D

DAAD	Deutscher Akademischer Austauschdienst
DAI	Deutsches Archäologisches Institut
DAK	Deutsche Atomkommission
DASA	Deutsche Aerospace Aktiengesellschaft
DAW	Deutsche Akademie der Wissenschaften zu Berlin
DDR	Deutsche Demokratische Republik
DDT	Dichlordiphenyltrichlorethan
DED	Deutscher Entwicklungsdienst
DESY	Deutsches Elektronen-Synchrotron
DFG	Deutsche Forschungsgemeinschaft
DFR	Deutscher Forschungsrat
DFU	Deutsche Friedensunion
DFVLR	Deutsche Forschungs- und Versuchsanstalt für Luft- und Raumfahrt
DGAP	Deutsche Gesellschaft für Auswärtige Politik
DPG	Deutsche Physikalische Gesellschaft
DG XII	Département Général XII
DIJ	Deutsches Institut für Japanstudien
DKP	Deutsche Kommunistische Partei
DKRZ	Deutsches Klimarechenzentrum
DM	Deutsche Mark

dpa	Deutsche Presseagentur
DPG	Deutsche Physikalische Gesellschaft
DSAZ	Deutsch-Spanisches Astronomisches Zentrum
E	
EAES	European Atomic Energy Society
EC	European Commission
ECU	European Currency Unit
EDF	Électricité de France
EG	Europäische Gemeinschaft
EISCAT	European Incoherent Scatter Facility in the Auroral Zone
EKD	Evangelische Kirche Deutschlands
ELDO	European Launcher Development Organisation
ELSO	European Life Scientist Organization
EMBL	European Molecular Biology Laboratory
EMBO	European Molecular Biology Organisation
ENUWAR	Environmental Effects of Nuclear War
ERC	European Research Council
ESA	European Space Agency
ESF	European Science Foundation
ESO	European Southern Observatory
ESRC	Economic and Social Research Council
ESRO	European Space Research Organisation
ESTA	European Science and Technology Assembly
EU	Europäische Union
EUCIS	European Center for International Security
EURATOM	Europäische Atomgemeinschaft
EuroHORCs	European Heads of Research Councils
EUROTRAC	European Experiment on the Transport and Transformation of Environmentally Relevant Trace Constituents in the Troposphere over Europe
EVI	Europäische Verteidigungsinitiative
F	
FAO	Food and Agricultural Organization
FAS	Federation of American Scientists
FCKW	Fluorchlorkohlenwasserstoffe
FDP	Freie Demokratische Partei
FEST	Forschungsstätte der Evangelischen Studiengemeinschaft
FF	Forschungsinstitut für Friedenspolitik
FhG	Fraunhofer-Gesellschaft
FHI	Fritz-Haber-Institut
FIAT	Field Information Agency, Technical
FuE	Forschung und Entwicklung
G	
GCN	Global Challenges Network

GfK	Gesellschaft für Kernforschung
GIRL	German Infrared Laboratory
GMPG	Forschungsprogramm »Geschichte der Max-Planck-Gesellschaft (1948–2002)«
GSHS	Geistes-, Sozial- und Humanwissenschaftliche Sektion
GTZ	Deutsche Gesellschaft für Technische Zusammenarbeit
GWS	Geisteswissenschaftliche Sektion
H	
HG	Helmholtz-Gemeinschaft
HRK	Hochschulrektorenkonferenz
HSFK	Hessische Stiftung Friedens- und Konfliktforschung
I	
IAEA	International Atomic Energy Agency
IAU	International Astronomical Union
IBioBA	Biomedicine Research Institute of Buenos Aires – CONICET – Partner Institute of the Max Planck Society
ICIPE	International Centre of Insect Physiology and Ecology
ICSU	International Council of Scientific Unions
IFSDH	International Foundation for the Survival and Development of Humanity
IFSH	Institut für Friedensforschung und Sicherheitspolitik
IGBP	International Geosphere-Biosphere Programme
IGFM	Internationale Gesellschaft für Menschenrechte
IGN	Instituto Geográfico Nacional
IIASA	International Institute for Applied Systems Analysis
IISS	International Institute for Strategic Studies
IKI	Institut für Weltraumforschung
INF	Intermediate Range Nuclear Forces Treaty
INTA	Instituto Nacional de Técnica Aeroespacial
INTOR	International Torus
IPP	Max-Planck-Institut für Plasmaphysik
IPPNW	International Physicians for the Prevention of Nuclear War
IRAM	Institut de Radioastronomie Millimétrique
IRM	Fraunhofer-Institut für Radiometeorologie und maritime Meteorologie
ISPM	International Solar Probe Mission
ISS	International Space Station
ITER	International Thermonuclear Experimental Reactor
IUCN	International Union for the Conservation of Nature and Natural Resources
IVV	Integrierte Vorneverteidigung
J	
JACOS	Joint Analysis of Conventional Stability
JEN	Junta de Energía Nuclear
JET	Joint European Torus
JOSIM	Joint Simulation

K	
KEF	Kommission für Ethik sicherheitsrelevanter Forschung
KFA	Kernforschungsanlage Jülich
KfK	Kernforschungszentrum Karlsruhe
KHI	Kunsthistorisches Institut in Florenz
KMK	Kultusministerkonferenz
KOWI	Koordinierungsstelle der Wissenschaftsorganisationen
KP	Kommunistische Partei
KPC	Kommunistische Partei Chinas
KPD	Kommunistische Partei Deutschlands
KPDSU	Kommunistische Partei der Sowjetunion
KSE	Konventionelle Streitkräfte in Europa
KSZE	Konferenz für Sicherheit und Zusammenarbeit in Europa
KWG	Kaiser-Wilhelm-Gesellschaft
KWI	Kaiser-Wilhelm-Institut
KWU	Deutsche Kraftwerk Union AG
L	
LG	Leibniz-Gemeinschaft
LMU	Ludwig-Maximilians-Universität
LTBT	Limited Test Ban Treaty
M	
MAB	Man and the Biosphere Programme
MAD	Mutual Assured Destruction
MBB	Messerschmitt-Bölkow-Blohm
MIRV	Multiple Independently Targetable Reentry Vehicle
MIT	Massachusetts Institute of Technology
MITI	Ministry of International Trade and Industry
MLF	Multilateral Force
MPG	Max-Planck-Gesellschaft
MPI	Max-Planck-Institut
MPIC	Max-Planck-Institut für Chemie
MPIE	Max-Planck-Institut für Eisenforschung
MPIL	Max-Planck-Institut zur Erforschung der Lebensbedingungen in der wissenschaftlich-technischen Welt
MPIM	Max-Planck-Institut für Meteorologie
MSB	Marxistischer Studentenbund
MWT	Mitteleuropäischer Wirtschaftstag
N	
NAS	National Academy of Sciences
NASA	National Aeronautics and Space Administration
NATO	North Atlantic Treaty Organization
NCAR	National Center of Atmospheric Research
NGO	Non-governmental Organization
NPT	Non-Proliferation Treaty

NS	Nationalsozialismus/nationalsozialistisch
NSDAP	Nationalsozialistische Deutsche Arbeiterpartei
NSF	National Science Foundation
O	
OECD	Organisation for Economic Co-operation and Development
OEEC	Organisation for European Economic Co-operation
OST	Office of Science and Technology
OSTP	Office of Science and Technology Policy
OSZE	Organisation für Sicherheit und Zusammenarbeit in Europa
Ö	
ÖAW	Österreichische Akademie der Wissenschaft
ÖDW	Österreichisch-Deutsche Wissenschaftshilfe
P	
PCSWA	Pugwash Conferences on Science and World Affairs
PHI	Preußisches Historisches Institut
PICB	CAS-MPG Partner Institute for Computational Biology
PSAC	Presidential Scientific Advisory Committee
R	
RAF	Rote Armee Fraktion
S	
SAC	Scientific Advisory Committee
SAFPP	Senatsausschuss für Forschungspolitik und Forschungsplanung
SALT	Strategic Arms Limitation Talks
SBZ	Sowjetische Besatzungszone
SD	Sicherheitsdienst des Reichsführers SS
SDI	Strategic Defense Initiative
SFB	Sonderforschungsbereich
SIPRI	Stockholm International Peace Research Institute
SKWT	Staatliche Kommission für Wissenschaft und Technik
SPD	Sozialdemokratische Partei Deutschlands
SST	Supersonic Transport
SWP	Stiftung Wissenschaft und Politik
T	
TACIS	Technical Assistance to the Commonwealth of Independent States
TH	Technische Hochschule
TTAPS	Turco/Toon/Ackermann/Pollock/Sagan
U	
UCS	Union of Concerned Scientists
UdSSR	Union der Sozialistischen Sowjetrepubliken
UHV	Ultrahochvakuum

UN	United Nations
UNCED	United Nations Conference on Environment and Development
UNEP	United Nations Environmental Programme
UNESCO	United Nations Educational, Scientific and Cultural Organization
UNGG	Uranium Naturel Graphite Gaz
Unione	Unione Internazionale degli Istituti di Archeologia, Storia e Storia dell'Arte
UNO	United Nations Organization
USA	United States of America
SU	Sowjetunion

V

VDPG	Verband der Deutschen Physikalischen Gesellschaften
VDW	Vereinigung Deutscher Wissenschaftler
VR	Volksrepublik
VW	Volkswagen

W

WDR	Westdeutscher Rundfunk
WFM	World Federalist Movement
WFSW	World Federation of Scientific Workers
WLF	World Law Fund
WM	Wissenschaftliches Mitglied
WOMP	World Order Models Project
WR	Wissenschaftlicher Rat
WRK	Westdeutsche Rektorenkonferenz
WTZ	Wissenschaftlich-technische Zusammenarbeit

Z

ZK	Zentralkomitee
ZOTTO	Zotino Tall Tower Observatory

Bildnachweis

Bis auf wenige Ausnahmen stammen die Abbildungen in diesem Band aus der Fotosammlung des Archivs der Max-Planck-Gesellschaft. Ich danke für die Unterstützung bei der Bildauswahl und die Wiedergabegenehmigung.

Abb. 30: AMPG III. Abt., Rep. 14, Nr. 6513.

Abb. 36: Hans-Peter Dürr: *Star-Wars-Konzept SDI. Technische Machbarkeit und sicherheitspolitische Folgen.* Broschiert, Eigendruck, 1985, 51.

Für die folgenden Abbildungen liegen die Bildrechte bei:

Abb. 29: picture alliance/UPU, Mediennummer 61380842.

Abb. 35: NatWiss – Verantwortung für Frieden und Zukunft e. V.

Abb. 38: picture alliance/dpa, Mediennummer 259482217, Fotograf: Daniel Reinhardt.

Ich danke für die Wiedergabe- bzw. die Abdruckgenehmigung.

Quellen- und Literaturverzeichnis

Archivalien

Archiv des Deutschen Evangelischen Kirchentags, Fulda

Unterlagen zum 10. Deutschen Evangelischen Kirchentag in Berlin (19.–23. Juli 1961)

Archiv des Forschungsinstituts für Friedensforschung, Weilheim [Archiv FF]

Gründungsunterlagen 1981

Archiv der Max-Planck-Gesellschaft, Berlin [AMPG]

II. Abt., Rep. 1: Handakten
II. Abt., Rep. 9: Max-Planck-Institut zur Erforschung der Lebensbedingungen der wissenschaftlich-technischen Welt/MPI für Sozialwissenschaften
II. Abt., Rep. 57: Präsident/Präsidialbüro
II. Abt., Rep. 60: Senat
II. Abt., Rep. 61: Verwaltungsrat
II. Abt., Rep. 62: Wissenschaftlicher Rat (auch GV Neuvorhaben/Neugründungen)
II. Abt., Rep. 66: GV: Institutsbetreuung
II. Abt., Rep. 70: GV: Forschungspolitik/Außenbeziehungen
II. Abt., Rep. 102: Gründungsakten
III. Abt., Rep. 14: Nachlass Otto Hahn
III. Abt., Rep. 22: Nachlass Erich Pietsch
III. Abt., Rep. 84–2: Nachlass Adolf Butenandt – Korrespondenz
III. Abt., Rep. 93: Nachlass Werner Heisenberg
III. Abt., Rep. 111: Nachlass Carl Friedrich von Weizsäcker (vorher ZA 54)
III. Abt., Rep. 134: Nachlass Hans F. Zacher
III. Abt., Rep. 139: Nachlass Joachim E. Trümper
III. Abt., Rep. 150: Nachlass Heinz A. Staab
III. Abt., ZA 116: Papiere Hans-Peter Dürr
(Der Bestand befindet sich zum Zeitpunkt der Veröffentlichung in Bearbeitung; neue Signaturen können von den hier verwendeten abweichen.)
IX. Abt., Rep. 5: Tätigkeitsberichte von Kaiser-Wilhelm-/Max-Planck-Instituten

Archiv der sozialen Demokratie der Friedrich-Ebert-Stiftung online

Depositum Egon Bahr 1963

Egon Bahr: *Wandel durch Annäherung. Ein Diskussionsbeitrag in Tutzing.* Digitalisat des Redemanuskripts. https://www.1000dokumente.de/index.html?c=dokument_de&dokument=0091_bah&object=facsimile&l=de. Zuletzt aufgerufen am 5.9.2021.

Bundesarchiv, Koblenz [BArch]

B 122: Bundespräsidialamt
B 136: Bundeskanzleramt
B 138: Bundesministerium für Bildung und Wissenschaft
B 196: Bundesministerium für Forschung und Technologie
B 277: Deutsche Forschungsgemeinschaft
B 456: Vereinigung Deutscher Wissenschaftler e. V.
N 1287: Nachlass Raiser, Ludwig
N 1225: Nachlass Picht, Georg

Bundesstiftung Aufarbeitung online

Digitalisierte Dokumente: Auflösung der Akademie der Wissenschaften. https://deutsche-einheit-1990.de/ministerien/mft/adw/. Zuletzt aufgerufen am 12.8.2022.

Churchill Archives Center, Cambridge, UK [CAC]

RTBT: The Papers of Professor Sir Joseph Rotblat

Digitales Archiv des Forschungsprogramms Geschichte der Max-Planck-Gesellschaft [DA GMPG]
https://gmpg.mpiwg-berlin.mpg.de/en/

Privatarchiv Wolfgang Ranke:
DA GMPG, ID 601105: *In China. September 1980 bis Januar 1982.* Manuskript, 2008.
Privatarchiv Carola Sachse:
DA GMPG, BC 600021: Nachruf auf LI Qibin
DA GMPG, ID 600020: Organigramme MPG-Generalverwaltung 1971–2002
DA GMPG, ID 601104: Statistik Thoms: Stipendiaten 1973–2000

Generalverwaltung der Max-Planck-Gesellschaft [GVMPG]

Presseausschnittsammlung, KWG/MPG, DÜRR Hans Peter, Personalien bis 1991.

NATO Archives online

NATO Strategy Documents 1949–1969, ed. by Gregory W. Pedlow, Chief, Historical Office, und Supreme Headquarters Allied Powers Europe.
https://www.nato.int/archives/strategy.htm. Zuletzt aufgerufen am 12.8.2022.

Parlamentsarchiv Deutscher Bundestag, Berlin [PA-DBT]

3119: Verteidigung

Politisches Archiv des Auswärtigen Amtes, Berlin [PA AA]

B 41-ZA: Sowjetunion und GUS – Zwischenarchiv, PA AA
B 43-REF. 302/II8/UA IIB: Abrüstung und Sicherheit
B 43-ZA: Abrüstung und Sicherheitspolitik Zwischenarchiv
B 90-REF. 600/IV1: Kulturpolitik Grundsatzangelegenheiten
B 94-REF. 604/IV5: Wissenschaft, Hochschulen, Jugendfragen, Sport, Medizinangelegenheiten
B 94-REF. 621/613: Wissenschaft, Hochschulen, Deutsches Archäologisches Institut
B 97-REF. VI 8/VI 10: Regionale Kulturplanung
B 97-REF. 610: Regionale Kulturplanung
BAV 164-MOSK: Botschaft Moskau
BAV 190-PEKI: Botschaft Peking
BAV 243-TELA: Botschaft Tel-Aviv
P 1: Personalakten Altes Amt

Privatarchiv Klaus Gottstein, München

Vortrag Gottstein »Politikberatung als Aufgabe und Ziel am Beispiel des Beratenden Ausschusses für Forschung und Technologie (BAFT) unter dem Vorsitz von C. F. v. Weizsäcker«, 23.6.2007.
Words of Thanks and Appreciation. Anlässlich des 85. Geburtstages von Klaus Gottstein, 5.5.2009.

Privatunterlagen Wolfgang Ranke, Kil (Schweden)

Verlängerungsantrag vom 25.5.1981

Gespräche und Interviews mit Zeitzeuginnen und Zeitzeugen

Ein Teil der hier verzeichneten Zeitzeugeninterviews und -gespräche entstand im Rahmen des GMPG-Projektes in den Jahren 2018 bis 2021, sie wurden von mir sowie von Kolleginnen und Kollegen geführt und in der Datenbank des GMPG-Projektes (Digitales Archiv des Forschungsprogramms Geschichte der Max-Planck-Gesellschaft, DA GMPG) archiviert. Die übrigen Interviews und Gespräche, die im Rahmen dieser Studie ausgewertet wurden, stammen aus unterschiedlichen Zeiträumen und Kontexten. Der größte Teil der aufgelisteten Interviews ist auf die eine oder andere Weise publiziert. Sie werden im Folgenden alphabetisch nach den Namen der Interviewten mit ihren Publikations- und Aufbewahrungsorten aufgeführt. Zur Orientierung sind jeweils einige für diese Studie relevante biographische Daten der Interviewten vorangestellt.

Afheldt, Horst

(1924–2016) Politik- und Wirtschaftswissenschaftler, VDW-Geschäftsführer (1960–1970), 1970–1980 wissenschaftlicher Mitarbeiter am MPI zur Erforschung der Lebensbedingungen der wissenschaftlich-technischen Welt, danach bis 1989 Leiter der Arbeitsgruppe Afheldt in der MPG.

Interview geführt von Götz Neuneck am 25.6.2007, Video-Podcast.
Publiziert: *Rüstungskontrolle im Kalten Krieg und heute – Interview mit Dr. Horst Afheldt. podcampus.de.*
https://www.podcampus.de/nodes/wDEgE. Zuletzt aufgerufen am 31.7.2022.

Braun, Reiner

(*1952) Historiker, Geschäftsführung der Krefelder Initiative (1981–1988), der Naturwissenschaftler-Initiative »Verantwortung für den Frieden« (1988–2003), der VDW (2006–2014) und der ILANA (2014–2017).

Interview geführt von Carola Sachse am 8.3.2018 in Berlin.
Audioaufzeichnung und Protokoll
Aufbewahrungsort: DA GMPG, ID 601001

Interview geführt von Alexander von Schwerin am 6.5.2020 in Berlin.
Audioaufzeichnung
Aufbewahrungsort: DA GMPG, ID 601088

Crutzen, Paul Josef

(1933–2021) Atmosphärenchemiker, Nobelpreisträger, 1980–2000 Direktor am MPI für Chemie.

Interview geführt von Gregor Lax und Carsten Reinhardt am 17.11.2011 in Mainz.
Transkript
Aufbewahrungsort: DA GMPG, ID 601091
Auszugsweise und redigiert publiziert: Carsten Reinhardt und Gregor Lax: Paul Crutzen im Interview. In: Horst Kant und Carsten Reinhardt (Hg.): *100 Jahre Kaiser-Wilhelm-/Max-Planck-Institut für Chemie (Otto-Hahn-Institut). Facetten seiner Geschichte.* Berlin: Archiv der Max-Planck-Gesellschaft 2012, 250–256; sowie: Paul Crutzen, Gregor Lax und Carsten Reinhardt: Paul Crutzen on the Ozone Hole, Nitrogen Oxides, and the Nobel Prize. *Angewandte Chemie – International Edition*, 52/1 (2013), 48–50.

Gespräch geführt von Michael Müller, o. D. (ca. 2018/19), o. O.
Publiziert: Müller, Michael: »Ich möchte dazu beitragen, dass es keine Scheinlösungen gibt.« Ein Gespräch mit Paul J. Crutzen. In: Michael Müller (Hg.): *Paul J. Crutzen. Das Anthropozän. Schlüsseltexte des Nobelpreisträgers für das neue Erdzeitalter.* München: Oekom Verlag 2019, 213–220.

Dürr, Hans-Peter

(1929–2014) Quantenphysiker, 1963–1997 Abteilungsleiter und später Direktor am MPI für Physik, dann am Werner-Heisenberg-Institut im MPI für Physik und Astrophysik und zuletzt am Werner-Heisenberg-Institut (MPI für Physik).

Gespräch geführt von der Redaktion *Bild der Wissenschaft* im Oktober 1987.
Publiziert: Friedenssicherung vor Wissenserweiterung. Ein Gespräch mit Prof. Hans-Peter Dürr, geschäftsführender Direktor des Max-Planck-Instituts für Physik und Astrophysik / Werner-Heisenberg-Institut. *Bild der Wissenschaft* 10 (1987), 84–90.

Interview geführt von Adelbert Reif 2008.
Publiziert: Heisenberg, Teller & Co. – Wie ich zu einem Grenzgänger wurde. Adelbert Reif im Gespräch mit dem Physiker Hans-Peter Dürr. *Conturen* 3 (2008), 37–48.

Interview geführt von Reiner Braun und Hans-Joachim Bieber am 29.7.2008 in München.
Publiziert: »Ich halte es für das Wichtigste, dass man den Krieg als Ultima Ratio ächtet. Er ist keine Ultima Ratio.« Interview mit Hans-Peter Dürr am 29. Juli 2008 in München, geführt von Reiner Braun und Hans-Joachim Bieber. In: Stephan Albrecht et al. (Hg.): *Wissenschaft – Verantwortung – Frieden. 50 Jahre VDW.* Berlin: Berliner Wissenschafts-Verlag 2009, 347–355.

Gespräch geführt von Anne Devillard, ca. 2012/13.
Publiziert: Anne Devillard, Ein Gespräch mit Hans-Peter Dürr. In: Anne Devillard: *Ein Leben voller Staunen. Anne Devillard im Gespräch mit Hans-Peter Dürr und Sue Dürr.* Ibbenbüren: Driediger 2013, 15–127.

Eigen, Manfred

(1927–2019) Physiko- und Biochemiker, 1958–1995 Direktor am MPI für physikalische Chemie, später MPI für biophysikalische Chemie, Göttingen, 1967 Nobelpreis für Chemie.

Im Gespräch mit Wolfgang Frühwald am 23.9.1994 in Bonn.
Publiziert: Frieß, Peter und Andreas Fickers (Hg.): *Wolfgang Frühwald und Manfred Eigen sprechen über die Neugier als Antrieb wissenschaftlichen Arbeitens.* Bonn: Deutsches Museum Bonn 1993.

Fang, Lizhi

(1936–2012) Astrophysiker, 1979–1986 Vizepräsident der Chinesischen Universität für Wissenschaft und Technik in Hefei, 1986 Ausschluss aus der KP China, 1989 Flucht in die US-amerikanische Botschaft in Beijing, seit 1990 Professor für Physik an der University of Arizona in Tuscon.

Interview geführt von Tiziano Terzani im Oktober 1987.
Publiziert: Farewell Marx and Mao. Your Party is over. Interview with Fang Lizhi by Terziano Terziani. *Far Eastern Economic Review* (22.10.1987), 52–55. Nachgedruckt

in: Lizhi Fang: *Bringing Down the Great Wall. Writings on Science, Culture and Democracy in China.* New York, NY: W. W. Norton 1992, 207–217.

Interview geführt von Tiziano Terzani am 2.8.1990.
Publiziert: Tiziano Terzani: Peking verlor den Verstand. *Der Spiegel* 2 (1990) https://www.spiegel.de/politik/peking-verlor-den-verstand-a-63ec9028-0002-0001-0000-000013501277. Zuletzt aufgerufen am 10.8.2022. Übersetzt ins Englische von Tiziano Terzani: Free to Speak, *Far Eastern Economic Review*, 2.8.1990. Nachgedruckt in: Lizhi Fang: *Bringing Down the Great Wall. Writings on Science, Culture and Democracy in China.* New York, NY: W. W. Norton 1992, 276–298.

Fromm, Beatrice
(*1938) Mathematikerin, 1973–1998 in verschiedenen Funktionen und zuletzt als Abteilungsleiterin in der Generalverwaltung der MPG, insbesondere zuständig für die Vorbereitung und Begleitung von Institutsneugründungen.

Gespräch geführt von Carola Sachse am 22.1.2018 in Berlin.
Protokoll
Aufbewahrungsort: DA GMPG, ID 601082

Frühwald, Wolfgang
(1935–2019) Literaturwissenschaftler, Professuren an den Universitäten Trier-Kaiserslautern, Augsburg und an der Freien Universität Berlin, 1992–1997 Präsident der DFG.

Im Gespräch mit Manfred Eigen am 23.9.1994 in Bonn.
Publiziert: Frieß, Peter und Andreas Fickers (Hg.): *Wolfgang Frühwald und Manfred Eigen sprechen über die Neugier als Antrieb wissenschaftlichen Arbeitens.* Bonn: Deutsches Museum Bonn 1994.

Gottstein, Klaus
(1924–2020) Physiker, seit 1961 Wissenschaftliches Mitglied der MPG, MPI für Physik und Astrophysik, später MPI für Physik, 1971–1974 Wissenschaftsattaché an der bundesdeutschen Botschaft in Washington DC, 1974–1980 abgeordnet an das MPI zur Erforschung der Lebensbedingungen der wissenschaftlich-technischen Welt, 1983–1992 Leitung der Forschungsstelle Gottstein in der MPG, langjähriger Sprecher der bundesdeutschen Pugwash-Gruppe.

Interview geführt von Carola Sachse am 11.11.2011 in Neubiberg.
Transkript
Aufbewahrungsort: DA GMPG, ID 601083

Graßl, Hartmut
(*1940) Physiker und Meteorologe, 1984–1988 Direktor des Instituts für Physik am GKSS-Forschungszentrum Hamburg, 1988–2005 Direktor am MPI für Meteorologie, 1994–1999 Direktor des World Climate Research Program (WCRP) in Genf.

Im Gespräch mit Helmut Schmidt am 1.6.1995 in Bonn.
Publiziert: Peter Frieß und Peter M. Steiner (Hg.): Helmut Schmidt und Hartmut Graßl sprechen über die Bringschuld der Wissenschaftler gegenüber der Gesellschaft und die Annahmepflicht der Politiker gegenüber wissenschaftlicher Erkenntnis. Bonn: Deutsches Museum Bonn 1995.

Lange-Gao, Angelika

(*1951) Sinologin, 1994–2006 Referentin im Auslandsreferat der Generalverwaltung der MPG, 2006–2008 nationale Expertin beim *Scientific Council* des ERC, 2008–2016 Leitung und Geschäftsführung der Minerva-Stiftung GmbH.

Telefoninterview geführt von Carola Sachse am 8.12.2021, Herrsching/Berlin.
Protokoll
Aufbewahrungsort: DA GMPG, ID 601089

Lu, Jiaxi

(1915–2001) Chemiker und Materialforscher, 1960–1981 Vizepräsident der Fuzhou-Universität, 1981–1988 Präsident der Academia Sinica/Chinese Academy of Sciences (CAS).

Interview geführt von Hans Kühner am 9.11.1982 in München.
Nicht autorisierte Rohfassung nur für den internen Gebrauch vom 17.12.1982.
Aufbewahrungsort: AMPG, II. Abt., Rep. 70, Nr. 285, fol. 24–25.
Redigiert und publiziert: Hans Kühner und Lu Jiaxi: »Die Partner sollten gleiche Bedingungen mit in die Ehe bringen.« Der Präsident der Academia Sinica zu Fragen des deutsch-chinesischen Wissenschaftler-Austausches. *MPG Spiegel* 2 (1983), 19–22.

Lüst, Reimar

(1923–2020) Astrophysiker, 1972–1984 Präsident der MPG, anschließend Generaldirektor der European Space Agency (ESA) und Ehrensenator der MPG.

Interview geführt von Hans von Storch und Klaus Hasselmann am 2.12.2002 an Bord des Forschungsschiffs Ludwig Prandtl, Geesthacht.
Publiziert: Hans von Storch und Klaus Hasselmann: *Interview mit Reimar Lüst. 2.12.2002*, Geesthacht: GKSS-Forschungszentrum Geesthacht GmbH, 2003.

Gespräche geführt von Paul Nolte 2006 in Hamburg.
Publiziert: Reimar Lüst und Paul Nolte: *Der Wissenschaftsmacher. Reimar Lüst im Gespräch mit Paul Nolte.* München: C. H. Beck 2008.

Interview geführt von Jürgen Renn und Horst Kant am 18.5.2010 in Hamburg.
Transkript
Aufbewahrungsort: DA GMPG ID, ID 601070

Müller, Albrecht von

(*1954) Philosoph, 1982–1989 wissenschaftlicher Mitarbeiter an den MPI für Physik und für Sozialwissenschaften, zuletzt in der Arbeitsgruppe Afheldt in der MPG, 1989–1995 Direktor des European Center for International Security (EUCIS), 2001 Gründer der Parmenides-Stiftung.

Interview geführt von Carola Sachse am 9.4.2018 in Pullach.
Audioaufzeichnung und Protokoll
Aufbewahrungsort: DA GMPG, ID 601038

Neizert, Berthold

(*1959) Physiker, 1991–1996 Betriebsleiter am MPI für Quantenoptik, 1996–2011 Leitung des Referats Auslandsbeziehungen und Fördernde Mitglieder, seit 2011 der Abteilung Forschungspolitik und Außenbeziehungen der MPG.

Interview geführt von Carola Sachse am 10.4.2018 in München.
Audioaufzeichnung und Protokoll
Aufbewahrungsort: DA GMPG, ID 601089

Nickel, Dietmar

(*1929) Jurist und Historiker, 1971–1996 Leiter des Referats »Zusammenarbeit Ausland, Mitglieder, Protokoll« in der Generalverwaltung der MPG, 1996–2000 Geschäftsführer der Minerva-Stiftung.

Interview geführt von Carola Sachse am 12.4.2018 in München.
Audioaufzeichnung und Protokoll
Aufbewahrungsort: DA GMPG, ID 601023

Pinkau, Klaus

(1931–2021) Astro- und Plasmaphysiker, 1966–1981 Abteilungsleiter bzw. Direktor an den MPI für Physik und Astrophysik, dann MPI für extraterrestrische Physik und 1981–1999 MPI für Plasmaphysik.

Interview geführt von Helmuth Trischler am 9.3.2010 in München.
Transkript
Publiziert: EUI Historical Archives of the European Union. Oral History of Europe in Space Collection: http://archives.eui.eu/en/oral_history/INT072. Zuletzt aufgerufen am 26.4.2022.

Ranke, Wolfgang

(*1944) Physiker, 1970–2006 wissenschaftlicher Mitarbeiter am Fritz-Haber-Institut der MPG, 1980–1982 Forschungsaufenthalt am Halbleiter-Institut der CAS in Beijing.

Schriftliches Interview geführt von Carola Sachse am 21.12.2019, Berlin/Kil (Schweden).
Typoskript
Aufbewahrungsort: DA GMPG, ID 601084

Gespräche geführt von Carola Sachse am 5.2. und 4.3.2020 in Berlin, nicht aufgezeichnet oder protokolliert.

Riesenhuber, Heinz
(*1935) Chemiker, Geschäftsführung und Beratungstätigkeit für Unternehmen und Verbände, 1976–2017 CDU-Bundestagsabgeordneter, 1982–1993 Bundesminister für Forschung und Technologie.

Interview geführt von Helmuth Trischler am 9.3.2010 in München.
Transkript
Publiziert: EUI Historical Archives of the European Union. Oral History of Europe in Space Collection: http://archives.eui.eu/en/oral_history/INT075. Zuletzt aufgerufen am 26.4.2022.

Sagdejew, Roald S.
(*1932) Plasmaphysiker, 1973–1988 Direktor des Instituts für Weltraumforschung (IKI) der sowjetischen Akademie der Wissenschaften, seit 1979 Auswärtiges Wissenschaftliches Mitglied am MPI für Physik und Astrophysik, seit 1991 am MPI für extraterrestrische Physik, wissenschaftlicher Berater von Präsident Gorbatschow, seit 1989 Professur an der University of Maryland.

Interview geführt von Patrick H. Diamond, 2018.
Publiziert: Roald Z. Sagdeev und Patrick H. Diamond: An Interview with Roald Sagdeev: His Story of Plasma Physics in Russia, 1956–1988. *The European Physical Journal H* 43 (2018), 355–396, online publiziert am 23.10.2018: https://link.springer.com/article/10.1140/epjh/e2018-90042-3. Zuletzt aufgerufen am 13.8.2022.

Schmidt, Helmut
(1918–2015) SPD-Politiker, 1953–1962 und 1965–1987 Bundestagsabgeordneter, 1969–1974 Bundesminister für Verteidigung, dann für Finanzen und Wirtschaft, 1974–1982 Bundeskanzler, anschließend Senator der MPG.

Im Gespräch mit Hartmut Graßl am 1.6.1995 in Bonn.
Publiziert: Peter Frieß und Peter M. Steiner (Hg.): *Helmut Schmidt und Hartmut Graßl sprechen über die Bringschuld der Wissenschaftler gegenüber der Gesellschaft und die Annahmepflicht der Politiker gegenüber wissenschaftlicher Erkenntnis.* Bonn: Deutsches Museum Bonn 1995.

Sela, Michael
(1924–2022) Biochemiker und Immunologe, 1970–1985 (Vize-)Präsident des Weizmann Institute of Science, 1975–1979 Vorsitzender der EMBO, 1970–1985 Mitglied des Minerva-Komitees.

Im Gespräch mit Heinz A. Staab am 5.5.1995 in München.
Publiziert: Peter Frieß und Peter M. Steiner (Hg.): *Heinz A. Staab und Michael Sela sprechen über die wissenschaftliche Zusammenarbeit zwischen Israel und Deutschland als Grundlage der Völkerverständigung.* Bonn: Deutsches Museum Bonn 1995.

Sonntag, Philipp
(*1938) Physiker, 1964–1978 wissenschaftlicher Mitarbeiter von Carl Friedrich von Weizsäcker zunächst an der Forschungsstelle der VDW in Hamburg, ab 1970 am MPI zur Erforschung der Lebensbedingungen der wissenschaftlich-technischen Welt.

Interview geführt von Carola Sachse am 6.3.2018 in Berlin.
Audioaufzeichnung und Protokoll
Aufbewahrungsort: DA GMPG, ID 601031

Staab, Heinz A.
(1926–2012) Chemiker, 1974–1996 Direktor am MPI für medizinische Forschung, seit 1977 Mitglied im Board of Governors des Weizmann Institute of Science, 1984–1990 Präsident der MPG.

Im Gespräch mit Michael Sela am 5.5.1995 in München.
Publiziert: Peter Frieß und Peter M. Steiner (Hg.): *Heinz A. Staab und Michael Sela sprechen über die wissenschaftliche Zusammenarbeit zwischen Israel und Deutschland als Grundlage der Völkerverständigung.* Bonn: Deutsches Museum Bonn 1995.

Trümper, Joachim E.
(*1933) Astrophysiker, 1974–2001 Direktor am MPI für Physik und Astrophysik bzw. seit 1991 am MPI für extraterrestrische Physik.

Interview geführt von Helmuth Trischler und Matthias Knopp am 18.3.2010 in München.
Transkript
Publiziert: EUI Historical Archives of the European Union. Oral History of Europe in Space Collection: http://archives.eui.eu/en/oral_history/INT076. Zuletzt aufgerufen am 26.4.2022.

Zhou, Guangzhao
(*1929) Theoretischer und Teilchenphysiker, Direktor des Instituts für theoretische Physik der CAS in Beijing, 1984–1987 Vizepräsident der CAS, 1987–1994 Präsident der CAS.

Interview konzipiert und übersetzt von Barbara Spielmann im Herbst 1994.
Publiziert: Mit »Marschällen« und »Generälen« ins 21. Jahrhundert? Fragen an den Präsidenten der Chinesischen Akademie der Wissenschaften. *MPG-Spiegel* 5 (1994), 45–48.

Für zahlreiche telefonische und E-Mail-Auskünfte danke ich derzeitigen und ehemaligen Mitarbeiterinnen und Mitarbeitern der Generalverwaltung der MPG, insbesondere Felix Kahle, Sabine Panglung, Gottfried Plehn und Barbara Spielmann. Auch meine oben genannten Interviewpartner und -partnerinnen beantworteten dankenswerterweise im Nachgang noch weitere Fragen. Für ausführliche Auskünfte danke ich darüber hinaus dem Astrophysiker Gerhard Börner vom MPI für Astrophysik sowie der Biologin Qingyi Zheng-Fischhöfer, ehemalige Doktorandin in der Max-Planck-Arbeitsgruppe für strukturelle Mikrobiologie.

Veröffentlichte und serielle Quellen

Akten zur auswärtigen Politik der Bundesrepublik Deutschland

Im Auftrag des Auswärtigen Amtes herausgegeben vom Institut für Zeitgeschichte München-Berlin. Andreas Wirsching, Stefan Creuzberger und Hélène Miard-Delacroix (Hg.). München: Oldenbourg 1993–2022.

Bislang erschienen sind die Jahrgangsbände 1949–1953 und 1961–1991.

Für die vorliegende Monographie benutzte Bände:

1967. Bd. 1: 1. Januar bis 31. März. Bearbeitet von Ilse Dorothee Pautsch, Jürgen Klöckler, Matthias Peter und Harald Rosenbach, wiss. Leiter Rainer A. Blasius. München: Oldenbourg 1998.

1972. Bd. 1: 1. Januar bis 31. Mai. Bearbeitet von Mechthild Lindemann, Daniela Taschler und Fabian Hilfrich, wiss. Leiterin Ilse Dorothee Pautsch. München: Oldenbourg 2003.

1983. 1. Januar bis 31. Dezember. 2 Bde. Bearbeitet von Tim Geiger, Matthias Peter und Mechthild Lindemann, wiss. Leiterin Ilse Dorothee Pautsch, München: Oldenbourg 2014.

1989. 1. Januar bis 31. Dezember. 2 Bde. Bearbeitet von Daniela Taschler, Tim Szatkowski und Christoph Johannes Franzen, wiss. Leiterin Ilse Dorothee Pautsch. München: Oldenbourg 2020.

Jahrbücher der Max-Planck-Gesellschaft [MPG-Jahrbuch]

1951 bis 1974: *Jahrbuch der Max-Planck-Gesellschaft zur Förderung der Wissenschaften.* Herausgegeben von der Generalverwaltung der Max-Planck-Gesellschaft. Göttingen: Generalverwaltung d. Max-Planck-Ges. 1951–1974.

1975 bis 2002: *Max-Planck-Gesellschaft Jahrbuch.* Herausgegeben von der Generalverwaltung der Max-Planck-Gesellschaft. Göttingen: Vandenhoeck & Ruprecht 1975–2002.

Tätigkeitsberichte der Max-Planck-Gesellschaft [MPG-Tätigkeitsbericht]

Tätigkeitsbericht der Kaiser-Wilhelm-Gesellschaft zur Förderung der Wissenschaften und der Max-Planck-Gesellschaft zur Förderung der Wissenschaften
vom 1.1.1946 bis 31.3.1951. *Die Naturwissenschaften* 38/16 (1951), 361–380, 409–431.

Tätigkeitsbericht der Max-Planck-Gesellschaft zur Förderung der Wissenschaften e. V.
vom 1.4.1951 bis 31.3.1952. *Die Naturwissenschaften* 39/19 (1952), 437–445.
vom 1.4.1952 bis 31.3.1954. *Die Naturwissenschaften* 41/22 (1954), 509–520.
vom 1.4.1954 bis 31.3.1956. *Die Naturwissenschaften* 43/24 (1956), 545–580.
vom 1.4.1956 bis 31.3.1958. *Die Naturwissenschaften* 45/24 (1958), 581–619.
vom 1.4.1958 bis 31.3.1960. *Die Naturwissenschaften* 47/24 (1960), 553–599.
vom 1.4.1960 bis 31.12.1961. *Die Naturwissenschaften* 49/24 (1962), 553–603.
vom 1.1.1962 bis 31.12.1963. *Die Naturwissenschaften* 51/24 (1964), 569–632.
vom 1.1.1964 bis 31.12.1965. *Die Naturwissenschaften* 53/24 (1966), 630–699.
vom 1.1.1966 bis 31.12.1967. *Die Naturwissenschaften* 55/24 (1968), 563–648.

vom 1.1.1968 bis 31.12.1969. *Die Naturwissenschaften* 57/24 (1970), 568–669.
vom 1.1.1970 bis 31.12.1971. *Die Naturwissenschaften* 59/12 (1972), 534–645.

Zahlenspiegel der Max-Planck-Gesellschaft

Zahlenspiegel der Max-Planck-Gesellschaft. Hg. v. der Max-Planck-Gesellschaft. München: Generalverwaltung der Max-Planck-Gesellschaft 1974–2001.

Literatur

60 Jahre Deutsche Mitarbeit in der UNESCO. Bonn: Deutsche UNESCO-Kommission 2011.

Abella, Alex: *Soldiers of Reason. The RAND Corporation and the Rise of the American Empire.* Boston, MA: Mariner Books 2009.

Afheldt, Horst: *Verteidigung und Frieden. Politik mit militärischen Mitteln.* München: Hanser 1976.

–: *Defensive Verteidigung.* Reinbek bei Hamburg: Rowohlt 1983.

–: Kalter Krieg, Rüstung, Rüstungskontrolle und die Vereinigung Deutscher Wissenschaftler – Ein (sehr subjektiver) Blick zurück. In: Albrecht et al., *50 Jahre VDW*, 2009, 297–310.

Afheldt, Horst und Hellmuth Roth: Verteidigung und Abschreckung in Europa. In: Weizsäcker, *Kriegsfolgen und Kriegsverhütung*, 1971, 285–302.

Afheldt, Horst und Philipp Sonntag: *Stability and Strategic Nuclear Arms (Presented at an International Meeting of the World Order Models Project Held under the Auspices of the World Law Fund in Northfield, Mass., 1969).* Übersetzt von Heinz G. Kruse und William E. Kerby. New York, NY: World Law Fund 1971.

–: Stabilität und Abschreckung durch strategische Kernwaffen – eine Systemanalyse. In: Weizsäcker, *Kriegsfolgen und Kriegsverhütung*, 1971, 303–416.

–: Stability and Deterrence through Strategic Nuclear Arms. *Journal of Peace Research* 10/3 (1973), 245–250.

Afheldt, Horst, Christian Potyka, Utz-Peter Reich, Philipp Sonntag und Carl Friedrich von Weizsäcker: *Durch Kriegsverhütung zum Krieg? Die politischen Aussagen der Weizsäcker-Studie »Kriegsfolgen und Kriegsverhütung«.* München: Hanser 1972.

Agar, Jon: *Science in the 20th Century and Beyond.* Oxford: Polity Press 2012.

Albrecht, Stephan, Hans-Joachim Bieber, Reiner Braun, Peter Croll, Henner Ehringhaus, Maria Finckh, Hartmut Graßl, et al. (Hg.): *Wissenschaft – Verantwortung – Frieden. 50 Jahre VDW.* Berlin: Berliner Wissenschafts-Verlag 2009.

Allianz der Wissenschaftsorganisationen: Solidarität mit Partnern in der Ukraine – Konsequenzen für die Wissenschaft. *Wissenschaftsrat*, 25.2.2022. https://www.wissenschaftsrat.de/SharedDocs/Pressemitteilungen/DE/PM_2022/PM_Allianz_Ukraine.html. Zuletzt aufgerufen am 28.3.2022.

Alperovitz, Gar: *Hiroshima. Die Entscheidung für den Abwurf der Bombe.* Hamburg: Hamburger Edition 1995.

Altenburg, Cornelia: *Kernenergie und Politikberatung. Die Vermessung einer Kontroverse.* Wiesbaden: VS Verlag für Sozialwissenschaften 2010.

Andreas, Joel: *Rise of the Red Engineers: The Cultural Revolution and the Origins of China's New Class.* Stanford, CA: Stanford University Press 2009.

Arendt, Hannah: The Aftermath of Nazi Rule: Report from Germany. *Commentary Magazine*, 1.10.1950. https://www.commentary.org/articles/hannah-arendt/the-aftermath-of-nazi-rulereport-from-germany/. Zuletzt aufgerufen am 27.8.2021.

Arndt, Melanie (Hg.): *Politik und Gesellschaft nach Tschernobyl. (Ost-)europäische Perspektiven.* Berlin: Ch. Links 2016.

Aronova, Elena, Karen S. Baker und Naomi Oreskes: Big Science and Big Data in Biology: From the International Geophysical Year through the International Biological Program to the Long Term Ecological Research (LTER) Network, 1957–Present. *Historical Studies in the Natural Sciences* 40/2 (2010), 183–224.

Aschmann, Birgit: *»Treue Freunde …«? Westdeutschland und Spanien 1945–1963.* Stuttgart: Franz Steiner 1999.

Ash, Mitchell G.: *Die Max-Planck-Gesellschaft im Kontext der Deutschen Vereinigung 1989–1995.* Berlin: GMPG-Preprint 13, 2020.

–: *Die Max-Planck-Gesellschaft im Prozess der deutschen Vereinigung 1989–2003.* Göttingen: Vandenhoeck und Ruprecht, in Vorbereitung.

Atlantik-Brücke: Geschichte der Atlantik-Brücke. https://www.atlantik-bruecke.org/geschichte-der-atlantik-bruecke/. Zuletzt aufgerufen am 7.2.2019.

Auer, Ingeborg, Reinhard Böhm und Wolfgang Schöner: *Labor über den Wolken. Die Geschichte des Sonnblick-Observatoriums.* Wien: Böhlau 2011.

Auswärtiges Amt (Hg.): *Biographisches Handbuch des deutschen Auswärtigen Dienstes 1871–1945.* Bd. 2. Paderborn: Ferdinand Schöningh 2005.

Balcar, Jaromír: *Instrumentenbau – Patentvermarktung – Ausgründungen. Die Geschichte der Garching Instrumente GmbH.* Berlin: GMPG-Preprint 4, 2018.

–: *Die Ursprünge der Max-Planck-Gesellschaft. Wiedergründung – Umgründung – Neugründung.* Berlin: GMPG-Preprint 7, 2019.

–: *Wandel durch Wachstum in »dynamischen Zeiten«. Die Max-Planck-Gesellschaft 1955/57 bis 1972.* Berlin: GMPG-Preprint 14, 2020.

–: Die formative Phase der MPG (1955–1972). In: Kocka et al., *Die Max-Planck-Gesellschaft*, 2023 (in Vorbereitung).

–: Die MPG nach dem Boom (1972–1989). In: Kocka et al., *Die Max-Planck-Gesellschaft*, 2023 (in Vorbereitung).

–: Die MPG zwischen »Aufbau Ost« und Globalisierung (1990–2002/2005). In: Kocka et al., *Die Max-Planck-Gesellschaft*, 2023 (in Vorbereitung).

Balsiger, Hans und Erwin O. Flückiger: 75 Jahre Hochalpine Forschungsstation Jungfraujoch. *Mitteilungen der Naturforschenden Gesellschaft in Bern* 64 (2007), 81–99.

Baratta, Joseph Preston: *The Politics of World Federation. From World Federalism to Global Governance.* Westport, CT: Praeger 2004.

Barken Noah. MLF-Flotte. *Der Spiegel* 45 (3.11.1964), 47–64.

Baron, Udo: *Kalter Krieg und heißer Frieden. Der Einfluss der SED und ihrer westdeutschen Verbündeten auf die Partei »Die Grünen«.* Münster: LIT 2003.

Barrett, Gordon: Minding the Gap: Zhou Peiyuan, Dorothy Hodgkin, and the Durability of Sino-Pugwash Networks. In: Kraft und Sachse (Hg.): Science, *(Anti-) Communism and Diplomacy*, 2020, 190–217.

Bartosch, Ulrich: *Weltinnenpolitik. Zur Theorie des Friedens von Carl Friedrich von Weizsäcker.* Berlin: Duncker & Humblot 1995.

Bartz, Olaf: *Der Wissenschaftsrat. Entwicklungslinien der Wissenschaftspolitik in der Bundesrepublik Deutschland 1957–2007.* Stuttgart: Franz Steiner 2007.

Bärwald, Helmut: Weltweite Wühlarbeit per Computer. *Deutschland-Magazin* 2 (1988), 30–31.

Becker, Heinrich: *Handlungsspielräume der Agrarpolitik in der Weimarer Republik zwischen 1923 und 1929.* Stuttgart: Franz Steiner 1990.

Becker, Hellmut: Politik und Wissenschaft. Wie gewinnen wir politische Konzeptionen. *Die Zeit* 22 (1.6.1962), 8.

Becker, Hellmut, Josef Beckmann, Klaus von Bismarck, Werner Heisenberg, Günter Howe, Georg Picht, Ludwig Raiser, Carl Friedrich von Weizsäcker: Das Memorandum der Acht. Wissenschaftler warnen vor Selbstgefälligkeit und Illusionen. *Die Zeit* 9 (2.3.1962), 6.

Becker-Schaum, Christoph: Die institutionelle Organisation der Friedensbewegung. In: Becker-Schaum et al., *Nuklearkrise*, 2012, 151–168.

Becker-Schaum, Christoph, Philipp Gassert, Martin Klimke, Wilfried Mausbach und Marianne Zepp (Hg.): *»Entrüstet Euch!«. Nuklearkrise, NATO-Doppelbeschluss und Friedensbewegung.* Paderborn: Ferdinand Schöningh 2012.

Behm, Britta: Zu den Anfängen der Bildungsforschung in Westdeutschland 1946–1963. Ein wissenschaftsgeschichtlicher Blick auf eine »vergessene« Geschichte. In: Sabine Reh, Edith Glaser, Britta Behm und Tilman Drope (Hg.): *Wissen machen. Beiträge zu einer Geschichte erziehungswissenschaftlichen Wissens in Deutschland zwischen 1945 und 1990.* Weinheim: Beltz Juventa 2017, 34–69.

–: *Das MPI für Bildungsforschung in der Ära Becker. Zur Genese und Transformation eines Forschungsfeldes im Kontext der Max-Planck-Gesellschaft.* Berlin: GMPG-Preprint in Vorbereitung.

Beisel, Dieter: »Mit der Kreissäge Butter schneiden?«. *Natur* 7 (1983), 18–20.

Beitel, Werner und Jürgen Nötzold: *Deutsch-sowjetische Wirtschaftsbeziehungen in der Zeit der Weimarer Republik. Eine Bilanz im Hinblick auf gegenwärtige Probleme.* Baden-Baden: Nomos 1979.

Berg, Lilo: Professor Rastlos. Der Biochemiker Pei Gang hat es in China zum Regierungsberater gebracht. Er glaubt, dass sein Land auf Demokratie zusteuert. *Berliner Zeitung* (8.11.2010), 8.

Berger, Stefan und Holger Nehring (Hg.): *The History of Social Movements in Global Perspective. A Survey.* London: Palgrave Macmillan 2017.

Berman, Larry: *No Peace, No Honor. Nixon, Kissinger, and Betrayal in Vietnam.* New York, NY: Free Press 2001.

Bernhard, Patrick und Holger Nehring (Hg.): *Den Kalten Krieg denken. Beiträge zur sozialen Ideengeschichte seit 1945.* Essen: Klartext 2014.

Bertram, Christoph: Experten oder Bürger? Zum Disput der Naturwissenschaftler. *Die Zeit* 28 (8.7.1983). https://www.zeit.de/1983/28/experten-oder-buerger. Zuletzt aufgerufen am 3.3.2021.

Besorgte Bürger. *Der Spiegel* 23 (5.6.1983), 50.

Beyler, Richard: Physics and the Ideology of Non-Ideology. Reconstructing the Cultural Role of Science in West Germany. In: Trischler und Walker, *Physics and Politics*, 2010, 85–106.

Beyler, Richard H.: The Demon of Technology, Mass Society, and Atomic Physics in West Germany, 1945–1957. *History and Technology* 19/3 (2003), 227–239.

Bi, H. G., Gerhard Börner, Qibin Li und Lizhi Fang: Jeans-Type Instability of the Reheated IGM. In: Georges Meylan (Hg.): *QSO Absorption Lines. Proceedings of the ESO Workshop Held at Garching, Germany, 21–24 November 1994.* Berlin: Springer 1995, 447–448.

Bieber, Hans-Joachim: Die VDW zwischen Gründung und Schließung ihrer Forschungsstelle (1964 bis 1975). In: Albrecht et al., *50 Jahre VDW,* 2009, 91–248.

–: Carl Friedrich von Weizsäcker und die Vereinigung Deutscher Wissenschaftler. In: Hentschel und Hoffmann, *Carl Friedrich von Weizsäcker,* 2014, 377–388.

Bismarck, Klaus von: Bonn ohne Sozialpolitik. *Die Zeit* 14 (6.4.1962), 8.

Boberach, Heinz (Hg.): *Meldungen aus dem Reich. Die geheimen Lageberichte des Sicherheitsdienstes der SS 1938–1945.* 17 Bde. Herrsching: Pawlak 1984.

Bode, Matthias: *Die auswärtige Kulturverwaltung der frühen Bundesrepublik. Eine Untersuchung ihrer Etablierung zwischen Norminterpretation und Normgenese.* Tübingen: Mohr Siebeck 2014.

Boenke, Susan: Das Institut für Plasmaphysik zwischen Bund, Ländern und Max-Planck-Gesellschaft. In: Margit Szöllösi-Janze und Helmuth Trischler (Hg.): *Großforschung in Deutschland.* Frankfurt am Main: Campus 1990, 99–116.

–: *Entstehung und Entwicklung des Max-Planck-Instituts für Plasmaphysik 1955–1971.* Frankfurt am Main: Campus 1991.

Boer, Harry F. de, Jürgen Enders und Uwe Schimank: On the Way Towards New Public Management? The Governance of University Systems in England, the Netherlands, Austria and Germany. In: Dorothea Jansen (Hg.): *New Forms of Governance in Research Organizations. Disciplinary Approaches, Interfaces and Integration.* Dordrecht: Springer 2007, 137–152.

–: Comparing Higher Education Governance. Systems in Four European Countries. In: Nils C. Soguel und Pierre Jaccard (Hg.): *Governance and Performance of Education Systems.* Dordrecht: Springer 2008, 35–54.

Böhme, Gernot, Wolfgang van den Daele und Wolfgang Krohn: Die Finalisierung der Wissenschaft. *Zeitschrift für Soziologie* 2/2 (1973), 128–144.

Böhme, Gernot, Wolfgang van den Daele, Rainer Hohlfeld, Wolfgang Krohn, Wolf Schaefer und Tilman Spengler: *Die gesellschaftliche Orientierung des wissenschaftlichen Fortschritts.* Frankfurt am Main: Suhrkamp 1978.

Bollmann, Erika: Wissenschaftliche Zusammenarbeit mit Spanien. *Mitteilungen aus der Max-Planck-Gesellschaft zur Förderung der Wissenschaften* Heft 1–2 (1964), 52–54.

Bonolis, Luisa und Juan-Andres Leon: *Astrophysics, Astronomy and Space Sciences in the History of the Max Planck Society.* Leiden: Brill 2023 (im Erscheinen).

Booz, Rüdiger: *Hallsteinzeit. Deutsche Außenpolitik 1955–1972.* Bonn: Bouvier 1995.

Borgwardt, Angela: Wissenschaftsaußenpolitik. Deutschland als Knotenpunkt im weltweiten Wissensnetzwerk. Konferenzbericht der Veranstaltung vom 13. November 2008, Friedrich-Ebert-Stiftung. Berlin: FES 2009. http://library.fes.de/pdf-files/stabsabteilung/06072.pdf. Zuletzt aufgerufen am 17.3.2022.

Börner, Gerhard (Hg.): *High Energy Astrophysics: Supernovae, Remnants, Active Galaxies, Cosmology.* Berlin: Springer 1988.

–: Gemeinsamer Blick in den Kosmos. Fünfzehn Jahre China-Programm in der Astrophysik. *MPG-Spiegel* 5 (1994), 49–50.

Borowsky, Peter: Tendenzwende Anfang der siebziger Jahre. *Informationen zur politischen Bildung* 258 (1998), 44–49.

Boutwell, Jeffrey (Hg.): Participants in the Pugwash Conferences on Science and World Affairs Meetings, 1957–2007. *Pugwash Newsletter.* Special Edition 2007. https://pugwashconferences.files.wordpress.com/2014/05/participants-and-meetings-1957-2007.pdf. Zuletzt aufgerufen am 20.4.2022.

Boyer, Paul: *By the Bomb's Early Light. American Thought and Culture at the Dawn of the Atomic Age.* 2. Auflage. Chapel Hill, NC: University of North Carolina Press 1994.

Braml, Josef: *Think Tanks versus »Denkfabriken«? U. S. and German Policy Research Institutes' Coping with and Influencing their Environments. Strategien, Management und Organisation politikorientierter Forschungsinstitute.* Baden-Baden: Nomos 2004.

Brandstetter, Thomas, Claus Pias und Sebastian Vehlken: Think-Tank-Denken. Zur Epistemologie der Beratung. In: Dies. (Hg.): *Think Tanks. Die Beratung der Gesellschaft.* Zürich: Diaphanes 2010, 17–57.

Braun, Reiner, Diether Dehm, Ingeborg Drewitz, Jutta Sählbrecht, Gert Sommer, Helga Genrich, Bernd Hahnfeld, et al. (Hg.): *Berufsbezogene Friedensinitiativen. Eine überarbeitete und erweiterte Übersicht.* 2. Auflage. Marburg: Gert Sommer Eigendruck 1986.

Brautmeier, Jürgen: *Forschungspolitik in Nordrhein-Westfalen. 1945–1961.* Düsseldorf: Schwann 1983.

Broichhausen, Klaus: Neugierde auf Neues aus Moskau. Wirtschaftler und Wissenschaftler eingeladen. *Frankfurter Allgemeine Zeitung* 37 (13.2.1987), 4.

Bruch, Rüdiger vom und Ulrich Herbert (Hg.): *Beiträge zur Geschichte der Deutschen Forschungsgemeinschaft.* Buchreihe. 7 Bde. Stuttgart: Franz Steiner 2006–2018.

Bruch, Rüdiger vom, Ulrich Herbert und Patrick Wagner (Hg.): *Studien zur Geschichte der Deutschen Forschungsgemeinschaft.* Buchreihe. 12 Bde. Stuttgart: Franz Steiner 2007–2021.

Brügge, Peter: Vom Gefühl her trotzdem. *Der Spiegel* 49 (30.11.1987), 226–227.

Bruns, Wilhelm: Die NATO ist am Zuge. Das Bündnis muss mit substanziellen Vorschlägen auf die östlichen Offerten zur konventionellen Abrüstung eingehen. *Sozialdemokratischer Pressedienst* 42/29 (1987), 1–2.

Bullock, Mary Brown: The Effects of Tiananmen on China's International Scientific and Educational Cooperation. In: Joint Economic Committee, Congress of the United States (Hg.): *China's Economic Dilemmas in the 1990s: The Problems of Reforms, Modernization, and Interdependence.* Bd. 2. Washington, DC: U. S. Government Printing Office 1991, 611–628.

Bundesamt für zivilen Bevölkerungsschutz: *Jeder hat eine Chance.* Broschüre. Bad Godesberg 1961.

Bundesministerium für Bildung und Forschung: *Internationalisierung von Bildung, Wissenschaft und Forschung. Strategie der Bundesregierung.* Bonn: BMBF 2016 (Nachdruck 2019).

Bundesregierung: *Bericht der Bundesregierung zur internationalen Kooperation in Bildung, Wissenschaft und Forschung 2017 bis 2018.* Drucksache, 19/15360, 15.11.2019. https://dserver.bundestag.de/btd/19/153/1915360.pdf. Zuletzt aufgerufen am 22.6.2022.

Burkhardt, Gerd: German Scientists Speak Up. *Bulletin of the Atomic Scientists* 18/6 (1962), 45–46.

Butcher, Sandra Ionno: *The Origins of the Russell-Einstein Manifesto.* Herausgegeben von Jeffrey Boutwell. Washington, DC: Pugwash Conferences on Science and World Affairs 2005.

Butenandt, Adolf: Ansprache des Präsidenten Professor Dr. Butenandt in der Festversammlung der Max-Planck-Gesellschaft in Augsburg am 16. Mai 1963. In: *MPG-Jahrbuch 1963*, 1963, 18–30.

Carson, Cathryn: New Models for Science in Politics. Heisenberg in West Germany. *Historical Studies in the Physical and Biological Sciences* 30/1 (1999), 115–171.

–: *Heisenberg in the Atomic Age. Science and the Public Sphere.* New York, NY: Cambridge University Press 2010.

Carson, Cathryn und Michael Gubser: Science Advising and Science Policy in Post-War West Germany: The Example of the Deutscher Forschungsrat. *Minerva* 40/2 (2002), 147–179.

Chadarevian, Soraya de: Asilomar – ein Moratorium und was daraus geworden ist. *Gegenworte* 16 (2005), 74–77.

Chang, Jung: *Wilde Schwäne. Die Frauen meiner Familie. Eine Geschichte aus China im 20. Jahrhundert.* Übersetzt von Andrea Galler und Karlheinz Dürr. 4. Auflage. München: Droemer 2015.

Coleman, David G. und Joseph M. Siracusa: *Real-World Nuclear Deterrence. The Making of International Strategy.* Westport, CT: Praeger 2006.

Collado Seidel, Carlos: *Angst vor dem »Vierten Reich«. Die Alliierten und die Ausschaltung des deutschen Einflusses in Spanien 1944–1958.* Paderborn: Ferdinand Schöningh 2001.

–: *Der Durchbruch eines neuen Denkens: Die Strukturelle Nichtangriffsfähigkeit als Leitbegriff der bundesdeutschen Sicherheits- und Abrüstungsdebatten über konventionelle Streitkräfte in Europa (1982–1992).* Pullach: Parmenides-Stiftung, unveröff. Typoskript 2021.

Collin, Peter und Thomas Horstmann (Hg.): *Das Wissen des Staates. Geschichte, Theorie und Praxis.* Baden-Baden: Nomos 2004.

Commission on Science, Technology and Diplomacy: »International Symposium on the History of Science Diplomacy in 20th Century China« Programme. *STAND.* https://sciencediplomacyhistory.org/. Zuletzt aufgerufen am 9.3.2022.

Cosmos 1900 and the Future of Space Nuclear Power. Hearing Before the Committee on Energy and Natural Resources. United States Senate. One Hundredth Congress. Second Session, September 13, 1988. Washington, DC: U.S. Government Printing Office 1989.

Conant, James B.: *Probleme der Universitäten in Deutschland und in den USA. Rede an der Universität Tübingen am 21. Juli 1964.* Tübingen: Mohr Siebeck 1965.

Conze, Eckart, Norbert Frei, Peter Hayes und Moshe Zimmermann: *Das Amt und die Vergangenheit. Deutsche Diplomaten im Dritten Reich und in der Bundesrepublik.* München: Karl Blessing 2010.

Conze, Vanessa: *Das Europa der Deutschen. Ideen von Europa in Deutschland zwischen Reichstradition und Westorientierung (1920–1970).* München: Oldenbourg 2005.

Creager, Angela N. H.: *Life Atomic. A History of Radioisotopes in Science and Medicine.* Chicago, IL: University of Chicago Press 2013.

Crutzen, Paul J.: SST's – A Threat to the Earth's Ozone Shield. *Ambio* 1/2 (1972), 41–51.

–: Estimates of Possible Future Ozone Reductions from Continued Use of Fluoro-Chloro-Methanes (CF_2Cl_2, $CFCl_3$). *Geophysical Research Letters* 1/5 (1974), 205–208.

–: My Life with O_3, NO_x and Other YZO_{xs}. In: Bo G. Malmström (Hg.): *Nobel Lectures in Chemistry. 1991–1995.* New Jersey, NJ: World Scientific 1995, 189–242.

–: Albedo Enhancement by Stratospheric Sulfur Injections: A Contribution to Resolve a Policy Dilemma? *Climatic Change* 77 (2006), 211–219.

–: Erdabkühlung durch Sulfatinjektionen in die Stratosphäre. In: Müller, *Crutzen. Anthropozän*, 2019, 205–209.

–: Schutz der Ozonschicht – ein Beispiel gelungener Umweltpolitik. In: Müller, *Crutzen. Anthropozän*, 2019, 143–148.

Crutzen, Paul J. und Frank Arnold: Nitric Acid Cloud Formation in the Cold Antarctic Stratosphere: A Major Cause for the Springtime »Ozone Hole«. *Nature* 324 (1986), 651–655. doi: https://doi.org/10.1038/324651a0.

Crutzen, Paul J. und John W. Birks: The Atmosphere after a Nuclear War. Twilight at Noon. *Ambio* 11/2–3 (1982), 114–125.

Crutzen, Paul J. und Jürgen Hahn (Hg.): *Schwarzer Himmel. Auswirkungen eines Atomkrieges auf Klima und globale Umwelt.* Frankfurt am Main: S. Fischer 1986.

Crutzen, Paul J. und Michael Müller (Hg.): *Das Ende des blauen Planeten? Der Klimakollaps. Gefahren und Auswege.* München: C.H. Beck 1989.

Crutzen, Paul J., Mike Davis, Michael D. Mastrandrea, Stephen H. Schneider und Peter Sloterdijk: *Das Raumschiff Erde hat keinen Notausgang.* Berlin: Suhrkamp 2011.

Dagegen kämpfen. *Der Spiegel* 9 (19.2.1967), 25.

Dahrendorf, Ralf: *Über Grenzen. Lebenserinnerungen.* 4. Auflage. München: C.H. Beck 2003.

Das geht an die Schmerzgrenze. *Der Spiegel* 13 (23.3.1986). https://www.spiegel.de/politik/das-geht-an-die-schmerzgrenze-a-34eeb238-0002-0001-0000-000013519050. Zuletzt aufgerufen am 19.1.2022.

Daston, Lorraine und Peter Galison: *Objektivität.* Frankfurt am Main: Suhrkamp 2007.

Defrance, Corine: France-Allemagne: une coopération scientifique »privilégiée« en Europe, de l'immédiat après-guerre au milieu des années 1980? In: Corine Defrance und Anne Kwaschik (Hg.): *La guerre froide et l'internationalisation des sciences. Acteurs, réseaux et institutions.* Paris: CNRS Éditions 2019, 169–186.

Deichmann, Ute: Collaborations between Israel and Germany in Chemistry and the Other Sciences – a Sign of Normalization? *Israel Journal of Chemistry* 55/11–12 (2015), 1181–1218.

Deng, Zugan, H.J. Mo, Xiaoyang Xia und Lizhi Fang: Typical Scales in the Large-Scale Structure of the Universe. In: Gerhard Börner (Hg.): *Proceedings. 4th MPG-CAS Workshop on High Energy Astrophysics and Cosmology, Ringberg-Castle, Tegernsee, May 17th-May 22nd, 1993.* Garching: Max-Planck-Institut für Astrophysik 1993.

Dennis, Michael Aaron: Secrecy and Science Revisited. From Politics to Historical Practice and Back. In: Doel und Söderqvist, *Historiography of Contemporary Science*, 2006, 201–236.

Der Wald stirbt. Saurer Regen über Deutschland. *Der Spiegel* 47 (15.11.1981). https://www.spiegel.de/spiegel/print/index-1981-47.html. Zuletzt aufgerufen am 2.6.2021.

Detten, Roderich von: Umweltpolitik und Unsicherheit. Zum Zusammenspiel von

Wissenschaft und Umweltpolitik in der Debatte um das Waldsterben der 1980er Jahre. *Archiv für Sozialgeschichte* 50 (2010), 217–269.

Deutsche Forschungsgemeinschaft: DFG zieht Konsequenzen aus russischem Angriff auf Ukraine, 2.3.2022. https://www.dfg.de/service/presse/pressemitteilungen/2022/pressemitteilung_nr_01/index.html. Zuletzt aufgerufen am 28.3.2022.

Deutscher Akademischer Austauschdienst (Hg.): *Spuren in die Zukunft. Der Deutsche Akademische Austauschdienst 1925–2000. Bd. 1: Der DAAD in der Zeit. Bd. 2: Fakten und Zahlen zum DAAD. Bd. 3: Mit dem DAAD in die Welt.* Bonn: DAAD 2000.

Diamond, Louise und John W. McDonald: *Multi-Track Diplomacy. A Systems Approach to Peace.* West Harford, CT: Kumarian Press 1996.

Diaz Hernández, Onésimo: *Rafael Calvo Serer y el grupo Arbor.* València: Publicacions de la Universitat de València 2008.

Döbert, Rainer und Gertrud Nunner-Winkler: *Adoleszenzkrise und Identitätsbildung. Psychische und soziale Aspekte des Jugendalters in modernen Gesellschaften.* Frankfurt am Main: Suhrkamp 1975.

Dobler, Ralph-Miklas: Leo Bruhns und die Bibliotheca Hertziana. Nationalsozialismus, Schließung und Wiedereröffnung. In: Ebert-Schifferer und Kieven, *Geschichte des Instituts*, 2013, 74–89.

Doel, Ronald E.: Constituting the Postwar Earth Sciences: The Military's Influence on the Environmental Sciences in the USA after 1945. *Social Studies of Science* 33/5 (2003), 635–666.

Doel, Ronald E. und Kristine C. Harper: Prometheus Unleashed. Science As a Diplomatic Weapon in the Lyndon B. Johnson Administration. *Osiris* 21 (2006), 66–85.

Doel, Ronald Edmund und Thomas Söderqvist (Hg.): *The Historiography of Contemporary Science, Technology, and Medicine. Writing Recent Science.* London: Routledge 2006.

Dölle, Hans: *Erläuterungen zur Satzung der MPG vom 3.12.1964.* München: Max-Planck-Gesellschaft zur Förderung der Wissenschaften 1965.

Dönhoff, Marion Gräfin: Lobbyisten der Vernunft. Das Memorandum der Acht: Eine kritische Bestandsaufnahme der Bonner Politik. *Die Zeit* 9 (2.3.1962), 3.

Doering-Manteuffel, Anselm: Die deutsche Geschichte in den Zeitbögen des 20. Jahrhunderts. *Vierteljahrshefte für Zeitgeschichte* 62/3 (2014), 321–348.

Dörre, Steffen: *Zwischen NS-»Euthanasie« und Reformaufbruch: Die psychiatrischen Fachgesellschaften im geteilten Deutschland.* Berlin: Springer 2021.

Dosch, Werner: Vor den Binaries. C-Waffen-Vertrag jetzt – bevor es zu spät ist. *Wissenschaft und Frieden* 4 (1984). https://www.wissenschaft-und-frieden.de/seite.php?artikelID=0586. Zuletzt aufgerufen am 29.3.2021.

Drewitz, Ingeborg, Reiner Braun, Diether Dehm, Helga Genrich, Bernd Hahnfeld, Hubert Kneser, Horst Meyer et al. (Hg.): *Berufsbezogene Friedensinitiativen. Eine Übersicht.* Köln: Eigendruck 1984.

Drieschner, Michael: Die Verantwortung der Wissenschaft – Ein Rückblick auf das Max-Planck-Institut zur Erforschung der Lebensbedingungen der wissenschaftlich-technischen Welt. In: Rudolf Seising und Tanja Fischer (Hg.): *Wissenschaft und Öffentlichkeit.* Frankfurt am Main: Peter Lang 1996, 173–198.

Dürr, Hans-Peter: Immer mehr in die Rolle des Medizinmannes gedrängt. Professor Hans-Peter Dürrs kritische Gedanken zur Kernenergie-Debatte. Teil I. *Frankfurter Rundschau* (27.9.1977).

–: Sicherung des Weltfriedens genießt Priorität. Professor Hans-Peter Dürrs kritische Gedanken zur Kernenergie-Debatte. Teil II. *Frankfurter Rundschau* (28.9.1977).

–: Der Himmel wird zum Vorhof der Hölle. *Der Spiegel* 29 (14.7.1985), 28–42.

–: *Star-Wars-Konzept SDI. Technische Machbarkeit und sicherheitspolitische Folgen.* Broschiert, Eigendruck, 1985.

–: Die Verantwortung des Wissenschaftlers und sein Beitrag zur Friedenssicherung. *Prisma. Die Zeitschrift der Universität Gesamthochschule Kassel* 36 (1986), 84–90.

–: *Das Netz des Physikers. Naturwissenschaftliche Erkenntnis in der Verantwortung.* München: Hanser 1988.

–: Sustainable, Equitable Economics. The Personal Energy Budget. In: Philip B. Smith, Samuel E. Okoye, Jaap de Wilde und Priya Deshiangkar (Hg.): *World at the Crossroads. Towards a Sustainable, Equitable and Liveable World. A Report to the Pugwash Council.* London: Earthscan 1994, 39–56.

–: *Die Zukunft ist ein unbetretener Pfad. Bedeutung und Gestaltung eines ökologischen Lebensstils.* Freiburg: Herder 1995.

Ebbinghaus, Angelika und Karl Heinz Roth: Von der Rockefeller Foundation zur Kaiser-Wilhelm/Max-Planck-Gesellschaft. Adolf Butenandt als Biochemiker und Wissenschaftspolitiker des 20. Jahrhunderts. *Zeitschrift für Geschichtswissenschaft* 50/5 (2002), 389–419.

Ebert-Schifferer, Sybille: Ernst Steinmann (1866–1934). Der Gründungsdirektor des Instituts. In: Ebert-Schifferer und Kieven, *Geschichte des Instituts*, 2013, 36–61.

Ebert-Schifferer, Sybille und Elisabeth Kieven (Hg.): *100 Jahre Bibliotheca Hertziana. Max-Planck-Institut für Kunstgeschichte. Bd. 1: Die Geschichte des Instituts 1913–2013.* München: Hirmer 2013.

Eckert, Andreas und Sebastian Conrad: Globalgeschichte. In: Sebastian Conrad, Andreas Eckert und Ulrike Freitag (Hg.): *Globalgeschichte. Theorien, Ansätze, Themen.* Frankfurt am Main: Campus 2007, 7–51.

Ein Heer für den Angriff. *Der Spiegel* 21 (23.5.1982), 80–103.

Einstein, Albert: Ist die Trägheit eines Körpers von seinem Energieinhalt abhängig? *Annalen der Physik* 18/13 (1905), 639–641.

–: Über die von der molekularkinetischen Theorie der Wärme geforderte Bewegung von in ruhenden Flüssigkeiten suspendierten Teilchen. *Annalen der Physik* 17/8 (1905), 549–560.

–: Über einen die Erzeugung und Verwandlung des Lichtes betreffenden heuristischen Gesichtspunkt. *Annalen der Physik* 17/6 (1905), 132–148.

–: Zur Elektrodynamik bewegter Körper. *Annalen der Physik* 17/10 (1905), 891–921.

Eisenbart, Constanze: Nichtverbreitung von Atomwaffen – die NPT-Debatte. In: Albrecht et al., *50 Jahre VDW*, 2009, 285–293.

El Goresy, Ahmed: Die Jilin-, Qingzhen- und Sixiangkou-Meteoriten. Erforschung der über China niedergegangenen Meteoriten. *MPG-Spiegel* 5 (1994), 53–54.

Encrenaz, Pierre, Jesús Gómez-Gónzalez, James Lequeux und Wayne Orchiston: Highlighting the History of French Radio Astronomy. 7. The Genesis of the Institute of Radioastronomy at Millimeter Wavelengths (IRAM). *Journal of Astronomical History and Heritage* 14/2 (2011), 83–92.

Engelmann, Bernt: *Schützenpanzer HS 30, Starfighter F-104G oder wie man unseren Staat zugrunde richtet.* München: Kurt Desch 1967.

Erickson, Paul, Judy L. Klein, Lorraine Daston, Rebecca Lemov, Thomas Sturm und

Michael D. Gordin (Hg.): *How Reason Almost Lost Its Mind. The Strange Career of Cold War Rationality.* Chicago, IL: The University of Chicago Press 2013.

Esch, Arnold: Die Lage der deutschen wissenschaftlichen Institute in Italien nach dem Ersten Weltkrieg und die Kontroverse über ihre Organisation. Paul Kehrs »römische Mission« 1919/1920. In: Deutsches Historisches Institut in Rom (Hg.): *Quellen und Forschungen aus italienischen Archiven und Bibliotheken.* Bd. 72. Tübingen: Niemeyer 1992, 314–373.

–: Die deutschen Institutsbibliotheken nach dem Ende des Zweiten Weltkriegs und die Rolle der *Unione degli Istituti*: Internationalisierung, Italianisierung – oder Rückgabe an Deutschland? In: Michael Matheus (Hg.): *Deutsche Forschungs- und Kulturinstitute in Rom in der Nachkriegszeit.* Tübingen: Niemeyer 2007, 67–98.

Evangelista, Matthew: *Unarmed Forces. The Transnational Movement to End the Cold War.* Ithaca, NY: Cornell University Press 1999.

Fang, Lizhi: Fractals in the Distribution of Galaxies. In: Gerhard Börner (Hg.): *High Energy Astrophysics: Supernovae, Remnants, Active Galaxies, Cosmology.* Berlin: Springer 1988, 201–204.

–: *Bringing Down the Great Wall: Writings on Science, Culture and Democracy in China.* New York, NY: W. W. Norton 1990.

–: Quasar Clustering and Structure Formation in the Universe. In: Gerhard Börner (Hg.): *Proceedings. 4th MPG-CAS Workshop on High Energy Astrophysics and Cosmology, Ringberg-Castle, Tegernsee, May 17th-May 22nd, 1993.* Garching: Max-Planck-Institut für Astrophysik 1993, 271 ff.

–: Large Scale Bulk Velocity Measured from Ly Forests. *Proceedings of the 6th Sino-German Workshop on Astrophysics, Ringberg Castle, July 16–20, 2001.* Garching: Max-Planck-Institut für Astrophysik 2001.

Fardella, Enrico: The Sino-American Normalization: A Reassessment. *Diplomatic History* 33/4 (2009), 545–578.

Feichtinger, Johannes und Heidemarie Uhl (Hg.): *Die Akademien der Wissenschaften in Zentraleuropa im Kalten Krieg. Transformationsprozesse im Spannungsfeld von Abgrenzung und Annäherung.* Wien: Verlag der Österreichischen Akademie der Wissenschaften 2018.

Fengler, Silke und Günther Luxbacher: »Aufrechterhaltung der gemeinsamen Kultur«. Die Deutsche Forschungsgemeinschaft und die Österreichisch-Deutsche Wissenschaftshilfe in der Zwischenkriegszeit. *Berichte zur Wissenschaftsgeschichte* 34/4 (2011), 303–328.

Ferguson, Niall: *Krieg der Welt. Was ging schief im 20. Jahrhundert?* Übersetzt von Klaus-Dieter Schmidt und Klaus Binder. Berlin: List 2014.

Ferree, Myra Marx: *Varieties of Feminism. German Gender Politics in Global Perspective.* Stanford, CA: Stanford University Press 2012.

Fink, Carole und Bernd Schaefer (Hg.): *Ostpolitik, 1969–1974. European and Global Responses.* Cambridge: Cambridge University Press 2009.

Fitzgerald, Frances: *Way Out There In the Blue. Reagan, Star Wars and the End of the Cold War.* New York, NY: Simon & Schuster 2001.

Forman, Paul: Behind Quantum Electronics. National Security as Basis for Physical Research in the United States, 1940–1960. *Historical Studies in the Physical and Biological Sciences* 18/1 (1987), 149–229.

Forschungsstelle für Zeitgeschichte Hamburg (Hg.): *»Kampf dem Atomtod!«. Die Protestbewegung 1957/58 in zeithistorischer und gegenwärtiger Perspektive.* München: Dölling und Galitz 2009.

Forstner, Christian: *Quantenmechanik im Kalten Krieg. David Bohm und Richard Feynman.* Diepholz: Verlag für Geschichte der Naturwissenschaften und der Technik 2007.

–: Kalter Krieg. In: Marianne Sommer, Staffan Müller-Wille und Carsten Reinhardt (Hg.): *Handbuch Wissenschaftsgeschichte.* Stuttgart: J. B. Metzler 2017, 312–324.

Forstner, Christian und Dieter Hoffmann (Hg.): *Physik im Kalten Krieg. Beiträge zur Physikgeschichte während des Ost-West-Konflikts.* Wiesbaden: Springer Spektrum 2013.

Forstner, Christian und Götz Neuneck (Hg.): *Physik, Militär und Frieden. Physiker zwischen Rüstungsforschung und Friedensbewegung.* Wiesbaden: Springer Spektrum 2018.

Foucault, Michel: *Dispositive der Macht. Über Sexualität, Wissen und Wahrheit.* Berlin: Merve 1978.

Franceschini, Christoph, Thomas Wegener Friis und Erich Schmidt-Eenboom: *Spionage unter Freunden. Partnerdienstbeziehungen und Westaufklärung der Organisation Gehlen und des BND.* Berlin: Ch. Links 2017.

Freedman, Lawrence und Jeffrey H. Michaels: *The Evolution of Nuclear Strategy.* 4. Auflage. London: Palgrave Macmillan 2019.

Freytag, Carl: *Deutschlands »Drang nach Südosten«. Der Mitteleuropäische Wirtschaftstag und der »Ergänzungsraum Südosteuropa« 1931–1945.* Göttingen: Vienna University Press 2012.

Fricke, Dieter: Rezension zu *Kriegsfolgen und Kriegsverhütung* von C. F. von Weizsäcker. *Militärgeschichte* 3 (1972), 356–359.

Fridman, Alexei M. und Vladimir V. Usov: Leonid Moiseevich Ozernoy. *Physics Today* 55/9 (2002), 80–81.

Friese, Eberhard: Kontinuität und Wandel. Deutsch-japanische Kultur- und Wissenschaftsbeziehungen nach dem Ersten Weltkrieg. In: Vierhaus und vom Brocke: *Forschung im Spannungsfeld von Politik und Gesellschaft* 1990, 801–834.

Frisch, Max: »Nein, Mao habe ich nicht gesehen.« Max Frisch mit Bundeskanzler Helmut Schmidt in China. *Der Spiegel* 7 (9.2.1976), 110–132.

Frühwald, Wolfgang: Das deutsche Wissenschaftssystem auf dem Weg nach Europa. *Paderborner Universitätsreden 44*, 1994. http://gcc.uni-paderborn.de/AccessDB/OFFICE/PUBLIC/WI2_TRA5.NSF/ba96c98116259251c125683100441208/2613cbacfeeb9421412560cc005047f0?OpenDocument&AutoFramed. Zuletzt aufgerufen am 10.8.2019.

Für nützliche Zwecke forschen: Global Challenges Network. *Wissenschaft und Frieden* 2 (1987).

Galeev, Albert A. und Roald Z. Sagdeev: Ob odnom paradokse v diffuzii plazmy v toroidal'nych magnitnych lovušach. *Doklady Akademii nauk* 189/6 (1969), 1204–1207.

–: Transport Phenomena in a Collisionless Plasma in a Toroidal Magnetic System. *Journal of Experimental and Theoretical Physics* 26/1 (1968), 233–240.

–: Paradoxes of Classical Diffusion of Plasma in Toroidal Magnetic Traps. *Soviet Physics Uspekhi* 12/6 (1970), 810–811.

Garrison, Dee: *Bracing for Armageddon. Why Civil Defense Never Worked.* New York, NY: Oxford University Press 2006.
Gassert, Philipp: *Bewegte Gesellschaft. Deutsche Protestgeschichte seit 1945.* Stuttgart: Kohlhammer 2018.
Gassert, Philipp, Tim Geiger und Hermann Wentker (Hg.): *Zweiter Kalter Krieg und Friedensbewegung. Der NATO-Doppelbeschluss in deutsch-deutscher und internationaler Perspektive.* München: Oldenbourg 2011.
Gaudillière, Jean-Paul: Biochemie und Industrie. Der »Arbeitskreis Butenandt-Schering« im Nationalsozialismus. In: Schieder und Trunk, *Adolf Butenandt und die KWG*, 2004, 198–246.
Gausemeier, Bernd: *Natürliche Ordnungen und politische Allianzen. Biologische und biochemische Forschung an Kaiser-Wilhelm-Instituten 1933–1945.* Göttingen: Wallstein 2005.
Geier, Stephan: *Schwellenmacht. Bonns heimliche Atomdiplomatie von Adenauer bis Schmidt.* Paderborn: Ferdinand Schöningh 2013.
–: Rezension zu *Die Bombe als Option. Motive für den Aufbau einer atomtechnischen Infrastruktur in der Bundesrepublik bis 1963* von Tilmann Hanel. *H-Soz-Kult*, 2015. https://www.hsozkult.de/publicationreview/id/reb-22492. Zuletzt aufgerufen am 2.2.2022.
Geier, Wolfram: *Zwischen Kriegsszenarien und friedenszeitlicher Katastrophenabwehr. Zur Entwicklung der Zivilen Verteidigung in der Bundesrepublik Deutschland unter besonderer Berücksichtigung des Zivilschutzes und seiner Reformen vor und nach Beendigung des Kalten Krieges.* Marburg: Tectum 2003.
Geiss, Michael: Der Bildungsökonom. In: Alban Frei und Hannes Mangold (Hg.): *Das Personal der Postmoderne. Inventur einer Epoche.* Bielefeld: transcript 2015, 33–49.
Gellner, Winand: *Ideenagenturen für Politik und Öffentlichkeit. Think Tanks in den USA und in Deutschland.* Opladen: Westdeutscher Verlag 1995.
Gentner, Wolfgang: Naturwissenschaftliche Forschungsmethoden in Archäologie, Früh- und Urgeschichte. *Physikalische Blätter* 33/12 (1977), 635–644.
Gerstengarbe, Sybille: Die Leopoldina in der SBZ und frühen DDR. In: Gerstengarbe, Thiel und Bruch, *Leopoldina*, 2016, 429–496.
Gerstengarbe, Sybille, Jens Thiel und Rüdiger vom Bruch: *Die Leopoldina. Die Deutsche Akademie der Naturforscher zwischen Kaiserreich und früher DDR.* Berlin: be.bra 2016.
Gerwin, Robert: Reisebericht. Mit der »Roten Fahne« durch Peking. *MPG-Spiegel* 4 (1974), 8–15.
–: Hamburg – Fenster bundesweiter Forschungspolitik. *MPG-Spiegel* 5 (1975), 3–4.
–: Aus dem Senat: Aussichtsreiche Aufgaben für die Zukunft – auch in der MPG. *MPG-Spiegel* 2 (1985), 8–9.
–: Der Fuß im All – Ein Pferdefuß. *MPG-Spiegel* 1 (1985), 11.
Geschke, Günter: Hans-Peter Dürr. Beredt und hartnäckig. *Deutsches Allgemeines Sonntagsblatt* (11.1.1987).
Giese, Friedrich und Eberhard Menzel: *Vom deutschen Völkerrechtsdenken der Gegenwart. Betrachtungen im Anschluss an ein völkerrechtliches Seminar der Universität Frankfurt am Main.* Frankfurt am Main: Breidenstein Verlagsgesellschaft 1938.
Gleitsmann, Rolf-Jürgen: *Im Widerstreit der Meinungen. Zur Kontroverse um die*

Standortfindung für eine deutsche Reaktorstation (1950–1955). Karlsruhe: Kernforschungszentrum 1986.

Globig, Michael: Jahrespressekonferenz: Finanzelle Entlastung – Doch MPG erneut in einer Patt-Situation. *MPG-Spiegel* 1 (1988), 11–13.

–: Katzenpaul und Binsenkäthe. *Max Planck Forschung* 2 (2004), 58–59.

Gorbatschow, Michail: *Für die Unsterblichkeit der menschlichen Zivilisation. Ansprache vor den Teilnehmern am internationalen Forum »Für eine Welt ohne Kernwaffen, für das Überleben der Menschheit«*, 16.2.1987. Moskau: APN-Verlag 1987.

Gordin, Michael D. und G. John Ikenberry (Hg.): *The Age of Hiroshima.* Princeton, NJ: Princeton University Press 2020.

Gorelik, Gennady: *Andrej Sacharow. Ein Leben für Wissenschaft und Freiheit.* Basel: Birkhäuser 2013.

Gottstein, Klaus: Das Wissenschaftliche Forum der KSZE. Verlauf, Ergebnisse, Ausblick. *Physikalische Blätter* 37/2 (1981), 48–49.

–: Nachrüstung – und nun? Wissenschaftler für den Frieden. *Bild der Wissenschaft* 21/2 (1984), 95–98.

–: Danksagung. In: Forschungsstelle K. Gottstein in der Max-Planck-Gesellschaft (Hg.): *Die Rolle der Wissenschaft in der Politik und die Rolle der Politik in der Wissenschaft. Ein Kolloquium.* München 1992, 55–61.

–: Erinnerungen an Pugwash und an die Rolle der VDW als deutsche Pugwash-Gruppe. In: Neuneck und Schaaf, *Geschichte der Pugwash-Bewegung*, 2007, 39–51.

–: Die VDW und die Pugwash Conferences on Science and World Affairs. In: Albrecht et al., *50 Jahre VDW*, 2009, 359–376.

Götze, Heinz: *Der Springer-Verlag. Stationen einer Geschichte. Bd. 2: 1945–1992.* Berlin: Springer 2008.

Graham, Loren: *Lysenko's Ghost. Epigenetics and Russia.* Cambridge, MA: Harvard University Press 2016.

Granin, Daniil: *Der Genetiker. Das Leben des Nikolai Timofejew-Ressowski, genannt Ur.* Köln: Pahl Rugenstein 1991.

Gray, William Glenn: *Germany's Cold War. The Global Campaign to Isolate East Germany, 1949–1969.* Chapel Hill, NC: University of North Carolina Press 2003.

Greenspan, Nancy Thorndike: Max Born and the Peace Movement. *Physics World* 18/4 (2005), 35–38.

Greenwood, J. W.: The Scientist-Diplomat: A New Hybrid Role in Foreign Affairs. *Science Forum* 19 (1971), 14–18.

–: The Science Attaché. *Science Forum* 20 (1971), 21–25.

Greiner, Bernd: *Krieg ohne Fronten. Die USA in Vietnam.* Hamburg: Hamburger Edition 2007.

Greiner, Bernd, Christian T. Müller und Dierk Walter (Hg.): *Heiße Kriege im Kalten Krieg.* Hamburg: Hamburger Edition 2006.

Greiner, Bernd, Tim B. Müller und Claudia Weber (Hg.): *Macht und Geist im Kalten Krieg.* Hamburg: Hamburger Edition 2011.

Greschat, Martin: »Mehr Wahrheit in der Politik!« Das Tübinger Memorandum von 1961. *Vierteljahrshefte für Zeitgeschichte* 48/3 (2000), 491–513.

Groeben, Christiane: The Stazione Zoologica Anton Dohrn as a Place for the Circulation of Scientific Ideas: Vision and Management. In: Kristen L. Anderson und Cécile Thiéry (Hg.): *Information for Responsible Fisheries: Libraries as Mediators.*

Proceedings of the 31st Annual Conference of the IAMSLIC, Rome, Italy, October 10–14, 2005. Fort Pierce, FL: International Association of Aquatic and Marine Science Libraries and Information Centers 2006.

–: Rovigno, Istrien. Das Deutsch-Italienische Institut für Meeresbiologie. In: Gruss und Rürup, *Denkorte*, 2010, 196–203.

Groeben, Christiane, Joachim Kaasch und Michael Kaasch (Hg.): *Stätten biologischer Forschung/Places of Biological Research. Beiträge zur 12. Jahrestagung der DGGTB in Neapel 2003.* Berlin: Verlag für Wissenschaft und Bildung 2005.

Grossner, Claus: Leussinks Mission in Moskau. *Die Zeit* 40 (2.10.1970). https://www.zeit.de/1970/40/leussinks-mission-in-moskau/komplettansicht. Zuletzt aufgerufen am 14.3.2020.

–: Herrschaft der Philosophenkönige? *Die Zeit* 13 (27.3.1970). https://www.zeit.de/1970/13/herrschaft-der-philosophenkoenige/komplettansicht. Zuletzt aufgerufen am 11.2.2022.

Grudinski, Ulrich: Schießpulver sprengt auch Mißverständnisse. In Peking begann der deutsch-chinesische Wissenschaftleraustausch. *Frankfurter Allgemeine Zeitung* (25.4.1974), 5.

Grundmann, Reiner: *Transnationale Umweltpolitik zum Schutz der Ozonschicht. USA und Deutschland im Vergleich.* Frankfurt am Main: Campus 1999.

Gruss, Peter und Reinhard Rürup (Hg.): *Denkorte. Max-Planck-Gesellschaft und Kaiser-Wilhelm-Gesellschaft. Brüche und Kontinuitäten 1911–2011.* Dresden: Sandstein 2010.

Grüttner, Michael, Rüdiger Hachtmann, Konrad H. Jarausch, Jürgen John und Matthias Middel (Hg.): *Gebrochene Wissenschaftskulturen. Universität und Politik im 20. Jahrhundert.* Göttingen: Vandenhoeck & Ruprecht 2010.

Habermas, Jürgen: Verwissenschaftlichte Politik und öffentliche Meinung. Ders.: *Technik und Wissenschaft als Ideologie.* Frankfurt am Main: Suhrkamp 1968, 120–145.

–: Die Neue Unübersichtlichkeit. Die Krise des Wohlfahrtsstaates und die Erschöpfung utopischer Energien. *Merkur* 39/1 (1985), 1–14.

Hachtmann, Rüdiger: *Wissenschaftsmanagement im »Dritten Reich«. Geschichte der Generalverwaltung der Kaiser-Wilhelm-Gesellschaft.* 2 Bde. Göttingen: Wallstein 2007.

Hack, Annette: Das Japanisch-Deutsche Kulturinstitut in Tôkyô zur Zeit des Nationalsozialismus. Von Wilhelm Gundert zu Walter Donat. *Nachrichten der Gesellschaft für Natur- und Völkerkunde Ostasiens* 157–158 (1995), 77–100.

Hahn, Dietrich (Hg.): *Otto Hahn. Begründer des Atomzeitalters. Eine Biographie in Bildern und Dokumenten.* München: List 1979.

– (Hg.): *Otto Hahn. Leben und Werk in Texten und Bildern. Mit einem Vorwort von Carl Friedrich von Weizsäcker.* Frankfurt am Main: Insel 1988.

Hahn, Otto: *Cobalt 60. Gefahr oder Segen für die Menschheit?* Göttingen: Musterschmidt 1955.

–: Persönliche Erinnerungen an Frédéric Joliot. *Physikalische Blätter* 14/11 (1958), 510–511.

Hamm-Brücher, Hildegard: Chinas zweiter Sprung nach vorn. Impressionen von einer Bildungsreise. *Süddeutsche Zeitung* (24.11.1973), 98.

Hammerstein, Notker: *Die Johann-Wolfgang-Goethe-Universität Frankfurt am Main.*

Bd. 1: Von der Stiftungsuniversität zur staatlichen Hochschule 1914 bis 1950. Neuwied: Metzner 1989. *Bd. 2: Nachkriegszeit und Bundesrepublik 1945–1972*. Göttingen: Wallstein 2012. *Bd. 3: Ihre Geschichte in den Präsidentenberichten 1972–2013*. Göttingen: Wallstein 2014.

Han, Jinlin: MPS/CAS Partner Group on Radio Astronomy. *Bulletin of Chinese Academy of Sciences, Special Issue: Networking for Scientific Excellence. 1974–2004. Chinese Academy of Sciences – Max-Planck-Gesellschaft* 2/18 (2004), 70–71.

Han, Jinlin und Richard Wieblinski: MPS/CAS Partner Group on Radio Astronomy, in: Networking for Scientific Excellence, Special Issue, Bulletin of the Chinese Academy of Sciences, 2004, 70–71.

Hanel, Tilmann: *Die Bombe als Option. Motive für den Aufbau einer atomtechnischen Infrastruktur in der Bundesrepublik bis 1963*. Essen: Klartext 2015.

Hansen, Jan: Zwischen Staat und Straße. Der Nachrüstungsstreit in der deutschen Sozialdemokratie (1979–1983). *Archiv für Sozialgeschichte* 52 (2012), 517–553.

–: *Abschied vom Kalten Krieg? Die Sozialdemokraten und der Nachrüstungsstreit (1977–1987)*. Berlin: De Gruyter 2016.

Happel, Edith: *Gutes Wasser Lebensquell. Die Natur ist Spender und Retter, Biographie der Wissenschaftlerin und Forscherin Käthe Seidel, Limnologin, Botanikerin, Gartenmeisterin*. Frankfurt am Main: R. G. Fischer 2001.

Harnisch, Thomas: Zehn Jahre Kooperation zwischen der MPG und der Academia Sinica. *MPG-Spiegel* 1 (1984), 14–18.

Hausen, Karin: Die Polarisierung der »Geschlechtscharaktere«. Eine Spiegelung der Dissoziation von Erwerbs- und Familienleben. In: Werner Conze (Hg.): *Sozialgeschichte der Familie in der Neuzeit Europas. Neue Forschungen*. Stuttgart: Ernst Klett 1976, 363–393.

Hausmann, Frank-Rutger: *»Vom Strudel der Ereignisse verschlungen«. Deutsche Romanistik im »Dritten Reich«*. Frankfurt am Main: Vittorio Klostermann 2000.

Hauswedell, Corinna: *Friedenswissenschaften im Kalten Krieg. Friedensforschung und friedenswissenschaftliche Initiativen in der Bundesrepublik Deutschland in den achtziger Jahren*. Baden-Baden: Nomos 1997.

Heidemeyer, Helge: NATO-Doppelbeschluss, westdeutsche Friedensbewegung und der Einfluss der DDR. In: Gassert, Geiger und Wentker, *Zweiter Kalter Krieg*, 2011, 247–267.

Heim, Susanne: *»Die reine Luft der wissenschaftlichen Forschung«. Zum Selbstverständnis der Wissenschaftler der Kaiser-Wilhelm-Gesellschaft*. Berlin: Vorabdrucke des Forschungsprogramms »Geschichte der Kaiser-Wilhelm-Gesellschaft im Nationalsozialismus« 4, 2002.

–: Forschung für die Autarkie. Agrarwissenschaft an Kaiser-Wilhelm-Instituten. In: Heim, *Autarkie und Ostexpansion*, 2002, 145–177.

–: *Kalorien, Kautschuk, Karrieren. Pflanzenzüchtung und landwirtschaftliche Forschung an Kaiser-Wilhelm-Instituten 1933–1945*. Göttingen: Wallstein 2003.

Heim, Susanne (Hg.): *Autarkie und Ostexpansion. Pflanzenzucht und Agrarforschung im Nationalsozialismus*. Göttingen: Wallstein 2002.

Heinemann, Manfred: La France et le CNRS dans la politique scientifique de la Max-Planck-Gesellschaft (1948–1981). In: Corine Defrance und Ulrich Pfeil (Hg.): *La construction d'un espace scientifique commun? La France, la RFA et l'Europe après le »choc du Spoutnik«*. Bruxelles: Peter Lang 2012, 115–135.

–: Die Max-Planck-Gesellschaft (MPG) und das Centre National de la Recherche Scientifique (CNRS) (1948–1981). In: Forstner und Hoffmann, *Physik im Kalten Krieg*, 2013, 175–194.

Heisenberg, Werner: *Der Teil und das Ganze. Gespräche im Umkreis der Atomphysik.* 4. Auflage. München: Piper 1972.

Heisenberg, Wolfgang: Die Strategische Verteidigungsinitiative der Vereinigten Staaten. *Aus Politik und Zeitgeschichte* 43 (1986), 36–46.

Henning, Eckart: Auslandsbeziehungen der Kaiser-Wilhelm-/Max-Planck-Gesellschaft im Überblick (1911–1998). In: Rüdiger vom Bruch und Eckart Henning (Hg.): *Wissenschaftsfördernde Institutionen im Deutschland des 20. Jahrhunderts. Beiträge der gemeinsamen Tagung des Lehrstuhls für Wissenschaftsgeschichte an der Humboldt-Universität zu Berlin und des Archivs zur Geschichte der Max-Planck-Gesellschaft, 18.–20. Februar 1999.* Berlin: Archiv der Max-Planck-Gesellschaft 1999, 95–113.

Henning, Eckart und Marion Kazemi: *Dahlem – Domäne der Wissenschaft. Ein Spaziergang zu den Berliner Instituten der Kaiser-Wilhelm-/Max-Planck-Gesellschaft im »deutschen Oxford«.* 4. Auflage. Berlin: Archiv der Max-Planck-Gesellschaft 2009.

–: *Chronik der Kaiser-Wilhelm-/Max-Planck-Gesellschaft zur Förderung der Wissenschaften 1911–2011. Daten und Quellen.* Berlin: Duncker & Humblot 2011.

–: *Handbuch zur Institutsgeschichte der Kaiser-Wilhelm-/Max-Planck-Gesellschaft zur Förderung der Wissenschaften 1911–2011. Daten und Quellen.* 2 Bde. Berlin: Archiv der Max-Planck-Gesellschaft 2016.

Hentschel, Klaus und Dieter Hoffmann (Hg.): *Carl Friedrich von Weizsäcker. Physik – Philosophie – Friedensforschung. Leopoldina-Symposium vom 20. bis 22. Juni 2012 in Halle (Saale).* Stuttgart: Wissenschaftliche Verlagsgesellschaft 2014.

Herf, Jeffrey: *War by Other Means. Soviet Power, West German Resistance, and the Battle of the Euromissiles.* New York, NY: The Free Press 1991.

Hermann, Armin: *Karl Wirtz – Leben und Werk. »Eine weit überragende physikalische Begabung«.* Stuttgart: Schattauer 2006.

Hermann, Armin, Lanfranco Belloni, John Krige, Ulrike Mersits und Dominique Pestre: *History of CERN. Bd. 1: Launching the European Organization for Nuclear Research.* Amsterdam: North-Holland 1987.

Hermann, Armin, John Krige, Ulrike Mersits, Dominique Pestre und Laura Weiss: *History of CERN. Bd. 2: Building and Running the Laboratory.* Amsterdam: North-Holland 1990.

Hess, David, Steve Breyman, Nancy Campbell und Brian Martin: Science, Technology and Social Movement. In: Edward J. Hackett, Olga Amsterdamska, Michael E. Lynch und Judy Wajcman (Hg.): *The Handbook of Science and Technology Studies.* 3. Auflage. Cambridge, MA: MIT Press 2007, 473–488.

Heyck, Hunter und David Kaiser: Introduction. Focus: New Perspectives on Science and the Cold War. *Isis* 101/2 (2010), 362–366.

Heyer, Esther Rahel: Franziskus Graf Wolff Metternich (1893–1978). Biografie als Kontextforschung. In: Hans-Werner Langbrandtner, Esther Rahel Heyer und Florence de Peyronnet-Dryden (Hg.): *Kulturgutschutz in Europa und im Rheinland. Franziskus Graf Wolff Metternich und der Kunstschutz im Zweiten Weltkrieg.* Köln: Böhlau 2020, 79–113.

Hill, J. Andrew und K. Nicholas Newman: The Eureka Cosine Project – Status Report. *Esprit '89*. Dordrecht: Springer 1989, 1078–1086.

Hoaf, Günter: Orbitale Kosten. Bonn beteiligt sich sowohl an der amerikanischen Raumstation als auch an der »Ariane-5«-Entwicklung. *Die Zeit* 5 (25.1.1985)

Hobsbawm, Eric: *The Age Of Extremes. A History of the World. 1914–1991*. New York, NY: Vintage Books 1994.

Hockerts, Hans Günter: *Ein Erbe für die Wissenschaft. Die Fritz Thyssen Stiftung in der Bonner Republik*. Paderborn: Ferdinand Schöningh 2018.

Hoerber, Thomas C. und Paul Stephenson (Hg.): *European Space Policy. European Integration and the Final Frontier*. London: Routledge 2017.

Hoeres, Peter: Von der »Tendenzwende« zur »geistig-moralischen Wende«. Konstruktion und Kritik konservativer Signaturen in den 1970er und 1980er Jahren. *Vierteljahrshefte für Zeitgeschichte* 1 (2013), 93–119.

Hoffmann, Dieter: 50 Jahre deutsch-israelische Beziehungen. Versöhnende Wissenschaft. *Spektrum der Wissenschaft* April (2015), 56–65.

Hoffmann, Dieter (Hg.): *Operation Epsilon. Die Farm-Hall-Protokolle oder die Angst der Alliierten vor der deutschen Atombombe*. Berlin: Rowohlt 1993.

Hoffmann, Dieter und Ulrich Schmidt-Rohr: Wolfgang Gentner. Ein Physiker als Naturalist. In: Hoffmann und Schmidt-Rohr, *Wolfgang Gentner*, 2006, 1–60.

Hoffmann, Dieter und Ulrich Schmidt-Rohr (Hg.): *Wolfgang Gentner. Festschrift zum 100. Geburtstag*. Berlin: Springer 2006.

Hoffmann, Dieter, Birgit Kolboske und Jürgen Renn (Hg.): *»Dem Anwenden muss das Erkennen vorausgehen«. Auf dem Weg zu einer Geschichte der Kaiser-Wilhelm/Max-Planck-Gesellschaft*. Berlin: Edition Open Access 2014.

Hoffmann, Wolfgang: Bonner Kulisse. *Die Zeit* 44 (23.10.1987), 26.

Hohn, Hans-Willy und Uwe Schimank: *Konflikte und Gleichgewichte im Forschungssystem. Akteurkonstellationen und Entwicklungspfade in der staatlich finanzierten außeruniversitären Forschung*. Frankfurt am Main: Campus 1990.

Holdgate, Martin Wyatt: *The Green Web. A Union for World Conservation*. London: Routledge 1999.

Holdstock, Douglas: The SCOPE-ENUWAR Report. *Medicine and War* 2/2 (1986), 99–101.

Holloway, David: *Stalin and the Bomb. The Soviet Union and Atomic Energy 1939–1956*. New Haven, CT: Yale University Press 1994.

Holton, Gerald James: *Thematic Origins of Scientific Thought. Kepler to Einstein*. Cambridge, MA: Harvard University Press 1988.

Honegger, Claudia: *Die Ordnung der Geschlechter: Die Wissenschaften vom Menschen und das Weib. 1750–1850*. Frankfurt am Main: Campus 1991.

Hu Genxi – Portrait. *Bulletin of Chinese Academy of Sciences, Special Issue: Networking for Scientific Excellence. 1974–2004. Chinese Academy of Sciences – Max-Planck-Gesellschaft* 2/18 (2004), 40.

Hüntelmann, Axel C. und Michael C. Schneider (Hg.): *Jenseits von Humboldt. Wissenschaft im Staat 1850–1990*. Frankfurt am Main: Peter Lang 2010.

Husung, Hans-Gerhard: Heinz A. Staab. Präsident der Max-Planck-Gesellschaft 1990–1996. *Max-Planck-Gesellschaft*. https://www.mpg.de/8235381/heinz-staab. Zuletzt aufgerufen am 6.4.2019.

ISS: Russische Raumfahrtbehörde Roskosmos warnt vor Absturz als Folge von Sanktionen. *Der Spiegel* (12.3.2022). https://www.spiegel.de/wissenschaft/weltall/iss-russische-raumfahrtbehoerde-roskosmos-warnt-vor-absturz-als-folge-von-sanktionen-a-638ecf4c-eed3-49cb-a615-9a9b8dc94e83. Zuletzt aufgerufen am 27.3.2022.

Jacobson, Mark Z.: *Atmospheric Pollution. History, Science, and Regulation.* Cambridge: Cambridge University Press 2012.

James, Jeremiah, Thomas Steinhauser, Dieter Hoffmann und Bretislav Friedrich: *Hundert Jahre an der Schnittstelle von Chemie und Physik. Das Fritz-Haber-Institut der Max-Planck-Gesellschaft zwischen 1911 und 2011.* Berlin: De Gruyter 2011.

James, Robert Rhodes (Hg.): *Winston S. Churchill. His Complete Speeches. 1897–1963. Bd. 7: 1943–1949.* New York, NY: Chelsea House 1974.

Jansen, Christian: *Exzellenz weltweit. Die Alexander von Humboldt-Stiftung zwischen Wissenschaftsförderung und auswärtiger Kulturpolitik, 1953–2003.* Köln: DuMont 2004.

Jansen, Sarah: *»Schädlinge«. Geschichte eines wissenschaftlichen und politischen Konstrukts 1840–1920.* Frankfurt am Main: Campus 2003.

Jaspers, Karl: *Die Atombombe und die Zukunft des Menschen. Politisches Bewußtsein in unserer Zeit.* München: Piper 1958.

Jeder hat keine Chance. *Der Spiegel* 21 (23.5.1962). https://www.spiegel.de/politik/jeder-hat-keine-chance-a-9c37969c-0002-0001-0000-000045140177. Zuletzt aufgerufen am 2.3.2022.

Jessen, Ralph und Jakob Vogel (Hg.): *Wissenschaft und Nation in der europäischen Geschichte.* Frankfurt am Main: Campus 2002.

Josephson, Paul R.: *Red Atom. Russia's Nuclear Power Program from Stalin to Today.* New York, NY: Freeman 2000.

Judt, Tony: *Die Geschichte Europas von 1945 bis zur Gegenwart.* Frankfurt am Main: Büchergilde Gutenberg 2007.

Junge, Christian: Die Entstehung der Erdatmosphäre und ihre Beeinflussung durch den Menschen. In: *MPG-Jahrbuch 1975*, 1975, 36–48.

Kabel, Rainer: Kriegsverhütung – Friedensplanung. *Das Parlament*, 1971.

Kaiser, Karl: Transnationale Politik. Zu einer Theorie multinationaler Politik. In: Ernst-Otto Czempiel (Hg.): *Die anachronistische Souveränität. Zum Verhältnis von Innen- und Außenpolitik.* Köln: Westdeutscher Verlag 1969, 80–109.

Kaiser, Maren, Thilo Mages-Dellé und Rolf Oeschger: *Gesamtsynthese Ökosystemforschung Wattenmeer. Erfahrungsbericht eines interdisziplinären Verbundvorhabens.* Berlin: Umweltbundesamt 2002.

Kaldewey, David und Désirée Schauz (Hg.): *Basic and Applied Research. The Language of Science Policy in the Twentieth Century.* New York, NY: Berghahn Books 2018.

Kant, Horst: Von der Lichttherapie zum Zyklotron. Das Institut für Physik im Heidelberger Kaiser-Wilhelm-Institut für medizinische Forschung bis 1945. *Dahlemer Archivgespräche* 13 (2008), 49–92.

Kant, Horst und Jürgen Renn: Eine utopische Episode – Carl Friedrich von Weizsäcker in den Netzwerken der Max-Planck-Gesellschaft. In: Hentschel und Hoffmann, *Carl Friedrich von Weizsäcker*, 2014, 213–242.

Kappel, Kai: Gebrochene Tradition. Die Süditalienforschung an der Bibliotheca Hertziana (1931–1977). In: Ebert-Schifferer und Kieven, *Geschichte des Instituts*, 2013, 168–181.

Kapur, Devesh und John McHale: Give Us Your Best and Brightest: The Global Hunt for Talent and Its Impact on the Developing World, in: *Foreign affairs (Council on Foreign Relations)* 85/2 (2005). DOI:10.2307/20031931.

Käppner, Joachim: *Berthold Beitz. Die Biographie.* Berlin: Berlin Verlag 2010.

Karl-Jaspers-Stiftung: Die Atombombe und die Zukunft des Menschen. Politisches Bewusstsein in unserer Zeit. https://jaspers-stiftung.ch/de/karl-jaspers/die-atombombe-1958. Zuletzt aufgerufen am 30.10.2020.

Karlsch, Rainer: *Hitlers Bombe. Die geheime Geschichte der deutschen Kernwaffenversuche.* München: Deutsche Verlags-Anstalt 2005.

–: Boris Rajewsky und das Kaiser-Wilhelm-Institut für Biophysik in der Zeit des Nationalsozialismus. In: Maier, *Gemeinschaftsforschung*, 2007, 395–452.

Karlsch, Rainer und Mark Walker: New Light on Hitler's Bomb. *Physics World* 18/6 (2005), 15–18.

Karlson, Peter: *Adolf Butenandt. Biochemiker, Hormonforscher, Wissenschaftspolitiker.* Stuttgart: Wissenschaftliche Verlagsgesellschaft 1990.

Kasack, Wolfgang: Die wissenschaftlichen Beziehungen zwischen der Bundesrepublik Deutschland und der Sowjetunion. Erfahrungen aus den letzten sechs Jahren. *Osteuropa* 15/9 (1965), 33–38.

Kater, Hermann: Atomkrieg und Verantwortung der Naturwissenschaftler. *Deutsches Ärzteblatt* 80/A 36 (1983), 91–92.

Kaufmann, Doris: Einleitung. In: Doris Kaufmann (Hg.): *Geschichte der Kaiser-Wilhelm-Gesellschaft im Nationalsozialismus. Bestandsaufnahme und Perspektiven der Forschung.* Bd. 1. Göttingen: Wallstein 2000, 9–17.

–: *Konrad Lorenz. Scientific persona, »Harnack-Pläncker« und Wissenschaftsstar in der Zeit des Kalten Krieges bis in die frühen 1970er Jahre.* Berlin: GMPG-Preprint 6, 2018.

Kauntz, Eckhart: »Die Politiker unter Druck setzen«. Wissenschaftler für Abrüstung in Ost und West. *Frankfurter Allgemeine Zeitung* 151 (4.7.1983), 5.

Kazemi, Marion: Eine Gründung in schwerer Zeit. Das Kaiser-Wilhelm-Institut für Meeresbiologie in Wilhelmshaven (1947–1948). In: Horst Kant und Annette Vogt (Hg.): *Aus Wissenschaftsgeschichte und -theorie. Hubert Laitko zum 70. Geburtstag. Überreicht von Freunden, Kollegen und Schülern.* Berlin: Verlag für Wissenschafts- und Regionalgeschichte Dr. Michael Engel 2005, 345–377.

–: Von der Adria an die Nordsee. Meeresbiologische Forschung in der Kaiser-Wilhelm-/Max-Planck-Gesellschaft. *Vorträge und Abhandlungen zur Wissenschaftsgeschichte 2010.* Bd. 55. Stuttgart: Wissenschaftliche Verlagsgesellschaft 2010, 115–139.

Kemper, Claudia: Zivilschutz. Vorbereitungen auf den Ernstfall. In: Becker-Schaum et al., *Nuklearkrise*, 2012, 309–324.

–: *Medizin gegen den Kalten Krieg. Ärzte in der anti-atomaren Friedensbewegung der 1980er Jahre.* Göttingen: Wallstein 2016.

Keohane, Robert O. und Joseph S. Nye: *Transnational Relations and World Politics.* Cambridge, MA: Cambridge University Press 1971.

–: Transgovernmental Relations and International Organizations. *World Politics. A Quarterly Journal of International Relations* 27/1 (1974), 39–62.

Kershaw, Ian: *Achterbahn. Europa 1950 bis heute.* München: Deutsche Verlags-Anstalt 2019.

Kevles, Daniel J.: Cold War and Hot Physics: Science, Security and the National Security State, 1945–1956. *Historical Studies in the Physical and Biological Sciences* 20/2 (1990), 239–264.

–: *The Physicists. The History of a Scientific Community in Modern America.* Cambridge, MA: Harvard University Press 1995.

Kilian, Werner: *Die Hallstein-Doktrin. Der diplomatische Krieg zwischen der BRD und der DDR 1955–1973, Aus den Akten der beiden deutschen Außenministerien.* Berlin: Duncker & Humblot 2001.

Kinney, Dale: Civis Romanus. Richard Krautheimer. In: Ebert-Schifferer und Kieven, *Geschichte des Instituts*, 2013, 192–199.

Köbler, Gerhard, Wer ist weiter wer im deutschen Recht. http://www.koeblergerhard.de/weristweiterwer.htm. Zuletzt aufgerufen am 17.5.2020.

Kocka, Jürgen (Hg.): *Die Berliner Akademien der Wissenschaften im geteilten Deutschland 1945–1990.* Berlin: Akademie Verlag 2002.

Kocka, Jürgen, Carsten Reinhard, Jürgen Renn und Florian Schmaltz (Hg.): *Die Max-Planck-Gesellschaft. Wissenschafts- und Zeitgeschichte 1945–2005.* Göttingen: Vandenhoeck & Ruprecht 2023, in Vorbereitung.

Kolboske, Birgit: *Die Anfänge. Chancengleichheit in der Max-Planck-Gesellschaft, 1988–1998. Ein Aufbruch mit Hindernissen.* Berlin: GMPG-Preprint 3, 2018.

–: Hierarchies. Lotta Support, Little Science? Scientists and Secretaries in the Max Planck Society. In: Ulla Weber (Hg.): *Fundamental Questions. Gender Dimensions in Max Planck Research Projects.* Baden-Baden: Nomos 2021, 105–134.

–: *Hierarchien. Das Unbehagen der Geschlechter mit dem Harnack-Prinzip. Frauen in der Max-Planck-Gesellschaft.* Göttingen: Vandenhoeck & Ruprecht 2022.

Kolboske, Birgit und Juliane Scholz: Sozialgeschichtliche Dynamik. In: Kocka et al., *Die Max-Planck-Gesellschaft*, 2023 (in Vorbereitung).

–: Spannungsfelder wissenschaftlichen Arbeitens: Hierarchien, Arbeitskultur und Gleichstellung in der MPG. In: Kocka et al., *Die Max-Planck-Gesellschaft*, 2023 (in Vorbereitung).

Kollert, Roland: *Die Politik der latenten Proliferation. Militärische Nutzung »friedlicher« Kerntechnik in Westeuropa.* Wiesbaden: Deutscher Universitätsverlag 1994.

König, Norbert und Josef Rembser: Die wissenschaftlich-technische Zusammenarbeit zwischen der Bundesrepublik und der UdSSR. *Physikalische Blätter* 44/4 (1988), 98–102.

König, Thomas: *The European Research Council.* New York, NY: John Wiley & Sons 2016.

Kraft, Alison: Dissenting Scientists in Early Cold War Britain. The »Fallout« Controversy and the Origins of Pugwash, 1954–1957. *Journal of Cold War Studies* 20/1 (2018), 58–100.

–: Confronting the German Problem: Pugwash in West and East Germany, 1957–1964. In: Kraft und Sachse, *Science, (Anti-)Communism and Diplomacy*, 2020, 286–323.

–: *From Dissent to Diplomacy: The Pugwash Project During the 1960s Cold War*, SpringerBriefs in History of Science and Technology, Springer 2022.

–: Selbstverständnis und Fremdwahrnehmung der MPG im Wandel. In: Kocka et al., *Die Max-Planck-Gesellschaft*, 2023 (in Vorbereitung).

Kraft, Alison, Holger Nehring und Carola Sachse: The Pugwash Conferences and the Global Cold War. Scientists, Transnational Networks, and the Complexity of Nuclear Histories. Introduction. *Journal of Cold War Studies* 20/1 (2018), 4–30.

Kraft, Alison und Carola Sachse: Introduction. The Pugwash Conferences on Science and World Affairs: Vision, Rhetoric, Realities. In: Kraft und Sachse, *Science, (Anti-) Communism and Diplomacy*, 2020, 1–39.

–: Die MPG als Forschungsorganisation im internationalen Kontext. In: Kocka et al., *Die Max-Planck-Gesellschaft*, 2023 (in Vorbereitung).

Kraft, Alison und Carola Sachse (Hg.): *Science, (Anti-)Communism and Diplomacy. The Pugwash Conferences on Science and World Affairs in the Early Cold War.* Leiden: Brill 2020.

Kraft, Alison und Alexander von Schwerin: Die (bio-)molekularen (Lebens-)Wissenschaften in der MPG. Von der Außenseiterrolle zur Leitfunktion. In: Kocka et al., *Die Max-Planck-Gesellschaft*, 2023 (in Vorbereitung).

Kraus, Elisabeth: *Von der Uranspaltung zur Göttinger Erklärung. Otto Hahn, Werner Heisenberg, Carl Friedrich von Weizsäcker und die Verantwortung des Wissenschaftlers.* Würzburg: Königshausen & Neumann 2001.

–: Die Vereinigung Deutscher Wissenschaftler. Gründung, Aufbau und Konsolidierung (1958 bis 1963). In: Albrecht et al., *50 Jahre VDW*, 2009, 27–72.

Kraus, Willy: *Wirtschaftliche Entwicklung und sozialer Wandel in der Volksrepublik China.* Berlin: Springer 1979.

Krementsov, Nikolai: In the Shadow of the Bomb: U. S.-Soviet Biomedical Relations in the Early Cold War, 1944–1948. *Journal of Cold War Studies* 9/4 (2007), 41–67.

Kreutzmüller, Christoph: *Zum Umgang der Kaiser-Wilhelm-Gesellschaft mit Geld und Gut. Immobilientransfers und jüdische Stiftungen 1933–1945.* Berlin: Vorabdrucke des Forschungsprogramms »Geschichte der Kaiser-Wilhelm-Gesellschaft im Nationalsozialismus« 27, 2005.

Krige, John: The Birth of EMBO and the Difficult Road to EMBL. *Studies in History and Philosophy of Science Part C: Studies in History and Philosophy of Biological and Biomedical Sciences* 33/3 (2002), 547–564.

–: *American Hegemony and the Postwar Reconstruction of Science in Europe.* Cambridge, MA: MIT Press 2006.

–: The Ford Foundation, Physics and the National Security State – A Study in the Transnational Circulation of Knowledge. In: John Krige und Helke Rausch (Hg.): *American Foundations and the Coproduction of World Order in the Twentieth Century.* Göttingen: Vandenhoeck & Ruprecht 2012, 189–209.

–: Diplomacy (Post-1945), Science and Technology. In: Hugh R. Slotten (Hg.): *The Oxford Encyclopedia of the History of American Science, Medicine, and Technology.* Oxford 2014, 252–267.

–: National Security and Academia: Regulating the International Circulation of Knowledge. *Bulletin of the Atomic Scientists* 70/2 (2014), 42–52.

–: *Sharing Knowledge, Shaping Europe. U. S. Technological Collaboration and Nonproliferation.* Cambridge, MA: MIT Press 2016.

Krige, John, Arturo Russo und Lorenza Sebesta: *A History of the European Space Agency. 1958–1987. Bd. 1: The Story of ESRO and ELDO, 1958–1973. Bd. 2: The Story of ESA, 1973 to 1987.* Noordwijk: ESA Publications Division 2000.

Krige, John (Hg.): *History of CERN.* Bd. 3. Amsterdam: North-Holland 1996.

Krige, John und Kai-Henrik Barth (Hg.): *Global Power Knowledge. Science and Tech-*

nology in International Affairs. Osiris 21. Chicago, IL: University of Chicago Press 2006.

Kröher, Michael O. R.: Achten Sie auf ... Think Tools. Die »Denkwerkzeuge« der jungen Aktiengesellschaft aus Zürich sollen Entscheidungsprozesse revolutionieren, strategisches Denken erleichtern und Wissen vermehren. *Manager Magazin* 2 (2000), 84–86.

Krohn, Wolfgang: »Der harte Kern«. Wissenschaft zwischen Politik und Philosophie bei Carl Friedrich von Weizsäcker und in der Finalisierungstheorie. In: Hentschel und Hoffmann, *Carl Friedrich von Weizsäcker*, 2014, 283–296.

Krüger, Ernst: Der rote Star: Tschu En-lai. *Die Zeit* 28 (15.7.1954). https://www.zeit.de/1954/28/der-rote-star-tschu-en-lai/komplettansicht. Zuletzt aufgerufen am 6.5.2020.

Kubbig, Bernd W.: *Die SDI-Debatte in der Reagan-Administration und im Kongreß ab 1983.* HSFK-Report 2/1988. Frankfurt am Main: Hessische Stiftung Friedens- und Konfliktforschung 1988.

–: *Communicators in the Cold War. The Pugwash Conferences, the U. S.-Soviet Study Group and the ABM Treaty. Natural Scientists as Political Actors, Historical Successes and Lessons for the Future.* Frankfurt am Main: Peace Research Institute Frankfurt 1996.

Kubilay, Yado Arin: *Die Rolle der Think Tanks in der US-Außenpolitik. Von Clinton zu Bush Jr.* Wiesbaden: Springer VS 2013.

Kuby, Erich: *Mein Krieg. Aufzeichnungen aus 2129 Tagen.* München: Deutscher Taschenbuch Verlag 1975.

Kuczynski, Jürgen: Weizsäckers Befürchtungen. *Die Weltbühne. Wochenschauschrift für Politik, Kunst, Wirtschaft* 66/41 (1971), 1296–1299.

Kühner, Hans: *Die Chinesische Akademie der Wissenschaften und ihre Vorläufer, 1928–1985.* Hamburg: Institut für Asienkunde 1986.

Küntzel, Matthias: *Bonn und die Bombe. Deutsche Atomwaffenpolitik von Adenauer bis Brandt.* Frankfurt am Main: Campus 1992.

Kunz, Rudibert und Rolf-Dieter Müller: *Giftgas gegen Abd el Krim. Deutschland, Spanien und der Gaskrieg in Spanisch-Marokko 1922–1927.* Freiburg im Breisgau: Rombach 1990.

Küppers, Günter, Peter Lundgreen und Peter Weingart: *Umweltforschung – die gesteuerte Wissenschaft? Eine empirische Studie zum Verhältnis von Wissenschaftsentwicklung und Wissenschaftspolitik.* Frankfurt am Main: Suhrkamp 1978.

–: Umweltprogramm und Umweltforschung – Zum Versuch der politischen Integration eines Forschungsfeldes. In: Wolfgang van den Daele, Wolfgang Krohn und Peter Weingart (Hg.): *Geplante Forschung. Vergleichende Studien über den Einfluß politischer Programme auf die Wissenschaftsentwicklung.* Frankfurt am Main: Suhrkamp 1979, 239–286.

L'ombre d'Einstein sur Genève. *Le Monde* (12.7.1955). https://www.lemonde.fr/archives/article/1955/07/12/l-ombre-d-einstein-sur-geneve_1961271_1819218.html. Zuletzt aufgerufen am 19.10.2020.

Labusch, Reiner, Eckart Maus und Wolfgang Send (Hg.): *Weltraum ohne Waffen. Naturwissenschaftler warnen vor der Militarisierung des Weltraums.* München: C. Bertelsmann 1984.

Laitko, Hubert: Das Max-Planck-Institut zur Erforschung der Lebensbedingungen der wissenschaftlich-technischen Welt: Gründungsintention und Gründungsprozess. In: Klaus Fischer, Hubert Laitko und Heinrich Parthey (Hg.): *Interdisziplinarität und Institutionalisierung der Wissenschaft. Wissenschaftsforschung Jahrbuch 2010.* Berlin: Wissenschaftlicher Verlag 2011, 199–238.

–: Das Ambivalenzkonzept bei Carl Friedrich von Weizsäcker – Versuch einer Exegese. In: Hentschel und Hoffmann, *Carl Friedrich von Weizsäcker*, 2014, 297–322.

–: Das Harnack-Prinzip als institutionelles Markenzeichen: Faktisches und Symbolisches. In: Hoffmann, Kolboske und Renn, *Anwenden*, 2014, 133–191.

–: Die Etablierung der Deutschen Akademie der Wissenschaften zu Berlin. Akademiehistorische Weichenstellungen in der Frühphase des Kalten Krieges. In: Feichtinger und Uhl, *Akademien der Wissenschaften in Zentraleuropa*, 2018, 291–364.

Lalli, Roberto: Crafting Europe from CERN to Dubna: Physics as Diplomacy in the Foundation of the European Physical Society. *Centaurus* 63/1 (2021), 103–131.

Laucht, Christoph: Atoms for the People: The Atomic Scientists' Association, the British State and Nuclear Education in the Atom Train Exhibition, 1947–1948. *The British Journal for the History of Science* 45/4 (2012), 591–608.

Lavelle, Louis: Theodore Levitt Dead at 81. *Business Week* (29. Juni 2006).

Lax, Gregor: *From Atmospheric Chemistry to Earth System Science. Contributions to the Recent History of the Max Planck Institute for Chemistry (Otto Hahn Institute), 1959–2000.* Diepholz: GNT 2018.

–: *Von der Atmosphärenchemie zur Erforschung des Erdsystems. Beiträge zur jüngeren Geschichte des Max-Planck-Instituts für Chemie (Otto-Hahn-Institut), 1959–2000.* Berlin: GMPG-Preprint 5, 2018.

–: *Wissenschaft zwischen Planung, Aufgabenteilung und Kooperation. Zum Aufstieg der Erdsystemforschung in der Max-Planck-Gesellschaft, 1968–2000.* Berlin: GMPG-Preprint 12, 2020.

–: Die Erdsystemwissenschaften. In: Kocka et al., *Die Max-Planck-Gesellschaft*, 2023 (in Vorbereitung)

–: *Klimaforschung im Kontext europäischer Integrationspolitik am Beispiel des EUROTRAC-Programms (1986–1995)* (Arbeitstitel). Berlin: GMPG-Preprint in Vorbereitung.

Lee, Khoon Choy: *Pioneers of Modern China. Understanding the Inscrutable Chinese.* River Edge, NJ: World Scientific 2005.

Leendertz, Ariane: *Die pragmatische Wende. Die Max-Planck-Gesellschaft und die Sozialwissenschaften 1975–1985.* Göttingen: Vandenhoeck & Ruprecht 2010.

–: »Finalisierung der Wissenschaft«. Wissenschaftstheorie in den politischen Deutungskämpfen der Bonner Republik. *Mittelweg 36* 22/4 (2013), 93–121.

–: Ein gescheitertes Experiment. Carl Friedrich von Weizsäcker, Jürgen Habermas und die Max-Planck-Gesellschaft. In: Hentschel und Hoffmann, *Carl Friedrich von Weizsäcker*, 2014, 243–262.

Leese, Daniel: Kulturrevolution in China: Ursachen, Verlauf und Folgen. *Aus Politik und Zeitgeschichte* 66/23 (2016), 3–10.

Lehberger, Reiner: *Die Schmidts. Ein Jahrhundertpaar.* Hamburg: Hoffmann und Campe 2018.

Lemke, Dietrich: *Im Himmel über Heidelberg, 40 Jahre Max-Planck-Institut für Astronomie in Heidelberg (1969–2009).* Herausgegeben von Archiv der Max-Planck-Gesellschaft. Berlin: Archiv der Max-Planck-Gesellschaft 2011.

Leonhardt, Rudolf Walter: Butenandts Zorn. *Die Zeit* 34 (20.8.1965). https://www.zeit.de/1965/34/butenandts-zorn. Zuletzt aufgerufen am 7.9.2021.

Lepp, Claudia: Ein protestantischer Think Tank in den langen sechziger Jahren der Bundesrepublik: Georg Picht und die Forschungsstätte der Evangelischen Studiengemeinschaft. *Mitteilungen zur Kirchlichen Zeitgeschichte* 13 (2019), 109–132.

Lewin, Arie Y, Silvia Massini und Carine Peeters: Why Are Companies Offshoring Innovation? The Emerging Global Race for Talent. *Journal of International Business Studies* 40/8 (2009), 901–925. DOI:10.1057/jibs.2008.92U.

Levitt, Theodore: The Globalization of Markets. *Harvard Business Review* 61/3 (1983), 92.

Lewis, Jeffrey: Kalter Krieg in der Max-Planck-Gesellschaft. Göttingen und Tübingen – eine Vereinigung mit Hindernissen, 1948–1949. In: Schieder und Trunk, *Adolf Butenandt und die KWG*, 2004, 403–443.

Li, Danhui und Yafeng Xia: *Mao and the Sino-Soviet Split, 1959–1973. A New History.* Lanham, MD: Lexington Books 2018.

Li, Kwok-sing: *A Glossary of Political Terms of the People's Republic of China.* Übersetzt von Mary Lok. Hong Kong: Chinese University Press 1995.

Li, Mingjiang: *Mao's China and the Sino-Soviet Split. Ideological Dilemma.* London: Routledge 2014.

Lim, Louisa: *The People's Republic of Amnesia: Tiananmen Revisited.* New York, NY: Oxford University Press 2014.

Link, Fabian: Sozialwissenschaften im Kalten Krieg: Mathematisierung, Demokratisierung und Politikberatung. *H-Soz-Kult* 15.5.2018. http://www.hsozkult.de/literaturereview/id/forschungsberichte-3095. Zuletzt aufgerufen am 5.5.2022.

Löffler, Heinz: *70 Jahre Biologische Station Lunz. 70 Jahre Limnologie in Österreich.* Sankt Pölten: Niederösterreichisches Pressehaus 1976.

Lorenz, Robert: *Protest der Physiker. Die »Göttinger Erklärung« von 1957.* Bielefeld: transcript 2011.

Löwe, Teresa: *Georg Picht und die Schule Birklehof in der Nachkriegszeit (1946–1955). Vorbereitungstext für das Treffen der Altbirklehofer der Nachkriegsgeneration vom 19. bis 22. Mai 2004.* Berlin 2004.

–: Georg Picht – Vom Birklehof zur Bildungsoffensive. Neue Sammlung. *Vierteljahres-Zeitschrift für Erziehung und Gesellschaft* 44/4 (2004), 517–528.

Lu, Ke: MPS/CAS Partner Group on Nanostructured Materials. *Bulletin of Chinese Academy of Sciences, Special Issue: Networking for Scientific Excellence. 1974–2004. Chinese Academy of Sciences – Max-Planck-Gesellschaft* 2/18 (2004), 60–61.

Lüscher, Fabian: Party, Peers, Publicity: Overlapping Loyalties in Early Soviet Pugwash 1955–1960. Kraft und Sachse, *Science, (Anti-)Communism and Diplomacy*, 2020, 121–155.

–: *Nuklearer Internationalismus in der Sowjetunion. Geteiltes Wissen in einer geteilten Welt, 1945–1973.* Wien: Böhlau 2021.

Lüst, Reimar: Eindrücke von einer Reise in die Sowjetunion. Gegenbesuch einer Delegation der Max-Planck-Gesellschaft bei der Akademie der Wissenschaften der UdSSR. *Mitteilungen aus der Max-Planck-Gesellschaft zur Förderung der Wissenschaften* Heft 1–2 (1964), 55–63.

–: Wechselwirkungen von Wissenschaft und Politik. Ansprache des Präsidenten der Max-Planck-Gesellschaft. *MPG-Spiegel* 3 (1982), 53–58.

Lüthi, Lorenz M.: *Sino-Soviet Split. Cold War in the Communist World.* Princeton, NJ: Princeton University Press 2008.

Lutz, Dieter S.: Stabilität und Abrüstung durch Umrüstung: Zur Abrüstungs- und Stabilitätsorientierung Struktureller Nichtangriffsfähigkeit im Rahmen Gemeinsamer Sicherheit. *Sicherheit und Frieden* 5/3 (1987), 167–169.

Macrakis, Kristie: Einheit der Wissenschaft versus deutsche Teilung: Die Leopoldina und das Machtdreieck in Ostdeutschland. In: Dieter Hoffmann und Kristie Macrakis (Hg.): *Naturwissenschaft und Technik in der DDR.* Berlin: Akademie Verlag 1997, 147–169.

Maier, Helmut: *Forschung als Waffe. Rüstungsforschung in der Kaiser-Wilhelm-Gesellschaft und das Kaiser-Wilhelm-Institut für Metallforschung 1900–1945/48.* 2 Bde. Göttingen: Wallstein 2007.

Maier, Helmut (Hg.): *Gemeinschaftsforschung, Bevollmächtigte und der Wissenstransfer. Die Rolle der Kaiser-Wilhelm-Gesellschaft im System kriegsrelevanter Forschung des Nationalsozialismus.* Göttingen: Wallstein 2007.

Markl, Hubert: Die Grenzenlosigkeit der Wissenschaften und die Knappheit an Talenten. In: *MPG-Jahrbuch 2000*, 2000, 11–35.

–: Die ehrlichste Art der Entschuldigung ist die Offenlegung der Schuld. In: Sachse, *Verbindung nach Auschwitz*, 2003, 41–51.

Masius, Patrick, Ole Sparenberg und Jana Sprenger (Hg.): *Umweltgeschichte und Umweltzukunft. Zur gesellschaftlichen Relevanz einer jungen Disziplin.* Göttingen: Universitätsverlag Göttingen 2009.

Massin, Benoît: Mengele, die Zwillingsforschung und die »Auschwitz-Dahlem Connection«. In: Sachse, *Verbindung nach Auschwitz*, 2003, 201–251.

Matheus, Michael: Deutsche Akteure im internationalen Kontext. Zu den Auseinandersetzungen um die deutschen Forschungsinstitute in Italien (1949–1953). In: Ebert-Schifferer und Kieven, *Geschichte des Instituts*, 2013, 124–143.

Matlock Jr., Jack F.: *Reagan and Gorbachev. How the Cold War Ended.* New York, NY: Random House 2005.

Matz, Gerhard: *Aufbruch. Vor 25 Jahren hat für uns die Zukunft begonnen.* Hanau: NUKEM 1985.

Max-Planck-Gesellschaft (Hg.): *Gedächtnisausstellung zum 100. Geburtstag von Albert Einstein, Otto Hahn, Max von Laue, Lise Meitner.* Berlin: Staatsbibliothek Preußischer Kulturbesitz 1979.

– (Hg.): *Gedenkfeier. Franz Graf Wolff Metternich. Direktor der Biblioteca Hertziana (Max-Planck-Institut).* Max-Planck-Gesellschaft. Berichte und Mitteilungen Sonderheft. München 1979.

– (Hg.): *Gentechnologie und Verantwortung. Symposion der Max-Planck-Gesellschaft Schloß Ringberg/Tegernsee, Mai 1985.* Max-Planck-Gesellschaft. Berichte und Mitteilungen 3. München 1985.

– (Hg.): *European Research Structures – Changes and Challenges. Institutional Aspects of European Research Policy.* May-Planck-Gesellschaft. Berichte und Mitteilungen E1/94, 1994.

– (Hg.): *European Research Structures – Changes and Challenges. The Role and Function of Intellectual Property Rights.* Max-Planck-Gesellschaft. Berichte und Mitteilungen E2/94, 1994.

– (Hg.): *European Research Structures – Changes and Challenges. Mobility of*

Researchers in the European Union. Max-Planck-Gesellschaft. Berichte und Mitteilungen E3/94, 1994.
Max-Planck-Institut für Astrophysik (Hg.): *50th Anniversary Brochure of the Max-Planck-Institute for Astrophysics.* Garching: Max-Planck-Institut für Astrophysik 2008. https://www.mpa-garching.mpg.de/69639/MPA_englisch.pdf. Zuletzt aufgerufen am 8.11.2021.
Mayntz, Renate: Die außeruniversitäre Forschung im Prozeß der deutschen Einigung. *Leviathan* 20/1 (1992), 64–82.
–: *Deutsche Forschung im Einigungsprozeß. Die Transformation der Akademie der Wissenschaften der DDR 1989 bis 1992.* Frankfurt am Main: Campus 1994.
Mazower, Mark: *Der dunkle Kontinent. Europa im 20. Jahrhundert.* Berlin: Fest 2000.
McCray, W. Patrick: »Globalization with Hardware«: ITER's Fusion of Technology, Policy, and Politics. *History and Technology* 26/4 (2010), 283–312.
McKeil, Aaron: Revisiting the World Order Models Project: A Case for Renewal? *Global Policy*, 2022. doi: https://doi.org/10.1111/1758-5899.13070.
Meadows, Donella H., Dennis L. Meadows, Jørgen Randers und William W. Behrens III: *The Limits to Growth. A Report for the Club of Rom's Project on the Predicament of Mankind.* New York: Universe Books 1972.
Mechtersheimer, Kurt: *Rüstung und Politik in der Bundesrepublik. MRCA Tornado: Geschichte und Funktion des größten westeuropäischen Rüstungsprogramms.* Bad Honnef: Osang 1977.
Meiser, Inga: *Die Deutsche Forschungshochschule (1947–1953).* Berlin: Archiv der Max-Planck-Gesellschaft 2013.
Mendlovitz, Saul H. (Hg.): *On the Creation of a Just World Order. Preferred Worlds for the 1990s.* Amsterdam: North Holland 1975.
Metzger, Birgit: *»Erst stirbt der Wald, dann du!« Das Waldsterben als westdeutsches Politikum (1978–1986).* Frankfurt am Main: Campus 2015.
Michaels, Ed, Helen Handfield-Jones und Beth Axelrod: *The War For Talent.* Boston, MA: Harvard Business School 2001.
Millwood, Pete: (Mis)Perceptions of Domestic Politics in the U.S.-China Rapprochement, 1969–1978. *Diplomatic History* 43/5 (2019), 890–915.
–: An »Exceedingly Delicate Undertaking«: Sino-American Science Diplomacy, 1966–78. *Journal of Contemporary History* 56/1 (2021), 166–190.
Mitscherlich, Alexander und Margarete Mitscherlich: *Die Unfähigkeit zu trauern. Grundlagen kollektiven Verhaltens.* München: Piper 1967.
MLF Daten und Fakten. *Die Zeit* 46 (13.11.1964). https://www.zeit.de/1964/46/mlf-daten-und-fakten. Zuletzt aufgerufen am 2.3.2022.
Mögle-Stadel, Stephan: *Die Unteilbarkeit der Erde. Globale Krise, Weltbürgertum & Weltföderation. Eine Antwort an den Club of Rome.* Bonn: Bouvier 1996.
Molina, Luisa T. und Mario J. Molina: Production of Cl_2O_2 from the Self-Reaction of ClO Radical. *Journal of Physical Chemistry* 91/2 (1987), 433–436.
Molina, Mario J. und F.S. Rowland: Stratospheric Sink for Chlorofluoromethanes: Chlorine Atom-Catalysed Destruction of Ozone. *Nature* 249 (1974), 810–812.
Möller, Horst: *Franz Josef Strauß. Herrscher und Rebell.* München: Piper 2015.
Möller, Kay: *Die Außenpolitik der Volksrepublik China 1949–2004. Eine Einführung.* Wiesbaden: VS Verlag für Sozialwissenschaften 2005.

Montville, Joseph V.: Track Two Diplomacy. The Arrow and the Olive Branch. In: V. D. Volkan, Joseph V. Montville und David Julius (Hg.): *The Psychodynamics of International Relations.* Bd. 2. Lexington, MA: Lexington Books 1991.

Moore, Kelly: *Disrupting Science. Social Movements, American Scientists and the Politics of the Military, 1945–1975.* Princeton, NJ: Princeton University Press 2008.

Morgenthau-Plan im Quadrat. *Der Spiegel* 10 (26.2.1967), 21.

MPI für extraterrestrische Physik: Chronologie der Zusammenarbeit im Rahmen des ROSAT-Projektes. *MPG-Spiegel* 5 (1994), 51.

Müller, Albrecht von: *Die Kunst des Friedens. Grundzüge einer europäischen Sicherheitspolitik für die 80er und 90er Jahre.* München: Hanser 1984.

–: *Die Selbstentfaltung der Welt. Eine Einladung, Zeit und Wirklichkeit neu zu denken und mit Komplexität anders umzugehen.* München: Siedler 2020.

Müller, Michael (Hg.): *Paul J. Crutzen. Das Anthropozän. Schlüsseltexte des Nobelpreisträgers für das neue Erdzeitalter.* München: Oekom 2019.

Müller, Wolfgang D.: *Geschichte der Kernenergie in der Bundesrepublik Deutschland. Bd. 1: Anfänge und Weichenstellungen.* Stuttgart: Schäffer 1990.

Müller-Jung, Joachim: Pendler, Promotionen, Plagiate. *Frankfurter Allgemeine Zeitung* 110 (12.5.2004), N1.

–: Paul Crutzen. Der Patron der Erdpolitik. *Frankfurter Allgemeine Zeitung* (29.1.2021). https://www.faz.net/aktuell/wissen/erde-klima/zum-tod-von-paul-crutzen-der-patron-der-erdpolitik-17172088.html. Zuletzt aufgerufen am 26.4.2021.

Nagornaja, Oksana und Olga Nikonova: Sowjetische Kulturdiplomatie in Osteuropa in der Nachkriegszeit. Ein Überblick über die neuesten Veröffentlichungen. *Jahrbücher für Geschichte Osteuropas* 66/2 (2018), 274–298.

Naumann, Michael: Ein Leben für den Tod. Ultragifte für jedermann: Dr. Hugo Stoltzenberg. *Die Zeit* 40 (28.9.1979). https://www.zeit.de/1979/40/ein-leben-fuer-den-tod/komplettansicht. Zuletzt aufgerufen am 5.1.2020.

Nehring, Holger: Frieden durch Friedensforschung? In: Greiner, Müller und Weber, *Macht und Geist*, 2011, 417–436.

–: Review Article: What Was the Cold War? *English Historical Review* CXXVII/527 (2012), 920–949.

–: Peace Movements. In: Stefan Berger und Holger Nehring (Hg.): *The History of Social Movements in Global Perspective. A Survey.* London: Palgrave Macmillan 2017, 485–513.

Nehring, Holger und Benjamin Ziemann: Führen alle Wege nach Moskau? Der NATO-Doppelbeschluss und die Friedensbewegung – eine Kritik. *Vierteljahrshefte für Zeitgeschichte* 59/1 (2011), 81–100.

Neubacher, Alexander: Geist aus der Maschine. Ein Computerprogramm soll Kanzler Schröder und seiner Ministerrunde helfen, das Land zu regieren. *Der Spiegel* 22 (29.5.2000), 62.

Neuneck, Götz: Die Deutsche Pugwashgruppe und die Pugwash-Konferenzen – Ursprünge, Arbeitsweise und Erfolge – Das Ende des Kalten Krieges und die Herausforderungen der Zukunft. In: Albrecht et al., *50 Jahre VDW*, 2009, 377–392.

–: Carl Friedrich von Weizsäcker, Hamburg und das IFSH. *IFSH aktuell* 93 (2012), 1–2.

–: Carl Friedrich von Weizsäcker: Nukleare Abrüstung und die Suche nach Frieden. In: Hentschel und Hoffmann, *Carl Friedrich von Weizsäcker*, 2014, 413–436.

Neuneck, Götz und Götz Schaaf: Geschichte und Zukunft der Pugwash-Bewegung in Deutschland. In: Neuneck und Schaaf, *Geschichte der Pugwash-Bewegung*, 2007, 31–37.

Neuneck, Götz und Michael Schaaf (Hg.): *Zur Geschichte der Pugwash-Bewegung in Deutschland. Symposium der deutschen Pugwash-Gruppe im Harnack-Haus Berlin, 24. Februar 2006.* Berlin: Max-Planck-Institut für Wissenschaftsgeschichte, Preprint 332, 2007.

Neuneck, Götz, Hartmut Graßl und Ulrich Bartosch: Nachruf auf Prof. Dr. Klaus Gottstein. *Vereinigung Deutscher Wissenschaftler*, 2020. https://vdw-ev.de/nachruf-klaus-gottstein/. Zuletzt aufgerufen am 6.4.2021.

Nicholson, Edward Max: *The Environmental Revolution. A Guide for the New Masters of the World.* New York, NY: McGraw-Hill 1970.

Nickel, Dietmar K.: *Es begann in Rehovot. Die Anfänge der wissenschaftlichen Zusammenarbeit zwischen Israel und der Bundesrepublik Deutschland.* Zürich: Europäisches Komitee des Weizmann Institute of Science 1989.

–: 25. April 1974: Aufbruch ins Ungewisse. 20 Jahre wissenschaftliche Zusammenarbeit zwischen der Max-Planck-Gesellschaft und der Chinesischen Akademie der Wissenschaften. *MPG Spiegel* 5 (1994), 24–35.

–: Wolfgang Gentner und die Begründung der deutsch-israelischen Wissenschaftsbeziehungen. In: Hoffmann und Schmidt-Rohr, *Wolfgang Gentner*, 2006, 147–170.

Nickerson, Sylvia: Taking a Stand: Exploring the Role of the Scientists prior to the First Pugwash Conference on Science and World Affairs, 1957. *Scientia Canadiensis* 36/2 (2013), 63–87.

Nixons Weg nach Peking – eine Sackgasse? *Der Spiegel* 31 (1971), 64–72.

Nötzold, Jürgen: Die deutsch-sowjetischen Wissenschaftsbeziehungen. In: Vierhaus und vom Brocke, *Forschung im Spannungsfeld von Politik und Gesellschaft*, 1990, 778–800.

Nötzoldt, Peter: Die Deutsche Akademie der Wissenschaften zu Berlin zwischen Tradition und Anpassung (1946–1972). In: Feichtinger und Uhl, *Akademien der Wissenschaften in Zentraleuropa*, 2018, 365–397.

Nye, Joseph S.: Soft Power. *Foreign Policy* 80/3 (1990), 153–171.

–: *Soft Power. The Means To Success In World Politics.* New York, NY: PublicAffairs 2004.

Oetzel, Günther: *Die geplante Zukunft. Die bundesdeutsche Schnellbrüterentwicklung in den 1960er Jahren.* Frankfurt am Main: Peter Lang 1999.

Oexle, Otto Gerhard: *The British Roots of the Max-Planck-Gesellschaft.* Übersetzt von Jane Rafferty. London: German Historical Institute 1995.

–: *Hahn, Heisenberg und die anderen. Anmerkungen zu »Kopenhagen«, »Farm Hall« und »Göttingen«.* Berlin: Vorabdrucke des Forschungsprogramms »Geschichte der Kaiser-Wilhelm-Gesellschaft im Nationalsozialismus« 9, 2003.

O'Grady, Cathleen: United Kingdom set to abandon EU funding program and go it alone. *Science* 377/6601 (1.7.2022). https://www.science.org/doi/epdf/10.1126/science.add6987. Zuletzt aufgerufen am 29.7.2022.

Oreskes, Naomi und John Krige (Hg.): *Science and Technology in the Global Cold War.* Cambridge, MA: MIT Press 2014.

Orth, Karin: *Autonomie und Planung der Forschung. Förderpolitische Strategien der Deutschen Forschungsgemeinschaft 1949–1968.* Stuttgart: Franz Steiner 2011.

–: *Vertreibung aus dem Wissenschaftssystem. Gedenkbuch für die im Nationalsozialismus vertriebenen Gremienmitglieder der DFG.* Stuttgart: Franz Steiner 2018.

Osganian, Vanessa: Competitive Cooperation. Institutional and Social Dimensions of Collaboration in the Alliance of Science Organisations in Germany. *NTM Zeitschrift für Geschichte der Wissenschaften, Technik und Medizin* 30/1 (2022), 1–27.

Osganian, Vanessa und Helmuth Trischler: *Die Max-Planck-Gesellschaft als wissenschaftspolitische Akteurin in der Allianz der Wissenschaftsorganisationen.* Berlin: GMPG-Preprint 16, 2022.

Ossietzky, Carl von: Gasangriff auf Hamburg. *Die Weltbühne. Wochenschauschrift für Politik, Kunst, Wirtschaft* 24/22 (1928), 813–815.

Overbeck, Hans Jürgen: *Insel der Kraniche. Eine Bilanz.* Norderstedt: Books on Demand 2013.

Partsch, Karl Josef: *Die zoologische Station in Neapel. Modell internationaler Wissenschaftszusammenarbeit.* Göttingen: Vandenhoeck & Ruprecht 1980.

Paulus, Stefan: *Vorbild USA? Amerikanisierung von Universität und Wissenschaft in Westdeutschland 1945–1976.* München: Oldenbourg 2010.

Pecht, Israel und Thomas Jovin: Manfred Eigen (1927–2019). *Science* 364/6435 (2019), 33.

Pei Gang – Portrait. *Bulletin of Chinese Academy of Sciences, Special Issue: Networking for Scientific Excellence. 1974–2004. Chinese Academy of Sciences – Max-Planck-Gesellschaft* 2/18 (2004), 39.

Peking Insulin Structure Research Group: Studies on the Insulin Crystal Structure: The Molecule at 1. 8 Å Resolution. *Scientia Sinica* 17/6 (1974), 752.

Pérez López, Pablo: José María Albareda. La ciencia al servicio de Dios. *Nuestro Tiempo. Revista Cultural y de Cuestiones Actuales de la Universidad de Navarra* 665 (2010), 52–57.

Petrii, Oleg A. und Stephen Fletcher: The Frumkin Era in Electrochemistry. In: Fritz Scholz (Hg.): *Electrochemistry in a Divided World. Innovations in Eastern Europe in the 20th Century.* Cham: Springer 2015, 49–96.

Pfuhl, Kurt: *Die öffentliche Forschungsorganisation außerhalb des Hochschulbereichs. Unter besonderer Berücksichtigung verfassungs- und haushaltsrechtlicher Probleme.* Dissertation. Göttingen: Universität Göttingen 1958.

–: Das Königsteiner Staatsabkommen. *Mitteilungen aus der Max-Planck-Gesellschaft zur Förderung der Wissenschaften* Heft 5 (1959), 285–294.

Picht, Georg: *Die deutsche Bildungskatastrophe. Analyse und Dokumentation.* Olten: Walter 1964.

Pietsch, Erich: *Altamira und die Urgeschichte der chemischen Technologie.* München: Oldenbourg 1963.

–: *Altamira y la Prehistoria de la Tecnologia Quimica.* Madrid: Patronato de Investigación Científica y Técnica »Juan de la Cierva« (CSIC) 1964.

Poincaré, Henri: Sur l'équilibre d'une masse fluide animée d'un mouvement de rotation. *Acta Mathematica* 7 (1885), 259–380.

Pommerin, Reiner: Von der »massive retaliation« zur »flexible response«. Zum Strategiewechsel der sechziger Jahre. In: Bruno Thoß (Hg.): *Vom Kalten Krieg zur deutschen Einheit. Analysen und Zeitzeugenberichte zur deutschen Militärgeschichte 1945 bis 1995. Im Auftrag des Militärgeschichtlichen Forschungsamtes.* München: Oldenbourg 1995, 525–542.

Potthast, Thomas: Max-Planck-Institut für Evolutionsbiologie Plön. In: Gruss und Rürup, *Denkorte*, 2010, 136–145.

Prades Plaza, Sara: Las plataformas de acción de la »generación de 1948« entre 1944 y 1956. *Historia y Política* 28 (2012), 57–82.

–: *España y su historia. La generación de 1948.* Castelló de la Plana: Publicacions de la Universitat Jaume I 2014.

Presas i Puig, Albert: *Continuities in Radical Changes. The Technological Relationships between Germany and Spain in the 20th Century.* Berlin: Max-Planck-Institut für Wissenschaftsgeschichte, Preprint 298, 2005.

–: Science on the Periphery. The Spanish Reception of Nuclear Energy: An Attempt at Modernity? *Minerva* 43/2 (2005), 197–218.

–: Deutsche Wissenschaftler und Spezialisten in Spanien im 20. Jahrhundert: Kontinuitäten und Umbrüche. In: Rüdiger vom Bruch, Uta Gerhardt und Aleksandra Pawliczek (Hg.): *Kontinuitäten und Diskontinuitäten in der Wissenschaftsgeschichte des 20. Jahrhunderts.* Stuttgart: Franz Steiner 2006, 153–166.

–: *The Scientific and Technological Relations between Spain and Germany during the First Franco Period.* Berlin: Max-Planck-Institut für Wissenschaftsgeschichte, Preprint 335, 2007.

–: *Reflections on a Peripheral Paperclip Project. A Technological Innovation System in Spain Based on the Transfer of German Technology.* Berlin: Max-Planck-Institut für Wissenschaftsgeschichte, Preprint 354, 2008.

–: Technological Transfer as a Political Weapon: Technological Relations between Germany and Spain from 1918 to the Early 1950s. *Journal of Modern European History* 6/2 (2008), 218–236.

–: Human Capital and Physics Research for the Spanish Nuclear Program. In: Rubio-Varas und Torre, *The Economic History of Nuclear Energy in Spain*, 2017, 97–117.

Radkau, Joachim: *Aufstieg und Krise der deutschen Atomwirtschaft 1945–1975. Verdrängte Alternativen in der Kerntechnik und der Ursprung der nuklearen Kontroverse.* Reinbek bei Hamburg: Rowohlt 1983.

–: *Die Ära der Ökologie. Eine Weltgeschichte.* München: C. H. Beck 2011.

–: Dreißig Jahre Tschernobyl. Zur Aktualität der Reaktorkatastrophe. *Zeitgeschichte Online*, 1.4.2016. https://zeitgeschichte-online.de/kommentar/dreissig-jahre-tschernobyl. Zuletzt aufgerufen am 12.4.2022.

Radkau, Joachim und Lothar Hahn: *Aufstieg und Fall der deutschen Atomwirtschaft.* München: Oekom 2013.

Raiser, Ludwig: Der Wahrheitsanspruch in der Politik. Kritik ist das Salz der Erde und nicht Sand in der Maschine. *Die Zeit* 16 (20.4.1962), 4.

–: *Deutsche Hochschulprobleme im Lichte amerikanischer Erfahrungen.* Kiel: Hirt 1966.

Ranke, Wolfgang: Oberflächenforschung in China. *Naturwissenschaften* 71 (1984), 40–41.

Ranke, Wolfgang, Yrong R. Xing und Guangdi D. Shen: Orientation Dependence of Oxygen Adsorption on a Cylindrical GaAs Crystal. *Journal of Vacuum Science and Technology* 21 (1982), 426–428.

–: Orientation Dependence of Oxygen Adsorption on a Cylindrical GaAs Sample: I. Auger Measurements. *Journal of Vacuum Science and Technology* 120 (1982), 67–89.

–: Orientation Dependence of Oxygen Adsorption on a Cylindrical GaAs Sample. II. Photoemission Measurements. *Journal of Vacuum Science and Technology* 122 (1982), 256–274.

Raphael, Lutz: Zwischen Sozialaufklärung und radikalem Ordnungsdenken. Die Verwissenschaftlichung des Sozialen im Europa der ideologischen Extreme. In: Gangolf Hübinger (Hg.): *Europäische Wissenschaftskulturen und politische Ordnungen in der Moderne (1890–1970).* München: Oldenbourg 2014, 29–50.

Raulff, Ulrich: *Kreis ohne Meister. Stefan Georges Nachleben.* München: C.H. Beck 2009.

Reichardt, Sven: *Authentizität und Gemeinschaft. Linksalternatives Leben in den siebziger und frühen achtziger Jahren.* Berlin: Suhrkamp 2014.

Reichert, Uwe: Wege aus dem Wettrüsten. Internationales Naturwissenschaftler-Forum ruft zum Stop aller Atomwaffen auf. *Wissenschaft & Frieden* 5 (1986). https://www.wissenschaft-und-frieden.de/seite.php?artikelID=0664. Zuletzt aufgerufen am 13.4.2021.

Reinhardt, Carsten: Strukturen der Forschung. Zum Konzept der Forschungscluster. In: Kocka et al., *Die Max-Planck-Gesellschaft*, 2023 (in Vorbereitung).

Reinke, Niklas: *Geschichte der deutschen Raumfahrtpolitik. Konzepte, Einflussfaktoren und Interdependenzen 1923–2002.* München: Oldenbourg 2004.

Reiss, Edward: *The Strategic Defense Initiative.* Cambridge: Cambridge University Press 1992.

Renn, Jürgen, Michel Janssen, John D. Norton, Tilman Sauer und John Stachel (Hg.): *The Genesis of General Relativity. Bd. 1–2: Einstein's Zurich notebook.* Dordrecht: Springer 2007.

Renn, Jürgen und Matthias Schemmel (Hg.): *The Genesis of General Relativity. Bd. 3–4: Gravitation in the Twilight of Classical Physics. The Promise of Mathematics.* Dordrecht: Springer 2007.

Rese, Alexandra: *Wirkung politischer Stellungnahmen von Wissenschaftlern am Beispiel der Göttinger Erklärung zur atomaren Bewaffnung.* Frankfurt am Main: Peter Lang 1999.

Rhéaume, Charles: Western Scientists' Reactions to Andrei Sakharov's Human Rights Struggle in the Soviet Union, 1968–1989. *Human Rights Quarterly* 30/1 (2008), 1–20.

Richter, Saskia: *Die Aktivistin. Das Leben der Petra Kelly.* München: Deutsche Verlags-Anstalt 2010.

–: Die Protagonisten der Friedensbewegung. In: Becker-Schaum et al., *Nuklearkrise*, 2012, 184–199.

Riedel, Manfred: Die Universalität der europäischen Wissenschaft als begriffs- und wissenschaftsgeschichtliches Problem. *Zeitschrift für allgemeine Wissenschaftstheorie/Journal for General Philosophy of Science* 10/2 (1979), 267–287.

Rispoli, Giulia und Doubravka Olšáková: Science and Diplomacy around the Earth: From the Man and Biosphere Programme to the International Geosphere-Biosphere Programme. *Historical Studies in the Natural Sciences* 50/4 (2020), 456–481.

Roberts, Geoffrey: Science, Peace and Internationalism: Frédérique Joliot-Curie, the World Federation of Scientific Workers and the Origins of the Pugwash Movement. In: Kraft und Sachse, *Science, (Anti-)Communism and Diplomacy*, 2020, 43–79.

Roscher, Mieke: Tierschutz- und Tierrechtsbewegung – ein historischer Abriss. *Aus Politik und Zeitgeschichte* 62/8–9 (2012), 34–40.
Rose, Kenneth D.: Apokalypse im Vorgarten: Amerikanische Atomschutzbunker und Kalter Krieg. In: Inge Marszolek und Marc Buggeln (Hg.): *Bunker. Kriegsort, Zuflucht, Erinnerungsraum.* Frankfurt am Main: Campus 2008, 171–189.
Rotblat, Joseph: *Pugwash – The First Ten Years. History of the Conferences on Science and World Affairs.* New York, NY: Humanities Press 1968.
–: *Scientists in the Quest for Peace. A History of the Pugwash Conferences.* Cambridge: The MIT Press 1972.
Roth, Roland und Dieter Rucht (Hg.): *Die sozialen Bewegungen in Deutschland seit 1945. Ein Handbuch.* Frankfurt am Main: Campus 2008.
Roth, Siegmar: Stuttgart – Seit 20 Jahren eine Hochburg der Kooperation. Rege Chinakontakte des MPI für Festkörperforschung. *MPG-Spiegel* 5 (1994), 57.
Rother, Bernd (Hg.): *Willy Brandts Außenpolitik.* Berlin: Springer 2014.
Rubinson, Paul: »Crucified on a Cross of Atoms«: Scientists, Politics, and the Test Ban Treaty. *Diplomatic History* 35/2 (2011), 283–319.
–: *Redefining Science. Scientists, the National Security State, and Nuclear Weapons in Cold War America.* Amherst, MA: University of Massachusetts Press 2016.
Rubio-Varas, Maria del Mar und Joseba De la Torre: How Did Spain Become the Major US Nuclear Client? In: Rubio-Varas und Torre (Hg.), *The Economic History of Nuclear Energy in Spain*, 2017, 119–153.
Rubio-Varas, Maria del Mar und Joseba De la Torre (Hg.): *The Economic History of Nuclear Energy in Spain. Governance, Business and Finance.* Cham: Palgrave Macmillan 2017.
»Rückgriff aufs dritte Glied«. *Der Spiegel* 6 (30.1.1972). https://www.spiegel.de/politik/rueckgriff-aufs-dritte-glied-a-0246d084-0002-0001-0000-000043019787?context=issue. Zuletzt aufgerufen am 17.1.2022.
Rudloff, Wilfried: Einleitung: Politikberatung als Gegenstand historischer Betrachtung. Forschungsstand, neue Befunde, übergreifende Fragestellungen. In: Stefan Fisch und Wilfried Rudloff (Hg.): *Experten und Politik: Wissenschaftliche Politikberatung in geschichtlicher Perspektive.* Berlin: Duncker & Humblot 2004, 13–57.
–: Verwissenschaftlichung der Politik? Wissenschaftliche Politikberatung in den sechziger Jahren. In: Collin und Horstmann, *Das Wissen des Staates*, 2004, 216–257.
–: *Does Science Matter? Zur Bedeutung wissenschaftlichen Wissens im politischen Prozess. Am Beispiel der bundesdeutschen Bildungspolitik in den Jahren des »Bildungsbooms«.* Speyer: Deutsches Forschungsinstitut für öffentliche Verwaltung 2005.
–: Expertenkommissionen, Masterpläne und Modellprogramme. Die bundesdeutsche Psychiatriereform als Paradefall »verwissenschaftlichter« Politik? *Archiv für Sozialgeschichte* 50 (2010), 169–216.
Ruge, Gerd: Spektographen wie von Otto Hahn gebastelt. Mit einer deutschen Wissenschaftlerdelegation im Kernforschungszentrum bei Peking. *Die Welt* (18.5.1974), 5.
Rühle, Hans: An die Grenzen der Technologie. *Der Spiegel* 48 (24.11.1985), 155–159.
Runge, Wolfgang: Kooperation im Wandel: 30 Jahre diplomatische Beziehungen Bundesrepublik Deutschland – Volksrepublik China. *China-Journal. Eine Veröffentlichung der Deutschen China-Gesellschaft* 1 (2002). http://dcg.de/runge/kooperation.html. Zuletzt aufgerufen am 5.5.2020.
Rungius, Charlotte und Tim Flink: Romancing Science for Global Solutions: On Nar-

ratives and Interpretative Schemas of Science Diplomacy. *Humanities and Social Sciences Communications* 7/1 (2020), 1–10.

Rungius, Charlotte, Tim Flink und Alexander Degelsegger-Márquez: *S4D4C D2.2 State-of-the-Art Report. Summarising Literature on Science Diplomacy Cases and Concepts.* Berlin 2018. https://www.s4d4c.eu/wp-content/uploads/2018/08/S4D4C_State-of-the-Art_Report_DZHW.pdf. Zuletzt aufgerufen am 22.4.2022.

Rürup, Reinhard: *Schicksale und Karrieren. Gedenkbuch für die von den Nationalsozialisten aus der Kaiser-Wilhelm-Gesellschaft vertriebenen Forscherinnen und Forscher.* Göttingen: Wallstein 2008.

Russell, Bertrand: *Towards World Government.* London: New Commonwealth 1947.

–: *Man's Peril, 1954–55. The Collected Papers of Bertrand Russell. Vol. 28.* Herausgegeben von Andrew G. Bone. London: Routledge 2003.

Ruttley, Tara M., Julie A. Robinson und William H. Gerstenmaier: The International Space Station: Collaboration, Utilization, and Commercialization. *Social Science Quarterly* 98/4 (2017), 1160–1174.

Sacharow, Andrej: Wenn die Bombe fällt … *Die Zeit* 26 (24.6.1983).

Sachse, Carola: Adolf Butenandt und Otmar von Verschuer. Eine Freundschaft unter Wissenschaftlern (1942–1969). In: Schieder und Trunk, *Adolf Butenandt und die KWG*, 2004, 286–319.

–: Von Männern, Frauen und Hunden. Der Streit um die Vivisektion im Deutschland des 19. Jahrhunderts. *Feministische Studien* 24/1 (2006), 9–28.

–: What Research, to What End? The Rockefeller Foundation and the Max Planck Gesellschaft in the Early Cold War. *Central European History* 42/1 (2009), 97–141.

–: »Ehe von Schornstein und Pflug«. Utopische Elemente in den Raumvorstellungen des Mitteleuropäischen Wirtschaftstags in der Zwischenkriegszeit. In: Sachse, *»Mitteleuropa« und »Südosteuropa«*, 2010, 49–86.

–: Einführung. »Mitteleuropa« und »Südosteuropa« als Planungsraum. Der Mitteleuropäische Wirtschaftstag im Kontext. In: Sachse, *»Mitteleuropa« und »Südosteuropa«*, 2010, 13–45.

–: Ein »als Neugründung zu deutender Beschluss …«: Vom Kaiser-Wilhelm-Institut für Anthropologie, menschliche Erblehre und Eugenik zum Max-Planck-Institut für molekulare Genetik. *Medizinhistorisches Journal* 46/1 (2011), 24–50.

–: Was bedeutet »Entschuldigung«? Die Überlebenden medizinischer NS-Verbrechen und die Max-Planck-Gesellschaft. *Berichte zur Wissenschaftsgeschichte* 34/3 (2011), 224–241.

–: Grundlagenforschung. Zur Historisierung eines wissenschaftspolitischen Ordnungsprinzips am Beispiel der Max-Planck-Gesellschaft (1945–1970). In: Hoffmann, Kolboske und Renn, *Anwenden*, 2014, 215–239.

–: *Die Max-Planck-Gesellschaft und die Pugwash Conferences on Science and World Affairs (1955–1984).* Berlin: Max-Planck-Institut für Wissenschaftsgeschichte, Preprint 479, 2016.

–: The Max Planck Society and Pugwash during the Cold War. An Uneasy Relationship. *Journal of Cold War Studies* 20/1 (2018), 170–209.

–: Mengele, die Zwillingsforschung und die Max-Planck-Gesellschaft. Ein Erinnerungssyndrom. In: Dirk Schumann und Désirée Schauz (Hg.): *Forschen im »Zeitalter der Extreme«. Akademien und andere Forschungseinrichtungen im Nationalsozialismus und nach 1945.* Göttingen: Wallstein 2020, 349–377.

–: Patronage Impossible: Cyrus Eaton and His Pugwash Scientists. In: Kraft und Sachse, *Science, (Anti-)Communism and Diplomacy*, 2020, 80–117.

Sachse, Carola (Hg.): *Die Verbindung nach Auschwitz. Biowissenschaften und Menschenversuche an Kaiser-Wilhelm-Instituten. Dokumentation eines Symposiums im Juni 2001.* Göttingen: Wallstein 2003.

– (Hg.): *»Mitteleuropa« und »Südosteuropa« als Planungsraum. Wirtschafts- und kulturpolitische Expertisen im Zeitalter der Weltkriege.* Göttingen: Wallstein 2010.

Sagdeev, Roald Z.: *The Making of a Soviet Scientist. My Adventures in Nuclear Fusion and Space from Stalin to Star Wars.* New York, NY: John Wiley & Sons 1994.

Sánchez-Sánchez, Esther M.: An Alternative Route? France's Position in the Spanish Nuclear Program, c. 1950s–1980s. In: Rubio-Varas und Torre, *The Economic History of Nuclear Energy in Spain*, 2017, 155–184.

Sanz Lafuente, Gloria: The Long Road to the Trillo Nuclear Power Plant: West Germany in the Spanish Nuclear Race. In: Rubio-Varas und Torre, *The Economic History of Nuclear Energy in Spain*, 2017, 187–215.

Sasse, Dirk: *Franzosen, Briten und Deutsche im Rifkrieg 1921–1926. Spekulanten und Sympathisanten, Deserteure und Hasardeure im Dienste Abdelkrims.* München: Oldenbourg 2006.

Satzinger, Georg: Christof Thoenes. In: Ebert-Schifferer und Kieven, *Geschichte des Instituts*, 2013, 188–191.

Satzinger, Helga: *Die Geschichte der genetisch orientierten Hirnforschung von Cecile und Oskar Vogt in der Zeit von 1895 bis ca. 1927.* Stuttgart: Deutscher Apotheker 1998.

–: Krankheiten als Rassen. Politische und wissenschaftliche Dimensionen eines biomedizinischen Forschungsprogramms von Cécile und Oskar Vogt zwischen Tiflis und Berlin (1919–1939). *Medizinhistorisches Journal* 37/3–4 (2003), 301–350.

Schäfer, Gert und Carl Nedelmann (Hg.): *Der CDU-Staat. Studien zur Verfassungswirklichkeit der Bundesrepublik.* München: Szczesny 1967.

Schanetzky, Tim: Aporien der Verwissenschaftlichung. Sachverständigenrat und wirtschaftlicher Strukturwandel in der Bundesrepublik 1974–1988. *Archiv für Sozialgeschichte.* Bd. 50. Bonn: Dietz 2010, 153–167.

Schell, Orville: Introduction. In: Lizhi Fang: *Bringing Down the Great Wall. Writings on Science, Culture and Democracy in China.* New York, NY: W. W. Norton 1992, xiii–xl.

Schieder, Wolfgang: Werner Hoppenstedt in der Bibliotheca Hertziana. Perversion von Kulturwissenschaft im Nationalsozialismus (1933–1945). In: Ebert-Schifferer und Kieven, Geschichte des Instituts, 2013, 90–115.

Schieder, Wolfgang und Achim Trunk (Hg.): *Adolf Butenandt und die Kaiser-Wilhelm-Gesellschaft. Wissenschaft, Industrie und Politik im »Dritten Reich«.* Göttingen: Wallstein 2004.

Schieder, Wolfgang und Reinhard Rürup (Hg.): *Geschichte der Kaiser-Wilhelm-Gesellschaft im Nationalsozialismus.* Buchreihe. 17 Bde. Göttingen: Wallstein 2000–2007.

Schieffer, Theodor: Kehr, Paul Fridolin. *Neue Deutsche Biographie 11 – Onlinefassung*, 1977. https://www.deutsche-biographie.de/pnd118721461.html. Zuletzt aufgerufen am 22.11.2019.

Schiemer, Fritz: Eine kurze Geschichte der Limnologie in Österreich. *Denisia* 33 (2014), 33–59.

Schildt, Axel: Das letzte Jahrzehnt der Bonner Republik. Überlegungen zur Erforschung der 1980er Jahre. *Archiv für Sozialgeschichte* 52 (2012), 21–46.

Schimank, Uwe: »New Public Management« and the Academic Profession: Reflections on the German Situation. *Minerva* 43 (2005), 361–376.

Schirrmacher, Arne: Physik und Politik in der frühen Bundesrepublik Deutschland. Max Born, Werner Heisenberg und Pascual Jordan als politische Grenzgänger. *Berichte zur Wissenschaftsgeschichte* 30/1 (2007), 13–31.

–: Mit der Verantwortung leben: Max Born und Carl Friedrich von Weizsäcker als Denker mit Distanz. In: Hentschel und Hoffmann, *Carl Friedrich von Weizsäcker*, 2014, 357–376.

Schlünder, Martina: Medizinische Forschung in der MPG. In: Kocka et al., *Die Max-Planck-Gesellschaft*, 2023 (in Vorbereitung).

Schmaltz, Florian: *Kampfstoff-Forschung im Nationalsozialismus. Zur Kooperation von Kaiser-Wilhelm-Instituten, Militär und Industrie.* Göttingen: Wallstein 2005.

–: Peter Adolf Thiessen und Richard Kuhn und die Chemiewaffenforschung im NS-Regime. In: Maier, *Gemeinschaftsforschung*, 2007, 305–351.

–: Brain Research on Nazi »euthanasia« victims: Legal Conflicts Surrounding Scientology's Instrumentalization of the Kaiser Wilhelm Society's History against the Max Planck Society. *Journal of the History of the Neurosciences*, 2022, 1–25.

–: Institutionelles Gedächtnis und Vergangenheitspolitik. In: Kocka et al., *Die Max-Planck-Gesellschaft*, 2023 (in Vorbereitung).

–: Militärische Forschung und Dual-Use-Problematik in der Max-Planck-Gesellschaft. In: Kocka et al., *Die Max-Planck-Gesellschaft*, 2023 (in Vorbereitung).

Schmid, Michael: Erklärung des Krefelder Forums vom 15./16. November 1980. Einführung. *100(0) Schlüsseldokumente zur deutschen Geschichte im 20. Jahrhundert.* https://www.1000dokumente.de/index.html?c=dokument_de&dokument=0023_kre&object=context&st=&l=de. Zuletzt aufgerufen am 21.3.2021.

Schmid, Sonja D.: Nuclear Colonization? Soviet Technopolitics in the Second World. In: Gabrielle Hecht (Hg.): *Entangled Geographies, Empire and Technopolitics in the Global Cold War.* Cambridge, MA: The MIT Press 2011, 125–154.

–: *Producing Power. The Pre-Chernobyl History of the Soviet Nuclear History.* Cambridge, MA: The MIT Press 2015.

Schmidt drängt Breschnew. *Der Spiegel* 44 (26.10.1981), 16.

Schmidt, Helmut: *Strategie des Gleichgewichts. Deutsche Friedenspolitik und die Weltmächte.* Frankfurt am Main: Ullstein 1970.

–: Forschungspolitik zur Lösung der Probleme unserer Zeit. Für verstärkte Rationalisierung und erhöhte Mobilität. *MPG-Spiegel* 5 (1975), 7–9.

–: Auftrag und Verpflichtung der Geschichte. Auszüge aus der Ansprache des Bundeskanzlers am 4.10.1978 auf dem 32. Deutschen Historikertag in Hamburg. *Die Neue Gesellschaft* 25/12 (1978), 959–965.

–: Zur Moral des Wissenschaftlers und seiner gesellschaftlichen Verantwortung. Ansprache des Bundeskanzlers. *MPG-Spiegel* 3 (1982), 58–62.

–: Sieben Prinzipien vernünftiger Energiepolitik. *Die Zeit* 8 (19.2.1988). https://www.zeit.de/1988/08/sieben-prinzipien-vernuenftiger-energiepolitik/komplettansicht. Zuletzt aufgerufen am 27.5.2021.

Schmidt, Helmut (Hg.): *Erkundungen. Beiträge zum Verständnis unserer Welt. Protokolle der Freitagsgesellschaft.* Stuttgart: Deutsche Verlags-Anstalt 1999.

– (Hg.): *Vertiefungen. Neue Beiträge zum Verständnis unserer Welt, Protokolle der Freitagsgesellschaft.* München: Siedler 2010.

Schmidt-Glintzer, Helwig: 70 Prozent gut, 30 Prozent schlecht, 1.8.2017. https://www.ipg-journal.de/schwerpunkt-des-monats/geschichtspolitik/artikel/detail/70-prozent-gut-30-prozent-schlecht-2198/. Zuletzt aufgerufen am 16.7.2020.

Schmitt, Stefan und Anna-Lena Scholz: Sind die Wissenschaftssanktionen gegen Russland richtig? *Die Zeit* 15 (8.4.2022), 40.

Schmuhl, Hans-Walter: *Grenzüberschreitungen. Das Kaiser-Wilhelm-Institut für Anthropologie, menschliche Erblehre und Eugenik, 1927–1945.* Göttingen: Wallstein 2005.

Scholz, Juliane: *Partizipation und Mitbestimmung in der Forschung. Das Beispiel Max-Planck-Gesellschaft (1945–1980).* Berlin: GMPG-Preprint 8, 2019.

Schön, Wolfgang: *Grundlagenwissenschaft in geordneter Verantwortung. Zur Governance der Max-Planck-Gesellschaft.* München 2015.

Schöttler, Peter: *Das Max-Planck-Institut für Geschichte im historischen Kontext. Die Ära Heimpel.* Berlin: GMPG-Preprint 2, 2017.

–: *Das Max-Planck-Institut für Geschichte im historischen Kontext, 1972–2006. Zwischen Sozialgeschichte, Historischer Anthropologie und Historischer Kulturwissenschaft.* Berlin: GMPG-Preprint 15, 2020.

–: Der CNRS und seine Beziehungen zur MPG. In: Kocka et al., *Die Max-Planck-Gesellschaft,* 2023 (in Vorbereitung).

Schrafstetter, Susanna: The Long Shadow of the Past. History, Memory and the Debate over West Germany's Nuclear Status, 1954–69. *History and Memory* 16/1 (2004), 118–145.

Schreiber, Georg: *Deutschland und Österreich. Deutsche Begegnungen mit Österreichs Wissenschaft und Kultur. Erinnerungen aus den letzten Jahrzehnten.* Köln: Böhlau 1956.

Schroeder-Gudehus, Brigitte: *Deutsche Wissenschaft und internationale Zusammenarbeit 1914–1928. Ein Beitrag zum Studium kultureller Beziehungen in politischen Krisenzeiten.* Genf: Imprimerie Dumaret & Golay 1966.

–: Internationale Wissenschaftsbeziehungen und auswärtige Kulturpolitik 1919–1933. Vom Boykott und Gegen-Boykott zu ihrer Wiederaufnahme. In: Vierhaus und vom Brocke, *Forschung im Spannungsfeld von Politik und Gesellschaft,* 1990, 858–885.

Schulz, Kristina: *Der lange Atem der Provokation. Die Frauenbewegung in der Bundesrepublik und in Frankreich 1968–1976.* Frankfurt am Main: Campus 2002.

Schüring, Michael: *Minervas verstoßene Kinder. Vertriebene Wissenschaftler und die Vergangenheitspolitik der Max-Planck-Gesellschaft.* Göttingen: Wallstein 2006.

–: *»Bekennen gegen den Atomstaat«. Die evangelischen Kirchen in der Bundesrepublik Deutschland und die Konflikte um die Atomenergie 1970–1990.* Göttingen: Wallstein 2015.

Schütte, Georg (Hg.): *Wettlauf ums Wissen. Außenwissenschaftspolitik im Zeitalter der Wissensrevolution.* Berlin: University Press 2008.

–: Eiszeit für die Wissenschaft. *FAZ.NET* 76 (31.3.2022), 5.

Schütze, Christian: Die Kompetenz der Naturwissenschaft in Rüstungsfragen. In Mainz fordern 3300 Forscher das Einfrieren der Atomwaffen. *Süddeutsche Zeitung* 150 (4.7.1983), 4.

–: Naturwissenschaftler: Stationierung von US-Mittelstrecken-Raketen nicht zulassen. *Süddeutsche Zeitung* 150 (4.7.1983), 1.

Schwartz, Rolf: Der Radiohimmel aus deutsch-chinesischer Sicht. 15 Jahre Zusammenarbeit des MPI für Radioastronomie mit den Observatorien der Akademie in Peking, Shanghai und Nanjing. *MPG-Spiegel* 5 (1994), 52–53.

Schwerin, Alexander von: Die Landwirtschaftswissenschaften in der MPG. Vom Agro-Cluster zur grünen Biologie. In: Kocka et al., *Die Max-Planck-Gesellschaft*, 2023 (in Vorbereitung).

–: Zeitlichkeit des Gegenwissens im Ökologischen Landbau der 1970er bis 1990er Jahre: aus Alt mach Neu! *NTM. Zeitschrift für Geschichte der Wissenschaft, Technik und Medizin* 30/4 (2022), 569–598.

Schwerin, Alexander von und Rainer Karlsch: Die Außenstelle Oberschlema und die Kriegsforschungsaufträge des KWI für Biophysik. In: RADIZ Schlema e.V und Max-Planck-Gesellschaft zur Förderung der Wissenschaften e.V (Hg.): *Forschung für den Strahlenschutz in den Kriegsjahren 1942 bis 1944. Zur Geschichte des Radiumforschungsinstituts Oberschlema, der Außenstelle des Kaiser-Wilhelm-Instituts für Biophysik in Frankfurt am Main, unter Leitung von Professor Dr. Boris Rajewsky. Wissenschaftshistorisches Kolloquium in Bad Schlema am 24. Oktober 2008.* Bad Schlema: RADIZ 2011, 25–61.

SDI: »Die deutsche Haltung ist offen«. *Der Spiegel* 40 (29.9.1985), 17–18.

Seefried, Elke: Ohne Atomkraft leben? Carl Friedrich von Weizsäcker als Experte in der Kernenergiedebatte der 1970er Jahre. In: Hentschel und Hoffmann, *Carl Friedrich von Weizsäcker*, 2014, 389–412.

–: *Zukünfte. Aufstieg und Krise der Zukunftsforschung 1945–1980.* Berlin: De Gruyter 2015.

–: Die Gestaltbarkeit der Zukunft und ihre Grenzen. Zur Geschichte der Zukunftsforschung. *Zeitschrift für Zukunftsforschung* 4/1 (2015), 5–31.

Seitz, Frederick: *Wissenschaft im Vormarsch.* Essen: Stifterverband für die Deutsche Wissenschaft 1962.

–: Science on the March. *Physics Today* 15/7 (1962), 24–34.

Shen, Zhihua und Yafeng Xia: *Mao and the Sino-Soviet Partnership, 1945–1959. A New History.* Lanham, MD: Lexington Books 2015.

Sher, Gerson S.: *From Pugwash to Putin. A Critical History of US-Soviet Scientific Cooperation.* Bloomington, IN: Indiana University Press 2019.

Siebenmorgen, Peter: *Franz Josef Strauß. Ein Leben im Übermaß.* München: Siedler 2015.

Sime, Ruth Lewin: *Otto Hahn und die Max-Planck-Gesellschaft. Zwischen Vergangenheit und Erinnerung.* Berlin: Vorabdrucke des Forschungsprogramms »Geschichte der Kaiser-Wilhelm-Gesellschaft im Nationalsozialismus« 14, 2004.

Simons, Kai und Carol Featherstone: The European Research Council on the Brink. *Cell* 123/5 (2005), 747–750.

Slaney, Patrick David: Eugene Rabinowitch, the Bulletin of the Atomic Scientists, and the Nature of Scientific Internationalism in the Early Cold War. *Historical Studies in the Natural Sciences* 42/2 (2012), 114–142.

Smith, Philip B., Samuel E. Okoye, Jaap De Wilde und Priya Deshiangkar: *The World at the Crossroads. Towards a Sustainable, Equitable and Liveable World.* London: Earthscan 1994.

Soell, Hartmut: *Helmut Schmidt. Vernunft und Leidenschaft, 1918–1969.* München: Deutsche Verlags-Anstalt 2003.

Solomon, Susan, Rolando R. Garcia, F. Sherwood Rowland und Donald J. Wuebbles: On the Depletion of Antarctic Ozone. *Nature* 321 (1986), 755–758.

Sommer, Theo: MLF im Nebel. Was tönen die Sirenen aus Paris und London? *Die Zeit* 48 (27.11.1964). https://www.zeit.de/1964/48/mlf-im-nebel. Zuletzt aufgerufen am 2.3.2022.

Sonderteil: 20 Jahre Zusammenarbeit der MPG mit der Chinesischen Akademie der Wissenschaften. *MPG-Spiegel* 5 (1994), 23–82.

Sonntag, Philipp: Mathematische Analyse der Wirkungen von Kerwaffenexplosionen in der Bundesrepublik Deutschland. In: Weizsäcker, *Kriegsfolgen und Kriegsverhütung*, 1971, 75–198.

–: Kritische Masse, explosive Mitbestimmung am Max-Planck-Institut zur Erforschung der Lebensbedingungen der wissenschaftlich-technischen Welt in Starnberg. In: Hentschel und Hoffmann, *Carl Friedrich von Weizsäcker*, 2014, 271–280.

Spanniocchi, Emil und Guy Brossollet: *Verteidigung ohne Schlacht.* München: Hanser 1976.

Speicher, Peter: *The Berlin Origins of Brandt's Ostpolitik, 1957–1966.* Dissertation. Cambridge: University of Cambridge 1999.

Spengler, Tilman: *Lenins Hirn.* Reinbek bei Hamburg: Rowohlt 1991.

Spielmann, Barbara: Rückblick und Ausblick: Zusammenarbeit mit der VR China. *MPG Spiegel* 2 (1989), 31–33.

–: Einmal Peking-Ente und zurück … Deutsche Wissenschaftler und Wissenschaftlerinnen berichten über ihre Reisen nach China. *MPG-Spiegel* 5 (1994), 40–44.

–: Nachwuchsgruppen in Shanghai eröffnet. *MPG-Spiegel* 1 (1997), 34–36.

Staab, Heinz A.: Klassenkampf, Produktionskampf und wissenschaftliches Experimentieren. Ein Bericht aus der Volksrepublik China. *Nachrichten aus Chemie und Technik* 24/4 (1976), 71–75.

–: Grundlagenforschung für ein besseres Verständnis der Phänomene dieser Welt. Ansprache des Präsidenten Professor Dr. Dr. Heinz A. Staab bei der Festversammlung der Max-Planck-Gesellschaft am 14. Juni 1985 in Nürnberg. In: *MPG-Jahrbuch 1985*, 1985, 15–25.

–: Forschung braucht ein Klima der Anerkennung und des Vertrauens. Ansprache des Präsidenten Professor Dr. Dr. Heinz A. Staab bei der Festversammlung der Max-Planck-Gesellschaft am 12. Juni 1987 in Hamburg. In: *MPG-Jahrbuch 1987*, 1987, 15–26.

–: Zur Standortbestimmung der Max-Planck-Gesellschaft in der nationalen und internationalen Forschungslandschaft. Ansprache des Präsidenten Professor Dr. Dr. Heinz A. Staab bei der Festversammlung der Max-Planck-Gesellschaft am 9. Juni 1989 in Wiesbaden. In: *MPG-Jahrbuch 1989*, 1989, 15–23.

–: Die Max-Planck-Gesellschaft in einem sich ändernden politischen Umfeld – Rückblick auf die Jahre 1984 bis 1990. Ansprache des scheidenden Präsidenten Professor Dr. Dr. Heinz A. Staab bei der Festversammlung der Max-Planck-Gesellschaft am 22. Juni 1990 in Lübeck. In: *MPG-Jahrbuch 1990*, 1990, 15–27.

Stamm-Kuhlmann, Thomas: Deutsche Forschung und internationale Integration 1945–1955. In: Vierhaus und vom Brocke, *Forschung im Spannungsfeld von Politik und Gesellschaft*, 1990, 886–909.

Stange, Rainer: Naturwissenschaftler beziehen Stellung. *Wechselwirkung. Technik Naturwissenschaft Gesellschaft* 5/18 (1983), 43–45.

Starlinger, Peter: Der Frieden geht uns alle an – Naturwissenschaftler und die Friedensbewegung. *Gewerkschaftliche Monatshefte* 34/9 (1983), 587–593.

Steinhauser, Thomas: Tradition und Wandel in der Materialforschung. In: Kocka et al., *Die Max-Planck-Gesellschaft*, 2023 (in Vorbereitung).

Steinhauser, Thomas, Hanoch Gutfreund und Jürgen Renn: *A Special Relationship. Turning Points in the History of German-Israeli Scientific Cooperation*. Berlin: GMPG-Preprint 1, 2017.

Steinmann, Ernst und Olga von Gerstfeldt: *Pilgerfahrten in Italien*. Leipzig: Klinkhardt & Biermann 1910.

Stichweh, Rudolf: Genese des globalen Wissenschaftssystems. *Soziale Systeme* 9 (2003), 3–26.

–: Die Universalität wissenschaftlichen Wissens. *Universität Luzern*, 2005. https://www.academia.edu/34066055/Die_Universalit%C3%A4t_wissenschaftlichen_Wissens_2005. Zuletzt aufgerufen am 11.3.2022.

Stoff, Heiko: Adolf Butenandt in der Nachkriegszeit, 1945–1956. Reinigung und Assoziierung. In: Schieder und Trunk, *Adolf Butenandt und die KWG*, 2004, 369–402.

Stölken-Fitschen, Ilona: *Atombombe und Geistesgeschichte. Eine Studie der fünfziger Jahre aus deutscher Sicht*. Baden-Baden: Nomos 1995.

Stolleis, Michael: *Geschichte des öffentlichen Rechts in Deutschland. Weimarer Republik und Nationalsozialismus*. München: C. H. Beck 2002.

Stone, Diane: Private Authority, Scholarly Legitimacy and Political Credibility. Think Tanks and Informal Diplomacy. In: Timothy J Sinclair (Hg.): *Global Governance Critical Concepts in Political Science*. London: Routledge 2004.

Stöver, Bernd: *Der Kalte Krieg. Geschichte eines radikalen Zeitalters 1947–1991*. München: C. H. Beck 2007.

Stratmann, Martin: Stellungnahme des Präsidenten der Max-Planck-Gesellschaft zum Krieg in der Ukraine. *Max-Planck-Gesellschaft*, 28.2.2022. https://www.mpg.de/ukraine/stellungnahme-martin-stratmann. Zuletzt aufgerufen am 28.3.2022.

Strebel, Bernhard und Jens-Christian Wagner: *Zwangsarbeit für Forschungseinrichtungen der Kaiser-Wilhelm-Gesellschaft 1939–1945. Ein Überblick*. Berlin: Vorabdrucke des Forschungsprogramms »Geschichte der Kaiser-Wilhelm-Gesellschaft im Nationalsozialismus« 11, 2003.

Strickmann, Martin: Scientists as Intellectuals: The Sociopolitical Role of French and West German Nuclear Physicists in the 1950s. In: Trischler und Walker, *Physics and Politics*, 2010, 131–159.

Strübind, Andrea: Das Tübinger Memorandum. Die Politische Verantwortung der Nichtpolitiker. *Kirchliche Zeitgeschichte* 24/2 (2011), 360–395.

Swinbanks, David: New Chinese Premier Takes on the Reins of Scientific Reform. *Nature* 392/6676 (1998), 528.

Szöllösi-Janze, Margit: *Fritz Haber, 1868–1934. Eine Biographie*. München: C. H. Beck 1998.

Taschwer, Klaus und Benedikt Föger: *Konrad Lorenz. Eine Biographie*. München: Deutscher Taschenbuch Verlag 2009.

Taubman, William: *Gorbatschow. Der Mann und seine Zeit, Eine Biographie*. München: C. H. Beck 2018.

Teiwes, Frederick C. und Warren Sun: *The End of the Maoist Era. Chinese Politics During the Twilight of the Cultural Revolution, 1972–1976.* New York, NY: M.E. Sharpe 2007.

Tesche, Doreen: *Ernst Steinmann und die Gründungsgeschichte der Bibliotheca Hertziana in Rom.* München: Hirmer 2002.

Teuffel, Friedhard: Ping-Pong-Diplomatie. *Der Tagesspiegel* (27.3.2011). https://www.tagesspiegel.de/zeitung/geschichte-ping-pong-diplomatie/3989902.html. Zuletzt aufgerufen am 6.5.2020.

The Royal Society (Hg.): *New Frontiers in Science Diplomacy. Navigating the Changing Balance of Power.* London: The Royal Society 2010.

The Russell-Einstein Manifesto, July, 9, 1955. In: Butcher, Sandra Ionno (Hg.): *The Origins of the Russell-Einstein Manifesto.* Washington, DC: Pugwash Conferences on Science and World Affairs 2005, 25–27.

Thoenes, Christof: Kontinuität. Die Bibliotheca Hertziana unter Franz Graf Wolff Metternich (1953–1963). In: Ebert-Schifferer und Kieven, *Geschichte des Instituts,* 2013, 144–153.

–: Wachstum. Die Bibliotheca Hertziana unter Wolfgang Lotz (1963–1980). In: Ebert-Schifferer und Kieven, *Geschichte des Instituts,* 2013, 154–163.

Thomas, Martin (Hg.): *Expedition into Empire. Exploratory Journeys and the Making of the Modern World.* London: Routledge 2015.

Thoms, Ulrike: Geschichte des Max-Planck-Instituts für Bildungsforschung in Berlin. In: Stephan Moebius und Andrea Ploder (Hg.): *Handbuch Geschichte der deutschsprachigen Soziologie.* Wiesbaden: Springer Fachmedien 2016, 1–17.

Thoß, Bruno: *NATO-Strategie und nationale Verteidigungsplanung. Planung und Aufbau der Bundeswehr unter den Bedingungen einer massiven atomaren Vergeltungsstrategie 1952–1960.* München: Oldenbourg 2011.

–: »Je mehr Bundeswehr, desto weniger Atombomben«. Deutsche militärische Führungseliten und Atomkriegsplanungen 1948–1968. In: Bernhard und Nehring (Hg.): *Den Kalten Krieg denken,* 2014, 103–130.

Todenhöfer, Jürgen: Der Westen und die Abrüstung. Plädoyer für neue Impulse in der Rüstungskontrollpolitik der Nato. *Beiträge zur Konfliktforschung* 15/3 (1985), 5–21.

Toon, Owen B., Patrick Hamill, Richard P. Turco und Joseph Pinto: Condensation of HNO_3 and HCl in the Winter Polar Stratospheres. *Geophysical Research Letters* 13/12 (1986), 1284–1287.

Topp, Sascha: Verhaltens-, neuro- und kognitionswissenschaftliche Forschung. In: Kocka et al., *Die Max-Planck-Gesellschaft,* 2023 (in Vorbereitung).

Torre, Joseba De la: Who Was Who in the Making of Spanish Nuclear Programme, c. 1950–1985. In: Rubio-Varas und Torre, *The Economic History of Nuclear Energy in Spain,* 2017, 33–65.

Torunsky, Vera: *Entente der Revisionisten? Mussolini und Stresemann 1922–1929.* Köln: Böhlau 1986.

Trischler, Helmuth: *The »Triple Helix« of Space. German Space Activities in a European Perspective.* Noordwijk: ESA Publications Division 2002.

–: The Anthropocene. A Challenge for the History of Science, Technology, and the Environment. *NTM Zeitschrift für Geschichte der Wissenschaften, Technik und Medizin* 24/3 (2016), 309–335.

–: Der Ort der Max-Planck-Gesellschaft im Deutschen Wissenschaftssystem zwischen institutioneller Kooperation und Konkurrenz. In: Kocka et al., *Die Max-Planck-Gesellschaft*, 2023 (in Vorbereitung).

Trischler, Helmuth und Rüdiger vom Bruch: *Forschung für den Markt. Geschichte der Fraunhofer-Gesellschaft.* München: C. H. Beck 1999.

Trischler, Helmuth und Mark Walker (Hg.): *Physics and Politics. Research and Research Support in Twentieth Century Germany in International Perspective.* Stuttgart: Franz Steiner 2010

Trisos, Christopher H., Giuseppe Amatulli, Jessica Gurevitch, Alan Robock, Lili Xia und Brian Zambri: Potentially Dangerous Consequences for Biodiversity of Solar Geoengineering Implementation and Termination. *Nature Ecology & Evolution* 2 (2018), 475–482.

Trute, Hans-Heinrich: Comparative Analysis of European Research Policy Structures. *European Research Structures – Changes and Challenges. Institutional Aspects of European Research Policy.* Max-Planck-Gesellschaft. Berichte und Mitteilungen 94/E1. München 1994, 3–26.

–: *Die Forschung zwischen grundrechtlicher Freiheit und staatlicher Institutionalisierung. Das Wissenschaftsrecht als Recht kooperativer Verwaltungsvorgänge.* Tübingen: Mohr Siebeck 1994.

Trute, Hans-Heinrich und Thomas Groß: Rechtsvergleichende Grundlagen der europäischen Forschungspolitik. *Wissenschaftsrecht. Zeitschrift für deutsches und europäisches Recht* 27 (1994), 203–248.

Turchetti, Simone und Roberto Lalli: Envisioning a »science diplomacy 2.0«: on data, global challenges, and multi-layered networks. *Humanities and Social Sciences Communications* 7/144 (2020), 1–9.

Turchetti, Simone, Néstor Herran und Soraya Boudia: Introduction. Have we ever been »transnational«? Towards a history of science across and beyond borders. *The British Journal for the History of Science* 45/3 (2012), 319–336.

Turco, Richard P., Owen B. Toon, Thomas P. Ackerman, James B. Pollack und Carl Sagan: Nuclear Winter: Global Consequences of Multiple Nuclear Explosions. *Science* 222/4630 (1983), 1283–1292.

Uhrqvist, Ola und Björn-Ola Linnér: Narratives of the Past for Future Earth. The Historiography of Global Environmental Change Research. *The Anthropocene Review* 2/2 (2015), 159–173.

Unger, Corinna R.: Cold War Science. Wissenschaft, Politik und Ideologie im Kalten Krieg. *Neue Politische Literatur* 1 (2006), 49–60.

Uran. *Der Spiegel* 24 (8.6.1955), 27.

Urban, Martin: Versuchen wir, unsere Feindbilder abzubauen … Der Münchner Physiker Hans-Peter Dürr scheint für die Sowjets eine Schlüsselfigur im Abrüstungsdialog der Wissenschaftler zu sein. *Süddeutsche Zeitung* (29.12.1986), 3.

Velarde, Guillermo: *Proyecto Islero. Cuando España pudo desarrollar armas nucleares.* Córdoba: Gualdamazán 2016.

Vereinigung Deutscher Wissenschaftler e. V. (Hg.): *Ziviler Bevölkerungsschutz heute.* Frankfurt am Main: Mittler 1962.

– (Hg.): *Ziviler Bevölkerungsschutz heute.* 2. Auflage. Frankfurt am Main: Mittler 1963.

Vienna Declaration. *Bulletin of the Atomic Scientists*, 1958, 341–344.

Vierhaus, Rudolf: Rezension zu *Probleme der Universitäten in Deutschland und in den USA*, von James B. Conant; *Deutsche Hochschulprobleme im Lichte Amerikanischer Erfahrungen* von Ludwig Raiser. *Jahrbuch für Amerikastudien* 12 (1967), 281–283.

Vierhaus, Rudolf und Bernhard vom Brocke (Hg.): *Forschung im Spannungsfeld von Politik und Gesellschaft. Geschichte und Struktur der Kaiser-Wilhelm-/Max-Planck-Gesellschaft. Aus Anlaß ihres 75jährigen Bestehens.* Stuttgart: Deutsche Verlags-Anstalt 1990.

Vocke, Harald: *Albrecht von Kessel. Als Diplomat für Versöhnung mit Osteuropa.* Freiburg im Breisgau: Herder 2001.

Vogel, Ezra F.: *Deng Xiaoping and the Transformation of China.* Cambridge, MA: Harward University Press 2011.

Vogt, Annette und Agostino Paravicini Bagliani: Anneliese Maier und die Bibliotheca Hertziana. In: Ebert-Schifferer und Kieven, *Geschichte des Instituts*, 2013, 116–121.

Vucinich, Alexander: *Empire of Knowledge. The Academy of Sciences of the USSR, 1917–1970.* Berkeley, CA: University of California Press 1984.

Wagner, Günther A.: Wolfgang Gentner – Nestor der Archäometrie. In: Hoffmann und Schmidt-Rohr, *Wolfgang Gentner*, 2006, 225–238.

Wagner, Patrick: *Notgemeinschaften der Wissenschaft. Die Deutsche Forschungsgemeinschaft (DFG) in drei politischen Systemen, 1920 bis 1973.* Stuttgart: Franz Steiner 2021.

Walker, Mark: *Die Uranmaschine. Mythos und Wirklichkeit der deutschen Atombombe.* Berlin: Siedler 1990.

–: Otto Hahn. Responsibility and Repression. *Physics in Perspective* 8/2 (2006), 116–163.

–: »Mit der Bombe leben« – Carl Friedrich von Weizsäckers Weg von der Physik zur Politik. In: Hentschel und Hoffmann, *Carl Friedrich von Weizsäcker*, 2014, 343–356.

–: Physics, History, and the German Atomic Bomb. *Berichte zur Wissenschaftsgeschichte* 40/3 (2017), 271–288.

Wallerstein, Immanuel: *The Modern World-System. Bd. 1: Capitalist Agriculture and the Origins of the European World-Economy in the Sixteenth Century. Bd. 2: Mercantilism and the Consolidation of the European World-Economy. 1600–1750.* New York, NY: Academic Press 1974, 1980. *Bd. 3: The Second Era of Great Expansion of the Capitalist World-Economy. 1730–1840s.* San Diego, CA: Academic Press 1988. *Bd. 4: Centrist Liberalism Triumphant. 1789–1914.* Berkeley, CA: University of California Press 2011.

Walter, Franz: Manifest der Friedensbewegung im Herbst der Kanzlerschaft Schmidt. Der »Krefelder Appell« von 1980. In: Johanna Klatt und Robert Lorenz (Hg.): *Manifeste. Geschichte und Gegenwart des politischen Appells.* Bielefeld: transcript 2010, 255–284.

Wang, Jessica: *American Science in an Age of Anxiety. Scientists, Anticommunism, and the Cold War.* Chapel Hill, NC: University of North Carolina Press 1999.

Wang, Zouyue: Physics in China in the Context of the Cold War, 1949–1976. In: Trischler und Walker, *Physics and Politics*, 2010, 251–276.

–: The Cold War and the Reshaping of Transnational Science in China. In: Oreskes und Krige, *Science and Technology*, 2014, 343–370.

–: Theory Attached to Practice: Chinese Debates over Basic Research from Thought Remolding to the Bomb, 1949–1966. In: Kaldewey und Schauz, *Basic and Applied Research*, 2018, 228–247.

–: *In Sputnik's Shadow. The President's Science Advisory Committee and Cold War America.* New Brunswick, NJ: Rutgers University Press 2008.

Wanner, Jochen: Molekulare Dynamik in Dalian. Laser als Werkzeuge der chemischen Physik. *MPG Spiegel* 5 (1994), 55–56.

Wegner, Gerhard: 25 Years of Cooperation in Polymer Science: Looking Back and Forward. *Bulletin of Chinese Academy of Sciences, Special Issue: Networking for Scientific Excellence. 1974–2004. Chinese Academy of Sciences – Max-Planck-Gesellschaft* 2/18 (2004), 48–49.

Wehowsky, Stephan: Ein Netz um den Globus. Was sich die »International Foundation« vorgenommen hat. *Süddeutsche Zeitung* (19.3.1988).

Weizsäcker will nicht »Zählkandidat« sein. SPD benennt jetzt eigenen Bewerber. *Süddeutsche Zeitung* 117 (22.5.1979), 1–2.

Weizsäcker, Carl Friedrich von: *Mit der Bombe leben. Die gegenwärtigen Aussichten einer Begrenzung der Gefahr eines Atomkriegs.* Sonderdruck der vier Zeit-Aufsätze. Hamburg: Die Zeit 1958.

–: Hat jeder eine Chance? *Die Zeit* 12 (23.3.1962). https://www.zeit.de/1962/12/hat-jeder-eine-chance/komplettansicht?print. Zuletzt aufgerufen am 22.9.2020.

–: MLF – Kitt oder Keil? Politische Fragen zur multilateralen Atomstreitmacht. *Die Zeit* 46 (13.11.1964). https://www.zeit.de/1964/46/mlf-kitt-oder-keil. Zuletzt aufgerufen am 2.3.2022.

–: A Sceptical Contribution. In: Saul H. Mendlovitz (Hg.): *On the Creation of a Just World Order. Preferred Worlds for the 1990s.* Amsterdam: North Holland Publishing Company 1975, 111–150.

–: *Wege in der Gefahr. Eine Studie über Wirtschaft, Gesellschaft und Kriegsverhütung.* München: Hanser 1976.

–: *Der bedrohte Friede. Politische Aufsätze 1945–1981.* München: Hanser 1981.

–: Bericht über die Pugwash-Tagung in Marienbad vom 13.–16. Mai 1967. In: Vereinigung Deutscher Wissenschaftler (Hg.): *Forschen in Freiheit und Verantwortung. 25 Jahre »Vereinigung Deutscher Wissenschaftler e. V.«.* Bochum 1984, 81–82.

Weizsäcker, Carl Friedrich von (Hg.): *Kriegsfolgen und Kriegsverhütung.* München: Hanser 1971.

Wenke, Sabine: Streit um die Aufenthaltsbefugnis. Chinesische Botschaft schikaniert Landsleute in Deutschland. *Frankfurter Rundschau* (11.10.1994).

Wenkel, Simone und Ute Deichmann (Hg.): *Max Delbrück and Cologne. An Early Chapter of German Molecular Biology.* New Jersey, NJ: World Scientific 2007.

Werth-Mühl, Martina: CIOS, BIOS, FIAT, JIOA. Berichte alliierter Nachrichtendienste über den Entwicklungsstand der deutschen Industrie und Forschung (1944–1947). *Mitteilungen aus dem Bundesarchiv* 9/3 (2001), 39–44.

Wettig, Gerhard: Die Sowjetunion in der Auseinandersetzung über den NATO-Doppelbeschluss 1979–1983. *Vierteljahrshefte für Zeitgeschichte* 57/2 (2009), 217–259.

Wickler, Wolfgang: *Wissenschaftliche Reisen mit Loki Schmidt.* Heidelberg: Springer Spektrum 2014.

Wiegrefe, Klaus und Martin Doerry: »Es war grauenhaft«. Spiegel-Gespräch mit Richard von Weizsäcker. *Der Spiegel* 35 (23.8.2009), 70–73.

Wien, Markus: Selektive Wissensimporte. Die Beispieldörfer des *Mitteleuropäischen Wirtschaftstags* im Kontext des bulgarischen Ausbildungswesens. In: Sachse, *»Mitteleuropa« und »Südosteuropa«*, 2010, 340–362.

Wilke, Manfred: 1961–1963: Vom Mauerbau bis zum Konzept »Wandel durch Annäherung«. *Deutschland Archiv*, 13.7.2020. https://www.bpb.de/geschichte/zeitgeschichte/deutschlandarchiv/312613/i-1961-1963-vom-mauerbau-bis-zum-konzept-wandel-durch-annaeherung. Zuletzt aufgerufen am 5.9.2021.

Winnacker, Ernst-Ludwig: *Europas Forschung im Aufbruch. Abenteuer in der Brüsseler Bürokratie.* Berlin: Berlin University Press 2012.

Wirtz, Karl: *Im Umkreis der Physik.* Karlsruhe: Kernforschungszentrum 1988.

Wissenschaftlerinnen und Wissenschaftler an der Bibliotheca Hertziana (1913–2013). In: Ebert-Schifferer und Kieven, *Geschichte des Instituts*, 2013, 332–357.

Wissenschaftlicher Rat. Hans F. Zacher neuer Vorsitzender. *MPG-Spiegel* 2 (1985), 10.

Wissenschaftsrat: *Empfehlungen zur Internationalisierung der Wissenschaftsbeziehungen.* Köln 1992.

Wissensstadt Berlin: Überblickstour Fake & Fakten aus dem »deutschen Oxford«. https://www.wissensstadt.berlin/events/uberblickstour-fake-fakten-aus-dem-deutschen-oxford-3. Zuletzt aufgerufen am 2.2.2022.

Wittner, Lawrence S.: *The Struggle Against the Bomb. Bd. 1: One World or None. A History of the World Nuclear Disarmament Movement Through 1953. Bd. 2: Resisting the Bomb. A History of the World Nuclear Disarmament Movement 1954–1970. Bd. 3: Toward Nuclear Abolition. A History of the World Nuclear Disarmament Movement, 1971 to the Present.* Stanford, CA: Stanford University Press 1993, 1997, 2003.

Wobbe, Theresa (Hg.): *Zwischen Vorderbühne und Hinterbühne: Beiträge zum Wandel der Geschlechterbeziehungen in der Wissenschaft vom 17. Jahrhundert bis zur Gegenwart.* Bielefeld: transcript 2006.

Wolf, Thomas: *Die Entstehung des BND. Aufbau, Finanzierung, Kontrolle.* Berlin: Ch. Links 2018.

Worliczek, Hanna: Zellbiologische Forschung. In: Kocka et al., *Die Max-Planck-Gesellschaft*, 2023 (in Vorbereitung).

Xing, Yrong R. und Wolfgang Ranke: Accurate Analysis of AES Depth Profiles and Determination of Electron Escape Depth. *Chinese Journal of Semiconductors* 4 (1983), 432–438.

Zacher, Hans F.: Herausforderungen an die Forschung. In: *MPG-Jahrbuch 1990*, 1990, 28–35.

–: Die Max-Planck-Gesellschaft im Prozeß der deutschen Einigung. Ansprache des Präsidenten Prof. Dr. Hans F. Zacher bei der Festversammlung der Max-Planck-Gesellschaft am 7. Juni 1991 in Berlin. In: *MPG-Jahrbuch 1991*, 1991, 11–23.

–: Die Max-Planck-Gesellschaft steht vor den größten Herausforderungen in ihrer Geschichte. Ansprache des Präsidenten Prof. Dr. Hans F. Zacher bei der Festversammlung der Max-Planck-Gesellschaft am 5. Juni 1992 in Dresden. In: *MPG-Jahrbuch 1992*, 1992, 13–22.

–: Herausforderungen und Antworten. Ansprache des Präsidenten Prof. Dr. Hans F. Zacher bei der Festversammlung der Max-Planck-Gesellschaft am 18. Juni 1993 in Trier. In: *MPG-Jahrbuch 1993*, 1993, 13–21.

–: Forschung in der Krise der Gesellschaft. Ansprache des Präsidenten Prof. Dr. Hans F. Zacher bei der Festversammlung der Max-Planck-Gesellschaft am 10. Juni 1994 in Göttingen. In: *MPG-Jahrbuch 1994*, 1994, 13–24.

–: Forschung als gesamtgesellschaftliche Aufgabe. Ansprache des Präsidenten Prof.

Dr. Hans F. Zacher bei der Festversammlung der Max-Planck-Gesellschaft am 23. Juni 1995 in Potsdam. In: *MPG-Jahrbuch 1995*, 1995, 13–29.

–: Rückblick auf sechs bewegte Jahre. Ansprache des scheidenden Präsidenten Prof. Dr. Hans F. Zacher bei der Festversammlung der Max-Planck-Gesellschaft am 21. Juni 1996 in Saarbrücken. In: *MPG-Jahrbuch 1996*, 1996, 13–26.

Zarifi, Maria: Das deutsch-griechische Forschungsinstitut für Biologie in Piräus, 1942–1944. In: Heim, *Autarkie und Ostexpansion*, 2002, 206–232.

Zepp, Marianne: Ratio der Angst. Die intellektuellen Grundlagen der Friedensbewegung. In: Becker-Schaum et al., *Nuklearkrise*, 2012, 135–150.

Zheng-Fischhöfer, Qingyi: *Sequenzielle Phosphorylierung des Mikrotubuli-assoziierten Proteins Tau führt zum Epitop des Alzheimer-spezifischen Antikörpers AT100.* Hamburg: Universität FB Biologie, Dissertation 1997.

Zillien, Nicole: *Digitaler Alltag als Experiment. Empirie und Epistemologie der reflexiven Selbstverwissenschaftlichung.* Bielefeld: transcript 2020.

Personenregister